Ulrich Baßeler
Jürgen Heinrich

Grundlagen und Probleme der Volkswirtschaft

16., durchgesehene Auflage

2001

Schäffer-Poeschel Verlag Stuttgart

CIP-Titelaufnahme der Deutschen Bibliothek

Baßeler, Ulrich:
Grundlagen und Probleme der Volkswirtschaft / Ulrich Basseler; Jürgen Heinrich. – 16., durchges. Aufl. – Stuttgart : Schäffer-Poeschel, 2001
ISBN 3-7910-1861-2

Einbandentwurf: Bettina Dyhringer, Köln
Gesamtherstellung: Druckerei J. P. Bachem GmbH & Co. KG, Köln
Printed in Germany
März 2001
Schäffer-Poeschel Verlag Stuttgart
Ein Tochterunternehmen der Verlagsgruppe Handelsblatt

Inhaltsübersicht

Gliederung

4. Kapitel: Nachfrage der Haushalte

5. Kapitel: Produktion, Kosten und Güterangebot der Unternehmen

7. Kapitel: Wettbewerb, Konzentration und Wettbewerbspolitik

8. Kapitel: Grundaufbau und Bedeutung der Volkswirtschaftlichen Gesamtrechnung (VGR)

9. Kapitel:
Sozialprodukt und Zahlungsbilanz

10. Kapitel:
Basismodelle der klassischen-neoklassischen und keynesianischen Makroökonomie

11. Kapitel:
Weiterentwicklung von keynesianischer und klassisch-neoklassischer Theorie

12. Kapitel:
Neuere Entwicklungen in der Beschäftigungstheorie

13. Kapitel:
Einnahmen und Ausgaben des Staates

14. Kapitel:
Staatshaushalt und Staatsverschuldung –
Grundlagen der sozialen Sicherung

15. Kapitel:
Der stabilitätsorientierte Einsatz staatlicher Einnahmen und Ausgaben (Fiskalpolitik)

16. Kapitel:
Begriffe, Institutionen und Märkte des Geldbereichs einer Volkswirtschaft

17. Kapitel:
Geldangebot, Geldnachfrage und Geldwirkungen

18. Kapitel:
Geldpolitik der Europäischen Zentralbank

19. Kapitel:
Bedeutung und Bestimmungsgründe des internationalen Handels

20. Kapitel:
Funktionsweise verschiedener Währungssysteme

21. Kapitel: Internationale Währungsordnung

22. Kapitel:
Grundlagen der Europäischen Union

23. Kapitel:
Der Binnenmarkt und begleitende Politikbereiche

24. Kapitel:
Ursachen und Wirkungen inflationärer Prozesse und Möglichkeiten zu ihrer Bekämpfung

26. Kapitel:
Arbeitslosigkeit: Theorie und empirischer Befund

27. Kapitel:
Konjunktur und Krise

28. Kapitel:
Bedeutung und Sicherung des Wachstums

29. Kapitel:
Ziele und Instrumente der Umweltpolitik

30. Kapitel:
Probleme der Entwicklungsländer

Vorwort zur 1. Auflage

Das vorliegende Buch ist aus der langjährigen Lehrpraxis der Autoren als Dozenten in der Erwachsenenbildung, an Universität, Pädagogischer Hochschule, Fachhochschule und Schule entstanden. Der enge Bezug zur Lehrpraxis ermöglichte es den Autoren, die verschiedenen Problemkreise mit den Teilnehmern intensiv zu diskutieren, die gewonnenen Erfahrungen für dieses Buch nutzbar zu machen und so die notwendige Ausgewogenheit zwischen Praxis und Wissenschaft herzustellen. Bei dem grundlegenden und einführenden Werk handelt es sich um eine Lehrgrundlage für Studenten der Volkswirtschaftslehre an Fachhochschulen und Universitäten, für Teilnehmer volkswirtschaftlicher Kurse an Volkshochschulen sowie an betrieblichen und überbetrieblichen Weiterbildungseinrichtungen, für Studenten der Lehrerausbildung und Teilnehmer der Lehrerfort- und -weiterbildung sowie für Schüler an Wirtschafts- und allgemeinbildenden Gymnasien der Sekundarstufe II.

Ziel des Buches ist es, dem Benutzer in einem überschaubaren Zeitabschnitt einen umfassenden und fundierten Überblick über Grundlagen und Grundprobleme der Volkswirtschaftslehre zu geben. Als Rahmen dient dabei weitgehend die soziale Marktwirtschaft der Bundesrepublik Deutschland, die die Erfahrungswelt des Lesers bildet. Auf diese Weise kann der Leser mit wichtigen Daten unserer Volkswirtschaft vertraut gemacht werden, die Funktionsweise der sozialen Marktwirtschaft und insbesondere die in dieser Wirtschaftsordnung vorhandenen Möglichkeiten einer Verbindung von Leistungs- und Sozialprinzip kennenlernen.

Trotz der vorfindbaren Vielfalt an einführenden Werken zur Volkswirtschaftslehre glauben die Autoren, mit ihrem Beitrag eine Lücke ausfüllen zu können. Nach ihren Erfahrungen liegen „Einführungen“ häufig auf einem, für den hier angesprochenen Adressatenkreis zu hohen theoretisch-abstrakten Niveau oder vereinfachen das wirtschaftliche Geschehen in einer Weise, die den Bezug zur wirtschaftlichen Wirklichkeit vermissen läßt und jeglichen wissenschaftlichen Anspruch aufgibt. Verbreitet ist auch eine nur exemplarische, auf theoretisch-begriffliche Grundlegung verzichtende Darstellung ausgewählter Probleme. Demgegenüber versuchen die Autoren, dem Leser einen Gesamtüberblick zu verschaffen.

Innerhalb der einzelnen Problemkreise wird dabei so vorgegangen, daß der Problemanalyse eine Klärung fundamentaler begrifflicher und ursächlicher Zusammenhänge vorangestellt wird. Dabei werden die Zusammenhänge so verständlich wie möglich dargestellt, ohne daß auf die Erkenntnisse aktueller volkswirtschaftlicher Forschung verzichtet wird. Das ist nicht immer leicht und hat zur Folge, daß das vorliegende Buch nicht ohne Anstrengung „konsumiert" werden kann, sondern erarbeitet werden muß. Es ist eine Illusion zu glauben, man könne das vielschichtige wirtschaftliche Geschehen in einfachen Faustregeln angemessen erfassen. Die Zielsetzung, dem modernen wissenschaftlichen Erkenntnisstand Rechnung zu tragen, spiegelt sich auch in der Gewichtung der Themenbereiche. So wird z. B. der in „Einführungen" häufig sehr stiefmütterlich behandelte Geldbereich der Volkswirtschaft, dem in der Wissenschaft in den letzten Jahren mehr und mehr Gewicht zugemessen wird, ausführlich in vier Kapiteln untersucht.

Die Darstellung bemüht sich, dem Leser die Erarbeitung des Stoffes zu erleichtern. Durchweg werden pro Kapitel überschaubare Themenkreise auf 10 bis 20 Seiten abgehandelt. Zusätzlich zu der detaillierten Gliederung wird der Stoff durch lernzielorientierte Leitfragen und Fragenkomplexe, durch zusammenfassende und akzentuierende Randbemerkungen, durch Hervorhebungen im Text und Arbeitsaufgaben strukturiert. Um auch die ausgewählte Behandlung einzelner Themenbereiche zu ermöglichen, sind Wiederholungen bewußt in Kauf genommen und zahlreiche Verweise eingearbeitet worden. Die Lektüre der Einleitung, in der die der Behandlung sämtlicher Einzelprobleme zugrundeliegende Methode volkswirtschaftlichen Arbeitens und Denkens dargestellt wird, muß nicht notwendig den Anfang bilden, sondern kann im Zusammenhang mit speziellen Sachfragen erfolgen.

Die Zahl derer, denen die Autoren zu danken haben, ist groß. Besonders danken wir dem Kuratorium „Staat, Wirtschaft, Gesellschaft" (Rendsburg), das die Entstehung des Buches angeregt, es finanziell großzügig gefördert und uns ein erstes „Testen" im Rahmen der volkswirtschaftlichen Zertifikatskurse in Schleswig-Holstein ermöglicht hat. Dank gebührt auch dem „Verein für Didaktik und Methodik des sozial-ökonomischen Unterrichts e. V.", der das Werk in seiner Entwicklung gefördert und in seine „didaktische reihe ökonomie" aufgenommen hat. Wir danken auch denen, die durch zahlreiche Hinweise und Anregungen wesentlich zur Verbesserung des Buches beigetragen haben, insbesondere den Teilnehmern der Zertifikatskurse und unseren dort tätigen Kolleginnen und Kollegen sowie Fach- und Bildungsexperten der Betriebe und nicht zuletzt vielen Studenten und Schülern. Für kritische Hinweise sind die Autoren auch in Zukunft dankbar.

Berlin, Kiel, August 1978

Vorwort zur 15. Auflage

Mit der 15. Auflage erscheint das Buch nicht nur in einem neuen „Outfit", sondern ist auch inhaltlich deutlich erweitert und an veränderte institutionelle Bedingungen und moderne theoretische Erkenntnisse angepaßt worden. So wurden neben kleinen Erweiterungen im mikroökonomischen Teil und bei der Preisbildungstheorie die makroökonomischen Kapitel zur Theorie und Politik von Volkseinkommen und Beschäftigung neu gegliedert und ergänzt, um den modernen Stand der Diskussion zwischen Keynesianern und Neoklassikern transparent zu machen. Die Kapitel zu Konzentration und Wettbewerb wurden zusammengefaßt und dabei den neuen wettbewerbsrechtlichen Vorschriften Rechnung getragen. Gravierende Veränderungen ergaben sich bei den geldpolitischen Kapiteln, da die Geldpolitik jetzt von der Europäischen Zentralbank mit einem z. T. erheblichen, vom Instrumentarium der Deutschen Bundesbank abweichenden Steuerungssystem durchgeführt wird. Bei den internationalen Wirtschaftsbeziehungen wurden neben den neuen institutionellen Regelungen im Rahmen der Europäischen Währungsunion und des Europäischen Währungssystems II die potentiellen arbeitsmarktpolitischen Konsequenzen der EWU dargestellt und diskutiert. Dem immer mehr in den Vordergrund tretenden Problem der Arbeitslosigkeit ist durch ein gesondertes Kapitel Rechnung getragen worden. Schließlich wurde das statistische Material umfassend aktualisiert.

Berlin, Dortmund, Flensburg im August 1999

Vorwort zur 16. Auflage

Inhaltlich ist die 16. Auflage im wesentlichen ein Nachdruck der 15. Auflage, wobei die Gelegenheit benutzt wurde, einige unliebsame Druckfehler zu beseitigen. Darüber hinaus haben sich zwei wichtige Änderungen ergeben: Zum einen wird das Buch von dieser Auflage an vom Schäffer-Poeschel Verlag herausgegeben, zum anderen hat sich die Zahl der Autoren reduziert: Von der 1. bis zur 15. Auflage wurde das vorliegende Werk durch das Autorenteam Ulrich Baßeler, Jürgen Heinrich und Walter A.S. Koch erstellt. Mit der nunmehr vorliegenden neuen Auflage scheidet Professor Dr. Walter A.S. Koch als Autor aus der Autorengemeinschaft aus.

Berlin, Dortmund, Februar 2001

Einleitung: Aufgaben der Volkswirtschaftslehre

Jeder von uns wird täglich mit einer Vielzahl wirtschaftlicher Vorgänge und Sachverhalte konfrontiert:

Vielfalt wirtschaftlicher Vorgänge und Sachverhalte

- die Mieten steigen;
- der Arbeitsplatz ist gefährdet;
- die Gewerkschaften kündigen Tarifverträge;
- das reale Wachstum der Volkswirtschaft beträgt 2 %;
- die Bundesbank will eine Erhöhung der Geldmenge M 3 zwischen 3 % und 6 % zulassen;
- der Wechselkurs der Deutschen Mark steigt;
- ein Konjunkturprogramm der Regierung wird angekündigt;
- geplante Beschlüsse des Ministerrats der Europäischen Union scheitern an nationalen Interessen;
- der Internationale Währungsfonds gewährt einen Stützungskredit;
- die Arbeitslosenquote beträgt 8 % usw.

Einige dieser Vorgänge sind auch für den Nichtökonomen – zumindest vordergründig – ohne weiteres verständlich, andere lassen sich ohne die Kenntnis der Bedeutung bestimmter Fachausdrücke – wie Wechselkurs, reales Wachstum, Internationaler Währungsfonds, Stützungskredit, Geldmenge usw. – nicht verstehen. Darin kommt zum Ausdruck, daß die Ökonomik (die Lehre von der Wirtschaft) wie jede andere Wissenschaft eine eigene **Fachsprache** hat, die unter anderem für die kurze und präzise Beschreibung des wirtschaftlichen Geschehens – wie „die Leistungsbilanz der USA ist defizitär" oder „die terms of trade der Bundesrepublik haben sich verbessert" – von Bedeutung ist. Eine solche Beschreibung des Wirtschaftsprozesses ist eine erste Aufgabe der Volkswirtschaftslehre. Was dabei die ökonomische Fachsprache betrifft, so ließe sich manches sicherlich verständlicher ausdrücken, z.B. kann man anstatt von „terms of trade" auch vom „realen Austauschverhältnis" oder anstatt vom „floating" von frei beweglichen Wechselkursen sprechen, doch selbst wenn es gelänge, rein sprachlich alles verständlich zu machen, bliebe ein solches „Verständnis" vordergründig. Dem Nichtökonomen fehlt es im allgemeinen an der Kenntnis wirtschaftlicher Zusammenhänge und Prozesse. Er kann häufig keine gesicherte Antwort auf die Frage des „Warum" geben: Warum beträgt das reale Wachstum 2 %? Warum ändert sich der Wechselkurs der Deutschen Mark? Warum haben wir Arbeitslosigkeit?

Ökonomik hat eine eigene Fachsprache

Beschreibung und Erklärung des wirtschaftlichen Geschehens sind zwei Aufgaben der Volkswirtschaftslehre

Welche Probleme es aufwirft, wirtschaftliche Zusammenhänge zu erklären, sei anhand eines Beispiels erläutert. Gegenwärtig ist in vielen

Erläuterung der Erklärungsproblematik anhand eines Beispiels

Ländern der westlichen Welt eine hohe Arbeitslosigkeit zu beobachten. Sofort stellt sich die Frage nach dem „Warum". Welches sind die Gründe für die Arbeitslosigkeit? Will man sich bei der Beantwortung dieser Frage nicht von vornherein mit allgemeinen, wenig stichhaltigen und häufig interessengebundenen Behauptungen begnügen, so muß man sich in einem ersten Schritt Gedanken darüber machen, welche Faktoren die Arbeitslosigkeit bewirkt haben **könnten.** So kann Arbeitslosigkeit bestehen, weil zum Beispiel

- die Nachfrage nach Konsumgütern zu gering ist;
- die Investitionstätigkeit zurückgegangen ist;
- die Löhne zu hoch sind;
- der technische Fortschritt Arbeitskräfte freisetzt;
- der Wert der Deutschen Mark im Ausland gestiegen ist;
- das Arbeitskräfteangebot zugenommen hat.

Zusammenstellung vermuteter Erklärungsfaktoren (Hypothesenbildung)

Eine solche Zusammenstellung von vermuteten Erklärungszusammenhängen (sog. Hypothesen) muß äußerst sorgfältig erfolgen. Ein bekannter Wirtschaftswissenschaftler der Gegenwart, HERBERT GIERSCH, bemerkt hierzu sehr illustrativ: „Wie dem Detektiv, der ein Verbrechen aufklären soll, muß uns zunächst alles, was überhaupt von Bedeutung sein könnte, verdächtig erscheinen."

Für eine präzise Erklärung wirtschaftlicher Zusammenhänge reicht aber auch eine solche Zusammenstellung möglicher Erklärungsursachen nicht aus. Es müssen vielmehr Aussagen über die vermutete genaue Form der Ursachen(Kausal-)Zusammenhänge gemacht werden, etwa dergestalt: Wenn die Nachfrage nach Konsumgütern um soundsoviel Prozent zunimmt, dann nimmt die Arbeitslosigkeit um soundsoviel Prozent ab. Bei weniger exakten Untersuchungen wird häufig auf eine solche Quantifizierung der Hypothesen verzichtet.

Quantifizierung von Hypothesen

Überdenkt man die oben beispielhaft genannten Ursachen der Arbeitslosigkeit, so erkennt man, daß die in Betracht gezogenen Faktoren ihrerseits wiederum erklärungsbedürftig sind. Die Nachfrage nach Konsumgütern kann zum Beispiel zurückgegangen sein, weil die Einkommen der Haushalte zu gering sind oder weil die Haushalte mehr sparen wollen. Die höhere Sparneigung wiederum kann auf pessimistische Zukunftserwartungen, auf erwartete Preissenkungen oder auf allgemeinen Konsumüberdruß und ähnliches zurückzuführen sein. Und die pessimistischen Zukunftserwartungen schließlich könnten durch allgemeinpolitische Krisensituationen bedingt sein. In ähnlicher Weise müßten die übrigen genannten Einflußfaktoren ihrerseits erklärt werden; etwa die Zunahme des Arbeitsangebots durch geburtenstarke Jahrgänge, die auf den Arbeitsmarkt drängen, durch verstärkte Frauenarbeit oder durch eine zunehmende Gastarbeiterzahl.

Einflußfaktoren sind ihrerseits erklärungsbedürftig

Wechselbeziehungen zwischen Ursache und Wirkung

Man erkennt ferner, daß Ursache und Wirkung in einer untrennbaren Wechselbeziehung zueinander stehen können: eine zu niedrige private

Konsumnachfrage als Begründung der Arbeitslosigkeit und Arbeitslosigkeit als Begründung für eine zu niedrige private Konsumnachfrage.

Und schließlich wird im allgemeinen auch zwischen den verschiedenen Ursachen der Arbeitslosigkeit eine kausale Beziehung bestehen: Eine abnehmende Konsumgüternachfrage kann die Investitionstätigkeit negativ beeinflussen: ein hoher Lohn kann den technischen Fortschritt (Rationalisierung) fördern oder den Wert der Deutschen Mark im Ausland vermindern usw. Festzuhalten ist, daß es sich nicht um monokausale Beziehungen, sondern um ein komplexes Beziehungsgeflecht handelt.

Kausalbeziehungen zwischen Einflußfaktoren

Damit wird deutlich, daß man eine außerordentliche Fülle möglicher Ursachen und gegenseitiger Abhängigkeiten beachten muß und man häufig auch auf Zusammenhänge stößt, die man nicht mit Hilfe der Volkswirtschaftslehre, sondern mit Hilfe anderer Wissenschaften wie der Psychologie, Politologie, Soziologie oder Medizin erklären muß.

Vollständige Erklärung macht die Einbeziehung anderer Wissenschaften notwendig

Abbildung 1 verdeutlicht und verallgemeinert diese Zusammenhänge:

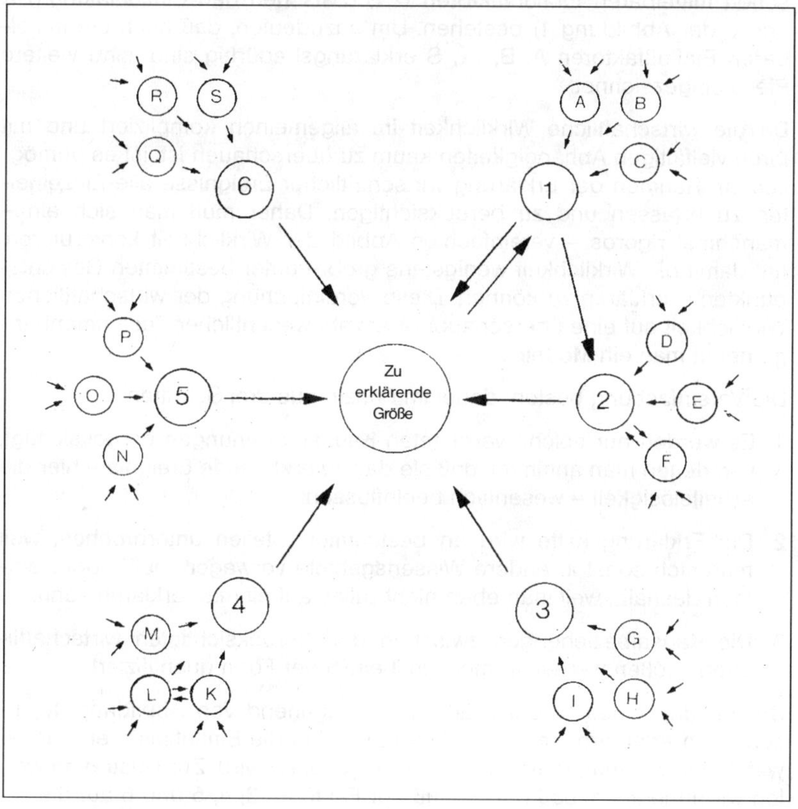

Abb. 1: Die Erklärung wirtschaftlicher Vorgänge

Die zu erklärende Größe (die Arbeitslosigkeit) ist hier von den unmittelbaren Einflußgrößen 1 bis 6 abhängig, wobei die Einflußrichtung durch die Pfeilrichtung gekennzeichnet ist. Auf eine Quantifizierung der Kausalbeziehungen ist zur Vereinfachung verzichtet worden. Es ist angenommen worden, daß der unmittelbare Einflußfaktor 1 gleichzeitig von der zu erklärenden Größe beeinflußt wird (im obigen Beispiel wäre der private Konsum Einflußfaktor 1. Außerdem wird in Abbildung 1 davon ausgegangen, daß der unmittelbare Einflußfaktor 1 auch auf den unmittelbaren Einflußfaktor 2 wirkt (bei der Erklärung der Arbeitslosigkeit: der Konsum wirkt auf die privaten Investitionen). Die unmittelbaren Einflußfaktoren werden ihrerseits durch weitere Einflußfaktoren bestimmt, die in der Abbildung durch große Buchstaben (A bis S) gekennzeichnet sind.

Es ist unterstellt, daß auf jeden unmittelbaren Einflußfaktor drei mittelbare Einflußfaktoren wirken. Selbstverständlich können auch Wechselbeziehungen zwischen unmittelbaren und mittelbaren Einflußfaktoren (wie z. B. zwischen Einflußfaktor F und Einflußfaktor 2 in Abbildung 1) sowie zwischen mittelbaren Einflußfaktoren (z. B. zwischen den Einflußfaktoren K und L der Abbildung 1) bestehen. Um anzudeuten, daß auch die mittelbaren Einflußfaktoren A, B, ..., S erklärungsbedürftig sind, sind weitere Pfeile eingezeichnet.

Erklärungen erfolgen im Rahmen eines Modells

Da die wirtschaftliche Wirklichkeit im allgemeinen kompliziert und mit ihren vielfältigen Abhängigkeiten kaum zu überschauen ist, ist es unmöglich, im Rahmen der Erklärung wirtschaftlicher Ereignisse alle Einzelheiten zu erfassen und zu berücksichtigen. Daher muß man sich ein – manchmal rigoros – vereinfachtes Abbild der Wirklichkeit konstruieren, um damit die Wirklichkeit wenigstens grob – unter bestimmten Gesichtspunkten – erklären zu können. Diese Vereinfachung der wirtschaftlichen Wirklichkeit auf eine überschaubare Anzahl wesentlicher Zusammenhänge nennt man ein **Modell.**

Die Vereinfachung besteht dabei im Prinzip aus drei Schritten.

Vereinfachungen bei der Modellbildung

1. Es werden nur solche vermuteten Kausalbeziehungen berücksichtigt, von denen man annimmt, daß sie das zu erklärende Ereignis – hier die Arbeitslosigkeit – wesentlich beeinflussen.
2. Die Erklärungskette wird an bestimmten Stellen unterbrochen, weil man sich sonst in andere Wissensgebiete vorwagen müßte oder einfach deshalb, weil man eben nicht „alles auf einmal" erklären kann.
3. Die Kausalbeziehungen zwischen den berücksichtigten wirtschaftlichen Größen werden in möglichst einfacher Form quantifiziert.

Beschränkung auf die wesentlichen Einflußfaktoren

Die Bildung eines Modells läßt sich, ausgehend von Abbildung 1, anschaulich erläutern. Im ersten Schritt werden die Einflußfaktoren ausgewählt, deren Wirkung als wesentlich angesehen wird. Zur Illustration wollen wir annehmen, daß der Einfluß der Faktoren 3, 4, 5 und 6 auf die Arbeitslosigkeit vernachlässigbar sei (was in der Realität natürlich nicht der

Fall sein muß), so daß diese Kausalbeziehungen in dem Modell unberücksichtigt bleiben können. Es verbleiben dann die unmittelbaren Einflußfaktoren 1 und 2 (Konsum- und Investitionsgüternachfrage). Im zweiten Schritt wird die Erklärungskette unterbrochen, z. B. bei den mittelbaren Einflußfaktoren A, B, C, D, E und F. Man berücksichtigt dann zwar, daß die Konsumnachfrage vom Einkommen der Haushalte (A), von ihrer Sparneigung (B) und ihrem Vermögen (C) abhängt und die Investitionstätigkeit von der Höhe der erwarteten Gewinne (D), dem erwarteten Absatz (E) und dem Zinssatz (F) bestimmt wird; Einkommen, Sparneigung, Vermögen, Gewinne, Absatz und Zinssatz werden ihrerseits aber nicht mehr erklärt. Sie sind **Daten** (exogene Variable) des Modells. Schließlich werden in einem dritten Schritt die aufgezeigten Kausalbeziehungen quantitativ in möglichst einfacher Form erfaßt, indem zum Beispiel angenommen wird, daß zwischen der Höhe des Konsums der Haushalte und ihrem Einkommen eine proportionale Beziehung besteht.

Unterbrechung der Erklärungskette

Einfache mathematische Formulierung der Kausalbeziehungen

Abbildung 2 zeigt die Struktur des sich so ergebenden Modells, wobei (wie in Abbildung 1) zur Vereinfachung auf eine Quantifizierung der Hypothesen verzichtet worden ist.

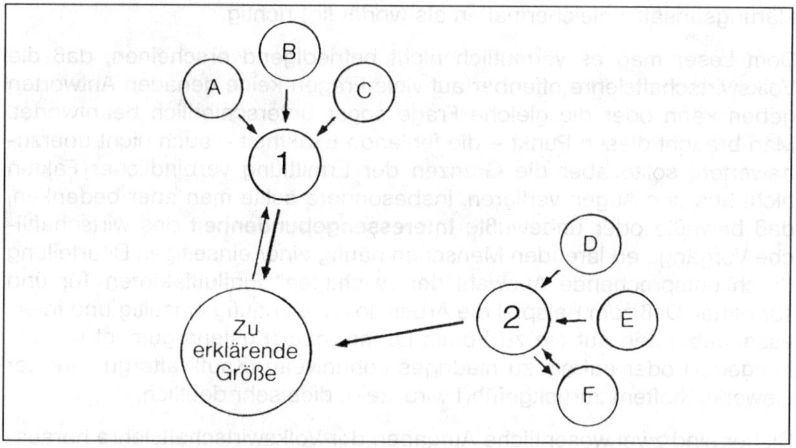

Abb. 2: Die Struktur eines einfachen Modells

Welchem Erklärungsanspruch kann ein solches Modell grundsätzlich gerecht werden? Offenbar kann das Modell nur dann die Wirklichkeit erklären, wenn die Auswahl der als wesentlich angesehenen Einflußfaktoren richtig getroffen und ihr genauer Einfluß auf die zu erklärende Größe exakt eingeschätzt wird. Beides wird in der Praxis nur unvollkommen gelingen. Die uneingeschränkt richtige Auswahl der wichtigen Einflußfaktoren scheitert im allgemeinen daran, daß die exakte Trennung zwischen Wesentlichem und Unwesentlichem streng genommen voraussetzt, daß man die Erklärung schon kennt. Da dies in der Praxis eben nicht der Fall

Erklärungsanspruch eines Modells ist begrenzt…

…weil die Auswahl der wesentlichen Einflußfaktoren sehr schwierig ist…

...und menschliche Verhaltensweisen Schwankungen unterliegen

ist – sonst gäbe es nicht mehr viel zu erklären –, hat man in der Volkswirtschaftslehre nicht selten mehrere, miteinander **konkurrierende Erklärungsansätze** bzw. Modelle. Die genaue Quantifizierung scheitert, weil die Kausalbeziehungen zwischen wirtschaftlichen Größen sehr häufig vom menschlichen Verhalten bestimmt werden. Menschliche Verhaltensweisen aber unterliegen Schwankungen und können deshalb nie so exakt berechnet werden wie zum Beispiel die Umlaufbahn von Satelliten um die Erde.

Beide Faktoren bewirken, daß ein Modell praktisch niemals geeignet ist, ein konkretes wirtschaftliches Ereignis genau zu erklären.

Modelle müssen an der Wirklichkeit überprüft werden

Für welches Modell soll man sich aber entscheiden, wenn unterschiedliche Erklärungen desselben wirtschaftlichen Vorgangs geliefert werden? Allgemein kann gesagt werden, daß dem Modell der Vorzug zu geben ist, das – konfrontiert mit der tatsächlichen Entwicklung der entsprechenden wirtschaftlichen Größe in der Vergangenheit – den geringsten Teil der Veränderungen der zu erklärenden Größe unerklärt läßt. Solange das verfügbare statistische Material einen solchen Rückschluß durch „Testen der Modelle" nicht eindeutig zuläßt, gelten die konkurrierenden Erklärungsansätze gleichermaßen als (vorläufig) richtig.

Interessengebundene Erklärungen bilden keine Ausnahme

Dem Leser mag es vermutlich nicht befriedigend erscheinen, daß die Volkswirtschaftslehre offenbar auf viele Fragen keine genauen Antworten geben kann oder die gleiche Frage sogar unterschiedlich beantwortet. Man braucht diesen Punkt – die fehlende Exaktheit – auch nicht überzubewerten, sollte aber die Grenzen der Ermittlung verbindlicher Fakten nicht aus den Augen verlieren. Insbesondere sollte man aber bedenken, daß bewußte oder unbewußte **Interessengebundenheit** des wirtschaftliche Vorgänge erklärenden Menschen häufig einer einseitigen Beurteilung durch entsprechende Auswahl der „wichtigen" Einflußfaktoren Tür und Tor öffnet. Daß zum Beispiel die Arbeitslosigkeit häufig einseitig und interessengebunden auf ein zu hohes Lohnniveau (Kostenargument der Arbeitgeber) oder auf ein zu niedriges Lohnniveau (Kaufkraftargument der Gewerkschaften) zurückgeführt wird, zeigt dies sehr deutlich.

Vier Aufgaben:
- Beschreibung
- Erklärung
- Prognose
- Beeinflussung

Bisher sind zwei wesentliche Aufgaben der Volkswirtschaftslehre herausgearbeitet worden:

- Die Beschreibung des wirtschaftlichen Geschehens mittels geeigneter Begriffe und Methoden;
- die Erklärung (warum?) des wirtschaftlichen Geschehens.

Darüber hinaus hat die Volkswirtschaftslehre die Aufgaben,

- den zukünftigen Ablauf des Wirtschaftsgeschehens zu prognostizieren und
- Möglichkeiten zur Beeinflussung des Wirtschaftsablaufs aufzuzeigen.

Beide Aufgaben sollen hier nur skizziert werden.

Für eine wissenschaftliche Prognose wirtschaftlicher Vorgänge – also z. B. zur Beantwortung der Frage, wie sich die Arbeitslosigkeit im kommenden Jahr entwickeln wird – ist die Kenntnis der kausalen Zusammenhänge eine notwendige Voraussetzung. Als zusätzliches Element enthält die Prognose eine Schätzung der erwarteten Entwicklung der Einflußfaktoren. Kausalbeziehungen und erwartete Entwicklung der Einflußfaktoren bestimmen zusammen die erwartete Entwicklung der zu prognostizierenden Größe (bzw. Größen). Wir illustrieren dies anhand unseres obigen Modells zur Erklärung der Arbeitslosigkeit (vgl. Abb. 2). Unterstellt man eine bestimmte Entwicklung der mittelbaren Einflußfaktoren A, B, C, D, E und F (also des Einkommens der Haushalte, der Sparneigung, des Vermögens, der Gewinne, des Absatzes und des Zinssatzes), so ist aufgrund der im Modell angenommenen ursächlichen Zusammenhänge die erwartete Entwicklung der unmittelbaren Einflußfaktoren 1 und 2 (also des Konsums und der Investitionen) bestimmt. Damit ist wiederum wegen der im Modell angenommenen Kausalbeziehungen auch die Entwicklung der zu prognostizierenden Größe (bzw. Größen, also z. B. der Arbeitslosigkeit) bestimmt. Durch Berücksichtigung der erwarteten Entwicklung der Erklärungsgrößen wird also aus dem Erklärungsmodell ein **Prognosemodell.** Über die beschriebenen Schwierigkeiten bei der Erklärung wirtschaftlicher Vorgänge hinaus ist die Prognose mit Fehlern behaftet, die sich aus der Abweichung zwischen der tatsächlichen und der erwarteten Entwicklung der Erklärungsfaktoren ergeben.

Prognose des wirtschaftlichen Geschehens als dritte Aufgabe der Volkswirtschaftslehre

Durch Abschätzung der zukünftigen Entwicklung der Einflußfaktoren kommt man vom Erklärungs- zum Prognosemodell

Die Kenntnis der Ursachenzusammenhänge bildet auch die Grundlage für die vierte Aufgabe der Volkswirtschaftslehre, die darin besteht aufzuzeigen, wie die Wirtschaftsentwicklung im Sinne bestimmter Ziele – z. B. in bezug auf die Beschäftigungslage – **beeinflußt** werden kann: Auf der Grundlage der in das Erklärungsmodell eingehenden Ursachenzusammenhänge kann ermittelt werden, wie eine bewußt herbeigeführte Veränderung von Erklärungsfaktoren auf die Zielgröße wirkt. Auf unser Beispiel bezogen: Aus dem Erklärungsmodell der Arbeitslosigkeit ergibt sich, welche Veränderung der Arbeitslosigkeit z. B. mit einer bestimmten Veränderung des Einkommens der Haushalte (bewirkt z. B. durch eine Steueränderung) verbunden ist. Ähnlich kann man feststellen, welche Veränderungen eines oder mehrerer Einflußfaktoren erfolgen müssen, damit ein bestimmter Wert der Zielgröße erreicht wird, welche Verminderung z. B. der Einkommensteuer also notwendig wäre, um die Arbeitslosigkeit um 1 % zu senken. Fragen dieser Art sind zentral für die **Wirtschaftspolitik,** womit gleichzeitig deutlich wird, daß eine Wirtschaftspolitik sich ohne vernünftige Erklärungsmodelle im luftleeren Raum bewegt.

Beeinflussung des wirtschaftlichen Geschehens als vierte Aufgabe der Volkswirtschaftslehre

Ob schließlich die Festsetzung wirtschaftspolitischer Ziele zu den Aufgaben der Volkswirtschaftslehre gehört, ist seit langem umstritten. Das Problem liegt darin, daß Ziele bereits eine **Bewertung** wirtschaftlicher Sachverhalte voraussetzen und etwas Gewolltes, Angestrebtes zum Ausdruck bringen, also ein Urteil über das enthalten, was „sein soll", ein sog. Werturteil. Setzt man z. B. als Ziel eine gleichmäßigere Einkommens- und Ver-

Ist eine wissenschaftliche Formulierung der Ziele möglich?

mögensverteilung fest, so beinhaltet dies das **Werturteil,** daß eine solche Verteilung erstrebenswert ist. Ob und inwieweit nun Werturteile Platz in einer Wissenschaft haben, darüber waren und sind die Meinungen sehr geteilt (sog. Werturteilsproblematik) – eine Frage, die weit über den Bereich der Volkswirtschaftslehre hinausgehend zu den Grundproblemen der Wissenschaften überhaupt zählt. Vielfach wird die Meinung vertreten, daß Werturteile (und damit auch Ziele) wissenschaftlich nicht ableitbar und überprüfbar sind und deshalb mit Wissenschaft im strengen Sinn nichts zu tun haben. Wo sie dennoch in die Beschreibung, Erklärung oder Prognose des Wirtschaftsprozesses einfließen, sind sie eindeutig als Wertungen kenntlich zu machen, um der Argumentation jede Scheinobjektivität zu nehmen. Um Mißverständnisse zu vermeiden: Auch diese „wertfreie" Position erkennt natürlich die Existenz von Werturteilen, z. B. in Form der Zielsetzungen von Unternehmen, Haushalten und politischen Entscheidungsträgern, an. Sie nimmt diese Wertungen aber als „von außen gegeben", als Daten hin. Die Festsetzung von gesellschaftspolitischen Zielen jedenfalls kann nach dieser Auffassung niemals Aufgabe der Wissenschaft sein, sondern muß rein politisch erfolgen. Dies wird an der gesellschaftspolitischen Diskussion über Einkommens- und Vermögensverteilung, Mitbestimmung und Investitionslenkung besonders deutlich.

Andere Auffassungen gehen davon aus, daß auch das „Sein-Sollen" wissenschaftlich abgeleitet werden kann oder daß Wertungen und Sachaussagen gar nicht voneinander getrennt werden können (weil in dieser philosophischen Sicht das Sein das Bewußtsein und damit die Wertungen bestimmt oder weil Sein und Bewußtsein in einer wechselseitigen Abhängigkeit stehen).

Zwischen diesen Extremen gibt es zahlreiche Kompromißpositionen. Doch welche Auffassung im einzelnen auch vertreten wird, unbestritten ist, daß Aufgabe der Volkswirtschaftslehre ist, die Zusammenhänge, die Bedeutung und die Folgen der Ziele der Wirtschaftspolitik zu erörtern, z. B. die positiven Begleiterscheinungen eines stabilen Preisniveaus oder die Bedeutung des wirtschaftlichen Wachstums herauszuarbeiten.

Gesamtwirtschaftliche Ziele des Staates in der Bundesrepublik

In der Bundesrepublik Deutschland sind die gesamtwirtschaftlichen Ziele im „Gesetz zur Förderung der Stabilität und des Wachstums der Wirtschaft" vom 8. Juni 1967 (im sog. „Stabilitätsgesetz", vgl. Kapitel 16, Abschnitt 5) festgelegt worden.

Für die Bundesrepublik gilt es, die vier Ziele Vollbeschäftigung, Stabilität des Preisniveaus, außenwirtschaftliches Gleichgewicht und stetiges und angemessenes Wirtschaftswachstum im Rahmen einer marktwirtschaftlichen Ordnung zu erreichen. Ein weiteres wichtiges Ziel, das häufig genannt wird, ist eine gleichmäßigere Einkommens- und Vermögensverteilung.

Je nachdem, wie viele Ziele in den gesamtwirtschaftlichen Zielkatalog einbezogen sind, spricht man vom "magischen" Dreieck, Viereck oder allgemein vom „magischen" Vieleck.

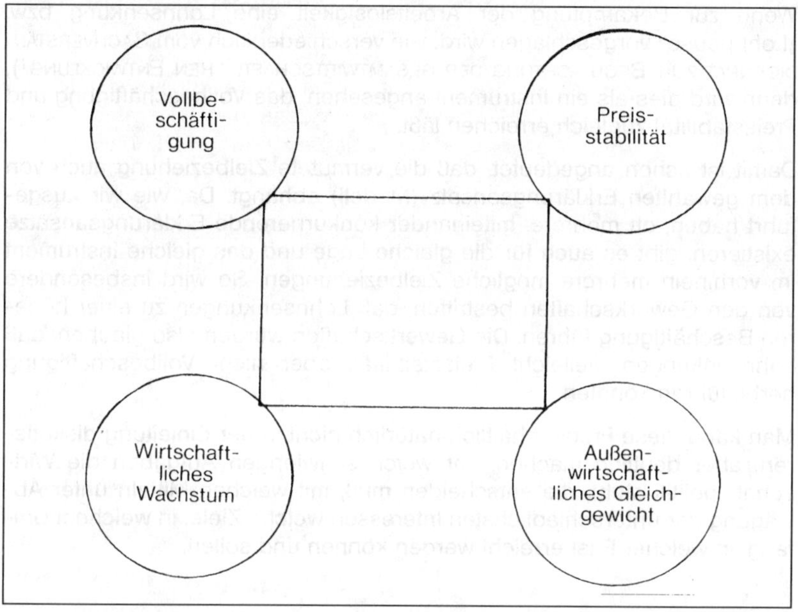

Abb. 3: Das „magische" Viereck in der Bundesrepublik

Die Bezeichnung „magisch" soll dabei zum Ausdruck bringen, daß das Verhältnis zwischen den Zielen sehr kompliziert und allgemein kaum zu erfassen ist und daß es meist schwierig ist, alle Ziele zugleich zu erreichen.

Das Verhältnis zwischen den Zielen ist kompliziert, und die Ziele sind nur schwer gleichzeitig erreichbar

Insbesondere, wenn ein Ziel nur auf Kosten eines anderen (in stärkerem Ausmaß) verwirklicht werden kann, ist offenbar die gleichzeitige Erreichung aller Ziele unmöglich. Man spricht in diesem wichtigen Fall von einer **Zielkonkurrenz.** So wird z.B. häufig von einer Konkurrenz der Ziele Vollbeschäftigung und Preisstabilität oder Wachstum und Preisstabilität ausgegangen. Das hieße, ein Mehr an Beschäftigung oder Wachstum würde zu Lasten der Preisstabilität gehen. Nun sind aber die Beziehungen zwischen den Zielen nicht ein für allemal gegeben. Ob eine Zielkonkurrenz vorliegt, hängt entscheidend von der wirtschaftlichen Lage und den gewählten Instrumenten der Wirtschaftspolitik ab.

Die Zielbeziehung hängt ab…

So kann bei bestehender Massenarbeitslosigkeit und Preisstabilität eine Zunahme der staatlichen Nachfrage nach Gütern im allgemeinen die Beschäftigung erhöhen, ohne das Ziel der Preisstabilität kurzfristig zu ge-

…von der Ausgangslage…

...von den gewählten Instrumenten...

fährden. Besteht hingegen schon eine Inflation, dann wird die Erhöhung der Staatsnachfrage zwar die Beschäftigungssituation verbessern, aber gleichzeitig die Preissteigerungstendenzen verstärken.

Wenn zur Bekämpfung der Arbeitslosigkeit eine Lohnsenkung bzw. „Lohnpause" vorgeschlagen wird, wie verschiedentlich vom SACHVERSTÄNDIGENRAT ZUR BEGUTACHTUNG DER GESAMTWIRTSCHAFTLICHEN ENTWICKLUNG[1]), dann wird dies als ein Instrument angesehen, das Vollbeschäftigung und Preisstabilität zugleich erreichen läßt.

...und von dem gewählten Erklärungsansatz

Damit ist schon angedeutet, daß die vermutete Zielbeziehung auch von dem gewählten Erklärungsansatz (Modell) abhängt. Da, wie wir ausgeführt haben, oft mehrere, miteinander konkurrierende Erklärungsansätze existieren, gibt es auch für die gleiche Lage und das gleiche Instrument im vorhinein mehrere mögliche Zielbeziehungen. So wird insbesondere von den Gewerkschaften bestritten, daß Lohnsenkungen zu einer höheren Beschäftigung führen. Die Gewerkschaften würden also glauben, daß Lohnsenkungen vielleicht Preisstabilität, aber nicht Vollbeschäftigung herbeiführen könnten.

Man kann diese Frage inhaltlich natürlich nicht in der Einleitung diskutieren, aber deutlich machen, vor welch schwierigen Aufgaben die Wirtschaftspolitik steht, die entscheiden muß, mit welchen Mitteln unter Abwägung der unterschiedlichsten Interessen welche Ziele, in welchem Umfang, in welcher Frist erreicht werden können und sollen.

[1]) Der SACHVERSTÄNDIGENRAT ZUR BEGUTACHTUNG DER GESAMTWIRTSCHAFTLICHEN ENTWICKLUNG wurde vom Gesetzgeber 1963 ins Leben gerufen. Seine Aufgabe ist die periodische Begutachtung der gesamtwirtschaftlichen Entwicklung in der Bundesrepublik Deutschland zwecks Erleichterung der Urteilsbildung bei allen wirtschaftlichen Instanzen und in der Öffentlichkeit. Der SACHVERSTÄNDIGENRAT ist ein unabhängiges Gremium, das aus fünf Mitgliedern besteht, die – so fordert es das Gesetz – über besondere wirtschaftswissenschaftliche Kenntnisse und volkswirtschaftliche Erfahrungen verfügen müssen. Die Mitglieder des SACHVERSTÄNDIGENRATES werden auf Vorschlag der Bundesregierung vom Bundespräsidenten für die Dauer von fünf Jahren ernannt. Turnusmäßig scheidet jährlich ein Mitglied aus und wird ein neues Mitglied ernannt. Zu dem jeweiligen Jahresgutachten des SACHVERSTÄNDIGENRATES über die gesamtwirtschaftliche Lage und deren absehbare Entwicklung nimmt die Bundesregierung in ihrem Jahreswirtschaftsbericht Stellung. Treten auf Teilgebieten der Volkswirtschaft Entwicklungen ein, die die gesamtwirtschaftlichen Ziele gefährden, so erstellt der SACHVERSTÄNDIGENRAT ein Sondergutachten.

D. Literatur

Einen guten Überblick über die in der Einleitung angesprochenen Problemkreise gibt:

BARTEL, Rainer, Charakteristik, Methodik und wissenschaftsmethodische Probleme der Wirtschaftswissenschaften. In: Wirtschaftswissenschaftliches Studium (WiSt), H. 2 1990.

Aufgaben und Methoden der Volkswirtschaftslehre werden übersichtlich dargestellt in:

STOBBE, Alfred, Volkswirtschaftliches Rechnungswesen, 8. Aufl., Berlin u. a. 1994

LIPSEY, Richard G., Einführung in die positive Ökonomik, Köln 1971, Erster Teil

HEERTJE, Arnold, Die Bedeutung der deduktiven Methode für das Studium der Wirtschaftswissenschaften. In: Wirtschaftswissenschaftliches Studium (WiSt), 8. Jg. (1979), S. 145–149.

Speziell zur Modellbildung in der Ökonomik informiert allgemeinverständlich

BOMBACH, Gottfried, Die Modellbildung in der Wirtschaftswissenschaft. In: Studium Generale 18 (1965), S. 339-346.

Anspruchsvoll, aber sehr gelungen ist der Beitrag:

EICHHORN, W., Die Begriffe Modell und Theorie in der Wirtschaftswissenschaft. In: Wirtschaftswissenschaftliches Studium (WiSt), 1. Jg. (1972), S. 281–288 und 335–344.

Eine intensivere Beschäftigung mit der ökonomischen Denkweise führt bald zu speziellen Methodenproblemen, in denen sich der Leser allerdings nicht verlieren sollte. In sich geschlossene Darstellungen methodologischer Grundlagen bieten:

KROMPHARDT, Jürgen, CLEVER, Peter, KLIPPERT, Heinz, Methoden der Wirtschafts- und Sozialwissenschaften, Wiesbaden 1979.

Einzelbeiträge zu Themenbereichen der Wissenschaftstheorie enthalten die Sammelbände:

ALBERT, Hans (Hrsg.), Theorie und Realität. Ausgewählte Aufsätze zur Wissenschaftslehre oder Sozialwissenschaften, 2. Aufl., Tübingen 1972.
(Das Buch enthält „klassische" [nicht immer einfach zu lesende] Beiträge zur Wissenschaftstheorie.)

JOCHIMSEN, Reimut und KNOBEL, Helmut (Hrsg.), Gegenstand und Methoden der Nationalökonomie, Köln 1971

Besonders zu empfehlen ist in dem letztgenannten Sammelband der (anspruchsvolle) Beitrag von RICHTER, Rudolf, Methodologie aus der Sicht des Wirtschaftstheoretikers, S. 188–203

RAFFÉE, Hans und ABEL, Bodo (Hrsg.), Wissenschaftstheoretische Grundlagen der Wirtschaftswissenschaften, München 1979.

Eine vielbeachtete wissenschaftstheoretische Position vertritt

KUHN, T. S., Die Struktur wissenschaftlicher Revolutionen, 8. Aufl., Frankfurt a. M. 1986.

1. Kapitel
Grundtatbestände von Wirtschaftsgesellschaften

A. Lernzielorientierte Leitfragen und Fragenkomplexe

Leitfrage:
Was sind systemunabhängige Grundtatbestände des Wirtschaftens?

- *Sind Bedürfnisse naturgegeben oder manipuliert?*
- *Wie werden Güter produziert?*
- *Wie lassen sich die Produktionsmöglichkeiten einer Volkswirtschaft beschreiben?*
- *Warum besteht Knappheit, und welche Möglichkeiten gibt es, sie zu vermindern?*
- *Welche Vor- und Nachteile sind mit der Arbeitsteilung verbunden?*
- *Inwiefern ergeben sich aus der Arbeitsteilung Abhängigkeiten und Abstimmungsprobleme?*

Leitfrage:
Was sind systemabhängige Grundtatbestände des Wirtschaftens?

- *Was versteht man unter den Begriffen Wirtschaftsordnung, Wirtschaftsverfassung und Wirtschaftssystem?*
- *Worin liegt der zentrale Unterschied im Koordinationsmechanismus einer Marktwirtschaft und einer zentralgeleiteten Wirtschaft?*
- *Welche Eigentumsordnung kennzeichnet ein kapitalistisches, welche ein sozialistisches Wirtschaftssystem?*
- *Welche „reinen" Formen von Wirtschaftssystemen gibt es?*

B. Sachanalyse

1. Systemunabhängige Grundtatbestände der Wirtschaft

In jeder Wirtschaftsgesellschaft haben die Menschen eine Fülle von Wünschen und Bedürfnissen. Die Mittel, die zur Befriedigung dieser Bedürfnisse dienen, nennt man Güter. Güter müssen in der Regel produziert werden, d. h. man benötigt Mittel zur Erstellung von Gütern (Produktionsmittel). Die Produktionsmittel, über die eine Volkswirtschaft verfügt, sind begrenzt und damit auch die Güter, die maximal produziert werden können. Im Gegensatz zu im Prinzip unendlichen Bedürfnissen gibt es also in jeder Wirtschaftsgesellschaft nur in begrenztem Umfang Güter, so daß Knappheit existiert. Diese Knappheit kann nur vermindert werden, wenn man entweder die Bedürfnisse einschränkt oder die Produktionsmöglichkeiten erhöht. Der wichtigste und in praktisch sämtlichen Volkswirtschaften verwirklichte Weg zur Erhöhung der Produktionsmöglichkeiten sind Arbeitsteilung und technischer Fortschritt. Damit ergeben sich folgende **systemunabhängige Grundtatbestände** der Wirtschaft:

- Bedürfnisse
- Produktion
- Knappheit
- Arbeitsteilung und technischer Fortschritt

1.1 Bedürfnisse

Bedürfnisse sind Gefühle des Mangels

Bedürfnisse lassen sich allgemein definieren als Gefühle des Mangels, die von dem Wunsch, den Mangel zu beseitigen, begleitet sind. Über die häufig zu findende Gliederung der Bedürfnisse in „primäre" (angeborene, triebhafte) und „sekundäre" (aus den sozialen Kontakten erworbene) Bedürfnisse hinaus kann man mit dem amerikanischen Psychologen A. MASLOW mehrere **Bedürfnisebenen** unterscheiden:

Mehrere Bedürfnisebenen können unterschieden werden

(1) Grundbedürfnisse, also Hunger, Durst, Verlangen nach Schlaf, Wohnung und Sexualität.

(2) Sicherheitsbedürfnisse, die sich darauf richten, die Befriedigung der Grundbedürfnisse auch für die Zukunft zu sichern.

(3) Soziale Bedürfnisse, die aus den sozialen Kontakten des Individuums hervorgehen und sich in dem Wunsch nach Leben in der Gemeinschaft, nach Geselligkeit und ähnlichem niederschlagen.

(4) Wertschätzungsbedürfnisse, die sich auf Anerkennung und Bestätigung durch andere richten.

(5) Entwicklungsbedürfnisse, die insbesondere auf Selbstverwirklichung zielen und sich von dem Wunsch nach Bestätigung durch die Gesellschaft lösen.

Stufenleiter der Bedürfnisse

Die verschiedenen Bedürfnisebenen stehen nicht beziehungslos nebeneinander, sondern bauen aufeinander auf: Solange die Grundbedürfnisse nicht ausreichend befriedigt sind, sind sie bestimmend für die menschlichen Bedürfnisse überhaupt und überdecken die übrigen Bedürfnisebenen. Erst wenn die Grundbedürfnisse befriedigt sind, will der Mensch mehr, zunächst eine gewisse Sicherheit. Wenn diese gegeben ist, strebt er nach sozialen Kontakten, innerhalb derer der Mensch Anerkennung und Bestätigung von außen sucht, was schließlich das Bedürfnis, auch vor sich selbst bestehen zu können, entstehen läßt.

Auch innerhalb der einzelnen Bedürfnisebenen kann man eine Stufenleiter erkennen, die von dem Wunsch nach einer beliebigen und möglichst ausreichenden bis zu einer qualitativ hochwertigen und exzessiven Form der Bedürfnisbefriedigung reicht. Auf das Grundbedürfnis Hunger bezogen bedeutet dies: In Zeiten akuter Mangellage ist es dem Menschen nahezu gleichgültig, durch welche Güter („Brot oder Kaviar") sein Hunger gestillt wird. In Zeiten des Überflusses aber entsteht im Zusammenhang mit der Entwicklung der übrigen Bedürfnisebenen der Wunsch nach qualitativ immer besseren, differenzierteren und quantitativ umfassenderen Formen der Befriedigung des Grundbedürfnisses. Abbildung 1.1 zeigt die verschiedenen Bedürfnisebenen in Form der sog. MASLOW-Pyramide:

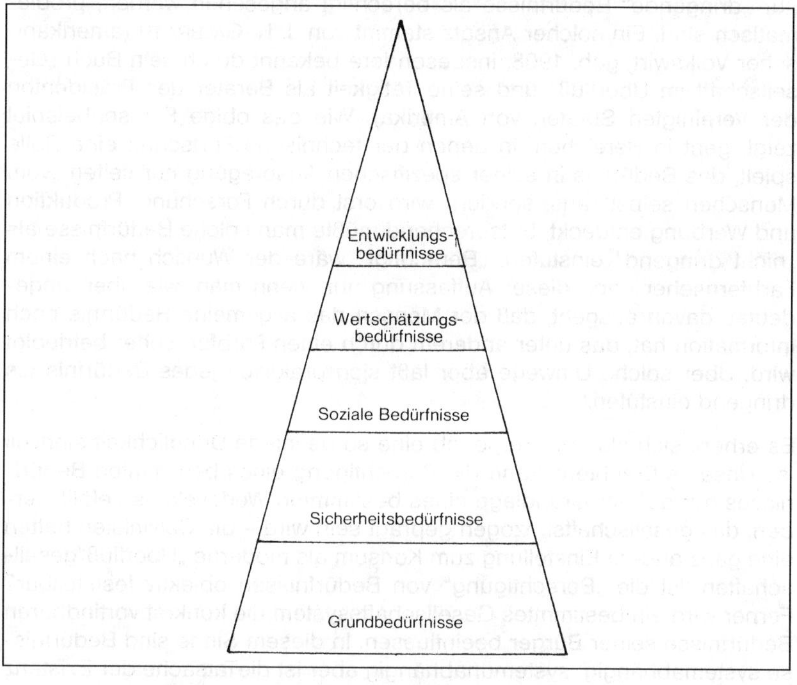

Abb. 1.1: Die verschiedenen Bedürfnisebenen

Wechselbeziehungen zwischen Bedürfnisbefriedigung und Bedürfnissen

Wichtig ist, zu erkennen, daß eine Wechselbeziehung zwischen den auftretenden Bedürfnissen und dem Grad der Bedürfnisbefriedigung besteht. Es scheint, als wenn in doppelter Beziehung eine bessere Bedürfnisbefriedigung zu einer Zunahme der Bedürfnisse führt: Einmal durch die Erschließung „höherer" Bedürfnisebenen, zum anderen durch eine angestrebte bessere Befriedigung (qualitativ und quantitativ) der schon bisher vorhandenen Bedürfnisse.

Die Wechselbeziehung zwischen Bedürfnissen und den Gütern zu ihrer Befriedigung ist noch unter einem anderen Gesichtspunkt von Bedeutung. In bezug auf die Konkretisierung der Bedürfnisse sind die bekannten Güter maßgeblich: Das Bedürfnis nach einem Farbfernseher als Konkretisierung des allgemeinen Bedürfnisses nach Kommunikation konnte erst (zumindest auf breiter Ebene) entstehen, nachdem eine entsprechende Erfindung gemacht, das Gut produziert und durch Werbung propagiert worden war. Umgekehrt ist keine Produktion sinnvoll, ohne daß hierauf gerichtete Bedürfnisse bestehen, latent vorhanden sind oder zumindest durch Werbung suggeriert werden.

Ist die „Berechtigung" von Bedürfnissen objektiv feststellbar?

Auf diesem Hintergrund wird deutlich, daß Ansätze, die **Berechtigung** eines Bedürfnisses „objektiv" bestimmen zu wollen, etwa dergestalt, daß nur „dringende" Bedürfnisse als berechtigt angesehen werden, problematisch sind. Ein solcher Ansatz stammt von J. K. GALBRAITH (amerikanischer Volkswirt, geb. 1908, insbesondere bekannt durch sein Buch „Gesellschaft im Überfluß" und seine Tätigkeit als Berater des Präsidenten der Vereinigten Staaten von Amerika). Wie das obige Fernsehbeispiel zeigt, geht in Bereichen, in denen der technische Fortschritt eine Rolle spielt, das Bedürfnis in seiner spezifischen Ausprägung nur selten „vom Menschen selbst" aus, sondern wird erst durch Forschung, Produktion und Werbung entdeckt. Entsprechend müßte man solche Bedürfnisse als „nicht dringend" einstufen. „Berechtigt" wäre der Wunsch nach einem Farbfernseher nach dieser Auffassung nur, wenn man, wie oben angedeutet, davon ausgeht, daß der Mensch das allgemeine Bedürfnis nach Information hat, das unter anderem durch einen Farbfernseher befriedigt wird. Über solche Umwege aber läßt sich praktisch jedes Bedürfnis als dringend einstufen.

Die „Berechtigung" von Bedürfnissen hängt von den gesellschaftlichen Wertvorstellungen ab

Es erhebt sich also die Frage, ob eine so definierte Dringlichkeit sinnvoll ist. Unseres Erachtens kann die Berechtigung eines bestimmten Bedürfnisses nur auf der Grundlage eines bestimmten Wertsystems gefällt werden, das gesellschaftsbezogen geprägt sein wird – die Calvinisten hatten eine ganz andere Einstellung zum Konsum als moderne „Überfluß"gesellschaften. Ist die „Berechtigung" von Bedürfnissen objektiv feststellbar? Ferner wird ein bestimmtes Gesellschaftssystem die konkret vorfindbaren Bedürfnisse seiner Bürger beeinflussen. In diesem Sinne sind Bedürfnisse systemabhängig; systemunabhängig aber ist dieTatsache der Existenz von Bedürfnissen.

„Unberechtigte" Bedürfnisse in der Bundesrepublik

Betrachten wir unter den angesprochenen Aspekten die in der Bundesrepublik vorfindbaren Bedürfnisse. Nach den vorherrschenden Wertvorstellungen gibt es einige Bedürfnisse, die nicht berechtigt erscheinen. Für die Entstehung und Förderung solcher Bedürfnisse wird zum Teil eine weniger informierende als suggestive Werbung verantwortlich gemacht. Diese Probleme müssen vor dem Hintergrund einer Wirtschafts- und Gesellschaftsordnung gesehen werden, die dem einzelnen grundsätzlich zugesteht, am besten zu wissen, was gut für ihn ist (methodologischer

Individualismus), und die auf die Initiative des dynamischen Unternehmers setzt (vgl. auch Kapitel 2 und 7). Hiervon ausgehend ist es unmöglich zu entscheiden, in welchem Umfang man z. B. einen manchem als Verschwendung erscheinenden schnellen Modewechsel und die entsprechende Werbung allgemein ablehnen kann. Zu beachten ist schließlich, daß viele Menschen dazu neigen, bestimmte Bedürfnisse, deren Befriedigung ihre Zukunft sichern hilft, wie Bildung und Gesundheit, aus welchen Gründen auch immer, unterzubewerten. Hier ist staatliche „Werbung" zur Förderung solcher Bedürfnisse, ja sogar ein zwangsweiser Eingriff des Staates, wie bei der allgemeinen Schulpflicht, notwendig und richtig.

Man unterscheidet häufig Individual- und Kollektivbedürfnisse

Man unterscheidet üblicherweise zwischen Individual- und Kollektivbedürfnissen. Diese Unterscheidung ist insofern fragwürdig, als Bedürfnisse letztlich nur von Individuen empfunden werden können. Die Unterscheidung kann sich also nur darauf beziehen, wie die Bedürfnisse befriedigt werden

- durch den Staat (Kollektivbedürfnisse), wie z. B. Bildung und innere und äußere Sicherheit, oder
- durch Private (Individualbedürfnisse), wie z. B. Nahrung und Kleidung.

1.2 Produktion und Produktionsmöglichkeiten

Güter sind Mittel zur Bedürfnisbefriedigung

Güter sind Mittel zur Bedürfnisbefriedigung. Sie werden zum Teil von der Natur in ausreichender Menge bereitgestellt (**freie** Güter), zum Teil müssen sie vom Menschen hergestellt werden (**wirtschaftliche** Güter). Im folgenden beschäftigen wir uns nur mit den zu produzierenden Gütern.

Eine Produktion von Gütern erfolgt im allgemeinsten Fall, indem in einer Produktionsstätte Arbeitskräfte, Maschinen, Gebäude und Grundstücke eingesetzt werden, um neue Güter zu schaffen. Diese Definition von Produktion ist unmittelbar einsichtig für die Erstellung von **Sachgütern,** z. B. für die Erstellung von Autokarosserien aus Stahlblechen, sie gilt indes ebenso für die Produktion von **Dienstleistungen,** z. B. für die Tätigkeit eines Zahnarztes. Auch in einer Zahnarztpraxis werden Arbeitskraft, Maschinen, Räumlichkeiten und ein Grundstück eingesetzt, um z. B. unter Verwendung von Gold die zahnärztliche Dienstleistung „Zahninstandsetzung" zu erbringen. Weitere Beispiele für produzierte Dienstleistungen sind Transportleistungen, die Tätigkeit eines Lehrers, die Tätigkeit eines Rechtsanwaltes. Natürlich unterscheiden sich unterschiedliche Produktionen unter anderem durch den Umfang, in dem Arbeitskraft, Maschinen, Gebäude und Grundstücke sowie Vorprodukte eingesetzt werden. Zum Beispiel kann man sich Produktionen vorstellen, bei denen gar keine Maschinen und Vorprodukte benötigt werden (die Dienstleistung eines Sängers). Die oben gegebene Begriffsbestimmung stellt also auf den allgemeinsten Fall ab.

Man unterscheidet zahlreiche Güterarten

Sämtliche Güter, die in einem Produktionsprozeß eingesetzt werden, nennt man **Produktionsmittel.** Betrachten wir die Produktionsmittel Arbeitskraft, Maschinen, Gebäude und Grundstücke etwas näher: Diese Produktionsmittel gehen nicht selbst in die produzierten Güter ein, sondern nur die von ihnen abgegebenen Leistungen (beim Boden und bei Gebäuden spricht man auch von „Nutzungen"). Die Leistungsträger Arbeitskraft, Maschinen, Gebäude und Grundstücke bleiben – zumindest über einen längeren Zeitraum – erhalten. Solche Produktionsmittel nennt man auch dauerhafte Produktionsmittel oder **Produktionsfaktoren.** Üblicherweise unterscheidet man zwischen den Produktionsfaktoren Boden, Arbeit und Kapital, wobei man gelegentlich den Boden mit zum Kapital rechnet. Bezogen auf die gesamte Volkswirtschaft gehören zum Produktionsfaktor **Boden** die gesamte für landwirtschaftliche, industrielle und verkehrsmäßige Nutzung verwendete Bodenfläche sowie die Bodenschätze. Der Produktionsfaktor **Arbeit** wird durch das gesamte Arbeitskräftepotential einer Volkswirtschaft gebildet. Insbesondere in einzelwirtschaftlicher Sicht wird häufig zwischen ausführender und leitender Arbeit (dem „dispositiven Faktor") unterschieden. Zum Produktionsfaktor **Kapital** (auch Kapitalstock oder Realkapital genannt) gehören die Maschinen und Anlagen, die Gebäude und die Verkehrswege, aber auch das technische und sonstige Wissen einer Volkswirtschaft (häufig wird der technische Fortschritt wegen seiner Bedeutung sogar als eigenständiger Produktionsfaktor aufgefaßt). Veränderungen des Bestandes an Kapitalgütern heißen **(Netto-)Investitionen.** Sie erhöhen die zukünftigen Produktions- und Einkommensmöglichkeiten einer Volkswirtschaft. Da in geschichtlicher Sicht sämtliche Kapitalgüter aus dem Zusammenwirken der Faktoren Arbeit und Boden entstanden sind, bezeichnet man Arbeit und Boden auch als ursprüngliche (originäre) Produktionsfaktoren und Kapital als abgeleiteten (derivativen) Produktionsfaktor, als „produziertes Produktionsmittel".

Dauerhafte Produktionsmittel nennt man Produktionsfaktoren

Der Bestand einer Volkswirtschaft an Boden, Arbeit und Kapital ist kurzfristig praktisch eine gegebene Größe. Zwar lassen sich die Produktionsfaktoren in begrenztem Ausmaß auf längere Sicht vermehren (Eindeichung, Fruchtbarmachung von Boden, Bevölkerungspolitik, Anwerbung ausländischer Arbeitskräfte, Kapitalbildung), für eine gegebene Periode, z. B. ein Jahr, kann jedoch praktisch nur über den gegebenen Bestand verfügt werden.

Neben den dauerhaften Produktionsmitteln werden in einer Produktionsstätte, wie oben schon erwähnt, Vorprodukte zur Gütererzeugung eingesetzt, die sich dadurch auszeichnen, daß sie in einem Produktionsakt (oder zumindest innerhalb eines Jahres) verbraucht werden **(nicht dauerhafte Produktionsmittel).**

Nicht dauerhafte Produktionsmittel werden innerhalb einer Periode verbraucht

Die produzierten Güter lassen sich vor allem danach gliedern, ob

– es sich um Produktions- oder Konsumgüter handelt;
– die produzierten Güter dauerhaft oder nicht dauerhaft sind.

Auf die Produktionsgüter brauchen wir nicht nochmals einzugehen. Die zweite große Gruppe von Gütern bilden die Konsumgüter. Wenn wir eingangs dieses Abschnittes Güter allgemein als „Mittel zur Bedürfnisbefriedigung" definiert haben, so ist dies bei den Konsumgütern besonders einsichtig: Konsumgüter werden „um ihrer selbst willen begehrt" (wie Brot, Kleidung, Fernseher) und nicht, wie Kapitalgüter, um die zukünftigen Produktionsmöglichkeiten einer Volkswirtschaft zu erhöhen oder zu erhalten (wie Maschinen, Schulen, Verkehrswege). Konsumgüter dienen also unmittelbar der Bedürfnisbefriedigung und erhöhen unmittelbar die Wohlfahrt der Bevölkerung, während Kapitalgüter mittelbar zur Bedürfnisbefriedigung beitragen und damit mittelbar die Wohlfahrt erhöhen. Nach dem Gesichtspunkt der Zeitdauer ihrer Verwendung für den Konsum kann man dauerhafte (Gebrauchsgüter: Eisschrank, Fernseher) und nicht dauerhafte (Verbrauchsgüter: Zigarette, Bier) Konsumgüter unterscheiden.

Konsumgüter dienen unmittelbar der Bedürfnisbefriedigung

Verbrauchs- und Gebrauchsgüter

Leider wird in der volkswirtschaftlichen Fachsprache die klare (funktionale) Trennung zwischen Produktionsgütern und Konsumgütern derzeit noch nicht beibehalten. Die Unterscheidung wird vielmehr (institutionell) danach vorgenommen, ob ein Betrieb oder ein Haushalt die Güter kauft. Da das Gros der Produktionen in Betrieben erfolgt und der Konsum sich fast ausschließlich in Haushalten vollzieht, führt die Definition nach Käufergruppen und nach wirtschaftlichen Funktionen zwar häufig zu demselben Ergebnis, keineswegs aber immer: Nach dem Kriterium „Käufergruppe" stellt eine Nähmaschine, die von einer Textilfabrik gekauft wird, ein Produktionsgut dar, während dieselbe Maschine, von einer Hausfrau gekauft, als Konsumgut angesehen wird. Von ihrer Funktion her ist die Maschine in beiden Fällen ein Produktionsgut.

Eine weitere Einteilung der Güter läßt sich im Hinblick auf den Grad ihrer Fertigstellung vornehmen. In einem arbeitsteiligen Produktionsprozeß sind danach Rohstoffe, Vorprodukte und Endprodukte zu unterscheiden. Was dabei aus der Sicht des einzelnen Betriebes als Fertigprodukt erscheint, kann gesamtwirtschaftlich, da es noch durch Produktion oder Handel weiterverarbeitet wird, Vorprodukt sein. Alles, was in irgendeinen Produktionsprozeß der Volkswirtschaft als Vorprodukt eingeht, wird deshalb aus gesamtwirtschaftlicher Sicht auch als **Zwischenprodukt** bezeichnet.

Güter haben unterschiedliche „Reifegrade"

Schließlich ist noch zwischen **privaten** und **öffentlichen Gütern** zu unterscheiden: Während private Güter von privaten Haushalten und von Unternehmungen erstellt werden, werden die öffentlichen Güter vom Staat (d. h. vom Bund, den Ländern oder Gemeinden) bereitgestellt. Der Staat produziert diese Güter im Prinzip wie eine Unternehmung: Er setzt Arbeitskraft (Arbeiter, Angestellte und Beamte), Kapitalgüter (Gebäude, Straßen, Brücken, Wasserwege) und Boden ein, um z. B. die Güter innere und äußere Sicherheit, Rechtspflege, Verwaltung und Bildungsangebot zu produzieren. Auf die Frage, warum der Staat diese Dienstleistungsproduktionen übernimmt, wird später einzugehen sein.

Öffentliche Güter werden vom Staat bereitgestellt

Da die Bestände an Produktionsfaktoren begrenzt sind, kann auch nur eine begrenzte Menge an Gütern hergestellt werden.

Die Produktionskapazität einer Volkswirtschaft ist begrenzt

Diese Tatsache kann anhand einer einfachen Modelldarstellung – der Kurve der volkswirtschaftlichen Produktionsmöglichkeiten – verdeutlicht werden. Wir nehmen an, in einer Volkswirtschaft werden nur zwei Güter – ein Konsumgut (Nahrungsmittel) und ein Investitionsgut (Maschinen) – hergestellt. Setzt man alle vorhandenen Produktionsfaktoren zur Produktion von Nahrungsmitteln ein, ohne Produktionsfaktoren zu verschwenden, so kann man höchstens eine bestimmte Menge Nahrungsmittel herstellen (z. B. 1000 Tonnen). Setzt man hingegen alle vorhandenen Produktionsfaktoren zur Produktion von Maschinen ein, so kann man auch hiermit nur eine bestimmte Höchstmenge (z. B. 500 Maschinen) erzeugen (vgl. Abb. 1.2).

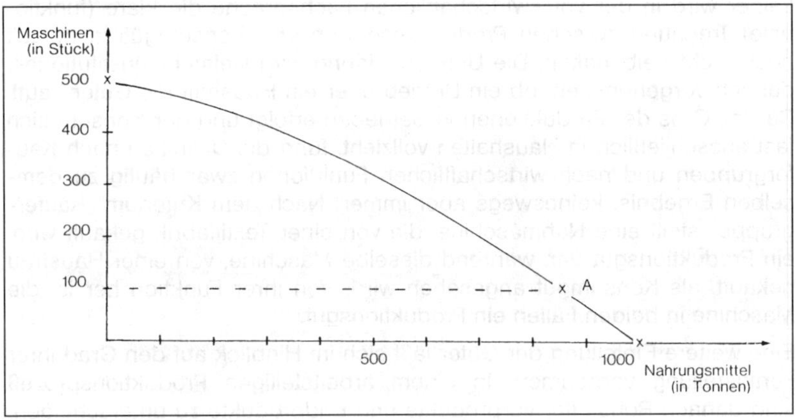

Abb. 1.2: Die Transformationskurve

Bei vollständigem und effizientem Einsatz der Produktionsfaktoren kann die Produktion eines Gutes nur auf Kosten der Produktion eines anderen Gutes ausgedehnt werden

Die entscheidende Überlegung ist nun: Will man, ausgehend von der Höchstmenge an überhaupt produzierbaren Nahrungsmitteln, auch einige Maschinen erstellen (z. B. 100), so ist dies nur möglich, wenn ein Teil der Produktionsmittel, die bisher für die Nahrungsmittelproduktion eingesetzt wurden, jetzt zur Maschinenproduktion verwendet wird. Folglich können jetzt nur weniger als 1000 Tonnen Nahrungsmittel erzeugt werden (z. B. 860). In der Volkswirtschaft wird damit der Punkt A in Abb. 1.2 verwirklicht. Ausgehend von diesen Produktionsmengen (100 Maschinen, 860 Tonnen Nahrungsmittel), kann die obige Überlegung wiederholt werden: Will man noch mehr Maschinen erzeugen, so müssen weitere Produktionsfaktoren für die Maschinenproduktion abgezogen werden. Die Mehrproduktion von einem Gut ist also nur auf Kosten der Produktion des anderen Gutes möglich. Diesen Verzicht auf die Produktion des „anderen“ Gutes nennt man auch **Opportunitätskosten.** Sämtliche Produktionsmengen der beiden Güter, die in der betrachteten Volkswirtschaft hergestellt werden können, liegen also auf einer fallenden Kurve (vgl. Abb. 1.2).

Man nennt diese Kurve die Kurve der volkswirtschaftlichen Produktionsmöglichkeiten oder auch (volkswirtschaftliche) **Transformationskurve.** Sie bringt in Modellform die Begrenztheit der Güterproduktion jeder Volkswirtschaft unabhängig von der Wirtschaftsordnung plastisch zum Ausdruck.

> Die Transformationskurve gibt alle Gütermengenkombinationen an, die in der Volkswirtschaft mit dem gegebenen Bestand an Produktionsfaktoren maximal produziert werden können.

Definition der Transformationskurve

Der Leser mag sich fragen, warum die Transformationskurve nach oben gekrümmt (konkav) gezeichnet worden ist. Ökonomisch bedeutet dies, daß die Produktion weiterer Mengeneinheiten des einen Gutes nur durch Verzicht auf immer größere Mengen des anderen Gutes erreicht werden kann. Die einfachste Erklärung ist die, daß es immer schwieriger wird, die Produktionsfaktoren, die bisher für die Herstellung von Nahrungsmitteln eingesetzt wurden, bei der Erzeugung von Maschinen zu verwenden, weil die Ergiebigkeit eines bestimmten Produktionsfaktors in der Regel in einer der beiden Produktionen größer ist („Ein Dreher ist meist kein guter Melker“).

Erklärung der Krümmung der Transformationskurve

Erhöht sich der Bestand an Produktionsfaktoren, so ist klar, daß mehr von jedem Gut erzeugt werden kann: Die Transformationskurve verschiebt sich nach außen. Zu einer solchen Verschiebung kann es z. B. dadurch kommen, daß die Volkswirtschaft mit der Zeit ihren Bestand an Kapitalgütern erhöht. Eine andere Möglichkeit, die Transformationskurve nach außen zu verschieben, stellt der technische Fortschritt dar, der, einfach ausgedrückt, die Qualität der Produktionsfaktoren verbessert.

Verschiebung der Transformationskurve

Es ist keine Selbstverständlichkeit, daß der Produktion der Volkswirtschaft ein Punkt auf der Transformationskurve entspricht. Werden nicht alle Produktionsfaktoren beschäftigt (z. B. infolge Arbeitslosigkeit), so verzichtet die Volkswirtschaft auf einen Teil ihrer Produktionsmöglichkeiten. Es besteht **Unterbeschäftigung** eines oder mehrerer Produktionsfaktoren. (Vgl. Abb. 1.3, Punkt B, der eine Gütermengenkombination darstellt, bei der ungefähr 330 Maschinen und 135 t Nahrungsmittel erstellt werden, während z. B. ca. 330 Maschinen und 580 t Nahrungsmittel bzw. 135 t Nahrungsmittel und 480 Maschinen erstellt werden könnten).

Produktionsfaktoren können unterbeschäftigt sein

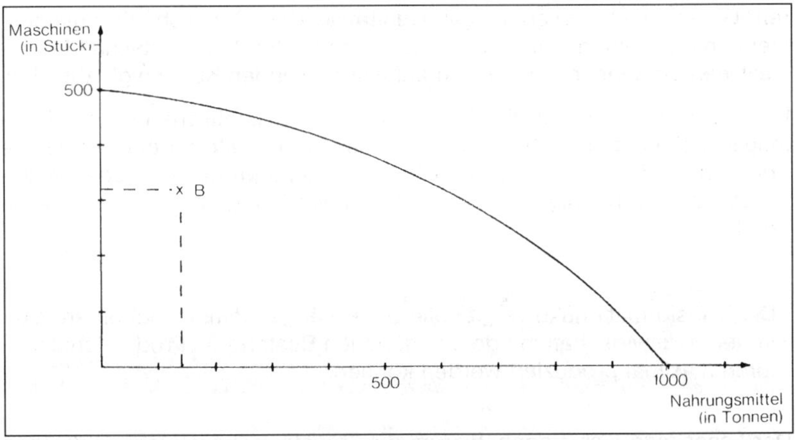

Abb. 1.3: Unterbeschäftigung eines oder mehrerer Produktionsfaktoren

1.3 Knappheit

Wir haben bisher die Bedürfnisse und die Produktionsmöglichkeiten betrachtet. Wie wir festgestellt haben, sind die Produktionsmöglichkeiten einer Volkswirtschaft zu einem gegebenen Zeitpunkt begrenzt. Wie aber sieht es mit dem Wunsch aus, Güter zur Befriedigung der Bedürfnisse zu erhalten? Es ist schwierig, die Bedürfnisse einer Volkswirtschaft mengenmäßig zu erfassen. Man wird u. E. aber davon ausgehen können, daß sich bei vollständiger Erfüllung sämtlicher Bedürfnisse Gütermengenkombinationen ergeben, die außerhalb der Transformationskurve der Volkswirtschaft liegen (vgl. Punkt A in Abb. 1.4).

Güter sind knapp

Das aber bedeutet, daß die Güter, gemessen an den Bedürfnissen, knapp sind.

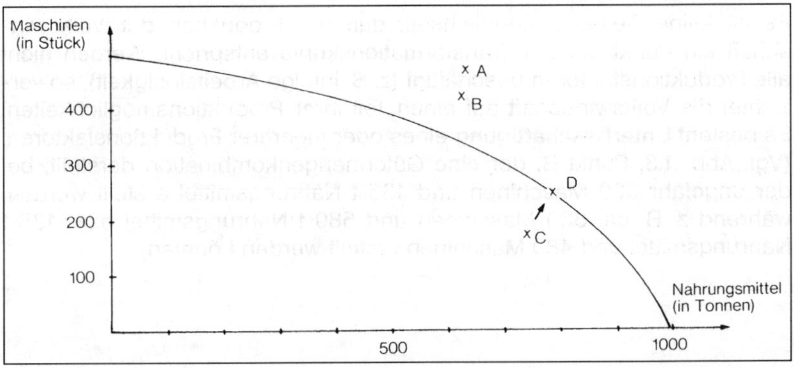

Abb. 1.4: Bedürfnisse und Produktionsmöglichkeiten

Gelegentlich wird behauptet, daß die Knappheit nur künstlich sei, weil eine Vielzahl von Bedürfnissen durch Werbung erst geschaffen würde und zugleich die Produktionsmöglichkeiten aufgrund von Mängeln des Wirtschaftssystems nicht voll ausgenützt würden. Nach dieser Anschauung kann also das behauptete Spannungsverhältnis zwischen den Bedürfnissen und den Mitteln zu ihrer Befriedigung beseitigt werden, indem man die Bedürfnisse auf ihr „natürliches Maß" reduziert und die Produktionsmöglichkeiten der Volkswirtschaft voll ausnutzt.

Ist die Knappheit überwindbar?

Wie ist diese Position zu beurteilen? Wie schon ausgeführt, gibt es in der Bundesrepublik sicherlich Bedürfnisse, deren Berechtigung individuell in Frage gestellt werden kann. Außerdem kann bei der derzeit bestehenden Unterbeschäftigung der Produktionsfaktoren die Produktion ausgedehnt werden. Es ist jedoch ausgeschlossen, daß durch eine Einschränkung der Bedürfnisse (die mit unseren Vorstellungen von Freiheit vereinbar ist) und/oder durch eine bessere Ausnutzung der Produktionsmöglichkeiten die Knappheit in absehbarer Zukunft beseitigt werden kann. (Auf Abbildung 1.4 bezogen bedeutet diese Argumentation: In bezug auf die Bedürfnisse kann man sich möglicherweise vom Punkt A z.B. zum Punkt B bewegen, nicht aber die Produktionsmöglichkeitskurve erreichen; bezüglich der Produktionsmöglichkeiten erscheint es annähernd möglich, vom Punkt C z.B. zum Punkt D zu gelangen, nicht aber zum Punkt A oder B.)

Diese Auffassung von einer echten Knappheit wird belegt durch die Fülle der ungelösten Aufgaben, die sowohl in industrialisierten als auch vor allem in nicht industrialisierten Volkswirtschaften bestehen. Neben einem Aufklärungsprozeß zur Beseitigung oder Einschränkung bestimmter Bedürfnisse bleibt also nur die Möglichkeit, die Knappheit so gering wie möglich zu halten, indem man die Produktionsmöglichkeiten durch das Wachstum der Volkswirtschaft zu erweitern sucht. Dabei ist zu beachten, daß in der Regel mit zunehmenden Produktionsmöglichkeiten – d.h. ja auch mit zunehmender Kenntnis überhaupt produzierbarer Güter – im allgemeinen auch die Bedürfnisse steigen.

Knappheit ist im Kern kein systemabhängiges Problem

1.4 Arbeitsteilung

Vor einigen Jahrhunderten spielte sich das Wirtschaftsleben in wesentlich einfacheren Formen ab als heute. Die meisten privaten Haushalte waren mit den Stätten der Produktion eng verbunden (Selbstversorgungswirtschaft, vor allem in der Landwirtschaft). Erst langsam entwickelte sich die **Tauschwirtschaft,** in der man weitgehend nicht mehr für den eigenen Bedarf, sondern für andere Wirtschaftssubjekte, sei es auf Bestellung, sei es für einen „anonymen Markt", produzierte.

Die Entwicklung der Tauschwirtschaft und die Ausdehnung der Märkte war verknüpft mit einer zunehmenden **Arbeitsteilung** zwischen Menschen, Betrieben und Volkswirtschaften. Die Vorteilhaftigkeit der Arbeitsteilung wird besonders anschaulich im berühmten Stecknadelbeispiel von ADAM SMITH (1723–1790, Begründer der Volkswirtschaftslehre) dargestellt:

Stecknadelbeispiel von ADAM SMITH

„Der eine Arbeiter zieht den Draht, ein anderer streckt ihn, ein dritter schneidet ihn ab, ein vierter spitzt ihn zu, ein fünfter schleift ihn am oberen Ende, damit der Kopf angesetzt werden kann. Die Anfertigung des Kopfes macht wiederum zwei oder drei verschiedene Tätigkeiten erforderlich: das Ansetzen desselben ist eine Arbeit für sich, das Weißglühen der Nadeln ebenso, ja sogar das Einwickeln der Nadeln in Papier bildet eine selbständige Arbeit. Auf diese Weise zerfällt die schwierige Aufgabe, eine Stecknadel herzustellen, in etwa achtzehn verschiedene Teilarbeiten, die in manchen Fabriken alle von verschiedenen Händen ausgeführt werden, während in anderen zuweilen zwei oder drei derselben von einem Arbeiter allein besorgt werden. Ich habe eine kleine Manufaktur dieser Art gesehen, in der nur zehn Mann beschäftigt waren und folglich einige zwei oder drei verschiedene Arbeiten zu übernehmen hatten. Obgleich sie nur sehr arm und infolgedessen mit den nötigen Maschinen nur ungenügend versehen waren, so konnten sie doch, wenn sie sich tüchtig daranhielten, an einem Tage zusammen etwa zwölf Pfund Stecknadeln anfertigen. Ein Pfund enthält über viertausend Nadeln mittlerer Größe. Diese zehn Arbeiter konnten demnach täglich über achtundvierzigtausend Nadeln herstellen. Da nun auf jeden der zehnte Teil von achtundvierzigtausend Nadeln entfällt, so kann man auch sagen, daß jeder täglich viertausendachthundert Nadeln herstellte. Hätten sie dagegen alle einzeln und unabhängig voneinander gearbeitet und wäre niemand besonders angelernt gewesen, so hätte gewiß keiner zwanzig, vielleicht sogar nicht einmal einer eine Nadel täglich anfertigen können, d. h. sicher nicht den zweihundertvierzigsten, vielleicht nicht einmal den viertausendachthundertsten Teil von dem, was sie jetzt infolge einer entsprechenden Teilung und Vereinigung der verschiedenen Arbeitsvorgänge zu leisten imstande sind."

(SMITH, ADAM, Der Reichtum der Nationen 1924, englisches Original 1776, S. 5 ff. Dieses „klassische" Buch ist einer der größten Erfolge der wirtschaftswissenschaftlichen Weltliteratur.)

Aus dem Stecknadelbeispiel läßt sich der Begriff der Arbeitsteilung ableiten. Man versteht darunter die Zerlegung der Produktion in Teilverrichtungen, die von spezialisierten Arbeitern oder Betrieben durchgeführt werden. Vollzieht sich die Spezialisierung innerhalb eines Betriebes, so spricht man von **innerbetrieblicher** Arbeitsteilung, vollzieht sie sich zwischen Betrieben, so spricht man von **zwischenbetrieblicher** Arbeitsteilung. Gehören die Betriebe dabei zu unterschiedlichen Volkswirtschaften, so liegt internationale Arbeitsteilung vor.

Die Vorteile der Arbeitsteilung liegen auf der Hand:

Vor- und Nachteile der Arbeitsteilung

- Die Spezialisierung auf einige wenige Tätigkeiten erhöht die Schnelligkeit, mit der diese Tätigkeiten ausgeführt werden können;
- Arbeitsteilung ermöglicht den Einsatz spezialisierter Maschinen und damit kostengünstige Massenproduktion;
- Menschen mit den unterschiedlichsten Fertigkeiten können so im Produktionsprozeß eingesetzt werden, daß ihre speziellen Fertigkeiten am besten ausgeschöpft werden.

Es darf aber nicht übersehen werden, daß mit der Arbeitsteilung auch einige Nachteile verbunden sind:

- Die Arbeit wird fremdbestimmt, d. h. man produziert nicht mehr das, was man konsumiert, und konsumiert nicht mehr das, was man produziert. Dies begründet die Notwendigkeit von Hierarchien und die Schaffung von Leistungsanreizen.
- Arbeitsteilung zwingt zu einer straffen Arbeitsdisziplin.
- Arbeitsteilung schafft Abhängigkeiten der Menschen, Betriebe usw. voneinander, die in Krisenzeiten zu Versorgungsproblemen führen können.
- Sofern die Art und Menge der Nachfrage im voraus nicht mit Sicherheit bekannt ist, kann es zu Über- und Unterproduktion kommen.
- Da nur noch Teile gefertigt werden, geht die Beziehung zum Arbeitsprodukt verloren.
- Mit der Fließbandfertigung können auch negative psychologische Rückwirkungen verbunden sein. Einseitige Beanspruchung des Beschäftigten und vorgegebenes Arbeitstempo vermindern oft die Arbeitslust.

Je weiter die Arbeitsteilung entwickelt ist, desto größer wird die Notwendigkeit, die verschiedenen Produktionsvorgänge aufeinander und auf die Wünsche der Verbraucher abzustimmen. Aufeinander abstimmen heißt z. B., daß die Stahlindustrie die Bleche im benötigten Umfang für die Automobilproduktion bereitstellt. Auf die Wünsche der Verbraucher abstellen heißt: Güter zu produzieren, die vom Verbraucher benötigt werden, bzw. Güter, die nicht benötigt werden, nicht zu produzieren. Da alle entwickelten Volkswirtschaften hochgradig arbeitsteilig produzieren, ist es also ein Problem jeder Wirtschaftsordnung, die Pläne der Produzenten aufeinander und auf die Wünsche der Verbraucher abzustimmen. Es bestehen unterschiedliche Vorstellungen darüber, wie dieses **Koordinationsproblem** am besten gelöst werden kann. Dies ist ein wesentlicher Aspekt eines Wirtschaftssystems, dessen Behandlung wir uns jetzt zuwenden wollen.

Problem der Abstimmung der Produktionspläne untereinander und auf die Bedürfnisse der Konsumenten

2. Systemabhängige Grundtatbestände der Wirtschaft

Wie gezeigt, ergibt sich aus der Tatsache der hochgradig arbeitsteiligen Produktion die Notwendigkeit, eine Wirtschaftsordnung zu konzipieren, die insbesondere das Problem der sinnvollen Abstimmung der Wirtschaftspläne (Koordination) löst. Soll ein ungeordnetes Nebeneinander einzelwirtschaftlicher Tätigkeiten vermieden werden, so sind Regeln, Normen und Institutionen erforderlich. Bevor wir uns diesem Problem näher zuwenden, sind zunächst einige Begriffe zu klären.

2.1 Wirtschaftsordnung, Wirtschaftsverfassung, Wirtschaftssystem

Diese Begriffe werden nicht einheitlich verwendet. Bisweilen wird der Idealtypus einer Wirtschaft, das grundlegende Ordnungsmodell, als Wirtschaftssystem und der Realtypus, die konkrete Ausgestaltung einer Wirtschaft, als Wirtschaftsordnung bezeichnet. Diese Unterscheidung hat sich indes nicht bewährt und wird auch von uns nicht aufrecht erhalten. Wir verwenden die Begriffe daher synonym und sprechen im folgenden meist von Wirtschaftssystem.

Die Wirtschaftsordnung wird durch den organisatorischen Aufbau und Ablauf einer Volkswirtschaft bestimmt

Als **Wirtschaftsordnung/Wirtschaftssystem** bezeichnen wir den gesamten organisatorischen Aufbau und Ablauf einer Volkswirtschaft. Da diese Organisationsstruktur in einer hochgradig arbeitsteiligen Volkswirtschaft sehr kompliziert ist und viele Elemente umfaßt, ist eine genauere inhaltliche Bestimmung des Begriffs Wirtschaftsordnung komplex. Trotzdem wird eine solche Konkretisierung häufig vorgenommen, indem man die Wirtschaftsordnung definiert als die

Gesamtheit der
- rechtlichen Vorschriften,
- Koordinationsmechanismen,
- Zielsetzungen, Verhaltensweisen und
- Institutionen,

die den Aufbau und Ablauf einer Volkswirtschaft bestimmen.

Dabei gehören zu den Institutionen sowohl die für die Wirtschaftspolitik des Staates (Bund, Länder und Gemeinden) verantwortlichen Parlamente, Ministerien, Ausschüsse als auch z. B. die Bundesbank, das Bundeskartellamt, Gewerkschaften und Arbeitgeberverbände. Zu den Zielen gehören die einzelwirtschaftlichen Zielsetzungen der Unternehmungen (z. B. höchstmöglicher Gewinn) und Verbraucher (z. B. größtmögliche Bedürfnisbefriedigung) ebenso wie gesamtwirtschaftliche Ziele (z. B. Vollbeschäftigung und Preisstabilität). Das Verhalten von Wirtschaftseinheiten, etwa bei Tarifverhandlungen, im Arbeitsprozeß, bei Entscheidungen über Arbeitsplatzbesetzung und -gestaltung, ist entscheidend geprägt durch ihre Interessenlage und Machtposition. Ergänzend kommen mit unterschiedlichem Gewicht religiöse und weltanschauliche Bestimmungsfaktoren hinzu.

Bei dem Koordinationsmechanismus – der noch eingehend dargestellt wird – geht es um das schon angesprochene Problem, wie die Vielzahl von Wirtschaftsplänen aufeinander abgestimmt wird. Zentrale und dezentrale Planung sind die Pole, an denen sich konkrete Koordinationsmechanismen orientieren.

Die rechtlichen Vorschriften einer Volkswirtschaft, die in den wirtschaftlichen Bereich eingreifen, beeinflussen oder bestimmen die bisher angesprochenen Elemente der Wirtschaftsordnung. Die Gesamtheit der in einer Volkswirtschaft bedeutsamen wirtschaftsrechtlichen Vorschriften nennt man **Wirtschaftsverfassung.** Zu beachten ist, daß zur Wirtschaftsverfassung nicht nur die in den Verfassungen von Bund und Ländern verankerten Vorschriften gehören, sondern auch wirtschaftlich bedeutsame Bundes- und Landesgesetze (z.B. das Aktiengesetz, das Gesetz gegen Wettbewerbsbeschränkungen, die Steuergesetze, das Bundesbankgesetz oder das Tarifvertragsrecht).

Die Wirtschaftsverfassung ist die Gesamtheit der für die Wirtschaftsordnung bedeutsamen rechtlichen Vorschriften

Der Bereich der Wirtschaftspolitik, der sich mit der Gestaltung der Wirtschaftsordnung beschäftigt, heißt **Wirtschaftsordnungspolitik.**

2.2 Bausteine von Wirtschaftssystemen

Zur vollständigen Beschreibung eines Wirtschaftssystems müßten sämtliche Bausteine herangezogen werden.

Zwei der Bausteine spielen indes in der Diskussion eine besondere Rolle:

- der Koordinationsmechanismus und
- die Eigentumsordnung für Produktionsmittel.

Es ist fraglich, ob diese beiden Elemente eines Wirtschaftssystems voneinander unabhängig sind. Wahrscheinlich funktioniert die Koordination über Preise bei Privateigentum anders als bei Gemeineigentum an Produktionsmitteln und möglicherweise setzt eine zentrale Planung die Aufhebung des Privateigentums voraus. Dennoch unterstellen wir im folgenden eine gedankliche Isolierung dieser Bausteine. Neben diesen beiden zentralen Bausteinen eines Wirtschaftssystems wird bisweilen als dritte Determinante die Motivationsstruktur (Tradition, Eigennutz, Altruismus oder Zwang) eingeführt. Da in der Wirtschaftswissenschaft angenommen wird, daß der Eigennutz dominierendes Handlungsmotiv der Menschen ist (nicht: sein soll), verzichten wir auf diese zusätzliche Unterscheidung.

2.2.1 Der Koordinationsmechanismus

In jedem Wirtschaftssystem stellen sich infolge der Knappheit der Güter drei zentrale Fragen:

Was soll produziert werden?
(Welche Güterarten sollen in welchen Mengen hergestellt werden, und wer entscheidet darüber: die Konsumenten, die Produzenten oder der Staat?)

Wie soll produziert werden?
(Welche Produktionsfaktoren sollen in der Produktion in welchen Mengen eingesetzt werden; wo soll produziert werden; wer entscheidet darüber: die Produzenten oder der Staat?)

Für wen soll produziert werden?
(Wer erhält was und wieviel vom Produktionsergebnis; wieviel soll konsumiert bzw. investiert werden, und wer entscheidet darüber: die Konsumenten, die Produzenten oder der Staat?)

Koordinationsmechanismus: Wie werden die Fragen des „Was“, „Wie“ und „Für wen“ der Produktion gelöst?

Wie diese Fragen bezüglich der Allokation der Ressourcen und der Verteilung der Güter beantwortet werden, entscheidet der zugrunde gelegte Koordinationsmechanismus. Man unterscheidet die

- Koordinationsform der dezentralen Planung und die
- Koordinationsform der zentralen Planung.

Bei der **dezentralen Planung** entscheiden Millionen von Unternehmen und Haushalten – gesteuert durch den Preis- und Gewinnmechanismus (Marktmechanismus) –, was, wie und für wen produziert wird. Man spricht daher von einer **Marktwirtschaft.** Bei **zentraler Planung** übernimmt diese Entscheidungen eine zentrale staatliche Instanz. Man spricht hier von einer **zentralen Verwaltungswirtschaft.**

2.2.2 Die Eigentumsordnung für Produktionsmittel

Als weiteres entscheidendes Bauelement eines Wirtschaftssystems wird die Eigentumsordnung für Produktionsmittel (des „Kapitals“) angesehen. Eigentum an Produktionsmitteln kann grundsätzlich zwei Formen annehmen:

Kapitalistisches und Sozialistisches Wirtschaftssystem

- Privateigentum und
- Gemeineigentum (Gesellschafts-, Volks- oder Staatseigentum).

Eine Gesellschaft, in der die Produktionsmittel Privaten gehören, bezeichnet man als **kapitalistisches** Wirtschaftssystem. Eine Gesellschaft, in der die Produktionsmittel Gemeineigentum sind, nennt man ein **sozialistisches** Wirtschaftssystem. Hervorzuheben ist, daß die Begriffe „kapitalistisch“ und „sozialistisch“ hier ohne jede Wertung als Fachbegriffe nur für die bestehende Eigentumsordnung verwendet werden.

2.3 Wirtschaftssysteme

Aus der Kombination der beiden Bauelemente ergibt sich folgende Einteilung der Wirtschaftssysteme:

Eigentumsordnung → / ↓ Koordinationsprinzip	Privateigentum an Produktionsmitteln	Gemeineigentum an Produktionsmitteln
Dezentrale Planung	Kapitalistische Marktwirtschaft	Sozialistische Marktwirtschaft
Zentrale Planung	Kapitalistische Zentralverwaltungswirtschaft	Sozialistische Zentralverwaltungswirtschaft

Es sei betont, daß diese Aufstellung Modellcharakter hat. Die in der Wirklichkeit zu beobachtenden Wirtschaftsordnungen stellen Mischformen dar, bei denen das Koordinationsproblem überwiegend marktwirtschaftlich oder überwiegend dirigistisch gelöst ist und die Eigentumsordnung überwiegend kapitalistisch oder sozialistisch ist. Das Modell der „sozialistischen Marktwirtschaft" war z. B. in Ansätzen in Ungarn und Jugoslawien verwirklicht. Außerdem sind die Eigentumsordnung und der Koordinationsmechanismus nur zwei, wenn auch besonders wichtige, Systemelemente einer Volkswirtschaft. Daneben sind, wie ausgeführt, andere Bausteine, wie die Organisation der Märkte, die Ziele, Mittel und Träger der Wirtschaftspolitik, der Grad der Mitbestimmung, die Bedeutung genossenschaftlichen Eigentums u. a., für die Beschreibung eines konkreten Wirtschaftssystems von Bedeutung. Von daher ist eine sich auf Berücksichtigung der Systemelemente Eigentumsordnung und Koordinierungsmechanismus beschränkende Benennung der Wirtschaftssysteme eine starke Vereinfachung.

Im folgenden 2. Kapitel werden wir die Funktionsweise der kapitalistischen Marktwirtschaft und im 3. Kapitel die Funktionsweise der sozialistischen Zentralverwaltungswirtschaft näher erörtern. Zur terminologischen Vereinfachung sprechen wir im folgenden gelegentlich einfach von Marktwirtschaft und Zentralverwaltungswirtschaft.

C. Arbeitsaufgaben

1. *Definieren Sie folgende Begriffe:*
   - Produktion,
   - Güter,
   - Knappheit,
   - Arbeitsteilung,
   - Kapital,
   - Investitionen.
2. *Diskutieren Sie die Wechselbeziehung zwischen Bedürfnissen und Produktion anhand von Beispielen. Welche Rolle spielt die Werbung in diesem Zusammenhang?*
3. *Warum kann man Bedürfnisse nicht objektiv gesamtgesellschaftlich bewerten?*
4. *Warum führt Arbeitsteilung zur Notwendigkeit von Leistungsanreizen und Hierarchien?*
5. *Diskutieren Sie Vor- und Nachteile der Arbeitsteilung.*
6. *Was sind die zentralen Bausteine eines Wirtschaftssystems?*
7. *In einer Volkswirtschaft kann bei Einsatz sämtlicher Produktionsfaktoren eine Produktion von 5 000 Einheiten Investitionsgütern und 20 000 Einheiten Konsumgütern erstellt werden. Stellen Sie das Wahlproblem dieser Volkswirtschaft mit Hilfe der volkswirtschaftlichen Transformationskurve dar.*
8. *Illustrieren Sie das Knappheitsproblem mit Hilfe der Transformationskurve.*
9. *„Die angebliche Knappheit in kapitalistischen Volkswirtschaften verschwindet mit der Beseitigung der Bedürfnismanipulation und der künstlichen Schranken der Produktion." Nehmen Sie Stellung zu diesem Satz.*
10. *Nennen und erläutern Sie die zentralen Fragen, die der Koordinierungsmechanismus einer Volkswirtschaft beantworten muß.*

Lösungsvorschläge für die Arbeitsaufgaben im „Übungsbuch zu Grundlagen und Probleme der Volkswirtschaft".

D. Literatur

Die Grundbegriffe des ersten Kapitels werden in zahlreichen einführenden Werken zur Volkswirtschaftslehre erklärt. Wir nennen insbesondere

ALTMANN, Jörn, Volkswirtschaftslehre, 5. Auflage, Stuttgart 1992

SIEBERT, Horst, Einführung in die Volkswirtschaftslehre, 10. Auflage, Stuttgart u. a. 1991, 1. Kapitel

STOBBE, Alfred, Volkswirtschaftliches Rechnungswesen, 8. revidierte Auflage, Berlin u. a. 1994, 1. Kapitel

WOLL, Artur, Allgemeine Volkswirtschaftslehre, 12. Auflage, München 1996, 2. Kapitel.

Speziell zum Themenkreis „Bedürfnisse" siehe

MAY, Hermann, Die menschlichen Bedürfnisse, In: MAY; H., (Hrsg.), Handbuch zur ökonomischen Bildung, München 1992, Kapitel 1.1

sowie das Standardwerk von

KROEBER-RIEL, Werner, Konsumentenverhalten, 5. Auflage, München 1992.

Zum Themenkreis „Wirtschaftsordnung, Wirtschaftsverfassung und Wirtschaftssystem" informieren kurz

LEIPOLD, Helmut, Wirtschafts- und Gesellschaftssysteme im Vergleich, 5. Auflage, Stuttgart 1988, insbesondere im ersten Teil, und

THIEME, H. Jörg, Wirtschaftssysteme, in: Vahlens Kompendium der Wirtschaftstheorie und Wirtschaftspolitik, Band 1, 7. Auflage, München 1999, S. 3-52.

2. Kapitel
Funktionsweise der Marktwirtschaft (Überblick)

A. Lernzielorientierte Leitfragen und Fragenkomplexe

Leitfrage:
Wie arbeitet im Modell die Marktwirtschaft, und wo liegen prinzipiell die Vorzüge von marktwirtschaftlicher Koordination und Privateigentum an Produktionsmitteln?

- *In welcher Beziehung stehen der klassische Liberalismus und die Marktwirtschaft?*
- *Welches sind die Grundprinzipien dieses Wirtschaftssystems?*
- *Wie sieht der einfache Wirtschaftskreislauf in einer Marktwirtschaft aus?*
- *Wie werden die Fragen des „Was", „Wie" und „Für Wen" der Produktion im marktwirtschaftlichen Modell gelöst?*
- *Welche ökonomischen Funktionen hat das Privateigentum an Produktionsmitteln?*

Leitfrage:
Wo liegen mögliche Nachteile des Marktmechanismus, und welche Abweichungen zwischen Marktmodell und Wirklichkeit sind zu beobachten?

- *Inwiefern hat der Preismechanismus eine unsoziale Zuteilungsfunktion?*
- *Warum besteht eine Tendenz zu einer ungleichen Einkommens- und Vermögensverteilung?*
- *Warum muß der Staat die Produktion bestimmter Güter übernehmen?*
- *Welche Ursachen und Konsequenzen hat das Auseinanderfallen von privaten und sozialen Kosten und Erträgen?*
- *Besteht eine automatische Tendenz zur Vollbeschäftigung und Effizienz der Produktionsfaktoren?*

Leitfrage:
Wie grenzt sich die Soziale Martwirtschaft vom klassischen marktwirtschaftlich-kapitalistischen System ab?

- *Welches sind die beiden Pole, auf die sich die Soziale Marktwirtschaft stützt?*
- *Wie stellt man sich den Wettbewerb in der Sozialen Marktwirtschaft vor?*

- *Warum und in welcher Form erfolgen Korrekturen des Marktergebnisses?*
- *Schreibt das Grundgesetz ein bestimmtes Wirtschaftssystem vor?*

B. Sachanalyse

1. Idee des klassischen Liberalismus

Die beherrschende Idee des klassischen Liberalismus im späten 18. Jahrhundert war die Forderung nach individueller Selbständigkeit und Freiheit.

Ausgehend von der Annahme, daß jeder seine eigenen Interessen am besten kenne und verfolgen könne, sind die Vertreter des klassischen Liberalismus für freie Konsumwahl und freie Entscheidung beim Einsatz der Produktionsfaktoren eingetreten.

Grundgedanken der freien Marktwirtschaft

Der marktwirtschaftliche Wettbewerbsmechanismus (Marktmechanismus) erschien ihnen am besten geeignet, die Interessen der Produzenten mit denen der Konsumenten in Übereinstimmung zu bringen. Die Betonung des **Individualismus** kann durch die damalige Verbreitung des Naturrechts begründet werden, nach dem das Individuum als vernünftiges Wesen verstanden wird, das rational handelt und deshalb ein natürliches Recht auf Freiheit hat. Die Freiheit findet nach dieser Auffassung ihre beste wirtschaftliche Entsprechung in der Marktwirtschaft.

Konsumenten- und Produzentensouveränität

> „Die reine Marktwirtschaft ist auf dem Grundsatz der vollen Selbstverantwortung und wirtschaftlichen Handlungsfreiheit der Individuen aufgebaut. Hier gibt es eine Unzahl von selbständig wirtschaftenden Menschen, die alle trachten, ihre Bedürfnisse so weit als möglich zu befriedigen, und die alle wenigstens über ihre Arbeitskraft im Prinzip frei verfügen können, z. T. aber auch sachliche Produktionsmittel wie Kapital oder Grund und Boden besitzen, über die sie gleichfalls disponieren können. Der Staat greift keineswegs in das freie Spiel der Kräfte ein, der einzelne kann im Bereich der Wirtschaft tun und lassen, was er will, sofern er nicht mit dem Strafgesetz in Konflikt kommt. Jeder kann seine Arbeitskraft verwenden, wie es ihm beliebt, aber es bleibt ihm überlassen, die entsprechende Gelegenheit zu finden; wenn er Kapital besitzt, darf er es nach seinem Gutdünken anlegen; er darf eine Fabrik errichten, ein Kaufmannsgeschäft eröffnen, Ackerbau und Viehzucht betreiben usw.; er darf für Güter und Leistungen, die er anbietet, beliebige Preise fordern, vorausgesetzt, daß er zu diesen Preisen Abnehmer findet. Es herrscht völlige Freiheit des Konsums, jeder kann die Güter und Mengen verbrauchen, die er begehrt, natürlich soweit sein Einkommen dazu ausreicht.

Auf den ersten Blick scheint es wohl, daß es sich um eine geradezu chaotische Form der gesellschaftlichen Wirtschaft handelt. In Wahrheit gibt es jedoch einen Regulator: das sind der Markt und die sich auf ihm vollziehende ‚Preisbildung'". (A. MAHR, Der bewältigte Wohlstand, Probleme der modernen Industriegesellschaft, Berlin 1964, S. 13).

Dem Staat haben die Vertreter des klassischen Liberalismus dabei die Aufgabe zugedacht, für die Verwaltung, die Rechtsordnung, die innere und äußere Sicherheit, für das Verkehrswesen und das Bildungs- und Gesundheitswesen zu sorgen. Verschiedentlich wird die Meinung vertreten, die Klassiker (insbesondere die Engländer ADAM SMITH [1723–1790], DAVID RICARDO [1772–1823], JOHN STUART MILL [1806–1873] und der Franzose JEAN BAPTISTE SAY [1767–1832]) hätten dem Staat nur eine – gemessen an heutigen Vorstellungen – untergeordnete Rolle zugewiesen. Man spricht dann auch vom **Nachtwächterstaat.** Der obige – recht umfangreiche – Aufgabenkatalog rechtfertigt diese Bezeichnung jedoch nicht in vollem Umfang.

Aufgaben des Staates

2. Koordinierungsmechanismus Markt

Bevor wir den Koordinationsmechanismus „Markt" näher betrachten, wollen wir zunächst den Wirtschaftskreislauf modellhaft darstellen. Wir fassen sämtliche privaten Haushalte zu einer großen Gruppe Haushalte (man spricht auch vom **Sektor** Haushalte) zusammen. Ebenso verfahren wir mit den Unternehmen, die zusammengefaßt den Sektor Unternehmen bilden. In unserem einfachen Modell sehen wir von staatlicher wirtschaftlicher Tätigkeit und von außenwirtschaftlichen Beziehungen ab. Die beiden Sektoren Haushalte und Unternehmen sind auf zweierlei Weise miteinander ökonomisch verbunden. Wenn die privaten Haushalte Konsumgüter kaufen wollen, treten sie auf den Konsumgütermärkten als Nachfrager auf, wo die Unternehmen ihrerseits Konsumgüter anbieten. Da Käufe mit Geld bezahlt werden, fließt dem Strom der Konsumgüter von Unternehmen an die Haushalte ein wertgleicher Strom von Konsumausgaben (Geldstrom) entgegen. Zum anderen begegnen sich Haushalte und Unternehmen auf den Märkten für produktive Leistungen. Für die Produktion müssen die Unternehmen Produktionsfaktoren einsetzen, für deren Nutzung sie den Haushalten ein Geldeinkommen zahlen. Dem Strom der produktiven Leistungen (z. B. der Arbeitskraft) fließt auch hier ein Geldstrom entgegen.

Konsumgüter fließen von Unternehmungen an Haushalte; eine entsprechende Konsumausgabe fließt von den Haushalten an die Unternehmungen

Produktivleistungen fließen von den Haushalten an die Unternehmungen; entsprechende Einkommen von den Unternehmungen an die Haushalte

Wie in Abb. 2.1 dargestellt, fließt also zwischen dem Sektor private Haushalte und dem Sektor private Unternehmen ein Güterstrom und entgegengesetzt ein Geldstrom. Man spricht daher in Anlehnung an den Blutkreislauf vom **Wirtschaftskreislauf.**

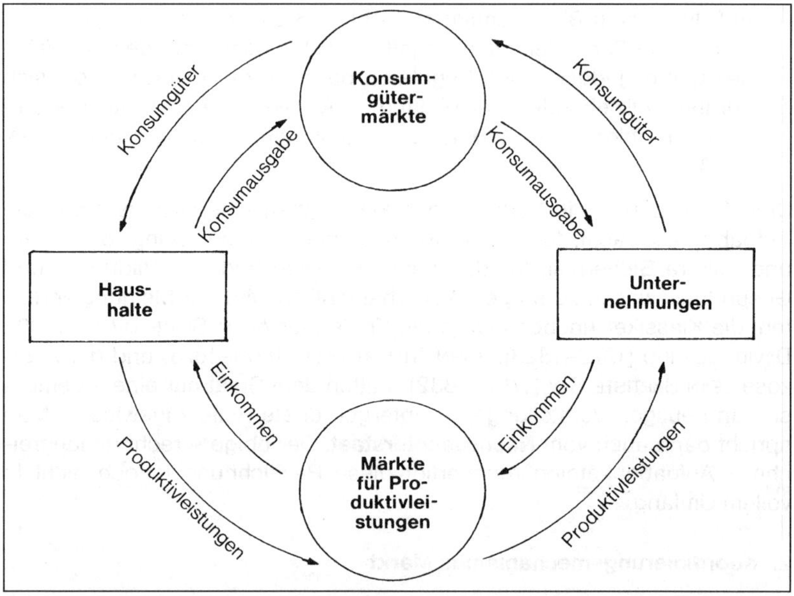

Abb. 2.1: Der einfache Wirtschaftskreislauf

Mit Hilfe des Wirtschaftskreislaufs und seiner Märkte soll die marktwirtschaftliche Lösung des Koordinationsproblems erläutert werden. Dabei sind einige Vorgriffe auf die Preisbildung, die wir im 6. Kapitel eingehend behandeln werden, notwendig. Zudem ist hervorzuheben, daß es sich bei den folgenden Erörterungen um eine reine Modellbetrachtung handelt. Erläutert wird, wie der Marktmechanismus in idealer Weise funktioniert. Beobachtbare Mängel marktwirtschaftlicher Systeme und die sich daraus ergebenden Einschränkungen für die folgenden Ausführungen werden in Abschnitt 4 behandelt.

Wie wird in der Marktwirtschaft entschieden, welche Güter in welchen Mengen produziert werden? (Das **„Was“** der Produktion.)

Das „Was“ der Produktion

Auf den **Konsumgütermärkten** treffen Angebot und Nachfrage nach Gütern zusammen und bestimmen die Preise der Güter. Bei diesen „gleichgewichtigen“ Preisen sind Angebot und Nachfrage ausgeglichen, und die Unternehmen erzielen einen bestimmten Gewinn.

Angenommen, die Nachfrage nach einem Gut (z. B. nach Einfamilienhäusern) steigt, ohne daß sich zunächst die Produktionskosten wesentlich verändern. Die Folge wird sein, daß der Preis für dieses Gut steigt und der Gewinn in diesem Produktionszweig erhöht wird. Dies veranlaßt die Unternehmer, ihre Produktion des Gutes auszudehnen, und lockt neue Unternehmer auf den lukrativen Markt. D. h. aber zugleich, daß insbesondere mehr Arbeiter und Maschinen, Boden und Rohstoffe zur Produktion von Einfamilienhäusern gebraucht werden.

Was bedeuten diese Vorgänge für das **„Was“** der Produktion? Die gestiegene Nachfrage, die letztlich Käuferwünsche widerspiegelt, regt über den gestiegenen Preis und Gewinn die Produktion dieses Gutes an.

Die Nachfrager entscheiden also letztlich durch ihre Käufe („Stimmzettel"), was in der Volkswirtschaft in welchen Mengen produziert wird.

Man spricht deshalb auch von der **Konsumentensouveränität.** Mit der Entscheidung über die Menge der zu produzierenden Güter wird gleichzeitig entschieden, in welche Verwendungen die knappen Produktionsfaktoren der Volkswirtschaft fließen. Preise und Gewinne haben in diesem Prozeß die wichtige Aufgabe, dem Unternehmer zu signalisieren, welche Produktion die Konsumenten wünschen. Nur solche Unternehmer, die diese Signale beachten, können langfristig am Markt bleiben.

Das „Für Wen“ der Produktion

Wenden wir uns der Frage zu, **„Für Wen“** in der Marktwirtschaft produziert wird.

Güter kann nur kaufen, wer ein Einkommen erzielt. (Zur Vereinfachung wollen wir von Käufen aus Vermögen absehen.) Ein Einkommen erzielt nur, wer seine Arbeitskraft oder sonstige Produktivleistungen für Produktionsprozesse erfolgreich anbietet. Die Höhe des Einkommens ergibt sich dabei – abgesehen vom Gewinn, der sich als Restgröße ergibt (Umsatz – Kosten) – als mathematisches Produkt aus der Menge der verkauften Leistungen und ihrem Preis. Die Preise und die ge- bzw. verkauften Mengen der Produktivleistungen ergeben sich auf den sogenannten **Faktormärkten,** die Preise für die Arbeitskraft z. B. auf dem Arbeitsmarkt.

Die Angebots- und Nachfragesituation auf den Faktormärkten entscheidet also über die Höhe der Einkommen und damit über das „Für Wen“ der Produktion.

Das „Wie“ der Produktion

Wie, d. h. durch Einsatz welcher Produktionsfaktoren werden die produzierten Güter erzeugt?

Angenommen, der Faktor Arbeit ist aufgrund einer hohen Nachfrage nach Arbeit relativ (d. h. im Verhältnis zu anderen Produktionsfaktoren) teuer. Es leuchtet ein, daß die Unternehmer, die zum Zwecke der Gewinnerhöhung möglichst niedrige Kosten anstreben, in einem solchen Fall versuchen werden, möglichst wenig Arbeitskraft einzusetzen, Arbeitskraft also durch Kapital zu ersetzen.

Da sich der Preis des Faktors Arbeit (Lohn) und des Faktors Kapital (Zins) auf den Faktormärkten bildet, entscheidet – bei gegebenem Stand des technischen Wissens – die Preisbildung auf den Faktormärkten über das Einsatzverhältnis der Produktionsfaktoren und damit über das „Wie“ der Produktion.

Abschließend ist auf zwei wichtige Punkte hinzuweisen. (1) Über die Fragen des „Was", „Wie" und „Für Wen" der Produktion wird – was zum Teil schon anklang – nicht isoliert auf den Güter- bzw. Faktormärkten entschieden.

Die Vorgänge auf den Gütermärkten haben ebenso Rückwirkungen auf die Faktormärkte wie die Vorgänge auf den Faktormärkten auf die Gütermärkte.

Nachfrage nach Produktionsfaktoren ist eine abgeleitete Nachfrage

Wenn im obigen Beispiel der Preis eines Konsumgutes steigt und daraufhin die Produktion ausgedehnt wird, nimmt in der Volkswirtschaft die Nachfrage nach Arbeitskräften für diese Branche zu. Die Nachfrage nach Arbeit ist also, wie die Nachfrage nach Produktivleistungen überhaupt, eine **abgeleitete Nachfrage.** Die Löhne steigen, und damit verändert sich die Kostensituation bei der Konsumgüterproduktion, was nicht ohne Rückwirkungen auf die Produktionsentscheidungen bleibt: Einerseits lohnt es sich in dieser Branche tendenziell, Arbeit durch Kapital zu ersetzen, andererseits führen die gestiegenen Kosten im Marktmodell zu einer Abnahme der Produktion. Ferner ist zu berücksichtigen, daß die gestiegenen Löhne Einkommen darstellen und damit nachfragewirksam werden. Hier wird der wechselseitige Zusammenhang zwischen den Märkten einer Volkswirtschaft – die **generelle ökonomische Interdependenz** – sehr deutlich. (2) Es ist hervorzuheben, daß im klassischen Modell der Marktmechanismus nicht nur die Funktion erfüllt, die Einzelinteressen mit dem Gesamtinteresse in Einklang zu bringen. Vielmehr wird auch davon ausgegangen, daß dem Marktmechanismus eine automatische Tendenz zur Vollbeschäftigung und bestmöglichen Ausnutzung der Produktionsfaktoren innewohnt.

Tendenz zur Vollbeschäftigung

3. Funktion des Privateigentums an Produktionsmitteln

Kern der Befürwortung des Privateigentums an Produktionsmitteln ist die Nutzbarmachung des Eigeninteresses für das Wohl der Gesamtwirtschaft (Leistungsanreiz).

Eigentumsrechte **(property rights)** sind Rechte in Form von Nutzungsrechten (Recht auf die Erträge) und Verfügungsrechten (Recht auf Erwerb, Verwendung und Übertragung). Eigentumsrechte definieren das Ausmaß der Zurechnung von Handlungsfolgen und sind damit ein optimales Instrument für Leistungsanreiz und Erfolgskontrolle. Wenn eine Zurechnung von Handlungsfolgen möglich ist, kann mit Eigeninitiative, Innovationsbereitschaft und positiven gesamtwirtschaftlichen Effekten gerechnet werden. Immer dann, wenn Eigentumsrechte nicht angemessen definiert und durchgesetzt werden können, führt privatopportunistisches Verhalten zu einer Fehlallokation der Ressourcen.

Wenn z.B. der Unternehmer das Privateigentum an Produktionsmitteln hat, also über den Einsatz der Produktionsmittel frei entscheiden und über erwirtschaftete Gewinne frei verfügen kann, ist nach dieser Ansicht die Gewähr dafür gegeben, daß der Unternehmer die Signale des Marktes, die die Käuferwünsche übermitteln, im eigenen Interesse beachtet. Denn berücksichtigt er die Käuferwünsche, so erhöht er seinen Gewinn und damit sein Privateigentum, mißachtet er die Käuferwünsche, so macht er einen Verlust und vermindert sein Privateigentum (Privateigentum mit voller persönlicher Haftung).

Privateigentum soll: Im Zusammenhang mit persönlicher Haftung die Beachtung der Marktsignale sichern…

Der tragende Gedanke der Befürwortung des Privateigentums an Produktionsmitteln – der Eigeninitiative einen möglichst großen Freiraum zu schaffen – findet seinen Niederschlag auch in anderen liberalistischen Rechtsnormen. So verankern die allgemeine Vertragsfreiheit, die Gewerbe- und Niederlassungsfreiheit und andere Freiheitsrechte den Grundsatz, der Entfaltung der Privatinitiative keine unnötigen Hindernisse in den Weg zu legen.

…die Eigeninitiative fördern

Fassen wir die Grundgedanken der kapitalistischen Marktwirtschaft zusammen:

Der Rahmen wird durch eine Wettbewerbswirtschaft gesetzt, in der die Unternehmen miteinander um die „Stimmzettel" der Verbraucher konkurrieren und sich bemühen, durch kostengünstige Produktion wettbewerbsfähig zu bleiben. Es besteht die Vorstellung, daß die täglich zu wiederholenden Wahlentscheidungen der Konsumenten – anders als in einem politischen System mit mehrjährigem Wahlturnus – den Unternehmen jeweils nur ein zeitlich eng begrenztes Mandat zur Verfügung über die knappen Produktionsfaktoren der Volkswirtschaft geben. Üben sie dieses Mandat nicht im Sinne der Konsumenten aus, wird ihnen die Verfügungsmacht durch den Markt wieder entzogen. Damit wird gleichzeitig sichergestellt, daß die Entfaltung des Eigeninteresses als treibende Kraft der Marktwirtschaft jederzeit so kanalisiert wird, daß es zu einer Übereinstimmung von Eigen- und Gesamtinteressen der Gesellschaft kommt. Zentrale Merkmale der Marktwirtschaft sind Effizienz – es wird so kostengünstig wie möglich das produziert, was die Konsumenten wünschen – und Freiheit in Form der Konsumenten- und Produzentensouveränität sowie der Arbeitnehmerfreiheit.

Zeitlich begrenztes Mandat des Unternehmens zur Verfügung über knappe Produktionsfaktoren

Übereinstimmung von Einzel- und Gesamtinteresse

Effizienz und Freiheit als zentrale Merkmale

4. Kritik am Markt

Um die Wohlfahrt der Wirtschaftssubjekte zu maximieren, müssen die Produktionsfaktoren der Volkswirtschaft so eingesetzt werden, daß ein Maximum an Gütern und Dienstleistungen gemäß den Präferenzen der Konsumenten produziert wird **(optimale Allokation der Ressourcen).** Diese optimale Allokation wird im Prinzip unter bestimmten Voraussetzungen – vor allem im Modell vollkommener Konkurrenz – in einem System mit Privateigentum und Wettbewerb gewährleistet. Es gibt aber eine Reihe von Ausnahmetatbeständen, bei denen der Markt nicht optimal funktioniert. Es sind dies die Existenz öffentlicher Güter, externe Effekte und die mangelnde Transparenz für die Konsumenten. In diesen Fällen spricht man häufig von Marktversagen im engeren Sinne (Abschnitt 4.1). Daneben funktioniert der Markt nicht optimal, wenn der Wettbewerb beschränkt ist (Abschnitt 4.2) und wenn Konjunkturschwankungen zu Arbeitslosigkeit oder Inflation führen (Abschnitt 4.3). Ein ganz grundsätzliches Problem ist schließlich die Ungleichheit der Einkommens- und Vermögensverteilung als funktionale Notwendigkeit und als Resultat marktwirtschaftlicher Ordnungen (Abschnitt 4.4).

4.1 Marktversagen im engeren Sinne

(1) Öffentliche Güter

Öffentliche Güter sind durch …

Ein Gut hat den Charakter eines reinen öffentlichen Gutes, wenn es ohne Rivalität von allen Nachfragern konsumiert werden kann (Nicht-Rivalität) und wenn ein Ausschluß vom Konsum nicht möglich ist (Nicht-Ausschluß). Dies steht im Gegensatz zu einem privaten Gut, wie z. B. Champagner, bei dem Nicht-Zahler von der Nutzung im Regelfall ausgeschlossen werden und der Konsum durch einen Konsumenten den durch einen anderen Konsumenten ausschließt.

… Nicht-Rivalität im Konsum …

Nicht-Rivalität im Konsum liegt dann vor, wenn ein Gut von vielen Personen gleichzeitig konsumiert werden kann, ohne daß der Konsum einer Person den Konsum anderer Personen beschränkt. Beispiele sind zahlreich zu finden, etwa die Nicht-Rivalität im Konsum der Güter Sicherheit, saubere Umwelt, Straßenbeleuchtung, Fernsehprogramme usw.

… und die Nichtanwendbarkeit des Marktausschlußprinzips definiert

Nicht-Ausschluß (Versagen des Marktausschlußprinzips) liegt vor, wenn potentielle Konsumenten nicht von der Nutzung des Gutes ausgeschlossen werden können – auch dann nicht, wenn sie keinen (angemessenen) Beitrag zur Finanzierung der Produktion leisten (free-rider oder Trittbrettfahrer). Die Möglichkeit des Ausschlusses bzw. Nicht-Ausschlusses ist, anders als bei der Nicht-Rivalität, in der Regel eine Frage der Technik und der Kosten. So könnte man Nicht-Zahler von der Straßennutzung oder der Nutzung eines Leuchtturms oder der Nutzung eines Rundfunkprogramms ausschließen, aber dies ist in der Regel teuer. Der Leser wird erkennen, daß ein Ausschluß vom Gut Sicherheit auch technisch nicht möglich ist.

Die Konsequenzen dieser Tatbestände sind zweierlei. Wenn Nicht-Rivalität im Konsum besteht, dann ist es nicht sinnvoll, Preise zu fordern und damit einen Konsumenten vom Konsum auszuschließen, denn dieser zusätzliche Konsument würde ja keine zusätzlichen gesellschaftlichen Ressourcen verbrauchen. In der Sprache der Theorie der Eigentumsrechte ausgedrückt, ist die Definition und Durchsetzung von Eigentumsrechten nicht effizient, sie würde unnötige volkswirtschaftliche Kosten verursachen. Andererseits wird gesehen, daß die Produktion eines solchen

Gutes auch Kosten verursacht und daß diese Kosten gedeckt werden müssen.

Hieraus resultiert ein **Dilemma:** Entweder finanzieren die privaten Konsumenten – sofern möglich – ihren privaten Konsum doch durch Preise, die die Nutzung durch andere dann ausschließen (z. B. Pay TV), oder ein Typ kollektiver Finanzierung durch alle bezahlt die Produktion, was dazu führt, daß der individuelle Finanzierungsbeitrag im allgemeinen nicht der individuellen Nutzung entspricht (z. B. bei der Gebührenfinanzierung des öffentlich-rechtlichen Rundfunks). Aus diesem Dilemma resultieren die volkswirtschaftlich nicht optimale Produktionsmenge, Produktionsstruktur und Zuteilung dieses Gütertyps. Man spricht von **Suboptimalität:** Es wird zu viel, zu wenig oder in falscher Zusammensetzung produziert.

Wenn Nicht-Ausschluß gegeben ist, dann können Preisforderungen nicht durchgesetzt werden. In der Sprache der Theorie der Eigentumsrechte können Eigentumsrechte also nicht definiert und durchgesetzt werden. Kein ökonomisch rational handelnder Konsument würde nämlich für ein Gut zahlen, von dessen Nutzung er nicht ausgeschlossen werden kann. Er könnte vielmehr als free-rider unentgeltlich in den Genuß solcher Güter kommen. Da Preisforderungen also nicht durchgesetzt werden können, wird auch kein privater Unternehmer bereit sein, ein solches öffentliches Gut zu produzieren. Gemessen an den ja durchaus vorhandenen Präferenzen der Konsumenten für ein solches Gut wird es dann in zu geringem Umfang oder gar nicht produziert. Man spricht von **Unterproduktion;** das klassische Beispiel ist der Umweltschutz.

Öffentliche Güter werden nicht gemäß den Präferenzen der Konsumenten produziert

(2) Externe Effekte

Externe Effekte sind die unmittelbaren Auswirkungen der ökonomischen Aktivitäten eines Wirtschaftssubjekts, die vom Verursacher nicht berücksichtigt werden und – im Gegensatz zu anderen ökonomischen Transaktionen – zwischen den Beteiligten keine Rechte auf Entgelt oder Kompensation begründen. Es sind also Wirkungen auf unbeteiligte Dritte (Drittwirkungen). Wenn es externe Effekte gibt, kann die Marktproduktion die optimale Allokation nicht gewährleisten, weil die Drittwirkungen ex definitione nicht in die privaten Kosten-Nutzen-Kalküle der Produzenten eingehen.

Keine optimale Allokation bei externen Effekten

Die privaten Kosten und Erträge entsprechen somit nicht den sozialen (gesellschaftlichen) Kosten und Erträgen.

Typisches Beispiel ist eine Unternehmung, die ihre Abwässer und Abgase an die Umwelt abgibt, ohne für die Schädigung zu zahlen. Da niemand Privateigentum an Luft und Wasser besitzt, werden den Verursachern die entstandenen Schäden nicht in Rechnung gestellt. Entsprechende Überlegungen gelten für den privaten Konsumenten – man denke z. B. an die Luftverschmutzung durch Autoabgase.

(3) Mangelnde Transparenz für die Konsumenten

Ob der Wettbewerb eine vom Konsumenten gewünschte Qualität hervorbringt, hängt auch davon ab, ob Konsumenten die Qualität der Produkte erkennen und bewerten können. Hier gibt es erhebliche Mängel. Ganz generell besteht ein strukturelles Informationsgefälle zwischen Produzent und Konsument. Der Produzent kennt die Qualität seiner Produkte in der Regel ungleich besser als der Konsument und kann die Transparenz zudem durch Werbung beeinflussen. Und generell gibt es Güter, deren Qualität nur schwierig bestimmt werden kann. Dies gilt z. B. für die Qualität von Arzneimitteln, von Lebensmitteln allgemein oder für die Qualität „komplizierter" Produkte wie Bankkredite und Versicherungen.

4.2 Konzentration und Wettbewerbsbeschränkung

Ungleiche Machtverteilung

In der Marktwirtschaft besteht die Tendenz, Einkommen und Vermögen zu kumulieren (vgl. Abschnitt 4.4). Die Vermögensbesitzer können ihr Vermögen als Produktivvermögen anlegen und dadurch auf den Märkten als Produzenten eine Größe erreichen, die die nach dem Modell beabsichtigte Gleichgewichtigkeit von Anbietern und Nachfragern stört. Die Anbieter könnten Machtpositionen aufbauen, die sie in die Lage versetzen, sowohl Konkurrenten auszuschalten als auch überhöhte Preise zu verlangen. Kommt es so zu nicht mehr wettbewerbsgemäßen Preisen und Gewinnen, verlieren die Preise tendenziell die Funktion, Knappheiten anzuzeigen. Gewinne verlieren graduell die Funktion als „Zuckerbrot und Peitsche" die Tüchtigkeit der Unternehmer zu belohnen und Trägheit zu bestrafen. Die Harmonie von Einzel- und Gesamtinteressen wird dann gestört, wenn ungleiche Machtverteilung ungleichen Einfluß auf den Wirtschaftsprozeß beinhaltet. Die Tendenz zur Einschränkung des Wettbewerbs wird noch verstärkt, wenn die Anbieter die im marktwirtschaftlichen System verankerte Vertragsfreiheit dazu mißbrauchen, durch Absprachen die Konkurrenz auszuschalten (z. B. durch Kartelle, vgl. Kap. 7).

Großunternehmen können für den technischen Fortschritt notwendig sein

Daneben gibt es einen ökonomischen Grund für die Bildung von konzentriertem Produktivvermögen. Der technische Fortschritt und die Vorteile der Massenproduktion bedingen oft die Bildung von Großunternehmen, so daß es in diesem Bereich u. U. gar nicht wünschenswert ist, die vom Modell vorausgesetzte Vielzahl kleiner Anbieter zu erreichen (vgl. Kapitel 7).

4.3 Schwankungen der wirtschaftlichen Aktivitäten

Wie die geschichtliche Entwicklung gezeigt hat, stürzt die Marktwirtschaft mehr oder weniger periodisch in Wirtschaftskrisen, die durch Erscheinungen wie Unternehmenszusammenbrüche (Konkurse), Arbeitslosigkeit, allgemeine wirtschaftliche Stagnation oder sogar wirtschaftlichen Rückgang gekennzeichnet sind (vgl. Kapitel 27).

Dies könnte als Indiz dafür gewertet werden, daß die im klassischen Modell behauptete automatische Tendenz zur **Vollbeschäftigung** in der Wirklichkeit nicht gegeben ist. Man müßte dann durch staatliche Beeinflussung des Wirtschaftsablaufs versuchen, die Schwankungen wirtschaftlicher Größen (insbesondere der Beschäftigung und der Preise) möglichst gering zu halten. Dieser Standpunkt ist jedoch nicht unbestritten. Manche Ökonomen sind der Meinung, daß gerade die Beeinflussung der Wirtschaftsprozesse durch den Staat solche Schwankungen erst hervorruft (vgl. Kapitel 27).

Besteht eine automatische Tendenz zur Vollbeschäftigung?

Die in Marktwirtschaften häufig zu beobachtenden permanenten Preissteigerungen (Inflation, vgl. Kapitel 24) könnte man als Zeichen dafür ansehen, daß das marktwirtschaftliche System nicht automatisch zur **Preisstabilität** führt. Auch hier ist jedoch nicht sicher, inwieweit nicht Fehler in der vom Staat geregelten Geldversorgung zumindest mitverantwortlich sind.

Ist Inflation notwendige Begleiterscheinung?

4.4 Ungleiche Einkommens- und Vermögensverteilung

Ein zentraler Mangel des marktwirtschaftlichen Systems wird meist in der sich ergebenden ungleichen Einkommens- und Vermögensverteilung gesehen (vgl. Kapitel 25). Eine solche Tendenz zur Ungleichheit ist dem marktwirtschaftlichen System deshalb systemeigen, weil die Tatbestände, die letztlich zum Einkommens- und Vermögenserwerb auf der Grundlage des Leistungsprinzips führen, in der Bevölkerung ungleich verteilt sind. Man denke an Geschicklichkeit, Intelligenz, Vermögen, Ausdauer, Durchsetzungsvermögen. Diese Tendenz wird mit fortschreitender Zeit – sofern keine Korrekturen vorgenommen werden – verstärkt, weil die zunächst entstehenden Ungleichheiten sich selbst verstärken: Wer niedrige Einkommen verdient, kann weniger für seine Ausbildung tun und kein Vermögen bilden. Damit werden zwei der entscheidenden Bestimmungsgründe der Einkommenshöhe durch niedrige Einkommen selbst negativ beeinflußt. Zudem sind Einkommensunterschiede als Leistungsanreize und Steuerungsinstrumente in der Marktwirtschaft funktional notwendig.

Bei ungleicher Einkommens- und Vermögensverteilung wird schließlich deutlich, daß das grundlegende Steuerungsprinzip der Marktwirtschaft, der Preis, ein unsoziales Zuteilungsprinzip ist. Um dies mit einem extremen Beispiel zu demonstrieren: Es ist denkbar, daß – weil Milch knapp und teuer ist – wohl die Reichen Milch für ihre Katzen, nicht aber die Armen Milch für ihre Kinder kaufen können. Man kann die Allokationswirkung von Preisen nicht von der Verteilungswirkung trennen.

Preis als unsoziales Zuteilungsprinzip

5. Soziale Marktwirtschaft

Ausgehend von den erkannten Abweichungen der wirtschaftlichen Wirklichkeit vom Modell der klassischen liberalen Marktwirtschaft und den Mängeln eines rein marktwirtschaftlichen Systems sind eine Reihe von ordnungspolitischen Ergänzungs- und Verbesserungsvorschlägen gemacht und realisiert worden. Grundlegend für eigentlich alle Marktwirtschaften sind die staatliche Gewährleistung der Produktion öffentlicher Güter (z. B. Sicherheit, Rechtsordnung, Bildung...) und die staatliche Regulierung im Falle externer Effekte (z. B. Umweltpolitik) und bei mangelnder Transparenz (z. B. Bundesaufsicht über das Gesundheitswesen, Kontrolle von Lebensmitteln...). Daneben werden in unterschiedlicher Weise Konzeptionen zur Wettbewerbspolitik, zur Verteilungspolitik und zur Stabilisierungspolitik verwirklicht. Wegen ihrer Bedeutung für die Wirtschaftsordnung der Bundesrepublik Deutschland beschränken wir unsere Darstellung auf die Konzeption der **Sozialen Marktwirtschaft.**

5.1 Grundidee

„Die Soziale Marktwirtschaft wird von ihren Initiatoren als ‚Dritter Weg' angesehen, der zwischen der Scylla[1]) eines ungebändigten, bewußt gestalteter Ordnungsformen entbehrenden marktwirtschaftlichen Kapitalismus, wie er im 19. und frühen 20. Jahrhundert in den meisten westlichen Nationen vorherrschte, und der Charybdis totalitärer Verwaltungswirtschaften, wie Hitler und Stalin sie durchgesetzt hatten, hindurchführt zu einer freiheitlichen, wirtschaftlich leistungsfähigen, dauerhaften, sozialen und gerechten Ordnung von Gesellschaft und Wirtschaft. Die Soziale Marktwirtschaft zielt als eine wirtschaftspolitische Konzeption auf eine Synthese zwischen rechtsstaatlich gesicherter Freiheit, wirtschaftlicher Freiheit – die wegen der Unteilbarkeit der Freiheit als notwendiger Bestandteil einer freiheitlichen Ordnung überhaupt angesehen wird – und den sozialstaatlichen Idealen der sozialen Sicherheit und der sozialen Gerechtigkeit. Diese Zielkombination von Freiheit und Gerechtigkeit gibt der Begriff Soziale Marktwirtschaft wieder: Marktwirtschaft steht für wirtschaftliche Freiheit. Sie besteht in der Freiheit der Verbraucher, Güter nach beliebiger Wahl aus dem Sozialprodukt zu kaufen (Konsumfreiheit), in der Freiheit der Produktionsmitteleigentümer, ihre Arbeitskraft, ihr Geld, ihre Sachgüter und unternehmerischen Fähigkeiten nach eigener Wahl einzusetzen (Gewerbefreiheit, Freiheit der Berufs- und Arbeitsplatzwahl, Freiheit der Eigentumsnutzung), in der Freiheit der Unternehmer, Güter eigener Wahl zu produzieren und abzusetzen (Produktions- und Handelsfreiheit), und in der Freiheit jedes Käufers und Verkäufers von Gütern oder Leistungen, sich neben anderen um das gleiche Ziel zu bemühen (Wettbewerbsfreiheit). Ihre Grenzen finden diese Freiheitsrechte da, wo die Rechte Dritter, die verfassungsmäßige Ordnung oder das Sittengesetz verletzt werden (Art. 2 GG). Das Attribut ‚sozial' soll zum Ausdruck bringen:

Synthese von Freiheit und Gerechtigkeit als Ziel

1. daß die Marktwirtschaft allein wegen ihrer wirtschaftlichen Leistungsfähigkeit, wegen der Schaffung der wirtschaftlichen Voraus-

---

[1]) Zwischen Scylla und Charybdis: von zwei Übeln bedrängt, denen man kaum entrinnen kann.

setzungen eines ‚Wohlstands für alle' und wegen der Gewährung wirtschaftlicher Freiheitsrechte, die an den Rechten Dritter ihre Schranken finden, einen sozialen Charakter trägt,

2. daß die Marktfreiheit aus sozialen Gründen dort beschränkt werden soll, wo sie sozial unerwünschte Ergebnisse zeitigen würde, bzw. daß die Ergebnisse eines freien Wirtschaftsprozesses korrigiert werden sollen, wenn sie nach den Wertvorstellungen der Gesellschaft nicht sozial genug erscheinen."

H. LAMPERT, Die Wirtschafts- und Sozialordnung der Bundesrepublik Deutschland, 13. Auflage, München-Wien 1997, S. 88 ff.

Nach MÜLLER-ARMACK kann der **Begriff der Sozialen Marktwirtschaft**

„als eine ordnungspolitische Idee definiert werden, deren Ziel es ist, auf der Basis der Wettbewerbswirtschaft die freie Initiative mit einem gerade durch die marktwirtschaftliche Leistung gesicherten sozialen Fortschritt zu verbinden. Auf der Grundlage einer marktwirtschaftlichen Ordnung kann ein vielgestaltiges und vollständiges System sozialen Schutzes errichtet werden."

A. MÜLLER-ARMACK, Soziale Marktwirtschaft. In: E. v. BECKERATH u. a. (Hrsg.), Handwörterbuch der Sozialwissenschaften (HdSW), Bd. 9, Stuttgart, Tübingen, Göttingen 1956, S. 390.

In der gesellschaftspolitischen Diskussion ist man sich nicht immer darüber einig, ob die derzeitige Ausgestaltung der Sozialen Marktwirtschaft in der Bundesrepublik Deutschland den Intentionen der Väter der Sozialen Marktwirtschaft (insbesondere LUDWIG ERHARD und ALFRED MÜLLER-ARMACK) entspricht. So haben Unternehmerverbände und Gewerkschaften, Regierungs- und Oppositionsparteien graduell durchaus unterschiedliche Vorstellungen von der anzustrebenden konkreten Ausgestaltung unserer Wirtschaftsordnung. Seit einigen Jahren wird in der öffentlichen Diskussion auch von einer ökologisch-sozialen Marktwirtschaft gesprochen. Damit soll der Notwendigkeit, umweltpolitische Erfordernisse und Ziele auf marktwirtschaftliche Weise zu erfüllen, Rechnung getragen werden (vgl. Kapitel 29). Wir beschreiben im folgenden einige Grundzüge der Wirtschaftsordnung der Bundesrepublik Deutschland und verstehen diese als Prototyp der Sozialen Marktwirtschaft.

Es gibt unterschiedliche Vorstellungen vom Inhalt der Sozialen Marktwirtschaft

5.2 Wettbewerb als Aufgabe

Im Marktmodell ist das Prinzip des Wettbewerbs von entscheidender Bedeutung: Nur wenn Wettbewerb herrscht, werden über die Preise und Gewinne die Wirtschaftspläne so aufeinander abgestimmt, daß die Wirtschaft quasi automatisch dem bestmöglichen Zustand zustrebt. Und generell besteht die Einsicht, daß sich Wettbewerb nicht von selbst veranstaltet, sondern vor Beschränkungen geschützt werden muß (Wettbewerb als staatliche Aufgabe). Die Ordoliberalen wie WALTER EUCKEN und FRANZ

BÖHM nehmen diesen Gedanken folgerichtig auf. Im Prinzip schwebt ihnen auf jedem Markt der Volkswirtschaft ein Wettbewerb zwischen sehr vielen Anbietern und sehr vielen Nachfragern vor, so daß jeder Anbieter oder Nachfrager nur einen winzigen Anteil des Gesamtangebotes bzw. der Gesamtnachfrage auf dem Markt repräsentiert. Man spricht hier sehr plastisch von der **atomistischen bzw. vollkommenen Konkurrenz** (vgl. Kapitel 6). Sie ist ursprünglich das wettbewerbspolitische Leitbild der Wettbewerbsordnung der Bundesrepublik gewesen und hat noch eine Rolle bei der Konzeption des 1957 verabschiedeten „Gesetzes gegen Wettbewerbsbeschränkungen" (GWB) gespielt. Nachfolgend hat sich indes eine bedeutsame Veränderung in der Auffassung vom Wettbewerb entwickelt. Strebten die **Ordoliberalen** noch „atomistische Konkurrenz" auf den Märkten an, so zeigte sich doch sehr bald, daß im Zuge des technischen Fortschrittes und damit letztlich auch im Interesse des Konsumenten in manchen Bereichen der Volkswirtschaft große, leistungsfähige Betriebe mit Massenproduktion erforderlich sind. Schon von der Technik her kann es deshalb auf manchen Märkten nur sehr wenige Anbieter geben. Die Wettbewerbskonzeption des **„funktionsfähigen Wettbewerbs"** trägt dieser Entwicklung Rechnung. Nicht die Devise: „15 Anbieter sind besser als 14, 16 besser als 15 usw." gilt; entscheidend ist allein, daß das Marktergebnis befriedigend ist, d. h. daß sich bei steigender Produktivität, sinkenden Kosten und Preisen eine steigende Produktion und Qualitätsverbesserungen und somit eine verbesserte Versorgung der Verbraucher ergeben.

Funktionsfähiger Wettbewerb als Ziel der Wirtschaftsordnungspolitik

5.3 Umverteilung von Einkommen und Vermögen

Ausgehend von der zu erwartenden Ungleichheit der Einkommens- und Vermögensverteilung im Modell der reinen Marktwirtschaft haben die Initiatoren der Sozialen Marktwirtschaft die Notwendigkeit einer Umverteilung von Einkommen und Vermögen im Prinzip ebenso erkannt wie die Repräsentanten der Parteien und der Tarifpartner. So hieß es z. B. im Aktionsprogramm des Deutschen Gewerkschaftsbundes von 1971:

Notwendigkeit einer Umverteilung wird von den Gewerkschaften hervorgehoben, aber auch von den Arbeitgebern im Prinzip anerkannt

> „Der Anteil der Arbeitnehmer am Ertrag der Wirtschaft muß erhöht werden, der Lebensstandard ihrer Familien steigen ... Die Benachteiligung der Arbeitnehmer bei der Vermögensbildung ist zu beseitigen. Diesem Ziel müssen die Wirtschafts-, Finanz-, Steuer- und Sozialpolitik entsprechen. Die Gewerkschaften werden ihre tarifpolitischen Möglichkeiten zur besseren Vermögensbildung nutzen."

Und in der Erklärung zu gesellschaftspolitischen Grundsatzfragen „Fortschritt aus Idee und Leistung" der Bundesvereinigung der Deutschen Arbeitgeberverbände von 1975:

> „Die Arbeitgeber bejahen eine Verbesserung der Einkommenssituation der Arbeitnehmer im Rahmen der wirtschaftlichen Möglichkeiten, insbesondere über den Weg einer breiteren Vermögensstreuung, die

zu einer gleichmäßigeren personellen Vermögens- und Einkommensverteilung führt".

Auf eine solche Umverteilung sind heute bestimmte Bereiche der staatlichen Einnahmen- und Ausgabenpolitik ansatzweise ebenso angelegt wie die Lohnpolitik der Gewerkschaften. Auf Instrumente zur Umverteilung, wie z.B. die Progression bestimmter Steuern (vgl. Kapitel 13) oder Sparprämien und die aktive (aggressive) Lohnpolitik der Gewerkschaften und Beteiligungsfonds (vgl. Kapitel 25), wird später eingegangen.

Gerade in Verbindung mit der ungleichen Einkommens- und Vermögensverteilung zeigt sich die ungerecht erscheinende Zuteilung der Güter durch den Preismechanismus, der die jeweils weniger kaufkräftigen Nachfrager nicht zum Zuge kommen läßt. Mithin gehört auch die unentgeltliche Bereitstellung bestimmter Güter wie Bildung, Gesundheit und Sicherheit durch den Staat prinzipiell zu den Umverteilungsmaßnahmen.

Die Einkommensverteilung ist auch regional und sektoral ungleichmäßig. So ergibt sich die Notwendigkeit, bestimmte Regionen der Bundesrepublik, wie z. B. die neuen Bundesländer oder die Westküste Schleswig-Holsteins, oder einzelne Sektoren der Volkswirtschaft, wie z. B. die Landwirtschaft und den Bergbau, durch spezielle staatliche Maßnahmen zu stützen (sog. regionale und sektorale **Strukturpolitik).**

Der **soziale Aspekt** der Sozialen Marktwirtschaft kommt vor allem solchen Mitgliedern der Gesellschaft zugute, die kein eigenes Einkommen erzielen und durch staatliche Fürsorge unterstützt werden (z. B. Alte, Kranke, Behinderte, Arbeitslose). Eine solche Umverteilungspolitik wird in der Bundesrepublik Deutschland in breitem Umfang durch Zahlungen und Leistungen im System der **sozialen Sicherung** betrieben. Der Aufbau dieses Systems wurde 1883 von OTTO V. BISMARCK mit der Schaffung der Krankenversicherung für gewerbliche Arbeiter (1884: Unfallversicherung; 1889: Rentenversicherung) begonnen und seitdem ständig weiter ausgebaut (1927: Arbeitslosenversicherung; 1938: Altersversicherung für das Handwerk; 1957: Altershilfe für Landwirte; 1960: Wohngeld usw.). Dabei gilt als Prinzip, nicht nur das Existenzminimum derjenigen zu sichern, die am Leistungswettbewerb nicht, noch nicht oder nicht mehr teilnehmen können, sondern ihnen auch eine **Teilhabe am wirtschaftlichen Fortschritt** der Volkswirtschaft zu gewähren. Aus diesem Grund ist die Höhe der Rentenzahlungen an die Entwicklung der Löhne und Gehälter der Volkswirtschaft gekoppelt (Prinzip der „dynamischen" Rente).

Auf- und Ausbau des Systems der sozialen Sicherung

5.4 Stabilisierung der Konjunktur

Die geschichtliche Erfahrung zeigt, daß die Intensität wirtschaftlicher Tätigkeit in marktwirtschaftlichen Systemen Schwankungen unterworfen ist. Es existieren relativ ausgeprägte **Konjunkturzyklen** (vgl. Kapitel 27). In der ersten Phase der Entwicklung der Sozialen Marktwirtschaft der Bundesrepublik traten Konjunkturschwankungen allerdings nicht deutlich

Konjunkturzyklen kennzeichnen die Entwicklung von Marktwirtschaften

Bis Mitte der 60er Jahre praktisch nur ordnungspolitische Maßnahmen in der Bundesrepublik

hervor, konjunkturelle Schwankungen wurden überlagert durch den kräftigen Wachstumsprozeß der Wiederaufbauphase. Staatliche Wirtschaftspolitik konnte sich – entsprechend den zu der Zeit vorherrschenden klassisch-liberalen Ideen – weitgehend auf die Setzung von Rahmenbedingungen beschränken. Ordnungspolitische Aufgaben (die „Veranstaltung" des Wettbewerbs) standen im Vordergrund, **Ablaufpolitik** (also eine auf die Beeinflussung der ökonomischen Aktivität zielende staatliche Wirtschaftspolitik) gab es nur im Rahmen der Geldpolitik (Veränderung der Geldmenge und Zinssätze, vgl. Kapitel 16 bis 18).

Seit Mitte der 60er Jahre versuchte man verstärkt, auch den Wirtschaftsablauf zu beeinflussen

Erst als Mitte der 60er Jahre deutlicher wurde, daß mit einer solchen Politik ein fühlbarer Rückgang der Produktion und Beschäftigung nicht wirksam zu bekämpfen war, setzte sich der Gedanke einer auch die **Finanzpolitik** (Veränderung der Staatseinnahmen und -ausgaben) umfassenden **Globalsteuerung** durch. Diese Entwicklung fand ihren Niederschlag im Gesetz zur Förderung der Stabilität und des Wachstums der Wirtschaft (1967). Grundgedanke der Globalsteuerung ist es, daß der Staat zwar aktiv mit geld- und fiskalpolitischen Mitteln eine Stabilisierungspolitik betreibt, sich aber auf **marktkonforme** Maßnahmen beschränkt (vgl. Kapitel 15). Dies bedeutet, daß die Maßnahmen den Marktmechanismus nicht außer Kraft setzen dürfen. Direkte Eingriffe wie Lohn- und Preisstopps scheiden also nach dieser Konzeption aus.

Erneute Skepsis bezüglich der Steuerbarkeit der Marktwirtschaft

Die Vorstellung, der Staat könne mit den Instrumenten der Globalpolitik – nach ihrem „Erfinder", dem Engländer JOHN MAYNARD KEYNES (1883–1946) auch keynesianische Wirtschaftspolitik genannt – den Wirtschaftsablauf steuern, wurde in der Bekämpfung der kleinen Wirtschaftskrise von 1967 zunächst glänzend bestätigt. Die 1974/75 beginnende erste „Ölkrise" und die folgende Krise von 1981/82 haben dann allerdings die Euphorie bezüglich der Steuerbarkeit der kapitalistischen Marktwirtschaft wieder erheblich gedämpft. Und auch in der Wissenschaft wird der Keynesianismus zunehmend wieder durch den mehr an klassischen Ideen orientierten Monetarismus verdrängt (vgl. Kapitel 11 und 12).

Die Globalpolitik wurde im weiteren Verlauf der Entwicklung der Bundesrepublik ergänzt um Instrumente zur **Struktur- und Wachstumspolitik**. Strukturpolitik bezieht sich, wie der Name sagt, auf Strukturen, d. h. auf die relative Bedeutung einzelner Branchen und Regionen der Volkswirtschaft. Zum Teil wird argumentiert, daß eine Strukturpolitik den Marktmechanismus außer Kraft setze und deshalb mit Skepsis betrachtet werden müsse.

5.5 Wirtschaftsverfassung und Soziale Marktwirtschaft

Grundgesetz und Soziale Marktwirtschaft

Bisher ist die Frage offen geblieben, ob im Grundgesetz und in sonstigen rechtlichen Vorschriften ein bestimmtes Wirtschaftssystem zwingend vorgeschrieben ist und ob die oben aufgezeigten Merkmale der Sozialen Marktwirtschaft dieser Wirtschaftsverfassung entsprechen. Wir wollen dieser Frage getrennt für die entscheidenden Bauelemente eines Wirtschaftssystems, den Koordinierungsmechanismus und die Eigentumsordnung, nachgehen.

5.5.1 Wirtschaftsverfassung und Koordinierungsmechanismus

Zentrale Lenkung ist durch das Grundgesetz ebenso ausgeschlossen …

Das Grundgesetz der Bundesrepublik garantiert dem einzelnen Bürger eine Vielzahl von Freiheitsrechten: Die freie Entfaltung der Persönlichkeit schließt Konsumfreiheit, Unternehmensfreiheit und Wettbewerbsfreiheit ein. Hinzu kommen die persönliche Freizügigkeit, die Freiheit der Berufs- und Arbeitsplatzwahl sowie die Vereinigungsfreiheit, die z. B. die Bildung von Gewerkschaften und Arbeitgeberverbänden zuläßt. Damit ist nach herrschender Meinung eine zentrale Lenkung des Wirtschaftsprozesses ausgeschlossen. Andererseits bestimmt Art. 20 Abs. 1 Grundgesetz:

> „Die Bundesrepublik Deutschland ist ein demokratischer und sozialer Bundesstaat."

… wie ein extrem liberalistisches Wirtschaftssystem

Damit wird auch ein extrem liberalistisches Wirtschaftssystem ausgeschlossen, das nicht genügend Raum für soziale Korrekturen des Marktergebnisses läßt. Welcher Spielraum für direkte Eingriffe in den Wirtschaftsprozeß besteht und welche Einengung insbesondere der Unternehmensfreiheit möglich ist, ist im Grundgesetz nicht eindeutig beantwortet.

5.5.2 Wirtschaftsverfassung und Eigentumsordnung

Grundsätzliche Entscheidungen über die Eigentumsordnung sind in Art. 14, 15 Grundgesetz verankert:

> Art. 14 Eigentum, Erbrecht, Enteignung
> (1) Das Eigentum und das Erbrecht werden gewährleistet. Inhalt und Schranken werden durch die Gesetze bestimmt.
> (2) Eigentum verpflichtet. Sein Gebrauch soll zugleich dem Wohle der Allgemeinheit dienen.
> (3) Eine Enteignung ist nur zum Wohle der Allgemeinheit zulässig. Sie darf nur durch Gesetz und auf Grund eines Gesetzes erfolgen, das Art und Ausmaß der Entschädigung regelt …
>
> Art. 15 Sozialisierung
> Grund und Boden, Naturschätze und Produktionsmittel können zum Zwecke der Vergesellschaftung durch ein Gesetz, das Art und Ausmaß der Entschädigung regelt, in Gemeineigentum oder in andere Formen der Gemeinwirtschaft überführt werden …

Grundsatz des Privateigentums auch für Produktionsmittel

Es gilt also der Grundsatz des **Privateigentums**, und zwar trotz des Wortlautes des Artikels 15 nach herrschender Meinung auch für Produktionsmittel. Gegenüber der Eigentumsauffassung des radikalen Liberalismus des 19. Jahrhunderts, der die Schrankenlosigkeit des Privateigentums betont, wird heute aber von einer **Sozialbindung** des Eigentums ausgegangen. Das schlägt sich vor allem in der Verpflichtungsklausel des Art. 14 Absatz 2 Grundgesetz nieder, aber auch in der Möglichkeit zur Enteignung zum Wohle der Allgemeinheit (Art. 14.3, 15). Eine Einengung des Eigentumsrechtes ergibt sich darüber hinaus aus der Möglichkeit einer entschädigungsfreien Begrenzung des Eigentumsrechts, wie sie z. B. im Wohnraumbewirtschaftungsgesetz, im Städtebau- und Raumordnungsgesetz und in den Gesetzen über die wirtschaftlichen Mitbestimmungsrechte der Arbeitnehmer festgelegt ist.

Sozialbindung des Eigentums

Zusammenfassend ist festzuhalten, daß es keinem Zweifel unterliegen kann, daß die in der Bundesrepublik Deutschland verwirklichte Form der Sozialen Marktwirtschaft fest auf dem Boden des Grundgesetzes steht, also die im Grundgesetz festgelegten Rahmenbedingungen für eine Wirtschaftsverfassung positiv umsetzt. Das bedeutet aber nicht, daß eine Soziale Marktwirtschaft nur in dieser spezifischen Ausprägung vorgeschrieben ist, das Grundgesetz läßt noch Raum für entsprechende Veränderungen.

C. Arbeitsaufgaben

1) *Nennen Sie wesentliche Ideen des klassischen Liberalismus.*

2) *In einer Volkswirtschaft gebe es nur Unternehmungen und private Haushalte. Die Unternehmungen produzieren Konsum- und Investitionsgüter, die Haushalte liefern Arbeitskraft und sonstige Produktivleistungen an die Unternehmungen. Zeichnen Sie den entsprechenden Wirtschaftskreislauf.*

3) *Erläutern Sie die Vorgänge, die in einer marktwirtschaftlich organisierten Volkswirtschaft durch eine Nachfragesteigerung nach Automobilen ausgelöst werden. Zeigen Sie an diesem Beispiel, wie in einer Marktwirtschaft über die Fragen des „Was", „Wie" und „Für Wen" der Produktion entschieden wird.*

4) *Nehmen Sie Stellung zu folgender These: „Der marktwirtschaftliche Koordinierungsmechanismus sorgt dafür, daß diejenigen Güter produziert werden, die den Bedürfnissen der Bevölkerung entsprechen. Es herrscht also Konsumentensouveränität."*

5) *Nennen Sie Beispiele für das Auseinanderfallen von privaten und sozialen Kosten und Erträgen. Welche Probleme werden durch die Unterschiede zwischen privaten und sozialen Kosten und Erträgen aufgeworfen?*

6) *Nennen Sie Beispiele für öffentliche Güter, die Sie in Anspruch nehmen. Nennen Sie mögliche Gründe für die Produktion dieser Güter durch den Staat.*

7) *In der wirtschaftlichen Wirklichkeit sind in der Regel beachtliche Einkommens- und Vermögensunterschiede zu beobachten. Erläutern Sie, wie sich solche Ungleichheiten bei marktwirtschaftlicher Koordination ergeben, selbst wenn in der Ausgangssituation Einkommen und Vermögen vollkommen gleich verteilt sind.*

8) *Nennen Sie Beispiele aus Ihrem eigenen Erfahrungsbereich, wo Sie mit der „sozialen" und mit der „marktwirtschaftlichen" Komponente der Sozialen Marktwirtschaft konfrontiert werden.*

9) *Erläutern Sie den Begriff der Marktkonformität anhand einiger Beispiele aus der Wirtschaftspolitik (Konjunkturprogramme, Steueränderungen u. ä.).*

10) *Welche Aussagen enthält das Grundgesetz über die Wirtschaftsverfassung der Bundesrepublik?*

Lösungsvorschläge für die Arbeitsaufgaben im „Übungsbuch zu Grundlagen und Probleme der Volkswirtschaft".

D. Literatur

Speziell die Marktwirtschaft und die Soziale Marktwirtschaft werden umfassend beschrieben von:

THIEME, H. Jörg, Soziale Marktwirtschaft. Ordnungskonzeption und wirtschaftspolitische Gestaltung, 2. Auflage, München (Reihe Beck-Wirtschaftsberater im dtv) 1994

LAMPERT, Heinz, Die Wirtschafts- und Sozialordnung der Bundesrepublik Deutschland, 13., überarb. Auflage, München 1997

LUDWIG ERHARD 1897–1997. Soziale Marktwirtschaft als historische Weichenstellung, hrsg. v. der LUDWIG-ERHARD-STIFTUNG, Düsseldorf 1997

Zur Vertiefung, insbesondere in theoretischer Perspektive, werden empfohlen:

KROMPHARDT, Jürgen, Konzeptionen und Analysen des Kapitalismus. Von seiner Entstehung bis zur Gegenwart, 3., überarb. Aufl., Göttingen 1991

STREISSLER, Erich und Christian WATRIN (Hrsg.), Zur Theorie marktwirtschaftlicher Ordnungen, Tübingen 1980

DOBB, Maurice, Entwicklung des Kapitalismus vom Spätkapitalismus bis zur Gegenwart, Köln, Berlin 1970

Im Rahmen breiter angelegter Publikationen zum Gesamtkomplex von Wirtschaftssystemen wird die Marktwirtschaft behandelt von:

BASSELER, Ulrich und Jürgen HEINRICH, Wirtschaftssysteme, Würzburg, Wien 1984

LEIPOLD, Helmut, Wirtschafts- und Gesellschaftssysteme im Vergleich, 5. Auflage, Stuttgart 1988

THIEME, H. Jörg, Wirtschaftssysteme, in: Vahlens Kompendium der Wirtschaftstheorie und Wirtschaftspolitik, Band 1, 6. Auflage, München 1995, S. 1–49.

Speziell die Beziehung zum Grundgesetz stellt her:

NIPPERDEY, Hans Carl, Soziale Marktwirtschaft und Grundgesetz, Köln u. a. 1965.

Eher philosophische Abhandlungen zum Problem von Marktwirtschaft und Freiheit sind die grundlegend vom Liberalismus geprägten und umgekehrt den modernen Liberalismus prägenden:

HAYEK, Friedrich August von, Die Verfassung der Freiheit (dt. Übersetzung), Tübingen 1983

FRIEDMAN, Milton, Kapitalismus und Freiheit (dt. Übersetzung), Stuttgart 1971.

3. Kapitel

Funktionsweise der Sozialistischen Zentralverwaltungswirtschaft und die Transformation der ehemaligen DDR

A. Lernzielorientierte Leitfragen und Fragenkomplexe

Leitfrage:
Mit welchen Argumenten kritisiert MARX Privateigentum an Produktionsmitteln und marktwirtschaftliche Koordination?

- *Was ist der Mehrwert (das Mehrprodukt)?*
- *Wie eignet sich nach MARX der „Kapitalist" das Mehrprodukt (den Mehrwert) in einer Marktwirtschaft an?*
- *Was ist die Aussage der MARXschen Arbeitswertlehre?*
- *Was ist nach MARX die Quelle jeden Mehrwertes?*
- *Warum kommt es nach MARX zu einem Fall der Profitrate?*
- *Warum hat die marktwirtschaftliche Produktion nach MARX anarchischen Charakter?*

Leitfrage:
Wie funktioniert prinzipiell ein Wirtschaftssystem zentraler Planung?

- *Wie sieht die Grundkonzeption einer zentralen Planung aus?*
- *Was ist eine Mengenplanung, und wie wird diese mit Produktbilanzen durchgeführt?*
- *Was sind die wesentlichen Informationsprobleme der zentralen Planung?*
- *Was sind die wesentlichen Sanktionsprobleme der zentralen Planung?*
- *Warum ist der technische Fortschritt in zentralen Verwaltungswirtschaften so schwierig durchzusetzen?*

Leitfrage:
Nach welchen Prinzipien gestaltete und gestaltet sich der Transformationsprozeß in der ehemaligen DDR bzw. in den neuen Bundesländern?

- *Welche Strategien der Transformation gibt es?*
- *Was waren die institutionellen Bedingungen des Transformationsprozesses in der ehemaligen DDR?*
- *Wie war die wirtschaftliche Ausgangslage?*
- *Wie lief der Prozeß der Umgestaltung bis jetzt ab?*

B. Sachanalyse

Die sozialistische Zentralverwaltungswirtschaft gibt es vorläufig wohl nur noch für eine Übergangsperiode in wenigen Ländern der Welt. Im übrigen ist dieses Wirtschaftssystem durch Mißerfolg obsolet geworden. Dennoch soll es in seinen Grundzügen beschrieben werden. Dies hat folgende Gründe:

- MARX' Beschreibung und Kritik der kapitalistischen Marktwirtschaft als theoretisches Fundament der sozialistischen Zentralverwaltungswirtschaft ist von bleibendem Wert und vermittelt Einsichten in ihre Funktionsweise, die zum Verständnis „unseres" Wirtschaftssystems unverzichtbar sind. KARL MARX (1818–1883, deutscher Philosoph und Volkswirt) gehört nach wie vor zu den großen Ökonomen der Geschichte. Der entscheidende Fehler war, mit dem Marxismus an die Existenz einer „objektiven Wahrheit" zu glauben, statt, wie in den pluralistischen westlichen Gesellschaften, auf die prinzipielle Offenheit und den Wandel des Erkenntnisprozesses zu setzen.
- Die immer wieder diskutierten Vorschläge zur Gestaltung einer Wirtschaftsordnung „zwischen Kapitalismus und Sozialismus" setzen stets auf einige Elemente der zentralen Planung und/oder des Sozialismus. Daher ist es sinnvoll, die Funktionsweise dieser Elemente in Grundzügen zu kennen.

Es sei vorab darauf hingewiesen, daß es falsch ist, aus der Kritik an einem Wirtschaftssystem darauf zu schließen, daß die Alternative besser ist. Die Alternative kann sehr wohl wesentlich schlechter sein.

1. Marxistische Kapitalismuskritik

In seiner Analyse der kapitalistischen Marktwirtschaft formuliert MARX vor allem eine Kritik am kapitalistischen Privateigentum und am marktwirtschaftlichen Koordinationsmechanismus.

1.1 Kritik am Privateigentum an Produktionsmitteln

MARX lehnt das kapitalistische Privateigentum, d. h. das Privateigentum an Produktionsmitteln, das die Arbeit fremder Menschen verwertet, ab. Seine Argumente sind im wesentlichen:

- Privateigentum an Produktionsmitteln führt zur Ausbeutung der Arbeiter;
- Privateigentum an Produktionsmitteln erfüllt keine positiven ökonomischen Funktionen, sondern behindert die schrankenlose Entwicklung der Produktivkräfte durch den Fall der Profitrate und die damit verbundenen Krisen.

Um diese Argumente verstehen zu können, müssen die Grundlinien marxistischer Wirtschaftstheorie entwickelt werden. Hier wird wie folgt argumentiert:

Mit Ausnahme völlig unterentwickelter Gesellschaften wird in jeder Gesellschaft – auch in einer sozialistischen – ein Gesamtprodukt erzeugt, das über den notwendigen Konsum der an seiner Erstellung Beteiligten und den Ersatzbedarf an bei der Produktion verbrauchten Maschinen, Werkzeugen, Vorprodukten und Rohstoffen hinausgeht. Es wird also ein Überschuß, ein **Mehrprodukt** erzeugt (vgl. Abb. 3.1).

Produktion	Mehrprodukt
	Notwendige Konsumgüter für die produktiv Tätigen
	Ersatz der verbrauchten Maschinen, Werkzeuge, Vorprodukte und Rohstoffe

Abb. 3.1: Das Mehrprodukt

Vorsozialistische Gesellschaften zeichnen sich dadurch aus, daß das von anderen Menschen hergestellte Mehrprodukt mit dem Ziel, sich zu bereichern, **privat angeeignet** wird. Entsprechend wird die Geschichte als Geschichte von Klassenkämpfen interpretiert, als Kämpfe um das Mehrprodukt. Vorsozialistische Gesellschaften beruhen auf Ausbeutung, auch wenn die Art und Weise der Aneignung des Mehrprodukts sich in der Sklavenhalter-, der feudalen und der kapitalistischen Gesellschaft voneinander unterscheidet.

Die Entstehung des Mehrprodukts in einer kapitalistischen Wirtschaft erläutert MARX anhand des durchschnittlichen Arbeitstages:

Zweiteilung des durchschnittlichen Arbeitstags in „notwendige" Arbeit und Mehrarbeit

Die Arbeiter arbeiten z. B. im Durchschnitt zehn Stunden pro Tag. Sie erhalten dafür einen Lohn, der ausreicht, ihre Arbeitskraft zu „reproduzieren", der also ausreicht, die notwendigen Ausgaben für Essen, Wohnen, Kleidung und Unterhalt für sich und ihre Familien zu bestreiten. Die Produktion dieser Güter (Konsumgüter, Wohnungen etc.) beansprucht nun eine durchschnittliche Arbeitszeit der Arbeiter von weniger als zehn Stunden; z. B. sieben Stunden („notwendige" Arbeit). Drei Stunden („Mehr"- oder „Surplus"arbeit) erarbeiten die Arbeiter also einen Überschuß. Marx bezeichnet den Wert dieses Überschusses als **Mehrwert** und als Mehrwertrate das Verhältnis der Mehrarbeit zur notwendigen Arbeit. (Im Beispiel beträgt der Mehrwert 3 Stunden und die Mehrwertrate $^3/_7$.)

1.1.1 Kapitalistische Ausbeutung

Charakteristisch für die kapitalistische Produktionsweise ist nach MARX die Form, wie dieser Überschuß aus der Produktion entnommen wird. Um die spezielle Form der kapitalistischen Ausbeutung, die nach MARX durch die freie Lohn- und Preisbildung nur verschleiert wird, zu verstehen, muß die MARXSCHE **Arbeitswertlehre** skizziert werden.

MARX sagt, daß der Wert eines Gutes sich nach der durchschnittlichen, gesellschaftlich notwendigen Arbeitszeit bemißt, die benötigt wird, um dieses Gut zu produzieren.

Wenn also zur Produktion eines Tisches im Durchschnitt 12 Stunden und zur Produktion eines Zentners Kartoffeln im Durchschnitt 2 Stunden benötigt werden, verhält sich der Wert von einem Tisch zu einem Zentner Kartoffeln wie 12 zu 2.

Waren tauschen sich zu ihrem Wert

Grundprinzip der MARXschen Analyse ist der wertäquivalente Tausch: Alle Waren (Waren sind in der Marxschen Begriffswelt Güter, die für den Austausch produziert werden) tauschen sich zu ihrem Wert, dem Arbeitswert. So wird auch die Ware Arbeitskraft auf dem Markt zu ihrem Wert – der in ihr steckenden Arbeitskraft – getauscht, d. h. die Ware Arbeitskraft erhält einen Lohn, der ausreicht, den Arbeiter und seine Familie zu „reproduzieren". Für den besitzlosen Arbeiter besteht nämlich der ökonomische Zwang, die einzige Ware, die er besitzt – seine Arbeitskraft –, an die Eigentümer der Produktionsmittel zu verkaufen. Der Kapitalist erwirbt also die Arbeitskraft und setzt sie im Produktionsprozeß ein.

Die Arbeit hat nach MARX die einzigartige Fähigkeit, mehr Wert zu produzieren, als der Wert der Arbeitskraft selbst beträgt.

Lohn ist kleiner als der Wert des Arbeitsproduktes

In unserem Beispiel hat die Arbeitskraft einen Wert von 7 (7 Arbeitsstunden sind erforderlich, um die existenznotwendigen Konsumgüter zu erzeugen) und produziert insgesamt einen Wert von 10. Die Differenz, den Mehrwert, eignet sich auf dem Wege des wertäquivalenten Tausches der Eigentümer der Produktionsmittel (der Kapitalist) an, der als Eigentümer der Produktionsmittel auch das Eigentum an den produzierten Waren erwirbt und diese auf dem Markt in der Regel zu den in ihnen steckenden Arbeitswerten (in unserem Beispiel 10) verkaufen kann. In diesem Sinne spricht MARX von Ausbeutung: ausgebeutet wird also der Arbeiter, der einen größeren Wert produziert, als er an Lohn erhält.

„Die Rate des Mehrwerts ist daher der exakte Ausdruck für den Exploitationsgrad [Ausbeutungsgrad] der Arbeitskraft durch das Kapital oder des Arbeiters durch den Kapitalisten."

(KARL MARX, Das Kapital, Kritik der politischen Ökonomie, Erster Band, S. 232)

Die Ausbeutung bleibt im Kapitalismus hinter dem Prinzip des wertäquivalenten Tausches verborgen – Kapitalisten erwerben ja die Arbeitskraft zu ihrem Wert –, sie wird nicht so deutlich erkennbar wie z. B. die Fronarbeit als Form der Ausbeutung im Feudalismus.

In der Beurteilung dieser Analyse ist zunächst drei häufigen Fehlinterpretationen vorzubeugen.

(1) Es ist müßig, darüber zu streiten, ob der Wert eines Gutes „wirklich" durch die notwendige Arbeitszeit bestimmt wird. Es reicht, diese Aussage als Arbeitshypothese im Rahmen eines ökonomischen Modells anzusehen. Diese Arbeitshypothese gibt jedenfalls das Fundament für eine gehaltvolle Erklärung der Entstehung des Gewinns ab.

(2) MARX behauptet nicht, daß man durch Mehreinsatz von Kapital (Maschinen) nicht eine größere Gütermenge mit entsprechend höherem Wert produzieren kann. MARX behauptet lediglich, daß der Wert der Produktion allein von der eingesetzten Menge an durchschnittlich notwendiger Arbeit bestimmt wird und ein Mehrwert nur von der eingesetzten (lebendigen) Arbeit erzeugt wird.

Wir wollen dies kurz anhand der MARXschen Wertformel verdeutlichen. Nach MARX setzt sich der Wert einer Ware aus drei Elementen zusammen:

- dem Wert der in der Produktion verbrauchten Maschinen, Werkzeuge, Vorprodukte und Rohstoffe (das sog. „konstante" Kapital);
- dem Wert der unmittelbar eingesetzten Arbeitskraft („variables" Kapital);
- dem Mehrwert.

Diese Form der Bestimmung des Wertes einer Ware steht keineswegs im Gegensatz zur Arbeitswertlehre, sondern ergibt sich unmittelbar aus dieser. Arbeitskraft fließt ja in zweifacher Form in das Produkt ein:

- in Form der Arbeitskraft, die in den verbrauchten Maschinen, Werkzeugen, Vorprodukten und Maschinen gespeichert ist (sog. „geronnene" Arbeit);
- in Form von „lebendiger" Arbeit bei der laufenden Produktion.

Entscheidend ist nun, daß die geronnene Arbeit nur ihren eigenen Wert auf das neue Produkt überträgt (deshalb wählt MARX die Bezeichnung „konstantes" Kapital). Die lebendige Arbeit dagegen reproduziert wertmäßig ihr eigenes Äquivalent und einen Überschuß darüber, den Mehrwert (deshalb wählt MARX die Bezeichnung „variables" Kapital).

Bezeichnet man den Wert des Gutes mit w, das konstante Kapital mit c, das variable Kapital mit v und den Mehrwert mit m, so gilt also nach MARX:

$$w = c + v + m$$

Mehrwert = m	Mehr- = Surplusarbeit	lebendige Arbeit	Wert der Ware = w (entspricht im Durchschnitt dem Preis)
Wert der bei dieser Produktion eingesetzten Arbeitskraft = variables Kapital = v	notwendige Arbeit = Reproduktionskosten der Arbeitskraft [Lohn]		
Wert der verbrauchten Maschinen, Werkzeuge, Vorprodukte, Rohstoffe = konstantes Kapital = c	Reproduktionskosten des konstanten Kapitals	geronnene Arbeit	

Abb. 3.2: Die Wertbildung bei MARX

Der Mehrwert ist für Marx primär kein Verteilungsproblem

(3) Auch in einer sozialistischen Volkswirtschaft wird ein Mehrprodukt geschaffen. MARX fordert nicht, daß den Arbeitern der gesamte Mehrwert für Konsumzwecke zufließen soll. Einen Teil des Mehrwertes braucht man in jeder Gesellschaft, die sich weiterentwickeln soll, zur Investition (Akkumulation von konstantem Kapital), den Rest für den individuellen Konsum der nicht produktiv Tätigen und für den gesellschaftlichen Konsum (die staatlich bereitgestellten Güter). Es ist deshalb ein Irrtum zu glauben (und auch MARX hat vor diesem Irrtum gewarnt), daß sich der Lebensstandard der Arbeiter kurzfristig nennenswert erhöhen würde, wenn die Kapitalisten sich den Mehrwert nicht länger aneignen. Letztlich verbliebe zum Mehrkonsum der Arbeiter nur das, was man Luxuskonsum der Unternehmer nennt, und dieser ist gesamtwirtschaftlich verhältnismäßig unbedeutend.

Eigentümer der Produktionsmittel besitzen Entscheidungsbefugnis über Produktion und Beschäftigung

Beachtenswert ist das Argument von MARX, die Übertragung der Entscheidungsbefugnis über Produktion, Beschäftigung, Investitionen und Preise an die relativ kleine Gruppe der Eigentümer an Produktionsmitteln spalte die Gesellschaft in eine kleine Gruppe von Verfügungsberechtigten und eine große Gruppe von Befehlsempfängern. Dem werden einmal die oben beschriebenen Funktionen des Privateigentums in einer Marktwirtschaft (vgl. Kapitel 2), die angestrebte breitere Streuung des Produktiveigentums und die Mitbestimmung der Arbeitnehmer, zum anderen die auch in sozialistischen Ländern zu beobachtende faktische Trennung zwischen Befehlsempfängern und Verfügungsberechtigten entgegengehalten.

Beurteilung

Ein gewisses Maß an Ausbeutung im MARXschen Sinne existiert in der Tat in kapitalistischen Marktwirtschaften. Zwar erhalten die Arbeiter nicht nur einen Lohn in Höhe ihrer „Reproduktionskosten", wie auch immer der Umfang des existenzminimalen Konsums festgelegt werden mag, aber die Arbeiter erhalten im Durchschnitt und in der Regel auch nicht den gesamten Gegenwert ihrer Arbeitsleistung. Üblicherweise verbleibt den Eigentümern der Produktionsmittel ein Gewinn, und dieser Gewinn ist im Sinne von MARX Ausbeutung; aber der Gewinn (und damit die „Ausbeutung") ist funktional notwendig als Leistungsanreiz und Erfolgskontrolle.

Ausbeutung und Gewinn sind funktional notwendig

Dies war wohl der entscheidende Fehler in der MARXschen Analyse: Übersehen zu haben, daß die beschriebene Form der Organisation von Arbeitsbeziehungen – die Ausbeutung – funktional notwendig oder zumindest funktional sinnvoll ist. Das Konzept der Ausbeutung – die Aneignung der Arbeit anderer Menschen – ist ja letztlich nur dann eine sinnvolle Bezeichnung, wenn eine materiell bessere Alternative realisierbar ist. Die denkbare Alternative ist die Arbeiterunternehmung: Arbeiter schließen sich zusammen, beschaffen sich Kapital, produzieren gemeinsam und teilen das Arbeitsergebnis unter sich auf. Solche Arbeiterunternehmungen haben in der Praxis nicht funktioniert, vor allem weil eine erfolgreiche Unternehmung offenbar Hierarchien, Leistungsanreize und Erfolgskontrollen voraussetzt, die in einer Arbeiterunternehmung nur schwer durchsetzbar sind. Umgekehrt scheint die kapitalistische Unternehmung ein ausreichendes Maß an Organisationseffizienz aufzuweisen und damit den Arbeitern – trotz Ausbeutung – einen höheren Lohn zahlen zu können als die Arbeiterunternehmung – ohne Ausbeutung.

Arbeiterunternehmungen haben nicht funktioniert

1.1.2 Tendenzieller Fall der Profitrate

Neben der Ausbeutung begründet das Privateigentum an Produktionsmitteln nach MARX ein Hindernis für die Entwicklung der Produktivkräfte. Das Hemmnis ist der „tendenzielle Fall der Profitrate" (**Profitrate** = Verhältnis von Gewinn zu eingesetztem Kapital) und die damit verbundenen Krisen. Damit erhebt der Sozialismus, was häufig übersehen wird, nicht nur den Anspruch, eine „gerechtere", sondern auch den Anspruch, eine materiell wohlhabendere Gesellschaft zu schaffen.

MARX argumentiert, daß die Profitrate die Tendenz habe, im Zuge der langfristigen Investitionstätigkeit (Kapitalakkumulation) zu fallen. Und da die Profitrate nach MARXscher Ansicht die treibende Kraft der „kapitalistischen Produktion" ist, produziert diese Produktion gleichsam die eigene Schranke für ihre ungehinderte Expansion.

Ohne auf die Einzelheiten einzugehen, wollen wir die Grundstruktur der MARXschen Erklärung skizzieren. Im Zuge des Wachstumsprozesses zwingt die Konkurrenz zu dauernder **Kapitalakkumulation,** weil jeder einzelne Unternehmer danach strebt, jeweils modernere Produktionsverfahren anzuwenden und damit einen Extraprofit zu machen. Das Verhältnis der Produktionsfaktoren Kapital zu Arbeit – die **Kapitalintensität** – nimmt laufend zu. Relativ immer weniger Arbeiter produzieren mit relativ immer mehr Kapital. Da nach MARX nur die Arbeit einen Mehrwert (letztlich einen Gewinn) erzeugt, wird das **Verhältnis** von Gewinn zu eingesetztem Kapital

Die Profitrate fällt, weil die Kapitalintensität zunimmt

(Profitrate) dann abnehmen, wenn der Profit, den der einzelne Arbeiter produziert, im Zuge der Entwicklung konstant bleibt.

Drücken wir die Aussage in der Terminologie von MARX aus. Im Zuge der wirtschaftlichen Entwicklung steigt der Wert des konstanten Kapitals c (Materialaufwand und Abschreibung pro Periode) stärker als der Wert des variablen Kapitals v (notwendige Lohnkosten pro Periode). Da das konstante Kapital lediglich seinen eigenen Wert auf das Produkt überträgt und nur die im variablen Kapital verkörperte Arbeit einen Mehrwert m produziert, wird die Profitrate p

$$p = \frac{m}{c + v}$$

dann abnehmen, wenn die **Mehrwertrate** $\frac{m}{v}$ konstant bleibt. (Es steigt ja nur das c im Nenner des obigen Ausdrucks. Im übrigen sind weitere spezielle Kombinationen denkbar, die hier nicht beschrieben werden sollen.) Der Leser wird bemerken, daß für MARX Kapital etwas anderes ist, als nach dem heutigen Sprachgebrauch üblich, doch trifft die obige Darstellung in heutigen Begriffen den Kern der MARXschen Behauptung.

Von fundamentaler Bedeutung für die Richtigkeit des berühmten **Gesetzes vom tendenziellen Fall der Profitrate** ist die Annahme, daß die Mehrwertrate bei fortgesetzter Kapitalakkumulation tatsächlich konstant bleibt oder mindestens nicht stärker steigt als zur Aufrechterhaltung des Gesetzes notwendig. Und dies ist fraglich, weil die Entwicklung der Arbeitsproduktivität im Lohngütersektor im Zuge der Kapitalakkumulation eben auch die Tendenz hat, die Mehrwertrate zu erhöhen.

Entscheidender ist ein zweiter Einwand. Eine fallende Profitrate und im Extremfall eine Profitrate von Null bedeutet, daß eine Investition gerade noch so viel einbringt, wie sie kostet. Und in einem solchen Fall lohnt die Investition im Sozialismus genauso wenig wie im Kapitalismus.

Konjunkturkrisen begleiten den Fall der Profitrate

Der Fall der Profitrate wird nun nach MARX von **Konjunkturkrisen** begleitet. Eine mögliche Erklärung bietet die „Selbstreinigungskrise“. Wenn die Profitrate allgemein sinkt, versucht jeder Unternehmer für sich, dies zu verhindern, indem er besonders fortschrittliche Produktionsmethoden anwendet und damit einen Extraprofit erwirtschaftet und/oder die Produktionsmenge ausdehnt, um das, was er an der Profitrate verliert, durch die Profitmenge zu kompensieren. Die Konkurrenz zwingt mithin zu allgemeiner Überproduktion, die Kaufkraft der Arbeiter steigt nicht entsprechend, weil die Unternehmen mit dem Fall der Profitrate auch die Ausbeutungsrate erhöhen, es kommt zur Krise, zu Konkursen, zur Vernichtung von Kapital. Wenn genügend Kapital vernichtet ist, steigt die Profitrate wieder an, der Akkumulationsprozeß kann wieder beginnen.

Krisen werden größer und führen zur Revolution

Nach MARX werden diese Krisen immer größer, die Arbeiter verarmen im Zyklus immer mehr, bis es sich für sie lohnt, zu revoltieren und die

Kapitalisten zu enteignen. Dies sei ein unvermeidbarer geschichtlicher Prozeß.

Es genügt, darauf zu verweisen, daß die Ausbeutung im Trend und im Zyklus nicht zugenommen, sondern abgenommen hat; produktivitätsorientierte Löhne (vgl. Kapitel 26) und Vermögensbildung der Arbeitnehmer waren die wesentlichen Elemente der Beteiligung der Arbeitnehmer am wirtschaftlichen Fortschritt.

1.2 Kritik am Koordinationsmechanismus

„Anarchischer" Charakter der Produktion in der Marktwirtschaft

In marxistischer Sicht ist die private Aneignung des von den eigentlichen Produzenten (den Arbeitern) hervorgebrachten Mehrprodukts durch die „Kapitalisten" die eigentliche Ursache für den bemängelten „anarchischen" (ohne jede Ordnung) Charakter der Produktion.

> Die Entscheidung über die Produktion von Gütern und die Entscheidung über die Nachfrage nach Gütern wird nach marxistischer Auffassung von zwei unabhängig voneinander entscheidenden Gruppen auf der Grundlage unterschiedlicher Motivation gefällt.

Unterschiedliche Interessenlage von Produzenten und Konsumenten

Während die „Kapitalisten" solche Güter produzieren, von denen sie sich den höchsten Profit versprechen, haben die Haushalte ein Interesse an den Gütern, die sie am meisten benötigen. Damit ist nicht von vornherein sichergestellt, daß die Waren, die produziert werden, auch den Konsumentenbedürfnissen entsprechen.

Unternehmer treffen ihre Produktionsentscheidungen unabhängig voneinander

Ergibt sich schon aus diesem Grund ein anarchischer Charakter der Produktion, so wird dieser Aspekt noch verstärkt durch die Tatsache, daß die Unternehmen ihre Produktionsentscheidungen unabhängig voneinander treffen, der einzelne also nicht weiß, was der andere produziert. Selbst wenn der einzelne Produzent eine vorhandene Nachfrage richtig abschätzt, kann es sein, daß die Gesamtheit der Unternehmer an der Nachfrage vorbeiproduziert. Jedenfalls stellt sich die Richtigkeit der unternehmerischen Entscheidung erst nachträglich an Hand nicht absetzbarer Gütermengen oder Fehlmengen heraus. Die Unternehmen produzieren in dieser Sicht also ins „Blaue" hinein.

Bei nicht absetzbaren Mengen hat eine Vergeudung knapper volkswirtschaftlicher Produktionsfaktoren stattgefunden, bei Fehlmengen wird die falsche Entscheidung über steigende Preise sogar noch honoriert.

Entfremdung

Schließlich begründet die Ausrichtung der Produktion auf die Tauschprozesse eines anonymen Marktes mit unbekannten Käufern und unbekannten Bedürfnissen eine Entfremdung des Menschen. Der Mensch entfremdet sich nach Marx von seiner Tätigkeit, von „seinem" Produkt, von den Mitmenschen und schließlich von sich selbst als gesellschaftlich schöpferischem Menschen.

Markt bewertet Unternehmerentscheidungen erst nachträglich

Will man eine Bewertung dieser Argumentation vornehmen, so ist richtig, daß der Marktmechanismus über Gewinne und Verluste die Unternehmerentscheidungen erst nachträglich bewertet. Das bringt sicherlich wegen der Unabhängigkeit der unternehmerischen Entscheidungen und der subjektiven Ungewißheit im gewissen Umfang eine Verschwendung volkswirtschaftlicher Produktivkräfte mit sich. Andererseits wird die Verbindung zwischen Gewinnstreben und Nachfrageanalyse der Unternehmer verkannt: Kein Unternehmer wird sein Kapital riskieren, ohne sich vorher so gut wie möglich Informationen über die Nachfrage zu beschaffen. Abgesehen davon ist es für eine letztendliche Bewertung des marktwirtschaftlichen Systems entscheidend, in welchem Verhältnis die Verschwendung volkswirtschaftlicher Produktivkräfte im Vergleich zu Alternativsystemen steht. Diese Frage hat die Geschichte eindrucksvoll zugunsten der Marktkoordination beantwortet.

Verbindung zwischen Gewinnstreben und Nachfrage wird übersehen

Das Konzept der Entfremdung ist schwer faßbar, schwer nachvollziehbar, aber auch hier hat jedenfalls der „real existierende Sozialismus" seine behauptete Überlegenheit nicht nachweisen können.

Marx beschreibt das alternative Wirtschaftssystem nicht

MARX' Kritik der kapitalistischen Marktwirtschaft hat ein Wirtschaftssystem begründet, in dem das kapitalistische Privateigentum an Produktionsmitteln aufgehoben wird und die Marktkoordination durch „etwas anderes" ersetzt wird. Dabei ist die positive Beschreibung der Alternative durch MARX unterblieben. Es war auch nicht ganz klar, ob die zentrale Planung notwendigerweise zur Sozialisierung der Produktionsmittel gehört. Allerdings ermöglicht das gesellschaftliche Eigentum an Produktionsmitteln die zentrale Planung, und die Kritik der Marktkoordination legt ja eine Form der zentralen Planung nahe. Jedenfalls ist Sozialismus im wesentlichen – von früheren Reformversuchen in Jugoslawien und Ungarn abgesehen – immer mit zentraler Planung verbunden gewesen. Diese zentrale Planung, die in ihrer Grundkonzeption in der Sowjetunion nach dem 1. Weltkrieg entwickelt worden ist und später u. a. auch in der DDR übernommen worden ist, soll im folgenden in ihren Grundzügen beschrieben werden.

2. Zentrale Planung

2.1 Grundkonzeption der zentralen Planung

In einer zentralgeleiteten Verwaltungswirtschaft (Zentralplanwirtschaft) – häufig auch Planwirtschaft genannt – wird versucht, die wirtschaftliche Tätigkeit der Millionen Produktions- und Konsumeinheiten (Betriebe und Haushalte) in einem zentralen Plan **im voraus** aufeinander abzustimmen und festzulegen.

Ausgangspunkt und Grundlage dieses Planes sind die gesellschaftlichen Zielsetzungen und Produktionsmöglichkeiten. Im Grundsatz bestimmen also die für die Volkswirtschaft festgelegten Gesamtziele (z. B. größtmögliches Wachstum, forcierter Ausbau der Schwerindustrie) über entsprechende Planauflagen zwingend die wirtschaftliche Tätigkeit der planausführenden Betriebe und Haushalte. Hierin liegt ein ganz **wesentlicher Unterschied zum Modell der Marktwirtschaft,** in dem die individuellen Ziele der Millionen von Haushaltungen und Unternehmungen unmittelbar deren wirtschaftliches Handeln und damit mittelbar auch das gesamtwirtschaftliche Geschehen bestimmen. Daß man in der marktwirtschaftlichen Praxis das gesamtwirtschaftliche Geschehen seit geraumer Zeit ebenfalls im Sinne bestimmter gesamtwirtschaftlicher Ziele (wie Vollbeschäftigung und Preisstabilität) zu beeinflussen versucht, beeinträchtigt diese Feststellung nicht, da grundsätzlich keine direkten Eingriffe in die einzelwirtschaftliche Tätigkeit (durch sog. Einzel- oder Mikrosteuerung) vorgenommen werden, sondern die einzelwirtschaftlichen Pläne nur indirekt (im Rahmen einer sogenannten Gesamt- oder Makro- oder Globalsteuerung) beeinflußt werden.

Gesellschaftliche Ziele sollen zwingend die wirtschaftlichen Handlungen der Betriebe und Haushalte bestimmen

Wie kann man sich die **Funktionsweise** einer zentralgeleiteten Volkswirtschaft im Prinzip vorstellen?

Eine aus Experten bestehende zentrale Plankommission legt den politischen Entscheidungsinstanzen (auf der Grundlage ihrer Erfahrung und in Zusammenarbeit mit untergeordneten Planbehörden und den Betrieben) Möglichkeiten für die gesamtwirtschaftliche Produktion vor (sie zeigt gewissermaßen einige Punkte der volkswirtschaftlichen Transformationskurve auf). Die politischen Entscheidungsträger wählen aufgrund ihrer gesellschaftlichen Zielvorstellungen eine Kombination aus, die damit zum verbindlichen zentralen Plan für die Volkswirtschaft wird. Die zentrale Planungskommission setzt auf dieser Grundlage (wieder in Kooperation mit untergeordneten Planbehörden) die Produktion der entsprechenden Güter für die einzelnen Betriebe der Volkswirtschaft fest und ordnet eine dem Plan entsprechende Verteilung der Güter an. Die Betriebe handeln auf der Grundlage dieser Planauflagen und melden das Ergebnis ihrer Tätigkeit der zentralen Planbehörde, die damit die Durchführung kontrollieren kann.

Zentrale Plankommission arbeitet Alternativen aus

Politische Zentrale wählt eine Alternative aus

Zentrale Plankommission leitet aus dem Gesamtplan Plandirektiven für die Betriebe ab

2.2 Grundprinzip der Mengenplanung

Das Planverfahren ist überaus kompliziert. Die Planbehörde muß genaue Kenntnisse von den Produktionsbedingungen in den einzelnen Betrieben der Volkswirtschaft haben. Sie muß z. B. für einen bestimmten Betrieb X wissen, wieviel Arbeitskräfte und Maschinen zu Beginn der Planungsperiode (z. B. eines Jahres) zur Verfügung stehen, welche Lagerbestände an Vorprodukten im Betrieb vorhanden sind, welche zusätzlichen Vorprodukte und welche Kapitalgüter dem Betrieb X von anderen Betrieben der Volkswirtschaft oder durch Importe zu welchen Zeitpunkten zur Verfügung gestellt werden können, welche Produkte in dem Betrieb beim gegenwärtigen Stand des technischen Wissens mit welchen Produktionsverfahren in welcher Zeit hergestellt werden können usw. Aus der Zusam-

Hoher Informationsbedarf

menfügung solcher Informationen für die gesamte Volkswirtschaft kann die Planungsbehörde dann letztlich die gesamten Produktionsmöglichkeiten in der Volkswirtschaft bestimmen. Wird auf dieser Grundlage der endgültige Volkswirtschaftsplan beschlossen, so kann die Planbehörde auf der Basis der bei der Planaufstellung verwendeten Informationen den einzelnen Betrieben entsprechende Planauflagen machen.

Hauptinstrument der zentralen Planung war das System der sog. **Planbilanzen,** mit dem Produktionsmengen geplant wurden. So gab es in der DDR in der Mitte der 80er Jahre etwa 4500 solcher Bilanzen. Das Prinzip sei an Hand eines Beispiels erläutert.

Angenommen, das Industrieministerium meldet einen Bedarf von 1100 Automobilen an und läßt die Möglichkeit zur Bedarfserfüllung von der Plankommission durchrechnen. Die Plankommission stellt diesen Bedarf dem angenommenen Lagerbestand von 50 und den geplanten Importen von 50 gegenüber und ermittelt so eine notwendige Produktion von 1000 Autos:

Bedarfsbilanz Autos			
Geplante Möglichkeiten der Bedarfsdeckung		Bedarf für	
Lagerbestand Importe Produktion	50 50 1 000	inländischen Konsum	1 100
	1 100		1 100

Im nächsten Schritt werden die notwendigen Gütereinsatzmengen zur Produktion der 1000 Autos bestimmt. Ausgehend von Erfahrungswerten für den Faktorenverbrauch (sog. „Normen") kommt man zu folgender Aufstellung (wir beschränken uns der Einfachheit halber auf drei homogene Produktionsgüter):

Produktionsbilanz Autos			
Notwendige Faktoreinsatzmengen		Produktion	
Arbeit Maschinen Blech	5 000 Std. 500 Std. 10 000 m^2	Produktion	1 000 Stück

Um die Durchführungsmöglichkeiten zu überprüfen, muß die Planungskommission nun für sämtliche Faktoren feststellen, ob sie im notwendigen Umfang zur Verfügung stehen (d. h. Produktbilanzen aufstellen). Das bedeutet, daß die Produktion sämtlicher Güter mit in die Betrachtung einbezogen werden muß, für die diese spezielle Form der Arbeitskraft, der Maschinenleistung sowie Blech notwendig sind.

In unserem Beispiel verfolgen wir nur die Verfügbarkeit des Produktionsgutes Blech.

Die für Blech zuständige Abteilung des Planungsstabes erhält die Bedarfsmeldung für die sonstigen blechverarbeitenden Industrien (z. B. 50 000 m² für Panzer und 20 000 m² für Schiffe). Sie stellt dem Gesamtbedarf (einschließlich der Automobilindustrie) in Höhe von 80 000 m² den Bestand von 5 000 m² und die Importe von 5 000 m² gegenüber und ermittelt so die notwendige Produktionsmenge von 70 000 m² (wir unterstellen dabei vereinfachend, daß es sich immer um die gleiche Blechsorte handelt).

Bedarfsbilanz Blech			
Geplante Möglichkeiten der Bedarfsdeckung		Bedarf für	
Lagerbestand	5 000 m^2	Automobile	10 000 m^2
Importe	5 000 m^2	Panzer und Schiffe	70 000 m^2
Produktion	70 000 m^2		
	80 000 m^2		80 000 m^2

Anschließend werden die notwendigen Gütereinsatzmengen für die Blechproduktion von 70 000 m² ermittelt.

Produktionsbilanz Blech			
Notwendige Faktoreinsatzmengen		Produktion	
Arbeit	1 500 Std.	Blech	70 000 m^2
Maschinen	1 000 Std.		
Stahl	7 000 t		
davon für die Produktion von			
Autos:	1 000 t		
Panzern:	4 000 t		
Schiffen:	2 000 t		

Um die Produktionsmöglichkeiten für Blech zu ermitteln, muß die Plankommission die Verfügbarkeit sämtlicher Produktionsgüter weiter verfolgen. Wir beschränken uns hier auf den Faktor Stahl, dessen Verbrauchsmengen deshalb in obiger Aufstellung schon aufgegliedert sind.

Die Stahlabteilung erhält die Bedarfsmeldungen der Blechabteilung (7 000 t) und der übrigen stahlverarbeitenden Industrien (z. B. für den Maschinenbau 8 000 t). Aufgrund von Anfangsbeständen (1 000 t) und

Importen (1 000 t) ermittelt die Stahlabteilung eine Produktionsmenge von 13 000 t.

Bedarfsbilanz Stahl			
Geplante Möglichkeiten der Bedarfsdeckung		Bedarf für	
Lagerbestand	1 000 t	Blech	7 000 t
Importe	1 000 t	Sonst. stahlverarb.	
Produktion	13 000 t	Industrien	8 000 t
	15 000 t		15 000 t

Wiederum sind die Verbrauchsmengen an Produktionsgütern zu ermitteln.

Produktionsbilanz Stahl			
Notwendige Faktoreinsatzmengen		Produktion	
Arbeit	200 Std.	Stahl	13 000 t
Maschinen	100 Std.		
Eisenerz	33 000 t		
davon für:			
Blechindustrie	14 000 t		
1 000 Autos	2 000 t		
100 Panzer	8 000 t		
10 Schiffe	4 000 t		
Maschinenbau	19 000 t		
200 Kräne	10 000 t		
3 000 Werkzeugmaschinen	9 000 t		

Zu prüfen ist wiederum, ob die notwendigen Arbeitsstunden, Maschinenstunden und das notwendige Eisenerz zur Verfügung stehen. Wir beschränken uns auf das Produktionsgut Eisenerz.

Die Eisenerzabteilung erhält nun die Bedarfsmeldung der Stahlabteilung (33 000 t) und ermittelt aufgrund von Anfangsbeständen (0 t) und Importen (15 000 t) eine notwendige Produktionsmenge von 18 000 t Eisenerz. Damit sind wir bei der Grundstoffindustrie angelangt, deren Produktionskapazitäten durch die Abbaumöglichkeiten in der Planperiode begrenzt sind.

Angenommen, es können nur 15 000 t Eisenerz abgebaut werden. Es verbleibt eine **Fehlmenge** von 3 000 t Eisenerz.

Bedarfsbilanz Erz			
Geplante Möglichkeiten der Bedarfsdeckung		Bedarf für	
Anfangsbestand	0 t	Blech	14 000 t
Importe	15 000 t	davon für	
Produktion	15 000 t	1 000 Autos 2 000 t	
Fehlmenge	3 000 t	100 Panzer 8 000 t	
		10 Schiffe 4 000 t	
		Maschinenbau	19 000 t
		davon für	
		200 Kräne 10 000 t	
		3 000 Werkzeugbänke 9 000 t	
	33 000 t		33 000 t

Das Beispiel gibt uns einen guten Einblick in das Kernstück der Mengenplanung in einer zentralgeleiteten Volkswirtschaft, das System von miteinander verbundenen **Produktbilanzen.**

Mengenplanung mittels eines Systems miteinander verbundener Produktbilanzen

In unserem Beispiel ergibt sich kein „stimmiges" System von Produktbilanzen, da beim Eisenerz eine Fehlmenge von 3 000 t entsteht (Eisenerz ist offenbar ein sehr knappes Produktionsmittel). Die Plankommission steht deshalb vor der Aufgabe, für einen Ausgleich zu sorgen. Hierzu hat sie mehrere Möglichkeiten, die einzeln oder kombiniert zur Anwendung kommen können.

Möglichkeiten des Ausgleichs der Produktbilanzen

(1) Sie kann versuchen, zusätzliches Eisenerz durch Importe zu beschaffen.

(2) Sie kann versuchen, die Normen zu ändern, z. B. für die Automobilindustrie nur 8 m^2 Blech pro Auto anzusetzen („Normendruck").

(3) Sie kann prüfen, ob einzelne Produkte nicht auch mit Hilfe von anderen Rohstoffen erzeugt werden können (z. B. Kunststoff für Autos).

(4) Sie kann die Produktion von Gütern, bei denen Eisenerz benötigt wird, vermindern, also z. B. die Automobilproduktion, den Maschinenbau usw.

In der Praxis zentralgeleiteter Verwaltungswirtschaften wurde von sämtlichen Möglichkeiten Gebrauch gemacht.

Nehmen wir an, die Möglichkeiten 1–3 würden ausscheiden, so daß der Plan bezüglich des „Was" der Produktion revidiert werden müßte. Es muß dann entschieden werden, wie die Produktion von Autos, Panzern, Schiffen, Kränen oder Werkzeugmaschinen eingeschränkt werden soll. Eine Entscheidungshilfe wird den politischen Instanzen durch die an Eisenerz gemessenen Alternativkosten der Produktion der verschiedenen Güter gegeben. Im obigen Beispiel:

1 Auto kostet in Erz	2 Tonnen
1 Panzer kostet in Erz	80 Tonnen
1 Schiff kostet in Erz	400 Tonnen
1 Kran kostet in Erz	50 Tonnen
1 Werkzeugmaschine kostet in Erz	3 Tonnen

Es ergeben sich mithin folgende Transformationsraten:

1 Schiff = 5 Panzer = 8 Kräne = 133⅓ Werkzeugmaschinen = 200 Autos.

Kosten- und Nutzenüberlegungen bei Produktionseinschränkungen

Die Rangordnung der Bedürfnisse muß jetzt herangezogen werden, um zu einer Entscheidung über das „Was" der Produktion zu kommen. Um zu einer Entscheidung über die endgültige Zusammensetzung der Produktion zu gelangen, müssen zusätzlich zu der Kostenüberlegung Nutzenüberlegungen herangezogen werden. Es muß also berücksichtigt werden, welchen Nutzen z. B. 1 Auto, 1 Kran oder 1 Panzer für die Gesellschaft hat. Kennt man diesen Nutzen, so kann man unmittelbar den Nutzen pro Tonne Eisenerz bestimmen, die für Autos, Kräne etc. verwendet wird. Die Produktionseinschränkung ist dann so vorzunehmen, daß

(1) die Fehlmenge verschwindet und

(2) der Nutzen jeder Tonne Eisenerz, die in Autos, in Panzer, in Schiffe, in Kräne und Werkzeugmaschinen gesteckt wird, für die Gesellschaft gleich groß ist.

Wir haben dieses Beispiel so ausführlich geschildert, damit wenigstens ungefähr eine Vorstellung über die ganz gewaltigen Planungsprobleme einer zentralen Verwaltungswirtschaft vermittelt werden kann. Zugleich soll dabei auch noch einmal deutlich werden, welche Koordinierungsaufgaben der Markt quasi nebenbei erfüllt. Eine solche Planung konnte wegen ihrer Komplexität nur für eine begrenzte Zahl wichtiger Güter, sog. Prioritätsgüter, erstellt werden. In der DDR wurde die Mengenplanung in etwa 4 500 Produktbilanzen durchgeführt. Die Mengenplanung wurde ergänzt durch eine **Wertplanung,** eine Planung unter Zuhilfenahme von Preisen, die hier allerdings nicht mehr beschrieben werden soll.

2.3 Probleme zentraler Planung

Die grundlegenden Probleme zentraler Planung waren die Unmöglichkeit, das Informationsproblem und das Sanktionsproblem zu lösen.

2.3.1 Das Informationsproblem

Die Aufstellung des zentralen Planes erfordert die zentrale Kenntnis

- der vorhandenen Ressourcen,
- der (optimalen) Produktionsverfahren und,
- jedenfalls idealiter, der Präferenzen der Konsumenten.

Weil die relevanten Informationen von den Betrieben selbst geliefert werden und die Betriebe nicht an „harten“ Plänen interessiert sind, die schwer zu erfüllen sind, liefern die Betriebe in der Regel nach unten manipulierte Informationen. Es resultieren dann die sog. „weichen“ Pläne, die das volkswirtschaftliche Produktionspotential nicht ausschöpfen. Aber selbst wenn die „richtigen“ Informationen geliefert würden, bleibt zu bezweifeln, daß eine zentrale Behörde diese Informationen befriedigend verarbeiten kann.

Tendenz zu weichen Plänen

Das Grundproblem ist die prinzipielle Unfähigkeit der Planbehörde, die Produktion **optimal** zu koordinieren. In kapitalistischen Marktwirtschaften existieren Knappheitspreise, und diese Knappheitspreise reflektieren hinlänglich genau

- die Knappheit der vorhandenen Ressourcen,
- den Stand moderner Produktionstechnik und
- die Präferenzen der Konsumenten.

Solche Knappheitspreise existieren in der sozialistischen Planwirtschaft nicht, und daher ist es für die Planbehörde unmöglich, den optimalen Plan zu erstellen. Die Planbehörde kann z. B. nicht wissen, ob Strom billiger durch Braunkohle, durch Atomkraftwerke oder Importe geliefert wird, und sie kann nicht wissen, ob Automobile besser vertikal integriert in einem großen Werk oder eher dezentralisiert in kleineren Betrieben produziert werden sollten usw. Die Planbehörde kann mithin **allenfalls** einen Plan aufstellen, der in sich stimmt, aber niemals eine optimale Koordination erreichen. Die zentrale Planung vergeudet mithin volkswirtschaftliche Ressourcen.

Knappheitspreise existieren nicht…

…daher konnte der optimale Plan nicht aufgestellt werden

2.3.2 Das Sanktionsproblem

Die Hoffnung, in sozialistischen Wirtschaftssystemen eine Übereinstimmung von Handlungsmotiv und gesellschaftlicher Funktion erreichen zu können, hat getrogen. Es war falsch anzunehmen, daß Individuen die Interessen der Gesellschaft kennen, sich mit diesen identifizieren und nach ihnen handeln. Auch im Sozialismus verfolgen die Menschen ihre eigenen Interessen, und Leistungsanreize und Erfolgskontrollen müssen daher geschaffen werden.

Während in kapitalistischen Marktwirtschaften der Preis- und Gewinnmechanismus Leistungsanreiz und Erfolgskontrolle quasi automatisch und nebenbei produziert, muß dies in sozialistischen Planwirtschaften veranstaltet werden. Erfolgsmaßstab ist hier die Planerfüllung

Leistungsanreize und Kontrollen mußten veranstaltet werden

$$\text{Erfolg} = \text{Istproduktion} - \text{Sollproduktion}.$$

Der Erfolgsmaßstab war falsch

Aus leicht einsichtigen Gründen ist das Interesse der produktiv Tätigen dabei niemals auf eine Maximierung der Istproduktion, sondern immer auf eine Minimierung der Sollproduktion gerichtet. Dies, weil die Planerfüllung dieses Jahres die Basis für die Planfestsetzung des nächsten Jahres ist. Alle Versuche, dies zu ändern, waren erfolglos.

2.3.3 Fehlende Innovationsdynamik

Bei der Innovation kumulieren sich die Informations- und Sanktionsprobleme

Sozialistische Planwirtschaften sind durch einen ganz zentralen Mangel an Innovationsdynamik gekennzeichnet. Die Entwicklung neuer Produkte (Produktinnovation) und die Entwicklung neuer Verfahren (Prozeßinnovation) sind hier ungleich geringer als in kapitalistischen Marktwirtschaften. Dies ist einsichtig, denn in diesem Feld kumulieren sich die Informations- und Sanktionsprobleme.

- Eine Prozeßinnovation ist kaum planbar, woher soll die Planbehörde wissen, wie man effizienter produziert?
- Eine Produktinnovation ist ebenfalls kaum planbar, weil die Mengenplanung mit quantifizierbaren Produktionsauflagen arbeiten muß und eine Qualitätsverbesserung oder eine Neuerung nicht quantifiziert werden kann (wie soll man die Schönheit von Sommerkleidern oder den Geschmack von Wurst quantifizieren?).
- Vor allem haben die Produzenten – die Betriebe und die Arbeitnehmer – kein Interesse an Innovationen. Diese würden in der Einführungsphase den eingefahrenen Betriebsablauf und damit den zentralen Plan nur stören und in der Folgezeit zu entsprechend revidierten Planauflagen führen. Die Nachteile für den Betrieb würden die Vorteile bei weitem übersteigen.

2.3.4 Fazit: Effizienzmangel

Diese zentralen Mängel lassen sich vielfältig ergänzen. Genannt seien die folgenden Punkte:

- Die Kumulation von Fehlplanungen und Planuntererfüllungen;
- die darauf folgende Neigung, „strategische Reserven“ zu bilden, um bei ausbleibenden Lieferungen dennoch weiter produzieren zu können;
- der schrittweise Übergang zu bilateralen Tauschgeschäften;
- die „Tonnenideologie“, die Neigung, Produktionsauflagen, die in Gewicht, Menge usw. formuliert werden, durch die Produktion besonders schwerer, besonders großer oder besonders vieler Produkte zu erfüllen. Damit wird z. B. ein Speditionsbetrieb, dessen Planproduktion in Tonnenkilometern vorgegeben wird, besonders viel und besonders umwegreich fahren, ein Anreiz, Transportwege zu minimieren, besteht jedenfalls nicht;

- die ausgeprägte Beharrungstendenz: Fehler werden schwerer erkannt und werden, wenn überhaupt, nur mühsam beseitigt (z. B. die Konzentration auf die Braunkohleproduktion in der DDR).

Das Resultat war eine ganz deutliche ökonomische Ineffizienz der sozialistischen Planwirtschaft. Folgende grobe Kalkulation gibt sicherlich die Größenordnung richtig wieder: „Im Endergebnis liegt der Lebensstandard in der DDR heute (1989) bei etwa einem Drittel des unsrigen. Das also ist das Ergebnis der besten aller Planwirtschaften“ (Wirtschaftswoche Nr. 48 v. 24. 11. 1989, S. 174).

Eine Wertung des politischen Systems soll hier unterbleiben. Faktisch hat sich indes in allen sozialistischen Zentralverwaltungswirtschaften die „Unteilbarkeit der Freiheit“ bestätigt: Wirtschaftliche Freiheit war ohne politische Freiheit nicht zu realisieren.

3. Der Transformationsprozeß in der ehemaligen DDR und in den neuen Bundesländern

3.1 Der Begriff der Transformation

Transformation heißt Veränderung eines zentralen Systemelementes

Wenn man, wie im ersten Kapitel erläutert, die Eigentumsordnung an den Produktionsmitteln und den Koordinationsmechanismus als zentrale unabhängige Elemente eines Wirtschaftssystems ansieht und nur die extremen Ausprägungsformen dieser Elemente – also Privateigentum und Staats- (Gemeinschafts-) Eigentum bzw. Marktkoordination und Koordination über einen zentralen Plan – betrachtet, so bedeutet die Veränderung dieser Ausprägungen eines Systemelementes eine **Transformation** des Wirtschaftssystems. Im diesem weiten Sinne versteht man unter der Transformation einer Volkswirtschaft also z. B. sowohl die Umwandlung einer sozialistischen in eine kapitalistische Marktwirtschaft (oder umgekehrt) als auch die Umwandlung einer sozialistischen Zentralplanwirtschaft in eine sozialistische Marktwirtschaft. Betrachtet man nicht nur die extremen Ausprägungsformen der Systemelemente, sondern auch Mischformen (graduelle Abstufungen), berücksichtigt man also z. B. bei der Eigentumsordnung auch die Merkmalsausprägung „überwiegend Privateigentum gemischt mit Staatseigentum“ u. ä., so entsteht die Frage, in welchem Umfang ein Systemelement verändert werden muß, damit es sich um eine Systemtransformation und nicht nur um eine Systemreform handelt.

Überführung einer sozialistischen Zentralplanwirtschaft in eine kapitalistische Marktwirtschaft

Im Zuge der politisch-ökonomischen Entwicklung seit 1989 hat sich eine engere Verwendung des Transformationsbegriffes herausgebildet: Mit Transformation ist praktisch durchgängig die Überführung einer sozialistischen Zentralplanwirtschaft oder einer sozialistischen Marktwirtschaft in eine kapitalistische Marktwirtschaft gemeint. Dies deshalb, weil es andere

Transformationen zur Zeit nicht gibt. Die Erfahrung hat die Erkenntnisse der Ordnungstheorie bestätigt, daß ökonomische Effizienz dauerhaft nur in einer kapitalistischen Marktwirtschaft erreichbar ist. Daher beschreiben wir die Transformation einer sozialistischen Zentralplanwirtschaft in eine kapitalistische Marktwirtschaft und beziehen uns konkret auf den Transformationsprozeß in der ehemaligen DDR bzw. in den neuen Bundesländern.

Vermutlich zeitpfadabhängige Kosten und Nutzen der Transformation

Was sind die grundsätzlichen Probleme, die bei einer solchen Transformation auftreten und wie können sie optimal gelöst werden? Die in den letzten Jahren entwickelte „Theorie der Transformation" versucht, hier Antworten zu geben, die allerdings häufig eher Vermutungscharakter haben, als daß sie aus einem zwingenden ökonomischen Kalkül bezüglich der Nutzen und Kosten der Transformation, insbesondere auch in Abhängigkeit vom einzuschlagenden Zeitpfad, abgeleitet sind.

3.2 Strategien der Transformation

In bezug auf das Tempo der Transformation wird häufig zwischen **„Schocktherapie"** und **„Gradualismus"** unterschieden. Am sinnvollsten lassen sich diese Konzepte wohl mit möglichst schneller bzw. behutsamer, zeitlich stärker gestreckter Umgestaltung des Wirtschaftssystems charakterisieren.

Schocktherapie versus Gradualismus

Bezogen auf den Koordinationsmechanismus würden Vertreter der Schocktheorie dafür plädieren, zu einem sehr frühen Zeitpunkt und auf allen Märkten der Volkswirtschaft eine möglichst vollständige Deregulierung, d. h. ein Inkraftsetzen des marktwirtschaftlichen Preismechanismus, vorzunehmen. Sie würden ferner fordern, die Betriebe der Volkswirtschaft möglichst rasch zu privatisieren, wobei unter marktwirtschaftlichen Bedingungen mittelfristig nicht existenzfähige Unternehmen aufgelöst werden sollten. **„Gradualisten"** würden zunächst nur einzelne Märkte, und diese eventuell auch nur teilweise, deregulieren wollen und die Betriebe der Volkswirtschaft (bei gewissen Entflechtungen) zwar grundsätzlich dem Gewinn- und Verlustprinzip (also der sog. harten Budgetrestriktion) unterwerfen, temporären Subventionierungen aber positiv gegenüberstehen. In bezug auf die Eigentumsordnung würden sie dafür eintreten, die Betriebe zunächst noch weitgehend in Staatseigentum zu belassen und die Privatisierung zeitlich strecken.

Beide Transformationsstrategien berufen sich dabei auf das Argument der politischen Akzeptanz, nur daß die Vertreter der „schnellen Transformation" der Meinung sind, die Bereitschaft zu solchen grundlegenden Veränderungen würde während eines zeitlich zu sehr gestreckten Prozesses (beispielsweise durch die Aktivitäten der ehemaligen Nomenklatura) nur verwässert, während die Gradualisten die „scheibchenweise“ Umwandlung für politisch eher durchsetzbar halten. Außerdem führen die Vertreter der Schocktheorie an, daß die Preise der Volkswirtschaft so schnell wie möglich ihre volle volkswirtschaftliche Lenkungs-(Allokations-) Funktion übernehmen müßten, um die allokative Ineffizienz des alten Systems baldmöglichst zu überwinden. Eine Subventionierung mittelfristig nicht konkurrenzfähiger Betriebe lehnen sie ab und empfehlen statt dessen die Verwendung der entsprechenden Mittel zur Unterstützung des Neuaufbaus, also z. B. der Förderung der öffentlichen Infrastruktur. Dem würden Gradualisten entgegenhalten, daß die radikale Veränderung der relativen Preise mit gewaltigen Strukturveränderungen einhergehen würde, die kurzfristig zum Ruin vieler Unternehmen führen und damit eine Arbeitslosigkeit mit untragbaren Ausmaßen heraufbeschwören würde. Sie glauben, daß die Kosten einer forcierten Reinigungskrise in Form von hoher Arbeitslosigkeit und unzumutbar hohem Anpassungsdruck letztlich mögliche Effizienzgewinne überkompensieren.

Welche der beiden Zeitstrategien der Transformation erfolgreicher ist, kann bislang nicht entschieden werden; zu wenig entwickelt sind theoretische Überlegungen und zu gering sind historische Erfahrungen. Allerdings deuten die wirtschaftlichen Erfolge der relativ schnellen Transformation in Polen, Slowenien, Ungarn und Tschechien eher auf die Vorteilhaftigkeit einer schnellen und umfassenden Transformation hin. Und auch vorläufige Überlegungen zeigen, daß eine schnelle Transformation die Kosten der Transformation kleiner hält als eine Transformation von Teilordnungen über einen langen Zeitraum. Solche Überlegungen sind z. B.:

- Ein längeres Nebeneinander ordnungspolitisch inkonsistenter Teilordnungen erhöht die Friktionen.
- Ein längerer Zeitpfad der Transformation verdeckt die strukturellen Ungleichgewichte der Wirtschaft für einen unnötig langen Zeitraum und verhindert eine rasche Anpassung und eine individuelle Antizipation der Entwicklung.

In pragmatischer Sicht ist ein dreistufiges Schema für den Transformationsprozeß entwickelt worden, in das schocktherapeutische und gradualistische Elemente einfließen können. Notwendig sind:

- eine Vorbereitungsphase,
- ein Startzeitpunkt (bzw. eine Startphase) und
- eine Anpassungsphase.

Dreistufenschema des Transformationsprozesses

In der **Vorbereitungsphase** sind die **gesetzlichen Rahmenbedingungen** und die **institutionellen Grundlagen** für das neue Wirtschaftssystem zu entwickeln. Damit sollen die Voraussetzungen geschaffen werden, daß die Märkte zum Startzeitpunkt funktionieren und die wirtschaftspolitischen Instanzen mit den notwendigen Instrumenten ausgestattet sind. Konkret bedeutet dies u. a.:

- den Entwurf und die Inkraftsetzung einer demokratischen Verfassung, die das Prinzip der Gewaltenteilung festschreibt und die bürgerlichen Freiheitsrechte und damit u. a. auch Vertragsfreiheit, Gewerbefreiheit, Freiheit der Berufswahl, Koalitionsfreiheit, Freizügigkeit und Niederlassungsfreiheit garantiert und über ein funktionierendes Rechtssystem absichert;
- die Organisation des Geldwesens, d. h. die Schaffung einer Zentralbank und eines privaten Bankensystems. Die Organisation des Geldwesens schließt auch eine Lösung des Problems des in ehemaligen sozialistischen Zentralplanwirtschaften existierenden Kaufkraftüberhanges (zurückgestaute Inflation) ein, damit es bei Freigabe der Preise zum Startzeitpunkt nicht zu schwer steuerbaren Inflationstendenzen kommt. Häufig wird eine Währungsreform unvermeidlich sein;
- die Entwicklung funktionsfähiger Kapitalmärkte;
- die Etablierung eines Steuersystems einschließlich einer funktionierenden Finanzverwaltung, so daß die staatlichen Institutionen zumindest zum Teil mit den notwendigen Mitteln versorgt werden können, ohne daß die Notenpresse in Gang gesetzt werden muß;
- den Aufbau einer funktionierenden Verwaltung (Polizei, Kommunalbehörden, z. B. Katasterämter etc.);
- die Einrichtung eines leistungsfähigen Sozialsystems (Arbeitslosenversicherung, Rentenversicherung, Krankenversicherung) zur Abfederung der sozialen Verwerfungen im Zuge des Transformationsprozesses;
- eine Entscheidung über das Wechselkurssystem, d. h. die Festlegung, ob gegenüber dem Ausland ein fester oder ein flexibler Wechselkurs bestehen soll;
- die Institutionalisierung der Tarifparteien;
- die Einsetzung einer Wettbewerbsaufsichtsbehörde;
- die Entflechtung der großen staatlichen Betriebe, die zukünftig prinzipiell dem Wettbewerbsprinzip unterworfen sind. Außerdem sollte die Privatisierung dieser Betriebe institutionell vorbereitet werden.

Preise übernehmen Allokationsfunktion

Der **Startzeitpunkt** ist jener Stichtag, an dem die Preise freigegeben werden und die Volkswirtschaft damit prinzipiell über den Preis- und Gewinnmechanismus gesteuert wird („marktwirtschaftliche Allokation“, d. h. Koordinationsmechnismus ist der Markt).

Dabei muß nicht auf allen Märkten der Volkswirtschaft gleichzeitig eine vollständige Freigabe der Preise erfolgen. Zum Beispiel ist es denkbar, den außenwirtschaftlichen Bereich zunächst noch „reguliert“ zu lassen, was von Import- und Exportbeschränkungen bis zur Devisenbewirtschaftung reichen kann. Zum Beispiel könnte ein Einfrieren des Wechselkurses zunächst sinnvoll sein, damit nicht die bei seiner Anpassung an den

Marktkurs zu erwartende drastische Abwertung der heimischen Währung die Volkswirtschaft praktisch ihrer Importmöglichkeiten beraubt. Denn eine Abwertung der heimischen Währung verteuert die Importe, ohne daß die Verbilligung der inländischen Güter für das Ausland in der für Transformationsländer typischen Situation dazu führt, die für den Import notwendigen Devisen zu beschaffen: Es gibt in der Regel kaum exportfähige Produkte (sei es, weil ehemalige Exportmärkte wegbrechen und/oder auf den Weltmärkten noch keine konkurrenzfähigen Produkte angeboten werden können). Gegen die außenwirtschaftliche Abschottung kann allerdings eingewandt werden, daß regulierte Märkte, wenn die Regulierung wirksam sein soll, einen sehr hohen Kontrollbedarf haben (schwarze Märkte usw.) und außerdem die Anpassung der heimischen Märkte an die internationalen Wettbewerbsbedingungen verhindert wird und damit Fehlallokationen verursacht werden. Andere potentielle Felder für eine temporäre Außerkraftsetzung des unverzerrten Preiswettbewerbs sind der Arbeits- und der Wohnungsmarkt. In bezug auf den Arbeitsmarkt kann es sinnvoll sein, Unternehmen, die mittelfristig aus eigener Kraft wettbewerbsfähig werden könnten, durch Lohnsubventionen und Förderung von Investitionen „über Wasser zu halten" oder sogar – mit Blick auf die gesellschaftlichen Kosten der Arbeitslosigkeit – Unternehmen „ohne langfristige Perspektive" zeitlich begrenzt bei den Lohnkosten zu entlasten, bis die Ökonomie über die notwendigen Ressourcen verfügt, um die Umgestaltung durchführen zu können. Ähnlich kann es unter sozialpolitischen Aspekten sinnvoll sein, den Wohnungsmarkt nicht vollständig freizugeben, sondern temporär zu bewirtschaften.

Letztlich hängt die Gestaltung der Startphase (Gradualismus versus Schocktherapie) davon ab, wie man die gesellschaftlichen Erträge und Kosten der jeweiligen Alternativen einschätzt. Diese Einschätzung aber ist von der Auswahl und der Gewichtung der in das Kalkül eingehenden Ertrags- und Kostenkomponenten abhängig und damit nicht objektiv leistbar.

In der **Anpassungsphase,** die nach der teilweisen oder vollständigen Inkraftsetzung der marktwirtschaftlichen Mechanismen beginnt, **muß eine angemessene Wirtschaftspolitik den Transformationsprozeß abfedern und unterstützen.** Diese Unterstützung bezieht sich auf die unterschiedlichsten Bereiche und kann deshalb nur beispielhaft erläutert werden.

Steigerung der Wettbewerbsfähigkeit

Nach einem Währungsschnitt und einer Freigabe der Preise für Güter und Dienste müßte die Geldpolitik mit Blick auf das Ziel der Herstellung der internationalen Wettbewerbsfähigkeit der Volkswirtschaft die Spielräume für Lohnerhöhungen knapp halten. Daneben müssen die Wettbewerbsstrukturen der Volkswirtschaft verbessert werden, indem Firmenneugründungen gefördert und der Marktzugang erleichtert wird. Investitionen müssen generell gefördert werden, um von der Angebotsseite weitere Impulse zur Verbesserung der Wettbewerbsfähigkeit und für mehr Beschäftigung zu geben. Angesichts eines sich einstellenden drastischen Strukturwandels ist die Arbeitsmarktpolitik in Form von Umschulungs- und Arbeitsbeschaffungsmaßnahmen besonders gefordert. Stark in die Verantwortung genommen ist auch die Sozialpolitik, da sonst die zwangsläufig entstehende Arbeitslosigkeit zu einem politischen Sprengsatz werden kann, der den gesamten Transformationsprozeß in Frage stellen kann. Und der Staat muß den Aufbau und die Erneuerung der Infrastruktur (Verkehr, Telekommunikation, Versorgung, Bildung, Verwaltung) vorantreiben, um die Grundlagen für einen selbsttragenden Wachstumsprozeß zu schaffen. Eine Defizitfinanzierung dieser Aufgaben würde zugleich eine konjunkturelle Rezession bekämpfen.

Tempo der Privatisierung

In der Anpassungsphase ist auch **die Privatisierung der großen Staatsbetriebe in Angriff zu nehmen.** In welchem Tempo die Privatisierung unter Wettbewerbsbedingungen vonstatten gehen soll, hängt einmal von der Position ab, die die für die Wirtschaftspolitik verantwortlichen Politiker bezüglich Schocktherapie und Gradualismus einnehmen. Zum anderen sind die Möglichkeiten der Gesellschaft, den Prozeß der **„schöpferischen Zerstörung"** durchzuhalten, bedeutsam, insbesondere dann, wenn Hilfe von außen kaum erwartet werden kann.

Dabei muß beachtet werden, daß mit der Privatisierung und der Freigabe der Preise der existierende Kapitalstock (Maschinen, Anlagen) infolge neuer Nachfragestrukturen und neuer Produktionstechniken entwertet wird, weil die mit diesem Kapitalstock produzierbaren Güter nur noch begrenzt absetzbar sind. Und der Neuaufbau des Kapitalstocks einer Volkswirtschaft erfordert viel Zeit.

Kein Patentrezept

Insgesamt hat die Wirtschaftswissenschaft kein Patentrezept für die optimale Gestaltung einer Transformation von Wirtschaftssystemen entwickelt. Relativ große Einigkeit besteht unter Wirtschaftswissenschaftlern allerdings in der Beurteilung des Preismechanismus: Der Preismechanismus sollte so schnell wie möglich seine Wirksamkeit entfalten und seine Allokationsfunktion (Lenkung von Investition, Produktion und Nachfrage) erfüllen können; notwendig bleibende Schutzmaßnahmen sollten dabei nach dem Subjektprinzip Personen bzw. Haushalten zukommen und nicht nach dem Objektprinzip zum Erhalt von Unternehmen dienen. Zwei Beispiele: Statt den Wohnungsbau zu subventionieren, sollte der Staat einkommensschwachen Haushalten Wohngeld zahlen oder statt Unternehmen zu subventionieren, sollte der Staat die Löhne pauschal subventionieren. Eine sozial adressierte Einkommenspolitik ist aus ökonomischer Sicht einer sozial adressierten Preispolitik grundsätzlich vorzuziehen: Sie ist billiger und verzerrt den Preismechanismus nicht. Die Notwendigkeit von Schutzmaßnahmen bleibt dabei unberührt.

Allokationsfunktion der Preise ist zentral

3.3 Die institutionellen Bedingungen des Transformationsprozesses in der DDR

Die Entwicklung, die mit der Öffnung der innerdeutschen Grenze im Herbst 1989 einsetzte, ist in der neueren Wirtschaftsgeschichte ohne vergleichbares Beispiel. Hatte es zunächst noch den Anschein, als würde die ehemalige DDR eine eigenständige staatliche und wirtschaftliche Entwicklung anstreben, richtete der Wahlerfolg der Regierung DE MAIZIÈRES schon bald den Blick auf eine Vereinigung der beiden deutschen Staaten.

Wirtschafts-, Währungs- und Sozialunion

Die aus den ersten freien Wahlen in der DDR vom 18. 3. 1990 hervorgegangene Regierung DE MAIZIÈRE schloß am 18. 5. 1990 mit der Bundesregierung den **ersten Staatsvertrag,** der die Errichtung einer Währungs-, Wirtschafts- und Sozialunion zum 1. 7 .1990 zum Gegenstand hatte.

Dem ersten Staatsvertrag entsprechend, wurde zum 1. Juli der Geltungsbereich der DM auf die DDR ausgeweitet und die Deutsche Bundesbank mit der Schaffung der institutionellen Voraussetzungen für ein Geldwesen nach westdeutschem Muster und mit der Durchführung der Geldpolitik betraut. Im Zuge der Währungsumstellung in der DDR wurde für Löhne, Gehälter, Mieten, Renten und sonstige Transfers (einschließlich Steuern und Abgaben) ein Umrechnungskurs von 1 : 1 zugrundegelegt.

Die Geld- und Sparguthaben der DDR-Bürger wurden bis zu einem altersabhängigen Höchstbetrag zwischen 2000 und 6000 Mark im Verhältnis 1 :1 umgetauscht, darüber hinausgehende Beträge im Verhältnis 2:1. Damit wurden ca. ⅔ der Ersparnisse der DDR-Bürger im Verhältnis 1:1 umgetauscht, eine beachtliche Relation bei einem „Währungsschnitt“.

Übernahme der sozialen Marktwirtschaft

Gemäß Artikel 1 des ersten Staatsvertrages wurde auch die Wirtschaftsverfassung der Bundesrepublik Deutschland, also die „Soziale Marktwirtschaft“ mit Privateigentum, Leistungswettbewerb, freier Preisbildung und grundsätzlich voller Freizügigkeit von Arbeit, Kapital, Gütern und Dienstleistungen, von der DDR übernommen.

Mit Ausnahme der Mieten und der Tarife für öffentliche Dienstleistungen (Verkehr, Energie, Wasser u. a.) wurden deshalb alle Preise zum 1. Juli freigegeben, die Reste der staatlichen Planung beseitigt und die Lohnbildung den Tarifvertragsparteien übertragen.

Da auch eine Sozialunion vereinbart wurde, wurde prinzipiell auch die bundesdeutsche Arbeitsrechtsordnung und das System der sozialen Sicherung auf die DDR übertragen.

Mit dem **zweiten Staatsvertrag (Einigungsvertrag)** vom 31. 8. 1990 wurde festgelegt, daß die DDR zum 3. 10. 1990 der Bundesrepublik gem. Art. 23 S. 2 Grundgesetz beitritt und somit das Grundgesetz sowie grundsätzlich das gesamte Rechtssystem der Bundesrepublik Deutschland in den fünf neu zu bildenden Bundesländern und in Ost-Berlin verbindlich wurde.

Anreizwirkung des Privateigentums an Produktionsmitteln

Mit dem ersten und zweiten Staatsvertrag waren auch bezüglich der Eigentumsordnung für die ehemalige DDR bzw. die neuen Bundesländer neue Normen gesetzt. Parallel hierzu liefen die Vorbereitungen zur konkreten Umwandlung des Staatseigentums in Privateigentum. Damit sollte ein zentrales Funktionselement einer kapitalistischen Marktwirtschaft, nämlich die Anreizwirkung privater Verfügungs- und Nutzungsrechte zwecks Schaffung einer effizienten Nutzung der volkswirtschaftlichen Ressourcen realisiert werden.

Treuhand unterlag der Rechtsaufsicht des Bundesfinanzministers

...ihre zentrale Aufgabe war die Umsetzung des Privatisierungsgebots des Grundgesetzes

Eine zentrale Stellung im Privatisierungsprozeß hat die **Treuhandanstalt** eingenommen. Die Treuhandanstalt wurde noch vor den Wahlen im März 1990 per Verordnung von der damaligen DDR-Führung gegründet. In einem am 17. 6. 1990 im Zusammenhang mit dem ersten Staatsvertrag von der Volkskammer beschlossenen Gesetz wurden Stellung und Aufgaben der Treuhand neuformuliert und später in dieser Fassung in den Einigungsvertrag übernommen. Die Treuhand war formal eigenständig, im Prinzip aber als bundesunmittelbare Anstalt des öffentlichen Rechts der Rechtsaufsicht des Bundesfinanzministeriums unterworfen. Ihre zentrale Aufgabe war es, den Unternehmenssektor der ehemaligen DDR wettbewerblich zu strukturieren und die Unternehmen zu privatisieren. Die Privatisierung sollte dabei so rasch wie möglich durchgeführt werden und sich auf mittelfristig potentiell wettbewerbsfähige Unternehmen beschränken, um so schnell zu effizienten Wirtschaftsstrukturen zu gelangen. Unternehmen ohne zukünftige Marktchancen sollten aufgelöst (liquidiert) werden.

Damit stand die Treuhand vor einer riesigen, schier unlösbar scheinenden Aufgabe. Zum ursprünglichen Aufgabenbereich der Treuhand gehörten über 9.000 Unternehmen, die aus mehr als 45.000 Betriebsstätten bestanden. Außerdem waren 20.000 Handelseinrichtungen, 7.500 Hotels und Gaststätten sowie Tausende von Apotheken, Buchhandlungen und Kinos zu privatisieren. Ferner wurden der Treuhand 2,3 Millionen Hektar landwirtschaftliche Fläche und 1,9 Millionen Hektar Wald übertragen.

Nach einer ersten Entflechtung der Kombinate und volkseigenen Betriebe stieg die Zahl der zu privatisierenden Betriebe noch deutlich. Die angegebenen Zahlen schwanken, weil während des gesamten Privatisierungsprozesses immer wieder Betriebsausgliederungen vorgenommen wurden. Die Rede ist von über 12.000 bis knapp 14.000 Unternehmen.

Grundsatz „Rückgabe vor Entschädigung"

Ein wesentliches Hindernis für die Arbeit der Treuhand stellte zunächst der im Einigungsvertrag festgeschriebene **Grundsatz der „Rückgabe vor Entschädigung"** im „Gesetz zur Lösung offener Vermögensfragen" dar. Deshalb ist dieser Grundsatz später zugunsten von Investitionsvorhaben bzw. Unternehmensweiterführungen relativiert worden.

3.4 Die wirtschaftliche Lage, ihre Entwicklung und der Verlauf des Privatisierungsprozesses

3.4.1 Die Ausgangslage der Wirtschaft der DDR

Mit der schlagartigen Einführung marktwirtschaftlicher Bedingungen wurde die ostdeutsche Wirtschaft einem in der neuen Wirtschaftsgeschichte einmaligen Schock ausgesetzt. Zwar brachte die Wirtschafts-, Währungs- und Sozialunion den Bürgern mit der DM eine der härtesten Währungen der Welt, andererseits konfrontierte sie die Unternehmen in der ehemaligen DDR mit deutlich überlegenen ausländischen Wettbewerbern, da die Wirtschaft Ostdeutschlands sich in einem **desolaten Zustand** befand.

Die **Produktionsanlagen** waren überwiegend **verbraucht,** da ihre Erneuerung, auch weil man dem Konsum auf Druck der Bevölkerung schon seit Jahren einen höheren Stellenwert einräumen mußte, stark vernachlässigt worden war. Der Anteil der Investitionen am Nationaleinkommen der DDR war von 16 Prozent (1970) auf 10 Prozent (1989) gefallen. Es galt die Devise: Konsum statt Investitionen. Der im Vergleich zu anderen Ostblockländern hohe Lebensstandard der DDR-Bevölkerung wurde also aus der Substanz gespeist.

„Folglich waren die Anlagen technisch meist überholt, zu einem erheblichen Teil schrottreif und häufig in einem ökologisch bedenklichen Zustand. 1988 betrug das Durchschnittsalter der industriellen Anlagen 18 Jahre, in Westdeutschland hingegen nur acht Jahre. Lediglich ein Fünftel der industriell genutzten Gebäude war in guter Verfassung, ein Fünftel war mehr oder weniger unbrauchbar" (Gesamtwirtschaftliche und unternehmerische Anpassungsfortschritte in Ostdeutschland, 18. Anpassungsbericht, Kieler Diskussionsbeiträge 322/323, 1998, S. 49). Zudem waren die eingesetzten Produktionsverfahren höchstens zufällig kostenoptimal, da volkswirtschaftliche Knappheiten anzeigende Produktionsmittelpreise in der zentralplangeleiteten Wirtschaft fehlten. So kennzeichneten hoher Energie- und Materialeinsatz viele Produktionsprozesse, die zudem eine hohe Umweltbelastung mit sich brachten. Systembedingt gab es kaum Anreize für Produkt- und Prozeßinnovationen.

Schließlich war das **Produktsortiment** stark auf die osteuropäischen Partnerländer zugeschnitten und bestenfalls in bezug auf den RGW-Wirtschaftsraum (Rat für gegenseitige Wirtschaftshilfe) durch komparative Kostenvorteile bestimmt. Die Struktur des volkswirtschaftlichen Produktionsapparates entsprach deshalb nicht den Weltmarkterfordernissen. Für die produzierbaren Güter gab es deshalb außerhalb des Ostblocks kaum Absatzchancen. Erschwerend kam die schlechte Produktqualität hinzu.

Das wirtschaftliche Erbe der DDR

In Verbindung mit überhöhter Personalausstattung der Betriebe führten diese Faktoren dazu, daß die **Arbeitsproduktivität** der DDR nur ca. 20–30 Prozent der westdeutschen ausmachte, ganz abgesehen davon, daß sich diese Produktivität faktisch noch drastisch verminderte, als man bald nach der Einführung der „Wirtschafts-, Währungs- und Sozialunion" und dem Wegbrechen der Ostmärkte buchstäblich „auf den Waren sitzen blieb". In gewissem – im allgemeinen wohl überschätztem – Umfang wirkte das 1989 in der DDR herrschende niedrige Lohnniveau (es betrug ca. ein Drittel des westdeutschen Niveaus) zwar positiv auf die Wettbewerbsfähigkeit der ostdeutschen Betriebe, aber schon bald gab es erhebliche Lohnsteigerungen, die zu einer Angleichung der Lebensverhältnisse in Ost- und Westdeutschland führen sollten, zugleich aber zu einem Abschmelzen der komparativen Lohnkostenvorteile führten.

Ein wichtiger Grund für die fehlende Wettbewerbsfähigkeit war auch die katastrophale öffentliche Infrastruktur. Im Bereich der materiellen Infrastruktur sind besonders der schlechte Zustand und die unzureichende Dichte von Straßen, Eisenbahnnetz und Einrichtungen des Personennahverkehrs zu nennen sowie die praktisch nicht vorhandene telekommunikative Infrastruktur. In bezug auf die institutionelle Infrastruktur waren die Engpässe vor allem im Bereich leistungsfähiger Verwaltungen auf Landes- und Gemeindeebene sowie in dem mangelhaften Rechtssystem zu sehen.

3.4.2 Eckwerte der wirtschaftlichen Entwicklung in Ostdeutschland

Der katastrophale Einbruch

Unmittelbar nach der Öffnung der innerdeutschen Grenze war ein katastrophaler Einbruch der Produktionstätigkeit in Ostdeutschland zu beobachten. Allerdings war die Informationsbasis mit großen Unsicherheiten behaftet. Ab 1991 hat sich die wirtschaftliche Lage und auch die Datenbasis verbessert und Zeitreihen der wirtschaftlichen Entwicklung sind verfügbar. Tabelle 3.1 zeigt die Entwicklung der ostdeutschen Wirtschaft anhand der relevanten Basisindikatoren. Auch wenn viele dieser Indikatoren erst mit fortschreitendem Studium umfassend geklärt werden, sollen sie an dieser Stelle doch bereits verwendet werden.

Das **Bruttoinlandsprodukt** (vgl. Kapitel 9, Abschnitt 1), der Wert der pro Jahr produzierten Güter und Dienstleistungen (abzüglich der Vorleistungen) ist zunächst kräftig, in den letzten Jahren etwas schwächer von 206 Mrd. DM (1991) auf 290,2 Mrd. DM (1997) gestiegen. Die Umstrukturierung der ostdeutschen Wirtschaft ging einher mit einer deutlichen Abnahme der Erwerbstätigkeit von 7,321 Millionen auf 6,053 Millionen Erwerbstätige; dabei war der Rückgang der Erwerbstätigkeit von 1991 auf 1992 besonders dramatisch.

Starke Abnahme der Erwerbstätigkeit

Tab. 3.1: Eckdaten der wirtschaftlichen Entwicklung Ostdeutschlands von 1991 bis 1997

	1991	1992	1993	1994	1995	1996	1997
Bevölkerung (Tsd. Personen)	15 910	15 730	15 648	15 564	15 505	15 451	15 407
Veränderung zum Vorjahr (vH)	–	–1,1	–0,5	–0,5	–0,4	–0,3	–0,3
Bruttoinlandsprodukt[a] (Mrd. DM)	206,0	222,1	242,8	266,2	280,1	285,5	290,2
Veränderung zum Vorjahr (vH)	–	7,8	9,3	9,6	5,2	1,9	1,6
Erwerbstätige (Tsd. Pers.)	7 321	6 387	6 219	6 330	6 396	6 259	6 053
Veränderung zum Vorjahr (vH)	–	–12,8	–2,6	1,8	1,0	–2,1	–3,3
Abhängig Beschäftigte (Tsd. Pers.)	6 950	5 969	5 757	5 829	5 881	5 749	5 543
Veränderung zum Vorjahr (vH)	–	–14,1	–3,6	1,3	0,9	–2,2	–3,6
Selbständige (Tsd. Pers.)	371	418	462	501	515	510	510
Veränderung zum Vorjahr (vH)	–	12,7	10,5	8,4	2,8	–1,0	0,0
Unterbeschäftigung[c] (Tsd. Pers.)	2 692	2 988	2 706	2 388	2 055	1 974	1 980
darunter:							
Registr. Arbeitslose (Tsd. Pers.)	913	1 170	1 149	1 142	1 047	1 169	1 355
Teilnehmer in ABM (Tsd. Pers.)	183	388	260	280	312	278	235
Produktivität[d,f] (Tsd. Pers.)	28,1	41,6	52,0	57,8	62,1	66,0	69,7
Veränderung zum Vorjahr (vH)	–	47,8	25,0	11,3	7,4	6,3	5,6
Lohnstückkosten[e,f] (vH)	90,9	84,6	77,8	74,9	74,3	72,5	70,4
Veränderung zum Vorjahr (vH)	–	-6,9	-8,0	–3,7	-0,9	-2,3	-2,9
Nettotransferleistungen (Mrd. DM)	105,9	129,4	146,9	144,9	134,2	135,3	130,4
in vH des Bruttoinlandsprodukts[f]	51,4	48,7	45,5	39,6	33,8	32,7	30,9
Westdeutschland = 100							
Produktivität[d,f]	31,0	43,5	53,1	56,0	57,8	59,4	60,4
Lohnstückkosten[e,f]	150,6	139,4	128,0	126,0	125,6	123,9	123,1
Bruttoeinkommen[g] je Beschäftigten	46,7	60,7	67,9	70,5	72,5	73,6	74,3

[a]In Preisen von 1991. – [b]Veränderung des Deflators des Bruttoinlandsprodukts gegenüber dem Vorjahr. – [c]Registrierte Arbeitslose, Teilnehmer in Arbeitsbeschaffungsmaßnahmen, in Fortbildung und Umschulung sowie in Deutschlehrgängen, Kurzarbeiter in Vollzeitäquivalenten, Arbeitslose nach § 105 AFG, Bezieher von Vorruhestandsgeld. – [d]Bruttoinlandsprodukt je Erwerbstätigen. – [e]Bruttoeinkommen aus unselbständiger Arbeit je Beschäftigten in Relation zum Bruttoinlandsprodukt je Erwerbstätigen. – [f]In jeweiligen Preisen. – [g]Bruttoeinkommen aus unselbständiger Arbeit.

Quelle: 18. Anpassungsbericht, Kieler Diskussionsbeiträge 322/323, 1998, S. 6

Deutliche Zunahme der Produktivität

Die **Produktivität**, die Produktionsmenge pro Kopf der Erwerbstätigen (vgl. Kapitel 5, Abschnitt 6.1), ist im Zeitablauf zunächst ungemein kräftig, anschließend immer noch sehr deutlich angestiegen. Dieser Anstieg ist vor allem auf folgende Faktoren zurückzuführen:

- Eine Modernisierung von Maschinen und Anlagen,
- eine damit verbundene Rationalisierung der Arbeit und
- ein Anstieg von Nachfrage und Produktion.

Mit der Zunahme der Produktivität haben sich die Lohnstückkosten, die Lohnkosten, die im Durchschnitt in jedem Produkt stecken (vgl. Kapitel 5, Abschnitt 6.2), reduziert. Dennoch sind die Lohnstückkosten noch recht hoch.

Zentrale Strukturprobleme

Im **Vergleich zu Westdeutschland** werden zwei eng miteinander verbundene zentrale Strukturprobleme der ostdeutschen Wirtschaft sichtbar:

- die deutlich geringere Produktivität von rund 60 Prozent der westdeutschen Produktivität und
- die deutlich höheren Lohnstückkosten.

Diese hohen Lohnstückkosten sind bislang zentrales Hemmnis für die Wettbewerbsfähigkeit der ostdeutschen Wirtschaft.

Umfangreiche Nettotransfers

Eine Wirtschafts- und Sozialunion bedingt etwa gleichartige Lebensverhältnisse. Damit diese trotz der geringeren Produktivität der ostdeutschen Wirtschaft erreicht werden können, sind umfangreiche Nettotransferleistungen (vgl. Abschnitt 3.4.4), vor allem im Rahmen der Sozialversicherung und der staatlichen Haushalte, notwendig. Diese belaufen sich pro Jahr auf rund 130 Mrd. DM.

Große Unterschiede in der Wirtschaftsstruktur

Wie groß die Unterschiede in der Wirtschaftsstruktur noch sind, zeigt Abbildung 3.3. Im Vergleich zur Wirtschaftsstruktur in Westdeutschland fällt der sehr große Anteil des Baugewerbes (15 Prozent) und der recht geringe Anteil des Produzierenden Gewerbes (das ist der Bereich, der umgangssprachlich mit „Industrie“ bezeichnet wird) an der Bruttowertschöpfung (Wert der Produktion abzüglich Vorleistungen) Ostdeutschlands ins Auge; daneben ist auch der Anteil des Staates und der privaten Haushalte vergleichsweise überdimensioniert, während der Anteil der Dienstleistungen trotz der deutlichen Zunahme von 1991 auf 1997 mit 31 Prozent noch relativ gering ist.

3.4.3 Investitionen in Sach- und Humankapital

Von zentraler Bedeutung für die Entwicklung einer Wirtschaft sind die Investitionen – die Investitionen in neue Maschinen, Anlagen und Infra-

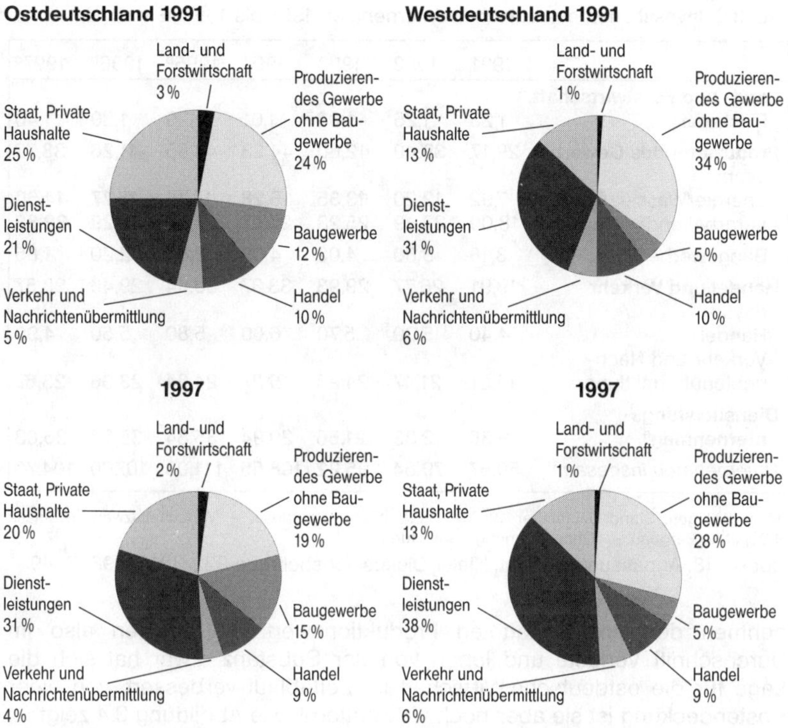

Abb. 3.3: Wirtschaftsstruktur in Ost- und Westdeutschland (Anteile an der nominalen Bruttowertschöpfung in vH)

Quelle: Deutsche Bundesbank, Monatsbericht April 1998, S. 43

Große Bedeutung der Investitionen

struktur (Sachkapital) und die Investitionen in Bildung, Ausbildung, Forschung und Entwicklung (Humankapital). Tabelle 3.2 zeigt, daß die Investitionstätigkeit zunächst nur recht langsam beginnt und anschließend auf dem Niveau von gut 100 Mrd. DM pro Jahr verharrt; insgesamt sind neue Anlagen für rund 670 Mrd. DM erworben worden. Diese Investitionen sind unter dem Einfluß einer umfangreichen staatlichen Förderung getätigt worden (vgl. Abschnitt 3.4.4); die Fähigkeit ostdeutscher Unternehmen, Investitionen aus eigener Kraft zu finanzieren, ist noch recht gering. Große Unternehmensprobleme, die bei Umfragen immer wieder genannt werden, sind hohe Lohn- und Lohnnebenkosten, eine ausgeprägte Eigenkapital- und Finanzierungsschwäche sowie der Konkurrenzdruck und Absatzprobleme.

Dahinter verbirgt sich wiederum das **Kernproblem der ostdeutschen Industrie:** Im Durchschnitt übersteigen die Kosten für Material, Energie, Löhne und Gehälter , Abschreibung und Zinsen für ostdeutsche Unter-

Tab. 3.2: Investitionen ostdeutscher Unternehmen 1991 bis 1997 in Mrd. DM

	1991	1992	1993	1994	1995[b]	1996[b]	1997[c]
Land- und Forstwirtschaft, Fischerei	1,23	1,25	1,03	1,01	1,20	1,30	1,40
Produzierendes Gewerbe	29,17	39,49	42,60	44,23	43,55	41,26	38,73
davon:							
Energie/Wasser, Bergbau	7,92	12,20	13,35	15,28	16,15	15,77	14,50
Verarbeitendes Gewerbe	18,09	23,49	25,23	24,87	24,56	23,29	22,38
Baugewerbe	3,16	3,80	4,02	4,08	2,84	2,20	1,85
Handel und Verkehr	19,91	26,77	29,93	33,37	30,44	29,46	28,57
davon:							
Handel	4,40	5,30	5,70	6,00	5,80	5,50	4,90
Verkehr und Nachrichtenübermittlung	15,51	21,47	24,23	27,37	24,64	23,96	23,67
Dienstleistungsunternehmen[e]	9,36	12,33	21,66	29,94	35,84	35,58	36,03
Unternehmen insgesamt[e]	59,67	79,84	95,22	108,55	111,03	107,60	104,73

[a]Neue Anlagen, Stand: September 1997. – [b]Vorläufig. – [c]Prognose. – [d]Wirtschaftszweigsystematik 1993, ohne Bergbau. – [e]Ohne Wohnungsvermietung.

Quelle: 18. Anpassungsbericht, Kieler Diskussionsbeiträge 322/323, 1998, S. 49

Ostdeutsche Unternehmen machen Verluste

nehmen den erwirtschafteten Produktionswert, sie machen also im Durchschnitt Verluste und leben von der Substanz. Zwar hat sich die Lage für die ostdeutsche Wirtschaft im Zeitablauf verbessert, von einer Kostendeckung ist sie aber noch weit entfernt, wie Abbildung 3.4 zeigt.

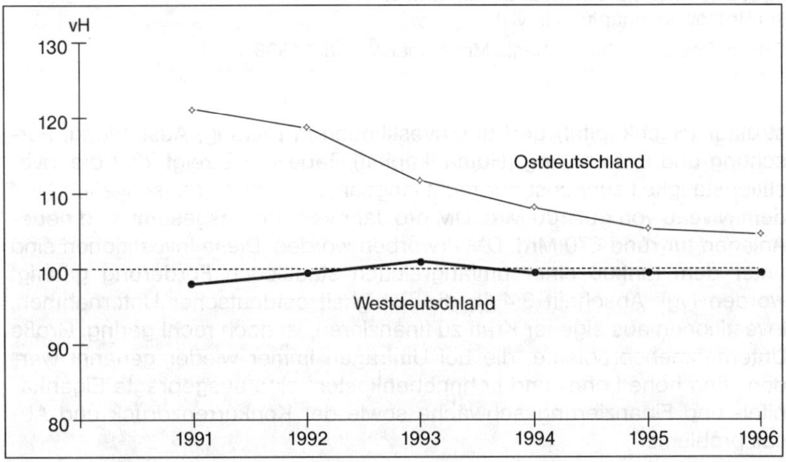

Abb. 3.4: Kosten in Relation zum Produktionswert im Bergbau und Verarbeitenden Gewerbe 1991–1996.

Quelle: 18. Anpassungsbericht, Kieler Diskussionsbeiträge Nr. 322/323, 1998, S. 58

Neben den Investitionen in Sachkapital kommt den Investitionen in **Forschung und Entwicklung** (FuE) eine entscheidende Bedeutung für Wachstum und Entwicklung einer Volkswirtschaft zu. Wie Tabelle 3.3 zeigt, ist das Ausmaß dieser Investitionen in Ostdeutschland relativ gering: 1995 entfallen 5,2 Prozent der gesamtdeutschen FuE-Investitionen auf Ostdeutschland – bei einem Bevölkerungsanteil von 18,9 Prozent und einem Sozialproduktsanteil von 11,5 Prozent.

Geringer Umfang der FuE-Investitionen

Tab. 3.3: FuE[1]-Investitionen in Deutschland in Millionen DM

	1991	1993	1995
Westdeutschland	49 394	48 644	49 732
Ostdeutschland	1 938	2 077	2 716
Mecklenburg-Vorpommern	83	70	104
Brandenburg	200	307	355
Sachsen-Anhalt	381	329	366
Thüringen	305	318	501
Sachsen	722	787	1 134
Ost-Berlin	247	266	255

[1] Forschung und Entwicklung.

Quelle: 18. Anpassungsbericht, Kieler Diskussionsbeiträge Nr. 322/323, 1998, S. 72

3.4.4 Die Entwicklung auf dem Arbeitsmarkt, die Einkommenssituation und der Finanztransfer nach Ostdeutschland

Der Transformationsprozeß und die nachfolgende Wirtschaftsentwicklung hatten dramatische Folgen für die Erwerbstätigkeit in Ostdeutschland. Tabelle 3.4 zeigt folgende Entwicklungen:

Sehr hohe Arbeitslosigkeit

- Eine Abnahme der Zahl der Erwerbstätigen (Personen, die überhaupt einer Erwerbstätigkeit nachgehen) von 7,321 auf rund 6 Millionen; eine Abnahme um 17,3 Prozent.
- Eine Zunahme der offiziell als arbeitslos registrierten Personen von 913.000 auf 1.363.000 mit einer Arbeitslosenquote von 18,1 Prozent im Jahre 1997 (mittlerweile 17,8 Prozent/April 1999).
- Eine deutliche Abnahme der Erwerbsquote von 51,7 auf 48,1 Prozent.
- Eine abnehmende Bedeutung des sog. „zweiten" Arbeitsmarktes, in dem Kurzarbeit, Beschäftigung in Arbeitsbeschaffungsmaßnahmen und Weiterbildung zusammengefaßt werden. Hier sind 1997 insgesamt 469.000 Personen registriert, die eigentlich als arbeitslos bezeichnet werden müssen.

Tab. 3.4: Arbeitsmarkt in Ostdeutschland (in Tsd, in vH)

Position	1991	1992	1993	1994	1995	1996	1997
Erwerbstätige	7 321	6 387	6 219	6 330	6 396	6 259	6 053
Veränderung in vH	–	–12,8	–2,6	1,8	1,0	–2,1	–3,3
in Tsd	–	–934	–168	111	66	–137	–206
Kurzarbeiter	1 616	370	181	97	71	71	50
Veränderung in Tsd	–	–1 246	–189	–85	–26	0	–21
Beschäftigte ABM	183	388	260	280	312	278	235
Veränderung in Tsd	–	205	–128	20	32	–35	–43
Weiterbildung	265	489	380	257	254	238	184
Veränderung in Tsd	–	224	–109	–123	–3	–16	–54
Arbeitslose	913	1 170	1 149	1 142	1 047	1 169	1 363
Veränderung in vH	–	28,2	–1,8	–0,6	-8,3	11,6	16,6
in Tsd	–	257	–21	–7	–95	122	194
Arbeitslosenquote[1]	11,1	14,4	15,1	15,2	14,0	15,7	18,1
Leistungsempfängerquote[2]	76,7	82,2	83,5	84,8	85,1	89,5	94,2
Erwerbsquote[3]	51,7	48,0	47,1	48,0	48,1	48,1	48,1

[1] Arbeitslose in vH der Erwerbspersonen im Inland. – [2] Empfänger von Lohnersatzleistungen in vH der Arbeitslosen. – [3] Erwerbspersonen im Inland in vH der gesamten Wohnbevölkerung.

Quelle: Deutsche Bundesbank, Monatsbericht April 1998, S. 49

Damit beträgt die Zahl der Arbeitslosen eher knapp zwei Millionen und die Arbeitslosenquote eher 23 Prozent.

Die Gründe für das Entstehen und für das Anhalten einer solchen gewaltigen Arbeitslosigkeit sind im wesentlichen die folgenden:

- der Abbau des überhöhten Personalbestandes aus DDR-Zeiten;
- die nicht mehr nachfragegerechte Produktpalette, insbesondere nach der Orientierung der Einwohner der neuen Bundesländer an Westprodukten;
- das Wegbrechen der Osteuropa-Märkte;
- die hohen Lohnstückkosten, die seit 1991 trotz hoher durchschnittlicher Produktivitätssteigerungen nur leicht zurückgingen, da die Lohnsteigerungsraten sehr hoch waren. Betriebe mit der **„alten“** niedrigen Produktivität waren unter diesen Bedingungen ohne Subventionierung nicht überlebensfähig;
- eine Subventionierung von Betrieben unterblieb, wenn die Betriebe mittelfristig nicht wettbewerbsfähig erschienen;
- die Entwicklung neuer Produkte ist sehr zeitaufwendig, so daß Investitionen erst mit großer zeitlicher Verzögerung auf den Arbeitsmarkt durchschlagen.

Die hohen Lohnstückkosten der ostdeutschen Unternehmen sind als massives Hindernis auf dem Weg in größere Wettbewerbsfähigkeit genannt worden. Das bedeutet, daß die Löhne im Verhältnis zur Produktivität der ostdeutschen Wirtschaft sehr hoch sind; sie sind aber nicht hoch im Verhältnis zur Lohn- und Einkommenssituation in Westdeutschland. Wie Tabelle 3.5 zeigt, erreichen die Ostlöhne je nach Berechnungsbasis 74 bis 89,5 Prozent des Niveaus der Westlöhne. Die Unterschiede zwischen den tariflichen und den effektiven Relationen sind darauf zurückzuführen, daß viele ostdeutsche Unternehmen die Tarifbindung aufgeweicht haben oder auf ihre Mitgliedschaft in einem Arbeitgeberverband verzichtet haben. Abschließend sei darauf verwiesen, daß die Produktion pro Einwohner (BIP = Bruttoinlandsprodukt) mit 56,75 Prozent deutlich unter dem Westniveau liegt, daß die durchschnittliche Rente aber um 10 Prozent über Westniveau liegt, vor allem, weil die Frauen in der DDR viel stärker in die Erwerbsarbeit eingegliedert waren als die Frauen in der Bundesrepublik. Solche Unterschiedlichkeiten werden durch die Finanztransfers möglich gemacht.

Ostlöhne erreichen nicht das Niveau der Westlöhne

Tab. 3.5: Löhne und Einkommen 1997 im Ost/West-Vergleich

Einkommenskategorie	Ost/West-Relation in Prozent
Tarifliche Grundvergütungen[1]	89½
Tarifverdienste auf Monatsbasis[2]	87
Tarifverdienste auf Stundenbasis[2]	83
Effektivverdienste	77
Bruttoeinkommen aus unselbständiger Arbeit je abhängig Beschäftigten	74
Verfügbares Arbeitsentgelt je abhängig Beschäftigten	85
Verfügbares Gesamteinkommen je privatem Haushalt[s]	72
Nominales BIP je Einwohner	56¾
Nachrichtlich: Durchschnittlicher Rentenzahlbetrag[s]	110
Eckrente[3]	85,2

[1] Stand am Jahresende. – [2] Jeweils einschl. tariflicher Nebenvereinbarungen (Urlaubs- und Weihnachtsgeld). – [3] Stand zur Jahresmitte. – [s] geschätzt.

Quelle: Deutsche Bundesbank, Monatsbericht April 1998, S. 46

Die **Finanztransfers** (finanzielle Leistungen ohne direkte Gegenleistungen) für Ostdeutschland sind für die Jahre 1991 bis 1998 in Tabelle 3.6 aufgeführt. Sie betragen brutto insgesamt 1370 Mrd. DM, pro Jahr knapp 180 Mrd. DM und netto, d. h. unter Gegenrechnung der Steuer- und Verwaltungseinnahmen in Ostdeutschland, insgesamt 1031 Mrd. DM, pro Jahr rund 130 Mrd. DM, ein Volumen, das in der Wirtschaftsgeschichte

Gewaltiges Transfervolumen

Tab. 3.6: Öffentliche Leistungen für Ostdeutschland (in Mrd. DM)

Position	1991	1992	1993	1994	1995	1996	1997	1998[1]
I. Bruttoleistungen für Ostdeutschland								
1. Bund	75	88	114	114	135	138	131	139
2. Westdeutsche Länder und Gemeinden	5	5	10	14	10	11	11	11
3. Fonds „Deutsche Einheit"	31	24	15	5	–	–	–	–
4. EG-Haushalt	4	5	5	6	7	7	7	7
5. Bundesanstalt für Arbeit	24	24	14	18	16	12	16	14
6. Gesetzliche Rentenversicherung	–	5	9	12	17	19	18	18
Zusammen	139	151	167	169	185	187	183	189
davon:[ts]								
Sozialleistungen	56	68	77	74	79	84	81	84
Subventionen	8	10	11	17	18	15	14	16
Investitionen	22	23	26	26	34	33	32	33
Allgemeine Finanzzuweisungen, nicht aufteilbar	53	50	53	52	54	55	56	56
II. Einnahmen des Bundes in Ostdeutschland (–)								
Steuereinnahmen	–31	–35	–37	–41	–43	–45	–45	–46
Verwaltungseinnahmen	–2	–2	–2	–2	–2	–2	–2	–2
Zusammen	–33	–37	–39	–43	–45	–47	–47	–48
III. Nettoleistungen, insgesamt	106	114	128	126	140	140	136	141
Nachrichtlich: Defizit der Treuhandanstalt[2]	9	14	24	24	–	–	–	–

[1] Auf der Grundlage des Haushaltsplans 1998 des Bundes. – [2] Defizit bereinigt um Zinsausgaben und -erstattungen der Treuhandanstalt. – Quelle: Bundesministerium der Finanzen. – [ts] teilweise geschätzt.

Quelle: Deutsche Bundesbank, Monatsbericht April 1998, S. 53

ohne Beispiel ist. Die Leistungen werden überwiegend vom Bund erbracht, daneben in geringem Umfang von Ländern und Gemeinden, von der EU und von der Bundesanstalt für Arbeit sowie von der Rentenversicherung. Funktional betreffen die Transfers

– Sozialleistungen (Leistungen der Bundesanstalt für Arbeit, Leistungen der Rentenversicherung, Kindergeld, Wohngeld, Ausbildungsförderung, Sozialhilfe),

- Subventionen für Unternehmen,
- Mittel zur Förderung der Investitionen und
- allgemeine Finanzzuweisungen für die ostdeutschen Länder- und Gemeindehaushalte.

Die Transfers sind mithin stark konsumorientiert, sie dienen in großem Umfang der Angleichung der wirtschaftlichen Lebensverhältnisse und sind in diesem Umfang durch die allgemeinen Leistungsgesetze (Arbeitslosengeld, Rente, Sozialhilfe ...) bestimmt. Eine Reduktion ist mithin nur dann zu erwarten, wenn der Umfang der Leistungsfälle (Arbeitslosigkeit, Armut ...) abnimmt. Daneben dienen die Transfers auch der Wirtschaftsförderung, der Subventionierung von Unternehmen und der Investitionsförderung. In diesem Umfang sind die Transfers politisch bestimmt und gestaltbar. Zur Zeit ist die spezielle Unternehmensförderung für Ostdeutschland bis zum Jahre 2004 festgeschrieben, danach ist eine Neuordnung denkbar (vgl. Abschnitt 3.5).

Starke Konsumorientierung der Transfers

3.4.5 Die Privatisierung der ostdeutschen Wirtschaft durch die Treuhandanstalt

Die Treuhandanstalt hat die Privatisierung der ostdeutschen Wirtschaft organisiert und durchgeführt. Dies war eine in der Wirtschaftsgeschichte herausragende Aufgabe, die deshalb in ihren Grundzügen dargestellt werden soll.

Nach anfänglichen, verständlichen Informations- und Organisationsproblemen sowie nach Überwindung von Schwierigkeiten, die sich aus dem Grundsatz **„Rückgabe vor Entschädigung"** sowie Engpässen bei den Grundstücksämtern ergaben, zeigt die Arbeit der Treuhandanstalt zu Beginn des Jahres 1991 erste größere Privatisierungserfolge. Bei ihrer Tätigkeit ließ sich die Treuhandanstalt von folgenden Prinzipien leiten:

Prinzipien der Privatisierung

- Privatisierung ist die beste Form der Sanierung, da der private Investor am besten die Möglichkeiten einschätzen kann, die der Markt bietet.
- Noch nicht privatisierte Unternehmen, von denen aber angenommen werden kann, daß sie insgesamt oder in Teilbereichen überlebensfähig sind, sollen von der Treuhand finanzielle Überbrückungshilfen erhalten. Außerdem soll die Treuhandanstalt die Umstrukturierung dieser Unternehmen aktiv mitgestalten.
- Unternehmen oder Unternehmensteile, die auf Dauer als nicht wettbewerbsfähig eingestuft werden, sollen stillgelegt werden. Der Stillegungsprozeß soll zeitlich gestreckt und sozial abgefedert werden.

Insbesondere in der Industrie ging die Privatisierung zunächst sehr schleppend voran. Ende April 1991 waren hier erst ca. ein Siebtel der Betriebe privatisiert. Besonders mager waren die Ergebnisse in der Chemieindustrie, im Schiffsbau, der Eisen- und Metallerzeugung, im Stahlbau sowie bei der Textilerzeugung. Problematisch war ferner, daß in regional konzentrierten Branchen, die für den Arbeitsmarkt der Region von besonderen Bedeutung waren, kaum Privatisierungen gelangen. Große Privatisierungsfortschritte waren dagegen zunächst in der Baustoffindustrie sowie in der Nahrungs- und Genußmittelindustrie zu verzeichnen. Konzeptionell verbesserte die Treuhand ihre Verkaufsmöglichkeiten, indem sie verstärkt potentiellen Käufern Kaufpreisminderungen in Form der Übernahme von Altschulden, der Übernahme von ökologischen Altlastensanierungen sowie Verlustübernahmen anbot. Trotzdem verlief der Privatisierungsprozeß im Verarbeitenden Gewerbe, insbesondere bei den großen Unternehmen, schleppend. Im Sommer 1992 waren zwar nur noch 19 % der Unternehmen des Verarbeitenden Gewerbes im Besitz der Treuhand, jedoch arbeiteten in diesen Unternehmen 55 % der im Verarbeitenden Gewerbe Beschäftigten.

Kaufanreize durch direkte und indirekte Kaufpreisminderung

Ab Herbst 1992 beschleunigte sich das Tempo der Privatisierung stark. Von der Gesamtheit der in allen Wirtschaftszweigen übernommenen Unternehmen hatte die Treuhandanstalt Ende Januar 1993 ca. 7.100, also deutlich über die Hälfte, abgegeben, davon 5.500 an neue Investoren, 1.200 Unternehmen wurden den ehemaligen Eigentümern zurückgegeben, über 300 gingen an ostdeutsche Gebietskörperschaften. Bei fast der Hälfte der noch im Besitz der Treuhandanstalt befindlichen Unternehmen wurde Anfang 1993 die Liquidation eingeleitet.

Auch im Verarbeitenden Gewerbe ging die Privatisierung nun rasch voran, was auch darin seinen Niederschlag fand, daß Anfang 1993 nur noch ca. 1/3 der Beschäftigten im Verarbeitenden Gewerbe bei Treuhandunternehmen arbeitete. Dabei ist allerdings zu berücksichtigen, daß der Personalbestand auch durch Entlassungen stark reduziert wurde. An Industriebetrieben besaß die Treuhand im Februar 1993 – sieht man von den in Liquidation befindlichen Unternehmen ab – noch rund 1.200 Betriebe, das ist ca. ein Fünftel der ihr ehemals gehörenden Industrieunternehmen, in denen Anfang 1993 noch ca. 220.000 Arbeitskräfte beschäftigt waren. Ende 1994, bei Auflösung der Treuhand, hatte diese fast alle Unternehmen privatisiert oder liquidiert. Allerdings weisen die wenigen verbliebenen Unternehmen, die in die Obhut der Nachfolgeorganisation übergegangen sind (Bundesanstalt für vereinigungsbedingte Sonderaufgaben), oft eine große Bedeutung als Arbeitgeber auf. Auch die Kontrolle der ca. 50.000 Privatisierungsverträge mit ihren Beschäftigungs- und Investitionszusagen, die Verwertung der landwirtschaftlichen Flächen und die Veräußerung der übrigen Liegenschaften wurden von Nachfolgeorganisationen übernommen.

Das kumulierte Defizit der Treuhand belief sich am Jahresende auf rund

230 Mrd. DM, die in den Erblastentilgungsfond, dessen Schuldner der Bund ist, übernommen wurden. Dieser Betrag ist, ebenso wie die erwarteten Defizite der Treuhandnachfolger in Höhe von 45 Mrd. DM, als mittelbare Subventionen des Bundes anzusehen. Man darf bei der Wertung dieser Subventionen nicht vergessen, daß die Treuhandanstalt einen wesentlichen Teil hiervon durch Aufwendungen zur temporären Verlustabdeckung, zur Sanierung von Altlasten und für Anlageinvestitionen in ihren Unternehmen und damit zur Erhaltung alter und Schaffung neuer Arbeitsplätze beigetragen hat. Über Kaufpreisnachlässe hat sie darüber hinaus umfangreiche Beschäftigungs- und Investitionszusagen der Erwerber erwirken können. Problematisch ist allerdings, daß mit dem Verkauf der ostdeutschen Unternehmen eine Spaltung der Gesellschaft in westdeutsche (und westeuropäische) Kapitalbesitzer und ostdeutsche abhängig Beschäftigte möglich geworden ist.

3.5 Würdigung

Gab es sinnvolle Alternativen?

Während des bisherigen Transformationsprozesses ist viel darüber diskutiert worden, ob es **Alternativen** gegeben hätte und ob – unter welchen Gesichtspunkten auch immer – diese zu besseren Ergebnissen geführt hätten. Die Frage wird sich nie objektiv beantworten lassen, aber doch waren zumindest aus heutiger Sicht viele Alternativen keine wirklichen. So ist z. B. vor Einführung der **„Wirtschafts-, Währungs- und Sozialunion"** von vielen Experten, darunter auch der Deutschen Bundesbank und dem Sachverständigenrat zur Begutachtung der gesamtwirtschaftlichen Entwicklung, bezweifelt worden, ob dies der richtige Weg sei. Sie hielten die Währungsunion und ihre Modalitäten, insbesondere die Umstellung der Löhne im Verhältnis 1 : 1 für falsch, ja geradezu verhängnisvoll. Aber hat man bei diesem Urteil auch die politische Dimension berücksichtigt, die letztlich untrennbar mit der wirtschaftlichen Dimension verbunden ist? Wer hätte 1990 den Bürgern der damaligen DDR ernsthaft die DM verwehren wollen. **„Entweder die DM kommt zu uns, oder wir kommen zur DM"** lautete die Parole der Mehrheit der Bevölkerung. Wer hätte angesichts der enormen Wanderungsbewegungen nach Westdeutschland die Löhne anders als 1 : 1 umstellen wollen und damit den DDR-Bürgern praktisch den Konsum der damals heißbegehrten Westgüter aus dem laufenden Einkommen praktisch unmöglich machen wollen? Es hätte wohl einer neuen Mauer bedurft, um den Standortwechsel von Ost nach West von Hunderttausenden zu verhindern. Oder wer hätte ernsthaft ein eigenes Währungsgebiet für die DDR mit einem Wechselkurs Mark : DM = 4 : 1 schaffen wollen, wie damals von vielen Sachverständigen gefordert? Sicher wäre damit die Wettbewerbssituation der DDR entschieden günstiger gewesen, aber welcher leistungsfähige und -willige junge DDR-Bürger wäre in seiner Heimat geblieben? Und ganz abgesehen davon, wie hätte der vermutlich permanente Abwertungsdruck der Mark gestoppt werden sollen? Kurz, hier gab es wohl keine Alternative.

…z. B. ein anderer Umstellungskurs der Löhne?…

…ein eigenes Währungsgebiet Ost mit Wechselkursgefälle?

Tab. 3.7: Wirtschaftswachstum in Ost- und Westdeutschland (Veränderung zum Vorjahr in Prozent)

Jahr	BIP in Preisen von 1991 Deutschland insgesamt	 Ost-deutschland	 West-deutschland	Nachrichtlich: Ost/West-Relation[1]
1991[ts]	+ 2,8	– 19,0	+ 5,0	7,8
1992	+ 2,2	+ 7,8	+ 1,8	9,4
1993	– 1,2	+ 9,3	– 2,0	11,4
1994	+ 2,7	+ 9,6	+ 2,1	12,4
1995[p]	+ 1,8	+ 5,2	+ 1,5	13,0
1996[p]	+ 1,4	+ 1,9	+ 1,3	13,2
1997[p]	+ 2,2	+ 1,6	+ 2,2	13,1

[1] Ostdeutsches nominales BIP in Prozent des westdeutschen BIP. – [ts] teilweise geschätzt. – [p] vorläufig

Quelle: Deutsche Bundesbank, Monatsbericht April 1998, S. 42

Erneuerung einer Region ist schwierig

Eine andere Frage ist es, ob man die Vereinigung durch den Beitritt gem. Artikel 23 Grundgesetz vollziehen mußte oder ob nicht eine neu erarbeitete, gemeinsame Verfassung für ein stärkeres Gefühl der Gemeinsamkeit gesorgt hätte. Doch dies ist ein politisches, möglicherweise auch sozialpsychologisches Problem, das hier nicht diskutiert werden soll. In ökonomischer Sicht ist mittlerweile die zentrale Frage, ob sich das förderpolitische Instrumentarium der Wirtschaftspolitik bewährt hat.

Notwendig ist ein attraktives Preis-Qualitäts-Verhältnis der immobilen Produktionsfaktoren

Bilanz der Wirtschaftsförderung ist ernüchternd

Die Wirtschaftswissenschaft weiß, daß die wirtschaftliche Erneuerung einer Region eine ungemein schwierige und langdauernde Aufgabe ist. Dies zeigen theoretische Überlegungen und praktische Erfahrungen, in Deutschland etwa aus dem Ruhrgebiet oder dem Saarland, in anderen Teilen der Welt etwa aus dem „Rust Belt“ im Nordosten der USA oder im Nordosten von Frankreich in der Region „Nord-Pas-de-Calais/Lorraine“. Um eine Region wirtschaftlich zu erneuern, muß den mobilen Produktionsfaktoren – wie insbesondere Kapital und hochqualifizierte Arbeit – eine spezieller Anreiz geboten werden, sich dort anzusiedeln. Dazu gehört in erster Linie ein attraktives Preis-Qualitätsverhältnis der immobileren Produktionsfaktoren Boden, Umwelt, Infrastruktur und Arbeit und ein Angebot an „weichen“ Standortfaktoren wie innovatives Milieu und Leistungsmotivation. Hier hat die Wirtschaftspolitik große finanzielle Anstrengungen unternommen, um die Standortnachteile Ostdeutschlands – unzureichende Infrastruktur und hohe Produktionskosten – auszugleichen. Die Bilanz der Evaluierung der bisherigen Wirtschaftsförderung fällt bislang allerdings nur gemischt aus (vgl. 15. Anpassungsbericht, DIW-Wochenbericht Nr. 3/1997). Sehr groß war das Volumen der Fördermaßnahmen und nur gering war letztlich das damit erzielte Wirtschaftswachstum Ostdeutschlands im Verhältnis zum Wachstum in Westdeutschland, wie Tabelle 3.7 zeigt. Eine Alternative zeichnet sich indes nicht ab, vielmehr gehen die mit der Analyse der ostdeutschen Anpassungsfortschritte beauftragten Wirtschaftsforschungsinstitute (Deutsches Institut für Wirtschaftsforschung, Berlin, Institut für Wirtschaftsforschung, Halle, und Institut für Weltwirtschaft, Kiel) davon aus, daß der Anpassungsprozeß noch viel Zeit und viel Geld benötigt:

„Für die Wirtschaftspolitik gilt: Man kann die Zeit nicht überspringen. Alles in allem hat sie bei der Wirtschaftsförderung für die neuen Bundesländer die Weichen richtig gestellt. Es wäre kontraproduktiv, nun in einen hektischen Aktionismus zu verfallen und zusätzliche Programme aufzulegen. Dennoch bleibt einiges zu tun. Vorrangig ist der weitere Ausbau der öffentlichen Infrastruktur – insbesondere der überörtlichen und innerstädtischen Verkehrswege. Dadurch werden Standortnachteile beseitigt und die Bedingungen für künftiges Wachstum verbessert; kurzfristig wird auch die regionale Nachfrage gestützt. Bei der Finanzierung sind sowohl der Bund als auch die Bundesländer gefordert. Dem Infrastrukturausbau in Ostdeutschland Mittel zu entziehen, etwa auf dem Wege einer Reformierung des Länderfinanzausgleichs, hieße auf dem eingeschlagenen Wege stehenzubleiben. Statt auf die Bremse sollte noch für einige Jahre auf das Gaspedal getreten werden. Erst wenn hier der Rückstand zu vergleichbaren Regionen im Westen entscheidend verringert ist, können die hohen Transfers für diesen Zweck zurückgeführt werden.

Die spezielle Unternehmensförderung für Ostdeutschland ist programmatisch bis zum Jahr 2004 festgeschrieben. Das ist ein genügend langer Zeitraum. Danach sollte die Sonderförderung in einer gesamtdeutsch angelegten Regionalförderung aufgehen. Wie in diesem Bericht gezeigt, gibt es in Ostdeutschland Gebiete, die sich vergleichsweise gut entwickeln. Es spricht viel dafür, daß diese Regionen über kurz oder lang keine Förderung mehr brauchen. Ein weiteres Festhalten an der Sonderförderung über das Jahr 2004 hinaus wäre sogar schädlich. Denn wie alle Erfahrungen zeigen, erzeugt eine auf Dauer angelegte Förderung eine fatale Nebenwirkung, die gemeinhin mit dem Begriff „Subventionsmentalität" umschrieben wird. Sie zeigt sich darin, daß die wirtschaftlichen Akteure sich immer stärker auf die Hilfe des Staates verlassen und immer weniger auf ihre eigene Kraft vertrauen." (18. Anpassungsbericht, Kieler Diskussionsbeiträge 322/323, 1998, S. 82)

C. Arbeitsaufgaben

1) *Erläutern Sie folgende Konzepte von MARX:*
   - *Mehrprodukt*
   - *Mehrwert*
   - *Ausbeutung*
   - *Profitrate*
   - *Entfremdung*

2) *Welche Voraussetzungen müssen erfüllt sein, damit kapitalistische Ausbeutung im Sinne von MARX stattfindet?*

3) *Diskutieren Sie die MARXsche Ausbeutungskonzeption. Was erscheint Ihnen auf die heutige Zeit als übertragbar, was erscheint Ihnen als fragwürdig?*

4) *Beschreiben Sie Voraussetzung, Wirkung und Ergebnis des Gesetzes vom tendenziellen Fall der Profitrate.*

5) *Was ist die theoretische Basis der Konzeption der zentralen Planung?*

6) *Warum kann die Planbehörde nicht einen Plan aufstellen, der die volkswirtschaftlichen Ressourcen optimal nutzt?*

7) *Beschreiben Sie das Sanktionsproblem im Rahmen einer zentralen Wirtschaftsplanung.*

8) *Warum ist technischer Fortschritt eher Fremdkörper im System sozialistischer Zentralverwaltungswirtschaft?*

9) *Diskutieren Sie das Konzept der „Unteilbarkeit der Freiheit".*

10) *Diskutieren Sie das Konzept der Arbeiterunternehmung unter dem Gesichtspunkt der Effizienz.*

Lösungsvorschläge für die Arbeitsaufgaben im „Übungsbuch zu Grundlagen und Probleme der Volkswirtschaft".

D. Literatur

Die sozialistische Zentralverwaltungswirtschaft wird in den zahlreichen Werken zum Vergleich der Wirtschaftssysteme beschrieben, zu nennen sind insbesondere

LEIPOLD, Helmut, Wirtschafts- und Gesellschaftssysteme im Vergleich, 5. Aufl., Stuttgart 1988

BASSELER, Ulrich und HEINRICH, Jürgen, Wirtschaftssysteme, Würzburg-Wien 1984

HAMEL, Hannelore (Hrsg.), Soziale Marktwirtschaft - Sozialistische Planwirtschaft. Ein Vergleich Bundesrepublik–DDR, 5. Aufl., München 1989.

Speziell die sozialistische Zentralverwaltungswirtschaft beschreiben eher theoretisch

DOBIAS, Peter, Theorie und Praxis der Planwirtschaft, Paderborn 1977

und eher umfassend theoretisch, empirisch und historisch

KOSTA, Jiri, Sozialistische Planwirtschaft. Theorie und Praxis, Opladen 1974.

Die zahlreichen Reformbemühungen beschreibt der Sammelband

BRESS, Ludwig und Karl Paul HENSEL u. a. (Hrsg.), Wirtschaftssysteme des Sozialismus im Experiment, Frankfurt 1973.

Die Marxistische Wirtschaftstheorie wird knapp und klar dargestellt in

KROMPHARDT, Jürgen, Konzeptionen und Analysen des Kapitalismus, 3. Aufl., Göttingen 1991, Kapitel III, D.

Speziell das Wirtschaftssystem der ehemaligen DDR wird beschrieben von

GUTMANN, Gernot (Hrsg.), Das Wirtschaftssystem der DDR. Wirtschaftspolitische Gestaltungsprobleme, Stuttgart, New York 1983

sowie sehr detailliert in den vom früheren

BUNDESMINISTERIUM FÜR INNERDEUTSCHE BEZIEHUNGEN herausgegebenen Bänden:

- Materialien zum Bericht zur Lage der Nation im geteilten Deutschland 1987, Bonn 1987 und

- DDR-Handbuch, Köln 1985.

In die Theorie der Transformation führen ein:

SCHÜLLER, Alfred, Ansätze einer Theorie der Transformation. In ORDO, BD. 43 (1992), S. 35–63

KLOTEN, Norbert, Zur Transformation von Wirtschaftsordnungen. In: ORDO, Bd. 40 (1989), S. 99–127.

Einen Überblick über Grundprinzipien und Empirie des Transformationsprozesses in der ehemaligen DDR bzw. in den neuen Bundesländern gibt:

- THIEME, H. Jörg, Wirtschaftssysteme. In: Vahlens Kompendium der Wirtschaftstheorie und Wirtschaftspolitik, 7. Aufl., München 1999, S. 1–52 und
- THIEME, H. Jörg, Soziale Marktwirtscahft, 2. Aufl., München 1994, jeweils in den entsprechenden Abschnitten.

Im Rahmen eines Forschungsprojekts des Bundeswirtschaftsministeriums „Gesamtwirtschaftliche und unternehmerische Anpassungsfortschritte in Ostdeutschland" erstellen das Deutsche Institut für Wirtschaftsforschung (DIW), Berlin, das Institut für Weltwirtschaft, Kiel, und das Institut für Wirtschaftsforschung, Halle, regelmäßig Berichte zur Situation in Ostdeutschland. Diese Berichte werden veröffentlicht in den Institutsreihen:

- Kieler Diskussionsbeiträge (z. B. Nr. 322/323),
- Wochenberichte des DIW (z. B. Nr. 3/98) und
- Forschungsreihe Halle (z. B. 2/98).

4. Kapitel
Nachfrage der Haushalte

A. Lernzielorientierte Leitfragen und Fragenkomplexe

Leitfrage:
Was bestimmt die Höhe und Struktur der Konsumgüternachfrage der Haushalte?

- *Was ist ein Markt und welche Funktionen erfüllt er?*
- *Welche Größen haben Einfluß auf die Konsumgüternachfrage der Haushalte?*
- *Was ist eine Nachfragefunktion?*

Leitfrage:
Wie mißt man die Preis- und Einkommensempfindlichkeit der Nachfrage?

- *Was gibt die Preiselastizität an?*
- *Was gibt die Einkommenselastizität an?*
- *Welche Bedeutung hat die Preiselastizität für die Ausgaben der Haushalte und die Preisbildungsspielräume der Firmen?*
- *Welche Bedeutung hat die Einkommenselastizität für die Entwicklung einzelner Wirtschaftszweige?*

Leitfrage:
Wie kann die Nachfrageentscheidung eines Haushalts erklärt werden?

- *Welche Konsumgüterbündel kann der Haushalt mit seinem Einkommen erwerben?*
- *Wie kann man die Rangordnung, in die der Haushalt unterschiedliche Konsumgüterbündel bringt, näher beschreiben?*
- *Wodurch ist das beste Konsumgüterbündel gekennzeichnet?*
- *Wie verändert sich das beste Konsumgüterbündel mit den Preisen der Güter und dem Haushaltseinkommen?*

B. Sachanalyse

1. Vorbemerkungen

Jede entwickelte Wirtschaft, in der die Güter in einem arbeitsteiligen Produktionsprozeß erstellt werden, ist eine **Tauschwirtschaft in Form einer Geldwirtschaft,** da die Vielzahl der notwendigen Tauschakte ohne die Zwischenschaltung des Tauschmediums Geld gar nicht zu realisieren wäre. Deshalb wird der in grauer Vorzeit übliche Tausch Ware gegen Ware seit langem ersetzt durch einen Verkaufsakt Ware gegen Geld, womit der Verkäufer allgemein verwendbare Kaufkraft erwirbt, und einen Kaufakt Geld gegen Ware. Im allgemeinen wird der Tausch heute auch nicht mehr direkt zwischen den ursprünglichen Produzenten und den Verbrauchern durchgeführt, sondern der Zwischenhandel konzentriert die Nachfrage und bringt das Angebot in die Reichweite der Käufer und erfüllt damit eine wichtige ökonomische Funktion. Bei jedem Tausch muß es nun ein **Tauschverhältnis** geben, und bei dem Tausch Ware gegen Geld und Geld gegen Ware muß es in Geld ausgedrückte Preise der Güter geben. Setzt man zwei Geldpreise zueinander ins Verhältnis, so ergibt sich das **reale Austauschverhältnis** zwischen den beiden Gütern:

Preise bestimmen das reale Tauschverhältnis zwischen Gütern

$$\frac{p_1}{p_2} = \frac{x\ DM/ME_1}{y\ DM/ME_2} = \frac{\frac{x}{y}\ ME\ von\ Gut\ 2}{1\ ME\ von\ Gut\ 1}$$

Beträgt der (Geld-)Preis eines Buches p_1 = 10 DM und der einer Aktentasche p_2 = 30 DM, so wird eine Aktentasche gegen drei Bücher getauscht. Die **Güterpreise** „bilden sich auf dem Markt“, sie hängen ab von Angebot und Nachfrage, von den Kosten der Produktion, vom Gewinnstreben der Marktteilnehmer und von der Möglichkeit, Gewinne gegen Konkurrenz und Nachfrageinteressen durchzusetzen.

Die folgende Abbildung 4.1 gibt einen Überblick über die Bestimmungsgründe der Preisbildung:

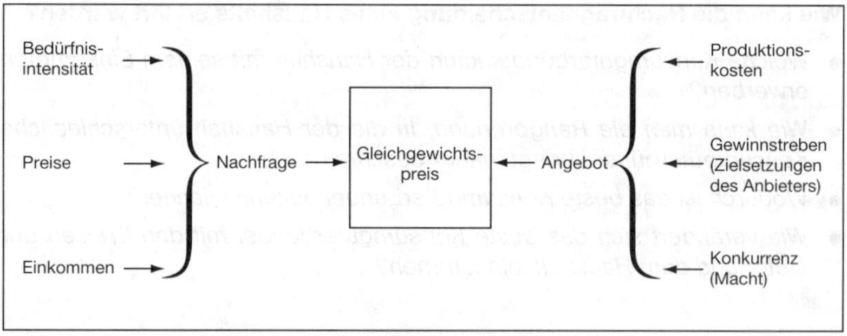

Abb. 4.1: Die Bestimmungsgründe der Preisbildung

Wichtig ist, daß der Leser sich daran erinnert (vgl. 2. Kapitel, Abschnitt 2), daß es die Preise sind, die in einer Marktwirtschaft die Wirtschaftspläne der unabhängig voneinander handelnden Anbieter (meist Produzenten) und Nachfrager (oft Konsumenten) aufeinander abstimmen und für einen Ausgleich der Interessen von Anbietern und Nachfragern sorgen sollen.

Der Preismechanismus übernimmt die Lenkung des Wirtschaftsprozesses in Marktwirtschaften.

Selbststeuerung der Marktwirtschaft durch den Preismechanismus

Nach einer Klärung des Begriffes „Markt" wollen wir die oben aufgezählten Bestimmungsgründe der Preisbildung erörtern.

2. Markt

Wenn man das Wort „Markt" hört, denkt man vielleicht zunächst an einen Wochenmarkt. Hier treffen sich zu bestimmten Tagen Anbieter (Verkäufer) und Nachfrager (Käufer) an einem bestimmten Ort, um Güter zu kaufen und zu verkaufen. Ein ähnlich **organisiertes** Zusammentreffen von Anbietern und Nachfragern kann man auf Waren- und Wertpapierbörsen, bei Auktionen und Versteigerungen beobachten, so z. B. auf dem Frankfurter Wertpapiermarkt oder dem Hamburger Fischmarkt. Nun sind solche örtlich konzentrierten Märkte vergleichsweise selten. „Der" Markt für Wohnungen in einer großen Stadt manifestiert sich in den Zeitungsangeboten und -nachfragen sowie den Karteien der Wohnungsmakler für Wohnungen bestimmter Größe, Lage und Qualität zu einem bestimmten Zeitpunkt. Ähnlich wird „der" Arbeitsmarkt in den Stellenangeboten und -gesuchen in Zeitungen sowie in den Karteien der Arbeitsämter sichtbar. Bei näherem Hinsehen entpuppt sich „der" Markt als eine Vielzahl von Teilmärkten, die sich durch qualitative, räumliche oder zeitliche Charakteristika des gehandelten Objektes unterscheiden. Genau genommen ist es häufig recht schwer, einen Markt, den man allgemein als die Gesamtheit der Angebots- und Nachfragebeziehungen für ein Gut oder eine Gütergruppe definieren kann, abzugrenzen und zu bestimmen. Ein in der Praxis häufig verwendetes Kriterium ist die Enge der Substitutionsbeziehung zwischen den Gütern (vgl. hierzu Kapitel 8, Abschnitt 4).

Der Markt als Gedankenkonstruktion

Der Markt ist letztlich eine Einrichtung, die die für einen geplanten Tausch notwendigen Informationen (Preise, Kauf- und Verkaufswünsche anderer Personen) und Gelegenheiten (Kontakte zwischen Tauschpartnern) bietet und damit die Tauschmodalitäten gegenüber dem individuellen direkten und indirekten Tausch wesentlich erleichtert.

Der Markt ökonomisiert die Tauschprozesse

3. Nachfrage privater Haushalte

3.1 Bestimmungsgründe der Nachfrage privater Haushalte

Als typischen Nachfrager wählen wir den privaten Verbraucher (Konsumenten), behalten jedoch in Erinnerung, daß auch der Unternehmer Güter und Dienstleistungen nachfragt, die er im Produktionsprozeß einsetzen will, und der Staat Güter zur Befriedigung von Kollektivbedürfnissen erwirbt. Da wir alle Konsumenten sind, werden wir die **Bestimmungsgründe** unserer Nachfrage nach dauerhaften und nicht-dauerhaften Konsumgütern unschwer erkennen. Die Nachfrage eines Haushalts, z. B. nach einem Auto, hängt ab:

(1) vom Preis dieses Autos,

(2) vom Preis vergleichbarer Automobile und von den Preisen der Güter, die mit der Nutzung eines Automobils verbunden sind (Benzin, Öl, Versicherung, Reparatur, Steuer, Garagenmiete usw.),

(3) von den Preisen sonstiger von den Haushalten nachgefragter Güter,

Die Nachfrage nach Konsumgütern hängt ab von den Preisen, vom verfügbaren Einkommen und von der Bedarfsstruktur

(4) von seinem verfügbaren Einkommen, d. h. dem Einkommen nach Abzug der Abgaben (Steuern und Sozialversicherung) bzw. genauer von dem Teil seines verfügbaren Einkommens, den der Haushalt für Konsumgüter auszugeben plant (seine Konsumsumme). Zur Vereinfachung sprechen wir im folgenden vom Einkommen;

(5) von der subjektiven Wertschätzung, die der mögliche Nachfrager mit dem Auto im Vergleich zu anderen Gütern verbindet (z. B. Komfort, Schnelligkeit, Unabhängigkeit etc.). Diese subjektive Nutzenvorstellung wird auch Bedarfsstruktur oder Präferenzordnung genannt.

Neue Produkte und Werbung beeinflussen die Bedarfsstruktur

Die **Bedarfsstruktur** eines Haushaltes ist nun nicht unveränderlich, sondern wesentlich bestimmt von der Einführung neuer Produkte (Produktinnovation), der Werbung und der Altersstruktur des Haushaltes. So ist unmittelbar einsichtig, daß das Bedürfnis nach einem Fernsehgerät oder einem Videorecorder im wesentlichen erst nach deren Produktion entstanden sein kann und der Kaufentschluß bzw. die Auswahl zwischen verschiedenen Geräten sich nicht unbeeinflußt von der Werbung vollzieht. Das Ausmaß der Beeinflussung der Verbraucher durch Werbung und Produktinnovation ist im Grunde nicht bekannt. Sicher wird man nicht sagen können, daß alle Bedürfnisse angeboren sind, und sicher auch nicht, daß alle Bedürfnisse durch Werbung bestimmt sind. Grundbedürfnisse und Wünsche allgemeiner Art sind dem Menschen wohl eher angeboren, wie z. B. das Bedürfnis nach Essen, Trinken, Wohnung, Kleidung oder die Wünsche nach Freiheit, Abenteuer, Unterhaltung, Gemütlichkeit etc. Daß allerdings das Bedürfnis nach Trinken wesentlich von der Brause X oder der Wunsch nach Freiheit vom Rasierwasser Y und der Wunsch nach Abenteuern vom Rauchen einer Zigarette Z befriedigt wird, ist als Ergebnis der Werbung anzusehen (vgl. hierzu auch Kapitel 1, Abschnitt 1.1).

Die Nachfrage, die ein Haushalt nach Konsumgütern entfaltet, hängt also von den Preisen der Konsumgüter, von seinem verfügbaren Einkommen und von seiner Bedarfsstruktur ab.

Die Nachfrage eines Haushaltes ist – um einen auch in der Volkswirtschaftslehre häufig verwendeten Begriff zu gebrauchen – eine **Funktion** (d. h.: ist abhängig von) einer Vielzahl von Einflußgrößen. Wir können an diesem Beispiel sehen, daß unsere Aufgabe, die wirtschaftliche Wirklichkeit zu erklären, außerordentlich schwierig ist. Die Wirklichkeit ist von so unübersehbarer Vielfalt, daß es unmöglich wäre, sie in all ihren Spielarten zu beschreiben oder gar zu erklären. Und selbst wenn dies möglich wäre, wäre es im allgemeinen nicht einmal zweckmäßig. Wir sind also zum einen gezwungen, für unwichtig gehaltene Einzelheiten zu vernachlässigen, von uns unwesentlich Erscheinendem zu abstrahieren. Zum anderen ist es oft schwierig, die Wirkung der aufgezählten Einflußgrößen Einkommen, Preise und Bedarfsstruktur gleichzeitig zu erklären. Zum Beispiel wird es nicht oder nur unter sehr großen Schwierigkeiten möglich sein zu erklären, wie sich die Nachfrage nach Butter verändern wird, wenn der Butterpreis sinkt, das Einkommen sinkt, die Preise anderer Güter ebenfalls eine Veränderung erfahren und sich schließlich noch die Bedarfsstruktur verschiebt.

Komplexität der wirtschaftlichen Wirklichkeit

Um mögliche Gesetzmäßigkeiten erkennen zu können, müssen wir also zwei Dinge tun:

(1) Wir müssen von Einzelheiten absehen, die für das untersuchte Problem weniger wichtig erscheinen. Wir vereinfachen die vielfältigen Erscheinungsformen in der Realität auf ein einfaches System, das wir **Modell** nennen. Anhand dieses Modells versuchen wir, die wesentlichen Erkenntnisse zu gewinnen. Die Methode des Modelldenkens ist für die Volkswirtschaftslehre unabdingbar, doch sollte man sich ihrer Problematik bewußt bleiben. Zum einen kann man im vorhinein nicht sicher wissen, welche Einzelheiten als unwesentlich vom Wesentlichen getrennt werden können, zum anderen muß man bei der Anwendung der Erkenntnisse auf konkrete Probleme immer prüfen, inwieweit die Voraussetzungen und Vereinfachungen angemessen sind.

Notwendigkeit des Modelldenkens

(2) Die Wirkung der als wesentlich erkannten Einflußgrößen können wir in aller Klarheit nur erkennen, wenn wir sie einzeln betrachten. Daher nehmen wir in einem Denkmodell häufig an, daß bis auf eine Einflußgröße alle übrigen Determinanten fest vorgegeben sind, d. h. für unsere Untersuchung ein Datum sind. Wir arbeiten mit der Annahme, „daß alles übrige gleich bleibt“ **(ceteris-paribus-Klausel).**

Notwendigkeit der ceteris-paribus-Methode

3.2 Nachfrage nach einem Gut in Abhängigkeit von seinem Preis

Entsprechend der Notwendigkeit des Modelldenkens und der ceteris-paribus-Methode nehmen wir nun an, daß Einkommen, Bedarfsstruktur und

Güterpreise mit Ausnahme des Preises des Gutes, das wir betrachten, eine vorgegebene konstante Höhe bzw. Struktur haben. Wir wollen also wissen, wie die Nachfrage z. B. nach Butter vom Butterpreis allein abhängt. Zu diesem Zweck befragen wir einen Haushalt nach seiner geplanten Butternachfrage bei unterschiedlichen Butterpreisen und konstanten Preisen der übrigen Güter sowie konstantem Einkommen. Das Ergebnis sei in folgender Tabelle aufgezeichnet:

Tab. 4.1: Geplante Butternachfrage des Haushalts X pro Monat

Butterpreis pro Pfund in DM	Nachgefragte Menge in Pfund pro Monat
10,–	0
9,–	2
8,–	4
7,–	6
6,–	8
5,–	10
4,–	12
3,–	14
2,–	16
1,–	18
0,–	20

Bevor wir auf den Verlauf der Nachfrage eingehen, wollen wir das Ergebnis der Befragung in einer anderen Form – in einer Graphik – darstellen:

Auf der senkrechten Achse (Ordinate) tragen wir den Butterpreis ein, auf der waagerechten Achse (Abszisse) die zu diesem Preis nachgefragte

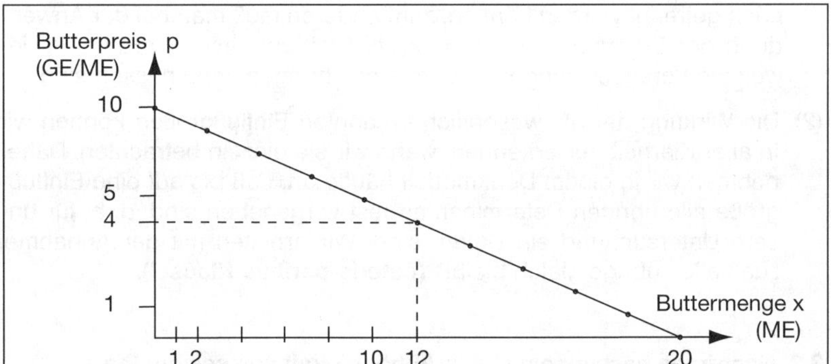

Abb. 4.2: Die Nachfragekurve

Buttermenge. Dann tragen wir die Preise und Mengen obiger Tabelle ein und verbinden die Punkte. Damit haben wir eine (in diesem Fall gerade) Linie, die uns jetzt angibt, welche Menge Butter bei verschiedenen Preisen nachgefragt wird, z. B. 12 Pfund Butter bei einem Preis von 4,– DM pro Pfund (vgl. Abb. 4.2, dabei steht GE für Geldeinheiten [z. B. DM], ME für Mengeneinheiten und GE/ME für Geldeinheiten pro 1 ME). Da die nachgefragte Menge vom Preis abhängt, kann man auch sagen, der Preis ist die Ursache (die unabhängige Variable) und die nachgefragte Menge die Wirkung (die abhängige Variable).

Schließlich können wir das Nachfrageverhalten des Haushaltes auch algebraisch ausdrücken:

$$x = f(p).$$

Dies soll einfach bedeuten: x [die nachgefragte Gütermenge] ist f [eine Funktion] von p [vom Preis]. Für unser Beispiel nimmt diese Funktion eine spezielle Form an:

$$x = 20 - 2\,p.$$

Setzt man jetzt für den Preis p bestimmte Werte ein, z. B. p = 2,50 DM, so erhält man die nachgefragte Menge an Butter

$$x = 20 - 2 \cdot 2{,}50 = 15 \text{ Pfund Butter.}$$

Nachfragefunktion

Eine solche Funktion wird als **Nachfragefunktion** bezeichnet. Sie gibt an, welche Mengen des betreffenden Gutes der Haushalt nachfragen würde, wenn der Preis des Gutes verschiedene Höhen annehmen würde, bei Konstanz des Einkommens, der übrigen Preise und der Bedarfsstruktur.

Das graphische Abbild der Nachfragefunktion wird als Nachfragekurve bezeichnet (auch wenn es eine gerade Linie ist).

Begründung für eine fallende Nachfragekurve

Die Erfahrung zeigt, daß die nachgefragte Menge eines Gutes in der Regel mit sinkendem Preis des Gutes ceteris paribus zunimmt und umgekehrt mit steigendem Preis abnimmt. Die Steigung der Nachfragekurve ist also im Regelfall negativ. Es lassen sich hierfür zwei Begründungen angeben:

(1) Der **Substitutionseffekt**

Steigt z. B. der Butterpreis, und bleiben die anderen Preise konstant, so wird Butter relativ teurer, andere Güter wie Margarine und Öl relativ billiger. Dann lohnt es sich für jeden Verbraucher, das relativ teurer gewordene Gut durch das relativ billigere zu ersetzen (zu substituieren).

(2) Der **Realeinkommenseffekt**

Hat man ein bestimmtes Geldeinkommen, das man zum Kauf von Konsumgütern verwenden will, so wird man merken, daß bei gegebener nominaler Höhe des Einkommens mit steigenden Preisen eines Gutes geringere Mengen davon gekauft werden können. Jede Preissteigerung führt also – sofern das teurer gewordene Gut noch nachgefragt wird – zu einer Senkung des **Realeinkommens,** die besonders spürbar wird, wenn es sich um Preise für Güter handelt, die einen großen Raum im Rahmen der Haushaltsausgaben einnehmen, z. B. Mieten, oder wenn es sich um allgemeine Preissteigerungen in Zeiten der inflationären Entwicklung ohne entsprechende Einkommenssteigerungen handelt. Mit Ausnahme einiger weniger Spezialfälle wird der Realeinkommenseffekt in die gleiche Richtung wirken wie der Substitutionseffekt: Mit steigendem Preis eines Gutes wird die nachgefragte Menge sinken.

Beschränkter Aussagegehalt der Nachfragefunktion

Es ist wichtig, daß der Leser über den Aussagewert einer Nachfragefunktion völlige Klarheit besitzt und sich insbesondere der Einschränkung ihres Aussagegehaltes durch die ceteris-paribus-Klausel stets bewußt ist. Die Nachfragefunktion

$$x = 20 - 2\,p$$

Unterscheidung zwischen Veränderung der nachgefragten Menge bei gegebener Nachfragefunktion und Verschiebung der Nachfragefunktion

gilt nur bei gegebenem Einkommen, gegebener Bedarfsstruktur und konstanten Preisen der übrigen Güter. Nur unter dieser Voraussetzung wird die nachgefragte Menge in der durch die Befragung ermittelten Weise auf Preisänderungen reagieren. Wir sprechen dann von einer **Bewegung auf der Nachfragekurve** (Veränderung der nachgefragten Menge aufgrund von Preisänderungen bei unveränderter Nachfragefunktion, vgl. Abb. 4.3).

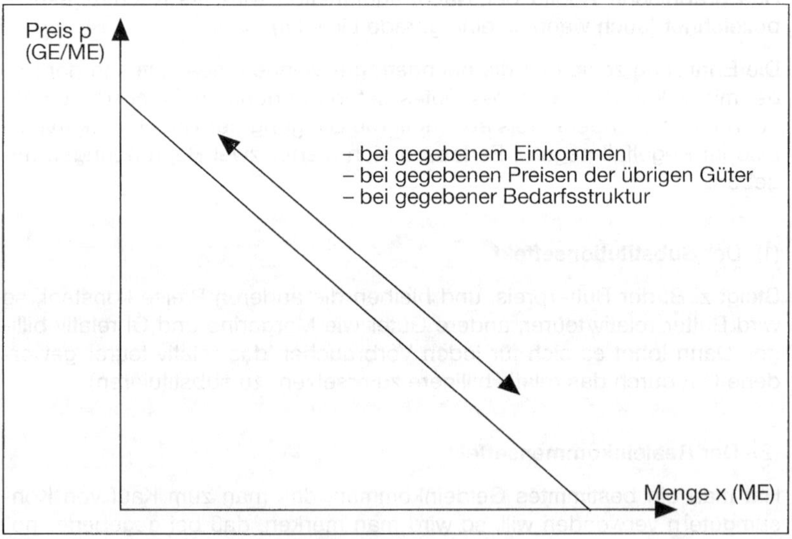

Abb. 4.3: Bewegung auf der Nachfragekurve

Streng von Bewegungen auf der Nachfragekurve zu unterscheiden sind **Verschiebungen** der Nachfragekurve selbst. Immer dann, wenn die übrigen Preise oder das Einkommen andere Werte annehmen oder die Bedarfsstruktur sich verändert, wird die ceteris paribus ermittelte Nachfragefunktion eine Verschiebung erfahren. So könnte sich die in Abb. 4.4 dargestellte Rechtsverschiebung der Nachfragekurve nach dem Gut X dadurch ergeben, daß der Preis des Gutes Y steigt.

Beobachtungen zeigen, daß – oftmals in scheinbarem Gegensatz zu dem in Abb. 4.3 dargestellten Zusammenhang – die nachgefragte Menge vieler Güter zugenommen hat, obwohl deren Preise gestiegen sind. Diese Tatsache widerlegt jedoch nicht die übliche Erfahrung, daß die Haushalte **ceteris paribus** planen, bei steigendem Preis eines Gutes weniger von diesem nachzufragen. Daß trotz steigender Preise in der Praxis häufig mehr nachgefragt wird, kann damit erklärt werden, daß

(1) das Einkommen gestiegen ist,

(2) die Bedarfsstruktur sich verschoben hat,

(3) die Preise anderer Güter stärker gestiegen sind,

(4) in der Zukunft weiter steigende Preise erwartet werden und man daher lieber heute kauft als morgen, wenn es noch teurer geworden ist (Inflationsmentalität).

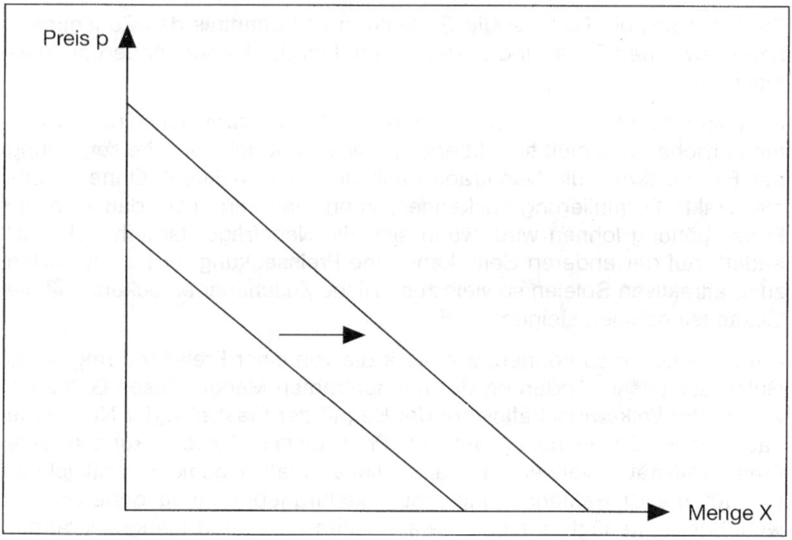

Abb. 4.4: Verschiebung der Nachfragekurve

Daneben kann es Güter geben, die von einigen Haushalten mehr nachgefragt werden, gerade weil ceteris paribus ihr Preis gestiegen ist. Man spricht in der Literatur vom sog. **Prestigeeffekt** (VEBLEN-Effekt).

Außerdem werden in der Realität der sog. Mitläufereffekt und der Snobeffekt beobachtet.

Der **Mitläufereffekt** besteht darin, daß die Nachfrage eines Haushaltes nach einem Gut ceteris paribus zunimmt, wenn der Gesamtabsatz des Gutes auf dem Markt steigt.

Der **Snobeffekt** ist das Gegenstück zum Mitläufereffekt: Die Nachfrage eines Snobs nimmt ab, wenn die Gesamtnachfrage nach dem Gut steigt. Darin drückt sich das Streben nach Exklusivität aus, das Streben anders zu sein, mit der großen Masse nichts zu tun zu haben.

4. Preis- und Einkommensempfindlichkeit der Nachfrage

4.1 Preiselastizität

Mit der einfachen Feststellung, daß die Nachfrage nach einem Gut ceteris paribus vom Preis dieses Gutes abhängt und im Regelfall mit steigendem Preis abnimmt, kann sich der Volkswirt nicht begnügen.

Die Nachfrage nach den Gütern reagiert unterschiedlich stark auf Preisänderungen

Da man bei den verschiedenen Gütern beobachten kann, daß die Nachfrage auf Preisänderungen unterschiedlich stark reagiert, will man auch das **Ausmaß** dieser Reaktion erkennen und messen; man will wissen, wie „stark" oder wie „schwach" die nachgefragte Menge eines Gutes auf eine Preisänderung reagiert.

Zunächst soll ein Beispiel die Bedeutung der Kenntnis des Zusammenhangs zwischen Preis- und daraufhin erfolgender Mengenänderung klarmachen:

Ein Fußballverein, der bei einem wichtigen Europacupspiel seine Einnahmen erhöhen will, muß sich überlegen, wie stark bei einer Preiserhöhung der Eintrittskarten die Nachfrage nach diesen zurückgeht. Ohne bereits die exakte Formulierung zu kennen, kann man vermuten, daß sich die Preiserhöhung lohnen wird, wenn sich die Nachfrage daraufhin „kaum" ändert. Auf der anderen Seite kann eine Preissenkung für Eintrittskarten zu unattraktiven Spielen so viele zusätzliche Zuschauer anlocken, daß die Gesamteinnahmen steigen.

Die direkte Preiselastizität der Nachfrage mißt die Intensität der Reaktion der Nachfrage

Um ausdrücken zu können, wie stark die von einer Preisänderung eines Gutes ausgelöste Änderung der nachgefragten Menge dieses Gutes ist, wird in der Volkswirtschaftslehre der Begriff der **Elastizität** der Nachfrage nach einem Gut in bezug auf den Preis dieses Gutes – kurz: **direkte Preiselastizität** – verwendet. Damit dieses Maß allgemein vergleichbar und für die Charakterisierung einer Nachfragebeziehung generell verwendbar ist, genügt es nicht, die absoluten Preis- und Mengenveränderungen ins Verhältnis zu setzen. Ein Beispiel mag dieses zeigen:

Ein Haushalt kauft bei einem Bierpreis von 0,50 DM pro Flasche 100 Flaschen pro Monat und bei einem Schokoladenpreis von 1,– DM pro Tafel 10 Tafeln pro Monat. Angenommen, die Preise für beide Güter steigen. Der neue Bierpreis betrage 0,75 DM pro Flasche, die Nachfrage sinke auf 80 Flaschen. Der Schokoladenpreis steige auf 1,25 DM, die Nachfrage sinke auf 5 Tafeln.

Abgesehen davon, daß es sich bei diesem Beispiel um verschiedene Güter und Maßeinheiten handelt (Tafeln Schokolade und Flaschen Bier) und schon daher ihre Vergleichbarkeit außerordentlich schwierig ist, besagt der Vergleich der absoluten Änderungen nichts. Um ihre Bedeutung zu erkennen, muß man sie auf ihre Ausgangsgrößen beziehen, also **relative Änderungen** betrachten, also das Verhältnis der Änderung zur Ausgangsgröße. So ist die Information, daß bei einer Bierpreiserhöhung von 0,25 DM die Nachfrage um 20 Flaschen sinkt, sehr viel weniger aussagekräftig als die folgende Behauptung: Bei einer Bierpreiserhöhung um 50 % sinkt die nachgefragte Menge pro Monat um 20 %.

Daher – und es ist wichtig, sich dies ganz klar zu machen – handelt es sich bei dem Begriff der Elastizität immer um zwei relative Änderungen, die miteinander in Beziehung gesetzt werden. Allgemein mißt die Elastizität die Stärke eines Ursache-Wirkungszusammenhanges. Es gilt folgende Formulierung:

$$\textbf{Elastizität} = \frac{\text{relative Änderung der Wirkung (z. B. in \%)}}{\text{relative Änderung der Ursache (z. B. in \%)}}$$

Direkte Preiselastizität der Nachfrage

Man versteht dann speziell unter der **direkten Preiselastizität** der Nachfrage das Verhältnis der relativen (prozentualen) Änderung der nachgefragten Menge eines Gutes, bezogen auf die sie bewirkende relative (prozentuale) Änderung des Preises dieses Gutes.

Etwas einfacher, wenn auch nicht ganz exakt, kann man sagen: Die direkte Preiselastizität der Nachfrage gibt an, um wieviel Prozent sich die nachgefragte Menge ändert, wenn sich der Preis um 1% ändert.

Sagt man z. B., die Nachfrage nach Zigaretten der Marke X habe eine direkte Preiselastizität von –5, so bedeutet dies, daß bei einer Preiserhöhung von 1% die nachgefragte Menge sich um 5 % verringern wird.

Berechnung der Preiselastizität der Nachfrage an Hand unseres Beispiels

Umgekehrt könnte man aus der Beobachtung des Nachfrageverhaltens die Preiselastizität berechnen. Verwenden wir hierfür unser Beispiel, um die Elastizität der Bier- und Schokoladennachfrage zu berechnen, und schreiben wir unsere Elastizitätsdefinition in einer Formel auf. Die direkte Preiselastizität ist

$$E = \frac{\text{relative Mengenänderung}}{\text{relative Preisänderung}}$$

Bezeichnen wir die Ausgangsmenge mit x, ihre Änderung mit Δ x, den Ausgangspreis mit p und seine Änderung mit Δ p, so können wir auch schreiben:

$$E = \frac{\frac{\Delta x}{x}}{\frac{\Delta p}{p}}$$

Die relative Änderung der Biernachfrage beträgt dann:

$$\frac{\Delta x}{x} = \frac{-\ 20 \text{ Flaschen}}{100 \text{ Flaschen}} = -\frac{1}{5};$$

die relative Preisänderung:

$$\frac{\Delta p}{p} = \frac{0{,}25 \text{ DM}}{0{,}50 \text{ DM}} = +\frac{1}{2}.$$

Die Preiselastizität der Biernachfrage ist also:

$$\frac{\frac{\Delta x}{x}}{\frac{\Delta p}{p}} = \frac{\frac{-\ 20 \text{ Flaschen}}{100 \text{ Flaschen}}}{\frac{0{,}25 \text{ DM}}{0{,}50 \text{ DM}}} = \frac{-\frac{1}{5}}{+\frac{1}{2}} = -\frac{2}{5}.$$ 1)

Entsprechend berechnen wir die direkte Preiselastizität der Schokoladennachfrage:

$$\frac{\frac{\Delta x}{x}}{\frac{\Delta p}{p}} = \frac{\frac{-\ 5 \text{ Tafeln}}{10 \text{ Tafeln}}}{\frac{0{,}25 \text{ DM}}{1{,}00 \text{ DM}}} = \frac{-\frac{1}{2}}{\frac{1}{4}} = -2.$$

Die numerische Größe der Elastizität kann nun zur Charakterisierung des Nachfrageverhaltens dienen.

Strenggenommen kann von einer Elastizität nur bei einem bestimmten Preis gesprochen werden

Es muß jedoch darauf hingewiesen werden, daß immer nur von der **Elastizität bei einem bestimmten Preis** gesprochen werden kann, und daß diese Elastizität bei einem anderen Ausgangspreis in aller Regel einen anderen Wert aufweist.

1) Die direkte Preiselastizität ist im Regelfall negativ, weil eine Preiserhöhung (+) mit einer Nachfragesenkung (–) einhergeht. Häufig läßt man jedoch das Minuszeichen weg.

Sehen wir uns zur Erläuterung die Nachfragefunktion $x = 20 - 2\,p$ noch einmal an. Jeder Preiserhöhung von 1,– DM entspricht eine jeweils gleiche absolute Verringerung der nachgefragten Menge von 2 Einheiten. Die relativen Änderungen weisen jedoch erhebliche Unterschiede auf:

Steigt der Preis von 1,– DM auf 2,– DM, so sinkt die nachgefragte Menge Butter von 18 auf 16 Pfund. Die Elastizität beträgt dann

$$E = \frac{\Delta x}{x} : \frac{\Delta p}{p} = -\frac{2}{18} : \frac{1}{1} = -\frac{1}{9}$$

Steigt der Preis aber von 8,– DM auf 9,– DM, so sinkt die nachgefragte Menge von 4 auf 2 Pfund Butter, und die Elastizität beträgt

$$E = \frac{\Delta x}{x} : \frac{\Delta p}{p} = -\frac{2}{4} : +\frac{1}{8} = -4 \cdot$$

Man kann die einer geradlinigen (linearen) Nachfragekurve entsprechenden Elastizitätswerte allgemein wie in folgender Zeichnung ermitteln (wir lassen im folgenden das Minuszeichen weg): Punkt X ist ein Punkt auf der Nachfragekurve. Die direkte Preiselastizität in diesem Punkt der Nachfragekurve ist dann gegeben durch das Verhältnis der Strecken $\overline{XB} : \overline{XA}$. Daraus ergeben sich die eingezeichneten Elastizitätswerte.

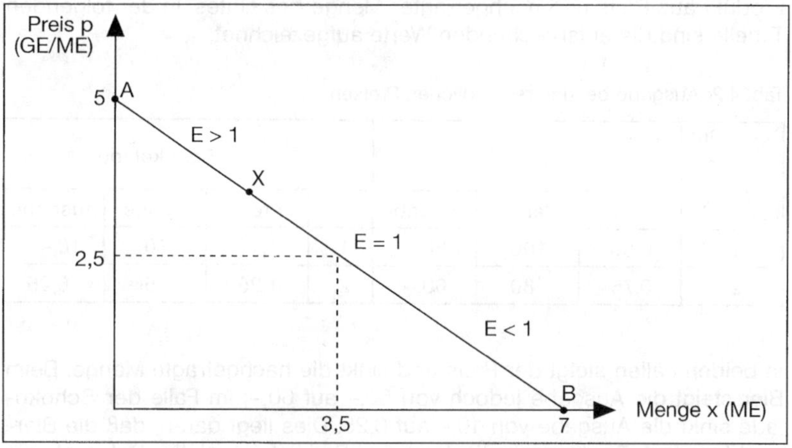

Abb. 4.5: Veränderung der direkten Preiselastizität bei linearer Nachfragekurve

Beim Höchstpreis 5 (in Punkt A) ist E unendlich groß, bei dem halben Preis ist $E = 1$, und bei dem Preis von 0 (in Punkt B) beträgt der Wert von E null.

Elastische und unelastische Nachfrage

Wichtig ist, ob die Elastizität größer oder kleiner als 1 ist. Bei einer Elastizität zwischen unendlich und 1 spricht man von einer **elastischen Nachfrage.** Steigt der Preis um 1%, so wird die nachgefragte Menge um mehr als 1% sinken. Bei einer Elastizität zwischen 1 und Null spricht man von einer **unelastischen Nachfrage.** Eine Preissteigerung von 1% führt hier zu einem Nachfragerückgang von weniger als 1%.

Einige Werte für die direkte Preiselastizität der Nachfrage nach einigen Gütern seien im folgenden angegeben[2]):

Kraftfahrzeugnutzung −0,36, Kraftfahrzeugreparaturen −0,29, Brot- und Backwaren −1,8, Bildung und Unterhaltung −2,9, Körper- und Gesundheitspflege +0,3.

Dabei ist zu beachten, daß diese Werte zu einer bestimmten Zeit gemessen wurden, insbesondere bei den gegebenen Preisverhältnissen. Die Elastizitäten können sich mithin inzwischen durchaus verändert haben oder zukünftig verändern.

Reaktion der Ausgabe auf Preisänderungen

Um die Bedeutung des Unterschiedes zwischen einer elastischen und unelastischen Nachfrage zu erkennen, kehren wir zu unserem Bier-Schokolade-Beispiel zurück. Insbesondere interessiert uns, wie der dem Konsum von Bier bzw. Schokolade gewidmete Geldbetrag – die **Ausgabe** des Haushalts (und damit die Einnahme, der Umsatz des Unternehmens) – mit Preisänderungen variiert. Die Ausgabe für ein Gut ergibt sich als Produkt aus Preis und nachgefragter Menge des Gutes. In der folgenden Tabelle sind die entsprechenden Werte aufgezeichnet.

Tab. 4.2: Ausgabe bei unterschiedlichen Preisen

Gut / Situation	Bier			Schokolade			
	Preis	Menge	Ausgabe		Preis	Menge	Ausgabe
1.	0,50	100	50,–	1.	1,–	10	10,–
2.	0,75	80	60,–	2.	1,25	5	6,25

Bei unelastischer Nachfrage steigt die Ausgabe bei einer Preiserhöhung

In beiden Fällen steigt der Preis und sinkt die nachgefragte Menge. Beim Bier steigt die Ausgabe jedoch von 50,– auf 60,–; im Falle der Schokolade sinkt die Ausgabe von 10,– auf 6,25. Dies liegt daran, daß die Biernachfrage mit $E = 2/5$ unelastisch ist. Der Preis steigt relativ stärker als die nachgefragte Menge prozentual sinkt; damit muß das Produkt aus beiden Größen zunehmen. Auf der anderen Seite ist die Schokoladennachfrage elastisch, d. h. die nachgefragte Menge sinkt relativ stärker als der Preis steigt, und das Produkt aus diesen Größen nimmt in diesem Falle ab. Als Regel kann man folgenden Satz aufstellen:

2) Quelle: A. Woll, Allgemeine Volkswirtschaftslehre, 11. Aufl., München 1993, S. 4.

Ist die Nachfrage bei einem bestimmten Preis elastisch (unelastisch), so nimmt bei einer kleinen Preiserhöhung die Ausgabe für dieses Gut ab (zu).

Bei elastischer Nachfrage nimmt die Ausgabe bei einer Preiserhöhung ab

So ist z. B. die Nachfrage nach Wohnraum relativ preisunelastisch; bei einer Mieterhöhung wird also die Mietausgabe steigen und bei einer Mietsenkung abnehmen. Auf der anderen Seite ist die Nachfrage nach Limonade der Marke X vermutlich preiselastisch, hier wird bei einer Preiserhöhung (-senkung) die Ausgabe abnehmen (zunehmen).

Eine sehr preiselastische Nachfrage begrenzt den Spielraum für Preiserhöhungen

Eine hohe Preiselastizität der Nachfrage begrenzt also den Spielraum für Preiserhöhungen der Hersteller sehr wirksam.

4.2 Kreuzpreiselastizität

Ebenfalls von Bedeutung ist der Zusammenhang zwischen der nachgefragten Menge x_1 eines Gutes Nr. 1 (z. B. eines Volkswagens) und dem Preis p_2 eines anderen Gutes Nr. 2 (z. B. eines Opel Astra), dem Benzinpreis oder dem Preis für Schallplatten (ceteris paribus). Wie schon den Beispielen zu entnehmen ist, kann dieser Zusammenhang prinzipiell drei Formen annehmen:

(1)

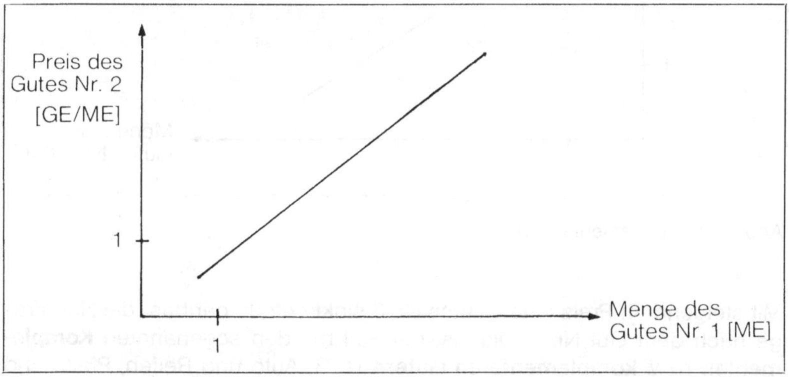

Abb. 4.6: Substituierbare Güter

Bei substituierbaren Gütern steigt die Nachfrage nach dem einen Gut, wenn der Preis des anderen Gutes steigt

Mit steigendem Preis eines Gutes Nr. 2 (Opel Astra) steigt ceteris paribus die Nachfrage nach dem Gut Nr. 1 (Volkswagen). In diesem Fall spricht man von **substituierbaren Gütern** oder kurz: **Substituten.** Der Grad der Substituierbarkeit und damit das Ausmaß einer möglichen Konkurrenz zwischen den Anbietern der beiden Güter wird häufig durch die **Kreuzpreiselastizität** gemessen. Die Kreuzpreiselastizität gibt an, um wie-

Die Kreuzpreiselastizität bringt die Stärke der potentiellen Konkurrenzbeziehungen zum Ausdruck

viel Prozent sich die nachgefragte Menge eines Gutes Nr. 1 ändert, wenn der Preis eines Gutes Nr. 2 um 1% verändert wird. Oder noch genauer: die Kreuzpreiselastizität ist das Verhältnis der relativen Änderung der nachgefragten Menge eines Gutes Nr. 1 zur relativen Preisänderung eines anderen Gutes Nr. 2. Diese Elastizität ist bei Substituten immer positiv. Je größer die Kreuzpreiselastizität, desto stärker werden die Nachfrager bei einseitigen Preiserhöhungen das Konkurrenzprodukt kaufen. So wird die Kreuzpreiselastizität bei Gütern, die im Urteil der Nachfrager als gleichwertig angesehen werden (homogene Güter), wie verschiedenen Benzinmarken, Zigarettensorten und Reifenmarken, sehr hoch sein.

Der Spielraum für einseitige Preiserhöhungen der Hersteller ist bei hoher Kreuzpreiselastizität gering.

(2)

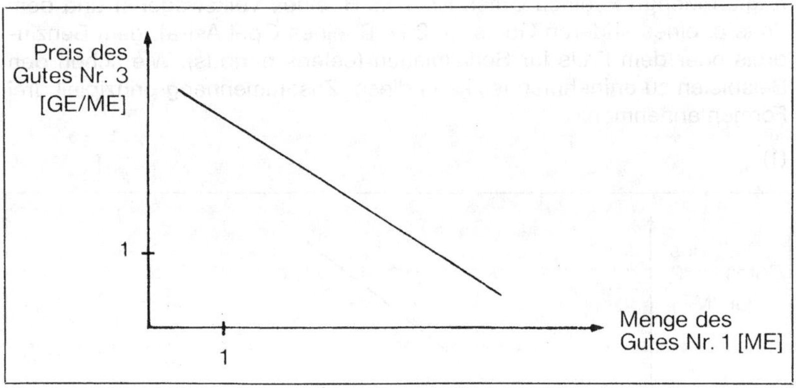

Abb. 4.7: Komplementäre Güter

Bei komplementären Gütern steigt die Nachfrage, wenn der Preis des anderen Gutes sinkt

Mit steigendem Preis eines Gutes Nr. 3 sinkt ceteris paribus die Nachfrage nach dem Gut Nr. 1. Dies ist der Fall bei den sogenannten **Komplementen** bzw. **komplementären Gütern** (z. B. Auto und Reifen, Pfeife und Tabak). Bei komplementären Gütern ist die Kreuzpreiselastizität negativ. Erhöht der Hersteller des Gutes Nr. 1 seinen Preis, so beeinflußt er damit auch die Nachfrage nach komplementären Produkten anderer Hersteller negativ.

Schließlich kann die nachgefragte Menge des Gutes Nr. 1 gänzlich **unabhängig** sein vom Preis des Gutes Nr. 4 (z. B. Klavier/Spazierstöcke; Möbel/Salz). In diesem Fall ist die Kreuzpreiselastizität gleich Null. Von der Preiserhöhung eines Gutes gehen dann keine Nachfragewirkungen auf das andere Gut aus.

(3)

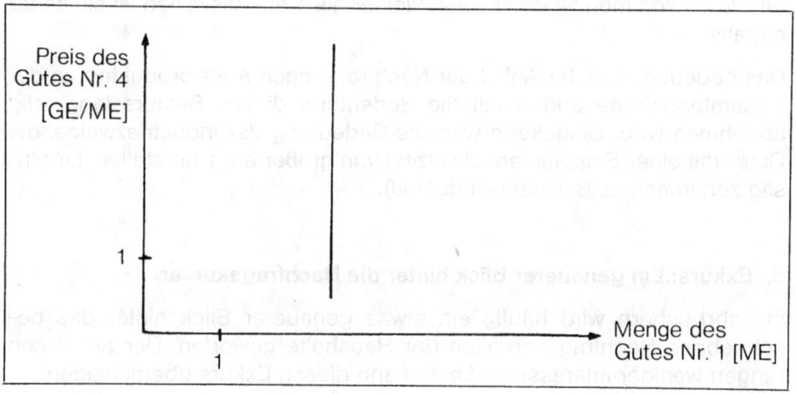

Abb. 4.8: Unabhängige Güter

4.3 Einkommenselastizität

Aus Untersuchungen weiß man, daß der Betrag, den man insgesamt für Konsumgüter ausgeben will – die Konsumsumme – mit steigendem Einkommen zunimmt. Die Frage ist dann, wie sich dieser Betrag auf die einzelnen Güter verteilt. In der Regel wird die Nachfrage nach einem Gut mit steigendem Einkommen zunehmen. Ganz sicher gilt dies für „Güter des gehobenen Bedarfs“ – wie Möbel, Reisen, Automobile und Luxusgüter. Daneben gibt es einige Ausnahmen: Vor allem Güter einfacher oder minderer Qualität, wie z. B. Margarine, Kunsthonig, billiger Alkohol, Textilien aus Reißwolle etc., werden mit steigendem Einkommen weniger nachgefragt. Man kann es sich eben leisten, statt Margarine und Kartoffeln mehr Butter, Fleisch und Obst zu kaufen. Güter, deren nachgefragte Menge mit steigendem Einkommen sinkt, nennt man **inferiore Güter.**

Einkommenselastizität der Nachfrage

Etwas genauer kann man den Zusammenhang von Einkommen und Nachfrage mit Hilfe der **Einkommenselastizität** der Nachfrage beschreiben. Die Einkommenselastizität ist das Verhältnis der relativen Änderung der nachgefragten Menge zur relativen Änderung des Einkommens. Anschaulicher ausgedrückt gibt diese Elastizität an, um wieviel Prozent die nachgefragte Menge eines Gutes ceteris paribus steigt, wenn das Einkommen um 1% zunimmt.

Die Werte der Einkommenselastizität für verschiedene Produkte bzw. Produktgruppen entscheiden über die Entwicklung der Nachfrage nach diesen Gütern und damit über die wirtschaftliche Zukunft der entsprechenden Herstellergruppen.

So weist die Nachfrage nach Agrarprodukten im allgemeinen einen Wert für die Einkommenselastizität von kleiner als 1 auf, bisweilen ist sie sogar negativ.

Das bedeutet, daß der Anteil der Nachfrage nach Agrarprodukten an der Gesamtnachfrage und damit die Bedeutung dieses Sektors langfristig abnehmen wird. Umgekehrt wird die Bedeutung der Industriezweige, die Güter mit einer Einkommenselastizität von größer als 1 herstellen, langfristig zunehmen (z. B. Chemieindustrie).

5. Exkurs: Ein genauerer Blick hinter die Nachfragekurven

In Lehrbüchern wird häufig ein etwas genauerer Blick hinter das beschriebene Nachfrageverhalten der Haushalte geworfen. Der an diesen Dingen weniger interessierte Leser kann diesen Exkurs überschlagen.

Den Ausgangspunkt der Analyse bildet die Annahme, daß der Haushalt bei seiner Entscheidung über die Nachfrage nach Konsumgütern versucht, das für ihn **„beste" Güterbündel** zu kaufen, das er sich leisten kann. Unterstellt wird also, daß der Haushalt das Konsumgüterbündel wählt, welches er allen anderen mit seinem Einkommen „kaufbaren" Konsumgüterbündeln vorzieht.

Dieses Entscheidungsproblem des Haushaltes kann in drei Schritte zerlegt werden:

Das Entscheidungsproblem des Haushalts

(1) Welches sind die möglichen Konsumgüterbündel, die der Haushalt mit seinem Einkommen maximal kaufen kann?

(2) Wie sieht die Bedarfsstruktur des Haushaltes nach Konsumgüterbündeln aus?

(3) Wie wird die Auswahl des besten Konsumgüterbündels getroffen?

5.1 Die möglichen Konsumgüterbündel

Welche Konsumgüterbündel kann sich der Haushalt leisten?

Welche Konsumgüterbündel kann der Haushalt mit seinem Einkommen (seinem „Budget") kaufen, wenn die Preise der Güter gegebene Größen sind, auf die der einzelne Haushalt keinen Einfluß hat?

Das Preisverhältnis zeigt, in welchem Umfang der Haushalt über die Märkte das eine Gut durch das anderen ersetzen kann

Abbildung 4.9 zeigt die sogenannte **Budgetgerade,** die angibt, welche Güterbündel (d. h. Mengenkombinationen der hier allein betrachteten Güter 1 und 2) der Haushalt bei Verausgabung seines gesamten Einkommens kaufen kann. Wir finden diese Linie mittels einer einfachen Überlegung: Wenn der Haushalt sein gesamtes Einkommen für den Kauf des Gutes 1 ausgibt, so kann er e/p_1 Mengeneinheiten dieses Gutes kaufen (vgl. Abb. 4.9, Punkt A), verwendet der Haushalt sein ganzes Budget für den Kauf des Gutes 2, so kann er die Menge e/p_2 erwerben (vgl. Abb. 4.9, Punkt G). Da das Preisverhältnis als gegeben und damit insbesondere als unabhängig vom Nachfrageverhalten des einzelnen Haushaltes angenommen wird, kann der Haushalt durch **Umschichtung seiner Ausgaben** für die beiden Güter eine durch das Preisverhältnis bestimmte Menge des Gutes 1 gegen eine Mengeneinheit des Gutes 2 (und umgekehrt) eintauschen. Beträgt das Preisverhältnis

$$p_1 / p_2 = \frac{20}{10} = 2,$$

so kann der Haushalt anstelle einer Einheit von Gut 1 zwei Einheiten von Gut 2 kaufen (Markttauschrate). Bei einer Konsumsumme von 120 ergeben sich also in Abb. 4.9, ausgehend von Punkt A, zunächst die Punkte B, C, D, . . ., G als mögliche Punkte auf der Budgetgeraden.

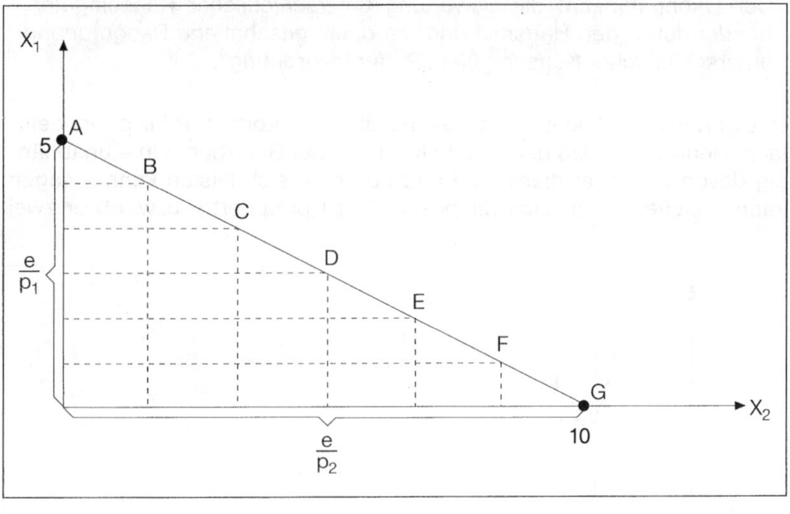

Abb. 4.9: Budgetgerade

Nimmt man an – was wir im folgenden unterstellen wollen –, daß die Güter in beliebig kleine Einheiten zerlegt werden können (wie etwa Mehl in Gramm und Milligramm), so sind auch die Punkte auf der Verbindungslinie zwischen den Punkten A, B, C, . . ., G durch Kauf realisierbare Güterbündel für den Haushalt.

Die Gerade $\overline{AG}$ ist die Budgetgerade des Haushaltes. Auf ihr liegen alle Konsumgüterbündel, die der Haushalt bei vollständiger Verausgabung seines Einkommens zu gegebenen Preisen kaufen kann.

Die Budgetgerade spiegelt die einkommensmäßige Beschränkung des Haushalts bei seiner Konsumentscheidung wider

Zum „Möglichkeitsbereich“ des Haushaltes gehören natürlich auch die unterhalb der Budgetgeraden (einschließlich der Achsen) liegenden Güterbündel. In der Regel kommen diese aber – wie wir noch sehen werden – für eine Wahl nicht in Frage.

Doch welche Mengeneinheiten der Güter 1 und 2 wird der Haushalt wählen, was ist seine beste Position? Um diese Frage zu beantworten, müssen wir etwas darüber wissen, wie der Haushalt unterschiedliche Güterbündel in bezug auf sein Wohlergehen (seine „Wohlfahrt“) einschätzt und wie diese Rangordnung in der Ökonomie beschrieben wird.

5.2 Die Bedarfsstruktur (Präferenzordnung) des Haushaltes

Die Präferenzordnung sagt, in welche Rangordnung der Haushalt unterschiedlich zusammengesetzte Güterbündel bringt

Der Ökonom nennt die Bewertung unterschiedlicher Konsumgüterbündel durch den Haushalt und die damit geschaffene Rangordnung unterschiedlicher Konsumgüter **„Präferenzordnung“.**

Das hört sich vielleicht etwas gekünstelt an, ist aber im Prinzip recht einfach. Gemeint ist, daß der Haushalt von je zwei Güterbündeln – unabhängig davon wie teuer diese sind und ob er sie sich leisten kann – sagen kann, welches er für sich für besser hält („präferiert“), bzw. ob er zwei

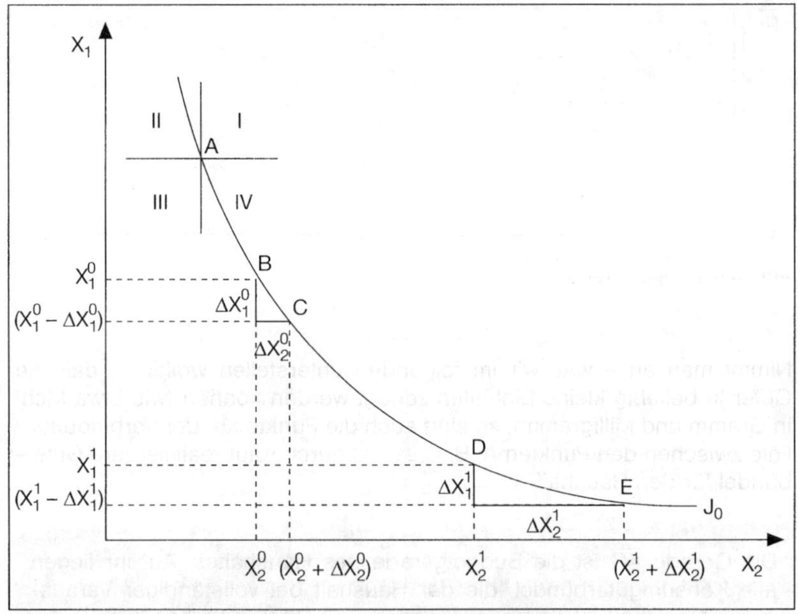

Abb. 4.10: Indifferenzkurve

Güterbündel als gleichwertig einschätzt. Der Leser beachte die Annahme, daß der Haushalt diese Bewertung unabhängig von seinem Einkommen und den herrschenden Preisen vornehmen soll – eine Annahme, die häufig zu Verständnisschwierigkeiten führt.

Stellt man einige recht allgemeine Anforderungen an die Eigenschaften der Präferenzordnung eines Haushaltes[3]), so läßt sich die Präferenzordnung durch ein System sich nicht schneidender **Indifferenzkurven** darstellen. Jede dieser Indifferenzkurven, die durch Güterbündel gebildet werden, welche der Haushalt als gleichwertig einschätzt, hat wegen der Annahme der Nicht-Sättigung notwendig fallenden Verlauf[4]) und wird als zum Ursprung des Koordinatensystems gekrümmt verlaufend (streng konvex) angenommen (vgl. Abb. 4.10). Wie wir gleich sehen werden, ist die Annahme der „strengen Konvexität" nicht so willkürlich, wie es zunächst vielleicht den Anschein hat, sie ist aber auch nicht selbstverständlich.

Konvexer Verlauf der Indifferenzkurve

Die Krümmung der Indifferenzkurve (formal ihre Steigung) gibt in jedem Punkt an, welche sehr kleine zusätzliche Menge von Gut 2 der Haushalt gerade als Ausgleich für den Verlust einer sehr kleinen Menge von Gut 1 ansieht. In Abb. 4.10 sieht der Haushalt z. B. die Güterbündel B (x_2^0, x_1^0) und C $(x_2^0 + \Delta x_2^0, x_1^0 - \Delta x_1^0)$ als gleichwertig an. $\Delta x_1/\Delta x_2$ wird als **„Grenzrate der Substitution"** bezeichnet. Abb. 4.10 zeigt, daß die Grenzrate der Substitution entlang einer Indifferenzkurve, also mit zunehmender Menge x_2, abnimmt (vgl. $\Delta x_1/\Delta x_2$ ausgehend von Punkt B und von Punkt D).

Die Grenzrate der Substitution zeigt, in welcher Relation der Haushalt die Nützlichkeit der Güter sieht

Das scheint im allgemeinen plausibel, da für den Haushalt Gut 2 immer reichlicher vorhanden ist und Gut 1 immer knapper wird. Insoweit ist auch der konvexe Verlauf der Indifferenzkurven plausibel.

Wir halten fest:

> Die Grenzrate der Substitution ist dasjenige Austauschverhältnis zwischen den Gütern, bei dem das Versorgungsniveau sich aus der Sicht des Haushaltes (also subjektiv) nicht verändert.

---

3) „Vollständigkeit" (der Haushalt kann alle Konsumgüterbündel vergleichen), „Nicht-Sättigung" (mehr von einem Gut bei Konstanz der Versorgung mit dem anderen Gut bedeutet immer, daß der Haushalt das „größere" Güterbündel vorzieht), „Widerspruchsfreiheit" (wenn der Haushalt Güterbündel 1 Güterbündel 2 vorzieht und Güterbündel 2 gegenüber Güterbündel 3 präferiert, so soll er auch Güterbündel 1 dem Güterbündel 3 vorziehen).

4) Dies wird in Abb. 4. 10 anhand von Punkt A deutlich. Jedes Güterbündel, das im Quadranten I und III liegt (einschließlich der Achsen) muß (da es zumindest mehr oder weniger von einem Gut enthält als das durch den Punkt A gekennzeichnete Bündel) im Urteil des Haushaltes besser oder schlechter sein als das durch A gekennzeichnete Güterbündel. Also kann ein gleichwertiges Güterbündel nur im Quadranten II oder IV liegen (ohne die Achsen). Das aber heißt, daß die Indifferenzkurve „fallend" verläuft.

Jede Indifferenzkurve, die oberhalb einer anderen liegt, enthält Güterbündel, die der Haushalt denen der näher zum Ursprung liegenden Indifferenzkurve I_0 vorzieht. Das folgt, wie in Abb. 4.10 für den Punkt A erläutert, unmittelbar aus der Nicht-Sättigungsannahme. Erhöht sich bei Konstanz der Gütermenge x_1 (x_2) die Gütermenge x_2 (x_1) um einen beliebigen kleinen Betrag Δx_2 (Δx_1), oder erhöht sich die Versorgungsmenge mit beiden Gütern, so verbessert sich wegen der Annahme der Nicht-Sättigung die Versorgungsposition des Haushalts. Eine entsprechende Überlegung kann man für jeden Punkt der Indifferenzkurve I_0 durchführen, so daß „oberhalb" der Indifferenzkurve I_0 immer eine Indifferenzkurve mit Güterbündeln liegen muß, die der Haushalt höher einschätzt als die, welche auf der Indifferenzkurve I_0 liegen. Diese Überlegungen machen auch deutlich, daß Indifferenzkurven – wie oben schon erwähnt – sich nicht schneiden können. Außerdem würden die Indifferenzkurven, die sich schneiden, die Annahme der Widerspruchslosigkeit der Präferenzordnung verletzen. Die Präferenzordnung des Haushaltes kann also durch ein System sich nicht schneidender Indifferenzkurven beschrieben werden, die strenggenommen unendlich „dicht" beieinander liegen. Je höher eine Indifferenzkurve liegt, desto höher ist das Versorgungsniveau (die Wohlfahrt), das (die) der Haushalt den Güterbündeln beimißt (vgl. Abb. 4.11).

Die Präferenzordnung kann grafisch durch ein System von Indifferenzkurven ausgedrückt werden

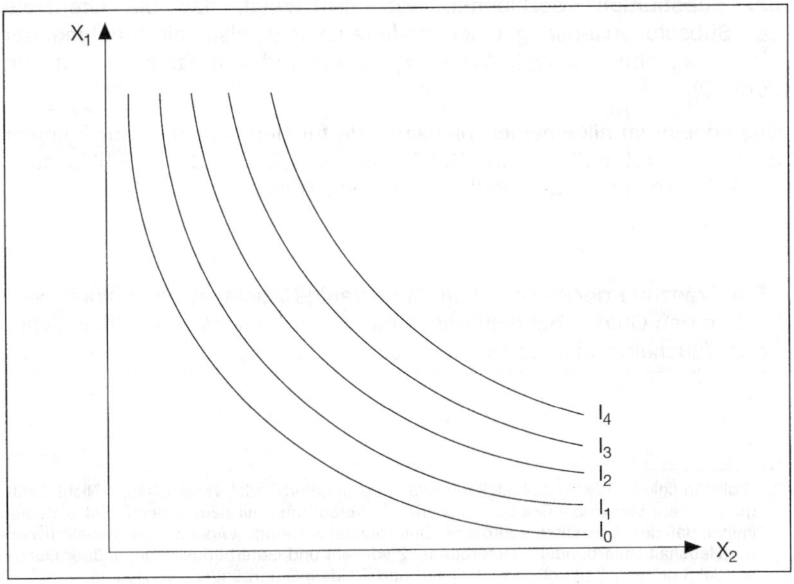

Abb. 4.11: Indifferenzkurvensystem

5.3 Die Auswahl des besten Konsumgüterbündels

Durch Zusammenführung der Budgetgeraden und der Präferenzordnung in Gestalt des Indifferenzkurvensystems können wir nun die Auswahl des besten Güterbündels für den Haushalt beschreiben.

Wandern wir (in Abb. 4.12), ausgehend von Punkt A, auf der Budgetgeraden (die der in Abb. 4.9 entspricht, wobei ein Preisverhältnis von $p_1/p_2 = 20/10 = 2$ und ein Einkommen von 120 unterstellt sind), nach rechts unten, so erreicht der Haushalt Schritt für Schritt ein Güterbündel, das er, wie die Indifferenzkurven zeigen, den weiter oben auf der Budgetgeraden liegenden vorzieht. Das liegt daran, daß der Haushalt, wenn er sich auf der Budgetgeraden nach unten bewegt, auf den Märkten beim Preisverhältnis $p_1/p_2 = 2$ zwei Mengeneinheiten vom Gut 2 anstelle von einer Mengeneinheit des Gutes 1 erhält. Subjektiv reichen aber gemäß der Grenzrate der Substitution (bei die Budgetgerade von oben schneidenden Indifferenzkurven) weniger als zwei Gütereinheiten von Gut 2 aus, um den Haushalt für den Verlust einer Mengeneinheit von Gut 1 zu entschädigen. Die beschriebene Wanderung auf der Budgetgeraden ist also für den Haushalt vorteilhaft. Dies gilt solange, bis der Haushalt den Punkt T erreicht hat. Hier stimmt das Verhältnis, zu dem er durch Umschichtung seiner Ausgaben von Gut 1 auf Gut 2 die beiden Güter über den Markt substituieren kann, mit seiner subjektiven Tauschrate (der Grenzrate der Substitution) überein. Er bekommt also über den Markt genau jene zwei Gütereinheiten von Gut 2 für eine Gütereinheit von Gut 1, die nach seiner subjektiven Einschätzung den Verlust einer Mengeneinheit von Gut 1 gerade ausgleichen, so daß keine weitere Substitution lohnend ist. Eine ent-

Der Haushalt sucht auf seiner Budgetgeraden die Indifferenzkurve, die er gerade noch erreichen kann

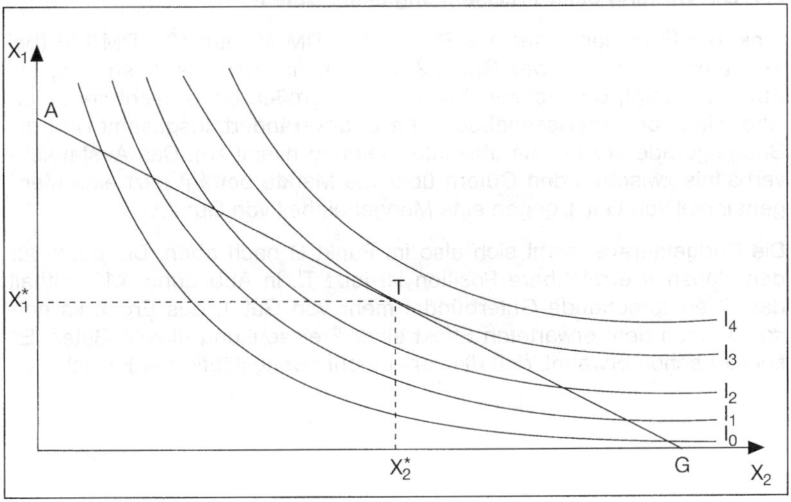

Abb. 4.12: Haushaltsgleichgewicht

sprechende Überlegung gilt, wenn man, ausgehend vom Punkt G, nach links oben auf der Budgetgeraden wandert: Durch Umschichtung seiner Ausgaben von Gut 2 auf Gut 1 bekommt der Haushalt auf dem Markt die Hälfte einer Mengeneinheit von Gut 1 für eine Mengeneinheit von Gut 2. Subjektiv fühlt er sich aber – wie die Grenzrate der Substitution an dieser Stelle zeigt – für den Verlust von einer Mengeneinheit des Gutes 2 schon durch weniger als eine halbe Mengeneinheit des Gutes 1 entschädigt. Nimmt der Haushalt also die Umschichtung seiner Ausgaben vor, so stellt er sich subjektiv besser als vorher, d. h., das jeweils neue Güterbündel wird von ihm als besseres eingestuft. Dies gilt, bis der Punkt T erreicht ist.

Im Haushaltsgleichgewicht entspricht das Tauschverhältnis zwischen den Gütern, das über den Markt erreicht werden kann, der subjektiven Tauschbereitschaft des Haushaltes

Im Haushaltsgleichgewicht ist das Preisverhältnis gleich dem (absoluten) Wert der Grenzrate der Substitution. Bei gegebener Rangordnung der Güter, wie sie durch das Indifferenzkurvensystem beschrieben ist, wird der Haushalt bei dem Einkommen e also das durch den Punkt T gegebene Güterbündel (x_1^*, x_2^*) wählen, wenn er sich so gut wie möglich stellen will. Güterbündel auf höheren Indifferenzkurven kann er bei den gegebenen Preisen mit seinem gegebenen Einkommen nicht realisieren. Güterbündel unterhalb der Budgetgeraden wird er nicht wählen, wenn er sich so gut wie möglich stellen will.

Wie ändern sich die nachgefragten Mengen des Haushaltes nach einem Gut mit dem Preis dieses Gutes und dem Einkommen? Um diese Frage zu beantworten, betrachten wir hier die Auswirkungen einer Preissenkung des Gutes 1 bei Konstanz des Einkommens und des Preises p_2 sowie die Wirkung einer Erhöhung des Einkommens bei Konstanz beider Preise.

5.4 Die Wirkung einer Preissenkung eines Gutes

Die Preisänderung verändert das Markttauschverhältnis zwischen den Gütern und das Realeinkommen des Haushaltes

Sinkt der Preis des Gutes 1 z. B. von 20,– DM/ME auf 10,– DM/ME (bei Konstanz des Preises des Gutes 2 und des Einkommens e), so wird, wie Abb. 4.13 zeigt, der Achsenabschnitt e/p_1 größer. Da p_2 nicht verändert wird, bleibt der Abszissenabschnitt e/p_2 unverändert. Insgesamt wird die Budgetgerade steiler (die absolute Steigung nimmt zu). Das Austauschverhältnis zwischen den Gütern über die Märkte beträgt jetzt eine Mengeneinheit von Gut 1 gegen eine Mengeneinheit von Gut 2.

Die Budgetgerade dreht sich also im Punkt G nach oben. Die beste für den Haushalt erreichbare Position ist jetzt T'. In Abbildung 4.13 enthält das T' entsprechende Güterbündel mehr von Gut 1, das Ergebnis entspricht also dem erwarteten Effekt einer Preissenkung dieses Gutes. Es sei hier schon erwähnt, daß dies aber nicht zwangsläufig der Fall ist.

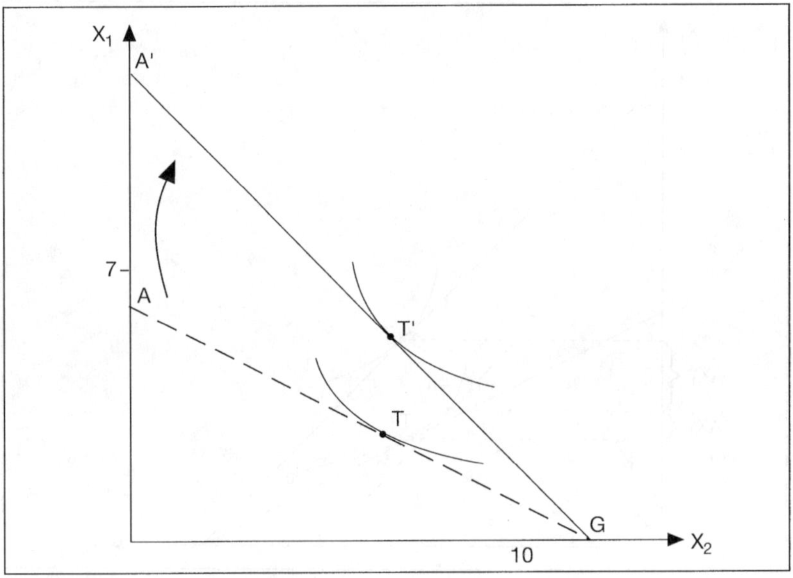

Abb. 4.13: Wirkung einer Preissenkung beim Gut 1

5.5 Einkommens- und Substitutionseffekt

Die Wirkungen der Veränderung der Tauschrelation und die der Veränderung des Realeinkommens werden gedanklich isoliert

Wie kann man nun die mengenmäßige Veränderung der Nachfrage nach Gut 1 als Folge der ceteris paribus durchgeführten Preissenkung des Gutes 1 in den im Abschnitt 3.2 dieses Kapitels erwähnten **Substitutions- und Einkommenseffekt** aufspalten? Hierzu überlegen wir uns, daß durch die Preissenkung des Gutes 1 der Haushalt (abgesehen von Punkt G) mehr von beiden Gütern erwerben kann, sein in Güterkaufkraft gemessenes Einkommen (das sogenannte Realeinkommen) also gestiegen ist. Es ist plausibel, daß dieses gestiegene Realeinkommen in der Regel zu einem höheren Konsum von Gut 1 führt. Die gedankliche Aufspaltung der sich aus der Preisänderung ergebenden Änderung von x_i in den Einkommens- und den Substitutionseffekt erfolgt nun so, daß man fiktiv die Realeinkommenserhöhung des Haushalts rückgängig macht, aber das neue Preisverhältnis beibehält. Die sich dann ergebende Änderung von x_1 ist allein auf die Veränderung der Austauschrelation zwischen Gut 1 und Gut 2, also die Veränderung des Preisverhältnisses p_1/p_2 zurückzuführen. Fiktiv kann man die aus der Preissenkung von Gut 1 resultierende Erhöhung des Realeinkommens rückgängig machen, indem man unterstellt, daß der Haushalt nach wie vor nur die Indifferenzkurve I_0 erreichen und damit ein Güterbündel kaufen kann, das in der Einschätzung des Haushaltes dem in T gleichwertig ist. Wenn der Haushalt seine bestmögliche Position realisieren will, so muß er das neue Preisverhältnis berücksichti-

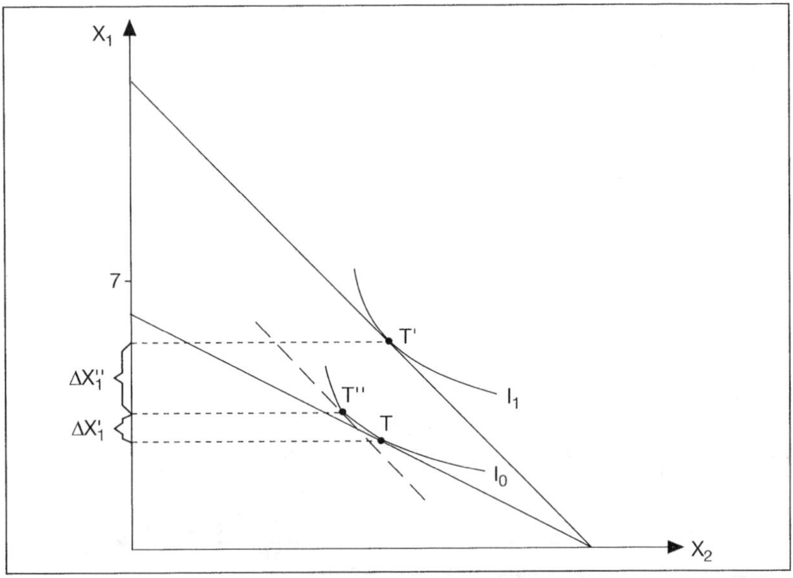

Abb. 4.14: Substitutions- und Einkommenseffekt

gen, was in Abb. 4.14 durch die (gestrichelt gezeichnete) fiktive Budgetgerade mit der Steigung 1/1 geschieht (vgl. Abb. 4.14).

Wo diese Budgetgerade die Indifferenzkurve I_0 (also in Punkt T") berührt, ist die beste Position des Haushaltes unter Berücksichtigung der Veränderung des Preisverhältnisses und der gedanklichen Eliminierung der sie begleitenden Realeinkommensänderung realisiert. $\Delta\ x_1'$ ist dann der Teil der Nachfrageänderung nach Gut 1, der allein auf die Änderung des Preisverhältnisses zurückzuführen (also der **Substitutionseffekt**) ist. $\Delta x_1''$ gibt den Teil der Nachfrageänderung nach Gut 1 an, der auf die aus der Preissenkung folgende Realeinkommenserhöhung zurückführen ist (also der **Einkommenseffekt**).

5.6 Erhöhung des Nominaleinkommens

Nach den vorangegangenen Erläuterungen ist es relativ einfach, die Wirkungen einer Zunahme des Einkommens auf die Nachfrage nach einem Gut bei Konstanz der beiden Preise zu untersuchen. Steigt das verfügbare Einkommen des Haushaltes, etwa weil sein Bruttoeinkommen steigt oder weil die Steuern sinken, so steigen die maximal realisierbaren Mengen der Güter 1 und 2. Da das Preisverhältnis annahmegemäß unverändert bleibt, verändert sich die Steigung der Budgetgeraden nicht, sie verschiebt sich also parallel nach außen.

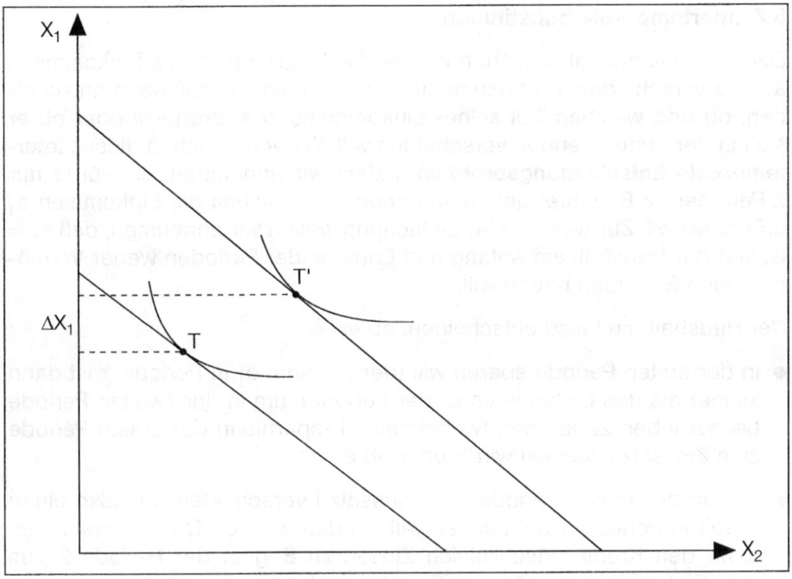

Abb. 4.15: Wirkung einer Erhöhung des Geldeinkommens

Abbildung 4.15 zeigt den Fall des sogenannten normalen Gutes. Die Nachfrage nach diesem Gut steigt, wenn das Geldeinkommen des Haushaltes zunimmt.

Denkbar ist allerdings bei entsprechender Gestalt der Indifferenzkurven auch (der hier grafisch nicht dargestellte Fall), daß die Nachfrage nach Gut 1 ceteris paribus bei einer Erhöhung des Einkommens abnimmt. Man nennt ein solches Gut **„inferior“** (Gut minderwertiger Qualität), weil dieser Effekt bei – am Einkommen des Haushalts gemessen – eher minderwertigen Gütern eintreten kann. Ein Beispiel könnte die Nachfrage nach Kartoffeln sein, wenn der Haushalt bei steigendem Einkommen seine Ernährung stärker von Kartoffeln auf Gemüse, Fleisch und höherwertigen Reis umstellt. Die mögliche negative Reaktion der nachgefragten Menge nach einem Gut auf eine Erhöhung des Geldeinkommens bei konstanten Preisen erklärt auch, warum eine Preissenkung nicht notwendig zu einer Erhöhung der Nachfrage nach einem inferioren Gut führen muß: Zwar wird eine Preissenkung von Kartoffeln tendenziell die Neigung des Haushaltes erhöhen, den Kartoffelkauf auf Kosten anderer Güter zu erhöhen, der nachfragemindernde Einkommenseffekt kann aber bei einem inferioren Gut den nachfragevermehrenden Substitutionseffekt überkompensieren. Man spricht in so einem Fall auch von einem **GIFFEN-Gut.**

5.7 Intertemporale Substitution

Ein intertemporales Entscheidungsproblem für den Haushalt besteht darin, in jeder Periode sein Einkommen auf Konsum und Ersparnis aufzuteilen

Der Haushalt muß aber nicht nur über die Aufteilung seines Einkommens auf die verschiedenen Konsumgüter entscheiden, er muß auch entscheiden, ob und welchen Teil seines Einkommens er sparen will oder ob er sich in der ersten Periode verschulden will. Wir vereinfachen dieses **intertemporale Entscheidungsproblem,** indem wir annehmen, es würde nur 2 Perioden (z. B. Jahre) geben, in denen der Haushalt die Einkommen e_1 und e_2 erzielt. Zur weiteren Vereinfachung wollen wir annehmen, daß $e_1 = e_2$ und der Haushalt am Anfang und Ende beider Perioden weder Vermögen noch Schulden haben will.

Der Haushalt muß also entscheiden, ob er

- in der ersten Periode sparen will (der Konsum c_1 in Periode 1 ist dann kleiner als das Einkommen e_1 der Periode), um in der zweiten Periode besser leben zu können (wobei seine Ersparnis in der ersten Periode zum Zinssatz i verzinst wird); oder ob er
- sich in der ersten Periode zum Zinssatz i verschulden will, also einen Kredit in Periode 1 aufnehmen will, so daß $c_1 > e_1$. Der Haushalt muß dann den Kredit einschließlich Zinsen zu Beginn der Periode 2 aus dem Einkommen der Periode 2 zurückzahlen.

Zur Lösung des Entscheidungsproblems sehen wir uns die **Möglichkeiten** des Haushalts etwas genauer an.

In der ersten Periode kann der Haushalt sparen oder eine negative Ersparnis durch entsprechende Verschuldung verwirklichen. Bezeichnen wir die Ersparnis mit s, so gilt also:

$$c_1 = e_1 - s_1 \textit{ bzw. } s_1 = e_1 - c_1.$$

Das ist die Beschränkung (die **Budgetrestriktion),** der der Haushalt in der Periode 1 unterliegt. Dabei kann die Ersparnis, wie schon gesagt, negativ sein, d. h. einem Kredit entsprechen, der dann zu Beginn der Periode 2 zuzüglich Zinsen aus dem Einkommen der Periode 2 zurückgezahlt werden muß, so daß sich die Konsummöglichkeiten für die zweite Periode entsprechend verringern.

Der Möglichkeitsbereich des Haushalts

Wodurch ist der Konsum des Haushaltes in der zweiten Periode beschränkt? Der Haushalt kann in der Periode 2 das Einkommen der Periode 2 plus der Ersparnis aus Periode 1 plus der Verzinsung der Ersparnis in Periode 1 konsumieren, also:

$$c_2 = e_2 + s_1 + s_1 i = e_2 + (1+i)s_1.$$

Wenn die Ersparnis positiv ist, ist die Interpretation dieser Budgetrestriktion für die Periode 2 unmittelbar klar. Ist s_1 negativ, so stellt es einfach den Kredit dar, den der Haushalt samt Zinsen zu Beginn der Periode 2 zurückzahlen muß und damit seine Konsummöglichkeit in Periode 2 vermindert.

Da der Haushalt in beiden Perioden seine Budgetrestriktion einhalten muß, kann man die **„intertemporale" Budgetrestriktion,** die über beide Perioden gilt, einfach durch gleichzeitige Berücksichtigung beider Budgetrestriktionen erhalten. Mathematisch geschieht dies, indem wir die Budgetrestriktion für die erste Periode in die der zweiten Periode einsetzen. (Wir ersetzen s_1 in der zweiten Budgetrestriktion, indem wir s_1 aus der ersten Budgetrestriktion in die Budgetrestriktion für die zweite Periode einsetzen.): $c_2 = e_2 + (1+i)\,(e_1 - c_1)$. Beachtet man, daß e_1 und e_2 gegebene (konstante) Größen sind, so sieht man sofort, daß die Budgetrestriktion für beide Perioden einen **negativen linearen Zusammenhang zwischen e_2 und e_1** definiert. Dieser Zusammenhang ist in Abb. 4.16 durch die Gerade ${}^0c_2^{max}\,{}^0c_1^{max}$ wiedergegeben, wobei die Gültigkeit des Zinses i_0 angenommen worden ist. Der Leser beachte, daß Steigung der Kurve durch $(1+i_0)$ gegeben ist[5]), absolut also größer 1 ist. Ökonomisch bedeutet dies, daß $c_2^{max} > c_1^{max}$. Man beachte ferner, daß für $c_1 = e_1$ auch $c_2 = e_2$ wird, d. h. die Budgetgerade verläuft immer durch die Koordinaten für e_1 und e_2 (Punkt A in Abb. 4.16).

Die intertemporale Beschränkung des Haushalts

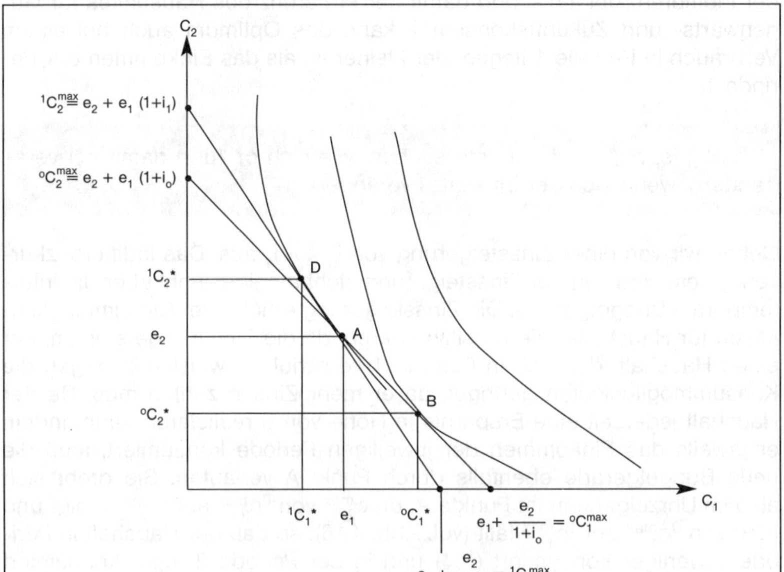

Abb. 4.16

Welchen Punkt auf der Budgetgeraden – also seines Möglichkeitsbereichs – wird der Haushalt wählen?

5) Das Minuszeichen ergibt sich wegen des Minuszeichens vor c_1.

Das Bewertungssystem der Alternativen

Es leuchtet ein, daß dies von seiner Vorliebe (seinen **Präferenzen)** für **Gegenwarts- und Zukunftskonsum** abhängt. Diese lassen sich, wie bei der Wahl des optimalen Konsumbündels des Haushaltes, durch ein System von **Indifferenzkurven** darstellen, für die auch ein konvexer Verlauf plausibel ist. Das Gewicht der Einschätzung von Gegenwarts- und Zukunftskonsum kommt dabei in der Steigung der Indifferenzkurve(n) zum Ausdruck.

Die Entscheidung

Wenn der Haushalt seinen Nutzen maximieren will, so wird er die Kombination von c_1 und c_2 wählen, mit der er die am weitesten rechts liegende Indifferenzkurve (also die Indifferenzkurve mit dem höchsten Nutzenindex) erreicht.

In Abb. 4.16 ist das der Tangentialpunkt B mit dem Konsum ${}^0c_1^*$ und ${}^0c_2^*$. Es handelt sich also um einen Haushalt, der sich in Periode 1 **verschuldet** und einen Konsum c_1 wählt, der größer ist als das Einkommen der Periode 1. Diese Lösung ist aber keineswegs zwangsläufig. Je nach Gestalt der Indifferenzklurven – und damit der Präferenz des Haushaltes für Gegenwarts- und Zukunftskonsum – kann das Optimum auch bei einem Verbrauch in Periode 1 liegen, der kleiner ist als das Einkommen der Periode 1.

Wichtig ist nun noch zu untersuchen, wie sich c_1^* (und damit c_2^*) verändern, wenn sich der Zinssatz i verändert.

Gehen wir von einer Zinssteigerung von i_0 auf i_1 aus. Das Indifferenzkurvensystem wird von der Zinssteigerung nicht tangiert, wohl aber die intertemporale Budgetgerade. Die Zinssteigerung erhöht die Konsummöglichkeiten für Haushalte, die (positiv) sparen, da die Zinserträge steigen. Für einen Haushalt, der sich in Periode 1 verschuldet, werden dagegen die Konsummöglichkeiten geringer, da er mehr Zinsen zahlen muß. Da der Haushalt jederzeit eine Ersparnis in Höhe von 0 realisieren kann, indem er jeweils das Einkommen der jeweiligen Periode konsumiert, muß die neue Budgetgerade ebenfalls durch Punkt A verlaufen. Sie dreht sich also im Uhrzeigersinn im Punkte A, da c_2^{max} von ${}^0c_2^{max}$ auf ${}^1c_2^{max}$ steigt und c_1^{max} von ${}^0c_1^{max}$ auf ${}^1c_1^{max}$ fällt (vgl. Abb. 4.16), so daß der Haushalt in Periode 1 weniger konsumiert (${}^1c_1^*$) und in der Periode 2 mehr konsumiert (${}^1c_2^*$) (vgl. Punkt D in Abb. 4.16).

Die neoklassische Konsumhypothese

Auf diesem theoretischen Hintergrund nimmt die neoklassische Makrotheorie (vgl. Kapitel 10) (bei gegebenem laufenden und gegebenem zukünftig erwarteten Einkommen) eine negative Zinsabhängigkeit des Gegenwartskonsums an. Dies ist ein Beispiel für die heute stark im Vordergrund stehende Mikrofundierung der Makroökonomik.

Eine negative Zinsabhängigkeit von c_1 ist allerdings bei einer anderen Ausgangssituation als der in Abb. 4.16 gewählten **nicht zwingend.** Hat der Haushalt in der Ausgangssituation in Periode 1 eine positive Ersparnis, so wird zwar der Gegenwartskonsum wegen der gestiegenen Opportunitätskosten teurer (negativer Substitutionseffekt für c_1), gleichzeitig steigt aber das Realeinkommen des Haushaltes, da er mehr Zinsen bekommt und sich deshalb mehr Konsum in beiden Perioden leisten kann (positiver Einkommenseffekt für c_1). Bei einer geringeren Präferenz des Haushaltes für Zukunftskonsum als in Abb. 4.16 durch die Gestalt der Indifferenzkurven implizit angenommen, ist es deshalb denkbar, daß der positive Einkommenseffekt den negativen Substitutionseffekt überkompensiert und c_1 bei einer Zinssteigerung zunimmt.

5.8 Arbeitsangebot

Arbeit wird von den privaten Haushalten angeboten. Die angebotene Arbeitsmenge hängt dabei von der relativen Vorteilhaftigkeit des Tausches zwischen Arbeit und neuproduzierten Gütern (also dem Reallohn) sowie der Freizeitpräferenz der Haushalte ab. Der Haushalt muß sich also zwischen Freizeit und Arbeit entscheiden. Diese Entscheidung wird bei gegebenen Präferenzen (Indifferenzkurven zwischen Freizeit und Realeinkommen) durch den Reallohn bestimmt. Es ist naheliegend, daß der Haushalt bei einem steigendem Reallohn mehr Arbeit anbieten wird (Variante a) in Abb. 4.17). Allerdings ist es insbesondere bei hohen Reallöhnen möglich, daß eine Reallohnerhöhung wegen steigender Freizeitpräferenzen mit einer Verringerung des Arbeitsangebotes beantwortet wird (vgl. Variante b) in Abb. 4.17).

Freizeitpräferenz des Haushaltes

Reaktionen auf Reallohnänderungen

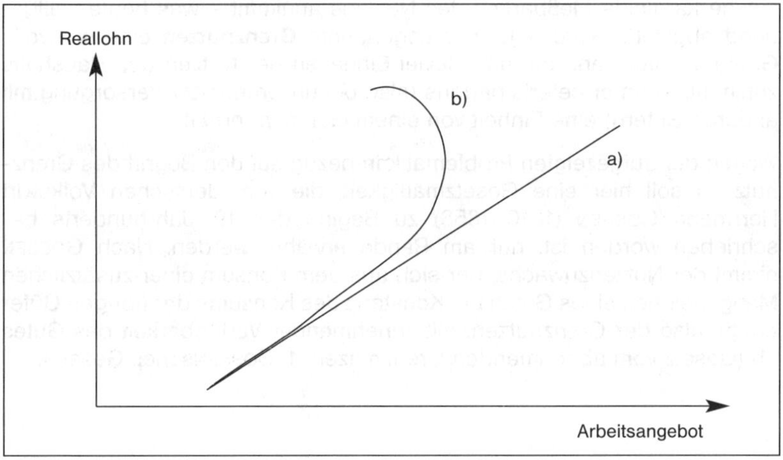

Abb. 4.17: Arbeitsangebotsfunktion

5.9 Nutzenfunktion

Die Nutzenfunktion ordnet den Güterbündeln eine (Nutzen-)Zahl zu

Die dargestellte Wahl des optimalen Konsumbündels durch den Haushalt und die Veränderung der optimalen Nachfrage nach einem Gut bei Preis- bzw. Einkommensänderungen sowie die intertemporale Konsumentscheidung wird in der Literatur häufig auch mittels der sogenannten Nutzenfunktion des Haushaltes dargestellt. Diese Nutzenfunktion ordnet alternativen Güterbündeln des Haushaltes (bzw. Konsumniveaus der Periode) eine bestimmte (Nutzen-)Zahl zu. Wir müssen abschließend zur Theorie des Konsumentenverhaltens kurz die Beziehung zwischen einer solchen Nutzenfunktion und der beschriebenen Präferenzordnung des Haushaltes erläutern.

Wenn der Haushalt bestimmte Güterbündel als gleichwertig ansieht, so kann man diesen Sachverhalt auch so ausdrücken, daß die Güterbündel für den Haushalt denselben „Nutzen" stiften. Eine Nutzenfunktion des Haushalts erhält man, wenn man sämtlichen Güterbündeln, denen gegenüber sich der Haushalt jeweils indifferent verhält, eine bestimmte Zahl (als Nutzenindex) zuordnet. Güterbündel, die auf einer „höheren" Indifferenzkurve I_1 liegen, erhalten eine größere Nutzenzahl als Güterbündel auf einer Indifferenzkurve I_0, die vom Haushalt weniger hoch eingeschätzt werden. Da die Zugehörigkeit eines Güterbündels zu einer höheren Indifferenzkurve I_1 nur aussagt, daß der Haushalt dieses Güterbündel für besser hält als eines auf einer niedrigeren Indifferenzkurve I_0 – nicht aber, um wieviel besser – geben die Nutzenzahlen nur eine Rangordnung der Güterbündel an. Man spricht von einer **ordinalen Nutzenfunktion,** die die Präferenzordnung des Haushalts spiegelt. Früher gingen die Volkswirte davon aus, daß der Nutzen **kardinal** gemessen werden könne: Ein Güterbündel mit der Nutzenzahl 30 wäre für den Haushalt dann genau dreimal so gut wie ein Güterbündel mit der Nutzenzahl 10. Nur wenn man eine solche kardinale Meßbarkeit des Nutzens annimmt – was heute weitgehend abgelehnt wird – ist der sogenannte **Grenznutzen** eine sinnvolle Größe. Er gibt dann an, um wieviel Einheiten der Nutzen des Haushalts zunimmt, wenn er ceteris paribus (also bei unveränderter Versorgung mit anderen Gütern) eine Einheit von einem Gut mehr erhält.

Erstes GOSSENsches Gesetz

Wegen der aufgezeigten Problematik in bezug auf den Begriff des Grenznutzens soll hier eine Gesetzmäßigkeit, die vom deutschen Volkswirt Herrmann GOSSEN (1810–1858) zu Beginn des 19. Jahrhunderts beschrieben worden ist, nur am Rande erwähnt werden. Nach GOSSEN nimmt der Nutzenzuwachs, der sich aus dem Konsum einer zusätzlichen Mengeneinheit eines Gutes bei Konstanz des Konsums der übrigen Güter ergibt, also der Grenznutzen, mit zunehmender Verfügbarkeit des Gutes ab (Gesetz vom abnehmenden Grenznutzen, 1. GOSSENsches Gesetz).

C. Arbeitsaufgaben

1) *Erläutern Sie die folgenden Begriffe:*

Markt	*Budgetgerade*
Nachfragefunktion	*Präferenzordnung*
direkte Preiselastizität der Nachfrage	*Indifferenzkurve*
Kreuzpreiselastizität	*inferiores Gut*
Konsumfunktion	*GIFFEN-Gut*

2) *Geben Sie allgemein die Bestimmungsgründe der Nachfrage eines Haushaltes nach einem Konsumgut an.*

3) *a) Geben Sie genau die Dimension des Preises eines Gutes an.*
b) Was gibt das Preisverhältnis zwischen zwei Gütern X und Y an?

4) *In welche Richtung und um wieviel Prozent verändert sich die Ausgabe eines Haushalts für Rindfleisch, wenn seine entsprechende Preiselastizität der Nachfrage –0,5 beträgt und der Rindfleischpreis um 10 % steigt?*

5) *Wie verändert sich die direkte Preiselastizität entlang einer linearen Nachfragefunktion und wie kann man die Elastizität graphisch bestimmen?*

6) *Worin sehen Sie den Sinn des Elastizitätsmaßes?*

7) *Was bedeutet für ein Land, welches im wesentlichen nur Bananen exportiert, die Aussage, daß die Einkommenselastizität der Nachfrage nach Bananen*
a) positiv, aber kleiner als 1 ist
b) negativ ist?

8) *Es wird gesagt, daß die nachgefragte Menge mit steigendem Preis abnimmt. Diese Aussage ist offenbar falsch, da die Preise, wie man weiß, meist steigen und die Nachfrage dennoch nicht zurückgeht. Versuchen Sie, diesen Widerspruch zu lösen.*

9) *Wie verschiebt sich die Budgetgerade eines Haushaltes*
a) wenn die Preise beider Güter und das Einkommen (die Konsumsumme) um 10 % zunehmen?
b) die Konsumsumme ceteris paribus fällt?
c) ceteris paribus der Preis des Gutes 1 steigt und der des Gutes 2 fällt?

10) *Spalten Sie grafisch die Wirkung einer Preiserhöhung des Gutes 2 bei Konstanz des Konsumsumme und des Preises des Gutes 1 in den Substitutions- und den Einkommenseffekt auf.*

11) *Erläutern Sie die intertemporale Konsumentscheidung des Haushaltes.*

Lösungsvorschläge für die Arbeitsaufgaben im „Übungsbuch zu Grundlagen und Probleme der Volkswirtschaft“.

D. Literatur

Elementare Einführungen in die Theorie der privaten Nachfrage bieten:

DEMMLER, Horst, Einführung in die Volkswirtschaftslehre. Elementare Preistheorie, 6. Aufl., München, Wien 1997

HERDZINA, Klaus, Einführung in die Mikroökonomik, 6. Aufl. München 1999

KRUBER, Klaus-Peter, Konsum und Arbeit, München 1977, Abschnitt II.

Dieses Buch besitzt den Vorteil, daß es den Erklärungswert der hier dargestellten traditionellen Theorie problematisiert und auch alternative Erklärungsansätze diskutiert.

Eine sehr klare Darstellung (unter Verwendung einfacher formaler Instrumente) findet der Leser bei

SCHNEIDER, Erich, Einführung in die Wirtschaftstheorie, Bd. 2, 13. Aufl., 1972, Kapitel I, §§ 1–4.

Elementare und vertiefende Aspekte der Nachfragetheorie sind dargestellt bei:

CEZANNE, Wolfgang, Allgemeine Volkswirtschaftslehre, München 1997, 5. Kapitel

LANCASTER, Kelvin, Moderne Mikroökonomie, 4. Aufl., Frankfurt a. M. 1991

LIPSEY, Richard G., Eine Einführung in die positive Ökonomie, Köln 1971, Dritter Teil

SCHUMANN, Jochen, Grundzüge der mikroökonomischen Theorie, 6. Aufl., Berlin u. a., 1992

VARIAN, Hal, R. Grundzüge der Mikroökonomik, 2. Aufl., München 1991, Kapitel I–VI.

5. Kapitel
Produktion, Kosten und Güterangebot der Unternehmen

A. Lernzielorientierte Leitfragen und Fragenkomplexe

Leitfrage:
Welcher Zusammenhang besteht zwischen Produktion, Faktoreinsatz und Kosten?

- *Was ist eine Produktionsfunktion?*
- *Wodurch ist eine linear-limitationale Produktionsfunktion gekennzeichnet?*
- *Wie ergeben sich die minimalen Kosten bei einer linear-limitationalen Technologie?*
- *Was ist eine substitutionale Produktionsfunktion?*
- *Was sind die Eigenschaften einer substitutionalen Produktionsfunktion bei partieller Faktorvariation und bei Skalenvariation?*
- *Wie bestimmt man bei einer substitutionalen Produktionsfunktion die Minimalkostenkombination und die Kostenfunktion?*
- *Welche Rolle spielen „economies of scale“ für den Kostenverlauf?*

Leitfrage:
Welche wichtigen Kostenbegriffe werden unterschieden?

- *Was sind variable Kosten?*
- *Was sind fixe Kosten?*
- *Was sind Grenzkosten?*
- *Was sind Durchschnittskosten, und wie hängen sie mit den Grenzkosten zusammen?*

Leitfrage:
Was ist die Durchschnittsproduktivität eines Faktors, und welchen Einfluß hat diese auf die Kosten?

- *Was versteht man unter der Durchschnittsproduktivität eines Faktors?*
- *Welche Produktivitätsbegriffe sind gebräuchlich?*
- *Wie werden über den Preis und die Durchschnittsproduktivität eines Produktionsmittels seine Durchschnittskosten bestimmt?*

Leitfrage:
Wie läßt sich die Güterangebotskurve eines Unternehmens bei vollständiger Konkurrenz bestimmen?

- *Von welcher Zielsetzung des Unternehmens wird ausgegangen?*
- *Wann herrscht auf einem Markt vollständige Konkurrenz?*
- *Was ist der Gewinn eines Unternehmens?*
- *Wie ist die Produktmenge gekennzeichnet, bei der der Gewinn am größten wird?*
- *Welches ist bei unterschiedlichen Preisen des Produktes die gewinnmaximierende Angebotsmenge des Unternehmens?*
- *Wie gelangt man von der Angebotskurve des einzelnen Unternehmers zur gesamten Marktangebotskurve?*

B. Sachanalyse

1. Die Produktionsfunktion

Bevor Güter auf den Märkten ver- und gekauft werden, müssen sie in aller Regel unter Einsatz von Produktionsmitteln wie Arbeit, Boden, Kapital, Material, Energie und technisches Wissen produziert werden. Da der Einsatz der Produktionsmittel (im folgenden auch kurz „Faktoren" genannt) Kosten verursacht, muß man sie wirtschaftlich einsetzen. Hierzu muß der Produzent zunächst wissen, wie die **technische Beziehung** zwischen den Faktoreinsatzmengen und der Produktionsmenge aussieht, d. h. er muß die sog. Produktionsfunktion kennen.

Begriff der Produktionsfunktion

Die Produktionsfunktion gibt an, welche Produktionsmenge (welchen Output) man maximal erstellen kann, wenn die Faktoreinsatzmengen (inputs) vorgegeben sind.

Im Gegensatz zum Nutzen, der nach herrschender Auffassung nur ordinal gemessen werden kann (vgl. Kapitel 4.5.9), ist die Produktionsmenge mit sogenannten Kardinalzahlen (kardinal) meßbar, d. h. es werden absolute Beträge gemessen. Das liegt daran, daß man das Produktionsergebnis genau zählen, wiegen oder abmessen kann, während dies beim Nutzen nicht möglich ist.

Produktionsfunktion als Gedankenkonstruktion

Die Produktionsfunktion kann man sich als ein Verfahrenshandbuch vorstellen, in dem angegeben ist, welche verschiedenen Möglichkeiten bestehen, z. B. Getreide, Stahl oder Automobile zu produzieren. Mit wachsendem technischen Fortschritt ändern sich die Verfahren und damit die Produktionsfunktionen. Es ist wichtig, daß der Leser den Charakter der Produktionsfunktion als nützliche und einfache Gedankenkonstruktion erkennt. So ist es für manche Fragestellungen sinnvoll, sich die Produktion z. B. der Bundesrepublik Deutschland an Hand einer Produktionsfunktion vorzustellen:

$$Y = f\,(A, B, K, TW), \text{ d. h.}$$

die maximal mögliche (technisch effiziente) Produktion der Bundesrepublik pro Jahr (Y) ist eine Funktion (f) der zur Verfügung stehenden Produktionsfaktoren Arbeit (A), Boden (B), Kapital (d. h. Maschinen und Gebäude und Anlagen einschließlich des Bestandes an Zwischenprodukten) (K) und technisches Wissen (TW). Es gibt sehr unterschiedliche Produktionsfunktionen, mit denen wir uns im folgenden etwas näher beschäftigen wollen.

2. Typen von Produktionsfunktionen

Zwei besonders wichtige Typen von Produktionsfunktionen (Technologien) sind die

(1) linear-limitationale Produktionsfunktion,
(2) substitutionale Produktionsfunktion.

Zwei wichtige Beispiele für Technologien

Bei der ersten Technologie müssen die Produktionsmittel, wenn man von der Möglichkeit der Verschwendung von Faktoren absieht, in einem festen Verhältnis zueinander eingesetzt werden; bei der zweiten Technologie kann das Einsatzverhältnis zwischen den Faktoren (zumindest in bestimmten Grenzen) variiert werden.

2.1 Linear-limitationale Produktionsfunktion

Konstante Faktorproportionen

Betrachten wir das Ausheben einer Baugrube mittels eines Baggers und eines Baggerführers im Ein-Schicht-Betrieb. Die Hinzufügung eines zweiten Baggers ohne zusätzlichen Führer erhöht ebensowenig die Produktion wie die alleinige Erhöhung der Zahl der Baggerführer. Die Produktionsmittel stehen in einem komplementären Verhältnis zueinander. Will man die Produktionsleistung verdoppeln, so muß man die Zahl der eingesetzten Bagger und Baggerführer verdoppeln. Ähnlich stehen bei einer typischen Fließbandfertigung die Zahl der eingesetzten Arbeiter, das verarbeitete Material und die eingesetzten Maschinen in einem (praktisch) fixen Verhältnis zueinander. Es erhöht die Produktion nicht, wenn allein ein zusätzlicher Arbeiter an das Band gestellt wird.

2.2 Substitutionale Produktionsfunktion

Variable Faktorproportionen

Einen ganz anderen Technologietyp spiegelt die substitutionale Produktionsfunktion wider.

Die substitutionale Produktionsfunktion ist dadurch gekennzeichnet, daß (zumindest innerhalb bestimmter Grenzen) der verminderte Einsatz eines Faktors durch vermehrten Einsatz eines anderen Faktors ausgeglichen werden kann.

Eine bestimmte Produktmenge kann also mit vielen Faktormengenkombinationen technisch effizient erstellt werden.

Beispiel für Substitutionalität der Produktionsmittel

Als praktisches Beispiel für eine substitutionale Produktionsfunktion wird häufig eine landwirtschaftliche Produktion herangezogen: Es ist möglich, eine bestimmte Menge Weizens mit den unterschiedlichsten Kombinationen von Arbeit, Boden, Saatgut und Düngemitteln zu erzeugen. Bei intensiver Bewirtschaftung werden viel Arbeit und viele Düngemittel auf wenig Bodenfläche eingesetzt. Bei extensiver Bewirtschaftung ersetzt die zunehmende Bodenfläche Arbeitsstunden und Düngemittel.

2.2.1 Ertragsgesetz

Positives Grenzprodukt

Bei substitutionaler Produktionsfunktion ist es möglich, den verminderten Einsatz des Faktors 1 (2) bei unveränderter Produktion durch den Mehreinsatz des Faktors 2 (1) auszugleichen. Das impliziert, daß ein einzelner Faktor auch bei isoliertem Mehreinsatz zusätzlich produktiv ist. Erhöht man also die Einsatzmenge des Faktors 1 (2) bei Konstanz der Einsatzmenge des Faktors 2 (1) – nimmt man also eine sogenannte **partielle Faktorvariation** vor –, so ergibt sich eine zusätzliche Produktion (ein positives **Grenzprodukt**). Diese Zusammenhänge sind Gegenstand des Ertragsgesetzes. Betrachten wir hierzu das folgende Beispiel:

Ertragsgesetz

Tab. 5.1: Abhängigkeit des Ernteertrages von der Düngung

Düngung in Gramm pro Flächeneinheit	Körnerertrag von Roggen in Gramm pro Flächeneinheit	Durchschnittliche Roggenproduktion pro 1 Gramm Düngemittel	Zusätzliche Roggenproduktion (Grenzprodukt) in Gramm pro 1 Gramm zusätzlich eingesetztes Düngemittel
(1)	(2)	(3) = (2) / (1)	(4) = $\frac{\Delta (2)}{\Delta (1)}$
0	5,8	–	–
2,5	10,4	4,16	1,84
5,0	15,5	3,1	2,04
7,5	19,3	2,57	1,52
10,0	21,7	2,17	0,96
15,0	17,8	1,19	–0,78
20,0	16,2	0,81	–0,32

Quelle: Laur, Wirtschaftslehre des Landbaus, Berlin 1930, S. 143

Wir halten in einem Experiment den Einsatz der Faktoren Boden, Saatgut und Arbeit konstant und erhöhen lediglich den Einsatz des Düngemittels. Das Ergebnis dieses Experiments ist in Tabelle 5. 1 festgehalten.

Die Tabelle zeigt, daß die Produktion mit zunehmendem Düngemitteleinsatz – bei Konstanz der Menge der übrigen Produktionsfaktoren – zunächst deutlich zunimmt, dann immer langsamer zunimmt und schließlich sogar abnimmt. Anders ausgedrückt: der Produktions**zuwachs** – das Grenzprodukt – (4. Spalte der Tabelle) nimmt – von einem bestimmten Punkt an – ab und wird schließlich sogar negativ, wenn lediglich ein Produktionsmittel vermehrt eingesetzt wird.

Grafische Illustration des Ertragsgesetzes

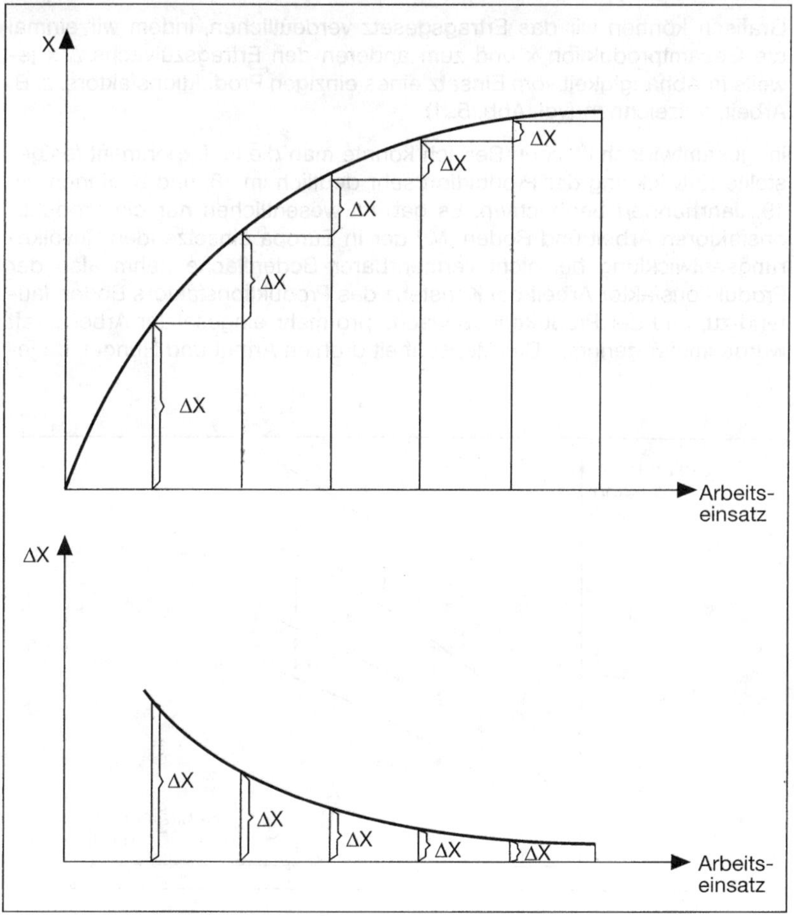

Abb. 5.1: Das Ertragsgesetz

Diese Aussage ist – verallgemeinert – Inhalt des berühmten **„Gesetzes vom abnehmenden Ertragszuwachs“**, das schon Mitte des 18. Jahrhunderts formuliert worden ist:

Wird der Einsatz eines Produktionsfaktors bei Konstanz der Menge der übrigen Faktoren kontinuierlich erhöht, so wird von einem bestimmten Punkt ab der Ertragszuwachs abnehmen, möglicherweise schließlich sogar negativ werden.

Die Aussage des Ertragsgesetzes ist plausibel, weil der variable Faktor bei zunehmender Einsatzmenge schließlich in ein immer größer werdendes Mißverhältnis zu den konstant gehaltenen Faktoren gerät.

Grafisch können wir das Ertragsgesetz verdeutlichen, indem wir einmal die Gesamtproduktion x und zum anderen den Ertragszuwachs Δ x jeweils in Abhängigkeit vom Einsatz eines einzigen Produktionsfaktors, z. B. Arbeit, aufzeichnen (vgl. Abb. 5. 1).

Historische Bedeutung des abnehmenden Produktionszuwachses der Arbeit

Im gesamtwirtschaftlichen Bereich konnte man die im Experiment festgestellte Entwicklung der Produktion sehr deutlich im 18. und beginnenden 19. Jahrhundert beobachten. Es gab im wesentlichen nur die Produktionsfaktoren Arbeit und Boden. Mit der in Europa einsetzenden Bevölkerungsentwicklung bei nicht vermehrbarer Bodenfläche nahm also der Produktionsfaktor Arbeit bei Konstanz des Produktionsfaktors Boden laufend zu, und der Produktionszuwachs pro mehr eingesetzter Arbeitskraft wurde immer geringer. Der Menschheit drohten Armut und Hunger, da je-

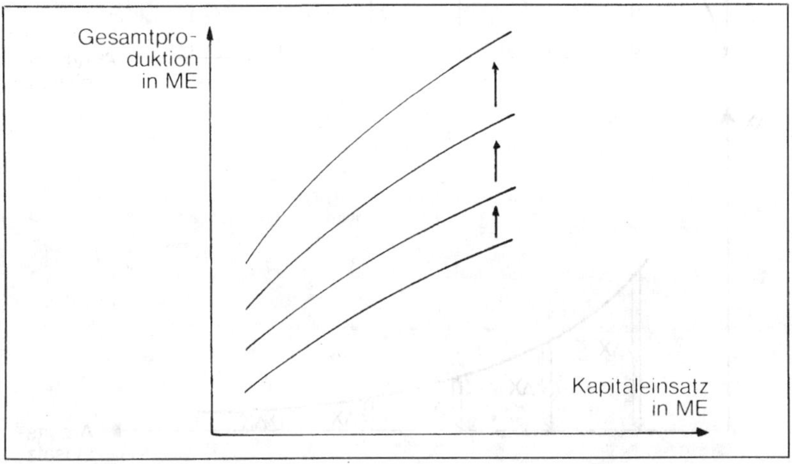

Abb. 5.2: Die Verschiebung der „speziellen“ Produktionsfunktion mit zunehmendem technischen Wissen

der zusätzlich geborene Mensch nur einen immer kleiner werdenden Produktionszuwachs an Nahrungsmitteln erzeugen konnte. Die Bedeutung des abnehmenden Produktionszuwachses der Arbeit wurde von dem berühmten klassischen Nationalökonomen ROBERT THOMAS MALTHUS (1766–1834) in aller Klarheit erkannt. Er glaubte, daß sich die Bevölkerung in geometrischer Progression (1, 2, 4, 8, 16, ...) entwickeln werde, während auf Grund des abnehmenden Arbeitsertragszuwachses die Nahrungsmittelproduktion nur in arithmetischer Progression (1, 2, 3, 4, 5...) wachse. Daß die prophezeite Katastrophe nicht eintrat, lag schließlich u. a. an dem vermehrten Kapitaleinsatz und dem mit ihm einhergehenden technischen Fortschritt.

Den technischen Fortschritt hatten auch jene zahlreichen Ökonomen unterschätzt, die abnehmende Grenzerträge des Kapitals prognostizierten, als im Zuge der industriellen Revolution der Einsatz von Kapital im Verhältnis zum Arbeitseinsatz gewaltig anstieg. Durch den technischen Fortschritt verschob sich aber die Kurve der Gesamtproduktion in Abhängigkeit vom Kapitaleinsatz bis heute laufend nach oben (vgl. Abb. 5.2), das Kapital wurde immer produktiver.

2.2.2 Isoquanten

Isoquante bei abnehmenden Grenzerträgen

Bei Substituierbarkeit der Produktionsmittel kann man, wie schon erwähnt, den verminderten Einsatz eines Faktors durch vermehrten Einsatz eines anderen Faktors so ausgleichen, daß die Produktmenge konstant bleibt. Wie sieht unter diesen Bedingungen eine **Isoquante** aus, die alle

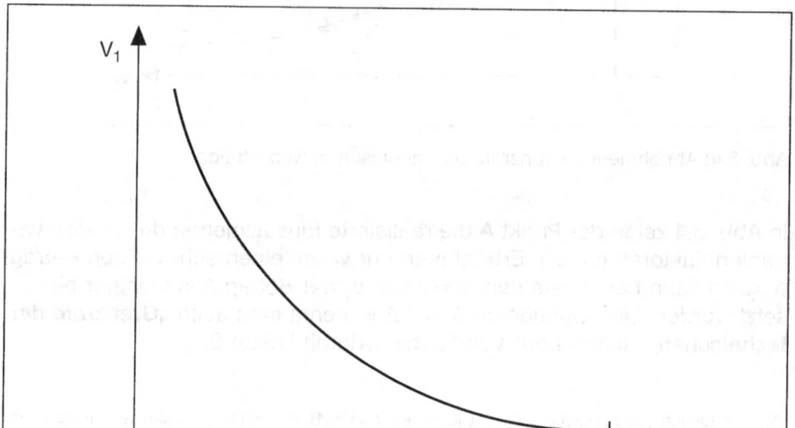

Abb. 5.3: Isoquante

Faktormengenkombinationen angibt, mit der eine bestimmte Produktmenge $\overline{x}$ produziert werden kann?

Unterstellt man bei 2 variablen Produktionsmitteln für beide Faktoren positive, aber abnehmende Grenzerträge und nimmt weiterhin an, daß der Grenzertrag des Faktors 1 (2) mit zunehmendem Einsatz des Faktors 2 (1) zunimmt[1]), so verlaufen die Isoquanten wie die in Abb. 5.3 dargestellte Isoquante I_1 „konvex zum Ursprung“.[2])

Praktisch beinhaltet der konvexe Verlauf, daß sich bei einer Wanderung auf einer Isoquante das Substitutionsverhältnis zwischen den Faktoren permanent verändert. Betrachten wir diesen Zusammenhang etwas genauer.

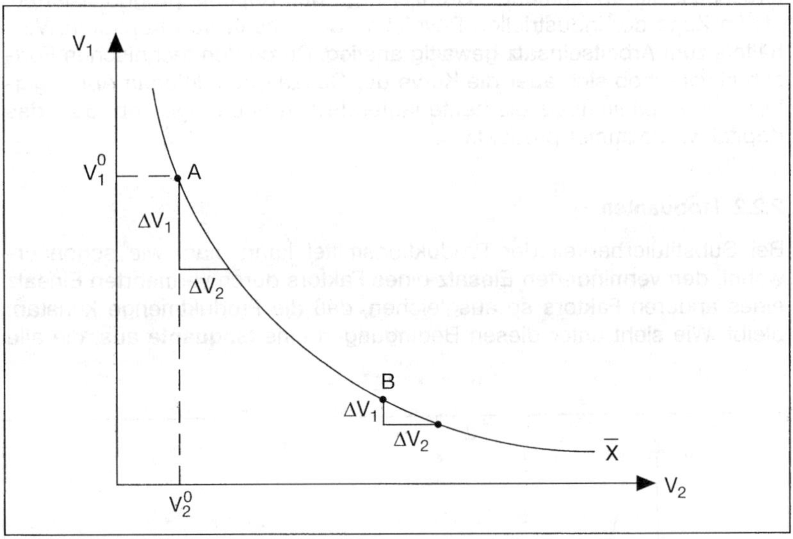

Abb. 5.4: Abnehmende Grenzrate der technischen Substitution

Abnehmende Grenzrate der technischen Substitution

In Abb. 5.4 zeige der Punkt A die realisierte Einsatzmenge der beiden variablen Faktoren (v_1^0, v_2^0). Erhöht man nur v_2 um einen sehr kleinen Betrag Δv_2, so kann bei konstantem $x = \overline{x}$ von v_1 der Betrag Δv_1 weniger eingesetzt werden. Den Quotienten $\Delta v_1 / \Delta v_2$ nennt man auch **„Grenzrate der technischen Substitution“** von Faktor 1 durch Faktor 2.

---

1) Anschaulich ausgedrückt bedeutet letzteres, daß z. B. das Grenzprodukt des Düngers in Tabelle 5.1 für jede Düngermenge größer wäre, wenn die bearbeitete Bodenfläche etwas größer wäre. In Abb. 5.2 ist ein ähnlicher Zusammenhang für die Erträge des Faktors Kapital bei technischem Fortschritt dargestellt.

2) Die genannten Bedingungen sind hinreichend, aber nicht notwendig für den streng konvexen Verlauf der Isoquanten. Dies kann hier nicht näher erläutert werden.

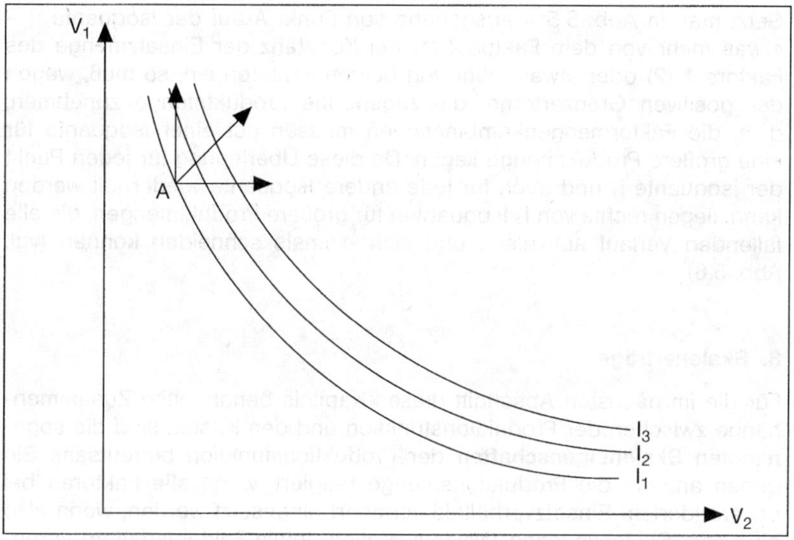

Abb. 5.5: Partielle Faktorvariation und gleichzeitige Erhöhung der Einsatzmengen beider Faktoren

Betrachtet man nur den absoluten Wert der Grenzrate, so zeigt Abb. 5.4, daß dieser bei fortgesetzter Substitution von Faktor 1 durch Faktor 2 permanent abnimmt. Dies wird deutlich, wenn man in Abb. 5.4 $\Delta v_1 / \Delta v_2$, ausgehend von Punkt A und von Punkt B, vergleicht.

Die substitutionale Technologie, dargestellt durch eine Schar von Isoquanten

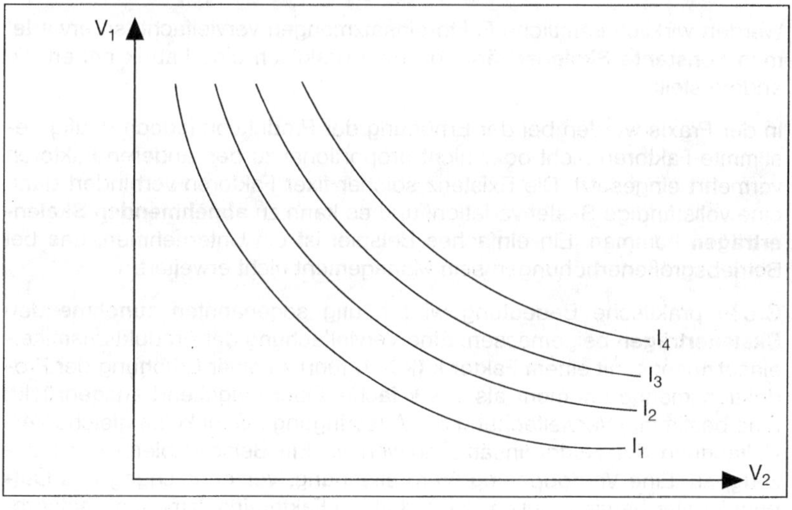

Abb. 5.6: Isoquantenschar

Setzt man in Abb. 5.5 – ausgehend von Punkt A auf der Isoquante I_1 – etwas mehr von dem Faktor 2 (1) bei Konstanz der Einsatzmenge des Faktors 1 (2) oder etwas mehr von beiden Faktoren ein, so muß, wegen der positiven Grenzerträge, die zugehörige Produktmenge zunehmen, d. h. die Faktormengenkombinationen müssen auf einer Isoquante für eine größere Produktmenge liegen. Da diese Überlegung für jeden Punkt der Isoquante I_1 und auch für jede andere Isoquante wiederholt werden kann, liegen rechts von I_1 Isoquanten für größere Produktmengen, die alle fallenden Verlauf aufweisen und sich niemals schneiden können (vgl. Abb. 5.6).

3. Skalenerträge

Für die im nächsten Abschnitt dieses Kapitels behandelten Zusammenhänge zwischen der Produktionsfunktion und den Kosten sind die sogenannten **Skaleneigenschaften** der Produktionsfunktion bedeutsam. Sie geben an, wie die Produktionsmenge reagiert, wenn **alle** Faktoren bei unverändertem Einsatzverhältnis vermehrt eingesetzt werden, wenn also eine sog. Skalenvariation (Niveauvariation, totale Faktorvariation) vorgenommen wird.

Konstante Skalenerträge

Denkbar ist eine zur Erhöhung der Faktoreinsatzmenge proportionale, unterproportionale oder überproportionale Erhöhung des Outputs. Man spricht von konstanten, abnehmenden oder zunehmenden Skalenerträgen.

Werden wirklich sämtliche Faktoreinsatzmengen vervielfacht, so erwartet man **konstante Skalenerträge,** da man praktisch eine Fabrik neben die andere stellt.

Abnehmende Skalenerträge

In der Praxis werden bei der Erhöhung der Produktion jedoch häufig bestimmte Faktoren nicht oder nicht proportional zu den anderen Faktoren vermehrt eingesetzt. Die Existenz solcher fixer Faktoren verhindert dann eine vollständige Skalenvariation, und es kann zu **abnehmenden Skalenerträgen** kommen. Ein einfaches Beispiel ist ein Unternehmen, das bei Betriebsgrößenerhöhungen sein Management nicht erweitert.

Zunehmende Skalenerträge

Große praktische Bedeutung wird häufig sogenannten **zunehmenden Skalenerträgen** beigemessen: Eine Vervielfachung der Produktionsmitteleinsatzmenge mit einem Faktor k ($k > 1$) führt zu einer Erhöhung der Produktionsmenge um mehr als das k-fache. Oder umgekehrt ausgedrückt: Eine bestimmte Vervielfachung der Ausbringung macht keine gleiche Vervielfachung der Faktoreinsätze notwendig. Ein Beispiel bietet der Flugzeugbau. Eine Verdoppelung, Verdreifachung, Verzehnfachung des Outputs ist hier häufig möglich, ohne daß die Faktoreinsatzmengen entsprechend vervielfacht werden, da bei der Produktion der ersten Maschinen

Lerneffekte auftreten. Ähnliche **„economies of scale“** werden häufig Forschungsaufwendungen und Aufwendungen für die Organisation und die Werbung zugeschrieben.

4. Produktionsfunktion und Kosten

Bei linear-limitationaler Produktionsfunktion legt die Technik eindeutig die Faktoreinsatzmengen für einen bestimmten Output fest. Bei gegebenen Preisen q der Produktionsmittel sind damit auch die Kosten bestimmt.

Bei einer substitutionalen Produktionsfunktion existieren sehr viele Einsatzmengenkombinationen der variablen Faktoren, die es gestatten, dieselbe Produktmenge $\overline{x}$ zu produzieren. Für den Unternehmer entsteht dann das Problem, die billigste Faktormengenkombination („Minimalkostenkombination“) zu finden.

4.1 Minimalkostenkombination bei substitutionaler Produktionsfunktion

Wir nehmen wieder an, daß die Preise der Produktionsmittel Größen sind, die der Unternehmer nicht beeinflussen kann und die unabhängig von den gekauften Mengen sind. Zwecks einfacher grafischer Darstellungsmöglichkeit gehen wir von zwei variablen Faktoren aus. Die variablen Kosten K^v sind dann:

$$K^v = v_1 q_1 + v_2 q_2,$$

und das Problem besteht darin, jene Faktoreinsatzmengen v_1^* und v_2^* zu bestimmen, bei denen die variablen (und damit auch die gesamten) Kosten so niedrig wie möglich sind.
Für eine gegebene Summe der variablen Kosten $K^v = \overline{K}^v$ läßt sich die obige Kostengleichung anschaulich grafisch darstellen. Sind z. B. $q_1 = 4$, $q_2 = 2$ und $\overline{K}^v = 20$, so gilt:

$$20 = 4 v_1 + 2 v_2.$$

Konstruktion der Isokostengeraden

Würde das Unternehmen die gesamte Kostensumme für den Kauf des Faktors 1 verwenden, erhielte es 5 Mengeneinheiten von diesem. Entsprechend ergibt sich der Achsenabschnitt $\overline{0A}$ der Abb. 5.7. Würde das Unternehmen die gesamte Kostensumme für den Kauf des Faktors 2 verwenden, so erhielte es 10 Mengeneinheiten. Entsprechend ergibt sich der Achsenabschnitt $\overline{0B}$ der Abb. 5.7.

Kauft der Unternehmer nun, ausgehend vom Punkt A, sukzessive eine Mengeneinheit von Faktor 2 hinzu – anstatt das Geld für den Faktor 1 auszugeben –, so vermindert sich die vom Faktor 1 erwerbbare Menge bei dem gegebenen Preisverhältnis jeweils um ½ Mengeneinheit.

Die sogenannte **Isokostengerade,** die alle Faktormengenkombinationen angibt, die dieselben variablen Kosten verursachen, hat also eine konstante, durch das Preisverhältnis q_2/q_1 gegebene Steigung und verläuft im Beispiel durch die Punkte A und B.

(Dabei ist angenommen worden, daß beliebig kleine Mengeneinheiten der Faktoren gekauft werden können.)

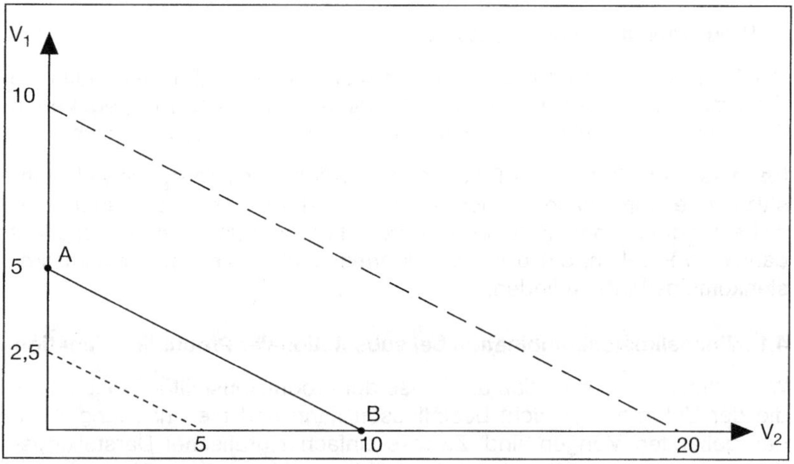

Abb. 5.7: Isokostenlinien für unterschiedliche Kostensummen

Steigt die Kostensumme auf 40, so verdoppeln sich die Achsenabschnitte auf der Abszisse und der Ordinate ($v_1 = 10$, $v_2 = 20$), wobei die Neigung der Kurve unverändert bleibt (grob gestrichelte Gerade in Abb. 5.7). Entsprechend liegt die Isokostenlinie für eine Kostensumme von $K^v = 10$ näher zum Ursprung (fein gestrichelte Gerade in Abb. 5.7). Insgesamt kann man sich die v_1, v_2-Ebene als von sehr vielen Isokostenlinien für un-

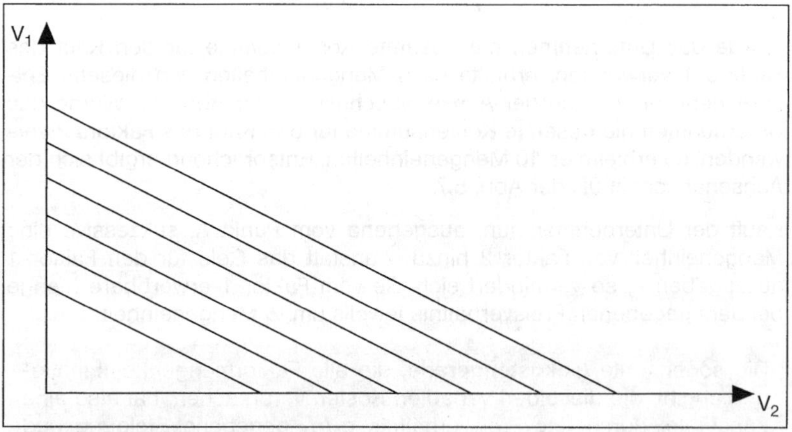

Abb. 5.8: Schar von Isokostenlinien

terschiedliche Kostensummen, die jeweils eine gleiche Steigung aufweisen, überdeckt vorstellen (vgl. Abb. 5.8). Je weiter rechts die Kurve liegt, desto größer die Kostensumme, die sie repräsentiert.

Welches sind nun für eine **bestimmte Produktmenge** die Faktoreinsatzmengen, die diese Produktmenge mit den geringsten variablen Kosten herzustellen gestatten? Um dies herauszubekommen, betrachten wir die Isoquante für $x = \bar{x}$, die durch die in Abb. 5.9 eingezeichnete Kurve gegeben sein soll, und eine Schar von Isokostenlinien.

Grafische Bestimmung der Minimalkostenkombination

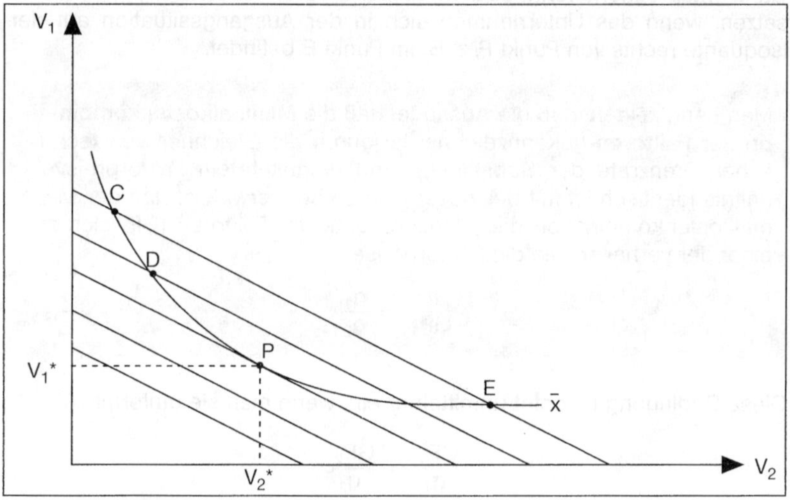

Abb. 5.9: Die Minimalkostenkombination

Kann der Punkt C der obigen Abbildung 5.9 die billigste Faktormengenkombination angeben? Dies ist offenbar nicht der Fall, denn wenn der Unternehmer z. B. Punkt D verwirklichen würde (der durch eine kleinere Menge von v_1 und eine größere Menge von v_2 gekennzeichnet ist), so würde er auf eine Isokostenlinie gelangen, die durch geringere variable Kosten gekennzeichnet ist. Dies ist auch nicht verwunderlich: Die Technik, die für eine bestimmte Produktmenge in der Isoquante für $\bar{x}$ ihren Ausdruck findet, gestattet in der Nähe von Punkt C **bei unveränderter Produktion** eine Einschränkung der Einsatzmenge von Faktor 1 um mehr als ½ Mengeneinheit, wenn die Einsatzmenge von Faktor 2 um eine Einheit erhöht wird. Wenn der Unternehmer aber Faktor 1 um mehr als ½ Mengeneinheit einschränkt, spart er bei einem Faktorpreis $q_1 = 4$ mehr als 2 DM, während er nur 2 DM für eine zusätzliche Einheit des Faktors 2 zahlen muß. Seine Kosten müssen also durch die Faktorsubstitution sinken.

Wie ist die billigste Faktormengenkombination gekennzeichnet?

Unter Verwendung des Begriffs der „Grenzrate der technischen Substitution“ kann man den soeben beschriebenen Sachverhalt auch ausdrücken, indem man sagt: In Punkt C ist die Grenzrate der technischen Substitution von Faktor 1 durch Faktor 2 $\Delta v_1 / \Delta v_2$ absolut (d. h. ohne Berücksichtigung des wegen $\Delta v_1 < 0$ negativen Vorzeichens) größer als die durch das Faktorpreisverhältnis ausgedrückte Marktsubstitutionsrate. Offenbar lohnt sich eine Substitution von Faktor 1 durch Faktor 2, bis Punkt P erreicht ist, in dem die technische Grenzrate der Substitution gleich ist der durch die Faktorpreise bestimmten Marktsubstitutionsrate.

Ganz entsprechend lohnt es sich, Faktor 2 durch Faktor 1 teilweise zu ersetzen, wenn das Unternehmen sich in der Ausgangssituation auf der Isoquante rechts von Punkt P, z. B. im Punkt E befindet.

Übereinstimmung von Grenzrate der technischen Substitution und (umgekehrtem) Faktorpreisverhältnis

Man kann zeigen, daß die Aussage, daß die **Minimalkostenkombination der Faktoren** gekennzeichnet ist durch die Gleichheit von technischer Grenzrate der Substitution und umgekehrtem Faktorpreisverhältnis identisch ist mit der Aussage, daß bei Verwirklichung der Minimalkostenkombination die Grenzprodukte der Faktoren (GP) sich zueinander verhalten wie die Faktorpreise:

$$\frac{GP_1}{GP_2} = \frac{q_1}{q_2}$$

Diese Bedingung leuchtet unmittelbar ein, wenn man sie umformt zu

$$\frac{GP_1}{q_1} = \frac{GP_2}{q_2}$$

Gleiches Grenzprodukt pro letzter verausgabter DM für alle Faktoren

Diese Gleichung besagt, daß bei Verwirklichung der Minimalkostenkombination die letzte für jeden Faktor ausgegebene DM dasselbe Grenzprodukt hervorbringt. Wäre dies nicht der Fall, so wäre für den Unternehmer offenbar eine Umschichtung seiner Kostensumme lohnend. Er würde sich besser stellen, wenn er mehr (weniger) von dem Faktor mit dem größeren (kleineren) Grenzprodukt pro letzter verausgabter DM kaufen und in der Produktion einsetzen würde.

Betrachten wir kurz, wie sich eine Erhöhung des Preises eines Faktors bei Konstanz des Preises des anderen Faktors auswirken würde.

Konsequenzen einer isolierten Faktorpreiserhöhung

Die Zunahme von q_2 bedeutet in Abb. 5. 10, daß der Achsenabschnitt auf der v_2-Achse kleiner wird: Bei gegebener Kostensumme kann bei vollständiger Verausgabung der Kostensumme nur für diesen Faktor weniger von diesem gekauft werden als bisher. Da q_1 unverändert bleibt, ändert sich die maximal erwerbbare Menge des Faktors 1 nicht. Insgesamt dreht sich also die Isokostenlinie in Punkt A, wobei die Veränderung der Steigung das veränderte Preisverhältnis q_2/q_1 und damit das veränderte reale Marktaustauschverhältnis zwischen den Faktoren zum Ausdruck

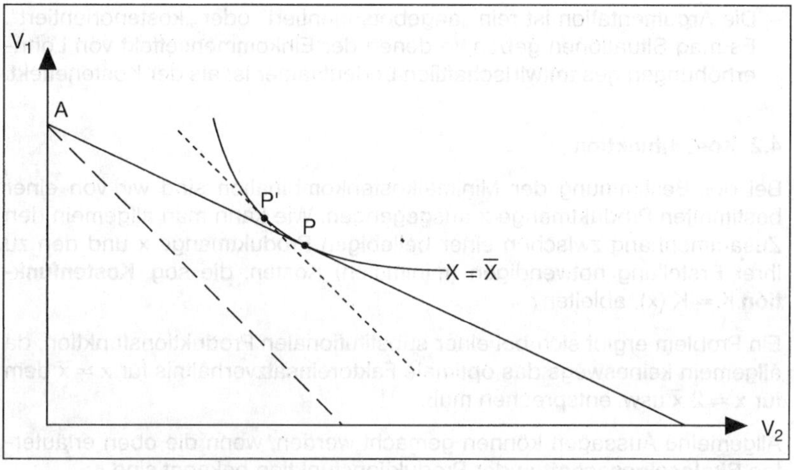

Abb. 5.10: Auswirkungen der Erhöhung eines Faktorpreises

Gleiches Grenzprodukt pro letzter verausgabter DM für alle Faktoren

bringt. Für eine Mengeneinheit des Faktors 1, die der Unternehmer weniger kauft, kann er jetzt weniger Mengeneinheiten von Faktor 2 kaufen als bisher. Hieraus ergeben sich zumindest drei Konsequenzen:

(1) Die alte Kostensumme reicht – wie Abb. 5.10 zeigt – nicht mehr aus, um $\overline{x}$ zu produzieren: Die Kosten für $\overline{x}$ steigen.

– die Produktion wird teurer

(2) Zur Produktion von $\overline{x}$ wird der Unternehmer die höhere Kostensumme so aufteilen, daß er mehr von Faktor 1 und weniger von dem teurer gewordenen Faktor 2 einsetzt. Diesen Substitutionseffekt zeigt Abb. 5. 10, in der P' die Minimalkostenkombination für x bei dem gestiegenen Preis q_2 zeigt.

– der teurer gewordene Faktor wird substituiert

(3) Wegen der gestiegenen Kosten wird vermutlich für den Unternehmer die Herstellung einer kleineren Produktmenge $x < \overline{x}$ lohnend sein und damit eine weitere (über den unter (2) beschriebenen Substitutionseffekt hinausgehende) Nachfragesenkung für Faktor 2 eintreten.

– die Produktion sinkt

Stellt man sich nun vor, der teurer gewordene Faktor 2 sei der Faktor Arbeit, so erkennt man in den beschriebenen Konsequenzen die Argumente, die in Wirtschaft und Politik immer wieder als Argument gegen Lohnerhöhungen (oder „zu hohe" Lohnerhöhungen) ins Feld geführt werden.

Man beachte bei der Würdigung dieser Argumente:

- Der Substitutionseffekt ergibt sich nur, wenn der Preis des zweiten Faktors unverändert bleibt und sich damit das Faktorpreisverhältnis ändert.
- Es wird von unveränderter Technik ausgegangen.

- Die Argumentation ist rein „angebotsorientiert“ oder „kostenorientiert“. Es mag Situationen geben, in denen der Einkommenseffekt von Lohnerhöhungen gesamtwirtschaftlich bedeutsamer ist als der Kosteneffekt.

4.2 Kostenfunktion

Bei der Bestimmung der Minimalkostenkombination sind wir von einer bestimmten Produktmenge x ausgegangen. Wie kann man allgemein den Zusammenhang zwischen einer beliebigen Produktmenge x und den zu ihrer Erstellung notwendigen (minimalen) Kosten, die sog. **Kostenfunktion** $K = K(x)$, ableiten?

Ein Problem ergibt sich bei einer substitutionalen Produktionsfunktion, da allgemein keineswegs das optimale Faktoreinsatzverhältnis für $x = \overline{x}$ dem für $x = 2\,\overline{x}$ usw. entsprechen muß.

Allgemeine Aussagen können gemacht werden, wenn die oben erläuterten **Skaleneigenschaften** der Produktionsfunktion bekannt sind.

Bei konstanten Skalenerträgen führt eine Verdoppelung aller Faktorinputs zu einer Verdoppelung der Produktionsmenge. Der Unternehmer kann also die doppelte Produktmenge zu den doppelten (variablen) Kosten produzieren. Konstante Skalenerträge implizieren also variable Kosten, die proportional mit der Produktmenge variieren.[3)]

Bei zunehmenden Skalenerträgen ist es möglich, die doppelte Produktmenge mit weniger als der doppelten Faktoreinsatzmenge zu erzeugen, so daß die variablen Kosten unterproportional zur Produktmenge steigen. Entsprechend führen abnehmende Skalenerträge zu einer progressiven Veränderung der variablen Kosten bei Zunahme der Produktmenge.

Mit den unterschiedlichen Kostenverläufen und einigen weiteren Kostenbegriffen beschäftigen wir uns im nächsten Abschnitt.

5. Kostenverläufe

Der Kostenverlauf in einer Unternehmung hängt von den Skaleneigenschaften der Produktionsfunktion ab.

Wie erläutert, ergeben sich bei konstanten, zunehmenden und abnehmenden Skalenerträgen die folgenden Kostenverläufe:

3) Strenggenommen bezieht sich dieses Argument auf die gesamten Kosten, da es bei einer Skalenvariation eigentlich keine fixen Kosten gibt.

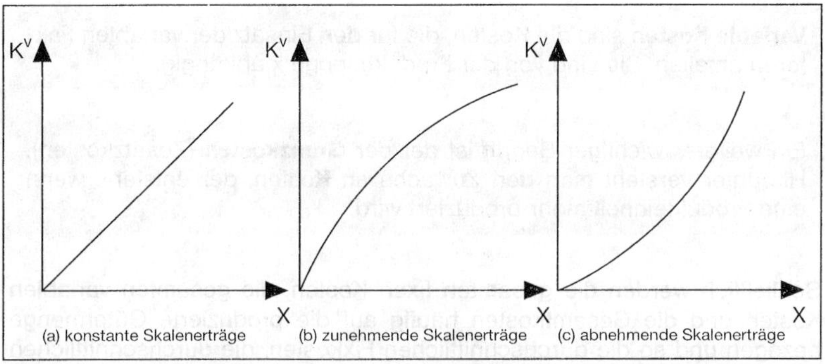

Abb. 5.11 (a)–(c): Skalenerträge und Kostenverlauf

Häufig nimmt man zunächst steigende, dann fallende Skalenerträge an, so daß sich der berühmte (umgekehrt) S-förmige Kostenverlauf ergibt:

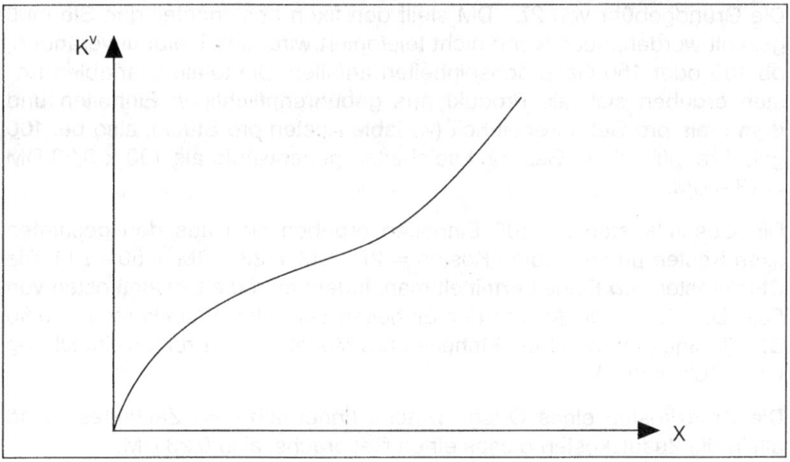

Abb. 5.12: „S"-förmiger Kostenverlauf

Zur Erläuterung einiger weiterer Kostenbegriffe verwenden wir im folgenden die in Abb. 5.11 a dargestellte Kostenkurve, unterstellen aber die Existenz fixer Kosten.

Fixe Kosten plus variable Kosten ergeben die **Gesamtkosten,** auch totale Kosten genannt.

Fixe (feste) Kosten sind die Kosten, die für den Einsatz der fixen Produktionsfaktoren anfallen. Sie fallen auch dann an, wenn in der Periode nichts produziert wird, und sind damit unabhängig von der Größe der Produktion.

Variable Kosten sind die Kosten, die für den Einsatz der variablen Faktoren anfallen. Sie sind von der Produktmenge x abhängig.

Die Grenzkosten sind ein für die Wirtschaftswissenschaften sehr wichtiger Begriff

Ein weiterer wichtiger Begriff ist der der **Grenzkosten** (Zusatzkosten). Hierunter versteht man den Zuwachs an Kosten, der entsteht, wenn eine Produkteinheit mehr produziert wird.

Schließlich werden die gesamten fixen Kosten, die gesamten variablen Kosten und die Gesamtkosten häufig auf die produzierte Gütermenge bezogen und so die durchschnittlichen Fixkosten, die durchschnittlichen variablen Kosten und die durchschnittlichen totalen Kosten **(Stückkosten)** bestimmt.

Beispiel für die Kostenbegriffe

Am Beispiel des Telefons seien die verschiedenen Kostenbegriffe noch einmal erläutert:

Die Grundgebühr von 27,– DM stellt den fixen Kostenanteil dar. Sie muß gezahlt werden, auch wenn nicht telefoniert wird, und bleibt unverändert, ob 100 oder 150 Gesprächseinheiten anfallen. Die totalen variablen Kosten ergeben sich als Produkt aus gebührenpflichtigen Einheiten und dem Preis pro Gebühreneinheit (variable Kosten pro Stück), also bei 100 gebührenpflichtigen Gesprächseinheiten gegenwärtig als 100 x 0,23 DM = 23,– DM.

Die Gesamtkosten für 100 Einheiten ergeben sich aus den gesamten fixen Kosten und variablen Kosten = 27,– DM + 23,– DM = 50,– DM. Die Stückkosten pro Einheit ermittelt man, indem man die Gesamtkosten von 50,– DM durch die Anzahl der Einheiten teilt, also Stückkosten = 0,50 DM. (Einige gebührenfreie Einheiten pro Monat bleiben zur Vereinfachung unberücksichtigt.)

Die Grenzkosten eines Ortsgesprächs (innerhalb des „Zeittaktes“) sind allein die Zusatzkosten dieses einen Gesprächs, also 0,23 DM.

Den Zusammenhang zwischen den verschiedenen Kostenbegriffen wollen wir nochmals am Beispiel einer linear steigenden Gesamtkostenfunktion veranschaulichen (vgl. Abb. 5. 13), wobei wir uns vom Telefonbeispiel lösen.

Grenzkostenverlauf

Den Grenzkostenverlauf kann man aus der Gesamtkostenkurve ermitteln, wenn man sich vergegenwärtigt, daß die Steigung der Gesamtkostenkurve als Maß für die Grenzkosten interpretiert werden kann. So kann man aus der Zeichnung ersehen, daß die Mehrproduktion einer Einheit 0,50 DM kostet oder daß die Steigung der Kostenfunktion konstant ½ beträgt. Den Verlauf der Stückkostenkurve kann man ermitteln, indem man für jede Ausbringungsmenge die Gesamtkosten durch die Stückzahl dividiert.

Stückkostenverlauf

Die angenommene Kostenkurve zeigt ein stetiges Sinken der Stückkosten mit steigender Ausbringung. Dies liegt daran, daß mit steigender Produktion der Anteil der fixen Kosten pro Stück immer kleiner wird. Man spricht von **Fixkostendegression.**

Stückkosten sinken mit steigender Ausbringung

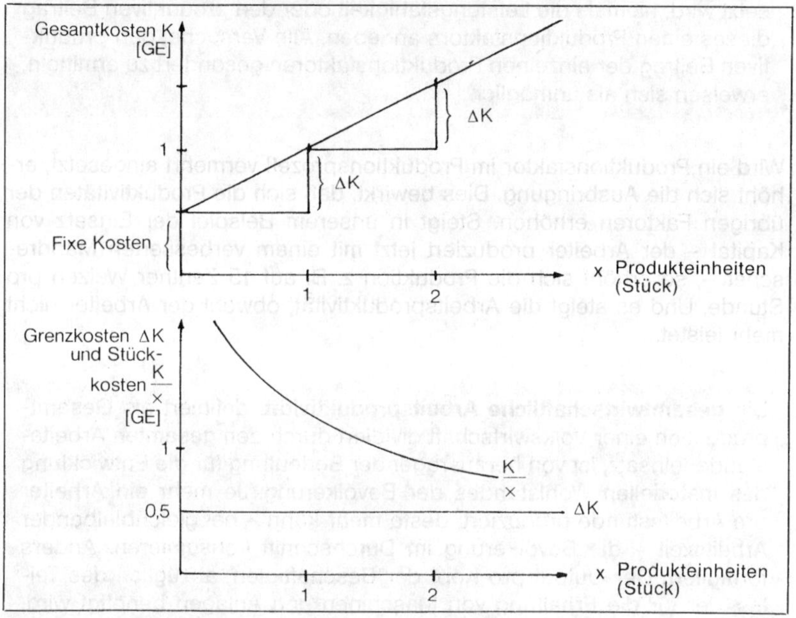

Abb. 5.13: Gesamtkosten, Grenzkosten und Durchschnittskosten bei linearem Gesamtkostenverlauf

6. Durchschnittsproduktivität und Kosten

6.1 Durchschnittsproduktivität

Als Durchschnittsproduktivität (häufig auch nur Produktivität genannt) bezeichnet man das Verhältnis von gesamter Produktionsmenge zur Einsatzmenge **eines einzigen** Produktionsfaktors. Produziert z. B. ein Arbeiter mit einem Mähdrescher auf zwei Hektar Ackerfläche 10 Zentner Weizen pro Stunde, kann man die Arbeitsproduktivität, die Kapitalproduktivität und die Bodenproduktivität berechnen.

$$\textbf{Arbeitsproduktivität} = \frac{\text{10 Zentner Weizen}}{\text{1 Arbeitsstunde}}$$

$$\textbf{Kapitalproduktivität} = \frac{\text{10 Zentner Weizen}}{\text{1 Mähdrescherstunde}}$$

$$\textbf{Bodenproduktivität} = \frac{\text{10 Zentner Weizen}}{\text{2 Hektar Boden}} = \frac{\text{5 Zentner}}{\text{1 Hektar Boden}}$$

Die Produktivität mißt nicht den produktiven Beitrag der einzelnen Faktoren

Die Durchschnittsproduktivität (im folgenden sprechen wir nur von Produktivität) ist also eine reine Mengengröße und kann, da in diesem Begriff die von allen Produktionsfaktoren gemeinsam erstellte Ausbringung ins Verhältnis zum Einsatz eines einzigen Produktionsfaktors gesetzt wird, niemals die Leistungsfähigkeit oder den produktiven Beitrag dieses einen Produktionsfaktors angeben. Alle Versuche, den produktiven Beitrag der einzelnen Produktionsfaktoren gesondert zu ermitteln, erweisen sich als unmöglich.

Wird ein Produktionsfaktor im Produktionsprozeß vermehrt eingesetzt, erhöht sich die Ausbringung. Dies bewirkt, daß sich die Produktivitäten der übrigen Faktoren erhöhen. Steigt in unserem Beispiel der Einsatz von Kapital – der Arbeiter produziert jetzt mit einem verbesserten Mähdrescher –, so erhöht sich die Produktion z. B. auf 15 Zentner Weizen pro Stunde. Und es steigt die Arbeitsproduktivität, obwohl der Arbeiter nicht mehr leistet.

Bedeutung der gesamtwirtschaftlichen Arbeitsproduktivität

Die **gesamtwirtschaftliche Arbeitsproduktivität,** definiert als Gesamtproduktion einer Volkswirtschaft dividiert durch den gesamten Arbeitsstundeneinsatz, ist von herausragender Bedeutung für die Entwicklung des materiellen Wohlstandes der Bevölkerung. Je mehr ein Arbeiter pro Arbeitsstunde produziert, desto mehr kann – bei gleichbleibender Arbeitszeit – die Bevölkerung im Durchschnitt konsumieren. Anders formuliert: Der Output pro Kopf der Beschäftigten, abzüglich des Teiles, der für die Erhaltung von Maschinen und Anlagen benötigt wird, bleibt für den Konsum der Bevölkerung und für eine Erhöhung des Bestandes an Maschinen und Anlagen (Nettoinvestitionen) übrig.

6.2 Zusammenhang von Produktivität und Kosten

Kostenbestandteile:

– in einzelwirtschaftlicher Sicht

Die Produktionskosten eines Gutes setzen sich im allgemeinen aus einer Vielzahl von Kostenarten zusammen, wie Material- und Energiekosten, wie Abschreibungen, Steuern, Zinsen, Löhne, Gehälter, Versicherungsbeiträge usw. Überdenkt man, welche Kostenarten nun wiederum in den aufgezählten Kosten stecken, so erkennt man, daß letztlich alle Kosten sich zusammensetzen aus

– in gesamtwirtschaftlicher Sicht

- Löhnen (Arbeit),
- Zinsen und Abschreibungen (Kapital),
- Bodenpacht (Boden),
- Steuern (Staat) und
- Kosten importierter Produktionsfaktoren (Ausland).

Läßt man – der Einfachheit halber – einmal den Staat und das Ausland außer acht, so bleiben nur die Kosten der Produktionsfaktoren Arbeit, Kapital und Boden übrig.

Will man die Kosten der Produktion einer Einheit eines Gutes – die Stückkosten – ermitteln, so setzen sich diese zusammen aus den:

- Lohnstückkosten
- Kapitalstückkosten und
- Bodenstückkosten.

Und diese jeweiligen Stückkosten hängen ab von Preis und Produktivität der Produktionsfaktoren. Ein einfaches Beispiel, in dem auch von den im allgemeinen nicht besonders ins Gewicht fallenden Bodenpachten abgesehen werden soll, kann dies zeigen:

1 Arbeiter produziert mit einem einfachen Mähdrescher 10 Zentner Weizen pro Stunde. Der Lohnsatz betrage 10,– DM pro Stunde, die Zinskosten für den Mähdrescher betragen 100,– DM pro Stunde. Andere denkbare Kosten, die aber immer auf Löhne, Zinsen oder Pachten zurückgeführt werden könnten, sollen nicht berücksichtigt werden.

Dividieren wir den Faktorpreis durch die entsprechende Produktivität, so erhalten wir die Lohn- bzw. Kapitalstückkosten.

$$\textbf{Lohnstückkosten} = \frac{\textbf{Lohnsatz}}{\textbf{Arbeitsproduktivität}}$$

$$= \frac{\text{10 DM Lohnkosten pro Stunde}}{\text{10 Zentner Weizen pro Stunde}}$$

$$= \frac{\text{1 DM Lohnkosten}}{\text{1 Zentner Weizen}}$$

$$\textbf{Kapitalstückkosten} = \frac{\textbf{Kapitalkosten pro Stunde}}{\textbf{Kapitalproduktivität}}$$

$$= \frac{\text{100 DM Kapitalkosten pro Stunde}}{\text{10 Zentner Weizen pro Stunde}}$$

$$= \frac{\text{10 DM Kapitalkosten}}{\text{1 Zentner Weizen}}$$

Vernachlässigen wir die Kosten für Boden, Düngemittel und Saatgut, so ergeben sich die Produktionskosten pro Stück als Summe von Lohn- und Kapitalstückkosten zu 11,– DM pro Zentner Weizen.

Die Stückkosten hängen ab von Preis und Produktivität der Produktionsfaktoren

Diese Stückkosten ändern sich mit veränderter Produktivität und/oder Faktorpreisen. Wird in unserem Beispiel jetzt ein besserer Mähdrescher eingesetzt, der 200,– DM pro Stunde kostet und die Produktion pro Stunde verdoppelt, so ergeben sich folgende Werte:

$$\textbf{Lohnstückkosten} = \frac{\text{10 DM pro Stunde}}{\text{20 Zentner Weizen pro Stunde}}$$

$$= \frac{\text{0,50 DM}}{\text{1 Zentner Weizen}}$$

$$\textbf{Kapitalstückkosten} = \frac{\text{200 DM pro Stunde}}{\text{20 Zentner Weizen pro Stunde}} = \frac{\text{10 DM}}{\text{1 Zentner Weizen}}$$

Die Lohnstückkosten haben sich halbiert, die Kapitalstückkosten bleiben konstant, und die Produktionskosten pro Stück ergeben 10,50 DM pro Zentner Weizen. Der Mehreinsatz von Kapital in Form eines besseren und teureren Mähdreschers hat sich also gelohnt, vorausgesetzt, die Mehrproduktion kann auch verkauft werden.

Verdoppelt man nun den Lohnsatz auf 20,– DM pro Stunde, so erhöhen sich die Lohnstückkosten wiederum auf den Ausgangswert von 1,– DM pro Zentner. Bei Verdoppelung von Lohnsatz und Arbeitsproduktivität bleiben die Lohnstückkosten konstant. Bleiben dann auch noch die Kapitalstückkosten konstant, dann verändern sich auch die Produktionskosten pro Stück, wie in unserem Beispiel, nicht.

Produktivitätsorientierte Lohnpolitik

An Hand unseres Beispiels sollen die Grundlagen der **produktivitätsorientierten Lohnpolitik** (vgl. Kapitel 25) aufgezeigt werden, die eine Lohnerhöhung im Ausmaß der Zunahme der Arbeitsproduktivität vorsieht.

Steigen die Löhne um denselben Prozentsatz wie die Arbeitsproduktivität, so bleiben die Lohnstückkosten konstant. Wenn die Preise so gebildet werden, daß immer ein konstanter Aufschlag auf die Lohnstückkosten erhoben wird, dann bleiben bei der produktivitätsorientierten Lohnpolitik auch die Preise konstant. Wenn die Preise aber so gebildet werden, daß immer ein konstanter Aufschlag auf die gesamten Produktionskosten pro Stück erhoben wird, ist für die Preisbildung auch die Veränderung der Kapitalstückkosten (und der hier vernachlässigten Bodenstückkosten) bedeutsam.

In unserem Beispiel blieben die Kapitalstückkosten bei Einsatz des verbesserten Mähdreschers konstant, mithin könnten trotz Verdoppelung der Lohnsätze und bei konstantem Gewinnaufschlag die Preise konstant bleiben. Nun setzt dies aber voraus, daß die Kapitalstückkosten tatsächlich konstant bleiben, was dann der Fall ist, wenn bei einer Verdoppelung der Kapitalkosten sich auch die Produktion verdoppelt (also doppelt so teurer = doppelt so produktiver Mähdrescher). Dies war in der Bundesrepublik in den letzten Jahrzehnten in der Tat näherungsweise der Fall. Ob dies in Zukunft so bleibt, hängt wesentlich davon ab, ob der technische Fortschritt, der seiner Natur nach nicht vorausberechenbar ist, auch weiterhin dafür sorgt, daß „doppelt so teure Maschinen auch doppelt so produktiv sind".

7. Arbeitsnachfrage

Die Höhe der nachgefragten Arbeit richtet sich nach dem Beitrag, den die Arbeit als Produktionsfaktor für die Einnahmen des Unternehmens hat im Verhältnis zu dem Einfluß der Arbeit auf die Kosten. Genauer gesagt, wie sich der Grenzumsatz der zusätzlichen Arbeitseinheit (der Wert des Grenzproduktes $p \cdot \frac{dy}{dN}$) im Vergleich zu den Grenzkosten der zusätzlichen Arbeitseinheit (der Nominallohn) entwickelt. Solange der Wert des Grenzproduktes des Arbeiters höher ist als die Grenzkosten, wird ein Unternehmer mehr Arbeit nachfragen, da der Gewinn gesteigert wird. Im Gewinnmaximum ist der Wert des Grenzproduktes der Arbeit gleich dem Nominallohn.

Damit hängt die Arbeitsnachfrage von folgenden Größen ab:

- Grenzprodukt
- Preis des Produkts
- Nominallohn

Das Verhältnis von Nominallohn zum Güterpreis bezeichnet man als Reallohn. Er gibt als sogenannter relativer Preis das Tauschverhältnis zwischen Arbeit und neu produzierten Gütern an. Der Reallohn bringt letztlich zum Ausdruck, wieviel Zeit der Arbeiter anbieten muß, um eine Einheit von Gut X kaufen zu können, und umgekehrt, welchen Teil der Produktionsmenge der Unternehmer den Arbeitern überlassen muß, damit sie bereit sind, eine Zeiteinheit ihrer Arbeitskraft zu verkaufen. Der Vergleich zwischen Reallohn und Grenzprodukt entscheidet also über die Vorteilhaftigkeit, zusätzliche Arbeiter einzustellen, sofern die Produkte auch absetzbar sind.

Mithin wird die Arbeitsnachfrage üblicherweise als vom Reallohn abhängig angesehen. Da nach dem Gesetz vom abnehmenden Ertragszuwachs (vgl. Kapitel 5, Abschnitt 2) das Grenzprodukt der Arbeit mit steigendem Arbeitseinsatz abnimmt, wird ceteris paribus nur ein fallender Reallohn die Einstellung weiterer Arbeiter lohnend machen. Umgekehrt kann man sehen, daß mit steigendem Reallohn die Arbeitsnachfrage sinkt: Es werden dann immer weniger Arbeiter ein Grenzprodukt erstellen, das dem Reallohn entspricht. Dies bringt Abb. 5.14 zum Ausdruck.

Man sollte indes die Bedingung für die Existenz einer negativ geneigten Arbeitsnachfrage beachten. Diese sind insbesondere ein abnehmendes Grenzprodukt, die Konstanz des Einsatzes der übrigen Produktionsfaktoren und die Gleichgewichtsposition des Produktpreises, so daß die geplante Menge auch verkauft werden kann.

Konstanz des Einsatzes der übrigen Faktoren bedeutet vor allem konstante Technik und konstanter Kapitaleinsatz. Typisches Erscheinungsbild moderner Industriegesellschaften ist aber ein zunehmender Kapitaleinsatz und technischer Fortschritt. Dies verschiebt die Arbeitsnachfrage-

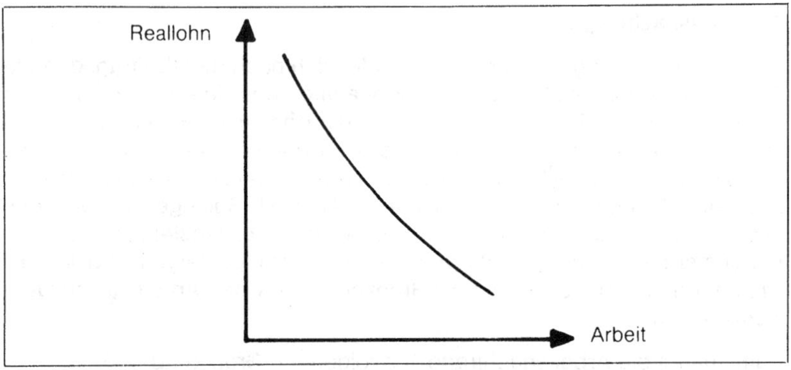

Abb. 5.14: Arbeitsnachfragekurve

funktion nach rechts. Man kann dies so interpretieren, daß die durchschnittliche Arbeitsproduktivität – also die Produktionsmenge pro Arbeitseinsatz – mit steigendem Kapitaleinsatz und technischem Wissen zunimmt und damit einen höheren Reallohn ermöglicht. Abbildung 5.15 zeigt die Entwicklung von Arbeitsproduktivität, Reallohn und Beschäftigung für die alten Bundesländer. Mit Ausnahme der Jahre 1981, 1982 und 1983 hat die Zahl der beschäftigten Arbeitnehmer bei steigendem Reallohn zugenommen.

Man erkennt die insgesamt zyklische Entwicklung der Änderungsrate des Reallohnes mit positiven Spitzen in den Jahren 1964, 1970, 1977, 1986, 1991 und 1994, wobei das Niveau der Zuwachsraten seit 1970 erheblich abgenommen hat. 1981–1983 sowie 1993–1995 waren die Zuwachsraten sogar negative. Die Entwicklung des Reallohnes folgt, bei zeitweisen Phasenverschiebungen, der Arbeitsproduktivität, wobei bis Mitte der 70er Jahre das Niveau der Wachstumsraten der Arbeitsproduktivität deutlich unter dem der Reallöhne lag. Hervorzuheben ist der gleichgerichtete (prozyklische) Verlauf von Reallohn und Beschäftigung: Phasen besonders hoher Reallohnsteigerungen werden also begleitet von Phasen zunehmender Beschäftigung und umgekehrt. Dies ist ein empirischer Befund, der der häufig reklamierten Rolle von Reallohnsteigerungen als Erklärung für eine zunehmende Arbeitslosigkeit zu widersprechen scheint. Allerdings ist zu beachten, daß aus statistischen Zusammenhängen keine kausalen Schlüsse gezogen werden können, zumal für den negativen Zusammenhang zwischen Reallohn und Beschäftigung die ceteris-paribus-Klausel gilt.

8. Güterangebot eines einzelnen Unternehmens

Welche Gütermenge wird ein Unternehmer auf dem Markt anbieten? Diese Frage ist nur beantwortbar, wenn man die Zielsetzung des Unterneh-

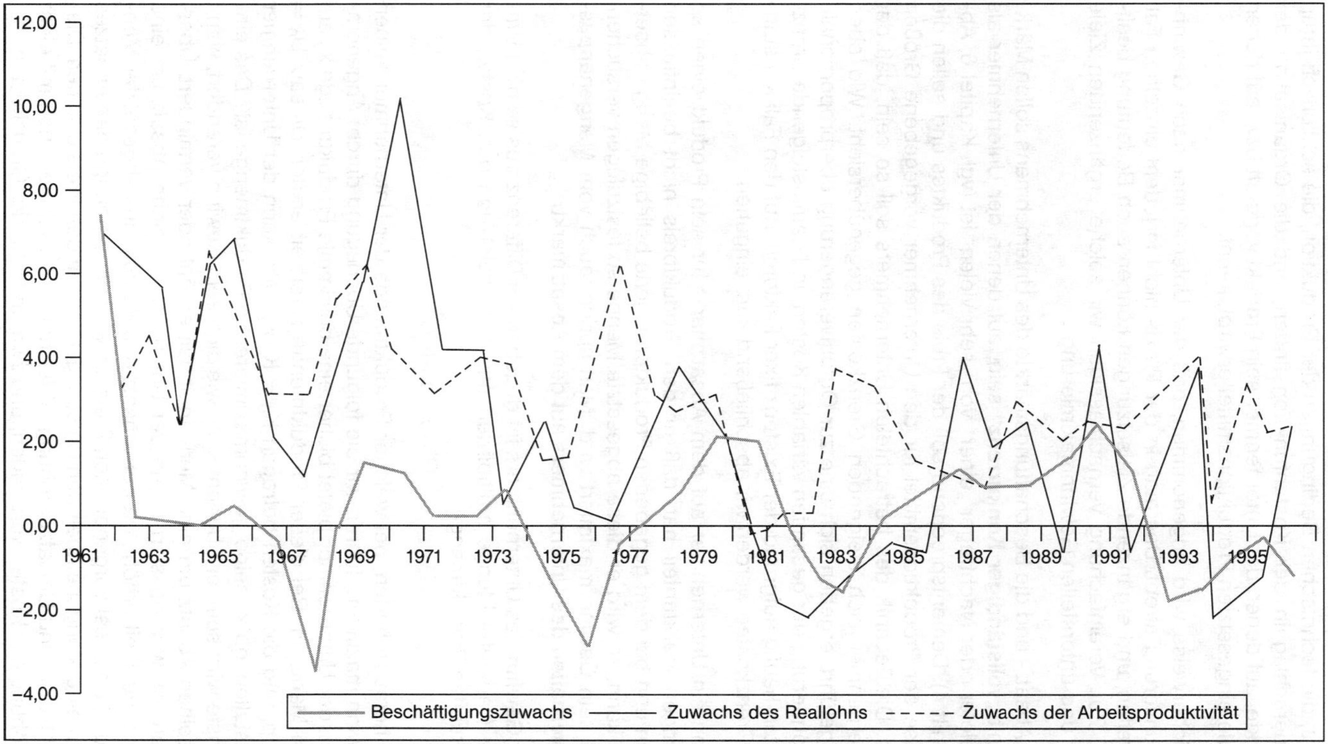

Abb. 5.15: Entwicklung von Arbeitsproduktivität, Reallohn und Beschäftigung in Westdeutschland
Quelle: Sachverständigenrat, eigene Berechnungen

mers, die technischen Bedingungen der Produktion, die schließlich ihren Niederschlag in der Kostenfunktion finden, und die Organisation der Märkte, auf denen der Unternehmer sein Produkt verkauft bzw. auf denen er die eingesetzten Produktionsmittel erwirbt, kennt.

Gewinnmaximierung als Verhaltensannahme

Üblicherweise wird angenommen, daß der Unternehmer nach Gewinnmaximierung strebt. Das mag in der Praxis nicht in jedem einzelnen Fall zutreffen, und ergänzende Zielsetzungen können auch Bedeutung besitzen. Zur Vereinfachung vernachlässigen wir solche ergänzenden Ziele hier und unterstellen Gewinnmaximierung.

Der Markt sei durch „vollständige Konkurrenz" gekennzeichnet

Die Absatz- und die Beschaffungsmärkte des Unternehmens sollen Märkte mit **„vollständiger Konkurrenz"** sein, auf denen der Unternehmer als Anbieter oder Nachfrager „einer" von „sehr vielen" ist (vgl. Kapitel 6, Abschnitt 4). Dementsprechend soll der Preis des Produktes und sollen die Preise der Produktionsmittel für den Unternehmer vorgegebene Größen sein. Die Technik des betrachteten Unternehmers soll so sein, daß der Unternehmer sich steigenden Grenzkosten gegenübersieht. Wie oben ausgeführt, ergeben sich eine zur Outputveränderung überproportionale Veränderung der gesamten variablen Kosten und damit steigende Grenzkosten häufig aufgrund der Existenz fixer Faktoren. Auf den Fall konstanter Grenzkosten werden wir abschließend kurz eingehen.

Wenn ein Unternehmer auf dem Absatzmarkt für sein Produkt einen so geringen Marktanteil hat, daß er den Produktpreis nicht beeinflussen kann und bei dem gegebenen Produktpreis jede beliebige Menge absetzen kann, so wird er diese abgesetzte Menge so festzulegen versuchen, daß sein Gewinn maximiert wird. Man spricht auch vom **Mengenanpasserverhalten** des Unternehmers auf dem Absatzmarkt.

Die Überlegungen eines gewinnmaximierenden Unternehmers

Der **Gewinn** des Unternehmers ist gegeben als Differenz aus seinem Umsatz (verkaufte Menge multipliziert mit dem Preis) und den Kosten der verkauften Produktmenge:

$$G = x \cdot p - K(x)$$

Um herauszufinden, bei welcher Produktmenge der Unternehmer seinen Gewinn maximiert, führen wir die folgende Überlegung durch: Angenommen, der Unternehmer bietet bisher eine bestimmte Produktmenge x_0 auf dem Markt an. Bei dieser Produktmenge x_0 erzielt er den Umsatz $U_0 = x_0 \cdot p$, und die Kosten betragen $K_0 = K(x_0)$. Wie kann der Unternehmer feststellen, ob x_0 seine gewinnmaximierende Produktmenge ist? Das einfachste wird sein, er überlegt sich, wie sich sein Gewinn verändert, wenn er seinen Absatz um eine Mengeneinheit erhöht oder vermindert. Überlegen wir, was passiert, wenn der Unternehmer seinen Absatz um eine Mengeneinheit erhöht. Da der Umsatz das Produkt aus abgesetzter Menge und dem fest vorgegebenen Preis ist, wird die Erhöhung des Absatzes x um eine Mengeneinheit den Umsatz gerade um den Preis erhöhen. Diese Absatz- und Umsatzerhöhung ist für den Unternehmer auch mit einer Erhöhung der Kosten verbunden, und zwar in Höhe der Grenzkosten.

Offenbar nimmt als Folge der Erhöhung der Absatzmenge um eine Einheit sein Gewinn zu, wenn der zusätzliche Umsatz, den er durch die zusätzliche Mengeneinheit realisiert, also der Preis, größer ist als die mit der zusätzlichen Mengeneinheit verbundenen zusätzlichen Kosten (die Grenzkosten).

Der Unternehmer wird also seine Produktion so lange ausdehnen, bis der mit der letzten Mengeneinheit verbundene zusätzliche Umsatz (Grenzumsatz), der wegen des angenommenen Konkurrenzmarktes gleich dem Preis ist, den Grenzkosten der letzten Produktionseinheit entspricht.

Preis = Grenzkosten

Wir verdeutlichen diese Überlegung grafisch, indem wir auf der Ordinate den Produktpreis sowie die als steigend angenommenen Grenzkosten des Unternehmers und auf der Abszisse die Produktions- und Absatzmenge eintragen.

Zeichnen wir in dieses Koordinatensystem den Verlauf der Grenzkosten des Unternehmers ein, so finden wir die gewinnmaximierende Produktmenge bei einem gegebenen Produktpreis p_0, indem wir jenen Punkt suchen, bei dem die Grenzkosten gerade gleich dem Preis sind, in der obigen Abbildung der Punkt T mit der Menge x*. Bei Produktmengen links von x* (z. B. bei x') könnte der Unternehmer durch Ausdehnung der Produktion seinen Gewinn steigern, da der zusätzliche Umsatz p_0 immer größer ist als die zusätzlichen Kosten; rechts von x* (z. B. bei x") könnte er seinen Gewinn erhöhen, indem er die Produktionsmenge senkt, denn nun wäre die Einschränkung der Produktion mit einer Kostensenkung verbunden, die größer ist als der Umsatzrückgang.

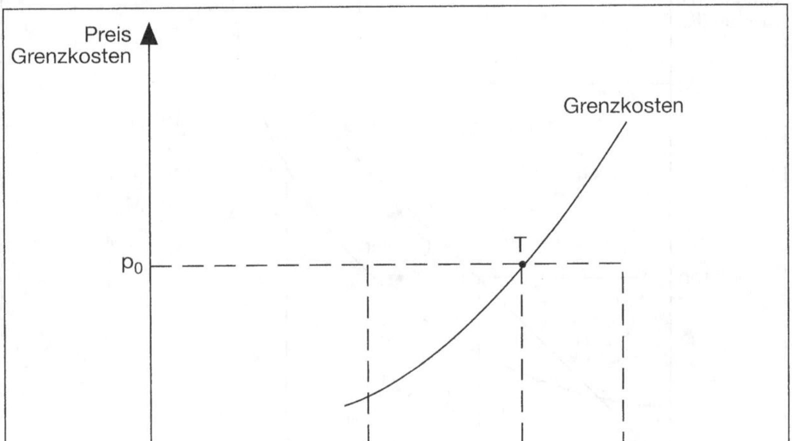

Abb. 5.16: Gewinnmaximierende Produktion eines einzelnen Unternehmers

Ändert sich der auf dem Markt gültige Produktpreis für den Unternehmer, so ändert sich, bei dem angenommenen Verlauf der Grenzkosten, auch seine angebotene Produktmenge: Ein steigender Produktpreis zieht eine steigende gewinnmaximierende Produkt- und Absatzmenge des Unternehmers nach sich.

Die Angebotskurve des Unternehmers

Wir können also festhalten: Die steigende Grenzkostenkurve stellt die Angebotskurve des Unternehmers für unterschiedliche Marktpreise dar.

Einschränkend ist lediglich hinzuzufügen, daß der Preis so hoch sein muß, daß er (langfristig) die Durchschnittskosten der Produktion deckt. Außerdem haben wir bisher steigende Grenzkosten vorausgesetzt. Überlegen wir kurz, wie sich die Argumentation ändert, wenn die Grenzkosten konstant (und kleiner als der Preis) sind. Da bei jeder Produktmenge der Preis über den konstanten Grenzkosten liegt, lohnt sich für den Unternehmer stets eine Ausdehnung der Produktion. Kurzfristig wird er also immer so viel anbieten, wie er kann: Er produziert an der Kapazitätsgrenze.

Besonderheiten bei konstanten Grenzkosten

Wir können die Überlegungen zur gewinnmaximierenden Güterangebotsmenge noch in einer etwas anderen Form illustrieren: In einem Koordinatensystem tragen wir in Abb. 5.17 auf der Ordinate den Umsatz und die

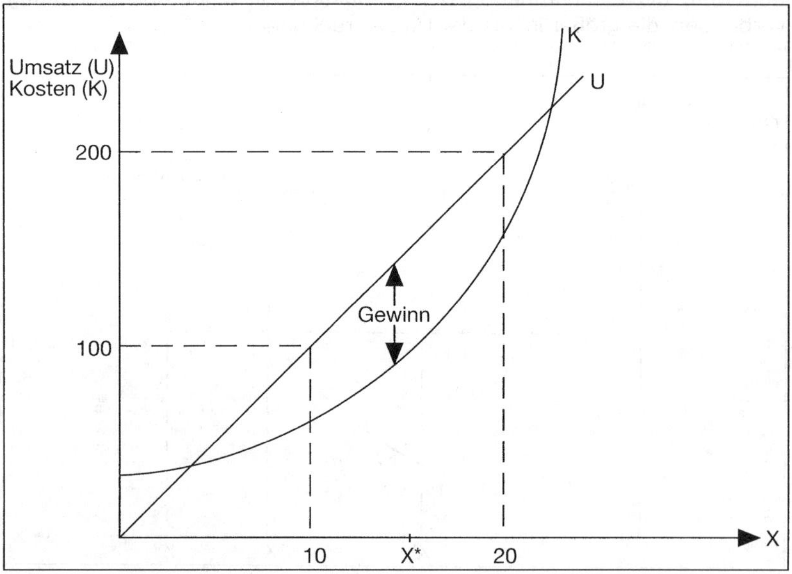

Abb. 5.17: Das Gewinnmaximum im „Total"-Diagramm

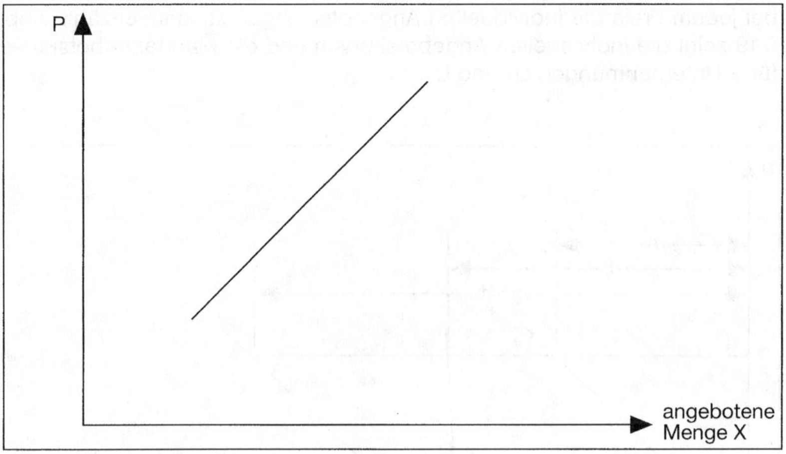

Abb. 5.18: Individuelle Angebotskurve

Gesamtkosten des Unternehmens und auf der Abszisse die Produkt- und Absatzmenge x ab. Da sich der Umsatz als Produkt aus dem vorgegebenen Marktpreis und der Produktmenge ergibt, ist die Umsatzkurve für einen gegebenen Preis gegeben durch eine Ursprungsgerade, deren Steigung durch den Produktpreis bestimmt ist. Beträgt der Produktpreis z. B. 10, so ergibt sich für eine Absatzmenge von 10 der Umsatz von 100; ist die Absatzmenge 20, so beträgt der Umsatz 200. Tragen wir in das gleiche Diagramm die totalen Kosten des Unternehmens ein, so stellt die vertikale Differenz zwischen Umsatzlinie und Kostenlinie den Gesamtgewinn des Unternehmers dar. Wie sich nachweisen läßt, ist die Produktmenge, bei der der vertikale Abstand zwischen Umsatzlinie und Kostenkurve am größten ist, diejenige, bei der die Neigung (Steigung) beider Kurven gleich ist. Da die Steigung der Umsatzlinie durch den Preis bestimmt ist und die Steigung der Kostenkurve die Grenzkosten angibt, ist die gewinnmaximierende Produktmenge x* durch die Gleichheit von Grenzkosten und Preis charakterisiert.

Ein Umsatz-Gesamtkostendiagramm

9. Marktangebot

Wir haben im 7. Abschnitt dieses Kapitels gezeigt, daß – bei steigenden Grenzkosten, die bei Existenz eines oder mehrerer kurzfristig konstanter Faktoren in einem Unternehmen (Gebäude, Boden, Maschinenbestand) realistisch sind – die kurzfristige Angebotskurve eines Unternehmens durch den steigenden Teil seiner Grenzkostenkurve gegeben ist:

Befindet sich eine Vielzahl von Anbietern dieses Produktes auf dem Markt, so erhält man das von ihnen getätigte Gesamtangebot, indem man

Die Gesamtangebotsmenge auf dem Markt ergibt sich, indem bei jedem Preis die individuellen Angebotsmengen addiert werden

bei jedem Preis die individuellen Angebotsmengen zusammenzählt. Abb. 5.19 zeigt die individuellen Angebotskurven und die Marktangebotskurve für 2 Unternehmungen U_1 und U_2.

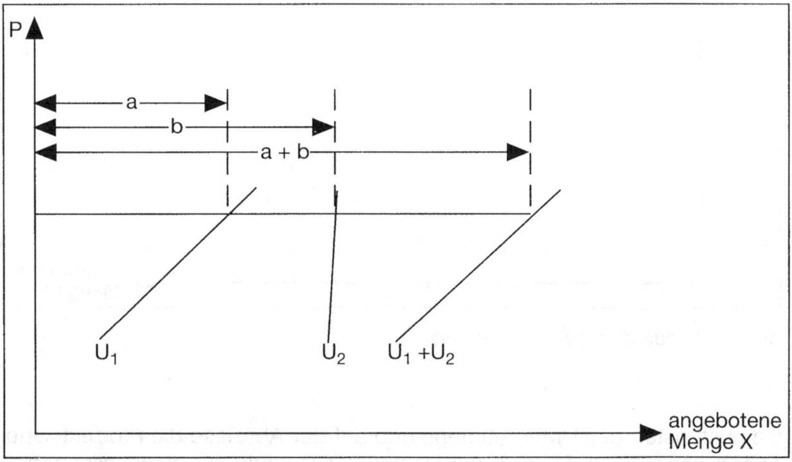

Abb. 5.19: Ableitung der Marktangebotskurve

10. Private Investitionen

Definition von Investitionsausgaben

Als Investitionsausgaben können im weitesten Sinne sämtliche Ausgaben verstanden werden, die ein bestehendes Einkommen sichern bzw. zukünftige Einkommensmöglichkeiten erhöhen.

In diesem umfassenden Sinn wird der Investitionsbegriff selten in der Volkswirtschaftslehre verwendet. In Anlehnung an die Konventionen der volkswirtschaftlichen Gesamtrechnung beschränkt man ihn in der Regel auf Ausgaben, die Unternehmungen zwecks Erhaltung, Erweiterung oder Verbesserung ihres sachlichen Produktionsapparates tätigen. Anstatt von Investitionen spricht man gelegentlich auch von Akkumulation des Kapitals oder von Realkapitalbildung.

Da der Produktionsapparat einem Verschleiß durch Gebrauch unterliegt (Abschreibung) ist die Investition, die gerade diesen Kapitalverzehr ausgleicht, lediglich **Ersatzinvestition (oder Reinvestition).**

Verschiedene Investitionsbegriffe

Die darüber hinausreichende Investition ist die **Nettoinvestition.** Ersatz- und Nettoinvestition bilden zusammen die **Bruttoinvestition.**

Nettoinvestitionen können der bloßen Vergrößerung eines qualitativ unveränderten Produktionsapparates dienen **(Erweiterungsinvestitionen)** oder den Produktionsapparat in seiner Effizienz verbessern **(Rationalisierungsinvestitionen).** Allerdings können auch Ersatzinvestitionen der Rationalisierung dienen, die Gliederungskriterien überschneiden sich hier ein wenig.

Nach einem weiteren Gliederungskriterium unterscheidet man bei den Brutto- und Nettoinvestitionen zwischen **Anlage-** und **Lagerinvestitionen.** Anlageinvestitionen betreffen das Produktionspotential der Volkswirtschaft, sie können **Ausrüstungsinvestitionen** (Maschinen, maschinelle Anlagen, Fahrzeuge, Betriebs- und Geschäftsausstattung) oder **Bauinvestitionen** (Wohnbauten, gewerbliche Bauten, Straßen, Brücken) sein. Die Lagerinvestition besteht aus der Änderung der Bestände der Volkswirtschaft an nichtdauerhaften Produktionsmitteln und Halb- und Fertigfabrikaten der Betriebe.

Die folgende Abbildung 12.3 zeigt am Beispiel der gesamtwirtschaftlichen Investitionen der Unternehmen, daß die privaten Investitionen relativ stark schwanken, so daß man plastisch von **Investitionswellen** sprechen kann.

Um erkennen zu können, welche Faktoren die Investitionstätigkeit der Unternehmer beeinflussen, wollen wir prüfen, wann eine Investition für den Investor lohnend ist. Dabei wird sich zeigen, daß ein wichtiger Faktor der Marktzins ist.

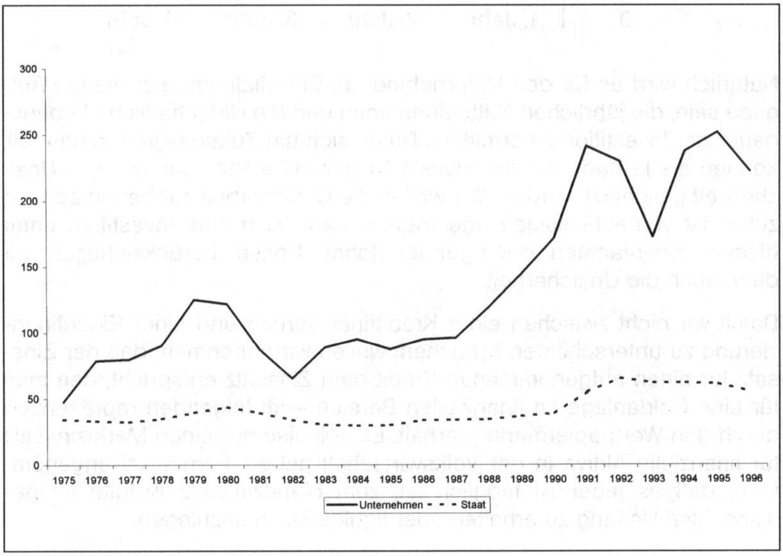

Abb. 12.3: Nettoinvestitionen von Unternehmen und Staat in Mrd. DM (früheres Bundesgebiet)
Quelle: Jahresgutachten des Sachverständigenrates 1994/95, S. 354

Bei jeder Investition entstehen zu Beginn Anschaffungs- oder Herstellungskosten (A), und üblicherweise erbringt jede Investition während ihrer Lebensdauer einen Strom von jährlichen Nettoeinnahmen (E) [Einnahmen minus Betriebsausgaben (ohne Abschreibungen)].

Beispiel für eine Wirtschaftlichkeitsüberlegung

Ein Beispiel stellt der Kauf einer Fotokopiermaschine dar, mit der der Investor gegen ein bestimmtes Entgelt pro angefertigter Fotokopie als selbständiger Unternehmer Kopierarbeiten übernehmen will. Am Anfang der Investition steht der Kauf der Maschine, der zu einem Preis von 5000 DM (Anschaffungsausgabe) erfolgen soll. Der Investor schätzt, daß das Gerät eine wirtschaftliche und technische Lebensdauer[2]) von 4 Jahren haben wird und danach ohne Restkaufwert (aber auch ohne Kosten) ver schrottet wird. Während der vier Jahre seiner Lebensdauer werden mit Hilfe des Gerätes Nettoeinnahmen erzielt, die sich in jedem Jahr aus dem Umsatz (verkaufte Fotokopien mal Stückpreis) vermindert um die Betriebsausgaben für Papier, Strom, Raummiete, Reparaturen, Arbeitslohn und Ähnlichem, ergeben.

Investition als Auszahlungs- und Einzahlungsreihe

Bezeichnen wir die erwarteten Nettoeinnahmen der Betriebsjahre des Gerätes mit E_1, E_2, E_3 und E_4, so können wir die Investition schematisch wie folgt darstellen.

$-A$	$+E_1$	$+E_2$	$+E_3$	$+E_4$
(-5000)	(+1700)	(+1700)	(+1700)	(+1700)
0	1. Jahr	2. Jahr	3. Jahr	4. Jahr

Natürlich wird es für den Unternehmer im Einzelfall eine schwierige Aufgabe sein, die jährlichen Nettoeinnahmen und die wirtschaftliche Lebensdauer der Investition zu ermitteln. Da es sich um Zukunftsgrößen handelt, können sie je nach Art der Investition nur mit mehr oder weniger **Unsicherheit** geschätzt werden. Wir wollen die Unsicherheit zur Vereinfachung zunächst vernachlässigen und fragen, wann sich eine Investition unter diesen vereinfachten Bedingungen lohnt. Später berücksichtigen wir dann auch die Unsicherheit.

Damit wir nicht zwischen einer Kreditfinanzierung und einer Eigenfinanzierung zu unterscheiden brauchen, wollen wir annehmen, daß der Zinssatz für einen aufgenommenen Kredit dem Zinssatz entspricht, den man für eine Geldanlage im finanziellen Bereich – im folgenden repräsentiert durch den Wertpapiermarkt – erhält. Es soll also nur einen Marktzinssatz für finanzielle Aktiva in der Volkswirtschaft geben. Ferner sei angenommen, daß es jederzeit möglich ist, zum Marktzinssatz Kredite im gewünschten Umfang zu erhalten oder liquide Mittel anzulegen.

2) Man unterscheidet zwischen der technischen Lebensdauer einer Maschine, die angibt, wie lange sie technisch funktionsfähig sein wird, und der wirtschaftlichen Lebensdauer, die angibt, wie lange eine Maschine rentabel arbeitet. So sind z. B. Dampflokomotiven wirtschaftlich veraltet, aber technisch oft noch funktionsfähig.

In unserem Beispiel wendet der Investor heute DM 5.000 (im Zeitpunkt 0) für den Kauf der Fotokopiermaschine auf. Er erhält – so wollen wir annehmen – **am Ende** jedes der vier Betriebsjahre der Maschine in einer Summe eine Nettoeinnahme von DM 1.700, insgesamt also DM 6.800. Damit ist die Summe der zukünftigen Nettoeinnahmen größer als die Anschaffungsausgabe. Dies ist zwar eine notwendige, nicht aber eine hinreichende Bedingung für die Wirtschaftlichkeit einer Investition. Es ist zu bedenken, daß z. B. DM 1.700, die nach vier Jahren dem Investor zufließen, heute nicht DM 1.700 wert sind, sondern nur einen **Barwert** (= Gegenwartswert) haben in Höhe des Betrages, der, heute angelegt, in vier Jahren mit Zins und Zinseszins auf DM 1.700 anwächst. Also sind die DM 1.700 über vier Jahre mit dem Marktzins abzuzinsen, ihr Gegenwartswert beträgt $\frac{1700}{(1+i)^4}$ wobei i den Marktzinssatz bezeichnet.

Prüfung der Wirtschaftlichkeit einer Investition

Entsprechende Überlegungen gelten für die nach drei, zwei und nach einem Jahr anfallenden Nettoeinnahmen. Der Gegenwartswert sämtlicher Nettoeinnahmen ist dann gegeben als:

$$\frac{1700}{(1+i)^1} + \frac{1700}{(1+i)^2} + \frac{1700}{(1+i)^3} + \frac{1700}{(1+i)^4}$$

Bei einem Marktzinssatz i per annum von z. B. 0,1 (10 %) ergibt dies:

$$1545 + 1405 + 1277 + 1161 = 5388.$$

Die Summe der abgezinsten (diskontierten) Nettoeinnahmen ist also mit DM 5.388 größer als die Anschaffungsausgabe von DM 5.000. Das aber bedeutet nichts anderes, als daß der Investor sich schlechter stehen würde, wenn er anstelle des Kaufes der Maschine das investierte Kapital vier Jahre mit Zins und Zinseszinsen in Wertpapieren anlegen würde. Denn der Gegenwartswert der Nettoeinnahmen (im Beispiel DM 5.388 – zinstragend auf dem Wertpapiermarkt angelegt) würde einen höheren Ertrag erbringen als die Wertpapieranlage des vor Investitionsbeginn verfügbaren Kapitals von DM 5.000. Das Kapital wird also bei Durchführung der **Realinvestition** höher verzinst als bei Anlage auf dem Wertpapiermarkt **(Finanzinvestition).**

Wir halten fest:

Eine (Real-)Investition ist lohnend, wenn die Summe der auf den Ausgabezeitpunkt für das Investitionsobjekt abgezinsten Nettoeinnahmen (ihr „Gegenwartswert") größer ist als die Anschaffungsausgabe.

Bezeichnet man die Differenz aus der Summe der abgezinsten Nettoeinnahmen und der Anschaffungsausgabe als den **Kapitalwert** der Investition, so kann man die obige Bedingung für die Vorteilhaftigkeit einer Investition auch folgendermaßen ausdrücken:

Kapitalwertmethode

Eine (Real-)Investition ist lohnend, wenn ihr Kapitalwert positiv (im Grenzfall Null) ist.

Investitionen sind marktzinsabhängig

Die obigen Überlegungen zeigen, daß der Kapitalwert einer Investition bei gegebener Höhe und zeitlichen Verteilung der Nettoeinnahmen und gegebener Anschaffungsausgabe von dem **Zinssatz** abhängt, mit dem die zukünftigen Nettoeinnahmen abgezinst werden müssen. Je höher dieser Zinssatz ist, desto geringer ist ceteris paribus der Kapitalwert. Im Beispiel ergibt sich ein negativer Kapitalwert, wenn man von einem Zinssatz von 14 % ausgeht. Die Realinvestition ist dann nicht lohnend, denn der Investor stünde sich besser, wenn er sein Kapital zu 14 % Zinsen auf dem Wertpapiermarkt anlegen würde.

Eine Investition ist also ceteris paribus um so eher lohnend, je niedriger der Marktzins ist.

Grenzleistungsfähigkeit des Kapitals

Wir können unsere Überlegungen zur Wirtschaftlichkeit einer Investition noch in einer etwas anderen Weise ausdrücken, die für unsere weiteren Betrachtungen bedeutsam ist. Die zugrundeliegende Überlegung ist bei der Darstellung der Kapitalwertmethode schon angeklungen: Ein positiver Kapitalwert impliziert, daß die Verzinsung der Realinvestition größer ist als der zur Abzinsung der Nettoeinnahmen verwendete Zins. Ein negativer Kapitalwert zeigt an, daß die Verzinsung der Realinvestition kleiner ist als der zur Abzinsung der Nettoeinnahmen verwendete Zins. Ein Kapitalwert von Null zeigt also an, daß die Verzinsung (Rendite) der Realinvestition gleich ist dem zur Abzinsung der Nettoeinnahmen verwendeten Zins. Man kann also die Verzinsung **(Rendite)** der Realinvestition bestimmen, indem man den Zins sucht, der zu einem Kapitalwert der Investition von null führt. Man nennt diesen Zins auch den **internen Zins** oder in Anlehnung an KEYNES die **Grenzleistungsfähigkeit des Kapitals.** In unserem Beispiel ist der interne Zins r der Zins, der die Gleichung

$$\frac{1700}{(1+r)^1} + \frac{1700}{(1+r)^2} + \frac{1700}{(1+r)^3} + \frac{1700}{(1+r)^4} = 5000$$

erfüllt. Auf die Beschreibung der rechnerischen Bestimmung des internen Zinses – die sehr kompliziert sein kann – soll hier nicht eingegangen werden. Im Beispiel kann man durch Probieren finden, daß der interne Zins ca. 13,5 % beträgt. Bei einem Marktzins von 10 % würde sich der Kauf der Fotokopiermaschine also lohnen, weil die Verzinsung, die mit dieser Realinvestition verbunden ist (13,5 %), höher ist als die auf dem Wertpapiermarkt erzielbare Verzinsung (10 %). Anstatt zu sagen, eine Investition ist lohnend, wenn ihr Kapitalwert größer als Null ist, kann man also – logisch äquivalent – formulieren:

Eine Realinvestition ist rentabel, wenn die Grenzleistungsfähigkeit des Kapitals größer ist als der Marktzins.

Auch in dieser Formulierung wird deutlich, daß sich ein bestimmtes Investitionsprojekt um so eher lohnt, je niedriger der Marktzins in der Volkswirtschaft ist. Hätte der Marktzins im Beispiel 14 % betragen, so wäre die Investition nicht rentabel gewesen.

C. Arbeitsaufgaben

1) *Was verstehen Sie unter einer Produktionsfunktion?*
2) *Wodurch ist eine limitationale, wodurch eine substitutionale Produktionsfunktion gekennzeichnet?*
3) *Was versteht man unter einer Isoquante, und wie verläuft diese bei einer substitutionalen Produktionsfunktion?*
4) *Was besagt das „Gesetz vom abnehmenden Ertragszuwachs“?*
5) *Wie ist die Minimalkostenkombination gekennzeichnet? Interpretieren Sie die Bedingung(en).*
6) *Erläutern Sie, warum der Verlauf der Kostenkurve von den Skaleneigenschaften der Produktionsfunktion abhängt?*
7) *Zeichnen Sie bei „S“-förmigem Gesamtkostenverlauf die*
   - *Grenzkostenkurve*
   - *Kurve der durchschnittlichen variablen Kosten*
   - *Kurve der durchschnittlichen totalen Kosten*
8) *Gegeben sei die Produktionsfunktion eines Unternehmens, der sich auf Absatz- und Beschaffungsmärkten als Mengenanpasser verhält.*

   Seine Gewinnfunktion lautet deshalb:

   $G = p \cdot y\,(N, \overline{K}) - W \cdot N - \overline{i} \cdot \overline{K},$

   $G = p \cdot a\, N^{\beta} - W \cdot N - \overline{i} \cdot K.$

   Leiten Sie die Arbeitsnachfrage als Funktion des Reallohns ab!
9) *Geben Sie mögliche Begründungen für die negative Zinsabhängigkeit der Investitionen.*
10) *Erläutern Sie die der produktivitätsorientierten Lohnpolitik zugrundeliegenden theoretischen Zusammenhänge.*
11) *Erläutern Sie die Preis = Grenzkosten-Regel für einen als Mengenanpasser handelnden Unternehmer.*
12) *Wie sieht die Angebotskurve eines als Mengenanpasser handelnden Unternehmers aus, wenn in seiner Unternehmung die Gesamtkosten konstant sind?*

Lösungsvorschläge für die Arbeitsaufgaben im „Übungsbuch zu Grundlagen und Probleme der Volkswirtschaft“.

D. Literatur

Eine präzise, trotzdem einfach gehaltene Darstellung grundlegender produktions- und kostentheoretischer Begriffe und Zusammenhänge findet der Leser bei:

DEMMLER, Horst, Einführung in die Volkswirtschaftslehre. Elementare Preistheorie, 6. Aufl., München 1997

Unter Verwendung einfacher formaler Instrumente informiert umfassender:

HERDZINA, Klaus, Einführung in die Mikroökonomik, 6. Aufl., München 1999

LANCASTER, Kelvin, Moderne Mikroökonomie, 4. Aufl., Frankfurt a. M. 1991

SCHUMANN, Jochen, Grundzüge der mikroökonomischen Theorie, 6. Aufl., Berlin u. a. 1992

VARIAN, Hal R., Grundzüge der Mikroökonomik, 2. Aufl., München 1991, Kapitel XVIII ff.

Empfehlenswert – aber mathematische Kenntnisse voraussetzend – ist der Übersichtsartikel von:

GABISCH, Günter, Haushalte und Unternehmungen. In: Vahlens Kompendium der Wirtschaftstheorie und Wirtschaftspolitik, Bd. 2, 5. Aufl., München 1992.

6. Kapitel
Preisbildung auf unterschiedlichen Märkten

A. Lernzielorientierte Leitfragen und Fragenkomplexe

Leitfrage:
Wie bilden sich die Preise an einer Börse?

- *Wie beeinflussen Angebot und Nachfrage den Preis?*
- *Wie beeinflußt der Preis Angebot und Nachfrage?*
- *Wie hängen die Einnahmen der Anbieter von der Preisbildung ab?*

Leitfrage:
Welche Faktoren begrenzen den Preissetzungsspielraum eines den Preis selbst festsetzenden Anbieters?

- *Wie wird üblicherweise der Preis kalkuliert?*
- *Welche Kontrollmechanismen begrenzen den Preisbildungsspielraum eines Monopolisten?*
- *Wie wird der gewinnmaximierende Monopolpreis ermittelt?*
- *Was ist ein natürliches Monopol?*
- *Welche Kontrollmechanismen begrenzen den Preisbildungsspielraum eines Oligopolisten?*

Leitfrage:
Welche Bedeutung hat die Marktform „vollkommene Konkurrenz"?

- *Wie bilden sich Preise bei vollkommener Konkurrenz?*
- *Welche Vorzüge weist die vollkommene Konkurrenz auf?*
- *Warum ist vollkommene Konkurrenz nicht realisiert?*

B. Sachanalyse

1. Einteilung der Märkte

Märkte werden häufig nach der Zahl der Marktteilnehmer und der Organisationsform eingeteilt

Bereits im Kapitel 4 wurde angedeutet, welche verschiedenen Erscheinungsformen ein Markt annehmen kann. Diese unterschiedlichen Ausprägungen üben einen Einfluß auf den Preisbildungsprozeß aus. Wir wollen uns damit begnügen, zwei Einflußgrößen herauszugreifen, nämlich die Organisationsform des Marktes und die Zahl der Anbieter und Nachfrager.

Hinsichtlich der Organisationsform sind zu unterscheiden:

Börsen

(a) Märkte, auf denen die Preise durch einen **Auktionator** nach Angebot und Nachfrage festgesetzt werden. Auf solchen Märkten werden z. B. Rohstoffe gehandelt. (Man denke an internationale Rohstoffbörsen und Gemüse-, Fleisch- und Fischgroßmärkte.) Auf diesen Märkten spielt die Zahl der Anbieter und Nachfrager meistens keine wesentliche Rolle; in der Regel sind die Marktteilnehmer zahlreich.

Preisfixierer

(b) Märkte, auf denen der Anbieter den Preis seines Produktes festsetzt **(Preisfixierer)** und die Käufer entscheiden, wieviel sie bei diesem Preis kaufen wollen. Diese Form der Preisbildung ist üblich für Industrie, Handwerk und Handel. Auf diesen Märkten ist – neben der Nachfragekonstellation – die Zahl der Mitkonkurrenten von wesentlichem Einfluß auf den Preisbildungsspielraum des Herstellers. Wir wollen daher die Preissetzung durch den Hersteller für den Fall des **Monopols** (der Anbieter hat keine Konkurrenten), des **Oligopols** (der Anbieter hat einige wenige Konkurrenten) und des **Polypols** untersuchen.

Preisbildung auf dem Arbeitsmarkt

Von Spezialformen der Preisbildung wollen wir absehen, lediglich einige Hinweise geben. Von Bedeutung ist die Preisbildung auf dem **Arbeitsmarkt.** Hier stehen sich ein Anbieter (Gewerkschaft als Vertreter der Arbeitnehmer) und ein Nachfrager (Arbeitgeberverband als Nachfrager nach Arbeit) in einem sog. bilateralen (zweiseitigen) Monopol gegenüber. Hier hängt die Preis- = Lohnbildung von der Stärke der Vertragsparteien (die unter anderem durch die gesamtwirtschaftliche Lage bestimmt wird), der Verhandlungsstrategie und -taktik der Tarifpartner, wegen der großen gesamtwirtschaftlichen Bedeutung der Löhne als Kosten und Einkommen allerdings auch von den Zielen und Mitteln der Wirtschaftspolitik ab.

Staatliche Preise

Von Bedeutung ist auch die Festsetzung staatlicher Preise und staatlich kontrollierter Preise (insbesondere beim Agrarmarkt der Europäischen Union). Wir beschränken uns indes auf die Beschreibung der Preisbildung im Bereich der privaten Wirtschaft.

2. Preisbildung durch einen Auktionator (Börse)

2.1 Ermittlung des Gleichgewichtspreises bei gegebener Angebots- und Nachfragebeziehung

Wählen wir als Beispiel ein landwirtschaftliches Produkt wie Kaffee. Eine Reihe von Produzenten produziert Kaffee und bietet – unabhängig von der Höhe des Preises – eine bestimmte Menge Kaffee (z. B. 10 t) auf der Kaffeebörse an. Auf der anderen Seite fragen die Nachfrager – vertreten durch Händler – Kaffee nach. Dabei gelte die im 4. Kapitel für den Normalfall gemachte Feststellung, daß die nachgefragte Menge von Kaffee mit sinkendem Preis zunimmt. Wir können die Konstellation im Angebots-/ Nachfragediagramm aufzeichnen (Abb. 6. 1)

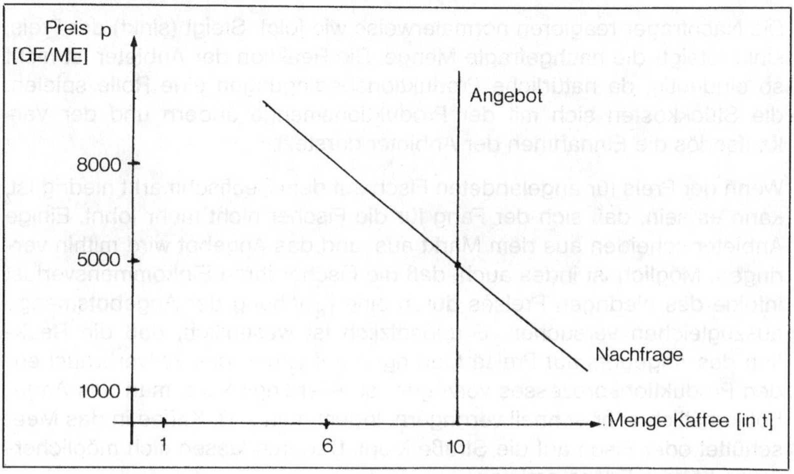

Abb. 6.1: Angebots-/Nachfragebeziehung von Kaffee

Der Auktionator ermittelt nun – da er über die Kauforders die Nachfragevorstellungen der Händler kennt – den Preis, zu dem die angebotene Menge von 10 t gerade nachgefragt wird, in Abb. 6.1 also einen Preis von 5000,– DM pro t. Setzte der Auktionator probeweise einen Preis von 8000,– DM pro t, stellte er fest, daß die zu diesem Preis gewünschte Nachfragemenge nur 6 t beträgt, also kleiner wäre als die Angebotsmenge **(Angebotsüberhang).** Diese Feststellung ist für den Auktionator ein Signal, den Preis zu senken. Setzte der Auktionator einen Preis von z. B. 3000,– DM pro t fest, würde er einen sog. **Nachfrageüberhang** bemerken, also ein Signal, den Preis zu erhöhen.

Es gibt nur einen Preis, bei dem, bildlich gesprochen, die Kräfte, die auf eine Änderung des Preises drängen, sich die Waage halten. Dies ist der Preis im Schnittpunkt der Angebots- und der Nachfragekurve. In unserem Beispiel wollen bei einem Preis von 5000,– DM die Nachfrager genausoviel Kaffee kaufen, wie die Anbieter verkaufen wollen. Man sagt, bei diesem Preis herrscht Gleichgewicht zwischen geplantem Angebot und geplanter Nachfrage. Der **Gleichgewichtspreis** ist der Preis, bei dem das geplante Angebot der geplanten Nachfrage gleich ist.

Marktgleichgewicht

Hier ist ein Teil der Wirkungsweise des Preismechanismus erkennbar: Ist das geplante Angebot größer als die geplante Nachfrage, senkt der Auktionator den Preis, und ist die geplante Nachfrage größer als das geplante Angebot, so erhöht der Auktionator den Preis.

Ist die Nachfrage größer als das Angebot, so erhöht der Auktionator den Preis und umgekehrt

2.2 Reaktion von Angebot und Nachfrage auf Preisänderungen

Wie reagieren nun Anbieter und Nachfrager wiederum auf die Preisänderung?

Die Nachfrager reagieren normalerweise wie folgt: Steigt (sinkt) der Preis, sinkt (steigt) die nachgefragte Menge. Die Reaktion der Anbieter ist nicht so eindeutig, da natürliche Produktionsbedingungen eine Rolle spielen, die Stückkosten sich mit der Produktionsmenge ändern und der Verkaufserlös die Einnahmen der Anbieter darstellt.

Verzögerte Reaktion des Angebotes

Wenn der Preis für angelandeten Fisch auf dem Seefischmarkt niedrig ist, kann es sein, daß sich der Fang für die Fischer nicht mehr lohnt. Einige Anbieter scheiden aus dem Markt aus, und das Angebot wird mithin verringert. Möglich ist indes auch, daß die Fischer ihren Einkommensverlust infolge des niedrigen Preises durch eine Erhöhung der Angebotsmenge auszugleichen versuchen. Grundsätzlich ist wesentlich, daß die Reaktion des Angebots auf Preisänderungen auf Grund des zeitverbrauchenden Produktionsprozesses verzögert ist. Allerdings kann man das Angebot künstlich sehr schnell verringern, indem man z. B. Kaffee in das Meer schüttet oder Fisch auf die Straße kippt. Dadurch lassen sich möglicherweise höhere Erlöse erzielen.

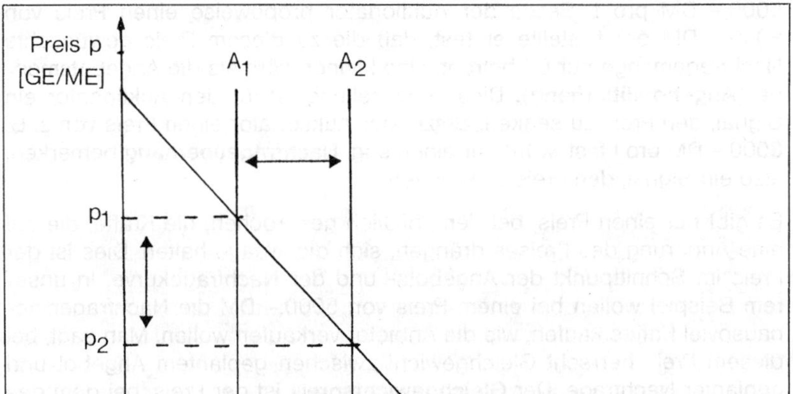

Abb. 6.2: Verschiebung der Angebotskurve

2.3 Wirkungen von Angebots- und Nachfrageverschiebungen auf den Gleichgewichtspreis

Wie wirken nun Angebots- und/oder Nachfrageverschiebungen auf die Höhe des Gleichgewichtspreises? Dies kann man sehr einfach durch Verschiebungen der Kurven in unserem Angebots-/Nachfragediagramm aufzeigen (Abb. 6.2, 6.3).

Bei unveränderter Nachfragekurve bewirkt eine Erhöhung des Angebots (Rechtsverschiebung des Angebots von A_1 auf A_2) einen Preisrückgang (von p_1 auf p_2) und umgekehrt eine Verringerung des Angebots (von A_2 auf A_1) eine Preiserhöhung (von p_2 auf p_1).

Steigt das Angebot bei unveränderter Nachfrage, so sinkt der Preis

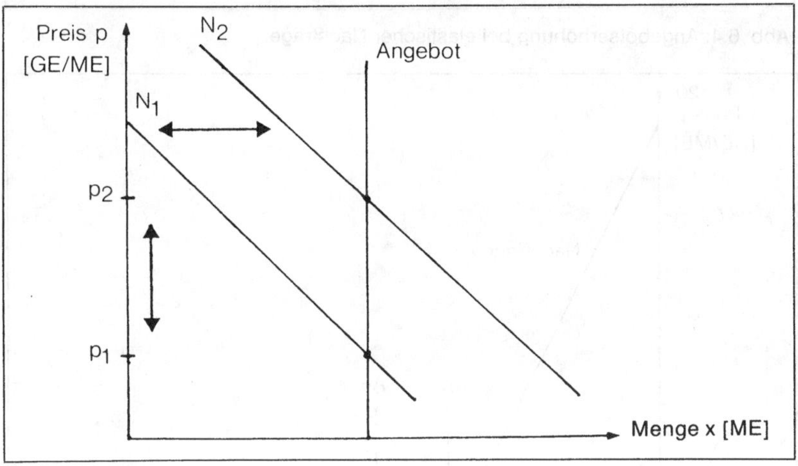

Abb. 6.3: Verschiebung der Nachfragekurve

Bei unverändertem Angebot bewirkt eine Erhöhung der Nachfrage (Rechtsverschiebung der Nachfragekurve von N_1 auf N_2) einen Preisanstieg (von p_1 auf p_2). Umgekehrt würde ein Rückgang der Nachfrage (von N_2 auf N_1) eine Preissenkung (von p_2 auf p_1) hervorrufen.

Steigt die Nachfrage bei unverändertem Angebot, so steigt der Preis

2.4 Wirkung von Veränderungen der Angebotsmenge auf die Einnahmen der Anbieter

Da sich die Einnahmen der Anbieter aus Angebotsmenge mal Preis ergeben, ist es entscheidend, wie sich der Preis bei einer Variation der Angebotsmenge verändert, d. h. wie **preiselastisch** die Nachfrage ist.

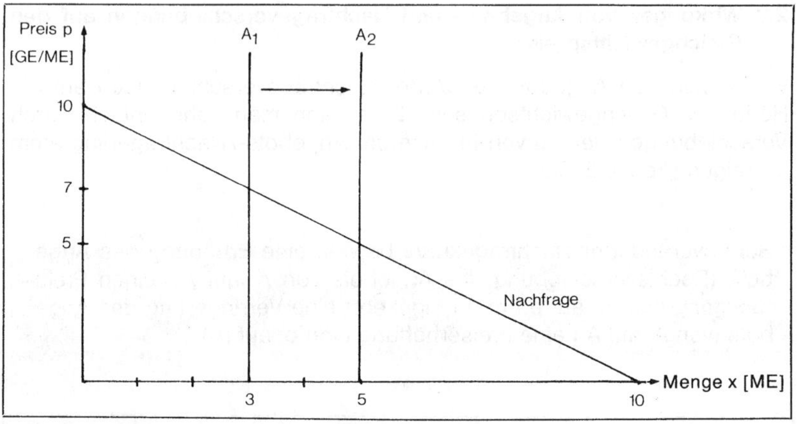

Abb. 6.4: Angebotserhöhung bei elastischer Nachfrage

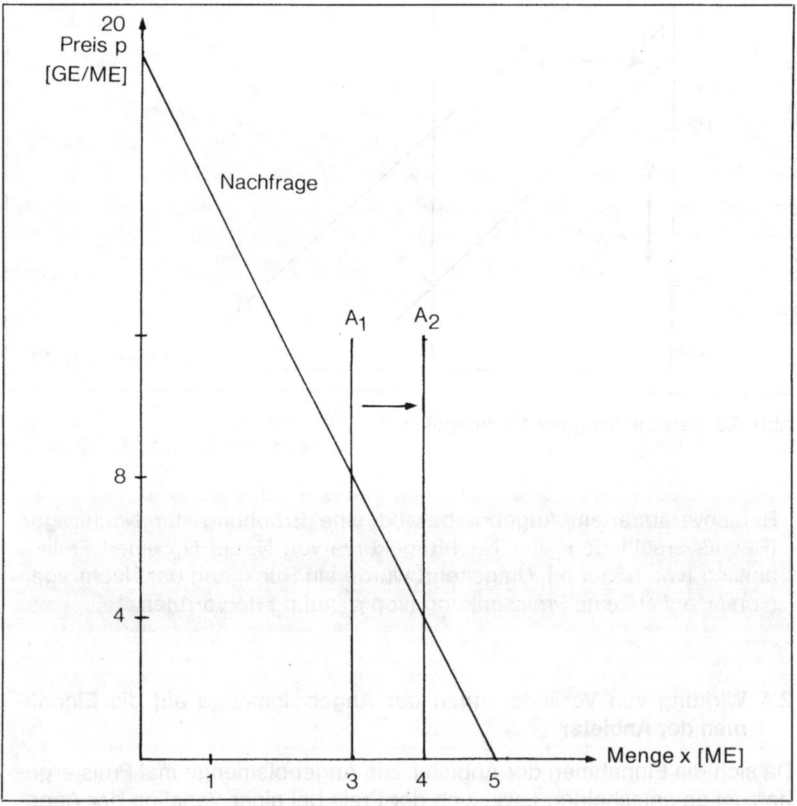

Abb. 6.5: Angebotserhöhung bei unelastischer Nachfrage

Gehen wir von einer unveränderten Nachfragebeziehung aus und untersuchen wir die Wirkung von Angebotsverschiebungen auf die Einnahmen der Anbieter (vgl. Abb. 6.4.).

Bei elastischer Nachfrage steigen die Einnahmen mit einer Angebotserhöhung der Anbieter

Das Angebot steigt von $A_1 = 3$ ME auf $A_2 = 5$ ME, der Preis sinkt von 7 auf 5 GE. Die Nachfrage ist elastisch ($E = -7/3$, wenn man die Änderungen auf die Ausgangswerte bezieht), d. h., die relative Mengenänderung ist größer als die relative Preisänderung. In diesem Fall erhöhen sich die Einnahmen (E) der Anbieter bei der angenommenen Ausweitung des Angebots von 3 auf 5 ME von $E_1 = 7 \cdot 3 = 21$ GE auf $E_2 = 5 \cdot 5 = 25$ GE. Umgekehrt würden sich bei einer Verringerung des Angebots von 5 auf 3 die Einnahmen vermindern (vgl. Abb. 6.4.).

Bei unelastischer Nachfrage sinken die Einnahmen der Anbieter bei einer Angebotserhöhung

In Abb. 6.5 steigt das Angebot von $A_1 = 3$ auf $A_2 = 4$ ME; der Preis sinkt daraufhin von 8 auf 4 GE. Die Nachfrage ist unelastisch ($E = -2/3$), d. h., die relative Mengenänderung ist kleiner als die relative Preisänderung. In diesem Fall vermindern sich die Einnahmen der Anbieter von $E_1 = 3 \cdot 8 = 24$ GE auf $E_2 = 4 \cdot 4 = 16$ GE. Umgekehrt würden sich die Einnahmen der Anbieter bei unelastischer Nachfrage erhöhen, wenn das Angebot vermindert würde. Aus diesem Grund wird „Kaffee in das Meer geschüttet".

Gesetz von Angebot und Nachfrage

Fassen wir die vorangegangenen Überlegungen zusammen: Auf einem Markt, auf dem ein Auktionator den Preis ermittelt, bestimmen Angebot und Nachfrage die Preishöhe. Hier – und in aller Reinheit nur hier – gilt das viel zitierte **„Gesetz von Angebot und Nachfrage"**. Steigt ceteris paribus die Nachfrage bzw. sinkt ceteris paribus das Angebot, so steigt der Preis; sinkt ceteris paribus die Nachfrage bzw. steigt ceteris paribus das Angebot, so sinkt der Preis. Und der Auktionator ermittelt stets den Preis, der die angebotene und die nachgefragte Menge gerade ausgleicht.

Häufige Preisänderungen und Fluktuationen der Einnahmen der Anbieter

Charakteristisch für solche Märkte sind die häufigen z. T. starken Preisänderungen (der Leser vergleiche die Häufigkeit der Preisänderungen von Autos oder Kühlschränken mit den Preisbewegungen von Sojabohnen oder Rotbarschfilet) und mithin die starken Fluktuationen der Einnahmen der Anbieter solcher Produkte.

Bei unelastischer Nachfrage – dies dürfte der Regelfall sein – vermindern sich die Einnahmen der Anbieter, wenn ihr Angebot steigt, und steigen die Einnahmen, wenn ihr Angebot sinkt. Daher war früher für die Bauern eine „gute Ernte" oft schlechter als eine „schlechte Ernte". Heute werden Agrarpreise in der Europäischen Union staatlich reguliert, u. a. deswegen, weil man starke Einkommensschwankungen der Landwirte für nicht tragbar hält (vgl. Kapitel 22, Abschnitt 5).

Der Leser bedenke, daß die beschriebene Organisationsform des Marktes weitreichende Konsequenzen bezüglich der Schwankungen des Einkommensstromes für ganze Berufszweige und Länder hat. Entwicklungsländer, die im wesentlichen landwirtschaftliche Produkte und Roh-

Die Produzenten von Gütern, deren Preis sich auf einer Börse bildet, leiden unter starken Einkommensschwankungen

stoffe exportieren, sind im Hinblick auf ihre Erlöse der Gnade des Marktes ausgeliefert. Versuche, durch Zusammenschlüsse das Angebot zu regulieren und zu beschränken, schlagen meist fehl, weil jedes Land von den übrigen verlangt, Angebotseinschränkungen durchzuführen, selbst aber von den resultierenden Preiserhöhungen durch Angebotserhöhung am meisten profitieren möchte. Vor diesem Hintergrund sind die Forderungen der Entwicklungsländer nach stabilen Rohstoffpreisen zu beurteilen (vgl. Kapitel 30, Abschnitt 9).

3. Preisfestsetzung durch Hersteller

3.1 Grundvorstellung

Industrie und Handwerk bringen ihre Produkte nicht auf den Markt, um dann abzuwarten, welchen Preis der Auktionator ermittelt, sondern sie setzen einen Preis fest, zu dem sie ihre Produkte zu verkaufen bereit sind. Dieser Preis soll im allgemeinen die Herstellkosten decken und den Produzenten einen Gewinn erbringen.

Streben nach Gewinnmaximierung

In volkswirtschaftlichen Lehrbüchern wird in diesem Zusammenhang häufig davon ausgegangen, daß die Anbieter nach maximalem Gewinn streben (**Gewinnmaximierungshypothese,** vgl. Kapitel 5). Ob dies tatsächlich der Fall ist, oder ob häufig nicht eher ein „angemessener" Gewinn angestrebt wird, sei hier dahingestellt. Jedenfalls ist Gewinnstreben in einer Marktwirtschaft durchaus ein notwendiges und legitimes Ziel, da die Gewinne bei Wettbewerb dem Unternehmer anzeigen, ob er seine Produktionsentscheidungen auch im gesamtwirtschaftlichen Interesse fällt.

Gewinnmaximierung bei Gleichheit von Grenzumsatz und Grenzkosten

Jede unternehmerische Planung muß sich nun im Grunde auf den Vergleich der zusätzlichen Kosten (Grenzkosten) einer Maßnahme mit dem daraus resultierenden zusätzlichen Umsatz (Grenzumsatz = Grenzerlös) zurückführen lassen. Und solange die Grenzkosten von Produktion und Absatz kleiner sind als der zusätzliche Umsatz, erhöht eine Produktionsausweitung den Gewinn des Anbieters (möglicherweise vermindert sie auch nur seinen Verlust). Entsprechendes gilt umgekehrt. Wenn Anbieter also nach maximalem Gewinn streben, müßten sie Preis und Verkaufsausgaben für ihr Produkt so festsetzen, daß **Grenzumsatz (= Grenzerlös) gleich Grenzkosten** ist.

In der Praxis scheint eine solche Grenzkalkulation jedoch häufig zu kompliziert zu sein, insbesondere da Grenzumsatz und Grenzkosten oft gar nicht bekannt sind. Anbieter setzen ihre Preise deshalb häufig so, daß sie auf die Stückkosten der Produktion, die bei normaler Kapazitätsauslastung anfallen (Normalkosten), einen Aufschlag erheben. Bei fallendem Verlauf der Stückkostenkurve – der Leser wird erkennen, daß dieser Verlauf auf einer linearen Kostenfunktion basiert – kann die Preisbildung in folgender Abb. 6.6 illustriert werden.

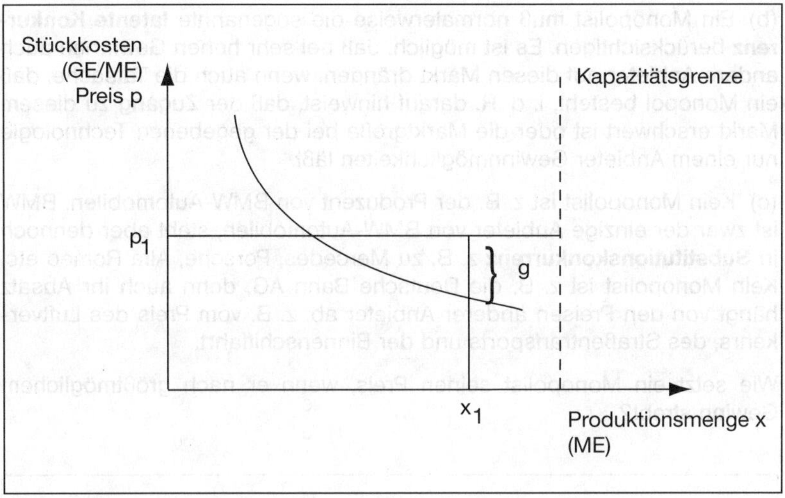

Abb. 6.6: Gewinnaufschlag auf die Stückkosten/Normalkostenprinzip

In der Praxis erfolgt häufig ein Aufschlag auf die Normalkosten

Geht die Firma von einer normalen Kapazitätsauslastung z. B. x_1 aus und setzt den Preis p_1, hat sie einen Gewinnaufschlag in Höhe von g. Diese Gewinnspanne wird bei konstantem Preis steigen, wenn die Firma ihre Kapazität zu mehr als x_1 auslasten kann, und sinken, wenn sie ihre Kapazität auf Grund geringer Nachfrage zu weniger als x_1 auslasten kann. Daß die Gewinne mit sinkender Kapazitätsauslastung sinken, ist ein Argument, mit dem Anbieter Preiserhöhungen bei sinkender Nachfrage begründen. Es wären dann umgekehrt mit steigender Nachfrage – die bei konstantem Preis ja Gewinnspanne und Gesamtgewinn erhöht – sinkende Preise zu erwarten. Doch fehlt bei steigender Nachfrage der Druck, Preise zu senken, sofern nicht Anbieterkonkurrenz dafür sorgt. Mit der Existenz bzw. Nichtexistenz dieser Konkurrenz wollen wir uns im folgenden befassen.

3.2 Preissetzung im Monopol

Man spricht von einem **Monopol,** wenn auf einem Markt nur ein Anbieter vorhanden ist, dessen Absatz nur von seinem Preis und nicht fühlbar von den Preisen anderer Anbieter abhängt. Man kann auch sagen: Ein Monopolist hat keine Konkurrenten. Um falsche Vorstellungen zu vermeiden, wollen wir auf drei Dinge hinweisen:

Ein Monopolist hat keine Konkurrenten

(a) Ein Monopolist kann nicht seinen Preis und gleichzeitig die Menge festsetzen, die er verkaufen will. Er muß sehr wohl das **Verhalten der Nachfrager** in Rechnung stellen und berücksichtigen, daß er in der Regel um so weniger absetzen kann, je höher er seinen Preis setzt. Er steht also einer fallenden Nachfragekurve für sein Produkt gegenüber.

Ein Monopolist kann nicht einen beliebig hohen Preis festsetzen

(b) Ein Monopolist muß normalerweise die sogenannte **latente Konkurrenz** berücksichtigen. Es ist möglich, daß bei sehr hohen Gewinnen auch andere Anbieter auf diesen Markt drängen, wenn auch die Tatsache, daß ein Monopol besteht, i. d. R. darauf hinweist, daß der Zugang zu diesem Markt erschwert ist oder die Marktgröße bei der gegebenen Technologie nur einem Anbieter Gewinnmöglichkeiten läßt.

(c) Kein Monopolist ist z. B. der Produzent von BMW-Automobilen. BMW ist zwar der einzige Anbieter von BMW-Automobilen, steht aber dennoch in **Substitutionskonkurrenz** z. B. zu Mercedes, Porsche, Alfa Romeo etc. Kein Monopolist ist z. B. die Deutsche Bahn AG, denn auch ihr Absatz hängt von den Preisen anderer Anbieter ab, z. B. vom Preis des Luftverkehrs, des Straßentransports und der Binnenschiffahrt.

Wie setzt ein Monopolist seinen Preis, wenn er nach größtmöglichem Gewinn strebt?

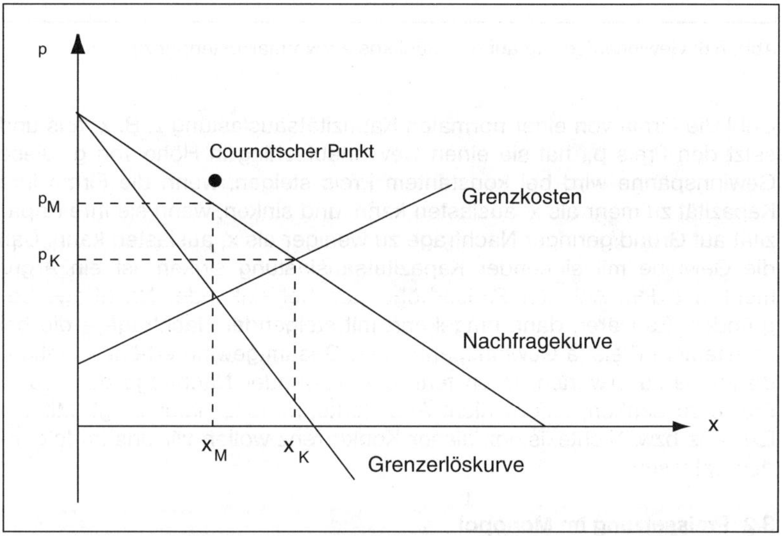

Abb. 6.7: Gewinnmaximierende Preissetzung im Monopol

Gewinnmaximierender Preis im Monopol

Abb. 6.7 zeigt eine normal verlaufende Nachfragekurve, der der Monopolist gegenübersteht und die ihm bekannt sein soll. Tatsächlich hat der Monopolist nur eine ungefähre Vorstellung von der Nachfragekurve. Da bestimmte Preise (Aktionsparameter) zu bestimmten Absatzmengen (Erwartungsparameter) führen, bezeichnet man die Nachfragekurve aus der Sicht des Monopolisten auch als seine **Preis-Absatz-Kurve.** Welchen Punkt auf der Nachfragekurve wird er bei der angenommenen Zielsetzung realisieren? Wie schon ausgeführt, ist die grundsätzliche Überlegung die des Vergleichs zwischen Grenzerlös (Grenzumsatz) und Grenzkosten. Das Gewinnmaximum ist durch die Gleichheit von Grenzerlös und Grenzkosten gekennzeichnet. Da der Monopolist, ausgehend von einer beliebigen Preis-Mengen-Kombination auf der Nachfragekurve, seinen Absatz nur steigern kann, wenn er mit dem Preis heruntergeht, ist der Grenzerlös kleiner als der Preis. Für die zusätzlich abgesetzte Gütereinheit erhält er den (gesenkten) Preis, gleichzeitig müssen die bisher abgesetzten Produkteinheiten ebenfalls zu dem niedrigeren Preis abgesetzt werden. Die Grenzerlöskurve verläuft deshalb in ihrem ganzen Bereich unterhalb der Nachfragekurve. Bei einer linearen Absatzfunktion hat sie den in Abb. 6.7 eingezeichneten Verlauf. Man beachte, daß - abhängig von der Elastizität der Nachfrage - der Grenzerlös auch negative Werte annimmt, eben dann, wenn die aufsummierten Preiseinbußen bei der bisherigen Absatzmenge den Preis der letzten Absatzeinheit überschreiten. Durch den Punkt, in dem sich Grenzerlöskurve und Grenzkostenkurve schneiden und damit die Grenzkosten den Grenzerlösen entsprechen, ist die gewinnmaximierende Menge x_M bestimmt. Der dieser Menge entsprechende Monopolpreis ist auf der Nachfragekurve durch p_M gegeben. Dieser Punkt auf der Nachfragekurve wird auch als **Cournotscher Punkt** bezeichnet. Würde sich der Monopolist wie die Anbieter bei vollständiger Konkurrenz verhalten, so würde er der „Preis = Grenzkosten"-Regel folgen und die Menge x_K zum Preise p_K anbieten.[1]) Aus diesem Grund wird der Monopolist in der Volkswirtschaftslehre kritisch beurteilt: Er produziert weniger und verlangt einen höheren Preis als Anbieter unter Konkurrenzbedingungen. Kritisch ist zu dieser Argumentation anzumerken, daß sie eine Identität von aggregierter Grenzkostenkurve der Konkurrenzanbieter und des Monopolisten unterstellt. Mit der Marktgröße für den einzelnen Anbieter ändert sich jedoch die Technologie, die wirtschaftlich ist.

Was sind die **Gründe für die Entstehung eines Monopols**? Zwei Gründe sind zentral:

Warum entstehen Monopole?

1. Der Zugang zu einem Markt, auf dem aufgrund der Marktgröße mehrere Unternehmen mit Gewinn oder zumindest kostendeckend anbieten könnten, ist künstlich oder aufgrund natürlicher Umstände auf einen Anbieter beschränkt. Das kann durch Patente oder durch willkürliche staatliche Setzung, aber auch durch ruinösen Verdrängungswettbewerb des Alleinanbieters geschehen.

2. Aufgrund der gegebenen technischen Bedingungen liegt das Minimum der Durchschnittskosten der kostengünstigsten Unternehmung bei einer das Marktvolumen abdeckenden (oder sogar überschreitenden, vgl. unten zum natürlichen Monopol) Produktmenge. Solche technischen Bedingungen liegen häufig bei Unternehmen vor, deren Gründung enorm hohe Investitionen erfordern und mit denen in der Folge-

1) Für den Anbieter bei vollständiger Konkurrenz ist der Grenzerlös (Grenzumsatz) gleich dem Preis, da er zum Marktpreis annahmegemäß jede beliebige Menge absetzen kann (Mengenanpasser, vgl. Kapitel 5, Abschnitt 7).

zeit hohe Fixkosten verbunden sind, während die Grenzkosten sehr niedrig sind. Ein typisches Beispiel ist ein Erdgaslieferant, der hohe Kosten zur Errichtung des flächendeckenden Rohrnetzes (und damit der Lieferbereitschaft überhaupt) aufbringen muß, während die zusätzlichen Kosten der Erhöhung des Gasdurchsatzes sehr gering sind. Andere Beispiele sind Telefon- oder Postverteilungsdienstleistungen.

Monopole sind relativ selten

Für die Marktform des Monopols lassen sich nur relativ wenige Beispiele finden. Zu der unter (1) genannten Gruppe gehört das Branntweinmonopol des Staates, für das gesundheitspolitische Gesichtspunkte angeführt werden, das aber vor allem der staatlichen Einnahmenerzielung dient. Zum Feld der durch künstliche Marktzutrittsschranken geschaffenen Monopole gehört auch das staatliche Geldnotenmonopol, wenn auch seine Notwendigkeit für ein funktionierendes Geldwesen mit privaten Geschäftsbanken kaum bestritten wird (vgl. Kapitel 16–18). Private Monopole mit größerer wirtschaftlicher Bedeutung sind kaum zu finden. Häufig gibt es kleinere, meist regional beschränkte Monopole, wie die Skischule eines Wintersportortes.

Bestimmte technische Bedingungen in Verbindung mit der Marktgröße führen zum natürlichen Monopol

Die unter 2. erläuterten besonderen technischen Bedingungen wurden i. d. R. als Rechtfertigung monopolistischer kommunaler Versorgungsunternehmen, wie Elektrizitätswerke, Erdgasanbieter oder Telefongesellschaften, angeführt. Solche Versorgungsunternehmen wurden häufig als

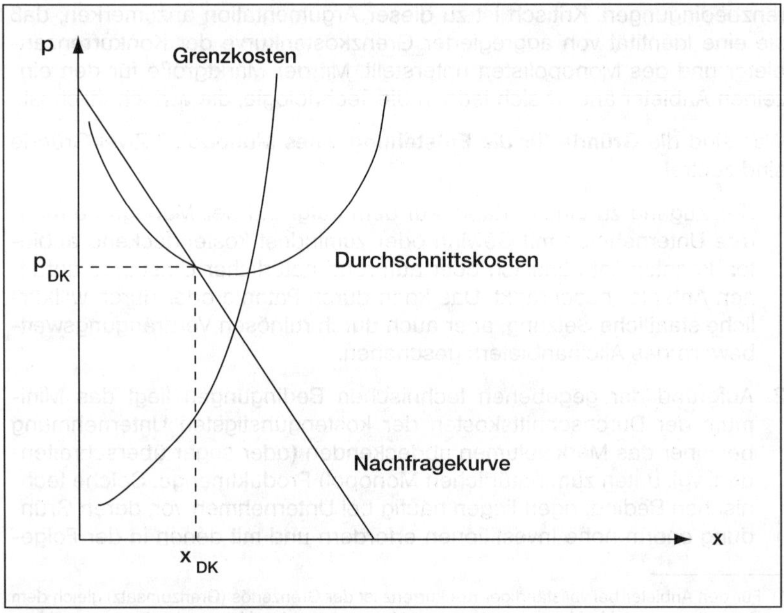

Abb. 6.8: Das natürliche Monopol

Beispiel für ein **„natürliches" Monopol** genannt, weil die Technologie so gewaltige Investitionen voraussetzt, daß das Minimum der Durchschnittskosten erst bei einer Produktionsmenge erreicht wird, die rechts von der Nachfragekurve liegt. Bei gegebener Marktgröße ist normales gewinnmaximierendes Verhalten des Monopolisten wegen entstehender Verluste nicht möglich. Abb. 6.8 illustriert eine solche Konstellation.

Sinnvoll kann es in einer solchen Situation sein, dem Staat die entsprechende Produktion zu übertragen und ihn zu verpflichten, zu kostendeckenden Preisen anzubieten, also zum Preis p_{DK}, bei dem die Durchschnittskostenkurve die Nachfragekurve schneidet. Problematisch an dieser Argumentation ist vor allem, daß solche staatlichen Unternehmen häufig nicht sehr auf Kostensenkung achten und/oder die Kosten zu hoch beziffern.

Monopolisten sind, wenn wir den Fall des staatlich regulierten natürlichen Monopols außer Betracht lassen, in ihrer Preiswahl vergleichsweise frei, sie werden darin nur durch die Nachfrage eingeengt. So können Monopolisten, wie in Abb. 6.7 gezeigt, den gewinnmaximierenden Preis setzen.

Beim Monopol fehlen Kontrollmechanismen und Leistungsdruck

Monopole sind unerwünscht, weil eine Kontrolle ihrer wirtschaftlichen Macht, den Preis nach ihrem Belieben festzusetzen, nur von der Nachfrageseite ausgeübt werden kann. Es fehlt ein Kontrollmechanismus durch Konkurrenten, mit der Folge, daß Monopolisten einen Gewinn erzielen können, der nicht ihrer Tüchtigkeit oder ihren rationellen Fertigungsmethoden, sondern einer nur wenig auf Preisänderungen reagierenden (unelastischen) Nachfrage zuzuschreiben ist. Es fehlt der dauernde Druck, die Produktivität zu erhöhen und Produktionskosten zu senken oder neue Produkte anzubieten, die den Wünschen der Nachfrager mehr entsprechen.

Glücklicherweise sind wirtschaftlich bedeutsame Monopole relativ selten, aber das Gesagte gilt auch für Kartelle, die nicht so selten sind (vgl. hierzu Kapitel 7).

3.3 Preissetzung im Oligopol

Oligopol als vorherrschende Marktform einer modernen Wirtschaft

Befinden sich auf einem Markt einige **wenige, relativ große Anbieter,** so spricht man von einem Oligopol. Sind die angebotenen Produkte im Urteil der Käufer (praktisch) identisch, so handelt es sich um ein **homogenes Oligopol,** sonst um ein **heterogenes Oligopol.** Beim Oligopol hängt der Absatz eines Anbieters nicht nur von seinem eigenen Preis ab (wie beim Monopol), sondern auch von den Preisen der übrigen Anbieter, und zwar vom Preis jedes einzelnen der übrigen Anbieter. Die wechselseitige Abhängigkeit ist um so größer, je homogener die Produkte in den Augen der Käufer sind. Beispiele für die Marktform des Oligopols sind in großer Zahl zu finden: der Markt für Automobile bestimmter Klassen, Reifen, Mineralöl, Zigaretten, Stahl und Kunststoffe.

Man kann sagen, daß das Oligopol die vorherrschende Marktform einer modernen Wirtschaft ist.

Während ein Monopolist bei seiner Preissetzung nur die Reaktion der Nachfrager berücksichtigen muß und gegebenenfalls die latente Konkurrenz, hat ein Oligopolist gewissermaßen zwei Fronten zu berücksichtigen: Da der Absatz seiner Konkurrenten fühlbar von seinem Preis abhängt, werden seine Konkurrenten bei seinen Preisänderungen reagieren. Ein Oligopolist muß also sowohl die Marktseite der Nachfrager beobachten als auch das Verhalten seiner Konkurrenten in seine Planungen einbeziehen.

Der Preissetzungsspielraum eines Oligopolisten wird begrenzt durch die Preise seiner Konkurrenten

Generell gilt, daß die Preise, die ein oligopolistischer Anbieter fordern kann, im wesentlichen durch die Preise der Konkurrenten bestimmt sind. So können die Benzinpreise verschiedener Firmen nicht wesentlich differieren, so kann ein VW Golf nicht merklich teurer sein als ein Ford Fiesta, so muß ein VW Golf billiger sein als ein Opel Omega und dieser wiederum billiger als ein Mercedes der gehobenen Klasse. Die Gewinnspanne der Hersteller hängt mithin auch wesentlich von ihrer Kostenkurve ab. Je rationeller die Fertigungsmethoden, desto größer die Gewinnspanne.

Überlegungen bei

Besonders deutlich wird die wechselseitige Preisabhängigkeit bei beabsichtigten Preisänderungen, die ein Anbieter sehr sorgfältig planen muß.

– einer beabsichtigten Preissenkung

Senkt ein oligopolistischer Anbieter seinen Preis, werden die Konkurrenten einen großen Teil ihres Absatzes verlieren, wenn die Nachfrager keinen wesentlichen Unterschied bei den Produkten sehen. Um den Absatzverlust zu verhindern, werden die Konkurrenten ebenfalls ihre Preise senken müssen, möglicherweise in gleichem Ausmaß oder noch stärker. So wird jeder Anbieter die auf ihn entfallende Nachfrage unter der Voraussetzung schätzen müssen, daß bei einer Preissenkung die Konkurrenten folgen werden. Die Konsequenz ist, daß jeder Anbieter sich eine Preissenkung sehr genau überlegen muß, vor allem, da er nicht sicher sein kann, daß sich nicht aus der ursprünglichen Preissenkung ein ruinöser Preiskampf entwickelt.

– einer beabsichtigten Preiserhöhung

Erhöht ein oligopolistischer Anbieter seinen Preis, wird sein Absatz fühlbar zurückgehen, der Absatz der übrigen hingegen zunehmen, wenn diese ihre Preise konstant lassen. Während bei einer Preissenkung eines einzelnen Anbieters für diesen zu „befürchten" ist, daß die anderen folgen, muß er jetzt „befürchten", daß sie einer Preiserhöhung nicht folgen. Daher muß auch eine Preiserhöhung vom Anbieter gründlich überlegt sein.

---

2) Administrierte Preise sind nicht mit administrativen Preisen, also staatlich festgesetzten Preisen, zu verwechseln.

Aus dieser Unsicherheit über die Reaktion der Konkurrenten ergeben sich Risiken für den Anbieter, der mit der Preisänderung beginnt. Dies ist eine Erklärung dafür, daß man auf oligopolistischen Märkten häufig lange Perioden fester Preise beobachten kann, auch wenn sich Kosten und Nachfrage verändern. Diese Preisstarrheit bei Kosten und/oder Nachfrageverschiebungen bezeichnet man oft mit dem Begriff **„administrierte Preise“**[2]).

Die Gewinnspanne und der Gesamtgewinn oligopolistischer Anbieter hängen mithin – bei vergleichsweise großer Preisstarrheit und gegebenem Stückkostenverlauf – von der Höhe der Nachfrage ab. Es liegt folglich die in Abschnitt 3.1 (Abb. 6.6) dargestellte Situation vor.

Mögliche Gruppen-solidarität

Wegen der starken gegenseitigen Abhängigkeit der Anbieter können sich in einem Lernprozeß bestimmte Verhaltensregeln herausbilden mit dem Ziel, das Risiko von Einzelaktionen zu vermindern. Möglich ist z. B. die Anerkennung eines **Preisführers.** Ein Anbieter erhöht seine Preise und gibt seinen Konkurrenten damit das Signal zu Preiserhöhungen ihrerseits. Wenn sie alle ihre Preise erhöhen, so haben alle einen Vorteil, sofern die Nachfrage nicht drastisch reagiert; wenn die Konkurrenten dagegen der Preiserhöhung nicht folgen, wäre auch der Preisführer gezwungen, seinen Preis wieder zu senken, und kein Anbieter hätte dann einen Vorteil. Weitergehende Möglichkeiten, die Rivalität unter den Anbietern zu verringern, wären direkte Absprachen über gemeinsame Preisänderungen oder andere Formen eines Kartells.

Die Frage ist, ob der Wettbewerb im Oligopol seine Funktionen erfüllt. Der Wettbewerb zwischen Anbietern sollte unter anderem dafür sorgen, daß (eine umfassendere Beschreibung der Aufgaben des Wettbewerbs enthält Kapitel 7):

(1) die Gewinnspanne der Hersteller auf die Dauer nicht ungerechtfertigt hoch ist;

(2) laufend neue Produkte eingeführt werden, die den Verbraucherwünschen besser entsprechen als die alten;

(3) laufend verbesserte Produktionsverfahren angewendet werden, die die Herstellkosten und Preise der Produkte senken.

Grundsätzlich kann der Wettbewerb einiger weniger Anbieter diese Funktionen erfüllen. Jedenfalls besteht ein Anreiz, die eigenen Gewinne durch Produktinnovationen oder verbesserte Produktionsverfahren zu erhöhen; nur der Druck zu Preissenkungen ist nicht sehr ausgeprägt, weil Oligopolisten immer annehmen müssen, daß Konkurrenten der Preissenkung folgen.

Zum Schaden der Verbraucher ist es oft einfacher, statt neue Produkte zu entwickeln, dem Verbraucher mit den Mitteln der Werbung einzureden, eine neue Verpackung oder ein neuer Werbeslogan bedeuteten ein neues Produkt. Und generell sind stets mögliche Absprachen ein einfaches Mittel, unerwünschtem Wettbewerb zu entgehen. Daß aber Absprachen getroffen werden, ist nicht die notwendige Folge oligopolistischer Märkte.

Fehlende Kontrollmechanismen auf dem Markt für medizinische Leistungen

Wesentlich für unsere Wirtschaftsordnung ist nun allerdings, daß Kontrollmechanismen vorhanden sind, die die **wirtschaftliche Macht** von Marktteilnehmern beschränken. Abschreckendes Beispiel für Märkte, auf denen so gut wie überhaupt keine Kontrollmechanismen existieren, ist der Markt für einen weiten Bereich medizinischer Leistungen. Auf der Anbieterseite existiert keine Preiskonkurrenz, da die Preise durch Gebührenordnungen festgelegt sind. Latente Konkurrenz ist nur begrenzt zu befürchten, da auf Grund des stark beschränkten Zugangs zum Medizinstudium und vor allem auf Grund der Aufhebung der Niederlassungsfreiheit für Kassenärzte der Zugang zum Markt eingeengt ist. Warum läßt man hier nicht den Markt entscheiden? Es ist zu befürchten, daß die Lobby der schon niedergelassenen Ärzte hier eine zentrale Rolle spielt.

Bedenklich ist auch die Tatsache, daß einige Marktteilnehmer praktisch kaum einen Anreiz zum Sparen haben: Der Patient, der in aller Regel versichert ist, hat ein Interesse an möglichst kostspieligen Behandlungsmethoden („je teurer, desto besser"), die ja die Gesamtheit der Versicherten zahlen muß. Im übrigen sind die Preise für ärztliche Leistungen bisher kaum bekannt. Verhaltensänderungen sind erst zu beobachten, seit es für ärztliche und zahnärztliche Leistungen sowie Arzneimittel Zuzahlungspflichten gibt.

Der Leser mag an diesen Überlegungen erkennen, wie notwendig die Kontrolle wirtschaftlicher Macht ist. Einerseits durch Konkurrenz der Anbieter untereinander, andererseits durch das Interesse der Nachfrager, Güter möglichst billig zu kaufen. Nun kann die Volkswirtschaftslehre sich nicht damit begnügen, die Mängel der in der Realität vorherrschenden Preisbildung zu konstatieren, sie muß auch in der Lage sein aufzuzeigen, wie es sein sollte. Klassisches „Leitbild" ist die vollkommene Konkurrenz.

3.4 Preisbildung im heterogenen Polypol

Vollkommene Konkurrenz gibt es in der Realität selten. Wir wollen deshalb auf eine Zwischenform von Konkurrenz und Monopol hinweisen: die monopolistische Konkurrenz oder das heterogene Polypol. Diese Marktform ist durch das Bestehen vieler Anbieter (polypolistische Konkurrenz) gekennzeichnet, die aber nicht auf einem vollkommenen Markt ein homogenes Gut, sondern heterogene Güter anbieten. Es kann auch sein, daß die vollständige Markttransparenz fehlt. Jeder einzelne Anbieter nimmt eine schwach monopolistische Position ein, die es ihm gestattet, seinen

Preis innerhalb bestimmter Grenzen wie ein Monopolist autonom festzusetzen. Wenn er seine – begrenzte – Preissetzungsmacht nicht „mißbraucht", sind wegen des geringen Marktanteils keine Reaktionen der Konkurrenten zu erwarten, weil Preisveränderungen für sie dann nicht spürbar sind. Reaktionen treten erst dann auf, wenn die Aktionen für die Konkurrenten fühlbar werden. Dies bedeutet grundsätzlich, daß die individuelle Preis-Absatz-Kurve des Anbieters – wie im Monopol – fallend verläuft. Der genaue Verlauf dieser Preis-Absatz-Kurve hängt von weiteren Annahmen ab.

Das heterogene Polypol ist eine Marktform zwischen Monopol und vollkommener Konkurrenz

Das Konzept der **monopolistischen Konkurrenz** beruht auf der Annahme, daß sich – wie im homogenen Polypol – ein Marktgleichgewicht ableiten läßt. Der Gleichgewichtspreis muß aber nicht ein für alle Anbieter identischer Preis sein, sondern kann ein Durchschnittspreis sein, an den der einzelne Anbieter nicht völlig gebunden ist[3]). Sofern er den Preis erhöht, wird er Nachfrager verlieren, bei Preissenkungen kann er neue Nachfrager hinzugewinnen. Er sieht sich folglich einer individuellen Preis-Absatz-Funktion gegenüber, die sich unter der Voraussetzung der Nichtreaktion der anderen Anbieter ableiten läßt. Sie besitzt die gleiche Form wie die Preis-Absatz-Funktion des Monopolisten (vgl. Abschnitt 3.2). Allerdings ist sie nur auf ein kleines Marktsegment bezogen. Das individuelle Marktgleichgewicht läßt sich für diesen Anbieter wie im Monopolfall gemäß der Grenzerlös-Grenzkosten-Regel bestimmen. Die gewinnmaximale Position wird im Cournotschen Punkt erreicht. Das Geschehen auf einem solchen Markt wird nicht nur durch viele grundsätzlich konkurrierende Anbieter bestimmt, sondern auch durch die Möglichkeit eines leichten Marktzugangs, von dem neue Anbieter immer dann Gebrauch machen werden, wenn sie durch Extragewinne auf diesem Markt angelockt werden. Die insgesamt vorhandene Nachfrage wird dann auf mehr Nachfrager verteilt, d. h., daß sich die individuelle Preis-Absatz-Kurve N1 nach links (N2) verschiebt. Dieser Prozeß vollzieht sich solange, bis der Extragewinn auf Null abgebaut ist. Die neue Nachfragekurve läßt sich dann als Tangente zur Stückkostenkurve abbilden. Der gewinnmaximale Preis (beim Cournotschen Punkt C) führt zu einer Absatzmenge, die kleiner ist, als die, die sich bei vollkommener Konkurrenz ergeben hätte. Der Anbieter in monopolistischer Konkurrenz produziert mit Überkapazität und nicht mit den niedrigsten Kosten (Abb. 6.9).

Das Konzept der monopolistischen Konkurrenz

Im heterogenen Polypol ergibt sich das Konzept des **monopolistischen Spielraums.** Innerhalb dieses Spielraums werden die individuellen Preis-Absatz-Kurven der einzelnen Anbieter, d. h. ihr jeweiliges individuelles Gleichgewicht, untersucht. Dabei zeigt sich, daß die einzelnen Anbieter ein gewisses akquisitorisches Potential besitzen: in einer bestimmten Preis- oder Qualitätsklasse der Güter besitzt jeder Anbieter einen Preis-

3) Edward H. CHAMBERLIN entwickelte 1993 eine Theorie der monopolistischen Konkurrenz, in der er von identischen Anbietern ausgeht. In diesem Fall setzen sämtliche Anbieter denselben Preis.

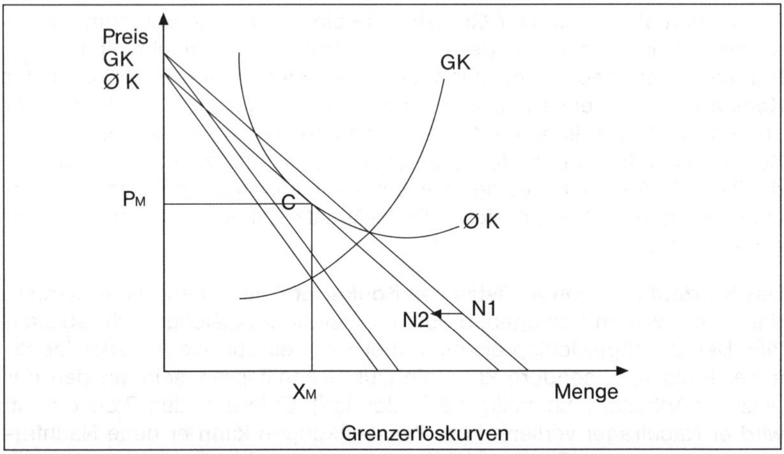

Abb. 6.9: Gewinnmaximierende Preissetzung bei monopolistischer Konkurrenz

gestaltungsspielraum, weil die Nachfrager ihn wegen seines Standortes, seines Sortiments oder spezifischer Gutseigenschaften anderen Anbietern vorziehen. Man kann auch sagen, daß ein solcher Anbieter eine Stammkundschaft besitzt. Sie ist bereit, bestimmte Veränderungen des Preises eines Gutes innerhalb der Preisklasse zu akzeptieren. Ein solches Verhalten läßt sich beispielsweise durch eine Preisabsatzkurve verdeutlichen, die einen doppelten Knick aufweist (Abb. 6.10). Im Bereich AB hat der Anbieter die genannten Preissetzungsspielräume, die abgesetzte Menge ändert sich wenig. Wenn er dagegen Preisänderungen vornimmt, die über AB hinausgehen, wird er mit erheblichen Mengenreaktionen rechnen müssen, die Nachfragekurve wird flacher, d. h. sie zeigt eine preisempfindlichere Reaktion der Nachfrager.

Das Konzept der doppelt geknickten Preis-Absatz-Kurve

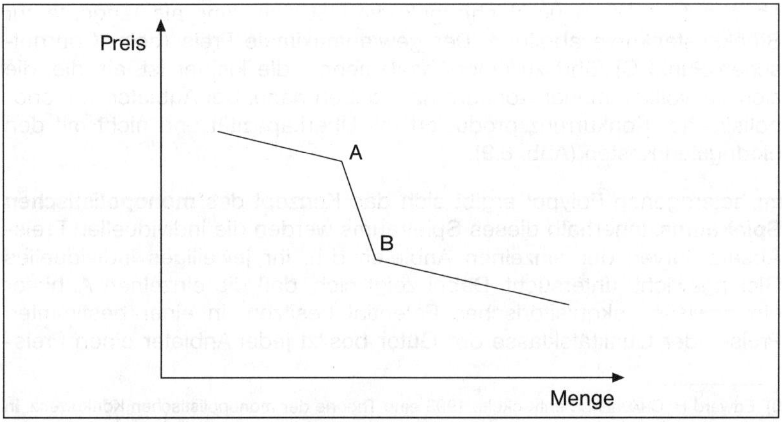

Abb. 6.10: Die doppelt geknickte Preisabsatzfunktion

4. Preisbildung bei vollkommener Konkurrenz als traditionelles Leitbild der Funktionsweise des Preismechanismus in einer Marktwirtschaft

Vollkommene Konkurrenz als Leitbild?

Wir beschreiben die Preisbildung bei vollkommener Konkurrenz, weil sie lange Zeit Leitbildcharakter für den Koordinationsmechanismus in einer Marktwirtschaft besaß und auch heute zum Teil noch besitzt.

Man spricht von **vollständiger Konkurrenz** bzw. von einem **vollkommenen Polypol,** wenn ein Markt folgendermaßen beschrieben werden kann:

Große Zahl der Marktteilnehmer

(1) Es stehen sich auf jeder Marktseite eine **sehr große Zahl** von Anbietern und Nachfragern gegenüber, deren individuelle Größe für den Gesamtmarkt unbedeutend ist. Ihr jeweiliger Anteil an der Gesamtkapazität von Angebot und Nachfrage ist verschwindend gering (Polypol).

Vollkommener Markt

(2) Der Markt ist vollkommen in dem Sinn, daß alle Anbieter und Nachfrager ein praktisch **identisches Gut** handeln (Bedingung der Homogenität der Güter – sie sind im Urteil der Käufer identisch, was nicht notwendigerweise technische Identität bedeutet), daß sie über die geforderten und gebotenen Preise bestens informiert sind (vollständige Information oder **vollkommene Transparenz),** und daß sie auch ansonsten keinen Grund haben, einen Marktteilnehmer einem anderen vorzuziehen **(keine persönlichen oder räumlichen Präferenzen).**[4])

Zielsetzung Gewinnmaximierung

Wir versetzen uns nun in die Situation eines Anbieters, der einen größtmöglichen Gewinn erzielen will (Zielsetzung Gewinnmaximierung). Dieser Anbieter muß überlegen, welchen Preis er verlangen will.

Preissetzung des Anbieters

Setzt dieser Anbieter seinen Preis über den Marktpreis, so werden die Nachfrager das homogene Gut bei den übrigen Anbietern kaufen, zumal sie auch über die Preise voraussetzungsgemäß vollkommen informiert sind. Setzt dieser Anbieter den Preis unter den Marktpreis, so werden alle Nachfrager bei ihm kaufen wollen. Wegen seiner geringen Kapazität kann der Anbieter die große zusätzliche Nachfrage nicht befriedigen und hat von der Preissenkung also keinen Vorteil, zumal er sein Angebot schon zum Marktpreis verkaufen kann.

Anpassung an den Marktpreis

So wird der einzelne Anbieter den Marktpreis als eine gegebene, von ihm nicht beeinflußbare Größe (als ein Datum) ansehen, an die (das) er sich sinnvollerweise mit seiner Produktionsmenge anpaßt. Daher spricht man auf diesem Markt von einem **Mengenanpasserverhalten** der Anbieter (und Nachfrager). Jeder Anbieter kann seinen Gewinn vergrößern, solange die Kosten der zusätzlichen Produktion und des Absatzes – also die Grenzkosten – kleiner sind als der zusätzliche Umsatz – der Grenzumsatz –, der sich aus der Mehrproduktion ergibt. Für den Mengenanpasser ist nun der Grenzumsatz gleich dem Marktpreis, weil der Anbieter bei vollkommener Konkurrenz jede zusätzliche Mengeneinheit zum

4) Die unter (2) genannten Merkmale eines vollkommenen Marktes werden häufig zusammengefaßt, indem man sagt: Anbieter und Nachfrager haben keine sachlichen, räumlichen und persönlichen Präferenzen und sind über die Marktlage vollkommen informiert.

Handlungsmaxime: Grenzkosten der Produktion = Marktpreis

Marktpreis verkaufen kann. So wird ein Kartoffelproduzent bei vollkommener Konkurrenz so viel Kartoffeln anbieten, bis die Grenzkosten der Produktion des letzten Zentners Kartoffeln dem Marktpreis gleich sind[5]).

Wir fragen nun, wie sich der Marktpreis z. B. für Kartoffeln einstellen wird. Ist der Kartoffelpreis hoch, z. B. 50,– DM pro Zentner, so werden die Anbieter viel Kartoffeln produzieren und anbieten, die Nachfrager aber nur wenig Kartoffeln nachfragen (vgl. Abb. 6.11.).

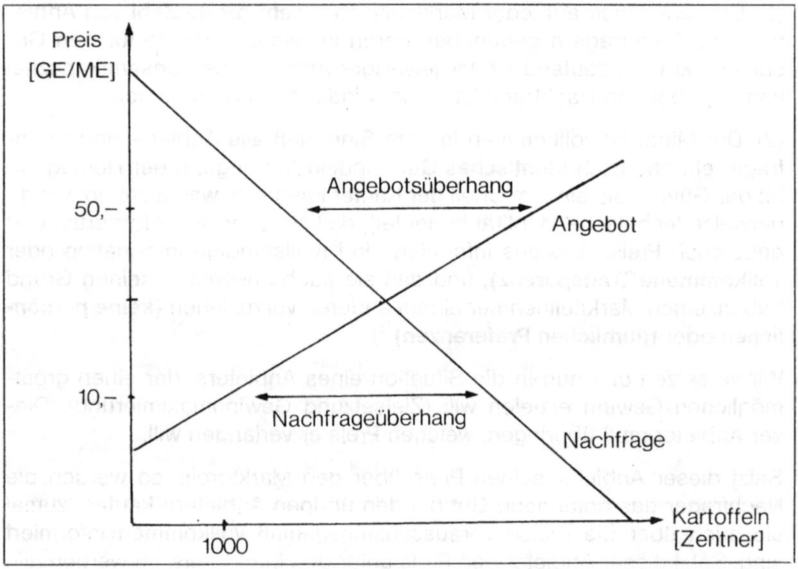

Abb. 6.11: Angebots-/Nachfragekonstellation bei vollkommener Konkurrenz

Preissenkung bei Angebotsüberhang

Wir stellen einen **Angebotsüberhang** fest. Die Anbieter häufen Kartoffelvorräte an. Um diese verkaufen zu können, konkurrieren sie mit Preissenkungen um die Nachfrage. Es besteht also im Falle eines Angebotsüberhanges eine Tendenz zur Preissenkung. Gleichzeitig mit der Preissenkung geht ein Rückgang des geplanten Angebots einher: Für einige Anbieter lohnt es, ihre Produktion einzuschränken, andere (mit hohen Kosten), werden die Produktion ganz einstellen. Mit sinkendem Preis wird also weniger angeboten.

Betrüge der Preis nur DM 10,–, so würden nur wenig Bauern es für lohnend halten, Kartoffeln zu produzieren (sie würden es vielleicht vorzie-

5) Bei konstanten Grenzkosten (die unter dem Preis liegen) wird er also soviel anbieten, wie seine Kapazität es gestattet (solange der Marktpreis seine Stückkosten deckt), bei steigenden Grenzkosten ist die Grenzkostenkurve seine Angebotsfunktion (vgl. Kapitel 5, Abschnitt 7).

hen, Schweine zu züchten oder Milch zu produzieren). Die Nachfrager würden dagegen zum Preis von 10,– DM viele Kartoffeln kaufen wollen. In dieser Situation haben wir einen **Nachfrageüberhang,** und jetzt treiben die Nachfrager die Preise in die Höhe. Bei steigendem Preis wird dann auch wieder mehr angeboten.

Preiserhöhung bei Nachfrageüberhang

Die Preisbildung vollzieht sich also ähnlich wie auf einer Börse, und wie dort gibt es hier einen Preis, bei dem geplantes Angebot und geplante Nachfrage gleich sind, den **Gleichgewichtspreis.** Der Unterschied liegt darin, daß hier die Marktteilnehmer, nicht der Auktionator, den Preis festsetzen.

4.1 Zusammenfassung wesentlicher Funktionen des Preismechanismus

Kontrolle wirtschaftlicher Macht

Wenn auf den Märkten vollkommene Konkurrenz herrscht, werden sich Anbieter und Nachfrager von Gütern gegenseitig und untereinander kontrollieren. Kein einzelner Marktteilnehmer kann eine ins Gewicht fallende wirtschaftliche Macht ausüben und wirtschaftliche Abhängigkeiten schaffen. Jeder muß sich dem Marktpreis anpassen, der als Kompromiß zwischen den Wünschen der Anbieter, einen möglichst hohen Preis zu erzielen, und den Wünschen der Verbraucher, einen möglichst geringen Preis zu zahlen, angesehen werden kann.

Koordination der Wirtschaftspläne

Der Preis hat die zentrale Funktion, die Pläne der Anbieter und Nachfrager ohne dirigistische Maßnahmen aufeinander abzustimmen. Dies gelingt durch die **Funktionsweise des Preismechanismus,** die hier dargestellt werden soll:

Ist das geplante Angebot größer als die geplante Nachfrage, so sinkt der Preis. Daraufhin steigt die nachgefragte Menge, und das geplante Angebot geht zurück bis Gleichgewicht herrscht. Ist umgekehrt die geplante Nachfrage größer als das geplante Angebot, so steigt der Preis. Mit steigendem Preis sinkt die nachgefragte Menge, und es erhöht sich das geplante Angebot so lange bis Gleichgewicht herrscht **(Gleichgewichtsfunktion des Preises).** Es gibt auf die Dauer weder unverkäufliche Mengen bei den Produzenten (kein Angebotsüberhang) noch eine Nachfrage, die bei diesem Preis nicht befriedigt wird (kein Nachfrageüberhang).

Unsoziale Rationierungsfunktion des Preismechanismus

Man muß dabei aber sehen, daß die Koordination durch den Preis in einem bestimmten Sinn unsozial ist: Ein steigender Preis „rationiert" die Nachfrage und beschränkt tendenziell die Nachfrage der weniger Kaufkräftigen. Wegen dieser unsozialen Rationierungsfunktion des Preises (vgl. Kapitel 2, Abschnitt 4.4) werden bei der Koordination der Wirtschaftspläne von Produzenten und Konsumenten also eher die Bedürfnisse der kaufkräftigen Nachfrager berücksichtigt als die Wünsche aller Verbraucher. So wird teures Hundefutter produziert, während manche Menschen sich kein Fleisch kaufen können.

Informationsfunktion des Preises

Der Preis ist weiterhin ein ideales Instrument, die für die Entscheidungen von Produzenten und Konsumenten notwendigen Informationen zu liefern. Verschiebt sich z. B. die Nachfragekurve nach rechts (Erhöhung der Nachfrage), so wird bei dem alten Preis ein Nachfrageüberhang entstehen, und die Konkurrenz unter den Nachfragern wird den Preis in die Höhe treiben. Dies ist dann ein Signal für die bisherigen Anbieter, mehr zu produzieren, und für andere Anbieter, ebenfalls auf diesem Markt zu produzieren und anzubieten **(Informationsfunktion des Preises).** Es müssen dann mehr Produktionsfaktoren (Arbeitskräfte und Rohstoffe) für die Produktion auf diesem Markt nachgefragt werden, und somit lenkt der Preis auch die Verteilung der Produktivkräfte **(Allokation der Ressourcen)** auf die Produktion von Gütern, die von den kaufkräftigen Verbrauchern begehrt werden. Andererseits „lenken" die Preise wiederum die Nachfrage: Wird z. B. ein Rohstoff (etwa Zinn) knapp, so werden die steigenden Preise für Zinnprodukte dem Verbraucher signalisieren, weniger davon zu kaufen. Es sollte gesehen werden, daß der Preis die Informationen so wirtschaftlich wie möglich vor allem an diejenigen liefert, für die sie von Bedeutung sind (z. B. nur an mögliche Nachfrager von Zinnprodukten) und nur in einem Ausmaß, das notwendig ist (so braucht man nicht zu wissen, warum Zinn knapp und teuer ist).

Allokation der Ressourcen

Sanktionsmechanismus

Die Information durch den Preis genügt jedoch nicht; es muß auch erreicht werden, daß die Produzenten das Gewünschte produzieren. Dazu ist ein **Sanktionssystem** erforderlich, das in einer Marktwirtschaft durch die freie Verfügbarkeit der erzielten Gewinne geschaffen wird. Anbieter, die sich einer veränderten Marktlage schneller anpassen als ihre Konkurrenten, werden durch vorübergehend höhere Gewinne oder geringere Verluste belohnt, Nachzügler durch entgangene Gewinne oder größere Verluste bestraft. Daß auf diese Weise der Egoismus der einzelnen Produzenten zu einem gesamtwirtschaftlichen Vorteil führen soll, ist eine Erkenntnis, die der Begründer der Volkswirtschaftslehre, ADAM SMITH, bereits vor über 200 Jahren formulierte:

> „Nicht von dem Wohlwollen des Fleischers, Brauers oder Bäckers erwarten wir unsere Mahlzeit, sondern von ihrer Bedachtnahme auf ihr eigenes Interesse. Wir wenden uns nicht an ihre Humanität, sondern an ihren Egoismus und sprechen ihnen nie von unseren Bedürfnissen, sondern von ihren Vorteilen" (Adam SMITH, Der Reichtum der Nationen, englischsprachige Originalausgabe 1776).

Der Gewinn ist auf dem Markt mit vollkommener Konkurrenz eine Belohnung für kostengünstige Produktion, für schnelles Eingehen auf die Wünsche der Nachfrager; also Leistungsanreiz und Erfolgskontrolle.

Vor allem die **optimale Allokation der Ressourcen** (bestmögliche Verteilung der Produktivkräfte), die **optimale Koordination der Wirtschaftspläne** von Produzenten und Verbrauchern und die **optimale gegenseitige Kontrolle wirtschaftlicher Macht** läßt die vollkommene Konkurrenz vielfach als Ideal erscheinen. Sie prägte die Grundvorstellung von der idealen Funktionsweise einer freien Marktwirtschaft. Leider ist nichts vollkommen. Wollten wir vollkommene Konkurrenz auf den Märkten einführen, so müßten z. B. 500 oder sogar mehr Firmen ein gleichartiges Automobil produzieren. Die Vorteile der Massenproduktion und technischer Fortschritt aber sind in sehr vielen, sehr kleinen Firmen nicht zu realisieren. Es bleibt indes die Aufgabe, die optimalen Eigenschaften der vollkommenen Konkurrenz auch im Wettbewerb weniger großer Anbieter anzustreben.

C. Arbeitsaufgaben

1) *Erklären Sie folgende Begriffe:*

   Monopol
   Oligopol
   Vollkommene Konkurrenz
   Latente Konkurrenz
   Administrierte Preise

2) *Wie verändern sich die Einnahmen der Anbieter, die bei unelastischer Nachfrage ihre Angebotsmenge erhöhen (verringern)?*

3) *Warum ist einem Bauern bei freier Marktwirtschaft eine gute Ernte oft weniger lieb als eine schlechte Ernte? Versuchen Sie die Voraussetzungen zu erkennen, unter denen diese Behauptung richtig sein muß.*

4) *Schildern Sie die Organisationsform der Preisbildung vieler Rohstoffe und erläutern Sie die Probleme, die sich daraus für eine Reihe von Entwicklungsländern ergeben.*

5) *Überlegen Sie, welche Möglichkeiten es gibt, Stabilität der Rohstoffpreise zu erhalten.*

6) *Wie wirkt sich eine Preiserhöhung eines monopolistischen Anbieters auf seine Gewinnsituation aus, wenn im Bereich der Preiserhöhung die Nachfrage unelastisch (elastisch) ist?*

7) *Erläutern Sie den folgenden Satz: Der Preissetzungsspielraum eines Monopolisten ist um so größer, je unelastischer die Nachfrage.*

8) *Schildern Sie die Überlegungen, die ein oligopolistischer Anbieter bei geplanten Preisänderungen anstellen muß.*

9) *Stellen Sie eine Liste der Kontrollmechanismen auf, die eine schrankenlose Preiserhöhung von Anbietern verhindern.*

10) *Was verstehen Sie unter monopolistischer Konkurrenz?*

11) *Inwiefern ist die Preisbildung bei vollkommener Konkurrenz optimal, und warum gibt es vollkommene Konkurrenz dennoch in der Praxis kaum?*

Lösungsvorschläge für die Arbeitsaufgaben im „Übungsbuch zu Grundlagen und Probleme der Volkswirtschaft".

D. Literatur

Fachwissenschaftlich vertretbare, allgemeinverständlich gehaltene Einführungen existieren kaum. Der Leser sei verwiesen auf:

DEMMLER, Horst, Grundlagen der Mikroökonomie, 3., verb. Aufl., München 1996

LANCASTER, Kelvin, Moderne Mikroökonomie, 4. Aufl., Frankfurt a. M. 1991

LIPSEY, Richard G., Eine Einführung in die positive Ökonomie, Köln 1971, Zweiter Teil, Abschnitt 5–10

HERDZINA, Klaus, Einführung in die Mikroökonomik, 6., verb. Aufl., München 1999.

Eine sehr fundierte, ökonomische Grundkenntnisse voraussetzende Übersicht gibt

SIEBKE, Jürgen, Preistheorie, in BENDER, D. u. a. (Hrsg.), Vahlens Kompendium der Wirtschaftstheorie und Wirtschaftspolitik, 6. Aufl., München 1995, Bd. 2.

Anspruchsvolle Standardlehrbücher sind

SCHUMANN, Jochen, Grundzüge der mikroökonomischen Theorie, 6. Aufl., Berlin u. a. 1992

HENDERSON, James M., QUANDT, Richard E., Mikroökonomische Theorie, 5. Aufl., München 1983

VARIAN, Hal R., Grundzüge der Mikroökonomik, 3., überarb. u. erw. Aufl., München 1995.

Einzelaspekte behandeln:

BERG, Hartmut, Wettbewerbsprozeß, Wettbewerbsbeschränkung und Wettbewerbspolitik im Oligopol. In: Wirtschaftswissenschaftliches Studium (WiSt), 8. Jg. (1979), S. 449–454

RÖPER, Burkhardt, Börsen. In: Wirtschaftswissenschaftliches Studium (WiSt), 6. Jg. (1977), S. 566–571.

7. Kapitel

Wettbewerb, Konzentration und Wettbewerbspolitik

A. Lernzielorientierte Leitfragen und Fragenkomplexe

Leitfrage:
Worin liegt die Bedeutung des Wettbewerbs für die Funktionsfähigkeit einer Marktwirtschaft?

- *Was bedeutet Wettbewerb?*
- *Inwiefern lenkt der Wettbewerb die Produktionsfaktoren einer Volkswirtschaft und sorgt für ihre sparsame Verwendung?*
- *Wie kommt es zur Innovationsfunktion des Wettbewerbs?*
- *Was versteht man unter funktionsfähigem Wettbewerb?*
- *Ist ein funktionsfähiger Wettbewerb im Oligopol gesichert? Welche Rolle spielt ein freier Marktzutritt?*

Leitfrage:
Was versteht man unter der Unternehmenskonzentration und wie ist sie zu beurteilen?

- *Was heißt Konzentration im wirtschaftlichen Bereich?*
- *Welches sind die wichtigsten Formen der Unternehmenskonzentration?*
- *Was sind die Ursachen der Konzentration?*
- *Was sind die Folgen der Konzentration?*
- *Inwiefern kann es zu einem Konflikt zwischen Wettbewerb und produktiver Effizienz kommen?*

Leitfrage:
Wie schützt der Gesetzgeber die Volkswirtschaft gegen Wettbewerbsbeschränkungen?

- *Was sind Kartelle, und wie werden sie im Gesetz gegen Wettbewerbsbeschränkungen (GWB) behandelt?*
- *Was sind marktbeherrschende Unternehmen und wann üben sie ihre Macht mißbräuchlich aus?*
- *Welche Maßnahmen zum Schutz des Wettbewerbs sind bei Unternehmenszusammenschlüssen vorgesehen?*
- *Welche „Strafen" sieht das GWB vor?*
- *Was sind grundsätzliche Probleme einer Kontrolle des Wettbewerbs?*

B. Sachanalyse

In den vorangegangenen Kapiteln ist wiederholt auf die Bedeutung des Wettbewerbs für eine Marktwirtschaft hingewiesen worden. Wir wollen in diesem Kapitel das Wesen und die Aufgaben des Wettbewerbs konkreter fassen, seine zentrale Bedrohung durch Konzentrationsprozesse beschreiben und aufzeigen, in welcher Form ein Wettbewerbsschutz in der Bundesrepublik angestrebt wird. Wir behandeln damit einen Bereich, der der Wirtschaftspolitik zugerechnet wird.

1. Wettbewerb

1.1 Wettbewerbsbegriff

Wettbewerb ist ein dynamisches Ausleseverfahren, bei dem die Wettbewerber (z. B. Unternehmen) das gleiche Ziel haben und außenstehende Dritte (z. B. Käufer) darüber entscheiden, wer das Ziel in welchem Umfang erreicht. Daraus ergibt sich eine **Rivalität** und ein **gegenseitiges Abhängigkeitsverhältnis** zwischen den Wettbewerbern, eine sogenannte parametrische Interdependenz.

Wettbewerb läßt sich damit – auf die Wirtschaft bezogen – verstehen als ein Verhältnis wechselseitiger Abhängigkeit und Rivalität zwischen Marktteilnehmern.

1.2 Aufgaben des Wettbewerbs

Wettbewerb ist kein Selbstzweck

Wettbewerbsfreiheit hat als individuelles Freiheitsrecht auch einen individuellen Nutzen, aber vor allem soll der Wettbewerb gesamtwirtschaftlich vorteilhafte Ergebnisse erbringen.

Wettbewerb soll den Marktteilnehmern die fundamentalen ökonomischen Freiheitsrechte gewähren:
- Freiheit der Unternehmertätigkeit,
- Freiheit der Konsumwahl und
- Freiheit der Arbeitsplatzwahl.

Daneben soll Wettbewerb die optimale Allokation der Ressourcen sichern:
- die Produktionsfaktoren nachfrage- und kostengerecht lenken (Allokationsfunktion),
- zu Produkt- und Verfahrenserneuerungen anregen (Innovationsfunktion),
- eine leistungsgerechte Einkommensverteilung gewährleisten (Verteilungsfunktion),
- und schließlich soll der Wettbewerb die Entstehung dauerhafter wirtschaftlicher Machtpositionen verhindern (Kontrollfunktion).

Diese Funktionen werden im folgenden modellhaft erläutert.

Lenkung der Produktionsfaktoren

(1) Der Wettbewerb soll die knappen Produktionsfaktoren der Volkswirtschaft in die von den Nachfragern gewünschte Verwendung lenken und dafür sorgen, daß die Produktionsfaktoren in den einzelnen Unternehmungen möglichst sparsam verwendet werden (Allokationsfunktion des Wettbewerbs).

Verfahrens- und Produktneuerungen

(2) Der Wettbewerb soll zur Einführung kostengünstigerer Produktionsverfahren und zur Entwicklung und Durchsetzung neuer Güter und besserer Produktqualitäten führen (Prozeß- und Produktinnovationen). Zur Entwicklung und Anwendung neuer, kostengünstigerer Produktionsverfahren werden die Unternehmer im Wettbewerb angeregt, da die entsprechenden Kostenvorteile ihnen Gewinnvorteile gegenüber weniger fortschrittlichen Konkurrenten verschaffen. Zur Erstellung und marktmäßigen Durchsetzung neuer und qualitativ verbesserter Produkte bieten die auf neuen Märkten durchsetzbaren höheren Preise und die guten Absatzchancen Anreiz. Im Wettbewerb haben die durch Produkt- und Verfahrenserneuerungen erzielbaren Sondergewinne der „Pionierunternehmer" (SCHUMPETER) jedoch nur kurzfristig Bestand. Mittelfristig führt das Nachziehen der Wettbewerber (durch Nachahmung oder eigene Entwicklungen) zu einem Abbau der Pioniergewinne, da die Kostenvorteile infolge des Konkurrenzdrucks in Form sinkender Preise an die Nachfrager weitergegeben werden müssen und auch die Preise auf den neuerschlossenen Märkten bei zunehmendem Angebot sinken. In diesem Sinne kommt es zu einer Abfolge von Innovation und Imitation, zu einem „Prozeß der schöpferischen Zerstörung" (SCHUMPETER).

„Pionierunternehmer"

(3) Da bei funktionierendem Wettbewerb nur die Unternehmen Gewinne erzielen, die sich nachfragegerecht und kostenbewußt verhalten, trägt der Wettbewerb zu einer der Marktleistung entsprechenden Einkommensverteilung bei. Ob diese Verteilung gerecht ist, ist eine andere Frage (vgl. Kapitel 25).

Wirtschaftliche Macht darf nicht dauerhaft sein

(4) Unternehmen besitzen wirtschaftliche Macht, wenn sie einen Preis durchsetzen können, der deutlich über den Kosten (einschließlich der Entwicklungskosten und normaler Kapitalverzinsung) liegt, ihnen also die Erzielung überdurchschnittlicher Gewinne gestattet. Die Möglichkeit hierzu ist im Wettbewerbssystem in Form der erwähnten Pioniergewinne vorgesehen und erwünscht. Der Wettbewerb soll aber zugleich dafür sorgen, daß diese wirtschaftliche Machtposition nicht dauerhaft ist.

Eine erfolgreiche Bekämpfung dauerhafter wirtschaftlicher Machtpositionen durch den Wettbewerb hat über den wirtschaftlichen Bereich hinaus einen bedeutsamen gesamtgesellschaftlichen Aspekt: Die Umsetzung wirtschaftlicher Macht in politische Macht wird erschwert.

1.3 Leitbilder und Konzeptionen der Wettbewerbspolitik

Die Vorstellungen darüber, wie und unter welchen Voraussetzungen der Wettbewerb (gut) funktioniert, sind im Zeitablauf Wandlungen unterworfen gewesen, verschiedene Leitbilder der Wettbewerbspolitik sind entwickelt worden und konkurrieren miteinander, wobei die Unterschiede nicht immer deutlich werden.

Freier Leistungswettbewerb im Liberalismus

Für die Vertreter des **klassischen Liberalismus,** insbesondere Adam SMITH (1723–1790) und John Stewart MILL (1806–1873) ist ein freier Leistungswettbewerb das prinzipiell optimale Steuerungsinstrument der Wirtschaft. Voraussetzung eines freien Leistungswettbewerbs war insbesondere die Beseitigung staatlicher Wettbewerbshemmnisse (z. B. Schutzzölle, Steuerprivilegien oder der Schutz von Berufsständen); eine Bedrohung des Wettbewerbs durch Unternehmenskonzentration sahen die Klassiker dagegen erst in zweiter Linie.

Allgemeines Gleichgewicht in der vollständigen Konkurrenz

In der Folgezeit verengte sich die Wettbewerbstheorie zunehmend zu einer statischen Preistheorie und zur Analyse eines vollständigen Produktions- und Tauschgleichgewichtes auf der Basis der Marktform der **vollständigen Konkurrenz** (vgl. Kapitel 6, Abschnitt 4), insbesondere durch Leon WALRAS (1834–1910) und Alfred MARSHALL (1842–1924) begründet. Dieses Modell der vollständigen Konkurrenz ist als Leitbild der Wettbewerbspolitik, vor allem auf Drängen der Vertreter des Ordoliberalismus (Walter EUCKEN 1891–1950) später in die Konzeption des 1958 in Kraft getretenen „Gesetzes gegen Wettbewerbsbeschränkung" (GWB) eingegangen. Weil in diesem Leitbild aber einseitig die Kontrolle der wirtschaftlichen Macht im Vordergrund des Interesses stand, hingegen die dynamischen Innovationsfunktionen des Wettbewerbs und die Effizienzvorteile großer Unternehmen ausgeblendet blieben, wurde das Leitbild der vollständigen Konkurrenz sehr bald durch Leitbilder ersetzt, die die Dynamik des Wettbewerbs betonen.

Mangelnde Berücksichtigung der Dynamik

Wesentlich ist die Vorstellung von Wettbewerb als einem dynamischen Prozeß, in dem Unternehmen marktstrategische Vorstöße vornehmen – sie senken Preise, verbessern die Qualität der Produkte, schaffen neue Produkte oder Verfahren – und in dem Imitatoren nachstoßen, nicht sofort, aber auch nicht mit großer Verzögerung, damit der Vorsprung einholbar bleibt und die Nachfrager in ihrer Gesamtheit die Vorteile besserer und/oder billigerer Produkte erlangen. In dieser Abfolge von Innovation und Imitation wird der Wettbewerb als „Prozeß der schöpferischen Zerstörung" (SCHUMPETER) und als „Such- und Entdeckungsverfahren" (V. HAYEK) gesehen. Im einzelnen bleiben einiger Unterschiedlichkeiten der Sichtweise erhalten.

Der funktionsfähige Wettbewerb

Das **Leitbild des funktionsfähigen Wettbewerbs** (workable competition), in Deutschland vor allem von KANTZENBACH vertreten, stellt weniger auf die Marktform, sondern mehr auf die Erfüllung der erwünschten Funktionen des Wettbewerbs ab. Zu Grunde liegt hier die Vorstellung, daß die Marktstruktur insgesamt das Marktverhalten und das Marktergebnis beeinflußt bzw. bestimmt.

Bei einem solchen Wettbewerbskonzept kann die Zu- oder Abnahme der Zahl der Wettbewerber nicht ohne weiteres als Zu- oder Abnahme des

Wettbewerbs interpretiert werden. Schließen sich z. B. auf einem Markt zwei Unternehmen zusammen, so können sie gerade durch diesen Zusammenschluß eine Marktstärke erlangen, die es ihnen ermöglicht, mit den übrigen Anbietern des Marktes in Wettbewerb zu treten und so den Wettbewerb auf dem Markt in Gang zu bringen. Auch ist keineswegs sicher, daß eine zunehmende Marktübersicht sich immer positiv auf den Wettbewerb auswirkt. Häufig kann der einzelne Anbieter sogar nur im Schutze einer unvollständigen Marktübersicht seiner Konkurrenten Preissenkungen durchführen, die er bei vollkommener Marktübersicht wegen der zu befürchtenden parallelen Reaktion der Konkurrenten (vgl. Kapitel 6, Abschnitt 3.3) unterlassen müßte.

Ein Unternehmenszusammenschluß oder eine Abnahme der Marktübersicht beschränken nicht immer den Wettbewerb

Mit dem Konzept des funktionsfähigen Wettbewerbs sind im Prinzip auch oligopolistische Märkte, die bei dem hohen Konzentrationsgrad in der Bundesrepublik Deutschland typisch sind, vereinbar. Allerdings nur, solange sichergestellt ist, daß zwischen den verbleibenden Marktparteien tatsächlich Wettbewerb herrscht. Ob und inwieweit dies im allgemeinen der Fall ist, bleibt strittig. In der Regel wird aber angenommen, daß Märkte, die durch einen hohen Grad an Konzentration gekennzeichnet sind, für die zudem hohe Marktzutrittsschranken bestehen und die sich in der Marktsättigungsphase befinden **(„enge" und „reife" Oligopole),** keine günstigen Wettbewerbsvoraussetzungen bieten. Infolge der starken gegenseitigen Absatzinterdependenz wird sich in der Regel eine Gruppensolidarität der Marktteilnehmer herausbilden, die einen Wettbewerb in Frage stellt.

Wettbewerb im Oligopol

Gruppensolidarität ist möglich

Günstige Wettbewerbsvoraussetzungen werden häufig auf solchen Märkten vermutet, die weder eine sehr hohe noch eine sehr niedrige Wettbewerbsintensität aufweisen, sondern die sog. **optimale Wettbewerbsintensität.** Die optimale Wettbewerbsintensität wird nach KANTZENBACH zu vermuten sein bei

- weiten Oligopolen, also Oligopolen, in denen aufgrund der Vielzahl der Konkurrenten die gegenseitige Abhängigkeit nicht so groß ist, daß wettbewerbliche Aktionen unterbleiben, aber auch nicht so klein, daß Reaktionen ausbleiben, und
- mäßiger Produktdifferenzierung, also mäßiger Unterschiedlichkeit der Produkte.

Wenngleich dieses Konzept der optimalen Wettbewerbsintensität vermutlich zu stringent ist – ein funktionsfähiger Wettbewerb ist letztlich nicht an die Erfüllung bestimmter Strukturmerkmale gebunden – so dient es doch als Grundlage für eine grobe Evaluierung der Wettbewerbsbedingungen.

Das **Leitbild der Wettbewerbsfreiheit,** in Deutschland vor allem von Friedrich August VON HAYEK (1899–1992) und Erich HOPPMANN unter dem Begriff der neuklassischen Wettbewerbsfreiheit vertreten, in den USA als Kon-

Das Leitbild der Wettbewerbsfreiheit setzt auf die Offenheit des Wettbewerbs

zept der „Chicago School" bekannt, setzt stark auf die Offenheit des Wettbewerbsprozesses, auf die Selbstheilungskräfte des Marktes und konkret auf die wettbewerblichen Wirkungen eines freien Marktzutritts; auf Marktstrukturen und Unternehmenskonzentrationen kommt es dagegen weniger an. Damit ist, wie bei den Klassikern, die Vorstellung verbunden, daß wirksamer Wettbewerb dauerhaft nur dann erhalten bleibt, wenn für neue Anbieter die Möglichkeit des Marktzutritts besteht, und umgekehrt die Vorstellung, daß die Möglichkeit des Marktzutritts hinreichend für die Funktionsfähigkeit des Wettbewerbs ist. Die stärkere Betonung der Rolle des Marktzutritts ist sicher richtig, die bisweilen damit verbundene Ausschließlichkeit vermutlich zu rigoros.

Freier Marktzutritt spielt eine große Rolle für den Wettbewerb

1.4 Marktzutritt und Marktzutrittsschranken

Die Möglichkeit eines Marktzutritts ist essentiell für den Wettbewerb, und die Höhe von Marktzutrittsschranken ist damit wichtig zur Beurteilung des Potentials an Wettbewerb. Dabei lassen sich drei Arten von Zutrittsschranken unterscheiden:

Arten von Marktzutrittsschranken

- **Strukturelle** Marktzutrittsschranken, die unabhängig vom aktuellen Unternehmensverhalten existieren; hierzu gehören insbesondere absolute Kosten-, Betriebsgrößen- und Produktdifferenzierungsvorteile.
- **Institutionelle** Marktzutrittsschranken, die auf politischen Rahmenbedingungen beruhen (z. B. staatliche Rundfunkfrequenzvergabe).
- **Strategische** Marktzutrittsschranken, die auf zutrittssperrende Handlungen der etablierten Anbieter zurückgehen. Hierzu zählen die Limitpreisstrategie, die Schaffung von Überkapazitäten und Produktdifferenzierungsstrategien.

Solche Schranken erschweren einen Marktzutritt, weil etablierte Anbieter zunächst Wettbewerbsvorteile haben, die Newcomer durch Investitionen, Produktion und Marketing erwerben müssen. Wenn aber solche Kosten eines Marktzutritts im Falle eines Mißlingens nicht versunken sind (sunk costs), sondern bei dem Marktaustritt wieder erlöst werden können, also reversibel sind, dann ist der Zutritt zu einem solchen Markt ökonomisch gesprochen frei – trotz bestehender Zutrittsschranken. Man spricht dann von einem angreifbaren oder bestreitbaren Markt (contestable market) und kann annehmen, daß auf solchen Märkten Bedingungen wie bei einem aktuellen Wettbewerb herrschen. Allerdings ist zu vermuten, daß solche bestreitbaren Märkte selten sind, weil die Kosten des Marketing in aller Regel irreversibel sind. Im übrigen kommt es darauf an, ob die erworbenen Maschinen und Anlagen anderweitig verwendet werden können, wie z. B. Lkw im Speditionsgewerbe, oder nicht, wie z. B. bei Kernkraftwerken.

Marktzutritt bei bestreitbaren Märkten

Für die Wettbewerbspolitik ist es wichtig zu erkennen, ob bestehende Marktzutrittsschranken das (erwünschte) Ergebnis einer effizienten Unternehmensführung sind und daher kaum zu ahnden sind, was bei den strukturellen Schranken zu vermuten ist, oder ob die Schranken das Ergebnis eines wettbewerbsbeschränkenden Verhaltens sind, was bei institutionellen und strategischen Schranken zu vermuten ist. In diesem Fall wären die Zutrittsschranken abzubauen.

1.5 Marktabgrenzung – Der relevante Markt

Wettbewerb und Wettbewerbspolitik beziehen sich auf Märkte. Wieviel Anbieter auf einem Markt anbieten, wie hoch die Konzentration ist, wie ausgeprägt die Marktbeherrschung ist, kann nur für einen konkreten Markt untersucht werden. Die Abgrenzung dieses sog. **relevanten Marktes** ist sowohl theoretisch als auch insbesondere praktisch äußerst schwierig.

> Allgemein ist der relevante Markt der Bereich wirksamer Konkurrenz, und den relevanten Markt definieren alle die Produkte, die aus der Sicht der Nachfrager kurzfristig substituierbar sind.

Diese Substitutionsmöglichkeiten werden durch Substitutionselastizitäten gemessen, insbesondere durch die Kreuzpreiselastizität (vgl. Kapitel 4). Denn ein absolut genommen hoher Wert der **Kreuzpreiselastizität** bedeutet, daß eine Änderung des Preises des Gutes 1 um beispielsweise 10 % bei einem anderen Gut 2 zu einer deutlich spürbaren Nachfrageänderung führt. Eine solche hohe Kreuzpreiselastizität wird dann als Indiz dafür genommen, daß die Güter substituierbar sind, daß zwischen ihnen Konkurrenz besteht, daß sie mithin den relevanten Markt bilden. In diesem Sinn gehören sicherlich Autos der gleichen Klasse, z. B. der unteren Mittelklasse, zum gleichen relevanten Markt, aber es ist schon fraglich, ob Autos der gehobenen Mittelklasse dazu gehören.

Eine hohe Kreuzpreiselastizität zeigt Konkurrenz an

Da in der Praxis solche Kreuzpreiselastizitäten in der Regel nicht ermittelt werden können, stützt man sich häufig auf Befragungen und Plausibilitätserwägungen. So verwendet das Bundeskartellamt – die Behörde, die in der Bundesrepublik den Wettbewerb überwacht – das Konzept der **„funktionalen Austauschbarkeit aus der Sicht des verständigen Verbrauchers (Abnehmers)“**. Dabei wird in erster Linie die funktionale Austauschbarkeit anhand einer vergleichenden Analyse der Produkteigenschaften und Verwendungszwecke erfaßt. So kann man z. B. sicher vermuten, daß Erdöl und Erdgas auf dem Brennstoffmarkt miteinander funktional austauschbar sind.

Die Praxis verwendet das Konzept der funktionalen Austauschbarkeit

2. Konzentration

2.1 Begriff und Formen der Konzentration

Konzentration bezeichnet eine Ballung von Merkmalen, eine Häufung von Merkmalen auf Merkmalsträger. Um welche Merkmale und um welche Merkmalsträger es sich handeln soll, hängt ab vom Untersuchungsziel. Untersuchungsziele der Ökonomie, bei denen Konzentration eine wichtige Rolle spielt, sind die Verteilung von Einkommen und Vermögen (Einkommenskonzentration/Vermögenskonzentration), die raumstrukturelle Bindung von Entwicklungsprozessen (Agglomerationen/Ballungsräume) und vor allem die Analyse der Bestimmungsgründe des Wettbewerbs. Darum geht es in diesem Kapitel.

Absolute und relative Konzentration sind zu unterscheiden

Zu unterscheiden ist die absolute und die relative Konzentration. Die **absolute Konzentration** erfaßt die Zahl der Unternehmen im Markt, unabhängig von ihrer relativen Größe. Die übliche Maßgröße ist die sog. **Konzentrationsrate,** auch Konzentrationskoeffizient genannt (nach der englischen Bezeichnung concentration ratio häufig mit CR abgekürzt). Gemessen wird hier der Merkmalsanteil (meist Umsatzanteil) der jeweils größten 3 oder der größten 6 oder der größten 10 Unternehmen eines Marktes usw. In Kurzform spricht man dann von CR-3, CR-6, CR-10 usw. und fügt die Konzentrationsrate an. CR-10 = 80 bedeutet dann, daß die 10 größten Firmen des Marktes 80 % des Umsatzes auf sich vereinen.

Die **relative Konzentration** erfaßt dagegen die Unterschiedlichkeit der Größe der Firmen, ihre Disparität. So würden z. B. drei (und nur drei) gleich große Firmen im Markt eine große absolute, aber gar keine relative Konzentration bedeuten.

Zur Unternehmenskonzentration kann es – abgesehen von vom Markt ausscheidenden oder neu gegründeten Unternehmungen – auf zwei Arten kommen:

Unternehmenskonzentration durch internes und externes Unternehmenswachstum

(1) durch **internes Wachstum** eines Unternehmens, d. h. durch die Umsatzerweiterung eines bestehenden Unternehmens, die über dem Durchschnitt des Umsatzzuwachses anderer Gruppenmitglieder liegt, oder

(2) durch **externes Wachstum**, d. h. durch einen Zusammenschluß bestehender Unternehmen.

Formen des externen Wachstums, also Formen von Unternehmensverbindungen, stehen im Mittelpunkt wettbewerbspolitischer Analysen und Aktivitäten, weil sie wesentlich häufiger als internes Wachstum zu beobachten sind und weil ihre Auswirkungen auf den Wettbewerb besonders problematisch sind.

Unternehmen können auf vielfältige Weise miteinander verbunden sein. Alle möglichen Verbindungen liegen zwischen den Transaktionsformen Markt und unternehmensinterne Integration. Dabei beschreibt die Dichotomie Markt versus Unternehmung nur die Pole möglicher Strukturen von

Unternehmensverflechtungen. Dazwischen liegt ein Spektrum mehr oder weniger enger Unternehmensbeziehungen. Von zentraler wettbewerbspolitischer Bedeutung ist, daß durch Unternehmensverflechtungen das Marktverhalten ex ante koordiniert wird. Eine solche Koordination reduziert im Prinzip den Entscheidungs- und Handlungsspielraum aller Beteiligten, reduziert also die Freiheit des Wettbewerbs. Nach dem Grad der Verbindlichkeit der ex-ante-Koordination unterscheidet man die Fusion, den Konzern, die Gemeinschaftsunternehmung (Joint Venture), Kartelle und ein kooperatives Marktverhalten selbständig bleibender Unternehmen. Die Grenzen sind fließend.

Formen der Unternehmenskonzentration

Bei einer **Fusion** vereinigen sich die Unternehmen zu einer neuen rechtlichen (und wirtschaftlichen) Einheit. Diese Konzentrationsform ist praktisch unbedeutend.

Eine **Konzernbildung** liegt vor, wenn mehrere rechtlich selbständige und selbständig bleibende Unternehmen sich zu einer wirtschaftlichen Einheit unter einheitlicher Leitung zusammenschließen. Dabei ist die Einheitlichkeit der Leitung das entscheidende Merkmal. In der Praxis wird diese einheitliche Leitung in der Regel begründet durch

- einen Beherrschungsvertrag
- einen Gewinnabführungsvertrag und
- eine Mehrheitsbeteiligung.

Neben den Konzernbeteiligungen gibt es eine kaum übersehbare Zahl von Beteiligungen zwischen Unternehmen, die unter 50 Prozent liegen und in der Regel Abhängigkeiten begründen, ohne indes zu einem Konzern zu führen.

Eine **Gemeinschaftsunternehmung** (GU), auch Joint Venture genannt, entsteht, wenn sich mehrere Unternehmen gleichzeitig oder nacheinander an einem anderen Unternehmen beteiligen oder ein Unternehmen entsprechend neu gründen. Diese Art von Zusammenarbeit spielt zunehmend eine große Rolle. Wettbewerbspolitisch problematisch ist dabei vor allem, daß die beteiligten Unternehmen auf dem gemeinsamen Markt ebenso wie auf anderen Märkten auf die Zusammenarbeit im GU Rücksicht nehmen, eine Abnahme des Wettbewerbs ist daher auf Dauer zu erwarten.

Eine sehr bedeutsame Form der Konzentration ist das **Kartell.** Es handelt sich dabei um einen Zusammenschluß juristisch und zum Teil auch wirtschaftlich selbständig bleibender Unternehmen der gleichen Wirtschaftsstufe (z. B. von Unternehmen der Ölindustrie) mit dem Ziel, den Wettbewerb zwischen den Kartellmitgliedern zu beschränken.

Kooperatives Marktverhalten selbständig bleibender Unternehmen kann außerordentlich viele Formen annehmen. Nach dem Grad der eingegangenen Bindungen reicht das Spektrum der Verhaltenskoordination von Absprachen, verschiedenen Formen vertraglicher Vereinbarungen bis hin zu „Gentleman Agreements", und die Verhaltenskoordination kann sich auf ganz unterschiedliche Wettbewerbsparameter beziehen, z. B. auf den Einkauf, den Vertrieb oder Forschung und Entwicklung.

Formen strategischer Verbindungen

Mittlerweile werden viele Unternehmensverbindungen „strategisch" genannt. Als **strategische Allianz** bezeichnet man förmliche, langfristige Verbindungen von rechtlich und wirtschaftlich selbständig bleibenden Unternehmen, die bestimmte Aspekte der Geschäftstätigkeit aneinander binden, z. B. Lieferverträge, Lizenzverträge, Vertriebsverträge oder Vereinbarungen zu gemeinsamen Forschungs- und Entwicklungsaktivitäten. Eine **strategische Gruppe** ist die Gruppe der Unternehmen in einer Branche, die dieselbe oder eine ähnliche Strategie entsprechend den strategischen Dimensionen (Lieferanten, Abnehmer, Wettbewerb) verfolgt. Als **strategische Familie** werden mehrere Unternehmen bezeichnet, deren Erfolg am Markt entscheidend voneinander abhängt und deren Strategien komplementär sind, etwa Abnehmer und Lieferanten oder Unternehmung und Hausbank.

Horizontale, vertikale und diagonale Konzentration

Bei den Verflechtungsebenen differenziert man nach der Art der betroffenen Märkte. Bei der **horizontalen Konzentration** sind die beteiligten Unternehmen auf dem gleichen relevanten Markt tätig, ein Beispiel ist der Zusammenschluß von Krupp und Hoesch. Bei der **vertikalen Konzentration** sind Unternehmen beteiligt, die auf vor- und/oder nachgelagerten Produktionsstufen tätig sind und in einer Abnehmer-Lieferanten-Beziehung stehen, ein Beispiel ist die Beteiligung des Filmhändlers Leo Kirch an SAT 1 und an Filmproduktionsfirmen sowie Kinos. Bei der **diagonalen (konglomeraten) Konzentration** sind Unternehmen beteiligt, die auf unterschiedlichen relevanten Märkten tätig sind und nicht in einer Abnehmer-Lieferanten-Beziehung stehen.

2.2 Ursachen und Folgen der Konzentration

Ursachen und Folgen der Konzentration sind kaum zu trennen, weil erwartete Folgen oft die Ursache von Konzentrationsprozessen sind. Dennoch soll wenigstens gedanklich eine Trennung versucht werden.

2.2.1 Ursachen der Konzentration

Die folgende Übersicht enthält die wesentlichen Ursachen der Konzentration. In der Regel liefert die zunehmende Firmengröße – als begleitendes Element der Konzentration – ökonomische Vorteile für die beteiligten Unternehmen.

Größenvorteile (economies of scale)

Größenvorteile liegen vor, wenn mit wachsender Betriebsgröße die Produktionskosten langsamer wachsen als die Ausbringungsmenge, wenn

Ursachen der Unternehmenskonzentration			
Finanzierungsvorteile großer Firmen	Größenvorteile (economies of scale; Lernkurveneffekte)	Diversifizierungsvorteile (economies of scope)	Staatliche Rahmenbedingungen (Steuersystem; Patentrecht; Umweltpolitik; Forschungs- u. Technologiepolitik u. a. m.)

Quelle: Berg, Hartmut, Wettbewerbspolitik, in: Vahlens Kompendium der Wirtschaftstheorie und Wirtschaftspolitik, 5. Auflage, München 1992, S. 271

also die Stückkosten der Produktion mit steigender Betriebsgröße sinken. Die Ursachen hierfür sind vielfältig. Man kann unteilbare Maschinenkapazitäten besser nutzen, man kommt mit relativ weniger Reserven an Ersatzteilen aus, die sog. ⅔-Regel begründet, daß der Materialaufwand für zylindrische Produktionskapazitäten (z. B. Hochöfen, Pipelines, aber auch annähernd Schiffe usw.) in der zweiten, das Volumen hingegen in der dritten Potenz wächst. Auch Lerneffekte (learning by doing) sind relevant: Wenn ein Betrieb immer das gleiche produziert, steigt die Geschicklichkeit der Arbeiter, die Werksleitung lernt besser zu organisieren, und die Werkzeuge können optimal angepaßt werden. So hat man z. B. in der Flugzeugindustrie eine 80-%-Lernkurve ermittelt, d. h. bei jeder Verdoppelung der Ausbringung sinkt der durchschnittliche Arbeitsinput um 20 % auf 80 % des vorangegangenen Arbeitsinputs pro Stück. Das bedeutet dann, daß ein kleinerer Betrieb, der nur wenige Flugzeuge pro Jahr produziert, diese Lernkurveneffekte sehr viel geringer nutzen kann als ein Großbetrieb.

Unteilbarkeiten

2/3-Regel

Lerneffekte

Diversifizierungsvorteile (economies of scope)

Diversifizierungsvorteile – auch Verbundvorteile genannt – liegen vor, wenn die Herstellung mehrerer Produkte durch das gleiche Unternehmen zu niedrigeren Gesamtkosten führt, als wenn die einzelnen Produkte von jeweils unterschiedlichen Unternehmen produziert würden. So hat eine Unternehmung, die, wie z. B. Bertelsmann, sowohl Bücher, Zeitschriften und Zeitungen produziert als auch Filme und Fernsehprogramme, gewisse Vorteile gegenüber Firmen, die sich auf nur eine Produktion spezialisieren. Die Vorteile ergeben sich z. B. daraus, daß bestimmte Produktionsfaktoren oft nicht teilbar sind und daher in einer einzigen Aktivität nicht ganz verbraucht werden – z. B. Leistungen des Managements und der Verwaltung –, daß bestimmte Produktionsfaktoren überhaupt nicht verbraucht werden – z. B. Urheberrechte an Büchern und Filmen – oder daß an den gleichen Nachfrager verkauft wird – z. B. verkaufen Buchhandlungen Bücher und Zeitungen, und das nutzt die Kapazitäten besser, als wenn nur Bücher oder nur Zeitungen verkauft würden.

Unteilbarkeiten

Nichtverbrauch von Produktionsfaktoren

Bei der MOB wird das Minimum der Stückkosten erreicht

Solche und ähnliche Effekte begründen die Vorteilhaftigkeit wachsender Betriebsgrößen. In der Regel existiert für jeden Produktionszweig eine **mindestoptimale Betriebsgröße (MOB),** das ist diejenige Produktionskapazität, bei der das Minimum der Stückkosten erreicht wird. Nachfolgend gibt es Effekte, die die Vorteilhaftigkeit einer wachsenden Betriebsgröße wieder zunichte machen, insbesondere Transportkosten und die Effizienzverluste einer zunehmenden Bürokratisierung. Schematisch werden diese Zusammenhänge in Abb. 7.1 dargestellt: Zunächst sinken die Stückkosten mit steigender Produktionskapazität, dann bleiben sie für eine Weile etwa konstant, um schließlich wieder anzusteigen.

Finanzierungsvorteile bestehen für große Firmen, weil diese in der Regel sowohl leichter als auch billiger Kredite erhalten als kleine Firmen. Dies hat aus der Sicht von Banken im wesentlichen den Grund, daß das Rückzahlungsrisiko kleiner ist.

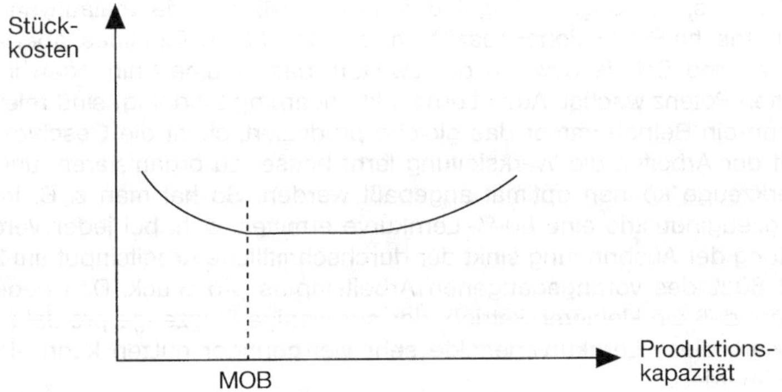

Abb. 7.1: Die mindestoptimale Betriebsgröße (MOB)

Auch die **Rahmenbedingungen des staatlichen Handelns** begünstigen häufig die größeren Firmen.

„In Bedrängnis geratene Großunternehmen werden durch Subventionen gestützt, die die Wettbewerbsposition ihrer kleineren Konkurrenten verschlechtern; Forschungs- und Technologiepolitik fördert erfahrungsgemäß häufig die größeren Unternehmen einer Branche oder macht die Gewährung von Mitteln davon abhängig, daß zuvor durch Unternehmenszusammenschlüsse größere Unternehmenseinheiten gebildet werden. Umweltauflagen können Finanzierungserfordernisse begründen, die nur die großen Betriebe einer Branche zu erfüllen vermögen. Auch das Steuersystem und das Patentrecht sind zumeist nicht so ausgestaltet, daß sie in ihren Wirkungen ‚konzentrationsneutral' wären. Schließlich führt vermutlich auch Protektionismus zu einem höheren Konzentrationsgrad, als er bei Freihandel zu erwarten wäre, da Importbeschränkungen den Markteintritt leistungsfähiger ausländischer Anbieter verhindern können, ohne daß der Marktaustritt ineffizienter heimischer Produzenten dauerhaft vermieden werden könnte." (BERG, Hartmut, Wettbewerbspolitik, a. a. O., S. 272.)

2.2.2 Folgen der Konzentration

Die in diesem Zusammenhang zentrale Frage ist die nach den Wettbewerbswirkungen einer zunehmenden Konzentration. Leider kann man diese Frage nicht eindeutig beantworten.

Konzentration kann den Wettbewerb verbessern und verschlechtern

- Die Wettbewerbsbedingungen können sich verbessern, z. B. wenn auf einem Markt, auf dem bisher ein großer und 17 kleine Anbieter vorhanden waren, diese 17 sich zu 3 großen Anbietern zusammenschließen, die dann als gleich starke Wettbewerber auftreten **(„Aufholfusion")**.
- Die Wettbewerbsbedingungen können insgesamt etwa unverändert bleiben.
- Die Wettbewerbsbedingungen können sich auch verschlechtern, nämlich dann, wenn den Unternehmen durch den Zusammenschluß (weitere) Macht zuwächst, die ihnen einen dauerhaften Wettbewerbsvorsprung sichert und damit vor allem den Marktzutritt von möglicherweise neuen Anbietern erschwert. Dies ist sicherlich z. B. im Fall der Fusion Daimler-MBB der Fall gewesen.

Negative Folgen bei Verschlechterung des Wettbewerbs

Nur wenn sich die Wettbewerbsbedingungen verschlechtern, hat zunehmende Konzentration die ihr häufig zugeschriebenen negativen Auswirkungen: Die Preise sind zu hoch, die Innovationstätigkeit erlahmt, die Flexibilität der Anpassung an veränderte Marktbedingungen nimmt ab, und die Möglichkeit, die marktbeherrschende Stellung zu einer Behinderung der Wettbewerbsmöglichkeiten anderer zu mißbrauchen, nimmt zu).

Konflikt zwischen Wettbewerb und Effizienz denkbar

Zum **Konflikt** zwischen Wettbewerb an sich und produktiver Effizienz kommt es immer dann, wenn ein Markt von gegebener Größe weniger kostenoptimalen Unternehmen – die aber die mindestoptimale Betriebsgröße (MOB) aufweisen – Raum bietet, als ein „guter" Wettbewerb erfordert. Wenn man in solchen Fällen die Märkte nicht erweitern kann – etwa durch eine Zollunion oder einen Binnenmarkt (vgl. z. B. die Integration der EU, Kapitel 22 und 23) –, dann bleibt abzuwägen zwischen ökonomischen Effizienzgesichtspunkten und den machtbegrenzenden Aspekten eines Wettbewerbs per se. Hier wird je nach wettbewerbspolitischer Grundüberzeugung unterschiedlich entschieden. Dabei sollte eine mögliche Dilemmasituation ins Kalkül gezogen werden: Entscheidet man sich für effizient produzierende Großunternehmen, so ist damit nicht sichergestellt, daß die Effizienzvorteile an die Verbraucher weitergegeben werden, wenn der Wettbewerb fehlt.

Für die Entscheidung in einer solchen Konfliktsituation muß dann auch bedacht werden, daß die ökonomische Macht, die als Konzentrationsfolge entsteht, als politische Macht gegenüber staatlichen Entscheidungsträgern mißbraucht werden kann, indem z. B. Entscheidungen in der Steuerpolitik, Verkehrspolitik (Bau von Autobahnen oder Testzentren . . .) oder der Subventionspolitik zugunsten von Großunternehmen beeinflußt werden. Die berühmte Frage: „Does concentration matter?“ („Spielt Konzentration eine Rolle?“) ist also nicht einfach und eindeutig zu beantworten. Es kommt, wie generell in der Wettbewerbspolitik, immer auf den Einzelfall an, und selbst dieser ist oft nicht eindeutig zu beurteilen.

3. Wettbewerbspolitik in der Bundesrepublik

Schutz des Wettbewerbs als staatliche Aufgabe

Der Schutz des Wettbewerbs ist eine zentrale staatliche Aufgabe und zugleich eine schwierige Aufgabe, weil die Zahl der in der Praxis vorfindbaren Wettbewerbsbeschränkungen groß ist, weil dem Erfindungsgeist der Marktteilnehmer kaum Grenzen gesetzt sind und weil eine Beweisführung meist schwierig ist.

Das Gesetz gegen Wettbewerbsbeschränkungen (GWB) als Grundgesetz der Wirtschaftsordnung

Zum Schutz des Wettbewerbs ist in der Bundesrepublik am 1. Januar 1958 das Gesetz gegen Wettbewerbsbeschränkungen (GWB) in Kraft getreten. Es ist bisher insgesamt sechsmal überarbeitet worden (1965, 1973, 1976, 1980, 1989 und 1998). Im Rahmen der sechsten GWB-Novelle vom 26. 8. 1998 ist das Gesetz grundlegend neugeordnet und gestrafft worden und an europäische Wettbewerbsregeln angepaßt worden. In diesem Zusammenhang ergeben sich begriffliche Unklarheiten: Zum Teil wird von GWB alte Fassung und GWB neue Fassung gesprochen, zum Teil wird das alte Gesetz als GWB und das neue Gesetz als Kartellgesetz (KartellG) bezeichnet. Wir sprechen im folgenden weiter vom GWB und meinen damit die neue Fassung vom 26. 8. 1998. Das GWB wird häufig als ein Grundgesetz der Wirtschaftsordnung bezeichnet. Es wird durch das Bundeskartellamt, eine selbständige Bundesoberbehörde mit Sitz in Bonn, durchgesetzt; die nächsten Instanzen im Beschwerdeverfahren sind die Kartellsenate der Oberlandesgerichte und der Bundesgerichtshof.

Die Monopolkommission als Begutachterin

Zur Begutachtung von Konzentration, Wettbewerb und Wettbewerbspolitik ist 1973 die **Monopolkommission** errichtet worden. Diese berichtet in ihren alle zwei Jahre erstellten Hauptgutachten über den Stand der Unternehmenskonzentration, wertet die Wettbewerbspolitik des Bundeskartellamtes und nimmt zu wichtigen Fragen des Wettbewerbs Stellung. Die fünf unabhängigen Mitglieder der Kommission werden auf Vorschlag der Bundesregierung für vier Jahre berufen; Auskunfts-, Untersuchungs- und Entscheidungsbefugnisse bestehen nicht (§§ 44 bis 47 GWB).

Die **internationale Reichweite** des GWB ist ein wenig strittig. Nach § 130 Abs. 2 gilt das GWB für sämtliche Wettbewerbsbeschränkungen, die sich im Inland auswirken, auch wenn sie im Ausland veranlaßt wurden, z. B. wenn sich ausländische Unternehmen zusammenschließen, die über

Tochtergesellschaften im Inland tätig sind. Zugleich gilt neben dem GWB das Wettbewerbsrecht der EU. Dies umfaßt, ähnlich wie das GWB, vor allem ein Kartellverbot (Art. 85 EGV), eine Mißbrauchsaufsicht (Art. 86 EGV) und eine Zusammenschlußkontrolle (Fusionskontrollverordnung, ABl. 1997, Nr. L. 180/1). Dabei gilt grundsätzlich der Vorrang des Gemeinschaftsrechts der EU vor nationalem Wettbewerbsrecht:

Vorrang des EU-Wettbewerbsrechts

- Zusammenschlüsse von gemeinschaftsweiter Bedeutung unterliegen grundsätzlich ausschließlich der Kontrolle durch die EU-Kommission. Dabei ergibt sich die gemeinschaftsweite Bedeutung nach den drei folgenden Kriterien:
  - Die beteiligten Unternehmen erzielen einen Gesamtumsatz von mehr als 5 Mrd. Euro;
  - mindestens zwei der Unternehmen erzielen einen gemeinschaftsweiten Umsatz von jeweils mehr als 250 Mio Euro;
  - die Unternehmen erzielen jeweils nicht mehr als zwei Drittel ihres gemeinschaftsweiten Umsatzes in einem Mitgliedstaat (⅔-Regel).
- Andere Wettbewerbsregeln, z. B. das Kartellverbot, finden Anwendung, wenn die fragliche wettbewerbsbeschränkende Maßnahme geeignet ist, den Handel zwischen den Mitgliedsstaaten zu beeinträchtigen. Dies wird sehr weit ausgelegt, Abgrenzungen sind bisweilen strittig. Wenn die EU-Kommission aber entschieden hat, hat dies Vorrang. Wenn die EU-Kommission z. B. ein Kartell erlaubt hat, kann dies nicht nach GWB verboten werden (und umgekehrt).

Das GWB umfaßt folgende zentrale Bereiche:

Die Grundstruktur des GWB

- Das Kartellverbot (§§ 1 ff),
- die Aufsicht über vertikale Vereinbarungen (§§ 14 ff),
- die Mißbrauchsaufsicht über marktbeherrschende Unternehmen (§§ 19 ff) und
- die Zusammenschlußkontrolle (§§ 35 ff).

Daneben existieren weniger bedeutsame Regelungen für Wettbewerbsregeln von Wirtschafts- und Berufsverbänden (§§ 24 ff), zu Ausnahmebereichen (§§ 28 ff), zu Sanktionen (§§ 32 ff) und zu Verfahrensfragen.

3.1 Grundsatz des Kartellverbots

Nach dem GWB sind Kartelle grundsätzlich verboten. § 1 GWB lautet:

Kartellverbot

„**Kartellverbot.** Vereinbarungen zwischen miteinander im Wettbewerb stehenden Unternehmen, Beschlüsse von Unternehmensvereinigungen und aufeinander abgestimmte Verhaltensweisen, die eine Verhinderung, Einschränkung oder Verfälschung des Wettbewerbs bezwecken oder bewirken, sind verboten."

Verboten sind also nicht nur explizite Vereinbarungen, sondern auch ein aufeinander abgestimmtes Verhalten. Ein **aufeinander abgestimmtes Verhalten** liegt vor, wenn Unternehmen ihr Verhalten bewußt und gewollt voneinander abhängig machen und damit die Risiken des Wettbewerbs, insbesondere die Unsicherheiten über das wechselseitige Verhalten, beseitigen. Entscheidend ist die Verständigung im voraus, wie auch immer diese bewerkstelligt worden ist; ein bloßes Parallelverhalten reicht als Indiz für ein aufeinander abgestimmtes Verhalten nicht aus. Von einem **Parallelverhalten** spricht man, wenn Konkurrenten ihre Wettbewerbsparameter – insbesondere die Preise – in (etwa) gleichem Ausmaß und in gleicher Richtung variieren. Ein solches Parallelverhalten kann die Folge einer formlosen Abstimmung sein, kann aber genauso gut die Folge einer starken wechselseitigen Abhängigkeit der Marktteilnehmer sein (vgl. Kapitel 6). Daher kann von außen nicht beurteilt werden, ob z.B. die häufigen und in der Regel gleichgerichteten Preisänderungen bei Benzin nur Parallelverhalten darstellen – was nicht verboten ist – oder Ergebnis eines aufeinander abgestimmten Verhaltens sind. Daher ist der Nachweis eines aufeinander abgestimmten Verhaltens sehr schwer zu führen.

Da die Vertragspartner Anbieter auf demselben Markt sind, stellt das Kartell eine horizontale Wettbewerbsbeschränkung dar. Nach dem Ansatzpunkt der Wettbewerbsbeschränkung unterscheidet man verschiedene Arten von Kartellen, von denen hier beispielhaft die wichtigsten genannt seien:

Wichtige Kartellarten

- das **Preiskartell,** bei dem verabredet wird, einen bestimmten Preis beim Verkauf nicht zu unterschreiten;

- das **Gebietsschutzkartell,** bei dem der Markt regional zwischen den Mitgliedern aufgeteilt wird;

- das **Kontingentierungs-(Quoten-)Kartell,** bei dem die Mitglieder sich verpflichten, einen bestimmten Absatz (bzw. einen bestimmten Anteil am Absatz) nicht zu überschreiten.

Ausnahmen vom Kartellverbot

Vom Grundsatz des Kartellverbots gibt es zahlreiche **Ausnahmen.** So können vom Verbot des § 1 freigestellt werden:

- bestimmte Kartellarten (Normen-, Typen-, Konditionen-, Rabatt-, Spezialisierungs-, Mittelstands-, Rationalisierungs- und Strukturkrisenkartelle (§§ 2 bis 6);

- Kartelle, die zu einer besseren Versorgung der Verbraucher beitragen, können im Rahmen der Generalklausel des § 7 erlaubt werden;

- der Bundeswirtschaftsminister kann Kartelle ausnahmsweise erlauben, wenn dies aus Gründen der Gesamtwirtschaft und des Gemeinwohls notwendig ist (§ 8);

– die Wirtschaftsbereiche Landwirtschaft, Urheberrechtsverwertungsgesellschaften sowie der Sport[1]) sind ganz und die Kredit- und Versicherungswirtschaft partiell vom Grundsatz des Kartellverbots freigestellt (§§ 28 bis 31);
– schließlich können Exportkartelle, obwohl sie nicht ausdrücklich freigestellt sind, vom Bundeskartellamt nicht geahndet werden.

An diesen Ausnahmeregelungen wird meist Kritik geübt. So beanstandet z. B. die Monopolkommission die generelle Freistellungsmöglichkeit in § 7 und die Errichtung des Ausnahmebereichs Sport. Solche Regeln bedeuten einen Systembruch und wecken die Begehrlichkeit anderer Interessengruppen auf Freistellungen oder die Begründung neuer Ausnahmebereiche (vgl. Monopolkommission Hauptgutachten 1996/1997, S. 59 ff).

Kritik der Ausnahmen

3.2 Aufsicht über vertikale Vereinbarungen

Vertikale Vereinbarungen werden zwischen Unternehmen getroffen, die zueinander in einer Lieferanten-Abnehmer-Beziehung stehen. Solche Vereinbarungen können den Wettbewerb beschränken. Von großer praktischer Relevanz sind Preisbindungen und Preisempfehlungen sowie Vereinbarungen über die Ausschließlichkeit von Lieferbeziehungen (Ausschließlichkeitsbindungen).

3.2.1 Preisbindung und Preisempfehlung

Preisbindung („der zweiten Hand") liegt vor, wenn ein Unternehmer den Abnehmer seines Gutes durch Vertrag verpflichtet, das Gut nur zu einem bestimmten Preis zu verkaufen.

Preisbindung der zweiten Hand

Die Wettbewerbsbeschränkung bei der Preisbindung ist offensichtlich: Auf der Handelsstufe entfällt der Preiswettbewerb. Häufig ist allerdings auch eine Abnahme des Wettbewerbs auf der Ebene der Hersteller zu beobachten, wenn es nämlich ihren Abnehmern weniger auf niedrige Preise als auf hohe gebundene Handelsspannen ankommt.

Preiswettbewerb auf der Handelsstufe entfällt

Preisbindungen sind grundsätzlich verboten (§ 14 GWB). Dies gilt seit 1973 auch für die sog. **Markenartikel,** d. h. Waren mit gleichbleibender Qualität und einem sie kennzeichnenden Markenzeichen. Für solche Markenartikel kannte das bis dahin gültige Wettbewerbsgesetz die Möglichkeit einer Preisbindung der zweiten Hand. Eine Ausnahme vom Verbot der Preisbindung besteht nunmehr nur noch bei Verlagserzeugnissen (z. B. Bücher und Zeitungen). Diese Preisbindung unterliegt jedoch einer Mißbrauchsaufsicht durch die Kartellbehörde und einer sehr kritischen Beurteilung durch die EU-Kommission.

Preisbindungen sind verboten

Ausnahme: Verlagserzeugnisse

1) Dabei geht es um die zentrale Vermarktung von Fernsehübertragungsrechten an sportlichen Wettbewerben durch Sportverbände; faktisch ist damit das zentrale Vermarktungskartell des Deutschen Fußballbundes (DFB) erlaubt worden.

Zulässigkeit von Preisempfehlungen

Zulässig sind **Preisempfehlungen** für Markenartikel, die mit gleichartigen Waren in Wettbewerb stehen. Die Preisempfehlungen müssen jedoch ausdrücklich als unverbindlich bezeichnet werden, und es darf kein irgendwie gearteter Druck zu ihrer Durchsetzung ausgeübt werden. Die Preisempfehlung setzt auch voraus, daß der empfohlene Preis demjenigen entspricht, der von der Mehrheit der Empfehlungsempfänger voraussichtlich gefordert wird (keine „Mondpreise“). Die Preisempfehlungen unterliegen, obwohl nicht anmeldepflichtig, der Mißbrauchsaufsicht durch die Kartellbehörde. Liegt ein solcher Mißbrauch vor, so kann die Behörde die Empfehlung für unzulässig erklären und eine gleichartige Empfehlung für dieses Produkt zukünftig untersagen.

3.2.2 Ausschließlichkeitsbindung

Ausschließlichkeitsbindungen sind erlaubt …

Wie bei der Preisbindung handelt es sich auch bei der **Ausschließlichkeitsbindung** um eine vertraglich festgelegte vertikale Wettbewerbsbeschränkung: Ein Vertragspartner verpflichtet sich zum ausschließlichen Bezug (zur ausschließlichen Lieferung) eines Gutes nur von dem (an den) anderen Vertragspartner. Der praktisch bedeutsamste Fall der Ausschließlichkeitsbindung ist der der Bindung des Verkäufers. Bekannte Beispiele sind der Bier-, Benzin- und Kfz-Bezug durch Gaststätten, Tankstellen und Autohändler. Die Wettbewerbsbeschränkung ist offensichtlich: Der gebundene Vertragspartner kann sich seinen Verkäufer (oder Käufer) nicht von Fall zu Fall nach Belieben aussuchen, wodurch der Wettbewerb zwischen den Anbietern (oder Nachfragern) abnimmt.

So kann man sich z. B. gut vorstellen, daß die Brauereien sich in saisonbedingten Flautezeiten ohne Ausschließlichkeitsverträge gegenseitig unterbieten würden, um mehr Bier an die Gaststätten verkaufen zu können. Mit Ausschließlichkeitsbindungen beschränkt sich der Wettbewerb auf das Konkurrieren um die dauerhaften Abnehmer, wobei räumliche Abgrenzungen häufig für zusätzliche Wettbewerbshemmnisse sorgen. Andererseits wird argumentiert, daß die Ausschließlichkeitsbindung einem neu auf den Markt drängenden Anbieter (Erzeuger) eine wertvolle „Einstiegshilfe“ in einen erstarrten Oligopolmarkt bieten könne.

… unterliegen aber der Mißbrauchsaufsicht

Nach dem GWB sind Ausschließlichkeitsbindungen zulässig, unterliegen aber einer Mißbrauchsaufsicht (§ 16 GWB).

3.3 Mißbrauchsaufsicht über marktbeherrschende Unternehmen

Mißbräuchliche Ausübung von Marktmacht ist untersagt

Wettbewerbsbeschränkungen können sich daraus ergeben, daß ein Unternehmen oder eine Gruppe von Unternehmen den Markt beherrscht, völlig unabhängig davon, wie es zu dieser Marktbeherrschung gekommen ist (durch Zusammenschluß, durch internes Unternehmenswachstum, durch Ausscheiden von Konkurrenten). Nimmt das GWB die Existenz solcher Unternehmungen hin, so ist doch wenigstens eine **mißbräuchliche Ausübung ihrer Marktmacht** untersagt (§ 19, Abs. 1). Entscheidend für die Eingriffsmöglichkeit des Kartellamtes sind die Tatbestandsmerkmale:

- Marktbeherrschung und
- Mißbrauch der Marktmacht

Marktbeherrschung definiert § 19 Abs. 2 GWB:

„(2) Ein Unternehmen ist marktbeherrschend, soweit es als Anbieter oder Nachfrager einer bestimmten Art von Waren oder gewerblichen Leistungen

1. ohne Wettbewerber ist oder keinem wesentlichen Wettbewerb ausgesetzt ist oder

2. eine im Verhältnis zu seinen Wettbewerbern überragende Marktstellung hat; hierbei sind insbesondere sein Marktanteil, seine Finanzkraft, sein Zugang zu den Beschaffungs- oder Absatzmärkten, Verflechtungen mit anderen Unternehmen, rechtliche oder tatsächliche Schranken für den Marktzutritt anderer Unternehmen, der tatsächliche oder potentielle Wettbewerb durch innerhalb oder außerhalb des Geltungsbereichs dieses Gesetzes ansässige Unternehmen, die Fähigkeit, sein Angebot oder seine Nachfrage auf andere Waren oder gewerbliche Leistungen umzustellen, sowie die Möglichkeit der Marktgegenseite, auf andere Unternehmen auszuweichen, zu berücksichtigen.

Kriterien der Marktbeherrschung

Zwei oder mehr Unternehmen sind marktbeherrschend, soweit zwischen ihnen für eine bestimmte Art von Waren oder gewerblichen Leistungen ein wesentlicher Wettbewerb nicht besteht und soweit sie in ihrer Gesamtheit die Voraussetzungen des Satzes 1 erfüllen."

Um den schwierigen Nachweis der Existenz einer marktbeherrschenden Stellung durch das Kartellamt und die Gerichte zu erleichtern, besteht nach dem GWB die Vermutung einer solchen Marktbeherrschung, wenn von dem oder den Unternehmen ein bestimmter Marktanteil sowie bestimmte Jahresumsätze erreicht werden.

Marktbeherrschungsvermutung

Diese Marktanteile, die die Vermutung einer marktbeherrschenden Stellung begründen, sind:

1 Unternehmen ≧ ein Drittel
3 Unternehmen ≧ die Hälfte
5 Unternehmen ≧ zwei Drittel

Mißbrauch von Marktmacht

Neben der Marktbeherrschung muß **Mißbrauch** der Marktmacht vorliegen, damit das Kartellamt einschreiten kann. Zwei Fälle von mißbräuchlicher Ausübung von Marktmacht werden unterschieden, der Behinderungsmißbrauch und der Ausbeutungsmißbrauch.

Behinderungsmißbrauch

Behinderungsmißbrauch liegt vor, wenn ein marktbeherrschendes Unternehmen als Anbieter oder Nachfrager eines Gutes

- „die Wettbewerbsmöglichkeiten anderer Unternehmen in einer für den Wettbewerb erheblichen Weise ohne sachlich gerechtfertigten Grund beeinträchtigt“; oder

- „sich weigert, einem anderen Unternehmen gegen angemessenes Entgelt Zugang zu den eigenen Netzen oder anderen Infrastruktureinrichtungen zu gewähren, wenn es dem anderen Unternehmen aus rechtlichen oder tatsächlichen Gründen ohne die Mitbenutzung nicht möglich ist, auf dem vor- oder nachgelagerten Markt als Wettbewerber des marktbeherrschenden Unternehmens tätig zu werden; dies gilt nicht, wenn das marktbeherrschende Unternehmen nachweist, daß die Mitbenutzung aus betriebsbedingten oder sonstigen Gründen nicht möglich oder nicht zumutbar ist“ (§ 19 Abs. 4 Ziffer 1 und Ziffer 4).

Die Kontrolle eines Behinderungsmißbrauchs ist von zentraler Bedeutung für die Wettbewerbspolitik, weil eine mißbräuchliche Behinderung von Konkurrenten den Wettbewerb stark einschränkt. Wichtige Formen der Behinderung sind die folgenden:

Formen des Behinderungsmißbrauchs

- **Ausschließlichkeitsbindungen** von Lieferanten (nur den Marktbeherrscher zu beliefern) oder von Abnehmern (nur Produkte des Marktbeherrschers zu führen);

- Verpflichtende **Koppelungsgeschäfte** (z. B. Verkauf nur im Paket);

- **Gegenseitigkeitsgeschäfte** (der Marktbeherrscher kauft nur bei Lieferanten, die auch bei ihm kaufen);

- **Sperrkäufe** wichtiger Ressourcen (z. B. Film- und Sportübertragungsrechte), um Konkurrenten am Marktzutritt zu hindern;

- **Diskriminierungen** von Marktteilnehmern durch unterschiedliche Preise oder unterschiedliche Belieferungen;

- ein **„Squeezing“** von Konkurrenten dadurch, daß der Marktbeherrscher, der sowohl auf dem Markt für Vorleistungen als auch auf dem Markt für Endprodukte dominiert, Preise für Vorleistungen erhöht und den Preis des Endprodukts reduziert.

Allgemeiner Netzzugang

Recht neu und von erheblicher Relevanz ist die in § 19 Abs. 4 Ziffer 4 entwickelte Forderung nach einem allgemeinen Netzzugang, die sich eng an die in der US-amerikanischen Rechtsprechung entwickelte **„essential facilities doctrine“** anlehnt. Hiernach muß ein marktbeherrschender Inhaber eines Netzes oder einer anderen wichtigen Infrastruktur anderen Unternehmen in der Regel einen nichtdiskriminierenden Netzzugang ermöglichen. Dies ist relevant vor allem für die Netze der Telekommunikation, für Verkehrsnetze und für die Netze der Versorgungsunternehmen (Strom, Gas, Wasser). Zum Teil ist hier der Netzzugang allerdings schon auf Grund spezieller Gesetze gefordert (z. B. Telekommunikationsgesetz).

Ausbeutungsmißbrauch ist nach dem Gesetz gegeben, wenn ein marktbeherrschendes Unternehmen:

- Entgelte oder sonstige Geschäftsbedingungen fordert, die von denjenigen abweichen, die sich bei wirksamem Wettbewerb mit hoher Wahrscheinlichkeit ergeben würden; hierbei sind insbesondere die Verhaltensweisen von Unternehmen auf vergleichbaren Märkten mit wirksamem Wettbewerb zu berücksichtigen (sog. **sachliches Vergleichsmarktkonzept);**
- ungünstigere Entgelte oder sonstige Geschäftsbedingungen fordert, als sie das marktbeherrschende Unternehmen selbst auf vergleichbaren Märkten von gleichartigen Abnehmern fordert, es sei denn, daß der Unterschied sachlich gerechtfertigt ist (sog. **räumliches Vergleichsmarktkonzept;** § 19 Absatz 4 Ziffer 2 und 3).

Den Maßstab dafür, ob der Preis eines marktbeherrschenden Unternehmens mißbräuchlich überhöht ist, bildet also der Preis, der sich bei Existenz echten Wettbewerbs einstellen würde (Vorstellung von der „Als-ob-Konkurrenz). Ein solcher fiktiver Konkurrenzpreis kann allerdings kaum bestimmt werden, weil es in der Marktwirtschaft keine Obergrenze für den Gewinnaufschlag gibt. Auch hohe Gewinnspannen können, z. B. durch intensive Forschungstätigkeit in der Vergangenheit, als Innovationsgewinne gerechtfertigt sein. Zudem ist eine Umrechnung der Kosten auf ein spezielles Produkt bei einer Mehrproduktunternehmung recht schwierig, jedenfalls für eine gerichtsfeste Begründung. Auch Vergleiche mit sachlich oder räumlich gleichartigen Märkten halten in der Regel vor Gericht nicht stand. Daher wird die Mißbrauchsaufsicht über Preise vom Bundeskartellamt nur sehr vorsichtig ausgeübt; andere Bereiche der Wettbewerbspolitik erscheinen wichtiger.

Problem der Bestimmung des Wettbewerbspreises

3.4 Zusammenschlußkontrolle

Ein Zusammenschluß von Unternehmen ist wettbewerbspolitisch nicht eindeutig zu beurteilen (vgl. Abschnitt 2); in der Regel kann indes von einer Wettbewerbsbeschränkung ausgegangen werden. Entsprechend formuliert das Gesetz (§ 36 Absatz 1):

„(1) Ein Zusammenschluß, von dem zu erwarten ist, daß er eine marktbeherrschende Stellung begründet oder verstärkt, ist vom Bundeskartellamt zu untersagen, es sei denn, die beteiligten Unternehmen weisen nach, daß durch den Zusammenschluß auch Verbesserungen der Wettbewerbsbedingungen eintreten und daß diese Verbesserungen die Nachteile der Marktbeherrschung überwiegen."

Grundsatz des Verbots eines Zusammenschlusses ...

Voraussetzung für ein Verbot ist also die Prognose über die Entstehung oder Verstärkung einer marktbeherrschenden Stellung – dabei sind die Kriterien der Marktbeherrschung von § 19, die im Absatz 3.3 bereits dargestellt worden sind, heranzuziehen. Diesem Verbot können die Unter-

bei entstehender Marktbeherrschung

nehmen durch den Nachweis entgehen, daß durch den Zusammenschluß der Wettbewerb verbessert wird – z. B. durch die beschriebene Aufholfusion[1]) (Abschnitt 2.2.2).

Zusammenschlußkriterien

Der Zusammenschlußtatbestand ist recht weit gefaßt; als Zusammenschluß gilt vor allem:

- ein Anteilserwerb an einem anderen Unternehmen, wenn dadurch 25 Prozent oder 50 Prozent[2]) des Kapitals oder der Stimmrechte erreicht werden;
- der Erwerb der Kontrolle über ein anderes Unternehmen und
- jede sonstige Verbindung von Unternehmen, auf Grund derer ein wettbewerblich erheblicher Einfluß auf ein anderes Unternehmen ausgeübt werden kann (§ 37).

Auslegungsbedürftige Konzepte des Kontrollerwerbs und des wettbewerblich erheblichen Einflusses

Das Konzept des **Kontrollerwerbs,** das der europäischen Wettbewerbspolitik entlehnt ist, ist recht auslegungsbedürftig. Ein Kontrollerwerb gilt dann als gegeben, wenn ein Unternehmen insbesondere über Eigentums- und Nutzungsrechte bzw. über Rechte und Verträge einen bestimmenden Einfluß auf ein anderes Unternehmen ausüben kann. Hier wird eine ausreichende Klarheit erst nach langjähriger Rechtsanwendung erreicht werden können. Auch ein **wettbewerblich erheblicher Einfluß** ist recht schwer zu fassen: Er gilt als gegeben, wenn ein Unternehmen, trotz einer Minderheitsbeteiligung unter 25 Prozent, die gesicherte Fähigkeit erwirbt, seine eigenen Interessen bei dem anderen Unternehmen zur Geltung zu bringen. Unmittelbar einsichtig und leicht feststellbar ist die Grenze des Anteilserwerbs von 25 Prozent: Ab einem Anteil von 25 Prozent gilt eine Sperrminorität der Hauptversammlung (der Versammlung der Eigentümer) bei wichtigen Beschlüssen einer Aktiengesellschaft (§§ 179 ff Aktiengesetz).

Anmeldepflicht

Zusammenschlüsse müssen vor ihrem Vollzug beim Bundeskartellamt angemeldet werden (§ 39 Absatz 1). Es gilt das Prinzip der generellen Prävention.

All diese Vorschriften gelten nur für größere Unternehmen, d. h. wenn

- die beteiligten Unternehmen weltweite Umsatzerlöse von mehr als einer Mrd. DM aufweisen und
- mindestens ein Unternehmen im Inland Umsatzerlöse von mehr als 50 Mill. DM hat (§ 35 Abs. 1).

---

1) Der Kürze halber wird häufig jede Art von Zusammenschluß als Fusion bezeichnet, im engeren Sinn bezeichnet die Fusion die Verschmelzung zu einer neuen rechtlichen Einheit.

2) Diese zweifache Grenze ermöglicht eine erneute Kontrolle eines Zusammenschlusses, wenn z. B. der erste Erwerb von 25 Prozent der Anteile nicht untersagt worden ist, bei der Aufstockung der Anteile auf 50 Prozent und mehr.

Daneben gilt eine Bagatellklausel; demnach fallen nicht unter die Zusammenschlußkontrolle:

Ausnahme für kleine Unternehmen

- der Zusammenschluß eines Unternehmens mit weltweit weniger als 20 Mill. DM Umsatz mit einem beliebigen anderen Unternehmen;
- Zusammenschlüsse auf einem mindestens fünf Jahre alten Markt mit weniger als 30 Mill. DM Gesamtumsatz (§ 35 Abs. 2)

Daneben werden explizit solche „großen" Zusammenschlüsse ausgenommen, die nach der Fusionskontrollverordnung der EU unter die Zuständigkeit der Europäischen Kommission fallen (§ 35 Abs. 2; vgl. Abschnitt 3, Einführung).

Zuständigkeit der EU für „große" Zusammenschlüsse

Schließlich kann der Bundeswirtschaftsminister einen Zusammenschluß erlauben, „wenn im Einzelfall die Wettbewerbsbeschränkung von gesamtwirtschaftlichen Vorteilen des Zusammenschlusses aufgewogen wird oder der Zusammenschluß durch ein überragendes Interesse der Allgemeinheit gerechtfertigt ist" (§ 42). Während das Bundeskartellamt bei seinen Entscheidungen immer nur Wettbewerbswirkungen in Rechnung stellen darf, kann der Bundeswirtschaftsminister aber auch andere Interessen, wie z. B. Arbeitsplätze, Umweltschutz oder weltweite Wettbewerbsfähigkeit, berücksichtigen. Solche Ministererlaubnisse werden recht selten ausgesprochen, bekanntes Beispiel ist der Zusammenschluß von Daimler Benz und MBB.

Ministererlaubnis möglich

Generell werden Zusammenschlüsse relativ selten zu untersagen sein. Dies liegt daran, daß die Unternehmen zu klein sind oder daß eine Verbesserung des Wettbewerbs erwartet werden kann oder daß die Prognose über eine Marktbeherrschung nicht leicht fundiert werden kann. Dies ist insbesondere schwierig bei einem vertikalen Zusammenschluß, weil sich ein vertikaler Zusammenschluß auf unterschiedliche relevante Märkte bezieht und daher Marktanteile nicht einfach addiert weden können. Hier kann im wesentlichen nur geprüft weden, ob sich der wettbewerbliche Verhaltensspielraum der zusammengeschlossenen Unternehmen durch die Verbindung mit Abnehmern oder Lieferanten wesentlich erweitert hat. Ein Beispiel ist der Zusammenschluß eines marktbeherrschenden Zeitungsverlages (Springer) mit einem bedeutenden Einzelhändler (Stilke; Bahnhofsbuchhandlungen). Praktisch nicht zu untersagen sind konglomerate Zusammenschlüsse, auch wenn es sich um Größtfusionen handelt wie im Fall von Daimler Benz und AEG. Zum Befund der schwierigen Beweisführung paßt, daß von 1973 bis 1996 insgesamt 22 188 angezeigte Zusammenschlüsse auch vollzogen worden sind und daß nur 63 geplante Zusammenschlüsse endgültig rechtskräftig untersagt worden sind (Bericht des Bundeskartellamtes und Bericht der Monopolkommission).

Probleme der Zusammenschlußkontrolle

Nur wenig Untersagungen

Hervorzuheben ist, daß bestehende Machtzusammenballungen, die in der Zeit vor 1973 ihren Ursprung haben, und generell Großunternehmen nach internem Wachstum nicht „entflochten" werden können. Hier bleibt nur die Möglichkeit der Mißbrauchsaufsicht.

3.5 Sanktionsmöglichkeiten des GWB

Sanktionsmöglichkeiten bestehen im wesentlichen aus Bußgeldern

In der Bundesrepublik gelten die Verstöße gegen die Verbote des GWB grundsätzlich nicht als Straftaten und damit nicht als kriminelles Unrecht, sondern nur als Ordnungswidrigkeiten (§ 81 GWB). Diese Ordnungswidrigkeiten werden mit Geldbußen bestraft. Der Bußgeldrahmen beläuft sich auf 1 Mill. DM und darüber hinaus auf das Dreifache des durch die Zuwiderhandlung erzielten Mehrerlöses.

So hat das Bundeskartellamt z. B. ein Verfahren gegen 13 Unternehmen des pharmazeutischen Großhandels und deren verantwortliche Personen wegen Rabattabsprachen durchgeführt. Insgesamt sind Bußgeldbescheide über 37,785 Mill. DM rechtskräftig verhängt worden (Bericht des Bundeskartellamtes über seine Tätigkeit in den Jahren 1991/92, S. 37). So hat das Bundeskartellamt gegen Fahrbahnmarkierungsunternehmen Geldbußen in Höhe von 25,7 Mill. DM verhängt (Bericht des Bundeskartellamtes über seine Tätigkeit in den Jahren 1995/96, S. 96) und die höchsten Geldbußen betrugen bislang 228,5 Mill. DM (Süddeutsche Zementindustrie). Die Geldbußen sind mithin durchaus spürbar.

Daneben besteht eine Schadensersatzpflicht bei schuldhaften Verstößen gegen Schutzgesetze oder Schutzverfügungen, und schließlich kann unter bestimmten Voraussetzungen ein Unternehmen, das über ein Kartell z. B. den Zuschlag für ein Bauvorhaben erhält, wegen Submissionsbetrugs bestraft werden (§ 298 StGB). Ein Beispiel ist das vom „Stern" aufgedeckte Kartell von vier Baufirmen im Stuttgarter Raum, die Preise und Auftragsquoten abgesprochen haben („Stern" vom 1. 12. 1994).

3.6 Beurteilung und Ausblick

Das GWB hat die ordnungspolitische Aufgabe, den Wettbewerb in unserer Volkswirtschaft zu sichern. Auch in seiner derzeitigen Fassung hat das Wettbewerbsgesetz indes starken Kompromißcharakter. So geht es zwar grundsätzlich vom Kartellverbot aus, kennt aber eine Reihe wichtiger funktionaler Ausnahmen. Zudem schwächt der generelle Freistellungstatbestand in § 7 GWB die Klarheit des Gesetzes und schafft Spielräume für Begehrlichkeit. Das gleiche gilt für die Bereichsausnahme Sport (§ 31), die zudem weder mit den Grundprinzipien des GWB noch mit dem europäischen Wettbewerbsrecht in Einklang steht. Hier wären einzelne Verbesserungen sinnvoll.

Beweislast ist groß

Generell können indes auch Änderungen des Gesetzestextes die grundsätzliche Schwierigkeit des Kartellamtes nicht beseitigen, Verstöße gegen das Gesetz beweisen zu müssen. Die Beweislast ist bei einem Kartell offensichtlich, aber auch Ausbeutungs- und Behinderungsmißbrauch ist in der Regel sehr schwer zu beweisen. Zudem ist jedenfalls das deutsche

Kartellamt mit seinen rund 300 Mitarbeitern eine kleine, unzureichend ausgestattete Behörde.

C. Arbeitsaufgaben

1) *Definieren Sie folgende Begriffe:*
   - *Kartell,*
   - *Unternehmenszusammenschluß,*
   - *Preisbindung,*
   - *Ausschließlichkeitsbindung,*
   - *„enges" oder „reifes" Oligopol.*
2) *Inwiefern kann man beim GWB vom „Grundgesetz der Wirtschaftsordnung" sprechen?*
3) *Erläutern Sie das Konzept der optimalen Wettbewerbsintensität. Nennen Sie einige Beispiele.*
4) *Diskutieren Sie die Bedeutung eines freien Marktzutritts für den Wettbewerb.*
5) *Welche speziellen wettbewerbspolitischen Probleme ergeben sich im „engen" Oligopol?*
6) *Warum hat das Kartellamt seine Bemühungen, einen Preismißbrauch zu verfolgen, so gut wie aufgegeben?*
7) *Was verstehen Sie unter Behinderungsmißbrauch? Suchen Sie hierzu einige Beispiele aus dem Bericht des Bundeskartellamtes über seine Tätigkeit.*
8) *Welche Regelungen sieht das GWB bei Unternehmenszusammenschlüssen vor?*
9) *Stellen Sie dar, welche Kriterien das Kartellamt bei der Beurteilung einer Wettbewerbsbeschränkung verwendet und welche gegebenenfalls der Bundesminister für Wirtschaft bei einer Sondererlaubnis anwendet?*
10) *Wie wird in der Theorie und wie in der Praxis der relevante Markt abgegrenzt?*

Lösungsvorschläge für die Arbeitsaufgaben im „Übungsbuch zu Grundlagen und Probleme der Volkswirtschaft"

D. Literatur

Funktionen des Wettbewerbs, Konzept des Wettbewerbs und die Grundzüge der Wettbewerbspolitik werden knapp, aber doch umfassend dargestellt von

BERG, Hartmut, Wettbewerbspolitik, in: Vahlens Kompendium der Wirtschaftstheorie und Wirtschaftspolitik, Band 2, 7. Auflage, München 1999, S. 299–362.

Eher ökonomisch orientierte Lehrbücher sind

HERDZINA, Klaus, Wettbewerbspolitik, 4. Auflage, Stuttgart 1993

SCHMIDT, Ingo, Wettbewerbspolitik und Kartellrecht, 5. Auflage, Stuttgart, New York 1996.

Eher juristisch orientiert ist das Lehrbuch von

EMMERICH, Volker, Kartellrecht, 8. Auflage, München 1999

Zur Praxis der Wettbewerbspolitik in der Bundesrepublik informieren regelmäßig

BUNDESKARTELLAMT, Bericht des Bundeskartellamtes über seine Tätigkeit in den Jahren . . . (alle zwei Jahre)

MONOPOLKOMMISSION, Hauptgutachten . . . (alle zwei Jahre)

sowie monatlich die Zeitschrift

WIRTSCHAFT UND WETTBEWERB (WuW).

Über zahlreiche ausgewählte Märkte in der Bundesrepublik, wobei Fragen des Wettbewerbs immer eine zentrale Rolle spielen, liegen Analysen vor in

OBERENDER, Peter (Hrsg.), Marktstruktur und Wettbewerb in der Bundesrepublik Deutschland, München 1984 *und*

DERSELBE, (Hrsg.), Marktökonomie, Marktstruktur und Wettbewerb in ausgewählten Branchen der Bundesrepublik Deutschland, München 1989.

8. Kapitel
Grundaufbau und Bedeutung der Volkswirtschaftlichen Gesamtrechnung (VGR)

A. Lernzielorientierte Leitfragen und Fragenkomplexe

Leitfrage:
Welche Aufgabe und methodischen Grundlagen hat das Volkswirtschaftliche Rechnungswesen?

- *Welche Aufgabe hat das Volkswirtschaftliche Rechnungswesen?*
- *Wie gewinnt man ein überschaubares Bild vom wirtschaftlichen Geschehen in der Volkswirtschaft?*

Leitfrage:
Wie erfaßt man die Produktion und die Einkommensbildung einer Volkswirtschaft im Rahmen der Volkswirtschaftlichen Gesamtrechnung?

- *Wie ist der Grundaufbau eines Produktions-, Einkommens-, Vermögensänderungs- und Auslandskontos?*
- *Welche ökonomische Bedeutung haben die Begriffe Produktionswert, Vorleistungen, Bruttowertschöpfung, Abschreibungen, Nettowertschöpfung?*
- *Welche Besonderheiten sind bei der Produktion des Staates und der privaten Haushalte zu beachten?*
- *Welche Größe und Struktur haben Produktion und Einkommen in der Bundesrepublik?*

Leitfrage:
Wie erfaßt man in der VGR den Prozeß der Einkommensverteilung, -umverteilung und -verwendung?

Leitfrage:
Wie läßt sich der Prozeß der Vermögensbildung in der VGR darstellen?

B. Sachanalyse

1. Warum ein Volkswirtschaftliches Rechnungswesen?

In dem Kapitel über die Funktionsweise des marktwirtschaftlichen Systems wurde bereits gesagt, daß hier Millionen von privaten Wirtschaftseinheiten auf Grund eigener Zielvorstellungen im Rahmen der ihnen gesetzten Daten (wie technische Gegebenheiten, Steuersätze u. a.) unabhängig ihre Produktions-, Verbrauchs-, Investitions-, Finanzierungs- und sonstigen Wirtschaftspläne aufstellen.

In den marktwirtschaftlich orientierten Volkswirtschaften unserer Zeit sind indes die privaten Haushalte und Unternehmungen nicht die einzigen Akteure. Bekanntlich greift der Staat insbesondere zwecks Verwirklichung gesamtgesellschaftlicher Wertvorstellungen in das „freie Spiel der Kräfte" ein. Neben die Ziele der einzelnen Wirtschaftseinheiten treten damit die gesamtwirtschaftlichen Ziele wie z. B. Vollbeschäftigung, Preisstabilität, gerechte Einkommensverteilung.

Gesamtwirtschaftliche Ziele

Um diese gesamtwirtschaftlichen Ziele erreichen zu können, braucht der Staat vielfältige Informationen über die Ausgangssituation der Volkswirtschaft: über die Höhe der derzeitigen Produktion, über die bestehende Einkommens- und Vermögensverteilung, über die Bedeutung einzelner Wirtschaftsbereiche usw.

Volkswirtschaftliches Rechnungswesen: Buchhaltung der Volkswirtschaft

Diese Informationen bereitzustellen, ist eine wesentliche Aufgabe des **Volkswirtschaftlichen Rechnungswesens,** das man als die Buchhaltung der Volkswirtschaft ansehen kann und das viele Parallelen zur Buchhaltung eines einzelnen Unternehmens aufweist. Natürlich kann eine volkswirtschaftliche Buchhaltung nicht die unüberschaubare Vielzahl der individuellen Wirtschaftspläne bzw. -handlungen berücksichtigen. Vielmehr faßt man in einem ersten Schritt sämtliche gleichartigen Wirtschaftseinheiten zu einer Gruppe (Sektor) zusammen, so daß die gesamte Volkswirtschaft nur aus wenigen Sektoren besteht. In einem zweiten Schritt werden alle gleichartigen Vorgänge, die die Wirtschaftssubjekte des Sektors durchführen, zu einem Posten zusammengefaßt. So **aggregiert** man z. B. häufig sämtliche privaten Haushalte zum Sektor „private Haushalte" und weist für diesen Sektor alle Käufe an Konsumgütern in einem Posten „Konsum", alle Steuerzahlungen der Haushalte in einem Posten „Steuern" usw. aus.

Volkswirtschaftliches Rechnungswesen ist nur in aggregierter Form sinnvoll

Durch diese Zusammenfassung von Wirtschaftseinheiten und wirtschaftlichen Vorgängen gehen zwar Informationen verloren – so ist nach erfolgter Aggregation z. B. nicht mehr erkennbar, wieviel Konsumgüter der Haushalt Müller oder der Haushalt Meier gekauft hat – der große Vorteil dieses Vorgehens besteht jedoch darin, daß man ein **überschaubares Bild** von den wirtschaftlichen Vorgängen (Stromgrößen und Bestandsgrößen) in der Volkswirtschaft gewinnt. Das wirtschaftliche Geschehen und die Struktur der Volkswirtschaft werden praktisch „in großen Strichen" dargestellt.

Die Volkswirtschaftliche Gesamtrechnung (VGR) erfaßt systematisch die mit der Entstehung, Verteilung, Umverteilung und Verwendung von Sozialprodukt und Volkseinkommen verbundenen ökonomischen Aktivitäten einer Volkswirtschaft für eine abgelaufene Periode (ex post).

Der Begriff der VGR wird also – in Übereinstimmung mit dem Statistischen Bundesamt, das in der Bundesrepublik Deutschland für die Erstellung der Volkswirtschaftlichen Gesamtrechnung zuständig ist – auf eine **Strömungsrechnung** beschränkt. Da Sozialprodukt und Volkseinkommen international weitgehend übereinstimmend definiert sind, bestimmen diese Definitionen entscheidend, welche ökonomischen Vorgänge zu erfassen und wie sie zu klassifizieren sind.

VGR ist eine Strömungsrechnung

Ziel dieses und des nachfolgenden Kapitels ist es, die wichtigsten Zweige des volkswirtschaftlichen Rechnungswesens in ihren Grundzügen darzustellen und dabei Begriffe wie Sozialprodukt, Inlandsprodukt und Zahlungsbilanzsaldo, die in der wirtschaftspolitischen Tagesdiskussion eine besondere Rolle spielen, näher zu beleuchten. Gleichzeitig werden wir versuchen, dem Leser durch Verwendung aktuellen Zahlenmaterials einen Überblick über die Volkswirtschaft der Bundesrepublik Deutschland zu geben.

Das wichtigste Kriterium, nach dem die wirtschaftlichen Aktivitäten eines Sektors untergliedert werden, sind die sogenannten ökonomischen Funktionen, denen die Vorgänge zugeordnet werden. Obwohl die Gliederungstiefe der **Funktionsbereiche** in der VGR unterschiedlich gestaltet werden kann, hat sich die Unterscheidung der Funktionsbereiche (1) Produktion und Einkommensentstehung, (2) Einkommensverteilung, -umverteilung und -verwendung sowie (3) Vermögensbildung als besonders nützlich erwiesen.

Funktionsbereiche

Im folgenden behandeln wir den Aufbau der Funktionskonten, nämlich der **Produktions-, Einkommens- und Vermögensänderungskonten.** Dabei wird das Produktionskonto ausführlich erörtert, da aus diesem Konto zahlreiche volkswirtschaftliche Größen abzuleiten sind. Die übrigen Konten werden aus Platzgründen nur in ihren Grundzügen dargestellt.

2. Produktion und Einkommensentstehung

2.1 Aufbau eines Produktionskontos

Auf dem Produktionskonto sollen, wie der Name schon andeutet, die gesamte Güterproduktion und die hiermit zusammenhängenden Aufwendungen des betrachteten Jahres erfaßt werden. Entsprechend wird auf der **Habenseite** des Produktionskontos der **Wert der gesamten Güterproduktion** (einschließlich Dienstleistungen) eines Sektors in einem Jahr verbucht. Dabei ist es für die Buchung auf dem Produktionskonto zunächst

Habenseite: Produktionswert

gleichgültig, ob diese Güter verkauft oder auf Lager genommen werden. Die Unterscheidung, ob die Güter verkauft oder im Unternehmen verblieben sind, ist nur für die **Bewertung** von Bedeutung: Verkaufte Güter werden mit ihren Marktpreisen bewertet, während die im Unternehmen verbliebenen Güter zu Herstellkosten bewertet werden.

Marktpreisbewertung

Den Wert der zu Marktpreisen oder Herstellkosten bewerteten Produktion einer Periode bezeichnet man als den **Produktionswert.** Wegen der grundsätzlichen Dominanz der Verkäufe in einer Marktwirtschaft sprechen wir im folgenden überwiegend vom „Produktionswert zu Marktpreisen". Auf der Habenseite des Produktionskontos werden ebenfalls die empfangenen staatlichen Subventionen an Unternehmen erfaßt, da diese als ein Ausgleich für vom Markt nicht vergütete (d. h. in den Marktpreisen nicht enthaltene) Leistungen der Unternehmen aufgefaßt werden (was nicht unproblematisch ist). Häufig werden die Subventionen mit negativem Vorzeichen auf der Sollseite des Produktionskontos ausgewiesen, eine Konvention, der wir hier folgen wollen.

Da es in der VGR u. a. um die Ermittlung eines volkswirtschaftlichen **Netto-Produktionsmaßes** geht, muß man zunächst die **Vorleistungen,** das sind Sachgüter und Dienstleistungen, die inländische Produktionseinheiten von anderen in- und ausländischen Produktionseinheiten bezogen und im betrachteten Zeitraum im Zuge der Produktion verbraucht haben, vom Produktionswert abziehen und erhält die **Bruttowertschöpfung.** Sie stellt den Beitrag des Sektors zu einem ersten volkswirtschaftlichen Netto-Produktionsmaß, dem **Bruttoinlandsprodukt zu Marktpreisen,** dar.

Sollseite
– Vorleistungen

Neben den Vorleistungen muß der Anlagenbestand (z. B. der Maschinenpark) des Sektors zur Produktion der Güter eingesetzt werden. Der dabei entstehende Verzehr an dauerhaften Produktionsmitteln heißt Abschreibungen und muß ebenfalls auf der Sollseite des Produktionskontos erfaßt werden.

– Abschreibungen

Zieht man vom Beitrag des Sektors zum Bruttoinlandsprodukt zu Marktpreisen (also von seiner Bruttowertschöpfung) die **Abschreibungen** ab, so erhält man den Beitrag des Sektors zum **Nettoinlandsprodukt zu Marktpreisen.** Auf der Sollseite des Produktionskontos werden auch die indirekten Steuern erfaßt.

– (Indirekte Steuern minus Subventionen)

Es handelt sich hierbei um die bei der Gewinnermittlung abzugsfähigen Steuern wie Umsatzsteuer, Verbrauchsteuern, Realsteuern und Zölle. Wird vom Beitrag des Sektors zum Nettoinlandsprodukt zu Marktpreisen der Saldo aus indirekten Steuern und Subventionen subtrahiert, so ergibt sich wieder der Beitrag des Sektors zum Nettoinlandsprodukt, diesmal allerdings **bewertet zu Faktorkosten (zu Faktorpreisen).** Man spricht auch von der **Nettowertschöpfung des Sektors.**

– Nettowertschöpfung

Die Bewertung zu Faktorkosten stellt neben der Bewertung zu Marktpreisen eine häufig verwendete Bewertungsmethode in der VGR dar. Allgemein gilt: Eine Bewertung zu Faktorkosten (-preisen) ist gleich einer Marktpreisbewertung minus der Differenz aus indirekten Steuern und Subventionen. Ziel der Faktorpreisbewertung ist es, die von den volkswirtschaftlichen Produktionsfaktoren Boden, Arbeit und Kapital abgegebenen Leistungen als Maßstab für die Bewertung der Produktion heranzuziehen und damit die „Verfälschungen“ durch indirekte Steuern und Subventionen zu eliminieren.

Die Nettowertschöpfung kann man als Saldo des Produktionskontos auffassen. In Höhe der Nettowertschöpfung sind Einkommen durch die Produktion des Sektors entstanden. Diese sogenannten **Leistungs-** oder **Faktoreinkommen** schlagen sich als Löhne, Zinsen, ausgeschüttete und nicht ausgeschüttete Gewinne nieder. Wir unterscheiden hier nur zwei Einkommensarten: Einkommen aus unselbständiger Arbeit (das sind Löhne und Gehälter) und Einkommen aus Unternehmertätigkeit und Vermögen (das sind Zinsen sowie ausgeschüttete und nicht ausgeschüttete Gewinne). Zur Abkürzung sprechen wir häufig einfach von Löhnen bzw. Gewinnen.

Die Nettowertschöpfung eines Sektors, d.h. die durch seine Produktion geschaffenen Löhne und Gewinne repräsentieren den **Beitrag des Sektors zum Inlandseinkommen.**

Soll	Produktionskonto	Haben
Vorleistungen Abschreibungen Indirekte Steuern – Subventionen Nettowertschöpfung		Produktionswert
Produktionswert	=	Produktionswert

Wichtig ist zu erkennen, daß jede Produktion „zwei Seiten“ hat: die Güter, die „netto“ (d.h. neu und zusätzlich) produziert werden, und die Einkommen, die gleichzeitig im Zuge der Produktion geschaffen werden. Sieht man von den indirekten Steuern und Subventionen ab, so entspricht der Wert der von einem Sektor neu und zusätzlich (d.h. über die eingesetzten Vorleistungen und Abschreibungen hinaus) geschaffenen Güter genau den im Zuge der Produktion insgesamt geschaffenen Einkommen. Hier hat die grundsätzliche **Symmetrie** zwischen Einkommens- und Netto-Produktionsgrößen in der VGR ihre Wurzel. Indirekte Steuern und Subventionen stören diese Symmetrie nur deshalb, weil sie in der VGR nicht als Faktoreinkommen des Staates, sondern als Nettotransfers an den Staat angesehen werden. Dies führt dazu, daß der Marktwert der zusätzlich und neu produzierten Güter um die indirekten Steuern, vermindert um die Subventionen, von den entstandenen Einkommen abweicht.

Zwei Seiten der Produktion: neue und zusätzliche Güter, geschaffene Einkommen

2.2 Besonderheiten beim Produktionskonto der Sektoren Staat und Private Haushalte

Das Produktionskonto ist zugeschnitten auf die wirtschaftliche Tätigkeit von Produktionsunternehmungen, die auch einen Großteil der Produktion der Volkswirtschaft erstellen. Neben den Unternehmen produzieren indes auch der Sektor Staat und die Privaten Haushalte. Von besonderer Bedeutung ist dabei die **staatliche Produktion.** Da die staatlichen Unternehmungen überwiegend zum Unternehmenssektor gerechnet werden, könnte man der Meinung sein, daß der Staat keine Güter produzieren würde. Wir haben aber schon im ersten Kapitel dieses Buches die öffentlichen oder Kollektiv-Güter wie öffentliche Sicherheit (nach innen und außen), Nutzung der Verkehrswege, Ausbildungsmöglichkeiten und ähnliche kennengelernt. Diese Güter werden vom Staat mit Hilfe seiner Arbeitskräfte (Beamte, Arbeiter und Angestellte), Gebäude und sonstigen Anlagen (Straßen, Wasserwege, Schulen, Universitätsgebäude) sowie der von ihm eingekauften Vorleistungen (Bleistifte der Beamten) produziert und der Öffentlichkeit normalerweise ohne direktes Entgelt zur Verfügung gestellt. Zwar zahlt der Bürger Steuern für diese staatlichen Leistungen, jedoch läßt sich hier keine unmittelbare Zuordnung zwischen Steuern und Inanspruchnahme der öffentlichen Güter herstellen. So ist es z. B. für Ihre Steuerschuld unerheblich, ob Ihre Kinder höhere Schulen besuchen, ob Sie häufig oder selten den Stadtpark benutzen. Die vom Staat produzierten Güter müssen - wenn man die Produktion der Volkswirtschaft vollständig erfassen will - auf der Habenseite des staatlichen Produktionskontos verbucht werden. Da diese Güter nicht verkauft werden, haben sie keinen Marktwert, und es erhebt sich die Frage, wie man ihren Wert feststellen kann. Man behilft sich hier, indem man die bei ihrer Produktion entstehenden Kosten addiert: Löhne und Gehälter des Staates, Abschreibungen auf öffentliche Gebäude und Anlagen, Vorleistungskäufe des Staates. Zu den Vorleistungen des Staates rechnet man auch die Käufe von militärischen Gütern wie Flugzeuge, Panzer, Kanonen usw., mit denen der Staat mit Hilfe weiterer Produktionsfaktoren das Gut „äußere Sicherheit" produziert. Eine Ausnahme bilden lediglich Militärflughäfen und Kasernen, die zu den staatlichen Investitionen gehören.

Kollektivgüter stellt der Staat den Unternehmungen und Haushalten „unentgeltlich" zur Verfügung

Bewertungsproblem bei öffentlichen Gütern

Als nächstes muß gefragt werden, wer die staatliche Produktion in Anspruch nimmt, d. h. verbraucht. Genaugenommen müßte sie den entsprechenden privaten Haushalten als Konsum und den Unternehmen als Vorleistungen zugerechnet werden. Da es hier aber an einem geeigneten Aufteilungsschlüssel fehlt, tut man so, als ob der Staat diese Güter selbst verbrauchen würde und bezeichnet die entsprechende Produktion auch als **staatlichen Konsum** (Eigenverbrauch).

Die Bezeichnung „staatlicher Konsum" ist nicht ganz korrekt

Neben den der Volkswirtschaft unentgeltlich zur Verfügung gestellten Gütern produziert der Staat in geringem Umfang auch Güter, die verkauft werden, ohne daß er hierdurch zum Unternehmer wird. Es handelt sich hier vor allem um staatliche Dienstleistungen, die gegen Gebühren „verkauft“ werden (Paßgebühren, Heiratsurkundengebühren, Anliegerbeiträge usw.).

Private Produktion der Haushalte bleibt weitgehend unberücksichtigt

Schwierigkeiten ergeben sich auch bei der Erfassung der Produktion der Haushalte. Soweit Haushalte als Arbeitnehmer ihre Dienstleistungen bei Unternehmen oder staatlichen Stellen erbringen, wirken sie bei der Produktion dieser Sektoren mit. Unberücksichtigt bleiben aber die vielfältigen Produktionsaktivitäten, die Menschen im Rahmen ihrer Haushalte ohne monetäres Entgelt durchführen (Essen kochen, Wohnungen putzen, selbst durchgeführte Malerarbeiten u. ä.). Diese stellen strenggenommen eine Produktion dar und müßten deshalb auf dem Produktionskonto der Haushalte erfaßt werden. Da man nun aber nicht weiß, mit welchem Wert man diese Produktion ansetzen soll und wo man die Grenze zwischen Freizeitbeschäftigung und Produktion ziehen soll, läßt man diese Produktion nach internationaler Übereinkunft unberücksichtigt.[1]) Erfaßt wird lediglich die Produktion, die Hausangestellte erbringen, da man hier in Form ihrer Gehälter einen guten Bewertungsmaßstab hat. Ein weiteres Problem stellt die Erfassung der durchaus marktgerichteten wirtschaftlichen Aktivitäten dar, die im Gegensatz zur Eigenwirtschaft der privaten Haushalte jedoch illegal sind (Schattenwirtschaft bzw. „underground economy“, Schwarzarbeit).

Auf gleicher Ebene wie die Tätigkeit der Hausfrauen liegt prinzipiell

- die Produktion der Landwirtschaft, die in den bäuerlichen Haushalten direkt verbraucht wird, ohne über den Markt zu laufen,
- das Gut Wohnungsnutzung, das in den Einfamilienhäusern und Eigentumswohnungen produziert und von den Eigentümern selbst verbraucht wird.

Da man in beiden Fällen über entsprechendes statistisches Zahlenmaterial verfügt, wird diese Produktion – im Gegensatz zur Hausarbeit – nach internationaler Übereinkunft in der Volkswirtschaftlichen Gesamtrechnung erfaßt, um die Vergleichbarkeit der Rechnungen zu gewährleisten (Eigenkonsum der Landwirtschaft und Mietwert der von Eigentümern bewohnten Gebäude).

Zur Illustration der obigen Ausführungen und um einen ersten Eindruck von den Größenordnungen der im Bereich der Produktion zu erfassenden Wertströme zu gewinnen, betrachten wir die (leicht veränderten) Produktionskonten für die Sektoren Unternehmen, Haushalte und Staat für das Jahr 1996.

1) Um der unbefriedigenden Situation zu begegnen, entwickelt das Statistische Bundesamt ein Satellitensystem „Haushaltsproduktion“ zur VGR. Für 1992 ermittelte das Statistische Bundesamt für die unbezahlte Hausarbeit eine Wertschöpfung von 1.051 Mrd. DM, d. h. mehr als ein Drittel des offiziell ausgewiesenen Sozialprodukts. Bewertet wurde die Stunde Hausarbeit mit dem Lohn einer Hauswirtschafterin von 25,– DM.

Produktionskonto Unternehmen (Mrd. DM)[1])

Vorleistungen	4.588		
Abschreibungen	429		
Indirekte Steuern[2])	111	Produktionswert	7.372
Nettowertschöpfung	2.244		
	7.372		7.372

Produktionskonto Staat (Mrd. DM)

Vorleistungen	438		
Abschreibungen	26	Produktionswert	828
Wertschöpfung	364		
	828		828

Produktionskonto Private Haushalte[3]) (Mrd. DM)

Vorleistungen	42		
Abschreibungen	6	Produktionswert	142
Wertschöpfung	94		
	142		142

1) Früheres Bundesgebiet.
2) Abzüglich der Subventionen und einschließlich der nicht abzugsfähigen Umsatzsteuer und Einfuhrabgaben.
3) Einschließlich der privaten Organisationen ohne Erwerbscharakter, wie Kirchen, Gewerkschaften und politische Parteien. Von den offiziellen Zahlen ergeben sich durch mehrfache Rundungen leichte Abweichungen.

Quelle: Statistisches Jahrbuch für die Bundesrepublik Deutschland 1998, S. 651.

Die Konten zeigen, daß der **Produktionswert** der Volkswirtschaft – also das, was insgesamt im Jahre 1996 in der Bundesrepublik Deutschland produziert worden ist – 8342 Mrd. DM, also über 8,3 Billionen DM beträgt. Die Vorleistungen machen knapp 61 % des Produktionswertes aus, was die Bedeutung der Eliminierung der Vorleistungen bei der Bestimmung eines Netto-Produktionsmaßes unterstreicht. Der überwiegende Anteil des Produktionswertes (88 %) wird von Unternehmen erzeugt. Beachtlich ist noch der Anteil des Staates (10 %), während der Anteil der Privaten Haushalte knapp 2 % beträgt. Das liegt im wesentlich an zwei Dingen:

(1) Ein Großteil der Produktion der Haushalte läuft nicht über den Markt und wird daher nicht in der Volkswirtschaftlichen Gesamtrechnung erfaßt.

(2) Der Wert der Arbeitskraft, den die Arbeitnehmer produzieren, wird nicht als Produktionswert der Haushalte und als Vorleistungen der Unternehmen angesehen. Vielmehr werden die auch mit der Arbeitskraft in den Unternehmen produzierten Güter vollständig als Produktionswert der Unternehmen behandelt.

2.3 Nationales Produktionskonto

Wir vollziehen nun den Übergang von der sektoralen zur **gesamtwirtschaftlichen Betrachtungsweise,** indem wir sämtliche Produktionssektoren in der Volkswirtschaft zusammenfassen, um das Nationale Produktionskonto zu erhalten. Faßt man sämtliche Produktionskonten der inländischen Wirtschaftseinheiten zusammen, so kann man die Vorleistungslieferungen zwischen inländischen Produzenten **(intranationale Vorleistungslieferungen),** die auf der Soll- und der Habenseite aufgeführt werden, gegeneinander aufrechnen (konsolidieren). Üblicherweise werden die importierten Vorleistungen nicht auf der Sollseite, sondern – was gleichbedeutend ist – mit negativem Vorzeichen auf der Habenseite ausgewiesen. So ergibt sich das folgende **Nationale Produktionskonto** auf **Inlandsbasis;** auf Inlandsbasis, weil nur die Produktionsaktivitäten innerhalb der geographischen Grenzen des Landes berücksichtigt werden.

Konsolidierung intranationaler Vorleistungslieferungen

Nationales Produktionskonto (Inlandbasis)

Abschreibungen	Privater Konsum aus inländischer Produktion
Indirekte Steuern – Subventionen	Bruttoinvestitionen aus inländischer Produktion Selbsterstellte Anlagen Verkäufe an Unternehmen Verkäufe an den Staat
Inlandseinkommen (= Summe der inländischen Nettowertschöpfungen)	Staatskonsum
	Exporte (Sachgüter- und Dienstleistungsexporte ohne die Exporte von Faktorleistungen – Importe (Vorleistungskäufe aus dem Ausland)
Bruttoinlandsprodukt zu Marktpreisen	Bruttoinlandsprodukt zu Marktpreisen

Das Konto zeigt, daß das **Bruttoinlandsprodukt zu Marktpreisen** von der **Verwendungsseite** als Summe des Wertes der **aus inländischer Produktion stammenden Endprodukte** (Konsum, Bruttoinvestitionen, Exporte)

Bruttoinlandsprodukt von der Verwendungsseite …

vermindert um die Vorleistungsimporte bestimmt ist. Das Inlandsprodukt ist ein wichtiges volkswirtschaftliches Nettoproduktionsmaß.

... und der Entstehungsseite

Betont man den Einkommensaspekt der gesamtwirtschaftlichen Produktion, die sogenannte **Entstehungsseite,** so ist das Bruttoinlandsprodukt zu Marktpreisen als Summe von Inlandseinkommen, indirekten Steuern (minus Subventionen) und Abschreibungen definiert. Zieht man die Abschreibungen ab, so ergibt sich das **Nettoinlandsprodukt zu Marktpreisen.** Vermindert man dieses um die indirekten Steuern, vermindert um die Subventionen, erhält man das **Nettoinlandsprodukt zu Faktorkosten**, das also dem Inlandseinkommen entspricht. Das Inlandseinkommen spaltet sich auf in im Inland entstandene Einkommen aus unselbständiger Arbeit und in (im Inland entstandene) Einkommen aus Unternehmertätigkeit und Vermögen.

Inländerkonzept

In **international verflochtenen Volkswirtschaften** ist es die Regel, daß Teile der im Inland entstandenen Einkommen an Ausländer fließen (z. B. als Löhne für Grenzgänger, die im Ausland leben, aber im Inland arbeiten, oder als Kapitalerträge ausländischer Unternehmen, die an inländischen Unternehmen beteiligt sind) und Inländer an der Nettowertschöpfung im Ausland partizipieren. Diesen Faktoreinkommen vom Inland an Ausländer bzw. vom Ausland an Inländer entsprechen wertgleiche Faktorleistungsimporte bzw. -exporte. Addiert man auf beiden Seiten des Nationalen Produktionskontos die vom Ausland an Inländer gezahlten Faktoreinkommen und subtrahiert die vom Inland an Ausländer gezahlten Faktoreinkommen, so erhält man eine Produktions- und Einkommensrechnung auf **In-**

Nationales Produktionskonto (Inländerbasis)

Abschreibungen	Privater Konsum
Indirekte Steuern – Subventionen	Bruttoinvestitionen
Volkseinkommen	Staatskonsum
	Exporte (Sachgüter- und Dienstleistungsexporte einschließlich der Faktoreinkommen vom Ausland an Inländer)
	– Importe (Vorleistungs-, Konsumgüter- und Investitionsgüterkäufe einschließlich der Faktoreinkommen vom Inland an das Ausland)
Bruttosozialprodukt zu Marktpreisen	Bruttosozialprodukt zu Marktpreisen

länderbasis. Darin sind das Inländerprodukt, das sogenannte **Sozialprodukt,** und Inländereinkommen **(Volkseinkommen)** ausgewiesen.

Man beachte, daß auf diesem Konto der gesamte inländische Konsum und die gesamte inländische Bruttoinvestition – und nicht nur die aus inländischer Produktion stammenden Güter – ausgewiesen sind. Kompensierend werden importierte Konsum- und Investitionsgüter bei den Importen mit abgezogen, so daß das Sozialprodukt nicht verfälscht wird.

Die vielleicht etwas verwirrend erscheinenden Schritte zur Berechnung der unterschiedlichen Varianten der beiden volkswirtschaftlichen „Netto"-Produktionsmaße Inlands- und Sozialprodukt sollen zusammenfassend noch einmal systematisiert werden. Die unterschiedlichen Inlands- bzw. Sozialproduktsgrößen (und, wegen der erläuterten Symmetrie, auch die Inlands- und Volkseinkommensgrößen) unterscheiden sich durch drei Kriterien, die zum Teil kombiniert zur Anwendung kommen:

(1) Die Anwendung des **Inlands-** oder des **Inländerkonzepts.** Bei letzterem werden die Faktoreinkommen ans (vom) Ausland subtrahiert (addiert). Je nach dem verwendeten Konzept hat man es einerseits mit dem Produktionswert, dem **Inlands**produkt bzw. dem **Inlands**einkommen oder andererseits mit dem **Sozial**produkt bzw. **Volks**einkommen zu tun.

(2) Dem Grad, in dem die Produktion **„netto"** gemessen wird. Werden nur die Vorleistungen oder die Vorleistungen **plus** den Abschreibungen vom Produktionswert (bzw. vom Produktionswert plus der Netto-Faktoreinkommen aus dem Ausland) abgezogen? Entsprechend ergibt sich das **Brutto-** oder **Netto-**Inlandsprodukt bzw. das **Brutto-** oder **Netto-Sozialprodukt.**

(3) Die **Bewertung** der Produktion zu Marktpreisen oder zu Faktorkosten. Dabei gilt: Bewertung zu Faktorkosten = Bewertung zu Marktpreisen minus (Indirekte Steuern minus Subventionen). Es ergeben sich Inlands- bzw. Sozialproduktsgrößen **zu Marktpreisen** oder **zu Faktorkosten**.

Abbildung 8.1 veranschaulicht die Zusammenhänge.

3. Einkommensverteilung, -umverteilung und -verwendung

3.1 Aufbau eines Einkommenskontos

Neben der Produktion werden auch die Einkommen und deren Verwendung auf einem Konto, dem sogenannten Einkommenskonto, erfaßt. Dieses übernimmt auf der **Habenseite** den Saldo des Produktionskontos (die Nettowertschöpfung). Außerdem werden auf der Habenseite die dem Sektor von anderen Sektoren (einschließlich Ausland) zufließenden **Faktoreinkommen** ausgewiesen. Schließlich kann der Sektor **Transfers** von anderen Sektoren empfangen. Darunter fallen z. B. Renten, Arbeitslosengeld und Sozialhilfezahlungen an die privaten Haushalte oder Steuern an den Staat.

Habenseite:

Nettowertschöpfung

Faktoreinkommen

Transfers

<table>
<tr><td colspan="4">Produktionswert zu Marktpreisen</td></tr>
<tr><td>Vorleistungen</td><td colspan="3">Brutto-Inlandsprodukt zu Marktpreisen
(= Bruttowertschöpfung)</td></tr>
<tr><td></td><td>Abschreibungen</td><td colspan="2">Netto-Inlandsprodukt
zu Marktpreisen</td></tr>
<tr><td></td><td></td><td>Ind. Steuern
minus
Subventionen</td><td>Netto-Inlandsprodukt
zu Faktorkosten
= Inlandseinkommen</td></tr>
<tr><td></td><td></td><td></td><td>Netto-Inlandsprodukt
zu Faktorkosten</td><td>Faktoreinkommen
vom Ausland minus
Faktoreinkommen
ans Ausland</td></tr>
<tr><td></td><td></td><td></td><td colspan="2">Netto-Sozialprodukt
zu Faktorkosten
= Volkseinkommen</td></tr>
<tr><td></td><td></td><td colspan="3">Netto-Sozialprodukt
zu Marktpreisen</td></tr>
<tr><td></td><td colspan="4">Brutto-Sozialprodukt zu Marktpreisen</td></tr>
</table>

Abb. 8.1: Varianten volkswirtschaftlicher Netto-Produktionsmaße

Die **Sollseite** gibt Auskunft darüber, wie die Einkommen aufgeteilt werden: Die Haushalte und der Staat konsumieren, und es werden von den Sektoren **Faktoreinkommens- und Transferzahlungen** geleistet.[1] Als Saldo ergibt sich die (positive oder negative) **Ersparnis** aller Sektoren.

Sollseite:
- Faktoreinkommen
- Transfers
- Konsum
- Ersparnis

Einkommenskonto eines Sektors

	Nettowertschöpfung
Geleistete Faktoreinkommen	Empfangene Faktoreinkommen
Geleistete Transfers (ohne indirekte Steuern)	Empfangene Transfers (Ohne Subventionen)
Konsum	
Ersparnis	
Summe =	Summe

Bei diesem Konto ist – wie bei den meisten übrigen Konten – zu beachten, daß einige Posten für einzelne Sektoren einen Wert von Null haben können. So sind z. B. für den Sektor Private Haushalte die Nettowertschöpfung und die geleisteten Faktoreinkommen von einer vernachlässigbaren Größe. Beim Staat spielen die Subventionen und auch die indirekten Steuern eine beachtliche Rolle, nicht dagegen für die Privaten Haushalte.

3.2 Nationales Einkommenskonto

Auf **gesamtwirtschaftlicher Ebene** können bei der Aggregation der sektoralen Einkommenskonten die intranationalen Einkommens- und Transferströme saldiert werden. Dies gilt allerdings nicht für die empfangenen indirekten Steuern und die geleisteten Subventionen, da die Gegenpositionen auf dem Produktionskonto erfaßt sind. Man erhält das **Nationale Einkommenskonto:**

Gesamtwirtschaftliches Einkommenskonto

Auf der Sollseite des Kontos ergibt sich die **Aufteilung** des Nettosozialproduktes: Die Volkswirtschaft als Ganzes kann ihre im Inland geschaffenen Faktoreinkommen, erhöht um die Netto-Faktoreinkommen aus dem Ausland und den Saldo aus indirekten Steuern und Subventionen, entweder konsumieren, netto transferieren oder sparen.

Die Habenseite des Kontos gibt noch einmal die schon erläuterten Zusammenhänge zwischen Inlands- und Inländerkonzept sowie zwischen Faktorpreis- und Marktpreisbewertung wieder.

[1]) Als Transfers werden in diesem Kapitel nur sog. laufende Transfers berücksichtigt und damit sog. Vermögenstransfers als nicht existent angesehen.

Nationales Einkommenskonto

Konsum der privaten Haushalte des Staates	Summe der Wertschöpfungen (Inlandseinkommen) + Faktoreinkommen vom Ausland an Inländer
Transferzahlungen vom Inland an das Ausland - Transferzahlungen vom Ausland an das Inland	– Faktoreinkommen vom Inland an Ausländer = Volkseinkommen
Ersparnis	Indirekte Steuern – Subventionen
Nettosozialprodukt zu Marktpreisen	Nettosozialprodukt zu Marktpreisen

4. Vermögensänderung

Rein-vermögen = Sach-vermögen + Geldver-mögen

Das Reinvermögen einer Wirtschaftseinheit ist definiert als die Summe aus dem Sachvermögen und dem Geldvermögen. Geldvermögen entsteht, wenn die Forderungen größer sind als die Verbindlichkeiten. Jeder Änderung des Reinvermögens muß die Summe der Änderungen des Sach- und Geldvermögens entsprechen. Diese Bestandsveränderungen werden auf dem Vermögens(ver)änderungskonto eines Wirtschaftssubjektes erfaßt; sie beschreiben insgesamt den Vorgang der **Vermögensbildung.** Allerdings sind einige terminologische Besonderheiten zu beachten: In der Sprache der VGR heißt die Sachvermögensänderung „Nettoinvestition" und die Geldvermögensänderung „Finanzierungssaldo". Aufgrund der funktionalen Gliederung der VGR wird kein Sachvermögen der privaten Haushalte ausgewiesen. Wohnungseigentum würde nicht dem Haushalts-, sondern dem Unternehmenssektor zugeordnet werden. Für private Haushalte ist damit ihre Ersparnis identisch mit der Geldvermögensänderung.

Vermögensänderungskonto eines Sektors

Bruttoinvestitionen	Ersparnis
Finanzierungssaldo	Abschreibungen
Summe	= Summe

Die Aggregation über sämtliche inländischen Wirtschaftseinheiten führt zum **Nationalen Vermögensänderungskonto,** das ähnlich aufgebaut ist wie das obige Konto, so daß es hier nicht gesondert dargestellt wird.

Man erkennt jedoch, daß bei einem Finanzierungssaldo von Null, der in einer geschlossenen Volkswirtschaft immer gegeben ist (da die Forderungen und Verbindlichkeiten und damit auch deren Veränderungen sich innerhalb des Inlands immer entsprechen), gilt:

Ex-post-Identität von Nettoinvestitionen und Ersparnis

Bruttoinvestitionen – Abschreibungen = Ersparnis

Nettoinvestitionen = Ersparnis

Diese wichtige Ex-post-Identität leuchtet auch unmittelbar ein, da die Reinvermögensänderung in einer geschlossenen Volkswirtschaft nur in der Änderung ihres Sachvermögens bestehen kann.

5. Einbeziehung des Auslands

Hochaggregiertes Auslandskonto

Bislang wurden überwiegend die Vorgänge zwischen inländischen Wirtschaftseinheiten betrachtet. Um das System der VGR zu schließen, wird ein weiterer Pol benötigt, welcher die „zweite Seite" der aus den ökonomischen Aktivitäten zwischen In- und Ausländern resultierenden Ströme zu erfassen gestattet. Dieser Pol oder Sektor ist das **Ausland** („Rest der Welt"), dessen wirtschaftliche Tätigkeiten mit Inländern in komprimierter Form auf einem Konto „Ausland" erfaßt werden. Auf der **Sollseite** werden die Posten aufgeführt, welche prinzipiell zu einem monetären Strom in das Inland führen, nämlich die **Exporte** von Gütern und Dienstleistungen einschließlich der Faktoreinkommen vom Ausland an Inländer sowie **Transferzahlungen aus dem Ausland.** Die **Habenseite** enthält die monetären Abflüsse, die aufgrund der **Importe** von Gütern und Dienstleistungen sowie der Faktoreinkommenszahlungen und **Transfers an Ausländer** entstehen. Als Saldo ergibt sich das **Finanzierungsdefizit** des Auslandes (Inlandes) mit positivem (negativem) Vorzeichen auf der Habenseite.

Auslandskonto

Exporte (einschließlich der Faktoreinkommen vom Ausland an Inländer)	Importe (einschließlich der Faktoreinkommen vom Inland an Ausländer)
Transfers vom Ausland an Inländer	Transfers vom Inland an Ausländer
	Finanzierungsdefizit des Auslands
Summe	= Summe

Sofern die monetären Abflüsse kleiner sind als die Zuflüsse (z. B. weil die Importe kleiner sind als die Exporte, also ein positiver Außenbeitrag besteht), ist dies gleichbedeutend mit einer Inspruchnahme inländischer Ressourcen durch das Ausland und umgekehrt. Die Ex-post-Identität (Abschnitt 4) nimmt dann folgende Form an:

inländische Nettoinvestitionen + Außenbeitrag = inländische Ersparnis.

6. Kreislaufbild der ökonomischen Aktivitäten

Die oben auf Konten vorgenommene Darstellung der ökonomischen Aktivitäten läßt sich sehr plastisch auch in Form einer Graphik, eines sogenannten **Kreislaufbildes,** darstellen. Geht man von dem oben gewählten hohen Aggregationsgrad aus, so sind im einfachsten Falle als „Pole“ dieses Kreislaufs die volkswirtschaftlichen Funktionsbereiche Produktion, Einkommen, Vermögensbildung sowie das Ausland zu berücksichtigen. Abb. 8.2 gibt eine Darstellung des entsprechenden Kreislaufs.

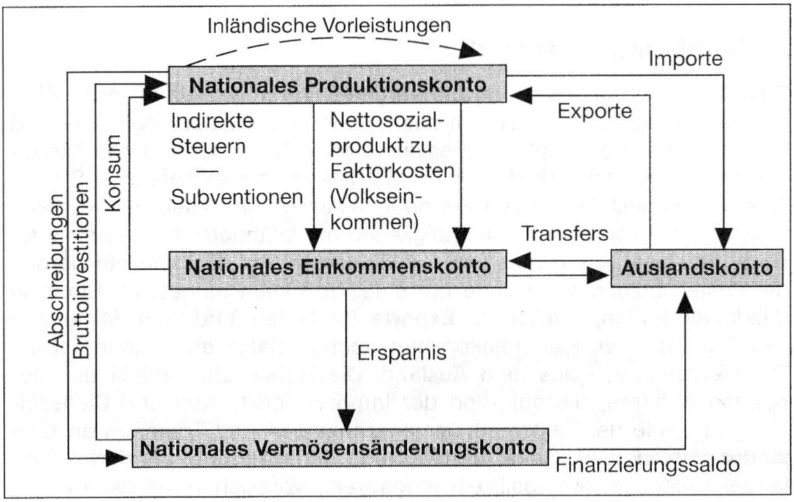

Abb. 8.2: Kreislaufbild der ökonomischen Aktivität einer Volkswirtschaft (rein funktionale Gliederung)

Noch informativer wird die Darstellung bei Disaggregation und damit expliziter Berücksichtigung der inländischen Sektoren. Allerdings wird das Kreislaufbild dann sehr bald unübersichtlich. Wir wollen hier auf eine solche Darstellung verzichten.

7. Erweiterungen und Probleme

Im Kontensystem des Statistischen Bundesamtes wird eine stärkere als die hier gezeigte funktionale Disaggregation durchgeführt: So spaltet sich das oben vorgestellte Produktionskonto in ein Produktions- und ein Einkommensentstehungskonto, und das Einkommenskonto wird in ein Einkommensverteilungs-, -umverteilungs- und -verwendungskonto disaggregiert. Das Kontensystem des Statistischen Bundesamtes sieht dann wie in Abbildung 8.3 dargestellt aus.

Abschließend sei darauf hingewiesen, daß es zentrale Abrenzungsschwierigkeiten in der VGR gibt. So wird nur die **marktgerichtete Produktion** erfaßt. Dies bedeutet, daß z. B. Hausarbeit, sofern sie nicht von Hausangestellten verrichtet wird, in der VGR nicht berücksichtigt wird. Zentral ist ferner die genaue Abgrenzung der **Vorleistungen,** ein Problem, das teilweise mit der Abgrenzung des Produktionsbegriffs zusammenhängt. Würde man z. B. die nicht-marktgerichtete Produktion der

Nur marktgerichtete Produktion wird erfaßt

Sektoren		
1. Unternehmen	2. Staat	3. Haushalte
	0. Zusammengefaßte Güterkonto	
	1. Produktionskonten	
1 – 1	2 – 1	3 – 1
	2. Einkommensentstehungskonten	
1 – 2	2 – 2	3 – 2
	3. Einkommensverteilungskonten	
1 – 3	2 – 3	3 – 3
	4. Einkommensumverteilungskonten	
1 – 4	2 – 4	3 – 4
	5. Einkommensverwendungskonten	
1 – 5	2 – 5	3 – 5
	6. Vermögensänderungskonten	
1 – 6	2 – 6	3 – 6
	7. Finanzierungskonten	
1 – 7	2 – 7	3 – 7
	8. Zusammengefaßtes Konto der übrigen Welt	

Abb. 8.3: Kontensystem des Statistischen Bundesamtes

Problematische Abgrenzung der Vorleistungen

Haushalte in den Produktionswert einbeziehen, so würden einige, jetzt als Konsum klassifizierte Güterkäufe zu Vorleistungen. Quantitativ noch bedeutsamer wären die Auswirkungen, wenn man das Erbringen von Arbeitsleistungen gegen Entgelt als Produktion des Haushaltes auffassen würde. Auch die Behandlung des **staatlichen Konsums** in der VGR ist problematisch: Sieht man Produktion und Konsum von Unternehmungen und Haushalten im weiteren Rahmen eines gesellschaftlichen Prozesses, so haben viele staatliche Dienstleistungen Vorleistungscharakter und sind nicht – wie in der VGR unterstellt – Endprodukte. Diskussionswürdig ist auch die in der VGR vorgenommene Behandlung der indirekten Steuern und Subventionen als Transfers. Denn man könnte sie auch als Entgelt für die Lieferung bestimmter staatlicher Vorleistungen oder für die Leistungen eines spezifischen staatlichen Produktionsfaktors – und damit als Faktoreinkommen – ansehen.

Problematische Behandlung des staatlichen Konsums

Das Statistische Bundesamt erstellt seit einigen Jahren eine **Umweltökonomische Gesamtrechnung** (Fachserie 19 – Umwelt). Sie dient dem Ziel, Zusammenhänge zwischen sozioökonomischen Prozessen und dem Zustand von Natur und Umwelt darzustellen. Ihr Aufbau erfolgt im Rahmen von fünf Themenbereichen:

- Material- und Energieflußrechnung (z. B. Förderung und Einfuhr von Rohstoffen),
- Nutzung von Fläche und Raum (z. B. Bodenbedeckung und Flächennutzung),
- Indikatoren des Umweltzustandes (z. B. Waldschäden),
- Maßnahmen des Umweltschutzes (z. B. Naturschutz) und
- Vermeidungskosten (Aufwendungen und Ausgaben für Umweltschutz).

Die VGR wird durch ein umweltökonomisches Satellitensystem ergänzt

Die längerfristigen und strukturellen Aspekte von Umweltveränderungen werden in diesen **Satellitensystemen** zur VGR quantifiziert und – soweit statistisch angemessen möglich – monetär bewertet, ohne dabei die Funktion der VGR für die Wirtschaftspolitik in Frage zu stellen. Dieser Ansatz entspricht internationalen Vorstellungen, wie sie z. B. in der Konzeption der Vereinten Nationen für ein Umwelt-Satellitensystem (System for Integrated Environmental and Economic Accounting) zum Ausdruck kommt und sie auch von der Europäischen Kommission empfohlen wurde. Die lange Zeit gehegte Vorstellung, durch entsprechende Modifikationen das Sozialprodukt in ein Ökosozialprodukt – zur besseren Messung von Wohlfahrtsänderungen einer Wirtschaftsgesellschaft – überführen zu können, haben sich als nicht realisierbar erwiesen.

C. Arbeitsaufgaben

1) *Klären Sie folgende Begriffe:*
   - *Produktionswert,*
   - *Vorleistungen,*
   - *Bruttowertschöpfung,*
   - *Abschreibungen,*
   - *Indirekte Steuern,*
   - *Subventionen,*
   - *Nettowertschöpfung.*
2) *Was ist die Aufgabe des Volkswirtschaftlichen Rechnungswesens?*
3) *Welche Bedeutung hat die Aggregation für das Volkswirtschaftliche Rechnungswesen?*
4) *Beschreiben Sie den Grundaufbau*
   - *eines Produktionskontos,*
   - *eines Einkommenskontos,*
   - *eines Vermögensänderungskontos.*
5) *Warum ist es begrifflich nicht korrekt, den Verbrauch der vom Staat unentgeltlich bereitgestellten Dienstleistungen als „staatlichen Konsum" zu bezeichnen?*
6) *Nennen Sie Beispiele für nicht über Märkte laufende Sachgüter- und Dienstleistungsproduktionen privater Haushalte.*
7) *Zeigen Sie, daß in einer geschlossenen Volkswirtschaft ex post die Nettoinvestitionen gleich der Ersparnis sind.*
8) *Wie kommt es in der VGR zu der grundsätzlichen Symmetrie von Volkseinkommen und Nettosozialprodukt (zu Faktorkosten)?*
9) *Das Sozialprodukt soll ein Netto-Produktionsmaß für die gesamte Volkswirtschaft sein. Wie wird dies erreicht?*
10) *„Eine Erhöhung der Beamtengehälter erhöht ceteris paribus das Nettosozialprodukt." Nehmen Sie Stellung zu dieser Behauptung.*

Lösungsvorschläge für die Arbeitsaufgaben im „Übungsbuch zu Grundlagen und Probleme der Volkswirtschaft".

D. Literatur

Einen ersten Überblick über die wichtigsten Probleme, vor allem unter Berücksichtigung des Kreislaufschemas, geben:

BASSELER, Ulrich, Grundsystematik der Volkswirtschaftlichen Gesamtrechnung: Die einzelwirtschaftliche Perspektive, in: Das Wirtschaftsstudium, 4/1991, S. 313–322

BASSELER, Ulrich, Grundsystematik der Volkswirtschaftlichen Gesamtrechnung: Die gesamtwirtschaftliche Perspektive, in: Das Wirtschaftsstudium, 5/1991, S. 390–395

HÜBL, Lothar, Wirtschaftskreislauf und Gesamtwirtschaftliches Rechnungswesen, in: Vahlens Kompendium der Wirtschaftstheorie und Wirtschaftspolitik, Bd. 1, 6. Aufl., München 1995, S. 49–85

HÜBL, Lothar, Die Aktivitätskonten der VGR, in: Wirtschaftswissenschaftliches Studium, 9/1990, S. 426–430.

Ansonsten muß auf die Standardliteratur zum Volkswirtschaftlichen Rechnungswesen verwiesen werden, insbesondere auf:

STOBBE, Alfred, Volkswirtschaftliches Rechnungswesen, 8., neu bearb. u. erw. Aufl., Berlin, Heidelberg, New York, 1994

sowie auf:

BRÜMMERHOFF, Dieter, Volkswirtschaftliche Gesamtrechnungen, 5., völlig überarb. u. erw. Aufl., München, Wien 1995

HASLINGER, Franz, Volkswirtschaftliche Gesamtrechnung, 7., durchges. Aufl., München, Wien 1995.

9. Kapitel
Sozialprodukt und Zahlungsbilanz

A. Lernzielorientierte Leitfragen und Fragenkomplexe

Leitfrage:
Welches sind die zentralen Größen der Sozialprodukts- und Volkseinkommensrechnung, und welchen Aussagegehalt haben sie?

- *Wie gelangt man vom Produktionswert einer Volkswirtschaft zum Sozialprodukt? Was versteht man unter dem Sozialprodukt?*
- *Was ist das Volkseinkommen, und in welche Einkommensarten läßt es sich gliedern?*
- *Wie wird das Sozialprodukt verwendet?*
- *Was ist der Unterschied zwischen dem nominellen und dem realen Sozialprodukt, und warum ist dieser Unterschied bedeutsam?*
- *Durch welche Sozialproduktsgrößen läßt sich die Struktur der deutschen Volkswirtschaft beschreiben?*

Leitfrage:
Ist das Sozialprodukt eine geeignete Maßgröße für die Wohlfahrt einer Volkswirtschaft, und stellen Soziale Indikatoren eine geeignete Alternative dar?

- *Inwiefern wird die Produktion einer Volkswirtschaft im Sozialprodukt unzureichend erfaßt?*
- *Wie wirkt sich die Nichtberücksichtigung wichtiger Kapitalgüter in der Sozialproduktsrechnung aus?*
- *Welche die Wohlfahrt beeinflussenden Größen sind nicht auf den „gemeinsamen Maßstab des Geldes" zu bringen?*
- *Was sind Soziale Indikatoren, und welche Hauptprobleme ergeben sich bei ihrer Aufstellung?*

Leitfrage:
Was ist eine Zahlungsbilanz, und welche Struktur weist die Zahlungsbilanz der Bundesrepublik auf?

- *Welche Vorgänge werden in der Zahlungsbilanz erfaßt?*
- *Wie ist der Grundaufbau einer Zahlungsbilanz?*

- *Welche Strukturdaten der Bundesrepublik lassen sich aus den in der Zahlungsbilanz erfaßten Strömen erkennen?*

B. Sachanalyse

1. Begriffsbestimmung und Berechnung des Sozialprodukts

1.1 Ableitung des Sozialproduktbegriffs

Nach der Darstellung der Produktionskonten der Sektoren sind wir in der Lage, wiederholend und vertiefend einen der zentralen Begriffe der Volkswirtschaftslehre schrittweise zu erarbeiten: den **Sozialproduktsbegriff.**

Ausgangspunkt für die Berechnung des Sozialproduktes ist der Produktionswert der Volkswirtschaft

Erinnern wir uns an das Produktionskonto eines Sektors. Auf der Habenseite des Kontos steht als wichtigster Posten die bewertete Produktion des Sektors, der Produktionswert. Addiert man die Produktionswerte der Sektoren Unternehmen, private Haushalte und Staat, so erhält man den Produktionswert der Volkswirtschaft[1]). Es wäre falsch, diese Summe als Maßstab für die „letztlich neu produzierten Güter" des Jahres anzusehen. Jeder Sektor muß zur Erstellung der Produktion Vorleistungen – d. h. von anderen Sektoren in der gleichen Periode produzierte und bereitgestellte Güter – im Produktionsprozeß einsetzen. Würde man die Produktionswerte einfach addieren, so würde man die Güter, die Vorleistungen darstellen, **doppelt** zählen: einmal bei dem Produktionswert des die Vorleistungen produzierenden Sektors, zum anderen beim Produktionswert des die Vorleistungen verwendenden Sektors, da sie in dessen Produktionswert ebenfalls eingehen.

Vorleistungen gehören nicht zum Sozialprodukt

Besonders klar wird dieser Zusammenhang anhand eines einfachen Beispiels. Wir betrachten den Werdegang eines Brotes unter der vereinfachenden Annahme, daß Mehl der einzige Rohstoff bei der Brotproduktion sei und keine Abschreibungen anfallen. Ein Bauer produziere in einem Zeitabschnitt eine bestimmte Menge Weizen, ohne irgendwelche Vorleistungen in Anspruch zu nehmen. Er verkaufe den Weizen für 100,– Geldeinheiten (GE) an den Müller, der ihn in der gleichen Periode zu Mehl verarbeite und dieses für 200,– GE an den Bäcker weiterverkaufe. Der Bäcker schließlich produziere aus Mehl Brot, das er ebenfalls in derselben Periode für 400,– GE an die Haushalte weiterverkaufe. Der Produktionswert sämtlicher Unternehmungen beträgt in dem Beispiel:

$$100 + 200 + 400 = 700 \text{ GE.}$$

Ist dies aber der Wert der in der Volkswirtschaft in dieser Periode letztlich neu produzierten Güter? Sicher nicht, denn der Müller mußte Weizen im

---

1) Zum Unternehmenssektor werden auch die staatlichen Unternehmungen gerechnet; zum Staat gehören die Gebietskörperschaften der verschiedenen Ebenen (Bund, Länder, Gemeinden und Gemeindeverbände) sowie die Sozialversicherung.

Werte von 100,– GE verwenden, um daraus Mehl im Werte von 200,– GE zu erstellen, und der Bäcker brauchte Mehl im Werte von 200,– GE, um daraus Brot im Werte von 400,– GE produzieren zu können. Müller und Bäcker brauchen für ihre Produktion also Vorleistungen von insgesamt 300,– GE. Der Gesamtwert der letztlich neu produzierten Güter sämtlicher Unternehmungen beträgt also nur:

Produktionswert	– Vorleistungen =	Bruttoinlandsprodukt
700 GE	300 GE	400 GE.

Bruttoinlandsprodukt = Produktionswert minus Vorleistungen

Man erhält dieses **Bruttoinlandsprodukt** also, indem man vom Produktionswert die Vorleistungen abzieht.

Für die Bundesrepublik Deutschland ergaben sich 1996 (vgl. Kapitel 8) folgende Produktionswerte und Vorleistungen der Sektoren (da die Produktionswerte für 1998 noch nicht veröffentlicht sind [Stand Mai 1999], verwenden wir aus systematischen Gründen zunächst die Zahlen für 1996, gehen dann aber zu den gesamtwirtschaftlichen Werten von 1998 über[2]):

Bruttoinlandsprodukt der Bundesrepublik 1996

Produktionswert Unternehmungen	7.372 Mrd. DM
Produktionswert Staat	828 Mrd. DM
Produktionswert Private Haushalte[3])	142 Mrd. DM
Produktionswert des Inlandes	8.342 Mrd. DM
Vorleistungen bei den Unternehmungen	4.588 Mrd. DM
Vorleistungen beim Staat und privaten Haushalten	480 Mrd. DM
Vom Inland in Anspruch genommene Vorleistungen	5.068 Mrd.DM

2) Ende April 1999 hat das STATISTISCHE BUNDESAMT zum ersten Mal revidierte Ergebnisse nach dem neuen **Europäischen System Volkswirtschaftlicher Gesamtrechnungen** (ESVG) 1995 für den Zeitraum 1991 bis 1998 veröffentlicht. Es erfüllt damit für Deutschland die für alle 15 Mitgliedstaaten der Europäischen Union mit EU-Verordnung festgelegte Verpflichtung, erstmals vor Ende April 1999, nach einheitlichen Konzepten und Gliederungen berechnete Ergebnisse der Volkswirtschaftlichen Gesamtrechnungen bereitzustellen. Im Zusammenhang mit der Einführung des neuen ESVG 1995 wurden die bisher veröffentlichten Ergebnisse der Volkswirtschaftlichen Gesamtrechnungen grundlegend überarbeitet und neue, bisher nicht verwendete Berechnungsgrundlagen (z. B. aus Großzählungen wie der Handels- und Gaststättenzählung 1993 oder der Wohnungsstichprobe 1993) einbezogen. Die Rechenansätze wurden insbesondere im Hinblick auf die Vollständigkeit des Bruttoinlandsprodukts und seiner Komponenten überprüft und gegebenenfalls geändert. Die Abweichungen der revidierten Ergebnisse von den bisher veröffentlichten Ergebnissen gehen auf datenbedingte Änderungen sowie auf konzeptbedingte Änderungen aufgrund der Einführung des ESVG 1995 zurück. Eine wesentliche Konzeptänderung mit Auswirkungen auf die Höhe des Bruttoinlandsprodukts ist die erweiterte Abgrenzung der Investitionen, die, andes als bisher – immaterielle Anlagegüter, wie gekaufte und selbsterstellte Software, sowie Urheberechte einschließt. Ebenso gehören zivil nutzbare militärische Ausrüstungen und Bauten (z. B. Land- und Luftfahrzeuge, Krankenhäuser) nach dem neuen ESVG 1995

Das Bruttoinlandsprodukt betrug also:	
Produktionswert	8.342 Mrd. DM
– Vorleistungen	5.068 Mrd. DM
+ Nichtabziehbare Umsatzsteuer 270 Mrd. DM	
(+ Einfuhrabgaben)	
Bruttoinlandsprodukt zu Marktpreisen	= 3.544 Mrd. DM

Zieht man vom Bruttoinlandsprodukt (zu Marktpreisen – wir haben die Produktion ja zu Marktpreisen berechnet –) noch die Abschreibungen ab, so erhält man das **Nettoinlandsprodukt** (zu Marktpreisen).

Nettoinlandsprodukt = Bruttoinlandsprodukt minus Abschreibungen

	1996	1998
Bruttoinlandsprodukt zu Marktpreisen	3.544 Mrd. DM	3.758 Mrd. DM
– Abschreibungen	– 461 Mrd. DM	– 483 Mrd. DM
Nettoinlandsprodukt zu Marktpreisen =	3.083 Mrd. DM	3.275 Mrd. DM

Vom Inlandsprodukt ...

Von hier aus ist es nur noch ein Schritt zum Nettosozialprodukt. Das Nettoinlandsprodukt gibt den Wert der in der Periode im Inland letztlich neu erzeugten Güter an. An dieser Produktion haben inländische, aber auch ausländische Produktionsfaktoren, die im Inland beschäftigt waren, mitgearbeitet. Man denke z. B. an die „Grenzgänger", die im Ausland (z. B. Dänemark) leben (also Ausländer sind), aber im Inland (z. B. in der Bundesrepublik Deutschland) arbeiten, oder an einen ausländischen Patentinhaber, dessen Erfindung im Produktionsprozeß des Inlandes Anwendung findet. (Gastarbeiter gelten, da sie ihren ständigen Wohnsitz in der Bundesrepublik haben, als Inländer.) Diese ausländischen Produktionsfaktoren haben einen Teil des Inlandsproduktes mit erzeugt und dafür ein entsprechendes Faktoreinkommen erhalten.

Umgekehrt haben inländische Produktionsfaktoren an der Produktion im Ausland mitgewirkt und dafür ein Faktoreinkommen aus dem Ausland bezogen.

... zum Inländerprodukt

Das **Inländerprodukt,** also die Güter, die in dem betrachteten Zeitraum **von Inländern** (im Inland oder Ausland) netto erzeugt worden sind, ergibt sich also dadurch, daß man vom Inlandsprodukt die ans Ausland gezahlten Faktoreinkommen abzieht (als Ausgleich für die entsprechenden

zu den Anlageinvestitionen. Wir bleiben bei unserer Darstellung bei der bisherigen Systematik. Der interessierte Leser sei auf die beiden Sonderaufsätze in der Zeitschrift „Wirtschaft und Statistik", Mai und Juli 1999, hingewiesen.

Güter) und die vom Ausland empfangenen Faktoreinkommen addiert (als Ausgleich für die entsprechenden Güter). Das Inländerprodukt bezeichnet man als Sozialprodukt (und neuerdings auch als Nationaleinkommen).

= Sozialprodukt

Wir können also definieren:

Das **Sozialprodukt** umfaßt – mit Ausnahme der Vorleistungen – den Gesamtwert der Güter, die während eines Jahres von Inländern erzeugt worden sind.

Für die Bundesrepublik Deutschland ergab sich 1998 – ausgehend von dem oben errechneten Nettoinlandsprodukt – folgendes Nettosozialprodukt:

Nettosozialprodukt in der Bundesrepublik 1998

Nettoinlandsprodukt	3.275 Mrd. DM
– Saldo der Faktoreinkommen mit dem Ausland	– 39 Mrd. DM
= Nettosozialprodukt	3.236 Mrd. DM

Zieht man die Abschreibungen (D) bei der Berechnung des Sozialproduktes nicht ab, so erhält man anstelle des Nettosozialproduktes (Y) das Bruttosozialprodukt (Y^b). Für 1998 ergibt sich ein Bruttosozialprodukt von 3.719 Milliarden DM. Natürlich erhält man das Bruttosozialprodukt auch, wenn man zum Nettosozialprodukt die Abschreibungen wieder hinzuzählt. Es gilt also:

Bruttosozialprodukt	=	Nettosozialprodukt	+	Abschreibungen
Y^b	=	Y	+	D
(für 1998:				
3.719 Mrd. DM	=	3.236 Mrd. DM	+	483 Mrd. DM)

bzw.

Nettosozialprodukt	=	Bruttosozialprodukt	–	Abschreibungen
Y	=	Y^b	–	D

1.2 Volkseinkommen

Wir stellen uns nun die Frage, welche Einkommen bei der Produktion des Sozialproduktes entstanden sind. Wie wir gesehen haben, entstehen in jedem Sektor (Leistungs-)Einkommen in Höhe seiner Nettowertschöpfung (vgl. Kapitel 8), die sich aus Einkommen aus unselbständiger Arbeit und aus Einkommen aus Unternehmertätigkeit und Vermögen zusammensetzt. Die Summe der Nettowertschöpfung der Sektoren macht den Löwenanteil der gesamten bei der Erstellung des Sozialprodukts erzielten Einkommen aus. Hinzu kommen noch die Faktoreinkommen vom Ausland, abzuziehen sind die Faktoreinkommen an das Ausland. Man hat dann das **Volkseinkommen,** das (Leistungs-)Einkommen sämtlicher Inländer. Das Volkseinkommen setzt sich aus Einkommen aus unselbstän-

Das Volkseinkommen besteht aus dem Leistungseinkommen der Inländer

diger Arbeit (L) und aus Einkommen aus Unternehmertätigkeit und Vermögen (G) zusammen.

$$\text{Volkseinkommen} = L + G$$

Man nennt das Volkseinkommen auch Sozialprodukt zu Faktorkosten. 1998 betrug das Volkseinkommen 2.833 Milliarden DM (was sich durch Addition der Nettowertschöpfung der Sektoren und Addition bzw. Subtraktion der Einkommen vom bzw. ans Ausland leicht nachprüfen läßt). Die Einkommen aus Unternehmertätigkeit und Vermögen machten dabei 900 Mrd. DM aus, die Einkommen aus unselbständiger Arbeit 1.933 Mrd. DM.

$$1.933 \text{ Mrd. DM} + 900 \text{ Mrd. DM} = 2.833 \text{ Mrd. DM}$$

1.3 Verfügbares Einkommen der privaten Haushalte

Volkseinkommen
- nicht ausgeschüttete Gewinne
- Faktoreinkommen des Staates
- direkte Steuern von Haushaltungen und Unternehmungen
+ Übertragungen an Haushalte = Verfügbares Einkommen

Ein Teil des Volkseinkommens fließt den privaten Haushalten nicht zu, kann also von ihnen weder konsumiert noch gespart werden. Es sind dies die nicht ausgeschütteten Gewinne der Unternehmen, die Faktoreinkommen des Staates aus Unternehmertätigkeit und Vermögen und die direkten Steuern, die die Haushalte und Unternehmen an den Staat zu leisten haben (einschließlich der Sozialversicherungsabgaben). Andererseits erhalten die Haushalte vom Staat sog. Übertragungen (Transfers) in erheblichem Umfange (Rente, Arbeitslosenunterstützung u. ä.). Korrigiert man das Volkseinkommen entsprechend, so ergibt sich für 1998 ein verfügbares Einkommen der privaten Haushalte von ungefähr 2.445 Milliarden DM.

Das verfügbare Einkommen ist ein wesentlicher Bestimmungsfaktor für den privaten Konsum

Diesem **verfügbaren Einkommen** der privaten Haushalte werden wir weiter unten als Bestimmungsgröße für die Höhe des Konsums der Haushalte wieder begegnen. Die privaten Haushalte können das verfügbare Einkommen auf zwei Arten verwenden (von Transfers der Haushalte, die bei der Berechnung des verfügbaren Einkommens nicht berücksichtigt werden, z. B. Spenden privater Haushalte an andere Sektoren, wird hier abstrahiert): Sie können es konsumieren (C_H) oder nicht konsumieren, d. h. sparen (S_H). Unabhängig von der Sparform (ob im Sparstrumpf, bei der Sparkasse, durch Wertpapierkäufe oder bei der Bausparkasse) gilt die Beziehung:

$$\text{Verfügbares Einkommen} = C_H + S_H$$

1.4 Verwendung des Inlandsprodukts

An Gütern stehen einer Volkswirtschaft insgesamt die netto selbst produzierten Güter (das Bruttoinlandsprodukt Y^b) und die importierten Güter (Im) zur Verfügung. Diese Güter können für drei Zwecke verwendet werden:

Formen der Güterverwendung in einer Volkswirtschaft

- Für den **Konsum** der privaten Haushalte (C_H) und des Staates (C_S). Zum privaten Konsum zählen sämtliche Güterkäufe der Haushalte (abgesehen von Häusern und Grundstücken), also auch langlebige Güter wie Autos und Kühlschränke.

- Für die Ausfuhr = **Export** (Ex).
- Für die Erhaltung und Erweiterung des Kapitalbestandes der Unternehmen und des Staates, also für die **Brutto-Investitionen** der Unternehmen (I_U^b) und des Staates (I_S^b). Man spricht von „Brutto"-Investitionen, weil die Güter nicht in voller Höhe den Kapitalbestand erhöhen, da in Höhe der Abschreibungen eine Abnutzung der Kapitalgüter im betrachteten Jahr ausgeglichen werden muß.

Zu den Kapitalgütern und damit zu den Investitionsgütern der Unternehmen gehören Gebäude, Grundstücke, Maschinen und Anlagen, Läger; zu den Kapitalgütern des Staates Gebäude, Straßen, Flughäfen, Kanäle und ähnliches.

Da also in Höhe von Y^b + Im Güter zur Verfügung stehen für den privaten Konsum (C_H), für den staatlichen Konsum (C_S), für die Bruttoinvestitionen der Unternehmen (I_U^b) und des Staates (I_S^b) sowie für die Exporte, gilt die Beziehung:

$$Y^b + Im = C_H + C_S + I_U^b + I_S^b + Ex$$

$$C_H + C_S = C \quad \text{und} \quad I_u^b + I_s^b = I^b$$

$$Y^b = C + I^b + Ex - Im$$

Diese Gleichung gibt eine zweite gebräuchliche Definition des Sozialproduktes bzw. des Inlandsproduktes wieder:

Eine gebräuchliche Definition des Sozialproduktes von der Verwendungsseite

> Unter dem (Brutto-)Sozialprodukt bzw. dem Inlandsprodukt versteht man den Gesamtwert der Güter, die während eines Jahres in einer Volkswirtschaft konsumiert, (brutto) investiert oder exportiert worden sind, abzüglich der Importe.

Setzt man die entsprechenden Zahlenwerte für die Bundesrepublik 1998 ein, so ergibt sich (in Milliarden DM):

$$3.758 = 2.156 + 710 + 826 + 66$$

57,4 % des Bruttoinlandsproduktes wurden 1998 also für den privaten Verbrauch verwendet, 18,9 % für den Staatsverbrauch, 22,0 % wurden brutto investiert, also für die Zukunftsversorgung der Volkswirtschaft verwendet, und 1,7 % des Bruttoinlandsproduktes wurden per Saldo (also nach Abzug der Importe) dem Ausland zur Verfügung gestellt. Ex – Im nennt man auch den **Außenbeitrag.**

1.5 Nominelles und reales Sozialprodukt

Um die mengenmäßige Entwicklung des Sozialproduktes verfolgen zu können, genügt es nicht, die Gütermengen mit laufenden Preisen zu bewerten und dann die Veränderungen dieses Sozialproduktes zu lau-

Veränderungen von Gütermengen und Preisen verändern das nominelle Sozialprodukt

„Real“ ist gleichbedeutend mit „güterwirtschaftlich“

fenden Preisen **(nominelles Sozialprodukt)** zu betrachten. Die Wertsumme kann ja durch Gütermengen- und durch Preiserhöhungen zunehmen. Will man also die mengenmäßige Entwicklung des Sozialproduktes – etwa um das Wachstum der Volkswirtschaft zu messen – bestimmen, so dürfen Preissteigerungen das Sozialprodukt nicht verändern. Dies erreicht man, indem das Sozialprodukt zu Preisen eines Basisjahres (zu konstanten Preisen), z. B. des Jahres 1995 bewertet wird. Die Gütermengen der Jahre 1996, 1997 usw. werden dann jeweils mit den Preisen des Jahres 1995 gewichtet. Man erhält dann das **„reale“** Sozialprodukt des Jahres, dessen Veränderungen die gütermäßige Entwicklung der Produktion anzeigen.

Das folgende Beispiel veranschaulicht diese Überlegungen. Es sei angenommen, daß das Sozialprodukt nur aus Konsum- und Investitionsgütern besteht. In vier betrachteten Jahren 1–4 werden folgende Gütermengen und Preise und die sich hieraus ergebenden Sozialproduktgrößen beobachtet.

Jahr	1	2	3	4
Konsumgüter (in Mengeneinheiten)	100	110	105	100
Investitionsgüter (in Mengeneinheiten)	50	60	55	50
Preis je Mengeneinheit des Konsumgutes	10	11	10	12
Preis je Mengeneinheit des Investitionsgutes	20	30	20	35
Sozialprodukt in jeweiligen Preisen = (nominelles Sozialprodukt)	2000	3010	2150	2950
Sozialprodukt in Preisen des Jahres 1 (reales Sozialprodukt)	2000	2300	2150	2000

Vergleichen wir jetzt das nominelle Sozialprodukt der Jahre 2, 3 und 4 mit dem des Jahres 1, so zeigt sich, daß die Zunahme gegenüber Jahr 1 mehrere Gründe haben kann:

- eine Zunahme von Gütermengen und Preisen (Jahr 2);
- eine Zunahme von Gütermengen bei unveränderten Preisen (Jahr 3);
- eine unveränderte Gütermenge bei steigenden Preisen (Jahr 4).

Die Versorgung der Wirtschaft mit Gütern hat nur in den Jahren 2 und 3 zugenommen, was in einer Zunahme des realen Sozialproduktes (Sozialprodukt zu Preisen des Jahres 1) zum Ausdruck kommt (Jahr 2: 2300 gegenüber 2000; Jahr 3: 2150 gegenüber 2000). Im Jahr 4 ist die Güterversorgung gegenüber Jahr 1 unverändert geblieben, was sich in einem unveränderten realen Sozialprodukt ausdrückt.

Die Unterscheidung zwischen nominellen und realen Größen ist nicht nur für das Sozialprodukt von Bedeutung. Wichtig ist die Unterscheidung vor allem auch bei den verschiedenen Bestandteilen des Sozialproduktes (also insbesondere beim Konsum, den privaten Investitionen, den Exporten und Importen) sowie beim Volkseinkommen und seinen Bestandteilen (also insbesondere bei der Lohnsumme, der Gewinnsumme und dem verfügbaren Einkommen der Haushalte).

Abb. 9.1 zeigt die Entwicklung des realen Bruttoinlandsproduktes (in Preisen von 1991) und des nominellen (in jeweiligen Preisen) Bruttoinlandsproduktes für die Bundesrepublik.

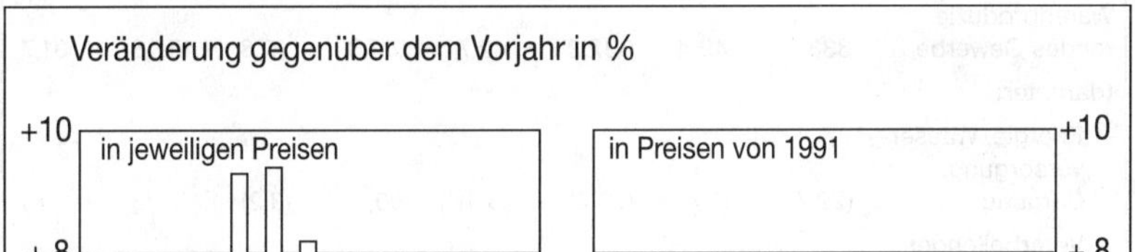

Abb. 9.1: Reales und nominelles Bruttoinlandsprodukt in der Bundesrepublik
Quelle: Statistisches Jahrbuch, verschiedene Jahrgänge

2. Strukturdaten der Volkswirtschaft

Struktur einer Volkswirtschaft

Das Verhältnis von Teilen der Volkswirtschaft zueinander oder zur gesamten Volkswirtschaft beschreibt die **Struktur** dieser Volkswirtschaft. Einige solcher Strukturdaten haben wir unter Punkt 1 dieses Kapitels schon kennengelernt (Verwendung des Sozialproduktes, Aufteilung des Volkseinkommens auf Löhne und Gewinne). Wir wollen uns im folgenden mit weiteren wichtigen – durch Sozialproduktsdaten darstellbaren – Strukturdaten der deutschen Volkswirtschaft beschäftigen.

2.1 Beitrag der Wirtschaftsbereiche zum Bruttoinlandsprodukt

Der gesamte Unternehmensbereich in Tabelle 9.1 kann in drei Teilbereiche untergliedert werden: den **primären Bereich** (Land- und Forstwirt-

Tab. 9.1: Beitrag der Wirtschaftsbereiche zum Bruttoinlandsprodukt in laufenden Preisen

Sektoren	1970 Mrd. DM	1970 %	1980 Mrd. DM	1980 %	1991 Mrd. DM	1991 %	1998 Mrd. DM	1998 %
Land- und Forstwirtschaft, Fischerei	21,8	3,3	30,4	2,1	41,0	1,4	40,1	1,1
Warenproduzierendes Gewerbe	333,7	49,4	632,2	42,7	1.077,3	37,8	1.192,8	31,7
(darunter:								
– Energie, Wasserversorgung, Bergbau	(22,7)	(3,4)	(50,2)	(3,4)	(90,1)	(3,2)	(.)	(.)
– Verarbeitendes Gewerbe	(259,5)	(38,4)	(482,8)	(32,6)	(825,3)	(28,9)	(.)	(.)
– Baugewerbe)	(51,5)	(7,6)	(99,2)	(6,7)	(161,8)	(5,7)	(.)	(.)
Handel und Verkehr	103,5	15,3	225,6	15,3	416,9	14,6	522,5	13,9
Dienstleistungsunternehmen	114,4	16,9	335,1	22,7	834,6	29,2	1.368,5	36,4
Staat	62,9	9,3	172,4	11,6	317,4	11,1	} 495,7	} 13,2
Private Haushalte (einschl. private Organisationen ohne Erwerbscharakter)	10,0	1,5	27,2	1,8	69,6	2,4		
abzüglich: unterstellte Entgelte für Bankdienstleistungen	17,9	2,7	53,9	3,6	117,1	4,0	147,0	3,9
zuzüglich: unterstellte Entgelte für Bankdienstleistungen	+47,2	+7,0	+110,0	+7,4	213,9	7,5	285,5	7,6
insgesamt (BIP)	675,3	100,0	1.479,0	100,0	2.853,6	100,0	3.758,1	100,0

Quelle: Statistisches Jahrbuch, diverse Jahrgänge. Ab 1991 einschließlich neue Bundesländer.
(.) = Angaben noch nicht verfügbar.

schaft, Fischerei), den **sekundären Bereich** (warenproduzierendes Gewerbe) und den **tertiären Bereich** (Handel und Verkehr und Dienstleistungsunternehmen). Der sekundäre Bereich setzt sich zusammen aus der Energie- und Wasserversorgung, Bergbau, dem Verarbeitenden Gewerbe und dem Baugewerbe. Innerhalb des Verarbeitenden Gewerbes sind die Bereiche Stahl-, Maschinen- und Fahrzeugbau, Elektrotechnik, Metallerzeugung und -bearbeitung, Ernährungsgewerbe, Holz-, Papier- und Druckgewerbe von besonderer Bedeutung. Innerhalb der Dienstleistungsunternehmen dominieren Wohnungsvermietung, Kreditinstitute und Versicherungsunternehmen. Der Staat umfaßt neben den Gebietskörperschaften der drei Ebenen auch die Sozialversicherung. Zu den privaten Haushalten zählen die privaten Organisationen ohne Erwerbscharakter (Gewerkschaften, Parteien, Vereine, Kirchen).

Die Werte können aufgrund von Rundungen und statistischen Meßungenauigkeiten geringfügig von denen anderer Tabellen dieses Kapitels abweichen.

Das Schwergewicht der Produktionstätigkeit liegt noch auf dem warenproduzierenden Gewerbe (insbesondere dem Verarbeitenden Gewerbe), gefolgt von den Dienstleistungsunternehmen, Handel und Verkehr und

Tab. 9.2: Bruttoinlandsprodukt nach Ländern

	1970		1980		1991		1997	
Land	Mrd. DM	%	Mrd. DM	%	Mrd. DM	%	Mrd. DM	%
Schleswig-Holstein	23,0	3,4	53,3	3,6	91,4	3,2	112,5	3,1
Hamburg	33,6	4,9	68,2	4,6	109,2	3,8	142,6	3,9
Niedersachsen	66,4	9,8	148,8	10,1	260,4	9,1	315,6	8,7
Bremen	11,0	1,6	22,3	1,5	35,2	1,2	40,3	1,1
Nordrhein-Westfalen	193,5	28,7	406,4	27,5	666,9	23,4	799,1	21,9
Hessen	62,5	9,3	144,4	9,8	286,3	10,1	353,2	9,7
Rheinland-Pfalz	35,9	5,3	79,0	5,3	133,5	4,7	156,5	4,3
Baden-Württemberg	105,3	15,6	231,2	15,6	440,1	15,4	523,1	14,4
Bayern	107,4	15,9	249,7	16,9	489,5	17,2	615,4	16,9
Saarland	9,9	1,5	22,3	1,5	38,1	1,3	45,2	1,2
Berlin (West)	26,8	4,0	53,4	3,6	96,9	3,4	116,2	3,2
Berlin (Ost)	.	.	.	.	22,1	0,8	39,9	1,1
Brandenburg	.	.	.	.	35,8	1,3	74,1	2,0
Mecklenburg-Vorpommern	.	.	.	.	24,2	0,8	49,1	1,3
Sachsen	.	.	.	.	59,9	2,1	123,4	3,4
Sachsen-Anhalt	.	.	.	.	35,2	1,2	70,2	1,9
Thüringen	.	.	.	.	28,8	1,0	65,4	1,8
insgesamt (BIP)	675,3	100,0	1.479,0	100,0	2.853,6	100,0	3.641,8	100,0

Quelle: Statistisches Jahrbuch, diverse Jahrgänge. Ab 1991 einschließlich neue Bundesländer.
(.) = Angaben noch nicht verfügbar.

Die Bedeutung des Dienst leistungsbereichs hat zugenommen

dem Staat. Es zeigt sich, daß die relative Bedeutung des primären Sektors (gemessen an seinem Beitrag zum Bruttoinlandsprodukt) von 1970 bis 1998 deutlich abgenommen hat. Die relative Bedeutung des warenproduzierenden Gewerbes hat stark abgenommen, während die der Dienstleistungsunternehmen deutlich zugenommen hat. Wenn man den Staat einbezieht, bestätigt sich die These, daß mit fortschreitender Entwicklung die relative Bedeutung des Dienstleistungsbereichs in einer Volkswirtschaft zunimmt **(Tertiarisierung);** ein Tatbestand, der auch für angebliche Grenzen des Wachstums bedeutsam ist, da im Dienstleistungsgewerbe verhältnismäßig wenig Rohstoffe benötigt werden.

2.2 Bruttoinlandsprodukt in der Bundesrepublik nach Ländern

Nachdem wir die relative Bedeutung einzelner Wirtschaftsbereiche in der Bundesrepublik betrachtet haben, soll abschließend die relative Bedeutung der einzelnen Länder untersucht werden. Maßstab ist wieder das Bruttoinlandsprodukt.

Die dominierende Stellung Nordrhein-Westfalens gegenüber anderen Ländern fällt ins Auge. Der Beitrag dieses Landes zum Bruttoinlandsprodukt ist 1997 fast so groß wie der von Baden-Württemberg, Hamburg und Schleswig-Holstein zusammen. Betrachtet man die Entwicklung von 1970 bis 1997, so zeigt sich, daß die relative Bedeutung Nordrhein-Westfalens abgenommen hat, während Bayern eine bemerkenswerte Zunahme seines BIP (absolut und relativ) zu verzeichnen hat. Durch die neuen Bundesländer nehmen die Prozentanteile für die alten Bundesländer leicht ab.

3. Sozialprodukt als Maßstab für die Wohlfahrt

Eine Zunahme des realen Sozialproduktes (oder eine Zunahme des realen Sozialproduktes pro Kopf der Bevölkerung) wurde in der Vergangenheit regelmäßig und wird auch heute verschiedentlich noch als Zunahme der **Wohlfahrt der Bevölkerung interpretiert.**

Eine Gleichsetzung von Wohlfahrts- und Sozialproduktsänderungen ist aus mehreren Gründen nicht zulässig:

Produktion wird nicht vollständig erfaßt

(1) Im Sozialprodukt werden im wesentlichen nur die Produktionen erfaßt, die über Märkte laufen (die **marktgerichtete** Produktion). Der gesamte Bereich der nichtmarktgerichteten Produktion bleibt, abgesehen von wenigen, mengenmäßig kaum bedeutsamen Ausnahmen (vgl. Kapitel 8) unberücksichtigt. Dies betrifft vor allem die nichtmarktgerichtete Produktion der privaten Haushalte: die Hausarbeit der Familienmitglieder, die Heimwerker-Arbeiten der Familie, die Erziehungsarbeit der Eltern. Diese Produktionen berühren sicher die Wohlfahrt, werden im Sozialprodukt aber nicht erfaßt. Das folgende Beispiel zeigt die Unzulänglichkeit des Sozialproduktes als Wohlfahrtsmaß, die sich u. a. hieraus ergibt: Heiratet ein Junggeselle seine bisherige (bezahlte) Haushälterin, so vermindert sich

das Sozialprodukt, obwohl man unter sonst gleichen Umständen wohl nicht sagen sollte, daß sich die Wohlfahrt vermindert hat.

(2) Führt die Nichtberücksichtigung wichtiger Produktionsleistungen in der Volkswirtschaft zu einer systematischen Unterschätzung des Sozialproduktes, so hat ein weiterer Mangel der Sozialproduktsrechnung zur Folge, daß das Sozialprodukt zu hoch ausgewiesen wird. Bei der Produktion (und auch beim Konsum) der Güter sind mehr Kapitalgüter beteiligt, als bei der Berechnung des Sozialproduktes berücksichtigt werden. Man denke vor allem an die natürliche **Umwelt,** die einerseits Rohstoffe (Kohle, Erdöl, Eisenerze usw.) zur Verfügung stellt und deren Qualität zum anderen durch Luft- und Wasserverschmutzung, Raubbau an Wäldern u. a. vermindert wird. Diese Abnutzung der natürlichen Umwelt wird bei der Sozialproduktsrechnung nicht als Abschreibung berücksichtigt. Anders ausgedrückt: Die gesellschaftlichen Kosten der Produktion und des Konsums sind höher als bei der Sozialproduktsrechnung in Form von Vorleistungen und Abschreibungen als private Kosten berücksichtigt.[5]) Ähnliche Überlegungen gelten für **langlebige Konsumgüter** der Haushalte, die nicht als Kapitalgüter, sondern als Verbrauchsgüter behandelt werden. Das führt zu sehr unbefriedigenden Ergebnissen, wie das folgende Beispiel zeigt: Ein Autounfall mit Sachschaden, der in einer Werkstatt beseitigt wird, erhöht das Sozialprodukt, obwohl die Reparatur ja nur den alten Zustand wieder herstellt. Wären Autos im Rahmen der Sozialproduktsrechnung Kapitalgüter, so könnte der Unfallschaden als Abschreibung berücksichtigt und damit wohlfahrtsadäquat behandelt werden.

Umweltschäden werden nicht berücksichtigt

Gesellschaftliche Kosten sind höher als private Kosten

(3) Viele **Vorleistungen** werden nicht als solche erfaßt und deshalb auch nicht vom Produktionswert in Abzug gebracht, so daß das Sozialprodukt zu hoch ausgewiesen wird. Das praktisch bedeutsamste Beispiel bilden die vom Staat produzierten Dienstleistungen, die der Bevölkerung ohne spezielles Entgelt zur Verfügung gestellt werden. Wie schon erwähnt, behandelt man diese Dienstleistungen als Staatsverbrauch. In Wirklichkeit schaffen diese Dienstleistungen (innere und äußere Sicherheit, Verwaltungsarbeiten) weitgehend erst die Rahmenbedingungen, die die eigentliche Produktion der Unternehmungen ermöglichen. Sie sind deshalb strenggenommen als Vorleistungen zu betrachten.

Staatliche Leistungen stellen oft Vorleistungen dar

(4) Schon die bisherigen Ausführungen zeigen, daß es sehr problematisch ist, das Sozialprodukt als Wohlfahrtsmaßstab zu verwenden: Für die Wohlfahrt bedeutsame Produktionen werden nicht erfaßt, der Verschleiß wichtiger Kapitalgüter, der die Wohlfahrt mindert (man denke an verschmutztes Wasser, verschmutzte Luft und ruinierte Wälder), bleibt unberücksichtigt usw. Das Gemeinsame dieser Unzulänglichkeiten des Sozialproduktes als Wohlfahrtsmaßstab ist, daß sie prinzipiell im Rahmen der Sozialproduktsberechnung berücksichtigt werden könnten: Die ent-

5) Das Statistische Bundesamt bereitet ein Statistisches Umweltberichtssystem (STUBS) sowie ein Umweltsatellitensystem zur VGR vor. Die Verbindung zu den Benutzern soll eine Umweltdatenbank mit der Bezeichnung UGR-Informationssystem (UGRIS) bilden.

Wohlfahrtswirksame Faktoren, die nicht auf den „gemeinsamen Maßstab des Geldes“ gebracht werden können

sprechenden Größen könnten auf den **„gemeinsamen Maßstab des Geldes“** gebracht werden, wenn auch zum Teil erhebliche statistische Schwierigkeiten bei ihrer Erfassung auftreten würden. Die Wohlfahrt der Bevölkerung ist jedoch von einer Vielzahl von Faktoren abhängig, die im Sozialprodukt nicht oder nur unter äußerst willkürlichen Annahmen berücksichtigt werden können, weil die Wirkung dieser Faktoren eben nicht auf den „gemeinsamen Maßstab des Geldes“ gebracht werden kann. Wichtige Beispiele für solche Faktoren sind:

- die Verteilung der Güter auf die Gruppen der Bevölkerung bzw. die Regionen der Volkswirtschaft;
- die gesellschaftlichen Bedingungen der Produktion;
- Arbeitsbedingungen;
- die Freizeit.

Sozialprodukt ist kein hinreichender Maßstab für die Wohlfahrt

Diese Ausführungen zeigen, daß das Sozialprodukt kein geeigneter Maßstab für die Wohlfahrt einer Volkswirtschaft sein kann. Daraus folgt auch, daß – wenn Wachstum eine Zunahme der Wohlfahrt anzeigen soll – es nicht allein unter Verwendung der Maßgröße Sozialprodukt gemessen werden darf.

Zur Wohlfahrtsmessung bedarf es über das Sozialprodukt hinaus ergänzender Informationen, die als „Soziale Indikatoren“ bezeichnet werden.

4. Soziale Indikatoren

Soziale Indikatoren sollen den Zustand und die Veränderung wichtiger ökonomisch-gesellschaftlicher Bereiche einer Volkswirtschaft anzeigen

Unter **Sozialen Indikatoren** versteht man meßbare statistische Größen, die Urteile über den Zustand und die Veränderungen wichtiger ökonomisch-gesellschaftlicher Bereiche einer Volkswirtschaft ermöglichen (z. B. die Zahl der Lehrer, Ärzte, Professoren pro tausend Einwohner, die Säuglingssterblichkeit pro tausend Geburten, Zahl der Unfalltoten, Zahl der psychisch Gestörten und ähnliches).

Bei der Definition und Berechnung Sozialer Indikatoren treten vor allem zwei Probleme auf:

a) die Auswahl der Indikatoren, die im Prinzip die Leistung („output“) bzw. den resultierenden Wohlstand und nicht die Kosten („input“) messen sollen;

b) die Gewichtung von Teilindikatoren, um daraus einen Gesamtindikator berechnen zu können.

Bezüglich der Auswahl ist zunächst zu berücksichtigen, daß die Indikatoren geeignete Hilfsgrößen für das eigentliche Meßziel – z. B. den Wohlstand – sein müssen. Darüber, was Wohlstand ist bzw. welche Zielbereiche in der Untersuchung berücksichtigt werden, gehen die Meinungen auseinander und damit auch über die angemessenen Indikatoren. Zum anderen sind die meisten derzeit verwendeten Indikatoren „Inputgrößen“, wie die obigen Beispiele – Zahl der Ärzte auf 1000 Einwohner anstatt des Gesundheitszustandes der Bevölkerung – zeigen.

Bezüglich der Gewichtung der Teilindizes benötigt man letztlich eine gesamtgesellschaftliche Übereinstimmung über die Bedeutung der Teilindikatoren für die Gesamtwohlfahrt, die in der Praxis nur schwer erreichbar sein dürfte. (Wie soll man z. B. höhere Kriminalität und eine bessere Güterversorgung der Bevölkerung in bezug auf ihre Wohlfahrtswirkung miteinander vergleichen?)

Als Beispiel für ein System sozialer Indikatoren sei hier auf den Vorschlag der „Organisation für wirtschaftliche Zusammenarbeit und Entwicklung" hingewiesen. Darin werden 8 für die individuelle Wohlfahrt als bedeutsam angesehene Hauptzielbereiche festgelegt, auf die sich die Indikatoren beziehen sollen:

Soziales Indikatoren-System der OECD

- Ausbildung
- Gesundheit
- Arbeit und Qualität des Arbeitslebens
- Freizeit
- Kaufkraft
- physische Umwelt
- Sicherheit
- soziale Beteiligungschancen

Diese Hauptbereiche werden untergliedert in Unterbereiche, diese Unterbereiche wiederum in Teilgebiete usw., bis man schließlich zu meßbaren Größen gelangt.

5. Zahlungsbilanz

Neben der Volkswirtschaftlichen Gesamtrechnung stellt die Zahlungsbilanz ein wichtiges gesamtwirtschaftliches Rechnungssystem dar.

Unter der **Zahlungsbilanz** eines Landes versteht man eine – nach bestimmten Gesichtspunkten gegliederte – Aufzeichnung der wirtschaftlichen Vorgänge, die in einer Periode (in der Regel 1 Jahr) zwischen Inländern und Ausländern stattgefunden haben.

Die Zahlungsbilanz registriert die wirtschaftlichen Vorgänge zwischen Inländern und Ausländern innerhalb eines Jahres

Diese Begriffsbestimmung zeigt schon, daß der Name „Zahlungsbilanz" sehr unglücklich gewählt ist: Erstens handelt es sich nicht um eine Bilanz, d. h. um eine Zeitpunktrechnung, sondern um eine auf einen Zeitraum bezogene Rechnung, und zweitens werden keineswegs nur „Zahlungs"-Vorgänge erfaßt. Der Aufbau der Zahlungsbilanz wird besonders deutlich, wenn man sie in Kontenform darstellt. Sie läßt sich dann sehr einfach als ein System doppelter Buchhaltung verstehen, in der jeder Vorgang doppelt, einmal im Soll und einmal im Haben des Kontos, erfaßt wird. Die Gliederung des Kontos in Unterkonten erfolgt nach den unterschiedlichen Arten ökonomischer Vorgänge zwischen Inländern und Ausländern:

a) Warenex- und -importe,
b) Dienstleistungsex- und -importe,
c) Erwerbs- und Vermögenseinnahmen,
d) Übertragungen (Schenkungen) von Gütern und Forderungen,
e) Vermögensübertragungen,
f) finanzielle Vorgänge.

Damit ergibt sich der folgende **Grundaufbau** einer Zahlungsbilanz:

Soll	Haben		
a) Warenexporte	Warenimporte	Handelsbilanz	Leistungsbilanz
b) Dienstleistungs-exporte	Dienstleistungs-importe	Dienstleistungs-bilanz	Leistungsbilanz
c) empfangene Erwerbs- und Vermögens-einkommen	geleistete Erwerbs- und Vermögens-einkommen	Bilanz der Erwerbs- und Vermögens-einkommen	Leistungsbilanz
d) empfangene Übertragungen	geleistete Übertragungen	Schenkungs-bilanz	Leistungsbilanz
e) empfangene Vermögens-übertragungen	geleistete Vermögens-übertragungen	Vermögens-übertragungs-bilanz	
f) Zunahme der Verbindlich-keiten, Abnahme der Forderungen	Zunahme der Forderungen, Abnahme der Verbindlichkeiten	Kapital-verkehrs-bilanz	
Summe =	Summe		

Der Aufbau der Zahlungsbilanz wird verdeutlicht, wenn wir uns klarmachen, wie einige wirtschaftliche Vorgänge die Zahlungsbilanz berühren:

a) Warenverkauf an das Ausland gegen bar im Werte von 100.
Buchung: Warenexport 100
Zunahme an Forderungen 100 (der Erwerb ausländischen Geldes stellt eine Zunahme an Forderungen gegenüber dem Ausland dar).

b) Wareneinkauf im Ausland im Werte von 50 gegen Kredit.
Buchung: Warenimporte 50
Zunahme der Verbindlichkeiten 50.

c) Urlaubsreise im Ausland im Werte von 20.
Buchung: Dienstleistungsimport 20
Abnahme der Forderungen 20 (Verlust ausländischen Geldes).

d) Der Staat verschenkt Industriegüter als Entwicklungshilfe an das Ausland im Werte von 30
Buchung: Warenexport 30
geleistete Übertragungen 30

e) Der Staat leistet Entwicklungshilfe in bar im Werte von 10
Buchung: Abnahme der Forderungen 10
geleistete Übertragungen 10

f) Ein Inländer kauft eine ausländische Staatsschuldverschreibung im Werte von 80
Buchung: Zunahme der (langfristigen) Forderungen 80
Abnahme der (kurzfristigen) Forderungen 80

Wichtig ist, daß die Zahlungsbilanz von ihrer Grundkonzeption als Ganzes immer ausgeglichen ist, da jeder Vorgang sowohl im Soll als auch im Haben der Zahlungsbilanz erscheint. Salden können nur die Teilbilanzen aufweisen. Wenn in der Zeitung trotzdem häufig einfach vom Saldo der Zahlungsbilanz die Rede ist, so ist dies eine unpräzise Ausdrucksweise und immer ist der Saldo einer Teilbilanz, häufig der der Leistungsbilanz, manchmal aber auch der der Handelsbilanz oder einer anderen Teilbilanz gemeint!

Die Zahlungsbilanz als Ganzes ist immer ausgeglichen

Die Teilbilanzen

- Handelsbilanz
- Dienstleistungsbilanz,
- Bilanz der Erwerbs- und Vermögenseinkommen
- Übertragungsbilanz,
- Bilanz der Vermögensübertragungen
- Kapitalverkehrsbilanz

werden, wie in der obigen Darstellung des Grundschemas schon vermerkt, häufig in bestimmter Weise zusammengefaßt. Die wichtigste Form der Zusammenfassung ist dabei die der Handels-, Dienstleistungs-, Erwerbs- und Vermögenseinkommens- sowie der Übertragungsbilanz zur sogenannten **Leistungsbilanz.** Der Saldo der Leistungsbilanz ist dann – nach Berücksichtigung des Saldos der Bilanz der Vermögensübertragungen – identisch mit dem Saldo der Kapitalverkehrsbilanz und gibt die Veränderung der Nettogläubiger- oder Nettoschuldnerposition der Volkswirtschaft gegenüber dem Ausland an.

Die tatsächlich veröffentlichten Zahlungsbilanzstatistiken unterscheiden sich von dem beschriebenen Grundschema vor allem durch fünf Merkmale:

Abweichungen tatsächlicher Zahlungsbilanzstatistiken vom Modell

1. Die Vorgänge in den Teilbilanzen werden weiter aufgegliedert; so werden die Warenex- und -importe oft nach einzelnen Warenarten (Weizen, Spirituosen usw.) aufgespalten und die Veränderungen der Forderungen und Verbindlichkeiten nach ihrer Fristigkeit unterschieden.

Tab. 9.3: Zahlungsbilanz der Bundesrepublik 1996–1998

Wichtige Posten der Zahlungsbilanz (Mrd. DM)			
Position	1996	1997	1998
I. Leistungsbilanz			
– Außenhandel			
Ausfuhr (fob)	788,9	888,6	949,7
Einfuhr (cif)	690,4	772,1	821,1
Saldo	+98,5	+116,5	+128,6
– Dienstleistungen (Saldo)	–53,1	–56,9	–61,8
– Erwerbs- und Vermögenseinkommen (Saldo)	+1,7	–3,0	–16,1
– Laufende Übertragungen (Saldo)	–51,3	–52,8	–53,3
Saldo der Leistungsbilanz[1])	–8,4	–2,4	–6,2
II. Vermögensübertragungen (Saldo)	–3,3	+0,1	+1,3
III. Kapitalbilanz (Nettokapitalexport-)			
– Direktinvestitionen	–68,0	–53,2	–117,4
– Wertpapiere	+96,0	+4,4	+9,4
– Kreditverkehr	+4,0	+63,2	+143,4
– Sonstige Kapitalanlagen	–8,8	–15,1	–12,0
Saldo der Kapitalbilanz	+23,2	–0,7	+23,4
IV. Saldo der statistisch nicht aufgliederbaren Transaktionen (Restposten)	–13,4	–3,5	–11,4
V. Veränderung der Nettoauslandsaktiva der Bundesbank (Zunahme +)	+1,9	+6,6	–7,1

1) Einschließlich der Ergänzungen zum Warenverkehr.

Quelle: Monatsberichte der Deutschen Bundesbank, März 1999, S. 52.

2. Innerhalb einzelner Teilbilanzen wird häufig danach gegliedert, welcher inländische Sektor bzw. welche inländische Institution an dem Vorgang beteiligt ist. So ist es z. B. in der Kapitalverkehrsbilanz üblich, die Veränderungen der Forderungen und Verbindlichkeiten der Deutschen Bundesbank gesondert auszuweisen („Veränderung der Nettoauslandsaktiva der Bundesbank“).
3. Sie werden häufig statt in Kontenform in Tabellenform veröffentlicht.
4. Es taucht ein zusätzlicher Restposten auf. Der Restposten erklärt sich folgendermaßen: In der Realität gibt es keinen „gesamtwirtschaftlichen Buchhalter“, der jeden wirtschaftlichen Vorgang zwischen dem Inland und dem Ausland fein säuberlich gleichzeitig im Soll und im Haben der Zahlungsbilanz verbucht. In der Praxis werden die Zahlen der Zahlungsbilanz aus einer Vielzahl anderer Statistiken gewonnen, so daß leicht eine Diskrepanz zwischen der Summe der Soll-Buchungen und der Summe der Haben-Buchungen auftreten kann. Der Restposten

besteht aus dieser Differenz und gleicht die Zahlungsbilanz somit „künstlich" aus.

5. Der zusätzliche Ausgleichsposten zur Auslandsposition der Deutschen Bundesbank erfaßt Änderungen des DM-Wertes der Aktiva, die sich aufgrund einer Neubewertung der auf Fremdwährung lautenden Aktiva und Passiva zum Jahresende ergeben.

Die Deutsche Bundesbank hat wiederholt Anpassungen in der Systematik der Zahlungsbilanz vorgenommen. Sie folgt damit den Vorschlägen, die vom Internationalen Währungsfonds (IWF) unterbreitet werden und trägt veränderten Erfordernissen durch den Übergang zur Europäischen Währungsunion Rechnung. Die wesentlichen Änderungen betrafen:

- Die Leistungsbilanz enthält nur noch die laufenden Übertragungen. Die Vermögensübertragungen (Schuldenerlasse, Erbschaften, Schenkungen) wurden ausgegliedert.
- Die „laufenden Übertragungen" enthalten jetzt Teile der bisher unter „Versicherungsleistungen" in der Dienstleistungsbilanz verbuchten Transaktionen.
- Der Transithandel wurde aus dem Warenhandel herausgenommen und den Dienstleistungen zugerechnet.
- Im Kapitalverkehr wurde die Unterscheidung in lang- und kurzfristige Transaktionen weitgehend fallengelassen, da sie zunehmend zweifelhaft geworden ist.
- Die Direktinvestitionen wurden neu abgegrenzt. Neben Kapitalbeteiligungen und langfristigen Darlehen werden nun auch die kurzfristigen Finanzbeziehungen zwischen verbundenen Unternehmen als Direktinvestition angesehen. Hinzu kommt der grenzüberschreitende Erwerb / die Veräußerung von Immobilien. Damit sollen alle wirtschaftlichen Beziehungen zusammengefaßt werden, die ihrer Natur nach ein besonderes unternehmerisches Engagement erkennen lassen.
- Bei den Erwerbs- und Vermögenseinkommen werden Transaktionen im Zusammenhang mit verschiedenen Finanzmarktgeschäften (Zinsswaps), die bislang unter der Position „Zinsen auf Kredite" unter den Vermögenseinkommen verbucht wurden, nun unter der Position „Finanzderivate" (sonstige Kapitalanlagen) erfaßt.
- Bei den laufenden Übertragungen werden bestimmte Teile der Entwicklungshilfe herausgenommen und auf die Vermögensübertragungen umgebucht, wobei maßgeblich ist, ob sich durch die Transfers die Vermögensposition der Empfängerländer verändert.
- In der deutschen Zahlungsbilanz wurden bislang alle Auslandstransaktionen der Bundesbank in den Veränderungen der Netto-Auslandsaktiva zusammengefaßt. Die Bundesbank ist nun dazu übergegangen,

in der Zahlungsbilanz stärker auf die Veränderung der „eigentlichen" Währungsreserven abzustellen.

Die Zahlungsbilanzsituation in der Bundesrepublik

Tabelle 9.3 zeigt, daß die Bundesrepublik im Gegensatz zu früheren Jahren Leistungsbilanzdefizite aufweist, die durch den hohen Außenhandelsüberschuß nicht mehr ausgeglichen werden können. Die Dienstleistungsbilanz ist insbesondere wegen des starken Reiseverkehrs von Deutschen im Ausland negativ – der Saldo des Reiseverkehrs betrug 1998 –53,7 Mrd. DM. Auch die Übertragungsbilanz ist defizitär, wozu entscheidend die Beiträge zum EU-Haushalt (Nettozahlungen 1998: 29,5 Mrd. DM) und Überweisungen von Gastarbeitern (die Inländer im Sinne der Statistik sind) mit etwa 7 Mrd. DM im Jahre 1998 beigetragen haben. Der Summe aus dem Leistungsbilanzdefizit von 1998 in Höhe von 6,2 Mrd. DM korrigiert um den Saldo der Vermögensübertragungen (+ 1,3 Mrd. DM) entspricht konzeptionell eine Abnahme der Forderungen inländischer Wirtschaftseinheiten ohne die Bundesbank gegenüber dem Ausland (ein Nettokapitalimport) in Höhe von 23,4 Mrd. DM korrigiert um die Veränderung der Nettoauslandsaktiva der Bundesbank in Höhe von –7,1 Mrd. DM. Die auftretende Diskrepanz ist in den erwähnten „Ausgleichs"- und „Restposten" in Höhe von –11,4 Mrd. DM berücksichtigt.

C. Arbeitsaufgaben

1) *In einer Volkswirtschaft werden in einem Jahr Güter im Werte von 2000 erzeugt. Bei der Produktion dieser Güter werden Vorleistungen im Werte von 700 eingesetzt; es tritt ein Verschleiß an Kapitalgütern von 100 ein. Die Unternehmungen müssen indirekte Steuern in Höhe von 150 zahlen.*
   a) Wie groß ist das Brutto-(Netto-)Sozialprodukt?
   b) Wie groß ist das Volkseinkommen?

2) *Wie groß war das Bruttosozialprodukt zu Marktpreisen in der Bundesrepublik Deutschland 1998? Was versteht man genau unter dem Bruttosozialprodukt?*

3) *Was verstehen Sie unter dem Volkseinkommen, und wie berechnen Sie es? Wie hoch war 1998 der Anteil aus unselbständiger Arbeit am Volkseinkommen?*

4) *Was verstehen Sie unter dem Konsum der Haushalte, was unter dem Konsum des Staates? Nennen Sie Beispiele für staatliche und private Investitionen.*

5) *Wie wird das Bruttoinlandsprodukt verwendet? Welche numerischen Werte hatten die einzelnen Verwendungskomponenten im Jahr 1998 in der Bundesrepublik?*

6) *Beurteilen Sie die Eignung des Sozialproduktes als Wohlstands- bzw. Wachstumsmaß.*

7) *Was verstehen Sie unter der Zahlungsbilanz eines Landes?*

8) *Beschreiben Sie den Grundaufbau einer Zahlungsbilanz. Wie heißen die wichtigsten Teilbilanzen?*

9) *Was versteht man unter der Leistungsbilanz?*

10) *Nennen Sie Beispiele für wirtschaftliche Vorgänge, welche die*
    - *Handelsbilanz,*
    - *Dienstleistungsbilanz,*
    - *Schenkungsbilanz,*
    - *Kapitalverkehrsbilanz*

    berühren.

Lösungsvorschläge für die Arbeitsaufgaben im „Übungsbuch zu Grundlagen und Probleme der Volkswirtschaft".

D. Literatur

Eine sehr ausführliche Darstellung zum volkswirtschaftlichen Rechnungswesen bietet:

STOBBE, Alfred, Volkswirtschaftslehre I, 8. Aufl., Berlin, Heidelberg, New York, 1994.

Im 3. Kapitel dieses Standardwerkes wird ein Überblick über den Wirtschaftskreislauf gegeben; im 6. Kapitel der Aufbau der Zahlungsbilanz erläutert. Die Volkswirtschaftliche Gesamtrechnung des Statistischen Bundesamtes wird im 8. Kapitel dargestellt.

Ähnlich umfangreich und grundlegend sind:

BRÜMMERHOFF, Dieter, Volkswirtschaftliche Gesamtrechnungen, 5. völlig überarb. u. erw. Aufl., München, Wien 1995

HASLINGER, Franz, Volkswirtschaftliche Gesamtrechnung, 7., durchges. Aufl., München, Wien 1995.

Zum Problem des Sozialprodukts als Maßstab für die Wohlfahrt informiert kurz:

BASSELER, Ulrich, Sozialprodukt und Wohlfahrtsmessung, in: Das Wirtschaftsstudium 4/1975, S. 531–537

und ausführlich:

LEIPERT, Christian, Gesellschaftliche Berichterstattung. Eine Einführung in Theorie und Praxis sozialer Indikatoren, Berlin u. a. 1978.

Die Revision der Zahlungsbilanzstatistik wird beschrieben in:

Monatsberichte der DEUTSCHEN BUNDESBANK, März 1995, S. 33–43.

Zur Umweltökonomischen Gesamtrechnung vgl. z. B.

HÖLDER, E. (Hrsg.), Wege zu einer Umweltökonomischen Gesamtrechnung. Ein Diskussionsbeitrag des Statistischen Bundesamtes, Stuttgart 1991.

Empirisches Material bieten insbesondere:

STATISTISCHES JAHRBUCH der Bundesrepublik Deutschland

Monatsberichte der DEUTSCHEN BUNDESBANK.

10. Kapitel
Basismodelle der klassischen-neoklassischen und keynesianischen Makroökonomie

A. Lernzielorientierte Leitfragen und Fragenkomplexe

Leitfrage:
Was bestimmt die Höhe von Sozialprodukt und Beschäftigung im System der Klassik?

- *Was ist die zentrale Annahme über die Funktionsweise von Märkten?*
- *Welche Bedeutung hat das Theorem von SAY?*
- *Welche Rolle spielt das Geld im System der Klassik?*

Leitfrage:
Worin liegen die besonderen Annahmen und Ergebnisse der traditionellen keynesianischen Theorie?

- *Welches sind die Komponenten der gesamtwirtschaftlichen Güternachfrage, und was sind ihre Bestimmungsgründe?*
- *Welche Annahme wird in vereinfachenden Modellen bezüglich des Güterangebotes getroffen?*
- *Was bedeutet Gleichgewicht auf dem Gütermarkt?*
- *Welche Besonderheiten weist der keynesianische Geldmarkt auf?*
- *Wie bestimmt sich das simultane Gleichgewicht auf dem Güter- und Geldmarkt (IS-LM-Gleichgewicht)?*

B. Sachanalyse

1. Vorbemerkungen

In den folgenden drei Kapiteln wollen wir untersuchen, welche Faktoren die Höhe des Sozialprodukts und der Beschäftigung bestimmen. Dies ist Aufgabe der **Makroökonomik,** d. h. einer gesamtwirtschaftlichen Analyse, in der stark aggregierte (zusammengefaßte) Größen, wie z. B. das Volkseinkommen und das Preisniveau, nicht jedoch das Einkommen einzelner Individuen oder der Preis bestimmter Güter, untersucht werden. Dieses Zusammenfassen zu gesamtwirtschaftlichen Größen ist notwendig, um – wie in der Einleitung dargelegt – die kaum überschaubare wirtschaftliche Wirklichkeit zu vereinfachen.

Eine weitere Vereinfachung besteht darin, daß wir weitgehend von der ökonomischen Aktivität des Staates und des Auslands absehen und zudem eine **kurzfristige Analyse** durchführen. Dabei wird unterstellt, daß die im betrachteten Zeitraum stattfindende Veränderung im Bestand an Produktionsfaktoren (Arbeit, Kapital, Boden und technisches Wissen) zumindest relativ so klein ist, daß sie vernachlässigt werden kann.

Kreislaufidee

Zentrale Bedeutung der Kreislaufidee

Von zentraler Bedeutung für die Makroökonomik ist die **Kreislaufidee,** die von dem französischen Arzt François QUESNAY (1694–1774) in Analogie zum Blutkreislauf in das ökonomische Denken eingeführt wurde. Diese Kreislaufidee läßt sich in der folgenden Figur darstellen. Der gesamtwirtschaftlichen Produktion, die abzüglich der Vorleistungen als Bruttoinlandsprodukt (vgl. Kapitel 9) erfaßt wird, steht – wenn wir zur Vereinfachung von der Existenz indirekter Steuern und Subventionen absehen – ein in gleicher Höhe geschaffenes Bruttoinlandseinkommen gegenüber. Addiert man zum Inlandsprodukt und zum Inlandseinkommen die Nettofaktoreinkommen aus dem Ausland, so ergeben sich Bruttosozialprodukt und Volkseinkommen. Das Volkseinkommen ist eine zentrale Bestimmungsgröße der Nachfrage der privaten Haushalte und des Staates nach Konsum- und Investitionsgütern. Ist die Nachfrage gerade dem produzierten Sozialprodukt und dem dabei geschaffenen Volkseinkommen gleich, so spricht man vom **Kreislaufgleichgewicht.**

Im Kreislaufgleichgewicht entspricht die Nachfrage der Produktion und dem Einkommen

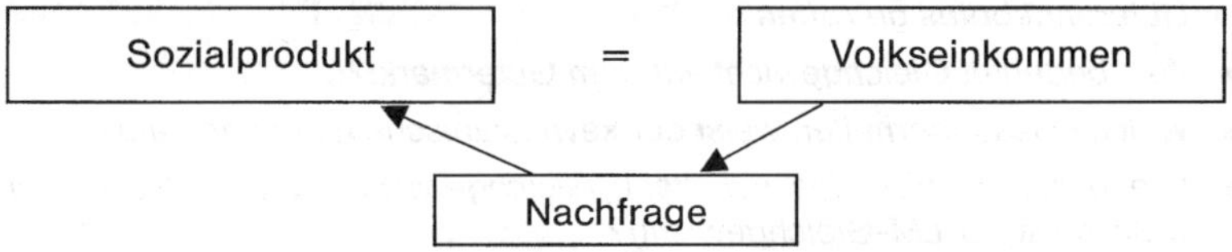

Ein solches Kreislaufgleichgewicht kann und wird in aller Regel durch Zuflüsse und Abflüsse unterbrochen: Wird ein Teil des Einkommens nicht verausgabt, so ist die Nachfrage kleiner als Produktion bzw. Einkommen; wird vorhandenes Vermögen aufgelöst, um Nachfrage nach neu produzierten Güter zu entfalten, oder wird solche Nachfrage mit Krediten finanziert, so übersteigt die Nachfrage Produktion und Einkommen. Durch solche Nachfragedefizite und -überschüsse werden Kräfte wirksam, die auf eine Änderung der Höhe des Sozialprodukts und damit der Beschäftigung hinwirken. An dieser Stelle kann indes noch nicht entschieden werden, ob die Produktion die Nachfrage oder die Nachfrage die Produktion bestimmt. Das Kreislaufbild zeigt nur, daß Produktion und Nachfrage wechselseitig voneinander abhängen.

Zuflüsse und Abflüsse können das Kreislaufgleichgewicht durchbrechen

Interdependenz der Märkte

Das wirtschaftliche Geschehen auf den Märkten einer Volkswirtschaft ist miteinander verbunden. Letztlich kann man sagen, daß die Nachfrage nach den einzelnen Gütern wie auch das Angebot der Güter jeweils von den Preisen aller Güter abhängt, wenn auch teilweise fast unmerklich (vgl. Kapitel 4). Da man im Rahmen einer ökonomischen Analyse nicht Millionen von Märkten gleichzeitig betrachten kann, ist die wirtschaftliche Wirklichkeit auf eine überschaubare Anzahl wesentlicher Zusammenhänge zu vereinfachen. Im Einklang mit der üblichen makroökonomischen Darstellungsweise reduzieren wir die Zahl der betrachteten Märkte auf vier: den **Arbeitsmarkt,** den **Gütermarkt,** den **Geldmarkt** und den **Wertpapiermarkt** (der für die Gesamtheit der Märkte für als homogen angesehene zinstragende Aktiva steht). Mit dem extrem hohen Aggregationsgrad werden also Unterschiede zwischen den verschiedenen Arten von Arbeit, Gütern und Wertpapieren ignoriert.

Reduktion auf vier Märkte: Arbeits, Güter-, Geld- und Wertpapiermarkt

Die Interdependenz (gegenseitige Abhängigkeit) der Märkte wird formal besonders deutlich durch das **„Gesetz von WALRAS“** (Léon WALRAS, französischer Nationalökonom 1834–1910). Für jede rational handelnde Wirtschaftseinheit gilt, daß sie Ausgaben (Käufe) für die unterschiedlichen Zwecke (z. B. auch für den Erwerb von Wertpapieren oder von Bankguthaben) nur in Höhe der geplanten Einnahmen (Verkäufe) aus den unterschiedlichen Quellen (z. B. auch durch Verschuldung oder Auflösung von Bankguthaben oder Bargeldbeständen) planen wird.[1]) Was für die einzelnen Wirtschaftseinheiten gilt, gilt hier auch für die Summe der von allen Wirtschaftseinheiten auf allen Märkten geplanten Ausgaben (Käufe), die der Summe der auf allen Märkten geplanten Einnahmen (Verkäufe) entspricht.

Interdependenz wird deutlich durch das Gesetz von WALRAS

Für die vier makroökonomischen Märkte bedeutet das Gesetz von WALRAS: ist der Wert der Käufe und Verkäufe auf drei Märkten ausgeglichen, so muß dies auch auf dem vierten Markt der Fall sein. Dadurch wird die übliche Vorgehensweise, bei makroökonomischen Modellen nur drei Märkte zu untersuchen, gerechtfertigt. Meist wird der Wertpapiermarkt vernachlässigt, so auch von uns.

Im folgenden wollen wir kurz auf die betrachteten Märkte eingehen. Auf dem **Arbeitsmarkt** wird Arbeit gegen Lohn getauscht. Arbeitsanbieter sind die, die ihre Arbeitskraft verkaufen wollen und Arbeitsnachfrager sind die Wirtschaftssubjekte, die diese Arbeitskraft im Produktionsprozeß einsetzen wollen. Auf dem **Gütermarkt** wird die gesamte marktgerichtete Produktion einer Volkswirtschaft – also das Bruttosozialprodukt und die erforderlichen Vorleistungen – angeboten und nachgefragt. Im folgenden setzen wir der Einfachheit halber die Produktion mit dem Sozialprodukt gleich, vernachlässigen also die Vorleistungen und die Unterschiede zwi-

Arbeits-, Güter- und Geldmarkt

1) Der Leser erkennt, daß die Begriffe Ausgaben (Käufe) und Einnahmen (Verkäufe) hier sehr weit gefaßt sind. Man spricht gelegentlich auch von „Quellen“ und „Verwendungen“ finanzieller Mittel.

schen Brutto- und Nettosozialprodukt. Anbieter von Gütern sind die Unternehmer, Nachfrager die privaten Haushalte und der Staat. Der dritte Markt, den wir im folgenden immer betrachten werden, ist der **Geldmarkt.** Auf den ersten Blick entzieht sich der Geldmarkt der üblichen Vorstellung von einem Markt. Aber ebenso wie für andere Güter existiert auch für Geld ein Angebot und eine Nachfrage. Als Geld wird das Zahlungsmittel bezeichnet, das im Tauschprozeß zur Erfüllung von Verbindlichkeiten akzeptiert wird. Zu jedem Zeitpunkt existiert in einer Volkswirtschaft eine bestimmte Menge an Geld, ein **Geldbestand,** der von irgendwelchen Wirtschaftseinheiten gehalten – d. h. nachgefragt – wird. Der Geldmarkt ist also ein Bestandsmarkt.

Konkurrierende Erklärungsansätze

Wie in kaum einem anderen Zweig der Ökonomie konkurrieren in der makroökonomischen Analyse der Beschäftigung insbesondere verschiedene Erklärungsansätze mit jeweils einigen verschiedenen Ausprägungen. Es läßt sich aber rechtfertigen, letztlich von nur zwei Erklärungsmustern **(Paradigmen)** zu sprechen.

In der Makroökonomik konkurrieren die Erklärungsansätze der klassischen und keynesianischen Theorie

Auf der einen Seite steht die **klassische Makroökonomik,** die durch den **Monetarismus** und die **Neue Klassische Makroökonomik** neubegründet und verfeinert wurde.

Auf der anderen Seite steht die **keynesianische Makroökonomik,** geprägt durch den Engländer John Maynard KEYNES (1883–1946). Eine bestimmte Interpretation seiner Theorie, später angereichert durch einige klassische Elemente, hat sich in vielen Jahren in ökonomischen Lehrbüchern zu einem relativ starren Lehrgebäude entwickelt. Diesen sogenannten **traditionellen Keynesianismus** stellen wir auch in diesem Kapitel dar. Als Antwort auf die Herausforderung durch die Neue Klassische Makroökonomik hat auch der Keynesianismus eine Neubegründung und Verfeinerung seines Paradigmas versucht. Hier sind die neoklassische Synthese, **Rationierungstheorie** und der **„Neue Keynesianismus“** zu unterscheiden.

2. Das klassisch-neoklassische Modell

Als erstes in sich geschlossenes System makroökonomischer Märkte beschreiben wir das System der Klassik. Der Begriff Klassik wird leider nicht einheitlich verwendet: Meist versteht man darunter das theoretische Gedankengebäude von Adam SMITH, David RICARDO und anderen Ökonomen des 18. und frühen 19. Jahrhunderts. Gerade in dem Problembereich der makroökonomischen Beziehungen zwischen Güter-, Geld- und Arbeitsmarkt hat es sich indes eingebürgert, den Begriff Klassik auch für das Gedankengebäude der Ökonomen, die gegen Ende des 19. Jahrhunderts bis zum Erscheinen von KEYNES „General Theory“ (1936) gelehrt haben, zu verwenden, also etwa WALRAS, FISHER und PIGOU, obwohl sonst für diese Zeit der Begriff Neoklassik gebräuchlicher ist.

Kennzeichnend für das klassische System ist die Vorstellung einer großen **Flexibilität** von Zinsen, Preisen und Löhnen und einer sehr raschen **Anpassung** der Wirtschaftssubjekte an veränderte Bedingungen. Im Fall eines Ungleichgewichts reagieren die Preise jeweils schneller als realisierte Angebots- und Nachfragemenge und führen sehr rasch zum Gleichgewicht zurück **(Stabilität des Gleichgewichtes).**

2.1 Der Arbeitsmarkt

Auf dem Arbeitsmarkt stellt sich nach Vorstellung der Klassiker stets der **Vollbeschäftigungsreallohn** ein. Hierfür sorgt bei flexiblen Löhnen der Lohnmechanismus. Besteht Arbeitslosigkeit, so wird die Konkurrenz unter den Arbeitslosen den Lohnsatz so lange sinken lassen, bis Vollbeschäftigung erreicht ist. Entsprechendes gilt, wenn die Arbeitsnachfrage größer ist als das Arbeitsangebot. Bei gegebenem Kapitalstock und gegebener Produktionstechnik bestimmt dann die Vollbeschäftigungsarbeitsmenge die reale Produktion = reales Volkseinkommen. Diese Zusammenhänge zeigt Abb. 10.1.

Stets Vollbeschäftigung

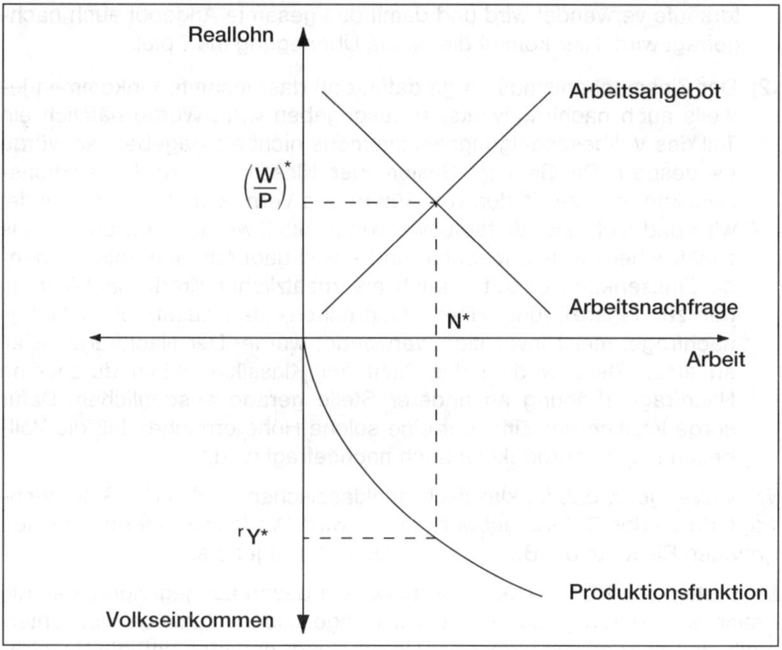

Abb. 10.1: System der Klassik

Beim Gleichgewichtsreallohn $(\frac{W}{P})^*$ entspricht das Arbeitsangebot der Arbeitsnachfrage; bei der eingesetzten Arbeitsmenge von N* wird – gemäß der Produktionsfunktion – das Vollbeschäftigungsrealeinkommen $_rY^*$ produziert, das für das Unternehmen die gewinnmaximierende Produktion darstellt, da man sich auf der Arbeitsnachfragefunktion befindet (vgl. Kap. 5).

2.2 Der Gütermarkt

Das der Vollbeschäftigung entsprechende Produktionsniveau wird von den Unternehmen dauerhaft nur dann erstellt, wenn das aus der Produktion resultierende Güterangebot stets auf eine gleich große Güternachfrage trifft. Diese Bedingung wird im System der Klassik als gesamtwirtschaftlich immer erfüllt angesehen. Man geht von der Gültigkeit des **SAYschen Theorems** aus, wonach sich jedes Güterangebot gesamtwirtschaftlich seine entsprechende Nachfrage schafft (J. Baptiste SAY, französischer Nationalökonom 1767–1832).

Dieses Theorem stützt sich im wesentlichen auf zwei Überlegungen:

(1) Jeder Produktion entspricht ein in gleicher Höhe geschaffenes Einkommen. Dies ergibt sich aus der Kreislaufidee und ist immer erfüllt. Trotzdem ist nicht sichergestellt, daß das gesamte Einkommen für Güterkäufe verwendet wird und damit das gesamte Angebot auch nachgefragt wird. Hier kommt die zweite Überlegung ins Spiel.

Die Vollbeschäftigungsproduktion wird stets nachgefragt

(2) Der Zinsmechanismus sorge dafür, daß das gesamte Einkommen jeweils auch nachfragewirksam ausgegeben wird. Würde nämlich ein Teil des Vollbeschäftigungseinkommens nicht ausgegeben, so würde es gespart. Da Geld im System der Klassik nur zu Transaktionszwecken (d. h. zu Käufen von Gütern und Vermögenstiteln) verwendet wird und nicht als Wertaufbewahrungsmittel, würde die Ersparnis als zusätzlicher Kredit angeboten und – weil dadurch eine entsprechende Zinssenkung eintritt – auch als zusätzlicher Kredit nachgefragt, der zur Finanzierung einer entsprechen- den zusätzlichen Güternachfrage, meist Investition, verwendet würde. Der Nachfrageausfall an einer Stelle wird in der Sicht der Klassiker mithin durch eine Nachfrageerhöhung an anderer Stelle gerade ausgeglichen. Dafür sorge letztlich der **Zins,** der eine solche Höhe erreiche, daß die Vollbeschäftigungsproduktion auch nachgefragt wird.

Wir wissen jetzt, daß im klassisch-neoklassischen Modell die Güternachfrage durch das Güterangebot bestimmt wird. Werfen wir aber noch einen genauen Blick auf die Bestimmung des Güterangebots.

Im System der Klassik bestimmt der erwartete Preis in Relation zu den Kosten die Produktion

Im System der **Klassik/Neuen Klassik** wird davon ausgegangen, daß die Preise sich durch Angebot und Nachfrage bilden. Zugleich wird unterstellt, daß der Preis, von dem der Unternehmer erwartet, daß die Nachfrager bereit sein werden, ihn zu zahlen, **Gleichgewichtspreis** ist, daß also zu diesem Preis genau die Menge verkauft werden kann, die der Unternehmer verkaufen will, weil gerade diese Menge seinen Gewinn maximiert. Daher braucht der Unternehmer in diesem System keine speziellen Erwartungen hinsichtlich der Nachfrage zu bilden, er muß nur versuchen, den **Preis** richtig vorauszuschätzen und diesen Preis dann mit den Produktionskosten alternativer Produktionsmengen vergleichen. Da generell der Einfachheit halber unterstellt wird, der einzige Kostenfaktor der Produktion seien die Löhne, entscheidet – bei gegebenem Kapitalstock und technischem Wissen – im System der Klassik/Neuen Klassik allein der Reallohn, also das Verhältnis zwischen Löhnen und Preisen, über Güterproduktion und Beschäftigung.

2.3 Der Geldmarkt

Das Geld wird in der Sicht der Klassiker lediglich als **Transaktionskasse** zur Durchführung von Tauschgeschäften verwendet, und die Einkommenskreislaufgeschwindigkeit

$$v = \frac{P \cdot {}^{r}Y}{M}$$

ist, wie die Klassiker annehmen, durch Zahlungssitten, Konzentrationsgrad der Volkswirtschaft u. ä., institutionell gegeben. Als Abbild dieser institutionellen Gegebenheiten des Zahlungsverkehrs kann die sog. **Quantitätsgleichung** angesehen werden, die sich durch bloße Umformung ergibt:

$$M \cdot v = P \cdot {}^{r}Y$$

Klassische Quantitätstheorie

Diese Quantitätsgleichung ist als **Definition** immer erfüllt, sie stellt eine Identität dar: Beträgt z. B. das Preisniveau 2 DM/Gütereinheit, das reale (verkaufte) Sozialprodukt 100 Gütereinheiten und die gesamte Geldmenge in der Volkswirtschaft 50 Geldeinheiten, so muß jede Geldeinheit im Durchschnitt viermal für Sozialproduktskäufe verwendet worden sein. Die Quantitätsgleichung wird erst zur **klassischen Quantitätstheorie,** wenn man, wie die Klassiker, annimmt, daß v nicht von Geldmengenvariationen beeinflußt wird und das reale Sozialprodukt ^{r}Y allein vom Reallohn abhängt. Dann nämlich resultiert aus obiger Gleichung die (falsifizierbare) Aussage der klassischen Quanitätstheorie, daß eine Veränderung der Geldmenge zu einer proportional gleichen Veränderung des Preisniveaus P führt.

Das Geld spielt in diesem System nur eine geringe Rolle: Es bestimmt lediglich die Höhe der absoluten Preise (das Preisniveau), hat aber keinerlei Einfluß auf die relativen Preise und den realen Sektor der Wirtschaft. In diesem Sinne spricht man von der **klassischen Dichotomie,** der Trennung von realem und monetärem Bereich der Wirtschaft, und der klassischen **Neutralität des Geldes,** d. h. Geld liegt wie ein Schleier über den realen Transaktionen, beeinflußt diese aber nicht.

3. Das IS-LM-Modell

Das IS-LM-Modell ist die führende Interpretation der KEYNESschen Theorie der 40er und 50er Jahre, die vor allem von den Ökonomen John HICKS und Alfred HANSEN entwickelt wurde. Im Gegensatz zum klassisch-neoklassischen Modell wird hier das Preisniveau als fix angenommen und unterstellt, daß die Unternehmer ihre Produktion bei dem gegebenen Preis immer der gesamtwirtschaftlichen Nachfrage anpassen.

HICKS und HANSEN versuchten, die Kernaussagen von KEYNES auf zwei einfache Gleichungen für den Geld- und den Gütermarkt zu reduzieren.

3.1 Der Gütermarkt

Auf dem Gütermarkt wird das Sozialprodukt angeboten und nachgefragt. Wir nehmen an, daß in der Volkswirtschaft nur ein einziges Gut mit einer einzigen Art von Arbeitsleistung und mit vorgegebenem Kapitalstock hergestellt wird. Dieses Gut kann konsumiert oder investiert werden. Des weiteren wird davon ausgegangen, daß das Preisniveau konstant ist und die Unternehmer zu diesem Preis jede nachgefragte Gütermenge produzieren, ein elementarer Unterschied zum klassisch-neoklassischen Modell.

Hoher Aggregationsgrad

Angebotshypothese

Konsum und Investition sind im IS-LM-Modell vom Einkommen bzw. dem Zins abhängig. Im Keynesianismus wird unterstellt, daß der private Konsum von der Höhe des laufenden Einkommens abhängig ist: $C = C(Y)$. Dieser Zusammenhang ist auch als **absolute Einkommenshypothese** von KEYNES bekannt.

Beispiel: $C = 100 + 0{,}75\ Y$. Diese Konsumfunktion ist in der Abb. 10.2 wiedergegeben.

Die Höhe der Investitionen wird durch den Zins bestimmt: $I = I(i)$ (vgl. Kapitel 5). Ein Gleichgewicht herrscht auf dem Gütermarkt nur, wenn

$$C(Y) + I(i) = Y$$

Welcher Zusammenhang besteht nun zwischen Zins- und Sozialprodukt? Ein zunehmender Zins verringert die Höhe der Investitionen und somit die Höhe des Sozialproduktes. Also besteht grundsätzlich ein negativer Zusammenhang zwischen Zins und gleichgewichtigem Sozialprodukt: die sogenannte IS-Kurve.

Die IS-Kurve ist der geometrische Ort aller Zins-Sozialproduktskombinationen, bei denen Gleichgewicht auf dem Gütermarkt besteht. Sie verläuft ceteris paribus um so flacher, je zinselastischer die Investitionen sind. Die bei vollkommen zinsunelastischen (bzw. bei sehr zinsunelastischen) Investitionen senkrecht (bzw. sehr flach) verlaufende IS-Kurve ist bedeutsam für keynesianische Positionen.

Die IS-Kurve ist in Abb. 10.3 dargestellt.

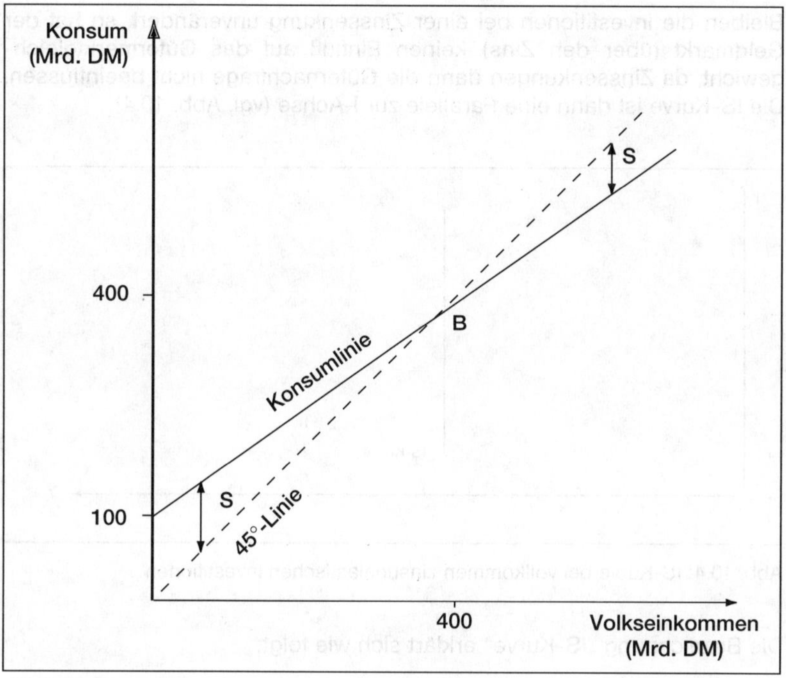

Abb. 10.2: Konsumfunktion

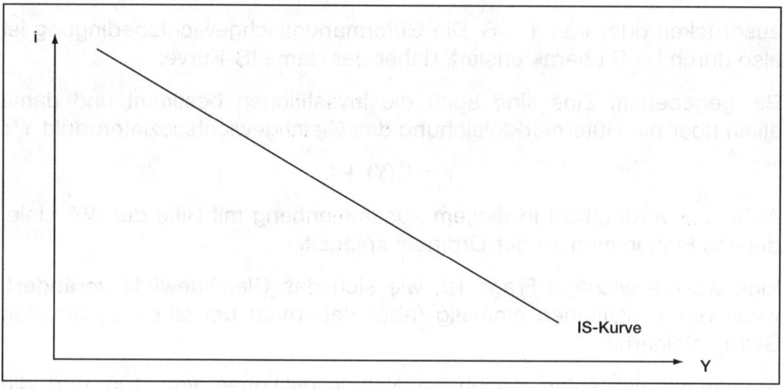

Abb. 10.3: IS-Kurve bei zinselastischen Investitionen

Im Normalfall ist die IS-Kurve negativ geneigt

Bleiben die Investitionen bei einer Zinssenkung unverändert, so hat der Geldmarkt (über den Zins) keinen Einfluß auf das Gütermarktgleichgewicht, da Zinssenkungen dann die Güternachfrage nicht beeinflussen. Die IS-Kurve ist dann eine Parallele zur i-Achse (vgl. Abb. 10.4).

Bei zinsunelastischer Investitionsnachfrage verläuft die IS-Kurve senkrecht

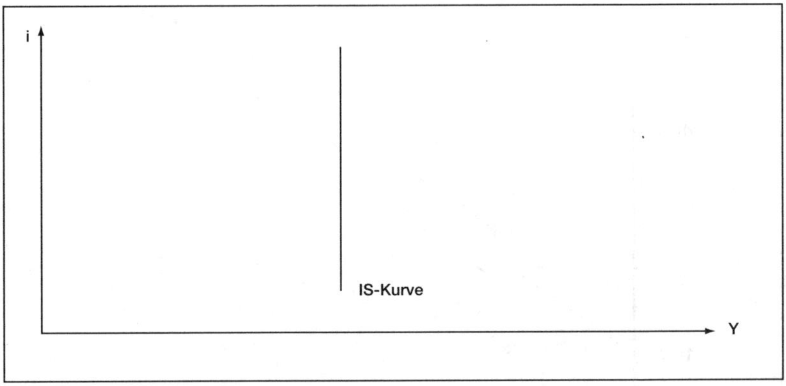

Abb. 10.4: IS-Kurve bei vollkommen zinsunelastischen Investitionen

Die Bezeichnung „IS-Kurve" erklärt sich wie folgt:

$$C\ (Y) + I\ (i) = Y$$

ist die Gütermarktgleichgewichtsbedingung. Zieht man auf beiden Seiten der Gleichung C (Y) ab, so erhält man auf der linken Seite I (i) und auf der rechten Seite Y-C (Y). Y-C (Y) stellt aber den nicht für den Konsum geplanten Teil des Einkommens dar, also die geplante **Ersparnis** S (Y). Also läßt sich die Gütermarktgleichgewichtsbedingung auch in der Form

I = S bedeutet Gütermarktgleichgewicht

$$I\ (i) = S\ (Y)$$

ausdrücken oder kurz I = S. Die Gütermarktgleichgewichtsbedingung ist also durch I = S charakterisiert, daher der Name IS-Kurve.

Bei gegebenem Zins sind auch die Investitionen bestimmt und damit allein über die Gütermarktgleichung das Gleichgewichtssozialprodukt Y*:

$$Y = C(Y) + I.$$

Abb. 10.5 verdeutlicht in diesem Zusammenhang mit Hilfe der 45°-Linie, die das Einkommen an der Ordinate spiegelt.

Eine weitere wichtige Frage ist, wie sich das Gleichgewicht **verändert,** wenn die Investitionen einmalig (aber dauerhaft) um einen bestimmten Betrag steigern.

Ausgangspunkt seien gegebene Nettoinvestitionen von 100 und die schon bekannte Konsumfunktion:

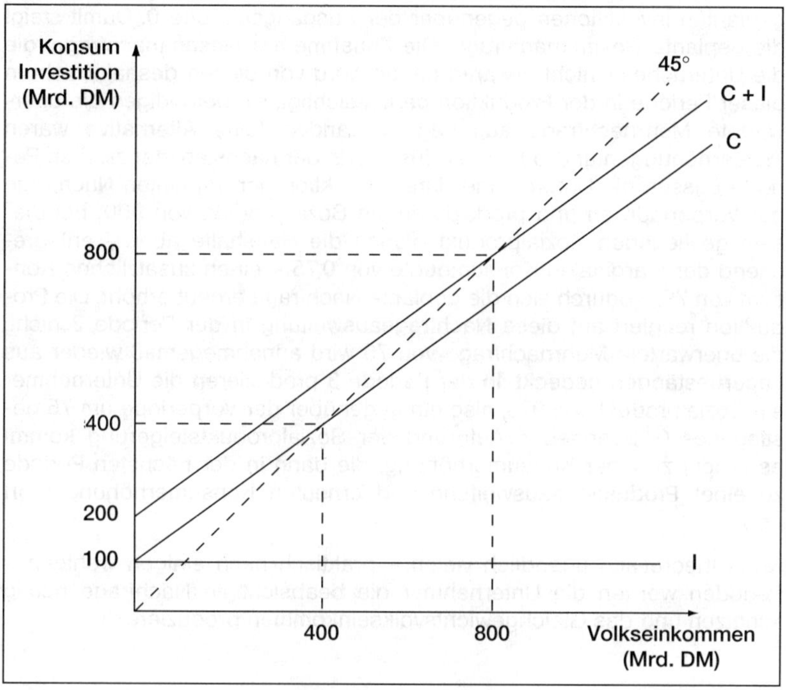

Grafische Bestimmung des Gleichgewichtsvolkseinkommens

Abb. 10.5: Die Bestimmung des Gleichgewichtseinkommens

$$C = 100 + 0{,}75\,Y.$$

Wie verändert sich das Gleichgewichtsvolkseinkommen, wenn die autonome Nachfrage sich dauerhaft verändert?

Das Gleichgewichtsvolkseinkommen beträgt also 800. Um wieviel verändert sich das Gleichgewichtsvolkseinkommen, wenn die beabsichtigten Nettoinvestitionen dauerhaft von z. B. 100 auf 200 steigen?

Intertemporale Verknüpfung der Variablen

Um den zeitlichen Ablauf des sich nun entwickelnden expansiven Prozesses darstellen zu können, wollen wir annehmen, daß die Unternehmer ihre Produktion der geplanten Nachfrage jeweils in der **nächsten Periode** anpassen, also mit der Verzögerung von einer Periode reagieren (sogenannter LUNDBERG-Lag). Abweichungen der erwarteten Nachfrage von der tatsächlichen sollen in der laufenden Periode durch Lagerbestandsänderungen ausgeglichen werden. Die Konsumenten richten ihren Konsum am Einkommen der laufenden Periode aus.

Der zeitliche Ablauf des durch die dauerhafte Erhöhung der geplanten Investitionen ausgelösten Prozesses ist in Tabelle 10.1 dargestellt. In der Ausgangsperiode 0 herrscht Gleichgewicht. Die geplante Gesamtnachfrage wird von dem geplanten und produzierten Sozialprodukt genau befriedigt. Ungeplante Größen (hier ungeplante Lagerinvestitionen) tauchen nicht auf. In Periode 1 kommt es zu einer dauerhaften Erhöhung der

Abweichungen zwischen erwarteter und tatsächlicher Nachfrage werden über Lagerbestandsänderungen ausgeglichen

geplanten Investitionen gegenüber der Ausgangsperiode 0. Damit steigt die geplante Gesamtnachfrage. Die Zunahme der Gesamtnachfrage, die die Unternehmer nicht erwartet haben, wird von diesen deshalb nicht in dieser Periode in der Produktion berücksichtigt, sie befriedigen die unerwartete Mehrnachfrage aus Lagerbeständen (eine Alternative wären Preiserhöhungen und/oder Lieferfristen). In der nächsten, der zweiten Periode passen die Unternehmer ihre Produktion der geplanten Nachfrage der Vorperiode an und produzieren ein Sozialprodukt von 900; bei diesem gestiegenen Sozialprodukt planen die Haushalte aber – entsprechend der marginalen Konsumquote von 0,75 – einen zusätzlichen Konsum von 75, wodurch sich die geplante Nachfrage erneut erhöht. Die Produktion reagiert auf diese Nachfrageausweitung in der Periode 2 nicht, die unerwartete Mehrnachfrage von 75 wird annahmegemäß wieder aus Lagerbeständen gedeckt. In der Periode 3 produzieren die Unternehmer ein Sozialprodukt von 975, also ein gegenüber der Vorperiode um 75 gestiegenes Güterangebot. Aufgrund der Sozialproduktsteigerung kommt es erneut zu einer Konsumerhöhung, die dann in der nächsten Periode zu einer Produktionsausweitung und erneuten Konsumerhöhung führt usw.

Nach theoretisch unendlich vielen – praktisch nach einigen wenigen – Perioden werden die Unternehmer die beabsichtigte Nachfrage richtig schätzen und das Gleichgewichtsvolkseinkommen produzieren.

Tab. 10.1: Expansiver Multiplikatorprozeß

Periode	geplanter Konsum $C = 100 + 0{,}75\,Y$	geplante Investitionen $\bar{I} = 100$	geplante Gesamtnachfrage	produziertes Sozialprodukt	ungewollte Lagerinvestition
0	700	100	800	800	0
1	700	200	900	800	–100
2	775	200	975	900	– 75
3	831,25	200	1031,25	975	– 56,25
4	873,25	200	1073,25	1031,25	– 42,0
5	904,94	200	1104,94	1073,25	– 31,69
6	928,71	200	1128,71	1104,94	– 23,77
.	.	.	.	.	.
.	.	.	.	.	.
.	.	.	.	.	.
∞	1000	200	1200	1200	0

Das zunächst Überraschende des Multiplikatorprozesses liegt darin, daß eine dauerhafte Zunahme der Investitionsgüternachfrage um 100 eine Zunahme des Gleichgewichtsvolkseinkommens um 400 bewirkt, also um ein Vielfaches der ursprünglichen Erhöhung der Nachfrage. Der Grund hierfür liegt in der Einkommensabhängigkeit des Konsums: Erhöht sich die autonome Nachfrage, so steigt das Volkseinkommen sofort oder mit geringer Verzögerung. Das aber **induziert Konsumerhöhungen** und damit weitere Nachfrageerhöhungen.

Der Multiplikatorprozeß ist theoretisch nach unendlich vielen Perioden, praktisch im wesentlichen nach wenigen Perioden, abgeschlossen

3.2 Der Geldmarkt

Geldmarktgleichgewicht herrscht, wenn die reale Geldnachfrage L dem realen Geldangebot $\frac{M}{P}$ entspricht:

$$L(Y, i) = \frac{M}{P}.$$

Zu beachten ist dabei, daß im Gegensatz zur klassisch-neoklassischen Sichtweise die Geldnachfrage auch als vom Zinssatz abhängig angesehen wird. Geld dient auch der **Wertaufbewahrung** (sog. Spekulationskasse). Wegen der steigenden Opportunitätskosten sinkt die spekulative Geldnachfrage mit steigendem Zins.

Es ist also zu überlegen, bei welchen Kombinationen von Sozialprodukt und Zins Gleichgewicht herrscht. Da bei einem sehr hohen Zins die Geldnachfrage nach zinsabhängiger „Spekulationskasse" (das ist die vom Zins abhängige Geldnachfrage) sehr gering ist, muß im Gleichgewicht ein relativ großer Teil der realen Geldmenge als Transaktionskasse nachgefragt werden, was nur bei einem hohen Sozialprodukt der Fall ist. Umgekehrt ist bei einem kleinen Sozialprodukt die Nachfrage nach Transaktionskasse gering. Der für Spekulationszwecke verbleibende Teil der realen Geldmenge ist dann relativ groß und wird von den Wirtschaftseinheiten nur bei einem niedrigen Zins gewünscht (nachgefragt). Mithin geht im Geldmarktgleichgewicht ein hoher (niedriger) Zins mit einem hohen (niedrigen) Sozialprodukt einher. Abb. 10.6 zeigt eine solche Geldmarktgleichgewichtskurve (die natürlich keine Gerade sein muß), die wegen der zugrunde liegenden Gleichheit von L und $\frac{M}{P}$ als **LM-Kurve** bezeichnet wird.

Die LM-Funktion gibt die Beziehung zwischen Zins und Sozialprodukt bei Gleichgewicht auf dem Geldmarkt an

Etwas plastischer kann man sich den geschilderten Zusammenhang wie folgt vorstellen: Das Sozialprodukt steigt und die Wirtschaftseinheiten benötigen mehr Kasse zur Durchführung ihrer Güterkäufe. Da die Geldmenge insgesamt unverändert bleibt, versuchen die Wirtschaftseinheiten sich zusätzliches Geld durch Verkauf anderer Aktiva (z. B. von Wertpapieren) zu beschaffen. Dadurch werden vermehrt Wertpapiere angeboten, die nur bei einem niedrigeren Kurs und damit einem höheren Zins auch nachgefragt werden.

Auf Besonderheiten im Verlauf der LM-Kurve, die sich bei Existenz der Liquiditätsfalle ergeben können, soll hier nicht eingegangen werden.

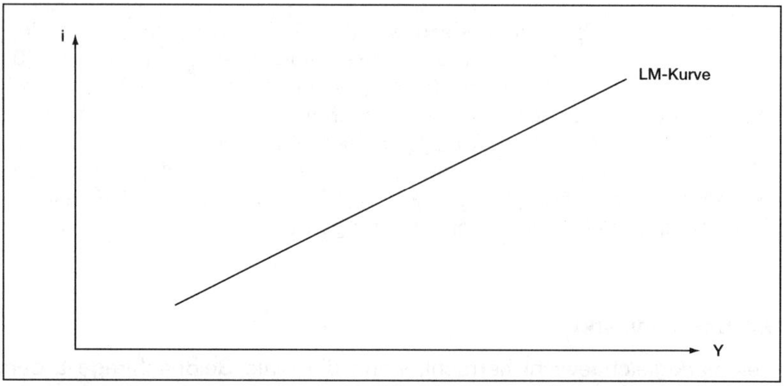

Im Normalfall ist die LM-Kurve positiv geneigt

Abb. 10.6: LM-Kurve

Die LM-Kurve ist die Ortslinie aller Zins-Sozialproduktskombinationen, bei denen bei gegebener Geldmenge und gegebenem Preisniveau Gleichgewicht auf dem Geldmarkt besteht.

3.3 Simultanes Gleichgewicht auf dem Güter- und Geldmarkt

Bestimmung des simultanen Gleichgewichtes

Es gibt sehr viele (strenggenommen unendlich viele) Kombinationen von i und Y, die zu einem Gütermarktgleichgewicht führen, die also auf der IS-Kurve liegen. Ebenso gibt es sehr viele (strenggenommen unendlich viele) Kombinationen von i und Y, die zu einem Gleichgewicht auf dem Geldmarkt führen, die also auf der LM-Kurve liegen. Zu gleichzeitigem (simultanem) Gleichgewicht auf dem Güter- und Geldmarkt führt aber nur eine i, Y-Kombination: die im Schnittpunkt von IS- und LM-Kurve.

Simultanes Gleichgewicht auf dem Geld- und Gütermarkt herrscht im Schnittpunkt von IS- und LM-Kurve beim Zinssatz i* und beim Sozialprodukt Y*. Da vorausgesetzt wird, daß sich das Güterangebot allein an der Güternachfrage orientiert und sich dieser vollständig anpaßt, kann man das IS-LM-Gleichgewicht auch als **nachfrageseitiges Gleichgewicht** und das Gleichgewichtssozialprodukt als **nachfrageseitiges Gleichgewichtseinkommen** bezeichnen.

Sind Gleichgewichtssozialprodukt und Gleichgewichtszins bestimmt, so ergeben sich auch die Gleichgewichtswerte für den Konsum und die Investition. Man braucht nur Y* in die Konsumfunktion und i* in die Investitionsfunktion einzusetzen.

3.4 Multiplikatoranalyse bei Berücksichtigung von Güter- und Geldmarkt

Wir wollen die Frage, wie die Multiplikatoranalyse zu modifizieren ist, wenn neben dem Gütermarkt (vgl. Abschnitt 3.1) auch der Geldmarkt

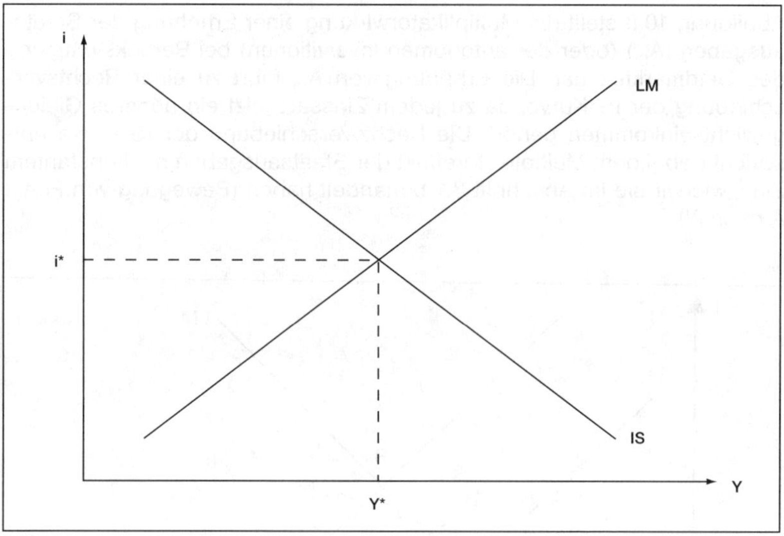

Simultanes Gleichgewicht auf dem Güter- und Geldmarkt herrscht nur bei der i*, *Y-Kombination im Schnittpunkt von IS- und LM-Kurve (nachfrageseitiges Gleichgewicht)

Abb. 10.7: IS-LM-Gleichgewicht

berücksichtigt wird, verbal und grafisch beantworten. Steigt eine Komponente der autonomen Nachfrage – z. B. die staatlichen Ausgaben für Güter und Dienste – so ergibt sich ein expansiver Prozeß:

Das Sozialprodukt steigt. Dies hat Wirkungen auf dem Geldmarkt, denn zur zahlungsmäßigen Bewältigung des höheren Sozialproduktes wird mehr Transaktionskasse benötigt, ohne daß die Geldmenge steigt. Die Wirtschaftseinheiten versuchen sich die zusätzlich benötigte Kasse zu beschaffen, indem sie Wertpapiere verstärkt anbieten. Das erhöhte Wertpapierangebot kann nur untergebracht werden, wenn ein höherer Zins geboten wird. Das Zinsniveau in der Volkswirtschaft steigt. Dies hat Rückwirkungen (Feedback-Effekte) auf den Gütermarkt, denn zu einem höheren Zins gehören in der Regel niedrigere private Investitionen: Der expansive Prozeß wird abgeschwächt, es bleibt aber – abgesehen von dem extremen Fall einer senkrechten LM-Kurve – eine Erhöhung des Gleichgewichtssozialproduktes.

Bei Berücksichtigung des Geldmarktes sind die Multiplikatoreffekte einer Veränderung der autonomen Nachfrage schwächer als bei alleiniger Berücksichtigung des Gütermarktes. Das impliziert, daß die Wirtschaft insgesamt weniger sensibel auf exogene Ereignisse – z. B. eine Veränderung der Staatsausgaben, der Exporte oder der Ertragserwartungen (und damit einer Verschiebung der Investitionsfunktion) – reagiert.

Abbildung 10.8 stellt die Multiplikatorwirkung einer Erhöhung der Staatsausgaben (A_{St}) (oder der autonomen Investitionen) bei Berücksichtigung des Geldmarktes dar. Die Erhöhung von A_{St} führt zu einer Rechtsverschiebung der IS-Kurve, da zu jedem Zinssatz jetzt ein höheres Gleichgewichtseinkommen gehört. Die Rechtsverschiebung der IS-Kurve entspricht dabei dem Multiplikatoreffekt der Staatsausgaben bei konstantem Zins, wie wir sie im Abschnitt 3.1 behandelt haben (Bewegung von Punkt A nach A').

Der Geldmarkt dämpft die Auswirkungen der Veränderungen exogener Größen auf das Gleichgewichtssozialprodukt

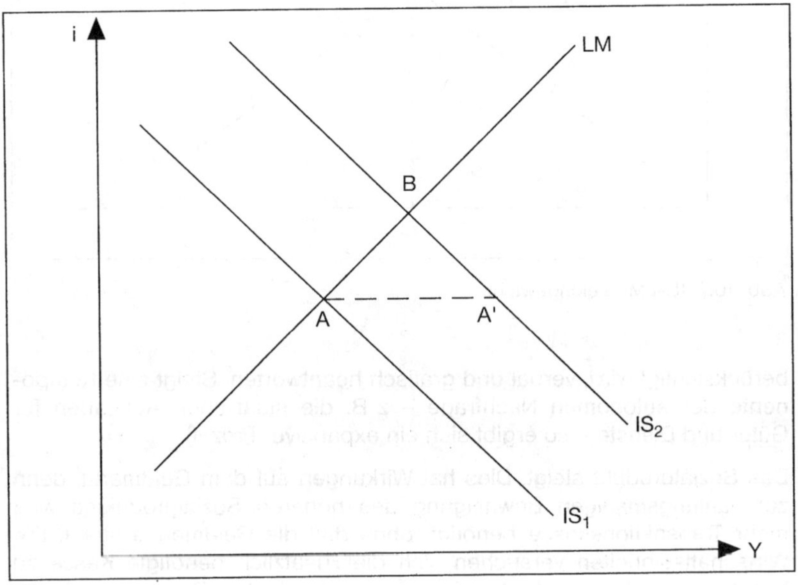

Abb. 10.8: Staatsausgabenmultiplikator im IS-LM-System

Der expansive Effekt der Nachfrageerhöhung wird durch den Zinsanstieg und die hierdurch ausgelöste Einschränkung der privaten Investitionen gebremst (Bewegung von A' nach B). In Punkt B erreicht die Volkswirtschaft bei einem höheren Sozialprodukt und höheren Zins ihre neue Gleichgewichtslage.

Crowding-out-Effekt über den Zins

Es sei darauf hingewiesen, daß sich im Zuge des geschilderten Prozesses eine Veränderung in der Zusammensetzung des Sozialproduktes ergibt. Da die Staatsausgaben für Güter und Dienste zunehmen und die privaten Investitionen abnehmen, kommt es zu einer Veränderung der Struktur des Sozialproduktes. Private Investitionen werden durch staatliche Investitionen verdrängt. Man spricht von einem **Verdrängungseffekt (Crowding-out)** privater Güter durch staatliche Güter über den Zinsmechanismus.

3.5 Unterbeschäftigungsgleichgewicht im IS-LM-System

Wir wollen nun einen zentralen Punkt des traditionellen Keynesianismus, der in den bisherigen Ausführungen implizit enthalten ist, herausarbeiten. Wie gezeigt, ergibt sich durch die Nachfragesituation auf dem Gütermarkt und die Konstellation auf dem Geldmarkt ein bestimmtes Gleichgewichtssozialprodukt Y*. Bei der Erstellung dieses Sozialprodukts benötigt man bei gegebenem Produktionsapparat und gegebener Technik in der Volkswirtschaft eine bestimmte Menge an Arbeitskraft. Diese Menge an Arbeitskraft wird nur zufällig mit der angebotenen Menge an Arbeitskraft übereinstimmen, insbesondere ist es denkbar, daß die zur Produktion von Y* benötigte Arbeitsmenge **kleiner** ist als das Arbeitsangebot. Das ist die Konstellation des **keynesianischen Unterbeschäftigungsgleichgewichtes:** Auf dem Güter- und dem Geldmarkt herrschen Gleichgewicht, während auf dem Arbeitsmarkt ein Überangebot existiert.

Das IS-LM-Gleichgewicht ist im Prinzip mit jedem Beschäftigungsniveau vereinbar

Man könnte einwenden, daß die Bezeichnung Unterbeschäftigungs**gleichgewicht** unglücklich gewählt ist, da die Volkswirtschaft sich ja offensichtlich gerade nicht im Gleichgewicht befindet, da der Arbeitsmarkt nicht im Gleichgewicht ist. In der Tat hat diese Bezeichnung zu unnötigen Diskussionen geführt. Keynesianer haben diese Bezeichnung wohl gewählt, weil die Situation des Unterbeschäftigungsgleichgewichts nach keynesianischer Auffassung recht lange Bestand haben kann, da der Güter- und Geldmarkt sich in einer Ruhelage befinden und auch auf dem Arbeitsmarkt wegen des als nach unten als **nicht flexibel** angenommenen Geldlohnsatzes keine Veränderung erfolgt.

Die obige Skizze des keynesianischen Unterbeschäftigungsgleichgewichts ist unpräzise, da die Situation auf dem Arbeitsmarkt nicht richtig deutlich wird. Insbesondere wird nichts über den herrschenden Reallohn ausgesagt, der auch im traditionellen keynesianischen Modell die Situation auf dem Arbeitsmarkt bestimmt.

Der Reallohn ist der Quotient aus Geld-(= Nominal-)Lohn und Preisniveau. Das Preisniveau haben wir bisher als gegeben angesehen und damit einer (expliziten oder impliziten) Annahme früher keynesianischer Modelle Rechnung getragen. Diese Annahme wird im nächsten Kapitel aufgegeben und statt dessen unterstellt, daß das Preisniveau selbst Ergebnis ökonomischer Zusammenhänge, insbesondere der Kosten- und Nachfragekonstellation in der Volkswirtschaft ist und deshalb aus dem Modell heraus **(endogen)** erklärt werden muß.

Das Preisniveau ist endogen bestimmt

Die Nachfragekonstellation der Volkswirtschaft wird – im Zusammenhang mit der Zinsbestimmung auf dem Geldmarkt – durch die Konsumfunktion, die Investitionsfunktion und das Niveau der autonomen Nachfrage bestimmt. Dem Niveau der Nachfrage entspricht ein bestimmtes (nachfrageseitiges) Gleichgewichtssozialprodukt, das sich aus der IS-LM-Analyse ergibt. Im oben dargestellten IS-LM-Modell ist allerdings unberücksichtigt geblieben, daß von Veränderungen des Preisniveaus Nachfragewirkungen ausgehen können.

Preisniveauänderungen haben Einfluß auf das IS-LM-Gleichgewicht

Geldlohn und technische Bedingungen bestimmen die Kostensituation und zusammen mit dem Preisniveau das Güterangebot bzw. die Arbeitsnachfrage

Die Kostensituation in der Volkswirtschaft wird bei gegebenen technischen Bedingungen der Produktion durch den Geldlohnsatz bestimmt. Geldlohnsatz und Preis bestimmen (bei unbeschränkten Absatzmöglichkeiten) die gewinnmaximierende Arbeitsnachfrage der Unternehmer, der ein bestimmtes gewinnmaximierendes Güterangebot entspricht (vgl. Kapitel 5). Diese Überlegungen werden im nächsten Kapitel zu berücksichtigen sein!

C. Arbeitsaufgaben

1. *Was verstehen Sie unter einem „Kreislaufgleichgewicht"?*

2. *Was verstehen Sie unter dem Gesetz von WALRAS? Erläutern Sie die für eine einzelne Wirtschaftseinheit gültige Budgetrestriktion anhand eines Beispiels.*

3. *Wie läßt sich eine negativ geneigte Arbeitsnachfragekurve begründen und wie ist es zu erklären, daß langfristig gesehen die Beschäftigung zugenommen hat, obwohl der Reallohn gestiegen ist?*

4. *Erläutern Sie die Preisabhängigkeit der gesamtwirtschaftlichen Güternachfrage. Warum können hier die aus der Theorie des Haushalts (vgl. Kapitel 4) bekannten Substitutions- und Einkommenseffekte gar nicht, nur begrenzt oder modifiziert zur Begründung der Nachfragereaktion herangezogen werden?*

5. *Beschreiben Sie den Arbeits- und den Gütermarkt im klassischen System und erläutern Sie in diesem Zusammenhang das SAYsche Theorem.*

6. *Was besagt die Quantitätsgleichung und wie wird aus der Quantitätsgleichung die klassische Quantitätstheorie?*

7. *Interpretieren Sie die Begriffe „Neutralität des Geldes" und „klassische Dichotomie".*

8. *Erläutern Sie die keynesianische Konsumhypothese.*

9. *Welche Rolle spielt eine zinsunelastische Investitionsnachfrage im keynesianischen Modell?*

10. *Was besagt das Multiplikatorprinzip und wie ist es zu erklären?*

11. *Wie unterscheidet sich die keynesianische von der klassischen Geldnachfragetheorie, und welche Konsequenzen ergeben sich hieraus für das klassische Vollbeschäftigungspostulat?*

12. *Definieren Sie IS- und LM-Kurve und erläutern Sie ihren Verlauf.*

13. *Erläutern Sie die wesentlichen Unterschiede, die sich aus der Berücksichtigung des Geldmarktes für den Multiplikatoreffekt einer Erhöhung der Staatsnachfrage ergeben.*

Lösungsvorschläge für die Arbeitsaufgaben im „Übungsbuch zu Grundlagen und Probleme der Volkswirtschaft".

D. Literatur

BLÜMLE, Gerold, Grundzüge der Makroökonomie, Freiburg 1993

BRANSON, William, H., Makroökonomie, 3. Auflage, München u. a. 1992

CEZANNE, Wolfgang, Allgemeine Volkswirtschaftslehre, München 1997, 11. und 12. Kapitel

MAJER, Helge, Makroökonomik, 5. Aufl., München 1992

MANKIW, Nicholas, Gregory, Makroökonomik, 3. Auflage, Stuttgart 1993

NEUMANN, Manfred, Theoretische Volkswirtschaftslehre I, 4. Auflage, München 1991, Teil A, IV

ROSE, Klaus, Einkommens- und Beschäftigungstheorie. In: Ehrlicher, Werner u. a. (Hrsg.), Kompendium der Volkswirtschaftslehre, Bd. 1, 5. Auflage 1975

SCHÄFER, Wolf, Volkswirtschaftslehre, München 1997

SIEBKE, Jürgen, THIEME, Hans-Jörg, Einkommen, Beschäftigung und Preisniveau. In: Bender u. a. Vahlens Kompendium der Wirtschaftstheorie und Wirtschaftspolitik, Bd. 1, 1995

11. Kapitel
Weiterentwicklung von keynesianischer und klassisch-neoklassischer Theorie

A. Lernzielorientierte Leitfragen und Fragenkomplexe

Leitfrage:
Welche Bestandteile des keynesianischen und des klassisch-neoklassischen Basismodells werden in das Modell der „neoklassischen Synthese" übernommen?

- *Wie wird die gesamtwirtschaftliche Güternachfrage bestimmt?*
- *Welche zentralen Modifikationen werden gegenüber dem keynesianischen Basismodell in bezug auf das Güterangebot vorgenommen?*
- *Durch welche zentrale Annahme weicht der Angebotssektor von dem klassisch-neoklassischen ab?*

Leitfrage:
Was ist ein keynesianisches Unterbeschäftigungsgleichgewicht und wie reagiert es auf wirtschaftspolitische Maßnahmen?

- *Welche Gleichgewichtskonstellationen gibt es?*
- *Wie effizient sind Geld-, Fiskal- und Einkommenspolitik?*

Leitfrage:
Wodurch unterscheidet sich das „Arbeitsanbieter-Fehleinschätzungs"-Modell Milton FRIEDMANS vom Modell der neoklassischen Synthese?

- *Welche Rolle spielen Preiserwartungen in dem Modell?*
- *Inwiefern ist die Informationsverteilung asymmetrisch?*
- *Wie bilden die Arbeitsanbieter ihre Erwartungen?*

Leitfrage:
Wie sind die kurz- und die langfristigen Wirkungen monetärer Schocks im FRIEDMAN-Modell?

- *Wie kommt es zur kurzfristigen Nichtneutralität des Geldes?*
- *Durch welchen Prozeß wird die langfristige Neutralität des Geldes und die klassisch-neoklassische Dichotomie wieder hergestellt?*

Leitfrage:
Wie läßt sich die FRIEDMANsche Position mit Hilfe der PHILLIPS-Kurve darstellen?

- *Was ist die PHILLIPS-Kurve und wie läßt sich die FRIEDMANsche Version aus dem Gütermarktmodell ableiten?*
- *Wie unterscheidet sich die FRIEDMANsche PHILLIPS-Kurve von der traditionell keynesianischen?*

B. Sachanalyse

1. Das Modell der neoklassischen Synthese

1.1 IS-LM-Gleichgewicht bei variablem Preisniveau

Bisher waren wir bei der Darstellung des IS-LM-Gleichgewichts von einem konstanten Preisniveau ausgegangen. Lassen wir diese Voraussetzung fallen, so ändern sich offenbar die Lösungen für $^rY^*$ und i^* mit Änderungen des Preisniveaus. Ein Blick auf die Gütermarkt- und die Geldmarktgleichgewichtsbedingungen:

$$C\,(^rY) + I\,(i) = {}^rY$$
$$L\,(^rY, i) = \frac{M}{P}$$

zeigt, daß das Preisniveau nur die Geldmarktgleichgewichtsbedingung verändert, da es nur hier als Variable auftaucht. Die Konsequenzen sind einfach: Verändert sich das Preisniveau, so verändert sich ceteris paribus die reale Geldmenge $\frac{M}{P}$. Hieraus ergeben sich in der Regel Zinswirkungen und aus diesen Zinswirkungen in der Regel Wirkungen auf die Investitionen und damit auf die Höhe der Nachfrage in der Volkswirtschaft. Man beachte, daß $Y = {}^rY \cdot P$ das nominale Sozialprodukt bezeichnet und L, C und I **reale** – d. h. in Sozialproduktseinheiten ausgedrückte Größen sind.

Der KEYNES-Effekt beschreibt die von Veränderungen des Preisniveaus über die Veränderungen der realen Geldmenge und den Zins ausgehenden Wirkungen auf das IS-LM-Gleichgewichtssozialprodukt

Den Effekt der Wirkungen von Preisänderungen auf die reale Geldmenge, den Zins und schließlich auf das nachfrageseitige Gleichgewichtssozialprodukt bezeichnet man als **KEYNES-Effekt**. Abb. 11.1 verdeutlicht den Effekt einer Preisänderung zunächst auf dem Geldmarkt:

i_0, i_1, i_2 kennzeichnen den Gleichgewichtszins, der dem jeweiligen realen Sozialprodukt $^rY_0$, $^rY_1$, $^rY_2$ ($^rY_0 < {}^rY_1 < {}^rY_2$) zugeordnet ist, wenn die reale Geldmenge M/P_0 beträgt. Bei einem niedrigeren P_1 steigt die reale Geldmenge und sinkt dementsprechend der $^rY_0$, $^rY_1$, $^rY_2$ zugeordnete Zinssatz $'i_0$, $'i_1$, $'i_2$. Mit anderen Worten: Die Preisniveausenkung verschiebt die LM-Kurve nach unten (rechts).

Abb. 11.2 verdeutlicht den **KEYNES-Effekt** im IS-LM-Diagramm. Die LM-Kurve, also die Beziehung zwischen Zinssatz und Gleichgewichtssozialprodukt, kann – wie in Abb. 11.1 dargestellt – nur bei vorgegebener

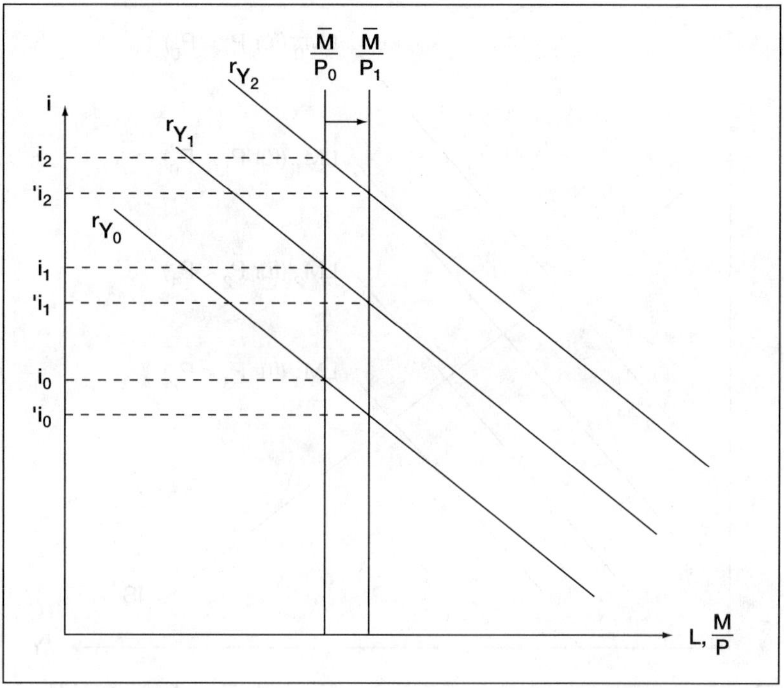

Abb. 11.1: Geldmarktgleichgewicht bei alternativen Sozialprodukten und realen Geldmengen

nominaler Geldmenge und bei einem bestimmten Preisniveau als Beziehung zwischen Zins und realem Sozialprodukt gezeichnet werden. Die LM_0-Kurve in Abb. 11.2 gelte für das Preisniveau P_0. Sinkt nun das Preisniveau auf P_1, so steigt die reale Geldmenge, d. h., Gleichgewicht auf dem Geldmarkt ist bei einem gegebenen Zins mit einem höheren Sozialprodukt verbunden bzw. ein gegebenes Sozialprodukt ist mit einem niedrigeren Zins vereinbar: Die LM-Kurve verschiebt sich also nach rechts (unten), $^rY^*$ nimmt zu und i^* sinkt. Entsprechende Überlegungen gelten für die Preisniveaus P_2 ($P_2 < P_1$), P_3 ($P_3 <, P_2$) usw.

Bei unveränderter IS-Kurve, die ja von Veränderungen des Preisniveaus nicht berührt wird, führt also eine Abnahme des Preisniveaus zu einer Zunahme des nachfrageseitigen Gleichgewichtssozialproduktes. Die Kausalkette ist dabei: $P \downarrow \rightarrow \frac{M}{P} \uparrow \rightarrow i \downarrow \rightarrow I \uparrow {}^rY \uparrow$

Läßt man die Zwischenglieder der Kausalkette – reale Geldmenge, Zinssatz und Investitionen – weg, dann ergibt sich unmittelbar der Zusammenhang zwischen P und ^rY, den der **Keynes-Effekt** beschreibt und der durch die gesamtwirtschaftliche Güternachfragekurve $^rY^n = {}^rY^n(P)$ wiedergegeben wird (vgl. Abb. 11.3).

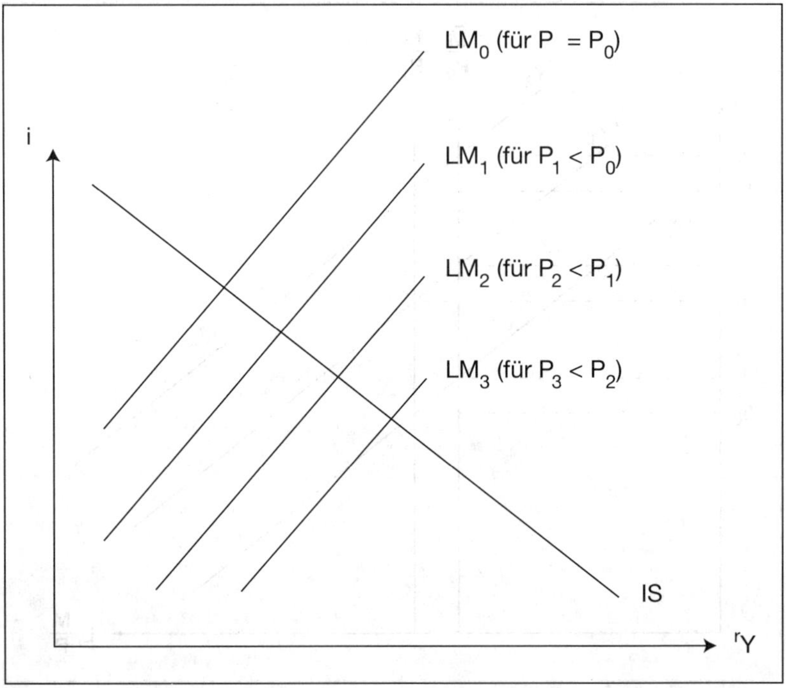

Abb. 11.2: Der KEYNES-Effekt im IS-LM-Diagramm

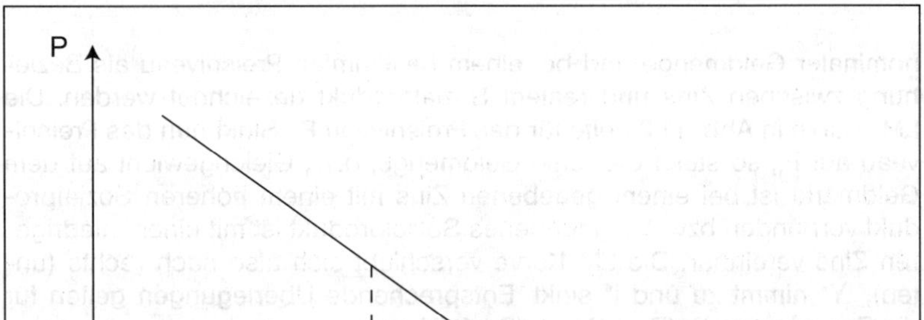

Abb. 11.3: Nachfrageseitiges Gleichgewichtssozialprodukt und Preisniveau

Nur wenn die preisbedingte Veränderung der realen Geldmenge nicht auf die Nachfrage durchschlägt, weil

- die Zunahme der realen Geldmenge keine Wirkung auf den Zins hat (Liquiditätsfalle) und/oder
- die Zinssenkung die Investitionen nicht erhöht (vollkommen zinsunelastische Investitionen),

die obige Kausalkette also unterbrochen wird, ergeben sich keine Veränderungen des Gleichgewichtssozialprodukts. Die P – Y-Kurve in Abb. 11.3, auch **gesamtwirtschaftliche Nachfragekurve** genannt, verläuft dann parallel zur Preisachse (vgl. die gestrichelte Linie in Abb. 11.3). In dieser preisunelastischen Güternachfrage wird allgemein ein typisches Element traditioneller keynesianischer Theorie gesehen.

Bei Wirksamwerden der Liquiditätsfalle und/oder bei zinsunelastischen Investitionen haben Preisniveauänderungen keine Wirkungen auf das IS-LM-Gleichgewichtssozialprodukt

1.2 Arbeitsmarkt und Güterangebot

In unserem keynesianischen Modell hat bisher die Güterangebotsseite keine Rolle gespielt. Einfachen keynesianischen Modellen folgend hatten wir angenommen, daß sich das Angebot an Gütern (bei dem fixierten Güterpreis) vollständig an die Güternachfrage anpaßt. Wir haben deshalb auch von einem nachfrageseitigen Gleichgewicht gesprochen.

Nun bieten Unternehmer in einer Marktwirtschaft nicht unabhängig von der Kosten-Ertragsrelation die nachgefragte Gütermenge an. Unterstellt man die Marktform der vollständigen Konkurrenz, so bieten sie vielmehr die Gütermenge an, bei der die Grenzkosten der Produktion gleich dem Güterpreis sind (vgl. Kapitel 5). Der gewinnmaximierenden Produktionsmenge entspricht gemäß der Produktionsfunktion eine Arbeitsnachfrage, bei der das Grenzprodukt der Arbeit dem Reallohn gleich ist.

Eine gegebene Güternachfrage wird nur befriedigt, wenn das entsprechende Güterangebot für die Produzenten lohnend ist

Gewinnmaximierendes Güterangebot und gewinnmaximierende Arbeitsmenge sind also nur zwei Seiten derselben Medaille. Wir können also das Angebotsverhalten der Unternehmer auf dem Gütermarkt aus der Arbeitsmarktkonstellation ableiten.

Der keynesianische Arbeitsmarkt, den wir den folgenden Überlegungen zugrunde legen wollen, weicht nur in einer wesentlichen Annahme vom klassischen Arbeitsmarkt ab:

Es wird unterstellt, daß der **Geldlohn bei Unterbeschäftigung fix** ist, da die Arbeiter keine Reallohnsenkung über eine Senkung des Geldlohnes akzeptieren. Steigt bei Unterbeschäftigung das Preisniveau, so bleibt der Geldlohnsatz konstant oder steigt um einen geringeren Prozentsatz als das Preisniveau, so daß der Reallohn abnimmt. Diese Reallohnsenkung „akzeptieren" die Arbeiter.

Es wird ein nach unten nicht flexibler Geldlohn angenommen

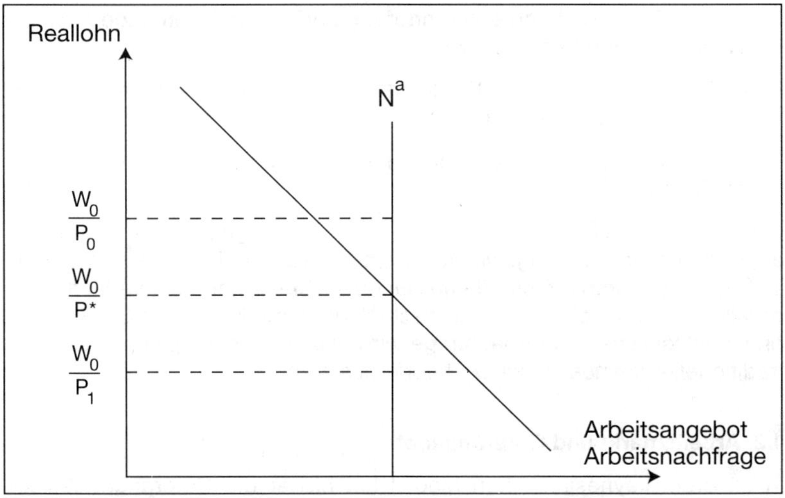

Abb. 11.4: Der Arbeitsmarkt bei festem Geldlohn

Zur Vereinfachung der Analyse wird davon ausgegangen, daß das Arbeitsmarktangebot dem Bestand an Arbeitskraft $\bar{N}^a$ entspricht.

Bei festem Geldlohn fällt der Reallohn mit steigendem Preisniveau, wodurch das Güterangebot zunimmt

Abbildung 11.4 zeigt, daß bei gegebenem Geldlohn W_0 das Preisniveau über die Arbeitsnachfrage bestimmt. Je höher bei gegebenem Geldlohn W_0 das Preisniveau ist, desto niedriger ist der Reallohn und desto größer ist damit die Arbeitsnachfrage.

Oberhalb des Gleichgewichtsreallohnes $\frac{Wo}{P^*}$, also im Bereich unfreiwilliger Arbeitslosigkeit (z. B. beim Reallohn $\frac{Wo}{P0}$), bewirkt eine Preiserhöhung eine Zunahme der Beschäftigung. Sinkt der Reallohn infolge einer Preissteigerung über P* hinaus unter $\frac{Wo}{P^*}$ (z. B. auf $\frac{Wo}{P0}$), so nimmt zwar die Arbeitsnachfrage weiter zu, das Arbeitsangebot beschränkt aber die Beschäftigung auf das Niveau $\bar{N}^a$.

Für das geplante Güterangebot folgt, daß es – z. B. ausgehend von einem niedrigen Preisniveau P_0 – mit steigendem Preisniveau (bei konstantem W_0) zunimmt, weil die höhere Produktion infolge des fallenden Reallohnes gewinnmaximierend wird. Die Zunahme des Güterangebots hält an, bis das Preisniveau den Wert P* erreicht hat. Bei weiteren Preissteigerungen bleibt das Güterangebot bei Vollbeschäftigungsniveau $^rY_{voll}$ konstant, weil

1) Nimmt das Arbeitsangebot mit fallendem Reallohn ab, so könnte man zu dem Schluß gelangen, daß bei $P < P^*$ das Güterangebot zurückgeht, weil jetzt das Arbeitsangebot die Produktion begrenzt. Dieser Schluß ist aber nur dann richtig, wenn man auch nach Erreichen der Vollbeschäftigung davon ausgeht, daß der Geldlohnsatz bei Preisniveausteigerung konstant bleibt. Die Analyse eines Konkurrenzmarktes würde dagegen zeigen, daß nach Erreichen der Vollbeschäftigung, bei einem jetzt nach oben flexiblen Geldlohnsatz, eine Preisniveauerhöhung über den Marktmechanismus zu einer prozentual gleich hohen Zunahme des Geldlohnsatzes führen würde. Somit bleiben der Reallohn, die Beschäftigungsmenge und das Güterangebot konstant.

bei gegebenem Arbeitsangebot die verfügbare Arbeitsmenge die Produktion begrenzt.[1]) Es ergibt sich die in Abb. 11.5 wiedergegebene **gesamtwirtschaftliche Güterangebotskurve:**

Für das Verständnis des traditionellen keynesianischen Modells ist es wichtig zu erkennen, daß dem steigenden Ast der Güterangebotskurve auf dem Arbeitsmarkt der Unterbeschäftigungsbereich entspricht und daß die Unterbeschäftigung in dem Modell nur reduziert und damit das Güterangebot nur erhöht wird, wenn bei konstantem Geldlohn das Preisniveau steigt und damit der Reallohn fällt.

1.3 Ein keynesianisches-neoklassisches Makromodell mit Güter-, Geld- und Arbeitsmarkt

In der gesamtwirtschaftlichen Güternachfragefunktion, die in Abschnitt 1.1 abgeleitet wurde, sind die Nachfragebedingungen in der Volkswirtschaft zusammengefaßt. Die Funktion gibt an, welches **nachfrageseitige reale Gleichgewichtssozialprodukt** alternativen Preisniveaus entspricht.

Die gesamtwirtschaftliche Güterangebotsfunktion ${}^{r}Y^{a}$ reflektiert die Kosten-/Ertragsrelation in der Volkswirtschaft. Sie gibt an, welche Güterangebotsmengen bei alternativen Preisniveaus für die Produzenten gewinnmaximierend sind, also **angebotsseitiges Gleichgewicht** bedeuten.

Gesamtwirtschaftliches Gleichgewicht herrscht bei dem Preisniveau, bei dem das angebotene Sozialprodukt gleich ist dem nachgefragten Sozialprodukt.

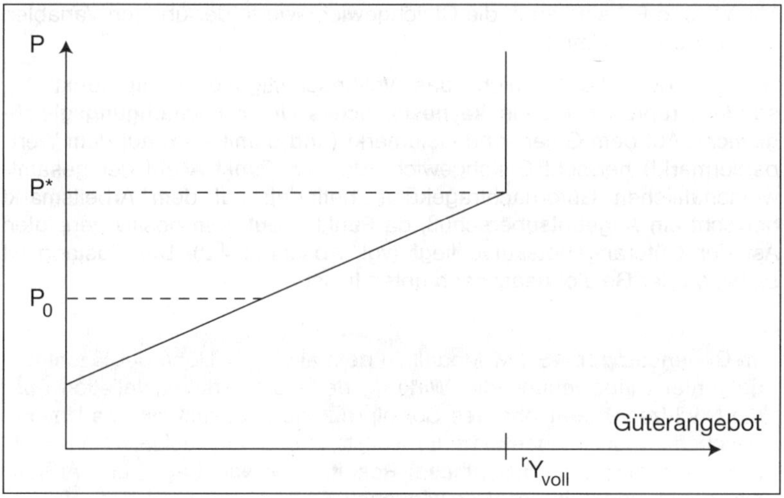

Abb. 11.5: Gesamtwirtschaftliche Güterangebotsfunktion

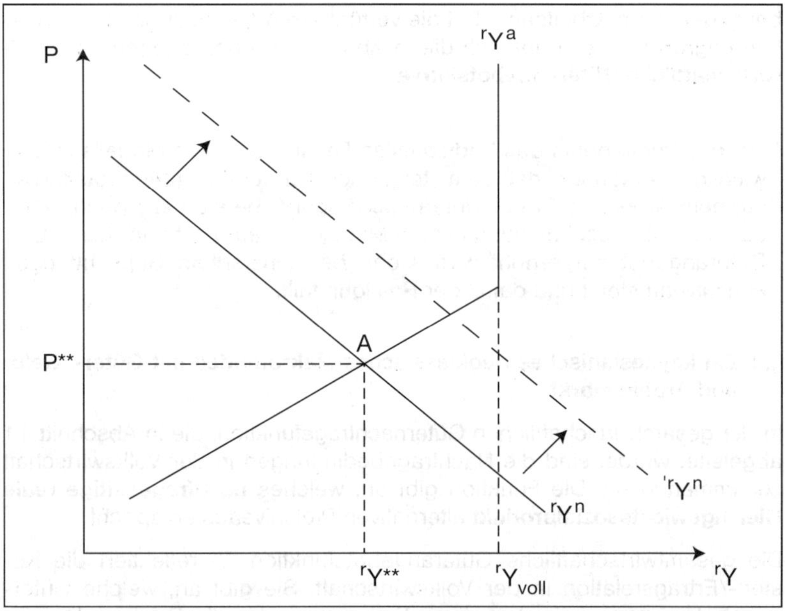

Abb. 11.6: Bestimmung von Gleichgewichtssozialprodukt und Gleichgewichtspreisniveau

Gesamtwirtschaftliches (d. h. nachfrage- und angebotsseitiges Gleichgewicht) herrscht im Schnittpunkt von gesamtwirtschaftlicher Güterangebots- und Güternachfragekurve

Abb. 11.6 zeigt die Bestimmung von Gleichgewichtssozialprodukt $^rY^{**}$ und Gleichgewichtspreisniveau P**.

Mit $^rY^{**}$ und P** sind auch die Gleichgewichtswerte der übrigen Variablen des Modells bestimmt.

$^rY^{**}$ in Abb. 11.6 ist nicht das Vollbeschäftigungssozialprodukt $^rY_{voll}$ sondern repräsentiert ein **keynesianisches Unterbeschäftigungsgleichgewicht:** Auf dem Güter- und Geldmarkt (und damit auch auf dem Wertpapiermarkt) herrscht Gleichgewicht, da sich Punkt A auf der gesamtwirtschaftlichen Güternachfragekurve befindet; auf dem Arbeitsmarkt herrscht ein Angebotsüberschuß, da Punkt A auf dem positiv geneigten Ast der Güterangebotskurve liegt (vgl. Abschnitt 4.2). Der Zustand ist stabil, da der Geldlohnsatz nach unten fix ist.

Keynesianisches Unterbeschäftigungsgleichgewicht

Im Gegensatz zum IS-LM-Modell, in dem allein die Höhe der Nachfrage (unter Einbeziehung der Wirkung der Geldmarktkonstellation auf die Nachfrage) die Höhe des Sozialprodukts bestimmt, ist das Unterbeschäftigungsgleichgewicht im vollständigen keynesianischen System (= neoklassische Synthese) Resultat der Nachfrage- und Angebotsbedingungen in der Volkswirtschaft.

Hieraus folgt:

(1) Steigt die Nachfrage in der Volkswirtschaft z. B. infolge einer Zunahme der Staatsausgaben, so verschiebt sich die gesamtwirtschaftliche Güternachfragekurve nach rechts (vgl. $^{\prime}Y^{n}$ Abb. 11.6). Im neuen gesamtwirtschaftlichen Gleichgewicht sind Sozialprodukt und Preisniveau gegenüber der Ausgangssituation gestiegen.

Eine Zunahme der autonomen Nachfrage führt im neuen Gleichgewicht zu einem höheren Sozialprodukt

Das auslösende Moment für die Rechtsverschiebung der gesamtwirtschaftlichen Güternachfragekurve ist dabei die dauerhafte Zunahme der Staatsausgaben, die zusammen mit Multiplikatoreffekten zur Rechtsverschiebung der IS-Funktion führt. Damit erhöht sich das jedem Preisniveau zugehörige nachfrageseitige Gleichgewichtssozialprodukt. Trotz jetzt unveränderter gesamtwirtschaftlicher Güterangebotskurve kommt es über den durch den Nachfrageanstieg induzierten Preisanstieg zu einer Ausdehnung der Produktion, da bei konstantem Geldlohn der Reallohn sinkt und so eine höhere Produktion lohnend macht.

(2) Wird der Geldlohnsatz auf einem niedrigeren Niveau fixiert, so verschiebt sich der geneigte Ast der Güterangebotskurve nach unten[2]). Im neuen gesamtwirtschaftlichen Gleichgewicht ist das Sozialprodukt größer, das Preisniveau jedoch kleiner als im Ausgangsgleichgewicht (vgl. Abb. 11.7).

Eine Senkung des Geldlohnsatzes führt im neuen Gleichgewicht zu einem höheren Sozialprodukt

Der Grund für die Verschiebung des elastischen Astes der Güterangebotskurve nach unten sind die bei sinkendem Geldlohn ceteris paribus prozentual entsprechend sinkenden Grenzkosten. Zwar kommt es hierdurch im neuen Gleichgewicht auch zu einer Senkung des Preisniveaus, diese ist jedoch geringer als die Geldlohnsenkung. Als Ergebnis sinkt also der Reallohn, wodurch die Ausdehnung des Güterangebots auf das neue Gleichgewichtsniveau für die Anbieter lohnend wird. Die höhere Produktion wird trotz jetzt unveränderter Güternachfragekurve auch abgesetzt, weil das sinkende Preisniveau die reale Geldmenge erhöht, wodurch der Zins gesenkt und die Nachfrage angeregt wird (KEYNES-Effekt).

Die aufgezeigten Implikationen des keynesianisch-neoklassischen Modells rechtfertigen also prinzipiell sowohl eine keynesianischem Gedankengut nahestehende **Nachfragesteuerung** (Veränderung von A_{St}) als auch eine klassischem und neoklassischem Gedankengut entsprechende **angebotsorientierte Politik** (Kostensenkung durch Lohnzurückhaltung). Auch in bezug auf diese Ergebnisse ist die Bezeichnung klassisch-neoklassisches Modell zutreffend.

---

2) Strenggenommen ist bei abnehmender Grenzproduktivität der Arbeit die Verschiebung der Güterangebotskurve nicht parallel, sondern sie dreht sich in ihrem fiktiven Schnittpunkt mit der Abszisse nach unten rechts.

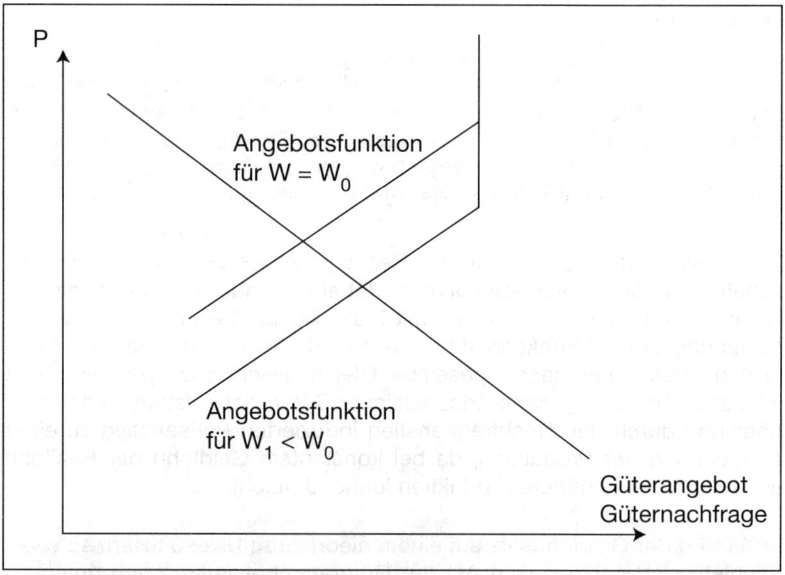

Abb. 11.7: Geldlohnsatz und Beschäftigung

1.4 Vollbeschäftigung durch Nachfragesteuerung oder Lohnsenkung?

Die Neue Klassische Makroökonomie bezweifelt wegen der vermuteten Crowding-out-Effekte die Wirksamkeit der Nachfragesteuerung

Wie gezeigt, ergeben sich im keynesianischen neoklassischen Modell sowohl durch Erhöhung der Nachfrage als auch durch Senkung des Geldlohnsatzes beim Vergleich von Gleichgewichtszuständen expansive Effekte. In den letzten 15 Jahren wurden verstärkt Argumente vorgetragen, um die Ergebnisse des Modells zu relativieren. Vertreter der Neuen Klassischen Makroökonomik stellen dabei die Wirkungen der Nachfragesteuerung in Frage und unterstreichen die Wirksamkeit des Lohnmechanismus, während keynesianische Ökonomen lange Zeit überwiegend die entgegengesetzte Position einnahmen.

Als zentrales Argument gegen die beschäftigungsfördernde Wirkung einer Erhöhung der staatlichen Ausgaben werden verschiedene Varianten des **Crowding-out-Argumentes** angeführt.

Direktes und indirektes Crowding-out

Zunächst unterscheidet man zwischen **direkten** und **indirekten** Verdrängungseffekten. Bei ersteren verdrängt der Staat direkt private Investitionen, etwa wenn eine Stadt notwendige Parkplätze im Umfeld eines Unternehmens baut, so daß eine (nahezu identische) geplante Investition des Privatunternehmens entfällt. Beim indirekten Crowding-out dagegen führen unterschiedliche Wirkungsketten zu einer Verdrängung privater durch staatliche Investitionen, wobei die konkurrierenden Investitionsobjekte in der Regel ganz unterschiedlich sind.

Wir haben im Rahmen des IS-LM-Modells schon eine erste Form des indirekten Crowding-out kennengelernt, das sogenannte **Transaktionskassen-Crowding-out.** Dies entsteht dadurch, daß es im Zuge eines durch die Fiskalpolitik induzierten expansiven Prozesses über eine verstärkte Geldnachfrage zu Transaktionszwecken (bei konstanter Geldmenge) zu einer Zinssteigerung kommt, die zinsreagible private Investitionen reduziert. Da hier die Zunahme der wirtschaftlichen Aktivität Voraussetzung für die Zinserhöhung ist, kann das neue Gleichgewichtssozialprodukt nicht kleiner sein als das vor der Erhöhung der Staatsausgaben.

Transaktionskassen-Crowding-out im IS-LM-Modell

Eine weitere Form des indirekten Crowding-out ist das sogenannte **Vermögens-Crowding-out**[3]**)**, das z. B. im Zuge einer kreditfinanzierten Staatsausgabenerhöhung auftreten **kann.** Die relativ komplizierten Modellvarianten hierzu lassen sich wie folgt zusammenfassen: In der modernen Volkswirtschaftslehre spielt das Vermögen als Bestimmungsgröße für das Verhalten von Wirtschaftseinheiten eine wichtige Rolle. So wird z. B. häufig angenommen, daß der Konsum und die Geldnachfrage des privaten Sektors nicht nur vom laufenden Einkommen und vom Zins, sondern auch vom Vermögen des Sektors bestimmt werden. Unter dieser Prämisse führen Änderungen des privaten Vermögens zu Änderungen der Konsum- und der Geldnachfrage. Wie kommt es nun zu der Änderung des Vermögens des privaten Sektors im Zuge der kreditfinanzierten Staatsausgabenerhöhung? Private geben dem Staat Kredite zur Finanzierung seiner erhöhten Ausgaben, so daß Geld vom privaten Sektor an den Staat und Kreditforderungen gegenüber dem Staat (meist verbrieft in Form staatlicher Wertpapiere) an den privaten Sektor fließen.

Vermögens-Crowding-out

Vermögen als Bestimmungsgröße von Konsum- und Geldnachfrage

Im Zuge der Durchführung der zusätzlichen Ausgaben gelangen die Geldmittel wieder in den Besitz des privaten Sektors (z. B. an Unternehmungen, die staatliche Aufträge durchführen), so daß dieser nunmehr zusätzlich die staatlichen Wertpapiere besitzt. Betrachtet man diesen zusätzlichen Wertpapierbestand als zusätzliches Vermögen des privaten Sektors, so kommt es zu der erwähnten Erhöhung der Konsum- und Geldnachfrage. Ist nun der expansive Effekt auf die Konsumnachfrage kleiner als der kontraktive Effekt, der sich über die erhöhte Geldnachfrage und der damit (bei unveränderter Geldmenge) einhergehenden Zinserhöhung durch die induzierte Abnahme der privaten Investitionen ergibt, so kommt es zum Vermögens-Crowding-out. Bei realistischer Einschätzung der relevanten Größenordnungen wird trotz eines solchen Vermögens-Crowding-out die staatliche Ausgabenpolitik zunächst expansiv wirken, da die Erhöhung der Nachfrage durch die Zunahme der staatlichen Ausgaben in aller Regel größer sein dürfte als der Nachfrage-Verdrängungseffekt des Vermögens-Crowding-out. Die zunächst resultierende Erhöhung des Sozialprodukts und die damit bei festen Steuersätzen verbundene Zunahme des Steueraufkommens dürfte in der Regel aber das Loch in den Staatsfinanzen nicht sofort schließen, so daß es in den

Erhöhung des Vermögens des privaten Sektors im Zuge der staatsschuldtitelfinanzierten Staatsausgabenerhöhung

3) Gelegentlich spricht man in der Literatur auch vom Portfolio-Crowding-out.

Positive Konsumänderung kann von Abnahme der Investitionen überkompensiert werden

Folgeperioden – bei jetzt unverändertem (wenn auch erhöhtem) Niveau der Staatsausgaben – zu weiterer Staatsverschuldung und damit zu einer weiteren Erhöhung des Vermögens des privaten Sektors mit (dem angenommenen) Vermögens-Crowding-out kommt. Das Sozialprodukt sinkt ceteris paribus von Periode zu Periode, so daß es schließlich sogar zu einem Absinken des Sozialprodukts unter das Niveau vor der Staatsausgabenerhöhung kommt.

Der Leser beachte genau die zentralen Voraussetzungen, an die diese Ergebnisse geknüpft sind:

Voraussetzungen für Vermögens-Crowding-out

(1) staatsschuldtitelfinanzierte Ausgaben erhöhen das Vermögen des privaten Sektors.

(2) Das Vermögen wirkt positiv auf den privaten Konsum und auf die private Geldnachfrage.

(3) Der expansive Nachfrageeffekt der Vermögenszunahme über den privaten Konsum wird überkompensiert von dem negativen Nachfrageeffekt, der über die Wirkungskette: Erhöhung der Geldnachfrage, Zinssteigung, Abnahme der privaten Investitionen, ausgelöst wird.

Von diesen Voraussetzungen erscheint nur die zweite relativ unproblematisch. Entsprechend zweifelhaft ist die praktische Wirksamkeit des Vermögens-Crowding-out.

Kreditmarkt-Crowding-out

Überzeugender erscheint dagegen eine dritte Form des indirekten Crowding-out, die wir hier erwähnen wollen, die man als **Kreditmarkt-Crowding-out** bezeichnen könnte: Wenn der private Sektor verstärkt Kredite an den Staat gewährt, so wird dieses bei einem ansonsten unverändertem Kreditangebot zu einem Anstieg der Kreditzinsen und damit ceteris paribus zu einer Abnahme der privaten Investitionen führen. Fraglich ist jedoch, ob dieser Effekt dazu führt, den expansiven Multiplikatoreffekt der staatlichen Ausgabenerhöhung zu neutralisieren oder sogar ins Gegenteil zu verkehren. Dieses Argument wiegt um so schwerer, als die Verbesserung der Auftragslage in der Wirtschaft als eine Folge der staatlichen Ausgaben die Ertragserwartungen der Investoren vermutlich erhöht und somit zu einer Rechtsverschiebung der Investitionsfunktion führen dürfte.

Die angesprochene Variabilität der Investitionsfunktion weist auf eine Form des Crowding-out hin, die eine Zwischenstellung zwischen direktem und indirektem Crowding-out einnimmt, das sogenannte **Erwartungs-Crowding-out,** bei dem die zusätzliche staatliche Verschuldung die Erwartungen der Wirtschaftseinheiten in bezug auf zukünftige Lohn- und Gewinnerzielungsmöglichkeiten negativ beeinflußt und damit die gegenwärtige Konsum- und Investitionsnachfrage bremst oder das Güterangebot vermindert.

Wie die praktische Beurteilung der aufgeführten Formen des Crowding-out eingestuft werden muß, kann letztendlich nur empirisch beurteilt werden. Die Ergebnisse entsprechender Untersuchungen sind – wie sollte es auch anders sein? – kontrovers, wobei die Arbeiten, die die Wirksamkeit des Crowding-out für die Bundesrepublik Deutschland skeptisch beurteilen, überwiegen. Die Autoren stimmen dem Urteil KROMPHARDTS zu, wenn dieser feststellt: „Für die Bundesrepublik Deutschland kann also das Fazit gezogen werden, daß bisher in den Zeiten, in denen eine expansive Fiskalpolitik verfolgt wurde, eine Verdrängung privater Nachfrage nicht – oder nur in geringem Umfange – aufgetreten ist, und diese Verdrängung hätte sich durch eine bessere Strukturierung der Fiskalpolitik und eine bessere Abstimmung zwischen Geld- und Fiskalpolitik wohl auch noch verringern lassen." (KROMPHARDT, J.: Arbeitslosigkeit und Inflation, Göttingen 1987, S. 169)

Anstelle einer Nachfragesteuerung fordern die klassischem Denken zugeneigten Ökonomen u. a. eine **Reaktivierung des Lohnmechanismus:** Wäre der Geldlohn nach unten flexibel, so würde er bei Unterbeschäftigung sinken und so lange zu einer Rechtsverschiebung des elastischen Teils der Güterangebotskurve führen, bis es zu einem Schnittpunkt zwischen Güternachfragekurve und dem senkrechten Ast der Güterangebotskurve kommt, und damit Vollbeschäftigung erreicht ist (vgl. Abb. 11.8).

Die Neue Klassische Makroökonomie vertraut eher dem Lohnmechanismus

Bei Keynesianern (und vor allem auch bei KEYNES selbst) ist die Wirksamkeit des Lohnmechanismus insbesondere in der Vergangenheit auf große Skepsis gestoßen. Wohl am verbreitetsten ist ein Argument, das sich auf

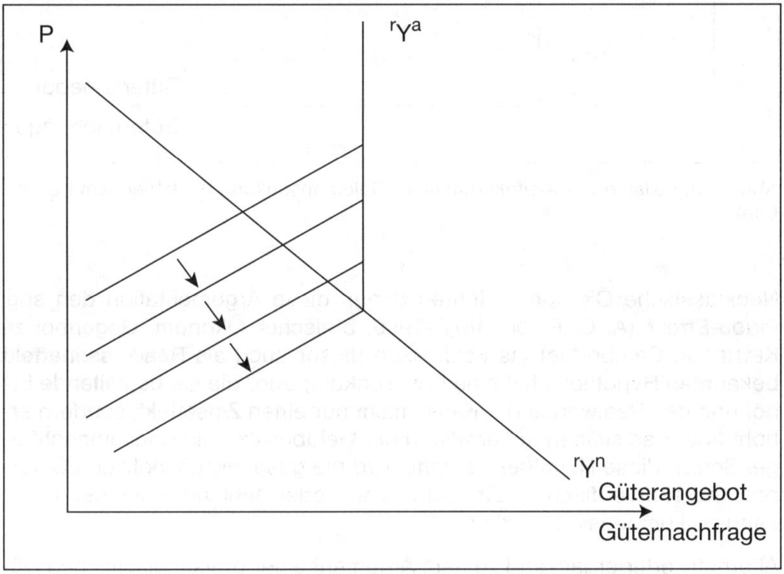

Abb. 11.8: Flexibler Lohn und gesamtwirtschaftliches Gleichgewicht

Keynesianer sind bezüglich der Beschäftigungswirkung von Lohnsenkungen sehr skeptisch. Sie verweisen:

ein Versagen des Preismechanismus infolge eines zu schwachen oder ganz ausbleibenden **KEYNES-Effektes** stützt. Wie in Abschnitt 1.1 dargelegt, führt eine als Folge einer Geldlohnsenkung eintretende Preissenkung dann nicht zu einer Erhöhung des nachfrageseitigen Gleichgewichtssozialproduktes, wenn die Liquiditätsfalle wirksam wird und/oder die Investitionen vollkommen zinsunelastisch sind. Geldlohnsenkungen führen dann, wie aus Abb. 11.9 ersichtlich, nicht zu einer Erhöhung des Sozialproduktes und der Beschäftigung. Ähnlich ist die Situation bei einem sehr schwach ausgeprägten KEYNES-Effekt.

- auf die Möglichkeit eines schwachen oder ganz ausbleibenden KEYNES-Effektes

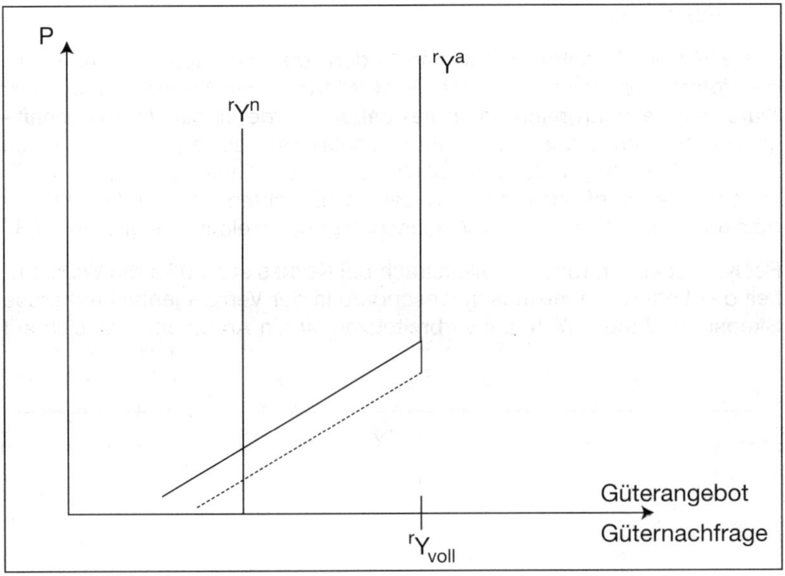

Abb. 11.9: Vollständige Ineffektivität einer Geldlohnsenkung bei fehlendem KEYNES-Effekt

Neoklassische Ökonomen führen gegen diese Argumentation den sog. **PIGOU-Effekt** (A. C. PIGOU, 1877–1959, britischer Ökonom, Gegenpol zu KEYNES in Cambridge) ins Feld. Nach dieser auch als **Realkasseneffekt** bekannten Hypothese hat eine Preissenkung über die sie begleitende Erhöhung des Realwertes der Kasse nicht nur einen Zinseffekt, sondern erhöht über das steigende Vermögen der Geldbesitzer die Konsumnachfrage. Sofern diese Hypothese zutrifft, wird die gesamtwirtschaftliche Güternachfragekurve flacher. Ein schwacher oder fehlender KEYNES-Effekt kann so kompensiert werden.

- auf die Nichtberücksichtigung der Verteilungswirkung einer Geldlohnsenkung

Alternativ oder ergänzend zu dem Argument einer preisunelastischen Güternachfragekurve wird von Keynesianern ein **Verteilungsargument** angeführt. In dem vorgestellten traditionellen keynesianischen Modell wird nicht zwischen einer Konsumfunktion für Lohneinkommensempfänger (mit einer vermutlich relativ hohen marginalen Konsumquote) und einer Konsumfunktion für Gewinneinkommensempfänger (mit einer vermutlich relativ niedrigen marginalen Konsumquote) unterschieden. Deshalb bleiben Einkommensumverteilungen wie sie sich als Ergebnis einer Geldlohnsenkung ergeben können (Kaufkraftargument) in dem Modell ohne Wirkung auf das Niveau der Nachfrage.

Vermutlich ist in der Realität das Verteilungsargument zutreffend. Wenn man allerdings auf die Nachfragewirkungen der Verteilung abstellt, so muß man auch die Wirkungen der Einkommensverteilung auf die Investitionsnachfrage in Rechnung stellen.

Schließlich wird gegen die aufgezeigte, mögliche positive Wirkung einer Lohnsenkung auf Sozialprodukt und Beschäftigung eingewandt, daß in dem Modell lediglich zwei Gleichgewichtszustände miteinander verglichen werden. Selbst wenn man Stabilität des neuen Gleichgewichts voraussetzt, bleibt offen, wie lang der Weg dorthin ist, und welche Opfer auf ihm zu bringen sind.

– auf die gegenüber der Gleichgewichtsanalyse möglicherweise anderen Ergebnisse einer Verlaufsanalyse

Insbesondere wird in diesem Zusammenhang auf die Möglichkeit der Entstehung von **Preissenkungserwartungen** hingewiesen. Kommt es im Zuge der Lohn- und Preissenkungen bei den Wirtschaftseinheiten zu der Erwartung, daß Güter- und Faktorpreise weiter sinken werden, so ist nicht auszuschließen, daß geplante Nachfrage aufgeschoben wird und es zu einer Deflationsspirale kommt.

2. Das FRIEDMANsche Beschäftigungsmodell

Milton FRIEDMAN (* 1912, Nobelpreisträger 1976, bekanntester Vertreter des sog. Monetarismus) trug zu Beginn der 60er Jahre die erste ernstzunehmende Attacke gegen das Modell der neoklassischen Synthese vor. Er argumentierte, daß die Festlohnannahme des Modells, die die Ableitung eines Unterbeschäftigungsgleichgewichtes ermöglicht, ein willkürliches Element sei. Als Neoklassiker argumentierte er außerdem, daß eine wirksame Steuerung der Wirtschaft, sofern sie denn überhaupt möglich und/ oder notwendig sei, auch bei flexiblem Geldlohnsatz (und Güterpreisen) theoretisch begründbar sein müsse.

Festlohnannahme willkürlich

Sein Modell, das sich gleichermaßen als Arbeitsmarkt/Gütermarktmodell und als PHILLIPS-Kurven-Modell darstellen läßt, geht in neoklassischer Manier von Markträumung (also von voll flexiblen Preisen und Löhnen) aus. Es unterstellt aber unvollständige Informationen auf seiten der Arbeiter (Arbeitsanbieter), weshalb das Modell auch **„Arbeitsanbieter-Fehleinschätzungsmodell"** genannt wird.

Vollständig flexible Preise und Löhne, aber unvollständige Information

2.1 Das Arbeitsmarkt-Gütermarkt-Modell

Arbeitsnachfrage hängt vom erwarteten Reallohn ab

In diesem Modell (vgl. Abb. 11.10) hängt das Arbeitsangebot der Arbeiter von ihrem **erwarteten Reallohn** ab, da sie das tatsächliche Preisniveau zum Zeitpunkt der Festlegung des Geldlohnsatzes W nicht kennen und ihre Entscheidung deshalb auf das erwartete Preisniveau P^e gründen müssen. Das ist annahmegemäß anders bei den Unternehmern, die die Preise fixieren und somit den **tatsächlichen Reallohn** kennen und sich bei ihrer Arbeitsnachfrageentscheidung an dem tatsächlichen Reallohn orientieren (unvollständige Information bei den Arbeitsanbietern, vollständige Information bei der Arbeitsnachfragern, also **Informationsasymmetrie).**

Natürliche Beschäftigung und Arbeitslosenquote

Wegen der perfekten Funktionsfähigkeit des Marktes ist der Ausgangspunkt der Überlegungen FRIEDMANs ein Marktgleichgewicht mit $w^* = \frac{W_0}{P_0}$ und $P = P^e$. N*, die gleichgewichtige Beschäftigung in Abb. 11.10, nennt FRIEDMAN die **natürliche Beschäftigung,** die ihr entsprechende Arbeitslosigkeit **natürliche Arbeitslosigkeit.** Der Grund für diese Bezeichnung ist, daß es auch bei ausgeglichenem gesamtwirtschaftlichen Arbeitsmarkt immer Sucharbeitslosigkeit (Arbeiter kündigen und brauchen Zeit, die für sie günstigste Stelle zu suchen) und strukturelle Arbeitslosigkeit (Arbeitsangebotsprofile passen z. B. nicht zu den angebotenen Stellen) gibt, und daß von dem Gleichgewichtsreallohn kein inflationärer Druck ausgeht, da Arbeitsanbieter und -nachfrager sich auf ihrer Angebots- bzw. Nachfragefunktion befinden und ihre Pläne auch realisieren können. Die weiteren Überlegungen werden anhand von Abb. 11.11 illustriert, die Abb. 11.10 im III. Quadranten wiedergibt.

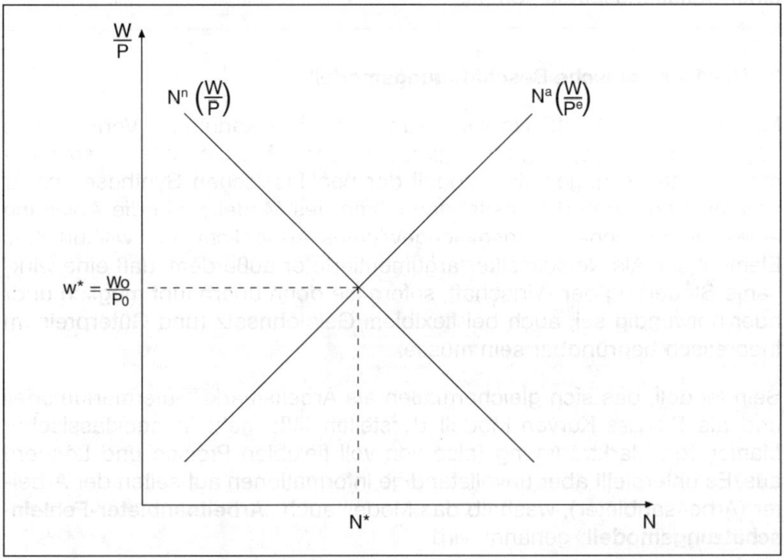

Abb. 11.10: Der Arbeitsmarkt bei FRIEDMAN

In der Ausgangssituation herrscht Arbeitsmarkt und Gütermarktgleichgewicht mit $w^* = W_o/P_o$, N^* und ${}^r\bar{Y}^*$ („natürlicher“ Output). Ein Nachfrageschock auf dem Gütermarkt verschiebt die gesamtwirtschaftliche Güternachfragekurve von ${}^rY^n_o$ (die wir uns als gesamtwirtschaftliche Güternachfragefunktion aus dem Modell der neoklassischen Synthese vorstellen können) nach oben (rechts) auf ${}^rY^n_1$. Preisauftriebstendenzen sind die Folge der entstehenden Überschußnachfrage beim existierenden langfristigen Güterangebot $\bar{Y}^*$. Da das Preisniveau auf P_1 steigt, sinkt bei W_o der Reallohn. Die Arbeitsanbieter gehen annahmegemäß weiter vom Preisniveau P_o aus. Für die Unternehmer wird folglich die Arbeitsnachfrage steigen und sie bieten den Arbeitern einen höheren Geldlohn W_1, der aber wegen des Preiserwartungsirrtums der Arbeiter proportional um weniger steigt als das Preisniveau. Folglich gehen die Arbeitsanbieter (irrtümlich) von einem gestiegenen (erwarteten) Reallohn $\frac{W1}{P^e_0}$ aus, während die Unternehmer einem tatsächlich gesunkenen Reallohn $\frac{W1}{P_0}$ gegenüberstehen. Als Folge bewegen sich die Arbeitsanbieter auf ihrer Angebotskurve zum Punkt B und die Unternehmer bewegen sich auf ihrer Arbeitsnachfragekurve zu Punkt A. Mithin steigt die eingesetzte Arbeitsmenge

Fehleinschätzung des Reallohnes durch die Arbeiter

Arbeitsmarkt und Gütermarkteffekt

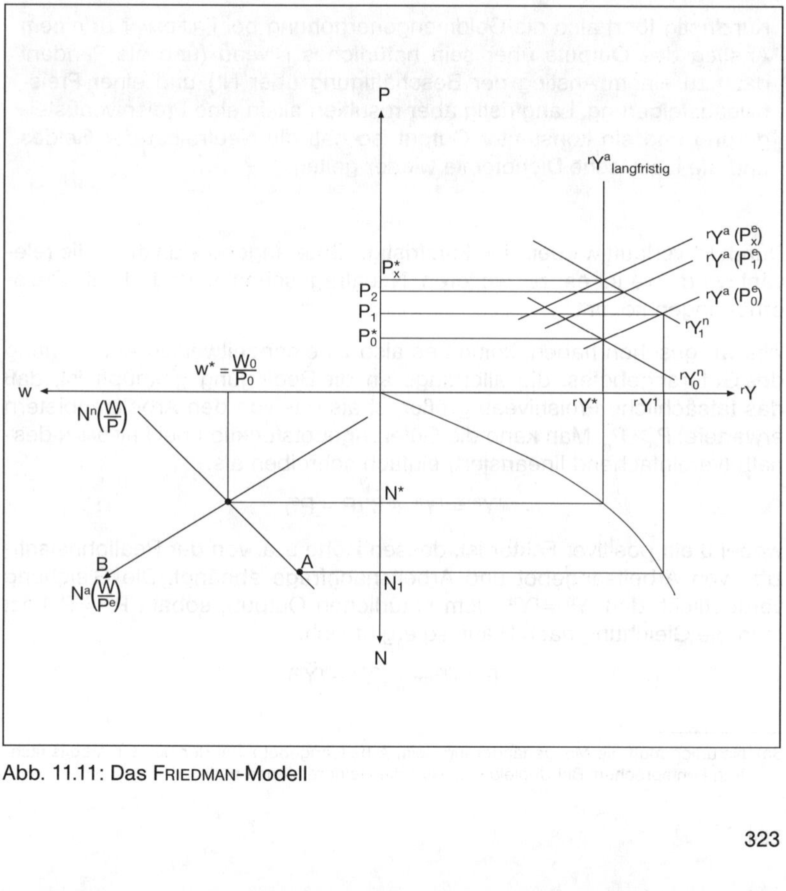

Abb. 11.11: Das FRIEDMAN-Modell

auf $N_1 > N^*$, wodurch sich über die Produktionsfunktion das Güterangebot auf ${}^rY_1$ erhöht.[3a)] Beim Preis P_1 entsprechen sich Güterangebot und Güternachfrage und es kommt zu einem kurzfristigen Gleichgewicht bei P_1, Y_1, N_1.

Revision der Erwartungen

Nach einer gewissen Zeit bemerken die Arbeitnehmer ihren Erwartungsfehler und erkennen, daß das tatsächliche Preisniveau P_1 beträgt. Daraufhin erhöhen sie ihre Geldlohnforderungen so, daß der Preisanstieg kompensiert wird. Die erhöhten Geldlöhne führen zu einer Erhöhung der in Geld ausgedrückten Lohnkosten der Unternehmer, so daß sich ihre kurzfristige Angebotsfunktion von ${}^rY^a\ (P^e_0)$ nach ${}^rY^a\ (P^e_1)$ nach oben verschiebt und es bei der gegebenen Güternachfrage erneut zu einem Preisanstieg führt (P_2 in in Abb. 11.11). Der für die Preiserhöhung von P_0 auf P_1 geschilderte Prozeß wiederholt sich also unter den neuen Rahmenbedingungen (Preisanstieg von P_1 auf P_2, Preiserwartung der Arbeiter P^e_1). Die Anpassungsprozesse laufen solange, bis schließlich in P^*_x ein neues langfristiges Gleichgewicht beim alten (natürlichen) Output und bei erfüllten Preiserwartungen erreicht ist.

Kurzfristig führt also die Geldmengenerhöhung bei FRIEDMAN zu einem Anstieg des Outputs über sein natürliches Niveau (und als Pendant dazu zu einem Anstieg der Beschäftigung über N*) und einer Preisniveausteigerung. Langfristig aber resultiert allein eine Preisniveausteigerung und ein konstanter Output, so daß die Neutralität des Geldes und die klassische Dichotomie wieder gelten.

Durch P^*_x verläuft wieder eine kurzfristige Güterangebotsfunktion, die relevant wird, wenn es zu weiteren Nachfrageschocks und damit Preiserhöhungen kommt.

Wie wir gesehen haben, kommt es also zu einer zeitweisen Ausdehnung des Güterangebotes, die allerdings an die Bedingung geknüpft ist, daß das tatsächliche Preisniveau größer ist als das von den Arbeitsanbietern erwartete: $P > P_e$. Man kann die Güterangebotsfunktion bei FRIEDMAN deshalb (vereinfachend linearisiert) einfach schreiben als:

$${}^rY^a = {}^r\overline{Y}^a + ß\ (P - P^e)$$

wobei ß ein positiver Faktor ist, dessen Höhe u. a. von der Reallohnelastizität von Arbeitsangebot und Arbeitsnachfrage abhängt. Die Gleichung verdeutlicht, daß ${}^rY^a = {}^r\overline{Y}^a$ (dem natürlichen Output), sobald $P^e = P$. Löst man die Gleichung nach P auf, so ergibt sich:

$$P = P^e + \frac{1}{ß}\ ({}^rY^a - {}^r\overline{Y}^a)$$

3a) Natürlich muß die Mengenänderung beim Arbeitsangebot nicht der bei der Arbeitsnachfrage entsprechen. Bei Ungleichheit wird die kleinere Menge realisiert.

Die kurzfristige Güterangebotsfunktion verschiebt sich also mit dem erwarteten Preisniveau P^e nach oben (ökonomischer Hintergrund: mit P^e steigt W und damit die Grenzkosten).

2.2 Die Neoquantitätstheorie

Da FRIEDMAN – wie gezeigt – von kurzfristigen realen Wirkungen eines Geldmengenschocks ausgeht, modifiziert er die klassische Quantitätstheorie (vgl. Kapitel 10), die von der Neutralität des Geldes ausgeht und allein zu einer zur Geldmengenerhöhung proportionalen Preissteigerung kommt. Im Rahmen seiner **Neoquantitätstheorie** postuliert FRIEDMAN dagegen nur einen gut prognostizierbaren positiven Zusammenhang zwischen einer Geldmengenerhöhung und dem Produkt aus Realeinkommen und Preisniveau, also dem **nominalen Sozialprodukt:** $v \cdot M = Y$. Er gründet diese Schlußfolgerungen auch nicht auf eine institutionell fixe Umlaufgeschwindigkeit des Geldes v, sondern auf eine eigene Geldnachfragetheorie, die letztlich zu einer Abhängigkeit der realen Geldnachfrage allein vom Realeinkommen führt, wobei die Einkommenselastizität der Geldnachfrage nahe 1 liegt. Es kann leicht gezeigt werden, daß damit auch v gut prognostizierbar (und unter den genannten Bedingungen näherungsweise konstant) ist. Bei einem bei einer Veränderung der Geldmenge gut prognostizierbaren v ist dann auch $^rY \cdot P = Y$ prognostizierbar.

Gut prognostizierbarer Zusammenhang zwischen Geldmenge und nominalem Sozialprodukt

Die **Aufteilung** der aus einer Geldmengenerhöhung resultierenden Erhöhung des nominalen Sozialproduktes auf eine Zunahme des realen Sozialproduktes und auf Preiserhöhungen diskutiert FRIEDMAN dann im Rahmen des oben vorgestellten Arbeitsmarkt-Gütermarkt-Modells mit dem vorgestellten Ergebnis, daß kurzfristig das reale Sozialprodukt und das Preisniveau, langfristig aber nur das Preisniveau steigt.

Die Neoquantitätstheorie geht also langfristig wieder in die klassische Quantitätstheorie über.

2.3 Die FRIEDMANsche PHILLIPS-Kurve

Die FRIEDMANsche Sicht eines Nachfrageschocks auf die Volkswirtschaft kann anstelle des vorgestellten Arbeitsmarkt-Gütermarkt-Modells auch im Rahmen seiner Version der PHILLIPS-Kurve demonstriert werden, was im folgenden wegen der immer noch beachtlichen Verbreitung des PHILLIPS-Kurven-Modells kurz geschehen soll[4]).

Zur Vorbereitung unserer Überlegungen soll auf einige offensichtliche Parallelitäten des Arbeitsmarkt-Gütermarkt-Modells und des PHILLIPS-Kurven-Ansatzes FRIEDMANscher Prägung hingewiesen werden.

Arbeitsanbieter Fehleinschätzung bei der PHILLIPS-Kurve

4) Der Vorteil der PHILLIPS-Kurven-Darstellung liegt im empirischen Bereich. Während die Kurven des Gütermarktdiagramms sich auch bei konstanter Inflation permanent nach oben verschieben, sind die Inflations-Arbeitslosenkombinationen weniger Zeit variant.

Wie die obige Gleichung für die Güterangebotskurve

$$^{r}Y^{a} = {}^{r}\bar{Y}^{a} + \beta\,(P - P^{e})$$

im Verein mit der Betrachtung des Arbeitsmarktes zeigt, ist ein Sozialprodukt über dem natürlichen Output gleichbedeutend mit einer Beschäftigung größer als N* und damit einer Arbeitslosenquote u unterhalb der natürlichen Quote u_n. Entsprechend sind Gütermarktkonstellationen unterhalb des natürlichen Outputs verbunden mit $P^e > P$ und einer Arbeitslosenquote oberhalb der natürlichen Quote. Damit es – ausgehend von einem Gleichgewicht – zu Situationen $P > P_e$ kommen kann, müssen die Preise steigen, also Inflation herrschen. Damit $P_e > P$ müssen, ausgehend von einem Gleichgewicht, die Preise sinken (also negative Inflationsraten entstehen). Bezeichnet man mit u und mit $\hat{p}$ bzw. $\hat{p}^e$ die tatsächliche bzw. die erwartete Inflationsrate, so liegt es nahe, die folgende Beziehung aufzustellen, die zur Vereinfachung wiederum linear präsentiert wird:

FRIEDMANsche PHILLIPS-Kurven-Version

$$u = u_n - \alpha\,(\hat{p} - \hat{p}^e),$$

wobei α einen positiven Faktor bezeichnet.

Die tatsächliche Arbeitslosenquote liegt nur unterhalb der natürlichen Arbeitslosigkeit, wenn die tatsächliche Inflationsrate oberhalb der von den Arbeitsanbietern erwarteten liegt. Die tatsächliche Arbeitslosenquote u ist dagegen größer als u_n, wenn $\hat{p}^e > P$. Entsprechen sich u und u_n, dann istauch $\hat{p}^e = \hat{p}$.

Wie die obige Gleichung zeigt, kann man die FRIEDMANsche PHILLIPS-Kurven-Beziehung in einem $\hat{p}$ – u Diagramm nur für gegebenes α und gegebenes $\hat{p}^e$ zeichnen (vgl. Abb. 11.12).

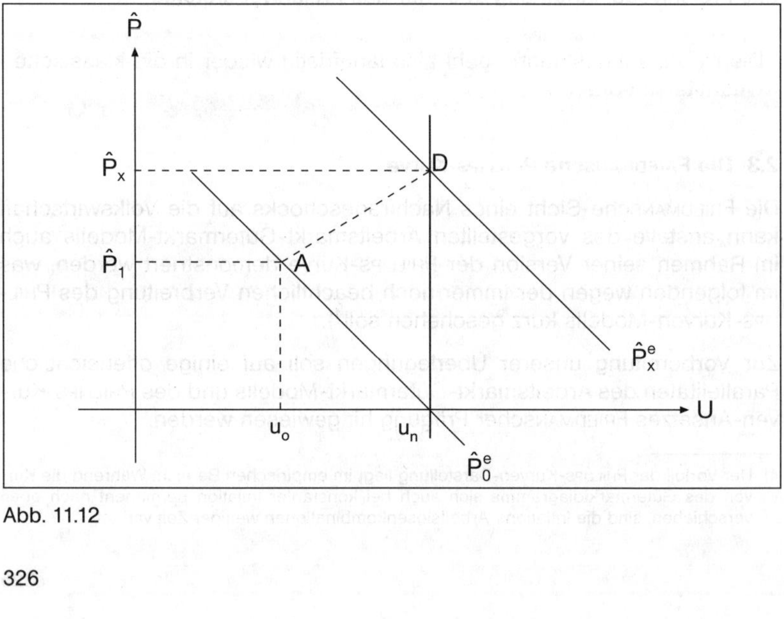

Abb. 11.12

Der Weg der Ökonomie bei einem Geldmengenschock von u_n zu u_o verläuft nun genau wie im Gütermarktmodell beschrieben: Der Geldmengenschock erhöht die tatsächliche Inflationsrate, die von den Arbeitern unterschätzt wird ($\hat{p}^e < \hat{p}$). Dadurch steigt die auf dem Arbeitsmarkt realisierte Arbeitsmenge, da der erwartete Reallohn der Arbeiter steigt und der tatsächliche Reallohn der Produzenten sinkt. Es kommt zu einer Erhöhung der Beschäftigung und zu einer Abnahme der Arbeitslosenquote auf u_o. Man erkennt aber aus der obigen Gleichung für u sofort, daß sich die Ökonomie im Zuge des Wegfallens des Erwartungsfehlers der Arbeiter wieder der natürlichen Arbeitslosenquote nähert. In Punkt D ist man – bei nochmals erhöhter tatsächlicher und erwarteter Inflationsrate – wieder bei u_n und die Ökonomie ist mit einer neuen kurzfristigen PHILLIPS-Kurve – bei den jetzt herrschenden Inflationserwartungen $\hat{p}^e_x$ – konfrontiert. Durch erneute Steigerung der (Wachstumsrate) der Geldmenge kann erneut kurzfristig für eine Besserung der Beschäftigungssituation gesorgt werden, nicht aber langfristig. Auf permanent erhöhtem Inflationsniveau kann das Spielchen bei Akzeleration des Geldmengenwachstums (theoretisch) beliebig lange fortgesetzt werden (sog. Akzelerationshypothese).

Man sieht, daß eine einmalige Erhöhung der Inflationsrate nur kurzfristig zu einer Beschäftigungsausweitung führt, mittel- und langfristig aber wirkungslos in bezug auf die realen Variablen Beschäftigung und Produktion bleibt. Anders ausgedrückt: Kurzfristig weist die PHILLIPS-Kurve eine negative Steigung (und damit einen **trade-off** zwischen Inflationsrate und Arbeitslosenquote) auf, langfristig ist die PHILLIPS-Kurve eine Senkrechte.

Langfristig senkrechte PHILLIPS-Kurve

Die Kritik an dem FRIEDMAN-Modell ist offensichtlich: Wie sollen die falschen Preiserwartungen der Arbeitsanbieter über einen hinreichend langen Zeitraum begründet werden? FRIEDMAN versucht dies mit dem Hinweis auf Informationsvorsprünge der Unternehmen, aber gerade hinsichtlich des Preisniveaus scheinen diese Informationsvorsprünge bzw. Informationsdefizite der Arbeiter angesichts der laufenden Veröffentlichungen von Preisstatistiken mehr als fraglich.

Kritischer Punkt: Die Fehleinschätzungs-hypothese

Trotzdem löste FRIEDMAN mit dieser PHILLIPS-Kurven-Theorie die traditionelle keynesianische Theorie der PHILLIPS-Kurve ab, da diese einfach nicht erklären konnte, wie es bei unveränderten (oder sich sogar erhöhenden) Arbeitslosenquoten, zu beobachtbaren erheblichen Steigerungen der Inflationsraten kommen konnte.

2.4 Die traditionell keynesianische PHILLIPS-Kurve

Nachdem A. W. PHILLIPS 1958 eine langfristige empirische Studie über einen negativen nicht-linearen **stabilen** Zusammenhang zwischen **Lohnsteigerungsraten** und Arbeitslosenquoten im Vereinigten Königreich vorgelegt hatte, lieferten Frühkeynesianer wie LIPSEY und HANSEN eine theoretische Begründung für diesen empirischen Sachverhalt, indem sie unter anderem von in der Stärke asymmetrischen Reaktionen des Geldlohnes auf Überschußangebot bzw. -nachfrage auf den Arbeitsmärkten einer Volkswirtschaft ausgingen.

Die späteren Nobelpreisträger SAMUELSON und SOLOW ersetzten über Verwendung einer Preisaufschlagskalkulation auf die Löhne diese PHILLIPS-Kurven-Version durch eine Beziehung zwischen Arbeitslosenquote und **Preisänderungsrate** (Inflationsrate) und kamen zu dem in Abb. 11.13 dargestellten Zusammenhang.

Traditionell keynesianische PHILLIPS-Kurve mit dauerhaftem trade-off zwischen Inflation und Arbeitslosigkeit

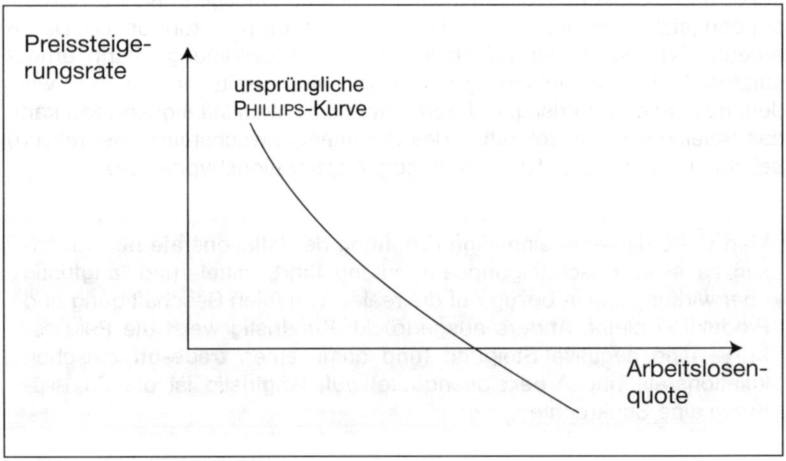

Abb. 11.13: Traditionell keynesianische PHILLIPS-Kurve

Wahlmöglichkeit zwischen Inflation und Arbeitslosigkeit?

Sie verstanden, wie die meisten Ökonomen der damaligen Zeit, die PHILLIPS-Kurve als eine zeitlich invariante, **stabile Beziehung,** die eine **Wahlmöglichkeit** (einen **„trade-off")** zwischen Arbeitslosigkeit und Inflationsrate ermöglichte. Zum Ausdruck kam diese Auffassung z. B. in dem bekannten Ausspruch des damaligen Bundeskanzlers Helmut SCHMIDT „lieber 5 % Inflation als 5 % Arbeitslosigkeit". Wegen ihrer wirtschaftspolitischen und theoretischen Bedeutung wurde die PHILLIPS-Kurven-Beziehung nachfolgend recht häufig empirisch überprüft, mit wechselndem, doch eher abnehmendem Erfolg.

Wie oben dargestellt, wiesen FRIEDMAN (und mit ihm PHELPS) diese Vorstellung einer stabilen PHILLIPS-Kurve zurück, wobei er erstens von einem klassischen Arbeitsmarkt mit dem Reallohn und nicht dem Nominallohn als Determinante von Arbeitsangebot und Arbeitsnachfrage ausging, und zweitens in inflationären Zeiten Preiserwartungen in das Konzept integrierte und damit das schöne Wunschbild einer Wahlmöglichkeit zwischen mehr Inflation und weniger Arbeitslosigkeit zerstörte.

C. Arbeitsaufgaben

1) *Leiten Sie grafisch aus dem IS-LM-Modell mit flexiblem Preisniveau die gesamtwirtschaftliche Güternachfrage ab.*

2) *Welche Faktoren bestimmen die Steigung der gesamtwirtschaftlichen Güternachfragekurve?*

3) *Angenommen, die autonomen Investitionen steigen um 100. Ist dann die Rechtsverschiebung der gesamtwirtschaftlichen Güternachfragekurve größer, gleich oder kleiner 100?*

4) *Welche Gegebenheiten führen zu einem senkrechten Verlauf der Güternachfragekurve?*

5) *Was besagt die Festlohnannahme?*

6) *Wie wirkt sich die Festlohnannahme auf den Verlauf der gesamtwirtschaftlichen Güterangebotskurve aus?*

7) *Zeigen Sie grafisch, wie*
   - *eine Geldmengenerhöhung*
   - *eine Erhöhung der Staatsausgaben*
   - *eine Senkung des Geldlohnansatzes*

   und im Modell der neoklassischen Synthese auf das reale Sozialprodukt wirken.

8) *Worin sehen Sie die entscheidenden Unterschiede zwischen dem Modell der Neoklassischen Synthese und dem FRIEDMANschen Beschäftigungsmodell?*

9) *Beschreiben Sie genau, wie es im FRIEDMAN-Modell bei einer Zunahme der gesamtwirtschaftlichen Güternachfrage zu einer Zunahme des erwarteten Reallohnes der Arbeiter kommt.*

10) *Warum sind Einkommens- und Beschäftigungseffekte bei Nachfrageschocks nur temporär?*

11) *Was besagt die Neoquantitätstheorie?*

12) *Was unterscheidet die traditionell keynesianische PHILLIPS-Kurve von der FRIEDMANS?*

Lösungsvorschläge für die Arbeitsaufgaben im „Übungsbuch zu Grundlagen und Probleme der Volkswirtschaft".

D. Literatur

BRANSON, William H., Makroökonomie, 3. Auflage, München u. a. 1992

CEZANNE, Wolfgang, Allgemeine Volkswirtschaftslehre, Wien 1993

HEUBES, Jürgen, Grundlagen der modernen Makroökonomik, München 1995

MAJER, Helge, Makroökonomik, 3. Auflage 1998, München u. a.

MANKIW, Nikolas Gregor, Makroökonimik, 3. Auflage, Stuttgart 1998

NEUMANN, Manfred, Theoretische Volkswirtschaftslehre I, 4. Auflage, München 1991

SCHÄFER, Wolf, Volkswirtschaftslehre, München 1997

SIEBKE, Jürgen, THIEME, Hans Jörg, Einkommen, Beschäftigung und Preisniveau. In: BENDER, Dieter u. a., Vahlens Kompendium der Wirtschaftstheorie und Wirtschaftspolitik, Bd. 1, 5. Auflage 1992, S. 87–174

12. Kapitel

Neue Entwicklungen in der Beschäftigungstheorie

A. Lernzielorientierte Leitfragen und Fragenkomplexe

Leitfrage:
Was sind die innovativen Elemente und die zentralen Ergebnisse der Neuen Klassischen Makroökonomik?

- *Was bedeuten „rationale Erwartungen"?*
- *Welches sind weitere zentrale Annahmen der Neuen Klassischen Makroökonomik?*
- *Wie begründet LUCAS seine „Preisüberraschungs"-Funktion?*
- *Was besagt die „Politikineffizienzhypothese" der Neuen Klassischen Makroökonomik?*

Leitfrage:
Wie verändert die Berücksichtigung von relativ inflexiblen Preisen und von Marktungleichgewichten die Ergebnisse von makroökonomischen Gleichgewichtsmodellen?

- *Welches sind im Vergleich zur allgemeinen Gleichgewichtstheorie die entscheidenden Annahmen der Rationierungstheorie?*
- *Warum und wie verändert sich bei Marktungleichgewichten und Preisstarrheit die Entscheidungsbasis der Wirtschaftseinheiten?*
- *Welche Übertragungs- und Rückkoppelungseffekte ergeben sich in einem interdependenten Marktsystem, wenn an irgendeiner Stelle des Systems Mengenbeschränkungen auftreten?*
- *Wie erklärt die Rationierungstheorie keynesianische Unterbeschäftigung?*

Leitfrage:
Was ist die Grundidee des Neuen Keynesianismus?

- *Was bedeutet eine mikroökonomische Fundierung von Preis- und Lohnstarrheiten?*
- *Inwiefern dürften nicht geräumte Märkte eher die Regel als die Ausnahme sein?*
- *Wie können „kleine" Menükosten „große" gesamtwirtschaftliche Folgewirkungen haben?*

B. Sachanalyse

1. Neue Klassische Makroökonomik

1.1 Rationale Erwartungen

Bei der Beschreibung des FRIEDMAN-Modells in Kapitel 11 wurde als Hauptkritikpunkt angeführt, daß es nicht plausibel ist, daß die Arbeitsanbieter für einen signifikanten Zeitraum bei ihren falschen Erwartungen bleiben, daß sie diese nur allmählich an das tatsächliche Preisniveau anpassen. Es geht also bei dieser Kritik um die Art und Weise, in der die Wirtschaftssubjekte ihre **Erwartungen bilden.** Technisch gesehen verwendet FRIEDMAN die sog. **adaptive Erwartungsbildungshypothese.** Bei dieser Hypothese wird unterstellt, daß der Ausgangspunkt der Erwartungen der Wert der Variablen – bei uns also des Preisniveaus- bzw. der Inflationsrate – in der Vorperiode ist. Dieser Wert wird korrigiert um einen bestimmten Prozentsatz des Erwartungsfehlers der Vorperiode, also der Differenz zwischen tatsächlichem Preisniveau der Vorperiode und dem für diese Vorperiode von den Wirtschaftssubjekten erwarteten Preisniveau. Formal: $P_t = P_{t-1} + \gamma\ (P_{t-1} - P_{t-1}{}^{e})$, wobei der tiefgestellte Index t die laufende und der tiefgestellte Index t-1 die Vorperiode beschreibt und γ ein positiver Faktor zwischen 0 und 1 ist, der die Stärke der Anpassung angibt. Man beachte, daß P^{e}_{t-1} in Periode t-2, also in der Vor-Vor-Periode, gebildet wurde. Wie oft die Leute sich auf der Basis dieser Prognose über P auch irren mögen, sie bleiben bei diesem rein vergangenheitsbestimmten Erwartungsbildungsverfahren.

Adaptive Erwartungsbildung im FRIEDMAN-Modell

Das Konzept der rationalen Erwartungen ist schon alt, wurde aber erst Mitte der 70er Jahre in makroökonomische Modelle eingebaut

Bezüglich der Theorie der Erwartungsbildung erlebte die Volkswirtschaftslehre Mitte der 70 Jahre eine kleine Revolution: Das schon in den 50er Jahren von John MUTH entwickelte Konzept der **„rationalen Erwartungen"**, inzwischen völlig in Vergessenheit geraten, wurde in gesamtwirtschaftliche Modelle integriert; wobei Robert E. LUCAS (* 1937, Nobelpreisträger für Ökonomie) eine führende Rolle einnahm. Rationale Erwartungen werden in der Literatur unterschiedlich definiert. So definiert der bekannte amerikanische Ökonom Robert L. GORDON: „Erwartungen sind rational, wenn die Leute mit den verfügbaren Daten die bestmögliche Voraussage machen. Es ist wichtig zu erkennen, daß diese Voraussage nicht korrekt sein muß ... Statt dessen argumentiert die Theorie der rationalen Erwartungen, daß die Leute nicht dauerhaft die gleichen Vorhersagefehler machen" (Übersetzung durch die Autoren).

Rationale Erwartungen werden unterschiedlich definiert

Andere Autoren definieren rationale Erwartungen sehr viel strenger (aber auch wirklichkeitsfremder). Rationale Erwartungen bedeuten in dieser strengen Version, daß die Wirtschaftseinheiten

- die Modellzusammenhänge kennen, die in der Volkswirtschaft den Wert der zu prognostizierenden Variablen bestimmen, und zwar einschließlich der konkreten Werte der Verhaltensparameter und sonstigen Parameter der Modelle,

- die Regeln kennen, nach denen der Staat seine Wirtschaftspolitik betreibt.

Bei den bislang angesprochenen kurzfristigen Schätzungen des Preisniveaus mag die erstgenannte Voraussetzung nicht allzu schwer wiegen, da, wie schon erwähnt, die Medien laufend Preisstatistiken veröffentlichen und auch Prognosen wissenschaftlicher Institute vorstellen. Sehr viel komplexer wird das Problem aber z. B. bei Wechselkursprognosen. Die Kenntnis der Politikregel dürfte so gesehen die schwieriger zu erfüllende Voraussetzung sein.

1.2 Gütermarkt

Der Gütermarkt ist weitgehend ähnlich gestaltet wie im Arbeitsmarkt-Gütermarktmodell FRIEDMANS. Das bedeutet vor allem, daß

- die Preise und Löhne als vollkommen flexibel angesehen werden und stets zu einem Gleichgewicht auf den Märkten führen;
- eine zu FRIEDMAN vergleichbare „Preisüberraschungs-Angebotsfunktion" existiert und die Güternachfrage wie die aus dem IS-LM-System bei flexiblem Preisniveau abgeleitete gesamtwirtschaftliche Güternachfragefunktion konzipiert ist.

Zentral ist für die Neue Klassische Makroökonomik neben den rationalen Erwartungen die Annahme permanenter Markträumung bei voll flexiblen Preisen

Die Güterangebotsfunktion mit dem Preisüberraschungsterm kann geschrieben werden wie bei FRIEDMAN:

$$^{r}Y^{a} = Y^{natürlich} + \beta\,(P - P^{e}),$$

ist jetzt aber anders zu interpretieren, nämlich gemäß der sog. **„Inselparabel":** Kleine Unternehmer, z. B. ein Handwerker, produziert sein Gut in seinem lokalen Bereich (auf seiner „Insel") und verkauft es auf Wettbewerbsmärkten. Er beobachtet dabei genau den Preis seines Gutes, nicht aber, wegen existierender Informationsbarrieren, die Preise der anderen Güter. Kommt es nun zu einer Preissteigerung für sein Gut, so weiß der Unternehmer nicht, ob vielleicht aufgrund produktspezifischer Gegebenheiten nur der Preis seines Gutes zugenommen hat oder ob gleichzeitig die Preise der anderen Güter ebenfalls gestiegen sind. Im ersten Fall wird er von einer Verbesserung seiner Position ausgehen (sein „relativer Preis" P_i/P^e ist gestiegen) und seine Produktion ausdehnen, im zweiten Fall sind mit den Preisen der anderen Güter auch seine Kosten gestiegen (der relative Preis ist gleich geblieben) und er wird seinen „natürlichen Output" erstellen.

Bei der Schätzung von P^e wird der Unternehmer nun **rationale Erwartungen** bilden. Definiert man diese, im Sinne GORDONS, so kann es bei einer allgemeinen Nachfrageausdehnung, etwa aufgrund einer Erhöhung der Geldmenge, durchaus zu Erwartungsirrtümern kommen und können insoweit ähnliche Ergebnisse wie bei FRIEDMAN resultieren. Eventuelle Produktionsausdehnungen werden aber kleiner sein und weniger lang anhalten, da rationale Wirtschaftseinheiten nicht immer dieselben Fehler machen.

Kenntnis der Politikregel

Unterstellt man dagegen rationale Erwartungen im strengen Sinn, dann kennen die Wirtschaftssubjekte die Geldpolitik (oder auch die Fiskalpolitik) des Staates und werden z. B. aus einer Geldmengenerhöhung auf eine generelle Preissteigerung schließen und ihren Output von vornherein konstant halten.

In diesem Fall ist die Güterangebotskurve kurz und langfristig eine Senkrechte und es kommt zu der berühmten „Politikineffizienz" im Modell der Neuen Klassischen Makroökonomik.

Abb. 12.1 stellt diesen Fall dar.

Wegen der genauen Kenntnis der Politikregel (antizipierte Politikmaßnahme) und des Zusammenhangs, daß bei unverändertem Angebot eine generelle Nachfrageerhöhung zu einer z. B. nach der Quantitätstheorie bestimmten proportionalen Preisniveauerhöhung führt, verschieben sich Güternachfrage und die LUCAS-Angebotsfunktion exakt um denselben Betrag nach oben. Unter diesen Bedingungen liegt der gleichgewichtige Output immer auf der langfristig senkrechten Angebotskurve und es kommt zu einer Wirkungslosigkeit der Politik. Der Leser beachte aber genau die strengen Voraussetzungen für dieses Ergebnis:

Voraussetzungen der Politikineffizienz

- Kenntnis der Politikregel, nach der die Regierung verfährt,
- Kenntnis der Modellzusammenhänge, nach denen sich der Preis bildet,
- Ständige Markträumung und damit auch Vollbeschäftigung.

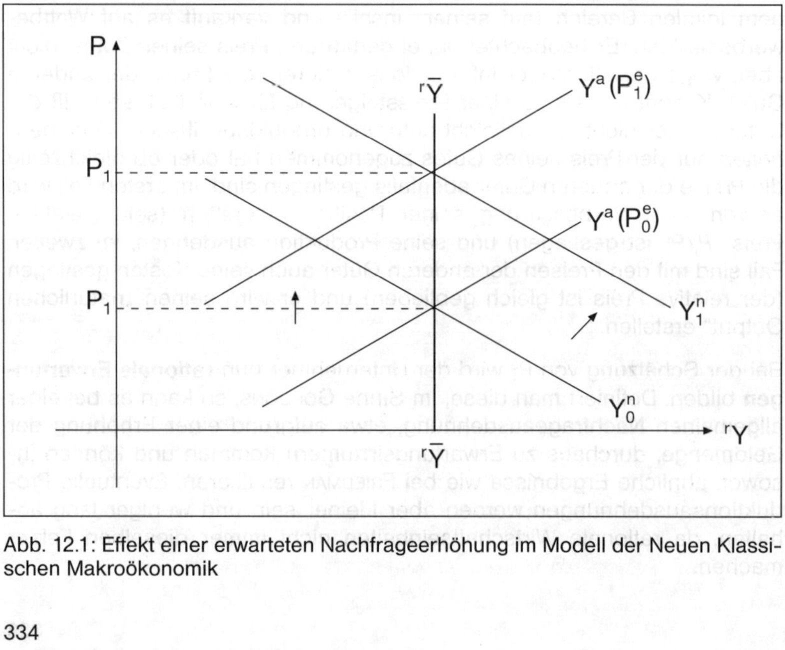

Abb. 12.1: Effekt einer erwarteten Nachfrageerhöhung im Modell der Neuen Klassischen Makroökonomik

Nicht antizipierte Politikmaßnahmen oder Maßnahmen, deren Wirkung auf die Modellvariablen falsch eingeschätzt werden, bleiben dementsprechend wirksam. Entsprechendes gilt bei nicht voll flexiblen Preisen und Löhnen.

1.3 PHILLIPS-Kurve

Es ist klar, daß bei Vorliegen der strengen Version der rationalen Erwartungen die PHILLIPS-Kurve auch kurzfristig senkrecht verläuft. Es gibt keinen „trade off" zwischen Inflation und Arbeitslosigkeit.

2. Neuere Entwicklungen der keynesianischen Beschäftigungstheorie

Die im letzten Kapitel vorgestellten gesamtwirtschaftlichen Modelle sind im Prinzip Gleichgewichtsmodelle, d. h. sie stellen auf den Zustand in der Volkswirtschaft ab, der realisiert wird, wenn die endogenen Variablen ihre markträumenden Gleichgewichtswerte erreicht haben. Im Modell der keynesianisch-neoklassischen Synthese gilt dabei die Besonderheit, daß obwohl sämtliche makroökonomischen Märkte in die Analyse einbezogen werden, der Geldlohnsatz als eine zentrale Preisvariable in Unterbeschäftigungssituationen als nicht voll flexibel (im Grenzfall als konstant) angenommen wird. Dadurch wird der Gleichgewichtsreallohn nicht realisiert und kann ein Unterbeschäftigungs„gleichgewicht" modelliert werden, das durch keynesianische Nachfragesteuerung beeinflußt werden kann.[1]) Auch der IS-LM Keynesianismus HICKS-HANSENscher Prägung sieht KEYNES im wesentlichen als Gleichgewichtstheoretiker: Sämtliche Märkte mit Ausnahme des (nicht explizit modellierten) Arbeitsmarktes sind im Gleichgewicht. Bei voll flexiblen Preisen (einschließlich Geldlohn und Zins) wird Vollbeschäftigung, ausgehend von einem Unterbeschäftigungszustand, nicht erreicht, wenn die Investitions- und/oder die Liquiditätsfalle im Wege stehen.

Der KEYNESIANISMUS hat sich insbesondere seit Ende der 50er Jahre in vielfältiger Weise weiterentwickelt, wobei die für unterschiedliche Varianten verwendeten Bezeichnungen sich zum Teil überschneiden. In diesem Buch kann nur ein kurzer Überblick über einige wichtige Weiterentwicklungen gegeben werden. Skizziert werden im folgenden die „Rationierungstheorie" und der „Neue Keynesianismus".

2.1 Rationierungstheorie

PATINKIN, CLOWER und LEIJONHUFVUD haben in den 60er Jahren die Grundlage für eine KEYNES-Interpretation gelegt, aus der sich dann in den 70er Jahren die Rationierungstheorie – u. a. auch unter dem Namen „Un-

1) Auf dem Arbeitsmarkt, auf dem infolge der Fixierung des Geldlohnsatzes ein Überschußangebot, also unfreiwillige Arbeitslosigkeit besteht, kann von Gleichgewicht dabei nur in dem methodischen Sinne gesprochen werden, daß die gesamtwirtschaftliche Konstellation ohne wirtschaftspolitische Maßnahmen einen **Beharrungszustand** aufweist.

gleichgewichtstheorie“, „Makroökonomik bei nicht geräumten Märkten“ und „Neue Makroökonomik“ bekannt – entwickelt hat.

Charakteristisch für die Rationierungstheorie ist, daß sie:

(1) Von – im Betrachtungszeitraum – relativ inflexiblen Preisen ausgeht, während sich die Mengen der Marktsituation anpassen.

(2) Berücksichtigt, daß auch bei Nicht-Gleichgewichtspreisen Käufe und Verkäufe auf den Märkten durchgeführt werden, wobei die „kürzere“ Marktseite das Transaktionsvolumen bestimmt und damit die „längere“ Marktseite rationiert wird.

(3) Berücksichtigt, daß die von Rationierungen betroffenen Wirtschaftseinheiten ihre Wirtschaftspläne auf den rationierten und auf anderen Märkten ändern, wodurch es in dem interdependenten Marktsystem zu Übertragungs- und Rückkoppelungseffekten kommt.

Der Grundgedanke

Den Hintergrund der Betrachtung bildet das allgemeine Gleichgewicht WALRASianischer Prägung

In einem Marktsystem mit vollkommen flexiblen Preisen (Güterpreise, Lohnsätze und Zinssätze) gibt es unter bestimmten Bedingungen ein System von Preisen, bei dem Gleichgewicht auf sämtlichen Märkten der Volkswirtschaft herrscht. Nimmt man an, daß die Preise sehr schnell auf Ungleichgewichte reagieren, so ist es – sofern das System stabil ist – plausibel anzunehmen, daß sich die Gleichgewichtspreise bald einstellen und es so zu einer wechselseitigen Übereinstimmung der Wirtschaftspläne und der Kauf- und Verkaufstransaktionen der Wirtschaftseinheiten der Volkswirtschaft kommt. Dies ist die Welt des **WALRASianischen Gleichgewichtes,** in der die Preise in der Volkswirtschaft ein ausreichendes Signalsystem sind.

Auf den bei fixen Preisen i. d. R. ungleichgewichtigen Märkten finden Transaktionen statt

In der Realität moderner Industriegesellschaften sind Güter-, Faktor- und Aktivapreise – von Ausnahmen insbesondere auf den Finanzmärkten abgesehen – nicht so flexibel, daß sie in relativ kurzer Zeit ihre Gleichgewichtswerte erreichen. Trotzdem läuft der Wirtschaftsprozeß weiter, d. h. auch auf den im Ungleichgewicht befindlichen Märkten finden Käufe und Verkäufe statt. Abb. 12.2 verdeutlicht die hierdurch auf einem einzelnen Gütermarkt entstehende Situation.

Können die Wirtschaftseinheiten ihre notionalen Pläne nicht realisieren, so ändern sie ihre Verhaltensweisen

Bei dem auf dem Markt herrschenden Preis p_1 wird auf der Grundlage dieses Preises und der Preise der übrigen Güter und Faktoren eine Angebotsmenge von x_2 und eine Nachfragemenge von x_1 geplant. Diese allein auf der Grundlage der herrschenden Preise bestimmten Angebots- und Nachfragemengen werden in der Rationierungstheorie auch als **„notionale“** oder „walrasianische“ Angebots- oder Nachfragemengen bezeichnet. Bei den herrschenden Preisen wird auf dem Markt aber nur die Menge x_1 getauscht: Geplante (notionale) Verkäufe in Höhe von x_2-x_1 können nicht durchgeführt werden, weil die Nachfrage das Angebot begrenzt. Man sagt, die Nachfrage **rationiert** das Angebot. Wenn die herrschenden Preise in einer solchen Situation als dauerhaft angesehen werden, so werden

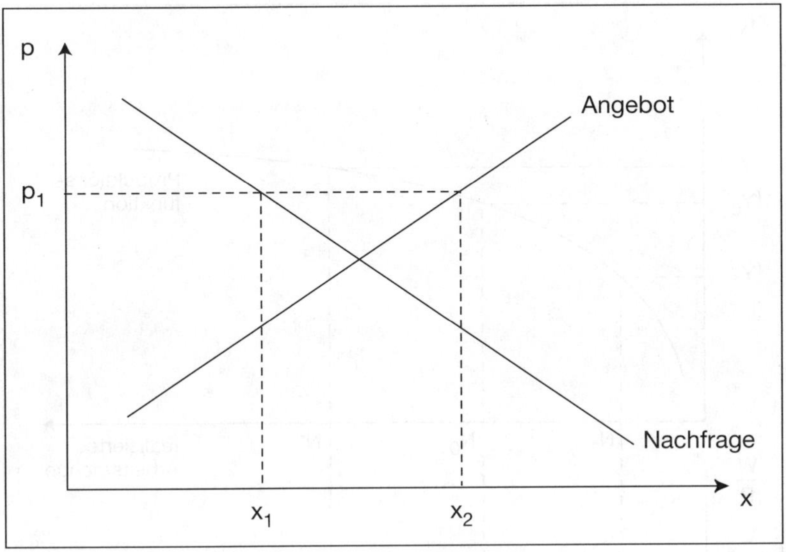

Abb. 12.2: Ungleichgewicht auf einem einzelnen Markt

die Anbieter auf die Rationierung reagieren. Obwohl der Preis p_1 (und die sonstigen Preise in der Volkswirtschaft) ihnen eine notionale Angebotsmenge in Höhe von x_2 signalisieren, werden sie die absetzbare Menge x_1 in ihrem tatsächlichen Angebotsverhalten berücksichtigen und auf Dauer nur die tatsächliche Menge x_1 anbieten, sich auf dem Markt also mit der Menge anpassen. Diese Änderung der Verhaltensweise der Güteranbieter bleibt nicht ohne Rückwirkungen auf andere Märkte der Volkswirtschaft. Bei den herrschenden Preisen haben die Anbieter des obigen Marktes entsprechend der notionalen Güterangebotsmenge x_2 bestimmte notionale Nachfragemengen für Produktionsfaktoren geplant. Reduzieren sie nun ihr tatsächliches Güterangebot und die Güterproduktion auf die Menge x_1, so werden sie auch ihre tatsächlichen Nachfragemengen auf den Faktormärkten reduzieren. Dadurch werden die Anbieter der Produktionsfaktoren ihre notionalen Angebotsmengen nicht in vollem Umfang absetzen können, was wiederum Rückwirkungen auf die tatsächliche Nachfrage auf anderen Märkten hat. Dabei wird es auch zu Rückwirkungen auf den oben betrachteten Markt kommen. Insgesamt entwickelt sich ein kontraktiver **Multiplikatorprozeß.**

In einem interdependenten Marktsystem kommt es zu Übertragungs- und Rückkoppelungseffekten (Multiplikatorprozessen)

Damit wird deutlich: Befinden sich einzelne Märkte der Volkswirtschaft im Ungleichgewicht und sind die Preise nicht so flexibel, daß sie diese Ungleichgewichte rasch beseitigen, so erfahren Wirtschaftssubjekte auf den Märkten Mengenbeschränkungen, die sie zukünftig in ihre tatsächlichen Angebots- und Nachfragepläne einbeziehen. Die Entscheidungsbasis der rationierten Wirtschaftseinheiten ändert sich gegenüber der Situation des

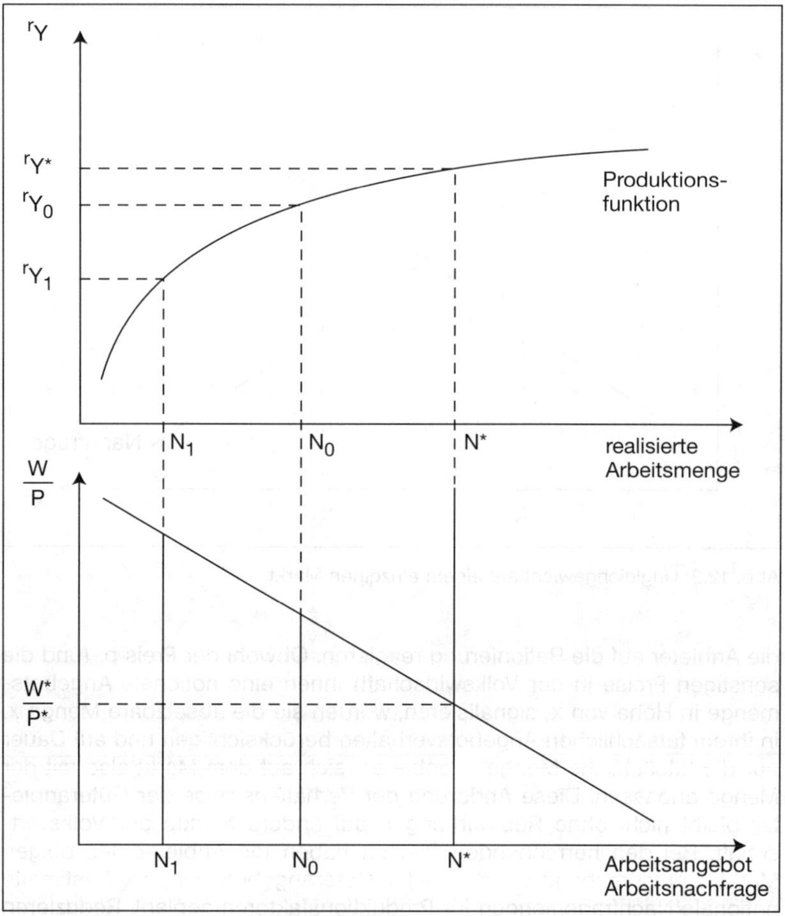

Abb. 12.3: Der Arbeitsmarkt bei gleichgewichtigem und ungleichgewichtigem Gütermarkt

allgemeinen Gleichgewichts: Während sie im Gleichgewicht ihre Pläne und Handlungen nur auf das Preissystem stützen können, bietet dieses im Ungleichgewicht keine hinreichende Planungsgrundlage mehr, sondern muß durch erfahrene und erwartete Mengenbeschränkungen ergänzt werden **(duale Entscheidungshypothese).**

Die Einkommens- und Beschäftigungstheorie mit Mengenbeschränkungen

Zur Vereinfachung berücksichtigen wir im folgenden nur den gesamtwirtschaftlichen Güter- und Arbeitsmarkt. Ferner unterstellen wir, daß das

Preisniveau der Volkswirtschaft und der Geldlohnsatz „eingefroren“, also während der gesamten Betrachtungsperiode fix sind.

In der Volkswirtschaft herrscht in der Ausgangssituation Vollbeschäftigung: Bei dem herrschenden Preisniveau P* und dem Geldlohn W* wird der Arbeitsmarkt beim Gleichgewichtsreallohn W*/P* geräumt und mit der Beschäftigungsmenge N* das Vollbeschäftigungssozialprodukt $^rY^*$ produziert und auch nachgefragt (vgl. Abbildung 12.3).

Sind die Güteranbieter rationiert, so werden sie das Güterangebot an die kleinere Güternachfrage anpassen und auch ihre tatsächliche Arbeitsnachfrage reduzieren. Es entsteht unfreiwillige Arbeitslosigkeit. Die tatsächliche Arbeitsnachfrage wird unabhängig vom Reallohn

Infolge eines Rückganges z. B. der Exporte kommt es nun auf dem Gütermarkt zu einem Angebotsüberschuß. Da das Preisniveau annahmegemäß nicht auf diesen Angebotsüberschuß reagiert, werden die Anbieter des Sozialproduktes ihre Produktion auf das neue Nachfrageniveau senken und nur noch das Sozialprodukt $^rY_0$ anbieten. Das niedrigere Sozialprodukt erfordert zu seiner Produktion eine geringere Beschäftigung als N*, in der Abb. 12.3 die Beschäftigungsmenge N_0. Obwohl der Reallohn auf dem Gleichgewichtsniveau W*/P* bleibt, entsteht auf dem Arbeitsmarkt ein Angebotsüberschuß an Arbeit, also unfreiwillige Arbeitslosigkeit. Diese wird auch dann nicht abgebaut, wenn infolge der Beschäftigungssituation der Geldlohn bei konstantem Preisniveau sinkt. Bei Senkung des Reallohnes wird zwar die notionale Arbeitsnachfrage ansteigen, die – durch das rationierte Güterangebot bestimmte – tatsächliche effektive Arbeitsnachfrage aber bleibt unverändert N_0. In dem in Abb. 12.3 eingezeichneten Bereich wird die Arbeitsnachfrage vollkommen unelastisch.

Infolge des rationierten Arbeitsangebots wird die Güternachfrage eingeschränkt

Die Arbeitsanbieter können also (bei den herrschenden Preisen) ihr geplantes Arbeitsangebot nicht absetzen, d. h. ihr tatsächliches Einkommen liegt unter ihrem notionalen Einkommen. Die Folge wird sein, daß sie ihre Güternachfrage einschränken, wodurch es zu einem weiteren Absinken der gesamtwirtschaftlichen Nachfrage, der Güterproduktion (auf $^rY_1$) und Arbeitsnachfrage (auf N_1) kommt. Der kontraktive Multiplikatorprozeß ist erst abgeschlossen, wenn das auf dem Gütermarkt angebotene Sozialprodukt mit einer Arbeitsnachfrage verbunden ist, die ein tatsächliches Einkommen schafft, bei dem das angebotene Sozialprodukt gerade nachgefragt wird. Dieses **„Rationierungsgleichgewicht“** wird also – bei fixen Preisen – durch Mengenanpassungen auf den Märkten erreicht.

Angebots- und Nachfragemengen auf den Märkten passen sich an, bis ein Rationierungsgleichgewicht erreicht ist

Anders als in den Modellen des traditionellen Keynesianismus kann Arbeitslosigkeit von der Rationierungstheorie auch ohne Abweichung des herrschenden Reallohnes vom Gleichgewichtsreallohn erklärt werden. Eine Senkung des Reallohnes führt bei bestimmten Marktkonstellationen nicht zu einer Zunahme der Beschäftigung. Die Beschäftigung kann dann nur durch eine Erhöhung des gesamtwirtschaftlichen Nachfrageniveaus erhöht werden.

Es sei hier erwähnt, daß die Rationierungstheorie sich nicht auf die Analyse des beschriebenen Falles **keynesianischer Arbeitslosigkeit** be-

Bei keynesianischer Arbeitslosigkeit ist eine Reallohnsenkung kein geeignetes Mittel zur Anhebung der Beschäftigung

schränkt. Neben der keynesianischen Arbeitslosigkeit – die durch eine Rationierungskonstellation gekennzeichnet ist, in der Unternehmer ihre notionale Produktion und Arbeitsanbieter ihr notionales Arbeitsangebot nicht absetzen können – werden auch andere Rationierungskonstellationen berücksichtigt. U. a. wird auch die „klassische Arbeitslosigkeit" analysiert, bei der infolge eines zu hohen Reallohnes für die Unternehmer die Produktion der nachgefragten Gütermenge nicht rentabel ist – also ein Nachfrageüberschuß auf dem Gütermarkt existiert –, während der über dem Gleichgewichtsniveau liegende Reallohn auf dem Arbeitsmarkt das Arbeitsangebot rationiert, also unfreiwillige Arbeitslosigkeit erzeugt. Im Grenzfall fehlender Rationierung auf sämtlichen Märkten der Volkswirtschaft geht die Rationierungstheorie in die allgemeine Gleichgewichtstheorie über. Die Rationierungstheorie ermöglicht somit neben der traditionellen walrasianischen Gleichgewichtsanalyse die Analyse unterschiedlicher Ungleichgewichtssituationen („Regime") auf den Märkten der Volkswirtschaft.

Die Rationierungstheorie bleibt im Kern Gleichgewichtstheorie

Trägt somit die Rationierungstheorie auch der von KEYNES betonten Bedeutung der effektiven Nachfrage für das Beschäftigungsniveau Rechnung, so wird sie gleichwohl selbst von einigen Keynesianern kritisiert. Nach Meinung dieser Kritiker akzeptiert die Rationierungstheorie grundsätzlich den Analyserahmen der walrasianischen Gleichgewichtstheorie. Zwar berücksichtigt sie hierbei die mögliche Existenz von Ungleichgewichten auf Märkten, gleichwohl bleibt das Gleichgewichtskonzept letztlich der relevante Bezugsrahmen: Auf makroökonomischer Ebene wird dies am Konstrukt des Rationierungsgleichgewichts deutlich, im mikroökonomischen Bereich an den lediglich um die Berücksichtigung von Mengenbeschränkungen erweiterten Gewinn- und Nutzenmaximierungskalkülen neoklassischer Prägung. Gleichgewichtsansätze vermögen nach Meinung dieser Keynesianer einem zentralen Phänomen der Wirtschaft, der Unsicherheit, nicht adäquat Rechnung zu tragen.

Im Vergleich zu dieser Kritik aus dem keynesianischen Lager sind die Einwände der Neoklassiker gegen die Rationierungstheorie fast moderat. In erster Linie wird kritisiert, daß die Rationierungstheorie keine theoretische Begründung für die angenommene Inflexibilität der Preise liefert, sondern diese einfach als „empirisch beobachtbares Phänomen" der Theorie zugrunde legt. Ansonsten werden die Ergebnisse der Rationierungstheorie mit dem Hinweis aufgenommen, daß eine Marktwirtschaft mit nicht flexiblen Preisen selbstverständlich nicht reibungslos funktionieren könne und deshalb auch Unterbeschäftigung möglich werde. Skeptisch sind die Neoklassiker bezüglich des Konzeptes des Rationierungsgleichgewichtes, da ein Zustand, in dem die Wirtschaftseinheiten ihre notionalen Angebots- und Nachfragepläne nicht verwirklichen können, kein Gleichgewicht sein könne, sondern nach Veränderung strebe.

3. Der „Neue Keynesianismus"

Der Erfolg der Neuen Klassischen Makroökonomik in den späten 70er und in den 80er Jahren ist zum einen auf die Verwendung des attraktiven Konzeptes der rationalen Erwartungen zurückzuführen, zum anderen der formalen Eleganz dieser Modelle, ihrer mikroökonomischen Fundierung sowie der Annahme stets geräumter Märkte und damit vollkommen flexibler Preise zuzuschreiben. Demgegenüber wurden keynesianische Versuche, empirisch beobachtbare Friktionen auf den Märkten, seien es Informationsdefizite, Elemente der unvollständigen Konkurrenz und – im Zusammenhang hiermit - träge Löhne und Preise in makroökonomische Modelle einzubauen, stets weniger Aufmerksamkeit gewidmet. Auch der Rationierungstheorie, in der allseitige walrasianische Markträumung nur ein Grenzfall ist, war auf diesem Hintergrund viel weniger Erfolg im wissenschaftlichen Bereich beschieden, als sie unseres Erachtens verdient hätte. Der Grund: die angenommene Preisträgheit war nicht mikroökonomisch fundiert. Jedoch sind nicht geräumte Märkte in weiten Teilen der Ökonomie eher die Regel als die Ausnahme. Ist es nicht die Realität, wie GORDON zu Recht fragt, daß Arbeiter in der Rezession zum herrschenden Lohn ihre Arbeit nicht verkaufen können und Unternehmer bei den herrschenden Preisen auf ihren Produkten sitzen bleiben?

Nicht geräumte Märkte sind in der Realität eher die Regel als die Ausnahme

Die keynesianische Theorie der letzten zehn Jahre hat verstärkt versucht, Lohn- und Preisträgheiten auf der Basis von Nutzenmaximierungs- und Gewinnmaximierungskalkülen unter Verwendung der rationalen Erwartungsbildungshypothese mikroökonomisch zu fundieren und dann ihre Konsequenzen für die Gesamtwirtschaft aufzuzeigen. In diesem Zusammenhang ist es sogar zu einer gewissen Renaissance traditioneller keynesianischer Modellansätze gekommen - „mikroökonomisch fundiert" natürlich, eine Eigenschaft makroökonomischer Modelle, die seit den 70er Jahren (leider) viel mehr **das Kriterium** zur Beurteilung einer Theorie geworden zu sein scheint als der reale Erklärungsgehalt der Theorie.

Mikroökonomische Fundierung von Lohn- und Preisstarrheiten

Bevor wir zu einzelnen Bausteinen der Theorie kommen, sei an einer einfachen Definition die Bedeutung träger Preise demonstriert. Definitionsgemäß gilt

$^{r}Y \equiv \frac{Y}{P}$. *In Wachstumsraten ausgedrückt bedeutet dies:*

$$^{r}\hat{Y} \equiv \hat{Y} - \hat{P}$$

Sinkt also das nominale Einkommen aufgrund eines Nachfrageeinbruchs um 5 % und sinken die Preise nicht ebenfalls um 5 %, sondern z. B. nur um 2 %, so sinkt das reale Sozialprodukt um 3 %.

Preisträgheiten können bei Löhnen und Preisen (und natürlich auch bei Zinsen) auftreten. Ist der Nominallohn z. B. träge, d. h., paßt er sich bei einer Verschiebung der Arbeitsnachfragekurve nach unten nicht so schnell an, daß ein neues Gleichgewicht erreicht wird, so spricht man von **nominalen Preisträgheiten.** Von **realen Preisträgheiten** spricht man, wenn sich

Nominale und reale Trägheiten

das Verhältnis eines Geldlohnes zu anderen Geldlöhnen, oder das Verhältnis des Lohnes zum Preisniveau, oder das Verhältnis von Preisen zueinander nicht ändert. Schon seit längerer Zeit beschäftigt sich die keynesianische Theorie mit den Trägheiten von Löhnen, z. B. bei langfristigen Tarifverträgen, die häufig für Unternehmer und Arbeiter optimal sind, da sie Verhandlungs- und Streikkosten minimieren. Erst im letzten Jahrzehnt ist die Analyse der Ursachen und Wirkungen von Preisstarrheiten, und zwar nominaler und realer, mehr in den Vordergrund getreten[2]).

Es würde in unserem Zusammenhang zu weit führen, diese Diskussion nachzeichnen zu wollen; vielmehr wollen wir uns auf ein Beispiel von nominalen Preisrigiditäten und ihren gesamtwirtschaftlichen Auswirkungen beschränken. Die am bekanntesten gewordene Begründung einer (nominalen) Preisrigidität und die Analyse ihrer möglichen gesamtwirtschaftlichen Auswirkungen ist unter dem Stichwort der sog. **Menü-Kosten** diskutiert worden.

Es geht darum, daß die Kosten des „Druckens von Speisekarten" (als Synonym für die Kosten, die einem Unternehmen durch eine Preisanpassung entstehen), das Unterlassen von Preisanpassungen für Unternehmen **rational** machen können. Aber auch wenn diese Preisanpassungskosten auf einzelwirtschaftlicher Ebene relativ gering sind, können damit **große gesamtwirtschaftliche Wirkungen** verbunden sein.

Da Unternehmer bei vollständiger Konkurrenz keine Preise setzen, sondern Preisnehmer sind und sich mit der Menge anpassen (Mengenanpasserverhalten) muß zur Demonstration der obigen Aussage das Unternehmen Preissetzer sein, also z. B. im Rahmen der monopolistischen Konkurrenz anbieten (vgl. Kapitel 5).

Die Preissetzung eines Anbieters bei monopolistischer Konkurrenz

In Abb. 12.4 ist die Nachfrage- und Kostensituation eines solchen Anbieters i dargestellt. In der Ausgangssituation gilt (bei gegebener gesamtwirtschaftlicher Nachfrage) für den einzelnen Anbieter die Nachfragekurve y_0^d mit der entsprechenden Grenzerlöskurve (= Grenzumsatzkurve). Außerdem ist die Grenzkostenkurve des Unternehmers eingezeichnet. Durch den Schnittpunkt von Grenzerlös und Grenzkostenkurve ergibt sich die gewinnmaximierende Angebotsmenge y_0^*. Der entsprechende Punkt F auf der Nachfragekurve gibt den relativen Preis P_0^i/P an, zu dem die Menge abgesetzt werden kann. Diesen relativen Preis wird der Anbieter fordern, wenn er mit keiner Reaktion der Konkurrenz auf seine Preissetzung rechnet. Durch eine Abnahme der gesamtwirtschaftlichen Nachfrage, verursacht z. B. durch eine Abnahme der Exporte, sinkt die Nachfrage nach dem Produkt des betrachteten Unternehmers auf y_1^d, womit eine Linksverschiebung auch der Grenzerlöskurve verbunden ist. Das neue

2) Nach neuesten Forschungen sind reale Trägheiten die eigentlich relevanten. Sie können jedoch problemlos mit dem dargestellten Menü-Kosten-Modell kombiniert werden.

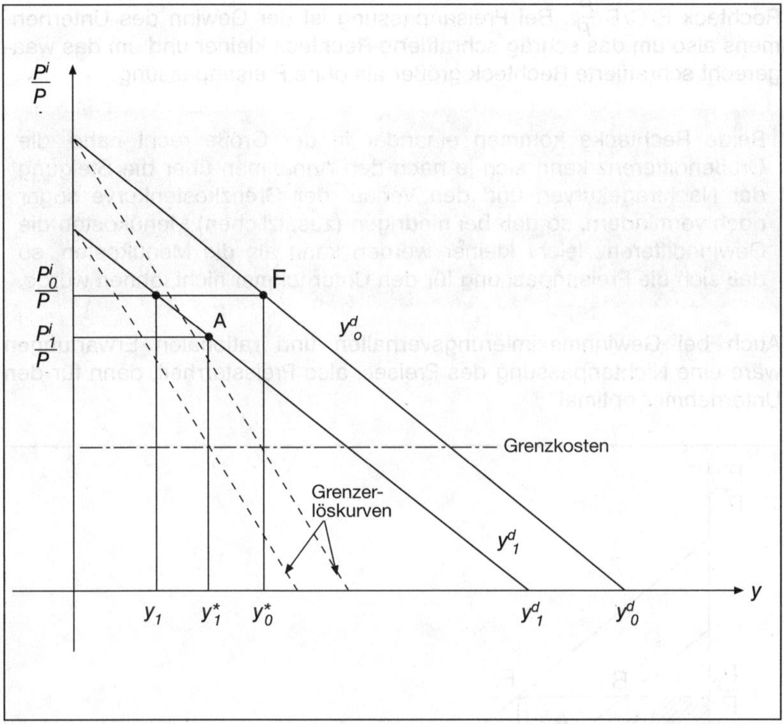

Abb. 12.4: Gewinnoptimale Entscheidungen eines Anbieters bei monopolistischer Konkurrenz

Gewinnmaximum des Anbieters ist durch y_1^* und P_1^i/P gegeben, so daß sich im neuen Optimum eine Abnahme der produzierten Menge und des geforderten Preises durch die Nachfragesenkung ergibt. Als nächstes wollen wir untersuchen, wie sich der Gewinn des Unternehmers ändert, wenn er bei der gesunkenen Nachfrage den alten Preis P_o^i/P fordert, also keine **Preisanpassung** erfolgt. Um die Abbildung nicht zu überladen, reproduzieren wir sie in Abb. 12.5 ohne die Grenzerlöskurven.

Der Gewinn ist gegeben als Umsatz minus Kosten. Wenn keine Verwechslungen möglich sind, wird im folgenden auf den Index i für den i-ten Unternehmer verzichtet. Der Umsatz ist Preis x Menge, also bei Preisanpassung durch das Rechteck O, $\frac{P_i}{P}$, A, y_1^* gegeben. Die Kosten ergeben sich, wie man mathematisch leicht zeigen kann, durch das Rechteck O/E/D/y_1^* (also als Fläche unter der Grenzkostenkurve), so daß bei Preisanpassung das Rechteck E/D/A/$\frac{P_1}{P}$ den Gewinn angibt. Entsprechend ist bei Beibehaltung des alten Preises der Gewinn gleich dem

Rechteck E/C/B/$\frac{P_0}{P}$. Bei Preisanpassung ist der Gewinn des Unternehmens also um das schräg schraffierte Rechteck kleiner und um das waagerecht schraffierte Rechteck größer als ohne Preisanpassung.

Beide Rechtecke kommen einander in der Größe recht nahe, die Größendifferenz kann sich je nach den Annahmen über die Steigung der Nachfragekurven und den Verlauf der Grenzkostenkurve sogar noch vermindern, so daß bei niedrigen (zusätzlichen) Menükosten die Gewinndifferenz leicht kleiner werden kann als die Menükosten, so daß sich die Preisanpassung für den Unternehmer nicht lohnen würde.

Auch bei Gewinnmaximierungsverhalten und rationalen Erwartungen wäre eine Nichtanpassung des Preises, also Preisstarrheit, dann für den Unternehmer optimal.

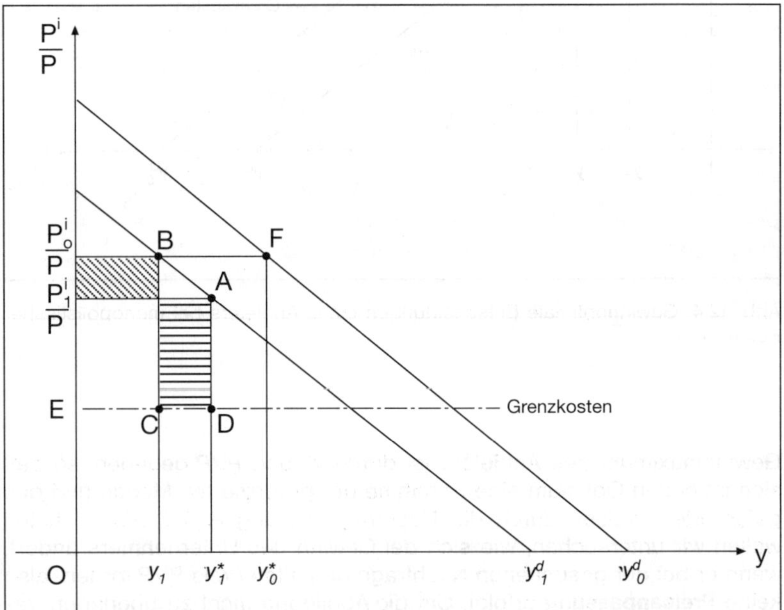

Abb. 12.5: Die Gewinnsituation des Anbieters mit und ohne Preisanpassung

Das Dramatische an diesem Ergebnis ist aber, daß kleine Menükosten hohe gesellschaftliche Kosten nach sich ziehen können. Wie die obige Abbildung zeigt, fällt die Produktion bei Nichtanpassung des Preises sehr stark (auf y_1). Da das bei allen betroffenen Unternehmen so ist – definitionsgemäß trifft ja ein gesamtwirtschaftlicher Nachfragerückgang alle Branchen gleichermaßen – ist die „gesamtwirtschaftliche Externalität“[3]) des Verhaltens der Anbieter von gewaltigem Ausmaß, zumal infolge der fehlenden Preissenkungen die reale Geldmenge nicht wieder ansteigt und damit die gesamtwirtschaftliche Nachfrage nicht wieder erhöht (KEYNES-Effekt). Es ist deshalb keine Frage, daß in einer solchen Situationen eine staatliche Ankurbelung der Nachfrage das kleinere Übel darstellen würde und auch bei rationalen Erwartungen zu dem gewünschten Erfolg – Verbleib der Ökonomie bei der einzelwirtschaftlichen Produktion y_1^* – führen würde.

3) Diese Externalität durch Unterlassen gesellschaftlich wünschenswerten Verhaltens durch Unternehmer ist methodisch durchaus vergleichbar mit Luft- und Wasserverschmutzungen im Zuge der Produktion, für die die gesellschaftlichen Kosten von dem Unternehmen nicht getragen werden.

C. Arbeitsaufgaben

1) *Erläutern Sie, was Sie unter adaptiven Erwartungen verstehen und was der größte Mangel dieser Erwartungsbildungshypothese ist.*

2) *Was sind rationale Erwartungen? Erläutern Sie Ihnen bekannte unterschiedliche Ausprägungen dieser Hypothese!*

3) *Welche Rolle hat die Politikregel im Rahmen der Neuen Klassischen Makroökonomik?*

4) *Zeigen Sie, warum ein positiver Nachfrageschock unter den Bedingungen der Neuen Klassischen Makroökonomik keine Wirkung auf den Output hat?*

5) *Warum sind bei Ungleichgewichtssituationen auf den Märkten der Volkswirtschaft die allein auf den Preisen beruhenden Wirtschaftspläne nicht durchführbar?*

6) *Was besagt die duale Entscheidungshypothese?*

7) *Welche Übertragungs- und Rückkoppelungseffekte ergeben sich in einer aus einem Güter- und einem Arbeitsmarkt bestehenden Volkswirtschaft, wenn, ausgehend von einem Vollbeschäftigungsgleichgewicht, die Nachfrage abnimmt? (Gehen Sie bei der Beantwortung der Frage von den Annahmen der Rationierungstheorie aus.)*

8) *Was ist ein Rationierungsgleichgewicht, und wie stellt es sich ein?*

9) *Erläutern Sie die wirtschaftspolitischen Konsequenzen der keynesianischen Unterbeschäftigung.*

10) Geben Sie mögliche Begründungen für nominal träge Löhne und Preise.

11) Worin besteht der Unterschied zwischen nominalen und realen Rigiditäten?

12) Wie bestimmt ein Anbieter bei monopolistischer Konkurrenz seinen gewinnmaximierenden Preis?

13) Erläutern Sie, inwiefern „kleine" Menükosten „große" gesamtwirtschaftliche Wirkungen haben können.

Lösungsvorschläge für die Arbeitsaufgaben im „Übungsbuch zu Grundlagen und Probleme der Volkswirtschaft".

D. Literatur

BRANSON, William H., Makroökonomie, 3. Auflage, München u. a. 1992

HAGEMANN, KURZ, SCHÄFER (Hrsg.), Die neue Makroökonomik, Frankfurt u. a. 1981

HEUBES, Jürgen, Grundlagen der modernen Makroökonomie, München 1995, Kapitel II, Abschnitt 2.2.2

KROMPHARDT, Jürgen, Arbeitslosigkeit und Inflation. Eine Einführung in die makroökonomischen Kontroversen, Göttingen und Zürich 1987

MANKIW, Nicholas Gregory, Makroökonomik, 3. Auflage, Stuttgart 1993

RAHMEYER, Fritz, Neue klassische Makroökonomie, in: Wirtschaftswissenschaftliches Studium (WiSt), Heft 4, April 1984

ROTHSCHILD, Kurt W., Einführung in die Ungleichgewichtstheorie, Berlin u. a. 1981.

SCHÄFER, Wolf, Volkswirtschaftslehre, München 1997

13. Kapitel
Einnahmen und Ausgaben des Staates

A. Lernzielorientierte Leitfragen und Fragenkomplexe

Leitfrage:
Nach welchen Grundprinzipien erfolgt die Erhebung und Verteilung der Staatseinnahmen in der Bundesrepublik Deutschland?

- *Welches sind die wesentlichen staatlichen Einnahmearten?*
- *Was sind Steuern, und wozu dienen sie?*
- *Wie sind die Steuereinnahmen auf Bund, Länder und Gemeinden verteilt?*
- *Welche relative Bedeutung haben die einzelnen Steuerarten?*
- *Was ist ein Steuertarif, und wann spricht man von einem proportionalen, progressiven und regressiven Tarif?*
- *Wie läßt sich ein progressiver Einkommensteuertarif begründen?*

Leitfrage:
Wie sind die Staatsaufgaben und -ausgaben in der Bundesrepublik Deutschland verteilt, und welche qualitativen und quantitativen Entwicklungen sind zu beobachten?

- *Wie ist die Verteilung der Staatsaufgaben und -ausgaben auf die Gebietskörperschaften geregelt?*
- *Welche Entwicklung zeigen die Staatsausgaben insgesamt, und wie ist diese Entwicklung zu erklären?*
- *Wie verteilen sich die Staatsausgaben auf einzelne Ausgabearten und auf die Gebietskörperschaften?*

B. Sachanalyse

1. Einführung

Wir haben den Staat bereits des öfteren in unsere Betrachtungen einbezogen. Schon in Kapitel 2 wurde ausführlich abgeleitet, daß in Marktwirtschaften dem Staat viele Aufgaben bei der Steuerung des Wirtschaftsprozesses übertragen sind. Zum Sektor Staat werden nach der Konvention der Volkswirtschaftlichen Gesamtrechnung zusammengefaßt:

- die **Gebietskörperschaften** (Bund, Länder, Gemeinden, Gemeindeverbände sowie der Lastenausgleichsfonds und das ERP-Sondervermögen) und
- die **Sozialversicherung** (insbesondere Renten-, Kranken-, Unfall-, Pflege- und Arbeitslosenversicherung).

Nicht zum Sektor Staat werden die staatlichen Unternehmen gezählt. Dabei ist bemerkenswert, daß der Staat – insbesondere aus ordnungspolitischen, aber auch aus einnahmepolitischen Gründen – in den vergangenen Jahren die Privatisierung von Staatsunternehmen bzw. ihm gehörenden Unternehmensbeteiligungen forciert betrieben hat. Der Bund war Ende 1997 noch an 119 Unternehmen beteiligt (Wert der Kapitalbeteiligungen: 65,4 Mrd. DM).

2. Staatseinnahmen

Wichtige Einnahmearten des Staates

Beginnen wir mit den **Einnahmen,** über die jede staatliche Ebene verfügt, um ihre Aufgaben zu erfüllen. Es sind dies: Steuern, Kredite, Gebühren und Beiträge, Erwerbseinkünfte und sonstige Einnahmen (z. B. Münzeinnahmen, Strafgelder).

2.1 Steuern

Unter **Steuern** versteht man Zwangseinnahmen des Staates ohne spezielle Gegenleistung. Diese wird den Staatsbürgern vielmehr in allgemeiner Form gewährt, ohne daß eine genaue Zurechnung auf den einzelnen Steuerzahler möglich wäre. Grundsätzlich wird bei den Steuereinnahmen das **Prinzip der Nichtzweckbindung** angewendet, d. h., alle Steuereinnahmen dienen zur Finanzierung aller Ausgaben (Ausnahme: ein Teil des Mineralölsteueraufkommens fließt zweckgebunden in den Straßenbau). Hauptzweck der Steuererhebung durch den Staat ist in der Regel die **Einnahmeerzielung.** Es können aber auch andere Ziele in den Vordergrund rücken, so daß die Einnahmeerzielung nur Nebenzweck ist. Beispielsweise kann die Steuerpolitik in den Dienst der konjunkturpolitischen Stabilisierung gestellt werden (vgl. Kapitel 11 und 15), oder man versucht, über steuerliche Maßnahmen zur Einkommens- und Vermögensumverteilung beizutragen (vgl. Kapitel 25). Der Zweck der Einnahmeerzielung kann ganz in den Hintergrund treten, wenn der Staat durch sehr hohe Steuersätze versucht, wie etwa bei Alkoholsteuern, gesundheitspolitische Ziele durchzusetzen: je geringer die Einnahmen, desto besser wird die angestrebte Zielsetzung verwirklicht (Prohibitionssteuern).

Zwecke der Steuererhebung

2.1.1 Grundsätze der Besteuerung

Da es sich bei Steuern um Zwangseinnahmen handelt, bedürfen sie einer besonderen Rechtfertigung. Ein **rationales Steuersystem** setzt eine Reihe von Anforderungen voraus. Dazu gehören

- möglichst geringe Verwaltungskosten und möglichst geringe Entrichtungskosten auf seiten der Steuerzahler, deren Privatsphäre zu achten ist;
- die Leistungsbereitschaft der Steuerzahler sollte nicht beeinträchtigt werden;
- die optimale Allokation der Ressourcen sollte nicht gestört werden;
- die Korrektur einer als ungerecht empfundenen Einkommens- und Vermögensverteilung sollte möglich sein;
- das Steuersystem sollte stabilitätspolitischen Erfordernissen genügen und schließlich dürfen
- zwischen diesen Forderungen keine Zielkonflikte auftreten.

Die Besteuerung sollte bestimmten Kriterien folgen

Es dürfte kaum möglich sein, alle Voraussetzungen gleichzeitig zu erreichen. Dennoch stellen solche Überlegungen Prüfsteine für die praktische Finanz- und Steuerpolitik dar. Zu überlegen ist weiterhin, nach welchen Kriterien die Last der Steuern auf die Staatsbürger verteilt werden soll. Dies ist eine normative Frage, die sich nicht ohne Werturteile beantworten läßt.

Die Verteilung der steuerlichen Belastung kann …

Die Erhebung von Steuern kann nach dem **Äquivalenzprinzip** erfolgen. Dabei werden sie als Einnahmen verstanden, die ein direktes Entgelt für vom Staat erbrachte Leistungen darstellen. Hintergrund ist eine individualistische Staatsauffassung, wobei der Staat ein zweckgerichteter Zusammenschluß seiner Bürger ist und folglich „bezahlt" wird, wenn er zu ihren Gunsten Leistungen erbringt. Insofern hätten Steuern den Charakter von Preisen. Eine Gleichbehandlung von Personen wäre immer dann geboten, wenn sie den gleichen Nutzen aus den staatlichen Leistungen zögen. Der Ansatz ist jedoch problematisch, weil der Nutzen nicht unmittelbar gemessen werden kann und jedes Meßverfahrens bei öffentlichen Gütern versagen muß.

… nach dem Äquivalenzprinzip …

Größeres aktuelles Interesse hat das **Leistungsfähigkeitsprinzip.** Hier ist es ohne Bedeutung, welche Leistungen der Staat zur Verfügung stellt und wer die Leistungen in Anspruch nimmt. Jeder soll nach seiner Leistungsfähigkeit zum Steueraufkommen beitragen. Dabei ist eine Staatsauffassung impliziert, die davon ausgeht, daß der Staat ein geschichtlich gegebener Tatbestand ist, der als Voraussetzung für gesellschaftliches und individuelles Leben überhaupt angesehen werden muß. Die Individuen sind Mitglieder eines „Ganzen", zu dessen Funktionsfähigkeit sie beizutragen haben.

… oder dem Leistungsfähigkeitsprinzip erfolgen

Steuerpflichtige mit gleicher steuerlicher Leistungsfähigkeit sollen gleich **(horizontale Gerechtigkeit),** dagegen sollen Zensiten mit unterschiedlicher Leistungsfähigkeit auch unterschiedlich belastet werden **(vertikale Gerechtigkeit).** Problematisch ist an diesem Prinzip die Messung der Leistungsfähigkeit. Ein wissenschaftlich begründetes Verfahren dafür gibt es

Die Leistungsfähigkeit kann direkt nicht gemessen werden

nicht. Deshalb muß man sich an Hilfsgrößen (Indikatoren) orientieren. In Frage kommen vor allem das Einkommen, das Vermögen oder der Konsum. Nach allgemeiner Auffassung gilt das **Einkommen** als die wichtigste Größe. Dazu rechnen alle Bestandteile, die im wirtschaftlichen Sinn Einkommen sind, insbesondere also die Faktoreinkommen (Erwerbseinkommen und Vermögenseinkommen). Strittig kann es sein, die Transfereinkommen in die Einkommensbelastung einzubeziehen, weil damit möglicherweise eine Doppelbelastung gegeben ist (sollen z. B. Renten, und wenn ja, welche Rentenbestandteile oder das Arbeitslosengeld der Besteuerung unterworfen werden?). Nicht belastet werden dagegen Einkommensteile, die keine Leistungsfähigkeit beinhalten: sie müßten in Form von Freibeträgen (z. B. Existenzminimum) oder Abzugsmöglichkeiten (außergewöhnliche Belastungen) von der Besteuerung ausgenommen werden.

Als Alternative zur Einkommensteuer wird eine allgemeine Ausgabensteuer angesehen

In der Steuertheorie gibt es auch eine Reihe von Vorschlägen, mit der Belastung nicht am Einkommen (also dem Ort der Einkommensentstehung), sondern an der **Einkommensverwendung** anzuknüpfen. Dann wird für eine **Ausgabensteuer** (Konsumsteuer) plädiert. Der steuerliche Zugriff erfolgt direkt beim Konsumenten, dessen persönliche Verhältnisse (wie Familienstand, Kinderzahl usw.) berücksichtigt werden sollen. Dabei kann durchaus ein progressiver Tarif zur Anwendung kommen. Mit dieser Besteuerungsform werden nicht nur die Ausgaben für spezielle Konsumgüter, sondern für das gesamte Konsumgüterbündel erfaßt. Die Vorteile der Ausgabensteuer werden vor allem darin gesehen, daß sie lediglich den Konsum, nicht aber das Sparen belastet. Im Gegensatz dazu führt die Belastung von Zinserträgen aus Ersparnissen im Rahmen der Einkommensteuer zu einer Doppelbesteuerung. Folglich kann die Ausgabensteuer zu einer erhöhten Ersparnis, zu einer höheren Risikobereitschaft der Investoren und somit schließlich zu mehr Wachstum führen.

Bei der vertikalen Differenzierung der Steuerbelastung sind die sogenannten Opfertheorien zwar theoretisch einleuchtend, sie sind jedoch nicht operational

Hat man sich für eine Meßgröße für die Leistungsfähigkeit entschieden, und sind damit die Zensiten in eine Rangfolge der steuerlichen Leistungsfähigkeit gebracht, ist über die vertikale Differenzierung der Steuerbelastung zu entscheiden. Hierzu sind – im Sinne der neoklassischen Grenznutzenschule – die sogenannten **Opfertheorien** entwickelt worden. Eine „gerechte" Steuerverteilung liegt dann vor, wenn die Steuerzahlung bei jedem Zensiten das gleiche Opfer im Sinne einer gleichen Einbuße an Wohlfahrt bedeutet. Bei der Theorie des gleichen **absoluten** Opfers ist der Tarif so zu gestalten, daß allen Bürgern der gleiche absolute Nutzenentgang auferlegt wird. Dabei ergibt sich ein proportionaler Tarif, wenn sich der Grenznutzen des Geldes umgekehrt proportional zum Einkommen verhält bzw. eine progressive Belastung, wenn der Grenznutzen stärker fällt als in umgekehrter Proportion zum Einkomen. Dagegen plädiert man in der Theorie des gleichen **relativen** Opfers dafür, daß bei allen Steuerpflichtigen die durch die Besteuerung bewirkte Last im Verhältnis zum Gesamtnutzen des Einkommens gleich sei, der den Zensiten nach der Besteuerung noch verbleibt. Da der Nutzen bei Einkommensstarken trotz der Besteuerung höher ist als bei Einkommensschwachen, wird bei Anwendung dieses Prinzips ein progressiver Tarif abgeleitet werden können. Schließlich wollen wir noch auf die Theorie des gleichen **marginalen** Opfers hinweisen. Durch die Besteuerung soll der marginale Nutzenentgang bei allen Steuerzahlern gleich sein, was darauf hinausläuft, daß der Nutzenentgang aller Zensiten ein Minimum erreicht, das kollektive Gesamtopfer würde minimiert. Wegen der diesen Theorien zugrunde liegenden Voraussetzungen (Probleme der Meßbarkeit des Nutzens, der fraglichen Annahme abnehmenden Grenznutzens, identische Nutzenfunktionen bei den Steuerpflichtigen?) fehlt die Operationalität. Im Ergebnis zeigt sich, daß ein wissenschaftlich begründeter Steuertarif nicht abgeleitet werden kann. Letztlich muß über die Steuertarife, wenn sie dem Prinzip der Belastung nach der persönlichen Leistungsfähigkeit folgen sollen, politisch entschieden werden.

2.1.2 Wichtige Steuern in der Bundesrepublik

In der Bundesrepublik gibt es eine Vielzahl von Steuern. Da diese Steuern in sich häufig sehr kompliziert gestaltet sind, spricht man gelegentlich nicht zu Unrecht von einem Steuer„dschungel". Um Übersicht in die verwirrende Vielfalt zu bringen, haben sich in der Volkswirtschaftslehre gewisse **Gliederungen** der Steuern eingebürgert, die an gemeinsamen Merkmalen bzw. Unterschieden zwischen den einzelnen Steuern ansetzen.

Direkte und indirekte Steuern

Eine sehr alte, aber immer noch häufig verwendete Gliederung der Steuern ist die in **direkte und indirekte** Steuern. Dabei wird meistens darauf abgestellt, ob die Steuer überwälzbar ist, ob also derjenige, der die Steuer an das Finanzamt abführt, mit demjenigen identisch ist, der die wirtschaftliche Last der Steuer trägt. Steuern, bei denen von einer Überwälzbarkeit ausgegangen wird, heißen dann indirekte Steuern; Steuern, die nicht überwälzbar erscheinen, heißen direkte Steuern. Typisches Beispiel für eine direkte Steuer ist die Einkommensteuer, während die Mehrwertsteuer als Prototyp der indirekten Steuer gelten kann.

Gliederung der Steuern nach dem Steuergegenstand

Die Gliederung der Steuern in direkte und indirekte ist zu grob, um Übersicht in das Steuersystem (die Gesamtheit der Steuern) der Bundesrepublik bringen zu können. Wir beschäftigen uns deshalb mit einer etwas detaillierteren Gliederung der Steuern nach dem **Steuergegenstand** (auch Steuerobjekt genannt). Übersicht 13.1 zeigt eine solche Gliederung.

Hierzu einige Anmerkungen. Steuergegenstand bei den Einkommensteuern ist, wie der Name sagt, das Einkommen. Wichtig ist, daß bei der Besteuerung des Einkommens der persönlichen Leistungsfähigkeit des Besteuerten – durch Berücksichtigung z. B. des Familienstandes und der Einkommenshöhe (Steuerprogression) – Rechnung getragen wird. Das unterscheidet die Einkommensteuern von der Ertragsteuer, bei denen die persönlichen Umstände keine Berücksichtigung finden. Gelegentlich

Vermögensteuern

Erbschaftsteuer

spricht man deshalb bei den Einkommensteuern auch von Personalsteuern (**subjektive** Steuern) und bei den Ertragsteuern von Real-(Sach)Steuern (**objektive** Steuern). In diesem Sinn sind die Vermögensteuern – deren Steuergegenstand der Vermögensbestand ist – Personalsteuern. Die Vermögensteuern sind von der Erbschaftsteuer abzugrenzen, die auf den Vermögensübergang kraft Vermächtnisses oder Erbrecht abzielt.

Verkehrsteuern

Verbrauchsteuern

Die Verkehrsteuern knüpfen an Waren- und Dienstleistungskäufe bzw. -verkäufe an. Die wichtigsten Verkehrsteuern sind die Mehrwert- und die Grunderwerbsteuer. Steuergegenstand bei den Verbrauchsteuern ist die Herstellung von Gütern. Ein und dasselbe Gut wird häufig mit einer Verbrauch- und einer Verkehrsteuer belegt, z. B. Bier mit der Biersteuer und der Mehrwertsteuer. Es kommt dann zu einer Doppelbelastung. Verkehr- und Verbrauchsteuern haben gemeinsam, daß die wirtschaftliche Leistungsfähigkeit des Steuerträgers nicht berücksichtigt wird, sie sind also Realsteuern.

Art der Steuer[1])	Beispiele
Einkommensteuern	Einkommensteuer natürlicher Personen (Lohnsteuer, veranlagte Einkommensteuer), Körperschaftsteuer
Verkehrsteuern	Mehrwertsteuer Grunderwerbsteuer Versicherungsteuer
Verbrauchsteuern	Biersteuer Branntweinsteuer Kraftfahrzeugsteuer Tabaksteuer Mineralölsteuer
Ertragsteuern	Gewerbesteuer Grundsteuer
Erbschaftsteuer	Erbschaftsteuer
Zölle	Importzölle

Übersicht 13.1: Wichtige Steuern in der Bundesrepublik

1) Durch das Finanzmarktförderungsgesetz v. 22. 2. 1990 sind die Börsenumsatzsteuer zum 1. 1. 1991 und die Gesellschaftssteuer sowie die Wechselsteuer zum 1. 1. 1992 abgeschafft worden. Im Zuge der Steuerharmonisierung in der EU sind Verbrauchsteuern wie die Teesteuer, Salzsteuer und die Zuckersteuer 1993 abgeschafft worden.

Tab. 13.1: Das Aufkommen wichtiger Steuern in der Bundesrepublik 1960–1997

	1960	1970	1980	1990	1997	1960	1970	1980	1990	1997[3])
	in Mrd. DM					in % des Steueraufkommens				
Steuern vom Einkommen	24,4	61,8	173,8	255,0	369,6	35,6	40,1	47,6	46,4	43,3
davon:										
Lohnsteuer	8,1	35,0	111,5	177,5	298,4	11,8	22,8	31,2	32,3	35,0
Einkommensteuer	8,9	16,0	36,7	36,5	6,5	13,1	10,4	0,7	6,6	0,8
Körperschaftsteuer	6,5	8,7	21,3	30,0	35,6	9,5	5,7	4,2	5,5	4,2
Kapitalertragsteuer	0,8	2,0	4,1	10,8	29,1	1,2	1,3	3,2	2,0	3,4
Umsatzsteuer	14,8	26,7	52,8	78,0	199,9	21,6	17,4	25,1	14,2	23,4
Einfuhrumsatzsteuer	1,3	11,3	40,5	69,5	41,0	1,9	7,4	5,1	12,6	4,8
Gewerbesteuer	6,7	10,7	27,0	38,7	48,6	9,9	7,0	6,1	7,0	5,7
Mineralölsteuer	2,6	11,5	21,3	34,6	66,0	3,9	7,5	8,3	6,3	7,7
Tabaksteuer	3,5	6,5	11,2	17,4	21,2	5,2	4,2	2,7	3,2	2,5
Kraftfahrzeugsteuer	1,4	3,8	6,5	8,3	14,4	2,1	2,5	1,8	1,5	1,7
Grundsteuer	1,6	2,6	5,8	8,7	15,5	2,4	1,8	1,9	1,6	1,8
Vermögensteuer	1,1	2,8	4,6	6,3	1,8[1])	1,6	1,9	0,2	1,2	0,2
Zölle	2,7	2,8	4,6	7,1	6,9	4,1	1,9	0,9	1,3	0,8
Branntweinmonopol	1,0	2,2	3,8	4,2	4,7	1,5	1,4	0,6	0,8	0,6
Biersteuer	0,7	1,1	1,2	1,3	1,7	1,0	0,8	0,2	0,2	0,2
insgesamt[2])	68,6	154,1	364,9	549,6	853,1	100	100	100	100	100

1) Die Vermögensteuer ist seit dem 1. 1. 1997 abgeschafft worden.
2) Die Differenz zu 100 % wird durch das Aufkommen nicht genannter oder zwischenzeitlich abgeschaffter Steuern (Grunderwerbsteuer, Rennwett- und Lotteriesteuern, Wechselsteuer, Versicherungssteuer, Kapitalverkehrsteuern, Zuckersteuer, Kaffeesteuer, Lohnsummensteuer usw.) geschlossen.
3) 1997 einschließlich der neuen Bundesländer.

Quelle: Statistisches Jahrbuch, verschiedene Jahrgänge, Monatsberichte der Deutschen Bundesbank.

Zölle

Zölle sind an den Landesgrenzen erhobene Abgaben für die Ein-, Durch- und Ausfuhr von Waren. Praktische Bedeutung haben in der Bundesrepublik heute vor allem noch die Import-Zölle, obwohl auch diese wegen des früheren Wegfalls der innergemeinschaftlichen Zölle in der Europäischen Union an Bedeutung verloren haben. Häufig werden die Zölle zu den Verbrauchsteuern gerechnet. Sie fließen heute in voller Höhe als eigene Einnahmen in den Haushalt der Europäischen Union (EU).

Bedeutung einzelner Steuerarten

Tabelle 13.1 zeigt das Aufkommen der wichtigsten Steuern in der Bundesrepublik für die Jahre 1960, 1970, 1980, 1990 und 1997 in absoluten Beträgen und in Prozent des Gesamtsteueraufkommens.

Die Einkommensteuern dominieren

Die Einkommensteuern weisen den größten Anteil an den Gesamtsteuereinnahmen sämtlicher Gebietskörperschaften auf, gefolgt von der Mehrwertsteuer. In der zeitlichen Entwicklung zeigt sich, daß die Bedeutung der Einkommensteuern ständig zugenommen, die der Mehrwert- und anderer wichtiger Verkehr- und Verbrauchsteuern dagegen abgenommen hat. Innerhalb der Einkommensteuern ragt die Lohnsteuer, die die Einkommen aus nichtselbständiger Arbeit belastet, heraus. Der Anteil der veranlagten Einkommensteuer ist erheblich zurückgegangen (1960: 13,1 %; 1997: 0,8 %), während der Anteil der Lohnsteuer von (1960) 11,8 % auf (1997) 35 % angestiegen ist.

2.1.3 Verteilung der Steuereinnahmen

Da die Möglichkeiten zur Erfüllung ihrer Aufgaben durch die verschiedenen staatlichen Ebenen von den ihnen zur Verfügung stehenden Mitteln abhängen, ist die Verteilung der einzelnen Steuern auf die Gebietskörperschaften von besonderem Interesse. Sie ist in Artikel 106 des Grundgesetzes geregelt. Die folgende Übersicht 13.2 zeigt die Ertragskompetenz der Steuern in der Bundesrepublik Deutschland.

Die wichtigsten Steuern sind heute Gemeinschaftsteuern

Die Einkommen- und Körperschaftsteuer und die Mehrwertsteuer sind **Gemeinschaftsteuern.** Sie stehen – mit Ausnahme eines 15%igen Anteils der Gemeinden an der Lohn- und Einkommensteuer (und eines 12%igen Anteils an der Zinsabschlagsteuer) – dem Bund und den Ländern gemeinsam zu. Am Aufkommen der Einkommen- (nach Abzug des Gemeindeanteils) und der Körperschaftsteuer sind der Bund und die Länder je zur Hälfte beteiligt, wobei die Verteilung auf die Länder grundsätzlich nach dem örtlichen Aufkommen (zuständiges Finanzamt nach Wohnsitz oder Firmensitz[2]) erfolgt. Die Anteile von Bund und Ländern an der Umsatzsteuer werden durch ein Bundesgesetz, das der Zustimmung des Bundesrates bedarf, festgelegt. Seit 1999 gilt folgende Regelung: Vom Gesamtaufkommen erhält der Bund 5,63 % als Ausgleich für seine Bela-

2) Da sich wegen Berufspendlern bei der Lohnsteuer und wegen der Steuerpflicht von Kapitalgesellschaften bei der Körperschaftsteuer nur in dem Bundesland, in dem der Wohnsitz bzw. der Firmensitz liegt, eine ungleiche Verteilung des Steueraufkommens ergäbe, regeln sogenannte **Zerlegungsgesetze** die Beteiligung der sonst benachteiligten Bundesländer am jeweiligen Steueraufkommen.

Nach Artikel 106 des Grundgesetzes stehen zu

dem Bund

a) **Bundessteuern:**
Zölle
Kapitalverkehrsteuer
Versicherungsteuer
Wechselsteuer
Solidaritätszuschlag
Abgaben im Rahmen der Europäischen Gemeinschaften
Verbrauchsteuern mit Ausnahme der Biersteuer (Branntwein-, Schaumwein-, Zwischenerzeugnis-, Kaffee-, Tabak-, Mineralölsteuer)

b) **Anteil an den Gemeinschaftsteuern:**
Lohnsteuer und veranlagte Einkommensteuer (z. Z. 42,5 vH)
Nicht veranlagte Steuern vom Ertrag und Körperschaftsteuer (50 vH)
Umsatzsteuer – einschließlich Einfuhrumsatzsteuer –[1])

c) **Anteil an der Gewerbesteuerumlage (50 vH)[2])**

dem Bund und den Ländern gemeinsam

a) **Gemeinschaftsteuern:**
Lohnsteuer
Einkommensteuer
Körperschaftsteuer
Umsatzsteuer (einschl. Einfuhrumsatzsteuer)[1])

b) **Gewerbesteuerumlage[2])**

den Ländern

a) **Ländersteuern:**
Vermögensteuer
Erbschaftsteuer
Grunderwerbsteuer
Kraftfahrzeugsteuer
Biersteuer
Rennwett- und Lotteriesteuer
Feuerschutzsteuer
Spielbankabgabe

b) **Anteil an den Gemeinschaftsteuern:**
Lohnsteuer und veranlagte Einkommensteuer (z. Z. 42,5 vH)
Nicht veranlagte Steuern vom Ertrag und Körperschaftsteuer (50 vH)
Umsatzsteuer – einschl. Einfuhrumsatzsteuer –[1])

c) **Anteil an der Gewerbesteuerumlage (50 vH)[2])**

den Gemeinden

a) **Gemeindesteuern:**
Gewerbesteuer[2])
Grundsteuer
Örtliche Verbrauch- und Aufwandsteuer (z. B. Hundesteuer, Vergnügungssteuer)

b) **Anteil an dem Aufkommen der Lohnsteuer und der veranlagten Einkommensteuer (15 vH)**

c) **Steuerzuweisungen durch Landesgesetzgebung**

Anmerkungen:

1) Die Anteile von Bund und Ländern werden jeweils durch Bundesgesetz (mit Zustimmung des Bundesrates) festgesetzt.
2) Der Bund und die Länder werden durch eine Umlage am Aufkommen der Gewerbesteuer beteiligt (Art. 106 Abs. 6 Sätze 4 und 5 GG). Bei ihrer Einführung im Jahr 1970 betrug die Umlage ca. 40 vH des Gewerbesteueraufkommens. Infolge der mehrfachen Absenkung des Umlagesatzes zum Ausgleich kommunaler Steuerausfälle sowie der Entwicklung der Gewerbesteuerhebesätze liegt ihr Anteil am Aufkommen aus der Gewerbesteuer bei gut 20 %.

Übersicht 13.2: Steuerertragskompetenz in der Bundesrepublik Deutschland

stungen aufgrund eines zusätzlichen Bundeszuschusses an die Rentenversicherung der Arbeiter und Angestellten. Vom verbleibenden Aufkommen erhalten die Gemeinden ab 1998 einen Anteil von 2,2 % als Kompensation für den Wegfall der Gewerbekapitalsteuer. Der Rest wird auf den Bund (50,5 %) und die Länder (49,5 %) aufgeteilt. Für die Verteilung zwischen den Ländern ist als Schlüssel die Einwohnerzahl vorgesehen, wodurch sich eine horizontale Ausgleichswirkung zwischen finanzstärkeren und finanzschwächeren Ländern ergibt. Eine Gemeinschaftsteuer ist faktisch auch die Gewerbesteuer, die zwar nach dem Grundgesetz den Gemeinden zusteht, von der jedoch als Gewerbesteuerumlage ca. 4,6 % an den Bund und etwa 16,1 % an die Länder gehen, während 79,3 % den Gemeinden zufließen.

Von allen Steuereinnahmen entfielen im Jahre 1997 auf den Bund 42,9 %, auf die Länder 42,1 % und auf die Gemeinden 10,2 %. Die restlichen 4,8 % des Gesamtsteueraufkommens flossen der Europäischen Union als eigene Einnahmen zu.

2.1.4 Das Ausmaß der steuerlichen Belastung: Der Steuertarif

Steuertarif und Steuerbemessungsgrundlage

Für die Berechnung der steuerlichen Belastung des einzelnen spielen Steuertarif und Steuerbemessungsgrundlage die entscheidende Rolle. Beim Steuertarif unterscheidet man drei Typen:

Man spricht von einem **progressiven Tarif**, wenn mit steigender Bemessungsgrundlage (z. B. das zu versteuernde Einkommen) die steuerliche Belastung stärker steigt als die Bemessungsgrundlage. Man kann auch

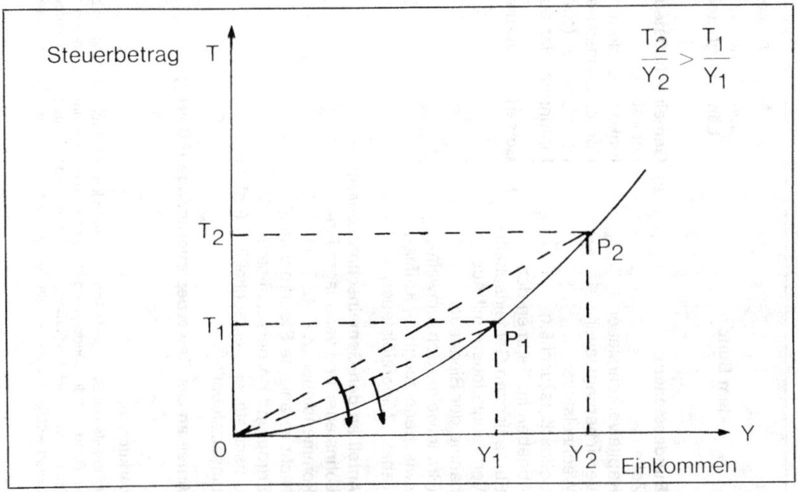

Abb. 13.1: Steuertarif mit direkter Progression

sagen, daß der Durchschnittssteuersatz mit wachsender Bemessungsgrundlage zunimmt. Der Verdeutlichung dient Abbildung 13.1, in der auf der senkrechten Achse der Steuerbetrag T und auf der waagerechten Achse die Bemessungsgrundlage Y (z. B. Einkommen) abgetragen sind. Der Tarif beginnt im Nullpunkt und steigt dann progressiv an. Die durchschnittliche Belastung im Punkt P2, die durch T2 : Y2 ermittelt wird, ist größer als im Punkt P1 (mit dem niedrigeren Einkommen Y1).

Drei Typen von Steuertarifen: progressive, proportionale und regressive

Durchschnittssteuersatz

Beispiel:

Einkommen	Steuerbetrag	Durchschnittsteuersatz
$Y_1 = 1.000,\text{– Euro}$	$T_1 = 100,\text{– Euro}$	$\frac{T_1}{Y_1} = t_1 = 10\,\%$
$Y_2 = 2.000,\text{– Euro}$	$T_1 = 250,\text{– Euro}$	$\frac{T_2}{Y_2} = t_2 = 12{,}5\,\%$

Tariftechnisch läßt sich die sogenannte **indirekte Progression** durch den Einbau eines Freibetrages in einen linearen Steuertarif erreichen. Wie man aus Abb. 14.2 ersehen kann, ist die durchschnittliche Belastung beim Einkommen Y2 höher als bei Y1.

Beispiel:

Einkommen	Steuerbetrag	Durchschnittsteuersatz
$Y_1 = 1.000,\text{– Euro}$	$T_1 = \ \ 50,\text{– Euro}$	$\frac{T_1}{Y_1} = t_1 = 5\,\%$
$Y_2 = 2.000,\text{– Euro}$	$T_2 = 150,\text{– Euro}$	$\frac{T_2}{Y_2} = t_2 = 7{,}5\,\%$
	Freibetrag 500,– Euro	

Wie aus Abb. 13.2 ersichtlich, wird das den Freibetrag übersteigende Einkommen mit dem gleichen Steuersatz (z. B. 10 %) belastet. Bezogen auf das **Gesamteinkommen** ergibt sich dadurch eine Progression.

Ein **proportionaler Steuertarif** liegt vor, wenn die durchschnittliche steuerliche Belastung immer gleich hoch ist. Beispiel: bei der Mehrwertsteuer beträgt gegenwärtig die Belastung im Regelfall 16 %.

Sehr selten sind sogenannte **regressive Tarife,** bei denen mit wachsender Bemessungsgrundlage das Ausmaß der steuerlichen Belastung abnimmt. Das Extrem stellt eine Kopfsteuer dar, bei der jeder Staatsbürger unabhängig von seiner Einkommenshöhe einen bestimmten Steuerbetrag zu entrichten hat.

Neben dem Durchschnittssteuersatz, an dessen Veränderung man den Tariftyp erkennen kann, spielt in der steuerpolitischen Diskussion der **Grenzsteuersatz** eine besondere Rolle. Er gibt an, wieviel Steuern man

Grenzsteuersatz

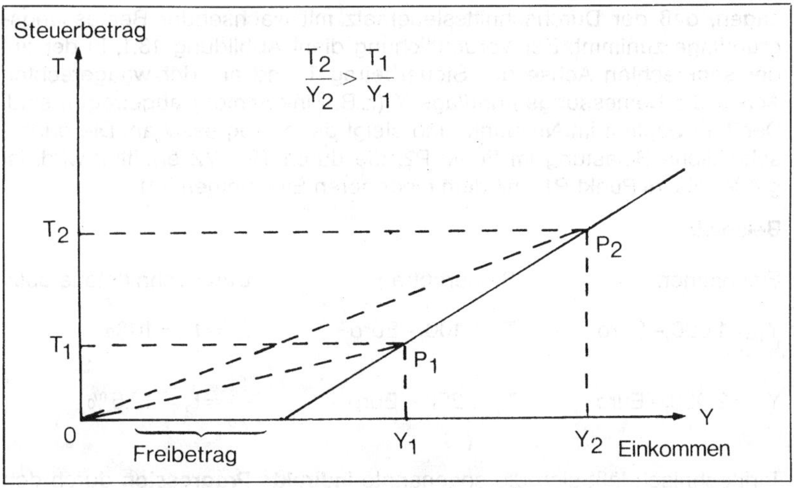

Abb. 13.2: Steuertarif mit indirekter Progression

zusätzlich entrichten muß, wenn die Bemessungsgrundlage (z. B. das Einkommen) um eine Einheit steigt. Für höchste Einkommen wird der Grenzsteuersatz auch häufig **Spitzensteuersatz** genannt.

Abb. 13.3: Der Einkommensteuertarif 1999

Wir erläutern die bisher verwendeten Begriffe am Beispiel des ab 1999 geltenden Einkommensteuertarifs (Grundtabelle für Ledige) in der Bundesrepublik (vgl. auch Abb. 13.3).

Nach diesem Tarif:

- ist ein steuerpflichtiges Einkommen von 0 DM bis 13.067 DM steuerfrei (13.067 DM ist der sog. Grundfreibetrag),
- unterliegt ein steuerpflichtiges Einkommen von 13.068 DM einem Grenzsteuersatz von 23,9 % (Eingangssteuersatz[3]), der bis 17.064 DM auf 26,7 % ansteigt, d. h., von 1 DM Mehrverdienst müssen 23,9 Pfennig (bei einem Einkommen von z. B. 13.069 DM) an das Finanzamt abgeführt werden.
- Es folgt ein flacher, geradlinig-progressiver Anstieg bis zu einem Steuersatz von 36,7 % (bei 66.366 DM). An diesem Knickpunkt geht der Tarif in einen steileren Teil über. Alle Einkommen, die über 120.000 DM hinausgehen, werden dem Grenzsteuersatz von 53 % (Spitzensteuersatz) unterworfen.

Durch den Freibetrag (nur das darüber hinausgehende Einkommen wird besteuert) ergibt sich eine **indirekte Progression:** Bei einem Einkommen von 130.000 DM ergibt sich (ohne irgendwelche Abzugsmöglichkeiten wie Werbungskosten oder Sonderausgaben) ein Steuerbetrag von 61.974 DM, der Durchschnittssteuersatz beläuft sich auf 47,7 %.

Das Problem der Spitzenbelastung

Die steuerliche Belastung muß aber auch **sozialpolitischen Zielen** genügen. Aufgrund eines Urteils des Bundesverfassungsgerichts aus dem Jahre 1992 mußte der Grundfreibetrag bei der Einkommensteuer auf das Existenzminimum erhöht werden. Dies hat der Gesetzgeber ab 1996 berücksichtigt. Anfang 1999 hat das Bundesverfassungsgericht ein spektakuläres Urteil zur Familienbesteuerung gefällt: Der steuerliche Freibetrag muß für Verheiratete mit einem Kind ab dem Jahr 2000 um mehr als 9.500 DM erhöht werden. Bis 1999 hatten nur unverheiratete oder dauernd getrennt lebende Eltern diesen Steuervorteil. Diese Ungleichbehandlung wurde für verfassungswidrig erklärt. Der Gesetzgeber muß die Entscheidung in zwei Schritten bis zum Jahre 2002 umsetzen. Sollte der Kinderfreibetrag oder das Kindergeld bis Ende 1999 nicht angehoben worden sein, erhöht sich der Kinderfreibetrag von derzeit 6.912 DM um 4.000 DM für das erste und um 2.000 DM für jedes weitere Kind. Nicht aus sozialpolitischen Gründen, sondern wegen teilweiser Verfassungswidrigkeit[4]) ist die Vermögensteuer ab 1997 weggefallen.

---

3) Ab dem Jahr 2000 (2002) sinkt der Eingangssteuersatz auf 22,9 % (19,9 %).

4) Im Juni 1995 entschied das Bundesverfassungsgericht, daß die Besteuerung von Häusern und Grundstücken nach den niedrigen Einheitswerten von 1964, die nur 3 bis 30 % des Verkehrswerts erreichten, eine erhebliche Besserstellung bedeutete als die Belastung anderer Vermögenswerte (Aktien, Geld, Kunstsammlungen usw.), so daß der Gleichheitsgrundsatz nach Art. 3 GG verletzt sei.

In der politischen Auseinandersetzung ist der höchste Grenzsteuersatz, die sogenannte **Spitzenbelastung,** seit jeher stark umstritten. Er betrug bei der Einkommensteuer bis Ende 1974 53 % (ohne Kirchensteuer). 1975 wurde die Spitzenbelastung auf 56 % angehoben. Mit der 1990 in Kraft getretenen Steuertarifreform wurde der höchste Grenzsteuersatz wieder auf 53 % gesenkt. Durch das Steuerentlastungsgesetz 1999/2000/2002 (Bundesgesetzblatt Teil I, Nr. 15 v. 31. 3. 1999) wird die Spitzenbelastung auf 51 % ab einem Einkommen von 114.696 DM (Jahr 2000) und 48,5 % ab einem Einkommen von 107.568 DM (Jahr 2002) verringert. Bei gewerblichen Einkünften wurde der Spitzensteuersatz 1999 auf 45 % gesenkt.[5])

Umstritten ist die **Spitzenbelastung** vor allem deswegen, weil es offenbar Grenzen der steuerlichen Belastbarkeit gibt. Würde man sie überschreiten, müßte man mit einer Einschränkung der Leistungsbereitschaft bei den Betroffenen rechnen. Würde der höchste Grenzsteuersatz z. B. 100 % betragen, so würde es sich allein aus finanziellen Gründen nicht mehr lohnen, mehr Einkommen zu erzielen, da jede zusätzliche verdiente Mark an den Staat abzuführen wäre, wenn man unter den Spitzensteuersatz fällt. Dabei ist indes zu beachten, daß bei hohem Einkommen durchaus **nicht-finanzielle Leistungsmotive** (Macht, Prestige) in den Vordergrund treten können, die die negativen Leistungsanreize infolge hoher Grenzsteuersätze abschwächen können.

In diesem Zusammenhang ist auf zwei Begründungen progressiver Einkommensteuertarife einzugehen.

Begründung der Einkommensteuerprogression

(1) Da „Reiche" wegen ihres in bezug auf ihr Einkommen geringen Konsums einen relativ geringen Anteil indirekter Steuern **(Regressionswirkung der indirekten Steuern)** zu tragen haben, sollen sie als Kompensation bei den direkten Steuern überproportional herangezogen werden.

(2) Unter der Voraussetzung eines abnehmenden Grenznutzens des Geldes (also desjenigen Nutzens, den eine zusätzlich verfügbare DM stiftet) werden die Reichen die Besteuerung zusätzlicher Einkommensteile als weniger „schmerzhaft" empfinden als die Bezieher niedriger Einkommen, so daß erstere entsprechend ihrer Opferfähigkeit progressiv belastet werden können.

Die zweite Begründung für eine progressive Einkommensteuer ist trotz ihrer Plausibilität wegen der Grundannahme über die Entwicklung des Grenznutzens des Geldes problematisch. Das Vorhandensein eines abnehmenden Grenznutzens des Geldes ist nicht sicher und das Problem seiner Meßbarkeit ungelöst. Da sich ökonomische Begründungen für die steuerliche Belastung einzelner Einkommensgruppen ohne Werturteile nicht geben lassen, ist es verständlich, daß das Maß der Progression, das für die Steuerwirkungen mit entscheidend ist, durch die politischen Entscheidungsträger festgelegt wird.

---

5) Ob diese Differenzierung im Rahmen der Einkommensteuer verfassungsgemäß ist, wird vom Bundesverfassungsgericht überprüft (Stand: Mai 1999).

Will man, wie oben angedeutet, die Steuern als Mittel zur Durchsetzung wirtschafts- und finanzpolitischer Ziele einsetzen, so ist die Kenntnis ihrer Wirkungen von Bedeutung. Dabei ist zu untersuchen, ob und wenn ja wie es den Besteuerten möglich ist, sich der Steuerbelastung zu entziehen (Steuerabwehrwirkungen).

Steuerhinterziehung

Allgemein bekannt ist die **Steuerhinterziehung**, die eine rechtswidrige, durch das Steuerstrafrecht zu ahndende Form der Steuerminderung darstellt (z. B. Abgabe einer falschen Steuererklärung). Demgegenüber ist die **Steuervermeidung** eine rechtlich zulässige, u. U. sogar erwünschte Form der Steuerminderung. Sie ist zu definieren als eine Einschränkung des steuerlichen Tatbestandes durch den Besteuerten (z. B. durch Einschränkung des Verbrauchs besteuerter Güter, durch Verlegung von Produktionsstätten in „Steueroasen", durch Änderung der Rechtsform von Unternehmen). Bei der **Steuereinholung** versucht der Steuerschuldner, eine wachsende steuerliche Belastung durch eine Steigerung seiner Leistung zu kompensieren. Ein „Zwang" zu einem solchen Verhalten kann vorliegen, wenn man einen erreichten Lebensstandard halten möchte oder wenn man hohe laufende finanzielle Verpflichtungen zu erfüllen hat.

Steuervermeidung

Steuereinholung

Die wichtigste Steuerwirkung ist die **Steuerüberwälzung**, die man als den gelungenen Versuch des Steuerschuldners bezeichnen kann, ihm auferlegte Steuern im Preisbildungsprozeß auf andere Marktteilnehmer zu verlagern (seinen Nachfragern durch höhere Preise; seinen Lieferanten durch niedrigere Preise). Während man bei den sogenannten indirekten Steuern (Kostensteuern wie Verbrauchsteuern, Mehrwertsteuern usw.) allgemein die Überwälzbarkeit unterstellen kann, ist diese Steuerwirkung bei den direkten Steuern (insbesondere der Einkommensteuer) umstritten. Langfristig lassen sich aber auch hier Überwälzungsprozesse feststellen.

Steuerüberwälzung

Tab. 13.2: Abgabenquote im internationalen Vergleich (Steuern und Sozialabgaben in v. H. des BIP)

	1970	1980	1990	1996[1])
Deutschland	32,9	38,2	38,5	41,4
Dänemark	40,4	45,5	48,7	51,9
Frankreich	35,1	41,7	43,7	45,7
Japan	19,7	25,4	31,3	28,5
Niederlande	36,7	44,7	44,6	43,9
Norwegen	39,3	47,1	41,8	41,4
Schweden	40,4	49,1	55,6	51,9
Schweiz	23,8	30,8	31,5	35,1
USA	29,2	29,3	26,7	27,9

1) 1996 einschließlich der neuen Bundesländer

Quelle: Finanzbericht 1999, S. 355.

Gesamtwirtschaftliche Maße für die Steuerbelastung

Bei der Erörterung der Frage nach dem Maß der steuerlichen Belastung wird immer wieder auf die gesamtwirtschaftliche **Steuerquote** und die gesamtwirtschaftliche **Abgabenquote** (Belastung durch Steuern und Sozialabgaben) im internationalen Vergleich hingewiesen. Hier zeigt sich (vgl. Tab. 13.2), daß die Belastung mit staatlichen Abgaben in Prozent des Bruttoinlandsproduktes in den skandinavischen Ländern sowie den Niederlanden und Frankreich gegenwärtig am höchsten, in Japan, der Schweiz und den USA am geringsten ist, während die Bundesrepublik einen Mittelplatz einnimmt. Doch bleiben solche Vergleiche wegen der unterschiedlichen Berechnungsmethoden und der verschiedenen Steuer- und Sozialversicherungssysteme immer problematisch.

2.2 Ökologische Steuerreform

Unter einer ökologischen Steuerreform wird ein **Steuerreformprogramm** verstanden, das aus den folgenden Elementen besteht:

Elemente einer ökologischen Steuerreform

1. Erweiterung der Steuerbasis um Aktivitäten, die zu Umweltbelastungen führen;
2. Allmähliche Verbreiterung dieser Steuerbasis sowie allmähliche und langfristig angekündigte Erhöhung der Steuersätze in preisbereinigten Werten;
3. Herstellung einer (teilweisen) Aufkommensneutralität durch kompensierende Entlasung im Bereich anderer Aufgaben.

Im Vordergrund der wissenschaftlichen und politischen Diskussion stehen eine Energiesteuer (z.B. die Besteuerung von Strom, Gas, Mineralöl und Benzin) sowie eine Abgabe auf den CO_2-Ausstoß. Unumstritten ist die Tatsache, daß ein nachhaltiges Wirtschaftsverhalten zur Bewahrung unserer Lebensgrundlagen durch den sparsamen Umgang mit Ressourcen und die Minderung der Umweltbelastung erforderlich ist. Klimakatastrophe, Treibhauseffekt und Ozonloch sind nicht nur Schlagwörter der Tagespresse, sie zwingen zum Handeln. Eine Ökosteuer kann grundsätzlich zur Erreichung solcher umweltpolitischen Ziele beitragen.

Gründe für eine ökologische Besteuerung

Für eine ökologische Steuerreform gibt es eine Reihe von Argumenten: Die Inanspruchnahme von früher als „frei" angesehenen Gütern (Wasser, Luft, usw.) verursacht Kosten. Diese Kosten werden als **Sozialkosten** (soziale Zusatzkosten) bezeichnet. Darunter verstehen wir alle direkten und indirekten Verluste, die Drittpersonen oder die Allgemeinheit als Folge einer uneingeschränkten wirtschaftlichen Tätigkeit zu tragen haben. Eine der Ursachen liegt im Streben nach Minimierung der privaten Produktionskosten, in die die Kosten der Umweltbelastung nicht eingehen. Die zu geringe Belastung mit diesen volkswirtschaftlichen Kosten in Relation zum Ressourcenverbrauch führt i.d.R. zu einem Überangebot. Sozialkosten sind **Opportunitätskosten,** die einer effizienteren Verwendung entzogen werden. Die Effizienzbedingung verlangt aber, daß derjenige, der eine wirtschaftliche Tätigkeit ausübt, die vollen volkswirtschaftlichen Kosten zu tragen hat. Somit ist eine Steuer auf die Energie und/oder deren Verbrauch eine mögliche Form, zur Internalisierung der sozialen Kosten beizutragen.

In Deutschland ist die erste Stufe der Ökosteuerreform im April 1999 in Kraft getreten[6]). Sie enthält folgende Elemente:

Elemente der Ökosteuer in Deutschland

- Einführung einer Stromsteuer mit 2 Pfennig je Kilowattstunde.
- Erhöhung der Mineralölsteuer auf Benzin und Dieselkraftstoff um 6 Pfennig, auf Heizöl um 4 Pfennig je Liter. Für Gas gilt ein um 0,32 Pfennig je Kilowattstunde erhöhter Steuersatz.
- Das produzierende Gewerbe sowie die Land- und Forstwirtschaft werden ab einem Energieverbrauch von über 50.000 Kilowattstunden pro Jahr nur mit 20 % des Regelsteuersatzes belastet.
- Die Deutsche Bahn AG und Oberleitungsbusse im öffentlichen Personennahverkehr zahlen mit 1 Pfennig pro Kilowattstunde die Hälfte des Regelsteuersatzes.

Mit den Einnahmen aus der Ökosteuer sollen im Gegenzug die Beiträge zur Gesetzlichen Rentenversicherung um 0,8 Prozentpunkte (von derzeit 20,3 % auf 19,5 %) gesenkt werden. Von seiten der Wirtschaft wurde an dieser Reform kritisiert, daß sie lediglich eine Umverteilung bewirkt, nicht jedoch zu einer Entlastung der Unternehmen führt.

2.3 Andere staatliche Einnahmen

Andere staatliche Einnahmen haben eine geringe Bedeutung

Im Vergleich zu den Steuern haben die anderen Einnahmen der staatlichen Ebenen nur eine untergeordnete Bedeutung. Unter den Erwerbseinkünften versteht man die Einnahmen des Staates, die er durch eigene wirtschaftliche Tätigkeit erzielt (vgl. Abschnitt 1 dieses Kapitels). Seine Funktion als Hoheitsträger ist dabei also unbeachtlich. Da staatliche Betriebe zum Teil nicht am Ziel der Gewinnmaximierung orientiert sind, sondern durch das Prinzip der Kostendeckung soziale Belange Berücksichtigung finden sollen, ist die angesichts des großen öffentlichen Vermögens recht niedrige Einnahme aus wirtschaftlicher Tätigkeit verständlich. Während die Erwerbseinkünfte marktwirtschaftliche Einnahmen darstellen, haben **Gebühren** und **Beiträge** Zwangscharakter. Sie unterscheiden sich aber von den Steuern dadurch, daß der Staat eine spezielle Gegenleistung bietet. Beispiel für Gebühren: Gebühren bei der Ausstellung eines Reisepasses oder bei der Eheschließung; Beispiel für Beiträge: Straßenanliegerbeiträge. Während man sich der Zahlung von Gebühren durch Nichtinanspruchnahme der staatlichen Leistung „entziehen" kann, ist dies bei den Beiträgen nicht möglich. Daneben haben **Kredite,** die die

6) Vgl. dazu das „Gesetz zum Einstieg in die ökologische Steuerreform" v. 24. 3. 1999, BGBl I Nr. 14 v. 29. 3. 1999, S. 378 ff.

öffentlichen Haushalte zur Deckung ihrer Defizite aufnehmen, erhebliche Bedeutung (vgl. Kap. 14, Abschnitt 2). Diese Kredite zählen ebenfalls zu den staatlichen Einnahmen.

3. Staatsausgaben

3.1 Staatliche versus private Aufgabenerfüllung

Zwei konkurrierende Grundprinzipien: Eigenverantwortlichkeit versus gesellschaftliche Solidarität

Es gibt eine Reihe von Beispielen aus den letzten Jahren, durch die die intensive Diskussion über Eigenverantwortlichkeit der Bürger versus Sozialstaat und gesellschaftlicher Solidarität sowie die Rolle des Staates in der Wirtschaft belegt werden kann. Dabei geht es um viele sozio-ökonomische Felder: Die Soziale Sicherung, die Arbeitsmarktentwicklung, die Bereitstellung von Gütern und Dienstleistungen durch den Staat. Ein Teil dieser Diskussion ist aus fiskalischen Zwängen heraus entstanden. Wichtige Anstöße sind auch aus dem europäischen Integrationsprozeß gekommen (z. B. die Privatisierung staatlicher Monopolunternehmen [Post- und Telekommunikationssektor, Bahn] und die Liberalisierung im Bereich der Finanzdienstleistungen, der Energiewirtschaft, im Luftverkehr usw.). Der Zwang, die Konvergenzkriterien nach dem Vertrag von Maastricht (gemäß Art. 121 und 104 EG-Vertrag) einhalten zu müssen, hat ebenfalls zu dieser Entwicklung beigetragen. Sie sind ein Beleg dafür, daß in Europa eine „offene Marktwirtschaft" (Art. 4 EG-Vertrag) als wirtschaftspolitische Konzeption angestrebt wird, in der nationale staatliche Interventionen in den Wirtschaftsprozeß zu unterbinden sind, weil sie zu Verzerrungen im zwischenstaatlichen Wettbewerb führen.

Wie wir aus der Volkswirtschaftlichen Gesamtrechnung wissen, produziert neben den Unternehmen und den privaten Haushalten auch der Sektor Staat Güter und Dienstleistungen. Dafür tätigt der Staat Ausgaben. Bei den staatlichen Leistungen muß zwischen verschiedenen Kategorien unterschieden werden.

Zum einen handelt es sich um die Produktion durch **staatliche Unternehmen,** deren Güter und Dienstleistungen zu Marktpreisen verkauft werden. Hier stellt sich die Frage, ob es in bezug auf die Erfüllung gesellschaftlicher Ziele gerechtfertigt ist, daß der Staat die Funktion der Güterproduktion anstelle von privaten Unternehmen übernimmt. Wenn bisher in staatlichen Unternehmen Güter hergestellt wurden, geht es um die Frage der Privatisierung dieser Unternehmen. Dafür gibt es eine Reihe von Beispielen wie die Privatisierung der Post, der Telekom, der Deutschen Bahn usw.

Zum anderen stellt der Staat **öffentliche** oder **Kollektivgüter** wie öffentliche Sicherheit (nach innen und außen), Nutzung der Verkehrswege, Ausbildungsmöglichkeiten usw. bereit. Diese Güter werden vom Staat mit Hilfe seiner Arbeitskräfte (Beamte, Arbeiter und Angestellte), seiner Gebäude und sonstigen Anlagen (Straßen, Wasserwege, Schulen, Hochschulen) sowie der von ihm eingekauften Vorleistungen (Büromaterial, Energiekosten usw.) produziert und der Öffentlichkeit normalerweise ohne direktes Entgelt zur Verfügung gestellt (spezifisch öffentliche Güter). Zwar zahlt der Bürger Steuern für die staatlichen Leistungen, jedoch läßt sich hier keine unmittelbare Zuordnung zwischen Stueern und Inanspruchnahme der öffentlichen Güter herstellen. Es bedarf einer besonderen Rechtfertigung für die Produktion bzw. das Angebot öffentlicher Güter. Ginge es nur um Allokationseffizienz und Rentabilitätskriterien, würde man vermutlich die private Produktion vorziehen. Indes spielen bei der Festlegung des vom Staat bereitzustellenden Güterbündels auch soziale bzw. verteilungspolitische Gründe eine Rolle. Dazu ein Beispiel:

Die Bereitstellung öffentlicher Güter ist nur vor dem Hintergrund des gesamten gesellschaftspolitischen Zielbündels zu verstehen

Durch die **Gebührenfreiheit an Hochschulen** soll das Prinzip der Startchancengleichheit erfüllt werden. Studierende, die aus Haushalten mit niedrigem Einkommen stammen, könnten sich sonst ein Hochschulstudium nicht leisten. Es kommt hinzu, daß die ressourcenarme Bundesrepublik, die im wesentlichen ihre wirtschaftliche Leistungsfähigkeit auf dem Faktor Humankapital aufgebaut hat, gerade diesen Produktionsfaktor fördern muß. Über das gebührenfreie Studium werden auch Ressourcen aus Haushalten mit niedrigem Einkommen erschlossen, was für die zukünftige Entwicklung unserer Wirtschaftsgesellschaft unverzichtbar ist.

Ein Beispiel

Ein weiteres Güterbündel, das vom Staat bereitgestellt wird bzw. auf dessen Konsum der Staat Einfluß nimmt, sind die sogenannten **meritorischen Güter,** die auch als Mischgüter bezeichnet werden. Sie liegen vor, wenn die Nachfrage der Privaten nicht den gesellschaftlich gewünschten Umfang erreicht. Zwar könnten solche Güter grundsätzlich auch über den Markt angeboten werden, es ist aber nicht sichergestellt, daß der private Konsum als ausreichend angesehen wird, so daß staatliche Eingriffe in die Präferenzen der Konsumenten erforderlich sind. Das klassische Beispiel ist der Impfschutz gegen ansteckende Krankheiten. Grundsätzlich kann man sich selbst gegen Erkrankung schützen, indem man sich gegen eine Gebühr impfen läßt. Dadurch hat man nicht nur selbst einen privaten Nutzen, sondern mit der Zahl der Geimpften steigt auch der gesellschaftliche Nutzen, weil die Gefahr von Epidemien verringert wird. Es entsteht also ein positiver externer Effekt. Wenn dagegen das Risiko, sich anzustecken, als gering eingeschätzt wird, kann es im Extremfall zu hohen sozialen Kosten kommen, falls sich die Epidemie ausbreitet. Insofern scheint es angezeigt, daß der Staat einen Impfzwang erläßt. Es ist auch zu rechtfertigen, wenn die Impfkosten vom Staat übernommen oder subventioniert werden.

Die meritorischen Güter als Sonderfall

3.2 Verteilung der staatlichen Aufgaben

Aus den Einnahmen, die den verschiedenen Gebietskörperschaften zufließen, müssen die Staatsausgaben bestritten werden. Die Höhe der Staatsausgaben wird wesentlich bestimmt durch die von den staatlichen Ebenen wahrzunehmenden **Aufgaben.** Die Verteilung der Aufgaben ist ebenfalls im Grundgesetz geregelt:

Art. 30 (Funktion der Länder)

Die Ausübung der staatlichen Befugnisse und die Erfüllung der staatlichen Aufgaben ist Sache der Länder, soweit dieses Grundgesetz keine andere Regelung trifft oder zuläßt.

Verteilung der staatlichen Aufgaben

In den Grundgesetzartikeln über die Gesetzgebung (Art. 70 ff) ist die Aufgabenverteilung genauer festgelegt. Nach Art. 73 hat der Bund die **ausschließliche Gesetzgebung** beispielsweise über auswärtige Angelegenheiten, Verteidigung, Zivilschutz, Währungs- und Geldwesen, Bundesbahn und Bundespost. Die **konkurrierende Gesetzgebung** hat der Bund über beispielsweise das Bürgerliche Recht und Strafrecht, die öffentliche Fürsorge, Versorgung der Kriegsbeschädigten und Kriegshinterbliebenen, das Arbeitsrecht, die Regelung der Ausbildungsbeihilfen und die Förderung der wissenschaftlichen Forschung. Sofern also der Bund nicht die ausschließliche Gesetzgebung hat und sofern er im Bereich der konkurrierenden Gesetzgebung nicht tätig geworden ist, erfüllen die Länder alle staatlichen Aufgaben. Den Gemeinden muß dabei das Recht gewährleistet sein, alle Angelegenheiten der örtlichen Gemeinschaft im Rahmen der Gesetze in eigener Verantwortung zu regeln.

Obwohl die Länder grundsätzlich die staatlichen Aufgaben zu erfüllen haben, ist auch in der Bundesrepublik eine zunehmende **Zentralisierung** von Aufgaben beim Bund festzustellen. Bei bestimmten Aufgaben wirkt der Bund bei der Erfüllung von Aufgaben der Länder mit, wenn diese Aufgaben für die Gesamtheit bedeutsam sind und die Mitwirkung des Bundes zur Verbesserung der Lebensverhältnisse erforderlich ist. Derartige Vorhaben nennt man **Gemeinschaftsaufgaben.** Zu ihnen gehören der Ausbau und Neubau wissenschaftlicher Hochschulen, die Verbesserung der regionalen Wirtschaftsstruktur sowie die Verbesserung der Agrarstruktur und des Küstenschutzes (Art. 91 a Grundgesetz). Es ist darauf hinzuweisen, daß der Bund über die Gemeinschaftsaufgaben und sonstige Finanzzuweisungen Höhe und Struktur der Ausgaben der nachgeordneten Gebietskörperschaften z. T. nicht unwesentlich mitbestimmt. Dies ist gerade für die Diskussion evtl. auftretender Folgekosten von Bedeutung.

Aus der Verteilung der Aufgaben ergibt sich die Verteilung der Ausgaben nach Art. 104a Grundgesetz.

Verteilung der Staatsausgaben

Art. 104 a (Lastenverteilung)

(1) Der Bund und die Länder tragen gesondert die Ausgaben, die sich aus der Wahrnehmung ihrer Aufgaben ergeben, soweit dieses Grundgesetz nichts anderes bestimmt.

(2) Handeln die Länder im Auftrage des Bundes, trägt der Bund die sich daraus ergebenden Ausgaben.

3.3 Entwicklung der Staatsausgaben

Die Entwicklung der Staatsausgaben nach verschiedenen Aufgabenbereichen ist in Tabelle 13.3 dargestellt. Zur Erhöhung der Aussagekraft dieser Zahlen sind sie auf Prozent-Angaben umgerechnet. Zu Vergleichszwecken sind die Staatsausgaben pro Kopf der Bevölkerung sowie die **Staatsquote,** d. h. der Anteil der Staatsausgaben am Bruttosozialprodukt, angegeben. Es muß aber beachtet werden, daß die Ausgaben in laufenden Preisen ermittelt werden. In den Zahlen sind also Verzerrungen infolge von Preissteigerungen enthalten. Außerdem gibt es immer wieder Änderungen in der Statistik (z. B. die Einbeziehung der Sozialversicherung in die Staatsausgaben), die zu einer eingeschränkten intertemporalen Vergleichbarkeit führen (z. B. ändern sich die Anteilswerte in Tabelle 13.3 wegen der Ausgaben für die soziale Sicherung ab 1980 erheblich).

Besonders bemerkenswert ist das ständige Ansteigen aller Staatsausgaben, sowohl absolut wie auch relativ zum Sozialprodukt.

Seit der Wiedervereinigung sind die Ausgaben aller öffentlichen Haushalte weiter angestiegen. Sie beliefen sich im Jahre 1997 auf 1.876 Mrd. DM. Davon entfielen auf Personalausgaben 373 Mrd. DM, auf laufenden Sachaufwand 159,5 Mrd. DM, für laufende Zuschüsse 348 Mrd. DM, für Zinsausgaben 132,5 Mrd. DM, auf Sachinvestitionen 87,5 Mrd. DM sowie auf Finanzierungshilfen 73 Mrd. DM. Zusätzlich tätigten die Sozialversicherungsträger 806 Mrd. DM an Ausgaben. Von allen Ausgaben wurden 91 Mrd. DM über Kredite finanziert (vgl. Monatsberichte der Deutschen Bundesbank, Nr. 4 1999, S. 50*).

„Gesetz der wachsenden Ausdehnung der Staatstätigkeiten"

A. Wagner[7]) hat aus dieser Beobachtung schon im vergangenen Jahrhundert ein „Gesetz der wachsenden Ausdehnung der Staatstätigkeiten" abgeleitet. Die Tendenz steigender Staatsausgaben setzt sich auch in der Gegenwart fort, weil dem Staat neue Aufgabengebiete zuwachsen (Umweltschutz, Bildungsreform, Ausbildungsförderung, Verbesserung der Infrastruktur, Finanzierung der Integration in der Europäischen Union). Selbst wenn die Aufgaben konstant blieben, würden die Ausgaben längerfristig wachsen, weil der Staat als Dienstleistungsbetrieb weniger Möglichkeiten für Rationalisierungen besitzt und die vom Staat ausgeübte Nachfrage (z. B. nach Bauleistungen) besonders starken Preissteigerungen gegenübersteht.

Die nachstehende Übersicht zur Entwicklung der Staatsausgaben ist nach Aufgabenbereichen aufgeschlüsselt. Andere Systematisierungen sind aus Zweckmäßigkeitsgründen und politisch-pragmatischen Gründen möglich. Dabei sind die Systematik nach **volkswirtschaftlichen Wirkungsmerkmalen** und die Systematik nach **Merkmalen einer Produktivitätsänderung** von besonderer Bedeutung.

---

7) Adolph Wagner (1835–1917), deutscher Nationalökonom und Finanzwissenschaftler, führender Vertreter des Kathedersozialismus. Im Gegensatz zum strengen Wirtschaftsliberalismus traten die Kathedersozialisten als Sozialreformer für eine staatliche Sozialpolitik ein.

Tab. 13.3: Entwicklung der Staatsausgaben in der Bundesrepublik nach Aufgabenbereichen – in Milliarden DM (in Klammern: in % der Gesamtausgaben)

Rechnungsjahr	1961	1970	1980[1])	1991	1995
Verteidigung	13,2 (13,9)	19,8 (10,1)	40,9 (5,5)	55,5 (3,8)	47,7 (2,6)
Öffentliche Sicherheit und Rechtsschutz	3,7 (3,9)	7,9 (4,0)	22,2 (3,0)	35,0 (2,4)	52,7 (2,8)
Schulen, Hochschulen, übriges Bildungswesen	8,2 (8,6)	24,8 (12,6)	73,0 (9,9)	107,8 (7,5)	164,6 (8,9)
Wissenschaft, Forschung, Entwicklung außerhalb der Hochschulen	1,4 (1,5)	2,8 (1,4)	9,7 (1,3)	15,0 (1,0)	16,9 (0,9)
Kulturelle Angelegenheiten	1,1 (1,1)	2,1 (1,1)	5,1 (0,7)	11,1 (0,8)	14,9 (0,8)
Soziale Sicherung	22,2 (23,3)	40,3 (20,5)	339,1 (45,7)	893,5 (61,9)	939,5 (50,5)
Gesundheit, Sport, Erholung	3,8 (4,0)	10,1 (5,2)	32,3 (4,4)	52,7 (3,7)	80,0 (4,3)
Wohnungswesen, Raumordnung	7,6 (8,0)	10,7 (5,5)	31,2 (4,2)	20,7 (1,4)	64,7 (3,5)
Wirtschaftsförderung	6,3 (6,6)	14,4 (7,3)	29,2 (3,9)	41,4 (2,9)	71,2 (3,8)
Verkehr und Nachrichtenwesen	6,9 (7,2)	17,6 (9,0)	31,3 (4,2)	37,0 (2,6)	46,7 (2,5)
Sonstige	20,9 (21,9)	45,7 (23,3)	126,6 (17,1)	173,2 (12,0)	360,2 (19,4)
insgesamt	95,3 (100)	196,3 (100)	741,3 (100)	1442,9 (100)	1859,1 (100)
Vergleichsgrößen:					
Staatsausgaben pro Kopf (in DM)	1696	3194	12042	17830	22771
Bruttosozialprodukt (in Mrd. DM)	332,6	675,7	1485,2	2882,0	3426,6
Staatsquote = Anteil der Staatsausgaben am Bruttosozialprodukt	28,7 %	29,1 %	49,9 %	50,1 %	54,3 %

1) Ab 1974 einschließlich Sozialversicherung, der kommunalen Zweckverbände sowie Finanzvorfälle der Europäischen Gemeinschaften.
Ab 1979 einschließlich der kommunalen und staatlichen Krankenhäuser.

Quelle: Statistisches Jahrbuch für die Bundesrepublik Deutschland, verschiedene Jahrgänge

Bei der Ordnung der Ausgaben nach **Wirkungsmerkmalen** im volkswirtschaftlichen Produktions- und Verteilungsprozeß wird zwischen **Verwaltungsleistungen** (Leistungsentgelte, Käufe, Realausgaben, Transformationsausgaben) und Geldleistungen (Transferzahlungen im weitesten Sinne) unterschieden. Bei ersteren handelt es sich um Entgelte für die Inanspruchnahme von Leistungen der Faktor- und Gütermärkte, die dann dem privaten Sektor nicht mehr zur Verfügung stehen. Beispiele sind Personalausgaben (Beamte, Arbeiter und Angestellte des öffentlichen Dienstes) sowie Ausgaben für den laufenden Bedarf (Bürobedarf, Energie, Wartungskosten etc.) und für Investitionszwecke. Bei den **Transferzahlungen** ist demgegenüber eine unmittelbare Gegenleistung nicht erkennbar. Statt dessen handelt es sich um eine Umleitung von Kaufkraft ohne Schaffung zusätzlicher Einkommen. Dabei werden Transfers im engeren Sinne an private Haushalte (z.B. Sozialleistungen) ebenso einbezogen wie Pensionen und Zinszahlungen. Hinzu kommen noch Subventionen an Unternehmen (z.B. Zuschüsse für Umweltschutzmaßnahmen, Wettbewerbshilfen für die Werftindustrie etc.).

Systematisierung staatlicher Ausgaben nach volkswirtschaftlichen Wirkungsmerkmalen

Allerdings ist die Zuordnung in diesem Schema nicht immer schlüssig: Erwirbt der Staat ein Grundstück, resultiert daraus keine Erhöhung des Volkseinkommens. Bei der Gewährung von BAföG als Darlehen wird eine Transferwirkung erst dann erzielt, wenn der Staat auf eine marktübliche Verzinsung verzichtet.

Insgesamt bietet diese Klassifikation zentrale Ansatzpunkte für eine wirkungsbezogene Beurteilung staatlicher Ausgaben in bezug auf die gesamtwirtschaftlichen Ziele, wobei die Nachfragewirkungen verschiedener staatlicher Ausgaben (Multiplikatoreffekte) von besonderer Bedeutung sind.

Bei der Gliederung staatlicher Ausgaben nach Merkmalen einer **Produktivitätsänderung** ist ähnlich wie zuvor zwischen Ausgaben für Güter und Dienste und Transferausgaben zu unterscheiden. **Die Ausgaben für Güter und Dienste** umfassen Investitionen zum Zwecke der Sachkapitalbildung (materielle Infrastruktur), Ausgaben zum Aufbau und zur Erhaltung immateriellen Kapitals (personelle Infrastruktur, Bildungsbereich) und für die institutionelle Infrastruktur (Beispiel: Ausgaben für das Rechtswesen). All diesen Ausgaben wird eine besondere Bedeutung in bezug auf gesamtwirtschaftliche Produktivitätssteigerungen beigemessen. Außerdem gehört zu dieser ersten Kategorie der **Staatsverbrauch,** d.h. laufende Sach- und Personalausgaben sowie Ausgaben für militärische Zwecke. Staatlichen Konsumausgaben wird kein besonderer Produktivitätsbeitrag zugesprochen.

Systematisierung staatlicher Ausgaben nach Merkmalen einer Produktivitätsänderung

Zu den **Transferausgaben** zählen die Sozialtransfers, die Zinszahlungen für öffentliche Schulden, die Subventionen und schließlich die Finanzinvestitionen (Kapitalbeteiligung bei öffentlichen Unternehmen). Auch von diesen Ausgaben wird kein unmittelbarer Beitrag zur Produktivitätssteigerung erwartet.

Problematisch ist dieser Ansatz aus folgenden Gründen:

(1) Das **Ausmaß der „Produktivität" staatlicher Ausgaben** ist nicht ohne weiteres bestimmbar. Es käme auf einen in der Praxis nicht durchführbaren Vergleich mit dem gesellschaftlichen Wert alternativer (privater) Güterverwendung an.

(2) Nach vorherrschender Meinung besitzen Konsumausgaben im Vergleich zu Investitionsausgaben des Staates eine geringere Wertigkeit. Selbst wenn man davon ausgeht, daß staatliche Konsumausgaben volkswirtschaftlich nicht immer sinnvoll sind, ist offenkundig, daß Investitionen für ihre volle Nutzung konsumtive Ausgaben **(Folgekosten)** nach sich ziehen. Je höher der staatliche Kapitalstock ist, um so höher müssen auch die laufenden Ausgaben (Konsumausgaben) veranschlagt werden.

(3) Es ist umstritten, welche Ausgaben des Staates investiven Charakter haben. Aus politischen Gründen ist man bemüht, den **Investitionsbegriff** sehr eng zu fassen. Dadurch soll die staatliche Kreditaufnahme begrenzt werden, die nach Art. 115 GG die Summe der im jeweiligen jährlichen Haushaltsplan veranschlagten Ausgaben für Investitionen nicht überschreiten darf. Insbesondere im Bildungsbereich führt dies zu unbefriedigenden Ergebnissen, da zwar Schul- und Hochschulbauten Investitionen darstellen, die Lehrer- und Professorengehälter dagegen als staatlicher Konsum klassifiziert werden. Von der Tätigkeit von Lehrern und Professoren dürfte jedoch im allgemeinen eine investive Wirkung – in Humankapital – ausgehen.

C. Arbeitsaufgaben

1) *Erläutern Sie die folgenden Begriffe:*
   - *Steuern,*
   - *Steuertarif,*
   - *Erwerbseinkünfte*
   - *Gemeinschaftsaufgaben.*
2) *Nennen Sie wichtige Steuerarten, die in der Bundesrepublik Deutschland dem Bund zustehen, und solche, die den Ländern und Gemeinden zustehen. Halten Sie diese Aufteilung für sinnvoll? Mit welchen Argumenten würden Sie eine andere Verteilung befürworten?*
3) *Zeichnen Sie einen Steuertarif, der*
   - *proportional,*
   - *progressiv,*
   - *regressiv*

   ist. Wie kann steuertechnisch aus einem proportionalen ein progressiver Tarif gemacht werden?
4) *Erörtern Sie Ihnen bekannte Steuerabwehrwirkungen.*
5) *Welche Probleme wirft ein hoher Grenzsteuersatz auf?*
6) *Wie würden Sie eine progressive Einkommensteuer begründen?*
7) *Die derzeitige Aufgabenverteilung zwischen Bund und Ländern wird mit dem föderativen Prinzip begründet. Welche Aufgaben würden Sie lieber anders zugeordnet sehen?*
8) *Ein steigender Anteil der Staatsausgaben am Sozialprodukt berührt das Verhältnis zwischen privatem und öffentlichem Konsum. Wie sehen und beurteilen Sie diesen Zusammenhang?*
9) *Wie läßt sich das langfristig zu beobachtende relative Wachstum der Staatsausgaben (gemessen als Prozentanteil am Sozialprodukt) erklären?*
10) *Erörtern Sie mögliche Systematisierungen öffentlicher Ausgaben.*

Lösungsvorschläge für die Arbeitsaufgaben im „Übungsbuch zu Grundlagen und Probleme der Volkswirtschaft“

D. Literatur

Einführende Darstellungen des Gesamtgebietes der Finanzwissenschaft sind:

Peffekoven, Rolf, Einführung in die Grundbegriffe der Finanzwissenschaft, 3., überarb. Aufl., Darmstadt 1996

Petersen, Hans-Georg, Finanzwissenschaft I, 3. Aufl., Stuttgart u. a. O. 1993

Zimmermann, Horst, Henke, Klaus-Dirk, Finanzwissenschaft. Eine Einführung in die Lehre von der öffentlichen Finanzwirtschaft, 7., völlig überarb. u. erw. Aufl., München 1994.

Novotny, Ewald, Der öffentliche Sektor. Einführung in die Finanzwissenschaft, 3., neubearb. u. erw. Aufl., Berlin 1996

Brümmerhoff, Dieter, Finanzwissenschaft, 7., völlig überarb. Aufl., München 1995.

Einen ausführlichen Überblick über die Steuern in der Bundesrepublik gibt die kostenlose Broschüre:

Unsere Steuern von A–Z, hrsg. vom Bundesminister der Finanzen, Reihe: Bürger-Informationen, Bonn 1993.

Einen knappen Überblick über die Finanzverfassung der Bundesrepublik gibt:

Lampert, Heinz, Die Wirtschafts- und Sozialordnung der Bundesrepublik Deutschland, 13. Aufl. München, Wien 1997.

Die möglichen Systematisierungen öffentlicher Ausgaben beschreibt

Dickertmann, Dietrich, Die Systematisierung öffentlicher Ausgaben nach volkswirtschaftlichen Merkmalen I u. II, das Wirtschaftsstudium (WISU), H. 2 u. 3 1991, S. 122–126 u. S. 190–194.

Über wichtige volkswirtschaftliche Grundlagen und Probleme der öffentlichen Finanzwirtschaften von Bund, Ländern und Gemeinden sowie die Finanzen der Europäischen Gemeinschaften informiert der Finanzbericht (jährlich), hrsg. v. Bundesminister der Finanzen.

14. Kapitel
Staatshaushalt und Staatsverschuldung – Grundlagen der sozialen Sicherung

A. Lernzielorientierte Leitfragen und Fragenkomplexe

Leitfrage:
Was ist ein Haushaltsplan, und welche Prinzipien sind bei seiner Aufstellung zu beachten?

- *Was versteht man unter einem Haushaltsplan?*
- *Welche Prinzipien gelten für die Aufstellung des Haushaltsplanes?*
- *Welche Struktur weist der Bundeshaushaltsplan auf?*

Leitfrage:
Welche Probleme ergeben sich im Zusammenhang mit der Kreditfinanzierung eines Haushaltes?

- *Wie hat sich die Staatsverschuldung in der Bundesrepublik entwickelt?*
- *Gibt es juristische oder wirtschaftliche Grenzen der Staatsverschuldung?*

Leitfrage:
Nach welchen Grundprinzipien ist die soziale Sicherung in der Bundesrepublik gestaltet?

- *Warum ist soziale Sicherung notwendig?*
- *Sollte die Sicherung der Menschen durch Eigenvorsorge oder kollektive Vorsorge erfolgen?*
- *Welche Inhalte hat das Sozialprinzip?*

Leitfrage:
Durch welche wichtigen Bereiche läßt sich das System der sozialen Sicherung in der Bundesrepublik charakterisieren?

- *Wer gehört zum versicherten Personenkreis?*
- *Wie ist die Finanzierung geregelt?*
- *Welche Leistungen sind vorgesehen?*

B. Sachanalyse

1. Staatshaushalt

1.1 Theoretische Grundlagen

Richard A. MUSGRAVE geht in seinem grundlegenden – im wesentlichen normativ ausgerichteten[1]) – Werk „Finanztheorie" von drei Funktionen des Budgets aus, die von entsprechenden imaginären Abteilungen erfüllt werden sollen: Der Allokations-, der Distributions- und der Stabilisierungsabteilung. In der **Allokationsabteilung** wird bestimmt, welche Regulierungen der Allokation notwendig sind, wer die daraus resultierenden Kosten zu tragen hat und welche einnahme- und ausgabepolitischen Maßnahmen erforderlich sind, um die gewünschten Ziele zu erreichen. Dabei geht es zum einen um die Befriedigung der Wünsche nach öffentlichen Gütern, aber auch um die Korrektur der durch den Markt bewirkten Allokation der Ressourcen (z.B. bei monopolistischer Marktbeherrschung, im Falle der Konzentration von Produktivfaktoren, aber auch dann, wenn externe Effekte auftreten). Die grundlegende Aufgabe der Allokationsabteilung besteht in der Entscheidung über die alternative Verwendung der Ressourcen (Opportunitätskosten). Denn wenn Produktivkräfte für die Befriedigung öffentlicher Bedürfnisse eingesetzt werden, stehen sie für private Verwendungszwecke nicht zur Verfügung. Dabei wird eine Vollbeschäftigungssituation vorausgesetzt.

In der Theorie des multiplen Budgets wird zwischen der Allokationsfunktion …

… der Distributionsfunktion …

Mit Hilfe der **Distributionsabteilung** ist zu bestimmen, auf welche Weise die gewünschte oder „gerechte" Einkommensverteilung (vgl. Kapitel 25) erreicht werden soll. In einer Marktwirtschaft hängt die Verteilung von Einkommen und Vermögen von einer Vielzahl von Faktoren ab (Erbrecht, Erbanlagen, Ausbildungsmöglichkeiten, sozialer Mobilität usw.). Auch wenn in einer Gesellschaft unterschiedliche Vorstellungen über eine akzeptable Verteilung bestehen mögen (sie sind von Werturteilen geprägt), es dürfte immer auch Situationen und Entwicklungen geben, die Eingriffe in die Verteilung erforderlich machen. Sie sind insbesondere von dem gesellschaftspolitischen Zielbündel abhängig. Daher muß ein Mechanismus geschaffen werden, der Korrekturen der Verteilung erlaubt, wobei als Nebenbedingung gefordert werden kann, daß solche Eingriffe so zu erfolgen haben, daß sie das Funktionieren des Marktprozesses möglichst wenig beeinträchtigen. Durch Steuer- und Transferzahlungen werden Ansprüche an das Inlandsprodukt aus der Verfügungsmacht eines Wirtschaftssubjekts auf ein anderes übertragen.

---

1) Man bestimmt das optimale Budget auf der Grundlage im voraus festgelegter Bedingungen und versucht herauszufinden, auf welche Weise das optimale Budget realisiert werden kann. Grundsätzlich ist auch ein anderer Weg möglich: Man versucht zu erklären, warum bestimmte Maßnahmen ergriffen wurden und nimmt die daraus gewonnenen Erkenntnisse als Grundlage für die Ableitung notwendiger Maßnahmen in der Zukunft.

… und der Stabilisierungsfunktion des Budgets unterschieden

Die Funktion der **Stabilisierungsabteilung** unterscheidet sich grundlegend von der der beiden anderen Abteilungen. Ihre Aufgabe liegt nicht in der Zuteilung von Produktivkräften zur Befriedigung öffentlicher oder privater Bedürfnisse, sondern in der Erhaltung eines hohen Nutzungsgrades der volkswirtschaftlichen Produktivkräfte (Vollbeschäftigung) und eines stabilen Geldwertes. Wenn MUSGRAVE in diesem Zusammenhang von **kompensatorischer Finanz** spricht (bei unfreiwilliger Arbeitslosigkeit muß die gesamtwirtschaftliche Nachfrage angehoben werden; bei Inflation infolge einer gesamtwirtschaftlichen Angebotslücke muß die Nachfrage gesenkt werden; herrschen gleichzeitig Vollbeschäftigung und Preisstabilität, muß die Höhe der monetären Gesamtausgaben gleich bleiben, um Unterbeschäftigung und Inflation zu vermeiden), wird klar, daß es sich um **keynesianische** Vorstellungen handelt. Einleuchtend ist, daß das Budget der Stabilisierungsabteilung – wenn kein gesamtwirtschaftliches Gleichgewicht vorliegt – entweder ein Defizit oder einen Überschuß aufweist. Indes sind finanzpolitische Mittel nicht die einzigen Möglichkeiten, mit deren Hilfe eine gesamtwirtschaftliche Stabilisierung erreicht werden kann. Insbesondere die Geldpolitik (vgl. Kapitel 18) wird als maßgeblich für die Stabilität des Geldwertes angesehen. Sofern es um den Budgetsaldo geht (Defizite und Überschüsse), spielt auch die öffentliche Schuldenpolitik eine Rolle. Sie ist nicht auf Entscheidungen über die Höhe des Forderungsvolumens beschränkt, sondern richtet sich auch auf Änderungen der Schuldformen bei gegebenem Schuldenstand. Eine scharfe Trennung zwischen fiskalischen und monetären Stabilisierungsmaßnahmen ist nicht möglich. Schließlich sind bei derartigen Maßnahmen auch mögliche Nebenwirkungen zu berücksichtigen, die entweder die Effizienz der genutzten Produktivkräfte, die Wachstumschancen, aber auch die Verteilung beeinflussen können. Die Festlegung einer „optimalen“ Politik wird damit zu einer äußerst schwierigen Aufgabe. Diese Zusammenhänge werden auch als die **Theorie des multiplen Budgets** bezeichnet.

Die Erklärung budgetpolitischer Entwicklungen und deren praktische Beeinflussung ist untrennbar mit der jeweils verfolgten wirtschaftspolitischen Konzeption verbunden. Da die Rolle des Staates in unserer Wirtschaftsgesellschaft recht umstritten ist, fällt es schwer, einzelne Maßnahmen theoretisch einwandfrei zuzuordnen. Hinzu kommt, daß die Budgetpolitik (Steuer-, Ausgaben- und Verschuldungspolitik) sehr stark interessenpolitisch ausgerichtet ist, was ihre Beurteilung unter dem Erfordernis rationaler Kriterien nicht unmaßgeblich erschwert.

Im Rahmen theoretischer Untersuchungen kann man auch der Frage zum sogenannten **optimalen Budget** nachgehen. Ohne Berücksichtigung von Unterschieden bei individuellen oder gruppenbezogenen Präferenzen wird dabei untersucht, wo die gewünschte Höhe des Budgets (und damit auch die der Staatsquote) liegt. Man hätte dann zwischen den Vorteilen, die den Staatsbürgern aus den öffentlichen Ausgaben erwachsen und den Nachteilen, die ihnen durch die Besteuerung entstehen, abzuwägen. Wohlfahrtstheoretisch läßt sich dies so ausdrücken: Die gesellschaftliche

Die Theorie vom optimalen Budget bietet keine konkreten Handlungsanweisungen

Wohlfahrt wäre bei dem Budgetumfang maximiert, bei der der zusätzliche gesellschaftliche Nutzen aus einer weiteren Ausgabeneinheit gerade der Nutzeneinbuße entspricht, die entsteht, wenn die zusätzliche Ausgabe durch Steuern finanziert wird. Damit ergibt sich eine Begrenzung des Budgetvolumens durch die Bereitschaft der Zensiten, auf Teile ihres Einkommens und damit private Bedürfnisbefriedigungsmöglichkeiten zu verzichten. Geht man von fallenden Grenznutzen bei zusätzlichen Ausgaben und steigendem negativen Grenznutzen bei zusätzlichen Steuern aus, kann aus der Differenz der Punkt abgeleitet werden, bei dem der Gesamtnutzen am größten ist: Dies ist dort der Fall, wo der marginale Nettonutzen gleich Null ist.

Das stimmenmaximale Budget

Diese Überlegungen sind von der **Neuen Politischen Ökonomie** eingesetzt worden, um zur Bestimmung des **stimmenmaximalen Budgets** zu gelangen. Dabei geht man davon aus, daß die in Parteien organisierten Politiker nicht gemäß einer fiktiven Wohlfahrtsfunktion handeln, sondern aus ihrem Berufsinteresse, sie streben nach Einkommen und Macht. Die politischen Ziele werden nicht vom Wähler, sondern von den politischen Parteien festgelegt, um damit Interessengruppen zu dienen und die Regierungsmacht zu behalten oder übernehmen zu können. Ihre wahlpolitische Zielsetzung besteht in der Maximierung der Wählerstimmen.

Überträgt man diesen Ansatz auf die Haushaltspolitik, so lautet die Maxime: Die Ausgaben werden solange gesteigert, bis der durch die letzte ausgegebene Geldeinheit erreichte Stimmengewinn dem Stimmenverlust gleich ist, der durch die letzte, aus den staatlichen Finanzquellen entnommenen Geldeinheit verursacht wird. Um dies zu erreichen, empfehlen sich bei den Ausgaben merkliche Posten (z. B. Sozialausgaben), bei der Finanzierung hingegen unmerkliche Posten (z. B. Verbrauchsteuern oder Kredite). Für diese Theorie sprechen die von politischen Parteien gemachten Wahlgeschenke oder – falls man sich in der Opposition befindet – Wahlversprechen.

1.2 Haushaltspraxis

Die geplanten (erwarteten) Einnahmen sowie die geplanten (erwarteten) Ausgaben werden im Staatshaushaltsplan (Staatsbudget) gegenübergestellt. Bei den Gemeinden hat sich dafür der Begriff der Haushaltssatzung eingebürgert. Die nachträglich erfaßten Ist-Zahlen nach Ablauf der Haushaltsperiode (in der Regel ein Jahr, möglich sind aber auch zwei Jahre) werden in der Haushaltsrechnung der jeweiligen Gebietskörperschaft zusammengefaßt. Um **demokratischen Erfordernissen** zu genügen, müssen bei der Aufstellung der Haushaltspläne gewisse **Prinzipien** beachtet werden. Durch das Prinzip der Öffentlichkeit soll gewährleistet werden, daß sich alle Stadien des Haushaltskreislaufes im Lichte der Öffentlichkeit abspielen, so daß sich jeder interessierte Staatsbürger ein Bild davon verschaffen kann. Als **Haushaltskreislauf** bezeichnet man den gesetzlich vorgeschriebenen Weg des Haushaltes. Drei Phasen können unterschieden werden:

Begriffe Haushaltsplan, Haushaltssatzung, Haushaltsrechnung

Haushaltsgrundsätze

(1) Aufstellung des Haushaltsplanes;

(2) Vollzug;

(3) Kontrolle und Entlastung.

Phasen des Haushaltskreislaufes

In der ersten Phase geben zunächst die einzelnen Ministerien ihre Anforderungen an das Finanzministerium. Der Finanzminister prüft diese Vorschläge und erstellt - unter Berücksichtigung seiner finanziellen Möglichkeiten (die wesentlich durch Steuerschätzungen bestimmt sind) - den **Haushaltsplanentwurf**, der dem Kabinett vorgelegt wird. Das Bundeskabinett prüft den Entwurf, nimmt gegebenenfalls Korrekturen vor (wobei der Finanzminister nur durch den Bundeskanzler überstimmt werden kann) und gibt den Entwurf als Gesetzesvorlage an die gesetzgebenden Organe, also an den Bundestag und den Bundesrat, wobei das **Haushaltsgesetz** in der Regel nicht der Zustimmung des Bundesrates bedarf. Durch den Beschluß des Bundestages (nach vorausgegangenen „Lesungen") erlangt die Vorlage Gesetzeskraft. Damit tritt der Haushaltsplan in seine zweite Phase ein. Beim Vollzug des Haushaltsplanes hat die Bundesregierung grundsätzlich die Aufgabe, den Beschluß des Gesetzgebers zu erfüllen (Bindung der Exekutive an die Legislative), allerdings muß die Bundesregierung die vorgesehenen Ausgaben nur dann tätigen, wenn besondere andere Gesetze (z. B. Besoldungsgesetze) sie dazu verpflichten. **Haushaltsüberschreitungen** bedürfen einer besonderen Legitimation. Die **Kontrolle** des Haushaltsplanes erfolgt als begleitende Kontrolle und als nachfolgende Kontrolle. Von besonderer Bedeutung ist die nachfolgende Kontrolle, die in erster Instanz vom Bundesrechnungshof durchgeführt wird, der einen Prüfungsbericht erstellt. Auf der Grundlage dieses Berichtes erfolgt die parlamentarische Kontrolle. Der Haushaltskreislauf endet mit der Entlastung der Regierung durch Bundestag und Bundesrat.

Prinzipien der Klarheit, Genauigkeit und Spezialität

Ähnlichen Zielen wie dem Grundsatz der Öffentlichkeit dienen auch die Haushaltsprinzipien der Klarheit und der Genauigkeit. Eine besondere Rolle hat der **Grundsatz der Spezialität** erlangt. Danach dürfen die bewilligten Ausgaben grundsätzlich nur in der bewilligten Höhe, nur für den vorgesehenen Zweck und nur in der vorgesehenen Periode ausgegeben werden. Um den Haushaltsvollzug – auch aus konjunkturpolitischen Gründen - nicht durch zuviel Formalismen zu starr werden zu lassen, gibt es von dem Budgetgrundsatz der Spezialität viele Ausnahmen.

Bundeshaushalt 1999

Abbildung 14.1 gibt einen zusammenfassenden Überblick über die Struktur des Bundeshaushaltes 1999. Die Abbildung zeigt, daß 1999 76,6 % der 485,7 Milliarden DM umfassenden Gesamtausgaben des Bundes durch Steuern finanziert werden; 12,4 % werden durch sonstige Einnahmen wie Erwerbseinkünfte des Bundes (z. B. durch Gewinne von Staatsunternehmen und Dividenden aus Industriebeteiligungen) und 11 % der Gesamtausgaben durch eine Nettokreditaufnahme (neu aufgenommene

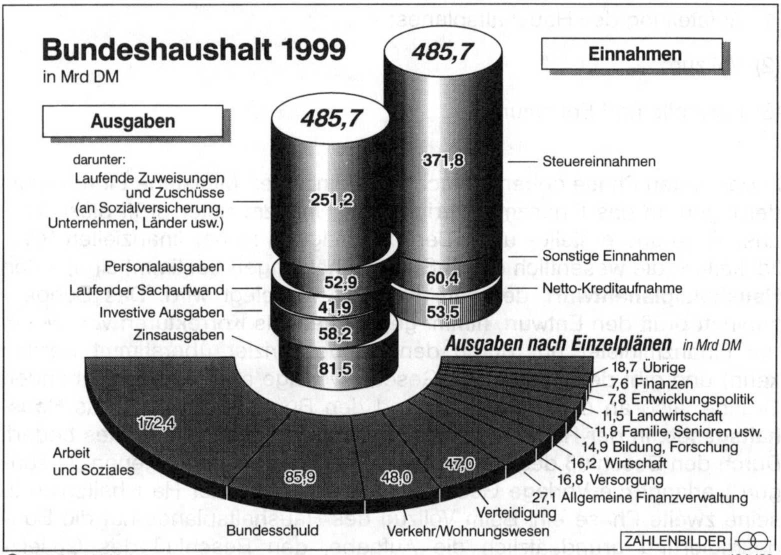

Abb. 14.1: Der Bundeshaushalt 1999

Kredite minus zurückgezahlte Kredite) finanziert. Bei den Ausgaben dominieren die Ausgaben für Arbeit und Soziales mit 35,5 %, gefolgt von den Zinsaufwendungen für die Bundesschuld (17,7 %). Die Ausgaben für Verteidigung machen 9,7 % der Gesamtausgaben aus. Dieser Wert ist in den vergangenen Jahren ständig gesunken. Ob der Anteil der Ausgaben für Bildung, Wissenschaft und Forschung mit 3,1 % für ein vom Technologietransfer abhängiges Land wie der Bundesrepublik ausreichend ist, muß u. E. bezweifelt werden.

2. Staatsverschuldung

2.1 Entwicklung der öffentlichen Verschuldung

Bei der Planung der Staatseinnahmen und -ausgaben wird es nur selten zu einem in Einnahmen und Ausgaben ausgeglichenen Budget kommen. Ende der 50er Jahre wurden in den Bundeshaushalten Überschüsse erzielt, die auf Konten bei der Zentralbank gehalten wurden. Heute ist dagegen die Regel, daß der Staat Kredite aufnehmen muß, um seinen Haushalt auszugleichen. Aus Tabelle 14.1 geht die Höhe der Staatsverschuldung der staatlichen Ebenen in der Bundesrepublik Deutschland hervor.

Verschuldung der Gebietskörperschaften

Die Entwicklung der öffentlichen Verschuldung in der Bundesrepublik Deutschland zeigt einige bemerkenswerte Tendenzen.

- Sie ist im gesamten Zeitraum von 1950 bis 1998 gestiegen. Besonders stark war der Zuwachs im letzten Jahrzehnt: Von 1980 auf 1998 hat sich die Gesamtverschuldung mehr als verdreifacht.
- Der Anteil des Bundes an der Gesamtverschuldung hat auf über 50 % zugenommen, wenn man ihm die Fonds „Deutsche Einheit“, das Bundeseisenbahnvermögen, das ERP-Sondervermögen und den „Erblastentilgungsfonds“ zurechnet.
- Die Aufgabenverteilung und -verlagerung spiegelt sich auch in den Zahlen für die Länder wider. Ihr Anteilswert sank bis Mitte der 60er Jahre relativ stark, um dann wieder leicht anzusteigen.
- Die Verschuldung der Gemeinden hat Anfang der 70er Jahre ihren relativen Höhepunkt erreicht. Seitdem ist ihr Anteil auf etwa 12 % der Gesamtverschuldung zurückgegangen. Die sprichwörtliche Finanznot der Gemeinden, die die von den Länderregierungen festgelegten Verschuldungsgrenzen nicht überspringen können, kommt mit diesen Zahlen allerdings nur bedingt zum Ausdruck.
- Hinzugekommen sind zwei neue Kategorien: der Fonds „Deutsche Einheit" und der Erblastentilgungsfonds (Übernahme von Schulden aus dem früheren DDR-Staatshaushalt sowie von Verbindlichkeiten gegenüber dem Ausgleichsfonds „Währungsumstellung“). Die Verschuldung der Treuhand ist mit etwa 230 Mrd. DM eingestellt worden. Auch sie muß dem Bund zugerechnet werden. Im übrigen reduzieren sich dadurch die Prozentanteile für Länder und Gemeinden.
- Zwar konnte in den letzten Jahren die jährliche Nettokreditaufnahme des Bundes verringert werden, doch wurde dies teilweise erst durch die dem Bund seit 1981 zugeflossenen Bundesbankgewinne möglich. Folgende Gewinnanteile wurden an den Bund abgeführt (in Milliarden DM): Von 1981 bis 1990 insgesamt 83,3; 1991 bis 1995: 64,4 Mrd. DM. Für 1996: 8,8; 1997: 24,2 und 1998: 16,2 Mrd. DM. Möglicherweise wurden durch die zum Teil reichlich geflossenen Bundesbankgewinne die Konsolidierungsbemühungen des Bundes unterlaufen. Seit einigen Jahren werden davon 7 Mrd. DM in den Haushalt als Einnahme eingestellt, der Rest wird für die Tilgung von Schulden aus dem Erblastentilgungsfonds verwendet.

2.2 Grenzen der Staatsverschuldung

In diesem Zusammenhang können wir kurz auf die Frage nach den Grenzen der Staatsverschuldung eingehen. Zunächst ist festzustellen, daß der Staat für jeden Kredit, den er aufnehmen möchte, eine **gesetzliche Ermächtigung** braucht, die in der Regel im Haushaltsplan enthalten ist und die auf Art. 115 des Grundgesetzes beruht:

Diese seit 1969 geltende Neufassung von Art. 115 GG stellte insoweit einen Fortschritt dar, als sie konjunkturpolitischen Erfordernissen bei

Tab. 14.1: Verschuldung der Gebietskörperschaften in der Bundesrepublik Deutschland (Stand am Jahresende in Mrd. DM bzw. in Prozent der Gesamtverschuldung)

Jahr	Gesamt	Bund	Länder	Gemeinden	Bundesbahn, ERP-Sondervermögen[1])	Fonds Deutsche Einheit	Erblastentilgungsfonds[2])
1950	20,6	7,3	12,8	0,5	–	–	–
1955	40,9	17,9	15,5	4,7	2,8	–	–
1960	51,2	22,6	14,7	11,2	3,7	–	–
1965	82,5	33,0	17,0	25,8	6,7	–	–
1970	125,9	47,3	27,9	40,3	10,4	–	–
1975	250,8	108,5	67,0	68,8	6,5	–	–
1980	469,1	232,3	137,3	96,2	3,3	–	–
1985	760,2	390,8	247,4	113,7	8,3	–	–
1990	1052,5	542,2	328,5	124,9	9,5	19,8	27,6
1995	1995,9	756,8	511,7	196,6	114,8	87,1	328,9
1998	2282,6	958,0	623,8	201,0	115,5	79,3	305,0
1950	100	35,3	62,3	2,4	–	–	–
1955	100	43,6	37,9	11,4	7,1	–	–
1960	100	43,3	28,2	21,4	7,1	–	–
1965	100	39,8	21,0	31,1	8,1	–	–
1970	100	37,6	22,1	32,0	8,3	–	–
1975	100	43,3	26,7	27,4	2,6	–	–
1980	100	49,5	29,3	20,5	0,7	–	–
1985	100	51,4	32,5	15,0	1,1	–	–
1990	100	51,5	31,2	11,9	0,9	1,9	2,6
1995	100	37,9	25,6	9,8	5,8	4,4	16,5
1998	100	42,0	27,3	8,8	5,0	3,5	13,4

1) Darin eingeschlossen sind auch der „Ausgleichsfonds Steinkohleneinsatz" (seit 1974) und der „Entschädigungsfonds" (seit 1995).

2) Im Erblastentilgungsfonds sind folgende Schulden, die im Zusammenhang mit der Wiedervereinigung entstanden sind, zusammengefaßt worden: Kreditabwicklungsfonds, Treuhandanstalt, Wohnungsbau-Altverbindlichkeiten usw. Ab 1990 einschließlich der ostdeutschen Länder und Gemeinden.

Quelle: Monatsberichte der Deutschen Bundesbank, lfd.

Grenze für die jährliche Kreditaufnahme nach Art. 115 GG

Art. 115, Abs. 1 GG: Die Aufnahme von Krediten sowie die Übernahme von Bürgschaften ..., die zu Ausgaben in künftigen Rechnungsjahren führen können, bedürfen einer ... Ermächtigung durch Bundesgesetz. Die Einnahmen aus Krediten dürfen die Summe der im Haushaltsplan veranschlagten Ausgaben für Investitionen nicht überschreiten; Ausnahmen sind nur zulässig zur Abwehr einer Störung des gesamtwirtschaftlichen Gleichgewichts.

der staatlichen Verschuldungspolitik **(situationsbezogene** Verschuldung) Rechnung trug. Institutionell-rechtliche nationale Grenzen können aber jederzeit geändert werden, so daß eine Begrenzung der Staatsverschuldung von daher nicht erwartet werden kann.

Der früher geltende **objektbezogene** Verschuldungsgrundsatz, nach dem Kredite nur aufgenommen werden durften, wenn sie zu „werbenden Zwecken" eingesetzt wurden (d. h. Verzinsung und Tilgung waren grundsätzlich aus den Erträgen der kreditfinanzierten staatlichen Investitionen gewährleistet), kommt in der heutigen Formulierung („die Einnahmen dürfen die Summe der im Haushaltsplan veranschlagten Ausgaben für Investitionen nicht überschreiten") indirekt immer noch zum Ausdruck. Wegen der (vermeintlichen) Verletzung dieser verfassungsrechtlichen Vorschrift ist es mehrfach zu Klagen gegen den Bund und einige Bundesländer vor dem Bundesverfassungsgericht gekommen. Institutionell-rechtliche nationale Grenzen können aber jederzeit geändert werden, so daß eine Begrenzung der Staatsverschuldung von daher nicht erwartet werden kann.

Eine völkerrechtliche Grenze bestand nach dem **Vertrag von Maastricht** zur Schaffung der Europäischen Währungsunion. Danach mußten beitrittswillige Mitgliedstaaten die folgenden staatsschuldbezogenen Konvergenzkriterien erfüllen:

Die schuldenbezogenen Kriterien des Maastricht-Vertrages

- Das jährliche gesamtstaatliche Haushaltsdefizit durfte 3 % des BIP nicht übersteigen.
- Der Schuldenstand durfte nicht mehr als 60 % des BIP ausmachen.

Inzwischen sind – im Rahmen des Stabilitätspaktes – beide Kriterien zu einem dauerhaften Beurteilungsmaßstab für die Haushaltsdisziplin der Mitgliedstaaten der Währungsunion geworden. In Art. 104 Abs. 1 EG-Vertrag heißt es: „Die Mitgliedstaaten vermeiden übermäßige öffentliche Defizite." Sofern ein Land die festgelegten Grenzwerte ohne hinreichende Begründung verletzt, können vom EU-Ministerrat Sanktionen verhängt werden. Auch beitrittswillige Länder haben in Zukunft diese Kriterien zu erfüllen.

Gegenwärtig sind in der Bundesrepublik die Grenzen der Staatsverschuldung nicht erreicht

Die Frage nach den Grenzen der Staatsverschuldung macht vor allem dann einen Sinn, wenn man sie **ökonomisch** versteht. Zunächst einmal kann die Höhe der staatlichen Verschuldung in Beziehung zur Höhe des Inlandsproduktes gesetzt werden. Steigt die Schuld in gleichem Maße wie das Inlandsprodukt, bleibt die Belastung für die Volkswirtschaft als Ganzes gleich. Das mit steigendem Inlandsprodukt ebenfalls – teilweise sogar überproportional – wachsende Steueraufkommen befähigt den Staat, die Zins- und Tilgungsleistungen **(Schuldendienst)** für die steigende Staatsschuld zu erbringen. Problematisch wäre die Staatsverschuldung nur, wenn sie wesentlich schneller als Inlandsprodukt und Steueraufkommen wachsen würde. Dabei ist allerdings die jeweilige gesamtwirtschaftliche

Lage zu beachten. Wenn die zusätzlichen Staatsschulden für die Bekämpfung einer Rezession eingesetzt werden, scheint eine staatliche Kreditnahme sogar geboten, um zusätzliche beschäftigungswirksame Staatsausgaben finanzieren zu können. Die Zins- und Tilgungszahlungen könnten aus dem nach erfolgreicher Bekämpfung des wirtschaftlichen Niedergangs wieder reichlicher fließenden Steueraufkommen geleistet werden. Die Budgetpraxis des Staates zeigt allerdings, daß Mehreinnahmen nicht zur Schuldentilgung, sondern für andere Zwecke ausgegeben werden. Erst, wenn infolge hoher Zinsen und Tilgungen die Freiheit der Budgetgestaltung merklich eingeengt würde, könnte die Grenze für weitere staatliche Kreditnahmen erreicht werden. Dies gilt eher für die nachgeordneten Gebietskörperschaften als für den Bund, der sich eigene Einnahmen (Steuern) leichter verschaffen kann. Im Bundeshaushalt 1999 sind Zinsen auf die Bundesschuld in Höhe von 85,9 Mrd. DM (gleich 17,7 % aller Ausgaben) veranschlagt worden. In den nächsten Jahren dürfte die Zinsquote weiter ansteigen und 20 % erreichen, eine insgesamt kritische Marke. Denn: Jede Mark, die für Zinsen ausgegeben werden muß, steht für andere Zwecke (Schulbau, Umweltschutz, Verwaltungsleistungen usw.) nicht zur Verfügung. Die **Handlungsfähigkeit** des Bundes wird zunehmend eingeschränkt.

Eine Grenze könnte auch dann gegeben sein, wenn durch die staatliche Kreditaufnahme private Investitionsgüternachfrage tendenziell verdrängt würde (vgl. 11. Kapitel). Hohe staatliche Kreditaufnahme führt c.p. zu steigenden Zinsen auf dem Kapitalmarkt. Wenn die privaten Investitionen zinselastisch sind, bedeutet der Zinsanstieg tendenziell einen Rückgang der privaten Investitionen. Die damit erneut angesprochene **Crowding-out-Hypothese** setzt allerdings voraus, daß die kreditfinanzierten Staatsausgaben eine niedrigere gesamtwirtschaftliche Produktivität aufweisen als die privaten Investitionen. Damit hängt die Antwort auf die Frage nach der Grenze der staatlichen Kreditaufnahme stark von der jeweiligen Verwendung der Kreditmittel ab.

Ein oft vorgebrachtes Argument besteht darin, daß es für den Staat deswegen keine Grenze der Staatsverschuldung gebe, weil er de facto – in einigen Ländern auch de jure – selbst in unbegrenzter Menge Geld drucken könne. Das ist zwar juristisch richtig und möglich (auch wenn in der Bundesrepublik auf Grund der im Zuge der Finanzierung beider Weltkriege gemachten Erfahrungen der „Zugang" zur Notenbank erheblich erschwert wurde und von ihr prinzipiell nur **Kassenkredite** gewährt werden [bis 1994][1]) durften), da aber eine unbegrenzte Geldvermehrung einen inflatorischen Prozeß in Gang setzt, besteht hier eine ökonomische Grenze (vgl. Kapitel 24).

Bei der staatlichen Kreditaufnahme ist weiterhin die Unterscheidung zwischen **innerer** (gegenüber inländischen Gläubigern) und **äußerer Ver-**

1) Mit dem Inkrafttreten der 2. Stufe der europäischen Wirtschafts- und Währungsunion am 1. 1. 1994 ist die Kreditaufnahme öffentlicher Stellen bei der Zentralbank untersagt worden.

Innere und äußere Verschuldung

schuldung (gegenüber dem Ausland) von Bedeutung. Während bei der inneren Verschuldung der Schuldendienst in inländischer Währung zu leisten ist, ist die äußere Verschuldung meistens in ausländischer Währung aufgenommen worden, so daß der Schuldendienst in einem Geld (Devisen) zu bezahlen ist, das die Zentralbank des betreffenden Landes nicht selbst schaffen kann. Vielmehr muß er erst durch Exporte und/oder Kapitalimporte (vgl. Kapitel 20) verdient werden. Vor dieser Situation stehen viele Entwicklungsländer und Schwellenländer (internationale Schuldenkrise), während für die Bundesrepublik ein Anteil von etwa 33 % Auslandsschulden (z. T. auf DM lautend) „ungefährlich“ ist. Bei der gegenwärtigen Pro-Kopf-Staatsschuld in der Bundesrepublik Deutschland in Höhe von etwa 27.800,– DM im Jahre 1998 besteht kein Anlaß zur Sorge. Im internationalen Vergleich schneidet die Bundesrepublik damit verhältnismäßig gut ab. Dabei ist allerdings zu berücksichtigen, daß sich im Zuge der Währungsreform von 1948 der Staat vom größten Teil seiner Verpflichtungen befreien konnte. Im übrigen kann darauf hingewiesen werden, daß es sich bei der Staatsverschuldung um Nominalzahlen handelt. Im Laufe des Geldentwertungsprozesses entledigt sich der Staat – bei sinkenden Realwerten – eines Teils seiner Verpflichtungen gewissermaßen von selbst.

Wir wollen uns noch mit einem anderen Aspekt auseinandersetzen, der in der öffentlichen Diskussion über die Staatsverschuldung eine große Rolle spielt. Belastet eine hohe Staatsverschuldung zukünftige Generationen? Hier geht es um die **Verteilungswirkungen** der Staatsverschuldung und zwar in **intertemporaler** Betrachtungsweise.

Durch die staatliche Kreditaufnahme beansprucht der Staat Teile des Inlandsprodukts. Von Bedeutung ist nun, für welche Zwecke diese Ressourcen eingesetzt werden und wie die **gesamtwirtschaftliche Lage** einzuschätzen ist. Befindet sich die Volkswirtschaft in einer Phase sehr guter Auslastung der Produktionskapazitäten, entsteht das Problem, daß er seine – kreditfinanzierten – Ansprüche an das Inlandsprodukt zu Lasten privater Nachfrager durchsetzen kann (der Staat dürfte im allgemeinen als weniger zinsempfindlich eingeschätzt weden können als private Kreditnachfrager). Zur Beurteilung müßte festgestellt werden, wer von den kreditfinanzierten staatlichen Ausgaben Nutzen hat **(Ausgabeninzidenz).** Wenn dagegen die Produktionskapazitäten nicht voll ausgelastet sind, können die freien Ressourcen ohne Probleme vom Staat in Anspruch genommen werden.

Von Bedeutung ist weiterhin, ob die Gewährung von Krediten an den Staat **freiwillig** erfolgt. Davon können wir heute ausgehen, denn Zwangsanleihen hat es nur zu Kriegszeiten gegeben. Insofern liegt hier keine „Last“ vor, die Forderungen an den Staat bleiben bestehen, sie werden an die nächste Generation vererbt. Komplizierter wird die Argumentation jedoch, wenn es um die **Bedienung der Staatsschulden** in der Zukunft geht. Wer trägt ökonomisch die Schuldendienstleistungen, wenn wir einmal davon ausgehen, daß es zu einem Abbau des „Schuldenberges" kommt? Die Verzinsung und Tilgung müßte dann aus dem allgemeinen Steueraufkommen geleistet werden. Für die Beantwortung unserer Frage nach einer möglichen Belastung zukünftiger Generationen ist die Kenntnis zweier Sachverhalte notwendig: (1) Ist das gesamte Steuersystem progressiv, oder ist die Belastung insgesamt proportional? (2) Wie ist die Gläubigerstruktur des Staatskredits, wie sind die staatlichen Schuldtitel über die Einkommensklassen der privaten Haushalte letztlich verteilt?

Es ist statistisch unmöglich, eine genaue Zuordnung der Verteilung des Besitzes staatlicher Schuldtitel auf die privaten Haushalte (gegliedert nach Einkommensklassen) vorzunehmen. Man kann aber vermuten, daß die Bezieher höherer Einkommen aufgrund ihrer größeren Ersparnis mehr Staatspapiere erwerben als die Bezieher niedriger Einkommen. Von den staatlichen Zinszahlungen werden also insbesondere die Bezieher hoher Einkommen profitieren. Im Ergebnis käme es nun auf einen Vergleich der Progressivität des Steuersystems mit der Verteilung der steuerfinanzierten Zinserträge über die Einkommensklassen an. Hier liegt die Vermutung nahe, daß die Bezieher niedriger Einkommen über ihre Steuern die Zinserträge der Einkommensreichen mitfinanzieren. Insofern stellt die hohe Staatsverschuldung eine Belastung für die zukünftige Generation dar, aber nicht generell, sondern infolge der **unsozialen Verteilungswirkung** der steuerfinanzierten Zinszahlungen eine Belastung für die Bezieher niedriger Einkommen.

Eine **Lastenverschiebung** in die Zukunft könnte auch dann festgestellt werden, wenn mit den staatlichen Krediten Ausgaben finanziert wurden, von denen die zukünftige Generation keinen Nutzen hat, sie aber dennoch für den Schuldendienst (über Steuern) aufkommen muß. Wie sieht es mit dem Nutzen einer neuen Autobahn, der Magnetschwebebahn, der Errichtung einer Hochschule oder dem Bau eines kommunalen Bürgerzentrums aus? Nur wenn die zukünftige Generation bei ihren gesellschaftspolitischen Zielen ganz andere Vorstellungen hat, würde hier eine Lastenverschiebung ausgemacht werden können.

3. Grundlagen der sozialen Sicherung

Ein konstituierendes Element der Sozialen Marktwirtschaft ist das System der Sozialen Sicherung. Die „Wechselfälle des Lebens" wie Krankheit, Unfall, Invalidität, Mutterschaft, Kinderreichtum, Arbeitslosigkeit, Alter oder Vermögensverluste können die materielle Grundlage für ein menschenwürdiges Leben gefährden. Entweder versiegen die Einkommensquellen (Alter, Arbeitslosigkeit, Vermögensverlust) oder die Ausgaben übersteigen die Finanzierungsmöglichkeiten (Kinderreichtum). In anderen Fällen (Krankheit, Unfall, Invalidität, Mutterschaft) werden oft beide Seiten des Haushaltsbudgets berührt: Es kommt zu Einkommensausfällen und zusätzlichen Ausgaben. Sozialleistungen setzen an dieser Stelle an. Sie ha-

Soziale Sicherung und Sozialleistungen sind aus vielen Gründen notwendig

ben die Aufgabe, die Existenz aller Bevölkerungskreise gegen allgemeine Lebensrisiken zu sichern. Da die Sozialleistungen zu etwa 40 % von den öffentlichen Gebietskörperschaften aufgebracht werden, erscheint es sinnvoll, diese staatliche Aufgabe im Zusammenhang mit staatlichen Einnahmen und Ausgaben zu skizzieren. Es kommt hinzu, daß die Sozialleistungen zu einem hohen Prozentsatz über staatliche Institutionen abgewickelt werden.

Dieser Abschnitt wird wie folgt gegliedert:

Wir wollen uns zunächst mit einigen Grundprinzipien der sozialen Sicherung auseinandersetzen (Abschnitt 3.1), um dann eine Kurzcharakteristik der bestehenden Institutionen zu geben (Abschnitt 3.2). Einige aktuelle Probleme schließen diesen Abschnitt ab (3.3).

3.1 Grundprinzipien der sozialen Sicherung

Wichtige Grundprinzipien der Daseinsvorsorge

Um die Bedarfsdeckung privater Haushalte auch in kritischen Lebenslagen sicherzustellen, bedarf es der Vorsorge. In einer Gesellschaft kann diese Sicherung grundsätzlich durch **Eigenvorsorge** nach dem **Individualprinzip** oder durch **kollektive Vorsorge** nach dem **Sozialprinzip** organisiert werden. Als Grundsätze des letzteren sind das Versicherungsprinzip, das Versorgungsprinzip und das Fürsorgeprinzip zu nennen (vgl. Abb. 14.2).

Das **Individualprinzip** entspricht einer Leistungsgesellschaft, in der jeder die Freiheit haben soll, seine Lebensbedingungen selbst zu gestalten.

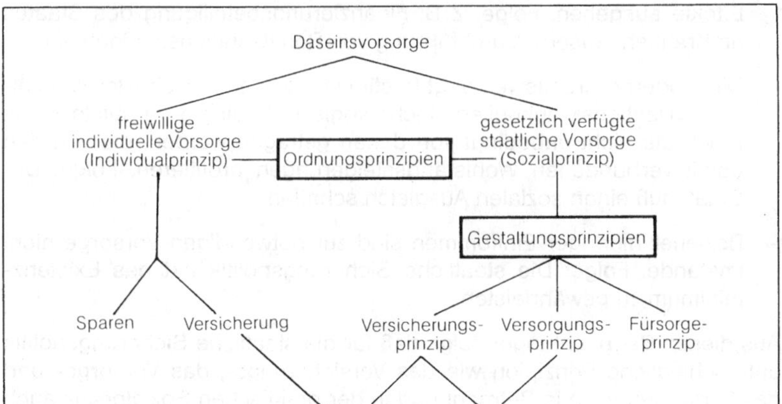

Abb. 14.2: Grundprinzipien der Daseinsvorsorge

Quelle: Kath, Dietmar, Art. Sozialpolitik, in: Vahlens Kompendium der Wirtschaftstheorie und Wirtschaftspolitik, Bd. 2, 6. Aufl., München 1995, S. 431.

Dies schließt die eigenverantwortliche Vorsorge für Notfälle (z. B. Krankheit, Arbeitslosigkeit, Invalidität) und Ereignisse des normalen Lebenszyklus (Familie, Kinder, Alter) mit ein, wobei die Vorsorge durch Ersparnisbildung oder den Abschluß von Versicherungen möglich ist. Da Sparen besonders bei Beziehern niedrigerer Einkommen als Sicherung nicht ausreichen dürfte, bietet bei Unsicherheit über den Eintritt des Vorsorgefalls und dessen finanzielle Folgen allein eine Versicherung vollen Risikoschutz. Je nach individueller Wahrscheinlichkeit für den Eintritt des Versicherungsfalls wird der Beitrag des einzelnen Versicherten zum Gesamtrisiko **(Äquivalenzprinzip)** festgelegt. Während für die meisten der genannten Risiken eine Versicherung infrage kommen dürfte, versagt dieses Prinzip z.B. bei konjunkturbedingter Massenarbeitslosigkeit und der Sicherung gegen Kriegsfolgen. In solchen Fällen ist eine kollektive Sicherung unabdingbar.

Das Individualprinzip reicht als Daseinsvorsorge oft nicht aus, ...

Das **Sozialprinzip** als Merkmal für eine staatliche Zwangsversicherung ist indes nicht nur durch nicht-versicherbare Risiken begründet, sondern auch durch unzureichende Bereitschaft und mangelnde Fähigkeit zu individueller Vorsorge. Die dem Staat dann zukommende distributive Aufgabe (sie hat teilweise auch allokativen Charakter) läßt sich durch folgende Beobachtungen kurz belegen:

...deshalb muß es durch das Sozialprinzip ergänzt werden

- Menschen neigen dazu, künftige Bedürfnisse und Einkommenserwartungen zu unterschätzen. Folge: Die zu geringe Eigenvorsorge muß durch staatlichen Vorsorgezwang ergänzt werden.
- Die Gesellschaft hat Interesse daran, die individuelle Erwerbsfähigkeit zu sichern, weil vom bestehenden Human-Kapital positive externe Effekte ausgehen. Folge: Z. B. Finanzierungsbeteiligung des Staates an Krankenhäusern, Durchführung von Rehabilitationsmaßnahmen.
- Die moderne Arbeitswelt birgt bestimmte Risiken in sich (Berufsunfälle, Zivilisationskrankheiten, technologisch bedingte Arbeitslosigkeit usw.), die nicht unbedingt von denen getragen werden, die von den damit verbundenen Wohlstandssteigerungen profitieren. Folge: Der Staat muß einen sozialen Ausgleich schaffen.
- Bezieher niedriger Einkommen sind zur notwendigen Vorsorge nicht imstande. Folge: Die staatliche Sicherungspolitik hat das Existenzminimum zu gewährleisten.

Aus diesen Beobachtungen folgt, daß für die staatliche Sicherungspolitik unterschiedliche Prinzipien wie das Versicherungs-, das Vorsorge- und das Fürsorgeprinzip in Betracht und in der praktischen Sozialpolitik auch – vermischt – zur Anwendung kommen.

Einzelprinzipien wie das ...

Wird das Äquivalenzprinzip dahingehend modifiziert, daß nach dem Prinzip der Solidarität Leistungen auch beitragsunabhängig erfolgen (Beispiel: mitversicherte Familienangehörige) und Risiko- und Leistungsausschlüsse unter Berücksichtigung der sozialen Lage der Versicherten vermieden werden sollen, wird das **Sozial-Versicherungsprinzip** angewendet. Es erfolgt eine Teilfinanzierung über Steuern.

Sozialversicherungsprinzip, ...

Beim **Versorgungsprinzip** werden im allgemeinen die Kosten der Risikosicherung nicht demjenigen angelastet, der sie verursacht. Die Finanzierung erfolgt aus Steuern und Abgaben. Beispiele dafür sind die Kriegsopferversorgung und der Lastenausgleich für Vertriebene. In anderen Ländern (z. B. Schweden und der ehemaligen DDR) ist das Versorgungsprinzip allgemeine Grundlage für das System der Sozialen Sicherung („Grundrente", „Staatsbürgerversorgung"), wobei allen Staatsbürgern ohne Rücksicht auf individuelle Bedürftigkeit für den Versorgungsfall (Krankheit, Invalidität, Alter) aus Steuermitteln eine einheitliche Grundversorgung garantiert ist.

Versorgungsprinzip, ...

Das **Fürsorgeprinzip** läßt sich wie folgt beschreiben: Anlaß für Leistungen (Sozialhilfe) sind „spezielle Bedürftigkeiten", d. h., ein menschenwürdiges Dasein soll auch dann möglich sein, wenn man – auch selbstverschuldet – in eine Notlage geraten ist. Es besteht ein Rechtsanspruch auf eine Transferzahlung (d. h. keine Rückzahlung), wenn die Bedürftigkeit nachgewiesen wird und unterhaltspflichtige Verwandte nicht herangezogen werden können. Sozialhilfe wird aus Steuern finanziert. Sie ist Aufgabe der Gemeinden und Städte.

Fürsorgeprinzip kommen kombiniert zur Anwendung

Neben diesen Grundprinzipien ist für das deutsche System das **Selbstverwaltungsprinzip** maßgebend, d. h., der Staat beschränkt sich auf die reine Rechtsaufsicht und überläßt die Durchführung der gesetzlichen Aufgaben der Selbstverwaltung, die auch als Ausdruck für eine indirekte parlamentarische Demokratie und die Mitbestimmung der Bürger angesehen werden kann.

3.2 Einrichtungen der sozialen Sicherung[2])

Da es unmöglich ist, in einer Einführung alle Einzelheiten des Systems der Sozialen Sicherung zu beschreiben, wollen wir uns darauf beschränken, die klassischen Bereiche mit ihren wichtigsten Merkmalen zu skizzieren.

Einen sehr guten Überblick über die Sozialleistungen in der Bundesrepublik gibt der Sozialbericht[3]) der Bundesregierung. Ihre Größenordnung und Struktur werden durch Tabelle 14.2 verdeutlicht, in der nach „Institutionen" gegliedert wird, wobei Institutionen im wesentlichen Träger der Sozialversicherung sind.

2) Stand: Mai 1999
3) Dieser, auch in seiner übersichtlichen Darstellungsweise vorbildliche Bericht wird vom Bundesministerium für Arbeit und Sozialordnung auf schriftliche Anfrage hin kostenlos abgegeben.

Tab. 14.2: Sozialleistungen nach Institutionen (in Mio. DM)

	1960	1970	1980	1991	1995p	1996p	1997s	2001s	1991	1995p	1996p	1997s	2001s
				– Milliarden DM –					Prozent des BIP[2])				
Sozialbudget	69,16	179,19	479,85	883,08	1177,88	1236,15	1256,1	1344,7	30,9	34,0	34,9	34,4	30,9
Allgemeines System	33,08	88,50	281,95	570,90	788,04	810,87	829,0	878,6	20,0	22,8	22,9	22,7	20,2
Rentenversicherung[3])	19,59	52,22	142,57	260,69	361,11	375,64	384,7	434,8	9,1	10,4	10,6	10,5	10,0
– Rentenversicherung der Arbeiter	12,16	31,90	80,22	134,15	182,33	189,23	193,4	215,4	4,7	5,3	5,3	5,3	4,9
– Rentenversicherung der Angestellten	5,73	16,43	57,12	106,69	153,07	160,00	164,6	192,6	3,7	4,4	4,5	4,5	4,4
– Knappschaftliche Rentenversicherung	2,63	6,13	13,32	19,85	25,71	26,42	26,7	26,8	0,7	0,7	0,7	0,7	0,6
Pflegeversicherung	–	–	–	–	10,32	21,35	29,3	32,3	0,0	0,3	0,6	0,8	0,7
Krankenversicherung	9,66	25,64	90,07	181,66	239,12	247,30	244,5	258,2	6,4	6,9	7,0	6,7	5,9
Unfallversicherung	1,75	4,24	10,02	14,89	19,98	20,22	20,5	21,4	0,5	0,6	0,6	0,6	0,5
Arbeitsförderung	1,21	3,88	23,10	87,34	128,99	138,58	142,6	124,9	3,1	3,7	3,9	3,9	2,9
Kindergeld	0,92	2,89	17,61	20,41	21,27	0,82	0,4	0,1	0,7	0,6	0,0	0,0	0,0
Erziehungsgeld	–	–	–	5,92	7,24	6,96	7,0	7,0	0,2	0,2	0,2	0,2	0,2
Sondersysteme	0,22	1,10	3,68	6,98	9,02	9,56	9,8	10,8	0,2	0,3	0,3	0,3	0,2
Alterssicherung der Landwirte	0,18	0,89	2,76	4,81	6,21	6,60	6,7	6,8	0,2	0,2	0,2	0,2	0,2
Versorgungswerke	0,05	0,20	0,92	2,17	2,80	2,96	3,1	3,9	0,1	0,1	0,1	0,1	0,1
Leistungssysteme des öffentlichen Dienstes	9,61	24,03	46,33	69,12	84,73	87,64	89,6	100,2	2,4	2,4	2,5	2,5	2,3
Pensionen	6,78	15,83	32,95	46,84	57,42	59,80	61,5	70,1	1,6	1,7	1,7	1,7	1,6
Familienzuschläge	2,17	6,22	7,62	11,51	13,18	13,20	13,3	14,3	0,4	0,4	0,4	0,4	0,3
Beihilfen	0,65	1,98	5,77	10,77	14,13	14,64	14,8	15,7	0,4	0,4	0,4	0,4	0,4
Arbeitgeberleistungen	4,96	18,80	45,29	85,36	99,34	96,92	93,4	107,2	3,0	2,9	2,7	2,6	2,6
Entgeltfortzahlung	3,00	12,50	28,22	47,53	55,27	52,33	47,1	53,0	1,7	1,6	1,5	1,3	1,2
Betriebliche Altersversorgung	1,19	3,05	8,10	21,13	26,57	26,80	28,1	33,2	0,7	0,8	0,8	0,8	0,8
Zusatzversorgung	0,34	1,73	5,88	11,59	12,93	13,33	13,8	16,4	0,4	0,4	0,4	0,4	0,4
Sonstige Arbeitgeberleistungen	0,43	1,52	3,09	5,11	4,58	4,46	4,4	4,6	0,2	0,1	0,1	0,1	0,1
Entschädigungen	8,24	11,55	17,76	17,29	18,27	17,06	15,4	13,5	0,6	0,5	0,5	0,4	0,3
Soziale Entschädigungen	3,95	7,49	13,48	13,43	13,94	13,11	12,3	11,1	0,5	0,4	0,4	0,3	0,3
Lastenausgleich	2,03	1,78	1,71	1,02	0,64	0,54	0,5	0,3	0,0	0,0	0,0	0,0	0,0
Wiedergutmachung	2,12	1,97	2,16	1,90	3,09	2,89	2,3	1,7	0,1	0,1	0,1	0,1	0,0
Sonstige Entschädigungen	0,15	0,31	0,41	0,94	0,61	0,53	0,4	0,3	0,0	0,0	0,0	0,0	0,0
Soziale Hilfen und Dienste	2,76	12,15	43,89	76,68	105,28	104,20	102,4	109,6	2,8	3,0	2,9	2,8	2,5
Sozialhilfe	1,32	3,55	14,98	35,72	54,39	53,12	50,8	55,4	1,3	1,6	1,5	1,4	1,3
Jugendhilfe	0,60	2,10	8,92	21,32	29,19	29,33	29,5	31,4	0,7	0,8	0,8	0,8	0,7
Ausbildungsförderung	0,09	0,63	3,15	2,59	1,86	1,79	1,8	1,6	0,1	0,1	0,1	0,0	0,0
Wohngeld	0,00	0,66	2,01	4,94	6,22	6,64	7,0	7,0	0,2	0,2	0,2	0,2	0,2
Öffentlicher Gesundheitsdienst	0,31	0,76	1,67	2,89	3,15	3,18	3,2	3,3	0,1	0,1	0,1	0,1	0,1
Leistungen zur Vermögensbildung	0,45	4,46	13,17	11,22	10,47	10,14	10,0	10,9	0,4	0,3	0,3	0,3	0,2
Direkte Leistungen insgesamt	58,60	155,42	437,52	828,34	1104,69	1126,25	1139,5	1219,9	29,0	31,9	31,8	31,2	28,0
Indirekte Leistungen	10,55	23,77	42,33	54,75	73,19	109,90	116,6	124,9	1,9	2,1	3,1	3,2	2,9
Steuerliche Maßnahmen (ohne FLA)[1])	10,46	19,72	36,37	54,75	73,19	66,60	66,9	75,1	1,9	2,1	1,9	1,8	1,7
Familienleistungsausgleich (FLA)	0,09	4,05	5,96	0,00	0,00	43,30	49,7	49,8	0,0	0,0	1,2	1,4	1,1

Differenzen in den Summen sind rundungsbedingt.
1) Bei der Summenbildung heben sich die Zahlungen der Institutionen untereinander (Verrechnungen) auf. – 2) Ab 1991
p = vorläufig; s = geschätzt

Quelle: Sozialbericht 1993, S. 253; 1997, S. 214 f.

3.2.1 Die gesetzliche Rentenversicherung (GRV)

Die GRV umfaßt die Rentenversicherung der Arbeiter (ArV), der Angestellten (AnV) und die knappschaftliche Rentenversicherung für Bergleute. Die Träger der GRV sind Körperschaften des öffentlichen Rechts. Die GRV ist eine Pflichtversicherung, in der die wirtschaftlich unselbständigen Arbeitnehmer (einschl. Auszubildende) für das Alter und gegen Invalidität versichert sind. Auf Antrag können auch Selbständige innerhalb von zwei Jahren nach Aufnahme der selbständigen Tätigkeit der Pflichtversicherung beitreten. Versicherungsfrei sind bestimmte Nebentätigkeiten sowie Personengruppen, deren Altersversorgung anderweitig gesichert ist (z.B. Beamte). Die hohe Zahl von etwa 43,3 Millionen Versicherten zeigt, daß die GRV heute den Charakter einer Volksversicherung hat.

Der versicherte Personenkreis

Die Finanzierung der GRV erfolgt durch **Beitragszahlungen** der Versicherten bzw. deren Arbeitgeber (jeweils hälftig) und aus **Bundeszuschüssen,** die mehr als 20 % der Gesamtausgaben der GRV ausmachen. Der Beitragssatz beträgt ab 1. 4. 1999 19,5 % des Bruttoarbeitsentgelts, wobei Beiträge jedoch nur bis zur Beitragsbemessungsgrenze (sie wird jährlich neu festgelegt; 1999 beträgt sie 8.500 DM pro Monat, in den neuen Bundesländern 7.200 DM) berechnet werden. Das bei der GRV praktizierte **Umlageverfahren** (bis zur Rentenreform von 1957 wurde ein **Kapitaldeckungsverfahren** angewendet) bedeutet, daß die Ausgaben jährlich durch entsprechende Einnahmen zu decken sind. Die Rentenversicherungsträger sind verpflichtet, eine Schwankungsreserve zur Liquiditätssicherung von mindestens einer Monatsausgabe vorzuhalten.

Die Finanzierung

Der heutige Rentner erhält demnach sein Alterseinkommen im wesentlichen aus Beiträgen der abhängig Beschäftigten. Diese erwerben Rentenansprüche für die Zukunft, die von den dann Werktätigen zu erfüllen sind **(Generationenvertrag).**

Die Aufgaben und Leistungen der GRV bestehen im wesentlichen in

Die Leistungen

- der Gewährung von Renten an Versicherte und Hinterbliebene bei Invalidität, Alter bzw. Tod,
- der Erhaltung, Besserung und Wiederherstellung der Erwerbsfähigkeit der Versicherten (Rehabilitation) und
- der Förderung von Maßnahmen zur Verbesserung der gesundheitlichen Verhältnisse der Versicherten.

Der **Leistungsumfang** eines Alterssicherungssystems wird maßgeblich bestimmt durch die Zahl der Leistungsempfänger und die Altersgrenze. Die bisherige Frühverrentungspraxis ist ab August 1996 korrigiert worden. Anlaß war ihre erhebliche Ausweitung in den letzten Jahren. Die Altersgrenzen werden schrittweise auf 65 Jahre angehoben. Wer dennoch früher in Rente gehen will, muß eine Rentenminderung von 0,3 % der

Rente für jeden Monat der vorzeitigen Inanspruchnahme in Kauf nehmen. Damit soll die längere Rentenbezugsdauer ausgeglichen werden.

Neurenten werden grundsätzlich nach dem Arbeitsverdienst und der Versicherungsdauer bemessen. Dafür sind seit 1992 folgende Faktoren maßgebend:

(1) **Entgeltpunkte** (Ep) stellen die Berücksichtigung der individuellen Arbeits- und damit Beitragsleistung der Versicherten sicher. Ein Versicherungsjahr mit durchschnittlichem Arbeitsverdienst ergibt einen vollen Entgeltpunkt. Je länger die Lebensarbeitszeit und je höher das beitragspflichtige Einkommen, desto höher ist die Zahl der erworbenen Entgeltpunkte. Auch für bestimmte beitragsfreie Zeiten werden Entgeltpunkte angerechnet (Ersatzzeiten, Ausfall- bzw. Anrechnungszeiten, Zurechnungszeiten).

(2) Der **Zugangsfaktor** (Zf) bewirkt, daß sich die Entgeltpunkte vermindern oder erhöhen, je nachdem, ob die Rente vorzeitig oder erst später beansprucht wird.

Die Rentenformel zur Rentenberechnung

(3) Durch den **Rentenartfaktor** (Raf) wird die Art der zu gewährenden Rente berücksichtigt. Den vollwertigen Alters- und Erwerbsunfähigkeitsrenten (Faktor 1,0) stehen die Berufsunfähigkeitsrenten (Faktor 0,6667) und die Witwer- bzw. Witwenrenten (Faktor 0,6) gegenüber.

(4) Jährlich neu festgesetzt wird der **aktuelle Rentenwert** (aRw), der die persönlichen Faktoren mit der allgemeinen Einkommensentwicklung verknüpft. Er gibt an, welcher monatliche Rentenbetrag auf einen Entgeltpunkt – also ein Versicherungsjahr mit durchschnittlichem Einkommen – entfällt.

Durch multiplikative Verknüpfung **(Rentenformel)** läßt sich dann die Monatsrente berechnen:

Ep x Zf x Raf x aRW = Monatsrente.

Da sie an die allgemeine Einkommensentwicklung geknüpft ist, spricht man auch von der **dynamischen Rente.**

3.2.2 Die gesetzliche Krankenversicherung (GKV)

Das Krankenversicherungssystem der Bundesrepublik ist gegliedert in eine gesetzliche und eine private Krankenversicherung. Etwa 90 % der Bundesbürger gehören der GKV an, wobei im allgemeinen eine gesetzliche Pflichtmitgliedschaft (Pflichtversicherte) besteht. Dies gilt für Arbeiter, Angestellte, Rentner, Arbeitslose, Landwirte, Bergleute und bestimmte Selbständige. Versicherten, die ein höheres Einkommen als die Versicherungspflichtgrenze (sie ist zugleich die Beitragsbemessungsgrenze; für 1999: 6.375 DM, neue Bundesländer: 5.400 DM) erzielen, steht ein Wahlrecht zu: Sie können der GKV als freiwilliges Mitglied angehören oder sich privat versichern. Zu dem durch die GKV geschützten Personenkreis

Der versicherte Personenkreis

zählen neben den Mitgliedern auch deren ohne eigene Beiträge mitversicherten Familienangehörigen (Ehepartner, Kinder).

Für die GKV gibt es keinen einheitlichen Versicherungsträger. Sie gliedert sich vielmehr in verschiedene Kassenarten, zu denen vor allem gehören die

Zuständigkeit der Krankenkassen

- Allgemeinen Ortskrankenkassen (sie werden für örtliche Bezirke errichtet und umfassen in der Regel einen Landkreis oder eine kreisfreie Stadt),
- Betriebskrankenkassen (Unternehmen mit mindestens 450 versicherungspflichtigen Arbeitnehmern können eigene Betriebskrankenkassen errichten),
- Innungskrankenkassen (für die den Handwerksinnungen angehörenden Betriebe),
- Ersatzkassen (haben keinen gesetzlich zugewiesenen Mitgliederkreis. Aufnahmemöglichkeit besteht für versicherungspflichtige und berechtigte Personen, die zum Zeitpunkt der Aufnahme in dem Bezirk wohnen und zum zugelassenen Mitgliederkreis [z. B. als Angestellter nur für Ersatzkasse für Angestellte] gehören. Die Mitgliedschaft ist freiwillig; versicherungspflichtige Mitglieder einer Ersatzkasse werden von der gesetzlichen Mitgliedschaft in einer anderen gesetzlichen Krankenkasse befreit).

Insgesamt sind über 70 Mio. Mitglieder krankenversichert. Einschließlich der mitversicherten Familienangehörigen sind dies etwa 90 % der Gesamtbevölkerung.

Die Finanzierung

Die GKV finanziert sich hauptsächlich aus **Beiträgen,** die hälftig von den Arbeitnehmern und Arbeitgebern aufgebracht werden. Die Beitragssätze sind nicht gesetzlich fixiert, sondern werden von den einzelnen Kassen festgelegt. Daher kann es deutliche Beitragssatzunterschiede geben, die vor allem auf die unterschiedlichen Versichertenstrukturen der Kassen zurückzuführen sind. Um sie wenigstens teilweise zu kompensieren, wird zwischen den Krankenkassen ein Risikostrukturausgleich durchgeführt. Die Beitragssätze liegen im Bundesdurchschnitt etwa bei 13,6 %. Zusätzlich zahlen die Rentner Beiträge für die Krankenversicherung der Rentner, und die Bundesanstalt für Arbeit zahlt Beiträge für Arbeitslose. Der Bund leistet bestimmte Zuschüsse (z. B. für Mutterschaftsleistungen).

Die Leistungen

Bei den Leistungen der GKV ist zwischen **Sachleistungen** (ärztliche und zahnärtliche Behandlung, Arzneien, Heil- und Hilfsmittel, Zahnersatz usw. als Ausdruck für die Krankenpflege, neben die die Krankenhauspflege tritt, wobei der Prävention/Verhütung und Früherkennung von Krankheiten große Bedeutung zukommt) und **Geldleistungen** (Kranken-, Mutterschafts- und Sterbegeld) zu unterscheiden. Die meisten Leistungen sind **Regelleistungen.** Viele Kassen gewähren darüber hinaus **freiwillige zu-**

sätzliche Leistungen. Durch verschiedene Reformmaßnahmen im Gesundheitswesen ist es bei einer Reihe von Leistungen (Arzneimittel, Zahnersatz usw.) zu **Zuzahlungspflichten** der Versicherten gekommen. Dadurch soll der Kostenanstieg gedämpft werden.

3.2.3 Die gesetzliche Unfallversicherung (GUV)

Mitglieder und Versicherte

Jeder Unternehmer ist Mitglied der für seinen Gewerbezweig zuständigen **Berufsgenossenschaft.** Unter „Beruf" ist dabei der Wirtschafts- oder Gewerbezweig zu verstehen, dem die Unternehmer gleicher oder ähnlicher Betriebe angehören. Alle Arbeitnehmer sind gegen Arbeitsunfälle, Wegeunfälle und Berufskrankheiten versichert. Außerdem besteht Versicherungsschutz für alle Personen, die bei Not und Gefahr Hilfe leisten, ehrenamtlich in gemeinnützigen Organisationen arbeiten sowie Kinder im Kindergarten, Schüler und Studenten.

Träger der Unfallversicherung sind für die gewerbliche Wirtschaft die selbstverwalteten Berufsgenossenschaften. Ihre wichtigste Aufgabe ist es, für die Verhütung von Arbeitsunfällen in den Betrieben zu sorgen. Die Einhaltung der Unfallverhütungsvorschriften wird durch „technische Aufsichtsbeamte" der Unfallversicherungsträger überwacht.

Die Finanzierung

Die Finanzierung der GUV erfolgt allein durch **Beiträge der Unternehmer.** Die Höhe dieser Beiträge richtet sich nach dem Grad der Unfallgefahr im jeweiligen Gewerbezweig und nach der Lohnsumme des einzelnen Unternehmens.

Die Leistungen

Die wesentlichen Leistungen der GUV sind

- die Heilbehandlung zur Beseitigung oder Minderung der Folgen eines Unfalls bzw. einer Berufskrankheit,
- Verletztengeld (entspricht dem Krankengeld),
- Hilfen zur beruflichen Wiedereingliederung eines Unfallverletzten,
- die Gewährung von Versicherten- und Hinterbliebenenrenten.

3.2.4 Die Arbeitslosenversicherung (ALV)

Die ALV war ursprünglich darauf ausgerichtet, das Risiko der Arbeitslosigkeit – den Verlust des Arbeitsplatzes – abzudecken. Heute obliegt der Arbeitsverwaltung der gesamte Bereich der **Arbeitsförderung,** in den die ALV als früher eigenständiger Zweig des sozialen Sicherungssystems eingebettet ist. Träger ist die **Bundesanstalt für Arbeit,** deren Selbstverwaltungsorgane drittelparitätisch aus berufenen Vertretern der Arbeitnehmer, der Arbeitgeber und der öffentlichen Körperschaften zusammengesetzt sind. Die ALV ist ausschließlich eine Pflichtversicherung für alle Arbeiter und Angestellten. Selbständige, Beamte und Arbeitnehmer, die das 65. Lebensjahr vollendet haben, gehören nicht zum Versichertenkreis. Beitragsfreiheit besteht auch für Arbeitnehmer, die einer geringfügigen Beschäftigung nachgehen, denen eine Erwerbsunfähigkeitsrente zuer-

Der versicherte Personenkreis

kannt ist oder die während der Schul- oder Hochschulausbildung beschäftigt sind.

Die Finanzierung

Die Mittel für die Finanzierung der Leistungen der ALV werden durch **Beiträge** der Arbeitnehmer und Arbeitgeber – der Beitragssatz von 6,5 % (ab 1999 Bemessungsgrenze: 8.500 DM, in den neuen Bundesländern: 7.200 DM) wird ihnen hälftig zugerechnet – aufgebracht. Für spezielle Leistungen gibt es eine Umlagefinanzierung (z. B. für die Finanzierung der produktiven Winterbauförderung durch die Arbeitgeber des Baugewerbes; das Konkursausfallgeld wird von den Berufsgenossenschaften gezahlt). Bei Deckungslücken gewährt der Bund Darlehen oder Zuschüsse. Die Arbeitslosenhilfe (s. u.) wird allein vom Bund finanziert.

Die Leistungen

Zu den **Aufgabenbereichen**[4]) der Bundesanstalt für Arbeit gehören

- Sicherstellung des Lebensunterhalts durch Zahlung von Lohnersatzleistungen bei Arbeitslosigkeit (Arbeitslosengeld, Arbeitslosenhilfe, Schlechtwettergeld), bei Zahlungsunfähigkeit des Arbeitgebers (Konkursausfallgeld) und Kurzarbeit (Kurzarbeitergeld).
- Förderung der Arbeitsaufnahme durch Lohnkostenzuschüsse an Arbeitgeber und Mobilitätshilfen an Arbeitnehmer (z. B. Bewerbungskosten, Reisekosten, Umzugskosten, Arbeitsausrüstung) sowie Förderung von Arbeitsbeschaffungsmaßnahmen (Lohnkostenzuschüsse für zusätzliche Arbeiten im öffentlichen Interesse) und Förderung der ganzjährigen Beschäftigung in der Bauwirtschaft.
- Förderung der beruflichen Bildung sowie Arbeits- und Berufsförderung Behinderter (berufliche Rehabilitation).
- Arbeits- und Berufsberatung sowie Arbeits- und Ausbildungsstellenvermittlung.

Arbeitslosengeld

Auf **Arbeitslosengeld** hat jeder Versicherte Anspruch, der beim Arbeitsamt als arbeitslos gemeldet ist, Arbeitslosengeld beantragt hat, die Anwartschaft erfüllt hat (man muß innerhalb der letzten 3 Jahre mindestens 12 Monate beitragspflichtig beschäftigt gewesen sein; die Anspruchsdauer hängt von der Dauer der Beschäftigung ab) und der Arbeitsvermittlung zur Verfügung steht. Dabei ist von Bedeutung, daß der Arbeitslose bereit ist, **zumutbare Beschäftigungen** zu akzeptieren, wozu auch minderqualifizierte und minderbezahlte Tätigkeiten (im Einzelfall zu bestimmen) rechnen.

Die Höhe des Arbeitslosengeldes beträgt 67 % (bei Arbeitslosen mit Kindern) und 60 % (bei Arbeitslosen ohne Kinder) des letzten durchschnittlichen Nettoarbeitsverdienstes. Es ist – wie auch die Arbeitslosenhilfe – einkommensteuerfrei.

---

4) Der interessierte Leser sei auf die Vorschriften des III. Teils des Sozialgesetzbuches (SGB III), in das das frühere Arbeitsförderungsgesetz (AFG) seit 1998 integriert worden ist, sowie auf die bei den Arbeitsämtern erhältlichen Informationen hingewiesen.

Arbeitslosenhilfe

Wer arbeitslos ist – und wenn der Anspruch auf **Arbeitslosengeld** erschöpft ist, bzw. wer zuvor nur kurz (mindestens 150 Tage) beschäftigt war – und bedürftig ist, erhält auf Antrag **Arbeitslosenhilfe.** Maßgeblich ist hier also die **Bedürftigkeit** (ähnlich wie bei der Sozialhilfe), die dann vorliegt, wenn das Einkommen oder Vermögen des Arbeitslosen oder seiner Familienangehörigen nicht für den Lebensunterhalt ausreichen.

Sie beträgt für Arbeitslose mit Kindern 57 % und ohne Kinder 53 % des maßgeblichen pauschalierten Nettolohnes, wobei es keine Befristung in der Gewährung gibt (nach jeweils einem Jahr wird erneut geprüft).

3.2.5 Die gesetzliche Pflegeversicherung (GPV)

Nach jahrzehntelanger Diskussion ist im Jahre 1995 die gesetzliche Pflegeversicherung als **5. Säule** des Systems der sozialen Sicherung eingeführt worden.

Der versicherte Personenkreis

Die GPV umfaßt die gesamte Bevölkerung und zwar nach dem Grundsatz: „Die Pflegeversicherung folgt der Krankenversicherung." Wer in der GKV Mitglied ist, wird versicherungspflichtig in der sozialen Pflegeversicherung, und zwar bei der Pflegekasse, die bei seiner Krankenkasse eingerichtet ist. Wer privat krankenversichert ist, wird in der privaten Pflegeversicherung versicherungspflichtig. Dies hat den Vorteil, daß ein einheitlicher Träger für die Pflege- und Krankenversicherung zuständig ist und der mit der Erfassung des versicherungspflichtigen Personenkreises verbundene Melde- und Kontrollaufwand auf ein Mindestmaß verringert wird.

Die Finanzierung

Die Ausgaben der Pflegeversicherung werden durch Beiträge und sonstige Einnahmen gedeckt. Der Beitragssatz beträgt ab 1. 7. 1996 1,7 % bezogen auf die monatliche Beitragsbemessungsgrenze in der GKV von 6.375 DM (1999; für die neuen Bundesländer 5.400 DM). Die Beiträge werden grundsätzlich von den Versicherten und den Arbeitgebern zur Hälfte aufgebracht. Bei Rentnern trägt der Rentenversicherungsträger die Hälfte des Beitrags, die Beiträge für Arbeitslose trägt die Bundesanstalt für Arbeit. Besonderheiten in der Beitragstragung der Arbeitnehmer ergeben sich nur, wenn in einem Bundesland die Kompensation zugunsten der Arbeitgeber nicht erbracht wird, d. h. kein Feiertag gestrichen worden ist (Sachsen). In diesem Fall tragen die Arbeitnehmer den Beitrag allein.

Die Leistungen

Die Leistungen gehen vom Grundsatz „Prävention und Rehabilitation vor Pflege" aus. **Pflegeleistungen** bei häuslicher Pflege können Pflegesachleistungen und Pflegegeld für selbstbeschaffte Pflegehilfen umfassen. Pflegebedürftige, die im häuslichen Bereich Pflege und Betreuung benötigen, erhalten Grundpflege und hauswirtschaftliche Versorgung (häusliche Pflege) als Sachleistung durch professionelle Pflegekräfte. Da mit zunehmendem Grad der Pflegebedürftigkeit auch der Umfang des Pflegebedarfs steigt, ist die Höhe des Gesamtwertes, den die Pflegeversicherung als Kosten übernimmt, nach dem Grad der Pflegebedürftigkeit gestaffelt: Stufe I: erhebliche Pflegebedürftigkeit bis zu 750 DM, Stufe II:

Schwerpflegebedürftigkeit bis zu 1.800 DM, Stufe III: Schwerstpflegebedürftigkeit bis zu 2.800 DM. Bei selbstbeschafften Pflegehilfen kann Pflegegeld beansprucht werden (Stufe I: 400 DM, Stufe II: 800 DM, Stufe III: 1.300 DM). Alternativ können auch andere Hilfen finanziert werden (Tages- und Nachtpflege, Kurzzeitpflege etc.). Auch bei vollstationärer Pflege übernehmen die Pflegekassen (ab 1. 7. 1996) die pflegebedingten Kosten (bis zu 2.800 DM/Monat).

3.3 Probleme der sozialen Sicherung

Hohe Kosten des Systems der Sozialen Sicherung

Abschließend sollen einige Probleme der sozialen Sicherung angesprochen werden. Auffällig sind zunächst die absolut steigenden Sozialleistungen (Sozialbudget 1980: 478 Mrd. DM, 1997: 1.256,1 Mrd. DM) und die nach wie vor hohe Sozialleistungsquote (prozentuales Verhältnis von Sozialbudget zum Bruttoinlandsprodukt) von 34,4 %. 1997 betrugen die Sozialleistungen 15.329 DM pro Einwohner.

Im Vordergrund der Diskussion stehen mithin die hohen Kosten des Systems der Sozialen Sicherung. In bezug auf die Alterssicherung sind dafür insbesondere folgende Faktoren maßgebend:

- die Altersstruktur und
- die Beschäftigungslage.

Probleme der GRV:
– die Bevölkerungsentwicklung

Zur Kennzeichnung der Altersstruktur ist festzustellen, daß die Lebenserwartung seit Beginn des Jahrhunderts fast ständig gestiegen ist – die Tendenz wird sich fortsetzen. Die Geburtenhäufigkeit ist seit Beginn der 70er Jahre stark gesunken; ein Geburtsjahrgang von Frauen im gebärfähigen Alter bringt weniger Mädchen zur Welt, als zur Bestandserhaltung der Bevölkerung notwendig wäre. Plastisch gemessen werden kann diese Entwicklung durch den sog. Altenlastquotienten bzw. den Jugendlastquotienten (Abb. 14.3). Der **Altenlastquotient** (Verhältnis der Personen mit einem Alter von 60 Jahren und mehr zur Bevölkerung im Alter von 20 bis 59 Jahren) dürfte von derzeit 36,1 auf mehr als das Doppelte (74,2) im Jahre 2030 ansteigen. Im gleichen Zeitraum würde sich dann der Anteil junger Menschen (19 Jahre und jünger), bezogen auf je 100 Personen zwischen 20 und 59 Jahren, auf etwa 35 verringern **(Jugendlastquotient).**

– die Beschäftigungslage und -entwicklung

Der zweite wichtige Faktor für die Entwicklung der Rentenfinanzen ist die Beschäftigungslage und -entwicklung. Man konnte feststellen, daß mehr Versicherte früher in Rente gingen – die normale Altersgrenze war seit Einführung der flexiblen Altersgrenze 1972 praktisch zum Ausnahmefall geworden. Diesem Trend versucht der Gesetzgeber durch eine Heraufsetzung der Altersgrenze entgegenzuwirken. Gleichzeitig beginnt die Erwerbsphase durch längere Ausbildungszeiten immer später. Eine gewisse Entlastung hat die starke Zunahme der Zuwanderung von Aussiedlern in den 80er und zu Beginn der 90er Jahre gebracht, was seinen Niederschlag in der Zahl der Erwerbspersonen gefunden hat (1985: 28,9 Mio.; 1997: 33,9 Mio.). Die anhaltend hohe Arbeitslosigkeit von über 4 Mio. Ar-

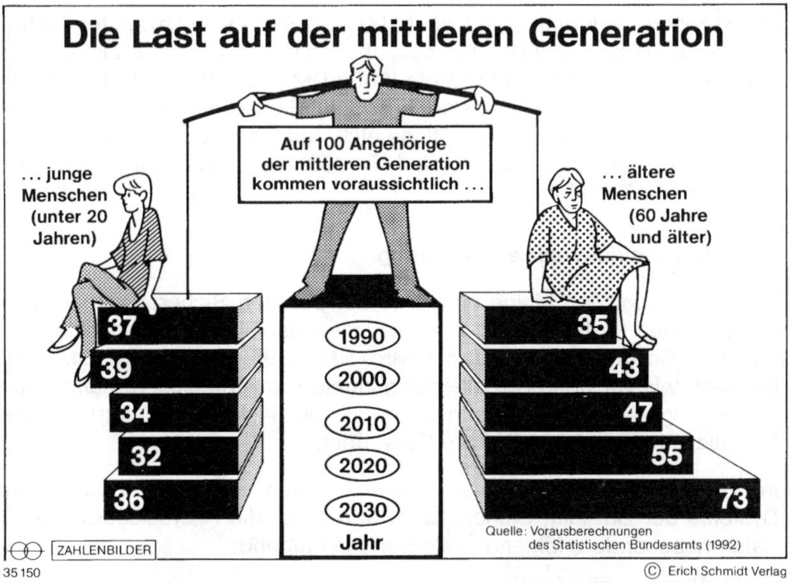

Abb. 14.3: Entwicklung des Jugendlast- und des Altenlastquotienten (1960–2030)

beitslosen verstärkt das Rentenproblem, da entsprechende Beitragszahlungen fehlen. Die Tatsache, daß die Arbeitslosenversicherung einen Teil der ausfallenden Beiträge übernimmt, verändert das Problem grundsätzlich nicht.

Starker Anstieg der Kosten für Sozialhilfe

Ein schwieriges Problem stellt die stark angestiegene **Sozialhilfe** dar. Wurden 1980 dafür 15 Mrd. DM ausgegeben, belief sich die Gesamtsumme 1997 auf etwa 50,8 Mrd. DM für über 2,7 Mio. Personen, bei denen Bedürftigkeit festgestellt wurde. Darin zeigen sich neben gestiegenen Kosten für Heime und Asylbewerber sowie Aussiedler auch die Folgen der anhaltend hohen Arbeitslosigkeit (Problem der Langzeitarbeitslosen). Letztlich verbirgt sich hinter diesen Zahlen ein weiteres ungelöstes Problem unserer sozialen Sicherung: die **Altersarmut.** Auch wenn sie derzeit nicht im Vordergrund der Diskussion steht, dürfen die vielen damit verbundenen Schicksale nicht vergessen werden.

Angesichts der hohen Kosten der sozialen Sicherung wurden auch Möglichkeiten der **Deregulierung** diskutiert. Beispielsweise wurde von verschiedenen politischen Gruppierungen die Einführung einer Grundrente vorgeschlagen, die entweder durch eine staatliche Zusatzversicherung ergänzt oder durch private Versicherungsmodelle komplettiert werden müßte, um eine angemessene finanzielle Absicherung im Alter zu gewährleisten. Durch derartige Vorschläge kommt das Versicherungsprinzip stärker zum Tragen. Nicht ganz so weitgehende Vorschläge sehen lediglich eine Grundsicherung (Mindestsicherung) vor, die durch den Staat zu gewährleisten sei.

Mit dem **Rentenreformgesetz** 1992 (RRG 1992) und dem Gesetz zur Förderung eines gleitenden Übergangs in den Ruhestand (1996) wurde versucht, die Rentenfinanzen über das Jahr 2000 hinaus zu konsolidieren. Von besonderer Bedeutung in diesen Gesetzen sind

Maßnahmen der Rentenreformgesetze 1992 und 1996

- die Einführung eines Automatismus, durch den der Bundeszuschuß an den Anstieg der Bruttoverdienste und den GRV-Beitragssatz angepaßt wird;
- die Anpassung der Renten an die durchschnittlichen Nettolöhne. Dadurch wird dem Prinzip der Solidarität zwischen den Generationen besser Rechnung getragen als die frühere bruttolohnbezogene Anpassung;
- die Anhebung der Altersgrenzen bis zur „normalen" Altersgrenze von 65 Jahren vom Jahre 2000 an; ab dem Jahre 2004 gilt diese allgemeine Regelung auch für Frauen;
- die Neuordnung bzw. Berücksichtigung beitragsfreier Zeiten einschließlich einer Erweiterung von Kindererziehungszeiten;
- die Anrechnungszeiten wegen Schulbesuchs und wegen Ausbildung werden verringert.

Durch das Gesetz zur Reform der gesetzlichen Rentenversicherung (Rentenreformgesetz 1999) sollen eine ausgewogenere Lastenverteilung zwischen den Generationen und die Erhaltung einer tragfähigen Beitrags/Leistungsrelation erreicht werden. Der damit eingeführte **Demographie-Faktor** berücksichtigt die längere Rentenbezugsdauer als Folge des Anstiegs der Lebenserwartung und verteilt die daraus entstehenden Belastungen ausgewogen auf Beitragszahler und Rentner. Er führt dazu, daß sich der künftige Anstieg der Renten verlangsamt, was zu einer Verminderung des Verhältnisses zwischen den verfügbaren Renten und den verfügbaren Arbeitsverdiensten **(Nettorentenniveau)** führt. Das sogenannte Eckrentenniveau soll durch die Einführung des Demographie-Faktors aber nicht unter 64 % absinken. Die Anwendung dieser Vorschrift ist bis zum Jahre 2000 ausgesetzt.

In der Krankenversicherung war über Jahre hinweg eine überproportionale Ausgabensteigerung zu beobachten, die durch kurzfristig wirkende Kostendämpfungsmaßnahmen nicht mehr zu bremsen war (Leistungsausgaben der GKV 1960: 9 Mrd. DM; 1997: 245 Mrd. DM). **Das Gesundheits-Reformgesetz von 1989** (GRG) sowie das **Gesundheitstrukturgesetz** (1993) haben eine grundlegende Überarbeitung des Rechts der GKV gebracht. Dazu gehören die Neuabgrenzung des versicherten Personenkreises (Begrenzung der Versicherungspflicht bei Studenten bis zum 14. Fachsemester, Einschränkung der Möglichkeiten der freiwilligen Ver-

Maßnahmen des Gesundheits-Reformgesetzes 1989

sicherung usw.) und vor allem Neuregelungen beim Leistungsumfang – konkret: im wesentlichen **Leistungsbegrenzungen** und **Zuzahlungspflichten** z. B. im Bereich der zahnmedizinischen Versorgung, bei Arzneimitteln, zur stationären Vorsorge – und Rehabilitationsmaßnahmen sowie Krankenhausaufenthalten. Die stark umstrittenen Maßnahmen haben vorübergehend einen finanziellen Erfolg gebracht: Die Ausgaben sanken im Jahr 1989 erstmals, und zwar um 4,7 Mrd. DM gegenüber dem Vorjahr, so daß die Beitragssätze nicht weiter stiegen.

Zwischenzeitlich (1998) ist der **durchschnittliche Beitragssatz** auf 13,6 % angestiegen. Die strukturellen Probleme der GKV sind jedoch immer noch nicht gelöst. Der Gesetzgeber hat in immer kürzeren Abständen mit immer tiefer reglementierenden Maßnahmen in das Gesundheitssystem eingegriffen. Die Erfahrungen mit den Gesetzen zur Kostendämpfung haben gezeigt, daß sie im allgemeinen nur vorübergehend in der Lage waren, den Ausgabenanstieg in der GKV zu begrenzen und den Anstieg der Beitragssätze zu bremsen. Ein erneuter Versuch ist durch das 1. und 2. GKV-Neuordnungsgesetz (Juli 1997) unternommen worden. Zum einen wurde damit die Selbstverwaltung verstärkt (wirtschaftliche Leistungserbringung, sparsame Leistungsinanspruchnahme), zum anderen wurden die Finanzgrundlagen der Krankenkassen dauerhaft verbessert, indem die bestehenden Zuzahlungen in sozial verträglicher Weise erhöht wurden. Beitragssatzerhöhungen der Krankenkassen haben in Zukunft eine Anhebung der Selbstbeteiligung zur Folge, den Versicherten wird gleichzeitig ein kurzfristiger Kassenwechsel ermöglicht. Bei der zahnmedizinischen Versorgung wurden die prozentualen Zuschüsse zum Zahnersatz in Festzuschüsse umgewandelt. Außerdem wurde das Kostenerstattungsprinzip eingeführt: Der Vertragszahnarzt hat einen Zahlungsanspruch gegenüber dem Versicherten, die Krankenkasse erfüllt ihre Leistungspflicht, indem sie den Festzuschuß direkt an den Versicherten auszahlt.

Maßnahmen des GKV-Neuordnungsgesetzes von 1997

Insgesamt zeigen die durchgeführten Reformen den politischen Willen zur Konsolidierung des Systems der Sozialen Sicherung. Das Prinzip der Eigenvorsorge ist zu Lasten einer noch umfassenderen staatlichen Versorgungspolitik stärker betont worden. Ob dadurch indes die dem System innewohnende Dynamik gebrochen, den Rahmenbedingungen Rechnung getragen und somit eine Konsolidierung mit Tragfähigkeit erreicht worden ist, muß die Entwicklung der nächsten Jahre zeigen.

C. Arbeitsaufgaben

1) *Was verstehen Sie unter dem Haushaltsplan des Bundes?*
2) *Nennen Sie die einzelnen Phasen des Haushaltskreislaufes.*
3) *Welche Budgetgrundsätze kennen Sie?*
   Zu welchem Zweck hat man derartige Forderungen aufgestellt?
4) *Halten Sie die gegenwärtige Höhe der Staatsverschuldung in der Bundesrepublik Deutschland für „gefährlich"? Beurteilen Sie auf diesem Hintergrund die gelegentlich vorgebrachte Behauptung vom „Bankrott des Staates".*
5) *Aus welchen Gründen muß das Individualprinzip durch das Sozialprinzip ergänzt werden?*
6) *Inwieweit kann man unsere Form der Rentenversorgung als „Generationenvertrag" bezeichnen?*
7) *Stellen Sie kurz die Faktoren zur Rentenberechnung dar. Warum handelt es sich um eine dynamische Rente?*
8) *Was versteht man unter der Versicherungspflichtgrenze und unter der Beitragsbemessungsgrenze?*
9) *Mit welchen Problemen ist längerfristig in der Rentenversicherung zu rechnen?*
10) *Wie ist die Finanzierung der verschiedenen Zweige der sozialen Sicherung geregelt?*

Lösungsvorschläge für die Arbeitsaufgaben im „Übungsbuch zu Grundlagen und Probleme der Volkswirtschaft".

D. Literatur

Neben den zu Kapitel 13 einführenden Werken zur Finanzwissenschaft von PEFFEKOVEN, ZIMMERMANN/HENKE *und* PETERSEN, *die auch über den Haushalt und die Staatsverschuldung informieren, sind folgende spezielle Titel anzuführen:*

Eine einfache Darstellung zum Problembereich Bundeshaushalt gibt: DER BUNDESHAUSHALT. Unser Geld, hrsg. vom Bundesminister der Finanzen, Reihe: Bürger-Informationen, Bonn 1998.

Speziell zum Haushaltsrecht des Bundes ist in der gleichen Reihe erschienen:

HAUSHALTSRECHT DES BUNDES, hrsg. vom Bundesminister der Finanzen, Reihe: Bürger-Informationen, Bonn 1998.

Über die aktuellen Probleme des Bundeshaushalts informiert der jährlich erscheinende

FINANZBERICHT, hrsg. vom Bundesminister der Finanzen.

Eine relativ ausführliche und gut verständliche Darstellung zum Problembereich Staatsverschuldung bieten:

LANG, Eva und KOCH, Walter A. S., Staatsverschuldung – Staatsbankrott? Würzburg, Wien 1980.

Über das Gebiet der Sozialleistungen informieren außerordentlich umfassend:

LAMPERT, Heinz, Lehrbuch der Sozialpolitik, 5., überarb. u. erw. Aufl., Berlin, Heidelberg, New York 1998

PETERSEN, Hans-Georg, Sozialökonomik, Stuttgart, Berlin, Köln 1989.

Über den Stand der Sozialen Sicherung informiert

SOZIALBERICHT 1997, hrsg. vom Bundesminister für Arbeit und Sozialordnung, Bonn 1998.

Eine breite und ausgewogene Sammlung von Texten enthält das Buch von

ADAM, Hermann, KEIM, Helmut, VIERENGEL, Heinz, Soziale Sicherung, Reihe Kontrovers, hrsg. von der Bundeszentrale für politische Bildung, Bonn 1988.

Zu empfehlen ist auch der Übersichtsartikel von

KATH, Dietmar, Art. Sozialpolitik, in: Vahlens Kompendium der Wirtschaftstheorie und Wirtschaftspolitik, Bd. 2, 6. Aufl., München 1995, S. 405–457.

15. Kapitel
Der stabilitätsorientierte Einsatz staatlicher Einnahmen und Ausgaben (Fiskalpolitik)

A. Lernzielorientierte Leitfragen und Fragenkomplexe

Leitfrage:
Wie wirken die Instrumente der Fiskalpolitik, und welches sind ihre Wirkungsbedingungen?

- *Was versteht man unter antizyklischer Fiskalpolitik, und wie unterscheidet sie sich von einer staatlichen Parallelpolitik?*
- *Welche Hauptgruppen fiskalpolitischer Instrumente unterscheidet man?*
- *Was sind automatische Stabilisatoren, und wie wirken sie im Bereich staatlicher Einnahmen und Ausgaben?*
- *Worin liegen die besonderen Probleme des fiskalpolitischen Mitteleinsatzes?*

Leitfrage:
Welches sind die wesentlichen Bestimmungen des Stabilitätsgesetzes?

- *Welche Instrumente zur Beeinflussung des Wirtschaftsablaufes sind vorgesehen, um die gesamtwirtschaftlichen Ziele zu erreichen?*
- *Durch welche institutionellen Regelungen wird das ablaufpolitische Instrumentarium ergänzt?*

B. Sachanalyse

1. Definition der Fiskalpolitik

Begriff der Fiskalpolitik

> Unter der **Fiskalpolitik** wollen wir das Bestreben des Staates verstehen, durch Veränderung der Staatseinnahmen und Staatsausgaben stabilisierend auf den Wirtschaftsablauf einzuwirken, insbesondere für Vollbeschäftigung und Preisstabilität zu sorgen.

Werden dabei im konjunkturellen Verlauf in der Rezession expansive Maßnahmen (Erhöhung der Staatsausgaben, Senkung der Steuern) und in der Hochkonjunktur kontraktive Maßnahmen (Senkung der Staatsausgaben, Erhöhung der Steuern) angewendet, so spricht man von einer **antizyklischen Fiskalpolitik.** Bezieht man in solche expansiven bzw. kontraktiven Maßnahmen auch solche der Geld- und Kreditpolitik (vgl. Kapitel 18) ein, so spricht man von einer antizyklischen Wirtschaftspolitik.

Haushaltsausgleich und Parallelpolitik

Voraussetzung für die Durchführbarkeit der Fiskalpolitik ist das Abgehen von dem Grundsatz des jährlichen Haushaltsausgleichs, wonach die Ausgaben so groß sein sollen wie die Einnahmen (ohne Kredite). Die strikte Anwendung dieses Budgetgrundsatzes führt zur sogenannten **Parallelpolitik,** einem Verhalten des Staates, durch das die Konjunkturschwankungen nicht geglättet, sondern sogar noch verstärkt werden **(prozyklische Finanzpolitik).** Beispiel: Im Verlauf der Weltwirtschaftskrise stellten sich im deutschen Staatshaushalt Steuerausfälle ein. Um zu einem Budgetausgleich zu gelangen, wurden die Steuern erhöht und Staatsausgaben gekürzt. Durch diese Maßnahmen, die zu einer weiteren Verringerung der gesamtwirtschaftlichen Nachfrage beitrugen, wurde die Entwicklung noch verschärft. Erst durch die entgegengesetzte Haushaltspolitik, d.h. durch kräftige Verschuldung **(Budgetdefizite, deficit spending)** und entsprechend steigende Ausgaben, wurde eine nachhaltige Verbesserung erzielt.

2. Einnahmepolitische Mittel

Theoretische Grundlagen einer Fiskalpolitik mit Hilfe der Staatseinnahmen

Die theoretischen Grundlagen zum Verständnis der einnahmepolitischen Mittel des Staates (im wesentlichen also der antizyklischen Steuerpolitik) haben wir bereits im 11. Kapitel kennengelernt: Durch Veränderung der Steuern verändert sich das verfügbare Einkommen der Haushalte, wodurch sich Wirkungen auf den privaten Konsum und die privaten Investitionen ergeben können.

Voraussetzung für einen deutlichen konjunkturellen Impuls ist dabei, daß die dem Wirtschaftskreislauf durch eine Steueränderung zugeführten bzw. entzogenen Mittel nicht durch eine gegenläufige Veränderung der Staatsausgaben dem Kreislauf wieder entzogen bzw. zugeführt werden. Der Staat darf also eine durch eine Steuererhöhung erzielte Mehreinnahme nicht zur Finanzierung zusätzlicher Staatsausgaben verwenden, sondern muß die Mehreinnahme stillegen – etwa auf einem Sonderkonto bei der Deutschen Bundesbank, wie bei der Konjunkturausgleichsrücklage.

Nur indirekte Wirkungen von Steueränderungen auf die Nachfrage

Für die letztendliche Wirkung einer Steueränderung ist die **Reaktion des privaten Sektors,** also der privaten Haushalte und der Unternehmungen, von entscheidender Bedeutung, da Steueränderungen die Ausgabenentscheidungen der Privaten nur **indirekt** beeinflussen können. So ist es z.B. bei einer Steuersenkung denkbar, daß die in Unternehmungen und Haushalten zusätzlich verfügbaren Gewinne bzw. Einkommen nicht zu einer Erhöhung der Investitions- und Konsumnachfrage verwendet, sondern zur Rückzahlung von Krediten oder zur Bildung von finanziellen Reserven verwendet werden. Gerade im Falle von Steuersenkungen kann der Staat immer nur **Verhaltensanreize** geben, nicht aber Verhaltenszwänge ausüben. Aber auch durch eine Steuererhöhung muß sich kein spürbarer konjunktureller Effekt einstellen. Er bleibt aus, wenn die Haushalte ihr Konsumniveau – zumindest zeitweise – aufrechterhalten, indem sie Ersparnisse auflösen oder Kredite aufnehmen, und wenn die Unternehmungen wegen günstiger Gewinnaussichten trotz der Steuererhöhung – vielleicht auch in Anbetracht guter Überwälzungsmöglichkeiten – ihre Investitionen nicht einschränken.

Unterschiedliche Wirkungsverzögerung bei unterschiedlichen Steuern

Die steuerpolitischen Mittel unterscheiden sich nach der Schnelligkeit ihres Wirksamwerdens. Die Lohnsteuer, die im **Quellenabzugsverfahren**[1]) erhoben wird, läßt den betroffenen Steuerschuldner die Steueränderung zeitlich am ehesten bemerken. Bei der veranlagten Einkommensteuer kann es dagegen Jahre dauern, bis die Steueränderung fühlbar geworden ist, weil das Verfahren von der Abgabe der Steuererklärung bis zum endgültigen Steuerbescheid erhebliche Zeit beansprucht.

Politische Widerstände gegen Steueränderungen

Trotz der prinzipiell unbestrittenen ökonomischen Wirksamkeit steuerpolitischer Stabilisierungsinstrumente kann es nicht verwundern, daß sich die Finanzpolitiker dieser Mittel nur ungern bedienen. Es ist zu bedenken, daß Steuererhöhungen unpopulär sind und Wählerstimmen kosten können. Aber auch Steuersenkungen aus konjunkturpolitischen Gründen findet man selten. Wahrscheinlich möchte man die auf politischen Widerstand stoßende, gegebenenfalls notwendig werdende Erhöhung der Steuern zur Bekämpfung eines Booms im Laufe des Konjunkturzyklus vermeiden. Auch aus diesen Gründen (neben einnahmepolitischen: Man braucht die Einnahmen zur Erfüllung von Staatsaufgaben) hat man in der Bundesrepublik zu zeitlich begrenzt wirksamen Steuererhöhungen gegriffen, die zudem rückzahlbar waren (z. B. **Konjunkturzuschlag** zur Lohn-, Einkommen- und Körperschaftsteuer 1970/71). Diese sind aber nur dann zweckgerecht, wenn sie nicht durch Gegenreaktionen von seiten der Steuerschuldner unterlaufen werden können. Beispielsweise konnte der rückzahlbare Konjunkturzuschlag wie ein zeitweiliger Kredit an den Staat aufgefaßt werden, der keine spürbaren Einschränkungen der privaten Nachfrage mit sich brachte. Problematisch ist außerdem die Wahl des Zeitpunktes der Rückzahlung, der so gelegt werden müßte, daß sich keine prozyklischen Wirkungen auf den Konjunkturverlauf ergeben.

Veränderung von Abschreibungen

Zum Bereich einer antizyklischen Steuerpolitik gehört auch eine auf Beeinflussung der Investitionen zielende Veränderung der **steuerlichen Abschreibungsmöglichkeiten.** Wenn es um konjunkturbelebende Maßnahmen geht, können Sonderabschreibungen oder zuvor nicht gestattete degressive Abschreibungen (d. h. Abschreibungen mit zunächst hohen und dann fallenden Jahresraten) zugelassen werden. Da Abschreibungen für die Unternehmen Kosten darstellen, läßt sich auf diese Weise eine zeit-

---

1) D. h. die Steuer wird bereits dort erhoben und an das Finanzamt abgeführt, wo der Tatbestand, der Anlaß der Steuererhebung ist, gegeben ist – hier die Einkommensentstehung aus unselbständiger Arbeit.

liche Verschiebung des Gewinns erreichen, der in diesem Falle in den ersten Jahren niedriger würde, woraus sich für das Unternehmen für die betreffenden Perioden eine geringere Steuerbelastung ergäbe.[2])

Die grundsätzliche Problematik in der Wirksamkeit einer Veränderung der Abschreibungsmöglichkeiten liegt darin, daß Unternehmen in der Rezession bei schlechten Gewinnaussichten auch dann nicht investieren werden, wenn die Abschreibungsmöglichkeiten verbessert werden. Investitionen, die nicht lohnend erscheinen, werden nach wie vor unterbleiben. Außerdem helfen Abschreibungserleichterungen nicht, wenn keine Gewinne erzielt werden, die durch Abschreibungen vermindert werden können. Aus diesen Gründen zieht man häufig **Investitionsprämien** den Abschreibungserleichterungen vor. Aber auch hier ergeben sich Probleme: Unternehmen kassieren die Prämien häufig für Investitionen, die sie ohnehin getätigt hätten, kaufen aber keine zusätzlichen Investitionsgüter **(„Mitnahmeeffekt“).**

Investitions-prämien

3. Ausgabepolitische Mittel

Während die Wirkungen der einnahmepolitischen Mittel stark von der Reaktion der Betroffenen abhängen, die Bürger in begrenztem Umfang reagieren können, sind die ausgabepolitischen Mittel (abgesehen von den staatlichen Unterstützungszahlungen) in ihrer Wirkung **direkter.** Der Staat kann durch Einschränkung oder Ausdehnung seiner Ausgaben für die verschiedensten Zwecke Impulse geben. Die Ausgaben des Staates für Güter und Dienste bestimmen die Höhe der Beschäftigung und damit das Sozialprodukt unmittelbar mit. Durch zusätzliche staatliche Aufträge läßt sich also - solange man nicht die These eines vollständigen Crowding-out akzeptiert (vgl. Kap. 11, Abschnitt 1.4) – grundsätzlich ein wichtiger Beitrag zur Beseitigung einer Arbeitslosigkeit leisten. Dabei sind die in Kapitel 10 sowie Kapitel 27 erörterten Multlplikator- und Akzelerationswirkungen zu berücksichtigen. Durch Zahlung von Transfers (an private Haushalte) oder von Subventionen (an private Unternehmen) kann die Nachfrage ebenfalls gesteigert werden. Es muß aber darauf hingewiesen werden, daß solche Maßnahmen nur unter politischen Schwierigkeiten rückgängig gemacht werden können.

Vor einer Überschätzung der staatlichen Möglichkeiten, über eine Variation von Staatsausgaben konjunkturelle Wirkungen zu erzielen, muß allerdings gewarnt werden.

2) Ob diese Steuerersparnis endgültig ist – oder ob die eingesparten Steuern nur später, aber vollständig gezahlt werden müssen –, hängt bei einer progressiven Einkommensteuer davon ab, in welcher zeitlichen Verteilung die Gewinne anfallen: Sind die Gewinne am Anfang hoch, später niedriger, so vermeidet der Unternehmer endgültig Steuern, da er mit den hohen Gewinnen durch die hohen Abschreibungen nicht so stark in die Progression gerät. Ergibt sich keine endgültige Steuerersparnis (was der Regelfall sein dürfte, da erhöhte Abschreibungen in der Rezession, also bei niedrigen Gewinnen gewährt werden), so erhält das Unternehmen dadurch, daß es die Steuern erst später zu zahlen braucht, praktisch einen zinslosen Steuerkredit.

Zum größten Teil sind die staatlichen Ausgaben durch gesetzliche Verpflichtungen festgelegt (z. B. die Gehälter von Beamten). Man schätzt die eigentliche Manövriermasse auf etwa 10 bis 20 % der staatlichen Gesamtausgaben. Darunter fallen vor allem staatliche Investitionsausgaben, die sich für einen konjunkturpolitischen Einsatz insofern besonders eignen, als sie durch geeignetes **timing** (Vorziehen oder Verschieben aus konjunkturellen Gründen) variiert werden können. Dabei müssen aber die folgenden Gesichtspunkte berücksichtigt werden:

Eingeschränkte Variierbarkeit staatlicher Ausgaben

(1) Der größte Teil konjunkturpolitisch bedeutsamer Investitionen wird von den Gemeinden durchgeführt, auf deren Entscheidungen die Länder und der Bund nur indirekte (meist über finanzielle Hilfen) Einflüsse ausüben können. Dabei kann die Befriedigung der kommunalen Bedürfnisse, z. B. der Bau eines Bürgerhauses oder die Ausbesserung einer dringend reparaturbedürftigen Straße, von der Kommune als unaufschiebbar angesehen werden, so daß Konflikte zwischen konjunkturpolitischen Erfordernissen und gemeindlichem Bedarf nicht ausgeschlossen sind.

Ein Großteil der Investitionen wird von den Gemeinden getätigt

(2) Von den Investitionen der öffentlichen Hände, die oft Infrastrukturinvestitionen sind, hängt in starkem Maße das zukünftige wirtschaftliche Wachstum der Volkswirtschaft oder der betreffenden Region ab. Durch Verschieben oder gar durch Verhinderung von Investitionen kann sich langfristig eine unerwünschte Einengung der Wachstumsmöglichkeiten ergeben (vgl. Kapitel 28, Abschnitt 3).

Investitionen haben Wachstumseffekte

(3) Politisch ist es zwar möglich und opportun, in der Rezession die Staatsausgaben zu erhöhen und die Steuern zu senken, nicht aber in der Hochkonjunktur die Staatsausgaben zu senken und die Steuern zu erhöhen (Asymmetrie der „antizyklischen" Fiskalpolitik).

4. Automatische Stabilisatoren

Wenn der Staat wiederholte Eingriffe in den Wirtschaftsablauf scheut, um antizyklisch zu wirken, kann er sogenannte **automatische Stabilisatoren** in das Steuer- und Ausgabensystem einbauen. Diese können auch zur Unterstützung antizyklischer Maßnahmen dienen.

Bei **Steuern** liegt eine solche Stabilisierungswirkung immer dann vor, wenn die Steuererträge wegen des Steuertarifs auf Schwankungen des Inlandsproduktes reagieren, ohne daß das Steuergesetz geändert wird. Besonders deutlich wird dies, wenn wir uns vergegenwärtigen, daß bei einem **progressiven Steuertarif** die Steuereinnahmen mit wachsender Bemessungsgrundlage überproportional steigen. Auf den wichtigsten Fall der Einkommensteuer bezogen heißt dies, daß der Nettozuwachs beim Einkommen immer weniger stark ausfällt als der Bruttozuwachs. Aus konjunkturpolitischen Gründen ist diese Wirkung positiv zu beurteilen, längerfristig gesehen müssen eventuelle negative Wirkungen auf das Wachstum der Wirtschaft beachtet werden. Für den Fall eines Konjunkturabschwungs, der möglicherweise von tendenziell sinkenden Einnahmen begleitet wird, gilt das Umgekehrte.

Automatische Einnahmestabilisatoren

Auch bei **Staatsausgaben** sind automatische Stabilisierungswirkungen dann möglich, wenn sie in der Hochkonjunktur zurückgehen und in Zeiten des Konjunkturabschwungs ansteigen, ohne daß dazu besondere gesetzliche Maßnahmen erforderlich werden. In diesem Zusammenhang wird immer wieder auf die antizyklischen Wirkungen hingewiesen, die von bestimmten Teilen unseres Sozialversicherungssystems (Transferausgaben) ausgehen. Beispielsweise würden in der Rezession oder gar in einer Depression die Unterstützungszahlungen aus der **Arbeitslosenversicherung** einer Verschärfung des wirtschaftlichen Abschwungs tendenziell entgegenwirken, da die Unterstützungsempfänger weiterhin eine kaufkräftige Nachfrage ausüben können. In Zeiten guter Beschäftigung werden kaum Zahlungen aus der Versicherung geleistet, vielmehr zahlen die Beschäftigten regelmäßig Versicherungsbeiträge ein.

Automatische Ausgabenstabilisatoren

Man darf die genannten automatischen Stabilisatoren allerdings nicht überschätzen. Sie reichen nach keynesianischer Auffassung allein nicht aus, um Fehlentwicklungen im Konjunkturverlauf eines marktwirtschaftlichen Systems zu verhindern.

Es müssen weitere Mittel, darunter auch die der Geld- und Kreditpolitik, eingesetzt werden.

5. Das Stabilitätsgesetz

5.1 Grundsätzliches

Die auf der Grundlage der **keynesschen Theorie** gewonnene Erkenntnis, daß der Wirtschaftsablauf durch Veränderung der Staatseinnahmen und -ausgaben im Sinne bestimmter wirtschaftspolitischer Zielsetzungen beeinflußt werden kann, ist in der Bundesrepublik Deutschland 1967 erst relativ spät mit dem sog. **Stabilitätsgesetz** (Gesetz zur Förderung der Stabilität und des Wachstums der Wirtschaft, StabG) in politisch verbindliche Handlungsnormen umgesetzt worden. Und dies auch erst nach langen und harten Auseinandersetzungen mit mehr den Selbstheilungskräften der Volkswirtschaft vertrauenden Wirtschaftswissenschaftlern und Politikern. Mit dem Vordringen monetaristischen Gedankengutes sind die Grundideen des Stabilitätsgesetzes weitgehend verdrängt worden, und seine praktische Anwendung ist in den Hintergrund gerückt. Von Bedeutung sind heute noch die mittelfristige Finanzplanung und Institutionen wie der Finanzplanungsrat und der Konjunkturrat (vgl. Abschnitte 5.3 und 5.4.1).

§ 1 StabG legt fest:

„Bund und Länder haben bei ihren wirtschafts- und finanzpolitischen Maßnahmen die Erfordernisse des gesamtwirtschaftlichen Gleichgewichtes zu beachten. Die Maßnahmen sind so zu treffen, daß sie im Rahmen der marktwirtschaftlichen Ordnung gleichzeitig zur Stabilität des Preisniveaus, zu einem hohen Beschäftigungsgrad und außenwirtschaftlichem Gleichgewicht bei stetigem und angemessenem Wirtschaftswachstum beitragen."

Zur Einhaltung bzw. Erreichung der in § 1 aufgeführten Ziele sind Bund **und** Länder direkt verpflichtet, ein wirtschaftspolitisch außerordentlich wichtiger Tatbestand, weil die Bundesländer bis dato in der Regel eher eine Parallelpolitik als eine antizyklische Fiskalpolitik betrieben hatten. Auch die Gemeinden und Gemeindeverbände sind nach dem StabG (§ 16) auf die Ziele Preisstabilität, Vollbeschäftigung, Wachstum und außenwirtschaftliches Gleichgewicht festgelegt.

Bund, Länder und Gemeinden werden auf die Ziele des § 1 verpflichtet

Durch diese Bestimmungen sowie durch die noch zu erörternden Vorschriften über den Mitteleinsatz, die mittelfristige Finanzplanung und die Schaffung des Konjunkturrates sollte in der Finanzpolitik der Weg in Richtung auf einen **kooperativen Föderalismus** beschritten werden.

5.2 Instrumente des Stabilitätsgesetzes

Zur Erreichung der in § 1 festgelegten Ziele sieht das Stabilitätsgesetz einen umfangreichen Katalog von wirtschaftspolitischen Mitteln vor. Wir beginnen mit den „bremsend" wirkenden, den **kontraktiven (restriktiven) Maßnahmen.**

Steuern

(1) Die durchgreifendste Maßnahme ist nach § 26 Nr. 3 die Heraufsetzung der Einkommen- und Körperschaftsteuern um höchstens 10 % (nicht der Einkommen- und Körperschaftsteuersätze!) für längstens ein Jahr. Hierdurch kann die (private) effektive Nachfrage mittelbar verringert werden.

Abschreibungen

(2) Für die Beschränkung der Investitionsgüternachfrage ist die zeitweise Aussetzung der degressiven Abschreibung (d.h. Abschreibung mit fallenden Jahresraten) sowie der teilweise oder vollständige Wegfall von Sonderabschreibungen vorgesehen (§ 26 Nr. 3). Bei Anwendung dieser Maßnahmen steigt in den ersten Jahren ceteris paribus der zu versteuernde Gewinn, so daß in diesen Jahren höhere Steuern an das Finanzamt abzuführen sind.

Steuervorauszahlungen

(3) Außerdem können die Steuervorauszahlungen bei der Einkommensteuer, Körperschaftsteuer und Gewerbesteuer nach oben angepaßt werden (§§ 26 Nr. 1, Nr. 2; 27; 28 Nr. 1). Dadurch verringert sich der Vorteil der Steuerschuldner, die zur Einkommen- und Körperschaftsteuer veranlagt werden (zeitnähere Besteuerung).

Staatsausgaben

(4) Bei den Staatsausgaben setzt § 6 Abs. 1 an, der den Bundesfinanzminister nach einem entsprechenden Beschluß der Bundesregierung ermächtigt, den Vollzug öffentlicher Maßnahmen zu verzögern oder ihren Beginn aufzuschieben. Eventuell frei werdende Gelder müssen

zur Schuldentilgung[3]) oder Stillegung bei der Deutschen Bundesbank verwendet werden. Durch diese Vorschrift hat der Staat die Möglichkeit, die effektive Gesamtnachfrage unmittelbar zu verringern.

Konjunkturausgleichsrücklage (KAR)

(5) Zur Abwehr einer die volkswirtschaftliche Leistungsfähigkeit übersteigenden Nachfrageausweitung sollen nach § 5 Abs. 2 Mittel zur zusätzlichen Tilgung von Schulden bei der Deutschen Bundesbank oder zur Zuführung an eine Konjunkturausgleichsrücklage (KAR) veranschlagt werden (**freiwillige** Maßnahme). Daneben kann die Bundesregierung nach § 15 durch Rechtsverordnung mit Zustimmung des Bundesrates anordnen, daß Bund und Länder ihren Konjunkturausgleichsrücklagen Mittel zuführen. Werden, wie unter Ziffer (1) erläutert, die Einkommensteuer und die Körperschaftsteuer erhöht, so müssen die Mehreinnahmen der KAR zugeführt werden **(obligatorische KAR).** Von dieser Maßnahme werden zwei Effekte erwartet:

- Gelder, die stillgelegt oder zur Schuldentilgung verwendet wurden, können vom Staat selbst nicht mehr nachfragewirksam ausgegeben werden **(Nachfrageeffekt).** Das ist dann wichtig, wenn die Steuereinnahmen des Staates in der Hochkonjunktur – nicht zuletzt wegen der beschriebenen automatischen Stabilisierungswirkung – stark steigen.
- Daneben erhofft man sich von der Stillegung der Gelder einen auf die Nachfrage indirekt dämpfend wirkenden Effekt **(Geldmengeneffekt,** vgl. Kapitel 16 und 17). Da die Schuldentilgung bei der Bundesbank vorgesehen ist, wie auch die KAR unverzinslich auf Konten bei der Bundesbank zu halten ist, wird den Kreditinstituten – wenn auch in geringem Maße – die Basis für zukünftige Kreditgewährung verkleinert. Die Mittel sind praktisch eingefroren.

Beschränkung der Kreditaufnahmemöglichkeiten

(6) Als verhältnismäßig schwerwiegendes Mittel muß die Beschränkung der Kreditaufnahmemöglichkeiten der verschiedenen öffentlichen Hände nach § 19 bis § 25 StabG angesehen werden. Für längstens ein Jahr kann die Bundesregierung durch Rechtsverordnung mit Zustimmung des Bundesrates festlegen, daß die betroffenen staatlichen Körperschaften Kredite nur bis zu einem Höchstbetrag aufnehmen dürfen, der mindestens 80 % der Summe ausmacht **(„Schuldendeckel"),** die sie im Durchschnitt der letzten fünf statistisch erfaßten Haushaltsjahre vor Erlaß der Rechtsverordnung als Haushaltskredite in Anspruch genommen haben (von dieser Möglichkeit wurde für das Haushaltsjahr 1971 mit einer Reduzierung der veranschlagten Kreditaufnahmen beim Bund um 1 Mrd. DM, bei den Ländern um 0,8 Mrd. DM Gebrauch gemacht). Bemerkenswert ist dabei, daß in diesen Komplex die Gemeinden ausdrücklich einbezogen werden, wobei durch eine Ausgleichsreserve von 10 % des Höchstbetrages den be-

---

3) Seit dem 1. 1. 1994 hat der Staat – abgesehen von im Zuge der Währungsreform 1948 entstandenen Ausgleichsforderungen – keine Schulden mehr bei der Bundesbank. Die Vorschrift ist gegenstandslos geworden. Dies gilt auch für die folgende Ziffer (5).

sonderen Finanzierungsbedürfnissen der Kommunen Rechnung getragen werden soll.

Die meisten der **expansiv** wirkenden Mittel entsprechen den kontraktiven mit umgekehrtem Vorzeichen:

Steuern

(1) Die Einkommen- und Körperschaftsteuern können um bis zu 10 % für längstens ein Jahr ermäßigt werden.

Investitionsbonus

(2) Nicht symmetrisch läuft die Beeinflussung der Investitionsgüternachfrage. Hier kann allen Unternehmen ein **Investitionsbonus** (Investitionsprämie) in Höhe von bis zu 7,5 % der Anschaffungs- oder Herstellungskosten gewährt werden (§ 26 Nr. 3). Steuertechnisch wird dies durch einen Abzug von der Einkommen- bzw. Körperschaftsteuerschuld erreicht, so daß sich die Investitionskosten erheblich verringern. Mit dieser Vorschrift sind allerdings nur die Unternehmen begünstigt, die auch tatsächlich Steuern zahlen, d.h. die einen positiven Gewinn erwirtschaften. Möglicherweise werden durch den Investitionsbonus die ohnehin marktstarken Unternehmen noch mehr gefördert.

Steuervorauszahlungen

(3) Die Anpassung der Steuervorauszahlungen (Einkommensteuer, Körperschaftsteuer, Gewerbesteuer) ist nachträglich nach unten möglich (§§ 26 Abs. 1, 2; 27; 28 Abs. 1).

Staatsausgaben

(4) Wenn sich eine Abschwächung der allgemeinen Wirtschaftstätigkeit abzeichnet, die die Ziele des § 1 gefährden könnte, kann die Bundesregierung zusätzliche Ausgaben tätigen (§ 6 Abs. 2). Finanziert werden können solche Ausgaben durch Entnahmen aus der – wenn vorhandenen – Konjunkturausgleichsrücklage (§ 5, § 6 Abs. 2) oder durch zusätzliche Kredite, zu deren Aufnahme in Höhe von bis zu 5 Mrd. DM der Finanzminister über die im Haushaltsgesetz erteilten Ermächtigungen hinaus berechtigt ist. Solche zusätzlichen Ausgaben dürfen aber nur für Zwecke eingesetzt werden, die in der mittelfristigen Finanzplanung bereits enthalten sind **(Schubladenprogramm).**

5.3 Mittelfristige Finanzplanung (Mifrifi)

Begriff und Inhalt der „Mifrifi“

Um die Haushaltswirtschaft von Bund, Ländern und Gemeinden nicht nur auf tagespolitische Unwägbarkeiten und Notwendigkeiten auszurichten, ist ihr eine **mehrjährige (5jährige) Finanzplanung** zugrunde zu legen. In diesem Rechenwerk müssen für einen fünfjährigen Zeitraum der Umfang und die Zusammensetzung der voraussichtlichen Ausgaben – gegliedert nach **Aufgabenbereichen,** d.h. orientiert am Funktionenplan – und ihre Finanzierung unter Berücksichtigung des gesamtwirtschaftlichen Leistungsvermögens dargestellt werden. Als Unterlagen für die mittelfristige Finanzplanung dienen die in den einzelnen Ministerien erarbeiteten Investitionsprogramme, die nach Dringlichkeit und Jahresabschnitten gegliedert sind.

Für den Bund wird der Finanzplan vom Bundesminister der Finanzen aufgestellt und begründet. Die Bundesregierung beschließt ihn. Er stellt ein **Handlungsprogramm** der Regierung dar, das aber **keine Vollzugsverbindlichkeit** besitzt. Im übrigen ist der Finanzplan jährlich der Entwicklung anzupassen und fortzuschreiben, d. h., daß die Zahlen für das abgelaufene Haushaltsjahr gestrichen werden und daß eine Ergänzung um ein weiteres Jahr vorgenommen wird. Entsprechendes gilt für die Länder und die Gemeinden. Durch die mittelfristige Finanzplanung wird ein **timing,** d. h. ein zeitgerechter Einsatz der Staatsausgaben als konjunkturpolitisches Mittel erleichtert, weil die staatliche Einnahme- und Ausgabetätigkeit der nächsten Jahre bis zu einem gewissen Grade transparent ist, so daß sich konjunkturpolitische Mittel zeitlich besser einpassen lassen. Es ist insbesondere eine Orientierung an längerfristigen Entwicklungen und Notwendigkeiten möglich. Damit kann die mittelfristige Finanzplanung **Orientierungsgrundlage** für das Parlament und die private Wirtschaft sein. Man kann erkennen, wo die Regierung sachliche und zeitliche Prioritäten setzen will.

5.4 Koordinationsgremien

5.4.1 Der Konjunkturrat (§§ 18, 22 StabG)

Zusammensetzung und Aufgaben des Konjunkturrates

Der **Konjunkturrat** für die öffentliche Hand ist im Jahre 1967 mit dem GESETZ ZUR FÖRDERUNG DER STABILITÄT UND DES WACHSTUMS DER WIRTSCHAFT (StabG) gebildet worden. Er diente der Abstimmung der stabilitätspolitischen Aktionen von Bund und Ländern, die notwendig ist, weil aufgrund des Föderativprinzips Bund und Länder in ihrer Haushaltswirtschaft selbständig und voneinander unabhängig sind (Art. 109 GG). Den Vorsitz führt der Bundesminister für Wirtschaft. Außerdem sind der Bundesfinanzminister, je ein Vertreter der Bundesländer und vier Vertreter der Gemeinden Mitglied. Die Bundesbank hat das Recht auf Teilnahme an den Sitzungen und übt dies regelmäßig aus. Aus dem Konjunkturrat ist zusätzlich ein **Ausschuß für Kreditfragen der öffentlichen Hand** als eigenständiges Gremium hervorgegangen. Er beschäftigt sich mit dem Kreditbedarf und der Planung der Kreditaufnahme der öffentlichen Hände unter Beachtung der allgemeinen Kapitalmarktentwicklung.

Allerdings ist die stabilitätspolitische Bedeutung des Konjunkturrates stark eingeschränkt worden, weil die Mittelverwendung und die Kreditaufnahme in den letzten Jahren mehr unter Konsolidierungsgesichtspunkten entschieden wurden. Da sich das Verständnis von Wirtschaftspolitik seit der Verabschiedung des Stabilitätsgesetzes gewandelt hat, sind die Diskussionen der wirtschaftlichen Lage und der voraussichtlichen gesamtwirtschaftlichen Entwicklung (Jahresprojektionen) in Deutschland sowie die jeweiligen Themen im Entwurf des Jahreswirtschaftsberichts der Bundesregierung zu seinen Arbeitsschwerpunkten geworden. Hinzu kommt, daß mit der Schaffung der Wirtschafts- und Währungsunion die wirtschaftspolitische Abstimmung immer mehr auf die europäische Ebene verlagert wird.

5.4.2 Konzertierte Aktion

Aufgaben und Probleme der Konzertierten Aktion

Als Konzertierte Aktion bezeichnet man das gleichzeitige aufeinander abgestimmte Verhalten der Gebietskörperschaften, Gewerkschaften und Unternehmensverbände nach § 3 StabG. Zu diesem Zweck stellt die Bundesregierung **Orientierungsdaten,** die insbesondere eine Darstellung des gesamtwirtschaftlichen Zusammenhangs im Hinblick auf die jeweils gegebene Situation enthalten sollen, zur Verfügung. Der **Grundgedanke** der Konzertierten Aktion beruht auf der Absicht, daß die beteiligten Gruppen ihre wechselseitige Abhängigkeit erkennen sowie ihre Ziele erläutern und insbesondere ihr preis- und lohnpolitisches Verhalten aufeinander abstimmen. Dies ist, wenn man beachtet, daß den Sozialpartnern in der Bundesrepublik die Tarifautonomie garantiert ist, gegenüber dem Zustand vor Verabschiedung des Stabilitätsgesetzes sicherlich ein Fortschritt. Die Bundesregierung hat sonst keine Möglichkeiten, auf die Entstehung der Einkommen im außerstaatlichen Bereich und damit auf die Verteilung von Ansprüchen an das Sozialprodukt unmittelbar Einfluß zu nehmen. Die Stabilisierungsfrage auf der Lohnseite bleibt damit weitgehend offen. Ein institutionalisiertes Gespräch ist aber immer noch besser als gar kein Gespräch. Trotzdem sind die ursprünglich in die Konzertierte Aktion gesetzten Erwartungen nicht erfüllt worden. Wegen der Verfassungsklage der Arbeitgeber in der Mitbestimmungsfrage wird die Konzertierte Aktion seit Herbst 1977 von den Gewerkschaften boykottiert.

In den neunziger Jahren ist mehrfach der Versuch unternommen worden, eine Abstimmung über die Arbeitsmarkt- und Beschäftigungspolitik durch ein sogenanntes **Bündnis für Arbeit** herbeizuführen. In diesem Gesprächskreis sind sowohl die Gewerkschaften wie auch die Arbeitgeberverbände vertreten, wobei die Moderation von der Bundesregierung übernommen wurde. Von der Zusammensetzung und den gesteckten Zielen erinnert das Bündnis für Arbeit an die konzertierte Aktion. Indes bleiben die seinerzeit erkennbaren Probleme bestehen: Man kann zwar stabilitäts- und beschäftigungspolitische Erfordernisse erörtern, die Umsetzung von Empfehlungen kann indes nur von den Unternehmen im Rahmen der praktischen Betriebspolitik erfolgen.

6. Probleme der Fiskalpolitik

Die Fiskalpolitik ist aus den verschiedensten Gründen nicht selten skeptisch beurteilt worden. Verschiedene Ebenen der Kritik sollten dabei unterschieden werden:

(1) Eine grundsätzliche Ablehnung der Fiskalpolitik ergibt sich, wenn man an die **Stabiltität des privaten Sektors** der Volkswirtschaft glaubt (vgl. Kapitel 10) und von staatlichen Interventionen nur eine Destabilisierung erwartet.

Tab. 15.1: Zeitverzögerungen in der Wirtschaftspolitik

Zeitverzögerungen der Wirtschaftspolitik (total policy lag)						
Innenverzögerung (inside lag)					**Außenverzögerung** (outside lag)	
Handlungsverzögerung (policy preparation lag)				**Durchführungsverzögerung** (administrative, instrumental, intermediate lag)	**Wirkungsverzögerung** (policy effect lag)	
Erkennungsverzögerung (recognition lag)		**Aktionsverzögerung** (action lag)			**Reaktionsverzögerung** bei den Adressaten (reaction lag)	**Durchsetzungsverzögerung** bei den Adressaten (operational lag)
Diagnoseverzögerung (diagnostic lag)	Prognoseverzögerung (prognostic lag)	Planungsverzögerung (planning lag)	Entscheidungsverzögerung (decision lag)			
Wahrnehmung unerwünschter Zustände und Entwicklungen. Beschaffung von Informationen über die Problemaspekte sowie erklärungsrelevante Theorien und Anwendungsbedingungen. Erklärung der problematischen Sachverhalte (Ursachenanalyse).	Vorhersage der künftigen Entwicklung des Problems bei Verzicht auf wirtschaftspolitisches Handeln (Status-quo-Prognose). Entscheidung für ein bestimmtes Prognoseergebnis und Vergleich mit den politischen Zielsetzungen. Feststellung des Handlungsbedarfs.	Ermittlung alternativer Ziel-Mittel-Kombinationen (Wirkungsanalyse). Ableitung geeigneter Maßnahmen zur Erreichung vorgegebener Ziele (Programmierung). Prognose des sachlichen und zeitlichen Wirkungsablaufs vorgesehener Maßnahmen (Wirkungsprognose).	Entscheidung zwischen den von der Wirkungsanalyse aufgezeigten Handlungsalternativen. Definitive Festlegung bestimmter Zielwerte und Maßnahmen. Innerparteiliche, parlamentarische usw. Durchsetzung des Programms.	Rechtsverbindliche Ausgestaltung und praktische Durchführung der Maßnahmen. Beteiligung nachgeordneter Körperschaften, Ressorts, Behörden usw. sowie autonomer sozialer Gruppen (Tarifparteien, Berufsverbände), nationaler Entscheidungsträger (Bundesbank) und internationaler Institutionen (EG-Kommission, IWF, BIZ). Überwindung rechtlicher (Normenkontrollverfahren, Verfügungen) und tatsächlicher Widerstände (Boykott, Proteste).	Wahrnehmung geplanter oder ergriffener Maßnahmen und Beschaffung von Informationen. Feststellung der Betroffenheit durch die Maßnahmen. Prognose der sich durch die Maßnahmen möglicherweise ergebenden Vor- und Nachteile. Feststellung des Handlungsbedarfs und Entscheidung über zu ergreifende Maßnahmen. Vorbereitung des Maßnahmevollzugs (Antragstellung, Vertragsabschlüsse oder -kündigungen, Auftragserteilung).	Anweisung ausführender Betriebe, Abteilungen usw. durch die Unternehmensleitung. Arbeitsvorbereitung, Projektplanung, Koordination, Einkommens-, Vermögens- und Konsumdispositionen. Überwindung unternehmensinterner Widerstände, z. B. bei geplanten Entlassungen, Neueinstellungen, Überstunden, Rationalisierungsvorhaben. Überwindung unternehmensexterner Widerstände, z. B. bei Betriebsstillegungen und -erweiterungen, Neubauvorhaben, Umweltbelastungen.

Zeit ⟶

Quelle: H. BERG u. D. CASSEL, Theorie der Wirtschaftspolitik in: Vahlens Kompendium der Wirtschaftstheorie und Wirtschaftspolitik, Bd. 2, 6. Aufl., München 1995, S. 225.

(2) Zwecklos ist Fiskalpolitik, wenn man die **Crowding-out-Hypothese** akzeptiert, also davon ausgeht, daß eine durch Ausgabe zusätzlicher Staatsschuldtitel finanzierte Staatsausgabenerhöhung letztendlich das Sozialprodukt nicht signifikant erhöht oder sogar senkt (vgl. Kapitel 11, Abschnitt 1.4).

(3) Problematisch wird eine **antizyklische** Fiskalpolitik, wenn aus politischen Gründen eine symmetrische Durchführung dieser Politik, also eine kreditfinanzierte Erhöhung der Staatsausgaben (bzw. Senkung der Steuersätze) in der Rezession und eine Schuldentilgung des Staates bei Senkung der Staatsausgaben (bzw. Erhöhung der Steuersätze) in der Hochkonjunktur nicht durchführbar ist oder nicht opportun erscheint. Für diese Möglichkeit sprechen die Erfahrungen mit der antizyklischen Fiskalpolitik in der Bundesrepublik Ende der 60er und zu Beginn der 70er Jahre. Sie impliziert, daß die Fiskalpolitik anstatt antizyklisch prozyklisch wirken kann.

(4) Die Gefahr einer prozyklischen Wirkung einer antizyklisch gedachten Fiskalpolitik ergibt sich auch, wenn die **Zeitverzögerungen** bei ihrem Einsatz lang und unkontrollierbar sind. Solche Zeitverzögerungen ergeben sich vor allem aus drei Gründen (vgl. Tabelle 15.1):

- Es vergeht Zeit, bis das Auseinanderdriften zwischen der wirtschaftspolitischen Situation und der Zielvorstellung erkannt wird (Erkennungs-Lag).
- Es vergeht Zeit, bis nach dem Erkennen der Handlungsnotwendigkeit die entsprechenden Maßnahmen geplant, beschlossen und durchgeführt werden (Handlungs-Lag).
- Es vergeht Zeit, bis die ergriffenen Maßnahmen auf die Zielgrößen, z. B. die Arbeitslosenquote und die Preissteigerungsrate, wirken (Wirkungs-Lag).

(5) Die Ablehnung einer antizyklischen Fiskalpolitik läßt Raum für eine **mittel- bis langfristig angelegte Fiskalpolitik,** die z. B. angesichts hartnäckiger Arbeitslosigkeit auf hohem Niveau durch eine dauerhafte Erhöhung der Staatsausgaben für Zukunftsaufgaben nachfrageseitig expansive Anstöße geben kann. Natürlich stößt auch eine solche Politik auf bestimmte Schwierigkeiten, wie z. B. die Verengung des Handlungsspielraums des Staates durch steigende Zinslasten. Solche Einwände verlieren an Gewicht, wenn man die wachstumsfördernde – und damit auch steuererhöhende – Wirkung und die Bedeutung des gesamtwirtschaftlichen Ziels Vollbeschäftigung hinreichend würdigt.

C. Arbeitsaufgaben

1) *Erläutern Sie folgende Begriffe:*
   - *Fiskalpolitik,*
   - *Parallelpolitik,*
   - *deficit spending,*
   - *degressive Abschreibung,*
   - *mittelfristige Finanzplanung,*
   - *Konzertierte Aktion.*
2) *Welches sind die wichtigsten Instrumente der Fiskalpolitik? Erläutern Sie diese kurz.*
3) *Erläutern Sie, wie eine Erhöhung der Steuern im Prinzip die Nachfrage der Haushalte beeinflussen kann. Wo liegen die Unsicherheiten in bezug auf die Wirksamkeit der Maßnahmen?*
4) *Inwiefern kann man sagen, daß die Veränderungen staatlicher Ausgaben direkter auf die Konjunktur wirken als Steueränderungen?*
5) *Diskutieren Sie die Erfolgsaussichten, über verbesserte Abschreibungsmöglichkeiten die Konjunktur anzukurbeln.*
6) *Beschreiben Sie die automatische Stabilisierungswirkung der Einkommensteuer.*
7) *Schildern Sie an einem Beispiel die Probleme, die durch Wirkungsverzögerungen fiskalpolitischer Mittel entstehen können.*
8) *Die Beschränkung der Kreditaufnahmemöglichkeit der öffentlichen Hände ist vor der Verabschiedung des Stabilitätsgesetzes heftig diskutiert worden. Worin sehen Sie die Vor- und Nachteile dieser Vorschrift des Stabilitätsgesetzes?*
9) *Erörtern Sie die Möglichkeiten einer kontraktiven Konjunkturpolitik nach dem Stabilitätsgesetz!*
10) *Worin liegen die grundsätzlichen Probleme einer keynesianischen Fiskalpolitik?*

Lösungsvorschläge für die Arbeitsaufgaben im „Übungsbuch zu Grundlagen und Probleme der Volkswirtschaft".

D. Literatur

Einen einfachen Überblick über die Konzeption der Fiskalpolitik geben:

SAMUELSON, Paul A., NORDHAUS, William D., Volkswirtschaftslehre, 8. Aufl., Frankfurt/M. 1998, 19. Kapitel und

MCCONNEL, CAMPBELL, R., Volkswirtschaftslehre Band I, Köln 1975, Kapitel 14.

Eine kurze Darstellung zur Fiskalpolitik gibt:

HANSMEYER, Karl-Heinrich, Antizyklische Ausgabenpolitik, in: 25 Jahre Marktwirtschaft in der Bundesrepublik Deutschland, hrsg. von D. CASSEL u. a., Stuttgart 1972, S. 212–229.

Zur theoretischen Konzeption und zur Problematik der Fiskalpolitik informieren ausführlicher:

KROMPHARDT, Jürgen, Arbeitslosigkeit und Inflation, Göttingen und Zürich 1987

WAGNER, Helmut, Stabilitätspolitik. Theoretische Grundlagen und institutionelle Alternativen, 5., überarb. u. erw. Aufl., München, Wien 1998

TEICHMANN, Ulrich, Grundriß der Konjunkturpolitik, 4., verb. u. erw. Aufl., München 1988

TOMANN, Horst, Stabilitätspolitik. Theorie, Strategie und europäische Perspektive, Berlin 1997.

Speziell zum Stabilitätsgesetz informiert kurz

HANSMEYER, Karl-Heinrich, Das Gesetz zur Förderung der Stabilität und des Wachstums der Wirtschaft, Das Wirtschaftsstudium (WISU), 2. Jg., 1973, S. 279–284 u. S. 331–335.

Empfehlenswert ist auch

PÄTZOLD, Jürgen, Stabilisierungspolitik, 5. Aufl., Bern, Stuttgart 1993,

der die Grundlagen nachfrage- und angebotsorientierter Wirtschaftspolitik umfassend und systematisch darstellt.

16. Kapitel
Begriffe, Institutionen und Märkte des Geldbereichs einer Volkswirtschaft

A. Lernzielorientierte Leitfragen und Fragenkomplexe

Leitfrage:
Welche Funktionen erfüllt das Geld, und welche begrifflichen Abgrenzungen ergeben sich hieraus?

- *Worin liegt die Bedeutung des Geldes als Recheneinheit, allgemeines Tauschmittel und Wertaufbewahrungsmittel?*
- *Worin liegt der Unterschied zwischen Waren- und Kreditgeld?*
- *Welches sind die Geldarten der heutigen Wirtschaft?*
- *Was versteht man unter der Geldmenge?*

Leitfrage:
Welches sind die Grundstrukturen des Geldbereiches in der Europäischen Wirtschafts- und Währungsunion?

- *Wie ist das Europäische System der Zentralbanken aufgebaut?*
- *Was sind die Funktionen der Europäischen Zentralbank und des Europäischen Zentralbanksystems?*
- *Inwieweit ist die Unabhängigkeit der Europäischen Zentralbank gegeben?*
- *Welche Rolle spielt die Deutsche Bundesbank?*
- *Welche wichtigen Geld- und Kreditmärkte bestehen?*

B. Sachanalyse

1. Begriff und Funktionen des Geldes

Geld hat drei Funktionen. Es ist Tauschmittel, Recheneinheit und Wertaufbewahrungsmittel. Dabei ist die Tauschmittelfunktion die wichtigste Funktion und zugleich Definitionsmerkmal des Geldes:

Zum Geld zählen die Aktiva, die im Rahmen des nationalen Zahlungsverkehrs zur Bezahlung von Gütern und Diensten und zur Erfüllung von Verbindlichkeiten akzeptiert werden.

1.1 Tauschmittel

Die zentrale Funktion des Geldes ist die Tauschmittelfunktion. Dies wird klar, wenn wir uns vor Augen halten, daß unsere Wirtschaft eine hochspezialisierte Tauschwirtschaft ist. Würde jede Wirtschaftseinheit die Güter, die sie benötigt, auch selbst herstellen und die Rohstoffe hierzu selbst produzieren, so brauchte man kein Geld: In einer nur aus Selbstversorgungseinheiten bestehenden Wirtschaft („geschlossene Hauswirtschaft") findet kein Gütertausch statt. Sobald sich aber einzelne Wirtschaftseinheiten auf die Produktion bestimmter Güter spezialisieren – in der Annahme, daß sie im Austausch gegen diese Güter von anderen Wirtschaftseinheiten die ansonsten benötigten Güter erhalten – wird aus der geschlossenen Hauswirtschaft eine Tauschwirtschaft.

Geld als Tauschmittel ist in einer hochgradig arbeitsteiligen Wirtschaft unentbehrlich

Würde eine solche arbeitsteilige Volkswirtschaft nur aus 2 Wirtschaftseinheiten bestehen, so könnte sie ohne Geld auskommen. Schon bei drei Wirtschaftseinheiten wird in einer arbeitsteiligen Wirtschaft der Naturaltausch sehr kompliziert, wie das folgende (von E. SCHNEIDER entlehnte) Beispiel zeigt: Eine Volkswirtschaft besteht aus 3 Wirtschaftseinheiten, einem Bauern, einem Müller und einem Schneider. Angenommen, der Bauer produziert Milch, der Müller Brot und der Schneider Kleidung. Der Bauer wünscht einen Teil seiner Tagesproduktion gegen Brot einzutauschen, der Müller möchte für einen Teil seines Brotes Kleidung erwerben, und der Schneider möchte für seine überschüssige Kleidung Milch haben.

	möchte haben	bietet an
Bauer	Brot	Milch
Müller	Kleidung	Brot
Schneider	Milch	Kleidung

Man sieht, daß der Bauer seine Bedürfnisse nicht durch direkten Tausch mit dem Müller befriedigen kann. Das gleiche gilt für den Müller und den Schneider. In Form des Naturaltausches läßt sich der Tauschvorgang nur noch indirekt durchführen. Der Bauer, der eigentlich Brot erwerben möchte, muß sich zunächst Kleidung von dem Schneider besorgen und kann mit dieser beim Müller Brot erwerben. Das Beispiel zeigt sehr plastisch, daß schon ein Naturaltausch zwischen drei Wirtschaftseinheiten auf erhebliche Schwierigkeiten stößt. Bei einer größeren Zahl von Wirtschaftseinheiten – ganz zu schweigen von Millionen in unserer Volkswirtschaft – ließe sich ein solcher Naturaltausch praktisch nicht mehr durchführen.

Ohne Schwierigkeiten kann demgegenüber der Tausch vorgenommen werden, wenn sich die Tauschpartner eines **allgemein anerkannten Zahlungsmittels** bedienen. Im obigen Beispiel würde der Bauer seine überschüssige Milch gegen Geld an den Schneider verkaufen und sich für dieses Geld von dem Müller das gewünschte Brot kaufen. Die Zahl der beteiligten Wirtschaftseinheiten könnte beliebig erhöht werden – jeder Tausch ließe sich im Prinzip leicht durchführen. Es leuchtet ein, daß eine moderne Volkswirtschaft nur noch als Geldwirtschaft vorstellbar ist.

Entscheidende Vereinfachung des Tauschverkehrs durch Verwendung von Geld

1.2 Recheneinheit

Obwohl wir in den vorangegangenen Kapiteln vorrangig die güterwirtschaftliche Seite des Wirtschaftskreislaufes untersucht haben, haben wir uns eine Funktion des Geldes wiederholt zunutze gemacht, die Funktion des Geldes als **Recheneinheit:** Mit Hilfe des Geldes haben wir die produzierten Äpfel, Maschinen und Autos auf einen „Hauptnenner" gebracht und sie damit vergleichbar, z. B. zum Sozialprodukt addierbar, gemacht.

Die Funktion des Geldes als allgemeine Recheneinheit besteht also darin, daß sämtliche Werte der Volkswirtschaft in Geldeinheiten (z. B. in DM) ausgedrückt und damit addierbar und unmittelbar vergleichbar gemacht werden.

Geld macht die Werte einer Volkswirtschaft unmittelbar vergleichbar

Die Verwendung von Geld als allgemeine Recheneinheit hat immense Vorteile. Dies wird deutlich, wenn man bedenkt, wieviel Tauschverhältnisse in einer Volkswirtschaft ohne allgemeine Recheneinheit bekannt sein müssen. Bei nur 20 Gütern müßte man zum Beispiel 190 Tauschverhältnisse kennen, um einen vollständigen Überblick über die Tauschmöglichkeiten zu haben. Man müßte nämlich wissen:

- Wieviel Mengeneinheiten von Gut 1 werden gegen 1 Mengeneinheit von Gut 2, 3, …, 20 gehandelt,
- wieviel Mengeneinheiten von Gut 2 werden gegen 1 Mengeneinheit von Gut 3, 4, …, 20 gehandelt,
- wieviel Mengeneinheiten von Gut 3 werden gegen 1 Mengeneinheit von Gut 4, 5, …, 20 gehandelt,

.

.

- wieviel Mengeneinheiten von Gut 19 werden gegen 1 Mengeneinheit von Gut 20 gehandelt?

Bei Verwendung von Geld als allgemeine Recheneinheit benötigt man dagegen nur 20 Geldpreise, die genau dieselbe Information geben wie 190 reale Tauschverhältnisse. Wenn nämlich z.B. bekannt ist, daß Gut 1 5,– DM pro Mengeneinheit kostet und Gut 10 20,– DM pro Mengeneinheit, so ist zugleich bekannt, daß 1 Mengeneinheit von Gut 10 gegen 4 Mengeneinheiten von Gut 1 getauscht werden kann.

1.3 Wertaufbewahrungsmittel

Wir haben festgestellt, daß in einer Geldwirtschaft an die Stelle des Naturaltausches Ware gegen Ware die Beziehung Ware – Geld – Ware tritt.

Geld als Wertaufbewahrungsmittel

Bedeutung der Preisstabilität

Dabei kann zwischen dem Verkauf und dem Kauf von Waren theoretisch ein beliebig langer Zeitraum liegen. Das Geld, das man für seine Waren erhalten hat, speichert praktisch die erbrachte Leistung bis zu dem gewünschten Zeitpunkt: Geld ist also auch **Wertaufbewahrungsmittel** und muß in gewissem Umfang eine Wertaufbewahrungsfunktion haben, sonst würde es als Zahlungsmittel nicht akzeptiert. Wenn Geld dagegen stark an Wert verliert, dann erhält man im Zeitpunkt des späteren Kaufs letztlich weniger Güter, als man selbst gegeben hat. Damit ist auch die Zahlungsmittelfunktion des Geldes gefährdet. Man sieht, wie gefährlich eine ständige Inflation für eine hochspezialisierte Volkswirtschaft ist (vgl. Kapitel 24).

In einem gesunden Geldwesen erfüllt das Geld die genannten Funktionen als Recheneinheit, Tauschmittel und Wertaufbewahrungsmittel gleichzeitig.

In der Wirtschaftsgeschichte gibt es allerdings genügend Beispiele dafür, daß das Geld zumindest eine dieser Funktionen nicht ausübte. So wurde z. B. in der Zeit der großen deutschen Inflation nach dem Ersten Weltkrieg schließlich der Dollar zur Recheneinheit, die Mark Zahlungsmittel und Sachwerte oder fremde Währungen zum Wertaufbewahrungsmittel. Nach dem Zweiten Weltkrieg verlor die Mark in der Inflationszeit ihre Funktion als allgemeines Tauschmittel und wurde zeitweise im privaten Bereich durch eine „Zigarettenwährung" abgelöst.

2. Erscheinungsformen des Geldes

Historisch sind die unterschiedlichsten Objekte als Geld verwendet worden

Technische Anforderungen an das Geld

Ökonomische Anforderung an das Geld

Die Funktionen des Geldes können im Prinzip von unterschiedlichen Objekten, die als Geld dienen, erfüllt werden. So haben in der Geschichte bestimmte Muschelarten, Felle, Salz, Vieh, Häute, Metalle, Banknoten, Scheidemünzen und Buchgeld – um nur die wichtigsten Erscheinungsformen des Geldes zu nennen – als Geld Verwendung gefunden. Aus den Funktionen des Geldes lassen sich jedoch bestimmte **technische Anforderungen** an ein diesen Funktionen gerecht werdendes Medium stellen: Teilbarkeit, Haltbarkeit, Austauschbarkeit, Seltenheit, schwere Fälschbarkeit und ähnliches. Es ist klar, daß die historisch beobachtbaren Formen des Geldes diesen Anforderungen - neben die als entscheidende weitere **ökonomische Anforderung** die Wertbeständigkeit des Geldes tritt – in unterschiedlichem Ausmaß gerecht werden.

Ordnet man die historische Vielfalt des Geldes nach seiner Stoffwertigkeit, so lassen sich zwei große Gruppen bilden:

- stoffwertiges Geld,
- stoffwertloses bzw. unterwertiges Geld.

Stoffwertiges Geld zeichnet sich dadurch aus, daß als Geld Güter Verwendung finden und der Geldwert durch den Warenwert des verwendeten Gutes bestimmt wird. Man spricht deshalb auch von **Warengeld.** Mit fortschreitender Entwicklung ist beim Warengeld eine Tendenz zum Metallgeld (insbesondere zu Gold- und Silbermünzen) zu beobachten, das die beschriebenen technischen Eigenschaften des Geldes weitgehend erfüllt. Beim stoffwertlosen bzw. unterwertigen Geld vollzieht sich eine Trennung zwischen dem Geldwert und dem Stoff-(Güter-)Wert. Da stoffwertloses Geld – worauf noch einzugehen sein wird – immer eine Forderung (meist gegenüber einer Bank) darstellt, wird es auch als **Kreditgeld** bezeichnet. Typische Erscheinungsformen des Kreditgeldes sind Banknoten, Scheidemünzen (= unterwertige Münzen) und Buchgeld (= Guthaben auf Girokonten).

Stoffwertiges und stoffwertloses (unterwertiges) Geld

Bei Banknoten ist entstehungsgeschichtlich zunächst eine volle Einlösepflicht in stoffwertiges Geld gegeben: Die ersten Banknoten entstanden, indem ungeprägtes oder geprägtes Edelmetall bei Goldschmieden hinterlegt wurde, die dafür auf wertgleiche Beträge lautende Depotscheine – die Banknoten – ausgaben. Historisch schließen sich teilgedeckte und schließlich ungedeckte Banknoten an. Eine wichtige Form des Kreditgeldes stellt heute das Buch- oder Giralgeld dar, das aus einer (auf Verlangen des Inhabers in Banknoten umtauschbaren) Sicht-Forderung gegenüber einer Bank besteht. Da diese Forderungen gegenüber Banken (Verbindlichkeit der Banken) nicht in Form einer Urkunde verbrieft werden, sondern nur in den Büchern der jeweiligen Bank erscheinen, erklärt sich der Name Buchgeld.

Banknoten

Buchgeld

3. Geldmenge

Geld übt bestimmte Funktionen aus und Geld hat bestimmte Wirkungen. In diesem Sinn ist die Geldmenge ein analytisches Konzept, ein Konzept, welches zur Erklärung der Wirkungen des Geldes und als Zielgröße der Geldpolitik herangezogen wird. Wie diese Geldmenge genau abzugrenzen ist, ist eine Frage der analytischen und geldpolitischen Zweckmäßigkeit, die bislang nicht allgemeingültig geklärt ist.

Geldmenge als analytisches Konzept

Zum einen wird eine Abgrenzung nach dem Liquiditätsgrad der Geldkomponenten diskutiert. Dieser Liquiditätsgrad, auch Geldnähe genannt, hängt ab von den Transaktionskosten, die bei einem Umtausch in akzeptierte Tauschmittel anfallen. Diese sind gering z. B. bei Sparguthaben, und hoch z. B. bei Aktien oder Obligationen. Unstrittig ist, daß auf jeden Fall die Komponenten einbezogen werden, die direkt als Tauschmittel akzeptiert werden:

Abgrenzung nach dem Liquiditätsgrad

- Banknoten
- Münzen
- Sichtguthaben bei Banken (täglich fälliges Geld)

Darüber hinaus ist immer ein wenig strittig, inwieweit auch andere, liquiditätsfernere Komponenten wie **Terminguthaben** oder **Sparguthaben** einbezogen werden sollten, die ja nicht direkt zur Zahlung verwendet werden können, sondern immer erst in Noten, Münzen oder Giralgeld umgetauscht werden müßten. Dieses Problem wird relativ pragmatisch so gelöst, daß verschiedene Geldmengenkonzepte verwendet werden (s. u.).

Abgrenzung nach der Nachfrage

Zum anderen ist ein wenig strittig, ob die Geldmenge nur nachfrageorientiert ausgewiesen werden sollte, oder ob auch das mögliche Geldangebot erfaßt werden sollte. Meist wird indes nur die **nachgefragte Geldmenge** ausgewiesen, also die Geldkomponenten, die sich in den Händen der **Nichtbanken** befinden (Produktionsunternehmen, Staat und private Wirtschaft), weil man glaubt, daß vor allem dieses im Publikum befindliche Geld Wirkungen entfaltet. Die Geldbestände der Banken gehören in dieser Sicht also **nicht** zur Geldmenge, sie repräsentieren nur das Potential des Geldangebotes.

Geldmengenaggregate in der EWWU

In der **Europäischen Wirtschafts- und Währungsunion** (EWWU) werden, wie es auch in anderen Währungssystemen in etwa ähnlicher Weise üblich ist, drei Geldmengenkonzepte abgegrenzt, die sich nach dem Liquiditätsgrad der einbezogenen Komponenten unterscheiden:

- eine eng gefaßte Geldmenge M1,
- eine mittlere Geldmenge M2 und
- eine weit gefaßte Geldmenge M3.

Zentrale Zielgröße der Geldpolitik ist die Geldmenge M3 (vgl. Kapitel 18). Die folgende Übersicht stellt die Geldmengenaggregate zusammen. Dabei ist zu beachten, daß das herkömmliche Konzept von Banken zum Konzept der Monetären Finanzinstitute erweitert worden ist.

Monetäre Finanzinstitute

Das **Konzept der Monetären Finanzinstitute (MFIs)** wurde vom Europäischen Währungsinstitut (EWI) in Zusammenarbeit mit den nationalen Zentralbanken (NZBen) im Rahmen der Vorbereitungen auf die einheitliche Geldpolitik entwickelt. MFIs umfassen drei Hauptgruppen von Instituten: erstens die Zentralbanken; zweitens gebietsansässige Kreditinstitute im Sinne des Gemeinschaftsrechts. Letztere sind definiert als „ein Unternehmen, dessen Tätigkeit darin besteht, Einlagen oder andere rückzahlbare Gelder des Publikums (einschließlich der Erlöse aus dem Verkauf von Bankschuldverschreibungen an das Publikum) entgegenzunehmen und Kredite auf eigene Rechnung zu gewähren“. Die dritte Gruppe besteht aus allen sonstigen gebietsansässigen Finanzinstituten, deren wirtschaftliche Tätigkeit darin besteht, Einlagen bzw. Einlagensubstitute

Übersicht 16.1: Geldmengenaggregate im Eurosystem[1])
(Zahlenangaben in Mrd. Euro zum 1. 2. 1999)

M1:	**Bargeldumlauf** (ohne Kassenbestände der monetären Finanzinstitute (MFI)
	+ **täglich fällige Einlagen** (also Sichtguthaben bei Banken)
	= 1753,8
M2:	= M1
	+ **Einlagen mit vereinbarter Laufzeit** bis zu zwei Jahren (also Terminguthaben),
	+ **Einlagen mit vereinbarter Kündigungsfrist** bis zu drei Monaten (in Deutschland sind dies Spareinlagen)
	= 3872,7
M3:	= M2
	+ Repogeschäfte,
	+ Geldmarktfondsanteile und Geldmarktpapiere,
	+ Schuldverschreibungen bis zu zwei Jahren
	= 4485,8

1) Als Kurzform für die Länder, die an der Währungsunion teilnehmen, s. Abschnitt 4.1.1

Quelle: Europäische Zentralbank, Monatsbericht Mai 1999, S. 14 f.

im engeren Sinne von anderen Wirtschaftssubjekten als MFIs entgegenzunehmen und auf eigene Rechnung (zumindest im wirtschaftlichen Sinne) Kredite zu gewähren und/oder in Wertpapieren zu investieren. Zu dieser Gruppe gehören hauptsächlich Geldmarktfonds (Europäische Zentralbank, Monatsbericht Februar 1999, S. 31).

MFIs sind also im wesentlichen

- Zentralbanken,
- Kreditinstitute und
- Geldmarktfonds.

Innerhalb dieser Geldmenge M3 spielen die täglich fälligen Einlagen die größte Rolle; Einlagen mit vereinbarter Kündigungsfrist von bis zu drei Monaten und Einlagen mit vereinbarter Laufzeit von bis zu zwei Jahren sind ebenfalls quantitativ bedeutsam; die übrigen Komponenten machen insgesamt nur 20 Prozent der Geldmenge M3 aus, wie Abbildung 16.1 zeigt. Struktur von M3

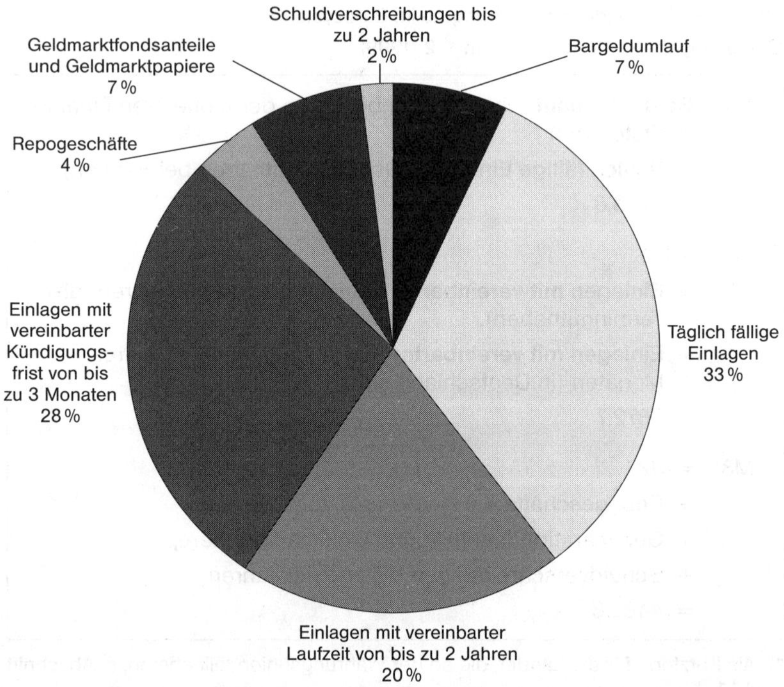

Abb. 16.1: Anteile bzw. Komponenten von M3 (in vH; Stand Dezember 1998)
Quelle: Europäische Zentralbank, Monatsbericht Februar 1999, S. 36

4. Die Europäische Zentralbank und das Europäische System der Zentralbanken

Notwendigkeit einer staatlichen Zentralbank

„Money does not manage itself." Dies ist ein überwiegend akzeptierter Grundsatz der Wirtschaftspolitik. Es muß eine staatliche Institution geben, eine staatlich organisierte Zentralbank, die folgende Aufgaben erfüllt:

- die Ausgabe der gesetzlichen Zahlungsmittel (staatliches Emissionsmonopol),
- die Durchführung einer Geldpolitik mit dem Ziel einer angemessenen Begrenzung der Geldmenge;
- die Organisation eines reibungslosen Zahlungs- und Kreditverkehrs als „Bank der Banken" und
- die Wahrung der Geldwertstabilität.

In Deutschland hat diese Aufgaben bis zum 31. 12. 1998 die Deutsche Bundesbank erfüllt. Mit dem Beginn der dritten Stufe der Wirtschafts- und Währungsunion (EWWU) am 1. 1. 1999 (vgl. genauer Kapitel 21) ist nun die **Europäische Zentralbank** (EZB) und das **Europäische System der Zentralbanken** (ESZB) die zentrale Institution – also die Zentralbank – für die Festlegung und Ausführung der Geldpolitik. Daneben existiert weiterhin die Deutsche Bundesbank, die als Zentralbank der Bundesrepublik Deutschland Teil des ESZB ist. Die Deutsche Bundesbank wird anschließend in Abschnitt 5 beschrieben.

4.1 Organisation der Europäischen Zentralbank und des Europäischen Systems der Zentralbanken

4.1.1 Eurosystem und ESZB

Das Europäische System der Zentralbanken (ESZB) setzt sich zusammen aus der Europäischen Zentralbank (EZB) und allen 15 nationalen Zentralbanken (NZBen) der Mitgliedstaaten der EU. Die nationalen Zentralbanken jener Mitgliedstaaten, die den Euro noch nicht eingeführt haben (die sog. „Outs“: Dänemark, Griechenland, Großbritannien und Schweden) haben einen Sonderstatus: Sie sind nicht am Entscheidungsfindungsprozeß des ESZB beteiligt und führen eine eigenständige nationale Geldpolitik. Um diese Abgrenzung deutlich zu machen, wird zwischen dem sog. Eurosystem und dem ESZB differenziert:

Vorläufiger Unterschied zwischen Eurosystem und ESZB

Das Eurosystem

Das Eurosystem umfaßt die EZB und die NZBen der Mitgliedstaaten, die den Euro in der dritten Stufe der Wirtschafts- und Währungsunion (WWU) eingeführt haben. Zur Zeit gehören dem Eurosystem elf NZBen an. Wenn und sobald alle 15 Mitgliedstaaten dem Euro-Währungsgebiet angehören, wird der Begriff „Eurosystem“ ein Synonym für das ESZB.

Das Eurosystem wird vom EZB-Rat und dem Direktorium der EZB geleitet.

Der **EZB-Rat** umfaßt alle Mitglieder des Direktoriums und die Zentralbankpräsidenten der Mitgliedstaaten, die den Euro eingeführt haben.

Das **Direktorium** besteht aus dem Präsidenten, dem Vizepräsidenten und vier weiteren von den Staats- und Regierungschefs der Mitgliedstaaten, die den Euro eingeführt haben, ernannten Mitgliedern.

Das Europäische System der Zentralbanken (ESZB)

Das ESZB setzt sich aus der EZB und den NZBen aller 15 Mitgliedstaaten zusammen, d. h. es umfaßt neben den Mitgliedern des Eurosystems die NZBen der Mitgliedstaaten, die den Euro nicht mit Beginn der dritten Stufe der WWU eingeführt haben.

Das ESZB wird vom EZB-Rat und dem Direktorium der EZB und dem Erweiterten Rat als drittem Beschlußorgan der EZB geleitet.

Der **Erweiterte Rat** setzt sich zusammen aus dem Präsidenten, dem Vizepräsidenten und den Zentralbankpräsidenten aller 15 NZBen.

Im folgenden behandeln wird das Eurosystem wie das ESZB, sehen also von diesen Unterschieden ab. Wir halten es auch nicht für zweckmäßig, formal so dezidiert zwischen dem ESZB und der EZB zu unterscheiden, wie es der EG-Vertrag (Art. 105–109 d) nahelegt. Faktisch entscheidet nur eine Institution, nämlich die EZB, und zwar mit ihren Beschlußorganen, nämlich dem EZB-Rat und dem Direktorium (Art. 106 EGV).

4.1.2 Die Europäische Zentralbank

Beschlußorgane der EZB (und des ESZB) sind der EZB-Rat und das Direktorium. Sie leiten die EZB (und das ESZB).

Der **EZB-Rat** besteht aus dem Direktorium und den Präsidenten der nationalen Zentralbanken (die den Euro eingeführt haben). Das **Direktorium** besteht aus dem Präsidenten und dem Vizepräsidenten der EZB und vier weiteren Mitgliedern, die alle aus dem Kreis der in Währungs- oder Bankfragen anerkannten und erfahrenen Persönlichkeiten ausgewählt werden. Sie werden von den Regierungen der Mitgliedstaaten auf der Ebene der Staats- und Regierungschefs auf Empfehlung des EU-Rats, der hierzu das Europäische Parlament und den EZB-Rat anhört, einvernehmlich ernannt. Die Hauptaufgaben des Direktoriums sind:

Aufgaben des Direktoriums

- Die Sitzungen des EZB-Rats vorzubereiten,
- die Geldpolitik gemäß den Leitlinien und Beschlüssen des EZB-Rats durchzuführen und den nationalen Zentralbanken des Eurosystems die erforderlichen Weisungen zu erteilen und
- die laufenden Geschäfte der EZB zu führen.

Das Direktorium ist also das zentrale **Exekutivorgan** der EZB; das zentrale Beschlußorgan ist hingegen der EZB-Rat.

Der **EZB-Rat,** als **oberstes Beschlußorgan** von EZB (und ESZB), hat folgende Hauptaufgaben:

Aufgaben des EZB-Rates

- Die Leitlinien zu erlassen und die Beschlüsse zu fassen, die notwendig sind, um die Erfüllung der dem ESZB übertragenen Aufgaben zu gewährleisten,
- die Geldpolitik der Gemeinschaft festzulegen, gegebenenfalls einschließlich Beschlüssen in bezug auf geldpolitische Zwischenziele, Leitzinssätze und die Versorgung des Eurosystems mit Zentralbankgeld, und die für ihre Ausführung notwendige Leitlinien zu erlassen, und
- die Ausgabe von Banknoten und Münzen zu genehmigen.

Beschlüsse werden mit einfacher Mehrheit der Anwesenden gefaßt; bei Stimmengleichheit entscheidet die Stimme des Präsidenten. Jedes Ratsmitglied hat eine Stimme, d. h. daß der Zentralbankpräsident eines kleinen Landes – als Mitglied im EZB-Rat – das gleiche Stimmrecht hat wie der Vertreter eines größeren Landes.

Abstimmungsmodalitäten

Abweichend hiervon werden bei Beschlüssen über Erhöhungen des Kapitals der EZB, Veränderungen der Kapitalanteile, Übertragungen von Währungsreserven auf die EZB, Verteilungen der Einkünfte der EZB aus der Haltung von Vermögenswerten der nationalen Zentralbanken und Verteilungen der Nettogewinne der EZB die Stimmen der Ratsmitglieder nach den Anteilen der nationalen Zentralbanken am gezeichneten Kapital der EZB gewichtet. Direktoriumsmitglieder nehmen dabei an der Abstimmung nicht teil. Diese Beschlüsse bedürfen der Zustimmung von mindestens der Hälfte der Anteilseigner, die mindestens zwei Drittel des gezeichneten Kapitals halten müssen.

Das **Kapital der EZB** beträgt 5.000 Millionen Euro. Seine Aufteilung erfolgt nach einem Schlüssel auf der Basis der Anteile an der Bevölkerung und am Bruttoinlandsprodukt. Tabelle 16.1 zeigt, daß die Bundesrepublik größter Kapitaleigner der EZB ist.

Tab. 16.1: Die prozentualen Anteile der nationalen Zentralbanken am EZB-Kapital

Nationale Bank van België/Banque Nationale de Belgique	2,8658 %
Danmarks Nationalbank	1,6709 %
Deutsche Bundesbank	24,4935 %
Bank von Griechenland	2,0564 %
Banco de España	8,8935 %
Banque de France	16,8337 %
Central Bank of Ireland	0,8496 %
Banca d'Italia	14,8950 %
Banque centrale du Luxembourg	0,1492 %
De Nederlandsche Bank	4,2780 %
Oesterreichische Nationalbank	2,3594 %
Banco de Portugal	1,9232 %
Suomen Pankki	1,3970 %
Sveriges Riksbank	2,6537 %
Bank of England	14,6811 %

Quelle: Europäische Zentralbank, Jahresbericht 1998, S. 128

4.2 Ziele und Aufgaben von ESZB und EZB

Das **zentrale Ziel** des ESZB ist in Art. 105, Abs. 1 EG-Vertrag formuliert:

Ziel der Preisstabilität

„(1) Das vorrangige Ziel des ESZB ist es, die Preisstabilität zu gewährleisten. Soweit dies ohne Beeinträchtigung des Zieles der Preisstabilität möglich ist, unterstützt das ESZB die allgemeine Wirtschaftspolitik in der Gemeinschaft, um zur Verwirklichung der in Artikel 2 festgelegten Ziele der Gemeinschaft beizutragen. Das ESZB handelt im Einklang mit dem Grundsatz einer offenen Marktwirtschaft mit freiem Wettbewerb. ..."

Diese Zielformulierung – vorrangig Preisstabilität zu gewährleisten – entspricht dem gegenwärtig vorherrschenden Theorie- und Politikverständnis, daß eine Zentralbank in erster Linie für Preisstabilität sorgen soll und allenfalls subsidiär auch andere Ziele wie Vollbeschäftigung und Wachstum anstreben soll. Diese Formulierung entspricht auch weitgehend der früher für die Deutsche Bundesbank geltenden Zielvorschrift.

Dieser restriktiven Zielformulierung liegt einmal die weitgehend vom Monetarismus geprägte Vorstellung zugrunde, daß die Zentralbank (nur) die Verantwortung für Preisstabilität habe, daß die Tarifparteien die Verantwortung für Vollbeschäftigung haben und daß sich das Wachstum weitgehend autonom aus dem Bevölkerungswachstum und dem technischen Fortschritt ergibt. Zum anderen liegt auch eine politökonomisch geprägte Vorstellung zugrunde, daß nämlich eine Zentralbank, die auch anderen Zielen verpflichtet wäre, leicht in Zielkonflikte gerät, die die Wahrung der Preisstabilität erschweren.

Die **Aufgaben** des ESZB sind schon teilweise genannt worden. Sie sind in Art. 105, Abs. 2 EGV formuliert:

„(2) Die grundlegenden Aufgaben des ESZB bestehen darin,

- die Geldpolitik der Gemeinschaft festzulegen und auszuführen,
- Devisengeschäfte im Einklang mit Artikel 109 durchzuführen,
- die offiziellen Währungsreserven der Mitgliedstaaten zu halten und zu verwalten,
- das reibungslose Funktionieren der Zahlungssysteme zu fördern."

Geldpolitik allgemein und in der Ausprägung der EZB wird in Kapitel 18 behandelt. Das **Halten von Währungsreserven** gehört zu den genuinen Aufgaben einer Zentralbank; zu diesem Zweck übertrugen die nationalen Zentralbanken gemäß der Satzung des ESZB zu Beginn der dritten Stufe Währungsreserven im Gegenwert von 39,5 Milliarden Euro auf die EZB.

Dieser Betrag entspricht dem in der Satzung des ESZB festgelegten Grenzwert von 50 Milliarden Euro für die Übertragung von Währungsreserven an die EZB, abzüglich der Anteile der nichtteilnehmenden Mitgliedstaaten am Kapital des ESZB. 85 % der genannten Reserven wurden in Form von Devisen und 15 % in Form von Gold übertragen. Artikel 30.4 der Satzung des ESZB hält fest, daß die EZB über den in Artikel 30.1 festgelegten Betrag hinaus die Einzahlung weiterer Währungsreserven von den nationalen Zentralbanken fordern kann.

Im Zusammenhang der **Devisengeschäfte** muß Art. 109 EGV beachtet werden. Hier ist festgelegt, daß die Entscheidung über Wechselkurssysteme – feste oder flexible Wechselkurse – und die Entscheidung über die Höhe der Wechselkurse im Falle der Festlegung auf grundsätzlich feste Wechselkurse beim Ministerrat liegt. ESZB und EZB können mithin nur im vorgegebenen Rahmen am Devisenmarkt agieren. Zur Zeit (1999) sind die Wechselkurse des Euro gegenüber den wichtigen Weltwährungen grundsätzlich frei flexibel und gegenüber den Währungen der „Outs" innerhalb von Bandbreiten fest (vgl. Kapitel 21).

4.3 Die Unabhängigkeit der EZB

Bedeutung der Unabhängigkeit

Wenn es das vorrangige Ziel einer Zentralbank ist, Preisstabilität zu gewährleisten, dann gilt ihre Unabhängigkeit als zentral. Diese Erkenntnis läßt sich durch empirische Untersuchungen belegen, die zeigen, daß Preisstabilität um so eher erreicht wird, je unabhängiger die Zentralbank ist. Hier fließen insbesondere auch Erfahrungen aus der Geschichte der Geldpolitik in Deutschland von 1918 bis heute ein und die getroffenen Regelungen entsprechend weitgehend den Regelungen für die Deutsche Bundesbank.

Funktionale Unabhängigkeit

Zum ersten ist die EZB funktional relativ unabhängig, weil sie Weisungen nicht entgegennehmen darf. So heißt es in Art. 107 EGV:

Art. 107 (Unabhängigkeit der EZB)

„Bei der Wahrnehmung der ihnen durch diesen Vertrag und die Satzung des ESZB übertragenen Befugnisse, Aufgaben und Pflichten darf weder die EZB noch eine nationale Zentralbank noch ein Mitglied ihrer Beschlußorgane Weisungen von Organen oder Einrichtungen der Gemeinschaft, Regierungen der Mitgliedstaaten oder anderen Stellen einholen oder entgegennehmen. Die Organe und Einrichtungen der Gemeinschaft sowie die Regierungen der Mitgliedstaaten verpflichten sich, diesen Grundsatz zu beachten und nicht zu versuchen, die Mitglieder der Beschlußorgane der EZB oder der nationalen Zentralbanken bei der Wahrnehmung ihrer Aufgaben zu beeinflussen."

Eine solche Unabhängigkeit – keinerlei Kontrollen durch Regierungen und Parlamente unterworfen zu sein – ist relativ einzigartig. Sie wird nur dadurch ein klein wenig beschränkt, daß die Verpflichtung besteht, die allgemeine Wirtschaftspolitik der Gemeinschaft zu unterstützen, aber nur, wenn dadurch das Ziel der Preisstabilität nicht beeinträchtigt wird.

Personelle Unabhängigkeit

Zum zweiten ist die EZB auch personell relativ unabhängig. Die Mitglieder des Direktoriums werden für eine relativ lange Amtszeit von acht Jahren und ohne Möglichkeit einer Wiederwahl ernannt. Beides stärkt die Unabhängigkeit. Allerdings wirkt bei ihrer Ernennung vor allem das politische Gremium „Europäischer Rat der Regierungschefs" mit, dies ermöglicht eine Kandidatenauswahl nach politischen Vorstellungen. Die übrigen Mitglieder des EZB-Rates, die Präsidenten der nationalen Zentralbanken, werden durch die nationalen Regierungen für eine Amtszeit von mindestens fünf Jahren ernannt. Auch dies bietet Spielraum für eine politische Auswahl. So wird z. B. der Präsident der Deutschen Bundesbank auf Vorschlag der Bundesregierung bestellt. Dabei ist der Zentralbankrat anzuhören (§ 7 Bundesbankgesetz). Allerdings gelten für die jeweiligen Präsidenten der nationalen Zentralbanken die Vorschriften über die Unabhängigkeit gemäß Art. 107 EGV uneingeschränkt.

Finanzielle und instrumentelle Unabhängigkeit

Zum dritten ist die EZB auch finanziell unabhängig – sie verfügt über eigene Einnahmen und einen eigenen Haushalt – und sie hat auch die Kontrolle über die Instrumente der Geldpolitik. Insgesamt kann man den EZB-Rat wohl als „Thron der Götter" bezeichnen.

5. Die Deutsche Bundesbank

Die Deutsche Bundesbank bleibt als Zentralbank der Bundesrepublik Deutschland integraler Bestandteil des ESZB (§ 3 BBankG). Sie wird allerdings nur ausführendes Organ. So werden die geldpolitischen Entscheidungen des EZB-Rates dezentral durch die nationalen Zentralbanken umgesetzt. Die Hauptaufgabe der Deutschen Bundesbank ist nun die bankmäßige Abwicklung des Zahlungsverkehrs im Inland und mit dem Ausland und die Refinanzierung der nationalen Keditinstitute. Hierbei können die materiellen Vorgaben der Geldpolitik der EZB mit einem gewissen Ermessensspielraum umgesetzt werden. Schließlich behält die Bundesbank ihre Aufgaben im Bereich der Bankenaufsicht und sie bleibt „Hausbank" für die öffentliche Hand; in dieser Funktion übernimmt sie die Emission der Wertpapiere des Bundes.

6. Geschäftsbanken (Kreditinstitute)

Als Geschäftsbanken wollen wir solche Unternehmungen ansehen, deren kurzfristige Verbindlichkeiten in der Volkswirtschaft als Geld verwendet werden. Banken nehmen und gewähren Kredite, sind also vor allem Händler in Forderungen und Verbindlichkeiten. Neben der Kreditgewährung verkauft eine Bank bestimmte Dienstleistungen gegen Gebühren (z. B. die Dienstleistung Kontoführung). Wie für andere privatwirtschaftliche Unternehmungen ist auch für die Geschäftsbank die Gewinnmaximierung Ziel ihrer wirtschaftlichen Tätigkeit. Als wichtige Nebenbedingung ist dabei die Aufrechterhaltung der Zahlungsfähigkeit (Liquidität) zu beachten. Hauptquelle des Gewinns einer Bank ist der Unterschied zwischen den Zinsen, die sie für gewährte Darlehen erhält (Sollzinsen), und den Zinsen, die sie für selbst aufgenommene Gelder, insbesondere für Sicht-, Termin- und Spareinlagen, zahlt (Habenzinsen). Die gewährten Kredite der Geschäftsbanken sind teils verbrieft (d. h. es existiert ein Schulddokument), teils unverbrieft. Typisches Beispiel für unverbriefte Kredite sind die sog. Kontokorrentkredite (Kredite in Form von Kontoüberziehung), typische Beispiele für verbriefte Kredite sind Schuldverschreibungen.

Tätigkeit einer Geschäftsbank

Die Grundstruktur der Bilanz einer Geschäftsbank spiegelt die beschriebenen Geschäftstätigkeiten wider:

Vereinfachte Bilanz einer Geschäftsbank	
(1) Banknoten und Münzen (2) Guthaben bei der Zentralbank (3) Guthaben bei anderen Geschäftsbanken (4) Nettoauslandsforderungen (5) Wertpapiere (6) Kundenkredite (7) Sonstige Vermögensteile (einschl. Realvermögen)	(8) Einlagen von Nichtbanken – Sichteinlagen – Termineinlagen – Spareinlagen (9) Verbindlichkeiten gegenüber anderen Geschäftsbanken (10) Verbindlichkeiten gegenüber der Zentralbank (11) Sonstige Verbindlichkeiten (einschl. Reinvermögen)
Summe	= Summe

Banknoten muß die Geschäftsbank halten, um auch dann sofort zahlungsfähig zu bleiben, wenn an einem bestimmten Tag die Auszahlungswünsche der Kunden größer sind als ihre Einzahlungen. Die Guthaben bei der Zentralbank (2) bestehen im wesentlichen aus gesetzlich vorgeschriebenen Mindestreserven (vgl. Kapitel 18), doch halten die Geschäftsbanken in gewissem Umfang sogenannte Überschußreserven, die ebenfalls in (2) enthalten sind. Diese Überschußguthaben dienen einmal zur Abwicklung des Überweisungsverkehrs zwischen verschiedenen Geschäftsbanken, zum anderen als Reserve für plötzlich auftretende Bedarfe an Noten (Sichtguthaben bei der Zentralbank können jederzeit in Banknoten umgetauscht werden). Auch die Guthaben bei anderen Banken (3) haben – neben einer Verrechnungsfunktion – für die einzelne Bank vor allem die Aufgabe der Sicherung der Zahlungsfähigkeit (Liquiditätssicherung). Da uns im folgenden nur die Geschäftsbanken als Gesamtheit (das Geschäftsbanksystem) interessieren, sich innerhalb einer Volkswirtschaft aber die Guthaben der Geschäftsbanken gegeneinander aufrechnen lassen, können die Guthaben der Geschäftsbanken bei anderen Geschäftsbanken (und damit die Bankverbindlichkeiten untereinander) unberücksichtigt bleiben.

Überschußguthaben

Wertpapiere (5) dienen der Liquiditätssicherung und der Erzielung von Zinserträgen. Welche Funktion dabei überwiegt, hängt von der Art der Wertpapiere ab. Die höchsten Erträge unter den Vermögensteilen der Geschäftsbank erbringen die Kundenkredite. Diese sind aber für die Dauer ihrer Laufzeit praktisch völlig „illiquide", da sie weder vorzeitig zurückgefordert noch verkauft werden können. Die Einlagen der Nichtbanken bei den Geschäftsbanken (8) sind Verbindlichkeiten der Geschäftsbanken. Sie werden in Sicht-, Termin- und Spareinlagen aufgegliedert, wobei das Unterscheidungsmerkmal in der zeitlichen Festlegung der Gelder liegt: über Sichteinlagen kann sofort, über Termin- und Spareinlagen nur unter Einhaltung bestimmter Fristen verfügt werden. Die Einlagen sind für die Geschäftsbanken besonders wichtig, da sie ihnen Zentralbankgeld zuführen, auf dessen Grundlage sie Kredite gewähren können (vgl. Kapitel 17).

7. Geldmarkt

Der Geldmarkt ist im Prinzip ein Markt, bei dem überwiegend Banken überwiegend Geld und kurzfristige Geldanlagen handeln. Dieser praktisch existierende Geldmarkt sollte nicht mit dem theoretischen Konzept des Geldmarktes als Angebot und Nachfrage von Geld, wie es in den makroökonomischen Kapiteln 10 bis 12 verwendet wird, verwechselt werden. Zu unterscheiden ist insbesondere der Inlandsgeldmarkt und der Eurogeldmarkt.

7.1 Inlandsgeldmarkt

Der Inlandsgeldmarkt ist der Markt, auf dem

Erste Adressen

- „erste Adressen" (mit einwandfreier Bonität: Geschäftsbanken, einige bedeutende Industrie-, Handels- und Versicherungsunternehmen sowie Bund und Länder) für einen kurzen Zeitraum Zentralbankgeld aufnehmen und anlegen, wobei oftmals der Einfachheit halber vom „Geldhandel" gesprochen wird;

Geld und Geldmarktpapiere

- Geldmarktpapiere von der Deutschen Bundesbank an Kreditinstitute verkauft und wieder zurückgekauft sowie Geldmarktpapiere emittiert und zwischen Geschäftsbanken und bedeutenden Industrieunternehmen gehandelt werden.

Der Begriff **„kurzfristig"** kennzeichnet in aller Regel Geldanlagen und -aufnahmen mit einer Laufzeit bis zu einem Jahr. Transaktionen auf dem Geldmarkt werden hier nicht über eine Börse abgewickelt, sondern per Telefon oder Computernetz von Geldhändlern durchgeführt. Bonitätsprüfungen entfallen. Gehandelt werden Geld und Geldmarktpapiere. Die folgende Übersicht gibt einen Überblick über die gehandelten Objekte und die Marktteilnehmer.

Übersicht 16.2: Der Inlandsgeldmarkt

	Geld	Geldmarktpapiere
Formen	- Tagesgeld - Termingeld	- Schatzwechsel - U-Schätze - CPs und CDs
Marktteilnehmer	- Geschäftsbanken - Nichtbanken - Bund und Länder	- Deutsche Bundesbank - Geschäftsbanken - Nichtbanken - Bund und Länder
Motive	- Beschaffung von Zentralbankgeld - Anlage von Zentralbankgeld (Anlage überschüssiger Liquidität usw.) - Erzielung von Arbitrage- und Spekulationsgewinnen	- Steuerung der Liquidität der Geschäftsbanken durch die Deutsche Bundesbank (Abschöpfung und Bereitstellung von Zentralbankgeld) - Geldaufnahme durch Emission kurzfristiger Wertpapiere - Geldanlage in kurzfristige Wertpapiere - Erzielung von Kursgewinnen durch Handel mit Geldmarktpapieren

Quelle: BEIKE, Rolf; SCHLÜTZ, Johannes, Finanznachrichten, S. 206

Unter **Tagesgeld** versteht man Geldmarktgeschäfte, bei denen

Geldmarktgeschäfte

- ein Geldbetrag von einem auf den nächsten Tag, also über Nacht **(„Geld overnight“),** verliehen oder aufgenommen wird;
- ein Geldbetrag **b**is **a**uf **w**eiteres **(„Geld b.a.w.“)** vergeben bzw. aufgenommen wird. Hier werden die Konditionen permanent geprüft und gegebenenfalls geändert (tägliches Geld);
- ein Geldbetrag von „morgen bis übermorgen“ („**tom**orrow against **next** day“) verliehen bzw. aufgenommen, das Geschäft jedoch schon „heute“ abgeschlossen wird. Geldanlagen oder -aufnahmen von „morgen bis übermorgen“ werden kurz **„tom/next“**-Geschäfte genannt.

Der Zinssatz, zu dem Geld über Nacht verliehen wird, wird als **Tagesgeld-Satz** bezeichnet.

Unter **Termingeld** versteht man Geldmarktgeschäfte, die eine feste Laufzeit haben, die einen Tag überschreitet. Üblich sind kurzfristig terminierte Anlagen von 2 bis 29 Tagen und mittelfristig terminierte Anlagen von einem bis zu zwölf Monaten (Monatsgeld).

Die vereinbarten Zinssätze werden **Geldmarktsätze** genannt; in den entsprechenden Finanzzeitungen (in Deutschland vor allem im „Handelsblatt") werden die Geldmarktsätze veröffentlicht, die zwischen ausgewählten wichtigen Banken gelten, genauer gesagt die sog. „Briefsätze", zu denen die Banken bereit sind, Geld zu verleihen. (Der Zinssatz, zu dem Banken bereit sind, Geld zu leihen, heißt „Geldsatz".) Weil die Geldmarktsätze zwischen Banken gelten, werden sie „Interbank offered rates" genannt und mit Ibor abgekürzt; zusätzlich wird der wichtigste Handelsplatz genannt. Das ist in Deutschland Frankfurt und entsprechend wird der **Fibor** (Frankfurt interbank offered rate) ausgewiesen oder in Großbritannien der **Libor** (London interbank offered rate), einer der zentralen Referenzzinssätze in Europa und auf der Welt.

Wichtige Geldmarktsätze: Fibor und Libor

Arten von Geldmarktpapieren

Geldmarktpapiere in Deutschland sind verbriefte Forderungen mit einer Laufzeit bis zu zwei Jahren. Dazu zählen

- Handelswechsel,
- Schatzwechsel,
- unverzinsliche Schatzanweisungen und
- Commercial Papers.

Schatzwechsel sind Wechsel mit einer Laufzeit von bis zu einem halben Jahr, die von staatlichen Einrichtungen (Bund, Länder, ...) begeben werden. Sie dienen zur Finanzierung öffentlicher Ausgaben (Staatsverschuldung).

Unverzinsliche Schatzanweisungen, U-Schätze genannt, sind Schuldverschreibungen des Bundes mit einer Laufzeit von sechs Monaten und einem Nennwert von einer Mio. DM. Die Zinszahlung erfolgt – wie auch bei den Schatzwechseln – per Abzinsung (Diskont): Als Kaufpreis ist der Nennwert abzüglich der Zinsen zu zahlen.

Commercial Papers sind

- unbesicherte Inhaberschuldverschreibungen, die
- vornehmlich von bedeutenden Industrieunternehmen („erste Adressen") stammen,
- relativ kurze Laufzeiten (i. d. R. zwischen einigen Tagen und zwei Jahren) aufweisen und
- abgezinst ausgegeben werden.

Beurteilung der Bonität durch Rating-agenturen

Bei ungesicherten Inhaberschuldverschreibungen ist die vermutete **Bonität** des Schuldners von großer Bedeutung. Je größer die Bonität des Schuldners, desto geringer ist die Risikoprämie, die Geldanleger für die Hergabe ihres Geldes verlangen. Die Bonität von Schuldnern wird von spezialisierten Rating-Agenturen beurteilt. Die Ratingkategorien der beiden wichtigsten Agenturen „Standard & Poor's" und „Moody's" zeigt die folgende Übersicht 16.3.

Übersicht 16.3: Ratingkategorien von Standard & Poor's und Moody's

Standard & Poor's			Moody's
Diese höchste Kategorie zeigt an, daß ein hoher Sicherheitsgrad bezüglich fristgerechter Zahlung besteht. Schuldverschreibungen mit besonders ausgeprägten Sicherheitsmerkmalen werden zusätzlich mit einem Pluszeichen (+) gekennzeichnet.	A-1	Prime-1	Emittenten verfügen in herausragender Weise über die Fähigkeit, ihre erstrangigen kurzfristigen Schuldverschreibungen zu bedienen. Emittenten sind gewöhnlich durch folgende Merkmale gekennzeichnet: - Führende Marktstellung in gut etablierten Wirtschaftszweigen. - Hohe Kapitalrentabilität. - Konservative Kapitalstruktur. - Hohe Deckung finanzieller Belastungen durch laufende Erträge und hohen Cash-Flow. Sicherer Zugang zu verschiedenen Finanzmärkten und Quellen alternativer Liquidität.
Fähigkeit zur fristgerechten Zahlung ist zufriedenstlelend. Der relative Sicherheitsgrad ist jedoch niedriger als für die mit A-1 gekennzeichneten Emissionen.	A-2	Prime-2	Emittenten verfügen in gutem Maße über die Fähigkeit, ihre erstrangigen kurzfristigen Schuldverschreibungen zurückzuzahlen. Für gewöhnlich wird dies durch die oben genannten Merkmale dokumentiert, wobei einzelne Faktoren in dieser Kategorie weniger ausgeprägt sein können.
Ausreichende Fähigkeit zur fristgerechten Zahlung. Derartige Schuldtitel sind jedoch anfälliger gegenüber nachteiligen Auswirkungen von veränderten Umständen als die höher eingestuften Schuldtitel.	A-3	Prime-3	Emittenten verfügen in befriedigender Weise über die Fähigkeit, ihre erstrangigen kurzfristigen Schuldverschreibungen zurückzuzahlen. Branchen- und Marktentwicklungen haben üblicherweise einen stärkeren Einfluß auf den Emittenten
Nur spekulative Fähigkeit zur fristgerechten Zahlung.	B	Not Prime	Emittenten, die als Not Prime eingestuft werden, fallen in keine der Prime Ratingkategorien.
Kurzfristiger Schuldtitel mit zweifelhaft erscheinender Zahlungsfähigkeit.	C		
Die Obligation ist in Zahlungsverzug.	D		

Quelle: BEIKE, Rolf; SCHLÜTZ, Johannes, Finanznachrichten, S. 232

7.2 Euro-Geldmarkt

Der Euro-Geldmarkt ist der Geldmarkt, auf dem die Marktteilnehmer (vorwiegend europäische Geschäftsbanken) außerhalb ihres jeweiligen nationalen Geldmarktes Geld anlegen und aufnehmen. Ein typisches Geschäft ist z. B., daß eine französische Bank DM-Guthaben an eine englische Bank verleiht oder eine deutsche Bank Guthaben in Schweizer Franken an eine ungarische Bank verleiht (vgl. auch Kapitel 21). Diese Geschäfte werden in allen frei konvertiblen Währungen durchgeführt und diese Währungen werden dann Euro-Dollar, Euro-Yen, Euro-Pfund usw. genannt. Daneben findet ein Handel in der neuen Währung Euro statt. Die folgende Übersicht 16.4 stellt die Eurogeldmarktsätze für den 7. 6. 1999 zusammen.

Euro-Währungen und der Euro

Übersicht 16.4: Eurogeldmarktsätze

Geldmarktsätze Basis Euro					
Inland	7. 6. 1999	4. 6. 1999	3. 6. 1999	2. 6. 1999	1. 6. 1999
Tagesgeld (unter Banken)	2,53–2,55	2,53–2,58	–	2,52–2,55	2,50–2,54
Termingeld (unter Banken taxiert)					
1 Monat	2,54–2,57	2,54–2,59	–	2,53–2,58	2,53–2,58
3 Monate	2,56–2,59	2,56–2,61	–	2,55–2,60	2,55–2,60
6 Monate	2,62–2,65	2,60–2,65	–	2,58–2,63	2,63–2,68

Eurogeldmarktsätze unter Banken (in Prozent)					
7. 6. 1999	1 Monat	2 Monate	3 Monate	6 Monate	12 Monate
Euro	2,4400- 2,5700	2,5600- 2,6600	2,5600- 2,6600	2,5800- 2,6800	2,6800- 2,8000
US-$	4,8300- 4,9500	4,9100- 5,0300	4,9600- 5,0900	5,2100- 5,3100	5,6000- 5,7300
£	5,2200- 5,3500	5,2200- 5,3500	5,1500- 5,2500	5,1200- 5,3800	5,4100- 5,5100
sfr	0,9100- 0,9900	0,8200- 0,9500	0,8700- 1,0000	0,9900- 1,1200	1,2400- 1,3700
YEN	0,0300- 0,1000	0,0300- 0,1000	0,0300- 0,1000	0,0500- 0,1400	0,0900- 0,2100
kan-$	4,6300- 4,7600	4,6600- 4,7800	4,7000- 4,8200	4,8800- 5,0000	5,1800- 5,2800
Dr.	9,7000-10,1000	9,6500-10,0500	9,6500-10,1000	9,2000- 9,6000	8,6000- 9,0000
A-$	4,7500- 4,8700	4,7500- 4,8700	4,7600- 4,8800	4,8700- 5,0000	5,2200- 5,3700
NZ-$	4,4500- 4,6500	4,4300- 4,5600	4,4500- 4,6500	4,6200- 4,7500	4,9500- 5,1500
HK-$	5,0600- 5,3100	5,1800- 5,4300	5,2500- 5,3700	6,3000- 6,9000	6,8100- 7,0600
n. Zloty	13,2000-13,3000	13,1500-13,3500	13,1000-13,3000	12,7000-13,2000	12,3000-13,0100
SG-$	1,2000- 1,8000	1,4000- 2,0000	1,7000- 2,2000	2,0000- 2,5000	2,2500- 2,5000
Rand	14,1500-14,4000	13,9300-14,3100	13,6800-14,0600	13,2500-13,5500	13,1200-13,5000
tsch. Krone	6,9600- 7,0600	6,9700- 7,0700	6,9800- 7,0800	7,0500- 7,1500	7,2400- 7,3400

$= 24 Monate 5,9800-6,0100, 36 Monate 6,1800-6,2100, Euro = 24 Monate 3,0600-3,1000, 36 Monate 3,3200-3,3600.

Eonia (Euro) = 2,5400 % (4. 6. 1999), **Euribor** (Euro) = 1 Mon. 2,57900 %, 2 Mon. 2,59000 %, 3 Mon. 2,60200 %, 6 Mon. 2,65400 %, 12 Mon. 2,80500 %, **Euro-Libor** (Euro) = 1 Mon. 2,5800 %, 2 Mon. 2,5900 %, 3 Mon. 2,60438 %, 6 Mon. 2,65188 %, 12 Mon. 2,80750 %, **Libor** ($) = 1 Mon. 4,95125 %, 2 Mon. 5,03625 %, 3 Mon. 5,09875 %, 6 Mon. 5,28500 %, 12 Mon. 5,6500 %

Quelle: Handelsblatt 8. 6. 1999

Gehandelt werden, wie auf dem nationalen Inlandsmarkt, Tagesgeld und Termingeld sowie Euro-Commercial Papers (Euro-CP's) und Euronotes. **Euronotes** sind kurzfristige Schuldtitel mit Laufzeiten bis zu 12 Monaten, die von ersten Adressen emittiert werden.

Europäische Referenzzinssätze

Mit der Einführung des Euro verlieren die nationalen Währungen und die nationalen Referenzzinssätze wie Fibor oder Libor an Gewicht. Sie werden zunehmend ersetzt durch zwei neu entwickelte Referenzzinssätze, den EURIBOR und den EONIA.

EURIBOR

Der **EURIBOR** errechnet sich aus den Geldmarktsätzen von Bankhäusern erster Bonität, vorwiegend, aber nicht nur, aus dem Eurosystem. Er gilt für Laufzeiten von einem bis zu zwölf Monaten.

EONIA

Der **EONIA** (Euro Overnight Index Average) ist der durchschnittliche Tagesgeldsatz, der von der Europäischen Zentralbank ermittelt und veröffentlicht wird. Er spielt für die Offenmarktpolitik der EZB eine große Rolle (vgl. Kapitel 18, Abschnitt 2 und 3).

Neben dem Geldmarkt – als Markt für kurzfristige Anlagen – existiert der Markt für **langfristige Anlagen** und **langfristige Kredite.** Dieser Markt ist nicht Gegenstandsbereich der Geldtheorie, soll aber kurz erörtert werden.
Der Markt für **langfristige Kredite** (Laufzeit von mehr als vier Jahren) besteht aus dem Kapitalmarkt und dem Markt für sonstige langfristige Kredite.

Kapitalmarkt

Auf dem **Kapitalmarkt** werden börsenfähige Schuldverschreibungen gehandelt, also Aktien (Aktienbörse), Industrie- und Staatsobligationen (Wertpapierbörse). Auf dem Kapitalmarkt dürfen nur solche privaten Unternehmungen Aktien und Industrieschuldverschreibungen herausbringen („emittieren"), die ganz besonders strengen Bestimmungen genügen.

Hypothekenkredite

Auf dem **Markt für sonstige langfristige Kredite** werden insbesondere Hypothekenkredite u.ä. angeboten und nachgefragt.

Die folgende Übersicht 16.5 gibt einen Überblick über die wichtigsten nationalen Kreditmärkte der Bundesrepublik.

Kreditmärkte				
Märkte für kurz- und mittelfristige Kredite			Märkte für langfristige Kredite	
Geldmärkte				
Märkte für Zentralbankgeld zwischen Geschäftsbanken	Märkte für Geldmarktpapiere	Märkte für Bankkredite und Bankeinlagen	Kapitalmärkte	Märkte für Hypothekenkredite

Übersicht 16.5: Wichtige Kreditmärkte

C. Arbeitsaufgaben

1) *Definieren Sie den Begriff Geld.*
2) *Was sind die Funktionen des Geldes?*
3) *Worin sehen Sie die Vorteile einer Geldwirtschaft gegenüber einer realen Tauschwirtschaft?*
4) *Beschreiben Sie und diskutieren Sie die verschiedenen Geldmengenkonzepte.*
5) *Welche Aufgaben hat die Europäische Zentralbank?*
6) *Wie beurteilen Sie die Unabhängigkeit der Europäischen Zentralbank?*
7) *Welche Aufgaben verbleiben der Deutschen Bundesbank?*
8) *Was versteht man unter dem Geldmarkt allgemein?*
9) *Was ist der Eurogeldmarkt?*
10) *Welche Akteure sind auf dem Geldmarkt vertreten? Was sind typische Transaktionen des Geldmarktes?*

Lösungsvorschläge für die Arbeitsaufgaben im „Übungsbuch zu Grundlagen und Probleme der Volkswirtschaft“.

D. Literatur

Über die Grundbegriffe und Institutionen im Geldbereich informiert

STOBBE, Alfred, Volkswirtschaftliches Rechnungswesen, 8., neu bearb. u. erw. Aufl., Berlin, Heidelberg, New York, 1994, 5. Kapitel.

Die Geld- und Währungsordnung im Eurosystem stellt dar:

EUROPÄISCHE ZENTRALBANK, Die Einheitliche Geldpolitik in Stufe 3, September 1998.

Die ersten Erfahrungen mit der Geldpolitik im Eurosystem beschreibt:

EUROPÄISCHE ZENTRALBANK, Monatsbericht Mai 1999, S. 33–68.

Speziell die Unabhängigkeit der Europäischen Zentralbank diskutiert:

WILLMS, Manfred, Internationale Währungspolitik, 2. Aufl., München 1995, 12. Kapitel.

Die Funktionsweise von Geld- und Kapitalmärkten beschreiben und erklären die Begriffe:

BEIKE, Rolf; SCHLÜTZ, Johannes, Finanznachrichten lesen – verstehen – nutzen, 2. Aufl., Stuttgart 1999.

Kommentare zur Wirtschaftspolitik und Statistiken, insbesondere über das Geldwesen in der Bundesrepublik und im Eurosystem, finden sich in

MONATSBERICHTE der Deutschen Bundesbank, Frankfurt (laufend)
GESCHÄFTSBERICHTE der Deutschen Bundesbank, Frankfurt (erscheinen jährlich Anfang Mai).

MONATSBERICHTE der Europäischen Zentralbank, Frankfurt (laufend)

JAHRESBERICHTE der Europäischen Zentralbank (jährlich Anfang Mai)

17. Kapitel
Geldangebot, Geldnachfrage und Geldwirkungen

A. Lernzielorientierte Leitfragen und Fragenkomplexe

Leitfrage:
Wie kommt Geld in Umlauf?

- *Durch welche Vorgänge gelangt Zentralbankgeld von der Zentralbank zu anderen Wirtschaftseinheiten?*
- *Wie erwirbt man Giralgeld einer Geschäftsbank?*
- *Welche Arten der Giralgeldschöpfung müssen unterschieden werden?*

Leitfrage:
Welche Grenzen der Geldschöpfung gibt es?

- *Gibt es Grenzen der Geldschöpfung für die Zentralbank?*
- *In welchem Umfang kann eine einzelne Geschäftsbank Kredite gewähren?*
- *Warum kann das Geschäftsbankensystem als Ganzes mehr Kredite gewähren, als es Zentralbankgeld besitzt?*
- *Welche Faktoren beeinflussen das Geldangebot einer Geschäftsbank?*

Leitfrage:
Wieviel Geld fragen Haushalte und Produktionsunternehmungen nach?

- *Warum halten Haushalte und Produktionsunternehmungen Vermögen in Form von unverzinslichem Geld?*
- *Wovon hängt die Geldnachfrage der Haushalte und Produktionsunternehmungen ab?*

Leitfrage:
Wie wirkt Geld auf den realen Bereich der Volkswirtschaft?

- *Wie wirkt Geld in keynesianischer Sicht?*
- *Wie wirkt Geld in monetaristischer Sicht?*

B. Sachanalyse

1. Geldschöpfung und Geldvernichtung

Wir haben im vorangegangenen Kapitel unter anderem geklärt, was unter Geld zu verstehen ist, welche Funktionen es ausübt, welche Geldmengenkonzepte zu unterscheiden sind und wie der Geldsektor aufgebaut ist. Der Leser hat sich vielleicht schon die Frage gestellt, wie Geld eigentlich in Umlauf kommt, wie es also in den Kreislauf gelangt bzw. aus dem Kreislauf verschwindet. Das ist die Frage nach der Geldschöpfung und der Geldvernichtung.

Im Rahmen von Geldschöpfung und Geldvernichtung ist zweckmäßigerweise zwischen dem Geld, das die Zentralbank schafft (Abschnitt 1.1) und dem Geld, das die Geschäftsbanken schaffen (Abschnitt 1.2) zu unterscheiden. Eine besondere Rolle spielen Münzen. Das Recht zur Prägung von Münzen, das **Münzregal**, hat in der Bundesrepublik der Bund (Artikel 73 GG). Da der Nennwert der Münzen im allgemeinen wesentlich über den Kosten der Herstellung liegt, erzielt der Bund häufig einen **Münzgewinn.** Der Bund darf jedoch nicht beliebig viele Münzen prägen, die Menge wird durch die EZB genehmigt. In Umlauf gebracht werden die Münzen in der Bundesrepublik durch die Bundesbank: In Höhe des Nennwertes der Münzen erhält der Bund von der Bundesbank Zentralbankgeld; die Bundesbank gibt die Münzen gegen Zentralbankgeld an die Geschäftsbanken. Da die in Umlauf gebrachten Münzen mengenmäßig eine untergeordnete Rolle spielen, wollen wir sie im folgenden unberücksichtigt lassen.

Münzregal und Münzgewinn

Beschäftigen wir uns zunächst mit der Geldschöpfung und Geldvernichtung durch die Zentralbank.

1.1 Zentralbankgeld

Zentralbankgeld besteht aus Banknoten und Zentralbankengiralgeld (Sichtguthaben bei der Zentralbank). Wie gelangt Zentralbankgeld in die Hände von Unternehmungen, Haushalten und Geschäftsbanken?

Wie kommt Zentralbankgeld in Umlauf?

Ein Teil des Geldes ist im Zuge der Währungsreform in Umlauf gekommen, als private Haushalte im Umtausch gegen Altgeld ein „Kopfgeld" von 60,– DM erhielten, Unternehmungen – ebenfalls im Umtausch gegen Altgeld – 60,– DM pro Beschäftigten an Übergangshilfe erhalten konnten und die Geschäftsbanken in einem bestimmten Verhältnis Reichsbankgeld in das neue Zentralbankgeld umtauschen konnten. Auch die Gebietskörperschaften erhielten etwas Zentralbankgeld. Da es sich hier um einen einmaligen Grundstock handelte und das so in den Verkehr gekommene Geld nur einen geringen Prozentsatz der derzeitigen Zentralbankgeldmenge ausmacht, wollen wir diese Art der Zentralbankgeldschöpfung im folgenden nicht weiter berücksichtigen.

Wir erleichtern uns das Verständnis der Zentralbankgeldschöpfung und -vernichtung, wenn wir zunächst einige Vorgänge betrachten, durch die Zentralbankgeld geschaffen wird, und uns klarmachen, wie diese Vorgänge die Bilanzen der beteiligten Wirtschaftseinheiten beeinflussen:

Kauf von Wertpapieren durch die Zentralbank

(1) Die Zentralbank kauft von einer Produktionsunternehmung Staatsschuldverschreibungen (also Wertpapiere) im Werte von 50. Dieser Vorgang schlägt sich wie folgt in den Bilanzen der beteiligten Wirtschaftseinheiten nieder.[1])

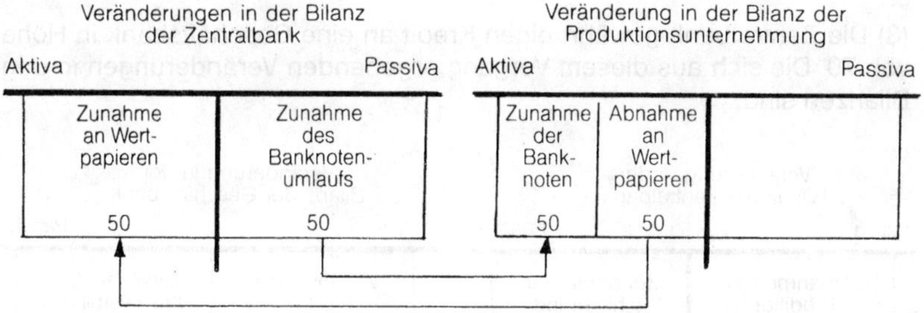

Durch den Kauf der Wertpapiere sind Banknoten, also Zentralbankgeld, in Höhe von 50 an den Nichtbankensektor geflossen. Die Geldmenge hat sich um 50 erhöht. Eine Zentralbankgeldschöpfung in derselben Höhe würde erfolgen, wenn die Zentralbank nicht mit Noten, sondern mit einem Sichtguthaben zahlen würde.

Kauf von Devisen durch die Zentralbank

(2) Die Zentralbank kauft von einer Geschäftsbank Devisen (Sichtguthaben bei ausländischen Banken) im Werte von 30 und zahlt mit Banknoten.

In der Bilanz der Geschäftsbank und der Zentralbank ergeben sich folgende Veränderungen:

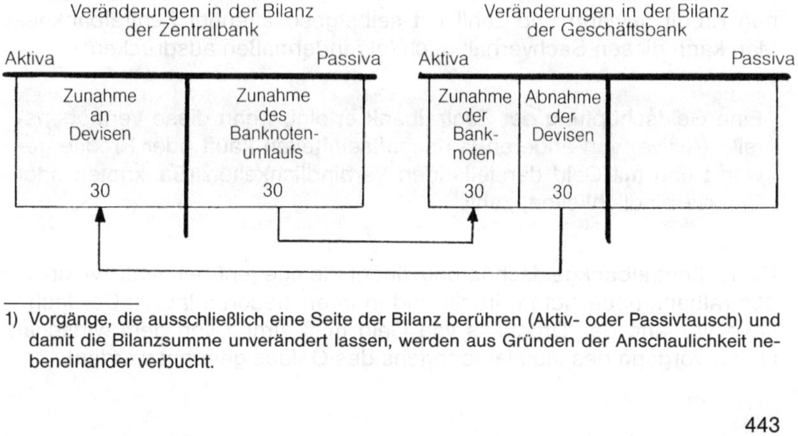

1) Vorgänge, die ausschließlich eine Seite der Bilanz berühren (Aktiv- oder Passivtausch) und damit die Bilanzsumme unverändert lassen, werden aus Gründen der Anschaulichkeit nebeneinander verbucht.

Durch den Kauf der Devisen ist Zentralbankgeld im Werte von 30 an die Geschäftsbank geflossen. Diese Zentralbankgeldschöpfung würde sich auch dann ergeben, wenn die Zentralbank durch Bereitstellung eines Sichtguthabens zahlen würde. Die Geldmenge ändert sich durch den Devisenverkauf der Geschäftsbank unmittelbar nicht, da wir die Zentralbankgeldbestände der Geschäftsbanken nicht zur Geldmenge zählen (vgl. Kapitel 16). (Mittelbar kann sich später auch eine Erhöhung der Geldmenge ergeben, wenn die Geschäftsbank z. B. einer Unternehmung einen Kredit gewährt.) Geldschöpfung und Erhöhung der Geldmenge müssen also nicht zusammenfallen.

Kreditgewährung der Zentralbank

(3) Die Zentralbank gewährt einen Kredit an eine Geschäftsbank in Höhe von 70. Die sich aus diesem Vorgang ergebenden Veränderungen in den Bilanzen sind:

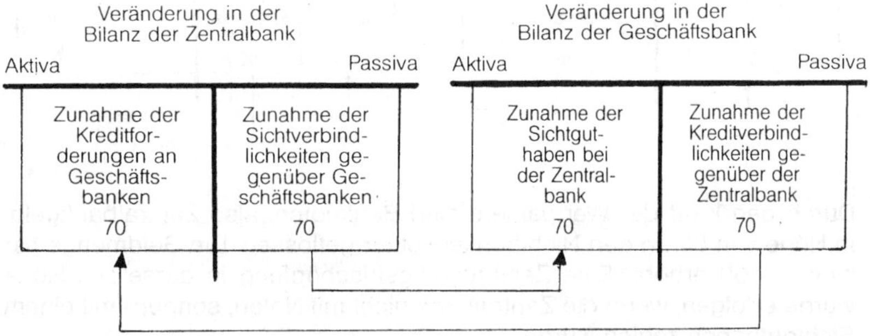

Der Erwerb der Kreditforderung durch die Zentralbank hat zu einer Zentralbankgeldschöpfung in Höhe von 70 geführt. Dies würde auch dann gelten, wenn die Zentralbank den Kredit direkt in Noten auszahlen würde. Wie bei Vorgang (2) erhöht sich die Geldmenge unmittelbar nicht.

Was ist das Gemeinsame an diesen Vorgängen? In jedem Fall hat die Zentralbank ein Vermögensteil (Devisen, Wertpapier) erworben oder einen Kredit gewährt und zahlt mit selbstgeschaffenem Zentralbankgeld. Man kann diesen Sachverhalt auch folgendermaßen ausdrücken:

Zentralbankgeldschöpfung

Eine Geldschöpfung der Zentralbank erfolgt, wenn diese Vermögensteile (Aktiva) von anderen Wirtschaftseinheiten kauft oder Kredite gewährt und mit Geld darstellenden Verbindlichkeiten (Banknoten oder Sichtverbindlichkeiten) zahlt.

Keine Zentralbankgeldschöpfung findet demgegenüber statt, wenn die Zentralbank neue Noten druckt und in ihren Tresoren lagert: Der technische Vorgang des Druckens von Geld muß streng von dem wirtschaftlichen Vorgang des Inumlaufbringens des Geldes getrennt werden!

Der Vorgang der Zentralbankgeldvernichtung braucht hier nicht gesondert anhand von Beispielen dargestellt zu werden: Man braucht sich den obigen Devisen- und Wertpapierkauf der Zentralbank nur als Verkauf bzw. die Kreditgewährung nur als Kreditrückzahlung vorzustellen.

Zentralbankgeldvernichtung

Eine Geldvernichtung durch die Zentralbank erfolgt also, wenn die Zentralbank Vermögensteile an andere Wirtschaftseinheiten verkauft oder Kredite zurücknimmt und dabei ihre Verbindlichkeiten (Banknotenumlauf oder Sichtverbindlichkeiten) vermindert.

Voraussetzungen für die Kontrolle der Zentralbankgeldmenge durch die Zentralbank

Zentralbankgeld kann also nur neu geschaffen bzw. vernichtet werden durch Vorgänge, an denen die Zentralbank selbst beteiligt ist, d. h. durch Vorgänge zwischen der Zentralbank und anderen Sektoren der Volkswirtschaft. Sofern die Zentralbank zu entsprechenden Käufen oder Verkäufen bzw. Kreditgewährungen nicht verpflichtet ist, ist klar, daß sie auch die absolute Kontrolle über die Zentralbankgeldmenge ausüben kann.

Sofern Zentralbankgeld durch eine Kreditgewährung der Zentralbank geschaffen wird, erfolgt bei Rückzahlung der Kredite automatisch eine Geldvernichtung. Da ein nicht unwesentlicher Teil der Zentralbankgeldmenge durch Kreditgewährungen der Zentralbank in Umlauf kommt, setzt also schon die Konstanthaltung der Zentralbankgeldmenge eine immer neue Kreditgewährung der Zentralbank voraus.

1.2 Geschäftsbankengiral(buch-)geld

Wie entstehen Sichtguthaben bei Geschäftsbanken?

Geschäftsbankengiralgeld besteht aus Sichtguthaben bei Geschäftsbanken, stellt also eine Forderung gegenüber Kreditinstituten dar. Wie entsteht eine solche Forderung, d. h. wie wird Geschäftsbankengiralgeld geschaffen? Wir wollen die Vorgänge für eine einzelne Geschäftsbank betrachten.

Die **erste** Form der Giralgeldschöpfung bzw. -vernichtung sieht die Geschäftsbank in einer relativ passiven Rolle: Ein Haushalt oder eine Unternehmung bringt Banknoten zur Bank (hebt Banknoten ab) und erhält ein entsprechendes Sichtguthaben bei der Bank (und vermindert sein Sichtguthaben entsprechend). Man spricht hier von **passiver Giralgeldschöpfung** bzw. **-vernichtung.** In den Bilanzen der beteiligten Wirtschaftseinheiten ergeben sich im Falle einer Einzahlung eines Kunden Y bei seiner Bank X folgende Veränderungen:

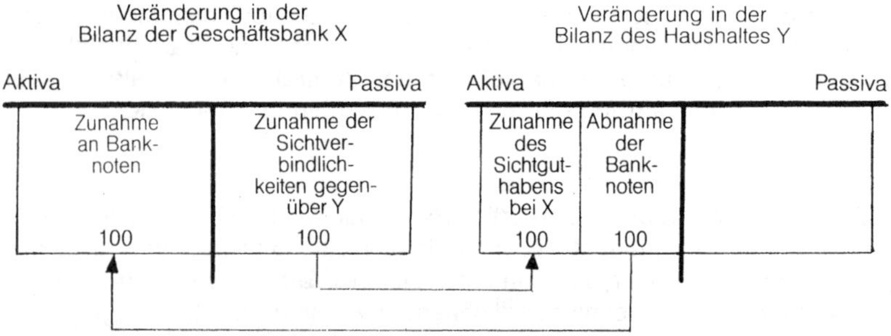

Passive Giralgeldschöpfung

Zur passiven Giralgeldschöpfung einer einzelnen Bank gehören ferner Zu- und Abgänge auf Sichtguthaben im Zuge des Überweisungsverkehrs oder Umbuchungen von Termin- oder Sparguthaben auf Sichtguthaben und umgekehrt. Für das Bankensystem insgesamt entfällt die Giralgeldschöpfung im Rahmen des nationalen Überweisungsverkehrs, da hier zunehmenden Sichtguthaben bei einer Bank abnehmende Sichtguthaben bei einer anderen Bank gegenüberstehen.

Entsprechende Überlegungen gelten für die passive Giralgeldvernichtung. Letztlich verändert sich auch hier nur die Struktur der Geldmenge.

Für unsere Zwecke bedeutsamer ist die **zweite** Form der Geldschöpfung durch eine Geschäftsbank, bei der die Bank einen sehr viel stärkeren Einfluß auf das Zustandekommen der Geldschöpfung nehmen kann: die **aktive Giralgeldschöpfung.**

Aktive Giralgeldschöpfung durch:

Eine aktive Giralgeldschöpfung („aktiv", weil die Geschäftsbank hier selbst die Entscheidung trifft, ob die Giralgeldmenge zunimmt oder nicht) durch eine Geschäftsbank findet statt, wenn die Geschäftsbank ein Vermögensteil von einer Nichtbank kauft oder einen Kredit gewährt und durch Einräumung eines Sichtguthabens (das Geld darstellt) zahlt. Der wichtigste Fall der aktiven Giralgeldschöpfung ist der der Gewährung von Kundenkrediten durch die Bank. Bilanzmäßig schlägt sich dieser Vorgang wie folgt nieder (zur Vereinfachung nehmen wir an, daß die Geschäftsbanken im Zeitpunkt ihrer Kreditgewährung und nicht erst bei Inanspruchnahme des Kredites ein entsprechendes Sichtguthaben zur Verfügung stellen).

– Kundenkredite

– Kauf von Wertpapieren

Andere Beispiele für eine aktive Giralgeldschöpfung der Geschäftsbank sind der Ankauf von Wertpapieren (einschließlich Handelswechsel).

Allgemein erfolgt eine aktive Giralschöpfung der Geschäftsbank, wenn sie Vermögensteile (Aktiva) von anderen Wirtschaftseinheiten kauft oder Kredite gewährt und mit Geld darstellenden Verbindlichkeiten (Sichtverbindlichkeiten) zahlt.

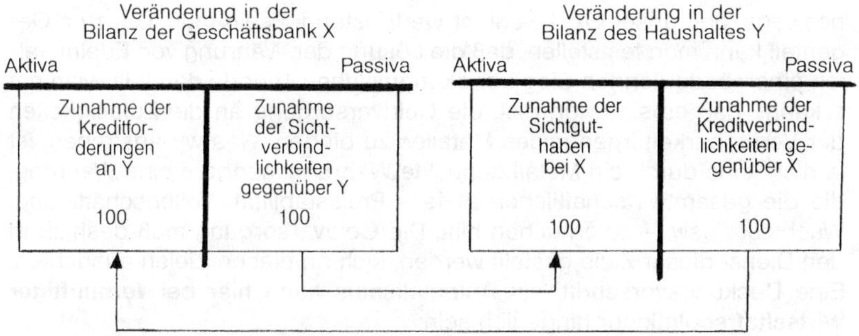

2. Grenzen der Geldschöpfung

2.1 Geldschöpfungspotential der Zentralbank

Keine direkten gesetzlichen Grenzen für die Zentralbankgeldschöpfung in der Bundesrepublik

Woraus „finanziert" die Zentralbank ihre Geldschöpfung, und gibt es Grenzen für die Geldschöpfungsmöglichkeit der Zentralbank? Als erstes ist hier festzustellen, daß es keinerlei direkte gesetzliche Grenzen für die Zentralbankgeldmenge in der Bundesrepublik Deutschland gibt. Es könnte indes wirtschaftliche Grenzen geben. Doch wie schafft die Zentralbank Geld? Zum Beispiel, wie wir gesehen haben, indem sie Kredite an Geschäftsbanken gewährt. Sofern die Geschäftsbanken solche Kredite wünschen bzw. der Zentralbank andere Vermögensteile zum Ankauf zur Verfügung stehen, gibt es offenbar keine direkte wirtschaftliche Grenze der Zentralbankgeldschöpfung. Die Zentralbank zahlt ja mit einem Geld, das sie selbst schafft; sie zahlt mit ihren Verbindlichkeiten, und zwar mit Verbindlichkeiten, die nie eingefordert werden können, da sie keinerlei Umtauschpflicht (etwa in Gold) unterliegen. Trotzdem gibt es eine **indirekte Grenze** für die Geldschöpfung der Zentralbank. Wie ausgeführt, hat die Zentralbank die gesetzliche Aufgabe, für Preisstabilität in der Volkswirtschaft zu sorgen und – sofern mit dieser Aufgabe vereinbar – die Gemeinschaft bei der Erreichung der übrigen gesamtwirtschaftlichen Ziele zu unterstützen. Eine indirekte Grenze für die Geldschöpfung der Zentralbank würde sich dementsprechend z. B. ergeben, wenn eine Ausweitung der Zentralbankgeldmenge zu starken Preissteigerungen führen würde.

Nur indirekte Grenze der Zentralbankgeldschöpfung, die sich aus den gesetzlich festgelegten Zielen der Zentralbank ergibt

Die Bedeutung einer „Deckung" der Banknoten

In engem Zusammenhang mit den Grenzen der Geldschöpfung steht das immer wieder aufgeworfene Problem der **„Deckung"** der Banknoten. Historisch hat es eine Eintauschpflicht von Geldnoten gegen Edelmetall durch die Zentralbank und damit eine Deckungspflicht in Höhe eines bestimmten Prozentsatzes des inländischen Notenumlaufes (i. d. R. durch Gold) gegeben[2]). Die Währung der Bundesrepublik ist demgegenüber eine reine **Papierwährung** (Kreditgeld).

Die Forderung des Noteninhabers hat also im Grunde nur fiktiven Charakter. Die fehlende Deckung der Deutschen Mark bedeutet jedoch kei-

Die Geldversorgung muß sich nicht an der Verfügbarkeit über ein Edelmetall, sondern an der Preisniveaustabilität orientieren

neswegs, daß unser Geld weniger wertbeständig sein muß. Ganz im Gegenteil kann man feststellen, daß die Lösung der Währung von Edelmetallen einen bedeutenden Sieg der ökonomischen Theorie darstellt. Man hat erkannt, daß es sinnwidrig ist, die Geldversorgung an die Zufälligkeiten der Verfügbarkeit irgendeines Metalles zu binden. Was wir anstreben, ist ja nicht eine durch ein Metall gedeckte Währung, sondern eine Währung, die die gesamtwirtschaftlichen Ziele – Preisstabilität, Vollbeschäftigung, Wachstum usw. – zu erreichen hilft. Die Geldversorgung muß deshalb in den Dienst dieser Ziele gestellt werden, sich an diesen Zielen ausrichten. Eine Deckungsvorschrift, ein Automatismus kann hier bei **vernünftiger Wirtschaftspolitik** nur hinderlich sein.

Deckungsvorschriften können geändert werden

Andererseits muß zugestanden werden, daß die vollständige Lösung von Deckungsvorschriften auch Gefahren birgt. Dann nämlich, wenn keine ökonomische Einsicht besteht, wenn also z. B. eine verantwortungslose Zentralbank der Preisentwicklung keinerlei Beachtung schenkt und inflatorisch wirkende Ausgabensteigerungen des Staates ohne Bedenken durch Ankauf von Staatspapieren finanziert. In solchen Fällen bietet eine reine Papierwährung keinerlei automatische Bremsen gegen eine zügellose Inflationspolitik, eine Deckungsvorschrift erscheint mithin auf den ersten Blick vorteilhaft. Der Fehler liegt in solchen Fällen aber nicht in der deckungslosen Papierwährung, sondern in der Kurzsichtigkeit der Wirtschaftspolitiker. Außerdem ist es eine Illusion zu glauben, Deckungsvorschriften könnten die Kurzsichtigkeit von Wirtschaftspolitikern entscheidend bremsen. Die Erfahrung zeigt, daß Deckungsregeln – wenn sie unbequem wurden – abgeschafft oder so verändert wurden, daß auch sie keine wirksame Bremse mehr gegen inflationäre Entwicklungen darstellten.

2.2 Geldschöpfungspotential der Geschäftsbanken

2.2.1 Grenzen der Geldschöpfung einer einzelnen Bank

Wieviel Giralgeld kann eine einzelne Geschäftsbank schaffen?

Gesetzliche Grenzen der Geldschöpfung bestehen (abgesehen von einigen Vorschriften zur Absicherung der Bankkunden, auf deren Einhaltung das BUNDESAUFSICHTSAMT FÜR DAS KREDITWESEN achtet) nicht. Gibt es wirtschaftliche Grenzen der Giralgeldschöpfungsfähigkeit der Geschäftsbank?

Um diese Frage beantworten zu können, muß man sich klarmachen, was passiert, wenn eine Geschäftsbank ihre Sichtverbindlichkeiten erhöht. Sofern es sich um eine passive Geldschöpfung handelt, entstehen keine Probleme: Die Bank kann ihre Sichtverbindlichkeiten beliebig ausdehnen, ohne daß sie in Schwierigkeiten geraten kann (gesamtwirtschaftlich

2) So hieß es im Bankgesetz vom 14. März 1875: „Die Reichsbank ist verpflichtet, für den Betrag ihrer im Umlauf befindlichen Banknoten jederzeit mindestens 1/3 in kursfähigem deutschen Gelde (deutsche Goldstücke, Reichsscheidemünzen aus Silber, Reichsscheidemünzen aus Kupfer und Nickel, Taler) … oder in Gold in Barren oder ausländischen Münzen, das Pfund fein zu 1392 Mark gerechnet, … in ihren Kassen als Deckung bereitzuhalten."

ist dies unbedenklich, da die Geldmenge – und damit letztlich die Kaufkraft – durch diesen Vorgang nicht verändert wird). Das ist anders bei der aktiven Giralgeldschöpfung, wie der praktisch bedeutsamste Fall der Kreditgewährung zeigt. Im Zuge einer Kreditgewährung nehmen die Kredite an Nichtbanken und die (Geld darstellenden) Sichtverbindlichkeiten um denselben Betrag zu. Kann die Bank die Kreditgewährung beliebig lange fortsetzen? Nein! Im Gefolge der Kreditgewährung ergeben sich in aller Regel Verluste an Zentralbankgeld, also Verluste an einem Geld, das die Geschäftsbank nicht selbst schaffen kann: Der Kredit wird vom Kunden in Anspruch genommen, d.h. entweder in bar abgefordert oder für Überweisungen verwendet. Wenn der Zahlungsempfänger nicht zufällig Kunde derselben Bank ist (wovon wir hier zur Vereinfachung ausgehen wollen), verliert also die kreditgebende Bank in Höhe des Kredites Zentralbankgeld. Also muß die kreditgewährende Geschäftsbank über einen entsprechenden Betrag an freiem Zentralbankgeld verfügen oder sie muß sich das entsprechende Zentralbankgeld jederzeit beschaffen können.

Keine Begrenzung bei der passiven Giralgeldschöpfung

Direkte wirtschaftliche Grenzen der aktiven Giralgeldschöpfung der einzelnen Bank durch ihr verfügbares Zentralbankgeld

Der Bestand an freiem Zentralbankgeld und die Möglichkeiten, sich kurzfristig Zentralbankgeld beschaffen zu können („potentielles" Zentralbankgeld), begrenzen also die aktive Geldschöpfungsmöglichkeit der einzelnen Bank.

Geschäftsbanken können sich Zentralbankgeld vor allem dadurch beschaffen, daß sie Wertpapiere an die Zentralbank verkaufen oder verpfänden (Wertpapierpensionsgeschäfte) oder daß sie Kreditforderungen an ihre Kunden (vor allem Wechsel) an die Zentralbank weiterreichen. Diese Zentralbankgeldbeschaffung kann die Zentralbank recht gut kontrollieren.

2.2.2 Grenzen der Geldschöpfung des Geschäftsbankensystems

Die Tatsache, daß die einzelne Bank nur so viel Kredite gewähren und damit Giralgeld schaffen kann, wie sie selbst an freiem (und potentiellem) Zentralbankgeld besitzt, wird häufig dahingehend **falsch** interpretiert, auch die Banken zusammen, also das Geschäftsbankensystem, könnte nicht mehr an Krediten gewähren, als es an freiem Zentralbankgeld zur Verfügung hat. Man begreift dann die Kreditgewährung auch des gesamten Bankensystems letztlich als bloße „Geldvermittlung" (die Einlagen der Banken werden weitergeleitet). Daß diese Vorstellung falsch ist, wollen wir uns anhand eines einfachen Beispiels klarmachen.

Zur Vereinfachung wird angenommen, daß die Einlagen der Geschäftsbanken nur aus Sichteinlagen bestehen, von Termin- und Spareinlagen wird also abgesehen. Außerdem wird unterstellt, daß Kredite nur auf der Grundlage von freiem Zentralbankgeld gewährt werden, potentielles Zentralbankgeld wird also nicht berücksichtigt.

Angenommen, eine Geschäftsbank 1 verfügt in Form eines Überschußguthabens bei der Zentralbank über freies Zentralbankgeld in Höhe von 1000:

Ein Beispiel

Ausgangssituation:

überschüssiges Zentralbankgeld

Bank 1

Aktiva	Passiva
Überschußguthaben bei der Zentralbank 1000	

Die Geschäftsbank 1 kann dann zusätzliche Kredite in Höhe von 1000 gewähren, indem sie dem Kreditnehmer A ein Sichtguthaben von 1000 zur Verfügung stellt. Wir wollen annehmen, daß die Geschäfts-bank 1 (und die übrigen betrachteten Banken 2, 3, 4 ...) ihren Kreditspielraum in vollem Umfang ausnutzen will und kann, also einen Kredit von 1000 an einen Kunden A gewährt:

Kreditgewährung an den Kunden A

(Wir sehen hier noch von einer Mindestreserveverpflichtung ab.)

Bank 1

Aktiva	Passiva
Kredit an A 1000	Sichtverbindlichkeiten gegenüber A (Giralgeld) 1000
Zentralbankgeldreserve für Kredit an A 1000	

Der Kreditnehmer A wird über den Kredit verfügen, z.B. eine Überweisung zugunsten seines Lieferanten B bei der Geschäftsbank 2 leisten. Diese Überweisung führt einmal dazu, daß das Sichtguthaben des A bei der Bank 1 erlischt und ein gleich hohes Sichtguthaben des B bei der Bank 2 entsteht. Zum anderen vermindert sich der Zentralbankgeldbestand der Geschäftsbank 1 um 1000, während sich der Zentralbankgeldbestand der Geschäftsbank 2 um 1000 erhöht (Überweisungen zwischen verschiedenen Geschäftsbanken kann man sich – unter Vernachlässigung technischer Details – letztlich als über die Zentralbank abgewickelt vorstellen. Bei der angenommenen Überweisung wird die Zentralbank die

Geschäftsbank 1 mit 1000 belasten und der Geschäftsbank 2 dafür 1000 gutschreiben[3]):

Inanspruchnahme des Kredites durch A (Überweisung an B)

Bank 1

Aktiva	Passiva
Kredit an A	
1000	

Zunahme des Guthabens bei der Zentralbank (Zentralbankgiralgeld) durch Überweisung

Bank 2

Aktiva	Passiva
Zusätzliches Guthaben bei der Zentralbank	Sichtverbindlichkeit gegenüber B
1000	1000

Der Zahlungsempfänger B wird einen Teil dieses Guthabens bei seiner Bank – sagen wir ⅓ in bar abheben (die Geschäftsbank 2 verwandelt zu diesem Zweck 333,3 ihres neuerworbenen Guthabens bei der Zentralbank in Noten um), den Rest wird B als Sichtguthaben auf seinem Konto belassen. Die Bank 2 hat durch den Vorgang also letztlich zusätzliches Zentralbankgeld in Höhe von 666,7 erhalten. Dieses Zentralbankgeld steht aber nicht vollständig zur Kreditgewährung zur Verfügung. Wie wir sehen werden (vgl. Kapitel 18), muß jede Bank auf ihre Einlagen einen bestimmten Prozentsatz Mindestreserven halten, d. h. in Höhe dieses Betrages wird Zentralbankgeld gebunden. Da die Geschäftsbank 2 zusätzliche Einlagen in Höhe von 666,7 hat, muß sie hierauf – bei einem angenommenen Mindestreservesatz von 25 % – Mindestreserven in Höhe von 166,67 halten. 666,67–166,67 = 500 stehen also für die Kreditgewährung an den Kunden C zur Verfügung. Bank 2 gewährt diesen Kredit:

3) In der Praxis dienen dem Überweisungsverkehr zwischen „gleichartigen" Geschäftsbanken, wie zwischen Sparkassen oder zwischen genossenschaftlichen Banken, die jeweiligen Zentralinstitute (Girozentrale bzw. Zentralkasse). Die Überweisungen werden über Guthaben der Mitgliedsbanken bei dem Zentralinstitut abgewickelt. Diese Guthaben bei dem Zentralinstitut haben für die einzelne Bank praktisch die Funktion von Zentralbankgeld.

Barabhebung von B und Bildung von zusätzlichen Mindestreserven

Bank 2

Aktiva	Passiva
Überschuß-guthaben (freies Zentral-bankgeld) 500	Sichtver-bindlichkeiten gegenüber B
Mindest-reserven 166 2/3	666 2/3

Kreditgewährung an C

Bank 2

Aktiva	Passiva
Kredit an C 500	Sichtver-bindlichkeiten gegenüber C 500
Zentralbank-geldreserve für Kredit-gewährung an C 500	Sichtver-bindlichkeiten gegenüber B
Mindest-reserven für Sichtverb. gegenüber B 166 2/3	666 2/3

Insgesamt sind auf der Basis eines Überschußguthabens des gesamten Bankensystems von 1000 (das ursprünglich bei der Bank 1 konzentriert war) bereits jetzt zusätzliche Kredite in Höhe von 1000 + 500 = 1500 gewährt worden. Die Geldmenge hat sich um denselben Betrag erhöht: Der Bankkunde B hat zusätzlich Noten in Höhe von 333,3 und zusätzliches Giralgeld in Höhe von 666,7. Der Kreditnehmer C besitzt 500 zusätzliches Giralgeld.

Damit ist der Prozeß noch nicht beendet. C wird über den Kredit verfügen, dadurch wird der Geschäftsbank 3 Zentralbankgeld zufließen:

Inanspruchnahme des Kredits durch C (Überweisung an D)

Bank 2

Aktiva	Passiva
Kredit an C 500	Sichtverbindlichkeiten gegenüber B 666 2/3
Mindestreserven (Sichtguthaben) 166 2/3	

Zunahme des Guthabens von Bank 3 bei der Zentralbank (durch Überweisung)

Bank 3

Aktiva	Passiva
Zusätzliches Guthaben bei der Zentralbank 500	Sichtverbindlichkeiten gegenüber D 500

Ein Teil hiervon wird in bar abgehoben, ein Teil wird als Mindestreserve gebunden.

Barabhebung von D und Bildung von Mindestreserven

Bank 3

Aktiva	Passiva
Überschußguthaben 250	Sichtverbindlichkeiten gegenüber D 333 1/3
Mindestreserven 83 1/3	

In Höhe des Restbetrags von 250 kann die Geschäftsbank 3 einen weiteren Kredit gewähren usw.

Wichtig ist, daß das Bankensystem als Ganzes ein Vielfaches des verfügbaren Betrages an freiem Zentralbankgeld an Krediten gewähren und damit die Geldmenge vergrößern kann. Das Geschäftsbankensystem ist im Rahmen der Kreditgewährung keineswegs nur Geldvermittler. Sein Geld- und Kreditschöpfungsspielraum hängt – wie das Beispiel zeigt – vom Mindestreservesatz, den Barabflüssen und der freien Zentralbankgeldmenge ab. Das Geld- und Kreditschöpfungspotential ist um so größer, je niedriger der Mindestreservesatz und die Barabflüsse und je größer die freie Zentralbankgeldmenge ist.

Die Geschäftsbanken sind nicht nur Geldvermittler, sondern sie können eigenes Geschäftsbankengiralgeld schaffen

Die durch eine solche **multiple Geldschöpfung** des Bankensystems finanzierte Nachfrage nach Gütern kann unerwünschte Wirkungen auf das gesamtwirtschaftliche Geschehen ausüben. Unter anderem deshalb hat man die Geschäftsbanken der Kontrolle durch die Zentralbank unterworfen: Man hat die Zentralbank mit Instrumenten zur Regelung der Kredit- und Geldschöpfungsmöglichkeit der Geschäftsbanken ausgestattet. Wir werden dieses Instrumentarium im Kapitel 18 näher untersuchen.

Problem der Sicherheit der Bankeinlagen

Weil das Geschäftsbankensystem insgesamt mehr Kredite gewähren kann als es an freiem Zentralbankgeld besitzt, erhebt sich das Problem der Sicherheit der Bankeinlagen. Die einzelne Geschäftsbank und das Geschäftsbankensystem können nicht zu jedem Zeitpunkt allen Auszahlungswünschen aller Kunden entsprechen, weil sie nur einen bestimmten Anteil ihrer Einlagen als Reserven halten. Im Falle eines Bank Runs (Bankenpanik), wenn Einleger Bankenzusammenbrüche befürchten und zur Bank rennen, um ihre Einlagen in Bargeld umzutauschen, muß und wird daher die Zentralbank als „lender of last resort" einspringen und den Geschäftsbanken sofort auf dem Kreditwege Noten in dem notwendigen Umfang zur Verfügung stellen. Und das wäre volkswirtschaftlich auch das einzig Vernünftige, denn die Geldmenge – also das Kaufkraftpotential – der Volkswirtschaft wird durch eine Umwandlung von Geschäftsbankengiralgeld in Banknoten nicht verändert, und der Umtausch von Spar- und Terminguthaben in Banknoten würde nur dann Schaden anrichten, wenn dadurch eine über die volkswirtschaftlichen Produktionsmöglichkeiten hinausgehende Kaufaktivität eingeleitet würde.

Es kommt nicht darauf an, daß die Geschäftsbanken im vollen Umfang ihrer Einlagen Noten in den Kassen oder Sichtguthaben bei der Zentralbank halten. Es kommt nur darauf an, daß die Geldmenge, bestehend aus Noten, Münzen und Giralgeld, den gesamtwirtschaftlichen Erfordernissen entspricht.

Die vorangegangene Analyse des multiplen Giralgeldschöpfungsprozesses ging von den Zentralbankgeldbeständen (genauer dem **freien Zentralbankgeld)** der Geschäftsbanken aus. Eine solche Betrachtungsweise ist realistisch. Hier wird der Kreditgewährungsspielraum der Geschäftsbanken bei gegebener Verbreitung des bargeldlosen Zahlungsverkehrs (bei gegebenen „Zahlungssitten") und gegebenen Mindestreservebestimmungen letztlich durch die **Zentralbankgeldmenge** der Volkswirtschaft bestimmt. Bei gegebenen Zahlungssitten ist mit der Zentralbankgeldmenge auch der Teil an Zentralbankgeld bestimmt, der den Geschäftsbanken (als Mindestreserve oder als Überschußguthaben) zur Verfügung steht und auf dessen Basis sie letztlich Kredite gewähren und damit Giralgeld schaffen können. In diesem Sinne sprechen die Monetaristen von der

Zentralbankgeldmenge der Volkswirtschaft als **Geldbasis** (monetäre Basis), eine Größe, der sie zentrale Bedeutung für die Steuerung der gesamten Geldmenge einer Volkswirtschaft zumessen.

Die Geldbasis

3. Geldangebot, Geldnachfrage und Geldmarktgleichgewicht

Im vorangegangenen Abschnitt ist die Geldschöpfungsfähigkeit, also das Geldschöpfungspotential der Geschäftsbanken, untersucht worden. Die Grenze der Geldschöpfungsmöglichkeit der Geschäftsbanken sagt aber nichts Genaues darüber aus:

Unterschied zwischen – Geldschöpfungspotential – Geldangebot – Geldnachfrage – Geldmenge

- wieviel Geld die Banken über Kredite den Nichtbanken tatsächlich anbieten werden, d. h. wieviel Geld im Nichtbankensektor untergebracht werden soll **(Geldangebot);**
- wieviel Geld die Nichtbanken halten wollen, d. h. wie groß der gewünschte Geldbedarf ist **(Geldnachfrage);**
- welche Geldmenge tatsächlich im Nichtbankensektor untergebracht wird, d. h. welcher Geldbestand sich auf Grund des Zusammenwirkens von Geldangebot und Geldnachfrage tatsächlich ergibt.

Das Geldschöpfungspotential bildet nur die Obergrenze für das Geldangebot, die Geldmenge und die verwirklichbare Geldnachfrage.

3.1 Geldangebot der Geschäftsbanken

Wie kommt es zum Geldangebot? Wie wir gesehen haben, indem die Geschäftsbanken in irgendeiner Form Schuldtitel der Nichtbanken (Kontokorrentverschuldung, Darlehensverschuldung, Wechselverschuldung, Wertpapierverschuldung) nachfragen und dafür Geld anbieten. Das Geldangebot hängt also eng mit dem Kreditangebot zusammen. Kauft eine Geschäftsbank Schuldtitel, so schlägt sich dies in ihrer Bilanz nieder: Die Kreditgewährung nimmt zu. Das Geldschöpfungspotential der Geschäftsbanken wird nun nur dann vollständig ausgenutzt, wenn die Geschäftsbanken sämtliche freien Reserven für die Kreditgewährung (in welcher Form auch immer) einsetzen. Je mehr die Geschäftsbanken auch solche Vermögensteile halten, deren Erwerb zu keiner Erhöhung der Kredite von Nichtbanken führt (Banknoten, Sichtguthaben bei der Zentralbank, bei der Zentralbank gekaufte Geldmarktpapiere), um so weniger wird das vorhandene Geldschöpfungspotential ausgenutzt. Wie groß das Geldangebot in einer Volkswirtschaft (bei gegebener Zentralbankgeldmenge, gegebenen Zahlungssitten und Mindestreservevorschriften) ist, hängt also davon ab, wie die Geschäftsbanken die linke Seite ihrer Bilanz gestalten wollen. In der Untersuchung der Bestimmungsgründe dieser Aufteilung liegt der Kern der **Geldangebotstheorie.**

Das Geldschöpfungspotential wird nur bei Inanspruchnahme der gesamten Liquiditätsreserven ausgenutzt

Bestimmungsgründe des Geldangebotes

Die Bestände an Banknoten der Geschäftsbanken und ihrer Sichtguthaben bei der Zentralbank werden praktisch – bei gegebenem Einlagevolumen und Zahlungsgewohnheiten – vollständig bestimmt durch die

Mindestreservebestimmungen in der Volkswirtschaft sowie durch Erfordernisse, die sich aus der Durchführung des Zahlungsverkehrs ergeben. Der Entscheidungsspielraum der Geschäftsbanken in bezug auf ihr Geldangebot bezieht sich also in erster Linie darauf, welche Aufteilung zwischen von der Zentralbank gekauften Geldmarktpapieren und der Kreditgewährung sie anstreben: Halten sie Überschußguthaben oder kaufen sie Geldmarktpapiere bei der Zentralbank, so geht das auf Kosten ihrer Kreditgewährung.

Ertrags-, Liquiditäts- und Risikoüberlegungen

Wovon hängt es nun ab, ob die Banken (bei gegebenem Mittelaufkommen in Form von Einlagen) anteilsmäßig viele oder wenige Kredite gewähren? Entscheidend sind Ertrags-, Liquiditäts- und Risikoüberlegungen.

Kredite bringen die höchsten Erträge

Da die Kreditgewährung die ertragbringendste Anlageform der Geschäftsbanken ist, werden sie versuchen, die Kreditgewährung (sofern die Kreditwünsche der Nichtbanken dies zulassen) auszudehnen. Daneben müssen Liquiditätsgesichtspunkte bedacht werden. Bei plötzlichen Zentralbankgeldabflüssen – etwa infolge einer spürbaren Erhöhung der gewünschten Bargeldhaltung bei den Nichtbanken – muß für die Geschäftsbanken sofort Zentralbankgeld verfügbar sein. Keine Bank kann es sich leisten, bei einem Auszahlungswunsch eines ihrer Kontoinhaber auch nur den Eindruck zu erwecken, daß sie diesem Wunsch nicht nachkommen kann. Kundenkredite weisen nun einen sehr geringen Liquiditätsgrad auf, da sie nicht gekündigt oder verkauft werden können. Die Banken werden also in gewissem Umfang freie Liquiditätsreserven halten. Ob sie das „Polster" an nicht oder niedriger verzinslichen Vermögensteilen nun reichlicher oder weniger reichlich bemessen, wird bei gegebenem Risiko davon abhängen

Zinsunterschiede und Kosten der Refinanzierung

- wie groß der Zinsunterschied zwischen Krediten und sonstigen Vermögensanlagen ist;
- wie die Möglichkeiten und die Zinskosten einer eventuell notwendig werdenden Zentralbankgeldbeschaffung sind.

Und schließlich ist das Risiko einer Nichtrückzahlung gewährter Kredite zu kalkulieren.

Kreditangebot nimmt ceteris paribus zu mit
- steigenden Zinsen für gewährte Kredite
- sinkenden Zinsen für Alternativanlagen
- sinkenden Refinanzierungskosten

Das Kredit- und damit das Geldangebot der Geschäftsbanken wird (immer unter sonst gleich bleibenden Umständen) im Rahmen der Kreditgewährungsmöglichkeiten der Banken zunehmen, wenn

- die Verzinsung für gewährte Kredite steigt,
- die Verzinsung für liquide Anlagen sinkt,
- die Kosten der Refinanzierung bei der Zentralbank abnehmen und die Möglichkeiten der Verschuldung bei der Zentralbank zunehmen.

Entsprechende Überlegungen gelten für eine Abnahme des Geldangebotes.

Geht man nun davon aus, daß die Verzinsung von Geldmarktpapieren, der Umfang und die Kosten einer Refinanzierung der Banken und die verfügbaren Mittel (aus Kundeneinlagen und Zentralbankkrediten) der Geschäftsbanken gegeben sind, so hängt das Geldangebot der Banken – innerhalb der durch das Geldschöpfungspotential gegebenen Grenzen – von der Verzinsung für gewährte Kredite ab. Wir können also – entsprechend der Angebotskurve für ein Gut – eine Geldangebotskurve zeichnen, die prinzipiell den in Abbildung 17.1 angegebenen Verlauf aufweisen wird:

Geldangebot in Abhängigkeit von den Kreditzinsen

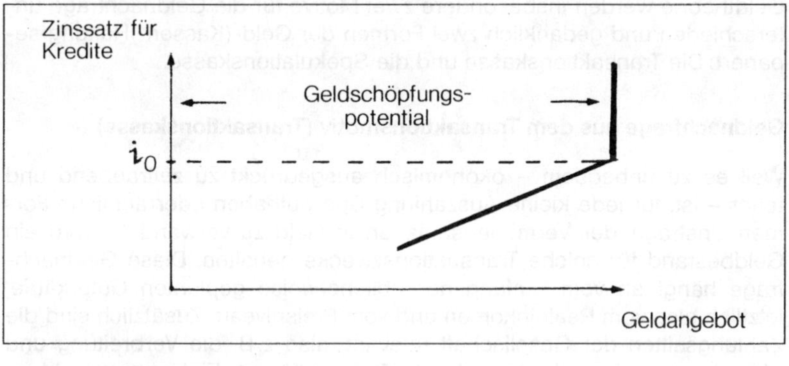

Abb. 17.1: Geldangebot

Unterhalb eines Zinssatzes i_o (dessen Höhe hier keine Rolle spielen soll) nutzen die Geschäftsbanken nicht ihren gesamten Kreditgewährungsspielraum aus, da es sich bei einem so niedrigen Zins für gewährte Kredite für sie lohnt, einen Teil ihrer verfügbaren Mittel in Liquiditätsreserven anzulegen.

3.2 Geldnachfrage der Nichtbanken

Zum Konzept der Geldnachfrage

Das Konzept von Geldnachfrage ist auf den ersten Blick etwas ungewöhnlich, weil mit dem Konzept von Nachfrage meist die Vorstellung einer Güternachfrage verbunden ist, die durch ein entsprechendes Angebot von Geld finanziert wird. Aber letztlich wird auch das Gut Geld nachgefragt. So wird der in einer Volkswirtschaft existierende Geldbestand, z. B. M1, von den Wirtschaftssubjekten als Kassenbestand gehalten, man spricht von einer Bestandsnachfrage. Diese Bestandsnachfrage ist Eigennachfrage, wenn sich das Geld schon im eigenen Besitz befindet oder Neunachfrage, wenn es, meist gegen Übergabe eines Schuldtitels, zusätzlich nachgefragt wird.

Zu fragen ist, warum Wirtschaftssubjekte Geld, also **nichtzinstragende** Banknoten, Münzen und Sichtguthaben, halten, statt dafür Konsumgüter,

Nutzen des Geldes

Produktionsmittel oder Wertpapiere zu kaufen, die direkt einen Nutzen oder Ertrag bringen. Diese Geldhaltung kann nur damit erklärt werden, daß auch das Geld Nutzen stiften und/oder Erträge erbringen kann, die den Nutzen und/oder die Erträge anderer Formen der Einkommens- und Vermögensverwendung übersteigen. Der Nutzen besteht im wesentlichen in der Bequemlichkeit eines Tausches und in der Sicherheit der Geldanlage; Erträge in Form von Wertsteigerungen können resultieren, wenn die Preise von Gütern oder Wertpapieren sinken. Immer verursacht die Geldhaltung aber Kosten, nämlich die **Opportunitätskosten** des Verzichts auf eine zinsbringende Anlage des Geldes, die ja immer möglich ist. In der Geldtheorie werden insbesondere zwei Motive für die Geldnachfrage unterschieden und gedanklich zwei Formen der Geld-(Kassen-)Haltung separiert: Die Transaktionskasse und die Spekulationskasse.

Opportunitätskosten der Geldhaltung

Geldnachfrage aus dem Transaktionsmotiv (Transaktionskasse)

Weil es zu unbequem – ökonomisch ausgedrückt zu zeitraubend und teuer – ist, für jede kleine Auszahlung Sparguthaben oder ähnliche Formen zinstragender Vermögensanlagen in Geld zu verwandeln, wird ein Geldbestand für solche Transaktionszwecke gehalten. Diese Geldnachfrage hängt ab vom Umfang der üblicherweise geplanten Güterkäufe, letztlich also vom Realeinkomen und vom Preisniveau. Zusätzlich sind die Zahlungssitten der Gesellschaft relevant, also z. B. die Verbreitung und Akzeptanz von Kreditkarten oder die Periodizität von Einkommenszahlungen.

Geldnachfrage aus dem Spekulationsmotiv (Spekulationskasse)

Nachfrage nach Geld als Wertaufbewahrungsmittel

Damit Geld als Zahlungsmittel akzeptiert wird, muß es in gewissem Umfang eine **Wertaufbewahrungsfunktion** haben. Man würde Geld zur Bezahlung eines Verkaufs nicht mehr akzeptieren, wenn es sehr schnell, sozusagen von Stunde zu Stunde, seinen Wert verlöre, wie z. B. in Deutschlands großer Inflation 1923. So ist eine gewisse Wertbeständigkeit des Geldes notwendige Bedingung dafür, daß es als Geld akzeptiert wird. KEYNES erklärte, daß die Wertaufbewahrungsfunktion des Geldes als eigenständiges Motiv für die Geldnachfrage herangezogen werden kann. Er dachte an Menschen, die beabsichtigen, ihr Geld in Wertpapieren anzulegen und dabei ein Fallen der Wertpapierkurse erwarten. In diesem Fall wäre es offenbar vernünftig, mit der Geldanlage so lange zu warten, bis wieder ein Kursanstieg erwartet wird. In der Zwischenzeit wird Geld als sogenannte **Spekulationskasse** gehalten, also insbesondere in Zeiten der Unsicherheit und erwarteter Kurssenkungen. Ganz genau lohnt die temporäre Wertaufbewahrung in Form der Spekulationskasse, wenn der erwartete Kursverlust die anderenfalls mögliche Verzinsung der Anlagemöglichkeit übersteigt. Dieser Gedanke läßt sich für den allerdings ziemlich unwahrscheinlichen Fall einer allgemeinen Preissenkung (Deflation) erweitern. Wenn (erwartet wird, daß) alle Preise sinken, kann Geld das beste Wertaufbewahrungsmittel sein. Es lohnt sich, Geld zu horten, weil in Zukunft alles billiger zu haben sein wird.

Ergänzende Überlegungen

Diese, insbesondere von KEYNES, formulierte Grundvorstellung von möglichen Geldnachfragemotiven kann um die Berücksichtigung von Unsicherheit und Risiko ergänzt werden. Weil die Wirtschaftssubjekte nicht genau wissen, wieviel Geld sie zu Transaktionszwecken benötigen, werden sie schon aus Vorsicht eine etwas größere Geldhaltung präferieren: Man spricht auch von der **Vorsichtskasse.** Und weil die Wirtschaftssubjekte auch nie genau wissen, ob die Kurse von Wertpapieren wirklich sinken und um wieviel sie sinken, werden sie, je nach ihrer Einschätzung und Risikofreudigkeit, in einem gewissen Umfang Spekulationskasse und Wertpapiere gleichzeitig halten. Diese Unsicherheit und die unterschiedliche Risikofreudigkeit der Wirtschaftssubjekte ist schließlich ein wesentlicher Grund dafür, daß die Entscheidungen unterschiedlich ausfallen. Sehr risikoscheue Anleger würden schon bei kleinen Anzeichen für zu erwartende Kurssenkungen dazu neigen, ihr gesamtes freies Vermögen risikolos (und zinslos) als Geld zu halten, andere würden einen Teil der Wertpapiere halten usw. Eine alleinige Spekulationskassenhaltung oder eine alleinige Wertpapierhaltung sind gesamtwirtschaftlich und auch einzelwirtschaftlich gesehen extreme Grenzfälle.

Berücksichtigung von Unsicherheit

Unterschiedlichkeit der Geldhaltung

Insgesamt hängt die Geldnachfrage also von verschiedenen Faktoren ab, die in unterschiedlichen Theorien auch immer ein wenig anders gewichtet werden. Es bleibt indes immer eine Abhängigkeit der Geldnachfrage

- von den Zahlungssitten,
- vom Einkommen und Vermögen,
- von den Preisen,
- von der Preis- und Kurserwartung und
- von der Renditeerwartung.

Hinzu komt eine alle diese genannten Faktoren überlagernde Zinsabhängigkeit der Geldnachfrage, die deshalb gesondert herausgestellt wird.

Zinsabhängigkeit der Geldnachfrage

Der für Transaktionszwecke angestrebte Kassenbestand wird aus einem Kalkül abgeleitet, das die Transaktionskosten des Geldumtausches mit den entgangenen Zinseinnahmen vergleicht. Wenn nun die Zinsen, z. B. die Sparzinsen oder die Renditen von Wertpapieren steigen, dann werden die Wirtschaftssubjekte ihre Kassenhaltung „ökonomisieren", d. h. ihr Vermögen länger und in größerem Umfang in verzinslicher Form halten wollen. Daraus ergibt sich die Zinsabhängigkeit der Transaktionskasse.

Zinsabhängigkeit der Transaktionskasse

Zinsabhängigkeit der Spekulationskasse

Ähnliches gilt für die Spekulationskasse: Auch diese wird „ökonomisiert", d. h. knapper kalkuliert, wenn ceteris paribus der mögliche Verzicht auf Zinseinnahmen infolge steigender Zinsen größer wird. Hinzu kommt, daß im Falle der Spekulationskasse auch die Erwartungen über Kursentwicklungen in systematisierbarer Weise beeinflußt werden: Wenn Zinsen und Renditen niedrig sind, dann ist meist das Kursniveau hoch und wenn das Kursniveau hoch ist, dann werden in der Regel eher baldige Kurssenkungen erwartet als weitere Kurssteigerungen und umgekehrt. Bei niedrigen Zinsen lohnt mithin das Halten der Spekulationskasse aus zwei Gründen: Zum einen, weil die Opportunitätskosten gering sind und zum anderen, weil Kurssenkungen erwartet werden.

Die optimale Kombination von Rendite und Risiko

Schließlich wird auch die aus Unsicherheit und Risikoscheu gehaltene Kasse mit steigenden Zinsen knapper kalkuliert. Ausgangspunkt ist folgende Überlegung im Rahmen der sog. **Portfoliotheorie.** Der Nutzen von Vermögensanlagen hängt ab von ihrem Ertrag und ihrer Sicherheit (Risiko). Diese sind negativ korreliert, d. h. es gibt im Regelfall Anlagen mit einem hohen Ertrag und einem großen Risiko (Typ: Aktien südamerikanischer Goldminen) und Anlagen mit einem kleinen Ertrag und einem kleinen Risiko (Typ: Bundesobligationen) und vielfältige Mischformen. Der Anleger kalkuliert nun das für ihn optimale Portfolio, d. h. die für ihn optimale Kombination von Rendite und Risiko in seiner Vermögensanlage. Dabei wird sein Portfolio in der Regel auch Geld enthalten, weil Geld – bei einem stabilen Güterpreisniveau – die einzige Form der Vermögensaufbewahrung ist, die kein Risiko aufweist (allerdings auch keinen Ertrag erbringt). Die Struktur dieses Portfolios hängt ab von den Erwartungen des Anlegers und von seiner (subjektiven) Risikofreudigkeit. Entscheidend ist, daß ein solch kalkuliertes Gleichgewicht durch eine Zinsänderung gestört wird: Steigen die Zinsen, so wird der Anleger seine Wertpapieranlage zu Lasten seiner Geldhaltung ausweiten und sinken die Zinsen, so wird der Nutzen der (risikolosen und zinslosen) Geldhaltung vergleichsweise wieder größer und die Geldhaltung wird ausgedehnt (vgl. ausführlich Abschnitt 4).

Insgesamt kann also festgehalten werden, daß die Geldnachfrage der Nichtbanken **zinsabhängig** ist. Sie nimmt bei gegebenem Einkommen, bei gegebenem Vermögen, bei gegebenen Zahlungssitten und bei gegebenen Erwartungen mit steigendem Zins ab. Abbildung 17.2 gibt eine grafische Darstellung dieses Sachverhaltes.

Steigt z, B. das Einkommen oder das Vermögen, so verschiebt sich die Kurve nach rechts, nimmt das Einkommen oder Vermögen ab, so verschiebt sich die Kurve nach links.

3.3 Geldmarktgleichgewicht

Bezüglich der Angebots- und Nachfragekonstellation für Geld ergibt sich damit Abbildung 17.3.

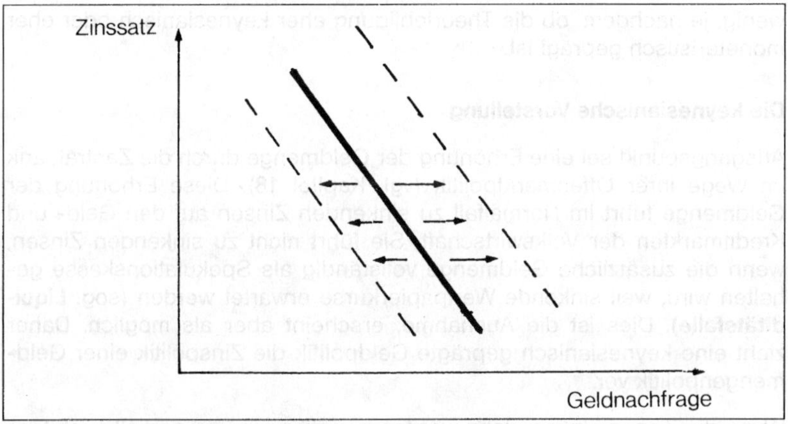

Abb. 17.2: Geldnachfrage

M ist die Geldmenge, die in der betrachteten Volkswirtschaft bei gegebenem Gesamtmittelaufkommen der Geschäftsbanken (insbesondere bei gegebenem Zentralbankgeldbestand in der Volkswirtschaft) und gegebenem Einkommen und Vermögen der Nichtbanken gehalten wird. Diese Geldmenge wird beim Zinssatz i gehalten, bei dem Angebot und Nachfrage nach Geld einander entsprechen (Gleichgewicht).

Gleichgewichtsgeldmenge und Gleichgewichtszins

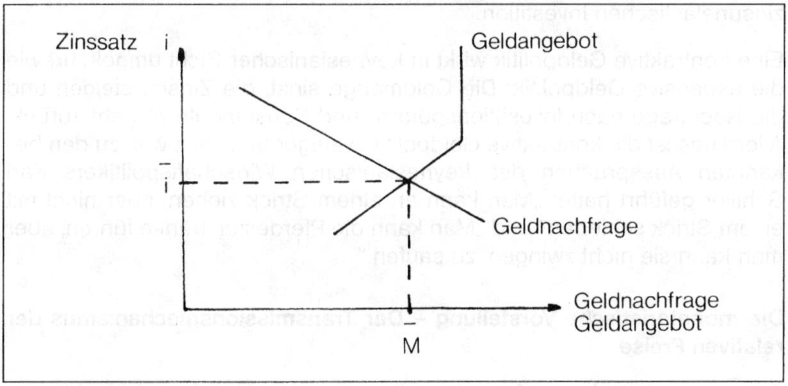

Abb. 17.3: Angebot und Nachfrage von Geld

4. Geldwirkungen

Wirkungen des Geldes sind immer auch in den Kapiteln 10, 11 und 12 behandelt worden. Sie sollen hier noch einmal zusammengefaßt werden. Dabei unterscheiden sich die Vorstellungen über die Wirkungsweise ein wenig, je nachdem, ob die Theoriebildung eher keynesianisch oder eher monetaristisch geprägt ist.

Die keynesianische Vorstellung

Ausgangspunkt sei eine Erhöhung der Geldmenge durch die Zentralbank im Wege ihrer Offenmarktpolitik (vgl. Kapitel 18). Diese Erhöhung der Geldmenge führt im Normalfall zu sinkenden Zinsen auf den Geld- und Kreditmärkten der Volkswirtschaft. Sie führt nicht zu sinkenden Zinsen, wenn die zusätzliche Geldmenge vollständig als Spekulationskasse gehalten wird, weil sinkende Wertpapierkurse erwartet werden (sog. **Liquiditätsfalle).** Dies ist die Ausnahme, erscheint aber als möglich. Daher zieht eine keynesianisch geprägte Geldpolitik die Zinspolitik einer Geldmengenpolitik vor.

Möglichkeit der Liquiditätsfalle

Wenn die Zinsen sinken, dann werden Investitionen und partiell auch kreditfinanzierte Konsumgüterkäufe ceteris paribus lohnender, insbesondere die Investitionsgüternachfrage steigt. Wenn aber gleichzeitig die Renditeerwartungen für Investitionen sinken, dann führt eine Zinssenkung nicht zu steigender Investitionsgüternachfrage. Daher meinten Keynesianer, daß in solchen Fällen die Geldpolitik durch eine direkt auf die Nachfrage zielende Fiskalpolitik ergänzt oder ersetzt werden sollte (vgl. Kapitel 15). Aber abgesehen von diesen Fällen reicht die Geldpolitik zur Belebung von Nachfrage, Produktion und Beschäftigung aus. Eine expansive Geldpolitik ist in keynesianischer Sicht also nur prinzipiell wirksam und weist zwei Unsicherheiten auf: die Liquiditätsfalle und die Möglichkeit einer zinsunelastischen Investition.

Möglichkeit zinsunelastischer Investition

Unsicherheiten der Geldpolitik in expansiver Sicht

Eine kontraktive Geldpolitik wirkt in keynesianischer Sicht umgekehrt wie die expansive Geldpolitik: Die Geldmenge sinkt, die Zinsen steigen und die Nachfrage nach Investitionsgütern (und Konsumgütern) geht zurück. Allerdings ist die kontraktive Geldpolitik weniger unsicher, was zu den bekannten Aussprüchen des keynesianischen Wirtschaftspolitikers Karl Schiller geführt hatte: „Man kann an einem Strick ziehen, aber nicht mit einem Strick schieben“ und „Man kann die Pferde zur Tränke führen, aber man kann sie nicht zwingen, zu saufen.“

Größere Sicherheit einer kontraktiven Geldpolitik

Die monetaristische Vorstellung – Der Transmissionsmechanismus der relativen Preise

Die monetaristisch geprägte Vorstellung von der Übertragung geldlicher Impulse auf den güterwirtschaftlichen Bereich einer Volkswirtschaft steht im Grunde nicht im Gegensatz zur keynesianischen Vorstellung, sondern ist eher eine Erweiterung und Verfeinerung. Den Ausgangspunkt für die Untersuchung dieses **Übertragungsmechanismus** (des sog. **„Transmissionsmechanismus“)** zwischen dem geld- und güterwirtschaftlichen Bereich einer Volkswirtschaft bildet folgende Überlegung: Jede Wirtschaftseinheit ist bemüht, ihr Vermögen und ihre Schulden in einer ihr

Aufteilungsschlüssel für die Strukturierung des Vermögens wird bestimmt durch

bestmöglich erscheinenden Weise zu strukturieren, d.h. das Vermögen (die Schulden) in bestimmter Weise auf die verschiedenen Anlageformen (Verschuldensformen) zu verteilen. Wir beschränken unsere weiteren Überlegungen auf die Strukturierung des Vermögens. Der gewählte Aufteilungsschlüssel hängt bei gegebenem Gesamtvermögen wesentlich von den erwarteten Erträgen ab, die die verschiedenen Anlageformen erbringen (z.B. Sparguthaben, Staatspapiere, Aktien, Immobilien usw.) und von dem erwarteten Risiko des Wertverlustes der Anlage, z.B. des Kursverlustes von Aktien.

– die erwarteten Erträge

– das erwartete Risiko

Bei vernünftigem Verhalten wird man bei gleichem Risiko die Anlageform mit den höchsten erwarteten Erträgen wählen (z.B. das Staatspapier X mit 10% Verzinsung dem Staatspapier Y mit 8% Verzinsung vorziehen). Bei unterschiedlichem Risiko hängt die Entscheidung von der Risikofreudigkeit des Betroffenen ab. Bei verschiedenen Personen werden sich also in der Regel unterschiedliche Aufteilungsschlüssel ergeben. Eingehende Untersuchungen zu diesem Aufteilungsproblem des Vermögens auf verschiedene Anlageformen zeigen, daß es im allgemeinen vorteilhaft ist, das Vermögen auf verschiedene Anlageformen zu verteilen. Diese Ergebnisse leuchten unmittelbar ein:

Streuung des Vermögens auf unterschiedliche Anlageformen ist vorteilhaft

Gegenüber Verlusten ist im allgemeinen besser abgesichert

- wer sein Vermögen nicht nur in einer Aktienart anlegt, sondern auf möglichst verschiedene Aktienarten streut;
- wer sein Vermögen nicht nur in Form von Aktien, sondern auch in staatlichen festverzinslichen Wertpapieren hält;
- wer nicht nur finanzielles Vermögen hält, sondern auch Realvermögen.

Von diesen Überlegungen zu einer bestmöglichen Aufteilung des Vermögens ausgehend, läßt sich der Wirkungsmechanismus geldlicher Impulse folgendermaßen beschreiben. Ausgangspunkt sei auch hier eine Erhöhung der Geldmenge: Die Zentralbank will von den Geschäftsbanken Geldmarktpapiere gegen Zentralbankgeld kaufen, um damit schließlich einen belebenden Einfluß auf die Wirtschaft auszuüben. Wenn die Geschäftsbanken ihr Vermögen in der Ausgangssituation gemäß ihren Wünschen aufgeteilt haben (insbesondere auf Geldmarktpapiere, Überschußguthaben und Kredite), so kann die Zentralbank die Geldmarktpapiere nur von den Geschäftsbanken kaufen, wenn sie diesen einen höheren Preis (Kurs) bietet. Damit nimmt zugleich die tatsächliche Verzinsung dieser Papiere ab (ein Papier, das 100 DM kostet und einen Zinsertrag von 10 DM pro Jahr bringt, hat eine tatsächliche Verzinsung von 10%; kostet dasselbe Papier 120 DM, so beträgt die tatsächliche Verzinsung bei unverändert 10 DM Zinsertrag nur noch 8½%). Anstatt zu sagen, die Geschäftsbanken verkaufen die Papiere, weil sie einen hohen Kurs (Preis) dafür bekommen, kann man also auch sagen, die Geschäftsbanken verkaufen die Papiere, weil ihre tatsächliche Verzinsung gesunken ist. Nach

Der Wirkungsmechanismus geldlicher Impulse vollzieht sich:

ausgehend von der Zentralbank

– über Anpassungsvorgänge in den Bilanzen der Geschäftsbanken

vollzogenem Verkauf haben die Geschäftsbanken nun anstelle von Geldmarktpapieren Zentralbankgeld. Da dieses überhaupt keine Verzinsung erbringt, werden sie sich nach einer anderen Anlageform umsehen, und zwar nach einer Anlageform, deren tatsächliche Verzinsung höher ist als die bei Geldmarktpapieren. Es bietet sich für die Geschäftsbanken an, solche finanziellen Anlageformen zu wählen, deren Preis noch nicht (wie der der Geldmarktpapiere) gestiegen ist und das zusätzliche Zentralbankgeld auf mehrere Anlageformen dieser Art (z.B. auf langfristige Staatsschuldverschreibungen, Industrieobligationen und Aktien) zu verteilen. Sie werden also neben der Erhöhung von aus Liquiditätsgründen gehaltenen Zentralbankgeldbeständen zusätzliche Kredite an Kunden gewähren wollen. Wenn die Nichtbanken (Unternehmungen, private und öffentliche Haushalte) ihr Vermögen in der Ausgangslage wunschgemäß strukturiert haben, so werden sie jedoch nur bereit sein, zusätzliche Kredite bei Geschäftsbanken aufzunehmen, wenn Kredite billiger werden. Das zusätzliche Kreditangebot der Geschäftsbanken wird tatsächlich zu einer solchen Zinssenkung für aufgenommene Kredite (Sollzinsen) führen. Es ergibt sich also eine Zunahme des Bestandes an gewährten Krediten bei den Geschäftsbanken bei gleichzeitiger Erhöhung der Geldmenge im Nichtbankensektor. Durch die Anpassung der Vermögensbestände an die neue Situation hat sich also allgemein eine Senkung der Ertragsraten finanzieller Vermögensanlagen infolge ihrer Preiserhöhung und/oder Zinssenkung ergeben. Wenn aber verzinsliches finanzielles Vermögen weniger attraktiv geworden ist, werden die Nichtbanken (Produktionsunternehmungen, Versicherungen, Sozialversicherungsträger und privaten Haushalte) nicht bereit sein, ihr Vermögen im bisherigen Umfang in verzinslichen finanziellen Vermögensteilen zu halten.

– und Anpassungen in der Vermögensstruktur der Nichtbanken

Sie werden also die neuerworbenen Geldbestände zum Teil zur Erhöhung ihrer Geldhaltung verwenden, zum Teil in vorhandenem Realvermögen (Grundstücke, Kunstgegenstände) anlegen wollen, das im Preis bisher nicht gestiegen und damit im Ertrag bisher nicht gesunken ist. Die erhöhte Nachfrage nach vorhandenem Realvermögen wird aber auch hier die Preise ansteigen lassen und die Nichtbanken veranlassen, verstärkt – zunächst noch im Preis unverändertes – neuproduziertes Realvermögen (Maschinen, dauerhafte Konsumgüter) nachzufragen, das jetzt verhältnismäßig höhere Erträge erbringt.

– die auch zu einer Veränderung der Konsum- und Investitionsnachfrage führen

Die Nachfrage nach neu zu produzierenden Gütern, also nach zusätzlichem Sozialprodukt, steigt. Ist das Produktionspotential nicht ausgelastet, kann hieraus eine Zunahme von Produktion und Beschäftigung resultieren. Ist das Produktionskapital hingegen ausgelastet, was wir hier annehmen wollen, so steigt nur das Preisniveau. Und das Preisniveau steigt genau um soviel, daß die zusätzliche Geldmenge auch nachgefragt wird. Dies ist bei konstanten Zahlungssitten und bei unveränderter realer Produktion der Fall, wenn der prozentuale Anstieg des Preisniveaus dem prozentualen Anstieg der Geldmenge entspricht. In monetaristischer Sicht hat die Geldmenge – von vorübergehenden Wirkungen abgesehen

Letztlich resultiert nur ein Anstieg des Preisniveaus

– allein einen Einfluß auf das Preisniveau; der Umfang der realen Produktion wird von der Höhe des Reallohnes und vom technischen Fortschritt bestimmt.

Während der Übertragungsmechanismus in seinen qualitativen Wirkungszusammenhängen von Keynesianern und Monetaristen im Prinzip gleich gesehen wird, unterscheiden sie sich deutlich in der Beurteilung der realen Auswirkung auf Produktion und Beschäftigung: Während für Monetaristen die Geldmenge letztlich nur das Preisniveau beeinflußt – das ist die alte klassische Vorstellung von der Neutralität des Geldes – halten Keynesianer eine Auswirkung auf Produktion und Beschäftigung für möglich, wenngleich sie hier Unsicherheiten sehen.

C. Arbeitsaufgaben

1) *Beschreiben Sie Möglichkeiten, die eine Zentralbank besitzt, um Banknoten in Umlauf zu bringen!*
2) *Wie kann eine Geschäftsbank Geld schaffen?*
3) *Warum kann eine einzelne Geschäftsbank im allgemeinen nicht mehr Kredit gewähren, als sie freies Zentralbankgeld (bzw. freie Liquiditätsreserven) besitzt?*
4) *Sind Bankeinlagen sicher? Was passiert bei einem Bank Run?*
5) *Kann man das Bankensystem in bezug auf seine Kreditgewährung als bloßen Geldvermittler ansehen? Begründen Sie Ihre Antwort.*
6) *Beschreiben Sie den multiplen Geldschöpfungsprozeß anhand eines Beispiels. Gehen Sie dabei von einem Überschußguthaben des Geschäftsbankensystems (konzentriert bei der Bank 1) in Höhe von 1000, einem Mindestreservesatz von 25 % und einer Barabzugsquote von 10 % aus.*
7) *Welche Überlegungen gehen in die Gestaltung des Geldangebots einer Geschäftsbank ein?*
8) *Was versteht man unter der Geldnachfrage, und welche Motive liegen der Geldnachfrage zu Grunde?*
9) *Welche Wirkung hat eine Veränderung der Geldmenge in keynesianischer und monetaristischer Sicht?*
10) *Wodurch könnte die im traditionellen Keynesianismus verbreitete Skepsis gegenüber positiven Beschäftigungseffekten einer Erhöhung der Geldmenge begründet werden?*

Lösungsvorschläge für die Arbeitsaufgaben im „Übungsbuch zu Grundlagen und Probleme der Volkswirtschaft".

D. Literatur

Eine umfassende, sehr konzise Darstellung der Probleme des Geldbereiches einer Volkswirtschaft gibt:

KATH, Dietmar, Geld und Kredit, in: Vahlens Kompendium der Wirtschaftstheorie und Wirtschaftspolitik, Band 1, 7. Aufl., München 1999, S. 187–235.

Gut verständlich ist:

ISSING, Otmar, Einführung in die Geldtheorie, 10. Aufl., München 1999.

Gut zu lesen ist immer noch das ältere Lehrbuch von

SCHNEIDER, Erich, Einführung in die Wirtschaftstheorie III. Teil, Geld, Kredit, Volkseinkommen und Beschäftigung, 12. Aufl., Tübingen 1973, I. und II. Kapitel.

Eine problemorientierte Einführung, die sich auch auf die monetären Institutionen der Bundesrepublik bezieht, ist

DUWENDAG, Dieter, u.a., Geldtheorie und Geldpolitik, 4. Aufl., Köln 1993,

und stärker modelltheoretisch ausgerichtet ist das Lehrbuch von

JARCHOW, Hans-Joachim, Theorie und Politik des Geldes, I. Geldtheorie, 10. Aufl., Göttingen 1998.

Umfassend, modern und theoretisch anspruchsvoll ist das Lehrbuch von

FUHRMANN, Wilfried, Geld und Kredit. Prinzipien monetärer Makroökonomie, 3. Aufl., München 1994.

18. Kapitel
Geldpolitik der Europäischen Zentralbank

A. Lernzielorientierte Leitfrage und Fragenkomplex

Leitfrage:
Welches sind die wichtigsten geldpolitischen Instrumente der Europäischen Zentralbank (EZB) und wie wirken sie?

- *Was ist Offenmarktpolitik?*
- *Wie ist die Offenmarktpolitik der EZB ausgestaltet?*
- *Was ist Mindestreservepolitik?*
- *Wie ist die Mindestreservepolitik der EZB ausgestaltet?*
- *Wie wirken Offenmarktpolitik und Mindestreservepolitik?*
- *Welche geldpolitischen Strategien finden Anwendung?*
- *Was ist eine potentialorientierte Geldmengenpolitik?*
- *Wie ist die geldpolitische Strategie der EZB ausgestaltet?*

B. Sachanalyse

1. Vorbemerkungen – Ziele und Mittel der Geldpolitik

Aufgabe der Geldversorgung

Geldpolitik hat die Aufgabe, eine optimale Geldversorgung der Wirtschaft zu gewährleisten. Diese Aufgabe wird überwiegend einer staatlich organisierten, aber unabhängigen Zentralbank zugewiesen. Vereinzelt gemachte Vorschläge, die Aufgabe der Geldversorgung einem Wettbewerb privater Geschäftsbanken zu überlassen, die ein System konkurrierender Parallelwährungen schaffen sollten, haben sich bislang nicht durchgesetzt. Geldpolitik bleibt staatliche Aufgabe.

Geldpolitik als staatliche Aufgabe

Ziel der Geldwertstabilität

Unstrittig ist das Ziel der Geldpolitik: die Wahrung der Geldwertstabilität. Strittig ist nur, ob dies das einzige Ziel der Geldpolitik sein soll. In monetaristischer Sicht hat die Geldpolitik nur das Ziel, für Geldwertstabilität zu sorgen. Andere Ziele anzustreben, sei einerseits nicht notwendig, weil das marktwirtschaftliche System an sich zur Vollbeschäftigung tendiere, und andererseits nicht möglich, weil die Geldmenge auch nur einen Einfluß auf das Preisniveau ausübe. In keynesianischer Sicht erhält die Geldpolitik mindestens eine weitere Hilfsfunktion, nämlich die antizyklische

Fiskalpolitik in Rezessionsphasen durch eine Niedrigzinspolitik und in Boomphasen durch eine Hochzinspolitik zu unterstützen.

Geldpolitik als Geldmengenpolitik …

Konsequenterweise fordern die Monetaristen eine Geldmengensteuerung der Zentralbank in Form einer quasi automatischen und relativ konstanten Erhöhung der Geldmenge um den Prozentsatz des erwarteten realen Wirtschaftswachstums oder des Wachstums des realen Produktionspotentials (sog. **potentialorientierte Geldmengenpolitik)** plus der für unvermeidlich gehaltenen Preissteigerungsrate. Instrumente der Zentralbank, die hierüber hinausgehend eine an konjunkturpolitischen Erfordernissen ausgerichtete („diskretionäre") Geldpolitik erlauben, lehnen sie im Prinzip ab. Die **Keynesianer** setzen sich demgegenüber für eine Geldpolitik ergänzend auch zum Zwecke der Konjunktursteuerung ein und fordern dementsprechende Instrumente der Zentralbank. Für sie ist Geldpolitik vor allem auf den Zinssatz als Steuerungsgröße ausgerichtet.

bzw. als Zinspolitik

Wie dargelegt (vgl. Kapitel 16, Abschnitt 4.2) hat die Europäische Zentralbank primär das Ziel, die Preisstabilität zu sichern. Daneben soll sie die allgemeine Wirtschaftspolitik der Gemeinschaft unterstützen. Dafür stehen der Europäischen Zentralbank folgende Instrumente zur Verfügung:

- die Offenmarktpolitik,
- die Politik der ständigen Fazilitäten und
- die Mindestreservepolitik.

Diese Instrumente werden im folgenden erläutert und abschließend wird die geldpolitische Strategie der EZB dargestellt.

Abschaffung der Diskontpolitik

In Deutschland war es lange Zeit traditionelle Refinanzierungsform der Geschäftsbanken, bei ihr eingereichte Handelswechsel bei der Zentralbank zum Rediskont einzureichen und dafür einen Kredit an Zentralbankgeld zu erhalten. Und die Deutsche Bundesbank hatte im Rahmen der sogenannten Diskontpolitik die Möglichkeit, diese Refinanzierung zu beeinflussen. Die **Diskontpolitik** bestand

- erstens in der Festsetzung des Diskontsatzes, d. h. des Zinses, den die Bundesbank den Geschäftsbanken bei der Diskontierung berechnet;
- zweitens in der Bestimmung der qualitativen Anforderungen, die die Bundesbank an Wechsel, die sie rediskontiert, stellt (Abgrenzung des rediskontfähigen Materials);
- drittens in der Festsetzung der Rediskontkontingente, d. h. der Höchstbeträge, bis zu denen die Bundesbank Wechsel von den einzelnen Banken rediskontiert.

Eine solche Diskontpolitik gibt es im Europäischen System der Zentralbanken nicht mehr. Auch für die Bundesbank hatte dieses Instrument zunehmend an Bedeutung verloren.

2. Offenmarktpolitik

2.1 Begriff und prinzipielle Funktionsweise

In einer wachsenden Volkswirtschaft kann eine hinreichende Geldversorgung der Wirtschaft nur durch eine fortwährende Ausweitung der nominalen Geldmenge erreicht werden. Hierfür ist die Offenmarktpolitik das zentrale Instrument.

Offenmarktpolitik: An- und Verkauf von Wertpapieren durch die Zentralbank

Unter der Offenmarktpolitik der Zentralbank versteht man den An- und Verkauf von Wertpapieren gegen Zentralbankgeld durch die Zentralbank. Offenmarktkäufe bzw. -verkäufe der Zentralbank führen also zu einer Zentralbankgeldschöpfung bzw. -vernichtung.

Der Begriff „Offen"marktpolitik ist historisch zu erklären, weil der Markt, auf dem in England ursprünglich Offenmarktgeschäfte durch An- und Verkauf von langfristigen Staatspapieren betrieben wurde, sämtlichen Interessen „offen" stand – im Gegensatz zum Geldmarkt, zu dem nur bestimmte Personengruppen Zugang hatten. Heutzutage ist dies, zumindest im ESZB, anders: Hier sind nur finanziell solide monetäre Finanzinstitute, die in das Mindestreservesystem einbezogen sind, als Geschäftspartner zugelassen (s. Abschnitt 5).

Die folgende kontenmäßige Darstellung macht das Grundprinzip der Offenmarktpolitik für den Fall einer **expansiven Offenmarktpolitik** (Kauf von Wertpapieren durch die Zentralbank) deutlich:

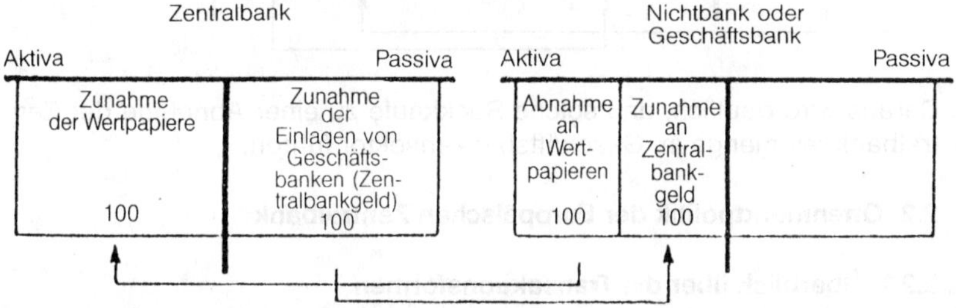

Durch den Kauf der Wertpapiere von den Geschäftsbanken hat sich der Bestand an Zentralbankgeld der Geschäftsbanken erhöht; auf Grund dieser erhöhten Geldbasis können die Geschäftsbanken ihrerseits zusätzliche Kredite an Nichtbanken gewähren.

Zentralbanksätze in Konkurrenz zu Marktsätzen

Da die Zentralbank die Geschäftsbanken zu der von ihr geplanten Offenmarktpolitik nicht zwingen kann, muß sie entsprechende attraktive Konditionen bieten: Bei einer geplanten expansiven Offenmarktpolitik müssen die verlangten Zinssätze für die Zentralbankgeld-Kreditgewährung niedriger als sonst übliche Geldmarktzinsen sein und bei einer geplanten kontraktiven Offenmarktpolitik – die aber relativ seltener ist – müssen die von der Zentralbank gebotenen Zinssätze höher sein als die sonst üblichen Geldmarktzinsen.

Reversibilität der Transaktionen

Offenmarktgeschäfte sind sehr häufig zeitlich befristete reversible Transaktionen, bei denen am Ende der Laufzeit das Geschäft rückgängig gemacht werden muß. Für den Regelfall einer expansiven Offenmarktpolitik heißt dies, daß die Geschäftsbanken am Ende der Laufzeit ihre Wertpapiere zurückkaufen müssen. Dadurch erfolgt ein automatischer Rückfluß von Zentralbankgeld. Solche zeitlich befristeten Offenmarktgeschäfte werden häufig auch **Wertpapierpensionsgeschäfte** genannt und der Zinssatz als **Pensionssatz** bezeichnet. Mit einer solchen Reversibilität läßt sich die Entwicklung der Zentralbankgeldmenge im Geschäftsbankensektor recht gut steuern, weil sich auch kontraktive Effekte einstellen, wenn auslaufende Geschäfte nicht durch neue Geschäfte ersetzt werden und die Geschäftsbanken ihre Geldmarktpapiere zurückkaufen müssen.

Mit solchen Rückkäufen ergeben sich in den Bilanzen folgende Änderungen:

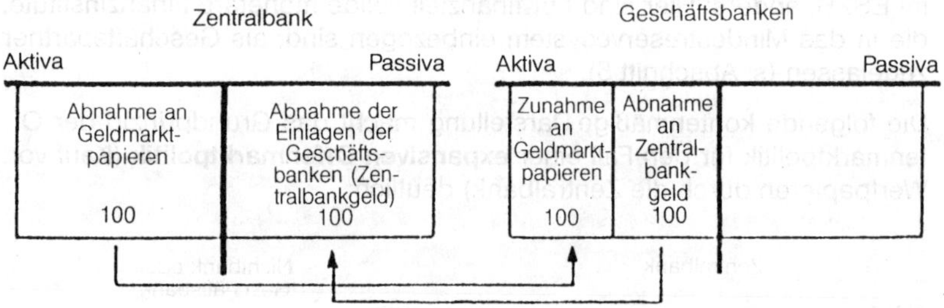

Daraus wird deutlich, daß solche Rückkäufe zu einer Abnahme der Zentralbankgeldmenge im Geschäftsbankensektor führen.

2.2 Offenmarktpolitik der Europäischen Zentralbank

2.2.1 Überblick über die Transaktionsformen

Im Rahmen ihrer Offenmarktpolitik hat die Europäische Zentralbank eine Reihe von Möglichkeiten, die, wie es für europäische Institutionen typisch ist, in etwas ungewöhnlicher Begrifflichkeit erläutert werden.

Nach der Zielsetzung differenziert

Nach der **Zielsetzung** der Instrumente differenziert stehen der Europäischen Zentralbank folgende Instrumente zur Verfügung:

- Als **Hauptrefinanzierungsinstrument** dienen regelmäßig stattfindende liquiditätszuführende befristete Transaktionen in wöchentlichem Abstand und mit einer Laufzeit von zwei Wochen. Diese Transaktionen werden von den nationalen Zentralbanken im Rahmen von Standardtendern durchgeführt. Diesem Hauptrefinanzierungsinstrument kommt bei der Verfolgung der Ziele der Offenmarktgeschäfte der EZB eine

Schlüsselrolle zu; über sie wird dem Finanzsektor der größte Teil des Refinanzierungsvolumens zur Verfügung gestellt. Dieses Hauptinstrument der Offenmarktpolitik der EZB wird in Abschnitt 2.2.3 detailliert dargestellt.

- Die **längerfristigen Refinanzierungsgeschäfte** sind liquiditätszuführende befristete Transaktionen in monatlichem Abstand und mit einer Laufzeit von drei Monaten. Über diese Geschäfte sollen den Geschäftspartnern zusätzliche längerfristige Refinanzierungsmittel zur Verfügung gestellt werden. Sie werden von den nationalen Zentralbanken im Wege von Standardtendern durchgeführt. Auch diese werden in Abschnitt 2.2.3 dargestellt.

- **Feinsteuerungsoperationen** werden von Fall zu Fall zur Steuerung der Marktliquidität und der Zinssätze durchgeführt, und zwar insbesondere, um die Auswirkungen unerwarteter marktmäßiger Liquiditätsschwankungen auf die Zinssätze auszugleichen. Die Feinsteuerung erfolgt in erster Linie über befristete Transaktionen, u. U. aber auch in Form von definitiven Käufen bzw. Verkäufen, Devisenswapgeschäften und der Hereinnahme von Termineinlagen. Feinsteuerungsoperationen werden üblicherweise von den nationalen Zentralbanken über Schnelltender oder bilaterale Geschäfte durchgeführt. Der EZB-Rat entscheidet, ob in Ausnahmefällen Feinsteuerungsoperationen von der EZB selbst durchgeführt werden.

- **Strukturelle Operationen** haben das Ziel, die strukturelle (grundlegende) Liquiditätsposition des Finanzsektors zu beeinflussen. Sie werden ausgeführt über die Emission von Schuldverschreibungen, über befristete Transaktionen und definitive Käufe bzw. Verkäufe. Auch diese Operationen werden im Regelfall von den nationalen Zentralbanken über Standardtender durchgeführt.

Nach der **Art und Fristigkeit** differenziert stehen der EZB folgende Instrumente zur Verfügung:

Nach Art und Fristigkeit differenziert

- Kurzfristige Geschäfte mit einer Laufzeit von zwei Wochen,
- Mittelfristige Geschäfte mit einer Laufzeit von drei Monaten,
- Devisenswaps und die
- Emission von Schuldverschreibungen.

Nach der **Reversibilität** differenziert, stehen der EZB folgende Instrumente zur Verfügung:

Nach Reversibilität differenziert

- Befristete Transaktionen in Form von Pensionsgeschäften oder Pfandkrediten und
- unbefristete Transaktionen, die sog. definitiven Käufe bzw. Verkäufe.

Die folgende Übersicht 18.1 stellt die verschiedenen Formen zusammen.

Übersicht 18.1: Offenmarktgeschäfte der EZB

Bezeichnung	Transaktionsart: Liquiditätsbereitstellung	Transaktionsart: Liquiditätsabschöpfung	Laufzeit	Rhythmus	Verfahren
Hauptrefinanzierungsinstrument	Befristete Transaktionen	–	Zwei Wochen	Wöchentlich	Standardtender
Längerfristige Refinanzierungsgeschäfte	Befristete Transaktionen	–	Drei Monate	Monatlich	Standardtender
Feinsteuerungsoperationen	Befristete Transaktionen Devisenswaps	Devisenswaps Hereinnahme von Termineinlagen Befristete Transaktionen	Nicht standardisiert	Unregelmäßig	Schnelltender Bilaterale Geschäfte
	Definitive Käufe	Definitive Verkäufe		Unregelmäßig	Bilaterale Geschäfte
Strukturelle Operationen	Befristete Transaktionen	Emission von Schuldverschreibungen	Standardisiert/nicht standardisiert	Regelmäßig und unregelmäßig	Standardtender
	Definitive Käufe	Definitive Verkäufe		Unregelmäßig	Bilaterale Geschäfte

Quelle: Europäische Zentralbank, Die Einheitliche Geldpolitik in Stufe 3, September 1998, S. 8

Devisenswaps sind etwas komplizierte Geschäfte. Im Rahmen eines Devisenswapgeschäftes werden von der EZB Fremdwährungen per Kasse gegen Euro gekauft und gleichzeitig per Termin wieder verkauft (liquiditätszuführende Devisenswaps) oder Fremdwährungen per Kasse gegen Euro verkauft und gleichzeitig wieder per Termin zurückgekauft (liquiditätsabsorbierende Devisenswaps). Bei Devisentransaktionen per Kasse erfolgt die Übergabe und Bezahlung der Fremdwährungen innerhalb von zwei Tagen nach Vertragsschluß, und zwar zum Kassakurs bei Vertragsabschluß. Bei Devisentransaktionen per Termin erfolgt die Übergabe und Bezahlung der Fremdwährungen später, und zwar zu dem bei Vertragsschluß vereinbarten Terminkurs.

2.2.2 Tenderverfahren

Tender als Emissionsverfahren

Die Offenmarktgeschäfte der EZB (und auch anderer Zentralbanken) werden in der Regel in Form von Tendern durchgeführt. Ein **Tender** ist ein Verfahren zur Unterbringung einer Wertpapieremission in einer öffentlichen Ausschreibung. Im Prinzip wird das Emissionsvolumen an die

Meistbietenden verteilt. Man unterscheidet Mengentender und Zinstender.

Bei einem **Mengentender** gibt die EZB den Zinssatz vor (auch Festsatztender genannt); bei einem **Zinstender** geben die Teilnehmer Gebote über die Beträge und die Zinssätze ab, zu denen sie Geschäfte abschließen wollen.

Zuteilung

Übersteigt das Bietungsvolumen den vorgesehenen Zuteilungsbetrag, so werden die Gebote anteilig zum Gebotsumfang zugeteilt, wenn es sich um einen Mengentender handelt. Bei einem Zinstender werden die Gebote mit den höchsten Zinssätzen vorrangig zugeteilt.

Nach der Schnelligkeit der Verfahren unterscheidet die EZB Standardtender und Schnelltender. **Standardtender** werden innerhalb von 24 Stunden (von der Ankündigung bis zur Bestätigung des Ergebnisses) und **Schnelltender** innerhalb einer Stunde durchgeführt.

Bilaterale Geschäfte sind Transaktionen zwischen der EZB und wenigen Geschäftspartnern. Hier wird auf das Tenderverfahren verzichtet.

2.2.3 Die Hauptrefinanzierung und die längerfristige Refinanzierung

Bedeutung der Hauptrefinanzierung

Das zentrale Instrument der Offenmarktpolitik der EZB sind die sog. **Hauptrefinanzierungsgeschäfte.** Über sie wird dem Finanzsektor der weitaus größte Teil des Refinanzierungsvolumens zur Verfügung gestellt. Die wesentlichen Merkmale der Hauptrefinanzierung sind

- Durchführung im wöchentlichen Abstand in Form von Pensionsgeschäften,
- Laufzeit zwei Wochen,
- Abwicklung im Standardtenderverfahren, in der Regel als Mengentender mit festgesetztem Zins,
- zugelassene Geschäftspartner sind die monetären Finanzinstitute, die in das Mindestreservesystem einbezogen sind,
- für die Kreditgeschäfte müssen ausreichende Sicherheiten gestellt werden (meist marktfähige Schuldtitel),
- die Durchführung der Hauptrefinanzierungsgeschäfte obliegt den nationalen Zentralbanken.

Bedeutung der längerfristigen Finanzierung

Neben der Hauptrefinanzierung spielt auch die sog. **längerfristige Refinanzierung** eine gewisse Rolle. Die Transaktionen ähneln den Hauptrefinanzierungsgeschäften. Die Unterschiede bestehen in folgenden Punkten:

- Durchführung im monatlichen Abstand und
- Laufzeit von drei Monaten.

Üblicherweise wird für die Zuteilung das Zinstenderverfahren gewählt, um die Marktzinsentwicklung nicht zu stark zu beeinflussen. Tabelle 18.1 gibt einen Überblick über das Volumen und die Konditionen dieser beiden Refinanzierungsformen. Andere Geschäfte haben bislang (Mitte 1999) keine Rolle gespielt.

Der Zinssatz für die Hauptrefinanzierung wurde bis zum 7. April auf 3 % fixiert, ab dem 14. April auf 2,5 % gesenkt.

Der Zinssatz für die Hauptrefinanzierung ist der zentrale Leitzins im Eurosystem.

Der gebotene Zinssatz bei der längerfristigen Finanzierung paßt sich diesem Leitzins weitgehend an.

Mit Ausnahme der Geschäftssituation am 7. April überstieg die Nachfrage nach einer Hauptrefinanzierung das Angebot bei weitem, die Zuteilung mußte also quotiert werden, wobei die Zuteilungsquote meist unter 10 Prozent lag. Insgesamt war die Zuteilung recht knapp; recht häufig ist Liquidität abgeschöpft worden, weil die Geschäfte häufig nicht im alten Umfang erneuert worden sind.

3. Ständige Fazilitäten

Im Rahmen des ESZB bestehen **Ständige Fazilitäten,** Möglichkeiten für die Inanspruchnahme sehr kurzfristiger Kredite, nämlich eine Spitzenfinanzierungsfazilität und zum anderen für die sehr kurzfristige Geldanlage, die Einlagefazilität. Diese Instrumente erlauben eine recht genaue Steuerung des Geldmarktzinssatzes.

Spitzenrefinanzierungsfazilität

Die Spitzenrefinanzierungsfazilität kann von den zugelassenen Geschäftsbanken unbegrenzt in Anspruch genommen werden. Hier wird Zentralbankgeld bis zum nächsten Geschäftstag über Nacht (Übernachtliquidität) zur Verfügung gestellt; diese Kreditlinie dient also zur Deckung eines vorübergehenden Liquiditätsbedarfs. Praktisch wird die Spitzenrefinanzierungsfazilität bei der jeweiligen nationalen Zentralbank in Anspruch genommen; entweder auf Antrag oder automatisch, nämlich dann, wenn am Tagesende ungedeckte Schuldnerpositionen auf den Konten der Geschäftsbank bei ihrer nationalen Zentralbank verblieben sind. Ausreichende Sicherheiten müssen hinterlegt werden (vgl. Abschnitt 6). Diese Übernachtkredite müssen zu einem im voraus bekanntgegebenen Zinssatz verzinst werden; dieser Zinssatz ist naturgemäß eine absolute **Obergrenze** für den allgemeinen Tagesgeldsatz am Geldmarkt.

Zur Deckung kurzfristiger Liquiditätsbedarfe

Zinssatz ist Obergrenze für Tagesgeldsatz

Einlagefazilität

Auch die Einlagefazilität kann von den zugelassenen Geschäftsbanken unbegrenzt in Anspruch genommen werden. Hier kann überschüssige Liquidität bis zum nächsten Geschäftstag (Übernachtliquidität) bei den

Tabelle 18.1: Offenmarktpolitische Geschäfte im Eurosystem von Januar bis Mai 1999 (in Mrd. EUR)

Hauptrefinanzierungsgeschäfte						
Gutschriftstag	Gebote (Betrag)	Zuteilung (Betrag)	Mengentender	Zinstender		
			Festsatz	Marginaler Zuteilungssatz	Gewichteter Durchschnittssatz	Laufzeit (Tage)
	1	2	3	4	5	6
1999 7. Januar	481 625	75 000	3,00			13
13.	563 409	48 000	3,00			14
20.	593 418	59 000	3,00			14
27.	689 467	69 000	3,00			14
3. Februar	757 724	62 000	3,00			14
10.	911 302	65 000	3,00			14
17.	896 138	62 000	3,00			14
24.	991 109	78 000	3,00			14
3. März	1 100 797	67 000	3,00			14
10.	950 369	75 000	3,00			14
17.	335 259	44 000	3,00			14
24.	372 647	102 000	3,00			14
31.	118 683	39 000	3,00			14
7. April	67 353	67 353	3,00			14
14.	781 721	67 000	2,50			14
21.	612 275	50 000	2,50			14
28.	754 825	78 000	2,50			14
5. Mai	655 789	42 000	2,50			14
Längerfristige Refinanzierungsgeschäfte						
1999 14. Januar	79 846	15 000		3,13		42
14.	39 343	15 000		3,10		70
14.	46 152	15 000		3,08		105
25. Februar	77 300	15 000		3,04		91
25. März	53 659	15 000		2,96	2,97	98
29. April	66 911	15 000		2,53	2,54	91

Quelle: Europäische Zentralbank, Monatsbericht Mai 1999, S. 6

Zinssatz ist Untergrenze für Tagesgeldsatz

nationalen Zentralbanken angelegt werden. Diese Einlagen werden zu einem im voraus bekanntgegebenen Zinssatz verzinst; dieser Zinssatz ist im allgemeinen die **Untergrenze** des allgemeinen Tagesgeldsatzes am Geldmarkt. Tabelle 18.2 stellt die Zinssätze für diese ständigen Fazilitäten zusammen.

Tabelle 18.2: Zinssätze der ständigen Fazilitäten zu Beginn 1999 (in %)

	Einlagefazilität		**Spitzenrefinanzierungsfazilität**	
	Zinssatz	Veränderung	Zinssatz	Veränderung
1. Januar	2,00	–	4,50	–
4.	2,75	0,75	3,25	–1,25
22.	2,00	–0,75	4,50	1,25
9. April	1,50	–0,50	3,50	–1,00

Quelle: EZB-Monatsbericht, Mai 1999, S. 6

Zinskanal

Die Spanne zwischen den Zinssätzen für die Spitzenrefinanzierungsfazilität (3,5 %) und der Einlagefazilität (1,5 %) wird auch als **Zinskanal für Tagesgeld** bezeichnet.

4. Mindestreservepolitik

Definition der Mindestreservepolitik

Die Geldpolitik kann vorschreiben, daß Geschäftsbanken in Höhe eines bestimmten Prozentsatzes – dem **Mindestreservesatz** – ihrer Einlagen verzinsliche oder auch unverzinsliche Sichtguthaben bei der Zentralbank halten. Diese Mindestreservesätze können nach der Art und Höhe der Einlagen gestaffelt sein.

Hat z. B. eine Bank Einlagen in Höhe von 500 und beträgt der (als Dezimalzahl geschriebene) Mindestreservesatz 0,20, so ergibt sich die zu haltende Mindestreserve (MR) als:

$$MR = 0{,}20 \cdot 500 = 100$$

Veränderung in der Bilanz einer Geschäftsbank

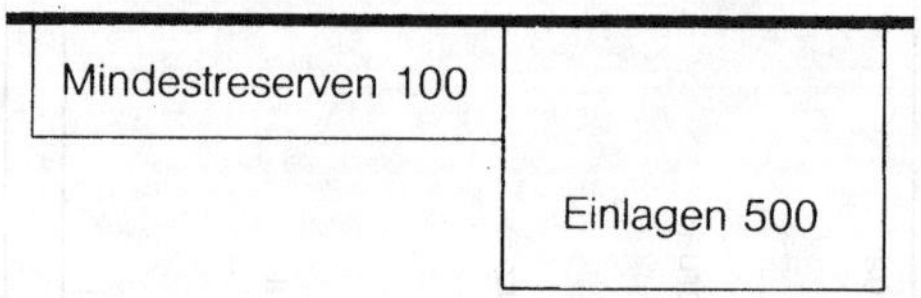

Wird der Mindestreservesatz erhöht, z. B. von 20 % auf 30 %, so nimmt die zu haltende Mindestreserve bei unverändertem Einlagenvolumen zu:

$$MR = 0{,}30 \cdot 500 = 150$$

Wird der Mindestreservesatz herabgesetzt, z. B. von 20 % auf 10 %, so nimmt die zu haltende Mindestreserve bei unverändertem Einlagenvolumen ab:

$$MR = 0{,}10 \cdot 500 = 50$$

Der Bedarf der Geschäftsbanken an Zentralbankgeld steigt (fällt) also proportional mit dem Mindestreservesatz. Stellt die Zentralbank nicht das notwendige Zentralbankgeld bereit, so muß das Einlagenvolumen (durch Verminderung der Kreditgewährung) eingeschränkt werden.

Funktionsweise der Mindestreservepolitik

Die Mindestreservepolitik bietet also recht stark wirkende Möglichkeiten, die Geldschöpfung und das Geldschöpfungspotential zu beeinflussen:

- Das Geldschöpfungspotential nimmt bei einer Erhöhung des Mindestreservesatzes ab und bei einer Senkung des Mindestreservesatzes zu.
- Neben dem Geldschöpfungspotential verändert sich bei einer Reservesatzänderung auch das Volumen der freien Liquiditätsreserven der Geschäftsbanken.

strukturelle Wirkung der Mindestreservepolitik

Die Mindestreservepolitik kann mithin eine grundsätzliche (strukturelle) Liquiditätsknappheit ansteuern: Sie schafft einen stabilen zusätzlichen Zentralbankgeldbedarf, sie stellt eine direkte Verbindung zwischen Mindestreserve und Geldschöpfung her (vgl. Kapitel 17, Abschnitt 2.2.2) und sie kann die freien Liquiditätsreserven direkt beeinflussen.

Während für die Deutsche Bundesbank die Mindestreservepolitik immer ein wichtiges Element ihrer Geldpolitik gewesen ist, war für das ESZB lange Zeit strittig, ob eine Mindestreservepflicht vorgesehen werden soll oder nicht. Schließlich ist die Mindestreservepolitik, auch auf Drängen der Deutschen Bundesbank, in das geldpolitische Instrumentarium der EZB aufgenommen worden.

Verzinsung der Mindestreserven

Jedes in den Mitgliedstaaten des Eurosystems niedergelassene Kreditinstitut muß Mindestreserven unterhalten. Diese Mindestreserven müssen im Monatsdurchschnitt erfüllt werden. Damit die Belastung für das Geschäftsbankensystem den Wettbewerb im Bankensektor nicht verzerrt, werden diese Mindestreserven, anders als seinerzeit in der Bundesrepublik, mit dem Zinssatz für das Hauptrefinanzierungsgeschäft verzinst, was etwa dem Marktzins entspricht. Die folgende Übersicht 18.2 stellt die Einlagen, für die Mindestreserven gehalten werden müssen, und die ausgenommenen Positionen zusammen. Der positive Mindestreservesatz beträgt (Mitte 1999) 2 %.

Die folgende Tabelle 18.3 gibt das Volumen der reservepflichtigen Einlagen – die Mindestreservebasis – und die Mindestreserven an. Dabei wird deutlich, daß der größere Teil der Verbindlichkeiten der Kreditinstitute mit dem positiven Reservesatz von 2 % belegt ist. Das Mindestreservesoll beträgt rund 100 Mrd. Euro, im Durchschnitt wird dieses Soll leicht übererfüllt.

Übersicht 18.2: Mindestreservebasis und Mindestreservesätze

A. In die Mindestreserve einbezogene Verbindlichkeiten mit positivem Mindestreservesatz

Einlagen
- Täglich fällige Einlagen
- Einlagen mit vereinbarter Laufzeit von bis zu zwei Jahren
- Einlagen mit vereinbarter Kündigungsfrist von bis zu zwei Jahren

Ausgegebene Schuldverschreibungen
- Schuldverschreibungen mit vereinbarter Laufzeit von bis zu zwei Jahren

Geldmarktpapiere

B. In die Mindestreservebasis einbezogene Verbindlichkeiten mit einem Reservesatz von 0 %

Einlagen
- Einlagen mit vereinbarter Laufzeit von über zwei Jahren
- Einlagen mit vereinbarter Kündigungsfrist von über zwei Jahren
- Repogeschäfte

Ausgegebene Schuldverschreibungen
- Schuldverschreibungen mit vereinbarter Laufzeit von über zwei Jahren

C. Nicht in die Mindestreservebasis einbezogene Verbindlichkeiten
- Verbindlichkeiten gegenüber Instituten, die selbst dem ESZB-Mindestreservesystem unterliegen
- Verbindlichkeiten gegenüber der EZB und den nationalen Zentralbanken

Quelle: EZB, Die Einheitliche Geldpolitik in Stufe 3, S. 55.

Abb. 18.1: EZB-Zinssätze und der Tagesgeldsatz (EONIA): 1. Januar bis 23. April 1999 (in % p. a.; Tageswerte)

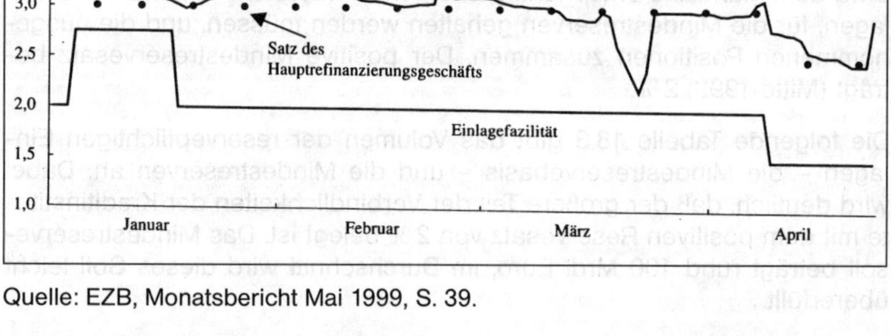

Quelle: EZB, Monatsbericht Mai 1999, S. 39.

Tabelle 18.3: Mindestreservebasis und Mindestreserven

1. Mindestreservebasis der reservepflichtigen Kreditinstitute
(Mrd. EUR, Stand am Ende des Berichtszeitraums)

Reservebasis per		**Insgesamt**	**Verbindlichkeiten mit einem Reservesatz von 2 %**			**Verbindlichkeiten mit einem Reservesatz von 0 %**		
			Einlagen (täglich fällig, mit vereinbarter Laufzeit und Kündigungsfrist von bis zu zwei Jahren)	Schuldverschreibungen mit vereinbarter Laufzeit von bis zu zwei Jahren	Geldmarktpapiere	Einlagen (mit vereinbarter Laufzeit und Kündigungsfrist von über zwei Jahren)	Repogeschäfte	Schuldverschreibungen mit vereinbarter Laufzeit von über zwei Jahren
		1	2	3	4	5	6	7
1999	Januar	8 694,1	4 834,4	83,7	145,0	1 196,8	510,6	1 923,6
	Februar	8 730,4	4 800,9	86,9	148,8	1 203,5	543,8	1 946,5
	März	8 775,0	4 804,3	88,6	150,1	1 218,4	550,5	1 963,2

2. Mindestreserve-Erfüllung
(Mrd. EUR, Verzinsung in % p. a.)

Ende der Mindestreserve-Erfüllungsperiode:		Reserve-Soll	Ist-Reserve	Überschußreserven	Unterschreitungen des Reserve-Solls	Verzinsung der Mindestreserven (in %)
		1	2	3	4	5
1999	Februar	98,3	99,3	1,1	0,1	3,00
	März	100,6	101,5	0,9	0,1	3,00
	April	100,1	100,7	0,6	0,0	2,84
	Mai	100,1	–	–	–	–

Quelle: EZB, Monatsbericht Mai 1999, S. 7

5. Die Zinssteuerung durch die Europäische Zentralbank

Abschließend soll die Steuerung des allgemeinen Geldmarktzinssatzes durch die Instrumente der EZB dargestellt werden (die umfassende geldpolitische Strategie beschreiben wir in Abschnitt 7). Mit den beiden Zinssätzen für die Ständigen Fazilitäten wird ein Zinskanal festgelegt, der im Grunde vom Tagesgeldsatz auf dem Markt (EONIA) nicht verlassen werden kann: Der Zinssatz für die Spitzenrefinanzierungsfazilität ist die Obergrenze und der Zinssatz für die Einlagefazilität ist die Untergrenze des Marktzinssatzes EONIA (vgl. Kapitel 16, Abschnitt 7.2). Dazwischen liegt der Zinssatz für das Hauptrefinanzierungsgeschäft. Abbildung 18.1 zeigt recht anschaulich, daß der Tagesgeldsatz im Zinskanal liegt und sich sehr eng an den Zinssatz der Hauptrefinanzierung (3 % bis Anfang April 1999, anschließend 2,5 %) anpaßt. Eine solche genaue Steuerung des Geldmarktzinssatzes ist ein Zeichen dafür, daß die Geldpolitik der Europäischen Zentralbank auch keynesianische Elemente enthält. Die Zinssenkung am 8. April 1999 sollte „zur Schaffung eines wirtschaftlichen Umfeldes beitragen, in dem das beträchtliche Wachstumspotential ausgeschöpft werden kann" (Deutsche Bundesbank, Geschäftsbericht 1998, S. 79). Die Zinssenkung war möglich, weil Inflationsrisiken nicht erkennbar waren.

Genaue Zinssteuerung

6. Allgemeine Regelungen der Geldpolitik

Hier sollen kurz die Zulassungsbedingungen, die Art der geforderten Sicherheiten und das Abrechnungssystem TARGET beschrieben werden.

Bedingungen für die Zulassung von Geschäftsbanken

Die Geschäftsbanken, die an den geldpolitischen Geschäften der EZB teilnehmen wollen, müssen bestimmte Bedingungen erfüllen:

- Sie müssen in das Mindestreservesystem einbezogen sein;
- es muß sich um finanziell solide Institute handeln, die der harmonisierten Bankenaufsicht unterliegen und
- sie müssen eine effiziente Durchführung der Transaktionen gewährleisten.

Sicherheiten

Für alle Kreditgeschäfte der EZB müssen ausreichende Sicherheiten gestellt werden, entweder durch Eigentumsübertragung oder als Pfandhinterlegung. Hier unterscheidet das ESZB zwei Kategorien von Sicherheiten, die akzeptiert werden:

- Zur Kategorie 1 zählen marktfähige Schuldtitel, die von der EZB festgelegte einheitliche und im gesamten Euro-Währungsraum geltende Zulassungskriterien erfüllen.

- Zur Kategorie 2 zählen weitere marktfähige und nicht marktfähige Sicherheiten, die für die nationalen Finanzmärkte und Bankensysteme von besonderer Bedeutung sind und für die die nationalen Zentralbanken die Zulassungskriterien auf Basis von EZB-Mindeststandards festlegen. Die von den nationalen Zentralbanken angewandten spezifischen Zulassungskriterien für Kategorie-2-Sicherheiten bedürfen der Zustimmung der EZB.

Verwendete Sicherheiten waren bisher fast ausschließlich (zu 97 %) Kategorie-1-Sicherheiten, vor allem Staatsanleihen und von Kreditinstituten begebene Wertpapiere, daneben spielten Unternehmenspapiere eine gewisse Rolle (vgl. Monatsbericht der EZB, Mai 1999, S. 37).

TARGET: Zahlungsverkehrssystem im Euro-System

Eine einheitliche Geldpolitik erfordert ein leistungsfähiges und integriertes Zahlungsverkehrssystem, um Geld sicher und rechtzeitig zwischen den Teilnehmern übertragen zu können. **TARGET,** ein Akronym für „Trans-European Automated Real-time Gross settlement Express Transfer" – „Transeuropäisches Automatisiertes Echtzeit-Brutto-Express-Überweisungssystem" besteht aus 15 nationalen Echtzeit-Bruttozahlungssystemen und dem EZB-Zahlungsverkehrsmechanismus, die so miteinander vernetzt sind, daß eine einheitliche Plattform für die Verarbeitung grenzüberschreitender Zahlungen entsteht. TARGET dient hauptsächlich der Abwicklung von geldpolitischen Geschäften und Großbetragszahlungen zwischen Banken, kann jedoch auch Kundenzahlungen einschließlich kleinerer grenzüberschreitender Privatkundengeschäfte abwickeln. Über TARGET werden täglich Zahlungen in einem Gegenwert von über 1000 Milliarden Euro verarbeitet (EZB-Jahresbericht 1998, S. 83).

7. Geldpolitische Strategie des Eurosystems

7.1 Geldpolitische Strategien in Europa im Überblick

Drei Strategien der Geldpolitik

Die einzelnen Länder in Europa hatten recht unterschiedliche Strategien hinsichtlich der vorrangigen Orientierung ihrer Geldpolitik. Es wurden primär drei Strategien praktiziert:

- eine Geldmengensteuerung,
- ein direktes Inflationsziel und
- eine Wechselkursorientierung.

Geldmengensteuerung

Eine **Geldmengensteuerung** ist seit 1974 das Kernstück der deutschen Geldpolitik gewesen; auch Frankreich, Italien und Griechenland haben primär Geldmengenziele veröffentlicht. Die Steuerung bezog sich in der Regel auf die Geldmenge in der Abgrenzung M3, und zu Grunde lagen Inflationsvorstellungen von etwa 2 %.

Grundkonzeption der Geldmengensteuerung

Die Grundkonzeption der Geldmengensteuerung ergibt sich aus der sog. **Quantitätsgleichung**

$$M \cdot V = P \cdot Y$$

Diese Gleichung besagt, daß das Produkt aus Geldmenge (M) und Umlaufgeschwindigkeit des Geldes (V) dem Produkt aus Preisniveau (P) und Produktionsmenge (Y) entspricht. Die Quantitätsgleichung zeigt, daß sich ein Anstieg der Geldmenge in der Volkswirtschaft in einer der drei anderen Variablen widerspiegeln muß: Entweder muß das Preisniveau steigen oder die Outputmenge muß zunehmen oder die Umlaufgeschwindigkeit des Geldes muß sinken.

Die **Umlaufgeschwindigkeit des Geldes** (V) ergibt sich durch Umformung zu

$$V = \frac{P \cdot Y}{M}$$

Die Umlaufgeschwindigkeit des Geldes ist also eine Beziehung zwischen dem Wert aller Gütertransaktionen, die innerhalb einer Periode durchgeführt werden, und der Geldmenge; sie gibt an, wie häufig eine Geldeinheit innerhalb einer Periode im Durchschnitt benutzt wird, um Gütertransaktionen zu finanzieren. Meist wird diese Beziehung nicht auf das Volumen aller Produktionstransaktionen, sondern nur auf Transaktionen der gesamtwirtschaftlichen Endnachfrage bezogen, wie sie in das Bruttoinlandsprodukt (BIP) eingehen. In einer solchen Formulierung

$$V = \frac{P \cdot \text{reales BIP}}{M}$$

wird V auch als **Einkommenskreislaufgeschwindigkeit des Geldes** bezeichnet.[1])

Aus der Quantitätsgleichung – die definitorisch immer erfüllt ist – ergibt sich die **Quantitätstheorie,** wenn man bestimmte, falsifizierbare, Annahmen über die Bestimmung der Größe von V und über die Bestimmung des Bruttoinlandsprodukts macht. Solche Annahmen werden nun in der monetaristischen Theorie gemacht:

- V ist relativ stabil und wird jedenfalls nicht von Änderungen der Geldmenge beeinflußt.
- Die Entwicklung des Bruttoinlandsprodukts hängt ab vom Reallohn, vom Bevölkerungswachstum und vom technischen Fortschritt, jedenfalls nicht von der Geldmenge.

Unter diesen Annahmen bestimmt die Änderung der Geldmenge kausal die Änderung des Preisniveaus, wobei die **von anderen Faktoren** bestimmten Veränderungen von V und BIP berücksichtigt werden müssen.

1) V hat, bezogen auf das deutsche BIP, einen Wert von etwa 1,5.

Entsprechend wird die Geldmengensteuerung konzipiert. Nimmt man z. B. an, daß die Wachstumsrate des realen Bruttoinlandsprodukts 2 % betragen werde, daß die Umlaufgeschwindigkeit des Geldes (ein Reflex der Zahlungssitten) konstant bleibe und daß die Inflationsrate bei 2 % gehalten werden soll, dann wird die Geldpolitik ein Wachstum der Geldmenge – meist wird die Abgrenzung M3 gewählt – von 4 % anstreben. Ein Beispiel

Dies war das Konzept der Geldmengensteuerung der Deutschen Bundesbank, mit einer wichtigen Ergänzung: Die Deutsche Bundesbank richtete sich nicht nach dem erwarteten **tatsächlichen** Wachstum des Bruttoinlandsprodukts, sondern nach dem **möglichen** Wachstum im Rahmen der **Entwicklung des Produktionspotentials.** Dies soll die Entwicklung von konjunkturellen Schwankungen bereinigen und insgesamt zu einer Verstetigung der Entwicklung von Produktion und Preisen beitragen (potentialorientierte Geldpolitik).

Potentialorientierte Geldpolitik

Ein **direktes Inflationsziel** verfolgten in den letzten Jahren Großbritannien, Finnland, Schweden und Spanien. Die zuletzt genannten Ziele lagen meist bei einer Inflationsrate von 2 % und bezogen sich im Prinzip auf den allgemeinen Verbraucherpreisindex.

Inflationsziel

Eine **Wechselkursorientierung** ihrer Geldpolitik bevorzugten die kleineren europäischen Länder wie Österreich, die Niederlande, Belgien (einschließlich Luxemburg) und Dänemark, z. T. auch Irland und Portugal. Faktisch orientierten sich diese Länder am Wechselkurs ihrer Währung gegenüber der D-Mark.

Wechselkursorientierung

7.2 Die geldpolitische Strategie des Eurosystems

Die geldpolitische Strategie des Eurosystems für die dritte Stufe der Wirtschafts- und Währungsunion ist vom Rat der Europäischen Zentralbank entwickelt und am 13. Oktober 1998 der Öffentlichkeit vorgestellt worden. Ihre zentralen Elemente sind:

- Ziel der Preisstabilität, definiert als Anstieg des Harmonisierten Verbraucherpreisindex (HVPI) für das Eurosystem von unter 2 %.
- Eine herausragende Rolle der Geldmengenpolitik mit der Verkündung eines Referenzwertes für das Wachstum von M3.
- Eine breit fundierte Beurteilung der Aussichten für die künftige Preisentwicklung und die Risiken für die Preisstabilität im Eurosystem insgesamt.

Das Ziel der Preisstabilität

Wichtig erscheint, daß das Ziel der Preisstabilität relativ ehrgeizig und quantitativ relativ genau definiert worden ist: Preisstabilität wird definiert

Inflationsrate unter 2 %

als Anstieg des Harmonisierten Verbraucherpreisindex (HVPI) für das Euro-Währungsgebiet von unter 2 % gegenüber dem Vorjahr. In Einklang mit dieser Definition „muß Preisstabilität mittelfristig beibehalten werden" (EZB, Monatsbericht Januar 1999, S. 51). Zwei Prozent gilt also als Obergrenze und zugleich wird mit der Verwendung der Formulierung „Anstieg" deutlich, daß auch eine Deflation nicht als Preisstabilität interpretiert würde. Die gewählte Obergrenze von zwei Prozent entspricht weitgehend den vordem formulierten Vorstellungen der nationalen Zentralbanken.

Maßgröße ist der **Harmonisierte Verbraucherpreisindex** (HVPI), der einen Anstieg der Verbraucherpreise für alle beteiligten Länder in prinzipiell gleicher Weise erfaßt (vgl. Kapitel 24, Abschnitt 1). Die folgende Tabelle zeigt die Entwicklung dieses HVPI und macht deutlich, daß das Ziel, den Preisanstieg auf unter zwei Prozent zu begrenzen, schon seit 1997 erreicht worden war.

Tabelle 18.4: Preis- und Kostenentwicklung im Eurosystem
(soweit nicht anders angegeben, Veränderung gegen Vorjahr in %)

	1996	1997	1998	1998 Q2	1998 Q3	1998 Q4	1999 Q1	1998 Nov.	1998 Dez.	1999 Jan.	1999 Febr.	1999 März	1999 April
Harmonisierter Verbraucherpreisindex (HVPI) und seine Komponenten													
Gesamtindex darunter:	2,2	1,6	1,1	1,3	1,1	0,8	0,8	0,8	0,8	0,8	0,8	1,0	–
Waren	1,8	1,1	0,6	1,0	0,7	0,2	0,3	0,2	0,1	0,2	0,2	0,5	–
Nahrungsmittel	1,9	1,4	1,6	2,1	1,7	1,1	1,3	1,0	1,0	1,2	1,4	1,4	–
Verarbeitete Nahrungsmittel	1,9	1,4	1,4	1,6	1,4	1,2	1,2	1,2	1,1	1,3	1,3	1,2	–
Unverarbeitete Nahrungsmittel	1,8	1,4	2,0	2,8	2,1	0,8	1,4	0,6	0,9	1,1	1,5	1,7	–
Industrieerzeugnisse	1,8	1,0	0,1	0,4	0,1	–0,2	–0,2	–0,2	–0,4	–0,3	–0,4	–0,0	–
Industrieerzeugnisse (außer Energie)	1,6	0,5	0,9	0,9	1,0	0,9	0,8	0,9	0,9	0,8	0,7	0,7	–
Energie	2,6	2,8	–2,6	–1,4	–3,2	–4,4	–3,8	–4,4	–4,8	–4,4	–4,3	–2,8	–
Dienstleistungen	2,9	2,4	2,0	2,0	2,0	2,0	1,7	2,0	1,9	1,8	1,7	1,7	–

Quelle: EZB, Monatsbericht Mai 1999, S. 20.

Mittelfristige Preisstabilität

Schließlich soll Preisstabilität „mittelfristig" beibehalten werden. Das heißt, daß nicht auf alle kurzfristigen Störungen, wie z. B. eine Anhebung der Mehrwertsteuer oder ein kurzfristiges Schwanken der Ölpreise, kurzfristig reagiert werden kann und soll.

Die quantitative Geldmengensteuerung

Im Rahmen der Geldpolitik des ESZB soll die quantitative Geldmengensteuerung eine „herausragende" Rolle spielen (aber nicht die einzige).

Der Referenzwert für das Wachstum der Geldmenge M3 ist zunächst auf ein Wachstum von 4,5 % pro Jahr festgelegt worden, es ist also kein Korridor, wie er früher von der Bundesbank immer formuliert worden war.

M3-Wachstum von 4,5 %

Diese Festlegung von plus 4,5 % stützt sich auf folgende Annahmen:

- Die Wachstumsrate des realen Bruttoinlandsprodukts (BIP) liegt zwischen 2–2½ % pro Jahr.
- Mittelfristig verringert sich die Umlaufgeschwindigkeit von M3 um ca. ½–1 % jährlich.
- Der Preisanstieg muß unter 2 % liegen.

Weil eine Verminderung der Umlaufgeschwindigkeit gemäß der Quantitätstheorie wirkt, kann mithin folgendermaßen gerechnet werden:

$$M = \frac{\text{reales BIP} \cdot P}{V}$$

Daraus ergibt sich für die Änderungsraten (Δ)

$$\Delta M = \Delta BIP + \Delta P - \Delta V$$

$$\Delta M = +\ 2 \text{ bis } 2{,}5\,\% + 2\,\% + 0{,}5\,\%$$

$$= 4 \text{ bis } 4{,}5\,\% \text{ als Referenzwert.}$$

Zur Erklärung sei angemerkt: Wenn sich die Umlaufgeschwindigkeit des Geldes verringert, so wirkt dies ceteris paribus preisdämpfend (das Geld wird weniger häufig ausgegeben) und daher kann die Geldmenge M3 um diesen Prozentsatz stärker zunehmen als sonst (0,5 % wird also hinzugezählt, weil ein doppeltes Minus Plus ergibt).

Die breit fundierte Beurteilung der Aussichten für die Preisentwicklung

Dieses Konzept wird als eine der „beiden Säulen" (die andere Säule ist die Geldmengenpolitik) der Strategie zur Erreichung der Preisstabilität bezeichnet. Diese Formulierung kann nur als „Nebelkerze" bezeichnet werden, denn eine „breit fundierte Beurteilung der Aussichten für die Preisentwicklung" ist einerseits selbstverständlich und andererseits kein Strategieelement. Eine solche Beurteilung sollte sich in der Tat auf eine breite Palette von Indikatoren stützen; genannt werden u. a. die Löhne, Wechselkurse, Lohnstückkosten, Arbeitskosten, Rohstoffpreise und Ölpreise. Die folgende Tabelle stellt einige nützliche Indikatoren zusammen.

Insgesamt ist die formulierte geldpolitische Strategie des ESZB ein Kompromiß aus unterschiedlichen geldpolitischen Ansichten und unterschiedlichen geldtheoretischen Positionen. Eine Prävalenz der Ansichten der Deutschen Bundesbank und der geldtheoretischen Positionen des Monetarismus ist indes zu vermuten.

Tabelle 18.5: Entwicklung wichtiger Kosten- und Preisindikatoren im Eurosystem 1996 bis 1999 (Veränderungen gegenüber dem Vorjahr in %)

Indikatoren	1996	1997	1998	1998 Q2	1998 Q3	1998 Q4	1999 Q1
Industrielle Erzeugerpreise	0,4	1,1	–0,8	–0,2	–1,3	–2,3	–
Lohnstückkosten	1,8	0,4	–	–0,6	–0,6	–	–
Arbeitsproduktivität	1,6	2,3	–	1,8	1,8	–	–
Einkommen aus unselbständiger Arbeit je Arbeitnehmer	3,4	2,6	–	1,2	1,3	–	–
Arbeitskosten je Stunde insgesamt	2,8	2,3	1,4	1,6	1,7	1,1	–
Ölpreise (EUR je Barrel)	15,9	17,1	12,0	12,8	11,7	10,0	10,3
Rohstoffpreise	–6,9	13,0	–12,5	–10,7	–18,2	–20,5	–16,0

Quelle: EZB, Monatsbericht Mai 1999, S. 20.

C. Arbeitsaufgaben

1) *Was ist primäres Ziel der Geldpolitik?*
2) *Über welche geldpolitischen Instrumente verfügt die Europäische Zentralbank?*
3) *Was versteht man allgemein unter einer Offenmarktpolitik?*
4) *Wie wirkt eine expansive (kontraktive) Offenmarktpolitik auf die Zentralbankgeldmenge im Geschäftsbankensektor?*
5) *Wie ist die Offenmarktpolitik der EZB ausgestaltet?*
6) *Was versteht man allgemein unter einer Mindestreservepolitik?*
7) *Wie ist die Mindestreservepolitik der EZB ausgestaltet?*
8) *Welche geldpolitischen Strategien sind in Europa verfolgt worden?*
9) *Welche geldpolitische Strategie verfolgt die EZB?*
10) *Durch welche Theoriebausteine wird aus der Quantitätsgleichung die Quantitätstheorie?*

Lösungsvorschläge für die Arbeitsaufgaben im „Übungsbuch zu Grundlagen und Probleme der Volkswirtschaft".

D. Literatur

Eine detaillierte Darstellung der Geldpolitik im ESZB bietet

EUROPÄISCHE ZENTRALBANK, Die Einheitliche Geldpolitik in Stufe 3, Allgemeine Regelungen für die geldpolitischen Instrumente und Verfahren des ESZB, Frankfurt 1998.

Eine erste Darstellung der mit der Geldpolitik der EZB gemachten Erfahrungen gibt

EUROPÄISCHE ZENTRALBANK, Monatsbericht Mai 1999, S. 33–48.

Geldpolitische Strategien beschreibt

DEUTSCHE BUNDESBANK, Monatsbericht Januar 1998, S. 33–48.

Die Geldpolitik der EZB beschreibt

JARCHOW, Hans-Joachim, Theorie und Politik des Geldes 1, 10. Aufl., Göttingen 1998, Kapitel VI.

Die Geldpolitik allgemein stellt umfassend dar

JARCHOW, Hans-Joachim, Theorie und Politik des Geldes, Band II, 7. Aufl., Göttingen 1995

19. Kapitel

Bedeutung und Bestimmungsgründe des internationalen Handels

A. Lernzielorientierte Leitfragen und Fragenkomplexe

Leitfrage:
Welche Vorteile bietet der internationale Handel den beteiligten Ländern?

- *Welche Bedeutung hat der internationale Handel für die Bundesrepublik?*
- *Wie begründet sich die Vorteilhaftigkeit des Außenhandels?*
- *Welche Argumente sprechen für Freihandel, welche Argumente für Protektionismus?*
- *Durch welche Instrumente kann man den Außenhandel beeinflussen?*

Leitfrage:
Wovon hängt der internationale Handel eines Landes ab?

- *Welche Funktion hat der Wechselkurs?*
- *Wie wirkt eine Änderung der Wechselkurse auf den Außenhandel?*
- *Welche Rolle spielen Unterschiede in der Preisentwicklung der Länder für ihren Außenhandel?*
- *Welchen Einfluß üben Änderungen des Volkseinkommens auf den Außenhandel aus?*

B. Sachanalyse

1. Bedeutung des internationalen Handels für die Bundesrepublik

Der internationale Handel, auch Außenhandel genannt, ist für die Bundesrepublik von zentraler Bedeutung. Wie Tabelle 19.1 zeigt, machten die Exporte 1998 über 27 % des Bruttosozialproduktes aus, d. h. die Bundesrepublik ist stark exportabhängig. Auf der anderen Seite wird auch deutlich, daß sie in hohem Maße importiert: Der Anteil der Importe am Bruttosozialprodukt betrug 1998 26 %. Daneben sei erwähnt, daß die Bundesrepublik im Welthandel nach den USA den 2. Rang einnimmt.[1])

Starke Exportabhängigkeit

Hoher Anteil am Welthandel

1) Solche Rangordnungen werden sehr stark auch vom jeweiligen Dollar/DM-Wechselkurs beeinflußt, da die Anteile am Weltexport in Dollar berechnet werden

Tab. 19.1: Entwicklung des Außenhandels der Bundesrepublik absolut (in Mrd. DM) und in Relation zum BIP in jeweiligen Preisen

	1985	1990	1995	1996	1997	1998
Außenhandel						
1. Ausfuhr (fob)	537	662	750	789	889	949
2. Einfuhr (cif)	464	557	665	691	773	820
3. Saldo	+73	+105	+85	+98	+116	+129
Ergänzungen zum Warenverkehr						
4. Saldo	–2	–4	–5	–4	–6	–4
Dienstleistungen						
5. Einnahmen	91	104	120	131	145	150
6. Ausgaben	89	115	173	184	202	212
7. Saldo	+2	–11	–53	–53	–57	–62
Erwerbs- und Vermögenseinkommen						
8. Einnahmen	45	101	122	124	139	139
9. Ausgaben	37	74	121	122	142	155
10. Saldo	+8	+27	+1	+2	–3	–16
Laufende Übertragungen						
11. Saldo	–31	–39	–56	–52	–53	–53
Leistungsbilanz						
12. Saldo	+50	+78	–27	–8	–2	–6
Komponenten des Außenbeitrags						
13. Exporte (1+5+8)	673	867	992	1044	1173	1238
14. in v. H. BIP	36,7	35,4	28,8	29,6	32,4	32,9
15. Importe (2+6+9)	590	746	959	997	1117	1187
16. in v. H. BIP	32,2	30,5	27,9	28,3	30,8	31,6

Traditionell weist die Bundesrepublik hohe Überschüsse in der Handelsbilanz auf. Dies galt weitgehend auch für die Leistungsbilanz, die jedoch seit der Wiedervereinigung Deutschlands zum Teil erhebliche Defizite zeigte. In den letzten Jahren hat sich der negative Leistungsbilanzsaldo jedoch wieder deutlich verringert.

Die Exporte haben sich deutlich auf 949 Mrd. DM (1998) gesteigert, ihnen stehen Importe von 820 Mrd. DM gegenüber. Dagegen sind die Dienstleistungsbilanz – vor allem wegen der Urlaubsreisen der Deutschen (1998: netto –53,7 Mrd. DM) – und auch die Übertragungsbilanz – vor allem wegen der hohen Beiträge Deutschlands an die Europäische Union (1998: netto 29,6 Mrd. DM) – stark defizitär. Der hohe Handelsbilanzüberschuß wird benötigt, um die Defizite in den anderen Teilbereichen wenigstens teilweise auszugleichen.

Starke Handelsverflechtungen mit westlichen Industrieländern

Tabelle 19.2 zeigt mit einem Überblick über unsere wichtigsten Handelspartner, daß sich der Außenhandel der Bundesrepublik im wesentlichen mit wichtigen westlichen Industrienationen und hier vor allem mit den EU-Partnern und den USA vollzieht. Der Handel mit Entwicklungsländern ist relativ gering.

Schließlich gibt Tabelle 19.3 einen Überblick über die Güterstruktur unseres Außenhandels. Sie zeigt eine erhebliche Differenzierung innerhalb der Warengruppen zwischen Einfuhr und Ausfuhr. Die Bundesrepublik erzielt ihren Außenhandelsüberschuß vor allem bei Investitionsgütern und hat erhebliche Importüberschüsse bei Grundstoffen (Zeilen 1 bis 3). Stark verallgemeinert kann man sagen: Die Bundesrepublik liefert an den Weltmarkt technologisch hochwertige Investitions- und Konsumgüter und ist stark von importierten Rohstoffen abhängig.

Bundesrepublik als Exporteur hochwertiger Industriegüter

Abhängigkeit von Rohstoffimporten

2. Begründung und Erklärung des internationalen Handels

2.1 Vorteile der weltweiten Arbeitsteilung insgesamt

Der internationale Handel ermöglicht, die Vorteile einer weltweiten **Arbeitsteilung** zu realisieren, wie ADAM SMITH vor über 200 Jahren erkannte.

Der internationale Handel wird durch die Vorteile der Arbeitsteilung begründet

„Bei jedem klugen Hausvater ist es eine Regel, niemals etwas im Hause machen zu lassen, was ihn weniger kosten würde, wenn er es kaufte. Dem Schneider fällt es nicht ein, seine Schuhe zu machen, sondern er kauft sie vom Schuhmacher; dem Schuhmacher fällt es nicht ein, sich seine Kleider zu machen, sondern er beschäftigt den Schneider, und dem Landmann fällt es nicht ein, sich eines oder das andere zu machen, sondern er setzt jene beiden Handwerker in Nahrung. Alle diese Leute finden es in ihrem Interesse, ihren Gewerbefleiß ganz auf diejenige Art anzuwenden, in der sie etwas vor ihrem Nachbarn voraus haben, und dann ihren übrigen Bedarf mit einem Teile ihres eigenen Erzeugnisses oder, was dasselbe ist, mit dem Preis eines seines Teiles zu kaufen.

Was aber in der Handlungsweise einer Familie Klugheit ist, das kann in der eines großen Reiches wohl schwerlich Torheit sein. Wenn uns ein fremdes Land mit einer Ware wohlfeiler versehen kann, als wir sie selbst zu machen imstande sind, so ist es besser, daß wir sie ihm mit einem Teile vom Erzeugnis unseres eigenen Gewerbefleißes, in welchem wir vor dem Auslande etwas voraushaben, abkaufen."

A. SMITH, Der Reichtum der Nationen, 2. Band, 1776.

Ein entscheidender Grund für die Vorteilhaftigkeit des internationalen Handels ist also die Unterschiedlichkeit der Produktionskosten und letztlich die Unterschiedlichkeit der Preise für die Güter in den einzelnen Ländern. Eine genaue Betrachtung zeigt, daß nicht nur absolute Preisvorteile – Land 1 produziert Gut A billiger als Land 2 – sondern auch relative (komparative) Preisvorteile – Land 1 produziert Gut A im Verhältnis zu Gut B billiger als Land 2 – einen Außenhandel vorteilhaft machen (Theorem des komparativen Kostenvorteils von David RICARDO). Dies liegt daran, daß der Wechselkurs relative Preisvorteile in **absolute Preisvorteile** umsetzt (vgl. dazu Abschnitt 2.4). Zu fragen ist an dieser Stelle daher zunächst nach den Ursachen (relativer) Preisvorteile.

Letztlich begründen unterschiedliche Preise die Vorteile des Außenhandels

Tab. 19.2: Die Handelspartner der Bundesrepublik

	Früheres Bundesgebiet					Deutschland Gesamt			
	1950	1960	1970	1980	1990	1995	1996	1997	1998
					Einfuhr				
insgesamt (in Mrd. DM)	**11,4**	**42,7**	**109,6**	**341,4**	**550,6**	**664,2**	**690,4**	**772,2**	**821,1**
					in %				
EG-Länder	39,6	39,5	51,5	48,6	52,1	56,5	56,3	55,0	53,7
darunter									
Belgien/Luxemburg	3,6	5,7	9,5	7,2	7,2	6,6	6,4	6,1	5,6
Frankreich	6,1	9,4	12,7	10,7	11,8	11,0	10,7	10,5	11,0
Großbritannien	4,3	4,6	3,9	6,7	6,7	6,6	6,9	7,0	6,8
Italien	4,5	6,1	9,9	7,9	9,4	8,6	8,4	7,9	7,7
Niederlande	11,0	8,5	12,1	11,5	10,2	8,8	8,9	8,7	8,0
Österreich	1,6	2,7	2,1	2,9	4,3	3,9	4,0	3,8	3,9
Schweiz	3,1	3,8	3,0	3,6	4,2	4,2	4,0	3,8	4,0
USA	15,2	14,0	11,0	7,5	6,7	6,8	7,2	7,6	8,2
Japan	0,3	0,7	1,9	3,1	6,0	5,3	5,0	4,9	5,0
Westliche Industrieländer	73,3	72,8	79,8	74,4	82,5	77,0	76,8	75,8	74,9
Mittel- u. Osteuropa[1])	3,1	4,8	4,0	5,1	5,4	8,7	9,0	9,6	10,2
OPEC[2])	4,9	6,8	6,3	11,0	2,6	1,7	1,8	1,8	1,4
Übrige Entwicklungsländer	18,6	15,3	9,8	9,4	9,5	4,7	4,4	4,5	4,4
Ostasiatische Schwellenländer[3])	·	·	0,8	1,2		5,3	5,2	5,2	5,1
					Ausfuhr				
insgesamt (in Mrd. DM)	**8,4**	**47,9**	**125,3**	**350,3**	**642,8**	**749,5**	**788,9**	**888,6**	**949,7**
					in %				
EG-Länder	48,9	40,3	49,8	51,1	54,5	58,3	57,5	55,5	56,4
darunter									
Belgien/Luxemburg	8,1	6,0	8,2	7,8	7,4	6,6	6,3	5,8	5,7
Frankreich	7,3	8,8	12,4	13,3	13,0	11,8	11,1	10,6	11,1
Großbritannien	6,4	4,5	3,6	6,5	8,5	8,3	8,1	8,4	8,6
Italien	5,9	5,9	8,9	8,5	9,3	7,6	7,5	7,3	7,4
Niederlande	13,9	8,8	10,6	9,5	8,4	7,8	7,6	7,1	6,9
Österreich	3,7	5,1	4,5	5,5	5,7	5,6	5,8	5,3	5,3
Schweiz	5,9	6,2	6,1	5,7	6,0	5,3	4,8	4,5	4,4
USA	5,7	7,9	9,1	6,1	7,3	7,2	7,6	8,6	9,4
Japan	0,4	1,0	1,6	1,1	2,7	2,5	2,7	2,3	1,9
Westliche Industrieländer	80,5	76,3	83,6	79,3	85,4	76,9	76,3	75,1	76,2
Mittel- u. Osteuropa[1])	4,3	4,8	4,3	5,5	4,3	8,0	8,9	10,2	10,7
OPEC[2])	2,5	3,8	2,9	6,5	2,8	2,2	2,1	2,3	2,0
Übrige Entwicklungsländer	12,4	14,8	9,0	8,3	7,3	5,4	5,2	5,3	5,6
Ostasiatische Schwellenländer[3])	·	·	1,0	2,4	·	5,6	5,6	5,5	3,9

ab 1992: EU 15.

[1]) Ehemals: Staatshandelsländer.

[2]) Algerien, Gabun, Indonesien, Irak, Iran, Katar, Kuwait, Libyen, Nigeria, Saudi-Arabien, Venezuela und Vereinigte Arabische Emirate.

[3]) Hong Kong, Singapur, Südkorea, Brunei, Indonesien, Malaysia, Philippinen, Taiwan und Thailand.

Quelle: Institut der deutschen Wirtschaft, Zahlen zur wirtschaftlichen Entwicklung der Bundesrepublik Deutschland, 1999

Tab. 19.3: Ein- und Ausfuhr der Bundesrepublik nach Warengruppen in % der Gesamteinfuhr bzw. der Gesamtausfuhr

	Export		Import	
	1991	1998	1991	1998
Insgesamt (Mrd. DM)	665,8	949,7	643,9	821,1
	in %			
Agrarprodukte, Nahrungs- und Genußmittel	5,0	4,3	9,3	7,9
Mineralische Brennstoffe	1,3	1,0	8,3	5,6
Übrige Rohstoffe	2,1	1,8	4,7	4,1
Chemische Erzeugnisse	12,7	13,0	8,4	9,0
Eisen, Stahl, Metalle, Metallwaren	8,5	7,6	7,8	7,2
Maschinen, Anlagen	18,6	17,8	8,5	8,6
Büromaschinen, Datenverarbeitungsgeräte	2,4	2,4	4,4	5,0
Elektrotechnische Geräte	9,4	10,0	8,1	9,5
Straßenfahrzeuge	15,4	17,5	10,5	9,8
Textilien, Bekleidung	5,1	3,9	9,3	7,2
Feinmechanische und optische Erzeugnisse	3,4	3,4	2,7	2,6

Quelle: Institut der chemischen Wirtschaft, Zahlen zur wirtschaftlichen Entwicklung der Bundesrepublik Deutschland, 1999

Neben preislichen Vorteilen spielt die **Produktdifferenzierung** in der neuen Außenhandelstheorie eine zunehmende Rolle für die Begründung der intraindustriellen Außenhandelsströme (vgl. hierzu Abschnitt 2.3)

2.2 Preisdifferenzen als Ursache internationaler Handelsströme

Letztlich lassen sich die Ursachen relativer Preisunterschiede auf drei Bestimmungsfaktoren zurückführen:

- Unterschiede im Produktionsverfahren;
- Unterschiede in der Ausstattung mit Produktionsfaktoren (Faktorausstattung);
- Unterschiede im Nachfrageverhalten.

2.2.1 Unterschiede im Produktionsverfahren

Auf Unterschiede im Produktionsverfahren im weitesten Sinne lassen sich folgende Begründungen des Außenhandels zurückführen.

Unterschiedliche Verfügbarkeit

Die unterschiedliche Ausstattung der Länder mit natürlichen Ressourcen wie Boden, Klima und Rohstoffen begründet, daß manche Länder einige Produkte nicht selbst herstellen können, sondern auf den Import angewiesen sind. Typische Beispiele sind Erdöl und mineralische Rohstoffe wie Chrom, Nickel, Zinn usw. sowie tropische Agrarprodukte wie z. B. Kaffee und Bananen.

Unterschiedliche natürliche Produktionsbedingungen

Auch wenn manche Länder die gleichen Produkte produzieren können, so begründet doch die unterschiedliche Ausstattung mit Ressourcen Kostenunterschiede in der Produktion. So ist es teurer, Steinkohle in der Bundesrepublik abzubauen als in den USA, weil die Abbautiefen ganz unterschiedlich sind, und so ist es sicher teurer, Getreide in Norwegen zu produzieren als in Frankreich.

Technologische Lücke

Ähnlich wie bei unterschiedlicher natürlicher Verfügbarkeit kann es eine unterschiedliche technologische Verfügbarkeit, sogar technologische Verfügbarkeitsmonopole geben. Nicht alle Länder verfügen über einen technologischen Entwicklungsstand, der es ihnen erlauben würde, technologisch hochwertige Produkte, z. B. EDV-Geräte oder Flugzeuge, selbst zu produzieren. Diese müssen daher bei Bedarf importiert werden.

Größenersparnisse der Produktion

Der Außenhandel erweitert die Märkte, schafft größere Märkte. Diese Ausdehnung bietet die Möglichkeit, die Vorteile der **Massenproduktion,** die economies of scale (vgl. Kapitel 7), verstärkt zu nutzen. Mit der Zunahme der Produktionsmenge geht eine Annäherung an die mindestoptimale Betriebsgröße (MOB) einher. Damit wird die Vorteilhaftigkeit der Spezialisierung ganz allgemein begründet: Auch wenn im Ausgangszustand „beide Länder beide Produkte" zu genau den gleichen absoluten und relativen Preisen produzieren könnten, lohnt eine Spezialisierung der Länder auf die Produktion jeweils eines Gutes, weil dann die Kostenvorteile der Massenproduktion genutzt werden. Es ist in einem solchen Fall allerdings nicht bestimmt, welches Land sich auf welche Produktion spezialisiert. Möglicherweise sind hierzu Vereinbarungen notwendig.

Vorteilhaftigkeit der Spezialisierung generell

2.2.2 Unterschiede in der Faktorausstattung

Auch wenn – dies sei einmal angenommen – die Länder für das jeweils gleiche Produkt die gleichen technischen Produktionsbedingungen aufweisen, also die gleiche Produktionsfunktion haben, kann sich der internationale Tausch lohnen. Dies ist dann der Fall, wenn die Länder unterschiedlich mit Produktionsfaktoren ausgestattet sind und wenn die Produktionsfunktionen sich zwar nicht zwischen den Ländern, aber zwischen den Produkten unterscheiden. Ein Beispiel soll dies klarmachen. Land 1 ist reich mit Kapital und wenig mit Arbeit ausgestattet, während Land 2 umgekehrt reich mit Arbeit und wenig mit Kapital ausgestattet ist. Diese unterschiedlichen Faktorproportionen führen zu unterschiedlichen **Faktorpreisproportionen:** Im kapitalreichen Land 1 wird Kapital relativ zur Arbeit billig sein, während im arbeitsreichen Land Arbeit im Verhältnis zum Kapital billig sein wird. Es unterscheiden sich mithin die Faktorpreise Lohn und Zins in ihren Proportionen. Es gibt dann z. B. in Land 1 einen Lohn von 15 Euro pro Stunde und einen Realzins von 5 Euro je Kapitaleinheit und im Land 2 einen Lohn von 1000 Drachmen und einen Realzins von 500 Drachmen. Mithin ist

Unterschiedliche Faktorproportionen …

… führen zu unterschiedlichen Faktorpreisproportionen …

$$\frac{15\text{ Euro}}{5\text{ Euro}} > \frac{1000\text{ Dr}}{500\text{ Dr}} \quad (3 > 2)$$

Es gebe nun auch zwei Güter, von denen das eine kapitalintensiv produziert wird – z. B. Maschinen – und das andere arbeitsintensiv produziert wird – z. B. Möbel. Aufgrund der unterschiedlichen Faktorpreisproportionen produziert mithin das kapitalreiche Land Maschinen im Verhältnis zu Möbeln billiger als das arbeitsreiche Land. Es gilt:

$$\text{Land 1} \quad \frac{\text{Maschinenpreis}}{\text{Möbelpreis}} < \text{Land 2} \quad \frac{\text{Maschinenpreis}}{\text{Möbelpreis}}$$

Es unterscheiden sich mithin schließlich auch die Güterpreisproportionen, und diese Unterschiedlichkeit begründet die Vorteilhaftigkeit des Handels:

… und zu unterschiedlichen Güterpreisproportionen

> Relativ kapitalreiche Länder werden kapitalintensive Produkte exportieren und arbeitsreiche Produkte importieren, während relativ arbeitsreiche Länder arbeitsintensive Produkte exportieren und kapitalintensive Produkte importieren.

Dies ist der Inhalt des **Faktorproportionen-Theorems** von HECKSCHER und OHLIN, das also z. B. erklären kann, warum Deutschland Werkzeugmaschinen exportiert und spanischen Sekt importiert.

Man kann die Palette der betrachteten Produktionsfaktoren schließlich erweitern und differenzieren:

Erweiterung des Faktorproportionentheorems

„Das bodenreiche Land exportiert das bodenintensiv produzierte Gut (landwirtschaftliches Produkt). Oder: Das rohstoffreiche Land exportiert das rohstoffintensiv hergestellte Produkt. Oder: Das umweltreiche Land exportiert das umweltintensiv produzierte Gut. Und: Das mit landschaftlicher Schönheit reichlich ausgestattete Land exportiert das landschaftsintensive Produkt (Tourismus). Das humankapitalreiche Land exportiert das humankapitalintensive Produkt. Schließlich (weniger faßbar): Das innovationsfreudige Land exportiert das innovationsintensive Produkt (neues Produkt). Entscheidend ist also für die Heckscher-Ohlin-Aussage, die Faktorreichlichkeit eines Landes mit der Faktorintensität der Produktion zu kombinieren." (SIEBERT, Horst, Außenwirtschaft, 1989, S. 51).

Spezialisierung auf Güter in unterschiedlichen Phasen des Produktzyklus

In diesem Zusammenhang kann zur Erklärung des Außenhandels der **Produktzyklus der Güter** herangezogen werden: Jedes neue Produkt wird in der Regel nach seiner Markteinführung einen Zyklus durchlaufen, der durch drei Stadien gekennzeichnet ist: die Innovationsphase, die Ausreifungsphase und die Standardisierungsphase. Die Innovation setzt zunächst eine hohe technologische Qualifikation voraus (sie ist „intelligenzintensiv"), dies ist die Domäne hochentwickelter Industrienationen; die Ausreifungsphase erfordert eine eher kapitalintensive Produktion auf mittlerem technologischen Niveau, dies ist eher die Domäne für mittlere Industrienationen; und die Standardisierungsphase ist eher Domäne der Entwicklungsländer im Stadium der Industrialisierung (Schwellenländer). Diese Grundlinie der Erklärung gilt auch für jeweils einzelne Produkte, nicht nur für Ländergruppen. So wird nicht ein hochentwickeltes Land jeweils alle Innovationen hervorbringen, sondern die Länder werden sich auch hier spezialisieren.

2.2.3 Unterschiede im Nachfrageverhalten

Schließlich kann das unterschiedliche Nachfrageverhalten in den Ländern – auch bei gleichen Produktionsverfahren und gleicher Faktorausstattung – Preisunterschiede begründen, die dann wiederum einen Außenhandel lohnend erscheinen lassen.

Wichtig ist zu erkennen, daß diese verschiedenen Erklärungen in der Regel kombiniert anzuwenden sind. Sie begründen insgesamt eine substantielle Vorteilhaftigkeit des Außenhandels, und zwar – anders als auf den ersten Blick zu vermuten ist – für alle Länder, auch für Länder, die für alle Güter Preisvorteile bzw. Preisnachteile aufweisen. Das zeigt das Theorem der komparativen Kosten.

2.3 Produktdifferenzierung als Bestimmungsgrund von internationalen Handelsströmen

Beobachtet man den Handel zwischen ähnlichen Volkswirtschaften (Kultur, Pro-Kopf-Einkommen, geographische Nähe), so stößt man auf das Phänomen, daß sich ein Großteil der Handelsströme zwischen zwei Ländern sich auf Güter derselben Güterklasse, z. B. auf Automobile oder Uhren bezieht, wobei für jede Güterklasse internationale Güterströme in beiden Richtungen fließen. Man spricht vom **intraindustriellen Handel.** Dieser Handel kann offenbar nicht durch Preisvorteile eines Landes erklärt werden, da dann der Handelsstrom nur in eine Richtung fließen würde. Eine plausible Erklärung ergibt sich, wenn man davon ausgeht, daß Produktdifferenzierung besteht. In diesem Fall besitzen die Anbieter Preissetzungsspielräume, da die Käufer in den Produkten einer Güterklasse, z. B. den Personenkraftwagen einer bestimmten Klasse, unterschiedliche Güter sehen. Der Grund hierfür können vom Nachfrager wahrgenommene tatsächliche oder vermeintliche Qualitätsunterschiede sein, z. B. weil er etwa einem bestimmten Markennamen besonders zugeneigt ist („Ein Alfa Romeo ist etwas anderes als ein BMW"). In diesem Fall ist es rational, wenn Güter im Ausland selbst dann gekauft werden, wenn die Preise im Ausland nicht niedriger, sondern gleich oder sogar höher sind. Geht man nun realistischerweise davon aus, daß die Vorlieben (Präferenzen) für die Güter bei unterschiedlichen Personen unterschiedlich sind, so ist es leicht vorstellbar, daß z. B. ein Haushalt A des Inlandes sich für ein ausländisches Automobil entscheidet, während ein Haushalt B des Auslandes ein inländisches Automobil vorzieht.

Intraindustrieller Handel läßt sich durch Produktdifferenzierung erklären

Nur der Vollständigkeit halber sei erwähnt, daß sich intraindustrieller Handel auch durch die Existenz von Transportkosten bei besonderer räumlicher Verteilung der Anbieter in beiden Ländern erklären läßt.

2.4 Das Theorem der komparativen Kosten (Ricardo)

Eines der berühmtesten klassischen ökonomischen Theoreme, das Theorem der komparativen Kosten, das 1817 von dem Engländer David Ricardo (1772–1823) entwickelt wurde, begründet, daß sich ein internationaler Güteraustausch auch dann für zwei Länder lohnt, wenn eines der beiden Länder **alle** Produkte billiger produzieren kann als das andere Land. Wichtig ist nur, daß die Produktionskosten**relationen** in den Ländern unterschiedlich sind.

Das Theorem der komparativen Kosten

Ein einfaches Beispiel soll diesen Gedanken erläutern. Zwei Länder, die Bundesrepublik und Tschechien, produzieren nur Stahl und Rindfleisch. Der Einfachheit halber sei angenommen, daß die Produktionskosten allein durch die Arbeitsstunden bestimmt werden, die zur Produktion der Produkte benötigt werden. Man kann dann die Produktionsmöglichkeiten beider Länder wie in Abb. 19.1 für einen 12-Stunden-Arbeitstag in Form der Transformationskurven (vgl. Kapitel 1) einzeichnen. Sie sind hier der Einfachheit halber linear gezeichnet, ohne daß dies an der Argumentation etwas ändert.

Ein Beispiel für unterschiedliche Produktionskostenrelationen

Die Transformationslinien unseres einfachen Beispiels spiegeln folgende Produktioinsmöglichkeiten wider:

In der Bundesrepublik benötigt man zur Produktion von 1 kg Stahl 1 Arbeitsstunde, zur Produktion von 1 kg Rindfleisch 2 Arbeitsstunden, also

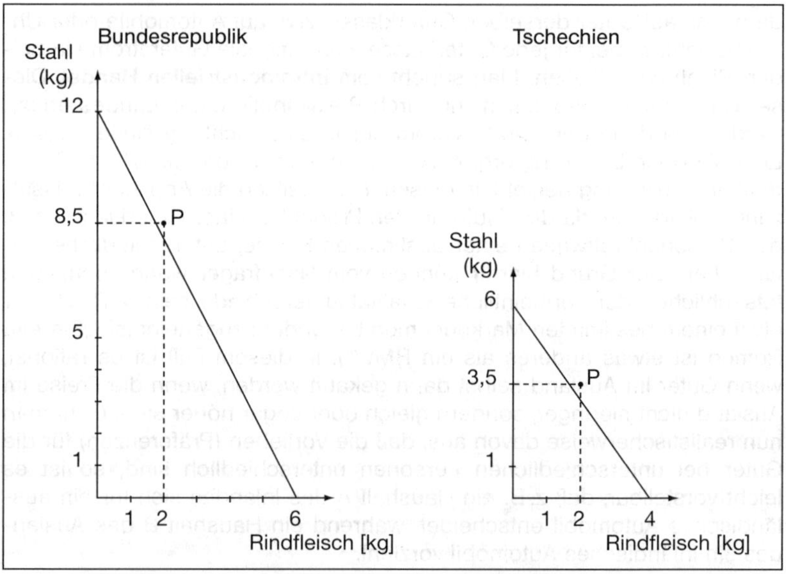

Abb. 19.1: Die Produktionsmöglichkeiten (Transformationslinien) für die Bundesrepublik und Tschechien für einen 12-Stunden-Arbeitstag

kann die Bundesrepublik pro Arbeitstag 12 kg Stahl oder 6 kg Rindfleisch oder beliebige Mischungen, z.B. 6 kg Stahl und 3 kg Rindfleisch, produzieren. Wichtig ist, daß 1 kg mehr Rindfleisch den Verzicht auf 2 kg Stahl erfordert: 1 kg Rindfleisch kostet also 2 kg Stahl und umgekehrt kostet 1 kg Stahl ½ kg Rindfleisch. Dies sind die **internen** deutschen Tauschverhältnisse.

In Tschechien benötigt man zur Produktion von 1 kg Stahl 2 Arbeitsstunden und zur Produktion von 1 kg Rindfleisch 3 Arbeitsstunden, also kann Tschechien pro Arbeitstag 6 kg Stahl oder 4 kg Rindfleisch oder Kombinationen davon produzieren. 1 kg Rindfleisch mehr kostet Tschechien den Verzicht auf die Produktion von 1,5 kg Stahl. 1 kg Rindfleisch kostet also 1,5 kg Stahl. Und 1 kg Stahl kostet 0,67 kg Rindfleisch. Dies sind die **internen** tschechischen Tauschverhältnisse. Während also absolut gesehen sowohl Stahl als auch Rindfleisch in der Bundesrepublik mit weniger Arbeitsaufwand produziert werden kann, ist Rindfleisch in Tschechien relativ (zum Stahl) billiger als in der Bundesrepublik. Und Stahl ist in der Bundesrepublik relativ (zum Rindfleisch) billiger als in Tschechien.

Bundesrepublik	Tschechien
1 kg R 2 kg S 1 kg S 0,5 kg R	1 kg R 1,5 kg S 1 kg S 0,67 kg R

Ein finder Händler könnte diese **komparativen Kostenunterschiede** gewinnbringend ausnutzen. Er erwirbt 1 kg Rindfleisch in Tschechien, transportiert es nach Deutschland, erhält dort 2 kg Stahl, von denen er 1,5 kg zur Bezahlung des Rindfleisches in Tschechien verwenden würde. 0,5 kg Stahl abzüglich der Transportkosten wären sein Gewinn.

Gewinnmöglichkeiten bei komparativen Kostenunterschieden

Im internationalen Handel bilden sich nun Preise und Wechselkurse (vgl. Abschnitt 5.1) und damit Tauschverhältnisse zwischen Rindfleisch und Stahl. Welche Austauschverhältnisse sich einstellen, hängt ab von Angebot und Nachfrage, von Marktverhältnissen und Machtverhältnissen: Sicher kann man allerdings sein, daß bei freiem Handel die zwischen den Ländern geltenden (externen) Tauschrelationen zwischen den inländischen (internen) Tauschrelationen liegen müssen. In unserem Beispiel muß das externe Tauschverhältnis von Rindfleisch und Stahl zwischen dem tschechischen und deutschen internen Tauschverhältnis liegen, also zwischen

$$1\ R = 1{,}5\ S \text{ und } 1\ R = 2\ S,$$

weil sich sonst der Tausch für eines der beiden Länder nicht lohnt. Nehmen wir an, die Tauschrelation liege in der Mitte:

$$1\ R = 1{,}75\ S.$$

In diesem Fall brächte eine Spezialisierung der Produktion auf das jeweils relativ billigere Produkt beiden Ländern einen Vorteil:

Spezialisierung ist vorteilhaft

- Deutschland produziert 12 kg Stahl und tauscht davon z. B. 3,5 kg gegen 2 kg Rindfleisch;
- Tschechien produziert 4 kg Rindfleisch und tausch davon z. B. 2 kg gegen 3,5 kg Stahl.

Beide Länder erreichen damit durch Spezialisierung und Tausch einen Punkt außerhalb ihrer Transformationskurve (Punkt P in Abb. 19.1), also einen Punkt, den sie bei alleiniger Selbstproduktion nicht hätten erreichen können.

Drücken wir diesen Sachverhalt unter Verwendung von Geldpreisen und Wechselkursen aus. Es gelte z. B. 1 Arbeitsstunde 1 Euro bzw. 40 Kronen.

Dann gelten folgende Preise:

Bundesrepublik	Tschechien
1 kg R = 2 Euro 1 kg S = 1 Euro	1 kg R = 120 Kronen 1 kg S = 80 Kronen

Wenn jetzt ein Wechselkurs von 1 Euro = 40 Kronen festgesetzt wäre, wäre in der Bundesrepublik alles billiger als in Tschechien, sowohl in Euro als auch in Kronen ausgedrückt. Dies würde dazu führen, daß Tschechien Euro-Devisen nachfragen würde und mit steigender Euro-Nachfrage würde der Euro aufgewertet, z. B. 1 Euro = 70 Kronen.

Der Wechselkurs verwandelt komparative in absolute Preisvorteile

Dann würden folgende Kronen-Preise gelten,

Bundesrepublik	Tschechien
1 kg R = 2 Euro = 140 Kronen 1 kg S = 1 Euro = 70 Kronen	1 kg R = 120 Kronen 1 kg S = 80 Kronen

und der Außenhandel würde sich für beide Länder lohnen: Tschechien exportiert Rindfleisch, und die Bundesrepublik exportiert Stahl. So setzt der Wechselkurs komparative Preisvorteile in absolute Preisvorteile um.

2.5 Die Vorteilhaftigkeit des internationalen Handels

Fassen wir noch einmal zusammen. Der internationale Handel erlaubt – und zwar für alle Länder – eine Ausweitung der Produktions- und Konsummöglichkeiten. Dies liegt im wesentlichen an der Realisierung von absoluten und relativen Produktionskostenvorteilen und in den Vorteilen der Massenproduktion.

Freihandel verstärkt den Wettbewerb

Hinzu kommt ein Faktor von möglicherweise noch größerer Bedeutung: Der freie internationale Handel verstärkt den Wettbewerb zwischen den Anbietern und bietet damit ein Mehr an **Wachstumsdynamik.**

Monopolrenten werden abgebaut, und die Neigung zu Produkt- und Prozeßinnovation wird verstärkt. Und schließlich werden die Kaufmöglichkeiten der Konsumenten mit steigendem Produktsortiment erweitert. Dies alles spricht für einen freien Außenhandel, doch sind damit möglicherweise auch Nachteile verbunden, die im folgenden kurz diskutiert werden sollen.

3. Freihandel oder Protektionismus?

Unter **Freihandel** verstehen wir einen völlig unbehinderten internationalen Güteraustausch; der **Protektionismus** ist eine Politik der Einfuhrbeschränkung und Exportförderung zum Schutz bzw. zur Unterstützung der einheimischen Produktion. Ihre Instrumente sind im wesentlichen Zölle, Kontingente[2]) und nichttarifäre Handelshemmnisse (vgl. Abschnitt 4 dieses Kapitels).

Die Freihandelsidee verkörpert den klassischen Wirtschaftsliberalismus

Die Freihandelsidee ist die beherrschende Idee des klassischen Wirtschaftsliberalismus: Die Vorteile der Arbeitsteilung würden am besten im freien Wettbewerb unabhängiger Produzenten und Konsumenten realisiert, Eingriffe des Staates seien nur von Nachteil.

In der Tat wird kaum bestritten, daß Freihandel die Gesamtproduktion der Welt bei gegebener Ausstattung mit Produktionsfaktoren maximiert. Fraglich ist nur,

2) Weitere Eingriffe sind denkbar, wie z. B. Exportsubventionen oder staatliche Außenhandelsmonopole, sollen hier indes nicht behandelt werden.

- ob der Freihandel die Entwicklung der Produktivkräfte der einzelnen Länder optimal fördert und

- ob die Verteilung des resultierenden Überschusses nach den Regeln des freien Wettbewerbs unseren Gerechtigkeitsvorstellungen entspricht.

Freihandel garantiert nicht die optimale Entwicklung der Produktionsstruktur der Länder und garantiert nicht die „gerechte" Verteilung des Überschusses

In unserem gewählten Beispiel würde sich Tschechien der Freihandelsidee folgend auf die Produktion von Rindfleisch und die Bundesrepublik auf die Produktion von Stahl spezialisieren.

Da zwar der Bedarf an Stahl im Zuge der Industrialisierung laufend wächst, die Nachfrage nach Rindfleisch hingegen eine natürliche Grenze erreichen wird, hätte diese Arbeitsteilung für Tschechien langfristig die nachteilige Konsequenz, daß die Nachfrage nach seinem Exportgut stagniert, seine Importwünsche hingegen laufend steigen würden.

Dieses Beispiel gilt allgemein: Langfristig würden die Anbieter von landwirtschaftlichen Produkten (Bananen, Kakao, Kaffee usw.) im Welthandel gegenüber den Anbietern von Industrieprodukten verlieren, wie die bisherige Entwicklung des Welthandels deutlich zeigt. Die Nachfrage nach Industrieprodukten und deren Preise stiegen weitaus schneller als die Nachfrage nach landwirtschaftlichen Gütern und Rohstoffen und deren Preise. Weil auf die Dauer nur eine Steigerung der Arbeitsproduktivität durch Mechanisierung und Industrialisierung eine Zunahme des materiellen Wohlstandes bewirken kann, müssen alle Länder die Entwicklung einer heimischen Industrie anstreben. Hier kommt dann das sogenannte **Schutzzoll- bzw. Erziehungszollargument** zum Tragen, als dessen Begründer allgemein der deutsche Nationalökonom FRIEDRICH LIST (1789–1846) gilt. Schutzzölle oder Importquoten sollen für eine gewisse Zeit der Entwicklung der heimischen Industrie Schutz vor der erdrückenden Konkurrenz der entwickelten ausländischen Industrienationen bieten. So ist der Industrialisierungsprozeß in Deutschland im 19. Jahrhundert durch das Mittel des Schutzzolles erleichtert worden, der den Konkurrenzkampf mit der entwickelteren englischen Industrie zu bestehen half.

Zölle zum Schutz der heimischen Industrie

Wenn man also zugestehen muß, daß Freihandel die Entwicklung der Produktivkräfte unterentwickelter Länder nicht von sich aus fördert, so ist doch andererseits zu fragen, ob man die heimische Industrie nicht durch andere Mittel als Schutzzölle, z. B. durch Subventionen und Planungshilfen, besser fördern könnte.

Weitere Argumente gegen Freihandel

Es gibt einige weitere Gründe, die dem Prinzip des Freihandels entgegengehalten werden; sie sollen hier nur aufgezählt werden:

- Bestimmte Wirtschaftszweige sollen geschützt werden, um im Falle eines Krieges lebens- und verteidigungsfähig zu bleiben (Landwirtschaft, Erdöl, Eisen, Stahl usw.);

- extreme Spezialisierungen der Wirtschaftsstruktur eines Landes sind im Interesse langfristiger Stabilität zu vermeiden (ein Land, das nur Kaffee exportiert, ist auf Gedeih und Verderb von der Entwicklung der Kaffeepreise auf dem Weltmarkt abhängig);
- Importzölle auf Luxusgüter sind für unterentwickelte Länder zum einen ein Mittel, die Staatseinnahmen zu erhöhen, zum anderen ein Mittel, den Devisenabfluß zu beschränken.

Im allgemeinen wird vor allem den bisher unterentwickelten Ländern ein Schutz vor Anwendung des reinen Freihandelsprinzips zugestanden; keinesfalls gilt diese Rechtfertigung für Schutzzölle bzw. Importkontingente zugunsten einiger Wirtschaftszweige hochentwickelter Nationen.

Schutzzölle allenfalls für unterentwickelte Länder

Trotzdem werden heimische Wirtschaftszweige auch entwickelter Länder immer wieder vor der Konkurrenz billiger Auslandsprodukte geschützt. Dies ist eine sehr kurzsichtige Politik, die vergißt, daß

- andere Länder „Vergeltungsmaßnahmen" einführen werden, bis schließlich der freie Welthandel erstickt,
- die Einnahmen, die andere Länder aus dem Export ihrer Produkte erzielen, wiederum für Importe unserer Güter ausgegeben werden können,
- der Schutz heimischer Industriezweige vor der Auslandskonkurrenz schließlich die Verbraucher in Form höherer Preise für diese Güter bezahlen läßt.

Der Leser wird erkennen, daß letztlich meist **zwischen Effizienz und sozialer Gerechtigkeit abzuwägen** ist: Freier Wettbewerb und Welthandel sind effizient, bieten aber den Schwachen keinen Schutz vor Ausbeutung und keine Gewähr für eine langfristig optimale Entwicklung ihrer Wirtschaftsstruktur.

4. Instrumente der Außenhandelspolitik

Viele Länder versuchen, entsprechend diesen Überlegungen, ihren Außenhandel zu kontrollieren, zu beeinflussen. In Marktwirtschaften werden hierzu im wesentlichen Zölle erhoben oder Kontingente eingeführt oder nichttarifäre Handelshemmnisse eingebaut.

Zölle

Zölle sind Abgaben, die beim grenzüberschreitenden Warenverkehr vom Staat erhoben werden. Heute gibt es praktisch nur noch Einfuhrzölle (Importzölle). Sie haben entweder das Ziel, dem Staat Einnahmen zu verschaffen (Finanzzoll) oder einen einheimischen Wirtschaftszweig vor ausländischer Konkurrenz zu schützen (Schutzzoll). Meist lassen sich beide Motive kaum trennen.

Kontingente

Um heimische Wirtschaftszweige vor ausländischer Konkurrenz zu schützen, werden bisweilen auch Kontingente festgesetzt. **Kontingente** sind mengenmäßige Beschränkungen des grenzüberschreitenden Warenverkehrs, fast immmer Einfuhr(Import)kontingente. Es sind nicht marktkonforme Mittel, weil sie den Preismechanismus außer Kraft setzen.

Handelsverträge

Ein weiteres Instrument, den Außenhandel zu beeinflussen, sind **Handelsverträge** zwischen den Ländern. Solche Abkommen sind z. B. die von der Europäischen Union mit assoziierten **AKP-Staaten** (Entwicklungsländer **A**frikas, der **K**aribik und des **P**azifischen Raumes) abgeschlossenen Verträge (vgl. Kapitel 30).

Dumping

Schließlich soll das sog. **Dumping** angesprochen werden. Dumping liegt vor, wenn ein Produkt im Ausland zu Preisen verkauft wird, die nicht die Produktionskosten decken.

Von wesentlicher und stark zunehmender Bedeutung sind auch die Handelshemmnisse, die durch administrative Anforderungen entstehen. Bei diesen sogenannten **nichttarifären Handelshemmnissen** handelt es sich z. B. um Erschwernisse im Abfertigungs- und Genehmigungsverfahren, um die Vorgabe von technischen Standards, um Herkunfts- oder Gesundheitszertifikate und zunehmend um Selbstbeschränkungsabkommen.

5. Mechanismen der Gestaltung der Leistungsbilanz

Wir haben den internationalen Handel bisher im wesentlichen mit unterschiedlichen Preisrelationen erklärt. Diese werden ihrerseits von gesamtwirtschaftlichen Entwicklungen bestimmt, von denen das inländische Preisniveau und der Wechselkurs von zentraler Bedeutung sind. Von zusätzlich bestimmendem Einfluß sind die jeweiligen Volkseinkommen der Länder. Abb. 19.2 zeigt diese Zusammenhänge in schematischer Form für den Export und Import eines Landes.

5.1 Wechselkurs und Außenhandel (Wechselkursmechanismus)

So wie die Güter in der Regel einen in Geld ausgedrückten Preis haben, so haben auch die Währungen der verschiedenen Länder ihren Preis,

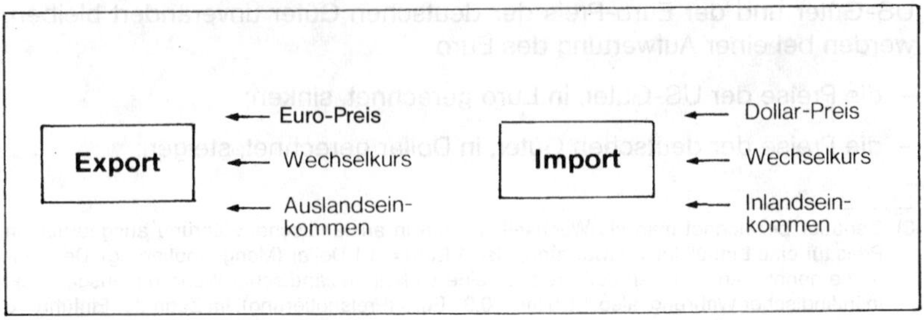

Abb. 19.2: Schema der Determinanten des Außenhandels

ausgedrückt in der Währung eines anderen Landes. Der Preis, zu dem zwei Währungen ausgetauscht werden, ist der **nominale Wechselkurs.**[3])

Der Preis (Wechselkurs) des Dollars ist z. B. 1 Dollar = 0,91 Euro, der Preis (Wechselkurs) des Euro beträgt dann 1 Euro = 1,1 Dollar.

Der Wechselkurs verknüpft die Preise zwischen Inland und Ausland

Der nominale Wechselkurs verknüpft die in jeweils einheimischer Währung ausgedrückten Preise der in den verschiedenen Ländern produzierten Güter und Dienste, er macht die Preise international vergleichbar.

Kostet ein Auto in der Bundesrepublik 10.000 Euro und ein anderes Auto in den USA 10.000 Dollar, so kann man die Preise erst nach Kenntnis des Wechselkurses vergleichen: Ist 1 Dollar = 0,9 Euro, so ist der in Euro ausgedrückte Preis des US-Autos 9.000 Euro, also geringer als der Preis des deutschen Autos.

Eine Wechselkursänderung verschiebt die internationalen Preisrelationen

Bei einer Änderung des Wechselkurses erfahren auch die Preisrelationen zwischen Inland und Ausland eine Verschiebung. Dabei ist zwischen **Auf-** und **Abwertung** zu unterscheiden. Sinkt z. B. der Wechselkurs von 1 Dollar = 0,9 Euro auf 1 Dollar = 0,85 Euro, so hat der Euro eine Aufwertung, der Dollar eine Abwertung erfahren. Der Euro ist mehr wert geworden, wie man sich an der umgekehrten Notierung verdeutlichen kann: 1 Euro = 1,11 Dollar steigt auf 1 Euro = 1,18 Dollar. Wenn umgekehrt der Preis des Dollars steigt, ausgedrückt in Euro (z. B. von 1 Dollar = 0,9 Euro auf 1 Dollar = 0,95 Euro), so wird der Dollar aufgewertet, der Euro abgewertet.

Wirkungen einer Aufwertung des Euro

Untersuchen wir nun, wie eine Aufwertung des Euro (z. B. von 1 Dollar = 0,9 Euro auf 1 Dollar = 0,85 Euro) auf den deutschen Ex- und Import wirkt.

Bei einer Aufwertung des Euro werden ausländische Güter in Euro gerechnet billiger, deutsche Güter in Auslandwährung gerechnet teurer

Unter der Voraussetzung, daß die jeweiligen Inlandspreise, in Inlandswährung ausgedrückt, konstant bleiben, daß also der Dollar-Preis der US-Güter und der Euro-Preis der deutschen Güter unverändert bleiben, werden bei einer Aufwertung des Euro

- die Preise der US-Güter, in Euro gerechnet, sinken;
- die Preise der deutschen Güter, in Dollar gerechnet, steigen.

3) Genauer bezeichnet man als Wechselkurs den in ausländischer Währung ausgedrückten Preis für eine Einheit Inlandswährung, also 1 Euro = 1,1 Dollar (Mengennotierung). Devisenkurse nennt man dagegen den Preis für eine Einheit ausländischer Währung, ausgedrückt in inländischer Währung, also 1 Dollar = 0,91 Euro (Preisnotierung). Im Zuge der Einführung des Euro ist die Europäische Zentralbank zur Mengennotierung übergegangen. Aus didaktischen Gründen behalten wir die Darstellung in der Preisnotierung bei.

Ein Auto, das in den USA 10.000 Dollar kostet, hatte vor der Aufwertung einen Euro-Preis von 9.000 Euro, nach der Aufwertung einen Preis von 8.500 Euro. Umgekehrt war der Dollar-Preis eines Autos, das in Deutschland 10.000 Euro kostet, vor der Aufwertung 11.111 Dollar, nach der Aufwertung 11.765 Dollar. Da – von einigen Sonderfällen abgesehen – ein Gut, dessen Preis sinkt, vermehrt nachgefragt wird, erfährt die mengenmäßige Nachfrage der Bundesrepublik Deutschland nach US-Gütern eine Zunahme. Die Importmenge der Bundesrepublik steigt also. Umgekehrt wird die mengenmäßige Nachfrage der USA nach den deuschen Gütern abnehmen, weil ihr Dollar-Preis gestiegen ist. Die Exportmenge der Bundesrepublik wird bei der Aufwertung also abnehmen.

Bei einer Aufwertung steigt die Importmenge und sinkt die Exportmenge des aufwertenden Landes

Diese Änderung der Preisrelationen in den beteiligten Ländern und die dadurch hervorgerufene Änderung der internationalen Güterströme ist die wesentliche Wirkung einer Wechselkursänderung.

Für eine Geldwirtschaft ist nun die durch eine Wechselkursänderung hervorgerufene Veränderung des **Wertes** von Export und Import ebenso wichtig wie die Kenntnis der rein mengenmäßigen Zusammenhänge. Der Wert der Güterströme bestimmt sich durch die Größe Menge x Preis, die sich unter Umständen gegenläufig entwickeln können. Dabei kann man als Preis einmal den Euro-Preis, zum andern den Dollar-Preis wählen, also entweder den Euro-Wert oder den Dollar-Wert der Güterströme bestimmen. Wir wollen uns darauf beschränken, die Veränderung des Dollar-Wertes von Export und Import bei einer Aufwertung und einer Abwertung des Euro zu ermitteln.

Veränderung des Wertes der Güterströme

Bei einer Aufwertung des Euro steigt die Importmenge, während der Dollar-Preis konstant bleibt[4]); also steigt bei einer Aufwertung der Dollar-Wert des deutschen Imports.

Anders ist die Entwicklung des Dollar-Wertes des deutschen Exports. Die Exportmenge sinkt, wogegen der Preis der deutschen Exportgüter, ausgedrückt in Dollar, steigt. Entscheidend für den Dollar-Wert des deutschen Exports ist also die direkte Preiselastizität der US-Nachfrage nach deutschen Gütern. Ist diese Elastizität größer als 1 (d. h. bei einer 1%igen Preiserhöhung sinkt die nachgefragte Menge um mehr als 1 %), so sinkt das Produkt aus Menge x Dollar-Preis, es sinkt also der Dollar-Wert des deutschen Exports. Offenbar ist die Preiselastizität der Auslandsnachfrage nach deutschen Produkten kleiner als 1: Trotz Aufwertung ist der Exportwert gestiegen.

Bei einer Aufwertung des Euro steigt der Dollar-Wert des deutschen Imports während der Dollar-Wert des deutschen Exports steigen oder sinken kann

4) Auf Grund der gestiegenen Nachfrage könnte der Dollar-Preis auch steigen; wir unterstellen jedoch eine gewisse Preisstarrheit, wie sie auf oligopolistischen Märkten häufig zu beobachten ist.

Wirkungen einer Abwertung des Euro

Bei einer Abwertung sinkt die Importmenge und steigt die Exportmenge des abwertenden Landes …

Eine Abwertung des Euro hat folgende Wirkungen auf den Dollar-Wert der Ex- und Importe: Unter der Voraussetzung jeweils konstanter Inlandspreise in Inlandswährung werden

- die Preise der US-Güter, in Euro ausgedrückt, steigen;
- die Preise der deutschen Güter, in Dollar ausgedrückt, sinken.

Die Importmenge Deutschlands sinkt also, während der Importpreis in Dollar konstant bleibt, folglich sinkt der Dollar-Wert des deutschen Imports.

…und sinkt der Importwert in Dollar, während der Exportwert in Dollar steigen oder sinken kann

Die deutsche Exportmenge steigt, weil die deutschen Güter für die USA billiger geworden sind, der Dollar-Preis des Exports sinkt. Auch hier ist wieder die Preiselastizität der US-Nachfrage nach deutschen Gütern entscheidend: Ist diese Elastizität größer als 1, so steigt der Dollar-Wert des deutschen Exports bei einer Abwertung des Euro; ist die Elastizität kleiner als 1, so sinkt der Dollar-Wert des Exports.

Von einigen Sonderfällen abgesehen, kann man also davon ausgehen, daß bei einer Aufwertung (Abwertung) des Euro der Dollar-Wert des deutschen Imports zunehmen (abnehmen) wird. Nicht sicher dagegen ist die Reaktion des Exportwertes in Dollar. Es spricht allerdings einiges dafür, daß die Nachfrage nach Gütern anderer Länder meist eine Preiselastizität hat, die größer als 1 ist. Begründet wird diese Ansicht mit der starken Konkurrenz auf dem Weltmarkt. In diesem Fall wird bei einer Aufwertung (Abwertung) des Euro der Dollar-Wert des deutschen Exports abnehmen (zunehmen). Dies bezeichnet man als eine **„normale Reaktion"** der Güter- und Dienstleistungsbilanz auf Wechselkursänderungen

Die normale Reaktion der Leistungsbilanz

Aufwertung des Euro					
VW-Preis Euro	·	Nachfrage	↓	Euro-Wert	↓
VW-Preis $	↑	der USA		Dollar-Wert	↑ · ↓
Boeing-Preis Euro	↓	Nachfrage	↑	Euro-Wert	↑ · ↓
Boeing-Preis $	·	Deutschlands		Dollar-Wert	↑
Abwertung des Euro					
VW-Preis Euro	·	Nachfrage	↑	Euro-Wert	↑
VW-Preis $	↓	der USA		Dollar-Wert	↑ · ↓
Boeing-Preis Euro	↑	Nachfrage	↓	Euro-Wert	↑ · ↓
Boeing-Preis $	·	Deutschlands		Dollar-Wert	↓

Abb. 19.3: Schema der Wirkungen einer Wechselkursänderung[4])

---

4) Die konstanten Inlandspreise in der jeweiligen Inlandswährung stellen – von Sonderfällen abgesehen – eine vereinfachende Annahme dar.

Die kompliziert anmutenden Überlegungen, die exemplarisch nur die Beziehungen zwischen zwei Ländern herausgegriffen haben, wobei die USA auch für den Rest der Welt stehen können, sollen die Grundeinsicht darlegen, daß Änderungen der Preisrelationen den internationalen Gütertausch wesentlich beeinflussen. In der Regel wird eine Aufwertung (Abwertung) eines Landes zu einer Abnahme (Zunahme) seiner Exporte und zu einer Zunahme (Abnahme) seiner Importe führen.

Normalerweise wird bei einer Aufwertung des Euro der Wert des deutschen Exports abnehmen, der Euro-Wert des deutschen Imports zunehmen. Bei einer Abwertung ist es umgekehrt

Ohne darauf einzugehen, sei bemerkt, daß dies sowohl für den Dollar-Wert als auch für den Euro-Wert der betrachteten Ströme gilt.

Die Wirkungen einer Wechselkursänderung sind in Abbildung 19.3 noch einmal schematisch zusammengefaßt. Dabei steht VW für den deutschen Export und den US-Import und Boeing für den US-Export und den deutschen Import; Pfeile geben die Änderungsrichtung an, ein · bedeutet Konstanz.

Damit wird deutlich, daß die jeweiligen Nachfrageelastizitäten von zentraler Bedeutung für die Wirkung von Wechselkursänderungen auf die Leistungsbilanz sind. Daher spricht man auch vom **Elastizitätsansatz.**

Einige Ergänzungen

Der Grundeinsicht müssen jedoch einige Ergänzungen angefügt werden:

Nicht immer werden Wechselkursänderungen zu entsprechenden Preisänderungen führen

(1) Beim Vergleich der Preisrelation von Inland zu Ausland müssen Transportkosten und etwaige Zölle berücksichtigt werden.

(2) Keineswegs werden generell die durch eine Wechselkursänderung bewirkten Preisänderungen voll auf den Angebotspreis durchschlagen. Wird der Euro z. B. aufgewertet von bisher 1 Dollar = 0,9 Euro auf 1 Dollar = 0,85 Euro, so „müßte" der deutsche Exporteur den Dollar-Preis eines deutschen Autos, das 10.000 Euro kostet, von 9.000 Dollar auf 10.588 Dollar erhöhen, um weiterhin den gleichen Euro-Preis zu erzielen. Es ist nun häufig zu beobachten, daß Exporteure bei einer Aufwertung ihren Auslandspreis nicht um den Prozentsatz der Wechselkursänderung erhöhen, weil sie konkurrenzfähig bleiben wollen. Gerade bei der auch im internationalen Handel häufigsten Marktform des Oligopols sind Zielsetzungen und Verhaltensweisen zu beobachten, die eine der Wechselkursänderung entsprechende Preisänderung oft ausschließen:
   - die Erhaltung eines bestimmten Marktanteils;
   - die Erzielung eines zur aufgebauten Vertriebs- und Serviceorganisation vernünftigen Absatzverhältnisses;
   - die Vermeidung von Preiskämpfen;
   - die Erzielung eines bestimmten Gesamtgewinns, unabhängig von der Zusammensetzung dieses Gewinns aus Auslands- und Inlandsgeschäft. Umgekehrt geben Importeure die Preisänderung für

die importierten Güter oft auch nicht an den Verbraucher weiter, sondern behalten den Aufwertungsgewinn für sich.

- Schließlich ist darauf hinzuweisen, daß nicht nur Preisdifferenzen den internationalen Handel beeinflussen, sondern daß auch unterschiedliche Qualität, Serviceleistungen, verschiedene Lieferfristen, Zahlungsbedingungen etc. von ganz wesentlichem Einfluß sind; und Rechnungen werden häufig in einer allgemein akzeptierten Währung ausgestellt (fakturiert), z. B. in Dollar. Dann wird eine Wechselkursänderung nicht die Nachfrage (das Angebot) der USA, sondern den Gewinn des deutschen Exporteurs (Importeurs) beeinflussen. Ein Beispiel hierfür ist die Abrechnung des Airbus. Nachfolgend sind allerdings auch hier Mengenreaktionen zu erwarten.

Die unter (2.) gemachten Ausführungen weisen darauf hin, daß für die Wettbewerbsfähigkeit der inländischen Unternehmen gegenüber dem Ausland nicht allein der nominale Wechselkurs w von Bedeutung ist, sondern letztlich das Preisverhältnis zwischen Auslands- und Inlandsgütern. Bezeichnet man mit P^a das Preisniveau im Ausland in Auslandswährung und mit P das Preisniveau im Inland in Inlandswährung, so kann man beide Preisniveaus über den nominalen Wechselkurs vergleichbar machen. Das in Inlandswährung ausgedrückte ausländische Preisniveau ergibt sich, indem man P^a mit dem nominalen Wechselkurs w multipliziert. Das Preisverhältnis zwischen Inland und Ausland wird dann gegeben durch:

Der reale Wechselkurs bestimmt die Wettbewerbsfähigkeit

$$w^r = \frac{w \cdot P^a}{P}$$

Dieses in einer einheitlichen Währung ausgedrückte Preisniveau zwischen Ausland und Inland bezeichnet man als den **realen Wechselkurs.** Steigt dieser, so werden Auslandsgüter im Verhältnis zu Inlandsgütern teurer, d. h. ceteris paribus steigt die **durchschnittliche Wettbewerbsfähigkeit** der inländischen Unternehmen. Man drückt diesen Sachverhalt auch aus, indem man sagt, der reale Wechselkurs der heimischen Währung steigt. Auf den Euro bezogen bedeutet dies, der Euro **wertet real** ab.

5.2 Preisänderung und Außenhandel (Preismechanismus)

Beispiel: Inflation in USA und Preisstabilität in der Bundesrepublik

Wenn eine Änderung der Preisrelationen durch Änderung des nominalen Wechselkurses den internationalen Handel beeinflußt, dann muß dies – wie die Ausführungen zum realen Wechselkurs gezeigt haben – auch für eine Veränderung der nationalen Preise gelten. Nehmen wir zur Illustration eine inflationäre Preissteigerung in den USA und Preisstabilität für die Bundesrepublik Deutschland an. Dies bedeutet eine allgemeine Dollar-Preissteigerung der US-Güter bei Konstanz der Euro-Preise der deutschen Güter. Bei einem gegebenen konstanten Wechselkurs werden daher die US-Güter, in Euro ausgedrückt, teurer, die nachgefragte Menge der US-Güter sinkt. Wenn wir annehmen, daß die Nachfrageelastizität der

Bundesrepublik nach US-Gütern größer als 1 ist, wird der Importwert der Bundesrepublik abnehmen, wobei es gleichgültig ist, ob wir in Dollar oder Euro rechnen. Für die USA bedeutet das umgekehrt eine Abnahme ihres Exportwertes.

Die deutschen Güter werden – wegen der Preisstabilität –, in Dollar gerechnet, relativ billiger als die US-Güter. Die mengenmäßige Nachfrage nach deutschen Gütern in den USA wird zunehmen, der Preis konstant bleiben – sowohl in Dollar als auch in Euro gerechnet –, d. h. der deutsche Export (gleichbedeutend mit dem US-Import) wird zunehmen.

Unter der Voraussetzung, daß alles übrige gleichbleibt, insbesondere der Wechselkurs und die Höhe der Volkseinkommen, kann man folgende Grundeinsicht formulieren:[5])

Steigt das Preisniveau eines Landes schneller als das eines anderen Landes, dann werden die Exporte des preisstabileren Landes zunehmen, seine Importe dagegen abnehmen, die Exporte des relativ inflationären Landes abnehmen, seine Importe dagegen zunehmen.

5.3 Volkseinkommensänderung und Außenhandel (Einkommensmechanismus)

Unter der Voraussetzung konstanter Preise und konstanter nominaler Wechselkurse wollen wir untersuchen, wie Exportänderungen das Volkseinkommen und wie Volkseinkommensänderungen den Außenbeitrag und damit ceteris paribus die Leistungsbilanz beeinflussen.

Exporte sind eine Komponente der gesamtwirtschaftlichen Nachfrage, und sie wirken genau wie die übrigen Komponenten auf die Höhe des Volkseinkommens (vgl. Kapitel 9, Abschnitt 1.4).

Exporte wirken wie alle anderen Komponenten der gesamtwirtschaftlichen Nachfrage auf die Höhe des Volkseinkommens

Steigen die Exporte (Nachfrage des Auslandes), so steigt auch das Volkseinkommen. Steigen die Exporte um einen Betrag Δ Ex, so erhöht sich das Gleichgewichtseinkommen um den Betrag

$$\Delta Y = \frac{1}{1 - b} \cdot \Delta Ex,$$

wobei b (vgl. Kapitel 10, Abschnitt 3.1) die Grenzkonsumquote bezeichnet. Die erhöhte Nachfrage des Auslandes trifft zunächst die Exportgüterindustrie, führt hier zu höheren Einkommen und breitet sich über den Multiplikatorprozeß auf alle Bereiche der Wirtschaft aus.

Ähnlich wie der private Konsum hängt auch der Import eines Landes vom Volkseinkommen ab. Mit steigendem Volkseinkommen steigt also auch

---

5) Die Änderung des Preisniveaus muß sich allerdings gleichmäßig auf alle Industrien, insbesondere auch auf die Exportindustrie, erstrecken.

Importe bedeuten einen Abfluß gesamtwirtschaftlicher Nachfrage in das Ausland

die Importgüternachfrage. Diese Tatsache modifiziert die Ergebnisse des Multiplikatorprozesses. Ein Teil der zusätzlich geschaffenen Nachfrage fließt jetzt ins Ausland ab, kann also im Inland nicht zu einer Produktionsausdehnung führen. Damit ist die Multiplikatorwirkung einer Nachfrageerhöhung in einer offenen Volkswirtschaft geringer als in einer geschlossenen Volkswirtschaft.

Festzuhalten bleibt, daß eine Erhöhung der Exporte – aus welchen Gründen sie auch immer erfolgt – zu einer Erhöhung des Volkseinkommens des betreffenden Landes führt. Auf der anderen Seite bewirkt ein steigendes (sinkendes) Volkseinkommen einen Anstieg (Abnahme) der Importe. Die Exporttätigkeit eines Landes wird durch Veränderungen des Volkseinkommens dagegen unmittelbar nicht berührt.

Der Wechselkursmechanismus, der Preismechanismus und der Einkommensmechanismus beeinflussen den Außenhandel

Wir haben damit die grundsätzlichen Mechanismen kennengelernt, die im internationalen Handel wirksam sind:

- den Wechselkursmechanismus,
- den Preismechanismus und
- den Einkommensmechanismus

6. Die Terms of Trade (Das reale Austauschverhältnis)

Die **„terms of trade"** geben an, welches Importvolumen im Austausch gegen eine Einheit Exportgüter erworben werden kann. In unserem einfachen Rindfleisch-/Stahlbeispiel ergeben sich bei der externen Tauschrelation

$$1 \text{ kg Rindfleisch} = 1{,}75 \text{ kg Stahl}$$

folgende terms of trade:

Tschechien erhält für 1 kg exportiertes Rindfleisch $\frac{4}{7}$ kg Stahl, die Bundesrepublik muß für $\frac{7}{4}$ kg importiertes Rindfleisch 1 kg Stahl exportieren.

Ein weiteres Beispiel soll den Begriff terms of trade unter Berücksichtigung von Preisen und Wechselkursen erläutern.

Angenommen, die Bundesrepublik Deutschland exportiere als einziges Gut Autos im Wert von 10.000 Euro und importiere als einziges Gut Apfelsinen aus Marokko zum Preis von: 100 kg Apfelsinen = 1.000 Dirham. Bei einem Wechselkurs von 100 Dirham = 10 Euro kosten also 100 kg Apfelsinen = 100 Euro. Nun kann man berechnen, wieviel kg Apfelsinen man für ein deutsches Auto bekommt:

$$\frac{10.000 \text{ Euro/Auto}}{100 \text{ Euro/100 kg Apfelsinen}} = \frac{100 \cdot 100 \text{ kg Apfelsinen}}{1 \text{ Auto}}$$

Die Bundesrepublik erhielte also 10.000 kg Apfelsinen für 1 Auto. Das reale Austauschverhältnis hängt mithin von den jeweiligen Preisen der Güter und vom Wechselkurs ab.

In der Praxis werden nun nicht nur zwei, sondern sehr viele Güter international getauscht. Man muß daher bei der Berechnung des realen Austauschverhältnisses mit Indizes arbeiten. Die terms of trade, genauer gesagt die terms of trade auf Güterbasis, die sog. **commodity terms of trade,** werden berechnet als Quotient aus Preisindex der Exporte und Preisindex der Importe in heimischer Währung:

$$\text{terms of trade} = \frac{\text{Preisindex der Exporte}}{\text{Preisindex der Importe}}.$$

Damit ist der Wert der terms of trade für sich genommen weniger aussagekräftig als seine Veränderungen. Steigen z. B. die Preise der Exportgüter stärker als die Preise der Importgüter, dann spricht man von einer Verbesserung der terms of trade. Entwicklungsländer sind häufig von einer Abnahme der terms of trade gegenüber Industrieländern betroffen. Die Entwicklungsländer erhalten dann für ihre Produkte immer weniger industrielle Güter. (Vgl. zur Illustration Tabelle 30.2 im Kapitel 30, Abschnitt 9.2.)

Abb. 19.4 zeigt die Entwicklung der terms of trade für die Bundesrepublik von 1952–1998.

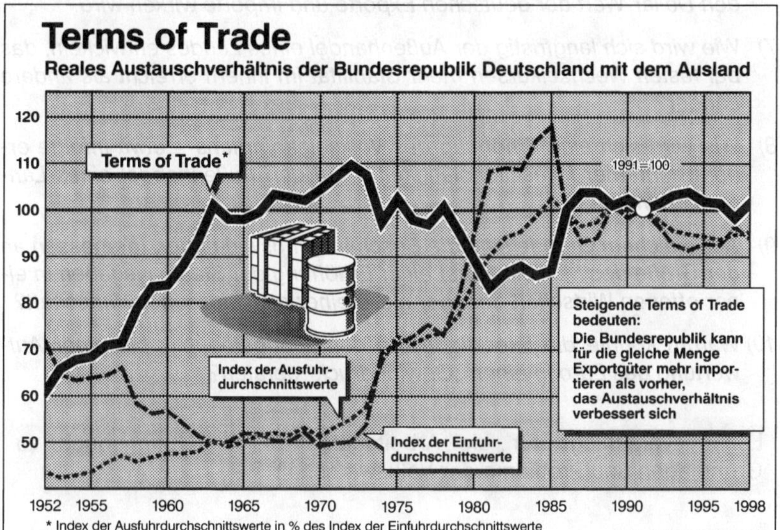

Abb. 19.4: Entwicklung der terms of trade für die Bundesrepublik (1952–1998)

C. Arbeitsaufgaben

1) *Erläutern Sie folgende Begriffe:*
   - *Wechselkurs*
   - *Aufwertung, Abwertung*
   - *Terms of Trade*
   - *Zölle, Kontingente.*
2) *Erläutern Sie das Faktorproportionentheorem von Heckscher/Ohlin.*
3) *Erläutern Sie den Kern des Theorems der Komparativen Kosten von Ricardo.*
4) *Warum bietet der internationale Handel die bessere Ausschöpfung der Größenvorteile der Produktion?*
5) *Es wird behauptet, daß der Wettbewerb durch den internationalen Handel steigt. Im Zuge der europäischen Integration kommt es aber eher zu einer Konzentration, nationale Unternehmen werden durch multinationale Unternehmen verdrängt. Ist das ein Widerspruch?*
6) *Überlegen Sie, wie eine Aufwertung (wie eine Abwertung) des Euro auf den Dollar-Wert der deutschen Exporte und Importe wirken wird.*
7) *Wie wird sich langfristig der Außenhandel eines Landes entwickeln, das bei festen Wechselkursen mehr Stabilität im Innern erreicht als andere Länder?*
8) *Wie wird sich eine Erhöhung des Volkseinkommens – etwa infolge erhöhter interner Investitionstätigkeit – auf den Außenhandel eines Landes auswirken?*
9) *Aus welchem Grunde sind die Beschäftigungswirkungen (gemessen an der Größe des Multiplikators) einer Erhöhung der Staatsausgaben in einer offenen Wirtschaft geringer als in einer geschlossenen Wirtschaft?*
10) *Warum könnte die Exportindustrie der Bundesrepublik bei einer Aufwertung des Euro in einen „Gewinndruck" geraten?*

Lösungsvorschläge für die Arbeitsaufgaben im „Übungsbuch zu Grundlagen und Probleme der Volkswirtschaft".

D. Literatur

Üblicherweise wird die Außenwirtschaftslehre in einen realwirtschaftlichen und einen monetären Bereich geteilt. Wir haben versucht, diese Trennung zu überwinden, wenngleich Kapitel 20 sich doch überwiegend mit realwirtschaftlichen Problemen befaßt. Entsprechend ergänzen sich die Literaturhinweise von Kapitel 20 und 21. Im übrigen sind leicht verständliche Werke zu diesem Bereich selten.

Einen Überblick über die realwirtschaftliche Theorie des Außenhandels gibt

BENDER, Dieter, Art. Außenhandel in: Vahlens Kompendium der Wirtschaftstheorie und Wirtschaftspolitik, Bd. 1, 6. Auflage, München 1995, S. 417–474,

und den entsprechenden Überblick über die monetären Aspekte der internationalen Wirtschaftsbeziehungen gibt

WILLMS, Manfred, Art. Währung, in: Vahlens Kompendium der Wirtschaftstheorie und Wirtschaftspolitik, Bd. 1, 6. Auflage, München 1995, S. 219–263.

Beide Artikel sind konzis und setzen wirtschaftstheoretische Grundkenntnisse voraus. Dies gilt auch für die beiden Handbuchartikel von

HESSE, Helmut, Art. Außenhandel I: Determinanten, in Handwörterbuch der Wirtschaftswissenschaft - HdWW, Bd. 1, hrsg. von Willi ALBERS u. a. Stuttgart, Tübingen, Göttingen 1977, S. 364–388 *und*

HEMMER, Hans-Rimbert, Art. Außenhandel II: Terms-of-trade, in: Handwörterbuch der Wirtschaftswissenschaft - HdWW, Bd. 1, hrsg. von Willi ALBERS u. a. Stuttgart, Tübingen, Göttingen 1977, S. 388–403.

Die Standardwerke zur Außenwirtschaftslehre, die allerdings fundierte wirtschaftstheoretische Kenntnisse voraussetzen, sind

ROSE, Klaus, SAUERNHEIMER, Karlhans, Theorie der Außenwirtschaft, 12. überarbeitete Auflage, München 1995
und

SIEBERT, Horst, Außenwirtschaft, 6. Auflage, Stuttgart 1994.

Eine verständliche Einführung, die eher geringe Vorkenntnisse voraussetzt, ist

GLASTETTER, Werner, Außenwirtschaftspolitik. Eine problemorientierte Einführung, 3., völlig überarb. u. erw. Aufl., Köln 1998.

Speziell die Probleme des Protektionismus werden erörtert im III. Kapitel des Buches von

GLISMANN, Hans Hinrich u. a., Weltwirtschaftslehre I, Außenhandels- und Währungspolitik, 4. Auflage, 1992.

20. Kapitel
Funktionsweise verschiedener Währungssysteme

A. Lernzielorientierte Leitfrage und Fragenkomplexe

Leitfrage:
Welche Möglichkeiten ergeben sich für die Gestaltung internationaler Währungssysteme?

- *Was versteht man unter Konvertibilität und Devisenbewirtschaftung?*
- *Wie bilden sich Wechselkurse in einem System frei flexibler Wechselkurse?*
- *Welche zentralen Theorien zur Erklärung des flexiblen Wechselkurses gibt es?*
- *Welche zentralen Probleme entstehen in einem System fester Wechselkurse?*
- *Wie werden Zahlungsbilanzungleichgewichte finanziert?*
- *Wie werden Zahlungsbilanzungleichgewichte beseitigt?*
- *Worin liegen die Vorteile flexibler Wechselkurse?*
- *Worin liegen die Vorteile fester Wechselkurse?*
- *Warum werden innerhalb der EU feste Wechselkurse angestrebt?*
- *Welches sind die Grundprobleme einer Währungsunion?*

B. Sachanalyse

Der internationale Handel braucht eine Wirtschafts- und Geldordnung

Wie der nationale Handels- und Zahlungsverkehr braucht auch der internationale Handels-, Zahlungs- und Kapitalverkehr eine Wirtschafts- und Geldordnung. Es muß ein **internationales Währungssystem** existieren, das die Bezahlung der Güter in verschiedenen Währungen ermöglicht, den internationalen Kapitalverkehr organisiert und zugleich mit einem Mindestmaß an Regeln eine ordnungsgemäße Durchführung des internationalen Tausches aufrecht erhält. Insbesondere muß beachtet werden, daß der internationale Handel auf Gegenseitigkeit beruhen sollte. Genauso wie keine Familie auf die Dauer mehr ausgeben kann als sie verdient, kann kein Land auf die Dauer mehr importieren als exportieren. Im folgenden werden wir nach einem kurzen Überblick über die möglichen Währungssysteme die **Grundtypen** erläutern: Das Währungssystem mit festen und das Währungssystem mit frei flexiblen Wechselkursen und die Währungsunion.

1. Währungspolitische Alternativen

Wie freizügig soll der internationale Handel sein?

Um dem Leser einen Überblick über die verschiedenen Währungssysteme zu geben, sollen die währungspolitischen Alternativen zunächst schematisch zusammengestellt werden. Die **erste Grundentscheidung** bezieht sich auf die Freizügigkeit des internationalen Kapital- und Geldverkehrs: Freie Konvertibilität (Konvertierbarkeit) der Währungen gegenüber einem System der Devisenbewirtschaftung. Bei **freier Konvertibilität der Währungen** können

Freie Konvertibilität

- Inländer die Währung ihres Landes unbeschränkt in andere Währungen umtauschen **(Inländerkonvertibilität)** und
- Ausländer die in ihrem Besitz befindlichen Devisen in jede andere Währung umtauschen **(Ausländerkonvertibilität).**

Von diesem Ideal völliger Freizügigkeit gibt es abgestufte Abweichungen: So kann die Konvertibilität auf bestimmte Zwecke (etwa Zahlungen im Rahmen des Güterverkehrs) beschränkt werden, sie kann sich nur auf bestimmte Länder beziehen (z. B. Sterlingblock) oder auf bestimmte Personen (z. B. Ausländer).

Devisenbewirtschaftung

Von **Devisenbewirtschaftung** spricht man im allgemeinen, wenn die Konvertibilität der Währungen aufgehoben ist und die Devisen per Ablieferungspflicht und Zuteilung mengenmäßig von einer Behörde bewirtschaftet werden. Wir werden das System der Devisenbewirtschaftung hier nicht im einzelnen erläutern, da es außerhalb marktwirtschaftlicher Grundsätze liegt. Es sei nur erwähnt, daß das System der Devisenbewirtschaftung den freien internationalen Handel außerordentlich behindert, es führt zu immer weitergehenden Beschränkungen und endet meist im zweiseitigen (bilateralen) Tausch. (Der Leser denke an die Devisenbewirtschaftung in Deutschland von 1933 bis zur Einführung der Konvertibilität 1958.) Viele Entwicklungsländer glauben heute noch, durch Devisenbewirtschaftung knappe ausländische Währungen besser einsetzen zu können. Da ihre Währungen oft überbewertet sind, kommt es dann regelmäßig zu Schwarzmärkten.

Die **zweite Grundsatzentscheidung** bezieht sich darauf, ob man feste oder flexible Wechselkurse oder Zwischenformen einführen möchte. Mithin können wir folgende Übersicht aufstellen.

I. Währungssystem mit freier Konvertibilität der Währungen
   (1) Währungssystem mit festen (unveränderlich festen) Wechselkursen (z. B. Goldwährung)
   (2) Währungssystem mit stufenflexiblen Wechselkursen (Wechselkurse) sind grundsätzlich fest, können aber von Fall zu Fall geändert werden
   (3) Flexible Wechselkurse mit Eingreifen der Währungsbehörde (managed floating, schmutziges floating)
   (4) Frei flexible Wechselkurse
II. Devisenbewirtschaftung

2. Währungssystem mit flexiblen Wechselkursen

2.1 Der Devisenmarkt

Die Höhe der nominalen Wechselkurse[1]) bestimmt sich auf dem **Devisenmarkt** durch Angebot und Nachfrage von Devisen. **Devisen** sind dabei in der Regel Sichtguthaben von Nichtbanken bei ausländischen Geschäftsbanken, also z. B. Dollarguthaben eines deutschen Exporteurs bei einer amerikanischen Geschäftsbank. Der Einfachheit halber wollen wir auch hier nur die Bestimmung des Wechselkurses zweier Währungen, der DM und des Dollars, untersuchen.

Der Wechselkurs bestimmt sich auf dem Devisenmarkt durch Angebot und Nachfrage

Wer sind nun die Anbieter von und die Nachfrager nach Dollars? Die Dollarnachfrage wird entfaltet von den Importeuren von Gütern und Diensten, die in Dollar bezahlt werden und von den Käufern von auf Dollar lautenden Forderungen. Das Angebot an Dollars rührt her von den Exporteuren von Gütern und Diensten und Verkäufern von auf Dollar lautenden Forderungen.

Importeure fragen Dollars nach, Exporteure bieten Dollars an

Devisenmarkt

Devisennachfrage	**Devisenangebot**
– Import ausländischer Güter	– Export ausländischer Güter
– Erwerb ausländischer Schuldtitel (Kapitalexport) durch Inländer	– Erwerb inländischer Schuldtitel durch Ausländer (Kapitalimport)

Tab. 20.1: Quellen für Devisenangebote und Devisennachfrage

1) Wenn nichts anderes gesagt wird, ist im folgenden mit dem Wechselkurs stets der nominale Wechselkurs gemeint.

Sehen wir vom Kapitalverkehr ab, so können wir sagen, daß die Dollarnachfrage vom Dollarwert der Güterimporte und das Dollarangebot vom Dollarwert der Güterexporte abhängen.

Mit sinkendem Wechselkurs steigt die Dollarnachfrage und sinkt das Dollarangebot

Wir haben bereits festgestellt, daß bei einer Aufwertung der DM (der nominale Wechselkurs w sinkt) der Dollarwert des deutschen Imports zunehmen wird; folglich wird mit sinkendem w die nachgefragte Menge von Dollars steigen. Dies ist in Abb. 20.1 durch den uns schon aus der Ableitung der Bestimmungsgründe der Nachfrage nach Gütern (vgl. Kapitel 4) bekannten Verlauf der Nachfragekurve ausgedrückt. Der Exportwert wird hingegen mit einer Aufwertung der DM normalerweise (genauer: bei elastischer Exportnachfrage) abnehmen; folglich wird im Normalfall das Angebot an Dollars mit sinkendem Wechselkurs sinken. Damit können wir das Angebot an Dollars als eine steigende Kurve zeichnen.

Preisbildung auf dem Devisenmarkt

Die Preisbildung auf dem Devisenmarkt – einem der vollkommensten Märkte der Welt – vollzieht sich nach den Regeln der Preisbildung bei vollständiger Konkurrenz (zum Begriff der vollständigen oder vollkommenen Konkurrenz vgl. Kapitel 6, 4. Abschnitt). Wir tragen in einer Zeichnung die Angebots- und Nachfragekurven für Dollars in Abhängigkeit vom Preis des Dollars ein (z. B. 1 Dollar = 1 Euro; 1 Dollar = 3 Euro; allgemein: 1 Dollar = w Euro).

Bei frei flexiblen Wechselkursen ist der Devisenmarkt immer im Gleichgewicht

Im Schnittpunkt von Angebot und Nachfrage ergibt sich der **nominale Gleichgewichtswechselkurs,** der sich täglich auf den Devisenmärkten einstellt.

Dies ist die charakteristische Eigenschaft eines Währungssystems mit frei flexiblen Wechselkursen: Ohne Eingreifen einer staatlichen Stelle gibt es immer einen Wechselkurs, der die geplante Nachfrage nach Devisen und das geplante Angebot von Devisen ausgleicht.

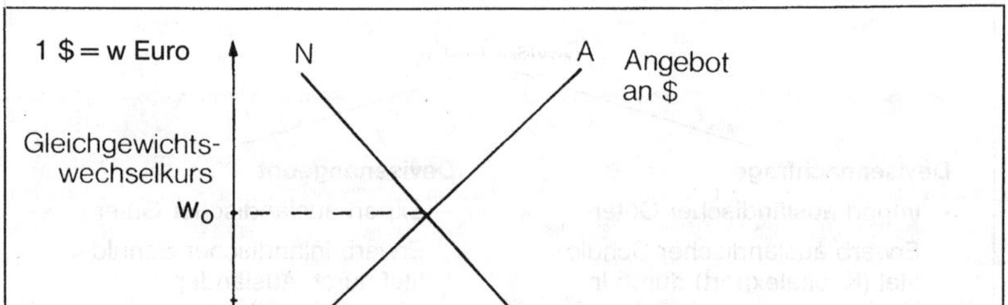

Abb. 20.1: Angebot und Nachfrage auf dem Devisenmarkt

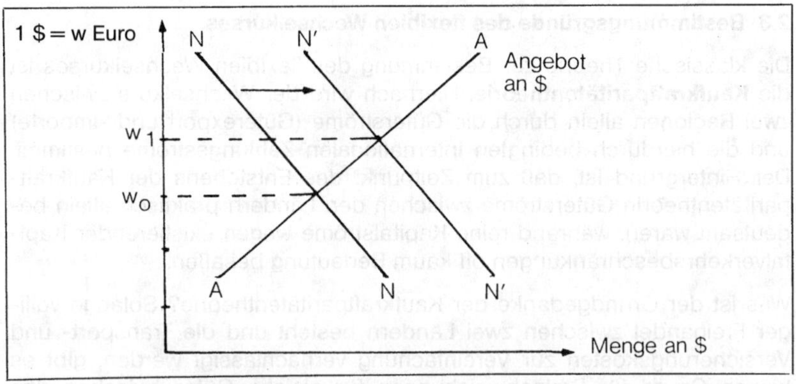

Abb. 20.2: Veränderung des Gleichgewichtswechselkurses bei einer Verschiebung der Devisennachfrage

2.2 Veränderungen des flexiblen Wechselkurses

Wie wirkt eine Importsteigerung?

Fragen wir uns, was geschehen wird, wenn im Euroland aufgrund einer Geschmacksänderung, aufgrund einer Mißernte oder aufgrund starker inländischer Preissteigerungen Euroland seine Importe ausweiten möchte. Die Nachfrage nach Dollars zur Bezahlung dieser Importe wird steigen, d. h. die Nachfragekurve verschiebt sich nach rechts (von NN nach N'N' in Abb. 20.2). Bleibt die Angebotskurve unverändert, so ergibt sich folgende Situation:

Der Gleichgewichtswechselkurs ist auf w_1 gestiegen, d. h. der Euro hat eine Abwertung erfahren. Nun wissen wir bereits, daß bei einer Abwertung (der Euro wurde „billiger") die Nachfrage der Ausländer nach Euroland-Gütern zunehmen wird, die Exportwerte von Euroland also steigen. Andererseits wird der Dollar „teurer", Euroland schränkt den Wert seiner Importe ein. Auf diese Weise sorgt der gestiegene Wechselkurs wieder für einen Ausgleich von Angebot und Nachfrage.

Automatische Stabilisierung der „Zahlungsbilanz"

Im Grunde ändert sich daran nichts, wenn wir auch Angebot und Nachfrage nach Devisen für den Kapitalverkehr in die Betrachtung einbeziehen. Beim Kapitalverkehr ist zwischen Kapitalexporten und Kapitalimporten zu unterscheiden. Ein **Kapitalexport (Kapitalimport)** liegt dann vor, wenn inländische (ausländische) Wirtschaftssubjekte ausländische (inländische) Aktiva erwerben. Beispiele für Aktiva sind Kapitalgüter (Erwerb einer Fabrik oder einer Kapitalbeteiligung) oder Forderungen (z. B. Wertpapiere). Wenn Bürger aus Euroland im Ausland investieren wollen, zu diesem Zweck mehr Dollars nachfragt, steigt der Wechselkurs, bis wieder Gleichgewicht herrscht. Der sogenannte **Wechselkursmechanismus** ist nichts anderes als der Preismechanismus auf dem Devisenmarkt.

2.3 Bestimmungsgründe des flexiblen Wechselkurses

Die klassische Theorie zur Bestimmung des flexiblen Wechselkurses ist die **Kaufkraftparitätentheorie.** Hiernach wird der Wechselkurs zwischen zwei Regionen allein durch die Güterströme (Güterexport und -importe) und die hierdurch bedingten internationalen Zahlungsströme bestimmt. Der Hintergrund ist, daß zum Zeitpunkt des Entstehens der Kaufkraftparitätentheorie Güterströme zwischen den Ländern praktisch allein bedeutsam waren, während reine Kapitalströme wegen existierender Kapitalverkehrsbeschränkungen oft kaum Bedeutung besaßen.

Gesetz der Unterschiedslosigkeit der Preise

Was ist der Grundgedanke der Kaufkraftparitätentheorie? Solange völliger Freihandel zwischen zwei Ländern besteht und die Transport- und Versicherungskosten zur Vereinfachung vernachlässigt werden, gibt es keinen Grund für Preisabweichungen für gleiche Güter zwischen den Ländern. Angenommen der Preis für ein identisches Gut 1 beträgt in Land 1 fünf inländische Geldeinheiten und in Land 2 (nach Umrechnung zu dem herrschenden Wechselkurs) sieben Geldeinheiten. Gewinnmaximierende Ex- und Importeure werden dann bei den herrschenden Preisen und dem gültigen Wechselkurs so lange in das teure Land 2 exportieren, bis der Preis der Güter in einer Währung identisch ist: Güterarbitrage führt zum Gesetz der Einheitlichkeit des Preises für homogene Güter.

Bezieht man diese Überlegung zur Vereinfachung auf das Güterbündel Sozialprodukt, so gilt also:

Gleichung der Kaufkraftparität

$$P^{Ausland} \text{ x } Wechselkurs = P^{Inland}.$$

Zur Gültigkeit der Kaufkraftparität würden dabei grundsätzlich sowohl Preisveränderungen im In- und Ausland beitragen als auch Veränderungen des Wechselkurses, da in dem exportierenden Land ständig die Fremdwährung verstärkt angeboten würde, während die Währung des importierenden Landes ständig weniger nachgefragt würde.

Die Kaufkraftparitätentheorie kann natürlich nur solange eine dominierende Erklärung für die Wechselkursentwicklung sein, wie das Devisenangebot und die Devisennachfrage nur in unbedeutendem Maße von den **Kapitalbewegungen** bestimmt wird.[2]) Außerdem ist anzumerken, daß nur die **handelbaren** Güter den Wechselkurs bestimmen können, während die nicht handelbaren Güter (Dienstleistung eines örtlichen Friseurs) ohne Einfluß bleiben müssen. Strenggenommen gehören also nur die Preise der handelbaren Güter in die obige Gleichung für die Kaufkraftparität. Diesen und anderen Problemen, z. B. Abweichungen zwischen den Preisen der nichthandelbaren Güter, hat die Wechselkurstheorie Rechnung getragen, indem sie sich zur relativen Kaufkraftparität entwickelt hat. Nicht mehr die absolute Höhe, sondern die Veränderungen

Relative Kaufkraftparität

2) Es kann natürlich sein, daß der Saldo der Güterströme entscheidend für die erwartete Wechselkursentwicklung ist. In diesem Fall hat die Kaufkraftparität auch Einfluß auf den sich aus den Kapitalbewegungen ergebenden Wechselkurs.

des nominalen Wechselkurses stehen im Vordergrund. Und diese Veränderungsraten werden bei Strukturkonstanz allein von der Differenz der Inflationsraten bestimmt:

$$\hat{w} = \hat{p} - \hat{p}^a$$

Auch für die relative Form der Kaufkraftparität gilt jedoch, daß Voraussetzung für ihre Gültigkeit eine Veränderung der Güterpreise in den Ländern ist. Da diese jedoch häufig nur mit sehr großer Zeitverzögerung reagieren, wird die Kaufkraftparitätentheorie eher für die Bestimmung der langfristigen Entwicklungen des relativen Wechselkurses herangezogen. Kurzfristig reagieren nach allgemeiner Auffassung die Preise auf den Finanzmärkten schneller als die auf den Gütermärkten. Daraus ergibt sich, daß die Kapitalbewegungen stärkeren Einfluß auf die Wechselkurse haben.

Eine zentrale Theorie für die Erklärung des Wechselkurses auf der Basis der Kapitalbewegungen ist die **Zinsparitätentheorie.** Nach dieser Theorie sind bei gleichen Risiken der Anlagen die Ertragsraten der Vermögensobjekte dafür entscheidend, wohin das Kapital fließt und damit natürlich auch für die Wechselkursentwicklung. Um Klarheit über diese Wechselkurstheorie zu gewinnen, muß man sich die Bestimmungsgründe der Ertragsraten inländischer und ausländischer Geldanleger vor Augen führen. Angenommen ein inländisches staatliches Wertpapier mit einjähriger Restlaufzeit erzielt einen Effektivzinse und damit eine Ertragsrate von 8 %. Um diese Ertragsrate mit der eines ausländischen Wertpapiers **mit gleicher Bonität** vergleichen zu können, muß folgendes berücksichtigt werden: Der Zinsarbitrageur muß den Anlagebetrag x zunächst durch einen Devisenkauf aufbringen. Er muß sich dann Vorstellungen über die Höhe des Devisenkassakurses in einem Jahr machen.[2]) Er muß sich dann Vorstellungen über die Höhe des Wechselkurses in einem Jahr machen, da er dann den Anlagebetrag samt Zinsen in Inlandswährung umtauschen will. Die erwartete Rendite der Auslandsanlage beträgt also

Vergleich der Ertragsraten

$$r^a = i^a + \frac{e^e - e}{e}.$$

Will der Anleger kein Kursrisiko eingehen, so kann er heute seine Devisen, die er in einem Jahr erhält, zum heute gültigen Kurs auf dem Devisenterminmarkt verkaufen. Der in einem Jahr erwartete Wechselkurs e^e wird dann durch den Terminkurs der Devise ersetzt. Falls dieser Terminkurs unterhalb des gegenwärtigen Wechselkurses liegt, ist der Differenzbetrag als Kurssicherungskosten für den Investor anzusehen und er wird die Auslandsinvestition nur durchführen, wenn gilt:

$$i \leqq i^a + \frac{e^T - e}{e},$$

Arbitragebedingung und Wechselkurs

wobei e^T den Terminkurs der Devise angibt. Wieso beeinflußt diese Arbitragebedingung nun den flexiblen Wechselkurs? Wir nehmen an, die Ertragsrate im Ausland ist höher als im Inland, so daß es lohnend ist, z. B. in den USA Staatspapiere zu verkaufen. Die Folge wird ein verstärkter Kauf von Dollar heute und ein verstärkter Verkauf von Euros heute sein, was natürlich zu einem Anstieg des $-Kurses (in Preisnotierung) gegenüber dem Euro heute führen wird. Was dann in einem Jahr vielleicht geschehen wird, darüber soll hier nicht spekuliert werden. Die beschriebene (gedeckte) Zinsparität ist heute eine zentrale Relation zur Erklärung der Wechselkursentwicklungen. In weitergehenden Theorieansätzen werden Kaufkraftparität und Zinsparität kombiniert, worauf wir im Rahmen dieses Buches allerdings nicht eingehen können.

Der reale Wechselkurs bestimmt wesentlich die Wettbewerbsfähigkeit mit

Neben dem nominalen Wechselkurs ist der **reale Wechselkurs** w^r eine wichtige Größe für die internationalen Güterströme, denn der reale Wechselkurs gibt an, wie das Preisverhältnis zwischen zwei Ländern, ausgedrückt in einer einheitlichen Währung, lautet:

$$w^r = \frac{P^a w}{P}$$

Dieses Preisverhältnis drückt die Wettbewerbsfähigkeit der Länder zueinander aus, denn je höher das Produkt im Zähler des Ausdruckes, desto höher ist der Auslandspreis in Inlandswährung in Relation zu dem inländischen Preis. Wird also im Ausland eine inflationäre Politik betrieben, so kann es bei entsprechender Abwertung trotzdem seine Wettbewerbsfähigkeit aufrechterhalten.

3. Währungssystem mit festen Wechselkursen

3.1 Finanzierung eines Zahlungsbilanzungleichgewichts

In einem Währungssystem mit festen Wechselkursen entsteht das Liquiditäts- und das Korrekturproblem

Hat man sich – aus Gründen, die noch erläutert werden – für feste Wechselkurse entschieden, so können für die Länder eines solchen Währungssystems zwei zentrale Probleme entstehen:

- das Problem, Zahlungsbilanzungleichgewichte zu finanzieren (ein **Liquiditätsproblem);**

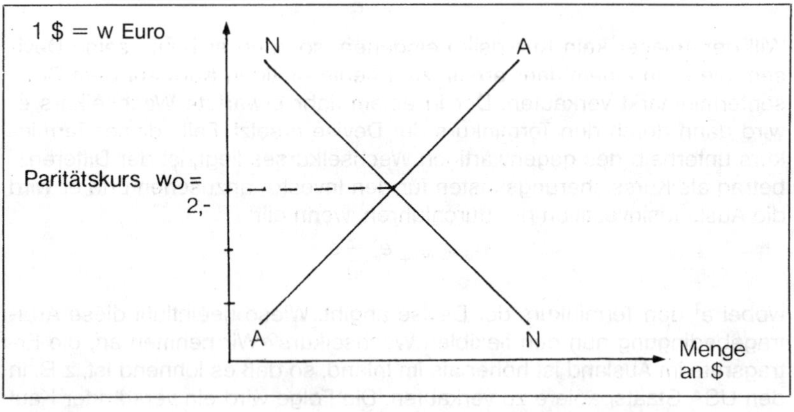

Abb. 20.3: Gleichgewicht auf dem Devisenmarkt bei dem Paritätskurs

– das Problem, Zahlungsbilanzungleichgewichte zu korrigieren, zu beseitigen (ein **Korrekturproblem).**

Diese Probleme entstehen immer dann, wenn die Höhe des festgesetzten nominalen Wechselkurses dem freien Spiel der marktwirtschaftlichen Kräfte nicht entspricht. Dies soll anhand der Abbildungen 20.3 und 20.4 verdeutlicht werden. Der vom Staat festgesetzte Wechselkurs **(Paritätskurs)** sei w_0, z. B. 1 Dollar = 0,9 Euro. Damit sich der festgesetzte Wechselkurs auch am Markt einstellt, müßten Angebot und Nachfrage an Dollars bei dem Wechselkurs w_0 gerade gleich groß sein (vgl. Abb. 20.3).

In diesem Fall herrscht bei dem festgesetzten Wechselkurs Gleichgewicht zwischen Angebot und Nachfrage nach Dollars. Man spricht dann von einem **Gleichgewicht in der Zahlungsbilanz (auf dem Devisenmarkt),** wenn sich geplantes Angebot und geplante Nachfrage nach Devisen beim Paritätskurs ausgleichen, ohne daß staatliche Stellen

Zahlungsbilanzgleichgewicht

– auf dem Devisenmarkt mit Käufen bzw. Verkäufen von Devisen eingreifen,
– den Zahlungsverkehr beschränken oder
– ausgleichende Kredit- und Handelsgeschäfte vornehmen.

Etwas ungenauer könnte man auch sagen: Zum Paritätskurs müssen Angebot und Nachfrage nach Dollars dem freien Spiel der marktwirtschaftlichen Kräfte entspringen und gleich groß sein.

Zahlungsbilanzdefizit

Zahlungsbilanzdefizit

Wenn sich in Abb. 20.4, ausgehend von einem Devisenmarktgleichgewicht, die Nachfragekurve nach rechts von N_1N_1 nach N_2N_2 verschiebt,

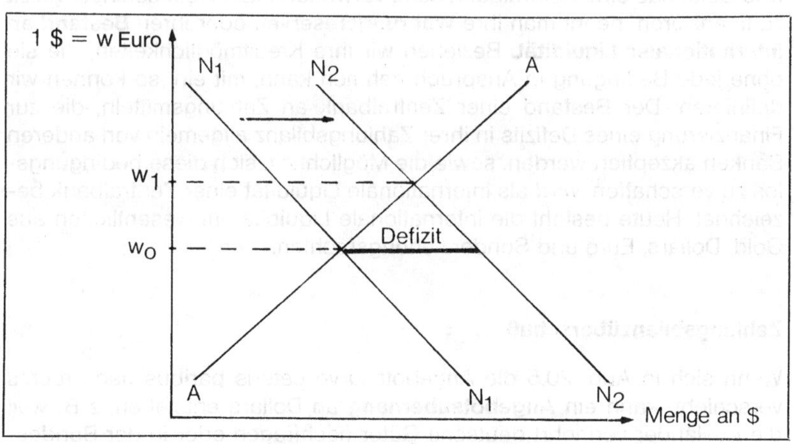

Abb. 20.4: Zahlungsbilanzdefizit auf dem Devisenmarkt

entsteht beim Paritätskurs bei unverändertem Angebot ein Nachfrageüberhang. Zum Kurs von 1 Dollar = 0,9 Euro werden mehr Dollars nachgefragt als angeboten.

Diesen Devisennachfrageüberschuß beim Paritätskurs bezeichnet man als Zahlungsbilanzdefizit.

Bei einem Zahlungsbilanzdefizit muß das Devisenangebot erhöht werden

Ohne Eingreifen der Währungsbehörde (Zentralbank) würde der Wechselkurs von w_0 auf w_1 steigen. Um dies zu verhindern – es sind ja **feste Wechselkurse** und **freie Konvertibilität** vereinbart –, muß die Zentralbank den **Nachfrageüberhang** beseitigen. In Höhe des Zahlungsbilanzdefizits, in Höhe der „Dollarlücke", muß sie Dollars zusätzlich anbieten; sie muß das Defizit finanzieren. Aus der Zeichnung sieht man, daß die Zentralbank das Dollarangebot um den Betrag des Defizits erhöhen muß. Das Problem liegt nun darin, daß keine Zentralbank über einen unbegrenzten Bestand an Devisen verfügt, daß sie also **auf Dauer** ein Defizit nicht finanzieren kann. Man beachte, daß die Zentralbank nicht in Euro, nicht in heimischer Währung zahlen kann, die sie ja unbegrenzt schaffen könnte. Dieses Problem der Zentralbank, bei einem Zahlungsbilanzdefizit Auszahlungen in einem Geld leisten zu müssen, das sie nicht selbst schaffen kann und von dem sie nur über einen begrenzten Bestand verfügt, nennt man das **Liquiditätsproblem.**

Keine Zentralbank kann ein Zahlungsbilanzdefizit auf die Dauer finanzieren

Außerdem ergibt sich durch die Intervention der Zentralbank eine Wirkung auf die inländische Geldmenge: Die Zentralbank verkauft Dollar gegen Euro, wodurch sich die inländische Geldmenge um das Produkt aus Dollarangebot der Zentralbank und dem Wechselkurs verringert, da z. B. inländische Importeure die Dollars gegen Euro erwerben.

Geldmengeneffekt

Das Geld, das eine Zentralbank dazu verwenden kann, ein solches Defizit zu finanzieren, nennt man ihre **Währungsreserven** oder ihren **Bestand an internationaler Liquidität.** Beziehen wir ihre Kreditmöglichkeiten, die sie ohne jede Bedingung in Anspruch nehmen kann, mit ein, so können wir definieren: Der Bestand einer Zentralbank an Zahlungsmitteln, die zur Finanzierung eines Defizits in ihrer Zahlungsbilanz allgemein von anderen Banken akzeptiert werden, sowie die Möglichkeit, sich diese bedingungslos zu verschaffen, wird als internationale Liquidität einer Zentralbank bezeichnet. Heute besteht die internationale Liquidität im wesentlichen aus Gold, Dollars, Euro und Sonderziehungsrechten.

Internationale Liquidität

Zahlungsbilanzüberschuß

Wenn sich in Abb. 20.5 die Angebotskurve ceteris paribus nach rechts verschiebt, kann ein **Angebotsüberhang** an Dollars entstehen, z. B. weil die Ausländer vermehrt deutsche Güter nachfragen oder in der Bundesrepublik verstärkt investieren wollen.

Den Angebotsüberschuß beim Paritätskurs nennt man Zahlungsbilanzüberschuß.

In dieser Situation muß die deutsche Zentralbank – um ein Absinken des Wechselkurses von w_0 nach w_2 (eine Aufwertung des Euro) zu vermeiden – die Nachfrage nach Dollars um den Betrag der „Lücke" ausdehnen. Sie kauft Dollars und gibt dafür Euro, wodurch sich ihr Bestand an Dollars und die inländische Geldmenge erhöhen. Da die Zentralbank selbst Euro unbegrenzt schaffen kann, entsteht für sie im Falle eines Zahlungsbilanzüberschusses kein Liquiditätsproblem. Diese **Asymmetrie des Liquiditätsproblems** ist von großer praktischer Bedeutung: Länder mit einem Zahlungsbilanzdefizit (Defizitländer) stehen vor der Notwendigkeit, über kurz oder lang – je nach Höhe ihres Bestandes an internationaler Liquidität – ihr Defizit beseitigen zu müssen, während sich für Überschußländer diese Notwendigkeit nicht zwingend ergibt.

Der Zwang zur Korrektur eines Zahlungsbilanzungleichgewichtes ist für Defizitländer viel größer als für Überschußländer

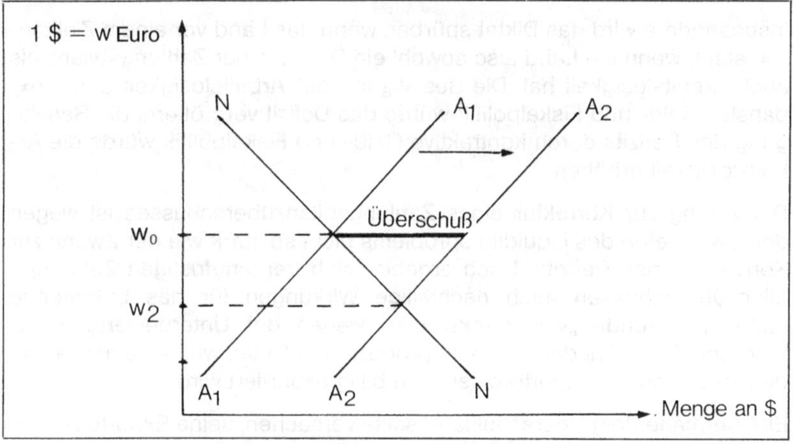

Abb. 20.5: Zahlungsbilanzüberschuß auf dem Devisenmarkt

Währungsreserven haben mithin bei festen Wechselkursen die Aufgabe, kurzfristig Zahlungsbilanzdefizite zu finanzieren. Sie geben einen zeitlichen Spielraum für eine Korrektur des Zahlungsbilanzdefizits, niemals kann es ihr Zweck sein, ein Zahlungsbilanzdefizit auf die Dauer zu finanzieren.

Aufgabe der Währungsreserven

3.2 Korrektur eines Zahlungsbilanzungleichgewichts

In einem Währungssystem mit festen Wechselkursen muß ein Zahlungsbilanzungleichgewicht mit den Mitteln der Wirtschaftspolitik beseitigt werden.

Kontraktive interne Wirtschaftspolitik bei einem Defizit

Ein Defizitland muß versuchen, seine Exporte zu fördern und seine Importe zu vermindern. Die grundsätzliche Zielrichtung seiner Politik besteht in:

- einer relativen Senkung des inländischen Preisniveaus, um die Exporte zu fördern,
- einer relativen Abnahme des Volkseinkommens, um die vom Volkseinkommen abhängigen Importe zu drosseln.

Außerdem kann das Defizitland durch restriktive Geldpolitik den Zins anheben und dadurch Kapitalimporte anregen (allerdings auf Kosten der Investitionen und damit der Beschäftigten).

Ein Defizitland muß also mit den Mitteln der Geld- und Fiskalpolitik eine **kontraktive interne Wirtschaftspolitik** betreiben: Die Geldmenge verringern, den Zinssatz erhöhen, die Staatsausgaben senken und/oder die Steuern erhöhen. Man sagt, daß ein Defizitland unter dem **„Diktat der Zahlungsbilanz"** steht, die Zahlungsbilanzsituation diktiert die Wirtschaftspolitik.

Zielkonflikt bei Defizit und Arbeitslosigkeit

Insbesondere wird das Diktat spürbar, wenn das Land vor einem Zielkonflikt steht, wenn ein Land also sowohl ein Defizit in der Zahlungsbilanz als auch Arbeitslosigkeit hat. Die Beseitigung der Arbeitslosigkeit durch expansive Geld- und Fiskalpolitik würde das Defizit vergrößern, die Beseitigung des Defizits durch kontraktive Geld- und Fiskalpolitik würde die Arbeitslosigkeit erhöhen.

Der Zwang zur Korrektur eines Zahlungsbilanzüberschusses ist wegen der Asymmetrie des Liquiditätsproblems nicht so stark wie der Zwang zur Korrektur eines Defizits. Doch ergeben sich bei langfristigen Zahlungsbilanzüberschüssen auch nachteilige Wirkungen für das betreffende Land. Im Grunde „verschenkt" man wegen der Unterbewertung der Währung einen Teil der im Inland produzierten Güter, weil – gemessen an den zu zahlenden Importpreisen – zu billig exportiert wird.

Expansive interne Wirtschaftspolitik bei einem Überschuß

Ein (permanentes) Überschußland sollte versuchen, seine Exporte zu verringern, seine Importe zu erhöhen. Es müßte

- das inländische Preisniveau erhöhen, um die Exporte zu senken
- das inländische Volkseinkommen erhöhen, um die Importe zu steigern,
- die Zinsen senken, um Kapitalexporte anzuregen.

Zielkonflikt bei Inflation und Überschuß

Ein Überschußland müßte also mit den Mitteln der Geld- und Finanzpolitik eine **expansive interne Wirtschaftspolitik** einleiten: Die Geldmenge erhöhen, den Zinssatz senken, die Staatsausgaben erhöhen, die Steuern senken.

Auch für das Überschußland kann sich ein Zielkonflikt ergeben, wenn es gleichzeitig inflationäre Preissteigerungen zu verzeichnen hat. Nur mehr Inflation würde den Zahlungsbilanzüberschuß abbauen, mehr Inflation widerspricht indes dem Ziel der Preisstabilität. (Der Leser erinnere sich an die Situation der Bundesrepublik bis zum Jahre 1971).

Im folgenden Schema sind die Überlegungen noch einmal zusammengefaßt.

Defizit	Überschuß
– Beseitigung durch kontraktive Geld- und Fiskalpolitik – Zielkonflikt bei Arbeitslosigkeit	– Beseitigung durch expansive Geld- und Fiskalpolitik – Zielkonflikt bei Inflation

3.3 Goldwährung

Die Goldwährung als Beispiel für ein System fester Wechselkurse

Das hier beschriebene Währungssystem mit **festen Wechselkursen** war in der Form der **Goldwährung** die internationale Währungsordnung vor dem 1. Weltkrieg und zum Teil auch nach dem 1. Weltkrieg (etwa von 1924–1931). Der Wert der einzelnen Währungen war in Gold fixiert **(Goldparität),** z. B. 1 Reichsmark = 0,359 Gramm Gold und 1 englisches Pfund = 7,18 Gramm Gold. Hieraus ergab sich durch einfache Rechnung (7,18 : 0,359) der Wechselkurs 1 Pfund = 20 Reichsmark, der so lange fest blieb, wie die Goldparitäten unverändert blieben. Auf weitere Einzelheiten wird hier nicht eingegangen.[3]) Wesentlich ist nur, daß dieses System, wie jedes System fester Wechselkurse, nur dann funktioniert, wenn die Länder bei Zielkonflikten bereit sind, dem Ausgleich der Zahlungsbilanz Priorität vor den binnenwirtschaftlichen Zielen einzuräumen. Ist man hierzu nicht bereit, hat also das binnenwirtschaftliche Ziel der Vollbeschäftigung bzw. Preisstabilität Vorrang, dann muß vom Prinzip der unveränderlich festen Wechselkurse oder vom Prinzip nur marktwirtschaftlicher Eingriffe abgegangen werden.

Priorität für den Ausgleich der Zahlungsbilanz

Im Falle von Zielkonflikten muß dann entweder der Wechselkurs geändert werden – das Defizitland muß abwerten, das Überschußland muß aufwerten – oder es müssen mit den Mitteln der Devisenbewirtschaftung Export und Import so kontrolliert werden, daß die Zahlungsbilanz rechnerisch ausgeglichen ist.

4. Feste oder flexible Wechselkurse?

Vorteile flexibler Wechselkurse

a) Bei flexiblen Wechselkursen ist die Zahlungsbilanz immer ausgeglichen, es gibt weder Probleme mit der Finanzierung eines Defizites noch Probleme der Zahlungsbilanzkorrektur. Inwieweit flexible Wechselkurse akzeptiert werden, hängt wesentlich davon ab, wie stark die Veränderungen des Wechselkurses sind und welche realen Auswirkungen diese zeigen.

3) Es kann natürlich sein, daß der Saldo der Güterströme entscheidend für die erwartete Wechselkursentwicklung ist. In diesem Fall hat die Kaufkraftparität auch Einfluß auf den sich aus den Kapitalbewegungen ergebenden Wechselkurs.

Binnenwirtschaftspolitik wird autonomer und effizienter

b) Ein Land mit flexiblen Wechselkursen kann den binnenwirtschaftlichen Zielen Preisstabilität, Vollbeschäftigung und Wachstum Priorität einräumen, es steht nicht unter dem Diktat der Zahlungsbilanz. Allerdings muß es die Veränderungen des nominalen Wechselkurses hinnehmen. Außerdem läßt sich zeigen, daß die Binnenwirtschaftspolitik bei flexiblen Wechselkursen in der Regel eine höhere Effizienz in bezug auf die Zielerreichung aufweist. Dies leuchtet unmittelbar ein, weil z. B. eine expansive Beschäftigungspolitik im Inland bei flexiblen Wechselkursen nicht über ein Zahlungsbilanzdefizit zu einer Abnahme der inländischen Geldmenge und damit einem gegenläufigen Bremseffekt führt.

Übertragung der Auslandsinflation wird teilweise oder ganz vermieden

c) Als wichtiges Argument für flexible Wechselkurse wird auch angeführt, daß diese die Übertragung einer Auslandsinflation auf das Inland abschwächen oder ganz vermeiden. Wie gezeigt, führt ein Zahlungsbilanzüberschuß durch die Intervention der Zentralbank bei festen Wechselkursen zu einer Erhöhung der inländischen Geldmenge, wodurch sich das inländische Preisniveau erhöhen kann. Da die Zentralbank bei flexiblen Wechselkursen keine Interventionspflicht hat, entfällt dieser Effekt, sofern sie tatsächlich nicht am Devisenmarkt aktiv wird. Außerdem wird bei flexiblen Wechselkursen der sogenannte **internationale Preiszusammenhang** in der Regel unterbrochen oder abgeschwächt:

Bei festen Wechselkursen überträgt sich eine ausländische Preissteigerung unmittelbar auf die inländischen Importgüterpreise, wobei die Stärke des Zusammenhanges von den Angebots- und Nachfrageelastizitäten auf Export- und Importgütermärkten abhängt. Bei flexiblen Wechselkursen wird die Auslandsinflation zumindest mittelfristig im allgemeinen zu einer Aufwertung der heimischen Währung führen, wodurch – abhängig vom Grad der Aufwertung – der Preisübertragungseffekt vermindert oder ganz vermieden wird. Als Kehrseite dieses Zusammenhanges ergibt sich allerdings, daß in Ländern, die wegen hoher Inflationsraten permanent abwerten, der Inflationsprozeß durch die abwertungsbedingten Preissteigerungen der Importgüter verschärft wird – ein Effekt, der von Befürwortern flexibler Wechselkurse letztlich allerdings nicht dem Wechselkurssystem, sondern einer inflatorischen inländischen Geldpolitik zugeschrieben wird.

Währungswettbewerb bietet die Chance zu Preisstabilität

d) Generell besteht bei flexiblen Wechselkursen ein **Währungswettbewerb.** Die Währung des preisstabilen Landes wertet tendenziell auf, die Währung des Inflationslandes wertet tendenziell ab. Dies führt zu steigender Akzeptanz der wertstabilen Währung, die zunehmend internationale Reservewährung wird, die zunehmend Recheneinheit im internationalen Zahlungsverkehr wird und bisweilen sogar nationale Zahlungsmittel verdrängt. Generell besteht eine Tendenz, der wertstabilen Währung nachzueifern. Dies ist ganz deutlich in Europa zu beobachten, wo die Länder ihre Geldpolitik zunehmend an der geldwertstabilen Geldpolitik der deutschen Bundesbank ausrichten (Österreich, Niederlande, Frankreich, Belgien und partiell auch die Schweiz). In diesem Sinne bietet der Währungswettbewerb die **Chance** zu dauerhafter Preisstabilität.

Auf der anderen Seite gibt es eine Reihe, allerdings z. T. umstrittener, Argumente gegen flexible (und für feste) Wechselkurse.

Nachteile flexibler Wechselkurse

Unsichere Kalkulationsgrundlage?

(a) Zum einen wird gesagt, daß sich aus der Beweglichkeit der Wechselkurse eine unsichere Kalkulationsgrundlage für Exporteure, Importeure und Investoren ergibt, die den freien Handel behindert. Dies kann nicht ganz von der Hand gewiesen werden (der Leser denke z. B. an die stark vom Wechselkurs des US-$ abhängige Entscheidung über eine VW-Direktinvestition in den USA), doch ist folgendes festzustellen:

- nicht nur Wechselkurse, sondern praktisch alle Preise schwanken in nicht vorhersehbaren Ausmaßen, ohne daß der Handel behindert wird;
- Kursrisiken können durch Devisentermingeschäfte ausgeschaltet werden (man kann die Dollars, die man in 3 Monaten erhält und deren zukünftiger Kurs unbekannt ist, schon jetzt zu einem festen Preis verkaufen, und man kann die Dollars, die man in Zukunft braucht, ebenfalls schon heute zu einem festen Preis kaufen). Immerhin verbleiben die Kosten der Absicherung des Wechselkursrisikos (Kurssicherungskosten) und die Kosten der Informationsbeschaffung. Außerdem gibt es keine Terminmärkte für langfristige Kontrakte;
- es läßt sich empirisch nicht nachweisen, daß flexible Wechselkurse den internationalen Handel behindern.

Beschäftigungsschwankungen in der Exportindustrie

(b) Bei starken Wechselkursschwankungen entstehen erhebliche Beschäftigungsschwankungen in den Exportindustrien der Länder. Diese Gefahr darf in der Tat nicht verkannt werden.

Inflationsfördernd?

(c) Schließlich wird gesagt, daß flexible Wechselkurse die Inflation fördern. Dies Argument ist insoweit richtig, als bei flexiblen Wechselkursen jedes Land soviel Inflation machen kann, wie es will (sofern es die resultierenden Währungsabwertungen akzeptiert), während bei festen Wechselkursen die Notwendigkeit, Zahlungsbilanzdefizite (die ja bei einer Inflation zu erwarten sind) mit knappen Währungsreserven zu finanzieren, eine Inflationsbremse sein kann. Wenn man der Meinung ist, daß die Länder zu Preisstabilität „erzogen" werden sollen und können, sind feste Wechselkurse vorzuziehen. Wobei vorausgesetzt werden muß, daß bei festen Wechselkursen nicht in allen Ländern gleicherweise Inflation betrieben wird.

Mangelnde Integration?

(d) Feste Wechselkurse haben eine Integrationsfunktion. Sie üben einen gewissen Druck aus, die nationale Wirtschaftspolitik der einzelnen Länder zu koordinieren. Denn wenn feste Wechselkurse vereinbart sind und die Länder verschiedene binnenwirtschaftliche Ziele verfolgen – ein Land Preisstabilität, das andere Land inflationäres Wachstum etc. –, entstehen permanent Zahlungsbilanzprobleme.

Damit wird deutlich, daß abzuwägen ist vor allem zwischen der Souveränität nationaler Wirtschaftspolitik auf der einen Seite und einer (erzwun-

Vorteile der Marktintegration versus Verzicht auf Autonomie

genen) Marktintegration auf der anderen Seite. Unwiderruflich feste Wechselkurse bieten die Chance einer größtmöglichen Marktintegration, indem sie die mit flexiblen Wechselkursen verbundenen Kosten der Unsicherheit, die Kosten der Kurssicherung und der Informationsbeschaffung eliminieren. Auf der anderen Seite steht der Verzicht auf eine autonome nationale Wirtschaftspolitik. Dieser Verlust an nationaler Souveränität mag per se als Nachteil bewertet werden, aus ökonomischer Sicht ist er nur dann ein Nachteil, wenn damit die Erreichung der gesamtwirtschaftlichen Ziele Vollbeschäftigung und Preisniveaustabilität erschwert wird. Dies soll am Beispiel regional begrenzt fester Wechselkurse, also für eine Währungsunion näher untersucht werden, denn die Frage, ob feste oder flexible Wechselkurse, wird sinnvollerweise nicht global, sondern regional begrenzt, zu beantworten sein.

5. Währungsunion und Theorie des optimalen Währungsraumes

Traditionell hat man als Währungsunion einen Währungsraum bezeichnet, der gekennzeichnet ist durch:

- unwiderrufliche feste Wechselkurse,
- uneingeschränkte Konvertibilität der Währungen und
- Freiheit des Kapital- und Zahlungsverkehrs.

Heute neigt man dazu, ein solches Gebilde als Quasi-Währungsunion zu klassifizieren, da – solange noch Wechselkurse existieren – diese wohl in der Praxis nie unwiderruflich sein dürften. Andererseits dürfte das Verlassen einer „echten" Währungsunion mit Einheitswährung zwar ein größeres, aber wohl kein unüberwindliches Hindernis sein – wie historische Beispiele zeigen.

Wenn Länder eine Währungsunion gründen, verlieren sie in der Regel einen Großteil ihrer wirtschaftspolitischen Souveränität:

- Der nationale Wechselkurs geht als wirtschaftspolitisches Anpassungsinstrument unwiderruflich verloren.
- Nationale Geldpolitik kann nicht mehr betrieben werden, da die Geldhoheit bei einer supranationalen Zentralbank liegt.
- Eigenständige nationale Fiskalpolitik ist nur noch begrenzt möglich, vor allem da die anderen Teilnehmerländer eventuell entstehende hohe Zinsen oder sogar den Zwang zur Übernahme von Schulden fürchten.

Aus solchen Gründen hat man sich in der „realen" Theorie des optimalen Währungsraumes schon in den 50er und 60er Jahren Gedanken darüber gemacht, welche Länder relativ unbeschadet von Arbeitslosigkeit und Inflation an einer Währungsunion teilnehmen und die ohne Zweifel existierenden Früchte einer Währungsunion (Wegfall von Umtausch und sonstigen Transaktionskosten) genießen könnten.

Die Antworten, die damals gegeben wurden, wären (von Feinheiten abgesehen) relativ einfach: In eine optimale Währungsunion gehören nur

- Länder, die entweder aufgrund ihrer Struktur relativ leicht auf den Wechselkurs als wirtschaftspolitisches Instrument verzichten können. Dies sind zum einen „kleine offene Volkswirtschaften", die über Abwertungen praktisch nur Inflation importieren können, oder zum anderen hoch diversifizierte Länder, bei denen Schocks immer nur relativ kleine Bereiche der Ökonomie betreffen
- oder Länder, die im hinreichenden Umfang über alternative Anpassungsinstrumente in Form von
  - flexiblen Löhnen und Preisen
  - hoher Mobilität der Produktionsfaktoren, insbesondere des Faktors Arbeit,
  - leistungsfähigen Transfersystemen, möglichst im Rahmen einer politischen Union

verfügen.

Diese Bedingungen wurden im Zuge der Schaffung der Europäischen Wirtschafts- und Währungsunion zumindest von seiten der EU nie geprüft. Statt dessen einigte man sich auf den relativ mageren Katalog der sog. Konvergenzkriterien und handhabte diese zudem kaum ernsthaft.

Jetzt, nachdem die Währungsunion unumkehrbar erscheint, mehren sich plötzlich die Stimmen, die vor einer möglichen Beschäftigungskatastrophe warnen, wenn nicht die Arbeitsmarktflexibilität im weitesten Sinne entscheidend erhöht wird. Da sind wir plötzlich bei auch nach unten flexiblen Löhnen und flexiblen Arbeitszeitregelungen, bei den Rufen nach Abbau der Sozialsysteme um den „Standort Deutschland" wettbewerbsfähig zu halten oder wieder werden zu lassen, bei den Forderungen nach mehr Flexibilität der Arbeiter bei sich rasch wandelnden Wirtschaftsstrukturen.

Die Philosophie ist einfach: Wenn beachtliche Verwerfungen im Bereich der Beschäftigung vermieden werden sollen, dann müssen die Arbeitnehmer jetzt diese viel geforderte „Arbeitsmarktflexibilität" erbringen, wie jedem das A und O der Marktwirtschaft oder auch – das Studium der realen Theorie des optimalen Währungsraumes schon viel früher gezeigt hätte.

C. Arbeitsaufgaben

1) *Erläutern Sie folgende Begriffe:*
   - *Zahlungsbilanzüberschuß, Zahlungsbilanzdefizit,*
   - *Währungsreserven, internationale Liquidität,*
   - *Konvertibilität,*
   - *Zahlungsbilanzgleichgewicht,*
   - *Währungsunion.*
2) *Welches sind die zentralen Probleme in einem Währungssystem mit festen Wechselkursen?*
3) *Welche Maßnahmen können in einem Währungssystem mit festen Wechselkursen zur Korrektur eines Zahlungsbilanzdefizites (Zahlungsbilanzüberschusses) ergriffen werden?*
4) *In welchen wirtschaftspolitischen Situationen entstehen Konflikte zwischen binnenwirtschaftlichen und außenwirtschaftlichen Zielen? Schildern Sie den Einsatz der entsprechenden wirtschaftspolitischen Instrumente und begründen Sie die Konfliktsituationen.*
5) *Erläutern Sie die Funktionsweise eines Währungssystems mit flexiblen Wechselkursen. Welches sind die zentralen Wechselkurstheorien?*
6) *Welche Folgen ergeben sich für die Zahlungsbilanz, wenn ein Land – z. B. weil die heimischen Rohstoffvorräte erschöpft sind – in Zukunft mehr Rohstoffe importieren muß*
   a) *in einem System mit festen Wechselkursen?*
   b) *in einem System mit flexiblen Wechselkursen?*
7) *Welche Folgen ergeben sich für ein Land, das im Inland ständig höhere Preissteigerungsraten als seine Umwelt zu verzeichnen hat*
   a) *bei festen Wechselkursen?*
   b) *bei flexiblen Wechselkursen?*
8) *Diskutieren Sie die Vorteile und Nachteile fester und flexibler Wechselkurse.*
9) *Kann in einer Währungsunion ein Land dauerhaft mehr Inflation zulassen als seine Partnerländer?*
10) *Welche Grundbedingungen müssen in einem optimalen Währungsraum erfüllt sein?*

Lösungsvorschläge für die Arbeitsaufgaben im „Übungsbuch zu Grundlagen und Probleme der Volkswirtschaft".

D. Literatur

Eine gute Einführung in den Problemkreis bietet

SCHÄFER, Wolf, Währungen und Wechselkurse, Würzburg, Wien 1981,

allerdings ist das verwendete Zahlenmaterial teilweise veraltet.

Einführende, problemorientierte Darstellungen finden sich bei

HARDES u. a., Volkswirtschaftslehre – problemorientiert, 19. Auflage, Tübingen 1995, 6. Kapitel

sowie

GLISMANN, Hans H. u. a., Weltwirtschaftslehre, I. Außenhandels- und Währungspolitik, 3. Auflage Göttingen 1986.

Einen präzisen Überblick verschafft

WILLMS, Manfred, Währung, in: Vahlens Kompendium der Wirtschaftstheorie und Wirtschaftspolitik, Band 1, 6. Auflage, München 1995.

Die Lektüre setzt Vorkenntnisse voraus.

Deutschsprachige Standardwerke zur monetären Außenwirtschaftstheorie sind

JARCHOW, Hans-Joachim und RÜHMANN, Peter, Monetäre Außenwirtschaft

I. Monetäre Außenwirtschaftstheorie, 3. Auflage, Göttingen 1991
II. Internationale Währungspolitik, 3. Auflage, Göttingen 1993

ROSE, Klaus, SAUERHEIMER, Karlhans, Theorie der Außenwirtschaft, 10. Auflage München 1989

SIEBERT, Horst, Außenwirtschaft, 6. Auflage, Stuttgart 1994.

Diese Werke setzten sämtlich formale Kenntnisse voraus. Dies gilt zwar im Prinzip auch für

WILLMS, Manfred, Internationale Währungspolitik, 2. Auflage, München 1995,

jedoch ist das Buch sehr übersichtlich geschrieben und hat zudem den Vorteil, monetäre Außenwirtschaftstheorie- und -politik simultan zu beschreiben.

21. Kapitel
Internationale Währungsordnung

A. Lernzielorientierte Leitfragen und Fragenkomplexe

Leitfrage:
Welche Rahmenbedingungen setzt das Währungssystem des Internationalen Währungsfonds?

- *Welches waren die Ziele des Abkommens von Bretton Woods?*
- *Welche Kreditmöglichkeiten sieht der Internationale Währungsfonds vor?*
- *Welche prinzipielle Bedeutung haben die Sonderziehungsrechte?*
- *Wie werden Leistungsbilanzdefizite in der Regel finanziert?*
- *Welche Bedeutung haben Fremdwährungsmärkte?*
- *Wie wird das Wechselkurssystem geregelt?*

Leitfrage:
Welche Rahmenbedingungen setzt das Europäische Währungssystem?

- *Welches sind die Ziele des europäischen Währungssystems?*
- *Welche Bedeutung hat die europäische Währungseinheit (ECU)?*
- *Wie wird das Wechselkurssystem geregelt?*
- *Welche Kreditmöglichkeiten sind im europäischen Währungssystem für die beteiligten Länder vorgesehen?*

Leitfrage:
Was sind die Grundstrukturen und Grundprobleme der Europäischen Wirtschafts- und Währungsunion (EWWU)?

- *In welchen Stufen soll die EWWU erreicht werden?*
- *Welche Rolle spielt die Unabhängigkeit der Zentralbank?*
- *Inwiefern ergänzt die EWWU das Binnenmarktprogramm?*

B. Sachanalyse

Eine internationale Währungsordnung muß vor allem zwei Dinge regeln: das Wechselkurssystem und – jedenfalls wenn feste Wechselkurse vorgesehen sind – die Möglichkeiten und Modalitäten der Finanzierung und

Korrektur von Zahlungsbilanzungleichgewichten. Dementsprechend stehen diese Punkte im Mittelpunkt der folgenden Analyse der internationalen Währungsordnung. Für die Bundesrepublik sind folgende Ordnungen bestimmend:

- Das Währungssystem des Internationalen Währungsfonds (IWF),
- die Europäische Wirtschafts- und Währungsunion (EWWU).

1. Das Währungssystem des Internationalen Währungsfonds (IWF)

1.1 Vorbemerkungen

Bretton Woods System

Der Internationale Währungsfonds – eine internationale Organisation mit Sitz in Washington D. C. – ist in der Konferenz von Bretton Woods (1944) begründet worden. Daher heißt dieses Währungssystem auch Bretton Woods-System. Mitglieder sind mittlerweile so gut wie alle Länder der Welt, mit Ausnahme einiger Länder des ehemaligen Ostblocks. Die Bundesrepublik ist 1952 beigetreten.

Das IWF System sah ursprünglich prinzipiell feste Wechselkurse vor, genauer: feste Wechselkurse mit einer kleinen Schwankungsbreite von ursprünglich ± 1 Prozent, später ± 2,25 Prozent um den festgelegten Kurs, die Parität. 1973 wurden diese Wechselkursbestimmungen aufgehoben. Seitdem ist den Mitgliedern die Wechselkursregelung freigestellt (vgl. Abschnitt 1.7).

Damit die Mitglieder des IWF-Systems diese ursprünglich vorgesehenen festen Wechselkurse auch durch entsprechende Interventionen am Devisenmarkt halten konnten, sind eine Reihe von Kreditgewährungsmöglichkeiten geschaffen worden, die auch heute noch gültig und wichtig sind.

1.2 Kreditmöglichkeiten im IWF-System

1.2.1 Quoten

Kreditgewährung im Rahmen der Quoten

Jedes Mitgliedsland erhält eine **Quote,** die bei Beginn der Mitgliedschaft aus primär wirtschaftlichen Größen wie Inlandsprodukt, Anteil am Welthandel und Währungsreserven errechnet wird. In Höhe der Quote ist ein sog. Subskriptionsbeitrag einzuzahlen. Dabei sind 25 % der Quote in Sonderziehungsrechten (vgl. Abschnitt 1.2.3 dieses Kapitels) (früher in Gold), in konvertiblen Devisen oder mit Zustimmung des Fonds auch in eigener Währung einzuzahlen, die restlichen 75 % in Landeswährung. In Höhe der „echten" Finanzierungsleistungen aus der Subskription (Sonderziehungsrechte, Gold und Fremdwährungen zuzüglich der vom IWF in der Landeswährung abgerufenen und verwendeten Beträge) hat das Mitgliedsland jederzeit und ohne Auflage das Recht, IWF-Mittel in Anspruch zu nehmen. Dieses Ziehungsrecht in der sogenannten **Reservetranche** (Reserveposition) stellt keine Kreditgewährung des IWF dar.

Über die Reserveposition hinaus kann jedes Mitglied **vier Kredittranchen** von je 25 % der Quote für die Gewährung von Zahlungsbilanzkrediten in Anspruch nehmen. Das ist der normale Rahmen für die Kreditgewährung des IWF.

Die Quoten, die auch das Stimmrecht der Mitglieder festlegen, werden im Abstand von zumeist fünf Jahren überprüft und an den veränderten Finanzierungsbedarf (Überprüfung der Quotensumme) sowie an das veränderte wirtschaftliche Gewicht der Mitglieder (Überprüfung des Quotengefüges) angepaßt. Nach der letzten, Ende 1998 durchgeführten Quotenregelung wurde die Quotensumme um rund 45 % auf 146 Mrd. SZR (Wert rund 199 Mrd. US-$) erhöht. Die folgende Tabelle 21.1 gibt einen Überblick über die Quoten einiger Länder. Danach hat die Bundesrepublik nach Japan und den USA die drittgrößte Quote.

Quoten-anpassung

Tab. 21.1: Quoten der fünf größten und kleinsten IWF-Mitglieder nach der Durchführung der Erhöhung vom Januar 1998

	in Mio. SZR	in % des IWF-Kapitals
USA	37.149,3	25,4447
Japan	13.312,8	9,1184
Bundesrepublik	13.008,2	8,9097
Frankreich	10.738,5	7,3551
Großbritannien	10.738,5	7,3551
zusammen:	**84.947,3**	**58,1831**
Bhutan	6,3	0,0043
Kiribati	5,6	0,0038
Mikronesien	5,1	0,0034
Marshall-Inseln	3,5	0,0024
Palau, Rep.	3,1	0,0021
zusammen:	**21,6**	**0,0148**

Quelle: IWV-Survey, September 1998

Zur Charakterisierung der Quoten sei darauf hingewiesen, daß der Fonds im Rahmen dieser Bestimmungen kein Geld schaffen kann – wie z. B. eine Bank –, sondern nur das Geld ausleihen kann, das die Mitglieder eingezahlt haben (Prinzip des Devisenpools).

Prinzip des Devisenpools

1.2.2 Auffüllen der Währungsbestände des Fonds (Replenishment)

Braucht der Fonds für seine Kreditgewährung mehr Mittel, als ihm aus den Subskriptionszahlungen der Mitglieder zur Verfügung stehen, kann er sie sich auf folgende Weise beschaffen: Jedes Mitgliedsland ist verpflichtet, seine Währung dem IWF gegen SZR innerhalb bestimmter Grenzen zu verkaufen. Ferner können Kredite bei den Mitgliedern aufgenommen werden. Darüber hinaus ist im IWF-Übereinkommen die Möglichkeit vorgesehen, mit Zustimmung des Landes, dessen Währung dabei verwendet wird, Kredite auch aus anderen Quellen (internationalen Finanzmärkten) aufzunehmen. Mit den **Allgemeinen Kreditvereinbarungen (AKV)** zwischen der Zehnergruppe[1]), der Schweiz und dem Fonds steht dem Fonds seit 1962 eine ständige multilaterale Kreditlinie zur Verfügung, die ursprünglich nur zur Finanzierung von Zahlungsbilanzhilfen an Mitglieder der Zehnergruppe, seit 1983 jedoch auch für andere Länder eingesetzt werden kann. Hinzu kommen, als Reaktion auf die Mexikokrise 1994/95, Neue Kreditvereinbarungen (NKV) zwischen dem IWF und 25 Mitgliedsländern (darunter alle G10-Länder) mit einem Volumen von 34 Mrd. SZR, die für besondere Krisensituationen zur Verfügung stehen.

1.2.3 Sonderziehungsrechte

Schaffung einer neuen Form internationaler Liquidität

In der Erkenntnis, daß der Bestand und die Verteilung der internationalen Liquidität wie die inländische Geldmenge einer bewußten Kontrolle unterliegen sollten, vereinbarten die Mitglieder des IWF auf der Konferenz von Rio de Janeiro 1967, eine neue Art internationaler Liquidität zu schaffen, die **Sonderziehungsrechte (SZR).**

Grundprinzip

Das Grundprinzip ist dabei folgendes: Die Mitglieder schaffen durch den Fonds ein internationales Buchgeld, verteilen dieses Geld unter sich und verpflichten sich, dieses Geld zur Erfüllung von Verbindlichkeiten zu akzeptieren. Jedes Land erhält Ziehungsrechte zugeteilt, in deren Rahmen es von anderen Ländern die benötigten Devisen erhalten kann. Die Bundesrepublik erhält z. B. SZR und kann dafür z. B. von den USA Dollar erwerben. Die USA erhalten dafür die SZR, die sie im Bedarfsfall ihrerseits zum Erwerb von Francs, Lira etc. verwenden können. Die SZR sind also „so gut wie Devisen“.

Hierzu einige technische Einzelheiten:

- Durch Beschluß der Mitglieder des IWF wird für je fünf Jahre festgesetzt, wieviel SZR geschaffen werden sollen. Dieser Betrag wird den Mitgliedern in jährlichen Raten proportional zu ihren Quoten zugeteilt.
- Die SZR sind nur Zahlungsmittel zwischen den Zentralbanken, Privatleute können sie nicht erwerben und mit ihnen nicht bezahlen.
- Die Inanspruchnahme der SZR muß nicht wieder rückgängig gemacht werden; es ist also kein Kredit im eigentlichen Sinne, allerdings müssen für die Inanspruchnahme Zinsen gezahlt werden. Der Zinssatz entspricht dem Durchschnittsniveau der Geldmarktzinsen in den USA, Frankreich, Großbritannien, Japan und der Bundesrepublik (im Dezember 1998: 3,14 %; Deutsche Bundesbank, Monatsbericht Januar 1999, S. 44).

Technische Details

1) USA, Bundesrepublik Deutschland, Großbritannien, Frankreich, Italien, Japan, Kanada, Niederlande, Belgien, Schweden, Schweiz (seit 1983), auch G-10 genannt.

- Die SZR-Bestände können in voller Höhe verwendet werden. Die frühere Vorschrift zur Aufrechterhaltung eines durchschnittlichen Mindestbestandes von 30 % der zugeteilten SZR ist im Mai 1981 abgeschafft worden, um den Reservecharakter zu betonen.

Das Revolutionäre an dieser Erfindung ist die Tatsache, daß die vermutlichen Gläubigerländer sich verpflichtet haben, dieses Geld zu akzeptieren, ohne daran Bedingungen zu knüpfen. Die Ankaufsverpflichtung eines Landes endet an der **Annahmegrenze:** Sie ist erreicht, wenn der SZR-Bestand eines Landes das Dreifache der eigenen kumulativen (Netto-)Zuteilung beträgt, d. h., wenn die Bundesrepublik SZR in Höhe von 2 Mrd. DM erhält, braucht sie nur maximal 6 Mrd. DM an andere Länder gegen SZR auszuzahlen.

Der Wert des Sonderziehungsrechtes wird auf der Basis eines Währungskorbes nach der Wechselkursentwicklung der 5 wichtigsten Weltwährungen ermittelt. Als Grundlage für die Festlegung der Gewichte der einzelnen Währungen im SZR-Korb dient der Anteil des betreffenden Landes am Weltexport von Waren und Dienstleistungen sowie das Ausmaß, in dem die jeweilige Währung von anderen Ländern als Reservewährung gehalten wird. Die Korbgewichte werden für fünf Jahre festgelegt. Seit 1. 1. 1996 gelten die folgenden Gewichte (Anteile) im Währungskorb: US-Dollar 39 %, D-Mark 21 %, Yen 18 %, französischer Franc und Pfund Sterling je 11 %. Die Tabelle 21.2 gibt einen Überblick über die Entwicklung des Wertes der fünf Korbwährungen bezogen auf 1 SZR, also des Preises einer Einheit SZR in der jeweiligen Währung, während Tabelle 21.3 umgekehrt den Wert der Korbwährungen in SZR angibt. Wert der SZR

Tabelle 21.2: Die Entwicklung der fünf Korbwährungen

Die Entwicklung der fünf Korbwährungen seit 1984					
Zeitraum	US-Dollar/ 1 SZR	DM/ 1 SZR	FFr/ 1 SZR	100 Yen/ 1 SZR	Pfund Sterling/1 SZR
1984	1,025	2,917	8,954	2,435	0,771
1985	1,015	2,989	9,123	2,422	0,791
1986	1,173	2,547	8,125	1,977	0,800
1987	1,293	2,324	7,772	1,870	0,791
1988	1,343	2,360	8,005	1,723	0,756
1989	1,281	2,409	8,177	1,768	0,783
1990	1,356	2,192	7,387	1,964	0,764
1991	1,368	2,271	7,717	1,843	0,776
1992	1,408	2,199	7,455	1,784	0,802
1993	1,396	2,308	7,907	1,553	0,931
1994	1,431	2,323	7,948	1,463	0,936
1995	1,517	2,174	7,572	1,427	0,961
1996	1,452	2,185	7,427	1,579	0,931
1997	1,376	2,386	8,031	1,665	0,840
1998*	1,407	2,305	7,734	1,707	0,831

*: Stand; Oktober 1998
Quelle: Deutsche Bundesbank, Devisenkursstatistik (lfd.)

Tabelle 21.3: Wert wichtiger Währungen im SZR

Sonderziehungsrechte					
Zeitraum	SZR/ 1 US-$	SZR/ 1 DM	SZR/ 1 FFr	SZR/ 100 Yen	SZR/1 Pfund Sterling
1984	0,976	0,343	0,112	0,411	1,297
1985	0,985	0,335	0,110	0,413	1,264
1986	0,853	0,393	0,123	0,506	1,250
1987	0,773	0,430	0,129	0,535	1,264
1988	0,745	0,424	0,125	0,580	1,323
1989	0,781	0,415	0,122	0,566	1,277
1990	0,737	0,456	0,135	0,509	1,309
1991	0,731	0,440	0,130	0,543	1,289
1992	0,710	0,455	0,134	0,561	1,247
1993	0,716	0,433	0,126	0,644	1,074
1994	0,699	0,430	0,126	0,684	1,068
1995	0,659	0,460	0,132	0,701	1,041
1996	0,689	0,458	0,135	0,633	1,074
1997	0,728	0,420	0,125	0,603	1,188
1998*					

*: Stand; Oktober 1998
Quelle: Deutsche Bundesbank, Devisenkursstatistik (lfd.)

Das Ziel des IWF ist es, SZR zur bevorzugten Recheneinheit und zum Hauptreservemedium im Weltwährungssystem zu machen. Bis dahin ist der Weg noch weit, doch zeigt sich, daß die relativ große Wertbeständigkeit der SZR diese zunehmend als Recheneinheit und Wertmaßstab attraktiv macht.

1.2.4 Zusätzliche Kreditfazilitäten

Seit Bestehen des IWF sind die **vier Kredittranchen** von je 25 % der Quote der normale Rahmen für die Gewährung von Zahlungsbilanzkrediten. Verschiedene Sonderprobleme veranlaßten den IWF, einige zusätzliche Kreditmöglichkeiten zu gewähren, um Länder mit besonders schwierigen Finanzierungsproblemen von einer dann zu befürchtenden Kettenreaktion von Zahlungs- und Handelsrestriktionen abzuhalten.

Differenzierte Möglichkeiten zusätzlicher Kreditgewährung

Im Rahmen der **Erweiterten Fondsfazilität** (seit 1974) können Länder zur Behebung besonders hartnäckiger außen- und binnenwirtschaftlicher Strukturverzerrungen Kredite mit einer Laufzeit von 4–10 Jahren erhalten. Derartige Ziehungen sind auf 68 % (jährlich) der Quote (oder kumulativ bis 300 %) begrenzt.

Die 1988 eingeführte **Fazilität** zur Kompensation und Entwicklungsfinanzierung bietet weitere Möglichkeiten zur Gewährung von Sonderkrediten.

Weitere Fazilitäten sind im Laufe der Zeit nach Bedarf geschaffen und auch wieder aufgehoben worden. Von besonderer Bedeutung sind heute vor allem noch die **Strukturanpassungsfazilität,** die Entwicklungsländern mit besonders niedrigem Einkommen finanzielle Mittel zu einem besonders niedrigen Zins zur Verfügung stellt und die **erweiterte Strukturanpassungsfazilität,** die ähnliche Ziele und Konditionen hat. In Anbetracht der großen Probleme, denen Rußland und die übrigen Staaten der früheren Sowjetunion gegenüberstehen, hat der IWF im April 1993 die **Systemtransformationsfazilität** eingerichtet. Sie war eine temporäre Fazilität, die bis Ende 1994 in Kraft war. Die Rückzahlungsfrist betrug 4,5–10 Jahre. Das maximale Volumen lag bei 50 % der Quote.

Bedingungen der Kreditgewährung

Ziehungen in der ersten Kredittranche sind praktisch ohne Auflagen verfügbar. Das kreditsuchende Land muß nur in allgemeiner Form nachweisen, daß es bemüht ist, seine Zahlungsbilanzschwierigkeiten zu beheben. Übersteigt die beabsichtigte Ziehung die erste Kredittranche, so kann sie nur nach einem besonderen Prüfungs- und Rechtfertigungsverfahren erfolgen. Der Fonds stellt an das betreffende Land konkrete Anforderungen und wirtschaftspolitische Bedingungen **(Konditionalität).** Bei der Abfassung von solchen Stabilisierungsprogrammen – oft im Zusammenwirken mit der Weltbank (Strukturanpassungsprogramme) – werden sowohl Ursachen und voraussichtliche Dauer der Zahlungsbilanzschwierigkeiten als auch die wirtschaftspolitischen Gegebenheiten des betreffenden Landes berücksichtigt.

Allerdings greift der IWF mit oft rigorosen Stabilisierungsprogrammen in das Wirtschaftsleben der Defizitländer ein.

Alle Kredite des IWF sind prinzipiell zu Marktkonditionen zu verzinsen. Entwicklungsländern mit niedrigem Volkseinkommen können Zinssubventionen und Sonderkonditionen gewährt werden.

1.3 Rolle des Goldes

Gold war Zahlungsmittel unter Zentralbanken

Gold, das früher das internationale Zahlungsmittel und die internationale (und nationale) Recheneinheit schlechthin war, spielte zunächst auch im IWF-System eine zentrale Rolle. Bis Ende der 60er Jahre war Gold der Hauptbestandteil der Währungsreserven der Zentralbanken und konnte zu einem Verrechnungspreis von 35 US-Dollar pro Unze Feingold zur Finanzierung von Zahlungsbilanzdefiziten verwendet werden. Dies war bis 1971 der offizielle Währungsgoldpreis zu dem die US-Zentralbank anderen Zentralbanken auch Dollar gegen Gold eintauschte. Daneben existierte ein Preis des Goldes für industrielle Zwecke (Warengoldpreis), der sich auf dem Goldmarkt nach Angebot und Nachfrage einstellt. Dieser Warengoldpreis war seit 1968 beträchtlich höher als der Währungsgoldpreis.

Gold war Recheneinheit

Gold diente im IWF-System auch als Recheneinheit. Der Paritätswert der Währung jedes Mitgliedes wurde in Gold oder in US-Dollar im Gewicht und in der Feinheit vom 1. Juli 1944 ausgedrückt. Da für diesen Dollar die

Beziehung 35 US-Dollar = 1 Unze Feingold galt, waren letztlich alle Währungen der Welt über ihre Goldparität miteinander verknüpft. Der Leser beachte, daß Gold in diesem Sinne nur Recheneinheit war, kein Privatmann konnte zur Goldparität Gold von den Zentralbanken kaufen.

Gold ist heute nur noch Wertaufbewahrungsmittel

Mittlerweile ist indes das Gold als Recheneinheit abgeschafft, es gibt weder eine offizielle Gold-Dollar-Parität noch eine offizielle Gold-SZR-Parität. Gold ist für die Währungsbehörden nur noch Wertaufbewahrungsmittel, es kann von diesen auf dem freien Markt nach ihrem Belieben ge- oder verkauft werden.

1.4 Reservewährungen im IWF-System

Dominierende Stellung des US-Dollars

Reservewährungen sind nationale Währungen, die wegen ihrer Bedeutung und wegen ihrer erwarteten Wertstabilität von den Zentralbanken als internationale Liquidität gehalten werden und die in der Regel von anderen Zentralbanken akzeptiert werden. Nach wie vor ist der US-Dollar die wichtigste Reservewährung. Die Weltwährungsreserven bestehen zu rund 60 % aus US-Dollar. Die Reservewährung Nr. 2 ist die DM mit einem Volumen von 160,9 Mrd. Dollar (ca. 19 %), dann folgt der japanische Yen mit 92 Mrd. Dollar (rund 10 %).[2)]

Die dominierende Rolle des US-Dollars erklärt sich aus der Stellung der USA als Wirtschaftsmacht Nr. 1 in der Welt, aus der Leistungsfähigkeit ihrer Finanzmärkte und auch aus der ehemals bestehenden Goldkonvertierbarkeit des US-Dollars (vgl. Abschnitt 1.3). Die bis 1978 und erneut in den 80er Jahren bis zum heutigen Tage zu beobachtenden hohen Leistungsbilanzdefizite der USA sorgten und sorgen dafür, daß der Dollar als Reservewährung auch reichlich vorhanden war und ist.

Bedeutende Rolle der DM

Daß die DM Reservewährung Nr. 2 wurde, ist mit ihrer langjährigen Wertstabilität (Aufwertung praktisch bis heute) und der großen Bedeutung der Bundesrepublik im Welthandel zu erklären. Eine solche Position als Reservewährung ist für das betreffende Land nicht unproblematisch: So ist z. B. bei Abwertungstendenzen der DM damit zu rechnen, daß die ausländischen Währungsbehörden „aus der DM aussteigen" und durch das entsprechend erhöhte DM-Angebot auf den Devisenmärkten die Abwertungstendenzen verstärken.

1.5 Währungsreserven und Auslandsposition der Deutschen Bundesbank

Abschließend sollen die besprochenen Komponenten der internationalen Liquidität am Beispiel der Deutschen Bundesbank quantifiziert werden.

Tabelle 21.4 zeigt in der 1. Zeile den Goldbestand der Deutschen Bundesbank, bis 1998 bewertet zu Einstandspreisen, also zu den einstmals gezahlten Einkaufspreisen. Der gegenwärtige Marktwert würde mithin ein

2) Quelle: Bank für internationalen Zahlungsausgleich BIZ, 64. Jahresbericht, Juni 1994

Tab. 21.4: Währungsreserven der Deutschen Bundesbank
(Stand am Jahresende in Mio. DM)

Die Nettoauslandsposition der Deutschen Bundesbank				
(Stand am Jahresende in Mio. DM)	1990	1992	1994	1998
1. Gold	13.688	13.688	13.688	17.109
2. Devisen und Sorten	64.517	85.845	60.209	100.363
3. Reservetranche	4.565	6.842	6.242	12.164
4. zugeteilte SZR	2.573	2.687	2.738	2.850
5. erworbene/in Anspruch genommene SZR	235	–1.300	–1.012	273
6. Kredite und sonstige Forderungen an das Ausland (vor allem an die Weltbank)	2.423	2.608	2.360	1.079
7. Forderungen an die EZB (bis 1993 EFWZ; bis 1999 EWI)	18.445	33.619	31.742	23.122
8. Summe der Positionen 1–7	106.446	143.959	115.967	135.085
9. Auslandsverbindlichkeiten	52.259	26.506	24.192	15.978
10. Nettoauslandsposition der Deutschen Bundesbank	54.188	117.453	91.774	119.107

Quelle: Monatsbericht der Bundesbank, Januar 1999, S. 72

Vielfaches betragen. Zum Ende des Jahres 1998 fand dann auch eine Anpassung der Bewertung des Geldbestandes mit einem höheren Preis statt. Die Devisen in Zeile 2 sind überwiegend Guthaben (Devisen) von US-Dollar bei ausländischen Banken. Die Reservetranche gibt an, in welchem Umfang die Bundesbank bedingungslos einen Kredit vom IWF erhalten kann. Der Betrag in Zeile 4 gibt die Sonderziehungsrechte an, die die Bundesbank im Rahmen der laufenden Zuteilungen erhalten hat. Davon hat sie z. B. im Jahre 1994 Sonderziehungsrechte im Wert von 1.012 Mio. DM in Anspruch genommen, also Sonderziehungsrechte gegen die Annahme von anderen Währungen abgegeben. Daneben hat die Bundesbank sonstige Kredite an das Ausland vergeben. Dieser Betrag besteht vor allem aus Krediten an die Weltbank. In Zeile 7 sind die Forderungen an die EZB (Europäische Zentralbank, vgl. Abschnitt 2) ausgewiesen. Die starke Zunahme dieser Position resultiert aus Einzahlungen an den EFWZ (Europäischer Fonds für währungspolitische Zusammenarbeit, vgl. Abschnitt 2), die aufgrund von Spannungen im europäischen Währungsgefüge notwendig wurden. Die Summe dieser Posten ergibt die Forderungen der Bundesbank an das Ausland (Zeile 8). Zieht man hiervon die Auslandsverbindlichkeiten ab, ergibt sich in Zeile 10 die Nettoauslandsposition der Deutschen Bundesbank in Höhe von 91.774 Mio. DM (1994).

Überwiegend bestehen die Währungsreserven der Bundesbank aus Gold und Devisen

Insgesamt zeigt Tabelle 21.4 einmal die relativ geringe Bedeutung der durch internationale Institutionen geschaffenen internationalen Liquidität für die Bundesbank und die beachtliche Höhe der Währungsreserven.

Zum anderen spiegeln sich in der starken Veränderung der Währungsreserven und vor allem der Forderungen gegenüber der EZB die Spannungen im EWS wider, die seit 1992 aufgetreten waren.

1.6 Finanzierung der Leistungsbilanzdefizite

Zum überwiegenden Teil werden Leistungsbilanzdefizite durch Geschäftsbanken finanziert

Abgesehen von Schenkungen existieren nur zwei Möglichkeiten für die Finanzierung von Leistungsbilanzdefiziten: Man bezahlt die Defizite durch früher einmal aufgehäufte Devisenreserven oder man verschuldet sich im Ausland bzw. bei internationalen Organisationen. Bemerkenswert ist, daß die sog. offizielle Verschuldung, d. h. die Verschuldung direkt zwischen zwei Staaten oder einem Staat und einer internationalen Organisation (wie etwa dem IWF) eine vergleichsweise untergeordnete Rolle spielt. Quantitativ weitaus bedeutsamer ist die Finanzierung durch die internationalen Finanzmärkte, also durch die Geschäftsbanken, wobei hier allerdings exakte Zahlen nie vorliegen. Insgesamt wird das Volumen der Nettofinanzierung auf den internationalen Märkten für Ende 1997 auf 9.038 Mrd. US-Dollar geschätzt (68. Jahresbericht der BANK FÜR INTERNATIONALEN ZAHLUNGSAUSGLEICH [BIZ], 1997/98, S. 160).

Bedeutende Rolle der Fremdwährungsmärkte

Eine besondere Rolle spielen hier **Fremdwährungsgeschäfte,** das sind finanzielle Transaktionen, die in einer Währung getätigt werden, die nicht die Landeswährung der Beteiligten ist. Z. B. verleiht eine Bank in Hongkong Dollarguthaben an eine Bank in Italien, oder eine englische Bank verleiht DM-Guthaben an eine Unternehmung in Frankreich usw. Marktteilnehmer sind Zentralbanken und Geschäftsbanken, die hier als Kreditgeber und/oder Kreditnehmer auftreten, sowie öffentliche Körperschaften und größere Firmen, die naturgemäß vorwiegend als Kreditnehmer auftreten. Die Laufzeit der Kredite liegt normalerweise unter einem Jahr, Kreditsicherheiten werden nicht vereinbart.

Fremdwährungsmärkte unterliegen faktisch keinen Kontrollen

Wesentlich ist, daß die Fremdwährungsmärkte den Reglementierungen durch die Zentralbanken der Länder nicht unterliegen. So kann dank des Wegfalls von Mindestreservesätzen mit einer wesentlich geringeren Spanne zwischen Soll- und Habenzinsen als auf den nationalen Märkten gearbeitet werden, was diesen Markt sowohl für Kreditanbieter als auch für Kreditnachfrager sehr attraktiv macht. Bedenklich ist, daß dieser Markt aufgrund der mangelnden Kontrollen ein Eigenleben entfalten und damit die Ziele der Geldpolitik der einzelnen Länder schwerer realisierbar machen kann. Insbesondere werden die von diesem Markt vermutlich ausgehenden inflationären Tendenzen gefürchtet. Andererseits sorgen die Fremdwährungsmärkte für einen **internationalen Liquiditätsausgleich** und übernehmen so eine wichtige Funktion.

Inflationsgefahr

Arten von Fremdwährungsmärkten

Diese Fremdwährungsmärkte kann man geographisch abgrenzen. So spricht man z. B. vom **Euromarkt** als der Gesamtheit der Finanztransaktionen, die die Geschäftsbanken europäischer Länder in jeweils ausländischer Währung gegenüber Ausländern eingehen oder vom Offshoremarkt als entsprechendem Markt für die Geschäftsbanken, die in diesem Bereich residieren. Zusätzlich kann man nach den gehandelten Währungen differenzieren. So spricht man z. B. vom Euro-Dollar-, Euro-DM- oder Euro-Yen-Markt usw. Ein Euro-Yen-Geschäft ist dann z. B. eine Ausleihung von Yen-Guthaben einer deutschen Geschäftsbank an eine belgische Geschäftsbank. Schließlich kann man auch nach der Fristigkeit des gehandelten Geldes unterscheiden in Fremdwährungs**geld**märkte, auf denen kurzfristige Kredite vergeben werden und Fremdwährungs**kapital**märkte, auf denen langfristige Anleihen gehandelt werden. Diese Abgrenzung ist jedoch problematisch, da die Unterscheidung zwischen kurzfristigen und langfristigen Anleihen immer schwieriger vorzunehmen ist.

Von spezieller Bedeutung sind die hier geschilderten Transaktionen für die Entwicklungsländer, die in der Regel große Schwierigkeiten haben, ihre Importe zu finanzieren. Hier entstand in den letzten 20 Jahren ein enormes Ausmaß an internationaler Verschuldung bei öffentlichen und bei privaten Gläubigern. Tabelle 21.5 gibt einen Überblick über die Auslandsverschuldung der Entwicklungsländer.

Verschuldung der Entwicklungsländer

Tab. 21.5: Auslandsverschuldung der Entwicklungsländer

Auslandsschulden der Entwicklungsländer ohne Verbindlichkeiten beim IWF						
Zeitpunkt	1985		1990		1993	
	absolut in Mrd. US-$	in % der Gesamtverschuldung	absolut in Mrd. US-$	in % der Gesamtverschuldung	absolut in Mrd. US-$	in % der Gesamtverschuldung
insgesamt	944	100,00 %	1276	100,00 %	1386	100,00 %
Afrika	144	15,32 %	223	17,48 %	229	16,52 %
Asien	249	26,49 %	364	28,53 %	455	32,83 %
Europa u. Nahost	179	19,04 %	266	20,85 %	292	21,07 %
Lateinamerika	188	20,00 %	424	33,23 %	448	32,32 %
15 größten Schuldner	418	44,47 %	507	39,73 %	511	36,87 %

Schuldendienstquote (Zinsen und Tilgung) in % der Güter- und Dienstleistungsexporte			
Zeitpunkt	1985	1990	1993
insgesamt	20,9	14,2	14,1
Afrika	27,5	23,3	33,4
Asien	14,1	8,8	7,2
Europa und Nahost	11,8	13,9	12,8
Lateinamerika	41,8	25,9	32,3
15 größten Schuldner	40,9	25,6	33,2

Quelle: Internationaler Währungsfonds, entnommen aus Internationale Wirtschaftszahlen 1994, Institut der Deutschen Wirtschaft, Köln 1994

Die Gesamtverschuldung (ohne Verbindlichkeiten gegenüber dem IWF) lag 1993 bei 1.386 Mrd. US-Dollar. Welche gewaltigen Finanzierungsprobleme der Schuldendienst aufwirft, zeigen die letzten Zeilen der Tabelle:

durchschnittlich 33,2 Prozent ihrer Exporte müssen die 15 am stärksten verschuldeten Entwicklungsländer für den Schuldendienst (Verzinsung und Tilgung) aufwenden.

Eine dauerhafte Lösung ist noch nicht in Sicht. Zahlreiche **Umschuldungen** haben bisher vor allem eine temporäre Erleichterung der Schuldenlast bewirkt. Die wichtigsten Elemente eines Umschuldungspakets sind: a) die Dauer der Tilgungsphase, b) die Anzahl tilgungsfreier Jahre und c) die Höhe des Zinssatzes. Die Umschuldungen der von Regierungen gewährten Kredite finden meist im sogenannten **„Pariser Club"** statt, während kommerzielle, von Banken gewährte Kredite meist im sogenannten **„Londoner Club"** umgeschuldet werden.

1.7 Wechselkurssystem

Seit 1973 Übergang zu flexiblen Wechselkursen

Bis 1973 bestanden zwischen den Mitgliedern des IWF im Prinzip feste Wechselkurse. Dieses System hatte sich indes nicht bewährt. Die Länder waren nicht bereit, sich dem Diktat der Zahlungsbilanz zu unterwerfen, d. h. ihre interne Wirtschaftspolitik der Stabilität des Wechselkurses unterzuordnen. Andererseits neigten sie dazu, die dann notwendige Wechselkursänderung durch eine Vielzahl von Kontrollen hinauszuschieben, bis der Druck der Spekulation eine Änderung unausweichlich machte. Schließlich gingen die Länder dann 1973 isoliert oder in Gruppen zu flexiblen Wechselkursen über.

Neue Bestimmungen über das Wechselkurssystem

Nach einer Periode, in der faktisch keine Regeln bestanden, hat der IWF in der 2. Änderung seines Abkommens 1976 eine Neufassung der Bestimmungen über das Wechselkurssystem beschlossen. Danach ist den Mitgliedern ab April 1978 die Art der Wechselkursregelung grundsätzlich freigestellt, ausgeschlossen ist nur eine Bindung an das Gold. Eine Manipulation der Wechselkurse, die einem Land unfaire Wettbewerbsvorteile verschafft, ist zu vermeiden.

Daraus haben die Länder unterschiedliche Konsequenzen gezogen. 21 Länder haben ihre Währung an den US-Dollar gebunden, 14 Länder der Franc-Zone in Afrika an den französischen Franc, zwei Länder an die SZR und 99 Länder haben im Prinzip flexible Wechselkurse.

Ganz frei flexibel sind Wechselkurse allerdings wohl nirgends gewesen. Generell wird eine Politik des **„managed" Floating** betrieben, d. h., die Währungsbehörden nehmen Einfluß auf den Kurs, der sich im Prinzip am Markt bildet. So wird häufig eine Aufwertung der heimischen Währung im Interesse der Arbeitsplatzerhaltung in der Exportindustrie durch Käufe fremder Währungen zu verhindern versucht. Man spricht dann auch von einem **schmutzigen Floaten,** weil das freie Spiel marktwirtschaftlicher Kräfte nicht voll zur Entfaltung kommt.

2. Die Europäische Wirtschafts- und Währungsunion (EWWU)

2.1 Vorgeschichte

Bereits im Jahr 1957 hielten die Mitgliedsländer der Europäischen Wirtschaftsgemeinschaft (EWG) im EWG-Vertrag erstmals schriftlich fest, daß die Geld- und Währungspolitik innerhalb der Mitgliedsländer als „Angelegenheit gemeinsamen Interesses" aufzufassen sei. Allerdings sollte es bis zur Verwirklichung einer gemeinsamen Geld- und Währungspolitik noch ein weiter Weg sein, da hinsichtlich der nationalen Geldpolitik den Mitgliedsländern der EWG durch das Festkurssystem von Bretton Woods zunächst die Hände gebunden waren. Dies änderte sich, als die USA in den 60er Jahren durch den zunehmenden Export inflationärer Tendenzen in die Teilnehmerländer des Festkurssystems dessen Existenz bedrohten. So beschlossen die Mitgliedsländer der aus der EWG hervorgegangenen Europäischen Gemeinschaft (EG) im Jahr 1970 einen Fahrplan zur Erweiterung dieser Gemeinschaft hin zu einer Wirtschafts- und Währungsunion bis zum Jahr 1980. Dieser WERNER-Plan sah im wesentlichen die gleichen Etappen der Errichtung einer gemeinsamen Geld-, Fiskal- und Wirtschaftspolitik vor, wie sie im Vertrag von Maastricht über 20 Jahre später fixiert wurden. Das ehrgeizige Ziel der Verwirklichung einer Währungs- und Wirtschaftsunion bis zum Jahr 1980 wurde zwar verfehlt, führte aber zur Konzeption einer stabilen Währungszone in Europa. 1972 wurde der **Europäische Wechselkursverbund („Währungsschlange")** geschaffen. Als im Jahr 1973 nach mehreren Modifikationen das System von Bretton Woods aufgrund der anhaltenden ökonomischen und monetären Turbulenzen auf dem Weltmarkt zusammenbrach, gaben die Mitgliedsländer der EG ihre Wechselkurse gegenüber dem Dollar frei und vereinbarten feste, nur innerhalb einer kleinen Schwankungsbreite von 1,125 Prozent veränderliche Wechselkurse zwischen den Währungen der „Währungsschlange" sowie Stützungskäufe der Zentralbanken. Dem europäischen Währungsverbund gehörten Belgien, die Niederlande, Luxemburg, Italien, Frankreich, Deutschland, Großbritannien, Dänemark und Irland an. Nachdem im Gründungsjahr bereits Italien, Irland und Großbritannien wieder aus der Währungsschlange ausschieden, folgte mit dem Ausstieg Frankreichs de facto das Ende dieses Festkurssystems 1976. Auf der Grundlage der Vereinbarungen des Europäischen Wechselkursverbundes wurde dieses 1979 unter Federführung des französischen Präsidenten Giscard d'Estaing und des deutschen Bundeskanzlers Helmut Schmidt zum Europäischen Währungssystem (EWS) erweitert.

2.2 Das Europäische Währungssystem (EWS)

2.2.1 Zielsetzung des EWS

Feste, aber anpassungsfähige Wechselkurse

Das EWS basierte ähnlich wie das System von Bretton Woods bzw. der Europäische Wechselkursverbund auf prinzipiell festen, aber im Bedarfsfall anpassungsfähigen Wechselkursen und einem System des Währungsbeistandes für die Finanzierung von Zahlungsbilanzungleichgewichten. Allerdings war das EWS wesentlich symmetrischer in seinem Aufbau, da im Falle auftretender Zahlungsbilanzungleichgewichte sowohl Leistungsbilanzdefizit- als auch Leistungsbilanzüberschußländer zur Intervention verpflichtet waren und eine dem US-Dollar vergleichbare Sonderstellung einer Währung nicht existierte.

Symmetrischer Währungsbeistand

Zwei **Zielsetzungen** standen bei der Gründung des EWS im Vordergrund:

Zielsetzungen des EWS

- Man wollte dem ins Stocken geratenen Prozeß der europäischen Integration neue Impulse verleihen. Dabei existierte die Hoffnung, daß der einem System fester Wechselkurse (bei Konvertibilität der Währungen) innewohnende Zwang zur Annäherung der nationalen Wirtschaftspolitiken sich förderlich auf die Integration Europas auswirken werde.
- Angesichts der permanenten Abwertung des US-Dollars in den siebziger Jahren sollte in Europa eine Zone währungspolitischer Stabilität mit festen Wechselkursen geschaffen werden, die den Unternehmen für den innergemeinschaftlichen Handel eine feste Rechen- und Kalkulationsgrundlage garantiere.

Obwohl das EWS (I) heute der Vergangenheit angehört, soll es als wichtige Vorstufe der Europäischen Währungsunion und Beispiel für in der Welt weit verbreitete **Korbwährungen** hier genauer dargestellt werden.

2.2.2 Merkmale des EWS

Die Bausteine

Zu den wesentlichen Bausteinen des EWS gehörten vor allem die europäische Währungseinheit (ECU = european currency unit), das Interventionssystem der Zentralbanken, der Abweichungsindikator, das Kreditsystem und der Europäische Fonds für Währungspolitische Zusammenarbeit (EFWZ), dessen Aufgaben seit dem 1. Januar 1994 vom Europäischen Währungsinstitut (EWI) übernommen wurden, das seinerseits durch die Europäische Zentralbank (EZB) ab dem 1. Januar 1999 abgelöst wurde.

Der ECU – die europäische Währungseinheit

Die **Europäische Währungseinheit** war der zentrale Punkt des EWS. Sie war Bezugsgröße für die Wechselkurse, Indikator für Wechselkursabweichungen, Rechnungsgröße im Interventions- und Kreditsystem bei Zahlungsbilanzungleichgewichten zwischen den Mitgliedsländern, Zahlungsmittel und Reserveeinheit der EWS-Zentralbanken. Die **ECU war als Währungskorb** definiert, der sich aus bestimmten festen Beträgen der Währungen der Mitgliedsstaaten der EG zusammensetzt. Im Zeitraum von

1979 (Gründung des EWS) bis 1989 (Aufnahme der Peseta und des Escudos in den Währungskorb) wurden die Korbbeträge im Zuge der periodischen Überprüfung (alle fünf Jahre) angepaßt. Die in Tabelle 21.6, Spalte 4 ausgewiesenen Korbbeträge (bspw. 0,6242 für die DM) wurden seither nicht mehr verändert. Mit dem Inkrafttreten des Vertrages über die Europäische Union (1. November 1993) entfiel die periodische Überprüfung. Die Zusammensetzung des Korbes – Bestand und Anteile der Währungen – ist durch den Vertrag über die Europäische Union festgeschrieben worden. Die Währungen von Beitrittsländern, wie z. B. Österreich, Finnland und Schweden, die am 1. Januar 1995 der Europäischen Union beigetreten sind, werden deshalb nicht mit in den Korb aufgenommen. Sofern die Länder am EWS teilnahmen, wurden ECU-Leitkurse festgelegt.

Feste Zusammensetzung des Währungskorbes

1 ECU ist also gleich: 1 ECU = 0,6242 DM + 1,332 FF + … + 1,3930 Esc.

Wert des ECU

Der Tageswert eines ECU, ausgedrückt in der Währung eines Mitgliedslandes (z. B. in DM), ergab sich hieraus, indem man die jeweiligen 11 Fremdwährungsbeträge über ihre Wechselkurse mit der Währung dieses (zwölften) Mitgliedslandes (z. B. der Bundesrepublik) in Inlandswährung (z. B. in DM) umrechnete und dann die zwölf Währungskorbbeträge addierte. Man sprach hier vom **ECU-Tageskurs in DM.** Tabelle 21.7 zeigt die Entwicklung durchschnittlicher ECU-Tageskurse der drei stärksten Korbwährungen.

Da es sich beim EWS um ein System fester Wechselkurse (mit Bandbreite) handelte, mußte der Wechselkurs zwischen den einzelnen Ländern

Tab. 21.6: Zusammensetzung der ECU

Zusammensetzung des ECU-Korbes			
Währung	ab 13. März 1979	ab 17. Sept. 1984	ab 21. Sept. 1989
Deutsche Mark	0,8280	0,7190	0,6242
Pfund Sterling	0,0885	0,0878	0,0878
Französischer Franc	1,1500	1,3100	1,3320
Italienische Lira	109,0000	140,0000	151,8000
Holländischer Gulden	0,2860	0,2560	0,2198
Belgischer Franc	3,6600	3,7100	3,3010
Luxemburgischer Franc	0,1400	0,1400	0,1300
Dänische Krone	0,2170	0,2190	0,1976
Irisches Pfund	0,0076	0,0087	0,0086
Griechische Drachme	…	1,1500	1,4400
Spanische Peseta	…	…	6,8850
Portugiesischer Escudo	…	…	1,3930

Quelle: Deutsche Bundesbank, Statistisches Beiheft zum Monatsbericht, November 1998, Devisenkursstatistik, S. 68

Tab. 21.7: Jahresdurchschnittswerte der drei stärksten Korbwährungen

Jahresdurchschnitt der ECU-Tageskurse der jeweiligen Währungen			
Zeitraum	DM/ECU	FFr/ECU	Pfund Sterling/ECU
1990	2,052	6,914	0,714
1991	2,051	6,973	0,701
1992	2,020	6,848	0,738
1993	1,936	6,634	0,780
1994	1,925	6,583	0,776
1995	1,874	6,525	0,829
1996	1,910	6,493	0,811
1997	1,964	6,613	0,692
1998*	1,956	6,559	0,705

* Stand Oktober 1998

Quelle: Deutsche Bundesbank, Statistisches Beiheft zum Monatsbericht, November 1998, Devisenkursstatistik, S. 46

(der Leitkurs) festgesetzt werden. Im EWS geschah dies über die ECU, indem für jede Währung ein **ECU-Leitkurs** festgelegt wurde.

Tabelle 21.8 zeigt den Stand der ECU-Leitkurse zu den jeweiligen Stichtagen und ihre wichtigsten Veränderungen seit 1979. So galt für die DM der Leitkurs 1 ECU = 1,94964 DM am 14. 5. 1993. Aus den ECU-Leitkursen der einzelnen Währungen ergab sich dann der bilaterale Leitkurs zwischen den nationalen Währungen **(Paritäten-Gitter).** Gilt also 1 ECU = 1,94964 DM und 1 ECU = 6,53883 FF, so ist 1,94964 DM = 6,53883 FF und daraus folgt 1 DM = 3,35386 FF bzw. 1 FF = 0,29816 DM.

Mit Hilfe der Definition des Währungskorbes (vgl. Tabelle 21.6) und der Leitkurse der im Korb enthaltenen Währungen ließen sich die **Gewichte der einzelnen Währungen** bestimmen. Wie oben gezeigt, ließ sich der Wert eines ECU ausdrücken als:

$$1 \text{ ECU} = 0{,}6242 \text{ DM} + 1{,}332 \text{ FF} + \ldots 0{,}130 \text{ lfr}$$

Die Bestimmung der sog. Korbgewichte aus Anteil am Währungskorb und ECU-Leitkurs

Unter Verwendung der Leitkurse konnten die einzelnen Währungsbeträge in ECU umgerechnet werden.

$$1 \text{ ECU} = \frac{0{,}6242}{1{,}9496} \text{ECU}_{DM} + \frac{1{,}332}{6{,}53883} \text{ECU}_{FF} + \ldots + \frac{0{,}130}{40{,}2123} \text{ECU}_{lfr}$$

$$\longleftrightarrow$$

$$1 \text{ ECU} = 32{,}02\,\% \text{ ECU}_{DM} + 20{,}37\,\% \text{ ECU}_{FF} + \ldots + 0{,}32\,\% \text{ ECU}_{lfr}$$

Veränderung der Korbgewichte durch Leitkursanpassungen

Durch diese einfache Umrechnung erhielt man die sogenannten Korbgewichte. Es ist offensichtlich, daß bei konstanten Korbanteilen (bspw. 0,6242 DM) Leitkursveränderungen eine **Änderung der Korbgewichte** herbeiführten. Tabelle 21.9 mit den dazugehörigen Kuchendiagrammen

Tab. 21.8: ECU-Leitkurse

Die Entwicklung der Leitkurse im EWS von 1979–1993				
1 ECU =	13. 3. 1979 Beginn des EWS	6. 10. 1990 Vollmitgliedschaft Großbritanniens	14. 5. 1993 Öffnung der Bandbreiten	Änderung in Prozent (+ Abwertung der nationalen Währung / – Aufwertung der nationalen Währung)
DM	2,50164	2,05586	1,94964	–22,07 %
FFr	5,79831	6,89509	6,53883	+12,77 %
hfl	2,72077	2,31643	2,19672	–19,26 %
Lit (5)	1148,15	1538,24	1793,19	+56,18 %
b/lfr	39,4582	42,4032	40,2123	+ 1,91 %
dkr	7,08592	7,84195	7,43679	+ 4,95 %
Ir£	0,662638	0,767417	0,808628	+22,03 %
Pta (1)	...	133,631	154,25	...
£ (4)	0,663247	0,696904	0,786749	+18,62 %
Dr (3)	...	205,311	264,513	...
Esc (2)	...	178,735	192,854	...
S (6)	...	...	13,7167	...

Quelle: Deutsche Bundesbank, Statistisches Beiheft zum Monatsbericht, Februar 1995, Devisenkursstatistik, S. 66 ff.

(1) Spanien nimmt seit dem 19. 06. 1989 am Wechselkursmechanismus des EWS teil. Die Aufnahme in den Währungskorb erfolgte am 21. 09. 1989.

(2) Der Escudo wurde am 21. 09. 1989 in den Währungskorb aufgenommen. Am Wechselkursmechanismus des EWS nimmt Portugal seit dem 06. 04. 1992 teil.

(3) Griechenland nimmt bisher am Wechselkursmechanismus des EWS nicht teil. In den Währungskorb wurde die Drachme am 17. 09. 1984 aufgenommen. Die Leitkurse haben fiktiven Charakter.

(4) Die Teilnahme Großbritanniens am Wechselkursmechanismus wurde am 17. 09. 1992 vorläufig suspendiert. Der Leitkurs vom 14. 05. 1993 hat fiktiven Charakter.

(5) Die Teilnahme Italiens am Wechselkursmechanismus wurde am 17. 09. 1992 vorläufig suspendiert. Der Leitkurs vom 14. 05. 1993 hat fiktiven Charakter.

(6) Österreich nimmt seit dem 09. 01. 1995 am Wechselkursmechanismus des EWS teil.

zeigt, wie stark sich die Zusammensetzung der ECU durch Leitkursanpassungen seit 1989 geändert hat.

Nach der letzten Leitkursanpassung (Realignment) von 1996 änderten sich die Gewichte der nationalen Währungen nur unwesentlich von denen am 14. 5. 1993. Die Zentralbanken der einzelnen Mitgliedsländer waren verpflichtet, durch **Interventionen** die Wechselkurse ihrer Währung in einer bestimmten Bandbreite zu halten. **Bandbreite** bedeutet, daß die täglich an den nationalen Devisenbörsen ermittelten Marktkurse von den bilateralen Leitkursen maximal um einen bestimmten Prozentsatz, z. B. ± 2,25 Prozent, nach oben oder unten abweichen durften. Stieß eine Währung an den oberen **Interventionspunkt** im Verhältnis zu einer anderen Währung (z. B. die DM im Verhältnis zum belgischen Franc), so war die eine Zentralbank (Bundesbank) verpflichtet, die andere Währung aufzukaufen, während die andere Zentralbank (belgische Währungsbehörde) die erste Währung (DM) abgeben mußte. Es waren also **immer zwei Zentralbanken** gleichzeitig zur Intervention verpflichtet.

Bandbreite der ECU-Kurse

Bilaterale Interventionspflicht zur Wechselkursstabilisierung

Tab. 21.9: Veränderungen in der Zusammensetzung des ECU (Korbgewichte)

Zusammensetzung des ECU-Korbes				
Währung	ab 21. September 1989	Gewicht in Prozent	14. 05. 1993 Anpassung der Leitkurse	Gewicht in Prozent
Deutsche Mark	0,6242	30,36 %	1,94964	32,02 %
Pfund Sterling	0,08784	12,60 %	0,786749	11,16 %
Französischer Franc	1,332	19,32 %	6,53883	20,37 %
Italienische Lira	151,8	9,87 %	1793,19	8,47 %
Holländischer Gulden	0,2198	9,49 %	2,19672	10,01 %
Belgischer Franc	3,301	7,78 %	40,2123	8,21 %
Luxemburgischer Franc	0,13	0,31 %	40,2123	0,32 %
Dänische Krone	0,1976	2,52 %	7,43679	2,66 %
Irisches Pfund	0,008552	1,11 %	0,808628	1,06 %
Griechische Drachme	1,44	0,70 %	264,513	0,54 %
Spanische Peseta	6,885	5,15 %	154,25	4,46 %
Portugiesischer Escudo	1,393	0,78 %	192,854	0,72 %

Quelle: Deutsche Bundesbank, Statistisches Beiheft zum Monatsbericht, Februar 1995, Devisenkursstatistik, S. 83

Korbgewichte vom 21. 9. 1989

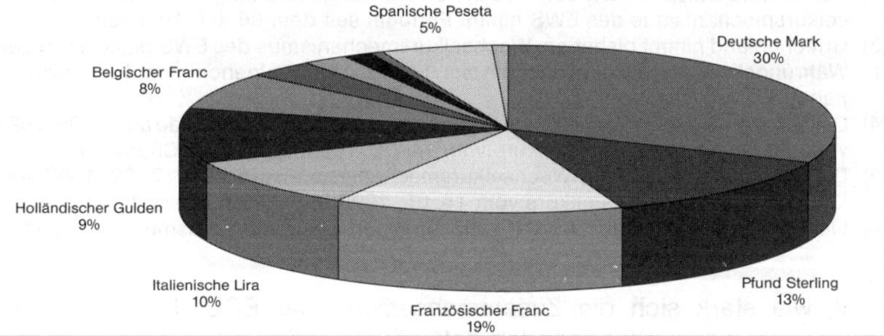

Korbgewichte vom 14. 5. 1995

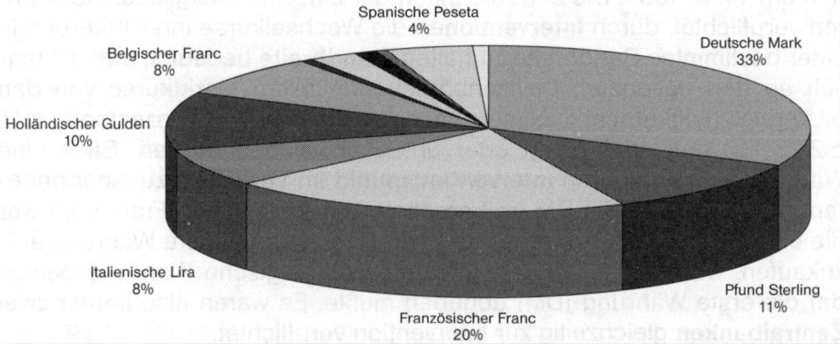

Die ursprüngliche Regelung sah vor, daß die täglich an den nationalen Devisenbörsen ermittelten Marktkurse von den bilateralen Leitkursen **maximal um ± 2,25 Prozent** nach oben oder unten abweichen dürfen. Eine Ausnahmeregelung bestand zunächst für die italienische Lira, die bis zum 5. Januar 1990 in einer Bandbreite von ± 6 Prozent schwanken durfte. Analog wurde diese erweiterte Bandbreite von ± 6 Prozent für das britische Pfund und für die spanische Peseta als Übergangsregelung bei der ersten Teilnahme zugelassen. Erhebliche Spannungen im Währungsgefüge des EWS und daraus resultierende Interventionspflichten der teilnehmenden Zentralbanken führten dazu, daß die Schwankungsbreite am 27. Mai 1993 auf **± 15 Prozent erhöht** wurde. Trotz dieser enormen Bandbreite wurde die Teilnahme Italiens und Großbritannien am Wechselkursmechanismus vorübergehend suspendiert.

Die ursprünglich engen Bandbreiten, wurden 1993 aufgegeben

Das auf dem Gitter bilateraler Leitkurse und bilateraler Interventionspunkte basierende Wechselkurssystem wurde ergänzt durch den sogenannten **Abweichungsindikator,** durch den die ECU auch im Rahmen des Interventionssystems unmittelbar von Bedeutung wurde. Der Abweichungsindikator mißt die Abweichung des täglich errechneten ECU-Wertes jeder Währung von ihrem ECU-Leitkurs. Wich der ECU-Tageswert einer Währung um 75 % (oder mehr) von der maximal zulässigen Abweichung ab, so wurden von dem Land bestimmte Maßnahmen erwartet. Hierzu zählten insbesondere:

Das Erreichen des Abweichungsindikators sollte bestimmte Maßnahmen auslösen

- **intramarginale Interventionen** (Stützung der eigenen Währung durch die Zentralbank, ohne daß sie dazu aufgrund des Systems bilateraler Interventionspunkte bereits verpflichtet wäre. Diese Interventionen fanden im allgemeinen statt, wenn die entsprechende Währung die 75 % Grenze erreichte. Da man innerhalb der Bandbreite war, sprach man von intramarginaler Intervention)
- **interne währungspolitische Maßnahmen** (z. B. der Einsatz geld- und kreditpolitischer Instrumente)
- **und Änderungen der Leitkurse** (war nur möglich, wenn zwischen den Mitgliedsstaaten Einstimmigkeit hierüber herbeigeführt wurde).

Im Vertragssystem des EWS wurden die Beistands- und Kreditsysteme des Europäischen Wechselkursverbundes erheblich erweitert. Dazu zählten:

- Die **sehr kurzfristige Finanzierung,** die zur Finanzierung obligatorischer und intramarginaler Interventionen diente. Als Kredite zählten auch die Fremdwährungsbeträge, die eine Teilnehmerzentralbank zur Stützung einer Partnerwährung ankaufte. Die sehr kurzfristige Finanzierung war betragsmäßig nicht begrenzt. Kredite mußten in der Regel innerhalb von 45 Tagen zurückgezahlt werden. Zur Rückzahlung von Krediten konnten auch ECU-Guthaben verwendet werden, die die Mitgliedsländer durch Einzahlung von 20 % ihrer Gold- und Devisenbestände beim EFWZ erworben hatten. Allerdings brauchte eine Gläubi-

Bestandteile des Beistands- und Kreditsystems

gerzentralbank nur 50 % einer Kreditrückzahlung in ECU zu akzeptieren. Die Rückzahlungsmöglichkeit in ECU deutete auch auf die Verrechnungsfunktion hin, die die ECU im Rahmen des Kreditsystems des EWS besaß.

- Der **kurzfristige Währungsbeistand,** der zur Überbrückung vorübergehender Zahlungsbilanzschwierigkeiten diente. Die Laufzeit betrug 3 Monate mit der Möglichkeit einer zweimaligen Verlängerung.
- Der **mittelfristige Währungsbeistand,** der ebenfalls zur Bewältigung von Zahlungsbilanzschwierigkeiten eingesetzt werden konnte. Er war jedoch mit wirtschaftspolitischen Auflagen verbunden (Laufzeit 2–5 Jahre).

Die ECU war alleinige **Rechengröße** für alle Operationen im Rahmen des Interventions- und Kreditmechanismus des EWS, die über den **Europäischen Fonds für währungspolitische Zusammenarbeit (EFWZ)** bzw. seiner Nachfolgerin, dem **Europäischen Währungsinstitut,** abgewickelt und verbucht wurden. Zur Schaffung eines ECU-Anfangsbestandes hatten die am EWS beteiligten Notenbanken je 20 % ihrer Dollar- und Goldreserven auf den EFWZ übertragen.

Seit 1987 auch die „private" Verwendung der ECU

Seit Mitte 1987 war auch in der Bundesrepublik, wie vorher schon in den anderen EG-Ländern, die Eröffnung von ECU-Konten bei Banken und die Aufnahme bestimmter ECU-Kredite zugelassen worden. Die **private Verwendung der Europäischen Währungseinheit** wurde damit der von Fremdwährungen gleichgestellt. Insgesamt hatte die Bedeutung der ECU im privaten Geld- und Kapitalverkehr stark zugenommen.

Leitkursanpassungen

Wenn die Paritäten durch Interventionen nicht mehr gehalten werden konnten oder sollten, war im EWS eine **Anpassung der Leitkurse** möglich. Diese erforderte das Einverständnis aller beteiligten Länder. Solche Leitkursanpassungen **(Realignments)** waren in der Aufbauphase des EWS relativ häufig. In der Zeit von **1987 bis 1992** wurden innerhalb des EWS **keine Leitkursanpassungen** vorgenommen. Dieses Festhalten an den Leitkursen war nicht unbedingt Ausdruck einer verbesserten Konvergenz der Wirtschaftspolitiken, sondern **oftmals politisch motiviert.** Viele Volkswirte sind heute der Meinung, daß die EWS-Krise von 1992 vor allem auf das politische Festhalten an den Leitkursen zurückgeführt werden kann. (Zu der EWS-Krise vergleiche Abschnitt 2.3.2)

Die stabile Phase des EWS von 1987 bis 1992

DM als Ankerwährung im EWS

Sowohl für die stabile Phase des EWS als auch die für die Krise im EWS spielte die **Stabilitätspolitik der Bundesbank** eine wichtige Rolle; die DM galt – inoffiziell – als eine **„Ankerwährung"** im EWS, d. h. als eine Währung, an der die Stabilität anderer Währungen „verankert" war.

Angleichung der nationalen Wirtschaftspolitik noch nicht erreicht

Insgesamt blieben allerdings **beträchtliche Diskrepanzen** in den gesamtwirtschaftlichen Rahmenbedingungen bestehen, insbesondere die Leistungsbilanzsalden und Finanzierungssalden der öffentlichen Haushalte der EG-Mitgliedsstaaten wiesen erhebliche und z. T. sogar zunehmende

Unterschiede auf. Insofern konnte von einer Angleichung der nationalen Wirtschaftspolitiken **(Konvergenz der Wirtschaftspolitik)** noch nicht gesprochen werden (vgl. Tabelle 21.10).

2.3 Der Weg zur Verwirklichung der EWWU

2.3.1 Der Delors-Bericht

Am 28. 7. 1988 setzte der Europäische Rat eine Expertengruppe ein, die die Aufgabe hatte, konkrete Etappen zur **Verwirklichung einer EG-Wirtschafts- und Währungsunion** zu prüfen und zu konzipieren. Diese Expertengruppe unter dem Vorsitz des Präsidenten der EG-Kommission, Delors, legte darauf im April 1989 einen Drei-Stufen-Plan zur Errichtung der EWWU vor, den sog. **Delors-Bericht.**

Die drei Stufen im Delors-Bericht

Dieser Delors-Bericht hatte die Diskussion um die europäische Integration intensiviert. Seine Vorschläge lassen sich wie folgt zusammenfassen:

1. Stufe
Stärkere Koordination der Wirtschafts- und Währungspolitik der Mitgliedsländer:

- Vollendung des europäischen Binnenmarktes
- Verstärkung der gemeinschaftlichen Wettbewerbspolitik
- Vollständige Liberalisierung des Kapitalverkehrs
- Zunehmende Abstimmung der nationalen Wirtschafts- und Finanzpolitiken
- Verstärkte Zusammenarbeit der europäischen Zentralbanken
- Bestreben um zunehmende Autonomie der nationalen Zentralbanken
- Teilnahme aller EG-Währungen am Wechselkursmechanismus des EWS zu gleichen Bedingungen

2. Stufe
Errichtung grundlegender Gemeinschaftsorgane für die Wirtschafts- und Währungsunion und schrittweise Übertragung nationaler Kompetenzen auf diese Organe:

- Verstärktes Bemühen um wirtschaftliche Konvergenz
- Festlegung von Regeln zur Überwachung des Umfangs und der Finanzierung staatlicher Budgetdefizite sowie Rahmenpläne zu deren Reduzierung
- Entwicklung von Verfahren zur Überwachung und Korrektur der wirtschaftlichen Entwicklung

- Verstärkung der Aktivitäten bestehender Gemeinschaftsorgane (Europäisches Parlament, Ministerrat, Währungsausschuß und Kommission)
- Gründung des Europäischen Währungsinstitutes (EWI)
- Verstärkung der Autonomie nationaler Zentralbanken
- Gründung des Europäischen Systems der Zentralbanken (ESZB) und Überführung des EWI in die Europäische Zentralbank (EZB)
- Schrittweiser Übergang von nationalen Entscheidungsbefugnissen der Geldpolitik auf den Rat des ESZB
- Koordinierung der europäischen Geldpolitik durch Vorgabe von Leitlinien des Rates des ESZB
- Verengung der Bandbreiten im EWS
- Entscheidung der Mitgliedsländer über eine Teilnahme an der Währungsunion

3. Stufe
Vollständige Übertragung nationaler Kompetenzen im wirtschafts- und währungspolitischen Bereich auf die existierenden Gemeinschaftsorgane:

- Einführung bindender Regelungen und Verfahren im Bereich der Wirtschaftspolitik zur Überwachung und Kontrolle der Budgetpolitik der Mitgliedsländer
- Vorgabe für die Planung nationaler öffentlicher Haushalte durch den Ministerrat und das Europäische Parlament
- Unwiderrufliche Fixierung der Wechselkurse im EWS
- Einheitliche Geld- und Währungspolitik durch das ESZB
- Übergang zu einer einheitlichen Gemeinschaftswährung, so daß die nationalen Währungen ihren Status als gesetzliches Zahlungsmittel verlieren.

2.3.2 Die erste Stufe der EWWU und der Vertrag von Maastricht

Die erste Stufe (Phase) der EWWU dauerte vom **1. Juli 1990 bis zum 1. Januar 1994.** In dieser Zeit ist die europäische Integration im Bereich der allgemeinen Wirtschaftspolitik einen großen Schritt vorangekommen, während sie in den Bereichen der Währungspolitik und der **„politischen Union"** an ihre Grenzen gestoßen ist und sogar große Rückschritte hinnehmen mußte. In diese Zeit fallen drei für die europäische Integration zentrale Ereignisse, die sich nicht unabhängig voneinander betrachten lassen:

- Der Vertrag über die Europäische Union[3]) (Februar 1992)
- Die Vollendung des Binnenmarktes (1. Januar 1993)
- Veränderung der Leitkurse (14. Mai 1993) und Erweiterung der Bandbreiten im EWS (2. August 1993).

Mit Beginn der ersten Phase standen die verstärkte **Kooperation und Konvergenz** in den Bereichen der Finanz- und der Geldpolitik sowie die Vollendung des Binnenmarktes im Vordergrund der europäischen Integration.

Die Vollendung des Binnenmarktes und die Grenzen der „negativen Integration"

Aufgrund der Tatsache, daß man sich von der **Vollendung des Binnenmarktes** Wachstumsimpulse und eine verbesserte Wettbewerbsposition versprach, wurden bei dem Abbau von Hindernissen des Waren- und Kapitalverkehrs zu Beginn der 90er Jahre große Fortschritte gemacht. In dem Zeitraum von 1986 (Einheitliche Europäische Akte) bis 1992 wurden rund 300 Richtlinien zur Angleichung nationaler Vorschriften beschlossen und ratifiziert. Seit 1993 besteht in Westeuropa tatsächlich ein fast **unbehinderter Wirtschaftsverkehr** über alle nationalen Grenzen hinweg. Gleichzeitig stieß man damit an die Grenzen der **„negativen Integration"**. Von negativer Integration spricht man, wenn es allein um die Beseitigung von Handelshemmnissen und Wettbewerbsverzerrungen geht. So erfolgreich die negative Integration mit den rechtlichen Mitteln des Europäischen Gerichtshofes und der Kommission war, so wenig Fortschritte gab es bei der **„positiven Integration"**. Wenn es darum ging positive, also gestaltende Regelungen auf politischer Ebene zu finden, zeigte sich, daß „unter der Einstimmigkeitsregelung immer **das langsamste Schiff die Geschwindigkeit des Geleitzuges bestimmt"** (F. W. Scharpf, S. 86, Wirtschaftsdienst, Februar 1995).

Das veränderte politische Umfeld und der Wunsch nach einer politischen Union

Diese Problematik bei der Errichtung des gemeinsamen Marktes führte zu der Einsicht, daß die Wirtschafts- und Währungsunion durch eine **Politische Union** ergänzt werden müsse. Verstärkt wurde diese Einsicht durch die tiefgreifenden politischen und wirtschaftlichen Veränderungen in den Staaten Ost- und Mitteleuropas und den daraus resultierenden Erwartungen dieser Staaten an die Europäische Union.

Die Einbindung des wiedervereinigten Deutschlands in den europäischen Integrationsprozeß

Ein bedeutender Faktor war zudem die **Wiedervereinigung Deutschlands.** Eine wesentliche Aufgabe europäischer Politik zu Beginn der 90er Jahre war es, das vereinigte Deutschland dauerhaft und verläßlich in den Prozeß der europäischen Integration einzubinden. Vor diesem Hintergrund fanden im **Dezember 1991 in Maastricht** die Regierungskonferenzen über die **Wirtschafts- und Währungsunion** und über die Politische Union statt.

Der Vertrag über die Europäische Union

Die Ergebnisse dieser beiden Konferenzen wurden integriert und im Februar 1992 als **„Vertrag über die Europäische Union"** von den europäischen Regierungschefs unterzeichnet.

---

3) Der Vertragstext ist im Bulletin des Presse- und Informationsamtes der Bundesregierung vom 12. 2. 1992 abgedruckt.

Die drei „Pfeiler" des Vertrages von Maastricht

Der Vertrag von Maastricht besteht im wesentlichen aus drei Komponenten (vgl. Kapitel 23):

1. Regelungen über die **Wirtschafts-, Währungs- und Sozialunion**
2. Regelungen bezüglich einer **gemeinsamen Außen- und Sicherheitspolitik**
3. Bestimmungen für die engere Zusammenarbeit in den **Bereichen Justiz und Inneres.**

Trotz der im Hinblick auf die Politische Union getroffenen Vereinbarungen steht die Errichtung einer Wirtschafts- und Währungsunion im Mittelpunkt des Vertragswerkes.

Intensivierung der wirtschaftspolitischen Zusammenarbeit vor allem im Hinblick auf die Konvergenzkriterien

Die Regelungen bezüglich der Wirtschaftsunion kann man dahingehend zusammenfassen, daß es zu einer **Intensivierung der wirtschaftspolitischen Zusammenarbeit kommen soll.** Nach Art. 103 des EG-Vertrages ist Wirtschaftspolitik als eine Angelegenheit von gemeinsamem Interesse anzusehen. Die Gemeinschaft legt die **Grundzüge der Wirtschaftspolitik** fest, überwacht die Einhaltung dieser Grundzüge und spricht Empfehlungen beziehungsweise Tadel bei der Nichteinhaltung aus. Neu ist, daß von der dritten Stufe der Integration an auch Sanktionen finanzieller Art verhängt werden können. Der geänderte EG-Vertrag verpflichtet die Mitgliedsstaaten im Falle von **„Konvergenzdefiziten"** Reformprogramme aufzulegen, um Fortschritte im Hinblick auf die Preisniveaustabilität und die Gesundung der öffentlichen Finanzen zu gewährleisten. Dabei handelt es sich nicht um bloße Absichtserklärungen, sondern um **internationale Verpflichtungen.**

Konvergenzkriterien und Zeitplan für die Währungsunion

Im Bereich der Währungsunion nennt der Maastrichter Vertrag als Ziele **feste Wechselkurse,** die in eine **einheitliche Währung** münden sowie die damit verbundene Durchführung einer **einheitlichen Geld- und Währungspolitik, die der Preisstabilität verpflichtet ist.** Zur Erreichung dieses Zieles sind ein Zeitplan und Kriterien für den Beitritt zur Währungsunion verabschiedet worden. Im einzelnen gilt, daß nur solche Länder der Währungsunion beitreten dürfen, die folgende Konvergenzkriterien erfüllen:

1. Die **Inflationsrate** des betreffenden Landes darf maximal um 1½ Prozentpunkte größer sein als die durchschnittliche Inflationsrate der 3 preisstabilsten Länder.
2. Die **Nettoneuverschuldung** des betreffenden Landes darf 3 %, die **gesamte Staatsschuld** darf 60 % des Bruttoinlandsproduktes nicht übersteigen.
3. Das **Zinsniveau** des betreffenden Landes darf maximal 2 Prozentpunkte über dem Durchschnitt der drei preisstabilsten Länder liegen.
4. Die jeweilige nationale Währung muß sich in den vergangenen zwei Jahren **innerhalb der engen Bandbreite** (bei Vertragsabschluß ± 2,25 %) ohne Spannungen bewegt haben.

Tabelle 21.10 zeigt den Stand dieser Konvergenzkriterien in den Mitgliedsstaaten der EU am Ende des Jahres 1993.

Tab. 21.10 Konvergenzfortschritte in der Europäischen Union

WWU-Kriterium erfüllt

Land	Veränderung der Verbraucherpreise gegen Vorjahr in %				Finanzierungssaldo der öffentlichen Haushalte in % des BIP[1])	
	1992		1993		1992	1993
	WWU-Schwellenwert[2])					
	3,6	3,9	2,8	3,1	– 3	– 3
Belgien	2,4	2,4	2,8	2,8	– 6,9	– 7,4
Dänemark	2,1	2,1	1,3	1,3	– 2,6	– 4,4
Deutschland	[3]) 4,0	[3]) 4,0	[3]) 4,2	[3]) 4,2	– 2,6	– 3,3
Frankreich	2,4	2,4	2,1	2,1	– 3,9	– 5,9
Griechenland	15,9	15,9	14,4	14,4	–13,2	–15,4
Großbritannien	3,7	3,7	1,6	1,6	– 5,9	– 7,6
Irland	3,1	3,1	1,4	1,4	– 2,2	– 3,0
Italien	5,1	5,1	4,5	4,5	– 9,5	–10,0
Luxemburg	3,2	3,2	3,6	3,6	– 2,5	– 2,5
Niederlande	3,7	3,7	2,1	2,1	– 3,5	– 4,0
Portugal	8,9	8,9	6,5	6,5	– 5,2	– 8,9
Spanien	5,9	5,9	4,6	4,6	– 4,6	– 7,2

Land	Rendite langfristiger öffentlicher Anleihen in %				Bruttoschuldenstand der öffentlichen Haushalte in % des BIP[1])	
	1992		1993		1992	1993
	WWU-Schwellenwert[2])					
	10,6	10,9	9,2	9,5	60	60
Belgien	8,7	8,7	7,2	7,2	131,9	138,4
Dänemark	8,9	8,9	7,2	7,2	73,4	78,5
Deutschland	7,9	7,9	6,5	6,5	44,8	48,9
Frankreich	8,6	8,6	6,8	6,8	39,2	44,9
Griechenland	[4]) 21,7	[4]) 21,7	[4]) 21,2	[4]) 21,2	106,7	113,6
Großbritannien	9,1	9,1	7,5	7,5	47,3	53,2
Irland	9,1	9,1	7,7	7,7	91,6	92,9
Italien	13,4	13,4	11,4	11,4	108,0	115,8
Luxemburg	7,9	7,9	6,9	6,9	7,3	10,0
Niederlande	8,2	8,2	6,3	6,3	79,7	83,1
Portugal	[5]) 15,4	[5]) 15,4	[5]) 12,5	[5]) 12,5	63,5	69,5
Spanien	12,2	12,2	10,2	10,2	48,8	55,6

Quellen: Europäische Kommission und nationale Statistiken. – **1** In der Abgrenzung der Volkswirtschaftlichen Gesamtrechnungen (einschl. Sozialversicherungen). – **2** Die Inflationsrate darf diejenige der – höchstens drei – preisstabilsten Länder um nicht mehr als 1,5 Prozentpunkte übersteigen. Die Rendite langfristiger öffentlicher Anleihen darf diejenige der – höchstens drei – preisstabilsten Länder um nicht mehr als 2 Prozentpunkte übersteigen. Die nachfolgenden Schwellenwerte für die Inflationsrate und die Rendite beziehen sich jeweils auf das stabilste und das drittstabilste Mitgliedsland. Die Erfüllung der Kriterien wird an beiden Schwellenwerten gemessen. – **3** Alte Bundesländer. – **4** Zwölfmonatsschatzwechsel. – **5** Umlaufsrendite variabel verzinslicher öffentlicher Anleihen.

Anmerkung: Der Vertrag dürfte davon ausgehen, daß die Schwellenwerte hinsichtlich Inflationsrate und Rendite in der Regel auf der Basis des preisstabilsten Mitgliedslandes zu ermitteln sind. Abweichungen von dieser Regel wären folglich nur gerechtfertigt, wenn der Stabilitätserfolg des „besten" Landes auf außergewöhnlichen Umständen beruhen würde (wie etwa extremen Unterschieden im Konjunkturverlauf). In solchen Fällen könnte ein am drittstabilsten Land orientierter Schwellenwert die weicheste denkbare Alternative darstellen.

Quelle: Deutsche Bundesbank Geschäftsbericht 1993

Wie diese Tabelle verdeutlicht, verfehlten viele der Mitgliedsländer insbesondere bei den Konvergenzkriterien der öffentlichen Hand 1993 die vorgegebenen Schwellenwerte, wenngleich im Vergleich zum Vorjahr Konsolidierungsbemühungen ersichtlich werden.

Im Jahr 1996 fand dann eine erste Überprüfung statt, welche der Mitgliedstaaten der EU die Konvergenzkriterien erfüllten und somit zur Teilnahme an der Währungsunion berechtigt seien. Da zu diesem Zeitpunkt jedoch nur Luxemburg alle Kriterien erfolgreich erfüllte, wurde eine erneute Überprüfung für das Jahr 1998 angesetzt. Die dort erfolgreichen Länder sollten bei ihrer Einwilligung vom 1. Januar 1999 an zu einer Währungsunion zusammengeschlossen werden. Bei dieser erneuten Überprüfung im Jahr 1998 auf der Grundlage der Zahlen für das Referenzjahr 1997 ergab sich zwar eine deutliche Verbesserung der Kennzahlen, wie Tabelle 21.11 verdeutlicht, allerdings hätten nur vier Länder (Finnland, Frankreich, Großbritannien und Luxemburg) bei einer strengen Auslegung der Konvergenzkriterien an der Währungsunion teilnehmen dürfen – auch Deutschland wäre ausgeschlossen worden.

Das Vertragswerk enthält über die angesprochenen Punkte hinaus eine Vielzahl von Regelungen, die sich auf die Wirtschafts- und Währungsunion beziehen, hier aber im einzelnen nicht dargestellt werden können.

Probleme beim Ratifizierungsprozeß

Nach der Unterzeichnung des Vertrages über die Europäische Union durch die Regierungschefs sollte der **Ratifizierungsprozeß** (Verabschiedung durch die nationalen Parlamente oder durch Volksentscheid) bis Ende 1992 abgeschlossen sein. Der Ratifizierungsprozeß zeigte jedoch die Schwierigkeiten einer „Integration von oben". In Großbritannien, Dänemark und Frankreich konnte der Vertrag nur mit knapper Mehrheit verabschiedet werden. **Großbritannien und Dänemark** haben sich dabei **Sonderrechte** einräumen lassen, insbesondere blieb es diesen Ländern überlassen, zu entscheiden, ob sie gegebenenfalls an der Währungsunion nicht teilnehmen. Sowohl Dänemark als auch Großbritannien gaben relativ früh danach ihre Nichtteilnahme an der EWWU bekannt. Trotz der Schwierigkeiten und Verzögerungen ratifizierten alle Mitgliedsländer die Beschlüsse von Maastricht, so daß der **Vertrag über die Europäische Union** am 1. November 1993 in Kraft treten konnte. Am 1. Januar 1995 sind Finnland, Österreich und Schweden der Europäischen Union beigetreten. Beitrittsländer müssen das Vertragswerk **grundsätzlich uneingeschränkt** akzeptieren.

Bis 1992 große Erfolge im EWS

Unterschiedliche Inflationsraten führen zu Spannungen im EWS

Zeitgleich zu dem Ratifizierungsprozeß kam es zu großen Spannungen im EWS, die den Erfolg von Maastricht und den Fortschritt der Integration in Phase 1 in Frage stellten. Der DELORS-Bericht sieht vor, daß in Phase 1 alle Mitgliedsländer zu gleichen Bedingungen am Wechselkursmechanismus teilnehmen. Um dieser Anforderung gerecht zu werden, wurden die Bandbreite der Lira auf ± 2,25% gesenkt und das britische Pfund sowie der portugiesische Escudo in den Wechselkursmechanismus des EWS aufgenommen. Damit waren alle Währungen, bis auf die Drachme, aktiv

Tab. 21.11: Konvergrenzkriterien 1997

	Inflationsrate in %	langfristiger Zinssatz in %	Budgetdefizit in % vom BIP	Schuldenstand in % v. BIP
Referenzwert	**2,7**	**8,3**	**–3,0**	**60,0**
Belgien	1,6	5,8	–2,1	**122,2**
Dänemark	2,2	6,3	+0,7	**64,1**
Deutschland	1,5	5,5	–2,7	**61,3**
Finnland	1,2	6,4	–0,9	55,8
Frankreich	1,3	5,6	–3,0	58,0
Griechenland	**5,4**	**8,8**	**–5,4**	**108,7**
Großbritannien	1,9	7,2	–1,9	53,4
Irland	1,2	6,7	+0,9	**66,3**
Italien	1,9	5,5	–2,7	**121,6**
Luxemburg	1,4	5,6	+1,7	6,7
Niederlande	1,9	5,6	–1,4	**72,1**
Österreich	1,2	5,7	–2,5	**66,1**
Portugal	1,9	6,3	–2,5	**62,0**
Schweden	1,8	6,6	–0,4	**76,6**
Spanien	1,9	6,4	–2,6	**68,3**

Normaldruck = Kriterium erfüllt **Fettdruck: Kriterium nicht erfüllt**

Quellen: IWF, OECD (Stand: März 1998)

im Währungsverbund vertreten und es bestanden lediglich für Pfund, Escudo und Peseta erweiterte Bandbreiten (± 6%) zur Erleichterung des Einstieges in den Wechselkursmechanismus. Besonders problematisch an dieser Konstellation war, daß sich seit der letzten Leitkursanpassung vom 12. Januar 1987 **starke Spannungen im EWS** aufgestaut hatten. Durch die unterschiedlichen Entwicklungen der Inflationsraten hatten verschiedene Währungen gegenüber der DM real aufgewertet. Wegen der **Fixierung der nominalen Wechselkurse** entstand so ein **realer Anpassungsbedarf** und somit ein starkes Spannungsgefüge im Wechselkursverbund. Vor dem Hintergrund dieser Spannungen wurden die Probleme bei der Ratifizierung des Maastrichter Vertrages zum Auslöser von Spekulationswellen gegen verschiedene EWS-Währungen. Vor allem der **Französische Franc,** das **britische Pfund** und die **italienische Lira** gerieten zunehmend unter Abwertungsdruck. Obwohl die Zentralbanken alle Instrumente einsetzten und so massiv wie nie zuvor intervenierten – innerhalb weniger Tage erhöhten sich durch Ankauf der Fremdwährungen die Nettowährungsreserven der Bundesbank um 60 % – konnten die Wechselkurse nicht in den vorgesehenen Bandbreiten gehalten werden. Am 17. September 1992 wurden das britische Pfund und die italienische Lira vorläufig von der **Teilnahme am Wechselkursmechanismus suspendiert.**

Der reale Anpassungsbedarf löst die Krise im September 1992 aus

Pfund und Lira werden von der Teilnahme am EWS suspendiert

Der Vertrauensverlust zieht weitere Spekulationswellen nach sich, die nicht auf realen Ungleichgewichten basieren

Durch diese Krise wurde das **Vertrauen in die Stabilität und das Funktionieren des EWS** erheblich geschädigt. Dieser Vertrauensverlust führte dazu, daß im Verlauf des Jahres 1993 auch Währungen von Ländern unter Druck gerieten, deren **fundamentale Wirtschaftsdaten eine dauerhafte Änderung der Wechselkurse nicht rechtfertigten.** Da aufgrund nationaler Ziele der Zentralbanken kaum eine Möglichkeit bestand, diesen Spekulationswellen durch zinspolitische Beschlüsse zu begegnen, versuchte man durch verstärkte Devisenintervention der Lage Herr zu werden. Dabei trat das alte Problem auf, daß bei massiver Intervention die Devisenreserven sehr schnell aufgebraucht sind und eine übermäßige Liquidität im Bankensektor in Kauf genommen werden muß. Im Juni 1993 zeigte es sich, daß das EWS nicht mehr in der Lage war, die **Spekulationswellen** mit dem verfügbaren **geld- und interventionspolitischen Instrumentarium abzuwehren.** Um die Spekulation an den Devisenmärkten zu beenden, beschlossen die Finanzminister und die EG-Zentralbankpräsidenten, die geltenden **Bandbreiten** mit Wirkung vom **2. August 1993 auf ± 15 %** zu erweitern. Lediglich zwischen den Niederlanden und Deutschland blieb im bilateralen Verhältnis die enge Bandbreite erhalten. **De facto wurden damit die Wechselkurse freigegeben.**

Seit August 1993 bestanden im EWS de facto flexible Wechselkurse

Der DELORS-Bericht sah vor, daß bei dem Übergang von Phase I auf Phase II die Bandbreiten im EWS verengt werden sollten, und daß Leitkursanpassungen nur noch in Ausnahmefällen möglich sein sollten. Unter diesem Gesichtspunkt wird deutlich, daß die **Krise des EWS einen großen Rückschritt für den Integrationsprozeß** hin zu einer Währungsunion darstellte.

2.3.3 Die zweite Stufe der EWWU

Am 1. November 1993 trat nach einem unerwartet langen und schwierigen Ratifizierungsprozeß der Vertrag über die Europäische Union (EU) in Kraft, der am 7. Februar 1992 von den Außen- und Finanzministern der EG in Maastricht unterzeichnet worden war. Damit war der Weg für die zweite Stufe der Schaffung einer Europäischen Währungs- und Wirtschaftsunion frei. Diese zweite Stufe war als Übergangs- und Vorbereitungsphase für den Eintritt in die Endphase der EWWU angelegt. So sollte in Stufe II ein **hinreichender Gleichlauf von Wirtschaftsentwicklung und Wirtschaftspolitik** zwischen den Mitgliedsländern der Union erreicht werden, damit in Stufe III eine reibungslose und erfolgreiche Einführung der europäischen Gemeinschaftswährung erfolgen und eine gemeinschaftliche Geld-, Fiskal- und Währungspolitik Realität werden kann. Das wichtigste Ziel in Stufe II war somit die Förderung der Konvergenz der Mitgliedsstaaten, um auf diese Weise die fundamentalen Voraussetzungen für den Übergang zur dritten Stufe zu schaffen und die darüber hinaus erforderlichen institutionellen, organisatorischen und rechtlichen Grundlagen herzustellen. Neben der Schaffung eines **Europäischen Währungsinstitutes (EWI)** stand dabei insbesondere das Festlegen von

Regeln zur Überwachung des Umfangs und der Finanzierung staatlicher Budgetdefizite sowie zur Konsolidierung der Staatshaushalte im Blickpunkt des Interesses. Darüber hinaus sollten die nationalen Zentralbanken weitestgehende Autonomie erhalten und in ein zu gründendes Europäisches System der Zentralbanken eingegliedert werden. Als Abschluß von Stufe II waren die Festlegung der an der Währungsunion teilnehmenden Staaten sowie die unwiderrufliche Fixierung der Leitkurse zum Euro vorgesehen.

Autonomie der Zentralbanken als wichtige Voraussetzung der EWWU

Der Eintritt in die Stufe II der EWWU wurde am deutlichsten durch die Errichtung des Europäischen Währungsinstitutes (EWI) mit Sitz in Frankfurt am Main. Das EWI übernahm die Funktion des „Ausschuß der EG-Notenbankgouverneure" und des EFWZ. Neben diesen Aufgaben hatte das EWI im wesentlichen die Funktion, die dritte Stufe der Währungsunion vorzubereiten. Es sollte die Instrumente und Verfahren entwickeln, die zur Durchführung einer einheitlichen europäischen Geld- und Währungspolitik erforderlich sind. Später sollte das EWI dann im Rahmen der Gründung des Europäischen Systems der Zentralbanken (ESZB) in der Europäischen Zentralbank (EZB) aufgehen. Da die geld- und währungspolitischen Kompetenzen bis zum Beginn der Stufe III bei den nationalen Zentralbanken verblieben, ist das Ziel der Übertragung dieser Kompetenzen auf eine einheitliche europäische Institution in Stufe II, wie sie der DELORS-Plan vorsah, nicht erreicht worden.

Errichtung des EWI

Dennoch gab es beim institutionellen Prozeß der Integration weitreichende Fortschritte zu verzeichnen:

- Belgien, Frankreich und Spanien gaben ihren Zentralbanken, die bislang von den Weisungen der Regierungen abhängig waren, weitestgehende **Autonomie.**
- Mit Beginn der Stufe II trat ein automatisches Prüfungs- und Anpassungsverfahren in Kraft. Auslöser für dieses Verfahren sind die Konvergenzkriterien zur **Verschuldung** der Mitgliedsländer. Bei übermäßiger Verschuldung eines Mitgliedsstaates spricht der EU-Rat Empfehlungen aus. Finanzielle Sanktionen aufgrund übermäßiger Verschuldung sollten jedoch erst in Stufe III der EWWU möglich werden. Gemäß des geänderten EU-Vertrages sind die Mitgliedsstaaten verpflichtet, im Falle von Konvergenzdefiziten mehrjährige Reformprogramme aufzulegen.
- Seit dem 1. 1. 1994 gilt das **Verbot der Kreditgewährung der Zentralbanken an den Staat.** Aufgrund dieser Regelung ist den nationalen Zentralbanken (und später dann auch der EZB) die Vergabe von Buchkrediten an die öffentliche Hand und der Erwerb neuemittierter öffentlicher Schuldtitel untersagt.
- Mit Inkrafttreten des EU-Vertrages wurde die Bestimmung wirksam, daß weder die Gemeinschaft für Verbindlichkeiten der Mitgliedsstaaten, noch ein Mitgliedsstaat für Verbindlichkeiten eines anderen Mitgliedsstaates haften muß.

Nachdem auf dem institutionellen Sektor in Stufe II die avisierten Ziele planmäßig erreicht wurden, fieberten die Mitgliedsstaaten dem 3. Mai 1998 entgegen. An diesem Tag beschloß der EU-Rat, welche Mitgliedsstaaten die Voraussetzungen für die Einführung der einheitlichen Währung am 1. 1. 1999 erfüllen und somit am Euro-Währungsgebiet ab dem Beginn der dritten Stufe der EWWU teilnehmen werden. Grundlage für die Teilnahme an der EWWU war die Erfüllung der in Kapitel 2.3.2 aufgeführten Konvergenzkriterien. Wie in diesem Kapitel bereits erwähnt, erfüllten trotz enormer Anstrengungen bei strikter Auslegung der Regelungen nur vier Länder (Finnland, Frankreich, Großbritannien und Luxemburg) alle Kriterien. Da eine Währungsunion ohne deutsche Beteiligung jedoch unvorstellbar erschien und zudem der gesamte europäische Integrationsprozeß durch eine Union mit nur einer geringen Anzahl von Mitgliedsländern in Frage gestellt schien, einigte sich der EU-Rat auf eine Aufhebung der **strikten** Erfüllung aller Konvergenzkriterien. An dieser Stelle darf jedoch nicht verschwiegen werden, daß nahezu alle Mitgliedsländer einen unglaublichen Ideenreichtum zur Schönschreibung der Haushalte an den Tag legten, um die geforderten Richtwerte bezüglich der öffentlichen Haushalte zu erfüllen. Ohne radikale Privatisierungen von Staatsbetrieben oder zeitlich befristeter Steuern, temporärer privatwirtschaftlicher Hilfestellungen oder ähnlicher Bilanzierungstricks wäre allein Luxemburg Mitglied einer Währungsunion geworden. Dennoch konnte bereits als großer Erfolg gewertet werden, daß hinsichtlich der Inflationsraten und der langfristigen Zinssätze eine erstaunliche Konvergenz zwischen den Mitgliedsstaaten der EU erreicht werden konnte.

Äußerst großzügige Auslegung der Konvergenzkriterien

Der EU-Rat beschloß an diesem 3. Mai 1998 einstimmig, daß 11 Mitgliedsstaaten, nämlich Belgien, Deutschland, Finnland, Frankreich, Irland, Italien, Luxemburg, Niederlande, Österreich, Portugal und Spanien die Voraussetzungen für die Einführung der einheitlichen Währung am 1. Januar 1999 erfüllen und somit am Euro-Währungsgebiet ab dem Beginn der Stufe III der EWWU teilnehmen werden. Großbritannien, Dänemark und Schweden erklärten bereits zuvor, aus politischen Gründen selbst bei Erfüllung der Konvergenzkriterien (noch) nicht an der Währungsunion teilnehmen zu wollen. Lediglich Griechenland, das keines der Konvergenzkriterien erfüllte, blieb somit trotz deutlicher Fortschritte aus ökonomischen Gründen aus der Währungsunion ausgeschlossen.

Verfahren zur Fixierung der Euro-Umrechnungskurse der nationalen Währungen

Am gleichen Tag gab der EU-Rat zudem das Verfahren bekannt, nachdem die unwiderrufliche Fixierung der Euro-Umrechnungskurse der nationalen Währungen zu Beginn der Stufe III erfolgen sollte. Im Zentrum standen dabei die bilateralen Leitkurse der Teilnehmerwährungen des EWS. Da eine Umrechnung der ECU-Kurse zum Euro im Verhältnis 1:1 geplant war, wurden die nationalen Zentralbanken verpflichtet, bis zum 31. 12. 1998 die Leitkurse ihrer Währungen zur ECU innerhalb der vereinbarten Bandbreiten zu halten.

Kurz vor Ende der Stufe II, genauer gesagt am 1. Juni 1998, wurden das

Europäische System der Zentralbanken (ESZB) und die Europäische Zentralbank (EZB) gegründet, die das EWI ablösten. Anschließend schlossen die EZB und die Zentralbanken der europäischen Nichtteilnehmerländer an der EWWU ein Abkommen über die Funktionsweise eines neuen Wechselkursmechanismus (EWS II) in der dritten Stufe des europäischen Integrationsprozesses ab (vgl. Abschnitt 2.3.5). Nachdem der EZB-Rat, der ab der Stufe III für die Planung, Koordinierung und Durchführung der einheitlichen europäischen Geld- und Währungspolitik verantwortlich ist, die geldpolitische Strategie des Eurosystems bekanntgab und hierbei als oberstes Ziel die Preisniveaustabilität (definiert als Anstieg des harmonischen Verbraucherpreisindex (HVPI) kleiner als zwei Prozent) formulierte, endete Stufe II der EWWU mit der Bekanntgabe der Umrechnungskurse der nationalen Währungen zum Euro am 31. 12. 1998.

Preisstabilität als oberstes Ziel und Festlegung der Obergrenze für Preisniveausteigerungen

2.3.4 Die dritte Stufe der EWWU

Am 1. 1. 1999 erfolgte der Eintritt in die dritte Stufe der EWWU. Wichtigstes Merkmal ist dabei die Vollendung der Währungsunion, die ihren Ausdruck sowohl durch die unwiderrufliche Fixierung der Umrechnungskurse der nationalen Währungen zum Euro als auch durch den Ersatz der ECU durch den EURO und die Übertragung nationaler Kompetenzen bezüglich der Geld- und Währungspolitik auf Gemeinschaftsebene fand.

Am 1. Januar 1999 übernahm die EZB die geld- und währungspolitische Richtlinienkompetenz der 11 an der Währungsunion teilnehmenden Länder für den Euro-Raum. An die Stelle nationaler Geld- und Währungspolitik tritt somit eine für „Euroland" einheitliche Geldpolitik. Zugleich trat der neue Wechselkursmechanismus der an der EWWU noch nicht teilnehmenden EU-Staaten (EWS II) in Kraft (vgl. Kapitel 2.3.5). Das alte EWS verlor durch den Beginn der EWWU seine Gültigkeit. Das ESZB bestimmt auf der Gemeinschaftsebene die einheitliche Geld- und Währungspolitik, die von den nationalen Zentralbanken umzusetzen ist. Das alte Instrumentarium der nationalen Zentralbanken verliert seine Gültigkeit.

Sanfter Übergang auf den Euro als Zahlungsmittel

Gleichzeitig löste der Euro als neue europäische Einheitswährung die ECU im Verhältnis 1:1 ab. Allerdings ist der Euro noch nicht alleiniges gesetzliches Zahlungsmittel für den Euro-Raum. Diesen Status wird er erst am 1. 7. 2002 erhalten. Bis dahin existieren nach einem Zeitraum bis zum 31. 12. 2001, in dem der Euro nur als Buchgeld eingeführt wird, nationale Währungen in Konkurrenz zum Euro, der erst ab 1. 1. 2002 als Bargeld erhältlich ist. Dabei erfolgt die Übergangsphase der Währungsumstellung auf den Euro nach dem Prinzip "Kein Zwang, keine Behinderung". Dieses Konzept soll sicherstellen, daß kein Wirtschaftssubjekt dazu gezwungen werden kann, in der Übergangsphase Transaktionen auf Euro-Basis durchzuführen. Statt dessen bleibt es ihm im bargeldlosen Zahlungsverkehr freigestellt, Kapitaltransaktionen in der nationalen Währung oder auf Basis der europäischen Einheitswährung durchzuführen.

Tab. 21.12: Berechnung der offiziellen ECU-Wechselkurse gegenüber sämtlichen EU-Währungen am 31. Dezember 1998

Währung	Betrag der im ECU-Währungskorb enthaltenen nationalen Währungseinheiten (a)	Wechselkurse gegenüber dem US-Dollar am 31. Dezember 1998 (b)	Gegenwert des nationalen Währungsbetrags in US-Dollar (c) = (a) ÷ (b)	ECU-Wechselkurse (d) = (USD/ECU) x (b)
DEM	0,6242	1,6763000000	0,3723677	1,95583
BEF	3,301	34,574525650	0,0954749	40,3399
LUF	0,13	34,574525650	0,0037600	40,3399
NLG	0,2198	1,8887542620	0,1163730	2,20371
DKK	0,1976	6,3842	0,0309514	7,44878
GRD	1,44	282,57	0,0050961	329,689
ITL	151,8	1659,5403526	0,0914711	1936,27
ESP	6,885	142,60652886	0,0482797	166,386
PTE	1,393	171,82913150	0,0081069	200,482
FRF	1,332	5,6220755180	0,2369232	6,55957
GBP @	0,08784	1,6539	0,1452786	0,705455
IEP @	0,008552	1,4814687984	0,0126695	0,787564
		USD/ECU # =	1,1667521	
FIM		5,0959687630		5,94573
ATS		11,793642176		13,7603
SEK		8,1320		9,48803

@ Der Wechselkurs des US-Dollar in Spalte (b) zum Pfund Sterling und zum irischen Pfund wird als US-Dollar-Gegenwert pro Währungseinheit und nicht als Währungseinheiten pro US-Dollar angegeben. Der für diese beiden Währungen jeweils in Spalte (c) angegebene Betrag ergibt sich daher aus der Multiplikation des Betrags in Spalte (a) mit dem Kurs in Spalte (b), während sich der jeweils in Spalte (d) angegebene Kurs aus der Division des US-Dollar-Gegenwerts der ECU (d. h. USD/ECU) durch den in Spalte (b) angegeenen Kurs ergibt.

Der Kurs der ECU gegenüber dem US-Dollar ist auf sieben Dezimalstellen gerundet angegeben, bei der Berechnung wurde aber in höherer Genauigkeitsgrad gewählt.

Quelle: Europäische Zentralbank, Jahresbericht 1998, Frankfurt am Main, S. 75.

Die Errichtung einer Europäischen Währungsunion ist der größte Erfolg, den die europäische Staatengemeinschaft bei ihrem Streben nach den „Vereinigten Staaten von Europa" bislang erzielen konnte. Mit dem Beginn des Eintritts in die Währungsunion ist der europäische Integrationsprozeß auf dem Gebiet der Geld- und Währungspolitik auf Gemeinschaftsebene somit weitgehend vollendet, auch wenn die Wechselkurspolitik gegenüber Drittländern nicht in den Händen der EZB liegt. Was noch verbleibt, ist vor allem die konsequente Umsetzung der Vorgaben zur Errichtung einer Wirtschaftsunion mit einer europaweit einheitlichen Wirtschafts- und Finanzpolitik. Angesichts der auf diesen Sektoren vorherrschenden nationalen Interessen scheint die gesamte Vollendung des europäischen Integrationsprozesses in absehbarer Zeit jedoch mehr als fraglich (vgl. hierzu Abschnitt 2.4 bzw. 2.5).

2.3.5 Das neue Europäische Währungssystem (EWS II)

Durch den Eintritt in die dritte Stufe der Europäischen Wirtschafts- und Währungsunion am 1. Januar 1999 wurde der alte Wechselkursmechanismus innerhalb der EU, das EWS, außer Kraft gesetzt. Unter den Teilnehmerländern der Währungsunion herrschen nunmehr unveränderbar fixierte Wechselkurse mit einer Gemeinschaftswährung, dem Euro, der die ECU an diesem Tag im Verhältnis 1:1 ablöste. Die vier bislang an der Währungsunion noch nicht teilnehmenden Länder der EU (Dänemark, Griechenland, Großbritannien und Schweden) haben seither die Möglichkeit, an einem neuen Wechelkursmechanismus, dem EWS II, teilzunehmen. Dabei ist eine Teilnahme grundsätzlich freiwillig. Das EWS II stellt ein Festkurssystem mit fixierten Leitkursen der Teilnehmerländer gegenüber dem Euro und Schwankungsbreiten um diese auf der Grundlage des EWS mit Interventionsverpflichtungen der nationalen Zentralbank und der EZB dar.

Das neue EWS II ist das Währungssystem der EU-Mitglieder, die (noch) nicht am EWWU teilnehmen

Mit der Schaffung eines neuen Wechselkursmechanismus innerhalb der EU soll den noch nicht an der Währungsunion teilnehmenden Ländern die Möglichkeit gegeben werden, langfristig in den Euro-Währungsraum integriert zu werden.

Drei wesentliche **Ziele** werden dabei durch das EWS II verfolgt:

1. Förderung des währungspolitischen Konvergenzprozesses innerhalb der EU
2. Absicherung des gemeinsamen EU-Binnenmarktes
3. Vermeidung spekulativer Attacken innerhalb der EU

Obwohl die Teilnahme an dem EWS II für die möglichen Teilnehmerländer freiwillig ist und diese bei Nichtteilnahme ihre eigenständige Geld- und Währungspolitik beibehalten, besteht für sie gemäß Artikel 109 m EG-Vertrag „die Verpflichtung, ihre Wechselkurspolitik als eine Angelegenheit von gemeinsamem Interesse zu behandeln". Darüber hinaus ist eine Teilnahme am EWS II für alle Länder obligatorisch, die eine spätere Einführung des Euros planen.

Flexiblere Ausgestaltung des EWS II

Das EWS II ist im Kern aufgebaut wie sein Vorgänger, jedoch um einiges flexibler ausgestaltet. Auch im EWS II ist das Oberziel, dem die nationalen Zentralbanken und die EZB verpflichtet sind, die Preisniveaustabilität. Dementsprechend existieren auch keine **starren** Interventionsverpflichtungen der beteiligten Notenbanken der EZB bei Erreichen der Bandbreiten, wenn durch diese Interventionen das Ziel der Preisniveaustabilität gefährdet scheint. Nur wenn dies nicht der Fall ist, besteht eine Interventionspflicht.

Der Euro als Ankerwährung im EWS II

Im EWS II existiert im Gegensatz zum EWS kein Paritätengitter mehr, in dem sich die Deutsche Mark als Ankerwährung etablierte. Statt dessen wird dem Euro ausdrücklich vertraglich die Rolle einer Ankerwährung zugewiesen. So werden im EWS II die Leit- und Interventionskurse der Währungen der Teilnehmerstaaten ausschließlich gegenüber dem Euro definiert. Die Interventionskurse ergeben sich hierbei durch eine Bandbreite um ± 15 Prozent um den Leitkurs. Die Angabe der Leit- und Interventionskurse erfolgt als Preisnotierung zu einem Euro. Auf diese Weise wird zur Beurteilung der Wechselkursstabilität einer Währung des EWS II ausschließlich die Relation zum Euro maßgeblich.

Auf Antrag eines Teilnehmerlandes am neuen Wechselkursverbund kann eine engere Bandbreite als die Standardbreite um den Leitkurs vertraglich fixiert werden, wenn das ESZB diesem Antrag zustimmt. Zwei Ziele stehen im Zentrum einer möglichen Bandbreitenverringerung:

1. Dokumentation der Dauerhaftigkeit bereits erzielter Konvergenzfortschritte gegenüber den Märkten.
2. Signalisierung der Bereitschaft zur Verteidigung des Wechselkurses innerhalb der eingeschränkten Schwankungsmargen.

Die EZB hat darüber hinaus die Möglichkeit, auch innerhalb der Schwankungsbreite zu intervenieren, um einer fundamental unbegründeten Entwicklung auf dem Devisenmarkt frühzeitig begegnen zu können. Diese Interventionen zur Abwendung möglicher spekulativer Attacken geschehen dabei grundsätzlich aus eigener Initiative heraus.

Erleichterung von Leitkursanpassungen

Leitkursanpassungen der Teilnehmerländer am EWS II (Realignments) bei Verschiebung der fundamentalen Wirtschaftsdaten, bspw. bei einer Änderung der Kaufkraftparitäten, sollen schneller und unbürokratischer als im EWS durchgeführt werden. Hierzu dient das Recht aller an den Beschlüssen mitwirkenden Parteien, jederzeit ein vertrauliches Verfahren zur Überprüfung der Leitkurse einleiten zu können.

Durch den Eintritt in die dritte Stufe der EWWU und der Außer-Kraft-Setzung des EWS wurde auch der kurzfristige Währungsbeistandsmechanismus aufgehoben. Zur Stärkung der Glaubwürdigkeit der eingegangenen Interventionsverpflichtungen innerhalb des EWS II existieren deshalb kurzfristige Finanzierungsfazilitäten. Durch diese wird es den nationalen Zentralbanken möglich, vom Volumen her grundsätzlich unbeschränkt Kredite in Fremdwährung bei der EZB zur Stützung des eigenen Wechselkurses in Anspruch zu nehmen. Allerdings existiert seitens des ESZB der Appell, zur Verteidigung des eigenen Wechselkurses zunächst auf eigene Währungsreserven zurückzugreifen. Diese kurzfristigen Finanzierungsfazilitäten haben eine Laufzeit von maximal drei Monaten und können maximal dreimal prolongiert werden. Eine Verzinsung der Kredite findet dabei auf der Grundlage des repräsentativen Drei-Monats-Geldmarktzinssatzes der Gläubigerwährung statt. Die Kreditgewährung selbst lautet auf die Währung des Gläubigerlandes.

Das EWS II wird durch den erweiterten Rat der EZB kontrolliert und überwacht, dem neben dem Präsidenten der EZB auch der Vizepräsident sowie die Notenbankpräsidenten der Teilnehmerländer an der EWWU und die Notenbankpräsidenten der Nicht-Euro-Länder angehören.

Bisher nehmen nur Griechenland und Dänemark teil

Von den momentan in Frage kommenden vier Ländern, die am EWS II teilnehmen könnten, haben sich nur Griechenland und Dänemark zu einer Teilnahme ab dem 1. Januar 1999 entschlossen. Großbritannien und Finnland wollten erst die gesamtwirtschaftliche Entwicklung im Euro-Land und insbesondere die des Euro selbst abwarten, ehe sie über einen möglichen Beitritt entscheiden. Während Griechenland mit einer Schwankungsbreite von ± 15 Prozent um seinen Leitkurs in Höhe von 353,109 Drachmen je Euro im EWS II startete, einigte sich Dänemark mit dem erweiterten Rat der EZB auf eine von Beginn an reduzierte Schwankungsbreite von ± 2,25 Prozent um den Leitkurs von 7,46038 Kronen. Somit ergeben sich Interventionskurse für die griechische Drachme bei 406,075 bzw. 300,143 Drachmen und für die dänische Krone bei 7,64824 bzw. 7,29252 Kronen. Diese Leit- bzw. Interventionskurse wurden bereits am 26. September 1998 vereinbart.

Obwohl das EWS II erst zwei Teilnehmerländer zu verzeichnen hat, dürfte seine Bedeutung in der Zukunft stetig steigen, da es als Plattform für die Länder dienen soll, die der EU im Rahmen der Ost-Erweiterung beitreten werden, um sich langfristig auf die Einführung des Euros vorzubereiten.

2.4 Probleme der EWWU

2.4.1 Inflationsproblematik

In einer Ökonomie, in der es keine materielle Deckung der Währung gibt, muß die Geldmenge „künstlich“ knapp gehalten werden, um einen über eine übermäßige Ausdehnung der Geldmenge verursachten Anstieg der Preise und somit Inflation zu verhindern.

Geldmengenziele werden im M3 formuliert

Das vertraglich fixierte Oberziel der EZB lautet, eine dauerhafte Preisniveaustabilität in Euro-Land zu gewährleisten. Dieses Ziel gilt als erreicht, wenn sich der harmonisierte Verbraucherpreisindex (HVPI) um maximal zwei Prozent erhöht. Im Rahmen dieser stabilitätsorientierten Geldpolitik nimmt das Geldmengenaggregat M3 eine zentrale Rolle ein. Die Vorgabe eines Wachstumswertes dieses Aggregats durch die EZB soll den Wirtschaftssubjekten eine Orientierungshilfe hinsichtlich der von ihr verfolgten Geldpolitik zur Erreichung der Preisiveaustabilität geben. Im Rahmen ihrer Planungen für das Jahr 1999 gab die EZB einen Referenzwert von 4,5 Prozent für das Wachstum der Geldmenge M3 vor (vgl. Kapitel 16 und 18).

Ein Hauptargument der Gegner der EWWU, das in der Vergangenheit immer wieder angeführt wurde, war das der Gefahr einer „zu weichen" europäischen Einheitswährung. Hinter diesem Begriff versteckt sich die Angst, daß die EZB, die gemäß des Vorbilds der Deutschen Bundesbank mit der weitest möglichen Autonomie ausgestattet wurde, im Falle politischen Drucks das Ziel der Preisniveaustabilität fiskal- oder beschäftigungspolitischen Zielsetzungen opfern könnte. So gab es im Vorfeld des Eintritts in die EWWU heftigen Streit, insbesondere zwischen Deutschland und Frankreich, über die Aufnahme fiskal- oder beschäftigungspolitischer Zielsetzungen in den Vertragstext zur EZB. Auf dem Papier konnten sich die deutschen Forderungen durchsetzen, so daß die EZB ausschließlich dem Ziel der Preisniveaustabilität verpflichtet ist und nur dann fiskalische oder beschäftigungspolitische Zielsetzungen bei ihrer Geld- und Währungspolitik zu berücksichtigen hat, wenn hierdurch das Oberziel der Inflationsbekämpfung nicht aus den Augen verloren oder gefährdet wird. Doch ob die EZB tatsächlich immer autonom ihre Entscheidungen zugunsten der Preisniveaustabiliteat fällen und nicht dem Druck politischer Entscheidungsträger in schwierigen Situationen nachgeben wird, bleibt abzuwarten. Der stabilitätsorientierte Kurs der EZB ist somit letztendlich in entscheidendem Maße von den verantwortlichen Personen in den jeweiligen Positionen abhängig. Mit der Ernennung des Präsidenten des EWI zum ersten Präsidenten der EZB, Willem F. DUISENBERG, ist jedenfalls ein Entscheidungsträger berufen worden, der sich in der Vergangenheit vehement für das Ziel der Preisniveaustabilität einsetzte.

Stabilität des Euros „nach innen" erscheint relativ unproblematisch

Wenn die EZB eine ausschließlich auf das Ziel der Preisniveaustabilität ausgerichtete Geldpolitik verfolgt, gibt es keine Gründe, an der Stabilität des Euro nach innen zu zweifeln, wie im Vergleich die Geschichte der Deutschen Markt nach dem zweiten Weltkrieg veranschaulicht. Dann dürften somit größere Inflationsgefahren im Euro-Land kaum bestehen. Die aktuelle monetäre Analyse für das Euro-Gebiet weist mit einem Anstieg des HVPI von unter 1 Prozent Preisniveaustabilität und somit weder inflationäre noch deflationäre Tendenzen aus.[4]) Diesen Erfolg der EZB zuzuweisen, wäre jedoch zu kurzsichtig. Schließlich ist die EZB erst seit einigen Monaten für die Geldpolitik in Euro-Land verantwortlich. Statt dessen ist das inflationsfreie Umfeld vielmehr auf die Geldpolitik der bislang autonom agierenden nationalen Zentralbanken zurückzuführen. So muß die EZB erst noch in den kommenden Monaten und Jahren beweisen, wie ernst sie das Ziel der Preisniveaustabilität verfolgt.

Geldpolitik entfällt als Mittel nationaler Wirtschaftspolitik

Die eigentliche Gefahr besteht in diesem Zusammenhang in divergierenden wirtschaftlichen Entwicklungen der einzelnen Teilnehmerländer. Unterschiedliche Konjunkturverläufe können für die EZB zu schweren Prüfungen werden. Denn durch den Übergang der Souveränität der Geld- und Währungspolitik der nationalen Zentralbanken auf das ESZB entfällt in den Mitgliedsländern der EWWU die Möglichkeit, eine den nationalen

4) Vgl. ebd.

Gegebenheiten angepaßte Geld- und Währungspolitik durchführen zu können. Das bedeutet, daß die EZB auf nationale Unterschiede in der wirtschaftlichen Entwicklung nicht mit regional differenzierter Geldpolitik antworten kann.

Welch große Bedeutung diesem Tatbestand in der Realität zuzuweisen ist, zeigen die Diskussionen um eine Zinssatzsenkung der EZB, wie sie insbesondere vom damaligen deutschen Finanzminister Oskar Lafontaine zu Beginn des Jahres 1999 gefordert wurde. Während zum Beispiel in Irland die Wirtschaft boomte, steckte Deutschland wenn nicht gar in einer Rezession, so doch zumindest in einer „Wachstumsdelle". Angesichts von über 4 Millionen Arbeitslosen in Deutschland verwundert die Forderung Lafontaines, durch eine Politik des „billigen Geldes" die Wirtschaft zu mehr Investitionen bewegen und hierdurch die Arbeitslosigkeit spürbar senken zu wollen, kaum. Die EZB reagierte mit unveränderten Leitzinsen und dem Hinweis, das durch eine Zinssenkung mögliche Inflationspotential gar nicht erst entstehen zu lassen. Außerdem würde die insgesamt positive wirtschaftliche Entwicklung im Euro-Raum einen solchen Zinsschritt nicht rechtfertigen. Die EZB hielt somit dem Druck der Politik (zunächst) stand. Allerdings senkte sie, nachdem der deutsche Finanzminister aus seinem Amt zurückgetreten war, die Leitzinsen für den Euro-Raum in einem Umfang, der selbst die Erwartungen derer übertraf, die auf eine Zinssenkung drängten.

Die EZB selbst verteidigte ihre Zinssenkung mit dem Argument, daß die Konjunktur diesen Schritt nun doch brauchte, ein sich ergebendes Inflationspotential die erreichte Preisniveaustabilität nicht gefährde und zusätzlich die Signalwirkung dieser Maßnahme im Hinblick auf die nationalen Wirtschafts- und Fiskalpolitiken deutlich werden sollte.

Hinsichtlich der Inflationsproblematik kann somit festgehalten werden, daß die EZB allein dem Ziel der Preisniveaustabilität verpflichtet ist und somit kein grundsätzliches Inflationspotential für den Euro-Raum zu erwarten ist. Allerdings wächst aus unterschiedlichen konjunkturellen Entwicklungen der einzelnen Mitgliedsländer die Gefahr eines zunehmenden Konfliktes zwischen den Erfordernissen restriktiver Geldpolitik für den konjunkturell stärkeren und expansiver Geldpolitik für den konjunkturell schwächeren Teil des Euro-Raumes – ohne bislang die außenwirtschaftliche Komponente zu berücksichtigen. Dieses Gefahrenpotential ist letztendlich nur zu beseitigen, wenn die wirtschaftliche Entwicklung in allen Mitgliedsländern der EWWU einem annähernd einheitlichen Pfad folgt. Letztendlich muß somit der Europäischen Währungsunion eine tatsächliche europäische Wirtschaftsunion mit einer gleichlaufenden Wirtschafts- und Fiskalpolitik in allen Teilnehmerländern folgen.

2.4.2 Beschäftigungsproblematik

Wie flexibel sind die Arbeitsmärkte?

Durch den Eintritt in die EWWU verändern sich auch die nationalen Arbeitsmärkte in den Teilnehmerländern. Allerdings besteht in der öffentlichen Diskussion Dissens hinsichtlich der Richtung dieser Variationen. Befürworter der EWWU glauben an die Bekämpfung der Arbeitslosigkeit durch die Einführung des Euros, Gegner erwarten eine sich zuspitzende Beschäftigungsproblematik. Der Schlüssel zur Analyse dieses Problems ist die **Arbeitsmarktflexibilität** in den Teilnehmerländern vor Beginn der Währungsunion und deren Variation nach Eintritt in die Währungsunion. Dabei wird davon ausgegangen, daß eine zunehmende Arbeitsmarktflexibilität, gemessen durch die Stärke der antizyklischen Reaktion des durchschnittlichen Lohnniveaus einer Volkswirtschaft auf existierende oder zunehmende Arbeitslosigkeit, ein Indiz für die gesamtwirtschaftliche Lenkungsfunktion des Lohnes ist, so daß existierende Überschußangebote auf dem Arbeitsmarkt (Arbeitslosigkeit) reduziert werden.

Bereits durch die Vollendung des europäischen Binnenmarktes ist es Bürgern der EU möglich geworden, in jedem Mitgliedsland ihre Arbeitskraft anzubieten. Bislang versperrten unterschiedliche Währungen jedoch den direkten Vergleich verschiedener Lohn- uns Sozialniveaus in den einzelnen Staaten. Durch den Eintritt in die EWWU werden diese Divergenzen zunehmend transparenter – ein größerer Konkurrenzdruck auf den Arbeitsmärkten ist die Folge.

Wie bereits oben erwähnt, existieren hinsichtlich der Beurteilung der Auswirkungen der Währungsunion auf die Beschäftigung in Europa zwei verschiedene Erklärungsansätze. Um beiden Argumentationen folgen und sich ein eigenes Urteil zu dieser Problematik bilden zu können, werden zunächst potentielle Vorteile erörtert, an die sich die potentiellen Nachteile mit einem kurzen Fazit anschließen.

Als Hauptvorteil der Währungsunion hinsichtlich der Beschäftigungsproblematik werden in der wissenschaftlichen Diskussion von Befürwortern mögliche Kostenreduktionen für Unternehmen und Haushalte angeführt. Diese Kostenreduktionen werden auch Effizienzgewinne genannt. Hierbei gilt es zwischen den statischen und den dynamischen Effizienzgewinnen zu unterscheiden. **Statische Effizienzgewinne** sind, wenn auch dauerhaft, einmalig auftretende Kostensenkungen. Diese resultieren aus:

Die statischen Effizienzgewinne sind relativ gering und einmalig

- dem Wegfall von Umtauschkosten von der einen in die andere Währung, die in der Regel mit internationalen Güter- und Kapitalbewegungen verbunden sind,
- der Reduktion von Informationskosten, die sich durch eine größere Marktübersicht der Teilnehmer aufgrund einheitlicher Preise in Euro ergibt,
- dem Wegfall von Absicherungsgeschäften zum Ausschluß von Wechselkursrisiken bei Transaktionen in ausländischer Währung.

Die Schätzungen über die Größenordnungen dieser Kostenreduktionen schwanken zwischen 0,25 bis 1 % des Bruttoinlandsproduktes der Gemeinschaft.

Als **dynamische Effizienzgewinne** werden die sich aus der größeren Transparenz ergebenden positiven Auswirkungen auf den Konkurrenzdruck und die Arbeitsteilung in der Gemeinschaft definiert. Es wird argumentiert, daß die erhöhte Transparenz zu einem erhöhten Konkurrenzdruck innerhalb des europäischen Binnenmarktes führen werden, so daß sich der Grad der Arbeitsteilung in der EWWU erhöht und hierdurch permanente Wachstumseffekte der Volkswirtschaften erzielt werden können. Unklar bleibt jedoch eine quantitative Prognose dieser Wachstumsprozesse. Nicht zuletzt deshalb argumentieren viele Euro-Gegner, daß die Europäische Kommission in ihren Studien unverhältnismäßig stark die Vorteile insbesondere der statischen Effizienzgewinne betont.

Wichtiger sind evtl. langfristige Wachstumseffekte

Der Logik der Euro-Befürworter folgend werden die beschriebenen Effizienzgewinne zusätzliches Wachstum bedeuten und hierdurch die Beschäftigungsproblematik entlastet. Voraussetzung hierfür ist allerdings, daß die Kostenreduktionen auch in relevanten Größenordnungen auftreten und eventuelle Wachstumseffekte tatsächlich zusätzliche Arbeitsplätze schaffen, was aufgrund der existierenden Problematik unter dem Stichwort des „Wachstums ohne Arbeit" nicht als empirisch gesichert angesehen werden kann. Außerdem stellen diese möglichen positiven Beschäftigungseffekte ausschließlich auf einzelwirtschaftliche Aspekte des wirtschaftlichen Handelns ab und lassen die Änderungen in den wirtschaftspolitischen Rahmenbedingungen völlig außer acht. Diese sich durch die Währungsunion ergebenden Variationen implizieren aber elementare Auswirkungen auf die Beschäftigungssituation in den Mitgliedsstaaten der EWWU:

1. Der nominale Wechselkurs als wirtschaftspolitische Anpassungsgröße für die einzelnen Teilnehmerländer fällt ersatzlos weg.
2. Da die Geldpolitik der nationalen Souveränität entzogen wurde, jetzt zentral durch das ESZB durchgeführt wird und eine Verpflichtung der EZB – zumindest formal – auf die Erreichung der Preisniveaustabilität existiert, ist die Möglichkeit des Mißbrauchs der EZB zur Erreichung fiskal- oder beschäftigungspolitischer Zielsetzungen weitestgehend ausgeschlossen.
3. Da durch den im Vorfeld der EWWU geschaffenen Stabilitäts- und Wachstumspakt zur Koordinierung der Wirtschaftspolitik in den einzelnen Mitgliedsstaaten und zur Förderung der Konvergenz die nationale Souveränität der Fiskalpolitik – wiederum zumindest formal – entscheidend eingeengt ist, sind nationalen Alleingängen der defizitären Finanzierung beschäftigungspolitischer Maßnahmen durch einzelne Mitgliedsländer enge Grenzen gesteckt.

Faßt man diese Änderungen der wirtschaftspolitischen Rahmenbedingungen zusammen und analysiert deren Auswirkungen, so läßt sich folgendes festhalten: Innerhalb der EWWU auftretende Beschäftigungseinbrüche einzelner Mitgliedsländer aufgrund asymmetrischer externer Schocks (zum Beispiel eines positiven Technologieschocks in einem anderen Mitgliedsland) oder nicht beschäftigungskonformer Lohnabschlüsse kann nun **nicht** mehr durch prozeßpolitische Maßnahmen des jeweils betroffenen Staates entgegengewirkt werden.

Wie durch diese Ausführungen bereits deutlich wird, kommt der Lohnpolitik in den einzelnen Ländern somit eine überragende Bedeutung zu, da ausschließlich über Lohnanpassungen existierende Arbeitsmarktungleichgewichte abgebaut werden können. Damit der Lohn seine Lenkungsfunktion jedoch übernehmen kann, bedarf es einer weitestgehenden Lohnflexibilität – insbesondere auch nach unten. Um dieses zu verdeutlichen, soll das Beispiel eines positiven Technologieschocks in einem Mitgliedsland analysiert werden.

Der fehlende Wechselkurs muß durch Lohnflexibilität ersetzt werden, wenn Arbeitslosigkeit vermieden werden soll

Der Grundgedanke über den Zusammenhang zwischen der Lohnpolitik und der Wettbewerbsfähigkeit und damit der Beschäftigungssituation in einer Volkswirtschaft ist einfach: Da gesamtwirtschaftlich alle Kosten – abgesehen von importierten Vorproduktkosten – allein aus Lohnkosten bestehen, hängt die Wettbewerbsfähigkeit einer Region entscheidend von den Lohnstückkosten ab. Diese Lohnstückkosten wiederum ergeben sich als Quotient aus Nominallohn und Arbeitsproduktivität. Steigt nun in einem Mitgliedsland der Union die Arbeitsproduktivität stärker als in einem anderen, so sinken dessen Lohnstückkosten – ein entscheidender Wettbewerbsvorteil entsteht, über den letztendlich die Beschäftigung steigt. Den entstandenen Wettbewerbsnachteil konnte das andere Gemeinschaftsmitglied mit der geringeren Arbeitsproduktivität bislang durch eine Wechselkursvariation ausgleichen. Da jedoch der Wechselkurs als Anpassungsmechanismus für unterschiedliche Wettbewerbsentwicklungen seit Eintritt in die EWWU entfällt, können Wettbewerbsnachteile somit nur ausgeglichen werden, wenn der Nominallohn flexibel ist und sich in einer entstandenen Situation zu hoher Lohnstückkosten auch und gerade nach unten anpassen kann.

Somit wird deutlich, daß der Eintritt in die EWWU letztendlich eine signifikante Verschärfung des Drucks auf die Lohnpolitik bedeutet und nur bei ausreichender Lohnflexibilität die Beschäftigungsproblematik in der Gemeinschaft gelöst werden kann.

Grundvoraussetzung hierfür ist allerdings, daß sich die Tarifpartner aufgrund der geänderten wirtschaftspolitischen Rahmenbedingungen der wettbewerbspolitischen Tragweite ihrer Entscheidungen bewußt werden und mit traditionellen Lohnbildungsmechanismen, die sich über lange Zeiträume hinweg gebildet haben, im Bedarfsfall brechen. Da die deutsch-deutsche Wiedervereinigung die Unfähigkeit bzw. den Unwillen der deutschen Gewerkschaften nach wettbewerbsorientierter Lohnpolitik deutlich zum Ausdruck brachte, ist es mehr als fraglich, ob gerade in Deutschland die verkrusteten Strukturen des Arbeitsmarktes rechtzeitig aufgebrochen werden können, um langfristige Wettbewerbsnachteile für den Standort Deutschland zu vermeiden. Dafür wäre erforderlich, daß die Gewerkschaften im Bedarfsfall auch über längere Zeiträume hinweg Lohnzuwächse unterhalb des Produktivitätsfortschritts (evtl. plus vollem oder teilweisem Inflationsausgleich) fordern und akzeptieren.

Neueste Studien zur Arbeitsmarktflexibilität bescheinigen im internationalen Vergleich den meisten Mitgliedsländern der EU zu geringe Werte und weisen insbesondere auf die stark ausgeprägte Starrheit des deutschen Arbeitsmarktes hin. Gelingt es nicht, schnell die Reformen durchzusetzen, die zur Stärkung der langfristigen Wettbewerbsposition erforderlich sind, werden die Chancen der Währungsunion nicht realisierbar und die Risiken kaum zu kontrollieren sein. Die Reformfähigkeit wird damit zur zentralen Voraussetzung für einen arbeitsmarktpolitischen Erfolg der Währungsunion. Als Maßnahmen zur Erhöhung der Arbeitsmarktflexibilität werden in Anlehnung an die OECD in der wissenschaftlichen Literatur folgende Leitlinien vorgeschlagen:

1. Erhöhung der Flexibilität der Beschäftigungskosten.
2. Reformierung der Arbeitslosenversicherung und anderer sozialer Absicherungssysteme zur Erzielung größtmöglicher Anreizkompatibilität.
3. Kritische Überprüfung existierender Bestandsschutzregeln auf dem Arbeitsmarkt.
4. Erhöhung der Arbeitszeitflexibilität.
5. Ausdehnung der Qualifikation und Kompetenz der Arbeitskräfte.

Als Fazit zur Beschäftigungsproblematik läßt sich somit festhalten, daß nur wenn der durch die Währungsunion entstehende Druck auf die Wettbewerbsfähigkeit selbst als Hebel für die erforderlichen Reformen wirkt und hierdurch Handlungsblockaden durchbrochen und überwunden werden und die Lern- und Anpassungsfähigkeit der Politik gesteigert wird, die Herausforderungen auf den Arbeitsmärkten gemeistert und die beschäftigungspolitischen Chancen der Währungsunion realisiert werden können.

Was aber geschieht, wenn dies nicht gelingt? Dann sind größte soziale und politische Gefahren nicht zu leugnen, die über einen Zusammenbruch der Währungsunion hinaus auch zu einem kompletten Scheitern des europäischen Einigungsprozesses überhaupt führen können. Außerdem bleibt selbst im Falle der Realisierung der arbeitsmarktpolitischen Chancen der Währungsunion der negative soziale Beigeschmack einer weiteren Zurückdrängung verteilungspolitischer Ziele in der Gemeinschaft.

2.4.3 Problematik der Stabilität des Außenwertes der europäischen Einheitswährung

Die grundlegende Voraussetzung für die Stabilität einer Währung nach außen ist die Stabilität der Währung nach innen (Preisniveaustabilität). Denn permanente Inflation im Inland reduziert bei flexiblen Wechselkursen den Außenwert der Währung. Und ein permanenter Wertverlust einer Währung gegenüber anderen birgt neben eventuellen güter- und dienstleistungswirtschaftlichen Vorteilen nicht unerhebliche kapitalwirtschaftliche Gefahren. Wir wollen dies an der jüngsten Abwertung des Euros gegenüber dem Dollar beispielhaft zeigen.

Der Start der neuen europäischen Einheitswährung am 1. 1. 1999 war vielversprechend. Die technische Umstellung in den Ländern der EWWU auf den Euro gelang ohne Probleme und auch die Märkte gewährten dem Euro einen nicht unerheblichen Vertrauensvorschuß. So notierte der Euro gegenüber dem US-Dollar mit einem mengennotierten Wechselkurs von 1,17 US-$ pro Euro. Doch dem fulminanten Start folgte ein starker Einbruch in den folgenden Wochen und Monaten. So rutschte der Kurs der europäischen Einheitswährung bis auf einen Tiefstand von 1,02 US-Dollar pro Euro (Juli 1999). Woher resultierte diese Abwertung des Euros um rund 13 Prozent und welche Erklärungsmuster existieren hierfür bzw. welche wirtschaftspolitischen Implikationen ergeben sich hieraus?

Ein Ziel der EWWU war es, ein Gegengewicht zum Dollar zu schaffen

Der Euro hat als außenpolitische Zielvorgabe, sich als (zweit-)wichtigste Reservewährung der Welt zu etablieren und ein Gegengewicht zum US-Dollar zu bilden. Die europäische Gemeinschaft erhofft sich dabei, durch den größten Binnenmarkt der Welt mit einer einheitlichen Währung dem US-Dollar einen Gegenspieler mit einer zumindest ebenbürtigen wirtschaftlichen Macht entgegen stellen und so die wirtschaftspolitische Dominanz der Amerikaner im Welthandel eindämmen zu können.

Schaut man zunächst auf die **Leistungsbilanz** einer Volkswirtschaft, so bedeutet die Abwertung des Euros – bei normaler Reaktion – eine Verbesserung des Außenbeitrages, daß sich also die Exporte des Euro-Raumes stärker verbessern werden als sich die Importe eventuell erhöhen, so daß eine Verbesserung der Leistungsbilanz zu erwarten ist. Von einem verbesserten Außenhandel profitiert somit die europäische Wirtschaft, was als eindeutiger Vorteil zu werten ist.

Abwertungen erhöhen den Außenbeitrag und stützen damit die Konjunktur …

Da allerdings in der heutigen Zeit **Kapitalströme** aufgrund ihres Umfangs gegenüber Güterströmen enorm an Bedeutung für die Höhe des Wechselkurses gewonnen haben, ist die Schwäche des Euros zugleich als ein Zeichen für den Vertrauensverlust in die europäische Gemeinschaftswährung anzusehen. Denn eine Abwertung der heimischen Währung bedeutet immer eine stärkere Nachfrage nach ausländischer Währung, so daß über das Zusammenspiel von Angebot und Nachfrage auf dem Devisenmarkt der Wechselkurs steigt, die heimische Währung somit weiter abwertet. Doch womit läßt sich dieser Vertrauensverlust gegenüber dem Euro erklären? Zum einen kann die Schwäche der europäischen Gemeinschaftswährung zugleich als Stärke des Dollars aufgefaßt werden. Anders als in Euro-Land oder speziell in Deutschland befindet sich die nordamerikanische Wirtschaft in einem seit Jahren anhaltenden Boom, der die USA als Investitionsstandort für Kapitalanleger äußerst attraktiv gestaltet. Doch dies reicht als Erklärung nicht aus. Auf der anderen Seite ist nämlich zu berücksichtigen, daß ein politischer Konsens innerhalb der Mitgliedsländer der EWWU hinsichtlich einer einheitlichen Fiskal- und Beschäftigungspolitik noch immer ein weit von der Realität entfernter Traum ist. Gerade aber diese politische Unsicherheit ist eine der Ursachen, warum ausländische Investoren in Euro-Land weniger investieren, während gleichzeitig enorme Kapitalabflüsse aus dem Euro-Land hinaus zu beobachten sind. Welche wichtige Rolle insbesondere die Fiskalpolitik für die Kapitalmärkte spielt, ist am Beispiel Deutschlands seit dem Regierungswechsel im Herbst des Jahres 1998 ablesbar. So ist heute bereits klar, welche fatalen ökonomischen Konsequenzen die fehlgeleitete Fiskalpolitik der neuen Regierung sowohl für den Wirtschaftsstandort Deutschland aus Investorensicht als auch für die Stabilität des Euros haben. Fehlt eine verläßliche Fiskalpolitik in einem Land, so wächst die Unsicherheit der Unternehmen hinsichtlich zu fällender Investitionsentscheidungen, was letztendlich zur Verlagerung von Investitionen in die Zukunft oder Unterlassung dieser führt. Hierdurch verschärft sich die Beschäftigungsproblematik. Gleichzeitig sinken die Gewinnerwartungen der Unternehmen, was seinen Niederschlag wegen pessimistischer Erwartungen an den Kapitalmärkten findet. So kann die schwache Entwicklung des DAX gegenüber dem Dow Jones Euro Stoxx 50 ebensowenig überraschen wie dessen relativ schwache Entwicklung gegenüber seinem US-amerikanischen Vorbild Dow Jones. Ein ebenfalls den Euro auf Kapitalseite belastender Tatbestand ist der im Frühjahr des Jahres 1999 ausgebrochene Krieg auf dem Balkan, der ebenfalls ausländische Investoren aufgrund der instabilen politischen Lage in Europa von Engagements in dieser Region abhalten kann. Außerdem dürften bei der Abwertung des Euros spekulative Elemente eine Rolle gespielt haben.

... Sind aber mit der Abwertung Vertrauensverluste gegenüber der Währung vorhanden, so führen Kapitalbewegungen zu weiteren Abwertungen

Wie sensibel allerdings die Finanzmärkte reagieren, zeigt die Umkehrung der Wechselkursentwicklung seit Ende Juli/Anfang August. Begründet werden kann diese Umkehrung durch die anziehende Konjunktur in Europa und enttäuschte Abwertungserwartungen von Spekulanten – Faktoren, die sich ganz offensichtlich sogar gegenüber der erwarteten Zinserhöhung in den USA durchgesetzt haben.

2.5 Ausblick

Mit dem Eintritt in die EWWU ist ein Meilenstein hinsichtlich des europäischen Integrationsprozesses gesetzt worden. Ob dieses in der Geschichte bislang einzigartige Projekt sich insgesamt zu einem Erfolg entwickeln wird, bleibt zu hoffen – kann zu diesem Zeitpunkt allerdings nicht mit Sicherheit prognostiziert werden. Zu groß sind in vielen Teilbereichen der europäischen Gemeinschaft die noch existierenden Probleme. Da der erfolgversprechendere Weg, zuerst eine politische Union in Europa zu etablieren und dann als Krönung eine Währungsunion folgen zu lassen, aus politischen Gründen nicht gewählt wurde, hängt der Erfolg des gesamten europäischen Integrationsprozesses von dem politischen Gestaltungswillen der Europäer im allgemeinen und speziell dem der europäischen Politiker ab. Notwendige Voraussetzung wäre hierbei die Beilegung des unfairen Steuerwettbewerbs innerhalb der EWWU und die Schaffung einer wenn auch nicht gleich einheitlichen, so zumindest aber gleichgerichteten Fiskal- und Beschäftigungpolitik in allen Ländern der europäischen Gemeinschaft. Ob dieses Ziel jemals verwirklicht werden kann, erscheint angesichts der Nichtrealisierung dringend notwendiger Reformen und einer europäischen Bevölkerung, die national denkt und sich (noch) nicht als Europäer fühlt – was insbesondere die historisch niedrige Wahlbeteiligung zur Europawahl im Juni 1999 belegte – mehr als fraglich.

C. Arbeitsaufgaben

1) *Erläutern Sie folgende Begriffe:*
   a) *Reservewährung*
   b) *Quoten beim IWF*
   c) *Sonderziehungsrechte*
   d) *Schmutziges Floaten*
   e) *Festkurssystem*
   f) *Währungsschlange*
   g) *Europäische Währungseinheit (ECU)*
   h) *Euro*
   i) *Konvergenzkriterien*
2) *Erläutern Sie, warum die Bereitstellung von Kreditmöglichkeiten für die beteiligten Länder eines Währungssystems zur Erreichung eines freien Handels- und Zahlungsverkehrs von wesentlicher Bedeutung ist.*
3) *Welche Möglichkeiten hat ein Land im Rahmen des IWF-Systems, sein Leistungsbilanzdefizit zu finanzieren?*
4) *Beschreiben Sie die Konzeption der Sonderziehungsrechte.*

5) *Die Sonderziehungsrechte werden gratis verteilt und berechtigen zur Finanzierung von Leistungsbilanzdefiziten. Wer bezahlt die entsprechenden Güterlieferungen dann tatsächlich?*

6) *Welche Probleme begründen Fremdwährungsmärkte für die Wirtschaftspolitik der beteiligten Länder?*

7) *Was waren die grundlegenden Gemeinsamkeiten zwischen dem Europäischen Währungssystem und dem System von Bretton Wood und wo lagen die entscheidenden Unterschiede?*

8) *Warum ist das System fester Wechselkurse im Rahmen des Bretton-Woods-Systems letztlich gescheitert?*

9) *Erläutern Sie mögliche Vorteile, die sich für Unternehmen, private Haushalte und die gesamte Bundesrepublik Deutschland durch die Währungsunion ergeben können.*

10) *Welches sind bezüglich der EWWU mögliche Gefahren und Nachteile?*

11) *Erläutern Sie, woran unter strenger Auslegung der Konvergenzkriterien die meisten Länder gescheitert wären und warum von einer strikten Erfüllung dieser Kriterien letztendlich abgesehen wurde.*

12) *Verdeutlichen Sie die Beseitigung einer Spekulationsoffensive im neuen europäischen Wechselkursmechanismus (EWS II) am Beispiel einer Abwertungsspekulation gegen die griechische Drachme anhand der von den beteiligten Akteuren zu ergreifenden Maßnahmen.*

13) *Warum kann eine Rezession in Deutschland nicht mit einer Politik des „billigen Geldes" bekämpft werden, wenn sich gleichzeitig die Volkswirtschaften Italien, Frankreich und Spanien in einem Boom befinden?*

14) *Erläutern Sie die zentrale Bedeutung der Tarifverhandlungen für die Beschäftigungssituation in einem Mitgliedsland der EWWU und erklären Sie dabei auch, warum der Wechselkurs diesbezüglich keine Rolle (mehr) spielt.*

15) *Erklären Sie, warum eine dauerhafte Abwertung des Euros zu einem Problem für die EWWU werden kann.*

16) *Welches sind die Grundvoraussetzungen für einen dauerhaften Erfolg der EWWU?*

Lösungsvorschläge für die Arbeitsaufgaben im „Übungsbuch zu Grundlagen und Probleme der Volkswirtschaft".

D. Literatur

BENDER, Dieter: Das Ende der EWS-Illusion, In: Wirtschaftsstudium (WiSu), Februar 1994, S. 91–92.

BERG, Hartmut: Außenwirtschaftspolitik, In: Vahlens Kompendium der Wirtschaftstheorie und Wirtschaftspolitik, Band 2, 4. Auflage, München 1990, S. 455–497.

BLANK, Jürgen; CLAUSEN, Hartmut; WACKER, Holger: Internationale ökonomische Integration, München 1998.

DEUTSCHE BUNDESBANK: Monatsbericht der Deutschen Bundesbank, November 1989, Wechselkursentwicklung im Europäischen Währungssystem, Frankfurt am Main 1989, S. 30–38.

DEUTSCHE BUNDESBANK: Monatsbericht der Deutschen Bundesbank, Januar 1994, Die zweite Stufe der Europäischen Wirtschafts- und währungsunion, Frankfurt am Main 1994, S. 25–44.

DEUTSCHE BUNDESBANK: Monatsbericht der Deutschen Bundesbank, Mai 1998, Europolitische Entscheidungen vom 1. Mai 1998 machen den Weg frei für den Euro-Start am 1. Januar 1999, Frankfurt am Main 1998, S. 17–26.

DEUTSCHE BUNDESBANK: Monatsbericht der Deutschen Bundesbank, Januar 1999: Der Beginn der Wirtschafts- und Währungsunion am 1. Januar 1999, Frankfurt am Main 1999, S. 19–32.

DEUTSCHE BUNDESBANK: Weltweite Organisationen und Gremien im Bereich von Währung und Wirtschaft, Sonderdruck, Frankfurt am Main 1997.

EUROPÄISCHE ZENTRALBANK: Jahresbericht 1998 der Europäischen Zentralbank, Frankfurt am Main 1999.

JARCHOW, Hans-Joachim und RÜHMANN, Peter: Monetäre Außenwirtschaft II, Internationale Währungspolitik, 4. Auflage, Göttingen 1997.

MÖSCHEL, Werner: Europäische Integration am Wendepunkt? Perspektiven nach Maastricht?, In: Wirtschaftswissenschaftliches Studium (WiSt), Heft 3, März 1994, S. 123–131.

OHR, Renate: Alte und neue Erfahrungen mit festen Wechselkursen, In: Wirtschaftswissenschaftliches Studium (WiST), Heft 10, Oktober 1990, S. 509–512.

ORESZAT, Beate: Zwanzig Jahre flexible Wechselkurse: Erfahrungen und Entwicklungen, In: Wirtschaftsdienst, Februar 1993, S. 104–108.

POMMEREHNE, Werner W.: Warum die Europäische Währungsunion verfrüht ist, In: Wirtschaftswissenschaftliches Studium (WiSt), Heft 2, Februar 1994.

SCHARPF, Fritz W.: Europa und Maastricht: Markt ohne Demokratie?, In: Wirtschaftsdienst, Februar 1995, S. 85–93.

WILLMS, Manfred: Internationale Währungspolitik, 2. Auflage, München 1995.

22. Kapitel
Grundlagen der Europäischen Union

A. Lernzielorientierte Leitfrage und Fragenkomplexe

Leitfrage:
Was sind die Grundstrukturen der Europäischen Union?

- *Was war das ursprünglich tragende Motiv der europäischen Integration?*
- *Welche Formen und Wirkungen einer regional begrenzten Integration lassen sich unterscheiden?*
- *Mit welchen zentralen Problemen einer Integration ist zu rechnen?*
- *Was sind die wesentlichen Entscheidungsgremien der EU?*
- *Über welche wichtigen Einnahmearten verfügt die EU?*
- *Was sind die zentralen Ausgabenbereiche der EU?*
- *Worin bestehen die Regelungsprinzipien und Probleme der EU-Agrarpolitik?*
- *Was sind die Grundelemente der EU-Strukturpolitik?*

B. Sachanalyse

1. Der Weg zur europäischen Einheit

1.1 Der Weg zur Zollunion

Ursprüngliches Ziel war die politische Einheit

Die geschichtlichen Erfahrungen Europas begründeten den Wunsch nach einer europäischen Einheit. Nach dem Versuch einer Friedenssicherung durch einen Zusammenschluß europäischer Völker bereits kurz nach dem 1. Weltkrieg – zu nennen wäre hier die Gründung des Völkerbundes, die Paneuropa-Bewegung oder die von ARISTIDE BRIAND und GUSTAV STRESEMANN entwickelte Initiative zur Bildung eines europäischen Staatenbundes – konzentrierten sich einige europäische Staaten nach dem 2. Weltkrieg erneut auf die politische Einigung.

So trat 1952 die Europäische Gemeinschaft für Kohle und Stahl (EGKS, „Montanunion“) durchaus auch mit dem politischen Ziel in Kraft, die Ressourcen der Rüstungsproduktion der nationalen Verantwortung zu entziehen. Und 1952 unterzeichneten die sechs EGKS-Staaten Belgien, die Bundesrepublik Deutschland, Frankreich, Italien, Luxemburg und die Niederlande einen Vertrag zur Errichtung einer Europäischen Verteidigungsgemeinschaft (EVG) und planten die Gründung einer Europäischen Politischen Gemeinschaft.

Hindernisse auf dem Weg zu diesem ehrgeizigen Ziel – z. B. lehnte die französische Nationalversammlung die Ratifizierung des EVG-Vertrages ab – bewirkten dann eine Ausrichtung zunächst auf die **wirtschaftliche** Integration.

Zunächst Realisierung einer Zollunion der Sechs

So wurden am 25. März 1957 in Rom die „Römischen Verträge" zur Gründung einer Europäischen Wirtschaftsgemeinschaft (EWG) und einer Europäischen Atomgemeinschaft (EAG, Euratom) von Belgien, der Bundesrepublik Deutschland, Frankreich, Italien, Luxemburg und den Niederlanden unterzeichnet. Kernstück war die **Errichtung einer Zollunion** und die Realisierung eines **gemeinsamen Marktes.** Die Zollunion der Sechs konnte 1968 vorzeitig realisiert werden. Parallel dazu wurden die ursprünglich getrennten Institutionen von EGKS, Euratom und EWG mit dem Fusionsvertrag vom 8. 4. 1965 seit 1967 zu den Europäischen Gemeinschaften (EG) verschmolzen.

Diese großen Integrationserfolge konnten auch deshalb erzielt werden, weil das kräftige Wirtschaftswachstum Probleme des Strukturwandels milderte und weil der bei dem relativ gleichen Entwicklungsstand der sechs Gründungsmitglieder resultierende intra-industrielle Außenhandel nicht zum Erliegen ganzer Wirtschaftszweige führte.

1.2 Der Weg zum Binnenmarkt

Fehlentwicklungen der EG

Neben Erfolgen gab es auch eine Reihe von Mißerfolgen und Fehlentwicklungen. Ab etwa 1970 wurde der Außenhandel zunehmend durch **nicht-tarifäre Handelshemmnisse** erschwert, die Integrationserfolge begannen zu schwinden. Zudem zeigte sich, daß der Versuch, national schon sehr stark regulierte Bereiche – Landwirtschaft, Banken, Versicherungen, Verkehr, Telekommunikation – zu harmonisieren, und zwar auf dem Wege einer perfekten Harmonisierung im Detail, scheitern mußte. Als schwerwiegender wirtschaftspolitischer Fehler hat sich insbesondere die 1959 getroffene Entscheidung erwiesen, die Agrarmärkte mit einem System von **Marktordnungen** zu regulieren. Dies führte zu einer gigantischen Fehlallokation der Ressourcen und damit zu erheblichen Akzeptanzverlusten für die EG. Insgesamt war die Phase von etwa 1970 bis 1985 von zahlreichen Fehlversuchen gekennzeichnet, die Integration zu einer Wirtschafts- und Währungsunion voranzubringen. Die Mißerfolge waren vor allem darin begründet, daß die beteiligten Länder mehrheitlich nicht bereit waren, auf autonome nationale Wirtschaftspolitik zu verzichten. Es war Zeit für neue Initiativen.

Im Juni 1985 beschlossen die europäischen Staats- bzw. Regierungschefs nach deutsch-französischem Druck eine Erweiterung der Römischen Verträge. Im Dezember 1985 wurde daraufhin die **„Einheitliche Europäische Akte“** (EEA) verabschiedet, die im Juli 1987 in Kraft trat.

Neue Initiative: EEA

Die EEA beinhaltete wichtige Weiterentwicklungen der EG:

- eine neue Zielsetzung „Binnenmarkt '92“,
- ein partiell revidiertes Abstimmungsverfahren,
- eine Fortschreibung und Ergänzung der begleitenden Politikbereiche (z.B. Sozialpolitik, Umweltpolitik, Währungspolitik),
- eine neue Gesamtorganisation in Form der Europäischen Politischen Zusammenarbeit (EPZ).

Die ökonomisch zentralen Elemente der fortschreitenden Integration, nämlich den Binnenmarkt '92 und eine Erweiterung und Vertiefung der begleitenden Politikbereiche, beschreiben wir in Kapitel 23.

1.3 Der Weg zur Europäischen Union

Parallel mit der Schaffung des Binnenmarktes '92 wurden weitere Anstrengungen unternommen, um die europäische Integration voranzutreiben. Am 7. 2. 1992 wurde in Maastricht der Vertrag über die „Europäische Union“ (EU) unterzeichnet, der am 1. 11. 1993 in Kraft trat. Nach diesem **„Vertrag von Maastricht“** stützt sich die europäische Integration künftig auf drei Säulen:

Drei Säulen der europäischen Integration

- Den Ausbau der Europäischen Gemeinschaft, bisher im wesentlichen bestehend aus den ökonomischen Kernelementen Zollunion, Gemeinsame Agrarpolitik, Strukturpolitik und Binnenmarkt, zu einer Wirtschafts- und Währungsunion (Säule 1);
- Bestimmungen über eine „Gemeinsame Außen- und Sicherheitspolitik (GASP)“ (Säule 2) sowie
- Bestimmungen über eine „Zusammenarbeit in den Bereichen Justiz und Inneres“ (Säule 3).

Zentraler ökonomischer Bereich der Europäischen Union (EU) ist Säule 1, die Europäische Gemeinschaft (EG)[1]. Ihre Kompetenzen sind deutlich erweitert worden; wichtigste Ergänzung ist ein Stufenplan, nach dem bis

1) Mit der Entwicklung der EWG zur EU ergeben sich terminologische Probleme. Im historischen Kontext verwenden wir die seinerzeit gebräuchliche Bezeichnung EWG bzw. EG, sonst die neue Bezeichnung EU. Der alte EWG-Vertrag (EWGV) ist zum EG-Vertrag (EGV) geworden. Die EG (Europäische Gemeinschaft) existiert noch als Teil der EU, die EWG (Europäische Wirtschaftsgemeinschaft) existiert nicht mehr. Die Änderungen und Ergänzungen des Vertrages von Maastricht, die sich insbesondere auf die Säulen 2 und 3 beziehen, sind im **Vertrag von Amsterdam** vom 2. 10. 1997 kodifiziert. Für die Gemeinsame Außen- und Sicherheitspolitik wird ein Generalsekretär des Rates berufen, der die Aufgabe eines Hohen Vertreters für die GASP wahrnimmt.

Anfang 1999 der Übergang zur Wirtschafts- und Währungsunion erfolgte (vgl. hierzu detailliert Kapitel 21). Daneben werden in Säule 1 eine Reihe von Vertragsergänzungen formuliert:

- Die Schaffung einer Unionsbürgerschaft (Art. 17–22 EGV[2]), z. B. mit allgemeinem Aufenthaltsrecht und Wahlrecht zu kommunalen Körperschaften am Wohnort,
- das Subsidiaritätsprinzip der Tätigkeit der Gemeinschaft (Art. 5 EGV),
- die Einführung eines eigenständigen Regionalorgans „Ausschuß der Regionen", der die politische Perspektive für einen dreistufigen Aufbau der Gemeinschaft öffnet (Art. 263–265),
- die Stärkung der Kompetenzen der Europäischen Gemeinschaft (Art. 189–195, 249–256 EGV),
- die Schaffung neuer Kompetenzen in der Bildungs- und Kulturpolitik (Art. 149–151 EGV) und
- die Schaffung neuer Befugnisse und Aufgaben in zahlreichen Bereichen der Wirtschaft (vgl. dazu Kapitel 23, Abschnitt 3).

Damit wird das Ziel einer Vertiefung der wirtschaftlichen Integration und ein Einstieg in die politische Integration schon in Säule 1 deutlich.

Für die zweite und dritte Säule, die ausschließlich Elemente einer politischen Integration vorsehen, ist bisher das Verfahren der Zusammenarbeit der Regierungen außerhalb der Organe der EU vorgesehen. Sie sind also in anderer Weise in die Entscheidungsebenen der Gemeinschaft eingebunden und müssen eher als politisches Programm interpretiert werden. Wir gehen darauf nicht weiter ein.

1.4 Die regionale Erweiterung der europäischen Integration

Gründungsmitglieder der EWG, die am 1. 1. 1958 in Kraft getreten ist, waren die Bundesrepublik Deutschland, Belgien, Frankreich, Italien, Luxemburg und die Niederlande. 1973 sind Dänemark, Irland und Großbritannien beigetreten (Norderweiterung), 1981 ist Griechenland beigetreten, 1986 folgten Spanien und Portugal (Süderweiterung). Schließlich sind seit 1995 Österreich, Finnland und Schweden Mitglieder der Gemeinschaft.

Die EU der mittlerweile **15 Mitgliedstaaten** bildet mit einem Bruttoinlandsprodukt von rund 7300 Mrd. Euro und mit rund 375 Mio. Einwohnern den größten in sich geschlossenen Markt der Welt. Allerdings entspricht das BIP pro Kopf mit rund 19 470 Euro nicht ganz dem Niveau von Japan oder den USA, den beiden anderen wichtigen Wirtschaftsblöcken der Welt.

Ein nicht unwesentliches **Integrationshemmnis** der EU ist die Sprachenvielfalt. Die elf Amtssprachen der EU sind: Dänisch, Deutsch, Griechisch,

2) Wir verwenden die Artikel gemäß dem EGV in der Fassung vom 2. 10. 1997, in der auch der Vertrag von Amsterdam vom 2. 10. 1997 berücksichtigt ist. Der Vertrag von Amsterdam ist nach seiner Ratifizierung Mitte 1999 in Kraft getreten.

Spanisch, Französisch, Italienisch, Niederländisch, Portugiesisch, Finnisch, Schwedisch und Englisch. Das heißt, daß alle von der Kommission nach außen gehenden Vorlagen in alle Amtssprachen übersetzt werden müssen. Im internen Gebrauch begnügt sich die Kommission mit den drei Amts- und Umgangssprachen Französisch, Englisch und Deutsch. Originaltexte werden im wesentlichen in Französisch verfaßt.

Der Prozeß der europäischen Integration ist nicht abgeschlossen. Folgende offizielle Beitrittsanträge sind seit 1987 gestellt worden (chronologische Aufzählung): Türkei, Malta, Zypern, Schweiz, Ungarn, Polen, Rumänien, Slowakische Republik, Lettland, Estland, Litauen, Bulgarien, Tschechische Republik und Slowenien. Teilweise auch zur Vorbereitung eines späteren Beitritts sind zahlreiche Assoziierungsvereinbarungen mit osteuropäischen Staaten geschlossen worden. Im Prinzip kann jeder europäische Staat beantragen, Mitglied der Gemeinschaft zu werden. Der Europäische Rat hat am 11./12. Juni 1993 die Voraussetzungen für eine Mitgliedschaft formuliert:

Neue Mitgliedsstaaten können aufgenommen werden, wenn sie bestimmte Voraussetzungen erfüllen

„Als Voraussetzung für die Mitgliedschaft muß der Beitrittskandidat eine institutionelle Stabilität als Garantie für demokratische und rechtsstaatliche Ordnung, für die Wahrung der Menschenrechte sowie die Achtung und den Schutz von Minderheiten verwirklicht haben; sie erfordert ferner eine funktionsfähige Marktwirtschaft sowie die Fähigkeit, dem Wettbewerbsdruck und den Marktkräften innerhalb der Union standzuhalten. Die Mitgliedschaft setzt ferner voraus, daß die einzelnen Beitrittskandidaten die aus einer Mitgliedschaft erwachsenden Verpflichtungen übernehmen und sich auch die Ziele der Politischen Union sowie der Wirtschafts- und Währungsunion zu eigen machen können." (EU-informationen 1/1995).

Am 31. 3. 1998 wurden die Beitrittsverhandlungen mit Zypern, Ungarn, Polen, Estland, der Tschechischen Republik und Slowenien eröffnet. Sie werden mehrere Jahre dauern.

2. Chancen und Risiken einer regional begrenzten Integration von Märkten

Weltweiter Freihandel konnte nicht realisiert werden

Die weltweiten Ordnungen des Währungssystems (IWF) und des Handelssystems (WTO) sind nicht in der Lage, weltweiten Freihandel zu gewährleisten. Zu groß sind die Unterschiede der Länder in bezug auf wirtschaftspolitische Zielvorstellungen und wirtschaftliche Leistungskraft. Anders formuliert: Der optimale Währungsraum (vgl. Kapitel 20) umfaßt jedenfalls nicht die ganze Welt. Daher lag es nahe, eine regional begrenzte Integration anzustreben, wie dies vor allem im Rahmen der EG erfolgreich praktiziert wurde.

2.1 Integrationsformen

Zwischen den beiden Extremen – völlige Autarkie und vollkommener weltweiter Freihandel – gibt es folgende Formen der Integration.

Präferenzzone: Zollabbau für bestimmte oder alle Produktgruppen für bestimmte Länder (z. B. das Allgemeine Präferenzsystem der EU).

Freihandelszone: Zollfreiheit innerhalb der Zone, Außenzölle, aber nicht gemeinsame Außenzölle (z. B. die EFTA, die European Free Trade Association, die 1960 gegründet wurde).

Zollunion: Beseitigung der Binnenzölle, gemeinsamer Außenzoll, Verteilung der Außenzolleinnahmen auf die Mitglieder (z. B. EWG).

Bisweilen wird auch der Abbau anderer Handelshemmnisse (z.B. Kontingente) in die Definition einbezogen.

Die Konzepte „Gemeinsamer Markt" und „Binnenmarkt" sind wissenschaftlich nicht eindeutig definiert, aber durch die Praxis der EG hinlänglich deutlich geworden.

Gemeinsamer Markt: Setzt freien Handel von Gütern und Dienstleistungen voraus sowie eine uneingeschränkte Mobilität der Produktionsfaktoren Arbeit und Kapital (Freihandel plus freie Faktormobilität).

Binnenmarkt: Ein Binnenmarkt ist im Prinzip ein gemeinsamer Markt mit höherer Qualität, also ein gemeinsamer Markt mit völliger Freizügigkeit (auch für Nichterwerbstätige), ohne Grenzkontrollen und mit einer gewissen Einheitlichkeit der Produktionsbedingungen.

Wirtschaftsunion: Gemeinsamer Markt, verbunden mit einer Koordinierung und Harmonisierung der Wirtschaftspolitik (Stabilitäts-, Wettbewerbs-, Wachstums- und z. T. auch Verteilungspolitik), z. T. in Form integrierter Institutionen wie z. B. in Form einer gemeinsamen Kartellbehörde oder einer gemeinsamen Zentralbank.

Währungsunion: Unwiderruflich feste Wechselkurse, verbunden mit uneingeschränkter und irreversibler Konvertibilität der Währungen, sowie völliger Freiheit des Kapitalverkehrs. Die Währungsunion kann dann mit einer Einheitswährung verknüpft sein.

Die intensivste Integrationsform ist die völlige, auch politische Verschmelzung der Mitgliedsstaaten in Form eines Bundesstaates, die mit der EU auch langfristig angestrebt wird.

2.2 Integrationseffekte

Vorteile der Integration

Die Vorteile einer Integration sind allgemein die Vorteile einer Annäherung an den Freihandel, also die Vorteile des Freihandels selbst. Diese Vorteile sind in Kapitel 19 dargestellt worden. Es sind zusammenfassend

- die Kostenvorteile der Spezialisierung auf die jeweils relativ oder sogar absolut billigsten Produktionen der Länder;
- die zunehmende Ausschöpfung der Größenersparnisse der Produktion (economies of scale) und
- die Zunahme des Wettbewerbs.

Regional begrenzte Integration begründet Auf- und Abschließungseffekte

Bei einer regional begrenzten Integration der Märkte in Form einer Zollunion oder einer (regional begrenzten) Wirtschafts- und Währungsunion ist allerdings zusätzlich zu beachten, daß der Freihandel ja nur innerhalb der Region etabliert wird, gegenüber dem Rest der Welt aber meist eine verstärkte Abschottung praktiziert wird. Hier entstehen sog. Aufschließungs- bzw. Abschließungseffekte.

Aufschließungseffekte sind groß bei intraindustriellem Tausch

Von einem **Aufschließungseffekt** (trade creating effect) spricht man, wenn der zunehmende Freihandel im Integrationsraum dazu führt, daß sich Produktionen von Standorten mit höheren Realkosten zu Standorten mit niedrigeren Realkosten verlagern. Statt daß die Bundesrepublik selbst ein Automobil vom Typ Peugeot 306 produziert, wird dieses billiger importiert, während umgekehrt Frankreich den VW-Golf billiger importiert, statt selbst zu produzieren. Dies Beispiel ist nicht zufällig auf Produkte der gleichen Branche bezogen. Allgemein gilt, daß die Aufschließungseffekte gerade bei einem **intraindustriellen Tausch** groß sind, bei einem Tausch, bei dem sich die Sortimente der Integrationspartner überschneiden (beide produzieren Automobile sogar in der gleichen Klasse). Kleiner sind die Aufschließungseffekte bei einem interindustriellen Tausch, einem Tausch zwischen Produkten verschiedener Industrien (Automobile gegen Textilien). Dies erklärt zu einem Teil die großen Integrationserfolge der EWG im Rahmen der Zollunion der sechs Kernstaaten, die ja überwiegend ähnliche Produktionssortimente aufwiesen.

Abschließungseffekt bedeutet Effizienzverlust

Von einem **Abschließungseffekt** (trade diverting effect) spricht man, wenn die relative Abschottung des Integrationsraumes vom Rest der Welt dazu führt, daß sich Produktionen von Standorten niedriger Realkosten außerhalb der Region zu Standorten höherer Realkosten im Integrationsraum verlagern. Statt daß die EU Bananen oder Rindfleisch billig importiert, wird infolge des Außenzolls diese Produktion an teure Standorte innerhalb der EU verlagert. Ein Abschließungseffekt bedeutet eine nicht-effiziente Produktion und damit Wohlfahrtsverluste, und zwar sowohl für den Integrationsraum als auch für den „Rest der Welt".

Per saldo ist dann entscheidend, welche Effekte überwiegen. Unter welchen Umständen die positiven Effekte überwiegen, kann modelltheoretisch abgeleitet werden. Wir wollen uns mit dem Hinweis begnügen, daß für die EG ganz sicher die Aufschließungseffekte überwogen haben, auch weil die EG schrittweise erweitert worden ist und die Außenzölle weiter gesenkt worden sind.

2.3 Integrationsprobleme

Die Probleme einer (regional begrenzten) Integration sind im wesentlichen die folgenden:

Ungleiche Verteilung der Wohlfahrtsgewinne

Die **Verteilung der Wohlfahrtsgewinne** innerhalb der EU wird vermutlich ungleich sein, insbesondere werden auch die Entwicklungschancen der Länder ungleich verteilt sein. Daher sind heftige Auseinandersetzungen im Bereich der Verteilungspolitik (EU-Strukturfonds: Regional-, Sozial- und Agrarfonds) und im Bereich der Industriepolitik die Regel.

Hohe Anpassungskosten

Die Integration als „Angebotsschock" begründet z.T. **erhebliche Anpassungskosten,** nämlich den Verlust von Humankapital (Arbeitslosigkeit oder Wertverlust von Qualifikationen), den Verlust von Finanz- bzw. Realkapital bei Produktionsstillegungen und den Verlust von Regelungskompetenzen für nationale Bürokratien mit den entsprechenden Abwehrreaktionen.

Wohlfahrtsverschlechterung für den Rest der Welt möglich

Eine Wohlfahrtsverschlechterung für den „Rest der Welt" ist nicht ausgeschlossen, weil durch den Abschließungseffekt der Handel zwischen der EU und dem Rest der Welt zumindest relativ zurückgehen wird (der Außenhandelsanteil mit der übrigen Welt wird sinken). Allerdings wird überwiegend erwartet, daß infolge der intraregionalen Wachstumseffekte der Integration das Sozialprodukt und damit die Importe der EU so stark zunehmen, daß zwar der Außenhandelsanteil, aber nicht das Außenhandelsvolumen mit dem Rest der Welt sinken wird.

Verzicht auf autonome nationale Wirtschaftspolitik

Schließlich verbleibt als Grundproblem jeder Integration der teilweise oder völlige Verzicht auf eine eigenständige nationale Wirtschaftspolitik **(Konvergenz).** Dies ist jedenfalls dann ein Problem, wenn Standards, Normen oder Regelungen resultieren, die den nationalen Wertvorstellungen nicht entsprechen. Man denke beispielsweise an Umweltschutznormen, an Inflationsraten oder Arbeitnehmerschutzvorschriften. Wie diese Konvergenz erreicht wird, ist auch eine Frage der geschaffenen Institutionen der Integration.

3. Das institutionelle System der EU

EU als Staatenverbindung besonderer Art

Die EU ist eine Staatenverbindung von besonderer Art, die sich völkerrechtlich in kein herkömmliches System einordnen läßt. Man gewinnt einen ersten Überblick über die EU mit einer Beschreibung ihrer Organe.

Die Hauptorgane der EU sind

- die Kommission (Art. 211–219 EGV)
- der Rat (Ministerrat) (Art. 202–210 EGV)
- das Europäische Parlament (Art. 189–201 EGV) und
- der Europäische Gerichtshof (Art. 220–245 EGV).

Daneben existieren einige Nebenorgane, wie z. B. der Rechnungshof, der Wirtschafts- und Sozialausschuß oder der Ausschuß der Regionen. Übergeordnet ist der Europäische Rat der Staats- und Regierungschefs der 15 Mitgliedstaaten. Die folgende Abb. 22.1 gibt einen Überblick über die Hauptorgane der EU.

3.1 Die Kommission

Kommission ist Motor der EU und Hüterin der Verträge

Die Kommission ist „der Motor der EU" und „Hüterin der Verträge". Sie ist damit das entscheidende Exekutivorgan, sie

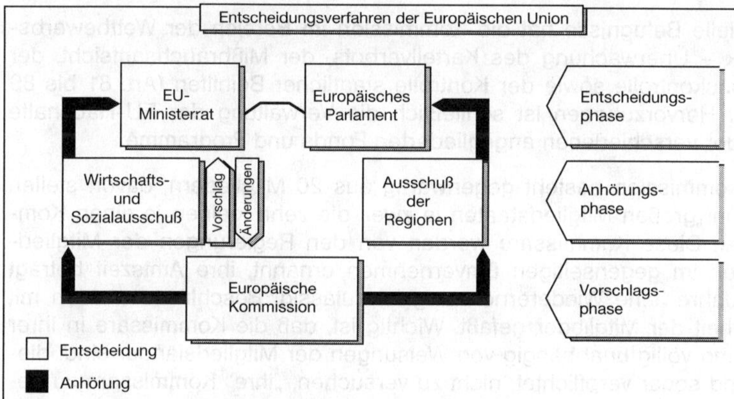

Im **Europäischen Rat** treffen sich die Staats- und Regierungschefs der Mitgliedstaaten. Auf diesen „EU-Gipfeln" werden die Leitlinien der Unionspolitik festgelegt. Die Beschlüsse des Europäischen Rates sind oft Aufträge an das wichtigste gesetzgebende Organ, den **Rat der Europäischen Union** (Ministerrat). Hier treffen sich die nationalen Fachminister und beschließen die „europäischen Gesetze". Die Vorschläge für die „Unionsgesetze" werden von der **Europäischen Kommission,** der europäischen Verwaltung, erarbeitet und dem Ministerrat vorgelegt. Das **Europäische Parlament** beteiligt sich an der Ausarbeitung der Rechtsakte der Union. Es hat allerdings noch nicht die gleichen Einflußmöglichkeiten wie nationale Parlamente. Der **Europäische Gerichtshof** sorgt dafür, daß EU-Recht auch eingehalten wird. Klagen können sowohl die Mitgliedstaaten und EU-Organe als auch Bürger und Unternehmen. Der **Wirtschafts- und Sozialausschuß** ist ein beratendes Gremium, in dem die wichtigsten gesellschaftlichen Gruppen vertreten sind. Der **Ausschuß der Regionen** berät Rat und Kommission in allen Fragen von regionalem Interesse. Schließlich überwacht der **Europäische Rechnungshof** die Haushaltsführung der Union.

Mitglieder der Europäischen Kommission	Mitglieder im Europäischen Parlament	Stimmen im Rat (Mehrheitsentscheidung)	Stimmen im Rat (qualifizierte Mehrheit)	Mitglieder im Wirtschafts- und Sozialausschuß	Mitglieder im Ausschuß der Regionen	
1	25	5	5	12	12	Belgien
1	16	3	3	9	9	Dänemark
2	99	10	10	24	24	Deutschland
1	25	5	5	12	12	Griechenland
2	64	8	8	21	21	Spanien
2	87	10	10	24	24	Frankreich
1	15	3	3	9	9	Irland
2	87	10	10	24	24	Italien
1	6	2	2	6	6	Luxemburg
1	31	5	5	12	12	Niederlande
1	21	4	4	12	12	Österreich
1	25	5	5	12	12	Portugal
1	16	3	3	9	9	Finnland
1	22	4	4	12	12	Schweden
2	87	10	10	24	24	Großbritannien

Abb. 22.1: Die Hauptorgane der EU

- führt die Gemeinschaftspolitik auf der Grundlage der Ratsbeschlüsse oder in direkter Anwendung des EU-Vertrages durch (Exekutivaufgaben);
- sie sorgt für die Einhaltung der Regeln und der Grundsätze des Gemeinsamen Marktes (Kontrollaufgaben);
- sie macht Vorschläge für eine Fortentwicklung der Gemeinschaft. Dabei hat die Kommission das Monopol, Beschlußvorlagen für den Rat zu entwickeln (Initiativaufgaben).

Spezielle Befugnisse hat die Kommission im Bereich der Wettbewerbspolitik – Überwachung des Kartellverbots, der Mißbrauchsaufsicht, der Fusionskontrolle sowie der Kontrolle staatlicher Beihilfen (Art. 81 bis 89 EGV). Hervorzuheben ist schließlich die Verwaltung der EU-Haushalte und der verschiedenen angegliederten Fonds und Programme.

Kommissare sind unabhängig von Weisungen

Die Kommission besteht gegenwärtig aus 20 Mitgliedern, davon stellen die fünf großen Mitgliedstaaten je zwei, die zehn kleinen je einen Kommissar. Diese Kommissare werden von den Regierungen der Mitgliedstaaten im gegenseitigen Einvernehmen ernannt, ihre Amtszeit beträgt fünf Jahre, eine Wiederernennung ist zulässig. Beschlüsse werden mit Mehrheit der Mitglieder gefaßt. Wichtig ist, daß die Kommissare in ihrer Stellung völlig unabhängig von Weisungen der Mitgliedsländer sind, diese sind sogar verpflichtet, nicht zu versuchen, „ihre" Kommissare zu beeinflussen.

Arbeitsteilige Aufgabenerfüllung

Wenn die Kommission auch mit Mehrheit beschließt, so arbeitet sie doch sehr arbeitsteilig. Jeder Kommissar ist für einen bestimmten Arbeitsbereich zuständig, z. B. für den Binnenmarkt oder den Haushalt, und steht weisungsberechtigt einer oder mehreren der nachfolgenden 24 Generaldirektionen vor. So steht die Kommission an der Spitze einer Behörde mit über 19 300 Mitarbeitern.[3])

3.2 Der Rat

Der Rat ist gesetzgebendes Organ

Der Rat ist das bedeutsamste Entscheidungsgremium der EU. Er ist das gesetzgebende Organ, genauer, er beschließt die ihm von der Kommission vorgelegten Rechtsakte. Daneben hat der Rat einige Initiativrechte und einige Kontrollrechte, insgesamt ist er das politische Entscheidungszentrum.

Die Mitglieder des Rates sind Vertreter der Regierungen der Mitgliedstaaten, in der Regel also Minister. Daher heißt der Rat auch Ministerrat. Je nach Sachstand werden die entsprechenden Fachminister entsandt, für

3) Einschließlich der Beschäftigten des Amtes für Veröffentlichungen, des Zentrums für die Förderung der Berufsbildung und der Europäischen Stiftung zur Verbesserung der Lebens- und Arbeitsbedingungen.

Agrarfragen die Agrarminister oder für Finanzfragen die Finanzminister usw.

Der Rat erläßt unterschiedliche Rechtsakte, vor allem Verordnungen und Richtlinien.

Verordnungen

Verordnungen sind „europäische Gesetze“, sie gelten unmittelbar und in allen Teilen verbindlich für die Mitgliedstaaten bzw. für Personen, und sie haben Vorrang vor nationalem Recht.

Richtlinien

Richtlinien legen die zu erreichenden Ziele fest, überlassen den Mitgliedstaaten aber die Form und die Mittel der Durchsetzung. Sie legen damit den Gesetzesrahmen fest, der innerhalb einer in der Richtlinie festgelegten Frist – in der Regel ein bis zwei Jahre – in nationales Recht umgesetzt sein muß. Auch hier gilt der Vorrang vor nationalem Recht.

Unterschiedliche Abstimmungsverfahren

Der Rat entscheidet je nach Aufgabenbereich entweder mit Mehrheit, mit qualifizierter Mehrheit oder einstimmig auf der Basis von insgesamt 87 Stimmen. Für die Schaffung des Binnenmarktes entscheidet der Rat einstimmig bei Beschlüssen über Steuern, über die Freizügigkeit und über Arbeitnehmerrechte (Art. 95 Abs. 2 EGV), in allen anderen Fällen mit qualifizierter Mehrheit, d. h. mit mindestens 62 von 87 Stimmen. Dabei haben die großen Länder Deutschland, Frankreich, Italien und das Vereinigte Königreich je 10 Stimmen; Spanien 8; die Niederlande, Belgien und Portugal je 5; Österreich und Schweden je 4; Dänemark, Finnland und Irland je 3 und Luxemburg 2 Stimmen. D. h., ein Beschluß kann z. B. gegen die Stimmen zweier großer Länder durchgesetzt werden, nur mindestens drei Länder können einen Beschluß verhindern, der eine qualifizierte Mehrheit erfordert. Diese Möglichkeit von Mehrheitsentscheidungen galt als wesentlicher Fortschritt im Beschlußverfahren der Gemeinschaft.

Mehrheitsentscheidungen erleichtern das Beschlußverfahren

Wenn den Beschlüssen von Kommission oder Rat nicht gefolgt wird, so gibt es gegenüber Mitgliedstaaten nur geringe Sanktionsmöglichkeiten, eigentlich nur den politischen Druck. Gegenüber juristischen und natürlichen Personen können nach Art. 228 EG-Vertrag Geldbußen verhängt werden, diese werden nach jeweiligem nationalem Recht vollstreckt. Über Gerichtsvollzieher verfügt die EU selbst nicht.

3.3 Das Europäische Parlament

Anhörungs- und Kontrollbefugnisse des Parlaments

Das Europäische Parlament (EP) hat immer noch relativ beschränkte Befugnisse, auch wenn seine Mitwirkungsrechte am Entscheidungsverfahren im Laufe der Zeit kontinuierlich ausgeweitet worden sind. Das Ergebnis ist eine ungewöhnlich komplizierte Palette von Beteiligungsverfahren für jeweils festgelegte Politikfelder. Die Beteiligungsformen sind

– Unterrichtung des EP,

– Anhörung des EP,
– das Verfahren der Zusammenarbeit,
– das Verfahren der Zustimmung und
– das Mitentscheidungsverfahren.

Im Prinzip ist das Parlament überwiegend ein Kontrollorgan für die Integrationspolitik von Rat und Kommission. Daneben ist das Parlament in das Gesetzgebungsverfahren in unterschiedlicher Weise eingebunden. Im Grundsatz kommt die Gesetzgebung in einem Dreiecksprozeß zustande, das heißt, die Kommission schlägt vor und der Rat entscheidet, nachdem er das Parlament angehört hat. In einer Reihe von Bereichen – insbesondere Binnenmarkt, Forschung, transeuropäische Netze, Bildung, Kultur und Gesundheit – kann das Parlament allerdings auch gleichberechtigt mit dem Rat Verordnungen und Richtlinien erlassen. Bei bestimmten Entscheidungen von großer Bedeutung, wie z. B. der Beitritt neuer Mitglieder, kann der Rat erst nach Zustimmung des Parlaments Stellung nehmen. Schließlich ist das Parlament an der Ernennung der Kommission beteiligt und kann einen Mißtrauensantrag gegen die Kommission einbringen und beschließen.

Die Mitwirkungsrechte des EP sind zwar erweitert worden, aber Demokratiedefizite sind weiterhin vorhanden

Die Mitwirkungsrechte des EP sind durch die Verträge von Maastricht und Amsterdam gestärkt worden. Allerdings ist das oft beklagte Demokratiedefizit – insbesondere in der EU-Gesetzgebung und dem klassischen Recht demokratisch legitimierter Parlamente, der uneingeschränkten Beschlußfassung über den Haushalt – noch nicht beseitigt worden. Die **Mitwirkung des EP** vollzieht sich in drei Formen. Für die Aufnahme neuer Mitgliedstaaten ist die **Zustimmung** des EP ebenso erforderlich wie bei der Bestätigung des Präsidenten der EU-Kommission, bei Internationalen Abkommen, der Bestimmung der Aufgaben des Struktur- und Kohäsionsfonds sowie bei Sanktionen gegen einen Mitgliedstaat, der Grundrechte verletzt hat. In einer Reihe von Politikbereichen ist die **Mitentscheidung** des Parlaments vorgesehen: in der Beschäftigungsförderung, im Arbeitsschutz, der Chancengleichheit und Gleichbehandlung, bei Berufsbildungsmaßnahmen, der Anerkennung von Diplomen, der Umweltpolitik, der Entwicklungspolitik usw. Die schwächste Form der Mitwirkung ist die **Anhörung,** die z. B. bei der Gemeinsamen Außen- und Sicherheitspolitik, der polizeilichen und justitiellen Zusammenarbeit der Mitgliedstaaten und einer Fülle von Gesetzgebungsakten der EU erforderlich ist.

Das Europäische Parlament besteht nach Art. 190 EGV aus 626 Abgeordneten, die auf fünf Jahre direkt gewählt werden. Über die Zusammensetzung informiert Abb. 22.1. Die Abgeordneten entscheiden unabhängig und sind nicht weisungsgebunden.

3.4 Der Europäische Gerichtshof

Der Europäische Gerichtshof (EuGH) hat die Aufgabe, die Wahrung des Rechts bei Auslegung und Anwendung der EG-Verträge und der erlassenen Normen zu sichern. Der EuGH kann von allen angerufen werden, die für die Anwendung des EG-Rechts verantwortlich sind – also EU-Organe und Mitgliedstaaten – oder die als juristische oder natürliche Personen von Entscheidungen der Gemeinschaft unmittelbar betroffen sind. Wichtig ist der Vorrang des EG-Rechts vor nationalem Recht, auch der Vorrang vor nationalem Verfassungsrecht, und damit auch der Vorrang der Entscheidungen des EuGH vor allen nationalen Gerichten.

Vorrang des EU-Rechts vor nationalem Recht

Der EuGH mit Sitz in Luxemburg besteht aus 15 Richtern, die von acht Generalanwälten unterstützt werden. Sie werden einvernehmlich auf sechs Jahre von den Regierungen der Mitgliedstaaten ernannt. Er ist nach seiner Stellung das unabhängigste EU-Organ und nach seiner Rechtsprechung entscheidend für die dynamische Entwicklung der Gemeinschaft. Ein aus 15 Richtern gebildetes Gericht erster Instanz ist dem EuGH gemäß Art. 225 seit 1989 beigeordnet.

3.5 Der Europäische Rat

Europäischer Rat als ranghöchstes Entscheidungsgremium…

Der **Europäische Rat** besteht aus den Staats- bzw. Regierungschefs der 15 Mitgliedstaaten und dem Präsidenten der Kommission, er wird unterstützt durch die Außenminister und ein Mitglied der Kommission. Er tagt mindestens zweimal jährlich **(„Gipfeltreffen")**, dabei geht der Vorsitz alle sechs Monate an ein anderes EU-Land über. Dieser Europäische Rat ist das ranghöchste Entscheidungsgremium der EU; er gibt dem europäischen Aufbauwerk allgemeine politische Impulse und hat konkrete Aufgaben bei der Umsetzung der Außen- und Sicherheitspolitik sowie der Wirtschafts- und Währungsunion.

…gibt Impulse für die politische Einheit Europas

Der Europäische Rat sollte nicht mit dem **Europarat** verwechselt werden. Der Europarat – bestehend aus den 15 EU-Mitgliedstaaten und weiteren 25 europäischen Staaten – hat das Ziel, die Einheit in ganz Europa zu festigen. Seine Beschlüsse haben den Charakter von Empfehlungen. Die Mitgliedstaaten müssen Rechtsstaatlichkeit, Grundfreiheiten und Menschenrechte garantieren.

3.6 Weitere Organe der EU

Neben diesen fünf zentralen Organen gibt es eine Reihe weiterer Organe.

Der **Europäische Rechnungshof** kontrolliert die Rechtmäßigkeit und die Wirtschaftlichkeit der EU-Haushaltsführung.

Der **Wirtschafts- und Sozialausschuß** berät Kommission und Rat bei ihrer Entscheidungsfindung. In ihm sind 222 Vertreter der wirtschaftlichen und sozialen Gruppen (Gewerkschaften, Arbeitgeberverbände, Verbraucherverbände usw.) zusammengeschlossen.

Der **Ausschuß der Regionen** setzt sich ebenfalls aus 222 Mitgliedern zusammen, die die lokalen und regionalen Gebietskörperschaften vertreten. Der Auschuß muß vor der Annahme von Beschlüssen, die regionale Interessen berühren, gehört werden und kann auch von sich aus Stellungnahmen abgeben.

Die **Europäische Zentralbank** ist Mitte 1998 im Rahmen der Wirtschafts- und Währungsunion gemeinsam mit einem europäischen System der Zentralbanken errichtet und mit der Ausgabe und der Verwaltung einer gemeinsamen Währung (EURO, Cent) betraut. Sie ist am 1. 1. 1999 eingeführt worden (vgl. dazu Kapitel 16).

Die **Europäische Investitionsbank** gewährt Darlehen und Bürgschaften zur Schaffung neuer Arbeitsplätze, für Vorhaben von gemeinsamem Interesse und für Entwicklungsprojekte.

Daneben gibt es eine Fülle von Verbänden, Organen und Ausschüssen, die hier nicht erwähnt werden können.

Die EU-Institutionen sind demokratisch wenig legitimiert

Insgesamt ist die Europäische Union eine wenig demokratisch legitimierte Organisation. Die Exekutive (die Kommission) und die Legislative (der Rat) handeln, ohne direkt durch Wahlen oder Parlamente legitimiert zu sein, und das einzige Organ, das aus allgemeinen unmittelbaren Wahlen hervorgeht – das Europäische Parlament – spielt im Entscheidungsprozeß nur eine nachgeordnete Rolle.

4. Der Haushalt der EU

Begrenzte Finanzautonomie

Die EU verfügt anders als andere internationale Organisationen, über eine, wenn auch begrenzte Finanzautonomie. Sie hat eigene Haushaltseinnahmen und verfügt autonom über die Ausgaben.

4.1 Einnahmen

Die EU finanziert sich aus eigenen Einnahmen. Das sind

- **Zölle:** Die Europäische Gemeinschaft ist eine Zollunion. Sie erhebt einen gemeinsamen Zolltarif für Einfuhren aus Drittländern. Die daraus entstehenden Einnahmen fließen in den Haushalt der Gemeinschaft – 1999 rund 11,9 Milliarden ECU.
- **Agrarabschöpfungen:** Diese besondere Form der Zölle wird erhoben, wenn landwirtschaftliche Erzeugnisse aus Drittländern in die Gemeinschaft eingeführt werden, deren Preise unter denen liegen, die in der Gemeinschaft gelten. Damit sollen die Unterschiede zwischen den Weltmarkt- und EU-Preisen ausgeglichen und so die gemeinsame Agrarpolitik nach außen abgesichert werden (vgl. Abschnitt 5.3). Zu den Agrareinnahmen wird auch die Zucker- und Isoglukose-Abgabe gerechnet. Sie beliefen sich 1999 auf 0,9 Milliarden ECU, die Abschöpfungen machten knapp 1,0 Milliarden ECU aus.
- **Mehrwertsteuer-Eigenmittel:** Diese Einnahmeart ist die zweitgrößte Finanzierungsquelle der Europäischen Union. Auf sie entfielen im Haushaltsjahr 1999 mit 30,4 Milliarden ECU rund 36 Prozent der Ge-

samteinnahmen. Dabei ist diese Einnahmeart dadurch begrenzt, daß der Abrufsatz von 1995 bis 1999 schrittweise von 1,4 % auf 1 % der Mehrwertsteuer-Bemessungsgrundlage – das ist etwa der Endverbrauch – gesenkt werden mußte. Zugleich ist bestimmt, daß die Mehrwertsteuer-Bemessungsgrundlage des jeweiligen Mitglieds 50 % seines Bruttosozialprodukts nicht übersteigen darf[4]). Mit dieser Regelung sollte der unterschiedlichen wirtschaftlichen Leistungskraft der Länder – ärmere Länder haben einen eher höheren Verbrauchsanteil am Bruttosozialprodukt – Rechnung getragen werden.

- **Einnahmen auf der Grundlage des Bruttosozialprodukts (BSP-Eigenmittel):** Weil diese Einnahmen nicht ausreichten und weil sie nicht die unterschiedlichen Entwicklungsniveaus der Länder berücksichtigen, hat der Europäische Rat 1988 eine weitere Einnahmequelle beschlossen, die BSP-Eigenmittel. Dabei handelt es sich um eine veränderliche Hilfsgröße, die die restliche Einnahmelücke im EU-Haushalt finanzieren soll. Bemessungsgrundlage ist das Bruttosozialprodukt der Mitgliedstaaten, und der „Steuersatz" ergibt sich aus der zu deckenden Haushaltslücke. Mit den BSP-Eigenmitteln wird eine Besteuerung nach der Leistungsfähigkeit erreicht. Sie sind mit 41,5 Mrd. ECU (48 %) die wichtigste Einnahmeart geworden.

Gesamtobergrenze für Zahlungsermächtigungen

Um eine gewisse Ausgabendisziplin zu erreichen, wurde 1988 beschlossen, eine Gesamtobergrenze für Zahlungsermächtigungen einzuführen. Diese Gesamtobergrenze bezieht sich auf Anteile am Bruttosozialprodukt. Für 1993 bis 1999 ist der Anstieg der Obergrenze von 1,2 % auf 1,27 % festgesetzt worden.

Tab. 22.1 gibt einen Überblick über die Struktur und Entwicklung der Einnahmen.

Tab. 22.1: Einnahmen des EU-Haushalts von 1980–1999 (in Mrd. ECU)

	1980	1985	1990	1995	1999
1. Agrarzölle und Zuckerabgaben	2,0	2,2	1,9	2,1	2,2
2. Zölle	5,9	8,3	10,3	13,9	13,2
3. Mehrwertsteuer-Eigenmittel	7,3	15,3	28,9	39,6	30,4
4. BPS-Eigenmittel	–	–	0,3	14,4	39,3
5. Sonstige Einnahmen	0,9	2,7	5,1	5,0	0,5
Gesamt	16,1	28,4	46,5	75,0	85,6

Wir behalten für Tab. 22.1 und 22.2 die frühere Bezeichnung „ECU" bei.

Quelle: Gesamtberichte über die Tätigkeit der EG bzw. der EU, verschiedene Jahrgänge.

4) Hierfür gibt es unterschiedliche Übergangsfristen: Für Mitgliedstaaten mit einem Pro-Kopf-BSP von weniger als 90 % des Gemeinschaftsdurchschnitts gilt diese Regelung ab 1995, für die anderen Länder wurde sie bis 1999 in Kraft gesetzt.

Tab. 22.2: Die Ausgaben der Europäischen Union (Soll) 1980–1999 in Mrd. ECU

	1980	1985	1990	1995	1999
1. Agrargarantie-ausgaben	11,3	19,7	25,0	36,9	40,4
2. Strukturpolitik und Fischerei	2,5	4,0	10,4	24,1	27,1
3. Bildung, Sozial-maßnahmen	·	0,1	0,3	0,8	0,8
4. Energie, Umwelt, Binnenmarkt	0,1	0,2	0,3	0,6	1,7
5. Forschung	0,3	0,5	1,4	3,0	3,4
6. Enwicklungshilfe und Zusammenarbeit	0,5	1,1	1,2	4,9	5,9
7. Verschiedenes	0,6	1,5	5,6	0,7	1,8
8. Verwaltung	0,8	1,3	2,3	4,0	4,5
Gesamt	16,1	28,4	46,5	75,0	85,6

Wir behalten für Tab. 22.1 und 22.2 die frühere Bezeichnung „ECU" bei.

Quelle: Gesamtberichte über die Tätigkeit der EG bzw. der EU, verschiedene Jahrgänge.

Deutliche Einnahme-steigerung

In Tabelle 22.1 wird zum einen eine erhebliche Zunahme der Einnahmen deutlich – die sich von 1980 bis 1999 mehr als verfünffacht haben – und zum anderen eine Strukturveränderung in Richtung BSP-Eigenmittel erkennbar.

Sonstige Einnahmen sind z.B. Beiträge neuer Mitgliedstaaten, die sie während einer Übergangsfrist abführen, solange sie noch nicht das EU-Mehrwertsteuersystem anwenden, Überschüsse aus dem Haushalt des Vorjahres, Regierungsvorschüsse oder Steuern für die Dienstbezüge des Personals der EU. Eine Kreditfinanzierung ist nicht zulässig.

4.2 Ausgaben

Dominierende Ausgaben für die Landwirtschaft

In den Ausgabenpositionen der EU dominiert die Landwirtschaft. 1999 beanspruchte sie mit etwa 40,4 Milliarden ECU 47 % der Gesamtausgaben, vor allem für Marktregulierungen (vgl. Abschnitt 5.3).

Daneben spielt die Strukturpolitik mit gut 27 Milliarden ECU und einem Anteil von knapp 32 % eine bedeutsame Rolle.

Im Bereich Forschung entfällt der größte Teil der Mittel auf die Finanzierung des Rahmenprogramms für Forschung und technologische Entwicklung. Dazu zählen Informations-, Kommunikations- und Biotechnologie, technologische Grundlagenforschung und Anwendung neuer Technologien, Informatik und Telekommunikation im Verkehrswesen, Energie und Meeresbodenforschung.

Schließlich werden rund 5,9 Mrd. ECU für die Entwicklungshilfe und die Zusammenarbeit mit Drittländern ausgegeben, und die Verwaltung verbraucht 4,5 Mrd. ECU. Die Bundesrepublik ist der bedeutsamste Nettozahler der EU: Ihr Beitrag zum EU-Haushalt belief sich für 1996 auf 20,8 Milliarden DM, das sind 29 % des Ausgabevolumens der EU.

5. Agrarpolitik der EU

Die Gemeinsame Agrarpolitik (GAP) beansprucht knapp die Hälfte des EU-Haushalts und ist damit quantitativ der bedeutsamste Bereich der EU-Wirtschaftspolitik. Zugleich stand die Agrarpolitik der EU für lange Jahre im Zentrum der politischen Diskussion und der öffentlichen Aufmerksamkeit.

5.1 Begründung staatlicher Regulierung des Agrarsektors

Strukturdefizite der Agrarproduktion

Traditionell wird die Landwirtschaft, nicht nur im Rahmen der EU, relativ stark reguliert und geschützt. Dies liegt vor allem an folgenden Strukturdefiziten der landwirtschaftlichen Produktion:

- Landwirtschaftliche Produkte sind **inferiore Güter** mit sehr geringer Einkommenselastizität der Nachfrage, d. h. die Nachfrage nach landwirtschaftlichen Produkten steigt mit steigendem Einkommen, wenn überhaupt, nur noch sehr gering.

- Die Nachfrage nach landwirtschaftlichen Produkten ist sehr **wenig preiselastisch,** d. h. Preisänderungen verändern die Nachfrage kaum. Dies bedeutet auch, daß umgekehrt eine Veränderung der Angebotsmenge zu relativ starken Preisänderungen führt (vgl. Kapitel 4 und 6).

- Dies würde in Verbindung mit den im Durchschnitt erheblichen Produktionssteigerungen der Landwirtschaft einen anhaltenden und kräftigen **Verfall der Agrarpreise** bewirken (ruinöser Preisverfall), der verteilungspolitisch nicht zu akzeptieren ist.

Gefahr eines ruinösen Preisverfalls

Hinzu kommt sicher, daß in vielen Ländern eine nationale Deckung des Bedarfs an Lebensmitteln angestrebt wird (Nahrungsmittelautarkie) und daß in vielen Ländern Europas die Landwirtschaft eine wichtige Erwerbsquelle der Bevölkerung ist. Mithin kann als Konsens gelten, daß die Landwirtschaft nicht allein dem Prinzip der wettbewerblichen Selbststeuerung unterworfen werden sollte, fraglich sind nur die geeigneten Schutzmaßnahmen.

5.2 Ziele und Grundstruktur der EU-Agrarpolitik

Explizit sieht der EG-Vertrag auch für die Landwirtschaft einen Gemeinsamen Markt vor. Dies war allerdings deswegen besonders schwer zu erreichen, weil nationale Märkte im Marktsinne nicht bestanden, vielmehr eine **gemeinsame Regulierungspolitik** zu entwickeln war. Diese gemeinsame Regulierungspolitik besteht im wesentlichen aus einem System von sog. **Agrarmarktordnungen** (die, wie es treffend heißt, mit Markt nichts und mit Ordnung nur wenig gemein haben). Ihre Grundelemente sind

- Schutz vor der Konkurrenz des Weltmarktes durch Agrarabschöpfungen (im Prinzip flexible Zölle)
- Garantiepreise für die Erzeuger, die in der Regel über den Gleichgewichtspreisen liegen (Intervention).

Rund 95 Prozent der Agrarproduktion sind geschützt

Für rund 70 Prozent aller landwirtschaftlichen Produkte gelten das Garantiepreissystem und der Schutz vor der Weltmarktkonkurrenz: Getreide, Zucker, Milchprodukte, Rind-, Schweine- und Schaffleisch, einige Obst- und Gemüsesorten sowie Tafelwein. Für einige Produkte wie Geflügel, Eier, Blumen und einige Obst- und Gemüsesorten gilt nur der Schutz vor billigen Importen. Insgesamt sind etwa 95 Prozent der landwirtschaftlichen Produktion geschützt. Im einzelnen unterscheiden sich die Regelungen für die jeweiligen Produkte ein wenig, die Grundstruktur ist indes gleich.

5.3 Funktionsweise von Intervention und Agrarabschöpfung

Preisstützung durch Intervention

Die Preise für landwirtschaftliche Produkte bilden sich, ebenso wie die Preise für andere Waren, grundsätzlich durch Angebot und Nachfrage. Droht der Erzeugerpreis allerdings ein bestimmtes Niveau zu unterschreiten, so greifen bei Agrarprodukten, die in eine gemeinsame Marktordnung einbezogen sind, preisstützende Maßnahmen. Zu Beginn eines Wirtschaftsjahres setzt der Agrarministerrat die institutionellen Preise fest. Besondere Bedeutung kommt dabei dem **Richtpreis** (agrarpolitisch gewünschter Erzeugerpreis) und dem – meist deutlich niedrigeren – **Interventionspreis** zu. Für eine Reihe von Agrarprodukten (z. B. Getreide) bildet der Interventionspreis die Untergrenze des Binnenpreisniveaus, da die Interventionsstellen jede angebotene Menge zu diesem Preis ankaufen müssen. Bei anderen Erzeugnissen (z. B. Schweinefleisch) greifen flexiblere Interventionsmechanismen wie Beihilfen für private Lagerhallen, Verarbeitungsbeihilfen oder ähnliches.

Dieses Preisstützungssystem führt in der Regel zu erheblichen Überschüssen der landwirtschaftlichen Produktion. Diese Überschüsse werden aufgekauft, gelagert, verwertet oder vernichtet. Finanziert wird dies im Rahmen des EU-Haushalts durch den „Europäischen Ausrichtungs- und Garantiefonds für die Landwirtschaft“ (EAGFL). 1996 kostete dies 39,1 Mrd. ECU, das waren 55 % der Gesamtausgaben der EU. Besonders teuer ist die Intervention bei Fleisch, Eiern und Geflügel (8,3 Mrd. ECU), bei Getreide und Reis (16,4 Mrd. ECU) und bei Milch und Milcherzeugnissen (3,6 Mrd. ECU, alle Angaben laut Statistischem Jahrbuch für das Ausland 1998, S. 130).

Um die europäische Landwirtschaft vor billigen Importen zu schützen, gibt es neben den internen Regelungen einen umfassenden Außenschutz für den Agrarbereich. Je nach Marktordnung besteht der Außenschutz aus variablen **Abschöpfungen** oder Zöllen oder einer Kombination aus beidem. Mit Hilfe der variablen Abschöpfungen wird der Einfuhrpreis auf den Schwellenpreis, der in etwa dem Richtpreis entspricht, hochgeschleust. Damit wird erreicht, daß die Importgüter im Inland nicht unter dem Richtpreis angeboten werden können; die EU-Agrarproduktion ist mithin wirksam vor der Weltmarktkonkurrenz geschützt.

Schutz vor der Weltmarktkonkurrenz

Spiegelbildlich zu den Abschöpfungen als Einfuhrhemmnis praktiziert die EU **Exporterstattungen** als Ausfuhrsubventionen. Damit wird der Unterschied zwischen den hohen EU-Preisen und den niedrigen Weltmarktpreisen ausgeglichen: Der Exporteur erhält bei Lieferungen in Gebiete außerhalb der EU also den Weltmarktpreis plus Exporterstattung und steht sich damit etwa so wie bei Verkäufen innerhalb der Gemeinschaft.

Dieses System ist für Agrarproduzenten außerhalb der EU, sofern ihnen nicht Sonderkonditionen eingeräumt werden wie im Rahmen des Allgemeinen Präferenzsystems oder der Abkommen von Lomé (vgl. Kapitel 30), außerordentlich nachteilig. Es verwehrt ihnen einerseits die bei einem Freihandel möglichen Absatzmärkte in der Gemeinschaft und übt andererseits durch die subventionierten Exporte einen erheblichen Druck auf die Weltmarktpreise aus, schmälert also sowohl die erzielbaren Preise als auch die erzielbaren Absatzmengen. In den Verhandlungsrunden des GATT zur Liberalisierung des Welthandels spielt diese Problematik stets eine zentrale Rolle.

Nachteile für Agrarproduzenten außerhalb der EU

5.4 Bewertung

Das beschriebene Preisstützungssystem ist sehr teuer, der EU-Haushalt wird durch seine Finanzierung so stark belastet, daß für andere notwendige Aufgaben z. B. im Bereich der Struktur- und Regionalpolitik nur wenige Mittel übrig bleiben. Das Preisstützungssystem ist zudem aus mehreren Gründen ineffizient und auch verteilungspolitisch kaum zu vertreten:

Hohe Kosten der Preisstützung

- Ein großer Teil der Ausgaben wird für die Folgen der Preisstützung verwendet, für die Kosten von Aufkauf, Verwaltung und Lagerhaltung, für Exporterstattungen, Beihilfen für inferiore Verwendung (z. B. Verfütterung von zuvor kostspielig produziertem Milchpulver an Kälber) oder für die Vernichtung. Damit wird das eigentliche Ziel – Erhöhung der Erzeugereinkommen – weitgehend verfehlt. So wird geschätzt, daß den Landwirten nur rund 20 Prozent der Agrarmarktausgaben zufließen.

Ineffizienz der Preisstützung

- Das Preisstützungssystem führt im wesentlichen zu einer Anhebung der sog. Bodenrente, des Einkommens, das speziell dem Boden und damit dem Bodeneigentümer zugerechnet wird. Das System stützt mithin das Einkommen der Bodeneigentümer, und bei weitem nicht alle

Vorteile eher für Großgrundbesitzer

Landwirte sind Bodeneigentümer. Die Vorteile fließen also eher den Großgrundbesitzern zu als den kleinen Pächtern.

Hohe Verbraucherpreise

- Das Preisstützungssystem führt zu Marktordnungspreisen, die weit über den Weltmarktpreisen liegen. Die EU-Preise übersteigen die Weltmarktpreise um bis zu 400 Prozent. Damit zahlt nicht nur der Steuerzahler, sondern zusätzlich der Verbraucher für die Preisstützung.

Belastung der Umwelt

- Schließlich stellt die induzierte Überproduktion eine erhebliche und völlig unnötige Belastung der Umwelt dar.
- Und generell verzerrt jeder Eingriff in den Preismechanismus die optimale Verteilung der Produktivkräfte. Die Wirkungen lassen sich indes kaum quantifizieren.

5.5 Reformbestrebungen

Aus ökonomischer Sicht wird häufig für produktionsneutrale Transfers (direkte Einkommenshilfen) plädiert. Diese sollten den Landwirten, bei völliger Freigabe der Preisbildung, unabhängig von ihrer Produktionsmenge gezahlt werden, etwa pro Hektar oder pro Person. Dies würde sowohl die Funktionsfähigkeit des Wettbewerbs wiederherstellen, als auch die gewaltigen Kosten der Intervention vermeiden. Allerdings würden Landwirte damit zu „Sozialhilfeempfängern" degradiert, und dieser Statusverlust läßt eine solche Lösung politisch eher unwahrscheinlich erscheinen. Faktisch kombiniert die EU in ihren zahlreichen Agrarreformen folgende Anpassungsmaßnahmen:

- Beschränkungen der Abnahmegarantie durch Festsetzung von Produktionsquoten (z. B. „Milchquote"),
- Senkung der Interventionspreise,
- Ausgleich der Einkommensverluste der Bauern, verstärkt durch direkte Einkommenshilfen,

Verminderung der Produktionskapazitäten

- Subvention von Verminderungen der Produktionskapazitäten. Dabei geht es um die Stillegung von Teilflächen landwirtschaftlicher Betriebe (Flächenstillegung), die Förderung der Beendigung landwirtschaftlicher Erwerbstätigkeit (Vorruhestand) sowie die Verringerung des Bestands an Vieh (Abschlachtprämien),
- verstärkte Förderung umweltfreundlicher Produktionsmethoden (z. B. Extensivierung).

Begrenzung des Anstiegs der Agrarausgaben

Schließlich wird versucht, den Anstieg der Marktordnungsausgaben gesondert dadurch zu begrenzen, daß per Beschluß die jährliche Steigerungsrate dieser Ausgaben 74 Prozent der jährlichen Wachstumsrate des Bruttosozialprodukts der EG nicht überschreiten darf **(Agrarleitlinie).** Im Rahmen der **Agenda 2000** hat die EU-Kommission ihre Vorstellungen von der Reform der Gemeinsamen Agrarpolitik (Erster Teil, III, S. 27 ff.) präzisiert. Sie gehen in die von uns skizzierte Richtung, wobei die durch die Schaffung der World Trade Organisation (1995) neuen Rahmenbedingungen Beachtung finden müssen. Auf Einzelheiten können wir hier nicht eingehen.

Kontrollprobleme

Generell verursachen sowohl die Agrarmarktordnungen als auch die praktischen Anpassungsänderungen erhebliche Kontrollprobleme. Erinnert sei nur an den Exportsubventionsbetrug oder an den Schlachtprämiensubventionsbetrug (zum Beweis für das Abschlachten von Kühen mußte ein Ohr vorgelegt werden, seitdem gab es in einigen Ländern der Gemeinschaft auffallend viele Kühe mit nur einem Ohr).

6. Regionale Strukturpolitik der EU

Ungleiche Verteilung der Wohlfahrtsgewinne als Kernproblem

Kernprobleme einer wirtschaftlichen Integration sind die ungleiche Verteilung der Wohlfahrtsgewinne zwischen ihren Mitgliedsregionen und deren ungleiche Entwicklung. Daher wird die regionale Strukturpolitik der EU von zentraler Bedeutung für den Integrationsprozeß bleiben. Die EU will regionale Unterschiede in der Gemeinschaft mit finanziellen Mitteln verringern. Die Fördermittel für die Regionen werden im wesentlichen aus den drei „alten" Strukturfonds bereitgestellt:

- **Europäischer Fonds für Regionale Entwicklung:** Förderung gewerblicher Investitionen mit Arbeitsplatzeffekten, Infrastrukturinvestitionen und Maßnahmen zur Erschließung des Entwicklungspotentials von Regionen (EFRE),
- **Europäischer Sozialfonds:** Förderung berufsbildender Maßnahmen, Existenzgründungen und Arbeitsplatzbeschaffung (ESF),
- **Europäischer Ausrichtungs- und Garantiefonds** für die Landwirtschaft – Abt. Ausrichtung: Umstrukturierung von Agrarregionen, Flächenstillegungen und Umweltschutz (EAGFL-Ausrichtung).

Hinzugekommen sind seit 1993

- das **Finanzinstrument für die Ausrichtung der Fischerei:** Strukturfindung im Fischereisektor (FIAF) und
- der **Kohäsionsfonds:** Dieser unterstützt die Länder Griechenland, Irland, Portugal und Spanien bei ihren Vorbereitungen zur Wirtschafts- und Währungsunion.

Diese Fonds sind das Hauptinstrument der **Kohäsions- und Konvergenzpolitik** der Gemeinschaft nach Art. 158–162 EGV. Das finanzielle Volumen betrug für den Zeitraum 1994 bis 1999 insgesamt 141 Milliarden ECU, zusätzlich 15,5 Milliarden ECU für den Kohäsionsfonds in den Jahren 1993 bis 1999.

Für die vier Strukturfonds und den Kohäsionsfonds sind im Rahmen der **Agenda 2000** für den Zeitraum von 2000–2006 neue Verordnungen vor-

Die Reform der Strukturpolitik im Rahmen der Agenda 2000

gesehen, die die rechtliche Grundlage für die zu finanzierenden Stützmaßnahmen darstellen. Im Mittelpunkt stehen die in der Agenda 2000 festgeschriebenen Grundsätze der Konzentration, der Vereinfachung und der Abgrenzung der Kompetenzen. Dazu ist auch eine Verringerung der Anzahl der Ziele von früher sechs auf drei vorgesehen:

- Das **Ziel 1,** das aus dem EFRE, dem ESF, dem FIAF und dem EAGFL (Abteilung Ausrichtung) finanziert wird, dient der Förderung der Entwicklung und strukturellen Anpassung der Regionen mit Entwicklungsrückstand (Regionen, deren Entwicklungsstand, gemessen anhand der für die letzten drei Jahre verfügbaren Daten zum Pro-Kopf-Bruttoinlandsprodukt weniger als 75 % des Gemeinschaftsdurchschnitts beträgt).

- Das **Ziel 2,** das aus dem EFRE, dem ESF, dem FIAF und dem EAGFL (Abteilung Garantie) finanziert wird, dient der Förderung der wirtschaftlichen und sozialen Gebiete, die mit Strukturproblemen konfrontiert sind. Bei diesen Gebieten handelt es sich um Industriegebiete, Dienstleistungsgebiete, ländliche Gebiete und von der Fischerei abhängige Gebiete.

- **Ziel 3** dient der Anpassung und Modernisierung der Bildungs-, Ausbildungs- und Beschäftigungspolitiken und -systeme in der ganzen EU. Maßnahmen werden allein aus dem ESF finanziert. Im Rahmen von Ziel 3 werden Gebiete finanziell unterstützt, die nicht unter die Ziele 1 und 2 fallen.

Der Katalog förderungswürdiger Maßnahmen umfaßt Infrastrukturprojekte aller Art – so z. B. den Bau von Straßen und Häfen, Beihilfen für Unternehmensinvestitionen, Ausbildung, Weiterbildung, Qualifizierung, Förderung des Fremdenverkehrs durch den Bau von Hotels, Werbekampagnen sowie die Erschließung landwirtschaftlicher Ressourcen über Vermarktungshilfen und Hilfen zur Änderung des Anbauprogramms oder zur Verringerung der Bodenerosion. Die Höhe der Beteiligung (Interventionssätze) der EU an solchen Strukturfördermaßnahmen liegt in der Regel zwischen 25 und 75 Prozent. Dabei muß nach dem **Prinzip der „Additionalität“** eine Mitfinanzierung durch entsprechende nationale Fördermittel erfolgen.

Wirksamkeit der Strukturpolitik ist fraglich

In welchem Umfang die Strukturpolitik das Einkommensgefälle in der Gemeinschaft verringert, kann kaum gesagt werden. Auf jeden Fall ist das Wohlstandsgefälle in der EU nach wie vor erheblich: Im Jahre 1996 lebten von der Bevölkerung in der EU 18 % in Regionen, deren Pro-Kopf-Einkommen – gemessen an der Kaufkraft – um mindestens ein Viertel, vereinzelt sogar um mehr als die Hälfte unter dem EU-Durchschnitt lag. Meist handelt es sich dabei um Regionen, die dünn besiedelt sind und die weit entfernt von den europäischen Zentren liegen (z. B. im Süden und Südwesten Europas, Gebiete in Finnland und Österreich, die jahrzehntelang durch den „Eisernen Vorhang“ benachteiligt waren) sowie um

Teile des ostdeutschen Raums. Unter den 10 reichsten Regionen der EU nimmt Hamburg, dessen Pro-Kopf-Einkommen den EU-Durchschnitt um über 90 % übertrifft, den ersten Rang ein.

C. Arbeitsaufgaben

1) Klären Sie folgende Begriffe:
- *Zollunion*
- *Währungsunion*
- *Wirtschaftsunion*
- *Gemeinsamer Markt*
- *Agrarabschöpfungen*
- *Richtpreis*
- *Interventionspreis*

2) Grenzen Sie die Aufschließungseffekte von den Abschließungseffekten ab, und bringen Sie Beispiele.

3) Was sind die Probleme einer (regional begrenzten) Integration?

4) Inwiefern sind die Entscheidungsgremien der EU demokratisch wenig legitimiert?

5) Warum hat man die Einnahmeart „Mehrwertsteuer – Eigenmittel" durch Einnahmen auf der Grundlage des Bruttosozialprodukts ergänzt?

6) Warum wird der Agrarbereich in so gut wie allen Ländern staatlich reguliert?

7) Was bedeuten Agrarabschöpfungen und Exportsubventionen für Agrarproduzenten aus Nicht-EU-Staaten?

8) Was ist Funktion und Ergebnis des Interventionspreissystems der EU?

9) Wie müßte eine grundlegende Reform der EU-Agrarpolitik aussehen?

10) Warum ist eine regionale Strukturpolitik in der EU besonders wichtig, und was sind die wesentlichen Elemente der EU-Strukturpolitik?

Lösungsvorschläge für die Arbeitsaufgaben im „Übungsbuch zu Grundlagen und Probleme der Volkswirtschaft".

D. Literatur

Über die Entwicklung der europäischen Integration und die Institutionen der Gemeinschaft informieren

WEINDL, Josef, Europäische Union. Institutionelles System, Binnenmarkt sowie Wirtschafts- und Währungspolitik auf der Grundlage des Maastrichter Vertrages, 4., aktual. u. erw. Auflage, München/Wien 1998 *und*

RÖTTINGER, Moritz; WEYRINGER, Claudia (Hrsg.), Handbuch der europäischen Integration, 2. Aufl., Köln 1996.

Europa von A–Z. Taschenbuch der europäischen Integration, hrsg. v. Werner WEIDENFELD und Wolfgang WESSELS, 6. Aufl., Bonn 1997

BECK, Hanno, Die Stabilität von Integrationsgemeinschaften. Überlegungen zur Osterweiterung der Europäischen Union, Wiesbaden 1998

ZOLNHÖFER, Werner (Hrsg.), Europa auf dem Wege zur Politischen Union? Probleme und Perspektiven der europäischen Integration vor „Maastricht II", Schriften des Vereins für Socialpolitik, Berlin 1996

OHR, Renate, Europäische Integration, Stuttgart 1996.

Nützlich sind die von der „BUNDESZENTRALE FÜR POLITISCHE BILDUNG" oder vom „PRESSE- UND INFORMATIONSAMT DER BUNDESREGIERUNG" (jeweils in Bonn) herausgegebenen Informationsbroschüren, die über die Funktionsweise der verschiedenen Institutionen und Politikbereiche Auskunft geben, so z. B. neben manchen anderen

EUROPA. Gemeinschaft, Partner, Ziele, herausgegeben vom Presse- und Informationsamt der Bundesregierung, *oder*

Europa 2000 – Schritte zur Europäischen Union.

Wichtig sind auch die Verträge selbst:

Vertrag von Amsterdam. Texte des EU-Vertrages und des EG-Vertrages, hrsg. v. Presse- und Informationsamt der Bundesregierung, Bonn 1998.

Speziell zur Integrationsproblematik allgemein sei empfohlen:

BERG, Hartmut, Europäische Integration: Ziele – Methoden – Erfahrungen. Perspektiven, in: BERG, Hartmut u. a. (Hrsg.), Märkte in Europa, Stuttgart 1990, S. 1–96.

Speziell zum Agrarmarkt sei empfohlen

SCHRADER, Jörg-Volker, EG-Agrarreform und GATT-Vereinbarungen, Kiel 1993.

Aktuell und generell informieren die Publikationen der EU-Kommission, insbesondere die EU-Nachrichten *(wöchentlich),* EU-Informationen *(ca. alle zwei Monate),* EU-Nachrichten/Dokumentation *(ca. monatlich) sowie der monatliche Brief* Europa ohne Grenzen. Außerdem:

Europäische Kommission, Agenda 2000: 1. Eine stärkere und erweiterte Union, 2. Die Erweiterung der Union – Eine Herausforderung, Brüssel 1997

Europäische Kommission, Gesamtberichte über die Tätigkeit der Europäischen Union, Brüssel, Luxemburg (jährlich)

23. Kapitel
Der Binnenmarkt und begleitende Politikbereiche

A. Lernzielorientierte Leitfragen und Fragenkomplexe

Leitfrage:
Welche Prinzipien der Integrationspolitik lassen sich unterscheiden?

- *Was ist Inhalt und Ergebnis der funktionellen Integration?*
- *Was ist Inhalt und Ergebnis der institutionellen Integration?*
- *Was versteht man unter dem Subsidiaritätsprinzip?*
- *Welche Integrationspolitik ist im EG-Vertrag angelegt?*

Leitfrage:
Welche Grundstrukturen hatte das Binnenmarktprogramm Europa '92?

- *Wie lautet das Ziel der Integration?*
- *Wie ist das Abstimmungsverfahren geregelt?*
- *Warum existieren Grenzkontrollen?*
- *Worin besteht der „neue Ansatz" zur Harmonisierung technischer Normen?*
- *Welche Aspekte behindern die Freizügigkeit, und wie kann Freizügigkeit prinzipiell hergestellt werden?*
- *Welche Probleme bereitet die Harmonisierung der Steuern?*

Leitfrage:
Worin besteht die Bedeutung der begleitenden Politikbereiche?

- *Was sind Grundelemente und Grundprobleme der EU-Sozialpolitik?*
- *Was sind Grundelemente und Grundprobleme der EU-Umweltpolitik?*

B. Sachanalyse

Der „Binnenmarkt", der ökonomische Kernbereich der Gemeinschaft, ist formal seit dem 1. 1. 1993 realisiert. Allerdings ist das Binnenmarkt-Programm eher als ein fortwährender Prozeß zur Begründung eines umfassenden Freihandels zu sehen und wird daher von uns ausführlich beschrieben. Neben dem eigentlichen Binnenmarkt-Programm sind im EG-Vertrag eine Reihe wichtiger Politikbereiche definiert, die entsprechend ihrer ökonomischen Bedeutung kurz erläutert werden sollen.

1. Theorie der Integrationspolitik

1.1 Integrationsverfahren

Im Zuge des Integrationsprozesses müssen Behinderungen des Handels abgebaut werden und grundlegende Politikbereiche harmonisiert werden. Um dieses Ziel zu erreichen, können zwei unterschiedliche Verfahren angewendet werden, die funktionelle oder die institutionelle Integration.

Funktionelle Integration als Harmonisierung durch Wettbewerb

Als **funktionelle Integration** bezeichnet man die Harmonisierung durch Wettbewerb. Ein Wettbewerb der Produktionen, der Normen und Regeln, der Standorte und der Wirtschaftssysteme stellt das Harmonisierungsergebnis über den Markt her, die Harmonisierung ist damit die Folge des Wettbewerbs. Daher spricht man auch von **ex-post-Harmonisierung.** Sehr plastisch wird dieser umfassende Wettbewerb von Herbert GIERSCH beschrieben:

Wettbewerb der Standorte

„Der internationale Wettbewerb ist ein Wettbewerb auch der Produktionsstandorte und der Arbeitsplätze an diesen Orten. Städte konkurrieren mit Städten, Regionen mit Regionen, Steuersysteme mit Steuersystemen. Ähnliches gilt für die Systeme der sozialen Sicherheit mit ihren Leistungen auf der einen Seite, ihren Zwangsabgaben auf der anderen Seite. Wo viel geboten wird an öffentlichen Gütern und Leistungen im Vergleich zu dem, was die Behörden dafür an Steuern und Abgaben verlangen, ist man attraktiv für die international mobilen Ressourcen, für das Humankapital wie für die Sachinvestitionen. Was zählt, ist das Preis-Leistungsverhältnis. Dieser Standortwettbewerb wird in den öffentlichen Bereich hineinwirken, vor allem als Triebkraft beim Ansiedeln und Gründen neuer Unternehmen“ (Frankfurter Allgemeine Zeitung vom 8. 10. 1988).

So steht auch die Wirtschaftspolitik selbst im Wettbewerb, der Wettbewerb entscheidet über die Akzeptanz z. B. einer Steuerpolitik, einer Stabilitätspolitik, einer Lohnpolitik oder einer Umweltpolitik.

Institutionelle Integration als Harmonisierung durch Politik

Als **institutionelle Integration** bezeichnet man die Harmonisierung durch eine gemeinsam verfolgte Politik. Hier werden Normen, Regeln, Politiken und Institutionen vor dem Einsetzen wettbewerblicher Anpassungsprozesse harmonisiert. Daher spricht man auch von einer **ex-ante-Harmonisierung.** Die bisherige Integrationspolitik der EG stellt eine Kombination der beiden Integrationsverfahren dar: Die Errichtung der Zollunion war eine funktionelle Integration (durch Wettbewerb), die Konzeption z. B. des gemeinsamen Agrarmarktes war eine Form der institutionellen Integration (durch gemeinsame Politik).

Entsprechend liberaler Grundpositionen wird oft argumentiert, daß der Wettbewerb am besten geeignet sei, das jeweils optimale Niveau einer Harmonisierung zu entdecken, während umgekehrt keine staatliche Instanz vorab wissen könne, was das Harmonisierungsoptimum im – jeweils zeitlich offenen – dynamischen Integrationsprozeß sei. Dies kann allerdings nur als Grundsatz, nicht aber generell gelten.

Wettbewerb als optimales Entdeckungsverfahren mit Ausnahmen

Grundsätzlich gilt der Wettbewerb zwar als „optimales Entdeckungsverfahren" (vgl. Kapitel 7), aber in einigen nicht unerheblichen Ausnahmebereichen kann der Wettbewerb nicht optimal funktionieren. Es sind dies die Fälle des sog. **Marktversagens,** also kurz zusammengefaßt die Bereiche der Produktion öffentlicher Güter und externer Effekte, der Gefahrenschutz für Arbeitnehmer und Konsumenten (mangelnde Transparenz) sowie der Schutz des Wettbewerbs selbst (bei kontinuierlich sinkenden Stückkosten oder bei wettbewerbsbeschränkenden Praktiken [vgl. Kapitel 2]). Für diese Ausnahmebereiche wird grundsätzlich die Notwendigkeit gesehen, zu prüfen, ob der Markt durch staatliche Eingriffe ergänzt oder ersetzt werden sollte. Dies kann letztlich immer nur im Einzelfall entschieden werden.

1.2 Integrationsebenen

Vorrangig Aufgabenerfüllung durch die untere Ebene

Ist entschieden, daß eine staatliche Regulierung sinnvoll ist, muß überlegt werden, auf welcher hierarchischen Ebene der Gemeinschaft reguliert werden sollte: auf der Gemeinschaftsebene, auf der Ebene der nationalen Mitgliedstaaten, auf regionaler Länderebene oder lokaler Gemeindeebene. Grundsätzlich wird bei der Beantwortung dieser Frage das **Subsidiaritätsprinzip** akzeptiert. Es besagt, daß bei gleich guter Aufgabenerfüllung die jeweils untere Ebene vorrangig mit der Aufgabe betraut werden sollte. Man muß dann, wiederum im Einzelfall, prüfen, ob das Ausmaß der jeweils die einzelne Ebene überschreitenden Effekte so groß ist, daß sich eine Regelung auf der höheren Ebene empfiehlt. Für die EU-Integration ist mithin jeweils das Ausmaß an grenzüberschreitenden Effekten zu prüfen.

1.3 Anwendungsbeispiele

Gemeinschaftsregelung bei grenzüberschreitenden Effekten

Umweltschäden sind typische Beispiele für externe Effekte („Drittwirkungen"), der Markt stellt dem Verursacher Umweltschäden in der Regel nicht adäquat in Rechnung. Sind die Umweltschäden erheblich, wie z. B. im Bereich der Luft- und Bodenverschmutzung durch Kraftwerke, Kraft- fahrzeuge und Industrieproduktionen, dann müssen staatliche Schutzvorschriften erlassen werden (z. B. die „Technische Anleitung Luft"). Ist darüber hinaus das Ausmaß an grenzüberschreitenden Effekten nicht klein, wie z. B. bei Kraftwerken, dann sollten die Schutzvorschriften auf Gemeinschaftsebene erlassen werden (vgl. Abschnitt 3.3 und Kap. 29).

Arbeitnehmerschutzvorschriften werden erlassen, um Arbeitnehmer vor Gefahren zu schützen, die sie selbst nicht erkennen können (mangelnde Transparenz) oder die sie aufgrund ihrer schwachen Position nicht abwehren können. So wurde von der EG z. B. eine Maschinen-Richtlinie erlassen, die die grundlegenden Sicherheitsanforderungen an Maschinen definiert. Dies gemeinschaftsweit festzulegen, erscheint sinnvoll, weil Maschinen als Güter des internationalen Handels in großem Umfang Grenzen überschreiten. Ähnliches gilt für Spielzeug. Hier müssen die Kinder davor geschützt werden, durch Spielzeug verletzt zu werden. Entsprechend wurde eine Spielzeugrichtlinie erlassen (vgl. Abschnitt 2.3).

Es muß allerdings betont werden, daß die EG keineswegs generell nach diesen Grundprinzipien harmonisiert hat. Vor allem in der Vergangenheit scheint der Umfang der Harmonisierungen eher zufällig und ad hoc bestimmt worden zu sein, und vor allem wurde zuviel und zuviel im Detail harmonisiert.

1.4 Integrationspolitik im EG-Vertrag

Grundsatz der Harmonisierung durch Wettbewerb mit Ausnahmen

Im EG-Vertrag ist, vor allem in Art. 28[1]), mit dem Recht auf freien Warenverkehr grundsätzlich eine funktionelle Harmonisierung (durch Wettbewerb) angelegt. Diese Wettbewerbsfreiheit findet allerdings die in Art. 30 aufgelisteten Grenzen. Dort heißt es: Den Bestimmungen über den freien Warenverkehr stehen „Einfuhr-, Ausfuhr- und Durchfuhrverboten oder -beschränkungen nicht entgegen, die aus Gründen der öffentlichen Sittlichkeit, Ordnung und Sicherheit, zum Schutz der Gesundheit und des Lebens von Menschen, Tieren oder Pflanzen, des nationalen Kulturguts von künstlerischem, geschichtlichem oder archäologischem Wert oder des gewerblichen und kommerziellen Eigentums gerechtfertigt sind. Diese Verbote oder Beschränkungen dürfen jedoch weder ein Mittel zur willkürlichen Diskriminierung noch eine verschleierte Beschränkung des Handels zwischen den Mitgliedstaaten darstellen." Dieser interpretationsbedürftige Sachverhalt ist vom EuGH unter anderem durch seine Entscheidung im Urteil „Cassis de Dijon" (20. 2. 1979) und im Fall des deutschen Reinheitsgebots für Bier (12. 3. 1987) präzisiert worden. Danach können nur „zwingende Erfordernisse" im Bereich der in Art. 30 genannten Gründe den Import von Gütern beschränken, die in einem anderen Land rechtmäßig in Verkehr gebracht worden sind. Und diese zwingenden Erfordernisse z. B. des Gesundheits- und Verbraucherschutzes wurden im Fall des deutschen Bieres nicht gesehen. Entsprechend darf der Import von z. B. belgischem Bier, das nach belgischem Recht gebraut worden ist, aber nicht dem deutschen Reinheitsgebot entspricht, nicht mehr beschränkt werden. Auch eine verschleierte Beschränkung des Handels – etwa durch eine entsprechende Kennzeichnungsverordnung für Importbiere, die für Importbiere vor allem die Bezeichnung „Einfachbier" oder „Schankbier" vorsieht – wäre nicht zulässig.

Beispiel Reinheitsgebot für Bier

1) Artikel des EG-Vertrages (EGV) werden nach der Fassung v. 2. 10. 1997 (unter Berücksichtigung der Verträge von Maastricht v. 7. 2. 1992 und von Amsterdam v. 2. 10. 1997) zitiert.

Damit kann also im Grundsatz von der funktionellen Integration ausgegangen werden. Es gilt prinzipiell die gegenseitige Anerkennung nationaler Vorschriften auch beim grenzüberschreitenden Handel, und der Wettbewerb wird entscheiden, welche Vorschriften sich am Markt durchsetzen. Analog zum Besteuerungsprinzip beim grenzüberschreitenden Handel wird das Prinzip der Anerkennung nationaler Vorschriften auch generell **Ursprungslandprinzip** genannt (vgl. Abschnitt 2.9):

Was im Ursprungsland rechtens ist, bleibt rechtens auch beim Grenzübertritt in das Bestimmungsland.

So wird immer sehr genau zu prüfen sein, ob Importbeschränkungen nicht eine verschleierte Beschränkung des Freihandels darstellen, wie z. B. im Falle der zeitweiligen Importbeschränkung für britisches Rindfleisch. Im Prinzip geht die Gemeinschaft eben davon aus, daß z. B. Rindfleisch, das in Großbritannien verzehrt werden darf, auch in allen anderen Ländern der Gemeinschaft als nicht gesundheitsgefährdend gilt.

Bedarf an einer institutionellen Integration (durch gemeinsame Politik) besteht mithin, zusätzlich zu den bisher genannten Gründen, bei Vorliegen der in Art. 30 genannten Ausnahmegründe.

2. Das Binnenmarktprogramm Europa '92

2.1 Zielsetzung, Abstimmungsverfahren und Weißbuch

In Art. 14 (dem früheren Art. 7 a) EG-Vertrag heißt es: „Die Gemeinschaft trifft die erforderlichen Maßnahmen, um bis zum 31. Dezember 1992 (...) den Binnenmarkt schrittweise zu verwirklichen. Der Binnenmarkt umfaßt einen Raum ohne Binnengrenzen, in dem der freie Verkehr von Waren, Personen, Dienstleistungen und Kapital gemäß den Bestimmungen dieses Vertrages gewährleistet ist." Legaldefinition

Konstitutiv für den Binnenmarkt sind nach dieser neuen Legaldefinition also die sogenannten vier Freiheiten:

- die Freiheit des Warenverkehrs,
- die Freiheit des Personenverkehrs,
- die Freiheit des Dienstleistungsverkehrs und
- die Freiheit des Kapitalverkehrs.

Während die früheren Beschlüsse zur Integration meist folgenlos blieben – so sollte die Wirtschafts- und Währungsunion lt. Ratsbeschluß vom 22. 3. 1971 eigentlich 1980 schon realisiert sein –, wurde jetzt zusammen mit der Terminfestsetzung in der Erklärung zu Art. 14 der „feste politische Wille" bekundet, den Binnenmarkt zu realisieren.

Abstimmungsverfahren

Für den bisherigen Fortschritt ist ohne Zweifel ebenfalls das Abstimmungsverfahren für das Binnenmarktprogramm bestimmend gewesen. Statt, wie vordem, Einstimmigkeit der Ratsbeschlüsse vorzusehen (Art. 94), reichte nun die qualifizierte Mehrheit von 54 der insgesamt 76 Stimmen für die Annahme von Binnenmarktvorlagen (Art. 95, Absatz 1); mit Ausnahme der Bestimmungen über Steuern, über Freizügigkeit und über die Rechte der Arbeitnehmer (Art. 95, Absatz 2/vgl. Kapitel 22, Abschnitt 3).

Festlegung der Maßnahmen im Weißbuch

Förderlich war sicher auch die Festlegung der notwendigen Harmonisierungsmaßnahmen in einem Weißbuch. Das **Weißbuch** der Kommission an den Europäischen Rat **„Vollendung des Binnenmarktes"** entstand nach entsprechenden Wünschen des Europäischen Rates an die Kommission und wurde im Juni 1985, also vor der Abstimmung über die EEA, veröffentlicht. In diesem Weißbuch wurden Programm und Zeitplan der für die Vollendung des Binnenmarktes notwendigen Maßnahmen festgelegt.

Insgesamt handelte es sich um 282 zu verabschiedende Rechtsakte, die sich nach der Systematik des Weißbuches wie folgt gliedern:

- Beseitigung der materiellen Schranken (Grenzkontrollen);
- Beseitigung der technischen Schranken und
- Beseitigung der steuerlichen Schranken.

In detaillierter Gliederung können folgende Bereiche unterschieden werden:

- Beseitigung der Grenzkontrollen;
- Technische Harmonisierung und Normung;
- Liberalisierung des öffentlichen Auftragswesens;
- Freizügigkeit der Arbeitnehmer und Selbständigen;
- Freier Dienstleistungsverkehr;
- Freier Kapitalverkehr;
- Schaffung geeigneter Rahmenbedingungen für die industrielle Zusammenarbeit;
- Beseitigung der Steuerschranken.

Diese Bereiche sollen im folgenden in ihren Grundzügen beschrieben werden.

2.2 Beseitigung der Grenzkontrollen

Sichtbarstes Zeichen und unverzichtbarer Bestandteil eines Binnenmarktes ist die Abschaffung der Grenzkontrollen („Europa ohne Grenzen"). Will man Grenzkontrollen beseitigen, so ist zweckmäßigerweise zunächst nach deren Ursachen zu fragen. Diese Ursachen sind vielfältiger Natur, es waren und sind im wesentlichen:

Ursachen der Grenzkontrollen

- Unterschiedliche Tier- und Pflanzenschutzvorschriften und Kontrollverfahren;
- Unterschiede in Mehrwert- und spezieller Verbrauchsteuerbelastung (vgl. Abschnitt 2.9);
- Unterschiede in der Asylpolitik, der Visumpolitik, der Bekämpfung von Kriminalität und Terrorismus (z. B. die Kontrolle des Erwerbs und des Führens von Waffen) sowie des Drogenhandels;
- Kontrolle bilateraler Einfuhrkontingente einzelner Länder gegenüber Drittländern nach Art. 134 EG-Vertrag;
- Kontrolle im gewerblichen Güterverkehr (Transportgenehmigungen, Einhaltung von Schutzvorschriften wie z. B. Fahrtenschreiber und technischen Daten);
- Kontrolle von Abfalltransporten (radioaktive und andere Abfälle) und
- die Statistik des Warenverkehrs setzt zur Überprüfung Kontrollen voraus.

Prinzip: Beseitigung der Kontrollursachen oder Verlagerung der Kontrollen in das Inland

Will man Grenzkontrollen abschaffen, dann müssen entweder die genannten Kontrollursachen beseitigt werden oder, wenn dies nicht gelingt, die notwendig bleibenden Kontrollen von der Grenze in das Inland verlagert werden. Entsprechend ist die EG vorgegangen. Die bilateralen Einfuhrkontingente wurden schrittweise aufgehoben, und es wird versucht, die Unterschiede in der Steuerbelastung abzubauen (vgl. dazu Abschnitt 2.9 in diesem Kapitel).

Im Bereich der Personenkontrolle wird geprüft, inwieweit die Grenzkontrollen durch verstärkte Kontrollen im jeweiligen Inland ersetzt werden können, und im Bereich der Kontrolle von Tier- und Pflanzenschutzvorschriften wird angestrebt, die Kontrolle auf das Herkunftsland zu verlagern.

Problembereiche der Grenzkontrollen

Mit den Bereichen Tier- und Pflanzenschutz sowie Personenkontrolle sind die Punkte genannt, die den Abbau der Grenzkontrollen besonders erschweren. Die Abschaffung der Personenkontrolle ist gegenwärtig noch nicht generell erreicht. Außerhalb des rechtlichen Rahmens der EU ist allerdings im **Schengener Abkommen** (Schengen I, 1985; Schengen II, 1990) die Abschaffung der Personenkontrollen an den Grenzen vereinbart. Diesem Abkommen, ursprünglich von Frankreich, Belgien, Luxemburg, den Niederlanden und Deutschland vereinbart, sind mittlerweile auch Spanien, Italien, Portugal und Griechenland beigetreten. Im übrigen sind Grenzkontrollen für Güter und Dienstleistungen weitestgehend abgeschafft.

2.3 Technische Harmonisierung und Normung

In jedem Mitgliedsland gibt es eine Fülle von Normen – in Deutschland z. B. etwa 20 000 Industrienormen (DIN) – und zahlreiche Vorschriften von Berufsgenossenschaften, Unfallverhütungsvorschriften oder Gesetze für die Produktion und Vermarktung von Lebensmitteln usw. Die Fülle und Unterschiedlichkeit der Normen behindert den grenzüberschreitenden Handel, entweder direkt, weil ein Land den Import von Produkten beschränkt, die nicht den nationalen Normen entsprechen, oder indirekt, weil Geräte und Schnittstellen nicht zueinander passen. Eine Harmonisierung könnte hier erhebliche Vorteile erbringen: Der Handel würde ausgeweitet, und der Wettbewerb könnte intensiviert werden, wenn der Schutz durch nationale Normen entfällt. Zugleich wären die economies of scale bei der Produktion größerer Stückzahlen zu realisieren.

Normen als Handelshemmnisse

Im einzelnen geht es um die Harmonisierung von

- **Normen,** das sind einheitliche, nicht rechtsverbindliche Festlegungen von Größen, Begriffen, Formen usw., meist durch private Normeninstitutionen;
- **technischen Vorschriften,** das sind rechtsverbindliche Anforderungen des Gesetzgebers, die meist die Gesundheit des Verbrauchers und Arbeitnehmers schützen sollen (Verbraucher- und Arbeitnehmerschutz) oder die Umwelt betreffen (Umweltschutz) und
- **Zulassungsverfahren,** das sind Verfahren, die die Zulassung von Produkten, von Produktionsmethoden und Kontrollmethoden regeln.

Allerdings wird nicht alles harmonisiert. Grundsätzlich gilt auch in diesem Bereich das **Ursprungslandprinzip.** Wie z. B. bei Bier, Kaffeesahne, Nudeln und Wurst hat der EuGH entschieden, daß die Grenzen für Produkte geöffnet werden müssen, auch wenn sie den jeweiligen nationalen Vorschriften nicht entsprechen. Es wird nur dort eine Harmonisierung angestrebt, wo aus wichtigen Gründen ein einheitliches Schutzniveau für alle EU-Bürger sinnvoll erscheint und/oder wenn der Handel wegen der in Art. 30 aufgeführten Gründe beschränkt werden darf.

Mit dem sogenannten **„Neuen Ansatz“** wurde seit 1984 ein neues Konzept der Harmonisierung verfolgt, nämlich

Neues Harmonisierungskonzept

- Festlegung nur grundlegender, allgemeiner Normen und in der Regel nur in den wichtigen Bereichen von Gesundheit, Sicherheit und Umwelt und
- Regelung technischer Details durch europäische Normungsinstitute.

Diese europäischen Normungsinstitute – CEN = Comité Européen de Normalisation und CENELEC = Comité Européen de Normalisation Electrotechnique – sind privatrechtliche Organisationen mit Sitz in Brüssel, die nach den Vorgaben der EU-Kommission Spezifikationen für die Produkte gemäß den festgelegten Grundanforderungen ausarbeiten. Produkte, die nach diesen Normen (die übrigens auch in den EFTA-Ländern anerkannt werden) hergestellt sind, können dann ohne Hindernisse innerhalb der EU vertrieben werden. Die Normen sind allerdings nicht zwingend vorgeschrieben. Wer als Hersteller nach anderen Normen produziert, trägt dann aber die Beweislast, daß sein Produkt den entsprechenden EU-Richtlinien entspricht.

Als Beispiele für eine Harmonisierung nach dem „Neuen Ansatz" gelten die Maschinen-Richtlinie 89/392 vom 14. 6. 89, Abl. Nr. L 183 vom 14. 6. 89 und die Spielzeug-Richtlinie 88/378 vom 3. 5. 88, Abl. Nr. L 187 vom 16. 7. 88, die nur grundlegende Anforderungen für die Sicherheit von Maschinen und von Spielzeug festlegen.

2.4 Liberalisierung des öffentlichen Auftragswesens

Fehlender Wettbewerb bei öffentlichen Aufträgen

Öffentliche Aufträge umfassen Warenlieferungen, Dienstleistungsaufträge und Baumaßnahmen kommunaler, regionaler und nationaler Körperschaften sowie öffentlicher Unternehmen mit Monopolcharakter. Ihr Auftragswert entspricht rund 12 bis 15 Prozent des Bruttoinlandsprodukts der EU. Davon wird bislang nur ein Bruchteil grenzüberschreitend vergeben. Um Transparenz der Nachfrage und Chancengleichheit der Anbieter wie auf einem Binnenmarkt herzustellen, hat sich die EG bemüht, das „System der Hoflieferanten" zu liberalisieren. Die entsprechenden Richtlinien über die Verfahren bei der Vergabe öffentlicher Liefer-, Dienstleistungs- und Bauaufträge sind inzwischen alle erlassen. Grundsätzlich ist damit bei öffentlichen Aufträgen eine EU-weite Ausschreibung im EU-Amtsblatt vorgeschrieben, wenn bei Lieferaufträgen 0,4 Mill. Euro und bei Bauaufträgen 5 Mill. Euro überschritten werden.

Man erwartet, daß mit einer solchen Liberalisierung erhebliche Kosteneinsparungen möglich werden, daß der Wettbewerb zu deutlichen Preissenkungen führt und daß schließlich langfristig wiederum economies of scale realisiert werden können. Voraussetzung ist allerdings eine wirksame Kontrolle.

2.5 Freizügigkeit

Mobilitätshemmnisse: vor allem Berufsbefähigungsnachweise und Sozialleistungen

Wesentliches Ziel der EU ist es, die Freizügigkeit aller Bürger (Arbeitnehmer und Selbständige, Nichterwerbstätige, Rentner und Studenten) formal und materiell zu garantieren. Mobilitätshemmnisse sind vor allem unterschiedliche nationale Befähigungsnachweise bei Berufen und unterschiedliche nationale Sozialleistungen. So kann ein deutscher Schornsteinfeger nicht ohne weiteres in Portugal als Schornsteinfeger arbeiten, oder ein deutscher Bafög-Student wird nicht automatisch eine entsprechende Unterstützung seines Studiums in Frankreich erhalten. Entsprechend konzentrierten sich die Liberalisierungsbemühungen der EU einmal auf eine Harmonisierung der Berufsbefähigungsnachweise und zum anderen auf die Regelung der grenzüberschreitenden Gewährung von Sozialleistungen.

Wechselseitige Anerkennung aller Berufsbefähigungsnachweise

Nach der mühsamen Prozedur, die Niederlassungsfreiheit von Architekten (dies hat 18 Jahre gedauert), Hebammen, Friseuren und Apothekern zu ermöglichen, stellte die **„Allgemeine Regelung zur Anerkennung der Hochschuldiplome,** die eine mindestens dreijährige Berufsbildung abschließen" einen Durchbruch dar (Richtlinie 89/48, vom 21. 12. 88 Abl. Nr. L 19 vom 24. 1. 1989, Inkrafttreten 3. 1. 91). Anschließend hat die Kommission eine „zweite allgemeine Regelung zur Anerkennung beruflicher Befähigungsnachweise" vorgelegt, die eine relativ weitgehende wechselseitige Anerkennung aller Berufsbefähigungsnachweise mit sich gebracht hat. Damit wurde eine wesentliche materielle Behinderung der Freizügigkeit von Erwerbstätigen beseitigt.

Anforderungen im sozialen Bereich

Für den sozialen Bereich hat der EuGH eine Reihe von grundlegenden Entscheidungen gefällt und folgende Anforderungen definiert:

- Ein Ortswechsel darf nicht zum Verlust von Ansprüchen führen, die jemand gegenüber Trägern der Sozialversicherung erworben hat;
- Beschäftigungs- und Versicherungszeiten werden anerkannt, ohne Rücksicht darauf, wo sie erworben worden sind;
- Nationales Recht darf nicht um den Preis einer Diskriminierung nach Staatsangehörigkeit durchgesetzt werden.

Freizügigkeit ohne Sozialtourismus

Vor diesem Hintergrund bemüht sich die Kommission um Regelungen, die dem Gebot der Freizügigkeit entsprechen, einen Sozialtourismus jedoch vermeiden. Im Prinzip wird für alle Personengruppen (Nichterwerbstätige, Rentner und Studenten) der Nachweis ausreichender Existenzmittel und entsprechender Krankenversicherungen verlangt (Richtlinie 90/364 EWG; Amtsblatt L 180/26 vom 13. 7. 1990).

2.6 Beseitigung der technischen Schranken im Dienstleistungssektor

Schwierige Harmonisierung bei unterschiedlicher nationaler Regulierung

Hier geht es um die Harmonisierung in den Sektoren Banken, Versicherungen, Wertpapiergeschäfte, Verkehr und Telekommunikation. Die Harmonisierung in diesen Bereichen war generell recht schwierig, weil der Marktzugang und die jeweiligen Produktionsbedingungen in allen Ländern relativ stark, aber unterschiedlich reguliert waren. Dies soll für den Bereich der Banken und Versicherungen exemplarisch verdeutlicht werden.

Banken und Versicherungen verkaufen ein sensibles, wenig transparentes und im Verbraucherinteresse zu schützendes Gut. Banken verwalten und verzinsen z. B. bei ihnen angelegte Guthaben (Sparguthaben, Terminguthaben, Wertpapiere ...), und für den Verbraucher muß gewährleistet werden, daß das Geld „sicher" ist. Versicherungen verkaufen eine

Risikoabsicherung, und es muß sichergestellt werden, daß die Versicherung nicht gerade dann Konkurs macht, wenn man die Leistungen beanspruchen will. Zu diesem Zweck existieren – in jedem Land unterschiedliche – Vorschriften über die Durchführung und Kontrolle solcher Geschäfte: Eigenkapitalmindestsätze, Kreditgewährungsgrundsätze, Informationspflichten gegenüber der Aufsichtsbehörde oder Marktzugangsbedingungen. Und das Problem ist, daß jedes Land gerade seine Vorschriften für sinnvoll hält und den Regelungen anderer Länder mißtraut.

Notwendigkeit des Verbraucherschutzes

Der **Bankenbereich** ist inzwischen – im Sinne eines freien Finanzdienstleistungsverkehrs und der Niederlassungsfreiheit von Banken – weitgehend liberalisiert und harmonisiert worden. Die grundlegenden Prinzipien der **Bankenrechtsharmonisierung** sind:

- **Einmalzulassung:** Eine einmal in einem Land zugelassene Bank kann mit dieser Zulassung im gesamten EU-Gebiet tätig werden.
- **Heimatkontrolle:** Das Heimatland mit dem Verwaltungssitz des Mutterinstituts übernimmt die Kontrolle über alle Tätigkeiten der Bank im gesamten EU-Gebiet.
- **Mindestharmonisierung:** Damit obige Prinzipien von den Ländern akzeptiert werden, bedarf es einer Harmonisierung der nationalen Bankenregulierungen im Bereich der Kreditgewährungsgrundsätze und im Bereich der Informationspflicht.

Mindestharmonisierung

Und diese Mindestharmonisierung ist inzwischen weitgehend erreicht. Wichtige Richtlinien sind erlassen, so z. B. die **Eigenkapital-Richtlinie.** Danach muß in jedem Land gewährleistet sein, daß acht Prozent der Risiko-Aktiva (Kredite) durch Eigenkapital gedeckt sind. In der Bundesrepublik galt zuvor – bei allerdings anderer Definition des Eigenkapitals – eine Quote von 5,6 Prozent. Seit dem 1. 1. 1993 können Banken ihre Dienstleistungen EU-weit anbieten, ohne sich jeweils unterschiedlichen nationalen Regeln anpassen zu müssen.

Auch für den **Versicherungsbereich** wird ein solcher freier Dienstleistungsverkehr angestrebt, aber dies wird nicht so schnell realisierbar sein. Das Versicherungswesen gilt spätestens seit einem entsprechenden Urteil des EuGH vom 4. 12. 1986 als ein im Hinblick auf den Verbraucherschutz sehr sensibler Bereich. Der Verbraucher bedarf hier eines relativ umfangreichen Schutzes, weil die Transparenz über Leistung und Gegenleistung im Bereich der Lebens-, Kranken- und Kfz-Versicherung gering ist. Daher muß vor einer entsprechenden Harmonisierung z. B. der Allgemeinen Versicherungsbedingungen und der Vorschriften über technische Reserven die Kontrolle durch das jeweilige Tätigkeitsland beibehalten werden.

Umfangreicher Verbraucherschutz im Versicherungsbereich

Dienstleistungsfreiheit bei kommerziellen Großrisiken

Nur in der Versicherung gegen kommerzielle Großrisiken besteht schon das Prinzip der Heimatlandkontrolle und damit die grenzüberschreitende Dienstleistungsfreiheit, weil man davon ausgeht, daß Großunternehmen, die hier die Versicherungsnehmer sind, in der Lage sind, sich genügend Transparenz über die Bonität und die Qualität zu verschaffen.

Im **Telekommunikationsbereich** mußten die meisten Mitgliedstaaten der EU bis zum 1. 1. 1998 ihre Infrastruktur (Netze) und alle Telekommunikationsdienste, inklusive des allgemeinen Telefonverkehrs, dem Wettbewerb öffnen (Aufhebung des Netzmonopols und des Sprachdienstmonopols). Diese Liberalisierung ist inzwischen durchgeführt – sie hat zu einer starken Intensivierung des Wettbewerbs geführt.

2.7 Liberalisierung des Kapitalverkehrs

Der Kapitalverkehr umfaßt kurz-, mittel- und langfristige Kreditgeschäfte, Transaktionen in (kurzfristigen) Geldmarktpapieren und Transaktionen in (langfristigen) Kapitalmarktpapieren einschließlich Emission und Handel von Wertpapieren (Aktien, Obligationen usw.). Davon zu unterscheiden ist der diese autonomen Transaktionen quasi als Reflex begleitende Zahlungsverkehr.

Liberalisierung des Kapitalverkehrs

Die Liberalisierung des Kapitalverkehrs ist am 24. 6. 1988 mit Wirkung vom 1. Juli 1990 beschlossen worden (Richtlinie 88/361, Abl. Nr. L 178 vom 8. 7. 88). Seit 1993 ist der Kapitalverkehr in der Gemeinschaft vollständig liberalisiert.

Freier Kapitalverkehr notwendig für Währungsunion und Binnenmarkt

Die Liberalisierung des Kapitalverkehrs gilt als Markstein auf dem Weg zum Binnenmarkt und zur Währungsunion. Eine Währungsunion setzt freien Kapitalverkehr voraus, und ein Binnenmarkt ohne freien Kapitalverkehr macht keinen Sinn. Es liegt ja gerade in der ökonomischen Logik eines Binnenmarktes, daß das Kapital, allein beeinflußt von relativen Kapitalknappheiten und erwarteten Kapitalproduktivitäten, unbehindert einer optimalen Verwendung zugeführt wird.

2.8 Förderung der Kooperation von Unternehmen

Unterschiedliche Regelungen des Unternehmensverfassungsrechts (Gesellschaftsrecht) sind entscheidend dafür, daß die Unternehmenskooperation in der Gemeinschaft in vielen Bereichen gering ist. Um hier die grenzüberschreitende Zusammenarbeit zu verbessern, wird auf folgenden Feldern harmonisiert:

- bei bestehenden gesellschaftsrechtlichen Regelungen (z. B. einheitliche Struktur der Aktiengesellschaft),
- bei der Konzipierung neuer Rechtsformen supranationalen Zuschnitts (z. B. die Europa-AG) und
- bei grenzüberschreitenden Fusionen.

Diese Maßnahmen sollen die europaweite Kooperation kleiner und mittlerer Unternehmen (KMU) und die europäische multinationale Unternehmung **(„Euro-Multi")** fördern, nicht die nationale Großunternehmung. Die bisher erreichten Harmonisierungen sind allerdings relativ bescheiden. So gibt es einige Richtlinien zur Harmonisierung der Rechnungslegung und Publizität (Bilanz-Richtlinien in Form der 4. und 7. gesellschaftsrechtlichen Richtlinie) sowie zur Gründung und Spaltung von Aktiengesellschaften. Die einzige supranationale Rechtsform, die bisher geschaffen worden ist, ist die **Europäische Wirtschaftliche Interessenvereinigung (EWIV).** Dabei handelt es sich um eine unbedeutende Kooperationsform für kleine und mittlere Unternehmen mit maximal 500 Arbeitnehmern.

Supranationale Rechtsform EWIV

2.9 Beseitigung der Steuerschranken

Die europäische Integration erfordert auch eine gewisse Harmonisierung der verschiedenen nationalen Steuersysteme. Dabei ist vorab zu unterscheiden zwischen einer Harmonisierung der indirekten Steuern – das sind hier die Mehrwertsteuer und die speziellen Verbrauchsteuern – und der direkten Steuern – das sind hier im wesentlichen die Steuern vom Einkommen und Vermögen (vgl. Kapitel 13).

Dabei ist der Harmonisierungsdruck für die indirekten Steuern wesentlich größer, weil nur diese Grenzkontrollen bedingen. Entsprechend ist in Art. 93 EG-Vertrag auch nur eine Harmonisierung der indirekten Steuern gefordert, soweit dies für den Binnenmarkt notwendig ist. Daher wird im folgenden primär auf die indirekten Steuern Bezug genommen. Eine Harmonisierung der direkten Steuern erscheint weniger dringlich, zugleich wesentlich schwieriger, wenn nicht die Harmonisierung durch den **Wettbewerb der Steuersysteme** im Rahmen der Standortentscheidungen von Unternehmern und Arbeitnehmern angestrebt wird.

Harmonisierungsdruck ist groß bei indirekten Steuern

2.9.1 Probleme einer Harmonisierung der indirekten Steuern

Bei der Harmonisierung der indirekten Steuern geht es um folgende Zielkomplexe:

Zielkomplexe

- Wettbewerbsneutralität,
- Abbau von Grenzkontrollen,
- Konstanz der Verteilung der Steuereinnahmen aus dem grenzüberschreitenden Handel auf die Länder und
- Minimierung der Auswirkung auf nationale Steuereinnahmen.

Meist ist **Wettbewerbsneutralität** das vorrangige Ziel. Um nämlich zu verhindern, daß Produzenten aus einem Land mit hohen Steuersätzen Wettbewerbsnachteile gegenüber Produzenten aus Niedrigsteuerländern haben, wird das Bestimmungslandprinzip angewendet.

Das **Bestimmungslandprinzip** ist das gängige Prinzip der Besteuerung des Außenhandels, es wurde und wird z. Zt. noch auch innerhalb der EU praktiziert. Nach diesem Prinzip werden die Steuervorschriften des Lan-

Bestimmungslandprinzip

des angewendet, in das die Güter eingeführt (und in der Regel auch verbraucht) werden. Das bedeutet, daß die Exporte im Exportland nicht versteuert werden, aber daß das Importland „an der Grenze" eine Einfuhrsteuer erhebt, die der inländischen Belastung entspricht. Im Fall der Umsatzsteuer[2]) wird also eine Einfuhrumsatzsteuer erhoben.

Wettbewerbsneutralität, aber Kontrollen bei Bestimmungslandprinzip

Dieses Verfahren hat den Vorteil, daß die importierten Güter steuerlich wie im Inland erzeugte und verkaufte Güter behandelt werden, der Wettbewerb wird mithin nicht durch unterschiedliche nationale Steuersätze verzerrt (Wettbewerbsneutralität). Zugleich fließt das Steueraufkommen dem Land des Letztverbrauchs zu, was in der Regel so gewollt ist. Der gravierende Nachteil ist, daß beim Bestimmungslandprinzip eine bürokratische Kontrolle des Imports notwendig ist, die üblicherweise an der Grenze vorgenommen wird.

Verzicht auf Kontrollen, aber Wettbewerbsverzerrungen bei Ursprungslandprinzip

Die Alternative ist das Ursprungslandprinzip. Nach dem **Ursprungslandprinzip** werden die Steuervorschriften des Landes angewendet, in dem die Güter produziert wurden. Es wird also der Export besteuert, der Import bleibt steuerfrei; im Endergebnis ist damit die importierte Ware im Importland mit der Steuer des Exportlandes belastet. Dies hat den Vorteil, daß auf eine bürokratische Kontrolle des Außenhandels verzichtet werden kann, aber den gravierenden Nachteil der Wettbewerbsverzerrung bei **unterschiedlichen Steuersätzen.** Hinzu kommt, daß die Steuer im Produktionsland, nicht im Verbrauchsland anfällt, was steuerpolitisch mehrheitlich nicht gewollt ist, auf jeden Fall aber zu einer Veränderung der Verteilung des Steueraufkommens aus dem Außenhandel führen würde, wenn das Bestimmungslandprinzip durch das Ursprungslandprinzip ersetzt würde. Länder mit Exportüberschüssen wie die Bundesrepublik würden begünstigt, Länder mit Defiziten in der Handelsbilanz würden benachteiligt. Die Verlagerung der steuerlichen Belastung bei Exportüberschüssen wird als **Steuerexport** bezeichnet.

Veränderung der Verteilung der Steuereinnahmen

Mit der Einführung des Ursprungslandprinzips würde ein Wettbewerb der Standorte mit dem Parameter Höhe und Umfang der Besteuerung einsetzen, sicher mit einem Druck auf eine Harmonisierung nach unten.

Konzept der Kommission

Daher spricht vieles für eine **ex-ante-Harmonisierung** der Besteuerung. Dies war und ist auch das Konzept der Kommission, die im Prinzip Bandbreiten für die Steuersätze vorsah.

Probleme der Harmonisierung der Besteuerung

Aber eine solche ex-ante-Harmonisierung wird nicht leicht herbeizuführen sein. Dies liegt daran, daß eine Angleichung der Steuersätze die Autonomie nationaler Wirtschaftspolitik in einem ganz zentralen Bereich beschränkt („the power to tax is the power to govern") und daß im Bereich der Steuerharmonisierung **einstimmig** beschlossen werden muß. Außerdem unterscheiden sich die historisch gewachsenen Steuersyste-

---

2) Die üblicherweise Mehrwertsteuer genannte Steuer wird amtlich als Umsatzsteuer bezeichnet. Hier werden beide Bezeichnungen synonym verwendet.

me der Länder zu sehr voneinander, als daß eine schnelle Harmonisierung erwartet werden könnte. Dabei ist daran zu denken, daß Steuern ja nicht nur den Zweck haben, dem Staat Einnahmen zu erbringen, sondern häufig auch Produktion und Konsum beeinflussen sollen:

So verfolgt die Alkoholsteuer in Dänemark und Schweden ganz dezidiert gesundheitspolitische Ziele, und die Mineralölsteuer z. B. ist Instrument der Verkehrs- und Umweltpolitik.

Angesichts dieser schwierigen Problemlage hat die EU folgende Übergangsregelungen beschlossen:

- Es bleibt beim Bestimmungslandprinzip.
- Grenzkontrollen entfallen und werden durch nationale Kontrollen ersetzt (Meldung an die nationalen Finanzämter im Rahmen der Umsatzsteuer-Erklärung).
- Für grenzüberschreitende Einkäufe durch Privatpersonen gilt das Ursprungslandprinzip (mit einigen Ausnahmen); Grenzkontrollen entfallen.
- Damit der Wettbewerb im „privaten Außenhandel" allerdings nicht zu sehr verzerrt wird, werden Mindeststeuersätze eingeführt.
- Der Mindeststeuersatz für den Normalsatz der Mehrwertsteuer beträgt 15 Prozent; daneben sind zwei ermäßigte Mehrwertsteuersätze von mindestens 5 Prozent erlaubt, Nullsätze können aber vorläufig beibehalten werden.

2.9.2 Perspektiven einer Harmonisierung der direkten Steuern

Direkte Steuern als Faktor der Standortwahl

Da Steuern vom Einkommen ein wichtiger Bestimmungsfaktor bei der Standortwahl von Unternehmen und letztlich auch Arbeitnehmern sind, können unterschiedliche Belastungen durch direkte Steuern die optimale Allokation der Ressourcen behindern. Insbesondere ist dabei an die Besteuerung der Einkommen von Unternehmen im Rahmen der Körperschaftsteuer zu denken. Entsprechende Harmonisierungsbemühungen der EU-Kommission sind inzwischen allerdings aufgegeben worden. Einerseits ist eine Harmonisierung in diesem Bereich noch wesentlich schwieriger als bei indirekten Steuern – es geht dabei weniger um die anzuwendenden Steuersätze als um die entsprechende Bemessungsgrundlage Unternehmenseinkommen –, und andererseits ist es sinnvoll, hier stärker auf eine ex-post-Harmonisierung der Steuersysteme durch den allgemeinen Standortwettbewerb zu setzen. Im allgemeinen wird ein **Steuersenkungswettlauf** mit den damit verbundenen Gefahren für eine solide Haushaltspolitik erwartet. Denn wenn die Ausgaben nicht gekürzt werden, steigt die Staatsverschuldung.

Harmonisierung durch Standortwettbewerb

Ein spezielles Problem liegt in der **Besteuerung von Zinserträgen,** weil nach der Liberalisierung des Kapitalverkehrs und der schrittweisen Annäherung an unveränderlich feste Wechselkurse hier bereits kleine Besteuerungsunterschiede zu erheblichen Kapitalwanderungen führen können.

Auch hier geht es nicht nur um eine Harmonisierung der Steuersätze, sondern ebenfalls um das Veranlagungsverfahren - Quellenabzug bzw. Veranlagung - und um die Kontrollmethoden - Bankgeheimnis vs. Kontrollmitteilung. Eine Einigung ist auch hier schwierig. Ein erster Fortschritt ist durch das grundsätzliche Einverständnis Luxemburgs erreicht worden, eine Kapitalertragsteuer einzuführen.

2.10 Ausblick

Integrationsprozeß als ein offenes Verfahren mit großer Dynamik

Der Integrationsprozeß ist ein offenes, ein vermutlich nie, aber jedenfalls nicht sehr bald abgeschlossenes Verfahren. Die Erfahrungen der Vergangenheit zeigen, daß die Bereitschaft der Mitgliedstaaten, bei stark divergierenden Interessen Kompromisse einzugehen, gering ist. Andererseits hat die Integration eine sich selbst tragende Dynamik entwickelt, die für viele Beobachter überraschend ist.

Die EG-Kommission hatte bis Mitte 1990 ihre Aufgabe erfült und alle 282 Maßnahmen des Weißbuchs in Form von Vorschlägen präsentiert. Diese Maßnahmen sind weitestgehend in nationales Recht - auch in den 1995 der EG beigetretenen neuen Mitgliedsstaaten Finnland, Österreich und Schweden - umgesetzt worden. Rückstände gibt es in den Bereichen öffentliche Aufträge, Finanzdienstleistungen sowie geistiges und gewerbliches Eigentum. Die Verwirklichung des Binnenmarktes beschränkt sich jedoch nicht nur auf die Umsetzung von Richtlinien. Daher hat die Kommission 1993 ein **strategisches Programm** für die optimale Gestaltung des Binnenmarktes vorgeschlagen. Ein Hauptelement besteht in der verbesserten Zusammenarbeit der Verwaltungen der Mitgliedstaaten. Daneben soll die Vereinfachung der Gesetzgebung (Pilotprojekt SLIM - Simpler Legislation for the Single Market) vorangetrieben werden. Der oft komplizierte Charakter bestimmter Rechtsvorschriften stellt für viele Unternehmen eine erhebliche Belastung dar.

Die Vorteile des Binnenmarktes sind im **Cecchini-Bericht** „Europa '92 - Der Vorteil des Binnenmarktes" quantifiziert worden. Darin wurden beachtliche Wachstums- und Beschäftigungseffekte für den Zeitraum 1993 bis 1998 in Aussicht gestellt:

Wachstumseffekte des Binnenmarktes

- ein reales Bruttosozialprodukt der Gemeinschaft, das annahmegemäß um (mindestens) 4,5 v. H., also um etwa 400 Mrd. DM, über dem Niveau des Sozialproduktes liegen wird, welches man bei Fortschreiben des Status quo, also ohne eine Verwirklichung eines Binnenmarktes bis zum 31. 12. 1992, für möglich erachtet; ferner

- eine Zunahme der Beschäftigung um 1,8 Mio.; schließlich eine deutlich geringere Inflationsrate, reduzierte Haushaltsdefizite und ein verbesserter Außenbeitrag durch gestärkte internationale Wettbewerbsfähigkeit.

Beschäftigungseffekte des Binnenmarktes

Dies sollte durch die Beseitigung der beschriebenen materiellen, technischen und steuerlichen Schranken erreicht werden.

Die Zahlen mögen die Größenordnung der Vorteile treffen oder auch nicht, letztlich lassen sich die Effekte der Integration nicht quantifizieren. Ohne Zweifel aber war das Binnenmarktprogramm ein gewaltiges Wachstumsprogramm, das all die beschriebenen Vorteile der Integration (vgl. Kapitel 22, Abschnitt 2) realisieren sollte. Weil es ein Wachstumsprogramm war, mußte es auch mit den Argumenten der **Wachstumskritik** gewürdigt werden – Zerstörung der Umwelt, Kritik der Arbeitsteilung und Kritik des materialistischen Wohlfahrtskonzeptes sind vor allem zu nennen.

Binnenmarktprogramm als Wachstumsprogramm

3. Begleitende Politikbereiche

3.1 Überblick

Zollunion, gemeinsamer Agrarmarkt, regionale Strukturpolitik, Binnenmarkt und Wirtschafts- und Währungsunion sind die zentralen Bereiche der Wirtschaftspolitik der EU. Daneben gibt es zahlreiche weitere Politikbereiche, in denen die Integration, insbesondere seit der Vertrags-Erweiterung durch die Einheitliche Europäische Akte (EEA) und die Verträge von Maastricht und Amsterdam, vorangetrieben werden soll. Das sind vor allem folgende ökonomisch relevante Felder (vgl. Art. 3 EG-Vertrag):

Weitere Felder der Integration

- Sozialpolitik,
- Umweltpolitik,
- Industriepolitik (einschließlich Forschungs- und Energiepolitik sowie Ausbau transeuropäischer Netze),
- Wettbewerbspolitik,
- Handelspolitik,
- Verkehrspolitik,
- Entwicklungspolitik sowie
- Gesundheits- und Verbraucherpolitik.

Wir können diese Bereiche nicht alle darstellen, sondern greifen hier die zentralen Felder Soziales, Umwelt und Industrie heraus. Der Bereich Entwicklungspolitik der EU wird im 30. Kapitel mit den Abkommen von Lomé beschrieben.

Insgesamt unterliegen die vorgesehenen begleitenden Politikbereiche anderen, meist strengeren Entscheidungsvorschriften als das Binnenmarktprogramm. Daher sind hier größere Verzögerungen im Integrationsprozeß wahrscheinlich.

3.2 Sozialpolitik

3.2.1 Aktivitäten der EU

Elemente der EU-Sozialpolitik

Die Aktivitäten der EU im Bereich der Sozialpolitik zielen im Kern darauf ab, ein Ziel zu verwirklichen, das der Europäische Rat im Juni 1988 formuliert hat: „..., daß der Binnenmarkt so konzipiert werden muß, daß er der gesamten Bevölkerung der Gemeinschaft zugute kommt." Wesentliche Aspekte dieser Politik sind:

- **Verbesserungen des Arbeitnehmerschutzes.** Zahlreiche Richtlinien und Verordnungen zur Verbesserung der Arbeitsbedingungen und des gesundheitlichen und sicherheitsmäßigen Schutzes von Arbeitnehmern sind verabschiedet.
- **Sozialer Dialog.** Seit 1985 bemüht sich die Kommission, die Europäischen Verbände der Arbeitgeber (UNICE) und Arbeitnehmer (Europäischer Gewerkschaftsbund, EGB) an der Diskussion um wirtschafts- und sozialpolitische Fragen mitwirken zu lassen. Gemeinsame Stellungnahmen gibt es z. B. zur Unterrichtung und Anhörung der Arbeitnehmer bei der Einführung neuer Technologien. Durch die institutionelle Verankerung dieses Dialogs im EG-Vertrag (Art. 139) sollen die Sozialpartner bei Planungs- und Korrekturmaßnahmen im sozialen Bereich stärker herangezogen werden.

Sozialcharta als Aktionsprogramm

- **Sozialcharta.** Die Sozialcharta, genauer die „Gemeinschaftscharta der sozialen Grundrechte der Arbeitnehmer", ist im Dezember 1989 vom Europäischen Rat gebilligt worden.3) Sie hat den Charakter eines unverbindlichen Aktionsprogramms, auf dessen Basis die Kommission ihrerseits ein sozialpolitisches Aktionsprogramm konzipiert hat (Rats-Dok. Nr. 6660/89). Kernpunkte sind:
- Recht auf Freizügigkeit,
- Recht auf Beschäftigung und Arbeitsentgelt,
- Recht auf Verbesserung der Lebens- und Arbeitsbedingungen,
- Recht auf sozialen Schutz,
- Recht auf Koalitionsfreiheit und Tarifverhandlungen,
- Recht auf Berufsausbildung,
- Recht auf Gleichbehandlung von Männern und Frauen,
- Recht auf Unterrichtung, Anhörung und Mitwirkung der Arbeitnehmer,
- Recht auf Gesundheitsschutz und Sicherheit am Arbeitsplatz,
- Recht auf Kinder- und Jugendschutz,

---

3) Sie basiert auf der „Sozialcharta" des Europarats v. 18. 10. 1961 (BGBl II 1964, S. 1262 ff.).

- Rechte der älteren Menschen,
- Rechte der Behinderten.

Mit dem Vertrag von Maastricht sollte die soziale Dimension der Gemeinschaft verstärkt werden (Art. 2, 3 und 136 ff. EG-Vertrag). Die wesentlichen sozialpolitischen Vereinbarungen, die früher in dem sogenannten „Protokoll über Sozialpolitik" dem EG-Vertrag beigefügt waren, sind durch den Vertrag von Amsterdam in die Sozialvorschriften des EG-Vertrages (Titel XI, Art. 136–145) integriert worden. Dies bedeutet, daß die Regelungen des früheren Abkommens, das nicht für Großbritannien und Nordirland galt, jetzt auf alle 15 Mitgliedstaaten anwendbar ist. Dadurch wird ein einheitliche, alle Mitgliedstaaten umfassende und bindende europäische Sozialpolitik ermöglicht. Für deren konkrete Umsetzung entwickelt die EU-Kommission für 3jährige Zeiträume **Aktionsprogramme.** In dem Programm für 1998–2000 werden drei Schwerpunktbereiche unterschieden: Arbeitsplätze, Fähigkeiten und Mobilität; eine sich verändernde Arbeitswelt; eine Gesellschaft ohne Ausgrenzung. Bemerkenswert ist, daß die Kommission dieses Aktionsprogramm in den Dienst der **Beschäftigungsförderung** gestellt hat.

Stärkung der sozialen Dimension durch den Vertrag von Maastricht

Die Sozialpolitik wird im wesentlichen durch den **Europäischen Sozialfonds (ESF)** (Art. 146–148 EGV) finanziert; sein Volumen beträgt 40 Mrd. ECU (1993 bis 1999). Vorrangig werden die Mittel eingesetzt, um Langzeitarbeitslosigkeit und Jugendarbeitslosigkeit zu bekämpfen.

3.2.2 Grundprobleme der EU-Sozialpolitik

Im Grunde geht es hier um das immer gleiche Problem der Abwägung zwischen den Vor- und Nachteilen einer funktionellen Integration durch Wettbewerb und einer institutionellen Integration durch politisch formulierte Mindeststandards.

Abwägen zwischen funktioneller und institutioneller Integration

Der Wettbewerb trägt immer dann zur Erosion eines sozialen Schutzes bei, wenn die Kosten dieses sozialen Schutzes nicht durch eine entsprechende Produktivität der Arbeitsprozesse am Markt verdient werden. Die Konsequenz ist zwiespältig:

- Die Gewerkschaften in Ländern mit hohem Produktivitäts- und Schutzniveau befürchten ein „social dumping", ein Aufweichen sozialer Standards durch den Import billiger Produkte, durch den Zustrom billiger Arbeitskräfte und durch die Abwanderung der Unternehmen in Billiglohnländer, während die Arbeitgeberseite den Wettbewerbsdruck ebenfalls befürchten muß, aber zugleich die verstärkte internationale Konkurrenz als willkommenes Argument benutzt, um sozialpolitischen Forderungen Widerstand entgegensetzen zu können.

Gefahr des Abweichens sozialer Standards...

- Umgekehrt ist es in Ländern mit geringem Produktivitäts- und Schutzniveau. Die Arbeitgeberseite befürchtet gemeinschaftsweite soziale Mindeststandards, die für weniger entwickelte Länder nicht finanzier-

… oder nichtfinanzierbarer Mindeststandards

bar wären und sie ihres potentiellen Wettbewerbsvorteiles – Billigproduktion – berauben würden. Gewerkschaften müssen ebenfalls einen Anstieg der Arbeitslosigkeit befürchten, aber zugleich sind gemeinschaftsweit formulierte Mindeststandards willkommene Argumente im Kampf um bessere Arbeitsbedingungen und soziale Rechte.

Aus wirtschaftswissenschaftlicher Sicht spricht sehr viel für die Formulierung und Durchsetzung sozialer Mindeststandards, aber nicht auf Gemeinschaftsebene, sondern auf Ebene von Staaten oder Regionen. Der Wettbewerb muß die Chance haben, die finanzierbaren Standards zu finden.

3.3 Umweltpolitik

3.3.1 Aktivitäten der EU

Hoher Rang des Umweltschutzes

Im EG-Vertrag wird dem Umweltschutz formal ein bedeutender Rang zuerkannt. Ziele der Umweltpolitik der Gemeinschaft sind

- Erhaltung und Schutz der Umwelt sowie Verbesserung ihrer Qualität,
- Schutz der menschlichen Gesundheit,
- umsichtige und rationelle Verwendung der natürlichen Ressourcen,
- Förderung von Maßnahmen auf internationaler Ebene zur Bewältigung regionaler oder globaler Umweltprobleme (Art. 174 Abs. 1 EG-Vertrag).

Dabei wird ein hohes Niveau des Umweltschutzes angestrebt.

Artikel 174 Abs. 2 legt die Grundsätze der umweltpolitischen Tätigkeit der Gemeinschaft fest. Dies sind:

Grundsätze der Umweltpolitik

- das Vorsorgeprinzip,
- die Bekämpfung der Belastung an der Quelle,
- das Verursacherprinzip.

Entgegen einer wohl weitverbreiteten Auffassung ist die EU auch praktisch im Umweltbereich keineswegs untätig. In bisher **fünf Aktionsprogrammen für den Umweltschutz,** die die EG seit 1973 vorgelegt hat, sind zahlreiche Richtlinien verabschiedet worden. Einige der wichtigsten sind:

Wasserschutz

- **Wasser:** Die Wasserschutzrichtlinie von 1976 teilt Schadstoffe in eine Schwarze und Graue Liste ein. 129 besonders gefährliche Stoffe, deren Einleitung ins Wasser einer Genehmigung bedarf, stehen auf der Schwarzen Liste. Allerdings wurden bislang nur für 13 von ihnen (etwa Quecksilber, Cadmium, DDT) Grenzwerte festgelegt. Für Stoffe der Grauen Liste gelten weniger strenge Maßstäbe. Daneben gibt es Richtlinien über Grund- und Trinkwasser sowie Badegewässer. Sie stellen jeweils bestimmte Qualitätsanforderungen an diese Wasserarten.

- **Luft:** Die wichtigen Richtlinien über Autoabgase und Großfeuerungsanlagen wurden vom Ministerrat stark verwässert. Für Kleinwagen (unter 1,4 Liter Hubraum) gelten ab 1. Oktober 1992 für neu zugelassene Modelle neue Grenzwerte, die über den strengen US-Normen liegen. Die Verringerung der SO_2-Emissionen aus Großfeuerungsanlagen erfolgt in drei Stufen: 40 Prozent Reduzierung bis 1993, 60 Prozent bis 1998 und schließlich 70 Prozent bis 2003. Daneben gibt es noch Richtlinien über Luftqualitätsnormen für Schwefeldioxid, Blei und Stickstoffdioxid.

Schutz der Luft

- **Chemikalien:** Nach einer Richtlinie von 1979 müssen vom Hersteller von Chemikalien Grundinformationen und eine Risikobewertung vorgelegt werden. Das Manko: Vor 1979 in Umlauf gebrachte Chemikalien werden von der Richtlinie nicht betroffen. Die nach dem Dioxin-Unfall im italienischen Seveso benannte Seveso-Richtlinie regelt die Notfallplanung und -reaktion im Falle eines größeren Industrieunfalls.

Risikobewertung

Notfallplanung

- **Umweltverträglichkeitsprüfung:** Die Richtlinie verlangt, daß neue Projekte, wie zum Beispiel Kraftwerke, Stahlhütten, Chemiefabriken, Straßen oder Flugplätze, einer Umweltverträglichkeitsprüfung unterzogen werden.

Inzwischen sind mehr als 200 Richtlinien und Verordnungen im Bereich des Umweltschutzes erlassen worden. Neuerdings wird der Einbeziehung von Umweltbelastungen in anderen Politikbereichen (Verkehr, Energie, Landwirtschaft) besondere Aufmerksamkeit geschenkt. Der EU-Handlungsrahmen wird in Aktionsprogrammen für Umweltpolitik und Maßnahmen im Hinblick auf eine dauerhafte und umweltgerechte Entwicklung festgelegt. Neugeschaffen wurde 1995 die **Europäische Umweltagentur,** die beratende Funktionen auf dem Gebiet des Umweltschutzes hat und vor allem Umweltdaten sammelt (Sitz in Kopenhagen).

3.3.2 Grundprobleme einer EU-Umweltpolitik

Grundproblem einer Umweltpolitik der EU ist der Tatbestand, daß das Binnenmarkt-Programm und zahlreiche weitere Programme der EU primär Wachstumsprogramme sind. Und Wachstum ist zwar nicht notwendigerweise mit zunehmender Umweltzerstörung verbunden, aber realistischerweise muß damit gerechnet werden, daß eine wachstumsfixierte Wirtschaftspolitik entscheidend zur Umweltzerstörung beiträgt.

In einer von der für Umweltschutz zuständigen Generaldirektion der EG-Kommission in Auftrag gegebenen Studie „Umwelt und der Binnenmarkt" (Task-Force-Bericht 1989) kamen 14 unabhängige Wirtschaftswissenschaftler aus allen EG-Ländern zu düsteren Prognosen für den Umweltschutz in der Gemeinschaft. Sie sahen insbesondere die Gefahr einer Zunahme der Schadstoffe in der Luft. Konkret wurden ein Anstieg des Schwefeldioxid-Ausstoßes aus Kohlekraftwerken um 12 bis 14 Prozent und der Stickoxid-Emissionen von Autos um 8 bis 9 Prozent vorausge-

Studie „Umwelt und der Binnenmarkt": düstere Prognose für den Umweltschutz

sagt. Der grenzüberschreitende Lastwagenverkehr werde um 30 bis 50 Prozent zunehmen und die Lücke zwischen Abfallmenge und umweltkonformer Deponie-Kapazität werde sich drastisch verschärfen.

Geforderter Maßnahmenkatalog

In der Studie wurde zugleich eine für alle Mitgliedstaaten geltende **Fünf-Punkte-Strategie zum Umweltschutz** gefordert. Ungeachtet der Anstrengungen der Gemeinschaft, das Steuersystem zu harmonisieren, plädierten die Experten für **Umweltabgaben** oder -steuern. Es sollte den Mitgliedstaaten überlassen bleiben, ob diese Instrumente zur Erreichung bestimmter Umweltziele eingesetzt werden. Konkret wurde eine Steuerung des Energieverbrauchs durch eine Brennstoffsteuer befürwortet.

Die Einführung neuer umweltfreundlicher Produkte und Technologien sollte ermutigt und zugleich sollen alle Maßnahmen vermieden werden, die zu einem Anstieg der Schadstoffe in der Luft führen. Ferner dürfe die Erhöhung der Mittel für den EG-Strukturfonds für benachteiligte Regionen nicht zu einer Zerstörung der Umwelt in diesen Gebieten führen.

In Einklang mit den Erörterungen von Abschnitt 1 dieses Kapitels sind **Schutzstandards auf Gemeinschaftsebene** (fort)zuentwickeln, wenn Umweltschäden grenzüberschreitenden Charakter aufweisen. Im übrigen sollten wettbewerbliche Anpassungsprozesse geprüft werden. Allerdings ist doch sehr fraglich, ob der Wettbewerb die richtigen Umweltstandards finden kann. Umweltschutzauflagen sind in der Regel teuer und verschlechtern die Wettbewerbsfähigkeit von Standorten und/oder Produkten, und es muß bezweifelt werden, daß genügend umweltbewußte Verbraucher bereit und in der Lage sind, die jeweils umweltschonenderen, aber auch teureren Produkte zu kaufen.

Wettbewerb vermutlich untauglich

Und jedes Land ist zwar berechtigt, für seine Produktionen strengere Umweltvorschriften zu erlassen, als gemeinschaftsweit beschlossen **(positive Selbstdiskriminierung),** aber es ist vermutlich (dies bedürfte jeweils einer Klärung durch den EuGH) nicht gestattet, den Import von Produkten zu beschränken, die weniger umweltschonend hergestellt sind. Daher wäre im Wettbewerbsprozeß eine Erosion des Umweltschutzes sehr wahrscheinlich.

3.4 Industriepolitik

Begriff und Inhalt einer Industriepolitik sind in Wissenschaft und Politik heftig umstritten. Wir fassen darunter an dieser Stelle die Bemühungen der Gemeinschaft zusammen, die industrielle Wettbewerbsfähigkeit der Länder der EU zu stärken und Wachstum und Beschäftigung zu fördern. Dies ist Teil des zentralen Weißbuches der Kommission von 1993 „Wachstum, Wettbewerbsfähigkeit, Beschäftigung – Herausforderung der Gegenwart und Wege ins 21. Jahrhundert". Darin wird ein Bündel von Strategien und Vorhaben entwickelt; zentral ist der geplante **Auf- und Ausbau transeuropäischer Netze (TEN),** dem im EG-Vertrag ein eigener Abschnitt vorbehalten ist (Art. 154–156). Aus normativer Sicht ist anzumerken, daß sich Industriepolitik über Eingriffe in unternehmerische Entscheidungen mit dem in Deutschland herrschenden Verständnis von Markt und Wettbewerb nicht verträgt, daß aber Infrastruktur-Investitionen staatlicher Institutionen sinnvoll erscheinen.

Transeuropäische Netze

Zentrale Bausteine der mittelfristig geplanten transeuropäischen Netze der Verkehrs-, Telekommunikations- und Energie-Infrastruktur sind:

- Eisenbahnnetz, insbesondere für Hochgeschwindigkeitszüge,
- Straßennetz, insbesondere in den ärmeren Randgebieten,
- Binnenwasserstraßen-Netz,
- Netz für den kombinierten Verkehr auf Schiene, Wasser und Straße,
- Netz für den Energietransport,
- Telekommunikationsnetze für einen gemeinsamen Informationsraum.

Die Kosten für den Ausbau dieser Netze beziffert die Kommission auf 400 Mrd. ECU bis 1999 (Weißbuch 1993, S. 36 f.). Sie sind aus nationalen (staatlichen und privaten) Quellen aufzubringen. Die EU übernimmt eine komplementäre Finanzierung. Sie erfolgt durch Darlehen, Bürgschaften und Subventionen. Bis Ende 1998 sind Darlehen in Höhe von 36 Mrd. ECU durch die Europäische Investitionsbank (EIB), Bürgschaften in Höhe von 1,8 Mrd. ECU durch den Europäischen Investitionsfonds (EIF), Subventionen im Umfang von 10 Mrd. ECU aus dem Europäischen Fonds für Regionale Entwicklung (EFRE), dem Kohäsionsfonds sowie EU-Haushaltsmitteln gewährt worden.

C. Arbeitsaufgaben

1) *Welche Grundüberlegung sollte die Entscheidung zwischen institutioneller und funktioneller Integration fundieren?*
2) *Welche Grundüberlegung sollte die Entscheidung über die hierarchische Ebene einer institutionellen Integration fundieren?*
3) *Wie würden Sie die bisherige Integrationspolitik der EU unter Verwendung der Begriffe institutioneller vs. funktioneller Integration charakterisieren?*
4) *Welche Art der Integrationspolitik ist grundsätzlich im EG-Vertrag und der Rechtsprechung des EuGH angelegt?*
5) *Welche Rolle spielt das Abstimmungsverfahren im Integrationsprozeß?*
6) *Beschreiben Sie die Probleme und die gewählten Integrationsprinzipien der Harmonisierung im Bankenbereich.*
7) *Was sind die jeweiligen Vor- und Nachteile der Besteuerungsprinzipien Bestimmungslandprinzip und Ursprungslandprinzip unter integrationspolitischem Aspekt?*
8) *Was befürchten, was erhoffen die Tarifparteien eines hochentwickelten Landes von der EU-Sozialpolitik?*
9) *Warum ist zu vermuten, daß der fortschreitende EU-Integrationsprozeß für den Umweltschutz eher schädliche Folgen haben wird?*
10) *Erörtern Sie die Notwendigkeit und mögliche Probleme beim Ausbau transeuropäischer Netze.*

Lösungsvorschläge für die Arbeitsaufgaben im „Übungsbuch zu Grundlagen und Probleme der Volkswirtschaft“.

D. Literatur

Im Zuge der Diskussion um Europa '92 und die Europäische Union wurden und werden eine Reihe vom Büchern herausgegeben, die sich bemühen, den Komplex der europäischen Integration in seinen vielfältigen Formen zu beschreiben. Zu nennen sind z. B.

WEINDL, Josef, Europäische Union, 4., aktual. u. erw. Aufl., München, Wien 1998

MICKEL, Wolfgang W., Handlexikon der Europäischen Union, 2., erw. u. bearb. Aufl., Köln 1998

BUCHAN, David, Der Binnenmarkt und das Europa von morgen. Ein Bericht der Europäischen Kommission, hrsg. v. Mario MONTI, Köln 1997

ZSCHIEDRICH, Harald, Binnenmarkt Europa. Einführung in die Grundlagen. Freier Warenverkehr. Steuerharmonisierung. Technische Handelshemmnisse Europäische Industriepolitik. Wirtschafts- und Währungsunion. EG-Assoziierungsabkommen, Wiesbaden 1993.

Die Weiterentwicklung der EG nach dem Vertrag von Maastricht beschreiben die jährlichen Gesamtberichte der Kommission

„Gesamtbericht über die Tätigkeit der Europäischen Union", Brüssel, Luxemburg, jährlich.

Von zentraler Bedeutung für die wirtschaftspolitische Strategie der Gemeinschaft ist das

„Weißbuch: Wachstum, Wettbewerbsfähigkeit, Beschäftigung", Europäische Kommission, Luxemburg 1993.

Die positiven Wirkungen des Binnenmarktes beschreibt

CECCHINI, Paolo, Europa '92. Der Vorteil des Binnenmarktes, Baden-Baden 1988.

Dieses Buch ist das Endprodukt eines umfassenden Forschungsprogramms über die „Kosten der Nichtverwirklichung Europas", das von der EG-Kommission initiiert wurde.

24. Kapitel
Ursachen und Wirkungen inflationärer Prozesse und Möglichkeiten zu ihrer Bekämpfung

A. Lernzielorientierte Leitfragen und Fragenkomplexe

Leitfrage:
Was versteht man unter einer Inflation, und welche Erscheinungsformen sind zu unterscheiden?

- *Was bedeutet „Inflation"?*
- *Wie wird die Inflation gemessen?*
- *Welche Entwicklung zeigt die Inflationsrate in der Bundesrepublik?*
- *Welches sind die wichtigsten Erscheinungsformen der Inflation?*

Leitfrage:
Woher kommt der Inflationsimpuls, und durch welche Faktoren wird die Inflation in Gang gehalten?

- *Was versteht man unter einer Nachfrage-, was unter einer Angebotsinflation?*
- *Worin liegt der auslösende Impuls einer Nachfrageinflation?*
- *Was ist das auslösende Moment der Lohndruckinflation?*
- *Was ist eine Gewinndruckinflation, und wie läßt sich ihr auslösender Impuls erklären?*
- *Kann man konkrete Preissteigerungsprozesse ohne weiteres als Angebots- oder Nachfrageinflation identifizieren?*
- *Wie erklären Monetaristen die Inflation?*

Leitfrage:
Wie wirkt die Inflation auf wichtige gesamtwirtschaftliche Größen, und welche wirtschaftspolitischen Konsequenzen ergeben sich hieraus?

- *Welche Vorstellungen bestehen bezüglich der Beschäftigungswirkungen der Inflation?*
- *Wie werden die Einkommens- und Vermögensverteilung durch die Inflation verändert?*
- *Wie wirkt sich die Inflation auf das Wachstum aus?*

- *Welches ist die herkömmliche Therapie gegen eine Nachfrageinflation, und wie ist diese zu beurteilen?*
- *Welche Lösungsmöglichkeiten des Problems der Angebotsinflation ergeben sich im Rahmen einer staatlichen Einkommenspolitik?*

B. Sachanalyse

1. Was ist Inflation?

Unter Inflation versteht man im allgemeinen eine über einen längeren Zeitraum zu beobachtende Zunahme des Preisniveaus.

Anhaltende Preisniveausteigerungen

Man spricht also nur von Inflation, wenn das Preisniveau in der betreffenden Volkswirtschaft steigt. Das Ansteigen einzelner Preise genügt nicht, die Preise müssen im Durchschnitt, unter Berücksichtigung der Bedeutung der Güter, steigen. Nun gibt es das – durch einen Preisindex gemessene – Preisniveau einer Volkswirtschaft nicht, sondern eine Vielzahl von Preisindizes (und damit Preisniveaus).

Preisindex für die Lebenshaltung als Maßgröße für die Inflation

Meistverwendete Maßgröße für die Inflation ist der **Preisindex für die Lebenshaltung aller privaten Haushalte.** Zu seiner Berechnung ermittelt man die Entwicklung der Ausgaben des Durchschnittshaushaltes für einen statistisch ermittelten repräsentativen Warenkorb einer Basisperiode. Zur Zeit gilt die Basisperiode 1991. Der Preisindex z. B. für 1998 ergibt sich nun, indem man die für den Erwerb des repräsentativen Warenkorbs 1998 erforderlichen Ausgaben in Beziehung setzt zu den im Basisjahr (1991) erforderlichen Ausgaben für den gleichen Warenkorb. Der Preisindex für 1998 gibt dann an, was der Durchschnittshaushalt 1998 im Vergleich zu 1995 zahlen müßte, wenn er 1998 die gleichen Mengen kaufen würde wie 1995. Und die monatlich veröffentlichte – meist auch als Inflationsrate bezeichnete – Preissteigerungsrate gibt an, um wieviel Prozent der repräsentative Warenkorb im Vergleich zum Vorjahresmonat teurer bzw. billiger geworden ist.

Das jeweils verwendete Basisjahr wird in der Regel für einen längeren Zeitraum (meist 5 Jahre) beibehalten, weil Änderungen erhebliche statistische Umrechnungen notwendig machen. Je weiter nun aber das interessierende Jahr vom Basisjahr entfernt ist, desto weniger werden die Verbraucher tatsächlich im Durchschnitt die Mengen des repräsentativen Warenkorbes kaufen. Es gibt neue Produkte und neue Verbrauchsgewohnheiten. Diese werden normalerweise auch von der Entwicklung der Preisstruktur beeinflußt: Im Regelfall werden die relativ am teuersten gewordenen Produkte weniger nachgefragt. Damit reagiert der Verbraucher rational auf die Veränderung der Preisstruktur. Der in mehrjährigen Abständen neu ermittelte repräsentative Warenkorb eines neuen Basisjahres trägt solchen strukturellen Verschiebungen dann Rechnung.

Bisweilen wird auch der **Preisindex für das Bruttosozialprodukt** als Maßgröße für die Inflation verwendet. Zu seiner Ermittlung setzt man das nominelle Sozialprodukt, z. B. für das Jahr 1998, in Beziehung zu dem Geldwert, den die Gütermengen des Jahres 1998 im Basisjahr 1995 (bei den damals herrschenden Preisen) gehabt hätten.

Für die einheitliche Messung der Preisentwicklung in den Mitgliedstaaten der EU steht seit 1997 der sogenannte **Harmonisierte Verbraucherpreisindex** (HVPI) zur Verfügung. Hier werden in die Indexberechnung nur solche Komponenten einbezogen, die in allen Mitgliedstaaten etwa gleich erfaßt werden. Unberücksichtigt bleiben vorerst unterschiedliche Erfassungen, wie z. B. bei selbstgenutzten Wohnungen oder Ausgaben für Gesundheitsleistungen.

Definitionsprobleme

Eine gewisse Problematik der oben verwendeten Inflationsdefinition liegt darin, daß sie ein Ansteigen des Preisniveaus voraussetzt. Nach überwiegendem Sprachgebrauch redet man aber auch von einer („zurückgestauten") Inflation, wenn die Preise in einer Volkswirtschaft durch staatliche Verordnung „eingefroren" werden, also mit dem Ziel einer Bekämpfung der Inflation ein allgemeiner Preisstopp verordnet wird. Da in diesem Fall die Inflation nicht an der Veränderung des inländischen Preisniveaus gemessen werden kann, bieten sich als Auswege die Entwicklung der Schwarzmarktpreise oder des Außenwertes der Währung (Dollar-Kurs) an.

Lohn- und Preisstopp

2. Arten der Inflation

Unter Zugrundelegung bestimmter Kriterien werden zahlreiche Arten der Inflation unterschieden. Insbesondere unterscheidet man:

- nach der Stärke der Preissteigerung („Grad der Inflation") die **schleichende** und die **galoppierende Inflation;** nach der Dauer der Preissteigerungen die **temporäre** und die **permanente** („säkulare") Inflation;
- nach ordnungspolitischen Aspekten die **offene** und die **zurückgestaute** Inflation;
- nach der Ursache der Inflation die **Nachfrage-** und die **Angebotsinflation** sowie – als besondere Form der Nachfrageinflation – die monetär verursachte Inflation.

Tabelle 24.1 gibt einen Überblick über die Entwicklung der Inflationsrate in der Bundesrepublik Deutschland von 1981–1998 gemessen durch den Preisindex für die Lebenshaltung. Bemerkenswert ist dabei die Abnahme des Preisniveaus im Jahre 1986. Hierfür war vor allem der drastische Rückgang der Importgüterpreise verantwortlich. Daneben ist ein deutlicher Rückgang der Inflationsrate von 1981 bis 1986 und von 1994 bis 1998 zu beobachten. Eine solche **Abnahme der Inflationsrate** bezeichnet man als **Disinflation.** Dies ist nicht zu verwechseln mit einer **Deflation,** die einen absoluten **Rückgang des Preisniveaus** darstellt. Von 1987 bis 1993 nahm die Inflationsrate wieder zu. Die hier nicht verzeichneten Inflationsraten für Ostdeutschland lagen zunächst deutlich höher (1992 +11,2 %, 1993 +8,8 %), haben seit 1994 aber etwa das westdeutsche Niveau erreicht.

Tab. 24.1: Die Entwicklung der Inflationsrate[1]) in Westdeutschland von 1981–1998

Jahr	1981	1982	1983	1984	1985	1986	1987	1988	1989
Veränderung gegenüber Vorjahr in %	+ 6,3	+ 5,2	+ 3,3	+ 2,4	+ 2,0	– 0,1	+ 0,2	+ 1,3	+ 2,8

Jahr	1990	1991	1992	1993	1994	1995	1996	1997	1998
Veränderung gegenüber Vorjahr in %	+ 2,7	+ 3,5	+ 4,0	+ 4,2	+ 3,0	+ 1,6	+ 1,3	+ 1,9	+ 0,9

1) Preisindex für die Lebenshaltung aller privaten Haushalte.

Quelle: Monatsberichte der Deutschen Bundesbank

3. Erklärung der Inflation

Im Zusammenhang mit den Ursachen der Inflation werden seit Anfang der 50er Jahre gemeinhin zwei Arten der Inflation unterschieden, die Nachfrage- und die Angebotsinflation. Was genau unter einer Nachfrage- und einer Angebotsinflation verstanden wird, ist nicht ganz einheitlich definiert. Wir treffen folgende Unterscheidung:

- von einer Nachfrageinflation wollen wir sprechen, wenn der erste Anstoß (der Impuls) für die Preiserhöhung von der Nachfrageseite ausgeht, und
- von einer Angebotsinflation sprechen wir, wenn der Impuls für die Preissteigerung von der Angebotsseite (insbesondere von Löhnen und Gewinnen) ausgeht.

Wir sprechen also auch dann von einer Nachfrageinflation, wenn nach einer durch eine Nachfrageerhöhung ausgelösten Preiserhöhung die Löhne von den Tarifpartnern, den Marktkräften folgend, den Preisen angepaßt werden, obwohl hier Kosten- (Angebots-)Elemente in den Inflationsprozeß eingreifen. Ebenso sprechen wir von einer Angebotsinflation, wenn z. B. nach einer durch die Marktmacht der Gewerkschaften erzwungenen (die Produktivitätszuwächse überschreitenden) Lohnerhöhung die

Preise steigen und auf Grund der Einkommenswirkungen von Lohn- und Preissteigerungen die Nachfrage reagiert.

Nicht sinnvoll ist es, wenn man den Begriff der Nachfrageinflation - was gelegentlich geschieht - nur auf Preissteigerungsvorgänge beschränkt, die während des gesamten Prozesses bei konstanten Löhnen ausschließlich durch Nachfragesteigerungen hervorgerufen werden. Entsprechendes gilt für die Angebotsinflation. Es gibt dann praktisch keine reine Nachfrage- bzw. Angebotsinflation, und die Unterscheidung zwischen beiden Inflationsarten wäre ziemlich überflüssig. Jede durch Nachfragesteigerungen verursachte Preissteigerung hat normalerweise im weiteren Wirtschaftsablauf Rückwirkungen auf die Löhne; und jede auf dem Arbeitsmarkt durch Marktmacht durchgesetzte Lohnsteigerung hat im allgemeinen im weiteren Verlauf Nachfragewirkungen.

3.1 Nachfrageinflation

Die Nachfrageinflation ist die älteste der modernen Inflationserklärungen. Sie setzt bei der **inflatorischen Lücke** - der überschüssigen Güternachfrage über das Angebot bei Vollbeschäftigung - an und erklärt den Impuls zur Preisniveausteigerung aus diesem **Nachfrageüberhang** (Angebotslücke). Da bei Vollbeschäftigung kurzfristig keine Ausdehnung der Produktion möglich ist, bewirkt die überschüssige Güternachfrage allein eine Preissteigerung: Trotz ihrer erhöhten Ausgaben erhalten die Nachfrager genauso viel Güter wie bisher, die Preissteigerung „absorbiert“ die zusätzliche monetäre Nachfrage. Abbildung 24.1 verdeutlicht diese Zusammenhänge. Die Grafik zeigt auch, daß eine nachfrageverursachte Preissteigerung schon vor Erreichen der Vollbeschäftigung möglich ist, z. B. als Folge branchenbezogener Engpässe.

Inflationsimpuls: Inflatorische Lücke

Die vorausgesetzte Nachfrageerhöhung zeigt sich in der Verschiebung der Nachfragekurve nach rechts: Bei jedem Preis wird mehr Sozialprodukt nachgefragt. Sie führt zu der Preiserhöhung von P_0 auf P_1 bei konstantem Sozialprodukt.

Wie läßt sich das **Fortbestehen der Inflation** erklären? Eine einfache - aber rein formale - Erklärung wäre die, zu unterstellen, daß die Nachfrage nach Gütern trotz der Preiserhöhung auf ihrem erhöhten realen Niveau verbleibt: In der betrachteten ersten Periode haben die Nachfrager in ihrer Gesamtheit ja keine zusätzlichen Güter erhalten. Wenn sie weiterhin mehr Güter nachfragen, als das mit dem Sozialprodukt vereinbar ist und ihre Ausgaben entsprechend erhöhen können, so ergibt sich in der zweiten Periode dieselbe Situation wie in der ersten: Einem Güterangebot in Höhe des Sozialprodukts steht eine größere Nachfrage gegenüber - das Preisniveau steigt erneut.

Fortbestand der Inflation

Wie kann es zu einer solchen Situation kommen?

Entscheidend für diesen Ablauf ist, daß die Nachfrager ihre Ausgaben

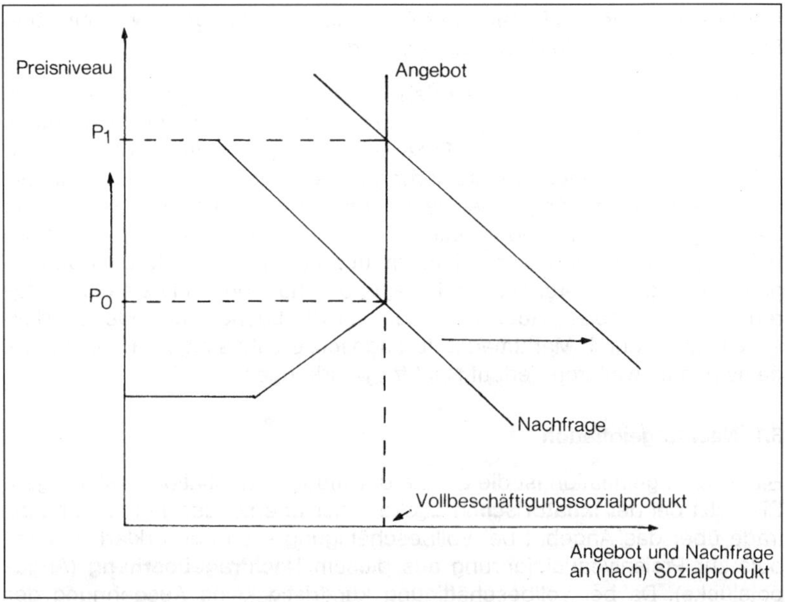

Abb. 24.1: Der Inflationsimpuls bei der Nachfrageinflation

entsprechend erhöhen können und wollen. Das kann und wird häufig bei den privaten Investoren der Fall sein, wenn sie gute zukünftige Gewinnchancen sehen. Wie aber ist es bei den Haushalten? Die Unternehmerhaushalte haben im Zuge der Preissteigerung ihr Geldeinkommen „automatisch" steigern können. Anders die Nicht-Unternehmerhaushalte. Doch gehen diese leer aus? Je höher die überschüssige Nachfrage auf dem Gütermarkt ist, um so höher wird die Nachfrage nach Arbeitskraft werden. Es entsteht eine Überschußnachfrage auf dem Arbeitsmarkt, die es den Gewerkschaften – ohne Ausnutzung einer Machtposition – leicht macht, Tariflohnerhöhungen in Höhe der Preissteigerungen durchzusetzen. Die Haushalte (zumindest die Lohn- und Gewinnempfänger) können ihre reale Nachfrage aufrechterhalten. Tun sie dies auch und gilt dasselbe für den Staat und für das Ausland (Exporte), so bleibt die Gesamtnachfrage auf einem über dem Sozialprodukt liegenden Niveau. Der Inflationsprozeß kann weiterlaufen: Überschußnachfrage – Preissteigerung – Gewinnsteigerung – Lohnsteigerung – Überschußnachfrage – Preissteigerung usw.

Nachfragedruck auf dem Arbeitsmarkt

Wird dieser Prozeß ohne staatliche Eingriffe unterbrochen? Im allgemeinen ja, denn einige Gruppen der Volkswirtschaft werden ihr Einkommen nicht im gleichen Umfang steigern können, wie die Preise steigen (Empfänger von nichtdynamisierten Renten, Zinseinkommensempfänger, Stipendienempfänger). Diese Gruppen werden ihre Güternachfrage einschränken müssen. Eine Verminderung der Güternachfrage ist bei ständig steigenden Preisen und festen Wechselkursen auch vom Ausland zu erwarten, es sei denn, die Preise steigen dort in gleichem Umfang oder sogar stärker.

Wie kann die Nachfrageinflation zum Stillstand kommen?

Zudem könnte der Preissteigerungsprozeß auch dadurch gestoppt werden, daß der Staat seine Nachfrage aus wirtschaftspolitischen Gründen in einer derartigen Situation einschränkt, so daß schließlich ein Ausgleich zwischen Sozialprodukt und Güternachfrage erreicht werden kann.

Ein „Zusammenbrechen" des Inflationsprozesses wird sich auch dann ergeben, wenn die Zentralbank die Geldbasis nicht oder nicht im notwendigen Umfang erhöht, so daß die Geldmenge nicht entsprechend ausgeweitet werden kann. Zwar besitzen die Geschäftsbanken, wie wir im 17. Kapitel gesehen haben, durchaus einen gewissen Spielraum in bezug auf die Bereitstellung von Krediten und Geld; es erscheint aber unrealistisch anzunehmen, daß dieser Spielraum ausreichend ist, um einen langfristigen Inflationsprozeß zu „finanzieren". Erhöht die Zentralbank die Geldbasis nicht oder nicht in ausreichendem Umfang, so können z. B. die Investoren Kredite für geplante Investitionen nicht erhalten. Der inflationäre Prozeß wird gebremst.

Inflationsbegrenzende Wirkung der Geldmenge

Eine Erhöhung der Geldbasis ist also eine notwendige Bedingung für einen langanhaltenden Prozeß der Nachfrageinflation.

Allgemein kann der Inflationsimpuls – die zusätzliche Güternachfrage – im Prinzip von den privaten Haushalten, den Unternehmungen, dem Staat oder dem Ausland ausgehen. Ist die Zunahme der Nachfrage auf eine Zunahme der Exporte (etwa infolge stärker steigender Preise und Einkommen im Ausland) zurückzuführen, so ergibt sich eine **erste Erscheinungsform** der **importierten Inflation:** Die Inflation wird durch die Nachfrage aus dem Ausland ins Inland hereingetragen. Ist die inflatorische Lücke auf eine inländische Nachfragekomponente zurückzuführen, so spricht man von einer **hausgemachten** Nachfrageinflation.

Importierte Inflation durch steigende Exporte

Hausgemachte Nachfrageinflation

3.2 Angebotsinflation

Preiserhöhungen können, wie im 6. Kapitel gezeigt, nicht nur von der Nachfrageseite ausgehen, sondern auch von der Angebotsseite. Zu Preissteigerungen, die von der Angebotsseite ausgehen, kommt es, wenn Kostensteigerungen über die Preise an die Nachfrage weitergegeben werden, oder wenn Anbieter einen höheren Gewinnaufschlag durchsetzen. Damit sind die beiden Grundtypen der Angebotsinflation – die **Kostendruck-** und die **Gewinndruckinflation** – aufgezeigt. Wenn es zu Preissteigerungen bei wirtschaftlicher Stagnation kommt, spricht man auch von **Stagflation** (Stagnation + Inflation).

3.2.1 Kostendruckinflation

Kostensteigerungen können gesamtwirtschaftlich gesehen folgende Ursachen haben (vgl. Kapitel 5):

Gründe für Kostensteigerungen

- eine über dem Prozentsatz der Produktivitätssteigerung liegende Lohnsatzerhöhung;
- eine Zunahme der Preise für importierte Vorprodukte;
- eine Zunahme der Kapitalkosten (Zinskosten), die über die Zunahme der Kapitalproduktivität hinausgeht;
- eine Zunahme der Kostensteuern;
- zunehmende Stückkosten bei abnehmender Kapazitätsauslastung.

Wir wollen hier auf die Kapital- und Steuerkosten sowie auf eine Zunahme der Stückkosten infolge abnehmender Kapazitätsauslastung nicht eingehen und uns auch bezüglich der Importpreise auf wenige Bemerkungen beschränken. Statt dessen wollen wir uns ausführlicher mit dem vieldiskutierten Fall der Lohndruckinflation beschäftigen.

Importierte Inflation durch steigende Importpreise

Zunächst kurz zu den Kostenerhöhungen infolge steigender Importpreise für Rohstoffe und Zwischenprodukte. Steigen die Preise für importierte Rohstoffe und Zwischenprodukte, so haben wir es wieder mit einer vom Ausland ausgehenden Form der Inflation zu tun: eine **zweite Variante der importierten Inflation.**

Im Gegensatz zu den Preiserhöhungen bei importierten Gütern können die Preissteigerungen von im Inland produzierten Roh- und Zwischenprodukten gesamtwirtschaftlich für die Inflationsanalyse unberücksichtigt bleiben, da die Kosten für diese Produkte sich aus den Kosten für Löhne, Zinsen, Steuern und importierte Vorprodukte zusammensetzen.

Wie im 5. Kapitel gezeigt, bleiben die Lohnkosten pro Stück, gesamtwirtschaftlich also die Lohnkosten pro Einheit des Sozialprodukts, konstant, wenn der Lohnsatz und die Arbeitsproduktivität um denselben Prozentsatz zunehmen:

Lohnstückkosten

$$\text{Lohnstückkosten} = \frac{\text{Lohnsatz}}{\text{Arbeitsproduktivität}} = \frac{\text{Lohnsatz}}{\frac{\text{Sozialprodukt}}{\text{Arbeitsstunden}}}$$

Als Kostensteigerung wirkt sich folglich nur eine über die prozentuale Zunahme der Arbeitsproduktivität hinausgehende prozentuale Erhöhung des Lohnsatzes aus. Der Prozentsatz, um den sich die Lohnstückkosten erhöhen, ist dabei (annähernd) gleich der Differenz zwischen der prozentualen Lohnsatz- und der Produktivitätserhöhung: Nimmt der Zähler eines

Bruches um 10 % zu, der Nenner um 6 %, so nimmt der Wert des Bruches (näherungsweise) um 4% zu[1]).

Das folgende Beispiel verdeutlicht diesen Zusammenhang. Angenommen, die Lohnstückkosten betragen vor der Lohnerhöhung 5,– DM, wobei der Lohnsatz 10,– DM pro Arbeitsstunde und die Arbeitsproduktivität zwei Stück pro Arbeitsstunde beträgt:

Veränderung der Lohnstückkosten bei Lohnsatz- und Produktivitätsänderungen

$$\text{Lohnstückkosten} = \frac{\text{Lohnsatz}}{\text{Arbeitsproduktivität}} = \frac{10}{2} = 5$$

Steigt nun der Lohnsatz um 10 % (von 10 auf 11) und die Arbeitsproduktivität infolge technischen Fortschritts um 6 % (von 2 auf 2,12), so betragen die neuen Lohnstückkosten 11:2,12 = 5,189. Das entspricht einer prozentualen Zunahme der Lohnstückkosten um 3,77 %, also annähernd um 4%[2]).

Erzwingen die Gewerkschaften – mit dem Ziel einer Erhöhung des Anteils der Löhne am Volkseinkommen (vgl. hierzu Kapitel 25) – eine über der prozentualen Produktivitätssteigerung liegende Erhöhung des Geldlohnsatzes, so steigen die Lohnstückkosten. Damit wird von der Kostenseite ein Anstoß zu Preissteigerungen gegeben, wenn die Unternehmer nicht bereit sind, eine entsprechende Minderung ihrer Gewinne hinzunehmen. Das wird deutlich, wenn die Unternehmer eine Lohnstückkosten-Kalkulation durchführen. Es gilt dann:

Preiswirkungen einer aggressiven Lohnpolitik

$$\text{Preis} = \text{Lohnstückkosten}\ (1 + \text{Aufschlagsatz})$$

Steigen die Lohnstückkosten also im obigen Beispiel um 4 %, so steigt auch das Preisniveau bei konstantem Aufschlagsatz für Gewinne und sonstige Kosten um (annähernd) 4 %.

Zu fragen ist, wie es in einer durch Stagnation oder sogar durch Rückgang der Produktion gekennzeichneten Situation überhaupt zu einer Steigerung der Löhne kommen kann. Auf dem Arbeitsmarkt wird in einer solchen Situation keine überschüssige Nachfrage nach Arbeitskraft bestehen, sondern vielmehr ein Überschußangebot an Arbeit. Marktkräfte können folglich die Lohnerhöhung nicht bewirken. Als Erklärung bietet sich nur die Marktmacht der Anbieter, in diesem Fall der Gewerkschaften, an. Setzen diese auf Grund ihrer Monopolsituation (sie vertreten ja die

Lohnsteigerungen bei Unterbeschäftigung durch Marktmacht

---

1) Ganz exakt ist die prozentuale Veränderung der Lohnstückkosten gegeben durch die prozentuale Erhöhung des Lohnsatzes (bezogen auf den alten Lohnsatz) multipliziert mit dem Verhältnis zwischen alter und neuer Produktivität und vermindert um die prozentuale Produktivitätserhöhung (bezogen auf die neue Produktivität). Da die sich ergebenden Abweichungen minimal sind, gehen wir im folgenden von der einfacheren, oben angegebenen Formel aus.

2) Man erhält gemäß dem in der vorangegangenen Fußnote angegebenen Verfahren den genauen Prozentsatz von 3,77 %, wenn man rechnet:

$$10 \cdot \frac{2}{2{,}12} - \frac{0{,}12}{2{,}12} \cdot 100 = 3{,}77\%$$

Arbeitnehmer bei den Lohnverhandlungen [vgl. Kapitel 25]) in einer Stagnationsphase Lohnsteigerungen durch, so geben sie den Anstoß, den Impuls zu Preissteigerungen. Man spricht deshalb von einer **Lohndruckinflation.**

Inflationsimpuls

Eine Inflation ist aber nicht dadurch hinreichend erklärt, daß man den auslösenden Faktor herausarbeitet. Darüber hinaus sind die Kräfte zu beschreiben, die die Inflation in Gang halten. Bei der Lohndruckinflation könnte man eine permanente Inflation folgendermaßen erklären: Auf die (über die Produktivitätserhöhung hinausgehende) Lohnerhöhung reagieren die Unternehmer mit prozentual gleichen Preiserhöhungen, die bei unverändertem Geldwert der Güternachfrage (monetäre Nachfrage) zu einem Rückgang von Produktion und Beschäftigung führen würden (von Y_0 auf Y_1, vgl. Abb. 24.2).

Nun stellen die Löhne gleichzeitig Einkommen der Arbeitnehmerhaushalte dar und Teile der Preise Gewinne. Geht man realistischerweise davon aus, daß Produktion und Beschäftigung kurzfristig konstant sind, so bedeutet die Lohn- und Preiserhöhung, daß die Lohn- und Gewinneinkommen in der Volkswirtschaft um den Prozentsatz der Lohnerhöhung zunehmen. Arbeitnehmer und Unternehmer sind also in der Lage, ihre Ausgaben für Güter so zu steigern, daß sie bei gleicher Kaufneigung die gleiche Gütermenge nachfragen wie vor der Lohn- und Preiserhöhung (und zusätzlich eine durch eine Produktivitätssteigerung bedingte Produktionssteigerung, von der wir im folgenden zur Vereinfachung absehen). Auf Abb. 24.2 bezogen bedeutet dies, daß sich die Nachfragekurve so nach oben verschiebt, daß sie die Angebotskurve bei der alten Produktionsmenge Y_0 schneidet (gestrichelte Nachfragekurve). Gütermäßig hat sich weder für die Unternehmer noch für die Arbeitnehmer etwas verändert, lediglich das Preisniveau ist durch den gescheiterten Umverteilungsversuch der Gewerkschaften gestiegen. Versuchen die Gewerkschaften trotzdem erneut, durch Lohnerhöhungen die Lohnquote zu erhöhen, so wiederholt sich der geschilderte Prozeß. Es kommt zu der berühmten **Lohn-Preis-Spirale.**

Lohn-Preis-Spirale

Zwei Faktoren könnten den so beschriebenen Fortgang der Inflation (abgesehen vom Lohn- und Preisstopp) jedoch unterbrechen oder zumindest bremsen: **eine Verminderung der Nachfrage nach Gütern** und eine **unveränderte** oder nicht schnell genug steigende **Geldmenge.**

Inflationshemmende Faktoren

Bei der Einschätzung der Nachfrageentwicklung muß man die unterschiedlichen Bestandteile der Nachfrage berücksichtigen: die Konsumgüternachfrage der privaten Haushalte, die Investitionsgüternachfrage der Unternehmer, die staatliche Nachfrage nach Gütern und die Exportnachfrage des Auslandes. Sieht man von möglichen Umverteilungswirkungen der Preissteigerungen zwischen verschiedenen Gruppen der Haushalte (z. B. eine zeitweise Veränderung der Lohnquote infolge der zeitlichen Folge von Lohn- und Preissteigerungen) ab, so besteht kein Grund, dauerhaft von einer Abnahme der Nachfrage nach Konsum- und

Mögliche Nachfrageeinschränkungen

Investitionsgütern auszugehen: Lohn- und Gewinneinkommen steigen ja – wie aufgezeigt – um denselben Prozentsatz, so daß das Realeinkommen von Unternehmer- und Arbeitnehmerhaushalten (ohne Produktivitätssteigerung) unverändert bleibt. Schwieriger ist die Frage zu beantworten, wie sich die staatliche Nachfrage und die Auslandsnachfrage entwickeln. Bei Preissteigerungen im Inland und festen Wechselkursen werden die Exporte mengenmäßig abnehmen, sofern die Preise im Ausland nicht ebenfalls entsprechend steigen. Bei flexiblen Wechselkursen wird die Wirkung wesentlich geringer sein (vgl. Kap. 20). Wie der Staat seine Güternachfrage verändert, kann allgemein nicht gesagt werden.

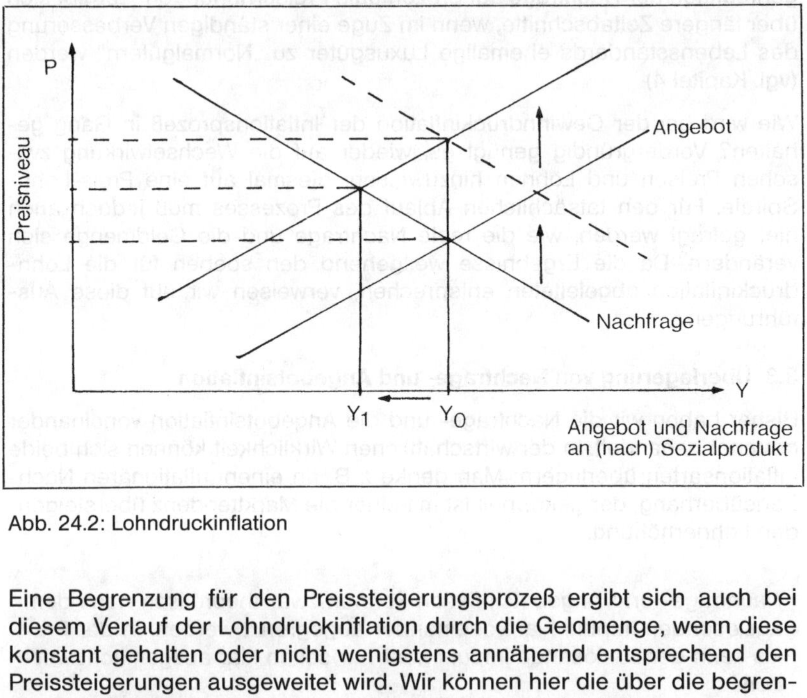

Abb. 24.2: Lohndruckinflation

Eine Begrenzung für den Preissteigerungsprozeß ergibt sich auch bei diesem Verlauf der Lohndruckinflation durch die Geldmenge, wenn diese konstant gehalten oder nicht wenigstens annähernd entsprechend den Preissteigerungen ausgeweitet wird. Wir können hier die über die begrenzende Wirkung der Geldmenge bei der Nachfrageinflation gemachten Aussagen übernehmen.

3.2.2 Gewinndruckinflation

Definition der Gewinndruckinflation

Wenden wir uns nun der zweiten bedeutsamen Form der Kosteninflation, der **Gewinndruckinflation,** zu. Entsprechend der Lohndruckinflation spricht man von einer Gewinndruckinflation, wenn die Unternehmer unter Ausnutzung von Marktmacht die Gewinnaufschläge mit dem Ziel erhöhen, den Gewinnanteil am Volkseinkommen zu erhöhen. Vorausgesetzt, daß die Unternehmer ihren Preissteigerungsspielraum in der Vergangenheit

Zunahme von Marktmacht durch Abnahme des Wettbewerbs und/oder abnehmende Preiselastizität der Nachfrage

voll ausgenutzt haben, ist eine Erhöhung der Gewinnspanne bei konstanter oder rückläufiger Nachfrage nur möglich, wenn ihre Marktmacht zunimmt. Eine Zunahme der Marktmacht kann sich auf zwei Wegen ergeben: Einmal kann der Wettbewerb, zum anderen kann die direkte Preiselastizität der Nachfrage abnehmen. Die Abnahme des Wettbewerbs kann ihrerseits verschiedene Gründe haben, die wir im 7. Kapitel diskutiert haben. In einer Phase der wirtschaftlichen Stagnation oder sogar abnehmender Produktion sind eine abnehmende Zahl der Konkurrenten infolge von Konkursen und Zusammenschlüssen sowie wettbewerbsbeschränkende Absprachen plausibel erscheinende Ursachen. Eine abnehmende Preiselastizität – also eine geringer werdende prozentuale Mengenreaktion der Nachfrage auf prozentuale Preiserhöhungen – ergibt sich über längere Zeitabschnitte, wenn im Zuge einer ständigen Verbesserung des Lebensstandards ehemalige Luxusgüter zu „Normalgütern" werden (vgl. Kapitel 4).

Preis-Lohn-Spirale

Wie wird bei der Gewinndruckinflation der Inflationsprozeß in Gang gehalten? Vordergründig genügt es, wieder auf die Wechselwirkung zwischen Preisen und Löhnen hinzuweisen, diesmal auf eine Preis-Lohn-Spirale. Für den tatsächlichen Ablauf des Prozesses muß jedoch auch hier gefragt werden, wie die reale Nachfrage und die Geldmenge sich verändern. Da die Ergebnisse weitgehend den soeben für die Lohndruckinflation abgeleiteten entsprechen, verweisen wir auf diese Ausführungen.

3.3 Überlagerung von Nachfrage- und Angebotsinflation

Bisher haben wir die Nachfrage- und die Angebotsinflation voneinander getrennt behandelt. In der wirtschaftlichen Wirklichkeit können sich beide Inflationsarten überlagern: Man denke z. B. an einen inflationären Nachfrageüberhang, der gekoppelt ist mit einer die Markttendenz übersteigenden Lohnerhöhung.

> Nachfrage- und Angebotsinflation können zwar theoretisch nach dem auslösenden Impuls klar voneinander abgegrenzt werden, in der Praxis kann der auslösende Impuls aber nur selten klar ausgemacht werden.

In der wirtschaftlichen Wirklichkeit beobachten wir im allgemeinen Preis- und Lohnsteigerungen, die sich mehr oder weniger gleichzeitig vollziehen und wo nur schwer gesagt werden kann, was das auslösende und was das reagierende Element in einem Inflationsprozeß ist. Als Indiz kann tendenziell dienen, wie sich Realprodukt und Beschäftigung entwickeln. Nehmen beide zu – steigt also die monetäre Nachfrage hinreichend –, so wird man es im allgemeinen mit einer Nachfrageinflation zu tun haben. Nehmen beide tendenziell ab (oder sinkt zumindest die Wachstumsrate des Sozialproduktes), so spricht dies für eine Angebotsinflation.

3.4 Monetaristische Inflationserklärung

Aus monetaristischer Sicht gilt:

„Inflation ist verbunden mit und letztlich ursächlich abhängig von einer erheblich über der Wachstumsrate der realen Produktion liegenden Zuwachsrate des Geldangebots – wobei die Differenz zwischen beiden Raten die Inflationsrate ist." (H. G. JOHNSON, Inflation – Theorie und Politik, München 1975, S. 110.)

Impuls: übermäßige Erhöhung der Geldmenge

Monetaristen sehen also in einer übermäßigen Vermehrung der Geldmenge, ermöglicht durch eine entsprechende Zunahme der Zentralbankgeldmenge, die eigentliche Ursache der Inflation.

Wie kommt es aber von einer Geldmengenerhöhung zur Preiserhöhung? Wir haben den Übertragungsmechanismus geldpolitischer Impulse auf zentrale makroökonomische Größen in Kapitel 17 Abschnitt 4 kennengelernt und können uns deshalb auf eine Zusammenfassung beschränken. Die erhöhte Geldmenge stört das Gleichgewicht der Vermögensanlage der Wirtschaftseinheiten und führt zunächst zu einer erhöhten Nachfrage nach Wertpapieren (Substitution von Geld durch Wertpapiere). Die steigende Nachfrage erhöht die Preise (Kurse) für Wertpapiere, was – bei gegebener Nominalverzinsung – gleichbedeutend ist mit einer Abnahme ihrer tatsächlichen Verzinsung. Bei unveränderten Preisen und Erträgen des Realvermögens wird deshalb eine Substitution von Forderungen durch Realvermögen lohnend, wodurch die Konsum- und Investitionsgüternachfrage zunimmt. Diese Nachfrageerhöhungen führen dann zu Preissteigerungen. Dieser Preissteigerungsprozeß kommt zum Stillstand, wenn die Preise so gestiegen sind, daß die zusätzliche Geldmenge gerade als Transaktionskasse nachgefragt wird.

Der Wirkungszusammenhang zwischen Geldmengen- und Preiserhöhungen

Auch im Rahmen des monetaristischen Erklärungsansatzes der Inflation müssen neben dem auslösenden Impuls die tragenden Kräfte eines Inflationsprozesses aufgezeigt werden. Die Monetaristen gehen hier von einer sich fortwährend wiederholenden exzessiven Geldmengenvermehrung aus, die die Währungsbehörden durchführen oder zulassen, um eine politisch unerwünschte Beschäftigungskrise, die durch eine Einschränkung des Geldmengenwachstums mit der entsprechenden Einschränkung der Güternachfrage hervorgerufen würde, zu vermeiden.

Es wird deutlich, daß die monetaristische Erklärung der Inflation nicht fundamental von der oben beschriebenen Nachfrageinflation abweicht. Der Unterschied besteht vor allem darin, daß die Monetaristen eine allein im Güterbereich der Volkswirtschaft begründete Nachfragesteigerung (z. B. infolge gestiegener Gewinnerwartungen der Unternehmungen oder zunehmender Staatsansprüche an das Sozialprodukt) nicht als Inflationsursache ansehen, sondern eine entsprechende Geldmengenerhöhung vorgelagert sehen.

Da aber in beiden Theorien die Zunahme der Geldmenge eine notwendige Bedingung für einen anhaltenden Inflationsprozeß darstellt, sind die Ansichten der Monetaristen und der Theoretiker der keynesianischen Nachfrageinflation im Ergebnis nicht sehr konträr.

Importierte Inflation durch Geldmengenerhöhung bei Zahlungsbilanzüberschüssen und festen Wechselkursen

Die vorgegangenen Ausführungen sollen durch eine Anmerkung ergänzt werden: Bei festen Wechselkursen führen Zahlungsbilanzüberschüsse automatisch zu einer Zunahme der Geldmenge, da die Zentralbank den Devisenüberschuß beim Paritätskurs ankaufen und den Exporteuren dafür heimisches Geld (z. B. DM) zahlen muß (vgl. Kapitel 20). In einem System fester Wechselkurse braucht die Zunahme der Geldmenge also nicht durch eine bewußte Politik herbeigeführt zu werden, sondern kann sich aus der außenwirtschaftlichen Situation ergeben. Wir haben es hier mit einer **dritten Variante der importierten Inflation** (vgl. Abschnitte 3.1 und 3.2.1 dieses Kapitels) zu tun, eine Variante, die in einem System flexibler Wechselkurse ihre Bedeutung verliert.

3.5 Inflation als Verteilungskampf

Inflation als Verteilungskampf

Über mögliche Überlagerungen angebots- und nachfrageseitig angeregter Preissteigerungen hinaus lassen sich die Nachfrage- und die Angebotsinflation auf eine **gemeinsame Ursache** zurückführen: den Versuch der verschiedenen Gruppen der Volkswirtschaft, das reale Sozialprodukt zu ihren Gunsten umzuverteilen. Der Unterschied liegt nur darin, daß der Verteilungskampf bei der

Erhöhte Ausgaben

- Nachfrageinflation um die Verwendung des Sozialprodukts durch erhöhte Ausgaben geführt wird, so daß die Summe der Ansprüche an das Sozialprodukt größer ist als das Sozialprodukt selbst; während der Verteilungskampf bei der

Erhöhte Löhne und Preise

- Angebotsinflation über die Einkommensentstehungsseite durch Lohn- und Preiserhöhungen geführt wird.

Besänftigungsfunktion von Preissteigerungen

In beiden Fällen aber führt der Verteilungskampf zu Preissteigerungen, die häufig von der staatlichen Wirtschaftspolitik bewußt hingenommen werden, weil sie einen mit letzter Konsequenz geführten Verteilungskampf vermeiden, indem sie ihn auf die Preisebene verlagern und hier entschärfen. Preissteigerungen übernehmen die Funktion „sozialer Besänftigung“.

4. Wirkungen der Inflation

Bisher haben wir die mit inflationären Prozessen verbundenen Wirkungen auf zentrale gesamtwirtschaftliche Größen unberücksichtigt gelassen. Die Kenntnis dieser Wirkungen ist jedoch unerläßlich, wenn man die Notwendigkeit einer Anti-Inflationspolitik richtig einschätzen will. Dabei sind diese Wirkungen sehr vielschichtig und je nach Bedingungskonstellation unterschiedlich. Wichtig erscheint, neben den Kosten und Nutzen einer Inflation auch Kosten und Nutzen einer Inflationsbekämpfung zu berücksichtigen.

4.1 Beschäftigungswirkungen

Fördert Inflation die Beschäftigung?

Gleichermaßen verbreitet wie umstritten ist die Vermutung, eine leichte Inflation fördere die Beschäftigung.

Vereinfacht stellt man sich diesen Zusammenhang folgendermaßen vor: Bei Arbeitslosigkeit erhöht der Staat seine Nachfrage, um über die Multiplikator- und Akzeleratorwirkung (vgl. Kapitel 11) ein höheres Sozialprodukt und eine höhere Beschäftigung zu erreichen. Je mehr man sich der Vollbeschäftigung nähert, desto eher treten in einzelnen Bereichen Produktionsengpässe und damit Kostensteigerungen auf, die die Preise ansteigen lassen. Schließlich können geringfügige Verbesserungen der Beschäftigungslage nur noch durch stark steigende Inflationsraten erkauft werden. Immerhin aber ermöglicht die Inkaufnahme einer höheren Inflationsrate nach dieser Auffassung eine höhere Beschäftigung, d. h. eine geringere Arbeitslosigkeit. Diese Auffassung von einer **Substitutionsmöglichkeit zwischen Arbeitslosigkeit und Inflationsrate** („mehr Arbeitslosigkeit bedeutet weniger Inflation, weniger Arbeitslosigkeit bedeutet mehr Inflation") ist heute in der Volkswirtschaftslehre sehr umstritten. Wir können hier auf diese Frage, die unter dem Stichwort „PHILLIPS-Kurve" diskutiert wird, nicht detailliert eingehen (vgl. Kapitel 12). Häufig ist indes eine zunehmende (abnehmende) Inflationsrate nur die Begleiterscheinung einer expansiven (kontraktiven) Konjunkturpolitik und nicht die eigentliche Ursache einer zunehmenden oder abnehmenden Beschäftigung.

4.2 Wirkungen auf die Einkommens- und Vermögensverteilung

Zeitlich begrenzte Umverteilungswirkungen?

Mit dem Argument, daß bei der Nachfrage- und Gewinndruckinflation der Preisanstieg dem Lohnanstieg zeitlich vorausgeht, wird verschiedentlich eine Benachteiligung der Lohnempfänger abgeleitet. Umgekehrtes soll bei der Lohndruckinflation gelten. Unseres Erachtens wird man eine solche Umverteilungswirkung nur kurzfristig bejahen können. Sobald man sich an die Inflation gewöhnt hat, werden bei der Nachfrage- und Gewinndruckinflation die Preissteigerungen in den Lohnsteigerungen und bei der Lohndruckinflation die Lohnsteigerungen in den Preissteigerungen vorweggenommen. Abgesehen hiervon ist die Existenz eines zeitlichen Nachhinkens der Löhne – auch nur vorübergehend – in der Praxis kaum nachweisbar. Es leuchtet ein, daß der Zeitpunkt, in dem mit der Betrachtung begonnen wird, von entscheidender Bedeutung dafür ist, ob sich ein zeitliches Nachhinken der Lohnänderung im Verhältnis zur Preisänderung ergibt oder ob die Lohnänderung zeitlich vorweggeht. Anders ausgedrückt:

Die zeitliche Folge von Lohn- und Preiserhöhungen und damit die Frage, ob eine Preis-Lohn- oder eine Lohn-Preis-Spirale vorliegt, kann praktisch nicht fixiert bzw. beantwortet werden.

Umverteilungswirkungen bei Rentnern

Eine negative Verteilungswirkung der Inflation wird häufig bei Rentenempfängern gesehen. Dies könnte dann der Fall sein, wenn die Renten sich nicht oder erst mit nennenswerter zeitlicher Verzögerung den inflationären Einkommenssteigerungen anpassen. In der Bundesrepublik ist eine Anpassung der Neurenten an die allgemeine Einkommensentwicklung durch die sog. „dynamische Rentenformel" sichergestellt. Auch die Altrenten sind in der Vergangenheit durch die Rentenanpassungsgesetze stets der Entwicklung der Neurenten und damit der allgemeinen Einkommensentwicklung angepaßt worden. Trotzdem werden die Rentner bei zunehmender Inflationsrate insofern benachteiligt, als die Anpassung zeitverzögert erfolgt. Bei abnehmender Inflationsrate haben die Rentner hingegen einen Vorteil. Außerdem bleiben Rentner von der durch die Inflation bedingten Verschärfung der Steuerlast bei einer progressiven Einkommensteuer weitgehend verschont.

Eine echte Benachteiligung von Einkommensempfängern im Inflationsprozeß ergibt sich nur bei denen, deren Einkommen weniger stark steigen als die Preise, die sie zahlen müssen.

Eine Benachteiligung von Vermögensbesitzern im Inflationsprozeß ergibt sich bei denen, deren nominales Nettovermögen langsamer zunimmt als das Preisniveau und entsprechend umgekehrt.

Schuldner profitieren, Gläubiger verlieren bei Preissteigerungen

So profitiert bei Preissteigerungen im allgemeinen der Schuldner und verliert der Gläubiger, da der Güterwert der Schuld (der Forderung) mit zunehmender Inflationsrate und Zeitdauer abnimmt. Dies gilt allerdings nur, wenn es dem Gläubiger nicht gelingt, einen entsprechenden Inflationszuschlag auf den Zins durchzusetzen. Entscheidend für die Entwicklung des Wertes von Forderungen und Verbindlichkeiten ist der sogenannte Realzinssatz. Der **Realzinssatz** entspricht dem Nominalzinssatz abzüglich der Inflationsrate:

Realzinssatz = Nominalzinssatz – Inflationsrate

Dieser Realzinssatz bleibt langfristig relativ konstant (etwa 4 Prozent), das heißt aber, daß mit steigender Inflationsrate in der Regel auch der Nominalzinssatz steigt (Inflationszuschlag). Da Kleingläubiger (also kleine Sparer) einen solchen Inflationszuschlag häufig nicht für sich geltend machen können, gehören sie zu den eindeutigen Verlierern der Inflation – ein sozialpolitisch bedenkliches Ergebnis. In diesem Zusammenhang sei angemerkt, daß ältere Personen in der Bundesrepublik im allgemeinen

Nettogläubiger und jüngere Personen eher Nettoschuldner sind, so daß die Inflation eine Umverteilung zwischen den Generationen bewirkt. Unmittelbar einsichtig ist die Umverteilungswirkung der Inflation zwischen Geld- und Sachvermögensbesitzern. Geldvermögen in Form von Bargeld und Sichtguthaben verliert im Preissteigerungsprozeß im Gegensatz zum Sachvermögen real an Wert, insofern wirkt die Inflation wie eine Steuer auf das Halten von Geld.

Sachvermögensbesitzer gewinnen gegenüber Geldvermögensbesitzern

Eine weitere Verteilungswirkung der Inflation ergibt sich aus einem progressiven Einkommensteuer-Tarif. Ein real unverändertes Einkommen wird wegen der Gültigkeit des Nominalwertprinzips („Mark = Mark") bei steigenden Preisen und Nominaleinkommen einer immer stärker werdenden prozentualen steuerlichen Belastung unterworfen (vgl. Kapitel 13, Abschnitt 2.1.4). Die Tatsache, daß der Staat infolge der „kalten Progression" auch real ständig höhere Steuereinnahmen empfängt, sagt indes noch nichts darüber, ob er zu den Gewinnern oder zu den Verlierern der Inflation gehört. Hierzu muß sowohl berücksichtigt werden, wie sich der Realwert der staatlichen Forderungen und Verbindlichkeiten verändert, als auch, wie sich die staatlichen Ausgaben im Zuge der Inflation entwickeln. Häufig steigen die Preise der vom Staat gekauften Güter überdurchschnittlich (Baupreise) und gleichen damit den staatlichen Inflationsgewinn bei den Steuern aus oder überkompensieren diesen sogar.

4.3 Wirkungen auf das Wachstum

Am wenigsten sind derzeit die Wirkungen der Inflation auf das Wachstum erforscht.

Positive Wachstumswirkungen können sich aus Verteilungswirkungen der Inflation ergeben, wenn etwa als Folge einer Erhöhung der Gewinne im Inflationsprozeß die Investitionen zunehmen oder die Unternehmensverschuldung real abnimmt.

Mögliche positive Wachstumswirkungen

Andererseits verzerrt die Inflation die knappheitsbedingten Preisrelationen einer Volkswirtschaft, da nicht sämtliche Preise um denselben Prozentsatz steigen. Insbesondere bei hohen und stark schwankenden Inflationsraten ergibt sich damit eine steigende Unsicherheit von Erwartungen, und die vom Preismechanismus gelieferten Informationen veralten schnell. Beides verursacht höhere Transaktionskosten – Kosten der Risikominimierung und der Informationsbeschaffung. Ferner ergibt sich insbesondere bei zunehmenden Inflationsraten häufig eine **Flucht in die Sachwerte:** Grundstücke und Häuser („Betongold") werden gekauft, um dem Wertverlust der Geldhaltung zu entgehen. Kurz: die Preisstruktur wird erneut verzerrt (Grundstücke und Häuser werden unnötig knapp und teuer), und knappe Produktionsfaktoren der Volkswirtschaft werden fehlgeleitet, weil das Geld seine Wertaufbewahrungsfunktion verliert. Daher neigen die meisten Ökonomen zur Ansicht, eine Inflation mit hohen oder

Negative Wachstumswirkungen: Verzerrung der Preisrelationen und Flucht in die Sachwerte

stark schwankenden Preissteigerungsraten beeinflusse das Wachstum überwiegend negativ.

5. Antiinflationspolitik

Eine erfolgversprechende Wirtschaftspolitik zur Bekämpfung der Inflation muß an den Ursachen ansetzen und darf die Kosten einer Antiinflationspolitik – in der Regel eine vorübergehende Zunahme der Arbeitslosigkeit – nicht außer acht lassen.

5.1 Bekämpfung der Nachfrageinflation

Bei einem als Nachfrageinflation angesehenen Preissteigerungsprozeß wird naturgemäß eine Beschränkung der gesamtwirtschaftlichen Nachfrage durch die Mittel der staatlichen Wirtschaftspolitik anzustreben sein. Mithin wird üblicherweise eine restriktive Finanz- und Geldpolitik gefordert, wobei Monetaristen das Schwergewicht auf die Verringerung der Wachstumsrate der Geldmenge, Keynesianer auf die Verminderung der Staatsausgaben und die Erhöhung der einkommensabhängigen Steuern legen.

Problematik einer konjunkturorientierten Nachfragesteuerung

Eine solche „Bremspolitik" erscheint jedoch bei genauerer Betrachtung nicht unbedenklich. Eingeschränkt werden vor allem wachstumsfördernde staatliche und private Investitionen, wodurch das zukünftige Wachstum (die Produktivitätssteigerung) vermindert wird. Die evtl. kurzfristig erfolgreiche Stabilisierung des Preisniveaus wird folglich mit einem Wachstumsverlust und damit letztlich – sofern ein Nachfrageüberhang erhalten bleibt – mit einer säkularen schleichenden Inflation bezahlt.

Sinnvoller erscheint es, Übersteigerungen der Nachfrage vorbeugend zu bekämpfen und auf eine Verstetigung der wirtschaftlichen Entwicklung hinzuwirken.

Es wird also eine langfristige, sich von ihrer Orientierung am Konjunkturzyklus lösende Konzeption der Nachfragesteuerung gefordert.

5.2 Bekämpfung der Kosteninflation

Wenn die Inflation Ausdruck des Kampfes zwischen den gesellschaftlichen Gruppen um die Erhöhung oder Verteidigung ihres Anteils am Volkseinkommen ist, so ist es logisch, daß die Wirtschaftspolitik versucht, diesen Verteilungskampf zu entschärfen oder aber seine Wirkungen so gering wie möglich zu halten. Damit ist vor allem die sog. **Einkommenspolitik** angesprochen. Als Einkommenspolitik bezeichnet man Maßnahmen zur Beeinflussung der Einkommen (Löhne, Zinsen und Gewinne) mit dem Ziel der Preisniveaustabilisierung oder der Korrektur der Einkommensverteilung. Wesentliche Instrumente sind – bei Tarifautonomie – Empfehlungen und Appelle.

Einkommenspolitik

Durch das Stabilitätsgesetz ist die Einkommenspolitik in der Bundesrepublik in Form der **„Konzertierten Aktion“** (vgl. auch Kapitel 15, Abschnitt 5.4.2) in gewissem Umfang institutionalisiert. Den Tarifpartnern soll in der Konzertierten Aktion – in allerdings unverbindlichen Gesprächen unter Beteiligung des Staates – ein stabilitätsgerechtes Verhalten nahegelegt werden, indem in Form von **Lohnleitlinien** Obergrenzen für stabilitätskonforme Lohnsteigerungen vorgelegt werden. Wichtig ist, daß sich die vorgeschlagenen Obergrenzen für die Lohnsatzerhöhungen am Produktivitätsfortschritt der Volkswirtschaft orientieren. Zugrunde liegt das Konzept der sog. **produktivitätsorientierten Lohnpolitik**[3]) (vgl. Kapitel 5 und 25).

Konzertierte Aktion

Allerdings führt auch eine konsequente Verfolgung der produktivitätsorientierten Lohnpolitik nicht mit Sicherheit zur Preisstabilität: Die Produktivitätsfortschritte in den einzelnen Branchen sind unterschiedlich, während die in den Tarifabschlüssen vereinbarten Lohnsatzsteigerungen verhältnismäßig einheitlich sind. Orientiert sich die Lohnpolitik jetzt an der durchschnittlichen Produktivitätssteigerung, so führen entsprechende Lohnsteigerungen in den wachstumsstarken Branchen zu einer Abnahme der Lohnstückkosten. Aufgrund der in einer oligopolistisch strukturierten Volkswirtschaft weitgehend zu beobachtenden Preisstarrheit nach unten, bleiben die Preise in den wachstumsstarken Branchen jedoch unverändert, während die Kostensteigerung in den Branchen mit geringer Produktivitätssteigerung zur Preissteigerung führt.

Bei Preisstarrheit nach unten gibt es auch bei produktivitätsorientierter Lohnpolitik Preissteigerungen

Generell müssen die Erfolgsaussichten der „Konzertierten Aktion“ skeptisch beurteilt werden: Zum einen ist festzustellen, daß sie asymmetrisch nur auf eine Beeinflussung der Löhne abstellt; es gibt Lohnleitlinien, aber keine Preisleitlinien. Unter anderem wegen dieser Unsicherheit über die zukünftige Preisentwicklung sind Gewerkschaften nicht ohne weiteres bereit, der Empfehlung der „Konzertierten Aktion“ zu folgen. Zum anderen darf nicht vergessen werden, daß die „Konzertierte Aktion“ eben nur Empfehlungen aussprechen kann, am Grundsatz der Tarifautonomie aber nicht rüttelt. Seit langem wird die „Konzertierte Aktion“ in der Bundesrepublik unter diesem Namen und in dieser streng produktivitätsorientierten Form auch nicht mehr praktiziert. Im neuerdings sogenannten „Bündnis für Arbeit“ werden allerdings die Zusammenänge zwischen Lohnsatz, Arbeitsproduktivität und Preissteigerungsrate immer auch zu berücksichtigen sein.

Mithin bleibt auch zur Bekämpfung einer Angebotsinflation im Prinzip nur eine restriktive Geld- und Finanzpolitik, die über eine Beschränkung der gesamtwirtschaftlichen Nachfrage Preis- und Lohnerhöhungsspielräume

Inkaufnahme von Arbeitslosigkeit?

---

3) Genaugenommen handelt es sich bei den Lohnleitlinien nicht um das Konzept der produktivitätsorientierten Lohnpolitik, sondern – weitergehend – um eine kostenniveauneutrale Lohnpolitik, die auch die Veränderung anderer Kostenelemente berücksichtigt. Zur Vereinfachung beschränken wir uns hier auf den wichtigsten Kostenfaktor Lohn und damit auf die produktivitätsorientierte Lohnpolitik.

verkleinert. Dabei muß gesehen werden, daß eine Bekämpfung einer Angebotsinflation mit den Mitteln der Geld- und Fiskalpolitik ein langfristiger Prozeß ist, der zunächst im wesentlichen Arbeitslosigkeit und Firmenzusammenbrüche bewirkt. Folge ist also zunächst die sog. **„Antiinflationsrezession“:** Preisstabilität muß mit Arbeitslosigkeit und Wachstumseinbußen erkauft werden. Beispielhaft sei auf die Rezessionen 1974/75 und 1992/93 in der Bundesrepublik hingewiesen.

Langfristig wird es sinnvoller sein, eine Inflation bereits in der Anfangsphase zu bekämpfen. Hierzu bedarf es einer permanenten Antiinflationspolitik, die vor allem

- eine Stärkung der Marktposition der Verbraucher vorsieht, damit Preiserhöhungen nur schwierig durchzusetzen sind;
- eine Wettbewerbspolitik betreibt, die einen echten – auch Preiswettbewerb – zwischen den Anbietern garantiert und die Entstehung von Marktmacht von Anbietern verhindert;
- eine Verteilungspolitik versucht, die die Schärfe von Verteilungskonflikten vermindert und
- die Wachstumsrate der Geldmenge eng begrenzt.

C. Arbeitsaufgaben

1) *Erläutern Sie folgende Begriffe:*
   - *Inflation,*
   - *Preisindex,*
   - *offene und zurückgestaute Inflation,*
   - *schleichende und galoppierende Inflation,*
   - *Konzertierte Aktion.*
2) *Von welcher Preissteigerungsrate an würden Sie von Inflation sprechen?*
3) *Warum ist es in der Praxis schwierig, zwischen einer Lohn-Preis- und einer Preis-Lohn-Spirale zu unterscheiden?*
4) *Diskutieren Sie den Standpunkt der Monetaristen, daß eine zu starke Zunahme der Geldmenge die Inflation erklärt.*
5) *Wie gefährdet die Inflation die Geldfunktionen?*
6) *Beschreiben Sie die Wirkungen der Inflation auf die Einkommensverteilung und die Vermögensverteilung.*
7) *Zeigen Sie, wie eine prozentuale Lohnsteigerung unter den gegenwärtigen Bedingungen einer Marktwirtschaft auf die Preise wirkt, wenn sie die prozentuale Produktivitätssteigerung übersteigt.*
8) *Nennen und beschreiben Sie kurz die verschiedenen Arten der importierten Inflation.*
9) *Was versteht man unter einer produktivitätsorientierten Lohnpolitik?*
10) *Warum ist eine konjunkturorientierte staatliche Nachfrageregulierung zur Bekämpfung der Inflation problematisch?*

Lösungsvorschläge für die Arbeitsaufgaben im „Übungsbuch zu Grundlagen und Probleme der Volkswirtschaft“

D. Literatur

Einen sehr kurzen Überblick über Inflationstheorien bietet

CEZANNE, Wolfgang, Inflationstheorien – ein Überblick, in: Wirtschaftswissenschaftliches Studium (WiSt), 20. Jg. (1991), S. 56–62.

Konzis, jedoch umfassend informiert

CASSEL, Dieter, Art. Inflation, in: Vahlens Kompendium der Wirtschaftstheorie und Wirtschaftspolitik, Bd. 1, 7. Aufl., München 1999, S. 287–350.

Ausführlich informieren

STRÖBELE, Wolfgang, Inflation. Einführung in Theorie und Politik, 3. Auflage, München 1994

WAGNER, Helmut, Inflation, Würzburg 1983.

Eine neuartige Sicht bietet

RIESE, Hajo, Theorie der Inflation, Tübingen 1986.

Der Band von

WOLL, Artur (Hrsg.), Inflation. Definitionen, Ursachen, Wirkungen und Bekämpfungsmöglichkeiten, München 1979

enthält wichtige Beiträge verschiedener Autoren.

Verschiedene Konzepte zur Bekämpfung von Inflation (und Arbeitslosigkeit) werden ausgewogen dargestellt von

KROMPHARDT, Jürgen, Arbeitslosigkeit und Inflation. Eine Einführung in die makroökonomischen Kontroversen, 2. Aufl., Göttingen 1998.

Probleme der Inflationsmessung beschreibt

DEUTSCHE BUNDESBANK, Monatsbericht Mai 1998, S. 53–66.

25. Kapitel
Einkommens- und Vermögensverteilung

A. Lernzielorientierte Leitfragen und Fragenkomplexe

Leitfrage:
Mit welchen Fragestellungen beschäftigt sich die Einkommensverteilungstheorie?

- *Worin besteht der Unterschied zwischen der Primär- und der Sekundärverteilung des Einkommens?*
- *Was wird mit der funktionalen Einkommensverteilung beschrieben?*
- *Was wird mit der personellen Einkommensverteilung beschrieben?*
- *Welche besondere Rolle spielt die Lohnquote?*
- *Ist bei einer „gerechten" Einkommensverteilung die Einkommensgleichheit, die Bedarfsgerechtigkeit oder die Leistungsgerechtigkeit als Kriterium anzuwenden?*

Leitfrage:
Welche Erfolgsaussicht haben Maßnahmen zur Einkommensumverteilung?

- *Welche Chancen hat eine „expansive" Lohnpolitik?*
- *Welches sind die Wirkungen einer staatlichen Umverteilung mittels Steuern und Transfers?*
- *Welche Verteilungswirkungen können von öffentlichen Gütern ausgehen?*

Leitfrage:
Was ist das Vermögen und welche Möglichkeiten zur Vermögensumverteilung gibt es?

- *Warum sind die Definition und die Bewertung des Vermögens zentrale Punkte jeder verteilungspolitischen Diskussion?*
- *Nach welchen Gesichtspunkten läßt sich die Verteilung des Vermögens darstellen?*
- *Umverteilung der Vermögensbestände oder der Vermögenszuwächse?*

B. Sachanalyse

1. Vorbemerkungen

Im volkswirtschaftlichen Produktionsprozeß werden die Produktionsfaktoren Arbeit und Kapital (einschl. Boden), die sich im Besitz bestimmter Personen und Personengruppen befinden, eingesetzt. Durch das Zusammenwirken der Produktionsfaktoren werden Güter produziert. Gleichzeitig erzielen die an der Produktion beteiligten Faktoren und damit deren Eigentümer Einkommen, die es den Einkommensempfängern gestatten, Konsumgüter zu kaufen oder (durch Sparen) Vermögen zu bilden. Die Darstellung und Analyse der Verteilung des volkswirtschaftlichen Einkommens auf die Produktionsfaktoren bzw. ihre Besitzer ist Hauptgegenstand dieses Kapitels (vgl. Abb. 25.1). Zwei Teilaspekte können dabei unterschieden werden:

Die Fragestellungen der Einkommensverteilungstheorie

(1) Welches Einkommen erzielen die an der Produktion des Sozialprodukts beteiligten **Produktionsfaktoren,** und wie ist die Verteilung auf die Faktoren zu erklären?

(2) Wie sind die Einkommen auf die einzelnen **Personen- oder Haushaltsgruppen** verteilt, und wie ist diese Verteilung zu erklären?

Es würde den Rahmen dieser Einführung übersteigen, auch nur die Grundlagen der Einkommensverteilungstheorie, die die Bestimmungsgründe der Einkommensverteilung aufzuzeichnen versucht, darzustellen. Wir wollen deshalb so vorgehen, daß wir nach der Klärung einiger Grundbegriffe die Frage nach einer „gerechten" Einkommensverteilung aufwerfen, uns anschließend mit der tatsächlichen Einkommensverteilung in der Bundesrepublik beschäftigen und dann untersuchen, wie die Möglichkeiten einer Einkommensumverteilung in einer Marktwirtschaft zu beurteilen sind. Einige Bemerkungen zur Vermögensverteilung schließen dieses Kapitel ab.

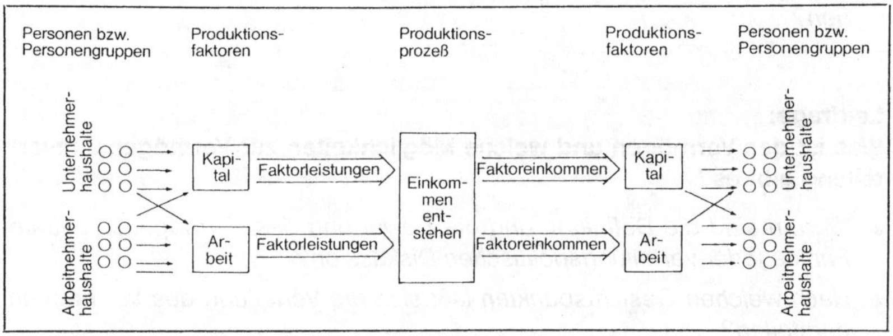

Abb. 25.1: Der Prozeß der Einkommensentstehung und Einkommensverteilung

2. Grundbegriffe der Einkommensverteilung

2.1 Einkommensentstehung

Mit der Abgabe von Faktorleistungen – d. h. im Zuge der Durchführung von Produktionsprozessen – entstehen Einkommensansprüche der Eigentümer der Faktoren; z.B. erwirbt ein Arbeitnehmer einen Anspruch auf eine Lohnzahlung. Die Höhe des Einkommensanspruchs bzw. des auf seiner Grundlage gezahlten Einkommens ergibt sich als Produkt aus der Menge der abgegebenen Faktorleistungen (z. B. der Arbeitsstunden) und dem Faktorpreis (z. B. dem Stundenlohn). Um den Prozeß der Einkommensentstehung richtig zu verstehen, muß man sich nun klarmachen, daß sowohl die verkauften (eingesetzten) **Faktormengen** als auch ihre **Preise** in einer Marktwirtschaft **auf Märkten bestimmt** werden:

Einkommensentstehung in der Marktwirtschaft

- Wird ein Faktor aufgrund der marktmäßigen Gegebenheiten in großen Mengen nachgefragt und angeboten, so wird viel von diesem Faktor im Produktionsprozeß eingesetzt.
- Der Preis eines Faktors wird um so höher sein, je knapper das Faktorangebot im Verhältnis zur Faktornachfrage ist.

Das ist jedenfalls das Grundprinzip. In der Praxis kommt es auf dem wohl wichtigsten Faktormarkt, dem Arbeitsmarkt, infolge der besonderen Marktstruktur (zweiseitiges Monopol zwischen den Tarifpartnern) zeitweise zu Ergebnissen, die nicht oder nur teilweise den Angebots- und Nachfragebedingungen entsprechen. Wird dabei ein Lohn vereinbart, der über dem Gleichgewichtslohnsatz liegt (bei dem das Angebot und die Nachfrage nach Arbeit einander entsprechen), so kann dies eine Ursache für Arbeitslosigkeit sein. Langfristig ist indes zu beobachten, daß die Marktgegebenheiten trotz der Marktmacht der Tarifpartner ihren Niederschlag in den vereinbarten Konditionen finden.

2.2 Primäre und sekundäre Einkommensverteilung

Die primäre Einkommensverteilung ergibt sich unmittelbar aus dem Produktionsprozeß

Als **primäre** Einkommensverteilung bezeichnet man jene Verteilung des Volkseinkommens, die sich unmittelbar aus dem Produktionsprozeß ergibt, ohne daß der Staat in die Verteilung eingreift.

Die sekundäre Einkommensverteilung ergibt sich nach der Umverteilung durch den Staat

Demgegenüber zeigt die **sekundäre** Einkommensverteilung die Verteilung des verfügbaren Einkommens auf die einzelnen Einkommensbezieher bzw. die privaten Haushalte, wie sie sich nach der Umverteilung durch den Staat (durch direkte Steuern, Renten, Arbeitslosenunterstützung, Mietbeihilfen, Kindergeld und ähnliche Übertragungen) ergibt. Beispiel: Angenommen, ein Arbeitnehmer erzielt ein Bruttoeinkommen von 3200 DM im Monat (einschließlich Lohnsteuern, Arbeitnehmer- und Arbeitgeberanteil zur Sozialversicherung), so ist dies sein Einkommen, das er im Rahmen der Primärverteilung erzielt. Zieht man hiervon die Lohnsteuern sowie die gesamten Sozialversicherungsbeiträge ab und addiert das Kindergeld, die Wohnbeihilfe u. ä., so erhält man das Einkommen des Haushalts nach der Umverteilung durch den Staat. Die Unterscheidung zwischen primärer und sekundärer Einkommensverteilung entspricht im einzelwirtschaftlichen Bereich also weitgehend dem Unterschied zwischen dem Bruttoeinkommen und dem **verfügbaren Einkommen.**

2.3 Funktionale und personelle Einkommensverteilung

Funktionale Einkommensverteilung zeigt die Verteilung der Einkommen auf die Produktionsfaktoren Arbeit und Kapital

An der Erstellung des Sozialproduktes sind die Produktionsfaktoren Kapital (einschließlich Boden) und Arbeit beteiligt. Die Verteilung des Volkseinkommens auf diese Produktionsfaktoren bezeichnet man als **funktionale Einkommensverteilung.**

Die Produktionsfaktoren befinden sich im Eigentum der handelnden Wirtschaftseinheiten. Man kann deshalb auch die Verteilung des Volkseinkommens auf diese Wirtschaftssubjekte oder Gruppen von Wirtschaftssubjekten, unabhängig davon, durch den Einsatz welcher Produktionsfaktoren diese Einkommen entstanden sind, betrachten. Man beschäftigt sich dann mit der **personellen Einkommensverteilung.**

Die personelle Einkommensverteilung zeigt die Verteilung der Einkommen auf Personen oder Personengruppen

Das folgende Beispiel mag den Unterschied zwischen der funktionalen und der personellen Einkommensverteilung verdeutlichen: Angenommen, das Volkseinkommen von 100 verteilt sich im Verhältnis 60 zu 40 auf die Produktionsfaktoren Arbeit und Kapital. Damit ist die funktionale Einkommensverteilung bestimmt. Es sei weiter angenommen, daß die Gruppe der Arbeitnehmerhaushalte ein Arbeitseinkommen von 60 und ein Kapitaleinkommen von 10 (z. B. aus Dividenden) empfängt und die Unternehmerhaushalte[1]) ein Kapitaleinkommen von 30 beziehen. Damit ist die personelle Einkommensverteilung der Volkswirtschaft gegeben: Arbeitnehmerhaushalte 70, Unternehmerhaushalte 30.

2.4 Lohnquote und ihre verteilungspolitische Bedeutung

Definition der Lohn- und Gewinnquote

Wir haben schon verschiedentlich von der **Lohnquote** gesprochen, die wir definiert haben als Anteil der Löhne am gesamten Volkseinkommen. Der Lohnquote steht die **Gewinnquote** gegenüber, die den Anteil der Gewinne am Volkseinkommen angibt. Wenn man (etwas vereinfachend) unterstellt, daß das Volkseinkommen nur aus Löhnen und Gewinnen besteht, so müssen die Lohn- und die Gewinnquote sich zusammen zu 1 (bzw. 100 Prozent) ergänzen:

$$\text{Volkseinkommen} = \text{Löhne} + \text{Gewinne}$$

$$\frac{\text{Volkseinkommen}}{\text{Volkseinkommen}} = \frac{\text{Löhne}}{\text{Volkseinkommen}} + \frac{\text{Gewinne}}{\text{Volkseinkommen}} = 1$$

1) In diesem Beispiel wird davon abgesehen, daß auch Unternehmer- bzw. Selbständigenhaushalte Arbeitseinkommen beziehen können.

Eine Aufgliederung des Volkseinkommens in Löhne und Gewinne wird in der Volkswirtschaftlichen Gesamtrechnung (vgl. Kapitel 8 und 9) nicht genau in dieser Form vorgenommen. Aufgegliedert wird das Volkseinkommen in **„Einkommen aus unselbständiger Arbeit“** (Löhne und Gehälter) und in **„Einkommen aus Unternehmertätigkeit und Vermögen“** (Zins- und Mieteinkommen, kalkulatorischer Unternehmerlohn – ein fiktives Entgelt für die Arbeitsleistung von Selbständigen – und Gewinn im engeren Sinn), für deren Anteile am Volkseinkommen sich aber trotzdem die Namen Lohn- und Gewinnquote eingebürgert haben.

Statistisch erfaßte Verteilung ist nur bedingt funktional

Die Verteilung des Volkseinkommens auf Einkommen aus unselbständiger Arbeit und auf Einkommen aus Unternehmertätigkeit und Vermögen kann man nur mit gewissen Vorbehalten als funktional bezeichnen, da die Einkommen aus Unternehmertätigkeit und Vermögen nur annähernd das Einkommen des Faktors Kapital wiedergeben. Der Vorbehalt bezieht sich vor allem darauf, daß die Einkommen aus Unternehmertätigkeit und Vermögen auch Einkommen des Produktionsfaktors Arbeit enthalten, nämlich den Wert der von Selbständigen (und unbezahlten, aber mithelfenden Familienangehörigen) geleisteten Arbeit. Will man eine die echte funktionale Verteilung wiedergebende Maßgröße erhalten, so muß man die Zahlen für die Einkommen aus unselbständiger Arbeit und aus Unternehmertätigkeit und Vermögen entsprechend korrigieren. Dazu zieht man von dem Einkommen aus Unternehmertätigkeit und Vermögen ein dem Lohneinkommen der Arbeitnehmer entsprechendes Arbeitseinkommen der Selbständigen (kalkulatorischer Unternehmerlohn) ab und schlägt dies dem Einkommen aus unselbständiger Tätigkeit zu (vgl. dazu die Arbeitseinkommensquote in Tabelle 25.1).

Lohnquote als verteilungspolitische Zielgröße?

Die Verteilung des Volkseinkommens auf Einkommen aus unselbständiger Arbeit und auf Einkommen aus Unternehmertätigkeit und Vermögen repräsentiert auch keine personelle Einkommensverteilung, da sie nicht angibt, welchen Einkommensanteil die Unselbständigen und die Selbständigen insgesamt am Volkseinkommen haben. Auch Unselbständige erzielen in nicht unerheblichem Umfang Vermögenseinkommen (Zinsen, Dividenden, Mieten). Daher ist es nicht unproblematisch, wenn in der verteilungspolitischen Diskussion die Entwicklung der Lohnquote als Maßgröße für die Ermittlung des Anteils der Einkommen der Arbeitnehmer am Volkseinkommen angesehen wird.

Bei der bereinigten Lohnquote geht man von einem unveränderten zahlenmäßigen Verhältnis zwischen Selbständigen und Unselbständigen aus

Ein weiterer Grund dafür, daß die Entwicklung der Lohnquote kein geeigneter Maßstab für die Entwicklung des Anteils der Einkommen der Arbeitnehmer am Volkseinkommen ist, liegt darin, daß die Lohnquote unberücksichtigt läßt, auf wieviel Arbeitnehmer sich das Einkommen aus unselbständiger Arbeit verteilt. Dieses Argument wäre nur dann gegenstandslos, wenn die Zahl der Arbeitnehmer im Zeitablauf unverändert bliebe. Dies ist jedoch nicht der Fall, wenn die Zahl der Arbeitslosen steigt oder wenn der Anteil der Arbeitnehmer an den Erwerbstätigen sich verändert. Die Veränderung in der Struktur der Beschäftigung, also im zahlenmäßigen Verhältnis zwischen Selbständigen und Arbeitnehmern, wird berücksichtigt, wenn die sog. **„bereinigte" Lohnquote** berechnet wird, die auf der Grundlage der Beschäftigungsstruktur eines Basisjahres ermittelt wird.

Einkommensunterschiede innerhalb der beiden großen Gruppen werden nicht sichtbar

Eine Orientierung der verteilungspolitischen Diskussion an der Lohnquote ist noch aus einem anderen Grunde problematisch: Bei der Gegenüberstellung der beiden großen Aggregate „Einkommen aus Unternehmertätigkeit und Vermögen" und „Einkommen aus unselbständiger Arbeit" lassen sich die erheblichen Einkommensunterschiede zwischen den einzelnen zu derselben Gruppe gehörigen Erwerbstätigen nicht erkennen. So stehen beispielsweise Arbeitnehmern mit kleinen und mittleren Einkommen die abhängig beschäftigten Führungskräfte (z. B. der Vorstandsvorsitzende einer großen Aktiengesellschaft) gegenüber, deren Einkommen meist sogar erheblich höher ist als das des größten Teils der Selbständigen.

3. Gerechte Einkommensverteilung

Nach diesen mehr begrifflichen Klärungen wollen wir uns nun mit der Frage der gerechten Einkommensverteilung auseinandersetzen.

Zunächst sei betont, daß die Frage, welche Einkommensverteilung gerecht ist, wissenschaftlich nicht beantwortet werden kann, jede Antwort stellt ein Werturteil dar.

Exkurs:
Grenzproduktivitätstheorie der Verteilung

Wir wollen die Feststellung, daß jedes Verteilungsurteil letztlich eine Wertung darstellt, zunächst kurz an der sog. „Grenzproduktivitätstheorie" des Lohnes erläutern, von der einige Volkswirte meinten und meinen, diese Theorie liefere einen objektiv gerechten Verteilungsschlüssel. Wenn ein Unternehmer wirtschaftlich kalkuliert, so wird er von einem Produktionsfaktor, z. B. vom Faktor Arbeit, so lange mehr einsetzen, wie der Mehreinsatz seinen Gewinn erhöht. Umgekehrt wird er den Einsatz des Faktors einschränken, wenn dies seinen Gewinn erhöht. Wie lange wird ein Unternehmer den Einsatz des Produktionsfaktors Arbeit ausdehnen, d. h. mehr Arbeitskräfte einstellen wollen? Der Unternehmer wird den Einsatz eines Faktors so lange ausdehnen, wie der zusätzliche Umsatz (Ertrag), den er hierdurch erzielt, größer ist als die Ausgabe für den Faktor. Auf eine Arbeitsstunde bezogen: Der Arbeitseinsatz wird solange ausgedehnt, wie der Wert des zusätzlichen Produktes einer Arbeitsstunde größer ist als der Lohnsatz pro Stunde. Eine entsprechende Überlegung gilt für jeden Faktor, insbesondere auch für den Faktor Kapital. Nennt man nun das mit seinem Preis bewertete zusätzliche Produkt einer zusätzlichen Mengeneinheit eines Produktionsfaktors „Wert des Grenzproduktes des Faktors", so erzielt der Unternehmer offenbar einen größtmöglichen Gewinn, wenn er von jedem Faktor so viel einsetzt, bis der Wert seines Grenzproduktes (im Grenzfall) gleich ist dem Preis des Produktionsfaktors (vgl. Kapitel 5). Auf die Arbeitskraft bezogen: Es wird so lange ein zusätzlicher Arbeiter eingestellt, wie der Wert des von ihm zusätzlich hergestellten Produktes größer ist als der Lohn des Arbeiters. Aus dieser Regel für die gewinnmaximierende Einsatzmenge der Produktionsfaktoren haben einige Grenzproduktivitätstheoretiker eine simple Verteilungsnorm gemacht: Wenn der Faktor mit dem Wert seines Grenzproduktes entlohnt würde, dann sei die Bewertung leistungsgerecht, der Faktor erhielte dann ja genau das, „was er geschaffen habe". Der Fehler in dieser Argumentation ist offensichtlich: Der Wert des Grenzproduktes eines Produktionsfaktors sagt, wenn mehrere Faktoren an der Produktion beteiligt sind, nichts über den Beitrag, den der einzelne Produktionsfaktor insgesamt zur Produktion leistet. Diesen Beitrag zu isolieren, ist ein logisch nicht zu lösendes Problem: Wenn die Produktion ohne die anderen Faktoren nicht möglich ist, so ist es auch nicht möglich, die Leistung des einen Faktors zu bestimmen. Den Wert des Grenzproduktes als Verteilungsschlüssel zu bestimmen, ist zwar möglich, es bleibt aber eine willkürliche Wertung.

3.1 Verteilungsnormen

Die anerkannte Norm für die Verteilung ist **Verteilungsgerechtigkeit.** Allerdings ist dieser Begriff ohne nähere Bestimmung inhaltsleer. Gerechtigkeit heißt, Gleiches gleich zu behandeln. Was aber als gleich anzusehen ist, bleibt umstritten. Meist werden verschiedene Konzepte der Leistungsgerechtigkeit und der Bedarfsgerechtigkeit diskutiert.

Die Forderung nach Verteilungsgerechtigkeit ist – ohne nähere Bestimmung – eine Leerformel

3.1.1 Leistungsgerechtigkeit

Nach dieser Norm soll das Einkommen der für die Gesellschaft erbrachten Leistung entsprechen. Damit erhebt sich das Problem, die Leistung zu messen. Vielfach wird argumentiert, in einer wettbewerblich organisierten Marktwirtschaft entspreche die **erbrachte Leistung** dem Marktentgelt. Dahinter steht der Gedanke, daß die Gütermärkte einer Volkswirtschaft über Preise und Gewinne die Signale geben, welche kaufkräftigen Bedürfnisse in der Volkswirtschaft existieren, daß auf dieser Grundlage die zur Erstellung der entsprechenden Produkte notwendigen Faktorleistungen nachgefragt werden und daß so die Faktorpreise bei gegebenen Faktorangebotsmengen widerspiegeln, wie knapp und wertvoll die jeweiligen Faktorleistungen für die Gesellschaft sind.

Wie wird die Leistung gemessen?

Diese Argumentation erweist sich als problematisch. Es ist bei der in modernen Industriegesellschaften üblichen Verbundproduktion nicht möglich, den Beitrag einer bestimmten Leistung zum Produktionsergebnis separat zu erfassen. So ist es z. B. im Rahmen der Bierproduktion nicht möglich, den Leistungsbeitrag des Braumeisters, des Buchhalters oder des Arbeiters in der Flaschenabfüllanlage zu erfassen und zu messen.

Die Leistung ist in der Verbundproduktion nicht zu messen

Damit entpuppt sich die Aussage, die Einkommen in einer Marktwirtschaft entsprächen der Leistung, als Tautologie. Und die Norm der Leistungsgerechtigkeit bleibt inhaltsleer (vgl. oben: Exkurs zur Grenzproduktivitätstheorie).

Neben dieser grundsätzlichen Problematik ist auch in speziellen Fällen die Gleichsetzung von Marktentgelt und Leistung überaus fragwürdig:

- Es gibt zahlreiche gesellschaftsförderliche Leistungen, die nicht über den Markt gehen (z.B. Kinderbetreuung, Hausfrauentätigkeit usw.).
- Der Markt bewertet erbrachte Leistungen nicht immer nach „gesellschaftsdienlichen" Kriterien. Man denke an externe Effekte, wie sie in Divergenzen zwischen der unternehmensbezogenen Gewinn- und Verlustrechnung und der gesellschaftsbezogenen Nutzen-Kosten-Rechnung zum Ausdruck kommen können – bekannt sind die Beispiele aus der Umweltdiskussion. Oder der Markt „honoriert" Leistungen, wo sie individuell gar nicht vorliegen (z.B. stellt die beim Verkauf eines privaten Grundstückes realisierte Wertsteigerung – bedingt durch öffentliche Infrastrukturmaßnahmen – keine Leistung des Grundstückseigentümers dar).
- Bei fehlendem oder unzureichendem Wettbewerb spiegelt das Marktergebnis häufig weniger die Leistung als die wirtschaftliche Macht wider.

Leistungsbestimmung durch Anforderungskriterien

Neben der im Sinne eines „Outputs" erbrachten Leistung wird im Rahmen der Leistungsgerechtigkeit auch die Beanspruchung des Individuums, das **persönliche Opfer** im Sinne eines „Inputs" als Verteilungsmaßstab diskutiert. Gesichtspunkte wie die physische oder psychische Belastung bei der Leistungserstellung treten dann in den Vordergrund. Das Lohngefüge innerhalb einzelner Industrien und Betriebe in der Bundesrepublik ist wesentlich durch solche **Anforderungskriterien** bestimmt. Diese Verteilungsnorm führt häufig zu anderen Ergebnissen als das Marktleistungskriterium: Eine marktmäßig kaum honorierte Leistung kann für den Leistungsträger mit erheblichen Belastungen verbunden sein.

3.1.2 Bedarfsgerechtigkeit

Nach diesem Konzept liegt Verteilungsgerechtigkeit vor, wenn alle Individuen die gleiche Wohlfahrtsposition erreichen. Als Wohlfahrt bezeichnet man dabei – ohne genau definieren zu können – die Befriedigung durch soziale und ökonomische Faktoren, durch Faktoren, die auf den Maßstab des Geldes reduziert werden könnten. Diese Norm wird in einfacher Weise mit der Gleichheit der Menschen begründet: Weil die Menschen gleich sind, soll auch ihr Wohlfahrtsniveau gleich sein.

Begründung der Gleichheit

Diese Norm führt zu einer gleichmäßigen Einkommensverteilung **(Egalitätsprinzip),** wenn das Wohlfahrtsniveau für jeden Menschen in gleicher Weise vom Einkommen abhängt (identische Nutzenfunktion). Ist dies nicht der Fall, so wäre die unterschiedliche Dringlichkeit der Bedürfnisse der Menschen zu berücksichtigen. Dies ist allerdings wegen der prinzipiellen Unmöglichkeit, Bedürfnisse und Nutzen interpersonell zu vergleichen, nicht durchführbar. Mithin bleibt strenggenommen auch die Norm der Bedarfsgerechtigkeit praktisch inhaltsleer.

3.2 Funktionale Notwendigkeit von Einkommensunterschieden

Die Ausführungen haben gezeigt, daß der Begriff der Verteilungsgerechtigkeit unterschiedlich interpretiert werden kann. Allerdings scheint uns die Norm der Bedarfsgerechtigkeit sinnvoller als die der Leistungsgerechtigkeit zu sein.

Und wenn auch über den Endzustand einer gerechten Einkommensverteilung wenig Konkretes gesagt wird, so scheint doch weitgehend Übereinstimmung darin zu bestehen, daß eine größere Gleichmäßigkeit der Verteilung als bisher eine Verbesserung der Situation darstellt.

Verringerung der Ungleichheit wird überwiegend als Verbesserung interpretiert

Die Ablehnung der Leistungsgerechtigkeit als **Norm** für die Verteilung darf nicht zu dem Schluß führen, Einkommensunterschiede könnten ohne Folgen für die Gesamtwirtschaft beseitigt werden. Vielmehr sind in einer kapitalistischen Marktwirtschaft – allerdings auch in anderen Wirtschaftssystemen – Einkommensunterschiede als Leistungsanreizsysteme und als Lenkungsinstrument **funktional notwendig.** Die Einkommen sind in dieser Sicht nicht deswegen unterschiedlich, weil die Menschen eine unterschiedliche Leistung erbringen, sondern um die Menschen zu höherer Leistung anzuspornen. In diesem Sinn bietet unser Wirtschaftssystem Karrieren mit Risiko. Einige wenige Menschen nur erreichen Spitzenpositionen, die Spitzenpositionen sind aber so dotiert, daß viele sich anstrengen und hohe Leistungen erbringen, um sie zu erreichen. Ein hohes Einkommen z. B. für Vorstandsmitglieder von Aktiengesellschaften kann in dieser Sicht also nicht als „gerecht" oder „ungerecht" bezeichnet werden; es ist lediglich als Leistungsanreiz für die untergeordneten Ebenen (Hauptabteilungsleiter, Abteilungsleiter …) funktional notwendig.

Funktionale Notwendigkeit von Einkommensunterschieden

4. Einkommensverteilung in der Bundesrepublik

4.1 Lohnquote

Daß die Lohnquote trotz der bereits geäußerten Bedenken auch heute noch eine bedeutsame Rolle in der politischen Diskussion spielt, mag insbesondere zwei Gründe haben:

- Die im Vergleich zu anderen Verteilungszahlen schnelle statistische Verfügbarkeit dieser Quote;
- die Bequemlichkeit, die Verteilungsdiskussion anhand einer einzigen und leicht verständlichen Maßgröße zu führen.

Tabelle 25.1 zeigt die Entwicklung der Lohnquote in der Bundesrepublik Deutschland seit 1950:

Tab. 25.1: Die Entwicklung der Lohnquote (Westdeutschland, ab 1995 Deutschland)

Jahr	Bruttolohnquote		Arbeitseinkommensquote[3])	Anteil der Arbeitnehmer an den Erwerbstätigen
	unbereinigt[1])	bereinigt[2])		
1950	58,2	71,0	*	68,4
1955	59,7	67,5	*	74,1
1960	59,7	65,0	80,1	77,2
1965	65,3	67,3	80,7	80,9
1970	68,0	68,0	81,5	83,4
1975	73,1	71,5	84,9	85,3
1980	73,5	70,2	83,2	87,4
1985	73,0	68,7	82,4	88,6
1990	69,6	65,0	77,9	89,4
1991	70,1	65,3	78,3	89,5
1992	71,1	66,2	79,4	89,5
1993	72,5	67,6	80,5	89,3
1994[p]	70,7	66,2	82,7	89,1
1995[p]	72,0	*	84,0	*
1996[p]	71,1	*	83,2	*
1997[p]	69,4	*	81,3	*

* = Keine Angaben verfügbar. p = vorläufig

1) Bruttoeinkommen aus unselbständiger Arbeit in v. H. des Volkseinkommens.
2) Unbereinigte Bruttolohnquote korrigiert um die Veränderungen in der Beschäftigtenstruktur gegenüber dem Basisjahr 1970.
3) Verhältnis aus gesamtwirtschaftlichen Arbeitseinkommen (Summe der Bruttoeinkommen aus unselbständiger Arbeit (Inländerkonzept) und dem kalkulatorischen Arbeitseinkommen der selbständig Erwerbstätigen einschl. der mithelfenden Familienangehörigen) zum Volkseinkommen.

Quelle: Handbuch einkommens-, vermögens- und sozialpolitischer Daten, Loseblattsammlung, Köln, lfd. Ergänzung. Sachverständigenrat zur Begutachtung der gesamtwirtschaftlichen Entwicklung, JG 1994/95, S. 85, 102; Zahlen zur wirtschaftlichen Entwicklung der Bundesrepublik Deutschland, Institut der deutschen Wirtschaft Köln.

Zur Entwicklung der Lohnquote und der relativen Verteilungsposition der Arbeitnehmer

Dabei ist zu sehen, daß die **unbereinigte Bruttolohnquote** bis 1980 auf 73,5 % ansteigt (den höchsten Wert erreichte sie 1982 mit 76,9 %), dann aber mit Schwankungen wieder abfällt. Ein ähnliches Bild zeigt die **bereinigte Lohnquote** (bereinigt deswegen, weil man bei ihrer Berechnung von einer konstanten Beschäftigtenstruktur – hier dem Basisjahr 1970, das deswegen auch gleiche Quoten aufweist – ausgeht), deren Anstieg sich bis 1975 vollzieht (71,5 %) und seitdem abgenommen hat. Ein Anstieg der bereinigten Lohnquote bedeutet, daß der durchschnittliche Lohn im Verhältnis zum durchschnittlichen Einkommen aller Erwerbstätigen angestiegen ist und vice versa. Dies zeigt folgende Umrechnung:

$$\text{Lohnquote} = \frac{L}{Y} \text{ wird erweitert mit } \frac{A}{A} \cdot \frac{E}{E}$$

Dabei bedeutet A die Zahl der Arbeiter und E die Zahl der Erwerbstätigen insgesamt.

$$\frac{L}{Y} = \frac{L}{Y} \cdot \frac{A}{A} \cdot \frac{E}{E}$$

$$= \frac{A}{E} \cdot \frac{E}{A} \cdot \frac{L}{Y} = \frac{A}{E} \cdot \frac{L}{A} \cdot \frac{E}{Y}$$

Daraus folgt:

$$\frac{L}{Y} = \frac{A}{E} \cdot \frac{\frac{L}{A}}{\frac{Y}{E}}$$

Da bei der bereinigten Lohnquote der Anteil der Arbeiter an den Erwerbstätigen ($\frac{A}{E}$) fiktiv konstant gehalten wird, bedeutet ihr Anstieg, daß der durchschnittliche Lohn des Arbeiters ($\frac{L}{A}$) im Verhältnis zum durchschnittlichen Einkommen aller Erwerbstätigen ($\frac{Y}{E}$) gestiegen ist.

Im übrigen schwankt die Lohnquote im Konjunkturverlauf: Sie sinkt im Aufschwung, da hier die Unternehmereinkommen der allgemeinen Einkommensentwicklung vorauseilen. Sie steigt im Abschwung, da die Arbeitnehmer in dieser Phase des Konjunkturzyklus den Rückstand wieder aufholen (Lohn-Lag).

Die Arbeitseinkommensquote als Maßgröße für die funktionale Einkommensverteilung

Wie ausgeführt, ist die Lohnquote nur eine unvollkommene Maßgröße für die funktionale Einkommensverteilung, da sie bestimmte – im ökonomischen Sinn – Arbeitseinkommen nicht enthält. Dem trägt die in der vorletzten Spalte von Tabelle 25.1 ausgewiesene **Arbeitseinkommensquote**[2]) Rechnung.

4.2 Personelle Einkommensverteilung

Einkommens- und Verbrauchsstichprobe

Darstellungen zur personellen Einkommensverteilung in der Bundesrepublik basieren meist zum einen auf der Einkommens- und Verbrauchsstichprobe (EVS) und zum anderen auf den Modellrechnungen des Deutschen Instituts für Wirtschaftsforschung (DIW) in Berlin. Die EVS ist eine in fünfjährigem Rhythmus durchgeführte Stichprobenerhebung privater Haushalte auf freiwilliger Basis. Die Stichprobe umfaßt etwa 0,2 % aller Haushalte und liefert Informationen zu Einnahmen, Ausgaben, Vermögen, Schulden und anderen Indikatoren des Lebensstandards. Die bislang letzte EVS von 1998 ist noch nicht im Hinblick auf die personelle Einkommensverteilung ausgewertet worden. Das DIW erstellt seine Verteilungsrechnung unter Verwendung auch weiterer Daten wie volkswirtschaftliche

---

2) Zur Berechnung der Arbeitseinkommensquote sei der interessierte Leser auf das Gutachten 1990/91 des SACHVERSTÄNDIGENRATES ZUR BEGUTACHTUNG DER GESAMTWIRTSCHAFTLICHEN ENTWICKLUNG, Stuttgart 1990. S. 84ff. u. S. 311ff. hingewiesen.

Gesamtrechnung, Steuerstatistik, Mikrozensus usw. Aktuell sind detaillierte Darstellungen zur personellen Einkommensverteilung nicht erhältlich, daher werden zur Illustration die Einkommensschichtungen von 1988 herangezogen.

Einkommensschichtung nach sozialen Gruppen

Einen guten Einblick in die Schichtung der Einkommen der Haushalte geben die Tabellen 25.2 und 25.3. Dabei wird nach den ausgewiesenen sozialen Gruppen differenziert und eine Schichtung sowohl der Bruttoerwerbs- und Vermögenseinkommen (vor der Umverteilung; Tab. 25.2) und der verfügbaren Einkommen (nach der Umverteilung; Tab. 25.3) ausgewiesen. Damit ist vor allem das Ausmaß der Ungleichheit innerhalb der Gruppen und der Gesamtbevölkerung zu ersehen. So erhielten z. B. 27,0 % der Gesamtbevölkerung vor der Umverteilung ein Einkommen unter 1000,– DM, während z. B. 0,8 % ein Einkommen über 25 000,– DM erzielen; nach der Umverteilung waren dann nur noch 2,0 % der Bevölkerung in der Einkommensklasse unter 1000,– DM und nur noch 0,4 % erhielten mehr als 25 000,– DM. Damit wird indirekt auch das erhebliche Ausmaß

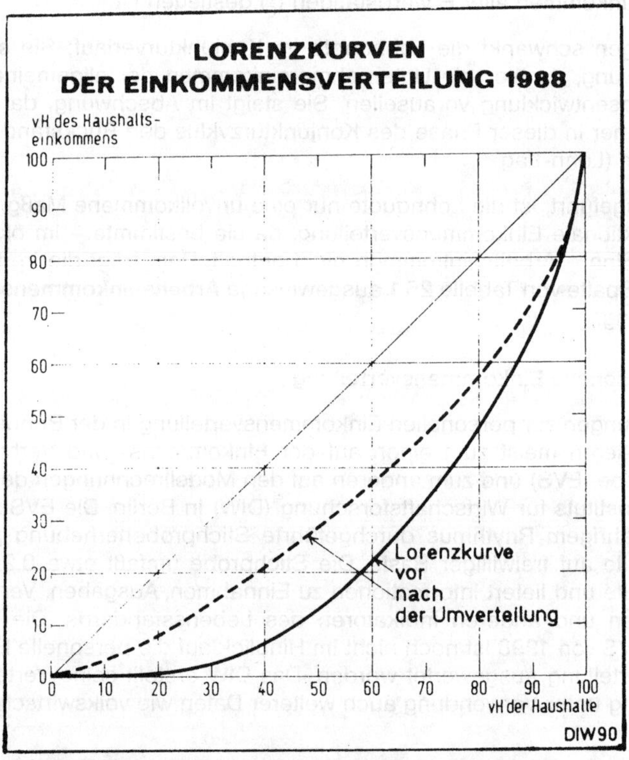

Abb. 25.2: Lorenzkurven der Einkommensverteilung 1988
Quelle: DIW-Wochenbericht 22/1990, S. 313

Tab. 25.2: Einkommensschichtung nach der Höhe des Bruttoerwerbs1) – und Vermögenseinkommens in sozialer Gruppierung 1988. Angaben in v.H. der jeweiligen Gruppe

Monatliches Haushalts-einkommen von … bis unter … DM	Haushalte von								Insgesamt
	Selbständigen in / außerhalb der Landwirtschaft		Ange-stellten	Beamten	Arbeitern	Rentnern	Versor-gungsemp-fängern d. öffentl. Dienstes	Arbeits-losen-haus-halte[2)]	
unter 1000	0,0	0,0	0,0	0,0	0,0	62,5	60,1	62,4	27,0
1000 … 2000	0,0	0,0	0,1	0,7	0,9	18,0	18,1	21,7	8,2
2000 … 3000	8,5	0,0	2,7	7,6	6,7	14,0	14,8	11,6	8,6
3000 … 4000	17,9	0,0	8,7	16,0	17,5	4,5	6,3	4,2	8,9
4000 … 5000	12,6	0,1	12,9	15,1	18,3	0,5	0,5	0,1	8,1
5000 … 6000	15,9	0,5	15,2	15,5	16,9	0,3	0,2	0,0	8,3
6000 … 7000	15,6	1,4	15,3	13,8	12,5	0,1	0,0	0,0	7,2
7000 … 8000	12,4	2,7	13,3	10,7	9,1	0,0	0,0	0,0	5,8
8000 … 9000	8,8	4,3	10,4	7,5	6,6	0,0	0,0	0,0	4,5
9000 … 10000	4,4	6,4	7,4	5,1	4,7	0,0	0,0	0,0	3,4
10000 … 11000	3,2	27,5	7,8	5,1	4,2	0,0	0,0	0,0	4,6
15000 … 20000	0,6	23,9	4,5	2,2	2,3	0,0	0,0	0,0	3,0
20000 … 25000	0,0	19,2	1,7	0,8	0,4	0,0	0,0	0,0	1,6
25000 und mehr	0,0	14,1	0,0	0,0	0,0	0,0	0,0	0,0	0,8
zusammen	100,0	100,0	100,0	100,0	100,0	100,0	100,0	100,0	100,0

1) Einschließlich Einkommen aus Wohnungsvermietung ohne unterstellte Sozialbeiträge und ohne nicht entnommene Gewinne der Unternehmen ohne eigene Rechtspersönlichkeit.

2) Empfänger von Arbeitslosengeld oder -hilfe.

Tab. 25.3: Einkommensschichtung nach der Höhe des verfügbaren Einkommens in sozialer Gruppierung 1988. Angaben in v.H. der jeweiligen Gruppe

Monatliches Haushaltseinkommen von ... bis unter ... DM	Haushalte von								Insgesamt
	Selbständigen in / außerhalb der Landwirtschaft		Angestellten	Beamten	Arbeitern	Rentnern	Versorgungsempfängern d. öffentl. Dienstes	Arbeitslosenhaushalte²⁾	
unter 1000	0,0	0,0	0,0	0,0	0,0	4,1	0,4	14,9	2,0
1000 ... 2000	1,2	0,0	1,6	0,6	6,9	29,3	2,7	37,0	13,9
2000 ... 3000	16,5	0,0	17,9	12,4	38,7	30,9	24,7	24,2	26,3
3000 ... 4000	22,1	0,1	35,2	28,0	31,8	26,1	30,4	18,7	27,8
4000 ... 5000	20,9	1,4	17,3	21,1	8,8	5,8	19,4	3,9	10,3
5000 ... 6000	18,5	2,8	11,5	16,0	6,1	2,6	13,1	1,3	6,7
6000 ... 7000	12,1	5,0	7,4	9,9	3,9	0,8	6,3	0,0	4,0
7000 ... 8000	4,7	8,8	4,6	5,7	2,1	0,2	2,3	0,0	2,6
8000 ... 9000	2,4	11,1	2,6	3,5	1,0	0,1	0,7	0,0	1,7
9000 ... 10000	1,5	11,4	1,1	1,9	0,5	0,0	0,0	0,0	1,1
10000 ... 11000	0,3	23,4	0,5	0,9	0,2	0,0	0,0	0,0	1,6
15000 ... 20000	0,0	18,0	0,1	0,0	0,0	0,0	0,0	0,0	1,1
20000 ... 25000	0,0	10,7	0,0	0,0	0,0	0,0	0,0	0,0	0,6
25000 und mehr	0,0	7,2	0,0	0,0	0,0	0,0	0,0	0,0	0,4
zusammen	100,0	100,0	100,0	100,0	100,0	100,0	100,0	100,0	100,0

Quelle: Wochenberichte des DIW, Wochenbericht 22/1990, S. 304 ff.

Tab. 25.4: Durchschnittlich verfügbares Einkommen nach Haushaltsgruppen in DM je Monat

Jahr	Haushalte von								
	Selbständigen	Angestellten	Beamten	Arbeitern	Arbeitslosen1)	Rentnern	Pensionären	Sozialhilfeempfängern	Insgesamt2)
	Durchschnittseinkommen je Haushalt								
1991	12 140	4 850	6 110	4 020	2 640	2 880	4 510	1 940	4 330
1992	12 330	5 290	6 490	4 320	2 890	3 110	4 780	2 080	4 610
1993	11 340	5 530	6 730	4 480	3 060	3 280	5 130	2 200	4 690
1994	12 480	5 530	6 820	4 510	2 990	3 410	5 270	2 330	4 820
1995	14 160	5 540	6 940	4 490	2 960	3 460	5 430	2 380	4 940
1996	14 420	5 670	7 090	4 640	3 090	3 610	5 760	2 400	5 070
1997	14 820	5 720	7 140	4 690	3 050	3 690	5 890	2 430	5 140
	Durchschnittseinkommen je Haushaltsmitglied								
1991	4 190	2 000	2 230	1 440	1 120	1 780	2 760	860	1 920
1992	4 310	2 180	2 360	1 540	1 230	1 910	2 930	920	2 040
1993	4 000	2 320	2 490	1 610	1 300	2 020	3 130	940	2 100
1994	4 470	2 340	2 550	1 630	1 300	2 090	3 220	980	2 170
1995	5 120	2 350	2 590	1 620	1 310	2 110	3 310	990	2 230
1996	5 250	2 430	2 670	1 690	1 370	2 200	3 510	1 000	2 310
1997	5 410	2 470	2 700	1 710	1 360	2 250	3 560	1 010	2 350

1) Haushalte, deren Bezugspersonen überwiegend von Arbeitslosengeld oder -hilfe leben. – 2) Einschließlich derjenigen Haushalte, deren Bezugspersonen überwiegend von sonstigen öffentlichen Übertragungen, Unterhaltszahlungen, Vermögenseinkommen, Mieteinnahmen o. ä. leben.

Quelle: Wochenbericht des DIW 3/1999, S. 82

an Umverteilung durch Steuern und Sozialleistungen deutlich. Dies wird grafisch durch Abbildung 25.2 veranschaulicht.

Die Unterschiede in den Einkommen der sozialen Gruppen, die ebenfalls aus den Tabellen 25.2 und 25.3 zu erschließen wären, werden – wesentlich aktueller – in Tabelle 25.4 ausgewiesen. Die Angaben beziehen sich auf das verfügbare Einkommen, einmal pro Haushalt und einmal pro Haushaltsmitglied.

Unterschiede im Einkommen pro Haushalt und pro Kopf

Daraus wird ersichtlich, daß die durchschnittlichen Einkommen pro Haushalt nach der sozialen Stellung der Bezugsperson differieren. So betrug 1997 das durchschnittliche Haushaltseinkommen insgesamt 5140,– DM; Selbständigenhaushalte lagen mit 14 820,– DM deutlich über diesem Mittelwert und die Haushalte von Arbeitslosen und Sozialhilfeempfängern deutlich darunter. Berücksichtigt man die unterschiedliche gruppenspezifische Haushaltsgröße – Rentner- und Pensionärshaushalte sind meist klein und Selbständigenhaushalte meist groß – so nivellieren und verändern sich die Unterschiede in der Einkommensverteilung ein wenig: Das durchschnittliche Einkommen pro Kopf beträgt 1997 2350,– DM; besonders gering ist das durchschnittliche Einkommen in Haushalten von Sozialhilfeempfängern, Arbeitslosen und auch Arbeitern, überdurchschnittlich gut stehen sich Personen in Pensionärshaushalten und in Haushalten von Selbständigen.

Entwicklung der Einkommensverteilung

Die Entwicklung der Einkommensverteilung stellt Tabelle 25.5 dar. Dazu werden die Haushalte in zehn gleich große Gruppen (Dezile) eingeteilt und zwar nach der Höhe ihres monatlichen Nettoeinkommens. Anschließend wird der Anteil jedes Dezils am Nettoeinkommen ausgewiesen. So verfügten z. B. 1993 die ärmsten zehn Prozent der Haushalte (das 1. Dezil) über einen Einkommensanteil von 2,7 Prozent, die reichsten zehn Prozent (das 10. Dezil) über einen Anteil von 24,3 Prozent. Diese Anteile haben sich relativ wenig geändert, **die Einkommensverteilung ist relativ stabil.**

Tab. 25.5: Die Entwicklung der Einkommensverteilung von 1978 bis 1993 nach Dezilen (Westdeutschland)

	Anteil des Haushaltsnettoeinkommens			
Dezil	1978	1983	1988	1993
1. Dezil	2,8	2,8	2,9	2,7
2. Dezil	4,4	4,3	4,2	4,3
3. Dezil	5,7	5,5	5,4	5,4
4. Dezil	7,0	6,7	6,6	6,6
5. Dezil	8,3	8,0	7,9	7,9
6. Dezil	9,7	9,5	9,3	9,3
7. Dezil	11,2	11,1	10,9	10,8
8. Dezil	12,8	13,0	13,0	12,9
9. Dezil	15,3	15,7	15,8	15,8
10. Dezil	22,8	23,4	24,0	24,3

Quelle: Einkommens- und Verbrauchsstichproben

5. Strategien zur Veränderung der Einkommensverteilung

5.1 Institutionelle Gegebenheiten: Tarifvertrag, Tarifparteien und Arbeitskampf

Arbeits- und Tarifvertrag

Die Beschäftigung eines Arbeitnehmers erfolgt in der Bundesrepublik aufgrund eines zwischen Arbeitgeber und Arbeitnehmer abgeschlossenen Arbeitsvertrages. In dem **Arbeitsvertrag** verpflichtet sich der Arbeitnehmer, seine Arbeitskraft dem Arbeitgeber unter dessen Leitung und Anweisung gegen ein vereinbartes Entgelt zur Verfügung zu stellen. Der Inhalt des Arbeitsvertrages kann indes nicht völlig frei bestimmt werden, sondern muß den Vorschriften des Arbeitsrechtes entsprechen und (zum Schutz des Arbeitnehmers) teilweise oder vollständig die Regelungen des Tarifvertrages und des Tarifvertragsgesetzes (TVG) berücksichtigen. Wir können hier nur auf den Tarifvertrag näher eingehen.

Ein **Tarifvertrag** ist ein Vertrag zwischen einer Arbeitnehmervertretung (Gewerkschaft) und einem Arbeitgeber (beim **Firmentarifvertrag)** bzw. einer Vereinigung von Arbeitgebern (beim Verbandstarifvertrag, meist auch **Flächentarifvertrag** genannt). Gemäß dem Tarifvertragsgesetz regelt der Tarifvertrag die Rechte und Pflichten der Tarifvertragsparteien und enthält Rechtsvorschriften, die den Inhalt, den Abschluß und die Beendigung von Arbeitsverhältnissen sowie betriebliche und betriebsverfassungsrechtliche Fragen regeln können. Die Tarifpartner schließen den Tarifvertrag ohne staatliche Einmischung ab. Diese **Tarifautonomie** wird aus Art. 9 Absatz III Grundgesetz abgeleitet:

Tarifautonomie

> „Das Recht, zur Wahrung und Förderung der Arbeits- und Wirtschaftsbedingungen Vereinigungen zu bilden, ist für jedermann und für alle Berufe gewährleistet."

Geltungsbereich des Tarifvertrages

Im Tarifvertrag werden die Lohn- und Gehaltstarife und die sonstigen Arbeitsbedingungen festgelegt. Man unterscheidet zwischen dem längerfristigen **Rahmentarifvertrag,** der die Grundsätze der Entlohnung regelt, und dem längerfristigen **Manteltarifvertrag,** der die auf längere Zeit festgeschriebenen Regelungen (wie z. B. Grundsätze der Urlaubsgewährung, Mehr-, Spät- und Sonntagsarbeit, Kündigungsschutz für ältere Arbeitnehmer und ähnliches) enthält, und dem meist kurzfristigeren (häufig auf 12 Monate befristeten) **Lohn- und Gehaltstarifvertrag,** der die Vergütungsregelungen enthält. Der Tarifvertrag gilt im vollen Umfang zunächst nur für die Mitglieder der Gewerkschaften und für den bzw. die Arbeitgeber, die an der Tarifvereinbarung beteiligt sind (beim Verbandstarifvertrag: die Mitglieder des Arbeitgeberverbandes). Aufgrund des arbeitsrechtlichen Grundsatzes „gleicher Lohn für gleiche Leistung" kommen auch die nicht-organisierten Arbeitnehmer in den Genuß tarifvertraglich vereinbarter Mindestbedingungen. Bei Vorliegen besonderer Voraussetzungen kann der Bundesarbeits-(bzw. der Landesarbeits-)Minister auf Antrag der

Tarifparteien die Regelungen des Tarifvertrages auch für die nichtbeteiligten Arbeitgeber des entsprechenden Bereichs als verbindlich erklären. Diese **Allgemeinverbindlichkeitserklärung** ist die Ausnahme, verbreitet ist sie im Baugewerbe.

Der Tarifvertrag hat Schutzcharakter für den Arbeitnehmer

Der Schutzcharakter des Tarifvertrages für den einzelnen Arbeitnehmer kommt deutlich in der Tatsache zum Ausdruck, daß vom Tarifvertrag abweichende Vereinbarungen im Arbeitsvertrag, die für den einzelnen Arbeitnehmer günstiger sind als die Regelungen des Tarifvertrages, zulässig sind und daß ungünstigere Regelungen nicht zulässig sind.

Das Verfahren bei Neuabschluß eines Tarifvertrages

Über den Abschluß eines neuen Tarifvertrages verhandeln Gewerkschaften und Arbeitgeber zunächst frei. Scheitern die Tarifverhandlungen, so wird in der Regel versucht, durch ein auf die Erhaltung des Arbeitsfriedens gerichtetes **Schlichtungsverfahren** zu einer Einigung zu kommen. Für das Schlichtungsverfahren benennen Arbeitgeber und Gewerkschaft in der Regel eine gleich große Zahl von Beratern, denen ein unparteiischer Schlichter, auf den sich die Tarifparteien einigen müssen, vorsitzt.

Keine Zwangsschlichtung

Unter welchen Voraussetzungen kommt es zum Arbeitskampf?

Gelingt der Einigungsversuch nicht, so kann die Schlichtungsstelle ihrerseits einen Einigungsvorschlag machen (Schlichtungsspruch). Wird diesem nicht von beiden Tarifpartnern zugestimmt, so sind die Tarifverhandlungen endgültig gescheitert, da es eine Zwangsschlichtung durch staatliche Stellen in der Bundesrepublik nicht gibt. Mit dem Scheitern der Verhandlungen erlischt die im Tarifvertrag festgelegte Friedenspflicht (derzufolge Gewerkschaft und Arbeitgeberverband auf die Einhaltung der Tarifvereinbarungen drängen müssen). Damit wird ein Arbeitskampf möglich.

Das Recht zum **Arbeitskampf** wird allgemein aus dem oben zitierten Grundgesetzartikel über die Koalitionsfreiheit abgeleitet. Diese Auslegung ist durch den im Rahmen der Notstandsgesetzgebung dem Artikel 9 Absatz III hinzugefügten Satz 3 des Grundgesetzes indirekt bestätigt worden, der besagt, daß Notstandsmaßnahmen sich nicht gegen Arbeitskämpfe richten dürfen.

Streik und Aussperrung

Als Arbeitskampfmaßnahmen werden in der Bundesrepublik der Streik und die Aussperrung angewendet. Die Rechtmäßigkeit des Streiks ist dabei unbestritten. Zur Durchsetzung von Forderungen der Gewerkschaft bezüglich Arbeitsbedingungen und Arbeitsentgelt kann er nach einer Urabstimmung in den Betrieben mit mindestens 75% Stimmenmehrheit der gewerkschaftlich organisierten Arbeitnehmer beschlossen werden. Für die Lohnausfälle während eines Streiks werden aus der Gewerkschaftskasse Streikgelder, die nach der Höhe der Beitragssätze gestaffelt sind, an die streikenden Gewerkschaftsmitglieder gezahlt. Die Inanspruchnahme von Arbeitslosenunterstützung ist nicht möglich. Durch das „Gesetz zur Sicherung der Neutralität der Bundesanstalt für Arbeit bei Arbeitskämpfen“ von 1986 wurde der umstrittene § 116 des Arbeitsförderungsgesetzes (AFG) von 1969 dahingehend ergänzt, daß mittelbar arbeitskampfbetroffene Arbeitnehmer außerhalb des fachlichen Geltungsbereichs des umkämpften Tarifvertrags immer Arbeitslosen- bzw. Kurzarbeitergeld erhalten. Mittelbar betroffene Arbeitnehmer außerhalb des räumlichen, aber innerhalb des fachlichen Geltungsbereichs erhalten im allgemeinen Arbeitslosen- bzw. Kurzarbeitergeld, es sei denn, es handelt sich um einen „Stellvertreterarbeitskampf", d. h. wenn der Arbeitskampf stellvertretend auch für die Änderung der Arbeitsbedingungen der mittelbar betroffenen Arbeitnehmer geführt wird und der Arbeitslose deshalb als beteiligt angesehen wird.

Rechtmäßigkeit von Aussperrungen

Verschiedentlich reagieren die Arbeitgeber auf Schwerpunktstreiks (die nur einzelne Betriebe oder Gebiete des Tarifvertragsgebietes betreffen) mit **Aussperrungen,** d. h. durch Ausschließung von Arbeitnehmern von der Arbeit und vom Bezug des Arbeitsentgeltes. Die Aussperrung ist zulässig, fällt aber unter das **Gebot der Verhältnismäßigkeit.** Wenn zum Beispiel der Streik auf weniger als 25 % der Arbeitnehmer eines Tarifgebietes beschränkt ist, erscheint eine Abwehraussperrung nicht unverhältnismäßig, wenn sie ihrerseits nicht mehr als ein Viertel der Arbeitnehmer dieses Tarifgebietes erfaßt. Außerdem ist sowohl die positive wie auch die negative **Koalitionsfreiheit** zu beachten. Auf den Arbeitskampf bezogen heißt dies, daß eine Aussperrung, die gezielt nur die Mitglieder einer streikenden Gewerkschaft erfaßt, nicht organisierte Arbeitnehmer jedoch verschont, rechtswidrig ist.

Organisationsformen der Gewerkschaften: Industrieverband - Berufsverband

Die **Gewerkschaften** sind heute überwiegend nach dem sog. **„Industrieverbandsprinzip"** gebildet, d. h. alle organisierten Arbeitnehmer in einem bestimmten Industriezweig, z. B. der Metallindustrie, gehören der Industriegewerkschaft „Metall" an, unabhängig davon, welchen Beruf sie in ihrem Betrieb ausüben, ob als Dreher, Anstreicher oder Tischler („Ein Betrieb, eine Gewerkschaft"). Früher (insbesondere vor dem Ersten Weltkrieg) dominierte das Berufsgruppenprinzip, d. h. es gab z. B. eine Gewerkschaft der Dreher, Schneider usw. Das Berufsgruppenprinzip bestimmt heute z. B. noch die gewerkschaftliche Organisation in Großbritannien.

Deutscher Gewerkschaftsbund

Wichtigste Dachorganisation der Gewerkschaften ist in der Bundesrepublik der Deutsche Gewerkschaftsbund (DGB), in dem insgesamt 15 Einzelgewerkschaften zusammengefaßt sind. Daneben sind die Deutsche Angestelltengewerkschaft, der Christliche Gewerkschaftsbund und der Deutsche Beamtenbund von Bedeutung.

Bundesvereinigung der Deutschen Arbeitgeberverbände

Spitzenorganisation der **Arbeitgeberverbände,** die ebenfalls überwiegend nach dem Industrieverbandsprinzip organisiert sind, ist die Bundesvereinigung der Deutschen Arbeitgeberverbände (BDA).

Mitglieder der Bundesvereinigung der Deutschen Arbeitgeberverbände sind 46, nach Wirtschaftszweigen gebildete Arbeitgeberorganisationen (Fachspitzenverbände) sowie 15 auf Landesebene bestehende Arbeitgeberverbände (Landesverbände). Die Mitglieder wählen über ihre Vertreter den Präsidenten und weitere Mitglieder des Präsidiums. Die Bundesvereinigung hat die Aufgabe, die gemeinschaftlichen sozial- und gesellschaftspolitischen Belange der Mitglieder, die über den Bereich eines Landes oder eines Wirtschaftszweiges hinausgehen, zu wahren.

Organisationsgrad der Gewerkschaften

Abschließend sei darauf verwiesen, daß nicht alle Arbeitnehmer gewerkschaftlich organisiert sind. In Deutschland beträgt der Anteil der beschäftigten Gewerkschaftsmitglieder 1995 rund 29 Prozent aller Beschäftigten (ILO World Labour Report 1997); der DGB, als weitaus wichtigster Gewerkschaftsbund, hat Ende 1998 rund 8,3 Millionen Mitglieder. Auch ein Tarifvertrag ist nicht bindend vorgeschrieben: 1998 arbeiten in Westdeutschland 67,8 Prozent der Beschäftigten in Betrieben mit einem Flächentarifvertrag (Branchentarifvertrag), 8,0 Prozent mit Firmentarifverträgen und 24,2 Prozent ohne Tarifverträge; in Ostdeutschland arbeiten 50,5 Prozent mit einem Flächentarifvertrag, 12,7 Prozent mit einem Firmentarifvertrag und 36,8 Prozent ohne Tarifvertrag (Erhebung des Instituts für Arbeitsmarkt- und Berufsforschung, IAB).

Öffnungsklauseln

Im Zuge der Flexibilisierung der Arbeitsmärkte spielen zudem sogenannte Öffnungsklauseln eine zunehmende Rolle: Sie erlauben den Betrieben, nach Absprache mit dem Betriebsrat, von den tariflichen Vorgaben abzuweichen. Meist geschieht dies, indem die tariflichen Regelungen zur Arbeitszeit an die betriebliche Situation vor Ort angepaßt werden, in einzelnen Branchen wurden die Öffnungsklauseln sogar auf die Tarifentgelte ausgeweitet.

5.2 Expansive (aggressive) Lohnpolitik der Gewerkschaften

Als „expansiv" („aggressiv" oder „aktiv") bezeichnet man eine Lohnpolitik der Gewerkschaften, die Lohnerhöhungen durchzusetzen versucht, die über der Erhöhung der durchschnittlichen Arbeitsproduktivität plus Inflationsrate liegen und damit auf eine Erhöhung der Lohnquote zielen.

Produktivitätsorientierte Lohnpolitik

Die expansive Lohnpolitik ist mithin vor dem Hintergrund der **„produktivitätsorientierten Lohnpolitik"** zu sehen. Dieses Konzept sieht einen Anstieg der Löhne im Durchschnitt in einem Ausmaß vor, der dem Anstieg der gesamtwirtschaftlichen Arbeitsproduktivität – gemessen als Produktionsmenge pro Erwerbstätigem – entspricht. Sinn dieser Lohnformel ist es, durch eine vorrangige Orientierung der Lohnentwicklung am gesamtwirtschaftlichen Produktivitätszuwachs einen Anstieg des Kostenniveaus und von der Kostenseite negative Auswirkungen auf Preisniveau und Beschäftigungsstand zu unterbinden.

Zur Veranschaulichung dieses Zusammenhangs dienen die folgenden Gleichungen:

$$\text{Lohnquote} = \frac{\text{Lohnsumme}}{\text{Volkseinkommen}} = \frac{\text{Arbeitsstunden} \cdot \text{Lohnsatz}}{\text{Reales Sozialprodukt} \cdot \text{Preisniveau}}$$

Nach dem Preisniveau aufgelöst ergibt sich:

$$\text{Preisniveau} = \frac{\text{Lohnsatz}}{\text{Arbeitsproduktivität} \cdot \text{Lohnquote}}$$

Hieraus folgt:

- steigen der Lohnsatz und die Arbeitsproduktivität um den gleichen Prozentsatz, so bleibt das Preisniveau bei unveränderter Lohnquote konstant;
- steigt der Lohnsatz um einen höheren Prozentsatz als die Arbeitsproduktivität, so nimmt das Preisniveau bei konstanter Lohnquote um den Prozentsatz der aggressiven Lohnsatzsteigerung zu;
- verändern sich Lohnsatz, Arbeitsproduktivität und Lohnquote, so kann man zeigen, daß folgende Beziehung gilt: Prozentuale Preissteigerung ist gleich prozentuale Lohnerhöhung minus prozentuale Zunahme der Arbeitsproduktivität minus prozentuale Zunahme der Lohnquote. Steigt also die Lohnquote, so kann der Lohnsatz um einen höheren Prozentsatz steigen als die Produktivität, ohne daß das Preisniveau zunimmt. Das wird einsichtig, wenn man bedenkt, daß in diesem Fall die aggressive Lohnerhöhung nicht vollständig durch eine Preiserhöhung ausgeglichen wird, sondern zumindest zum Teil auf Kosten der Gewinnquote geht.

Wichtig ist, daß die produktivitätsorientierte Lohnpolitik von einer konstanten Lohnquote ausgeht, die Einkommensverteilung also als gegebene, nicht zu verändernde Größe hinnimmt. Sie zementiert den Status quo in bezug auf die durch die Lohnquote gemessene Einkommensverteilung.

Konstante Lohnquote bei produktivitätsorientierter Lohnpolitik

Zudem ermöglicht die produktivitätsorientierte Lohnpolitik nur mit Blick auf die Lohnstückkosten Preisstabilität. Andere Bestimmungsgründe der gesamtwirtschaftlichen Stückkosten – Zinsen, Abschreibungen, Veränderungen der Kapazitätsauslastung, Kostensteuern und Veränderungen der terms of trade – bleiben unberücksichtigt. Daher hatte der Sachverständigenrat das Konzept der **„kostenniveauneutralen Lohnpolitik"** entwickelt. Dieses Konzept sieht vor, die Löhne gerade so steigen zu lassen, daß das gesamtwirtschaftliche Kostenniveau konstant bleibt. Wenn also z. B. die Kostenbelastung durch indirekte Steuern steigt, dürften die Löhne entsprechend weniger als die Produktivität steigen usw. Dieses Konzept findet allerdings keine explizite Anwendung mehr, doch die Zusammenhänge bleiben gültig.

Daraus folgt, daß eine aggressive Lohnpolitik der Gewerkschaften bei marktwirtschaftlichen Gegebenheiten höchstens kurzfristig die Einkommensverteilung zugunsten der Arbeitnehmer verbessern kann, während mittelfristig die Einkommensverteilung nicht verändert wird. Dies liegt daran, daß Unternehmen in aller Regel steigende Kosten über steigende Preise überwälzen und damit eine aggressive nominale Lohnsteigerung real zunichte machen. Und wenn steigende Kosten ausnahmsweise nicht überwälzt werden, so führen sie zu sinkenden Gewinnen und nachfolgend in der Regel zu einer rückläufigen Investitionstätigkeit und zur Unterbeschäftigung. Es kann dann die Situation eintreten, daß die Arbeit-

Chancen einer aggressiven Lohnpolitik

nehmer trotz gestiegener Lohnquote insgesamt ein geringeres Lohneinkommen erzielen als vor der Lohnerhöhung. Das wird dann der Fall sein, wenn die prozentuale Lohnerhöhung kleiner ist als der prozentuale Rückgang der Beschäftigung. Ohne hiermit die mögliche Berechtigung des Umverteilungszieles in Frage stellen zu wollen, wird überwiegend bezweifelt, daß eine aggressive Lohnpolitik angesichts der in unserer Volkswirtschaft vorfindbaren Bedingungen – vor allem angesichts der Preissetzungsmacht der Unternehmen – eine sinnvolle Umverteilungsstrategie ist.

5.3 Staatliche Umverteilung

5.3.1 Steuern und Transfers

Staatliche Umverteilung durch direkte Steuern, insbesondere durch eine progressive Einkommensteuer und Transfers, zielt darauf ab, die Verteilung der verfügbaren Einkommen (sekundäre Einkommensverteilung) gleichmäßiger zu gestalten als die Verteilung der Bruttoeinkommen (primäre Einkommensverteilung).

Problem der Überwälzung der Einkommensteuer

Tabelle 25.6 zeigt das Ausmaß der staatlichen Umverteilung für die Haushalte in sozialer Gruppierung für 1992. Insgesamt führt das deutsche Transfersystem dazu, daß die verfügbaren Einkommen der Bezieher von Leistungseinkommen gleichmäßiger als ihre Bruttoerwerbs- und Vermögenseinkommen verteilt sind. Betrachtet man die Umverteilung zwischen den sozialen Gruppen, treten die größten Umverteilungswirkungen zwischen Angestellten- und Arbeiterhaushalten einerseits und Rentnerhaushalten andererseits auf. Hieran zeigt sich der dominierende Einfluß des sozialen Alterssicherungssystems (zur Gesamtwirkung vgl. auch Abb. 25.2).

Fraglich ist allerdings, ob nicht einzelne Elemente des Umverteilungssystems überwälzt werden. So bewirkt die progressive Einkommensteuer ohne Zweifel eine gleichmäßigere Verteilung der Netto- als der Bruttoeinkommen, da die Bezieher hoher Einkommen eine größere Steuerabzugsquote (höherer Durchschnittssteuersatz, vgl. Kapitel 13, Abschnitt 2.1.4) aufweisen als die Bezieher niedriger Einkommen. Die entscheidende Frage ist jedoch, ob diese Verteilung der Nettoeinkommen auch effektiv gleichmäßiger ist als die, die sich ohne Existenz der progressiven Einkommensteuer einstellen würde. Das würde dann nicht der Fall sein, wenn es den Empfängern hoher Einkommen, in der Regel also den Gewinneinkommensempfängern, gelänge, die von ihnen erhobenen Einkommensteuern auf die Preise ihrer Produkte zu überwälzen, so daß die primäre Einkommensverteilung um diese überwälzten Steuern „aufgebläht" würde. Werden solche Gewinnbestandteile durch die Erhebung der Einkommensteuer abgeschöpft, so stehen sich diese Einkommensempfänger letztlich so, als ob die Steuer gar nicht erhoben worden wäre. Ob dies auch nur teilweise der Fall ist, kann nicht entschieden werden, da die Untersuchungen zu diesem Fragenkomplex z. T. widersprüchlich sind.

Tab. 25.6: Einkommensverteilung und -umverteilung nach sozialen Haushaltsgruppen 1992 – in Mrd. DM

	Haushalte von								
	Selbständigen in der Landwirtschaft	Selbständigen außerhalb der Landwirtschaft	Angestellten	Beamten	Arbeitern	Arbeitslosen[2])	Rentnern[3])	Pensionären	Privathaushalte insgesamt
Bruttoerwerbs- und -vermögenseinkommen									
Bruttoeinkommen aus unselbständiger Arbeit[4])	7,9	41,7	688,7	137,8	500,6	8,4	57,0	5,3	1.427,4
Bruttoeinkommen aus Unternehmertätigkeit[5])	13,4	283,0	20,4	4,7	22,1	1,4	59,4	5,3	409,8
Vermögenseinkommen	2,6	35,0	41,6	9,3	21,7	1,1	65,5	6,2	183,0
+ Empfangene laufende Übertragungen									
Renten[6]) und öffentliche Pensionen	0,6	3,5	5,2	0,9	6,3	0,6	218,8	40,0	275,9
Arbeitslosenversicherung[6]), Arbeitslosenhilfe[6]) und Sozialhilfe	0,2	0,2	5,5	0,4	10,2	17,8	14,1	0,6	49,0
Gesetzliches Kindergeld	0,6	1,6	5,3	1,8	6,9	0,6	1,0	0,1	17,9
Sonstige laufende Übertragungen[6])[7])	2,4	26,8	29,0	12,5	15,4	2,3	75,7	10,9	174,9
– Geleistete laufende Übertragungen									
Direkte Steuern	1,8	67,6	108,6	26,2	68,6	1,1	16,1	5,9	295,8
Sozialbeiträge zur									
Rentenversicherung[6])	1,2	6,9	93,6	5,3	75,1	1,1	12,1	0,9	196,1
gesetzlichen Krankenversicherung[6])	1,1	8,0	56,3	3,7	47,7	0,8	19,0	0,8	137,5
Arbeitslosenversicherung[6])	0,4	2,4	32,1	0,8	26,0	0,3	3,7	0,3	66,0
Sonstige Sozialbeiträge[6])	0,5	3,0	9,4	0,9	9,9	0,2	21,4	0,2	26,5
Sonstige laufende Übertragungen[7])[8])	3,5	25,5	50,3	15,9	45,3	2,1	28,7	4,8	176,1
= Verfügbares Einkommen	19,2	278,4	425,4	114,5	310,5	26,5	409,6	55,6	1.639,7

1) Abweichungen in den Summen durch Rundung der Zahlen. – 2) Empfänger von Arbeitslosengeld oder -hilfe. – 3) Einschließlich sonstiger Personen, die überwiegend von laufenden Übertragungen oder Vermögenseinkommen leben. – 4) Ohne unterstellte Sozialbeiträge. – 5) Einschließlich Einkommen aus Wohnungsvermietung, ohne nichtentnommene Gewinne der Unternehmen ohne eigene Rechtspersönlichkeit. – 6) Ohne Sozialbeiträge des Staates für Empfänger sozialer Leistungen. – 7) Einschließlich Übertragungen zwischen Privathaushalten sowie zwischen Privathaushalten, Anstaltsbevölkerung und privaten Organisationen ohne Erwerbszweck. – 8) Einschließlich Konsumentenkreditzinsen.

Quelle: DIW-Wochenbericht 45/1994, S. 771

Indirekte Steuern

Die indirekten Steuern üben formell keinen Einfluß auf die Einkommensverteilung aus. Sofern sie, was allgemein angenommen werden kann, von den Unternehmern auf die Preise überwälzt werden, belasten sie nicht die Unternehmergewinne und lassen die primäre Einkommensverteilung unberührt. Auch die sekundäre Einkommensverteilung berühren sie nicht, wenn man diese rein formal als die Verteilung der Nettoeinkommen ansieht. Um zu einem realistischen Urteil zu kommen, muß bei den indirekten Steuern allerdings die Einkommensverwendung mit in die Betrachtung einbezogen werden. Die Haushalte tragen die indirekten Steuern aus ihrem Nettoeinkommen in dem Augenblick, indem sie die Güter, deren Preise um die indirekten Steuern erhöht sind, erwerben. Bei konstanten Nominaleinkommen ergibt sich dann ein kleineres Realeinkommen. Berücksichtigt man, daß die Empfänger niedrigerer Einkommen einen weit höheren Anteil ihres Einkommens konsumieren als die Bezieher höherer Einkommen, so ist die relative Belastung der Einkommensschwachen durch die indirekten Steuern stärker **(Regressionswirkung der indirekten Steuern in bezug auf das Einkommen).**

5.3.2 Öffentliche Güter

Realtransfers

Einen weiteren wichtigen Bestimmungsgrund für die Einkommensverteilung stellen die öffentlichen Güter dar, die von den unterschiedlichen Gruppen der Bevölkerung in verschiedenem Ausmaß in Anspruch genommen werden (sog. **Realtransfers**). Vermindern oder erhöhen öffentliche Güter (wie innere und äußere Sicherheit, öffentliches Straßennetz, Bildungseinrichtungen u. ä.) die Unterschiede in der Sekundärverteilung?

Auch hier kann eine endgültige Antwort nicht gegeben werden, da die wissenschaftlichen Untersuchungen über diese Frage bisher zu keinem abschließenden Ergebnis geführt haben. Dies liegt z. T. daran, daß die Konsumenten ihre Präferenzen beim Konsum öffentlicher Güter nicht offenlegen müssen (das Ausschlußprinzip des Marktes gilt hier nicht) und insofern Maßstäbe für ihren individuellen Konsum weitgehend fehlen.

5.4 Einkommensumverteilung durch Umverteilung des Eigentums am Produktivvermögen

Die für die Einkommensverteilung in einer Marktwirtschaft maßgeblichen Faktoren wie Intelligenz, Vermögen, Ausbildung, Beziehungen, körperliche und psychische Robustheit und Flexibilität (wobei die genannten Faktoren zum Teil nicht voneinander unabhängig sind) sind ungleichmäßig auf die Einkommensbezieher verteilt. Das gilt in besonderem Maße für einen der wichtigsten Faktoren, das Vermögen, insbesondere das Produktivvermögen. Eine gewisse Umverteilung des Vermögens bzw. des Vermögenszuwachses muß deshalb innerhalb einer Strategie der Einkommensumverteilung eine zentrale Rolle einnehmen, weil damit auch die personelle Einkommensverteilung verändert werden kann. Dies wird in Abschnitt 6.2 dargestellt.

6. Vermögensverteilung

6.1 Vermögen und Vermögensverteilung

Vermögen wird nicht einheitlich definiert und im Gegensatz zum Volkseinkommen (vgl. Kapitel 8) existiert auch kein konsistentes und einheitlich angewendetes Erfassungsschema. Daher sind umfassende Daten zum Vermögen und seiner Verteilung nicht erhältlich.

Vermögensbegriff

Vermögen ist formal die Summe der Werte der Vermögensgegenstände im Eigentum eines Wirtschaftssubjekts oder eines Sektors der Volkswirtschaft. Wertgröße ist der Gegenwartswert der Vermögensgegenstände, in einer sehr umfassenden Sicht der Gegenwartswert aller zukünftigen Erträge der Einkommensquellen. Das Vermögen wird meist eingeteilt in:

Vermögensarten

- Realvermögen (auch Sachvermögen genannt),
- Geldvermögen (auch Finanzvermögen genannt) und
- Arbeitsvermögen (auch Humankapital genannt).

Statt von Vermögen spricht man häufig auch von Kapital: also Realkapital, Finanzkapital und Humankapital.

Realvermögen umfaßt den Wert von Maschinen, Anlagen und Grundstücken (auch Produktivvermögen genannt), den Wert der Infrastruktur einer Volkswirtschaft und den Wert des Konsum- und Gebrauchsvermögens (Autos, Haushaltgeräte). Das **Geldvermögen** ist der Wert der Forderungen (Bankguthaben, Wertpapiere, Versicherungsguthaben, Bausparguthaben usw.) abzüglich der Verbindlichkeiten; man spricht auch von **Nettogeldvermögen,** um dieses vom **Bruttogeldvermögen,** das um die Verbindlichkeiten nicht bereinigt ist, unterscheiden zu können. **Arbeitsvermögen** oder **Humankapital** ist der Wert des Leistungspotentials von Wirtschaftssubjekten, das zur Einkommenserzielung eingesetzt werden kann (Wissen, Fertigkeiten) und das damit theoretisch in Geld bewertet werden kann.

Am einfachsten ist es, das Geldvermögen zu erfassen, recht schwierig ist die Erfassung und Bewertung des Realvermögens und praktisch fast unmöglich ist die Ermittlung des Arbeitsvermögens. Entsprechend spärlich sind umfassende Vermögensrechnungen. Die bislang umfassendste Schätzung des Volksvermögens der Bundesrepublik stammt aus dem Jahre 1970. Hier zeigte sich folgendes Bild[4]). Von dem geschätzten gesamten Volksvermögen von 2995,4 Mrd. DM entfielen

- 72 % auf reproduzierbares Sachvermögen (Gebäude, öffentliche Tiefbauten, Maschinen, Anlagen, Vorräte).

---

4) Vgl. W. ENGELS, H. SABLOTNY, D. ZICKLER, Das Volksvermögen. Frankfurt/New York 1974, S. 93 ff.

- 26 % auf nicht-reproduzierbares Realvermögen (Grundstücke). Dabei sind Rohstoffe und sonstige Umweltvermögen nicht berücksichtigt.
- 2 % auf Nettoforderungen gegenüber dem Ausland (Geldvermögen). Sie können von Jahr zu Jahr deutlich variieren.

Teilt man das Volksvermögen nach der wirtschaftlichen Verwendung (1970) auf, so zeigt sich, daß

- 41 % Produktivvermögen (Bauten, Ausrüstungen, Maschinen, Vorräte, Wohnungen von Wohnungsbauunternehmen),
- 25 % Wohnungen,
- 19 % staatliches Hoheitsvermögen (z. B. Straßen) als nicht direkt im Produktionsprozeß eingesetztes Vermögen und
- 14 % landwirtschaftliches Vermögen

darstellen.

Einkommens- und Verbrauchsstichprobe 1993

Die Verteilung ausgewählter Vermögensbestände, insbesondere des Geldvermögens, wird in 5jährigem Abstand durch die Einkommens- und Verbrauchsstichprobe (EVS) durch das Statistische Bundesamt ermittelt.[5]) Nach den Daten der vorletzten EVS von 1993 ergibt sich folgendes Bild: Die repräsentierten 28,9 Mio. Haushalte des früheren Bundesgebietes verfügten über ein durchschnittliches Bruttogeldvermögen von 65 300 DM; die repräsentierten 6,7 Mio. Haushalte aus den neuen Bundesländern hatten ein durchschnittliches Bruttogeldvermögen von 23 400 DM (1993), die entsprechenden Werte für das Nettogeldvermögen betrugen 61 100 DM bzw. 21 300 DM.

Verteilung nach Alter und Einkommen

Die Verteilung dieser Geldvermögen wird einmal nach der Höhe der Haushaltseinkommen und des Alters der Bezugspersonen ausgewiesen. So zeigt Tabelle 25.7 – was nicht überrascht – daß die Höhe des durchschnittlichen Brutto- und Nettogeldvermögens mit steigendem Haushaltseinkommen deutlich zunimmt: Einkommen wird zur Vermögensbildung verwendet und aus dem Vermögen fließen Einkommen. Daneben wird ersichtlich, daß mit steigendem Alter der Bezugsperson das Geldvermögen zunimmt, bis etwa zu einem Alter von 55 Jahren.

Verteilung nach Alter und Vermögensgröße

Die Verteilung der Geldvermögen wird zum anderen nach der Höhe des Geldvermögens differenziert ausgewiesen (Verteilung nach Vermögensgrößenklassen). Tabelle 25.8 zeigt z. B. für das frühere Bundesgebiet:

5) Wegen unterschiedlicher Berichtskreise, wegen Erfassungs- und Zuordnungsfehlern sowie wegen der Nichterfassung bestimmter Geldvermögensbestände (Bargeld und Giralgeld; Guthaben bei Lebensversicherungsunternehmen) sind die im Rahmen der EVS ausgewiesenen Vermögensbestände deutlich niedriger als die von der Deutschen Bundesbank veröffentlichten Zahlen. Vor allem sind aus Gründen der schwierigen statistischen Erfassung „reiche“ Haushalte mit einem Nettoeinkommen ab 35 000 DM pro Monat nicht enthalten.

Tab. 25.7: Bruttogeldvermögen, Kreditverpflichtungen[1]) und Nettogeldvermögen privater Haushalte[2]) am 31. Dezember 1993 (Ergebnis der Einkommens- und Verbrauchsstichprobe)

Gegenstand der Nachweisung	Früheres Bundesgebiet				Neue Länder und Berlin-Ost			
	Bruttogeld-vermögen	Kredit-verpflichtungen	Nettogeldvermögen		Bruttogeld-vermögen	Kredit-verpflichtungen	Nettogeldvermögen	
	im Durchschnitt aller Haushalte							
	DM je Haushalt[3])			%[4])	DM je Haushalt[3])			%[4])
Haushalte insgesamt	63 100	2 000	61 100	*96,8*	22 800	1 600	21 300	*93,1*
	nach dem monatlichen Haushaltsnettoeinkommen[5])							
von ... bis unter ... DM								
unter 1 800	21 600	1 000	20 600	*95,5*	11 900	500	11 400	*95,9*
1 800 – 2 500	37 500	1 600	36 000	*95,9*	20 700	1 200	19 500	*94,3*
2 500 – 4 000	56 200	2 100	54 100	*96,3*	26 500	2 300	24 200	*91,4*
4 000 – 6 000	80 500	2 500	78 000	*96,8*	38 100	3 200	34 900	*91,7*
6 000 – 10 000	135 900	3 500	132 400	*97,5*	60 100	2 600	57 600	*95,7*
10 000 – 35 000	278 800	3 800	275 000	*98,6*	227 700	6 000	221 800	*97,4*
	nach dem Alter der Bezugsperson							
von ... bis unter ... Jahren								
unter 30	25 100	2 700	22 500	*89,4*	11 200	1 800	9 400	*83,8*
30 – 35	39 100	3 200	35 900	*91,9*	19 900	2 700	17 200	*86,6*
35 – 40	52 600	3 100	49 500	*94,0*	24 300	2 300	22 100	*90,6*
40 – 45	67 000	3 200	63 800	*95,2*	25 900	2 700	23 200	*89,7*
45 – 55	90 400	2 800	87 600	*96,9*	30 000	1 700	28 300	*94,3*
55 – 65	89 400	1 400	88 000	*98,4*	27 000	1 100	25 800	*95,8*
65 und mehr	55 600	300	55 300	*99,4*	19 200	200	19 000	*98,9*

1) Ohne Hypotheken, Baudarlehen u. ä. Kredite sowie ohne Dispositionskredite. – 2) Ohne Haushalte mit einem monatlichen Haushaltsnettoeinkommen von 35 000 DM und mehr sowie ohne Personen in Anstalten und Gemeinschaftsunterkünften. – 3) Auf volle Hundert gerundet. – 4) Bezogen auf das Bruttogeldvermögen (ungerundet). – 5) Selbsteinstufung der Haushalte vom Januar 1993; ohne Landwirte.

Quelle: Wirtschaft und Statistik, Heft 5, 1995, S. 398.

Tab. 25.8: Höhe und Verteilung des Brutto- und Nettogeldvermögens privater Haushalte[1]) am 31. Dezember 1993
(Ergebnis der Einkommens- und Verbrauchsstichprobe)

Brutto- bzw. Nettogeldvermögensbestände je Haushalt	Haushalte mit				Durchschnittliches		Bruttogeldvermögen insgesamt		Nettogeldvermögen insgesamt	
	Bruttogeldvermögen		Nettogeldvermögen		Bruttogeld-vermögen[2])	Nettogeld-vermögen[2])				
von … bis unter … DM	1000	%	1000	%	DM[3])		Mill. DM	%	Mill. DM	%
Früheres Bundesgebiet										
unter 2 500	1 822	6,5	3 090	11,0	1 000	– 5 200	1 858	0,1	– 16 128	– 0,9
2 500 – 5 000	1 464	5,2	1 355	4,8	3 600	3 600	5 331	0,3	4 916	0,3
5 000 – 7 500	1 281	4,6	1 158	4,1	6 100	6 100	7 855	0,4	7 102	0,4
7 500 – 10 000	1 181	4,2	1 068	3,8	8 700	8 700	10 271	0,6	9 256	0,5
10 000 – 15 000	2 049	7,3	1 913	6,8	12 300	12 300	25 277	1,4	23 584	1,3
15 000 – 20 000	1 671	6,0	1 581	5,6	17 300	17 300	28 951	1,6	27 346	1,5
20 000 – 25 000	1 380	4,9	1 321	4,7	22 400	22 400	30 891	1,7	29 600	1,7
25 000 – 30 000	1 411	5,0	1 357	4,8	27 300	27 300	38 491	2,1	36 995	2,1
30 000 – 35 000	1 202	4,3	1 168	4,1	32 200	32 300	38 752	2,1	37 729	2,1
35 000 – 40 000	1 112	4,0	1 075	3,8	37 500	37 500	41 672	2,3	40 275	2,3
40 000 – 50 000	2 069	7,4	1 984	7,0	44 600	44 600	92 166	5,0	88 402	5,0
50 000 – 75 000	3 754	13,4	3 641	12,9	61 200	61 100	229 639	12,6	222 552	12,6
75 000 – 100 000	2 319	8,3	2 275	8,1	86 400	86 300	200 355	11,0	196 365	11,1
100 000 – 200 000	3 686	13,2	3 627	12,9	138 100	138 000	508 902	27,9	500 459	28,3
200 000 und mehr	1 575	5,6	1 556	5,5	359 600	359 600	566 356	31,0	559 608	31,7
Neue Länder und Berlin-Ost										
unter 2 500	638	9,8	1 034	15,8	1 100	– 2 600	702	0,5	– 2 639	– 1,9
2 500 – 5 000	539	8,3	524	8,0	3 700	3 700	1 975	1,3	1 936	1,4
5 000 – 7 500	634	9,7	556	8,5	6 100	6 100	3 865	2,5	3 389	2,4
7 500 – 10 000	477	7,3	448	6,8	8 700	8 700	4 144	2,7	3 902	2,7
10 000 – 15 000	894	13,7	814	12,4	12 200	12 200	10 900	7,1	9 955	7,0
15 000 – 20 000	706	10,8	654	10,0	17 300	17 200	12 177	8,0	11 286	7,9
20 000 – 25 000	513	7,9	487	7,4	22 100	22 100	11 343	7,4	10 784	7,6
25 000 – 30 000	429	6,6	407	6,2	27 200	27 300	11 691	7,7	11 099	7,8
30 000 – 35 000	291	4,5	276	4,2	32 100	32 200	9 351	6,1	8 888	6,3
35 000 – 40 000	231	3,5	237	3,6	37 300	37 300	8 618	5,6	8 849	6,2
40 000 – 50 000	416	6,4	383	5,8	44 400	44 400	18 463	12,1	16 981	12,0
50 000 – 75 000	475	7,3	460	7,0	59 900	59 900	28 476	18,7	27 570	19,4
75 000 – 100 000	160	2,5	153	2,3	85 200	85 200	13 645	8,9	12 998	9,2
100 000 – 200 000	97	1,5	97	1,5	127 600	127 300	12 431	8,1	12 298	8,7
200 000 und mehr	/	/	/	/	/	/	/	/	/	/

1) Ohne Haushalte mit einem monatlichen Haushaltsnettoeinkommen von 35 000 DM und mehr und ohne Personen in Anstalten und Gemeinschaftsunterkünften. – 2) Je Haushalt mit Brutto- bzw. Nettogeldvermögen. – 3) Auf volle Hundert gerundet.

Quelle: Wirtschaft und Statistik, Heft 5, 1995, S. 398

- 5,5 % der Haushalte hatten ein Nettogeldvermögen von 200 000 DM und mehr, dieses Nettogeldvermögen betrug im Durchschnitt 359 600 DM; insgesamt waren dies 559 608 Mio. DM (rund 560 Mrd. DM) und dies entsprach einem Anteil von 31,7 % des gesamten Nettogeldvermögens (15. Zeile der Tabelle); und
- 11 % der Haushalte hatten ein Nettogeldvermögen von unter 2500 DM, dies betrug im Durchschnitt –5200 DM (1. Zeile; diese Haushalte waren also verschuldet); oder
- 23,7 % der Haushalte hatten 0,3 Prozent des gesamten Nettovermögens (Kumulierung der ersten vier Vermögensgruppen bis zu einem Vermögen von 10 000 DM).

Erhebliche Ungleichverteilung

Solche Zahlen zeigen eine erhebliche Ungleichverteilung des Geldvermögens an. Diese Ungleichheit ist tatsächlich vermutlich weitaus größer, weil Haushalte mit einem besonders hohen Einkommen (35 000 DM und mehr) nicht einbezogen sind, man hier aber hohe Vermögensbestände erwarten kann. Hinzu kommt, daß die Verteilung des Realvermögens nicht ausgewiesen ist, man hier aber ebenfalls eine große Ungleichheit der Verteilung vermuten kann. Eine Politik zur Verringerung der Ungleichheit der Vermögensverteilung bleibt mithin dringlich.

6.2 Maßnahmen zur Veränderung der Vermögensverteilung

Ziele der Vermögenspolitik

Privateigentum als Fundament persönlicher Freiheit

Die Vermögenspolitik hat im wesentlichen das Ziel, die persönliche materielle Freiheit gleichmäßiger zu verteilen. Gerade der Liberalismus betont die Bedeutung des Privateigentums als Fundament persönlicher Freiheit. Eine gleichmäßigere Verteilung soll die individuellen Entfaltungsspielräume, die Lebenschancen sozial gerechter verteilen. Daneben soll die Vermögenspolitik zu einer Dekonzentration wirtschaftlicher Macht führen – hier spielt die Verteilung des Produktivvermögens eine hervorgehobene Rolle – und die Institution des Privateigentums in der kapitalistischen Marktwirtschaft legitimieren.

Eine gleichmäßigere Verteilung des Vermögens könnte durchgeführt werden über eine direkte Enteignung oder mittels entsprechend wirkender Steuern, insbesondere der **Vermögen- und Erbschaftsteuer.** Will man ohne Eingriff in bestehende Eigentumsverhältnisse die Vermögensverteilung ändern, so kann man das nur, indem man an den **Vermögenszuwächsen** ansetzt und die weniger Vermögenden an diesen Zuwächsen beteiligt. Da Vermögenszuwächse in der Regel aber nur dadurch erzielt werden, daß Einkommensteile gespart werden, müßte eine solche Vermögensumverteilungspolitik auch an den Einkommen ansetzen.

6.2.1 Eingriff in bestehende Eigentumsverhältnisse

Enteignung

Eine direkte Enteignung als Mittel einer Vermögensumverteilungspolitik wird in den meisten westlichen Ländern abgelehnt. Als Umverteilungsmaßnahme für bestehendes Vermögen wird jedoch – wenn auch in verschiedenen Ländern in recht unterschiedlichem Umfang – auf die Vermögen- und Erbschaftsteuer zurückgegriffen.

Vermögen- und Erbschaftsteuer

Vermögen- und Erbschaftsteuern knüpfen am Vermögen an, wobei die Vermögensteuer an der Existenz des Vermögens ansetzt, während die Erbschaftsteuer auf den Vermögensübergang durch Tod abstellt.

In einer Marktwirtschaft, die das Privateigentum bejaht, muß eine auf Umverteilung des Vermögens im Rahmen dieser Wirtschaftsordnung abzielende Politik die Funktion des Privatvermögens berücksichtigen. Damit sind von vornherein Grenzen für die Vermögensumverteilung durch Steuern gegeben: Weder eine Vermögen- noch eine Erbschaftsteuer darf die Anreizwirkung, die vom Privateigentum erwartet wird, beseitigen oder über Gebühr einschränken.

Unter diesem Gesichtspunkt erscheint die Erbschaftsteuer graduell besser für eine Umverteilung bestehenden Vermögens (in bestimmten Grenzen) geeignet, da der Erblasser selbst von der Steuer nicht belastet wird und von daher weniger zu Ausweichreaktionen, wie vermindertes unternehmerisches Engagement und Kapitalflucht ins Ausland, neigen wird. Hinzu kommt, daß der Erbe in der Regel keine eigenen Verdienste für den Vermögenserwerb geltend machen kann. Es kann aber nicht übersehen werden, daß der Wegfall oder die erhebliche Einschränkung eines im Erbrecht fortgesetzten Privateigentums negative Anreizwirkungen zeigen dürfte.

Kaum Umverteilung bestehenden Vermögens durch Vermögen- und Erbschaftsteuer

In der Bundesrepublik waren und sind weder die Vermögensteuer noch die Erbschaftsteuer so ausgestaltet, daß sie eine nennenswerte Vermögensumverteilung bewirken können. Der jährliche Steuersatz betrug bei der Vermögensteuer 0,5 % des steuerpflichtigen Vermögens für natürliche Personen und 0,6 % für Körperschaften, wobei Freibeträge und Freigrenzen dazu führten, daß Vermögensteuer praktisch erst von einem über 70.000 DM (bei natürlichen Personen) bzw. über 100.000 DM (bei Unternehmen) liegenden Vermögen an gezahlt werden mußte. Inzwischen ist die Vermögensteuer nach einem Urteil des Bundesverfassungsgerichtes, das eine mögliche Besteuerung der Vermögenssubstanz und die Ungleichbehandlung von Grundvermögen und Kapitalvermögen für nicht verfassungskonform hielt, zum 31. 12. 1996 ganz abgeschafft worden. Die Erbschaftsteuer ist nach dem Verwandtschaftsgrad und der Höhe des vererbten Vermögens gestaffelt. In der praktisch wichtigsten niedrigsten Steuerklasse I (Ehegatten, Kinder, Enkel ...) greift der Spitzensteuersatz von 30 % erst bei einem Vermögen von 50 Mio. DM.

6.2.2 Umverteilung der Vermögenszuwächse

Bei den hier zu betrachtenden Maßnahmen handelt es sich zunächst um solche staatlichen Aktivitäten, die die Bruttofaktoreinkommen der Haushalte, also die primäre Einkommensverteilung, unverändert lassen. Es handelt sich um **Sparförderungsmaßnahmen** in Form von Steuervergünstigungen oder Prämien für den Sparvertrag.

Sonderausgaben gem. § 10 Einkommensteuergesetz

Bestimmte Sparverträge, die sog. Vorsorgeaufwendungen können bis zu einer Höchstgrenze als Sonderausgaben vom Einkommen abgesetzt werden. Dadurch vermindert sich die Steuerlast des betreffenden Sparers, so daß er einen Teil der Ersparnis aus der Steuerersparnis leisten kann. Allerdings müssen die begünstigten Aufwendungen für längere Zeit festgelegt werden. Die durch § 10 Einkommensteuergesetz begünstigten Sparformen sind insbesondere die Beitragszahlungen an Lebens- und Rentenversicherungen.

Des weiteren kann es sich um Maßnahmen zur **Erhöhung der Faktoreinkommen** der Arbeitnehmer handeln.
Im Vordergrund des Interesses stehen hier zwei Maßnahmen:

- der Investivlohn,
- die Ertragsbeteiligung.

Unter dem **Investivlohn** versteht man den Teil des Lohnes, der aufgrund der Vereinbarung zwischen den Tarifpartnern oder einer gesetzlichen Regelung den Arbeitnehmern nicht zur freien Verfügung ausgehändigt wird, sondern in irgendeiner Form und für eine bestimmte Zeit gespart werden muß. Die heute wichtigste Form des Investivlohnes stellen die nach dem „5. Gesetz zur Förderung der Vermögensbildung der Arbeitnehmer" (936-DM-Gesetz) vorgesehenen vermögenswirksamen Leistungen dar. Diese vermögenswirksamen Leistungen des Arbeitgebers werden mit einer 20%igen Sparzulage des Staates gefördert, wenn sie zu einem Eigentumserwerb von Produktivkapital der Wirtschaft führen. Zu denken ist hier an Aktien, Beteiligungen, Genossenschaftsanteile, Wertpapierkaufverträge usw. In die gleiche Richtung zielt im übrigen die steuerbegünstigte Überlassung von Vermögensbeteiligungen an Arbeitnehmer nach § 19 a Einkommensteuergesetz.

Eine **Ertrags- oder Gewinnbeteiligung** der Arbeitnehmer ist in vielfältiger Ausgestaltung denkbar. Sie kann einmal Ergebnis eines Tarifvertrages sein, freiwillig von den Unternehmern gewährt werden oder gesetzlich vorgeschrieben werden. Ferner kann sie sich auf den Betrieb, in dem der Arbeitnehmer beschäftigt ist, beziehen oder die Form einer überbetrieblichen Gewinnbeteiligung annehmen. Schließlich kann sie unmittelbar an die Berechtigten oder an einen zwischengeschalteten Fonds abgeführt werden, an dem die Arbeitnehmer dann Anteilsrechte erwerben.

Eine Vermögensbildung über einen Investivlohn oder eine Form der Gewinnbeteiligung anzustreben, ist grundsätzlich sinnvoll, sie droht aber immer an den in Abschnitt 5.2 aufgezeigten Reaktionsmöglichkeiten der Unternehmen zu scheitern: Entweder werden die Beträge als Kosten überwälzt, dann ändert sich real nichts oder sie können nicht überwälzt werden, dann sinkt die Unternehmensrendite und Investitionstätigkeit und Beschäftigung gehen zurück. Dies sei noch einmal an einem Beispiel erläutert:

Ein Beispiel

Vor der Einführung des Investivlohnes wird in einer Volkswirtschaft ein nominelles Sozialprodukt in Höhe von 160 erzeugt, das sich auf 100 Löhne und 60 Gewinne verteilt. Das Preisniveau beträgt 1 und damit das Realeinkommen (wie das Nominaleinkommen) 160. Die Arbeitnehmerhaushalte sparen von ihrem Lohneinkommen 20. Es wird nun ein Investivlohn von 10 eingeführt; die Lohnkostenerhöhung von 10 % veranlaßt die Unternehmer, die Preise ebenfalls um 10 % heraufzusetzen.

Verlagern die Haushalte nun nach der Einführung des Investivlohnes nur ihre Ersparnis, so werden sie statt 80 jetzt 90 konsumieren wollen. Diese Erhöhung der geldmäßigen Nachfrage erleichtert es den Unternehmern, eine Preissteigerung von 10 % durchzuführen.

Damit ergibt sich folgende Situation: Die Haushalte konsumieren nach Einführung des Investivlohnes in Höhe von 90 (bei einem Preisniveau von 1,1), gütermäßig konsumieren sie also praktisch nach wie vor 80. Das nominelle Sozialprodukt ist auf 176 angewachsen, wovon den Arbeitnehmerhaushalten jetzt 110 und den Unternehmerhaushalten 66 zufließen. Die Lohnquote beträgt nach wie vor 62,5 %. Die Ersparnis der Haushalte bleibt real nahezu unverändert.

Was passiert, wenn die Arbeitnehmerhaushalte versuchen, den Investivlohn zusätzlich zu ihrer bisherigen Ersparnis von 20 zu sparen? Sie sparen dann 30 bei einem Geldkonsum von 80. In dieser Situation ist es für die Unternehmer schwieriger, die Preiserhöhung von 10 % durchzusetzen, es sei denn, sie nehmen erhebliche Nachfragerückgänge in Kauf. Wir wollen annehmen, daß deshalb im Durchschnitt nur eine Preiserhöhung von 5% durchgeführt wird. Die Arbeitnehmerhaushalte konsumieren dann real 80 : 1,05 = ca. 76. Das nominelle Sozialprodukt beträgt 168, das sich auf 110 Löhne und 58 Gewinne verteilt. Die Lohnquote steigt also von 62,5 % auf 65,5 %. Das Absinken des realen Konsums (und evtl. der Investitionen) führt aber im folgenden zu einer Abnahme des realen Sozialproduktes und damit zu zunehmender Arbeitslosigkeit. Dies wird nur verhindert, wenn der Staat die reale Nachfrage insgesamt nach wie vor auf dem Niveau von 160 hält. Dann aber wird es den Unternehmern eher gelingen, auch eine Preiserhöhung von 10 % durchzusetzen. Bleiben die Arbeitnehmerhaushalte trotzdem real bei ihrer höheren Ersparnis (und damit bei ihrem niedrigeren realen Konsum), so bilden sie jetzt zwar Vermögen, aber aus der eigenen Substanz und bei Preissteigerungen in Höhe des prozentualen Investivlohnes.

Vermögensumverteilung über einen Investivlohn erscheint unwahrscheinlich

Es scheint also, als ob bei der gegebenen Kompetenzverteilung in der Marktwirtschaft – Investitions-, Preis- und Beschäftigungsentscheidungen durch die Unternehmer, Lohnentscheidungen durch Unternehmer und Gewerkschaften – die Arbeitnehmer mittels eines Investivlohnes oder einer Gewinnbeteiligung nur auf Kosten von Unterbeschäftigung, oder aber auf Kosten einer realen Konsumeinschränkung die Verteilung zu ihren Gunsten ändern und damit zusätzliches Vermögen bilden können.

C. Arbeitsaufgaben

1) *Klären Sie folgende Begriffe:*
   - *primäre – sekundäre Einkommensverteilung*
   - *funktionale – personelle Einkommensverteilung.*
2) *Was verstehen Sie unter der Lohn- und Gewinnquote? Was meint man, wenn man von der „bereinigten" Lohnquote spricht?*
3) *Beurteilen Sie die Sinnhaftigkeit der Lohnquote als Maßstab und Zielgröße für die Einkommensverteilung!*
4) *Wie würden Sie sich eine gerechte Einkommensverteilung vorstellen?*
5) *Beurteilen Sie die Wirkungen staatlicher Transferzahlungen und Steuern.*
6) *Was verstehen Sie unter einer produktivitätsorientierten Lohnpolitik?*

   Wie wirkt sie auf die Einkommensverteilung?
7) *Was verstehen Sie unter einer aggressiven Lohnpolitik?*
8) *Welche wichtigen Vermögensteile bleiben bei einer Vermögensverteilungsrechnung üblicherweise unberücksichtigt?*
9) *Welche Gesichtspunkte könnten es rechtfertigen, dem Produktivvermögen eine besondere Rolle in der verteilungspolitischen Diskussion einzuräumen?*
10) *Diskutieren Sie den Zusammenhang zwischen Einkommens- und Vermögensverteilung und zwischen Vermögens- und Einkommensverteilung.*

Lösungsvorschläge für die Arbeitsaufgaben im „Übungsbuch zu Grundlagen und Probleme der Volkswirtschaft".

D. Literatur

Konzis, jedoch umfassend informiert:

SIEBKE, Jürgen, Art. Verteilung in: Vahlens Kompendium der Wirtschaftstheorie und Wirtschaftspolitik, Bd. 1, 7. Aufl., München 1999, S. 417–453.

Verteilungstheorie mit dem Schwerpunkt auf der funktionellen Einkommensverteilung und der Verteilungspolitik behandelt aktuell und umfassend

KÜLP, Bernhard, Verteilungstheorie und -politik, 3. Auflage, Stuttgart 1994

während das Buch von

BLÜMLE, Gerold, Theorie der Einkommensverteilung. Eine Einführung, Berlin, Heidelberg, New York 1975

die personelle Einkommensverteilung in den Vordergrund der Untersuchung stellt.

Grundlegend und verständlich ist

ROBERTS, Charles, Verteilungstheorie und Verteilungspolitik. Eine problemorientierte Einführung mit einem Kompendium verteilungstheoretischer und -politischer Begriffe, Köln 1980

TINBERGEN, Jan, Einkommensverteilung. Auf dem Weg zu einer neuen Einkommensgerechtigkeit, Wiesbaden 1978.

Theoretisch sehr anspruchsvoll ist

RAMSER, Hans Jürgen, Verteilungstheorie, Berlin u. a. 1987.

Von grundlegender Bedeutung sind immer noch die empirischen Untersuchungen von

MIERHEIM, Horst, WICKE, Lutz, Die personelle Vermögensverteilung, Tübingen 1978

KRELLE, Wilhelm, SIEBKE, Jürgen, Vermögensverteilung und Vermögenspolitik in der Bundesrepublik Deutschland. Ein Überblick, in: Zeitschrift für die gesamte Staatswissenschaft, Bd. 139, H. 3, Tübingen 1973

und

ENGELS, Wolfram, SABLOTNY, H., ZICKLER, D., Das Volksvermögen. Seine verteilungs- und wohlstandspolitische Bedeutung, Frankfurt/New York 1974.

26. Kapitel
Arbeitslosigkeit: Theorie und empirischer Befund

A. Lernzielorientierte Leitfragen und Fragenkomplexe

Leitfrage:
Welches sind die Probleme bei der Messung der Arbeitslosigkeit?

- *Aus welchen Teilgruppen setzt sich das Erwerbspersonenpotential einer Volkswirtschaft zusammen?*
- *Was ist offene, was versteckte Arbeitslosigkeit?*
- *Welche Formen der Bestimmung der Arbeitslosenquote unterscheidet man?*

Leitfrage:
Welcher Modellansatz versucht eine Integration einer Vielzahl von Arbeitsmarkttheorien?

- *Warum ist der traditionelle neoklassiche Arbeitsmarkt nicht geeignet, Probleme der Arbeitslosigkeit adäquat zu behandeln?*
- *Welche Unvollkommenheiten zeichnen reale Arbeitsmärkte aus?*
- *Was ist die Lohnsetzungskurve?*
- *Was ist die Preissetzungskurve?*
- *Wie bestimmt sich die natürliche Beschäftigung bzw. die NAIRU?*
- *Welche Komponenten der Arbeitslosigkeit werden in der NAIRU zusammengefaßt?*

Leitfrage:
Welches sind wichtige Ursachen der Arbeitslosigkeit?

- *Was versteht man unter Angebots- und Nachfrageschocks?*
- *Wie wirken Angebots- und Nachfrageschocks im Modell der NAIRU?*
- *Was bezweckt die Effizienzlohntheorie und worauf basiert sie?*
- *Was versteht man unter der Insider-Outsider - Theorie?*
- *Was heißt Persistenz und Hysterese der Arbeitslosigkeit?*
- *Wie kann man Persistenz- und Hystereseeffekte erklären?*

Leitfrage:
Was kann man gegen die Arbeitslosigkeit tun?

- *Welche Ansätze bieten die Gütermärkte?*
- *Welche Ansätze bieten die Arbeitsmärkte?*
- *Welche Ansätze bietet das Sozialsystem?*

B. Sachanalyse

1. Vorbemerkungen

Arbeitslosigkeit ist individuell und gesellschaftlich teuer

Arbeitslosigkeit stellt die marktwirtschaftlich organisierten Volkswirtschaften - und wohl nicht nur diese - in den letzten zwei Jahrzehnten, vor immer größer werdende Probleme. Neben den psychischen Problemen, die für die (den) Betroffene(n) mit der Arbeitslosigkeit verbunden sind, stehen individuelle materielle Probleme, aber auch Probleme der Finanzierung der Arbeitslosigkeit durch die Gesellschaft. Sicherlich stellt die Arbeitslosigkeit das eklatanteste Koordinationsproblem gegenwärtiger Wirtschaftssysteme überhaupt dar. Wenn man die grobe Schätzung von Wolfgang FRANZ (bekannter deutscher Ökonom, Schwerpunkt Arbeitsmarktforschung, bis Mitte 1999 Mitglied des Sachverständigenrates) bedenkt, daß ein Arbeitsloser die Gesellschaft im Jahr im Durchschnitt ca. 30.000 DM kostet, so kann man sich leicht ausrechnen, was diese Zahl bei vier Millionen Arbeitslosen bedeutet: Unser Haushaltsdefizit wäre ohne die Arbeitslosigkeit eine vernachlässigbare Größe, die Staatsschuld praktisch in wenigen Jahren tilgbar. Und erst ganz allmählich wird auch die soziale Katastrophe, die mit der Arbeitslosigkeitverbunden ist, stärker beachtet. Aber es ist wohl immer noch so, daß zwei Prozent mehr Inflation die wirtschaftspolitisch Verantwortlichen zu Radikalkuren der Ökonomie veranlassen, während Arbeitslosenraten um 10% kaum zu besonderen Maßnahmen herauszufordern scheinen. Doch wie dem auch sei – wir werden weiter unten ausführlich auf die Ursachen und damit auch möglichen Maßnahmen gegen die Arbeitslosigkeit eingehen.

Warum hat Inflation offensichtlich einen höheren Stellenwert?

2. Definitorisches und Statistisches

Wenn man sich mit einem Problemfeld beschäftigt, wird man zuerst mit einer ganzen Menge von Begriffen überschüttet, deren Bedeutung man kennen muß, wenn man die Diskussion verfolgen will. Die nachfolgende Abbildung gibt einen ersten Überblick.

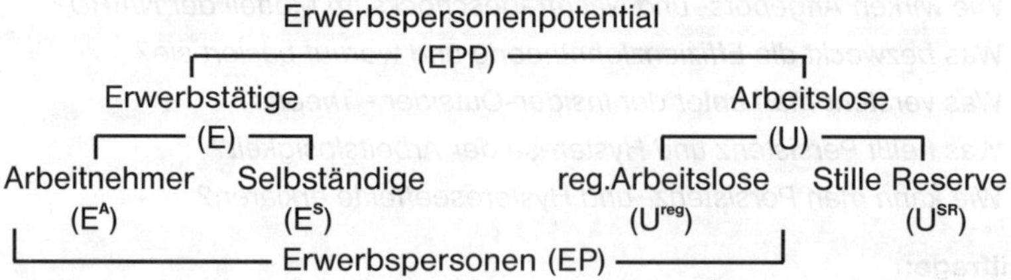

Abb. 26.1: Kenngrößen des Arbeitsmarktes Quelle: Mussel/Pätzhold 1993

Herkömmlicherweise sind die Zahl der registrierten Arbeitslosen und die Arbeitslosenquote die am meisten verwendeten Größen zur Beschreibung der Arbeitsmarktsituation. Nur um einen Eindruck von den erhebungstechnischen und definitorischen Details zu geben, die gleichwohl den Aussagegehalt der resultierenden Zahlen erheblich beeinflussen, seien hier die Merkmale aufgeführt, die in Deutschland ein offiziell statistisch registrierter Arbeitsloser aufweisen muß:

Die Person

- *muß bei Arbeitsamt persönlich gemeldet sein,*
- *zwischen 15 und 65 Jahren alt sein,*
- *der Arbeitsvermittlung zur Verfügung stehen,*
- *in der Bundesrepublik Deutschland wohnhaft sein,*
- *arbeitsfähig seien,*
- *darf kein Arbeitsverhältnis, auch kein kurzfristiges, eingegangenen sein,*
- *muß ein Arbeitsverhältnis von mehr als sieben Kalendertagen anstreben.*

Offene und versteckte Arbeitslosigkeit

Angesichts dieses Kataloges dürfte klar sein, daß sich hinter den statistisch registrierten Arbeitslosen eine ganze Anzahl nicht registrierter „versteckter Arbeitsloser" verbirgt, sei es, weil sie sich entmutigt nicht mehr beim Arbeitsamt melden, die Unterstützungskriterien nicht oder nicht mehr erfüllen oder Ähnliches. Für 1998 schätzt der Sachverständigenrat die versteckte Arbeitslosigkeit auf ca. 1,9 Millionen; sie macht damit einen Anteil von 30,6% der gesamten Arbeitslosigkeit aus und das, obwohl weder hochschwangere Frauen zu den registrierten Arbeitslosen zählen, noch Jugendliche, die einen Ausbildungsplatz suchen, noch Arbeitnehmer, die sich in Umschulungmaßnahmen der Bundesanstalt für Arbeit befinden oder in Beschäftigungsgesellschaften tätig sind. Ein genaueres Bild über das geschätzte Ausmaß der versteckten Arbeitslosigkeit und ihrer Entwicklung bietet Tabelle 26.1.

Tab. 26.1: Registrierte und verdeckte Arbeitslosigkeit in Gesamtdeutschland (Angaben in Tausend)

	1991	1992	1993	1994	1995	1996	1997	1998
Registrierte Arbeitslosigkeit	2602	2978	3419	3698	3588	3965	4384	4273
verdeckte Arbeitslosigkeit	2418	2418	2279	1830	1566	2138	1955	1888
gesamte Arbeitslosigkeit	4963	5396	5699	5528	5154	6103	6339	6161
Anteil d. verdeckten AL an gesamter AL	47,6%	44,8%	40,0%	33,1%	30,4%	35%	30,8%	30,6%

Quelle: Sachverständigenrat

Ohne daß wir uns hier zu sehr in statistischen Details verlieren wollen, muß noch darauf hingewiesen werden, daß die **Arbeitslosenquote,** also der Quotient aus der Zahl der Arbeitslosen und einer sinnvollen Bezugsgröße (z.B. den abhängig Beschäftigten) unterschiedlich gemessen wird. Beginnen wir beim Zähler des Bruches („den Arbeitslosen"). Häufig werden die registrierten Arbeitslosen als Meßgröße herangezogen, oft werden die Zahlen aber auch auf der Basis von Stichproben ermittelt. Was den Nenner betrifft, so beziehen sich die wichtigsten Unterschiede darauf, ob nur die abhängigen Erwerbspersonen oder alle Erwerbspersonen als Bezugsgröße herangezogen werden. Zwar setzt sich gegenwärtig die Bezugsgröße „Erwerbspersonen" verstärkt durch, im Interesse der internationalen Vergleichbarkeit benötigt man gleichwohl eine standardisierte Quote. Am häufigsten verwendet wird die **OECD** – (Organisation for Economic Co-Operation and Development) **standardisierte Arbeitslosenquote.** Die Arbeitslosen werden hier auf der Basis von Stichproben ermittelt, wobei das Verfügbarkeitskriterium strenger ausgelegt wird als bei den Zahlen der Bundesanstalt für Arbeit (die Quote von daher kleiner ausfällt). Als Bezugsgröße verwendet die OECD die Gesamtheit der Erwerbspersonen.

Arbeitslosenquote wird unterschiedlich definiert

Die Arbeitslosenquote ist in einem gewissen Sinne etwas Statisches; sie bringt nicht zum Ausdruck, daß auch bei unveränderter Quote eine erhebliche Dynamik auf dem Arbeitsmarkt herrscht. Dies wird klar, wenn man sich neben den reinen Bestandsgrößen auch den Stromgrößen zuwendet, z.B. den in einem Jahr von der Beschäftigung in die Arbeitslosen wechselnden Personen und den in einem Jahr von der Arbeitslosigkeit in die Beschäftigung gelangenden. Abb. 26.2 zeigt, daß z.B. 1994 bei fast stagnierender Arbeitslosenzahl von 2.450.000 ca. 4.300.000 Zu - und Abgänge zu verzeichnen waren.

Dynamik des Arbeitsmarktes

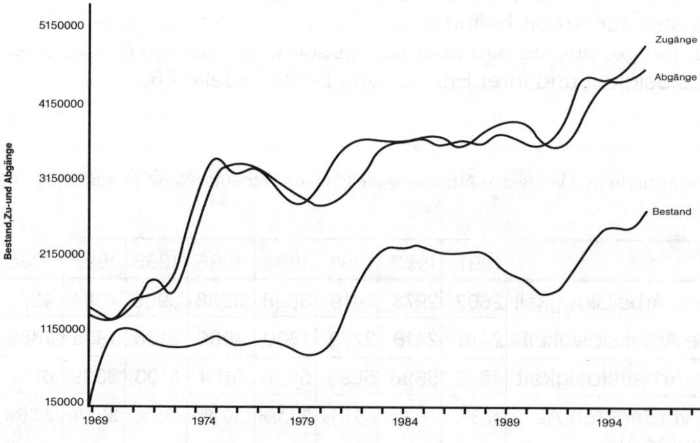

Abb. 26.2: Bestände und Ströme bei der Arbeitslosigkeit

Die Zahlen der Abb. 26.2 deuten auf eine erhebliche Dynamik, auch zurückzuführen auf die Effektivität der Arbeitsämter, die geographische Mobilitätsbereitschaft und die qualifikatorische Mobilität der Arbeitnehmer, hin.

Bei der Arbeitslosigkeit werden traditionell unterschiedliche Formen unterschieden, wobei die vermeintlichen Ursachen der Arbeitslosigkeit das Unterscheidungskriterium bilden.

Traditionelle Arten der Arbeitslosigkeit

Friktionelle Arbeitslosigkeit entsteht bei dem Wechsel von Arbeitnehmern von einer Arbeitsstelle zur anderen. Friktionelle Arbeitslosigkeit ist auch eine Folge kurzfristiger Veränderungen auf dem Arbeitsmarkt, die mit den Strömen „Zugänge" und „Abgänge" in einer engen Beziehung stehen.

Strukturelle Arbeitslosigkeit wird durch Veränderungen der Wirtschaftsstrukturen und die sich dadurch verändernden Anforderungsprofile für die Beschäftigten verursacht: Werftarbeiter müssen über andere Qualifikationen verfügen als Beschäftigte der Computerindustrie. Mangelnde Mobilität und Flexibilität der Arbeiter, die bei sich ändernden Produktionsstrukturen nicht bereit oder in der Lage sind, schnell den Standort, den Beruf oder die Branche zu wechseln, sind ursächlich. Man spricht in diesem Zusammenhang in der neueren Literatur auch von qualifikationsmäßiger und regionaler **Mismatch-Arbeitslosigkeit.**

Saisonale Arbeitslosigkeit entsteht durch schwächere wirtschaftliche Aktivitäten einzelner Wirtschaftsbereiche während bestimmter Jahreszeiten. Besonders betroffen sind hiervon der Agrarsektor, das Baugewerbe, aber auch die Tourismusbranche.

Friktionelle, strukturelle und saisonale Arbeitslosigkeit werden auch unter dem Begriff der **natürlichen Arbeitslosigkeit** zusammengefaßt. Dieser Begriff wurde von Milton Friedman geprägt und spielt im Konzept der Neuen Klassik eine zentrale Rolle (vgl. auch Kapitel 13, Abschnitt 2.3). Der Begriff „natürliche" Arbeitslosigkeit ist etwas unglücklich gewählt, da er unterstellen könnte, daß Arbeitslosigkeit etwas quasi Naturgegebenes ist. Von anderer Seite wurde die Alternative „Non-Accelerating Inflation Rate of Unemployment" (NAIRU) - inflationsneutrale Arbeitslosenquote - eingeführt, hinter der eine ähnliche Idee steht wie bei Friedman. Auf das NAIRU-Konzept wird später noch genauer eingegangen.

Die **konjunkturelle Arbeitslosigkeit** ist auf eine wiederkehrende Unterauslastung des Produktionspotentials zurückzuführen, die alle Branchen der Volkswirtschaft im Prinzip in gleicher Weise trifft.

3. Der Analyserahmen

3.1 Allgemeines

Wie in Kapitel 10 gezeigt wurde, existiert für die klassische Ökonomik das Problem der Arbeitslosigkeit nicht, da mit der Annahme des vollständigen

Irrelevanz neoklassischer Modelle für die tatsächliche Arbeitsmarktsituation

Wettbewerbs (mit vollständiger Flexibilität von Preisen Löhnen und Zinsen) bei Existenz eines Auktionators (oder stabiler Märkte, auf denen sich die Gleichgewichte fast ohne Zeitverzug einstellen) immer Vollbeschäftigung herrscht. Das Grundmodell der Neuen Klassischen Makroökonomik (vgl. Kapitel 12) ist als Gleichgewichtsmodell bei Vollbeschäftigung zur Erklärung und Beurteilung von Beschäftigungsproblemen ebenso wenig hilfreich. Dazu bedarf es einer Korrektur durch **Marktunvollkommenheiten** aufgrund von Wettbewerbsbeschränkungen, Informationsproblemen und des Verzichtes auf die koordinierende Hand des fiktiven Auktionators. Nach dem Scheitern des traditionellen keynesianischen Paradigmas Mitte der 70er Jahre gab es lange Zeit keine in sich geschlossene Theorie der Arbeitslosigkeit, sondern nur eine Vielzahl von zum Teil weitgehend beziehungslos nebeneinander existierenden Theorien zu einzelnen Formen und Gründen der Arbeitslosigkeit, wie zu hohe Löhne, Lohnnebenkosten und Lohnsteuern, Nachfragemangel, Lohn- und Preisstarrheiten, unvollständige Informationen usw. Seit Anfang, insbesondere aber seit Mitte der 90er Jahre ist in der Wirtschaftstheorie ein Arbeitsmarktmodell entwickelt worden, daß versucht, einen einheitlichen Analyserahmen für eine Vielzahl der diskutierten Beiträge zur Theorie der Arbeitslosigkeit und ihres Beharrungsvermögens zu liefern. Ob dieses Modell nun eher als neoklassisch oder als keynesianisch zu bezeichnen ist, wird in der Literatur zwar diskutiert, soll hier aber eine nachgeordnete Rolle spielen. Die Berücksichtigung von Marktunvollkommenheiten spricht eher für einen keynesianischen, die herausragende Wirkung des Reallohnes mehr für einen neoklassischen Ansatz.

3.2 Das Modell

Zu den grundlegenden Merkmalen des nun zu entwickelnden Modells gehört, daß es sich von der Existenz vollständiger Märkte löst und von unvollständigem Wettbewerb, speziell von monopolistischer Konkurrenz (vgl. Kapitel 5) zumindest auf dem Gütermarkt ausgeht. Die Unternehmungen produzieren jeweils ein Gut, das sie zwar in seinen genauen physischen und sonstigen Eigenschaften aus der Sicht der Nachfrager alleine anbieten, das aber in einer fühlbaren **Substitutionskonkurrenz** zu einer Vielzahl ähnlicher Güter steht. Das Gut soll mit den substitutionalen Produktionsfaktoren Arbeit, importierten Vorprodukten und Kapital produziert werden. Der Kapitalstock sei in der hier zur Diskussion stehenden kurz- und mittelfristigen Perspektive fix, in bezug auf die beiden variablen Produktionsfaktoren existieren konstante Skalenerträge[1]). Die Grenzkosten sind dann bei Variation der erstellten Produktmenge konstant.

1) Auch bei konstantem Kapitalstock ist dies eine sinnvolle Annahme, da die Anbieter zum Zwecke der Abwehr potentieller Konkurrenz Überkapazitäten bereithalten, die quasi als dritter „variabler" Produktionsfaktor genutzt werden können.

Wie auf den Produktmärkten existiert auch auf den Faktormärkten, und damit auch auf dem hier allein näher betrachteten gesamtwirtschaftlichen Arbeitsmarkt, keine vollständige Konkurrenz, d.h. es gibt monopolistische Elemente auf dem Arbeitsmarkt, z.B. Gewerkschaften und Arbeitgebervertretungen.

3.2.1 Das Konzept der NAIRU

Der Grundgedanke

Wie im 24. und 25. Kapitel ausgeführt, ist in Marktwirtschaften ein über Löhne und Preis ausgetragener Verteilungskampf zwischen abhängig Beschäftigten und Gewinneinkommensempfängern möglich, der leicht zu einer Lohn-Preisspirale oder auch zu einer Lohn-Lohnspirale[2]) eskalieren kann, sofern die Zentralbank das entsprechende Geld bereitstellt. Tut sie dies nicht, so kommt es in der betroffenen Volkswirtschaft zu Arbeitslosigkeit (z.B. über einen ansteigenden langfristigen Zinssatz mit negativen Wirkungen auf die Investitionstätigkeit), die dämpfend auf die Lohnforderungen der Beschäftigten und – wegen der nachlassenden gesamtwirtschaftlichen Nachfrage – auch bremsend auf die Preissetzung der Unternehmen wirkt.

> Man kann sich dann ein Niveau der Beschäftigung vorstellen, bei dem die Inflation nicht weiter zunimmt, sondern stabil ist. Die zugehörige Arbeitslosenquote wird in der Literatur als **NAIRU** -Non-Accelerating Inflation Rate of Unemployment (inflationsstabile Arbeitslosenquote) bezeichnet.[3])

Wie wird nun die **NAIRU** bestimmt? Wenn man auf dem Arbeitsmarkt vom Konzept der vollständigen Konkurrenz abgeht, dann ist das aggregierte individuelle Arbeitsangebot der Haushalte (vgl. Kapitel 4) **nicht** die von der Angebotsseite für die Bestimmung des Reallohnes und der Beschäftigung zentrale Größe. Da Gewerkschaften existieren und/oder Unternehmen aus Gründen der Profitmaximierung über dem Reallohn bei vollständiger Konkurrenz liegende Reallohnangebote machen (vgl. z.B. die weiter unten dargestellte Effizienzlohntheorie), wird der Reallohn über dem bei vollständiger Konkurrenz liegen. Die Kurve, die den Zusammenhang zwischen dem Beschäftigungsniveau und dem von den Unternehmen angebotenen oder von den Gewerkschaften im Verhandlungsprozeß durchgesetzten Lohn beschreibt, ist die sog. kollektive Arbeitsangebotskurve, die **Lohnsetzungskurve (LSK)**. In Abb. 26.3 verläuft die Lohnsetzungskurve

Kollektives Arbeitsangebot ist streng zu unterscheiden vom aggregierten individuellen Arbeitsangebot

2) Von einer Lohn-Lohnspirale spricht man, wenn Lohnerhöhungen in der einen Branche, Lohnerhöhungen in anderen Branche nach sich ziehen, also bei einem „Wettbewerb" in der Lohnstruktur.

3) Wir sprechen hier von der NAIRU im selben Sinn wie FRIEDMAN von der natürlichen Arbeitslosenquote (vgl. hierzu Kapitel 11) und schließen uns damit der Terminologie GORDON's an.

links von der traditionellen Arbeitsangebotskurve. Wie weiter unten begründet wird, nimmt der Reallohn entlang der LSK mit zunehmendem Output und damit mit zunehmender Beschäftigung zu.[4]) Wichtig ist, daß die kollektive Lohnsetzungskurve nicht mit dem aggregierten individuellen Arbeitsangebot N_o, das in Abb. 26.3 zur Vereinfachung reallohnunabhängig (also senkrecht) gezeichnet ist, verwechselt wird. Diese Kurve hätte nur bei vollständiger Konkurrenz entscheidende Bedeutung für den Arbeitsmarkt. Bei unvollständiger Konkurrenz dient sie vor allem als Bezugsgröße zur Bestimmung der Arbeitslosigkeit.

Lohn- und Preissetzungskurve

Um eine Aussage über die NAIRU machen zu können, muß jetzt noch das Preissetzungsverhalten der Unternehmen einbezogen werden. Bei unvollständigem Wettbewerb erfolgt die Preissetzung in der Regel so, daß die Unternehmer einen **Aufschlag auf die Grenzkosten** erheben, dessen Höhe nach überwiegender Meinung mit abnehmender Elastizität der Güternachfrage zunimmt. Jedenfalls ist man sich einig, daß der Gewinnaufschlag, wenn überhaupt, mit steigender Beschäftigung nur leicht zunimmt. Das wollen wir im folgenden unterstellen. Da die Grenzkosten bei konstanten Skalenerträgen konstant sind, bedeutet dies, daß der von den Unternehmen bei gegebenen Faktorpreisen geforderte Güterpreis mit steigendem Output und steigender Beschäftigung leicht zunimmt. Stei-

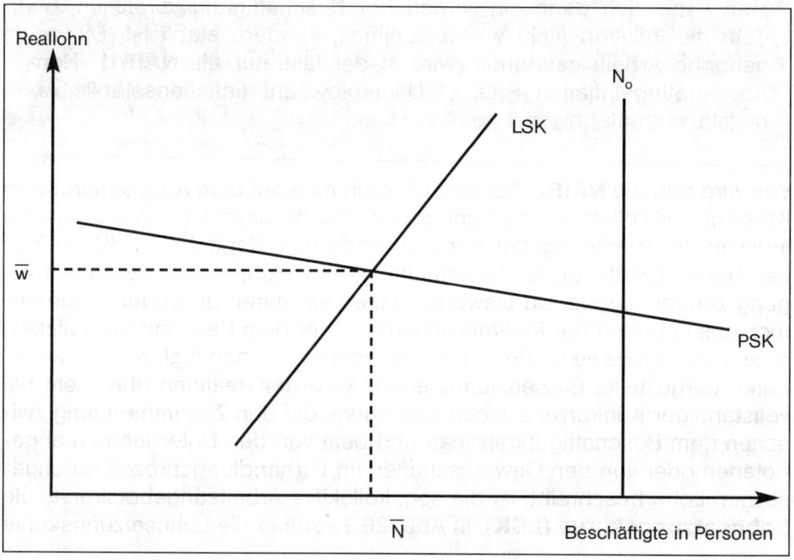

Abb. 26.3: Lohn und Beschäftigung bei Friktionen auf dem Arbeitsmarkt

4) Der unmittelbare Zusammenhang zwischen Output und Arbeitsmenge ergibt sich bei konstanten Skalenerträgen und konstanten Faktorpreisen zwangsläufig, da jede Outputerhöhung eine proportionale Erhöhung des Einsatzes beider variablen Faktoren nach sich zieht.

gender Preis bedeutet bei gegebenen konstanten Grenzkosten einen sinkenden (Produzenten-) Reallohn, so daß die **Preissetzungskurve (PSK)** in Abbildung 26.3 einen leicht fallenden Verlauf aufweist.[5)]

Beim Reallohn $\overline{w}$ und der Beschäftigungsmenge $\overline{N}$ schneiden sich die Lohnsetzungskurve und die Preissetzungskurve. Da die Lohnsetzungskurve den bei gegebenem Preis geforderten Nominallohn spiegelt und die Preissetzungskurve den bei gegbenem Nominallohn (und sonstigen Faktorpreisen) gewünschten Preis der Unternehmer, sind bei $\overline{N}$ die Preisvorstellungen der Unternehmer in Einklang mit den Lohnvorstellungen der Arbeitsanbieter, so daß ceteris paribus kein Grund für eine Veränderung des Geldlohnsatzes (bzw. dessen Steigerungsrate) oder des Preisniveaus (bzw. dessen Steigerungsrate) besteht. Die $\overline{N}$ entsprechende Arbeitslosenquote entspricht deshalb der **inflationsstabilen Arbeitslosenquote** der NAIRU. Nur bei dieser Beschäftigung sind die über die Geldlöhne artikulierten Verteilungsansprüche der Arbeitnehmer kompatibel mit den über das Preisniveau artikulierten Verteilungsansprüchen der Unternehmer.

Bezogen auf die traditionelle Terminologie umfaßt die NAIRU die friktionelle und die strukturelle Arbeitslosgkeit. Gelegentlich rechnet man auch noch die saisonale Arbeitslosenquote hinzu, jedoch sind die meisten Zeitreihen über die Arbeitslosigkeit saisonbereinigt.

3.2.2 Begründung des steigenden Verlaufs LSK

Während der Verlauf der PSK plausibel erscheint und über die Preisbildung bei monopolistischer Konkurrenz auch leicht mikroökonomisch begründet werden kann, ist die Begründung für den mit der Beschäftigung steigenden Reallohn der LSK etwas anspruchsvoller. Zur Begründung werden insbesondere

- sog. Effizienzlohnmodelle und/oder
- Verhandlungsmodelle zwischen Gewerkschaften und Arbeitgebern herangezogen.

Kommen wir zunächst zur **Effizienzlohntheorie,** die eine mikroökonomische Begründung für Preisstarrheiten und unfreiwilliger Arbeitslosigkeit liefert.

Effizienzlohntheorie liefert eine mikroökonomische Fundierung von Lohnstarrheit und Arbeitslosigkeit

Der Kern der Effizienzlohntheorie liegt in der doppelten Funktion der Löhne für die Kosten und die Produktivität der Arbeiter eines Unternehmens begründet.

5) Für die Lohnsetzungs- und die Preissetzungskurve werden in der Literatur zum Teil andere Bezeichnungen verwendet. Eine verbreitete Terminologie ist lohnbestimmte Reallohnkurve (für Lohnsetzungskurve) und preisbestimmte Reallohnkurve.

Die Kostenrolle des Lohnes bedarf keiner Erklärung: dem Unternehmen entstehen in Höhe der Lohnsumme betriebsbedingte Aufwendungen. Löhne können sich aber auch positiv auf die Produktivität eines Unternehmens auswirken. Der intuitiv einleuchtendste Fall ist dabei die Funktion des Lohnes als Leistungsanreiz für die Beschäftigten in den sog. **„Shirking" (Drückeberger)-Modellen,** die hier allein etwas ausführlicher dargestellt werden.

Ein Arbeitnehmer kann in gewissen Grenzen seine Leistung variieren, insbesondere nach unten reduzieren, ohne wegen der sonst entstehenden hohen Überwachungskosten gleich mit Entdeckung und Entlassung rechnen zu müssen. Um dies zu verhindern, kann es für das Unternehmen vorteilhaft sein, einen über dem markträumenden Lohnsatz liegenden Lohn zu zahlen. Damit wird zum einen für den Arbeitnehmer ein zusätzlicher Leistungsanreiz geschaffen und zum anderen werden zusätzlich die Kosten einer eventuellen Entlassung für den Arbeitnehmer erhöht, da der Arbeitnehmer bei Arbeitsplatzverlust mit erheblichen Einkommensverlusten rechnen muß. Wird ein Arbeitnehmer nämlich beim Bummeln erwischt, so wird er annahmegemäß sofort entlassen und muß in der Regel mit einer gewissen Zeit der Arbeitslosigkeit rechnen. Arbeitslosigkeit entsteht in Shirking-Modellen, da die positiven Effekte eines über dem Gleichgewichtsniveau bei vollständiger Konkurrenz liegenden Lohnes für alle Firmen gilt und deshalb von Seiten der Firmen allgemein ein Effizienzlohn angeboten wird.

Shirking-Modelle

Unterschiedliche Effizienzlohnmodelle

Andere Gründe für die freiwillige Zahlung eines Effizienzlohnes liegen in den bei Kündigung und Neueinstellung entstehenden Kosten **(Arbeitsfluktuations-Modelle),** in den Schwierigkeiten bei der Auswahl der am besten qualifizierten Bewerber bei einer Neueinstellung **(Adverse Selektions-Modelle)** oder in der Tatsache begründet, daß Arbeitnehmer bei einem als fair empfundenen Lohn ihre Arbeitsintensität steigern oder zumindest nicht bewußt reduzieren **(soziologische Effizienzlohnmodelle).**

Es leuchtet ein, daß Effizienzlohnmodelle sowohl zur Erklärung von **Lohnstarrheiten** (der Reallohn fällt nicht auf den markträumenden Konkurrenzlohn, da es für den Unternehmer **rational**, d. h. gewinnmaximierend ist, diesen höheren Lohn zu zahlen) herangezogen werden können, als auch in der Lage sind, **unfreiwillige Arbeitslosigkeit** zu erklären, da der Lohn über dem markträumenden Lohn liegt.

Zwar gibt es in der Literatur einige Einwände gegen die Effizienzlohntheorie, die darauf hinauslaufen, daß es theoretisch auch andere Möglichkeiten gibt, die Effekte des Effizienzlohnes zu erreichen, ohne daß es zu Arbeitslosigkeit kommt. Diskutiert wurde in diesem Zusammenhang z. B. die Hinterlegung einer Kaution durch den Arbeiter bei Arbeitsantritt und Ähnliches. Die Einwände erscheinen jedoch relativ wirklichkeitsfremd zu sein. Wichtig für uns ist, daß sich mit Hilfe der Efffizienzlohntheorie schon auf einzelwirtschaftlicher Basis **ein mit der Beschäftigung steigender Effizienzlohn** ergibt. Dies wird z. B. im Falle des Fluktuationsmodells dadurch plausibel, daß die Wahrscheinlichkeit einer Kündigung seitens des Arbeiters mit zunehmender Beschäftigung ebenso zunimmt, wie die Schwierigkeiten, einen adäquaten Ersatz für diesen Mitarbeiter zu finden. Ähnlich sinkt mit zunehmender Beschäftigung das Risiko, das für den einzelnen Arbeitnehmer mit einer Entlassung verbunden ist, da er leichter eine neue Beschäftigung findet. Wollen die Unternehmen Kündigungen verhindern bzw. das Bummeln weitgehend ausschließen, so müssen sie mit steigender Beschäftigung also zunehmende Anreize, sprich einen steigenden Reallohn, anbieten.[6])

Eine weitere Möglichkeit, die positive Steigung der Lohnsetzungskurse zu begründen bietet die **Verhandlungstheorie der Löhne** zwischen Gewerkschaften und Arbeitgebern. Aus Platzgründen, vor allem aber wegen der Relevanz des Modells für die Bundesrepublik Deutschland, wird hier nur das **„Right-to-Manage"-Modell** (RTM-Modell) vorgestellt, in dem angenommen wird, daß der Nominallohnsatz zwischen den Gewerkschaften und den Arbeitgebern ausgehandelt wird, während die Arbeitgeber autonom die Beschäftigung festlegen, die sie bei diesem Reallohn realisieren. Das Alternativmodell würde den Verhandlungsprozeß auf Lohnhöhe **und** Beschäftigung ausdehnen (Modell der effizienten Verhandlungen), wofür es in Deutschland aber nur erste Ansätze gibt.

Die Modellierung des Verhandlungsprozesses im „RTM"-Ansatz ist sehr komplex und erfolgt auf spieltheoretischer Basis. Es können hier nur die wichtigsten Ergebnisse referiert werden:

- Der Reallohn nimmt mit steigender Beschäftigung zu. Dieses Ergebnis ist unmittelbar plausibel, da die Verhandlungsmacht der Gewerkschaften mit steigender Beschäftigung zunimmt.
- Die Lohnsetzungskurve wird um so höher liegen, je höher die Arbeitslosenunterstützung ist. Auch dieses Ergebnis ist nicht unplausibel, da die Arbeitslosigkeit mit zunehmender Höhe (und Länge) der Unterstützungszahlungen weniger gravierende materielle Folgen für die Betroffenen hat.

3.2.3 Gesamtwirtschaftliche Arbeitsnachfragekurve

Für unsere Überlegungen zur Arbeitslosigkeit kann die gesamtwirtschaftliche Arbeitsnachfragekurve N^n nicht unberücksichtigt bleiben. Bei Existenz nur eines variablen Faktors Arbeit ist die Ableitung einer solchen Kurve nicht schwierig und es kommt außerdem zu einer ziemlich engen Annäherung an das Konzept der PSK: Bei vollständiger Konkurrenz auf allen Märkten und bei nur einem variablen Produktionsfaktor ist die PSK

6) Das Risiko des Arbeitnehmers im Shirking-Modell sinkt bei Vollbeschäftigung auf Null ab, da er jederzeit einen neuen Job findet. Insofern kann die durch Zahlung eines Effizienzlohnes geschaffene Arbeitslosigkeit durchaus als Disziplinierungsinstrument aufgefaßt werden.

identisch mit der Arbeitsnachfragekurve, da sie mit der Grenzproduktivitätskurve der Arbeit zusammenfällt.

Ableitung der Arbeitsnachfragefunktion bei mehr als einem variablen Faktor

Bei zwei variablen Faktoren und monopolistischer Konkurrenz auf dem Gütermarkt ist die Ableitung der Arbeitsnachfragefunktion ein wenig schwieriger und kann hier nur angedeutet werden. Wie im 5. Kapitel grafisch dargestellt, maximiert der Anbieter unter den Bedingungen der monopolistischen Konkurrenz seinen Gewinn bei der Produktmenge, bei der seine Grenzkosten gleich dem Grenzerlös sind. Der sich bei dieser Menge auf der Nachfragekurve ergebende Preis ist der gewinnmaximierende Preis. Man kann leicht zeigen, daß dieser Preis den Grenzkosten multipliziert mit einem Aufschlagsatz, der größer als 1 ist, entspricht (der Preis liegt also über den Grenzkosten). Der Aufschlagsatz und damit ceteris paribus der Preis ist um so höher, je niedriger die Nachfrageelastizität ist. Gleichzeitig ist offensichtlich, daß die optimale Outputmenge y* auch von der Höhe der Grenzkosten abhängt. Da diese bei gegebener Technik allein von den Faktorpreisen abhängen, ist klar, daß die nachgefragte Arbeitsmenge mit abnehmendem Reallohn, den realen Kosten des Faktors Arbeit, zunimmt7). Einzelwirtschaftlich hängt also die Arbeitsnachfrage vom Reallohn ab. Da dies für jedes der n Unternehmen gilt, gilt die negative Beziehung zwischen Reallohn und Arbeitsnachfrage auch gesamtwirtschaftlich.

Auf gesamtwirtschaftlicher Ebene muß aber noch ein zweites Element bedacht werden. Die Nachfrage, die auf jedes einzelne der n Unternehmen entfällt, steigt bei konstanter Zahl der Unternehmen mit der Gesamtnachfrage, also mit ^rY Formal ausgedrückt

$y_i = y_i \left(\frac{P_i}{P}, {}^rY \right)$. Grafisch kann man sich bei dem einzelnen Anbieter die Erhöhung der gesamtwirtschaftlichen Nachfrage als Rechtsverschiebung seiner individuellen Nachfragekurve vorstellen:

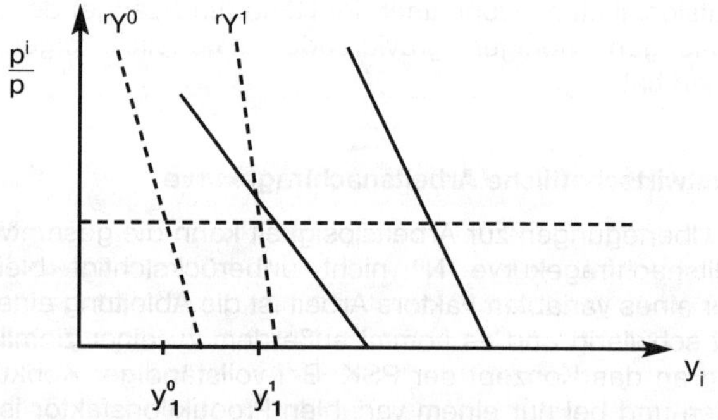

Abb. 26.4:Verschiebung der einzelwirtschaftlichen Nachfragekurve bei Zunahme der gesamtwirtschaftlichen Nachfrage von $^rY^0$ auf $^rY^1$.

---

7) Streng genommen ist die Arbeitsnachfrage nicht nur vom Preis des Faktors Arbeit, sondern auch vom Preis des zweiten variablen Produktionsfaktors q abhängig.

Die Arbeitsnachfrage in Abhängigkeit von der gesamtwirtschaftlichen Güternachfrage

Man sieht mit Hilfe der gestrichelt gezeichneten Grenzerlöskurven und Grenzkostenkurve, daß die gewinnmaximierende individuelle Produktmenge von y^0_i auf y^1_i zunimmt. Damit steigt bei gegebener Faktorpreisrelation auch die Arbeitsnachfrage mit ^rY. Für ein gegebenes ^rY ist die Arbeitsnachfrage also allein eine fallende Funktion des Reallohnes. Steigt aber ^rY z.B. von $^rY^0$ auf $^rY^1$ (oder fällt auf $^rY^2$) so verschiebt sich die einzelwirtschaftliche Arbeitsnachfragekurve nach rechts (links). Abb. 26.5 verdeutlicht diesen Zusammenhang:

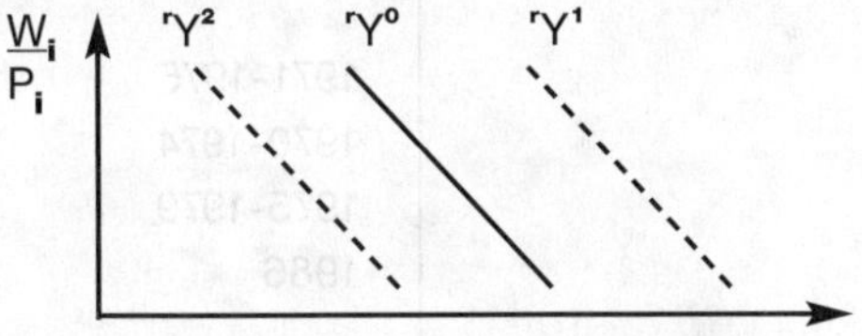

Abb. 26.5: Verschiebung der Arbeitsnachfragekurve mit sich veränderndem $^rY^n$

Analytisch ausgedrückt bedeutet dies: $N_i^d = N_i^d\left(\frac{W_i}{P_i}, {}^rY\right)$

Ein entsprechender Zusammenhang kann auch gesamtwirtschaftlich begründet werden.

Abschließend zu unseren Überlegungen zur Arbeitsnachfrage ist diese noch in das PSK-LSK-Modell zu integrieren.

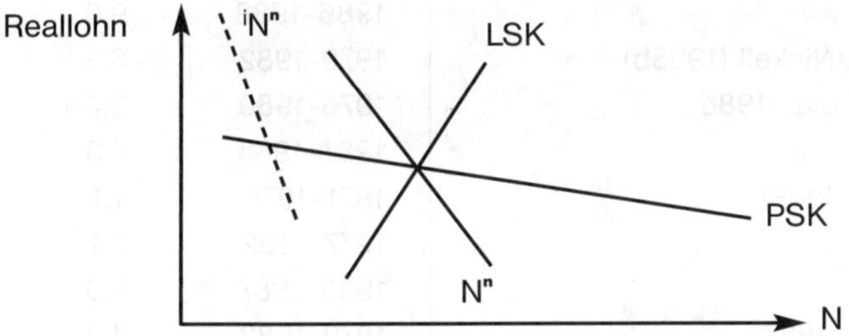

Abb. 26.6: Das NAIRU - Modell mit gesamtwirtschaftlicher Arbeitsnachfragekurve

Die Abb. 26.6 zeigt, daß die N^n-Kurve durch den Schnittpunkt von LSK und PSK verläuft. Das muß im langfristigen Gleichgewicht so sein, da bei dem die NAIRU spiegelnden N kein inflationärer oder deflationärer Druck herrschen darf. Würde sich z.B. in Abb. 26.6 die gesamtwirtschaftliche Arbeitsnachfrage auf Grund einer abnehmenden gesamtwirtschaftlichen Nachfrage auf die gestrichelt gezeichnete Position nach $^lN^n$ links verschieben, so würde ein Angebotsüberschuß an Arbeit existieren, der Löhne und Preise nach unten drücken und damit zu einem deflationären Prozeß führen würde. Im Schnittpunkt von LSK und PSK aber sind kollektives Arbeitsangebot und gesamtwirtschaftliche Arbeitsnachfrage im Gleichgewicht.

3.3 Ursachen der Arbeitslosigkeit

Tabelle 26.2 zeigt daß die NAIRU seit Mitte der 70er Jahre in Deutschland erheblich zugenommen hat:

Verschiedene Schätzungen der NAIRU für Westdeutschland

Autor	Zeitraum	geschätzte NAIRU
Coe (1985)	1971-1975	2,0
Franz (1987d)	1970-1974	1,9
	1975-1979	4,2
	1986	5,7
Franz und Hoffmann (1990)	1987	5,5
Franz und Gordon (1993)	1973-1990	6,2
Funke (1991)	1961-1965	3,2
	1966-1970	5,8
	1971-1975	2,5
	1976-1980	6,1
	1981-1985	7,6
	1986-1988	9,0
Layard/Nickell (1985b)	1979-1982	3,3
Layard u.a. (1986	1976-1980	3,7
	1981-1983	5,3
OECD (1986)	1971-1976	1,1
	1977-1982	3,1
	1983-1987	6,0
Schultze (1987)	1979-1982	4,3
	1981-1983	5,0
	1983-1987	6,5

Tab. 26.2: Geschätzte Werte der NAIRU für Westdeutschland
Quelle: Franz 1995

Dramatischer Anstieg der Arbeitslosigkeit seit Mitte der 70er Jahre

Parallel dazu hat sich, wie Abbildung 26.7 zeigt, die tatsächliche Arbeitslosigkeit – auch wenn man die Entwicklung in Ostdeutschland wegen der geltenden Sonderbedingungen (vgl. Kapitel 3) hier unberücksichtigt läßt – dramatisch zugenommen. Abb. 26.7 zeigt, daß die Arbeitslosenquote 1960 noch unter 1% lag, sich bis Mitte der 70er Jahre auf einem niedrigen Niveau hielt, um dann in drei Schüben seit Mitte der 70er Jahre, über die gesamten 80er Jahre und seit Beginn der 90er Jahre auf nahezu 10%

stieg. Wo liegen die Ursachen? Eine Ursache wird allgemein in Angebots- und Nachfrageschocks gesehen, denen die Ökonomie im Laufe der Zeit ausgesetzt war.

3.3.1 Wirkung von Angebots- und Nachfrageschocks auf NAIRU und gemessene Arbeitslosigkeit

Angebotsschocks

Die Wirkung von Angebotsschocks lassen sich in dem Modellrahmen gut darstellen, da die PSK und gegebenenfalls auch die LSK sich verschieben.

Als typische **Angebotsschocks** werden Schwankungen der Preise für wichtige importierte Inputs und Veränderungen des Weltzinsniveaus diskutiert. Häufig werden auch Technologieschocks angeführt, sie dürften aber wegen ihres eher langfristigen Charakters den Rahmen dieses kurz bis mittelfristig angelegten Modells sprengen und sollen deshalb weiter unten gesondert behandelt werden.

Die Ölpreisschocks werden allgemein für den starken Anstieg der Arbeitslosigkeit in den 70er und frühen 80er Jahren verantwortlich gemacht

Der beinahe klassisch gewordene Fall angebotsseitiger Schocks waren die Ölpreisschocks in den 70er Jahren, die von vielen Wissenschaftlern und Praktikern als entscheidende Größen für den Konjunktureinbruch der 70er und der frühen 80er Jahren in allen Industrieländern gesehen wird.

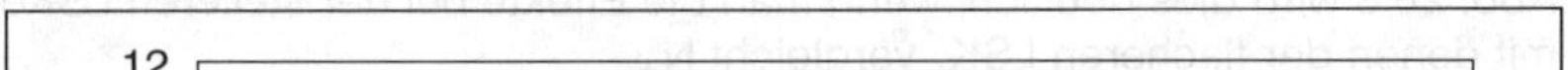

Abb. 26.7: Entwicklung der registrierten Arbeitslosigkeit in Westdeutschland.

Quelle: Bundesanstalt für Arbeit

Untersuchen wir zunächst die Auswirkungen des Ölpreisschocks auf die PSK: Die Erhöhung der Ölpreise erhöht die Grenzkosten und damit bei konstantem Aufschlagsatz auch die Preise, so daß ceteris paribus die PSK eine Verschiebung nach unten erfährt. Wie Abbildung 26.8 zeigt, ist das Ergebnis eine Verminderung der Beschäftigung von $\bar{N}_0$ auf $\bar{N}_1$.

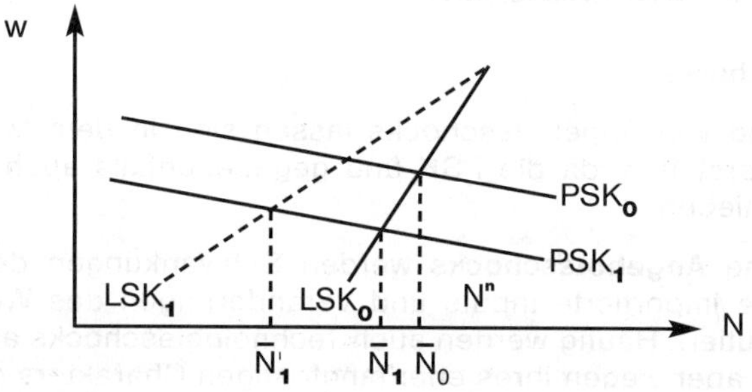

Abb. 26.8: Die Wirkungen eines negativen Angebotsschocks

Wichtig ist dabei auch, daß die Stärke des Beschäftigungseffektes entscheidend auch von der Steigung LSK abhängt. Je steiler diese verläuft, je stärker also Gewerkschaften und Unternehmen bzw. Unternehmensverbände mit dem Reallohn auf Beschäftigungsschwankungen reagieren, desto kleiner ist die Beschäftigungswirkung eines Angebotsschocks. In Abb. 26.8 wird dies deutlich, wenn man die Effekte bei der steileren LSKo mit denen der flacheren LSK_1 vergleicht $\bar{N}'_1$

Die geringere Reallohnflexibilität der LSK in vielen europäischen Ländern wird von vielen Autoren für die starkeren Wirkungen der Ölpreisschocks in Europa verantwortlich gemacht. Erwähnt sei noch, daß die negativen Auswirkungen der Ölpreisschocks sich in dem Maße verstärkt haben, wie sich die LSK nach oben verschoben hat – etwa als Versuch der Gewerkschaften, den mit der extern bedingten Preissteigerung (als Reaktion auf die Zunahme der Grenzkosten) verbundenen Kaufkraftverlust durch höhere Nominallohnforderungen auszugleichen. Abb. 26.9 zeigt, daß in diesem Fall die inflationsstabile Beschäftigung sogar auf $\bar{N}_2$ absinken würde.

Anzumerken wäre noch, daß sich die NAIRU und auch die gemessene Arbeitslosigkeit in den 80er Jahren, in denen die Ölpreise drastisch fielen, nicht auf ihr altes Niveau zurückbewegt haben, wofür eventuell das weiter unten erläuterten Hysteresesphänomen bedeutsam gewesen sein kann.

Weltzinsniveau

Ganz analog zur der Analyse der Wirkungen der Ölpreisschocks verläuft die Untersuchung der Auswirkungen einer Erhöhung des Weltzinsniveaus. Da die USA ab 1981 mehrere Jahre für einen Anstieg des realen Weltzinsniveaus sorgten, wird vielfach die Meinung vertreten, hierdurch

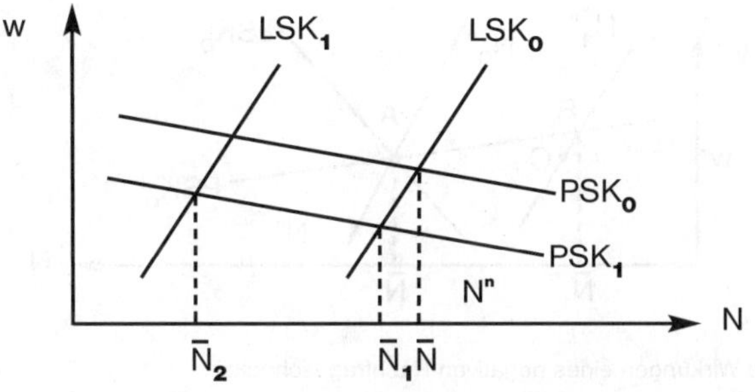

Abb. 26.9: Die Wirkungen eines Angebotsschocks bei kompensierender Lohnpolitik der Gewerkschaften

sei zu Beginn der 80er Jahre die NAIRU in Europa weiter gestiegen. Für die USA gilt dieses Argument nicht, da sie die Kostenwirkung der Zinserhöhung durch Steuersenkungen kompensierten.

Nachfrageschocks

In dem dargestellten Modell können sich die zentralen, die natürliche Beschäftigung (und damit die NAIRU) bestimmenden Kurven, nur verschieben, wenn sich die **Bestimmungsgründe** von Lage und Steigung dieser Kurven verändern. Auf die PSK hat ein Nachfrageschock zunächst keinen Einfluß, denn für ihre Lage und Steigung sind allein die Grenzkosten und der Gewinnaufschlag der Unternehmen entscheidend. Da durch die Nachfrageverschiebung zumindest unmittelbar keine Veränderung der Grenzkosten auszumachen ist, bliebe nur der Gewinnausschlag, der aber nach allgemeiner Auffassung relativ konjunktur**un**abhängig ist. Damit verändert sich die Lage der PSK Kurve durch einen Nachfrageschock nicht. Darin kommt auch zum Ausdruck, daß die NAIRU auf einem mittelfristigen Konzept basiert und deshalb von kurzfristigen Nachfrageschwankungen nicht tangiert wird, da auch keine Auswirkungen auf die LSK zu erkennen sind.

Konstanz der NAIRU bedeutet jedoch nicht, daß Nachfrageschocks keine Auswirkungen auf den Arbeitsmarkt haben. Wir haben bislang die gesamtwirtschaftliche Arbeitsnachfragekurve nicht berücksichtigt, die sich aber mit dem Rückgang der gesamtwirtschaftlichen Nachfrage nach links verschiebt (vgl. Abschnitt 3.2.3 dieses Kapitels).

Die Abbildung 26.10 zeigt, daß sich die gesamtwirtschaftliche Arbeitsnachfragekurve als Folge des Konjunktureinbruches nach links verschiebt und die PSK links von Punkt A in Punkt B schneidet, und die Beschäftigung auf $\bar{N}_1$ absinkt. Diese Abnahme der Beschäftigung bezeichnet man als **konjunkturell,** denn in Punkt B erreicht die Ökonomie ein zeitweiliges Gleichgewicht. Bleibt der Reallohn auf seinem ursprüng-

Entstehungs konjunktureller Arbeitslosigkeit durch negative Nachfrageschocks

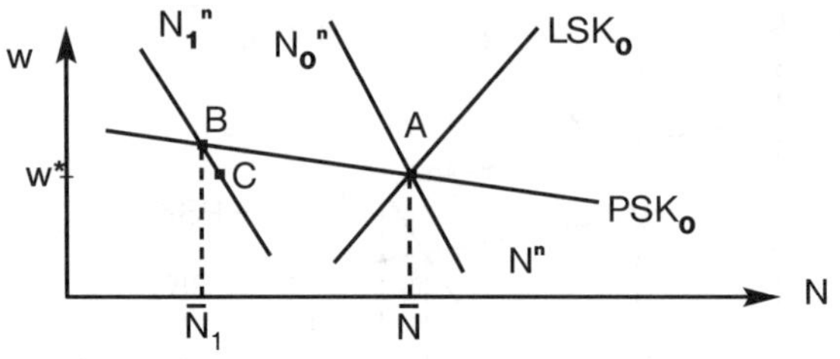

Abb. 26.10: Die Wirkungen eines negativen Nachfrageschocks

lichen Gleichgewichtsniveau w*, so würde die Beschäftigung sich wieder leicht erholen (Punkt C), aber erst bei Rückgang des Nachfrageschocks – z.B. durch eine expansive Staatsausgabenpolitik – wieder ihren alten Wert annehmen.

Einen interessanten Hinweis auf die Größenordnung der konjunkturellen Arbeitslosigkeit in Deutschland gibt der Sachverständigenrat für 1994 mit seiner Schätzung von ca. 500.000 konjunkturell Arbeitslosen. Auf die heutigen Werte der Arbeitslosigkeit umgerechnet wären dies immerhin ca. 580.000 konjunkturell Arbeitslose. Jürgen Kromphardt (seit Mitte 1999 Mitglied des Sachverständigenrates) schätzt die konjunkturelle - und damit im Prinzip durch Nachfragemanagement bekämpfbare - Arbeitslosigkeit sogar auf 50 % der gesamten registrierten Arbeitslosigkeit, und damit auf ca. zwei Millionen! Zu ähnlichen Ergebnissen kommt neuerdings unter Einbeziehung von Hystereseeffekten das Deutsche Institut für Wirtschaftsforschung in Berlin.

3.3.2 Institutionelle Regelungen und Arrangements

Vielfach werden in der politischen und der theoretischen Diskussion

- zu hohe und nach unten starre Löhne („Reallohnlücke")[8],
- Höhe und Länge der Arbeitslosenunterstützung und Sozialhilfe,
- Kündigungsschutzregeln,
- zu hohe Mindestlöhne sowie
- zu hohe Steuerbelastungen und Sozialabgaben

für den starken Anstieg der NAIRU in den meisten europäischen Staaten in den 80er und 90er Jahren verantwortlich gemacht, insbesondere wenn man die seit Mitte der 80er Jahre deutlich niedriegere NAIRU in den USA oder die Entwicklung der Arbeitslosigkeit in den Niederlanden und dem Vereinigten Königreich als Referenzwerte heranzieht. Theoretisch können

8) Unter Reallohnlücke wird die Differenz zwischen dem Vollbeschäftigungslohn bei vollständiger Konkurrenz auf allen Märkten und dem herrschenden Reallohn verstanden und diese (negative) Differenz als Hauptgrund für die Arbeitslosigkeit angeprangert.

die aufgezählten Elemente der sog. **„Eurosklerose"** ohne Schwierigkeiten im theoretischen Rahmen des NAIRU-Modells analysiert werden.

Eurosklerose

So ergibt sich z.B. im Rahmen der Effizienzlohntheorie aus einer Erhöhung der Unterstützungszahlungen an Arbeitslose und Sozialschwache eine Linksverschiebung der LSK und damit eine Erhöhung der NAIRU.

Die Einführung oder Verschärfung von Kündigungsschutzregeln kann als Erhöhung der Kosten der Unternehmen interpretiert werden und führt damit zu einer Verschiebung der PSK nach unten (da die jeder Beschäftigung zugeordneten Preise zunehmen).

Über dem Gleichgewichtslohn liegende Mindestlöhne können die Einstellung von zu einem niedrigeren Lohn arbeitswilligen Arbeitslosen verhindern, dadurch das Arbeitsangebot künstlich verknappen und zu einer Linksverschiebung der LSK und – falls die Unternehmer die Mindestlöhne zahlen – auch zu einer Linksverschiebung der PSK führen, beides Effekte, welche die NAIRU erhöhen.

Erhöhte Abgabenlasten für Arbeitgeber und Arbeitnehmer verstärken den **„Keil"**, der zwischen dem Reallohn besteht, den die Arbeitgeber effektiv zu zahlen haben **(Produzentenreallohn)** und dem Nettolohn, den die Arbeitnehmer bekommen **(Konsumentenreallohn).** Erhöhte Abgabenlasten für die Arbeitgeber (Lohnnebenkosten) führen zu höheren Kosten und damit zu einer Linksverschiebung der PSK. Erhöhte Belastungen der Arbeitnehmer durch Einkommens- und Verbrauchsteuern verschieben die LSK nach oben, sofern die Arbeitnehmer versuchen, ihre Nettolöhne über höhere Bruttolöhne zu halten. Wiederum führen beide Effekte zu einer Erhöhung der NAIRU.

Große Abweichungen zwischen dem Produzenten und dem Konsumentenreallohn

Obwohl auch diese theoretischen Schlußfolgerungen nicht unwidersprochen geblieben sind, sprechen vor allem empirische Untersuchungen gegen eine maßgeblich Rolle der genannten Faktoren für die Höhe der Arbeitslosigkeit.

So heißt es z.B. bei Wolfgang FRANZ unter Hinweis auch auf eigene ökonometrische Untersuchungen: „Völlig abwegig wäre es jedoch, den schubweisen Anstieg der Arbeitslosigkeit in Westdeutschland mit Änderungen dieses institutionellen Rahmens (gemeint ist das System der Arbeitlosenunterstützung, die Autoren) erklären zu wollen. Bezweifelt wird auch, daß die Persistenz der Arbeitslosigkeit in mehr als geringfügigem Umfang mit dem Arbeitslosenversicherungssystem begründet werden kann".

Empirische Untersuchungen lassen Zweifel an manchem verbalen Schnellschuß aufkommen

Auch in bezug auf die Wirkung eines verstärkten Kündigungsschutzes sind die Wirkungen keineswegs eindeutig. Klar dürfte zunächst sein, daß existierende Kündigungsschutzregelungen im Konjunkturverlauf die Beschäftigung stabiliseren, da sie bei abnehmender Konjunktur Entlassungen entgegenwirken und bei anziehender Konjunktur Einstellungen herauszögern. Darüber hinaus belegt auch eine vielbeachtete empirische Studie der Spanier S. BENTOLILA und J. J. DOLADO aus dem Jahr 1990, daß eindeutige Effekte höherer Entlassungskosten auf die Beschäftigung nicht nachweisbar sind.

Die Bedeutung von Mindestlöhnen im formalen Sinne war in der Vergangenheit für Deutschland gering, da die tariflichen Löhne fast immer über den Mindestlöhnen lagen, sofern diese überhaupt existierten. Faktisch kommt Mindestlöhnen aber trotzdem eine erhebliche Bedeutung in dem Sinne zu, daß tarifgebundene Unternehmen Tariflöhne nicht unterschreiten dürfen oder sogar eine Allgemeinverbindlichkeitserklärung durch das Arbeitsministerium vorliegt. Praktische Bedeutung könnte dies, wie Abb. 26.11 zeigt, in Deutschland vor allem für die Gruppe der gering qualifizierten Arbeitnehmer haben. Dementsprechend wird häufig eine stärkere qualifikationsbezogene Differenzierung in der Lohnstruktur („Spreizung")

Qualifikation ist das A und O für die Beschäftigung

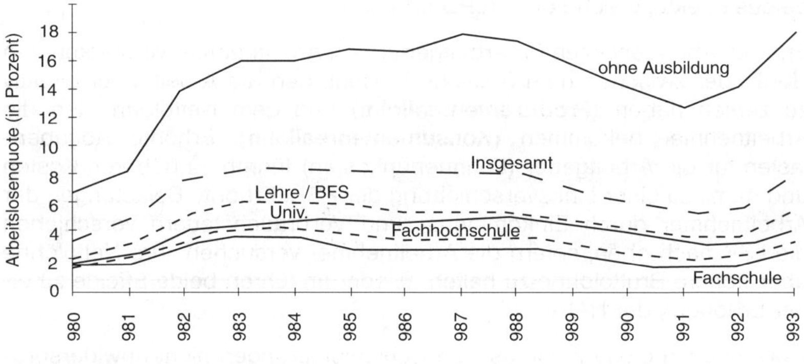

Abb. 26.11: Arbeitslosenquote nach Qualifikationen
Quelle: Buttler, Tessaring 1993

gefordert. Gegen dieses unter anderem von Horst SIEBERT (Direktor des Kieler Instituts für Weltwirtschaft) vorgetragene Argument spricht allerdings, daß von den Unternehmen die im Rahmen des Tarifsystems gegebenen Möglichkeiten der Lohnspreizung kaum ausgenutzt werden, da die Besetzungszahlen in den unteren Lohngruppen sehr gering sind. Jürgen KROMPHARDT fordert deshalb **Lohnsubventionen** für die unteren Lohngruppen, um die Beschäftigung anzukurbeln, was insbesondere angesichts der erschreckenden Bilanz für Personen ohne Ausbildung, die Abb. 26.11 offenlegt, nicht unangemessen erscheint. Auch wenn die Forderung nach Lohnsubventionen rein neoklassischen Ökonomen geradezu den Atem verschlägt, ist doch zu bedenken, daß es in anderen Unternehmensbereichen (z.B. für Investitionen) schon lange und in erheblichem Umfang Subventionen gibt, warum also nicht auch einmal Lohnsubventionen?

Sind Lohnsubventionen für die unteren Lohngruppen ein Lösungsansatz?

Nicht selten begegnet man der These, daß die Existenz und das Verhalten der Gewerkschaften, insbesondere ihre gestiegene Macht und Militanz für die hohe Arbeitslosigkeit verantwortlich seien. Theoretisch würde sich dies in einer Linksverschiebung der LSK und damit einer Erhöhung der NAIRU niederschlagen. Mag diese These noch für die späten 60er und die frühen 70er Jahre einige Berechtigung haben, so können die Autoren nicht sehen, daß sich in den 80er und 90er Jahren die Gewerkschaftsmacht und/oder ihre Agressivität erhöht hat. Eher scheint das Gegenteil der Fall zu sein, wie die Abb. 26.12 zeigt.

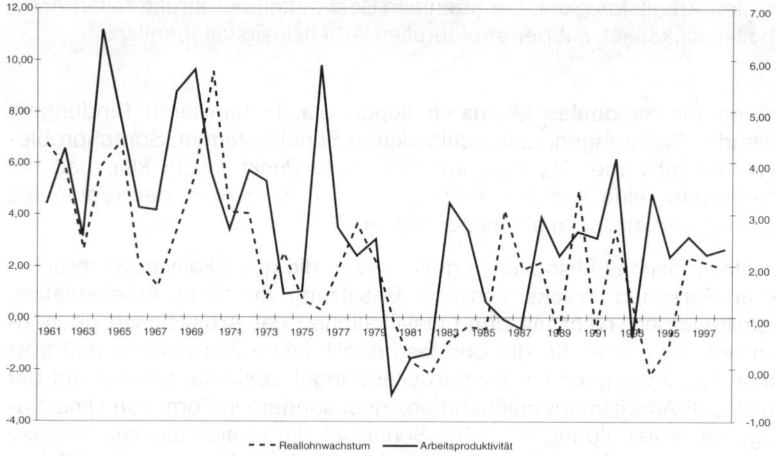

Abb. 26.12: Reallohnwachstum und Arbeitsproduktivität in Westdeutschland
Quelle:

Spätestens seit Beginn der 80er Jahre liegt die Zuwachsrate der Arbeitsproduktivität im Großen und Ganzen deutlich über dem Wachstum der Reallöhne, das teilweise sogar negativ war.

Als Einflußfaktor auf die Lohnbildung wird auch die gewerkschaftliche Organisationsform (dezentral oder zentrale Lohnverhandlungen) diskutiert. Von besonderem Interesse ist dabei die sog. „Hump-shape" („höckerförmig")-Hypothese, derzufolge völlig dezentralisierte oder rein zentral geführte Lohnverhandlungen zu den niedrigsten Reallöhnen geführt haben. Diese These leuchtet intuitiv ein: Eine Betriebsgewerkschaft wird die Lage des eigenen Betriebes auf dem Absatzmarkt berücksichtigen, um die Arbeitsplätze in der Firma nicht zu gefährden. Anderseits werden - ohne Rücksichtnahme auf die gesamtwirtschaftliche Situation - bei besonders guter Ertragslage der Firma die durchgesetzten Löhne entsprechend hoch sein. Wird auf gesamtwirtschaftlicher Ebene verhandelt, so verliert die Situation des einzelnen Betriebes an Bedeutung, allerdings muß die Gewerkschaft jetzt in viel höherem Maße die gesamtwirtschaftliche Wirkung ihrer Lohnabschlüsse berücksichtigen.

3.3.3 Mismatch-Arbeitslosigkeit

Von Mismatch-Arbeitslosigkeit spricht man, wenn Arbeitsangebot und Arbeitsnachfrage in regionaler oder qualifikatorischer Hinsicht voneinander abweichen und deshalb auf dem gesamtwirtschaftlichen Arbeitsmarkt gleichzeitig Arbeitslosigkeit und offene Stellen zu finden sind. Mismatch-Arbeitslosigkeit ist, abgesehen von der friktionellen Arbeitslosigkeit, die ebenfalls Bestandteil der strukturellen Arbeitslosigkeit ist, mit der strukturellen Arbeitslosigkeit identisch.

Mismatch-Arbeitslosigkeit: ein neuer Name für ein altes, aber an Bededutung gewinnendes Phänomen

Gründe für **regionales Mismatch** liegen u.a. in familiären Bindungen, fehlenden Wohnungen, unterschiedlichen Schulsystemen, Sprachproblemen und fehlender Transparenz. Der letzte Punkt macht klar, daß die Arbeitsämter eine wichtige Rolle bei der Reduzierung der regionalen Mismatch-Arbeitslosigkeit spielen sollten.

Qualifikatorisches Mismatch liegt vor, wenn die qualifikativen Ansprüche, die an Personen zwecks sinnvoller Besetzung von freien Arbeitsplätzen gestellt werden, nicht mit den Qualifikationen der Arbeitslosen übereinstimmen. So war es für die Bundesrepublik lange Zeit typisch, daß trotz hoher Arbeitslosigkeit ein Facharbeitermangel existierte. Es liegt auf der Hand, daß Arbeitsmarktmaßnahmen, insbesondere in Form von Umschulung und Weiterbildung, hier eine Schlüsselrolle spielen müssen. Ebenso leuchtet ein, daß qualifikatorisches Mismatch insbesondere in Zeiten starken Strukturwandels an Bedeutung gewinnt. Da ein solcher in den letzten eineinhalb Jahrzehnten insbesondere durch den Siegeszug des Computers an Bedeutung gewonnen und sich durch die Globalisierung der Märkte seit Beginn der 90er Jahre noch einmal verstärkt hat, ist davon auszugehen, daß Mismatch-Arbeitslosigkeit deutlich zugenommen hat. Die hiermit verbundene Reduktion des „effektiven" Arbeitsangebotes dürfte auch zu einer Linksverschiebung der LSK (verbunden mit einer entsprechenden Erhöhung der NAIRU) geführt haben. Empirische Untersuchungen bestätigen diese Vermutung. Der Sachverständigenrat schätzt die Mismatch-Arbeitslosigkeit für 1994 auf ca. 500.000, eine Zahl, die heute (Mitte 1999) bei weitem übertroffen werden dürfte. Schon 1991 schätzten LAYARD, NICKELL, JACKMANN die Mismatch-Arbeitslosigkeit auf 1/3 aller Arbeitslosen. Nach Meinung der Autoren belegen diese Zahlen das dringende Bedürfnis nach Arbeitsförderungsmaßnahmen, insbesondere im Bereich Umschulung und Weiterbildung.

Grafisch ist das Ausmaß der Mismatcharbeitslosigkeit. an der sog. BEVERIDGE-Kurve, die eine hyperbelförmige Beziehung zwischen dem Prozentsatz offener Stellen und derArbeitslosenquote herstellt, zu erkennen.

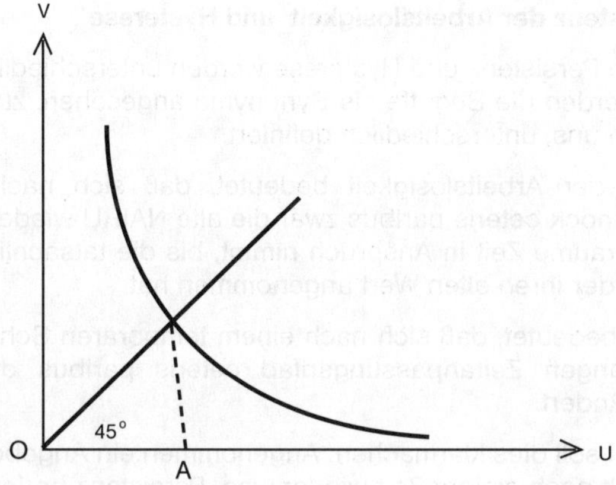

Abb. 26.13: Modell der Beveridge-Kurve

Entlang des 45° Grad-Strahles entsprechen sich offene Stellen und Arbeitslose (unter Einbeziehung der friktionellen Arbeitslosigkeit). Die zugeordnete Strecke auf der Abszisse $\overline{OA}$ (auf der die Arbeitslosenquote dargestellt wird), gibt das Ausmaß der strukturellen Arbeitslosigkeit an, die also um so größer ist, je weiter außen die Beveridge-Kurve liegt. Zu berücksichtigen ist, daß in der Beveridge-Kurve die friktionelle und Mismatch-Arbeitslosigkeit zusammen dargestellt werden.

Abb. 26.14 zeigt, daß sich die empirische Beveridge-Kurve für Deutschland in den 70er Jahren Anfang der 90er Jahre weit nach außen verschoben hat. Dies stützt die These, daß die Mismatch-Arbeitslosigkeit an Bedeutung gewonnen hat.

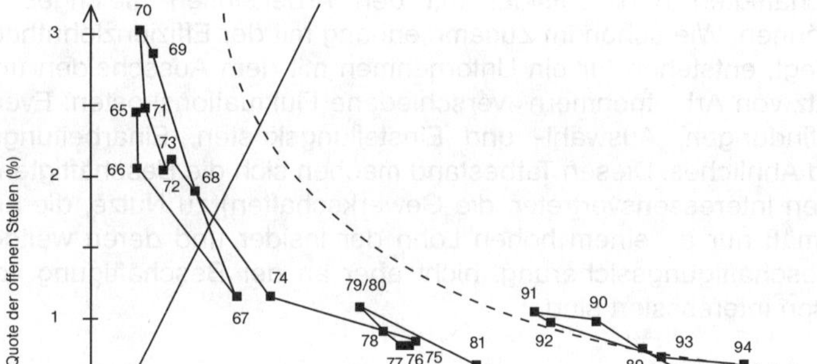

Abb. 26.14: Empirische Beveridge-Kurve für Deutschland Quelle: Sesselmeier/Blauermel

3.3.4 Persistenz der Arbeitslosigkeit und Hysterese

Die Begriffe Persistenz und Hysterese werden unterschiedlich verwendet: Zum Teil werden die Begriffe als Synonyme angesehen, zum Teil werden sie, wie von uns, unterschiedlich definiert.

Persistenz der Arbeitslosigkeit bedeutet, daß sich nach einem temporären Schock ceteris paribus zwar die alte NAIRU wieder einstellt, daß es aber geraume Zeit in Anspruch nimmt, bis die tatsächliche Arbeitslosigkeit wieder ihren alten Wert angenommen hat.

Hysterese bedeutet, daß sich nach einem temporären Schock zusätzlich zu dem langen Zeitanpassungspfad ceteris paribus die langfristige NAIRU verändert.

Ölpreisschocks und Hysterese

Ein Beispiel soll dies klarmachen: Angenommen ein Angebotsschock (Ölschock) fällt nach einiger Zeit wieder weg. Persistenz bedeutet dann, daß der durch den Schock bewirkte Anstieg der Arbeitslosigkeit auch nach dem Wegfall des Schocks längere Zeit bestehen bleibt und die Beschäftigung erst ganz allmählich wieder ihrem Ursprungswert zustrebt. Hysterese bedeutet, daß ceteris paribus zusätzlich auch langfristig nicht der alte Arbeitslosenwert erreicht wird, sondern sich ein höhere langfristig NAIRU einstellt. Oder, um ein anderes Beispiel zu verwenden, eine konjunkturell bedingte Erhöhung der Arbeitslosigkeit führt zu einer permanenten, höheren und gleichgewichtigen Arbeitslosenquote. Persistenz und Hysterese bedeuten also zwar nicht genau dasselbe, hängen aber doch eng zusammen.

In der Literatur werden verschiedene Erklärungen für Persistenz- bzw. Hystereseeffekte angeführt, von denen hier nur eine Auswahl vorgestellt werden kann.

Fluktuationskosten

Zentral ist die sog. **Insider-Outsider-Theorie,** wobei Insider praktisch mit den Beschäftigten und Outsider mit den Arbeitslosen gleichgesetzt werden können. Wie schon im Zusammenhang mit der Effizienzlohntheorie dargelegt, entstehen für ein Unternehmen mit dem Ausscheiden und dem Ersatz von Arbeitnehmern verschiedene Fluktuationskosten: Eventuelle Abfindungen, Auswahl- und Einstellungskosten, Einarbeitungszeiten und Ähnliches. Diesen Tatbestand machen sich die Beschäftigten[9]) (oder deren Interessensvertreter, die Gewerkschaften) zu Nutze, die annahmegemäß nur an einem hohen Lohn der Insider und deren weitgehender Beschäftigungssicherung, nicht aber an der Beschäftigung von Arbeitslosen interesssiert sind.

---

9) Man beachte, daß beim Effizienzlohn die Unternehmer den Lohn anbieten, während es bei der Insider-Outsider-Theorie die Beschäftigten sind, die die Existenz der Fluktuationskosten aktiv nutzen.

Insider-Outsider-Theorie erklärt Hysterese

Bei Beschäftigungseinbrüchen sind die Insider nur so lange zur Lohnzurückhaltung bereit, wie dies ihren eigenen Arbeitsplatz sichert. Bei einer konjunkturellen Erholung ziehen sie Lohnerhöhungen Neueinstellungen vor und schließen unter Berücksichtigung der oben genannten Kosten Lohnvereinbarungen oberhalb des Vollbeschäftigungslohnes mit den Unternehmen gerade so ab, daß die Outsider nicht konkurrenzfähig sind. Dieser Gruppenegoismus verhindert die Wiedereinstellung von Arbeitslosen und führt zu Hystereseeffekten: Nach jedem Beschäftigungseinbruch ist die natürliche Beschäftigung geringer.

Auch das Verhalten und die Merkmale der Arbeitslosen bieten eine Erklärung für Hystereseeffekte, denn je länger die Arbeitslosigkeit andauert, um so eher werden das Wissen und die Kenntnisse der Arbeitslosen erodiert und/oder treten Entmutigungseffekte bei der Arbeitsplatzsuche auf und es kommt zu **Langzeitarbeitslosigkeit.** Die LSK verschiebt sich dann wegen des nachlassenden Drucks von „aktiven" Arbeitslosen nach links. Neben der individuellen Problematik der Langzeitarbeitslosigkeit ist gesellschaftlich von besonderer Bedeutung, daß, wie Abb. 26.15 zeigt, ihr Anteil an den Arbeitslosen etwa seit Mitte der 70er Jahre drastisch zunimmt:

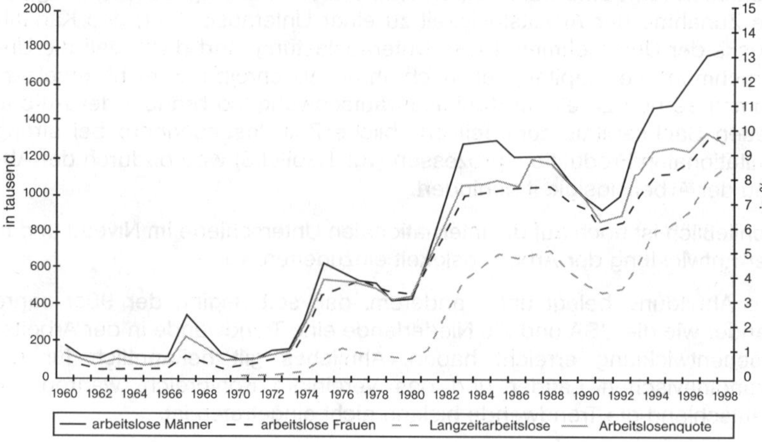

Abb. 26.15: Struktur der Arbeitslosigkeit nach Geschlecht und Langzeitarbeitslosigkeit für Westdeutschland
Quelle: Statistisches Bundesamt und Sachverständigenrat

Arbeitslosigkeit bis auf die Gruppe der 55- bis 64jährigen kaum altersspezifisch

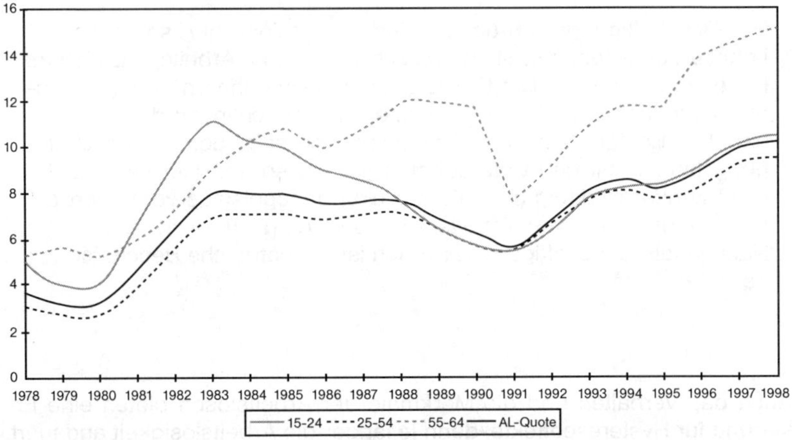

Abb. 26.16: Arbeitslosigkeit in verschiedenen Altersgruppen
Quelle: OECD

Zunehmende Bedeutung der Langzeitarbeitslosigkeit

Die Abb. 26.16, welche die Altersstruktur der Arbeitslosigkeit in Deutschland zeigt, macht deutlich, daß es vor allem die 55- bis 64jährigen Personen sind, die ohne Arbeit sind. Vermutlich stellen sie auch den weitaus größten Prozentsatz bei den Langzeitarbeitslosen.

Schließlich sei **Sachkapitalmangel** als weitere Ursache von Persistenzeffekten genannt (Kapitalmangelarbeitslosigkeit). Gemäß dieser Argumentation führt eine durch einen temporären Nachfrageschock ausgelöste Zunahme der Arbeitslosigkeit zu einer Unterauslastung des Kapitalstocks der Unternehmen. Diese Unterauslastung führt dazu, daß die Unternehmen die Kapitalgüter nach ihrer Abschreibung nicht ersetzen. Kommt es nun zu einem Konjunkturaufschwung, so braucht der Aufbau neuen Sachkapitals zum Teil erhebliche Zeit. Insbesondere bei streng limitationalen Produktionsprozessen (vgl. Kapitel 5) wird dadurch der Abbau der Arbeitslosigkeit behindert.

Schließlich ist noch auf die internationalen Unterschiede im Niveau und in der Entwicklung der Arbeitslosigkeit einzugehen.

Die Abbildung belegt unter anderem, daß seit Beginn der 90er Jahre Länder wie die USA und die Niederlande eine Trendwende in der Arbeitslosenentwicklung erreicht haben. Ähnliches gilt bekanntlich für die skandinavischen Länder und das Vereinigte Königreich, während in Deutschland die Trendwende bislang nicht eingetreten ist.

Das Beispiel United Kingdom

Fragen wir uns beispielhaft, warum Großbritanien der Sprung gelungen ist. In einer neuen Studie des Kieler Instituts für Weltwirtschaft („Währungsunion und Arbeitsmarkt") resümieren die Autoren Dirk Dohse und Christiane Krieger-Boden die Entwicklung im Vereinigten Königreich

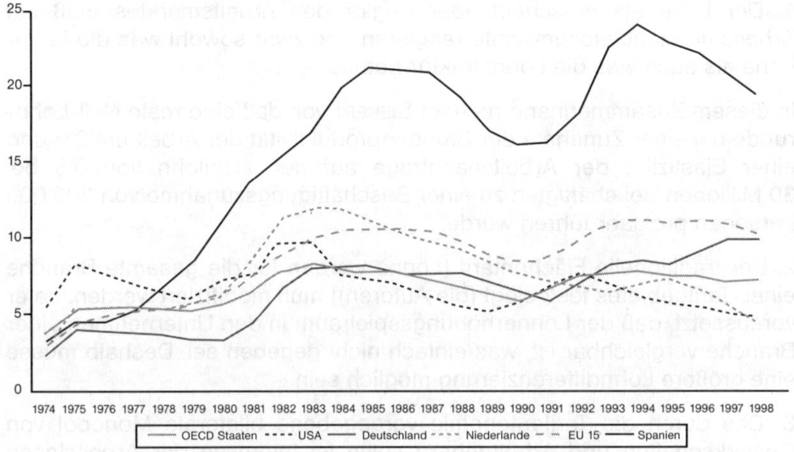

Abb. 26.17: Arbeitslosigkeit in ausgewählten Ländern und Ländergruppen
Quelle: OECD, Labor Force Statistics

International gesehen ist Deutschland bei der Arbeitslosigkeit gerade noch im Mittelfeld

wie folgt: „Der Arbeitsmarkt im Vereinigten Königreich ist einer der am stärksten dezentralisierten und deregulierten Arbeitsmärkte in der EU ... das Vereinigte Königreich (hat) besser als die meisten anderen EU-Länder auf die Herausforderungen der jüngsten Vergangenheit reagiert. Das wesentliche Anpassungsinstrument war dabei weniger die Lohnflexibilität als vielmehr eine ausgesprochen hohe zeitliche Flexibilität, geringe Lohnzusatzkosten und geringe institutionelle Hemnisse für die Beschäftigungsaufnahme.“ (Ebenda, S. 201)

Demgegenüber lautet das Fazit der beiden Autoren für Deutschland: „Die Arbeitsmarktlage in Deutschland hat sich in den letzten Jahren ungünstig entwickelt. Die strukturelle Arbeitslosigkeit ist in den neunziger Jahren stark angestiegen und wird vermutlich noch unterschätzt, da in Ostdeutschland ein weitaus größerer Anteil der Erwerbspersonen in Arbeitsbeschaffungsmaßnahmen oder Fortbildungs- und Umschulungsmaßnahmen tätig ist als in allen anderen EU-Ländern. Die Lohnflexibilität ist, ebenso wie die zeitliche Flexibilität, gering; der Anteil der Sozialabgaben am Bruttoinlandsprodukt ist einer der höchsten in der EU. Die Anreize zur Arbeitsaufnahme sind – insbesondere für ältere Arbeitnehmer – gering. Insgesamt ist die Anpassungsfähigkeit des deutschen Arbeitsmarktes – trotz einiger Veränderungen in die richtige Richtung (wie z. B. die zunehmende Vereinbarung von Öffnungsklauseln in den Flächentarifverträgen) – aufgrund institutioneller Verkurstungen als gering anzusehen.“ (Ebenda, S. 139)

Mit gleicher Zielrichtung schlägt Horst SIEBERT folgende Umgestaltungen des „Regelwerks für Arbeit“ vor:

Einige Therapievorschläge

1. Der Lohn als entscheidender Regler des Arbeitsmarktes muß auf Arbeitsmarktungleichgewichte reagieren und zwar sowohl was die Lohnhöhe als auch was die Lohnstruktur betrifft.

In diesem Zusammenhang rechnet SIEBERT vor, daß eine reale Null-Lohnrunde bei einer Zunahme der Stundenproduktivität der Arbeit um 2% und einer Elastizität der Arbeitsnachfrage auf den Reallohn von 0,5 bei 30 Millionen Beschäftigten zu einer Beschäftigungszunahme von 300.000 Personen pro Jahr führen würde.

2. Der traditionelle Flächentarif [Löhne werden für die gesamte Branche eines Tarifgebietes festgelegt (die Autoren)] muß modifiziert werden, da er voraussetzt, daß der Lohnerhöhungsspielraum in den Unternehmen einer Branche vergleichbar ist, was einfach nicht gegeben sei. Deshalb müsse eine größere Lohndifferenzierung möglich sein.

3. Das durch die Tarifautonomie vorgegebene bilaterale Monopol von Gewerkschaften und Arbeitgebern sollte im Interesse der Arbeitslosen geöffnet werden, wobei die oben vorgestellte Insider-Outsider-Theorie den Hintergrund der Argumentation liefert.

4. Eine weniger extensive Gestaltung des Kündigungsschutzes, die auf längere Sicht Unternehmen Einstellungen erleichtert.

Schließlich benennt Siebert noch eine Reihe von Elementen des sozialen Sicherungssystems, die geändert werden müßten, wobei der leitende Grundsatz sein müßte, einen hinreichend großen Abstand zwischen Einkommen aus Arbeit und aus Nichtarbeit zu schaffen.

Man mag die vorgetragene Auffassung teilen oder auch nicht. Fest stehen dürfte, daß bei den gegebenen Bedingungen auf den Weltmärkten, zu denen auch erleichterte Produktionsauslagerungen, Unternehmensverlegungen und ähnliches gehören, nichts daran vorbeiführt, wettbewerbsfähige Arbeitsplätze zu schaffen und zu erhalten. Daß dabei die soziale Komponente unserer Marktwirtschaft stark an Gewicht verlieren wird, ist ein Preis, der wohl nicht zu vermeiden ist. Wie heißt es manchmal beinahe höhnisch von interessierter Seite: „Natürlich funktionieren die Märkte und auch der Arbeitsmarkt, man muß sie nur auch funktionieren lassen“! Dem ist nur die Frage hinzuzufügen: Aber zu welchem Preis (Lohn) wird der Markt geräumt und wie geht die Entwicklung weiter?

4. Arbeitslosigkeit und technologischer Fortschritt

Der Einsatz moderner Technologien besitzt mehrere arbeitsmarktrelevante Komponenten, wobei der Zusammenhang zwischen technologischem Fortschritt und Arbeitslosigkeit in der Wissenschaft bisher noch nicht eindeutig geklärt worden ist. Einigkeit herrscht darüber, daß es unterschiedliche Wirkungen – negative und positive – des technologischen Fortschritts auf den Arbeitsmarkt gibt. Eine klare Identifizierung der überwiegenden Beschäftigungswirkungen des technologischen Fortschritts konnte daraus noch nicht abgeleitet werden.

Produkt- und Prozeßinnovationen

Zunächst ist festzustellen, daß es **„den“** technischen Fortschritt nicht gibt. Meist versteht man darunter die Anwendung moderner Technologien, aber auch die Verwendung neuer arbeitsorganisatorischer Konzepte. Die Identifizierung von Beschäftigungswirkungen hängt daher stark von den verschiedenen Arten des technischen Fortschritts ab. Im allgemeinen unterscheidet man zwischen Produkt- und Prozeßinnovationen. Die Herstellung neuer oder verbesserter Produkte bezeichnet man als Produktinnovation, die Veränderung des Produktionsprozesses durch die Anwendung neuer Technologien, so daß der Faktoreinsatz verringert werden kann, als Prozeßinnovation.

Produktinnovationen können zusätzlichen Konsum auslösen, oder aber schon existierende Produkte teilweise oder ganz ersetzen. Auch bei der Substitution alter Produkte können positive Beschäftigungseffekte auftreten, wenn dadurch z. B. neue Firmen in den Markt treten und durch den verstärkten Konkurrenzkampf die Preise fallen. Es ist daher davon auszugehen, daß Produktinnovationen keine negativen und sehr wahrscheinlich positive Beschäftigungseffekt auslösen.

Die Anwendung neuer Technologien in den Unternehmen wird meist von dem Rationalisierungsgedanken getragen. Der Einsatz des Produktionsfaktors Arbeits kann dank des verbesserten Produktionsprozesses bei gleichen Output häufig verringert werden. Nach der sogenannten **Freisetzungshypothese** kann der Unternehmer auf Arbeitskräfte verzichten, die Arbeitslosigkeit steigt. Den Prozeßinnovationen werden daher negative Beschäftigungswirkungen zugeschrieben.

Innovationen scheinen also eher negative Beschäftigungseffekte zu haben, wenn es dadurch zu vermehrten Prozeßinnovationen kommt, die zu Rationalisierungen führen. In der Realität ist es allerdings schwer, eine Unterscheidung zwischen Produkt- und Prozeßinnovation vorzunehmen. Meist wird die Produktion qualitativ verbesserter Produkte erst durch Anwendung neuer Produktionstechniken möglich. Darüber hinaus kann eine Produktionsinnovation in einer anderen Umgebung auch eine Prozeßinnovation sein. So ist z. B. der neu entwickelte, noch leistungsfähigere Computer in der Computerindustrie eine Produktinnovation, während er bei einem Unternehmen, das seine Produktion nun computergesteuert ablaufen lassen kann, diesen Computer eine Prozeßinnovation darstellt.

In Deutschland ist häufig die Meinung zu hören, daß der technologische Fortschritt für die hohe Arbeitslosigkeit mit verantwortlich ist. Wenn dies der Fall wäre, müßte man das am Produktivitätsfortschritt ablesen können. Nach der **Freisetzungshypothese** würden durch die höhere Produktivität Arbeitsplätze eingespart werden können, wenn der Produktivitätszuwachs größer ist als die Wachstumsrate des Sozialproduktes.

Die Argumentation ist leicht nachzuvollziehen. Definitionsgemäß gilt

$$Y \equiv Y.$$

Und damit

$$Y \equiv \frac{Y}{N} \cdot N.$$

Bezeichnen wir die Arbeitsproduktivität mit π, so ergibt sich, ausgedrückt in Änderungsraten:

$$\hat{Y} \equiv \hat{\pi} + \hat{N}.$$

Und damit

$$\hat{N} \equiv \hat{Y} - \hat{\pi}.$$

Die Wachstumsrate der Beschäftigung ist also negativ, d.h. die Arbeitslosigkeit nimmt zu, wenn

$$\hat{\pi} > \hat{Y}.$$

Tabelle 26.3 zeigt, daß, abgesehen von 1994–1998, in keinem Zeitabschnitt die Wachstumsrate der Arbeitsproduktivität größer war als die reale Wachstumsrate. Man kann von daher nicht sagen, daß das Produktivitätswachstum die Arbeitslosigkeit geschaffen hat. Natürlich gilt aber, daß das Produktivitätswachstum bei einer gegebenen Wachstumsrate des Sozialproduktes, die Umsetzung von Wachstum in Beschäftigung beeinträchtigt. Und wenn die Entwicklung der Periode 1994–1998 sich fortsetzen würde, so würde tatsächlich der technische Fortschritt die Arbeitslosigkeit erhöhen. Allerdings darf man aus der obigen, aus einer reinen Identitätsgleichung Y =Y abgeleiteten Beziehung keine kausalen Schlüsse ziehen. Die entscheidende Frage, die zu beantworten ist, ist: Warum ist die Wachstumsrate der Produktion so klein, warum ist das Produktivitätswachstum so (relativ) groß?

Tab. 26.3: Produktivitätsänderung je Erwerbstätigen für das alte Bundesgebiet
Quelle: Sachverständigenrat, eigene Berechnungen

Zeitraum	$\varnothing\ \hat{\pi}$	$\varnothing\ \hat{Y}$
1960–1970	4,2 %	5,75 %
1970–1980	2,9 %	4,5 %
1980–1990	1,7 %	2,2 %
1990–1994	1,5 %	2,4 %
1994–1998	2,52 %	1,8 %

C. Arbeitsaufgaben

1) Welche Unterschiede bestehen in der Definition der Arbeitslosenquote durch die Bundesanstalt für Arbeit und der der OECD?

2) Welche Formen der Arbeitslosigkeit werden traditionell unterschieden?

3) Beschreiben Sie den Arbeitsmarkt in der klassisch-neoklassischen Ökonomik.

4) Welche Voraussetzungen der neoklassischen Theorie sind Ihres Erachtens auf den meisten realen Arbeitsmärkten nicht gegeben.?

5) Was verstehen Sie genau unter der Preissetzungs- was unter der Lohnsetzungskurve?

6) Beschreiben Sie, wie ein Anbieter unter den Bedingungen der monopolistischen Konkurrenz seinen Gewinn maximiert.

7) Was besagt die NAIRU ?

8) Stellen Sie sich vor, durch ein Erdbeben ergeben sich erhebliche Zerstörungen der Infrastruktur unserer Volkswirtschaft. Was passiert im Modell der NAIRU?

9) Beschreiben Sie die Grundelemente von Effizienzlohntheorie und Insider-Outsider-Theorie

10) Welche institutionellen Gegebenheiten behindern das marktgerechte Funktionieren des Arbeitsmarktes?

11) Was würden Sie gegen die Arbeitslosigkeit tun, wenn Sie das Wirtschafts- und Finanzministerium der Bundesrepublik Deutschland führen würden?

Lösungsvorschläge für die Arbeitsaufgaben im „Übungsbuch zu Grundlagen und Probleme der Volkswirtschaft".

D. Literatur

Zum Einstieg eignet sich hervorragend:

FRANZ, Wolfgang, Der Arbeitsmarkt, MEYERS FORUM Bd. 17, Mannheim u. a. 1993

Zur Problematik der Lohnsubventionierung vgl. insbesondere das „Zeitgespräch", „Abbau der Arbeitslosigkeit durch Lohnsubventionierung"?. In: „Wirtschaftsdienst", August 1999.

Zu Beschäftigungsproblemen in der EWWU siehe insbesondere:

DOHSE, Dirk; KRIEGER-BODEN, Christiane, Währungsunion und Arbeitsmarkt. Kieler Studien 290, Tübingen 1998.

Ansonsten sind einschlägig:

FRANZ, Wolfgang, Theoretische Ansätze zur Erklärung der Arbeitslosigkeit: Wo stehen wir heute? In GAHLEN u. a., Arbeitslosigkeit und Möglichkeiten ihrer Überwindung. Wirtschaftswissenschaftliches Seminar Ottobeuren, Bd. 25, Tübingen 1996

Derselbe, Ursachen der Arbeitslosigkeit: Einige Ergebnisse der Arbeitsmarktanalyse im Jahresgutachten 1994/95 des Sachverständigenrates.

Derselbe, Arbeitsmarktökonomik, 3. Aufl. Berlin u.a. 1996.

LENK, Thomas (1991), Einfluß des technologischen Fortschritts und des strukturellen Wandels auf den Arbeitsmarkt, in: SESSELMEIER, Werner (1991), Probleme der Einheit.

BERTELSMANN-STIFTUNG, Offensive für mehr Beschäftigung, Forschungsprogramm „Weiterentwicklung und Perspektiven der Sozialen Marktwirtschaft", Gütersloh 1996.

OPPENLÄNDER, Karl Heinrich (1987), Arbeitsmarktwirkungen moderner Technologien, in: BOMBACH, Gottfried; GAHLEN, Bernhard; OTT, Alfred (1987), Arbeitsmärkte und Beschäftigung – Fakten, Analysen, Perspektiven.

SCHMID, Alfons, Beschäftigung und Arbeitsmarkt, Frankfurt u. a. 1984

SIEBERT, Horst, Hundert Punkte für mehr Beschäftigung. Kieler Diskussionsbeitrag 264, Januar 1996.

SESSELMEIER, Werner und BLAUERMEL, Gregor, Arbeitsmarkttheorien, 2. Aufl. Heidelberg 1997.

Offensive für mehr Beschäftigung, Forschungsprogramm „Weiterentwicklung und Perspektiven der Sozialen Marktwirtschaft", Gütersloh 1996.

SIEBERT, Horst, Hundert Punkte für mehr Beschäftigung. Kieler Diskussionsbeitrag 264, Januar 1996.

27. Kapitel
Konjunktur und Krise

A. Lernzielorientierte Leitfragen und Fragenkomplexe

Leitfrage:
Was sind konjunkturelle Schwankungen, und wie kann man sie beschreiben?

- *Wie ist der Konjunkturzyklus zu beschreiben?*
- *Welche wirtschaftlichen Größen spiegeln den Konjunkturzyklus wider?*
- *Kann man Konjunkturschwankungen vorhersagen?*

Leitfrage:
Wie lassen sich Schwankungen der gesamtwirtschaftlichen Aktivität erklären?

- *Ist eine gleichgewichtige Entwicklung der wirtschaftlichen Aktivität möglich?*
- *Warum haben expansive und kontraktive Entwicklungen die Tendenz, sich zunächst selbst zu verstärken?*
- *Wie kommt es zu einer Umkehrung der wirtschaftlichen Entwicklung, vom Aufschwung zum Abschwung und vom Abschwung zum Aufschwung?*
- *Welche Rolle spielt der „Pionierunternehmer" im Konjunkturzyklus?*
- *Sind Konjunkturschwankungen auf staatliche Eingriffe in den Wirtschaftsprozeß zurückzuführen?*

B. Sachanalyse

Die Existenz von Schwankungen der ökonomischen Aktivität ist empirisch kaum bestreitbar. Unterschiedlich sind dagegen die Auffassungen darüber, ob solche Schwankungen heute noch hinreichend regelmäßig sind, um von zyklischen Schwankungen sprechen zu können, und welches die Ursachen für beobachtbare Schwankungen der ökonomischen Aktivität sind. Dieser Problembereich soll im folgenden Kapitel näher diskutiert werden.

1. Das Erscheinungsbild der Konjunktur

Die Wirtschaft steht niemals still. Praktisch alle wirtschaftlichen Größen erfahren im Zeitablauf Änderungen. Auch die Höhe des Sozialprodukts und seiner Komponenten – privater Konsum, private Investitionen, Staatsausgaben und Exporte – erfuhren in der Vergangenheit große und überraschend regelmäßige Änderungen. Besonders deutlich werden die Schwankungen der Entwicklung des Sozialprodukts, wenn wir seine Wachstumsraten abbilden. Diese Wachstumsraten geben die prozentuale Veränderung der Höhe des realen Sozialprodukts gegenüber dem Vorjahr an. In der folgenden Abbildung 27.1 sind die Wachstumsraten für die Bundesrepublik Deutschland (West) für die Jahre 1950–1994 aufgezeichnet.

Das Wachstum des Sozialprodukts schwankt relativ regelmäßig

Die Darstellung zeigt, daß – mit Ausnahme der Jahre 1967, 1975, 1982 und 1993 stets eine Zunahme des Sozialprodukts zu verzeichnen, diese

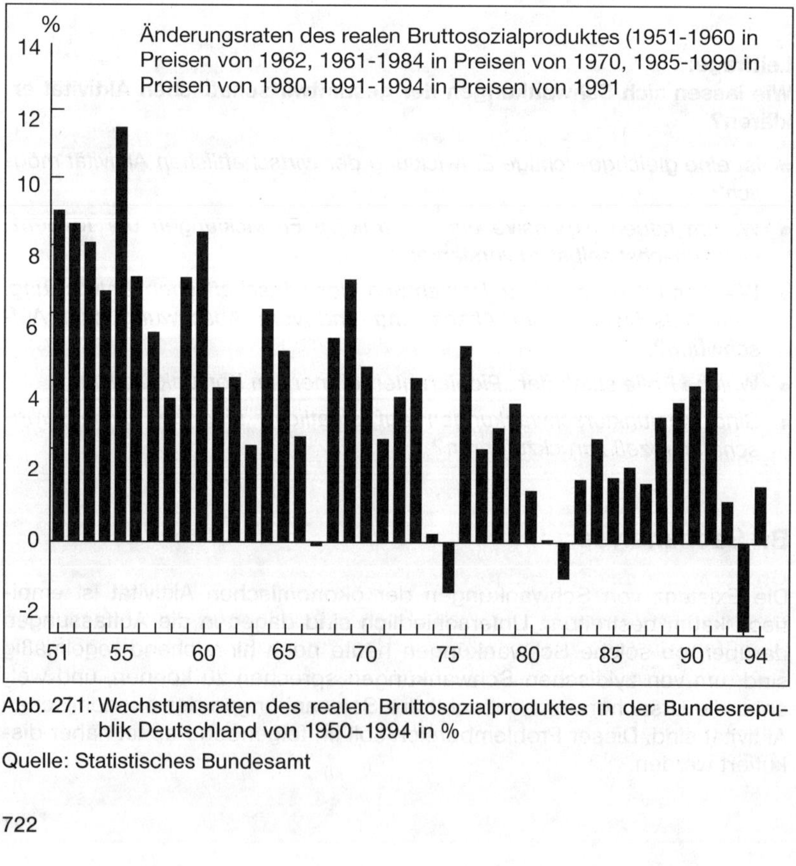

Abb. 27.1: Wachstumsraten des realen Bruttosozialproduktes in der Bundesrepublik Deutschland von 1950–1994 in %

Quelle: Statistisches Bundesamt

Zunahme indes sehr unregelmäßig war. Folgende Feststellung gilt allgemein für Marktwirtschaften:

(a) Langfristig ist eine anhaltende Zunahme des Sozialprodukts und des gesamtwirtschaftlichen Produktionspotentials in allen Ländern zu beobachten **(Trend).**

(b) Um diesen Trend sind Veränderungen des Sozialprodukts und **Schwankungen im Auslastungsgrad** des gesamtwirtschaftlichen Produktionspotentials mit einer gewissen Regelmäßigkeit zu beobachten.

Schematisch läßt sich dies wie folgt darstellen:

Abb. 27.2: Die Entwicklung der Auslastung des Produktionspotentials[1])

Die mit einer gewissen Regelmäßigkeit auftretenden (daher auch zyklisch genannten) Schwankungen im Auslastungsgrad des Produktionspotentials bzw. die Schwankungen der Produktion um ihren langfristigen Trend bezeichnen wir als **Konjunkturzyklen.**

Konjunkturzyklen sind Schwankungen im Auslastungsgrad des Produktionspotentials

Obwohl kein Konjunkturzyklus dem anderen gleicht, läßt sich doch ein **Grundmuster des Konjunkturverlaufs** angeben:

Phasen des Konjunkturzyklus

Die **Krise (Depression)** ist durch starke Arbeitslosigkeit und geringe Kapazitätsauslastung gekennzeichnet, das Vertrauen in die wirtschaftliche Entwicklung und die Bereitschaft, Investitionen zu tätigen, sind gering.

1) Das Produktionspotential weist eine gewisse Bandbreite auf, um anzudeuten, daß es nicht exakt bestimmbar ist.

Der **Aufschwung (Expansion)** manifestiert sich in einer erst langsamen, dann sich beschleunigenden Zunahme der Produktion, der Verkäufe, der Gewinne. Die Arbeitslosigkeit nimmt in der Regel ab, und das Vertrauen in die wirtschaftliche Entwicklung steigt. Mit zunehmender Kapazitätsauslastung wird auch die Investitionstätigkeit wieder zunehmen.

Die **Hochkonjunktur (Boom)** ist durch beginnende Engpässe in den verschiedenen Industrien, große Investitionstätigkeit und zunehmende Preissteigerungen gekennzeichnet.

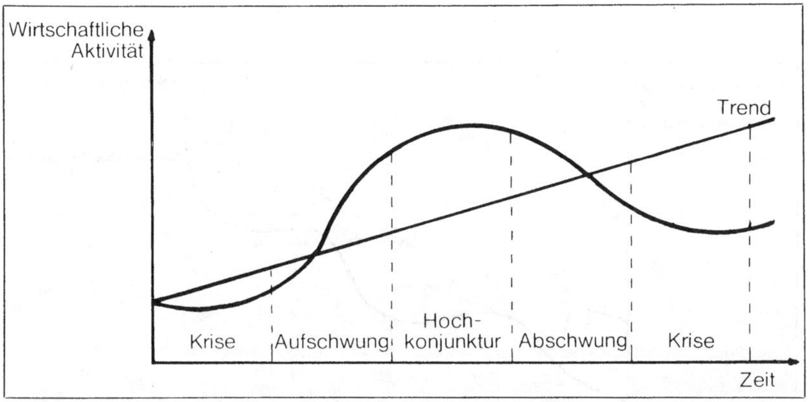

Abb. 27.3: Schematische Darstellung des Konjunkturzyklus

Der **Abschwung (Rezession)** bezeichnet den beginnenden und sich allmählich verstärkenden Rückgang der wirtschaftlichen Aktivität. Es sinken Nachfrage, Produktion, Investition, Gewinne und Beschäftigung.

Dieses schematisierte Grundmuster des Konjunkturzyklus ist neuerdings durch relativ große sektorale Unterschiede (z. B. zwischen der Stahlindustrie, der Chemieindustrie, der Bauwirtschaft etc.) gekennzeichnet, und die Grenzen zwischen den einzelnen Konjunkturphasen sind fließend.

Länge des Konjunkturzyklus

Wie lange dauert normalerweise ein Konjunkturzyklus? Diese Frage ist nicht generell zu beantworten, da man Konjunkturzyklen ganz verschiedener Länge unterscheidet. Häufig beobachtet werden Zeiträume von 3 bis 5 Jahren, in denen alle Phasen des Auf- und Abschwungs durchlaufen werden. So ist der Konjunkturrhythmus der Bundesrepublik Deutschland gekennzeichnet durch die Krisen von 1949, 1954, 1958, 1962/63, 1967, 1971, 1975, 1981, 1987 und 1992/93, also durch eine Zyklusdauer von 4 bis 6 Jahren (vgl. Abb. 27.1).

2. Konjunkturindikatoren

Die einzelnen Phasen des Konjunkturzyklus werden von den Veränderungen einer Vielzahl ökonomischer Größen reflektiert, von denen wir im folgenden einige aufzeigen wollen.

Einige Konjunkturindikatoren

(a) Der Konjunkturverlauf wird definitionsgemäß durch die Schwankungen des Sozialproduktes und dessen Entwicklungstrend beschrieben. Da das Sozialprodukt die Konjunktur direkt, d. h. ohne zeitliche Verzögerungen, mißt, spricht man auch von einem **Präsensindikator.** Typische Präsensindikatoren sind auch die industrielle Produktion und die Kapazitätsauslastung.

(b) Als weiterer Konjunkturindikator wird die Situation auf dem Arbeitsmarkt angesehen. Allerdings reagiert der Arbeitsmarkt mit deutlicher zeitlicher Verzögerung – es handelt sich um einen sogenannten **Spätindikator.** Wichtig als Spätindikator sind die Preise, die den konjunkturellen Entwicklungen nur sehr verzögert folgen.

(c) Da die Höhe der Nachfrage die Höhe des Sozialprodukts bestimmt, muß die Veränderung der Nachfrage den Konjunkturverlauf bestimmen. Weil die geplante Nachfrage statistisch nicht direkt ermittelt wird, wählen wir als Nachfrageindikator die Reichweite der Auftragsbestände (Zahl der Monate, für die Aufträge vorhanden sind). Abb. 27.4 zeigt den Abschwung von Anfang 1992 bis Ende 1993 und den relativ kontinuierlichen Aufschwung von Anfang 1994 bis Mitte 1998. Von da an ging es wieder bergab.

(d) Das Grundmuster des Konjunkturverlaufs zeigt sich in einer Vielzahl weiterer Größen, die wir hier nur erwähnen wollen. Bei genauer Betrachtung der Produktionsschwankungen zeigt sich:

Abb. 27.4: Reichweite der Auftragsbestände in der Industrie

Quelle: Ifo-Wirtschaftskonjunktur, Heft 12, 1994

- Die Investitionsgüterproduktion schwankt stärker als die Konsumgüterproduktion;
- im Bereich der Investition verändert sich die Höhe der Vorratsinvestition stärker als die Bau- und Ausrüstungsinvestition;
- im Konsumgüterbereich schwankt die Produktion langlebiger Konsumgüter (Autos, Kühlschränke, Waschmaschinen usw.) stärker als die Produktion der Güter des täglichen Bedarfs;
- im monetären Bereich verändern sich Zinssätze und Aktienkurse parallel zum Konjunkturverlauf;
- schließlich schwanken die Einkommen der Bevölkerung und am stärksten die einbehaltenen Gewinne der Unternehmer.

(e) Als letzte Gruppe der Indikatoren wollen wir ein mehr psychologisches Element, das sogenannte **Geschäftsklima,** beschreiben. Wie die theoretischen Erörterungen zeigen, bestimmt die Erwartung der Unternehmer die Höhe der Produktionsbeschlüsse. Gemäß dieser Erkenntnis hat das IFO-INSTITUT FÜR WIRTSCHAFTSFORSCHUNG in München einen Fragebogen entwickelt, der regelmäßig von rund 200 000 Unternehmen ausgefüllt und vom ifo-Institut ausgewertet wird. Hier wird gefragt, wie die Unternehmer

(1) die gegenwärtige Geschäftslage beurteilen,
(2) die Veränderung gegenüber dem Vormonat beurteilen,
(3) welche Erwartungen sie für die nächsten sechs Monate haben.

Aus den Antworten wird ein Index für das Geschäftsklima für verschiedene Wirtschaftsbereiche errechnet. Abbildung 27.5 zeigt diesen Geschäftsklima-Index.

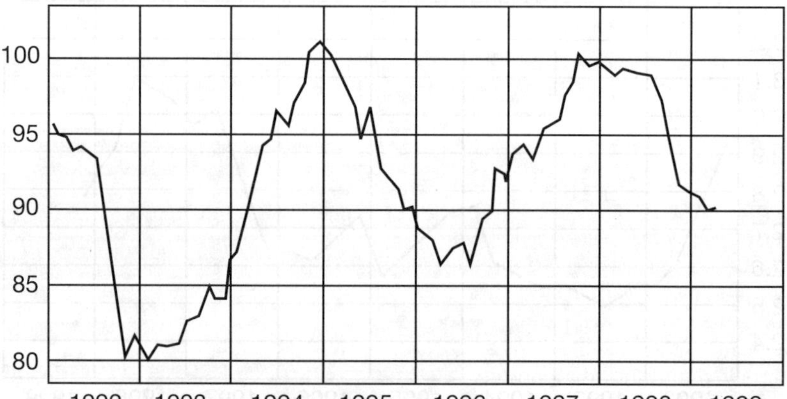

Abb. 27.5: Entwicklung des Geschäftsklimas
Quelle: ifo-Wirtschaftskonjunktur, Heft 12, 1994

Seit langem versucht man, Indikatoren zu finden, die zur Vorhersage künftiger Entwicklungen dienen können, ähnlich wie ein Barometer durch Anzeige von Luftdruckveränderung künftige Gut- bzw. Schlechtwetterperioden vorhersagen kann. Allerdings sind diese Versuche bisher kaum von Erfolg gekrönt. Man mag erwarten, daß der ifo-Indikator „Geschäftsklima" der tatsächlichen Entwicklung des Sozialprodukts ein wenig vorangeht, mithin als ein solches Barometer dienen könnte. Bei genauer Betrachtung des ifo-Index sind jedoch eine Reihe kleinerer Schwankungen festzustellen. Für einen Prognostiker ist es praktisch unmöglich, diese kleinen, bisweilen zufälligen Schwankungen von der Hauptbewegungsrichtung vorausschauend abzugrenzen. Daher ist auch dieser ifo-Indikator für Prognosezwecke nur sehr bedingt geeignet.

Gibt es ein Konjunkturbarometer?

Grundsätzlich muß man bedenken, daß der Wirtschaftsprozeß sich nicht nach Gesetzen richtet, die etwa denen der Physik oder Astronomie vergleichbar sind. Das Wirtschaftsgeschehen folgt allenfalls Gesetzmäßigkeiten, deren Richtung erkennbar ist. Niemals aber ist die Ursache-Wirkungs-Relation exakt berechenbar. Daher sind die Vorhersagen der Volkswirte nicht unfehlbar, aber meist zutreffender als die von Kartenlegerinnen (SAMUELSON).

Zur Problematik von Prognosen

3. Erklärung des Konjunkturzyklus

3.1 Grundmuster der Erklärungen

Die Erklärungen des Konjunkturzyklus sind zahlreich, doch sie stellen nicht unbedingt Gegensätze dar, vielmehr setzen die Vertreter bestimmter Theorien meist nur unterschiedliche Schwerpunkte. Der Leser erinnere sich an die Erläuterungen in der Einleitung, die gezeigt haben, wie schwierig es ist, eindeutige Erklärungen zu finden. Daher müssen oft mehrere Erklärungen akzeptiert werden. Wir werden uns aber bemühen, den Zusammenhang der verschiedenen Theorien sichtbar werden zu lassen. Um dem Leser die Einordnung der verschiedenen Erklärungsansätze zu erleichtern und den roten Faden sichtbar werden zu lassen, sei zunächst das Grundmuster der Erklärungen beschrieben.

Erklärungen des Konjunkturzyklus sind zahlreich

Beobachtete Konjunkturschwankungen vollziehen sich im Rahmen einer wachsenden Wirtschaft, also in einer Wirtschaft, in der der Produktionsapparat (Kapitalstock) durch Nettoinvestitionen laufend verbessert und erweitert wird. Wenn wir auch erst im 28. Kapitel die Probleme des Wachstums erörtern, so müssen wir hier doch vor dem Hintergrund einer wachsenden Wirtschaft argumentieren, weil die Schwankungen der wirtschaftlichen Aktivität zum großen Teil durch das Wachstum hervorgerufen werden. Wir beziehen Veränderungen des Produktionsapparates in die Analyse ein und machen hier eine mittelfristige Analyse.

Konjunkturschwankungen im Rahmen einer wachsenden Wirtschaft

Der notwendige Kapitalstock hängt von der Höhe der Produktion ab

Es ist denkbar, daß sich eine Volkswirtschaft störungsfrei entwickelt, d. h. z. B. jährlich konstant um 5 % wächst. Auf Grund der **Labilität der Investitionen** ist ein solches gleichgewichtiges Wachstum allerdings sehr unwahrscheinlich. Der „gleichgewichtige Wachstumspfad" ist, bildlich gesprochen, sehr schmal, und bei Abweichungen von diesem Pfad verstärken sich erfahrungsgemäß zunächst die Abweichungen, schwächen sich dann aber ab und führen schließlich zu einer Umkehrung, die allerdings wieder über das Ziel hinausschießt. Es ist also die Vorstellung eines Korridors angemessen, innerhalb dessen sich die Schwankungen der wirtschaftlichen Aktivität zunächst verstärken, schließlich aber eine Umkehrung erfahren. Man kann auch sagen, daß zunächst destabilisierende Elemente, schließlich aber stabilisierende Elemente überwiegen.

Will man diese Schwankungen innerhalb des Korridors erklären, so ist es zweckmäßig, sich daran zu erinnern, daß die Produktionstätigkeit der Unternehmen einerseits von der gesamtwirtschaftlichen Nachfrage der Privaten, andererseits von Löhnen, Zinsen und Preisen abhängt und daß schließlich die wirtschaftliche Aktivität des Staates einen großen Einfluß auf den Ablauf des Wirtschaftprozesses ausübt. Es muß dann geklärt werden, warum diese Größen zyklisch schwanken.

3.2 Wachstum auf des Messers Schneide

Zwischen der Höhe des Volkseinkommens und des zu seiner Produktion notwendigen Bestandes an Maschinen und Anlagen, dem sogenannten Kapitalstock, besteht ein relativ fester Zusammenhang. So wie der Maschinenbestand einer Fabrik von der Höhe der durchschnittlichen jährlichen Produktionsmenge abhängt, so hängt auch der Kapitalstock eines Landes von der durchschnittlichen jährlichen Gesamtproduktion ab. Das Verhältnis von Kapitalstock zu jährlicher Produktionsmenge bezeichnet man als **Kapitalkoeffizient.**

$$\text{Kapitalkoeffizient (k)} = \frac{\text{Kapitalstock (K)}}{\text{Volkseinkommen (Y)}}$$

Dabei gilt, daß der Kapitalstock praktisch immer größer ist als die jährliche Produktion. Dies wird plausibel, wenn man bedenkt, daß sich kaum eine Maschine innerhalb eines Jahres amortisiert. In modernen Volkswirtschaften kann ein Kapitalstock im Werte von 1000,– DM jährlich etwa Güter im Werte von 250,– bis 500,– DM produzieren, d. h. der Kapitalkoeffizient liegt in solchen Volkswirtschaften zwischen 2 und 4[2]).

Eine Investition erhöht Kapitalstock und Nachfrage

Wenn nun investiert wird, dann erhöht sich der Kapitalstock um den Betrag der Nettoinvestition, also um den Teil der Bruttoinvestition, der den Ersatz verbrauchter Maschinen übersteigt, und die **Produktionskapazität** nimmt nach Maßgabe des Kapitalkoeffizienten zu. Ist der Kapitalkoeffizient $k = 2$, wovon wir im folgenden ausgehen wollen, dann erhöht sich die Produktionskapazität um die Hälfte der Nettoinvestition. Zugleich stellt die Bruttoinvestition eine Komponente der gesamtwirtschaftlichen **Nachfrage**

2) Für die Bundesrepublik Deutschland liegt der Kapitalkoeffizient derzeit bei 2,8. Vgl. Zahlen zur wirtschaftlichen Entwicklung der Bundesrepublik Deutschland 1995, Institut der deutschen Wirtschaft.

dar, deren Auswirkung auf die Höhe des Volkseinkommens durch das Multiplikatorprinzip beschrieben wird (vgl. Kapitel 12).

Investitionen haben also einen Kapazitäts- und einen Nachfrageeffekt, und das entscheidende Problem für die konjunkturelle Entwicklung liegt darin, daß Kapazitäts- und Nachfrageeffekt sich normalerweise nicht zur gleichen Zeit in gleicher Höhe entfalten.

Ein Beispiel für ein ungleichgewichtiges Wachstum

Wählen wir zur Illustration ein einfaches Beispiel: Die Konsumfunktion sei C = 0,8 Y, und jährlich wird ein Betrag von 100 investiert. (Wir sehen hier von einem Verschleiß der Maschinen ab, so daß Bruttoinvestition = Nettoinvestition ist, und vernachlässigen zur Vereinfachung die wirtschaftliche Aktivität des Staates und des Auslands.) Dieser Konstellation entspricht ein Gleichgewichtsvolkseinkommen von $Y = \frac{1}{1-b} = \frac{100}{0{,}2} = 500$, und bei einem Kapitalkoeffizienten von k = 2 erfordert die Produktion des Gleichgewichtsvolkseinkommens einen Kapitalstock von 1000. Der Leser wird merken, daß ein solches kurzfristiges Gleichgewicht nicht von Dauer sein kann, weil Kapitalstock und Produktionskapazität laufend zunehmen, die Nachfrage und mithin die Produktion aber konstant bleiben. Dies zeigt Tabelle 27.1.

Tab. 27.1: Entwicklung des Kapitalstocks und des Volkseinkommens bei konstanter Nettoinvestition

Periode	Kapitalstock	Kapazität	Volkseinkommen	Nettoinvestition	Konsum	„Lücke“
0	1.000	500	500	100	400	0
1	1.100	550	500	100	400	– 50
2	1.200	600	500	100	400	–100
.	.	.	.	.	.	.
.	.	.	.	.	.	.
.	.	.	.	.	.	.

Die in der Tabelle dargestellte Entwicklung ist in der Praxis undenkbar: Unternehmen investieren nicht, wenn eine „Lücke“ zwischen Nachfrage und Produktionskapazität klafft, die zudem von Jahr zu Jahr zunimmt. Damit erhebt sich die Frage, ob es überhaupt eine Möglichkeit gibt, den Kapazitäts- und Einkommenseffekt einer Investition in Einklang zu bringen.

Wir wollen diese Frage zunächst allgemein beantworten und anschließend anhand einiger Tabellen illustrieren.

Wenn im Ausgangsgleichgewicht, in dem das Angebot an Sozialproduktsgütern gleich der Nachfrage nach dem Sozialprodukt ist, eine Nettoinvestition I vorgenommen wird, so erhöht sich die Produktionskapazität der Volkswirtschaft um $\frac{1}{k} \cdot I$. Die Nachfrage muß um denselben Betrag, also ebenfalls um $\frac{1}{k} \cdot I$ steigen, damit keine unausgenutzten Kapazitäten entstehen, die die Unternehmen zu einer Verminderung ihrer Investitionen veranlassen würden. Aus Kapitel 12 wissen wir, daß das produzierte und angebotene Sozialprodukt, das im Gleichgewicht der Nachfrage nach Sozialproduktsgütern entspricht, bei gegebenem Konsumverhalten der Haushalte (d.h. bei gegebener Konsumfunktion) allein durch die Höhe der Investitionen bestimmt wird. Läßt man, wie in der obigen Konsumfunktion $C = 0{,}8\ Y$, den autonomen Konsum unberücksichtigt, so bestimmt sich das Gleichgewichtseinkommen und damit die Nachfrage im Gleichgewicht gemäß der Formel:

$$\text{Nachfrage} = \text{Produziertes Sozialprodukt}$$
$$= \frac{1}{1-b} \cdot \text{Nettoinvestition.}$$

Verändert sich die Nettoinvestition, so verändern sich Gleichgewichtsproduktion und Gleichgewichtsnachfrage wie in der Multiplikatoranalyse gezeigt:

Veränderung der Nachfrage = Veränderung des produzierten Sozialproduktes

$$\Delta N = \frac{1}{1-b} \cdot \Delta I$$

Damit die Kapazitäten immer ausgelastet sind, muß bei einer Nettoinvestition von I die Nachfrage um $\frac{1}{k} \cdot I$ steigen. Das ist der Fall, wenn

$$\frac{1}{k} \cdot I = \frac{1}{1-b} \cdot \Delta I$$

Daraus ergibt sich:

$$\frac{1}{1-b} \cdot k = \frac{I}{\Delta I} \quad \text{bzw. als Kehrwert}$$

$$\frac{1-b}{k} = \frac{\Delta I}{I} = \text{Wachstumsrate von I.}$$

Wann herrscht gleichgewichtiges Wachstum?

Die zusätzlichen, durch eine Nettoinvestition geschaffenen Kapazitäten werden also nur dann durch eine entsprechende Nachfrage ausgefüllt, wenn die Investitionen ständig mit einer Rate wachsen, die gleich ist der Grenzsparquote (1-b) geteilt durch den Kapitalkoeffizienten k. Es herrscht dann **gleichgewichtiges Wachstum.**

Ist also z. B. die Grenzkonsumquote $b = 0{,}8$ und der Kapitalkoeffizient $k = 2$, so ergibt sich eine gleichgewichtige Wachstumsrate von

$$\frac{0{,}2}{2} = 0{,}1 = 10\,\%$$

Die Investitionen müßten also jährlich um 10 % wachsen, damit nie eine Lücke zwischen Produktionskapazität und Nachfrage klafft.

Die folgenden Tabellen illustrieren dieses Ergebnis. Wir gehen dabei, wie bisher, von einer Grenzkonsumquote von 0,8 und einem Kapitalkoeffizienten von 2 aus.

Tab. 27.2: Gleichgewichtiges Wachstum

Periode	Kapital-stock	Kapazität	Volksein-kommen	Nettoin-vestition	Konsum	„Lücke"
0	1.000	500	500	100	400	0
1	1.100	550	550	110	440	0
2	1.210	605	605	121	484	0
3	1.331	665,5	665,5	133,1	532,4	0
.	.	.	.	.	.	.
.	.	.	.	.	.	.
.	.	.	.	.	.	.

Alle Größen müssen bei den angenommenen Werten von Grenzkonsumquote und Kapitalkoeffizient also jährlich um 10 % wachsen, damit die Lücke zwischen Nachfrage und Kapazität immer Null ist.

Der Leser kann sich vorstellen, daß es bloß ein Zufall sein kann, wenn tatsächlich alle Größen mit der gleichen gleichgewichtigen Rate wachsen. Jede kleine Abweichung bringt den Prozeß aus dem Gleichgewicht, man spricht sehr plastisch von einem **„Wachstum auf des Messers Schneide"**. Wachstum auf des Messers Schneide
Dies zeigt Tabelle 27.3, die im Prinzip eine Fortsetzung von Tabelle 27.2 ist. Nur wird jetzt angenommen, daß in Periode 4 die Investition nicht mehr um 10 %, sondern nur um gut 5 % von 133,1 auf 140 wächst und dann jährlich mit 5 % zunimmt; die Konsumfunktion bleibt $C = 0{,}8\ Y$.

Tab. 27.3: Ungleichgewichtiges Wachstum

Periode	Kapital-stock	Kapazität	Volksein-kommen	Nettoin-vestition	Konsum	„Lücke"
4	1.464	732	700	140	560	– 32
5	1.604	802	735	147	588	– 67
6	1.751	876	770	154	616	–106
7	1.905	953	809	162	647	–144
.	.	.	.	.	.	.
.	.	.	.	.	.	.
.	.	.	.	.	.	.

Investitionsparadoxon

Tabelle 27.3 zeigt, daß das Unterschreiten der gleichgewichtigen Wachstumsrate sofort zu einer Lücke zwischen Nachfrage und Produktionskapazität führt und daß diese Lücke im Zeitablauf zunimmt. Es entsteht die paradoxe Situation, daß Überkapazitäten entstehen, weil zu wenig neue Kapazität geschaffen (sprich investiert) wurde. Das Gegenteil würde eintreten, wenn die tatsächliche Wachstumsrate einmal größer als die gleichgewichtige Wachstumsrate sein sollte. In diesem Fall würde die vorhandene Kapazität nicht mehr ausreichen, weil zuviel neue Kapazität errichtet (sprich investiert) werden soll.

Abweichungen vom Pfad des gleichgewichtigen Wachstums verstärken sich zunächst

Der Pfad des gleichgewichtigen Wachstums gleicht also insoweit einer Gratwanderung, bei der eine Abweichung vom rechten Weg sich **selbst verstärkt.** Solche Entwicklungen – wie z. B. in Tabelle 27.3 dargestellt – laufen in der Praxis indes nicht endlos in dieser Form weiter. Wie schon in Abschnitt 3.1 dieses Kapitels angedeutet, gibt es Mechanismen, die verhindern, daß die Abweichung vom Gleichgewichtspfad zu einem Absturz führt, die also eine Umkehrung einer einmal eingetretenen Entwicklung des Volkseinkommens bewirken. Mit einigen besonders bedeutsamen Mechanismen dieser Art,

Mögliche Umkehrmechanismen

- der Verbindung von Multiplikator- und Akzelerationsprinzip,
- dem Beharrungsvermögen des Konsums und
- den Schwankungen der Gewinne,

wollen wir uns im folgenden beschäftigen. Daneben ist das aktive Eingreifen des Staates in den Wirtschaftsablauf geeignet, eine Abweichung vom „rechten Pfad" zu korrigieren oder hervorzurufen.

3.3 Verbindung von Multiplikator- und Akzelerationsprinzip

Offenbar ist die in Tabelle 27.1 bzw. 27.3 dargestellte Entwicklung auf die Dauer undenkbar: Unternehmen führen keine Kapazitätserweiterung durch, wenn die vorhandenen Kapazitäten nicht ausgelastet sind. Hier ist daran zu erinnern, daß zwischen der Höhe des Volkseinkommens und des zu seiner Produktion notwendigen Kapitalstocks eine relativ feste Beziehung besteht. Wenn das Volkseinkommen zunimmt, dann muß auch der Kapitalstock zunehmen (wenn vorher die Kapazitäten ausgelastet waren), und wenn das Volkseinkommen abnimmt, dann wird auch der gewünschte Kapitalstock abnehmen. Nun ist die Veränderung des Kapitalstocks gerade die Nettoinvestition, so daß wir formulieren können: Die gewünschte Nettoinvestition (I) hängt ab von der Veränderung des Volkseinkommens (ΔY):

$$I = f(\Delta Y)$$

Dies ist die Aussage des **Akzelerationsprinzips** („Beschleunigungsprinzips").[3]) Wir haben im 12. Kapitel gesagt, daß das Akzelerationsprinzip nicht allein zur Erklärung der Investitionstätigkeit herangezogen werden kann, daß auch Zinsen, Gewinne, Erwartungen usw. eine wesentliche Rolle spielen. Da wir aber nicht alle Faktoren gleichzeitig berücksichtigen können, beschränken wir uns hier modellhaft auf das Akzelerationsprinzip.

Der entscheidende Punkt des Akzelerationsprinzips ist ein wenig verwirrend: Die Nettoinvestition hängt ab von der **Veränderung** des Volkseinkommens, und wenn die Veränderung zunimmt, nimmt die Nettoinvestition zu, und wenn die Veränderung abnimmt, nimmt die Nettoinvestition ab. Ein Beispiel soll dies klarmachen:

Die Nettoinvestition hängt von der Veränderung des Volkseinkommens ab

Steigt das Volkseinkommen um 100, dann beträgt die erwünschte Nettoinvestition 200 (bei einem Kapitalkoeffizienten von 2); steigt das Volkseinkommen nur um 50, dann ist die erwünschte Nettoinvestition 100, sie hat also abgenommen.

Wenn umgekehrt das Volkseinkommen um 100 sinkt, dann ist die erwünschte Nettoinvestition –200, sinkt das Volkseinkommen nur um 50, dann ist die erwünschte Nettoinvestition –100, also zwar weiterhin negativ, aber sie hat zugenommen (–100 ist ja größer als –200). Steigt das Volkseinkommen also mit abnehmender Wachstumsrate, so sinkt die Nettoinvestition, und sinkt das Volkseinkommen mit abnehmender Rate, so steigt die Nettoinvestition.

Dieser Zusammenhang ist ein Mechanismus, der zusammen mit dem Multiplikatorprinzip die zyklischen Schwankungen der wirtschaftlichen Aktivität erklären kann. Man kann sich dies etwa folgendermaßen vorstellen:

Das Akzelerationsprinzip kann zusammen mit dem Multiplikatorprinzip die zyklischen Schwankungen der wirtschaftlichen Aktivität erklären

Steigt das Volkseinkommen in der Aufschwungphase, so erfolgt nach dem Akzelerationsprinzip eine Erhöhung der Investitionsgüternachfrage, die nach dem Multiplikatorprinzip eine Erhöhung der Konsumausgaben bewirkt. Dieser Prozeß wird sich zunächst „aufschaukeln", weil eine Erhöhung der Investition die Konsumausgaben steigert und dies dann wiederum zu einer Zunahme der Investitionstätigkeit führt usw.

---

[3]) Eine spezielle Akzelerationsbeziehung läßt sich aus der Bestimmungsgleichung für den Kapitalkoeffizienten herleiten:

$$k = \frac{\text{Kapitalstock}}{\text{Volkseinkommen}}$$

daraus folgt:
Kapitalstock = k · Volkseinkommen; daraus folgt
Veränderung des Kapitalstocks = k · Veränderung des Volkseinkommens
bzw. $I = k \cdot \Delta Y$
Hier wird der Kapitalkoeffizient zum Akzelerator.

Da das Multiplikatorprinzip aber mit abnehmender Beschleunigung funktioniert (der Leser denke an das Beispiel des Autos, das bei durchgedrücktem Gaspedal die Endgeschwindigkeit mit abnehmender Beschleunigung erreicht), werden die Investitionsausgaben nach dem Akzelerationsprinzip irgendwann abnehmen. Die Verringerung der Investitionsausgaben führt dann nach dem Multiplikatorprinzip zu einer Abnahme des Volkseinkommens, die ihrerseits eine weitere Verringerung der Investition und schließlich sogar eine negative Nettoinvestition bewirkt. Der Prozeß verstärkt sich zunächst in der Abschwungphase, doch schließlich verlangsamt sich der Rückgang der wirtschaftlichen Aktivität, und dies erhöht nach dem Akzelerationsprinzip bereits wieder die Investitionstätigkeit.

Die nachfolgend wiedergegebene Computer-Simulation (vgl. Tabelle 27.4) zeigt zyklische Schwingungen, die durch den Akzelerator-Multiplikator-Prozeß hervorgerufen werden können. Folgende Annahmen liegen der Rechnung zugrunde:

- Es existieren nur die Nachfragekomponenten privater Konsum und private Investitionen.
- Der private Konsum besteht nur aus dem einkommensabhängigen (induzierten) Konsum (C^i), vom autonomen Konsum wird abgesehen. Der laufende Konsum hängt ab vom Volkseinkommen der Vorperiode (sog. ROBERTSON-Lag).
- Die privaten Investitionen setzen sich zusammen aus Investitionen, die unabhängig von Niveau und der Veränderung der Nachfrage sind („autonome" Investitionen I^a), und aus Investitionen, die sich als Reaktion auf die Veränderung der Konsumnachfrage zwischen der laufenden und der Vorperiode ergeben („induzierte" Investitionen I^i).
- Das Güterangebot befriedigt in jeder Periode die Güternachfrage.
- Ausgehend von einem Gütermarktgleichgewicht in Periode 1 erhöhen sich in der Periode 2 einmalig die autonomen Investitionen, sinken aber in Periode 3 wieder auf ihr Ursprungsniveau ab.

Die relevanten Vorgänge seien für die Tabelle 27.4, in der sich Konjunkturzyklen mit abnehmender Schwingungsbreite ergeben, kurz beschrieben.

In Periode 1 (t = 1) herrscht ein Gleichgewichtseinkommen (= Gleichgewichtssozialprodukt) von 2000, das in Höhe von je 1000 konsumtiv und investiv verwendet wird. In Periode 2 ergibt sich (aus hier nicht untersuchten Gründen) eine einmalige Erhöhung der autonomen Investitionen auf 1500 (vgl. Spalte 6). Die damit verbundene Erhöhung der Nachfrage erhöht in derselben Periode das Sozialprodukt (vgl. Spalte 7). Die Sozialproduktserhöhung von 500 in Periode 2 erhöht in der Periode 3 den Kon-

Tab. 27.4: Zyklische Entwicklung des Sozialprodukts mit abnehmenden Schwingungen bei einer Grenzkonsumquote von 0,5 und einem Akzelerator von 1,5

t	$C_t^i - C_{t-1}^i$	C_t^i	$I_t^i - I_{t-1}^i$	I_t^i	I_t^a	Y_t
(1)	(2)	(3)	(4)	(5)	(6)	(7)
1	0	1000	0	0	1000	2000
2	0	1000	0	0	1500	2500
3	250	1250	375	375	1000	2625
4	63	1313	−281	94	1000	2406
5	−109	1203	−258	−164	1000	2039
6	−184	1020	−111	−275	1000	1744
7	−147	872	54	−221	1000	1651
8	−47	825	151	−70	1000	1755
9	52	878	148	78	1000	1956
10	100	978	72	151	1000	2129
11	86	1064	−21	129	1000	2194
12	33	1097	−81	49	1000	2146
13	−24	1073	−85	−36	1000	2037
14	−54	1018	−46	−82	1000	1937
15	−50	968	7	−75	1000	1893
16	−22	947	42	−33	1000	1914
17	10	957	48	16	1000	1973
18	29	986	28	44	1000	2030
19	29	1015	−1	43	1000	2058
20	14	1029	22	21	1000	2050
21	−4	1025	−27	−6	1000	2019
22	−16	1010	−17	−23	1000	1986
23	−16	993	−1	−25	1000	1968
24	−9	984	11	−13	1000	1971
25	1	985	15	2	1000	1987
26	8	994	10	12	1000	2006
27	9	1003	2	14	1000	2017
28	5	1008	−6	8	1000	2017
29	0	1008	−8	0	1000	2008
30	−4	1004	−6	−6	1000	1998
31	−5	999	−1	−8	1000	1991
32	−3	995	3	−5	1000	1990
33	0	995	5	0	1000	1995
34	2	997	4	3	1000	2001
35	3	1000	1	4	1000	2005
36	2	1002	−1	3	1000	2005
37	0	1003	−3	0	1000	2003
38	−1	1002	−2	−2	1000	2000
39	−2	1000	−1	−2	1000	1998
40	−1	999	1	−2	1000	1997
41	0	998	1	0	1000	1998
42	1	999	1	1	1000	2000
43	1	1000	1	1	1000	2001
44	1	1001	0	1	1000	2002
45	0	1001	−1	0	1000	2001
46	0	1001	−1	0	1000	2000
47	0	1000	0	−1	1000	1999
48	0	1000	0	−1	1000	1999

sum um 250 (vgl. Spalte 2 und 3). Außerdem bewirkt die Erhöhung des Konsums zwischen Periode 2 und Periode 3 wegen der Wirksamkeit des Akzeleratorprinzips induzierte Investitionen in Höhe des 1,5fachen der Konsumänderung, also von 375 (vgl. Spalte 5). Da die zusätzlichen autonomen Investitionen in Periode 3 wieder entfallen, beträgt die Nachfrageänderung insgesamt 125 (250 + 375 – 500), wodurch das produzierte Sozialprodukt von 2500 auf 2625 steigt (vgl. Spalte 7). Die Sozialproduktsänderung in Periode 3 führt in Periode 4 zu einer erneuten Zunahme der Konsumnachfrage, die sich aber nur noch auf (aufgerundet) 63 beläuft. Wegen dieser Abnahme der Konsumänderung beträgt die induzierte Investition in Periode 4 nur (abgerundet) 94. Gegenüber Periode 3 ergibt sich damit insgesamt ein Nachfragerückgang, so daß das Sozialprodukt abnimmt. Diese Abnahme des Volkseinkommens induziert in Periode 5 eine Abnahme des Konsums usw.

In Abhängigkeit von den Werten, die für die Grenzkonsumquote und den Akzelerator angenommen werden, ergeben sich die in den Tabellen 27.4 dargestellten zyklischen Schwankungen des Sozialproduktes.

3.4 Beharrungsvermögen der Konsumausgaben

Die Abweichungen vom rechten Pfad werden geringer, wenn es Ausgaben gibt, die im Aufschwung langsamer wachsen und im Abschwung langsamer sinken als das Volkseinkommen. Gelegentlich reagieren die Exporte in dieser Weise, sehr häufig die Konsumausgaben der privaten Haushalte.

Stabilisierungswirkung durch starre Konsumgewohnheiten

Zum einen sind die Konsumgewohnheiten der Verbraucher von einem gewissen **Beharrungsvermögen** geprägt: Bei steigendem Einkommen werden die Konsumausgaben in der Regel nicht sofort proportional erhöht, es braucht vielmehr eine gewisse Zeit, sich auf einen neuen Lebensstandard einzustellen. So wird man sich z. B. vernünftigerweise erst in Ruhe umsehen und die bisherige Wohnung kündigen, bevor man sich ein Haus kauft; so wird man die alten Möbel vielleicht noch eine Zeitlang nutzen, bevor man sich bessere kauft usw. Umgekehrt braucht es ebenfalls eine gewisse Zeit, seine Ausgaben bei einem Einkommensrückgang einzuschränken; zunächst wird der durchschnittliche Haushalt versuchen, seinen Lebensstandard durch verringertes Sparen bzw. durch Rückgriff auf sein Vermögen aufrechtzuerhalten.

Zum anderen sind die Konsumausgaben im Konjunkturzyklus deshalb relativ starr, weil die **Verteilung** des Volkseinkommens auf Löhne und Gewinne eine Änderung erfährt. Löhne schwanken im Konjunkturzyklus weniger stark als die Gewinne: Im Aufschwung hinken die Löhne hinter der Gewinnentwicklung her (Lohn-Lag), im Abschwung ist es umgekehrt. Dies liegt im wesentlichen daran, daß Löhne in Tarifvereinbarungen für einen Zeitraum von meist einem Jahr festgelegt werden und daß Gewerkschaften die im Aufschwung steigenden Gewinne nicht vorhersehen können. Wenn sich dann hinterher herausstellt, daß die Gewinne stärker gestiegen sind als die Löhne, versuchen die Gewerkschaften dies im nächsten Tarifvertrag zu berücksichtigen, hinken aber bei weiter steigenden Gewinnen zunächst weiter hinterher. Umgekehrt versuchen Gewerkschaften im Abschwung ein einmal erreichtes Lohnniveau zu halten. Da Lohnempfänger im Durchschnitt einen größeren Anteil ihres Einkommens für Konsumzwecke ausgeben als Gewinnempfänger, wird auch aus diesem Grund die Konsumnachfrage im Aufschwung langsamer steigen und im Abschwung langsamer sinken als das Volkseinkommen.

Ein solches verzögertes Steigen bzw. Sinken der Konsumausgaben bewirkt, daß sich die Entwicklung der Investitionsausgaben nach dem Akzelerationsprinzip umkehrt: Im Aufschwung beginnen sie eher zu fallen, im Abschwung eher zu steigen.

3.5 Schwankungen der Gewinne

Während das Beharrungsvermögen der Konsumausgaben die Umkehrung auf Grund des Akzelerationsprinzips beschleunigt, kann die Entwicklung von Löhnen, Zinsen, Preisen und letztlich Gewinnen für die Investitionstätigkeit einen Umkehrmechanismus eigener Art begründen, sozusagen einen Gewinn-Akzelerator. Hier gehen wir also auf die Gewinnabhängigkeit der Investitionen ein. Warum schwanken die Gewinne?

Preise verändern sich unterschiedlich

Einmal können im Aufschwung, wenn sehr viele Firmen eine Kapazitätserweiterung planen, die Investitionsgüterpreise stärker steigen als die Konsumgüterpreise. (Die Konsumausgaben weisen ja ein gewisses Beharrungsvermögen auf.) Damit sinken (bzw. steigen weniger rasch) die Gewinne in der Konsumgüterindustrie, wodurch die Investitionen in diesem Bereich der Volkswirtschaft gebremst werden können.

Zinsen und …

Zum anderen können im Aufschwung die Zinsen auf Grund der starken Kreditnachfrage steigen, die Finanzierungskosten nehmen zu und die Gewinne geraten unter Druck, wenn höhere Zinskosten nicht in den Preisen weitergegeben werden können. Auch hier können sich negative Auswirkungen auf die Investitionen ergeben.

… Löhne verändern sich

Schließlich können am Ende der Aufschwungphase Arbeitskräfte knapp werden und die Gewerkschaften Lohnerhöhungen leichter durchsetzen: Die Gewinnzunahme verlangsamt sich, und damit vermindert sich die Investitionsbereitschaft.

Eine Reihe von Faktoren kann mithin begründen, daß die Gewinnerhöhungen der ersten Aufschwungphasen – und damit die Investitionen – eine Verlangsamung erfahren.

Tritt eine solche Verlangsamung erst einmal auf, so kann sie sich sehr leicht selbst verstärken: Weiter steigende Zinsen und Löhne lassen die Gewinnspanne schrumpfen, schließlich wird die gewinnabhängige Investitionstätigkeit eingeschränkt und die Abschwungphase eingeleitet. Im

Abschwung verläuft die Entwicklung im Prinzip umgekehrt: Investitionsgüterpreise sinken im Verhältnis zu den relativ starren Konsumgüterpreisen, Zinsen sinken, und Lohnerhöhungen sind schließlich schwerer durchsetzbar. Diese Entwicklung kann den Abschwung bremsen und nach Überwindung der Krise wieder zum Aufschwung führen.

3.6 Schumpeters Konjunkturerklärung

Joseph A. SCHUMPETER (1883–1950) unterschied zwischen der **Invention** (Erfindung, Entdeckung und Entwicklung neuer Güter, neuer Prozesse oder neuer Methoden) und der **Innovation** (kommerzielle Verwertung der Erfindungen in den Unternehmen). Während die Inventionen gleichmäßig erfolgen, werden sich Innovationen in zyklischen Schwankungen ausbreiten. Der Grund liegt darin, daß die Menschen von Natur aus konservativ sind und zögern, neue Methoden zu übernehmen, solange sie nicht erprobt sind. Einige mutige „Pionierunternehmer" sind hingegen bereit, neue Inventionen zu erproben und der Entwicklung den Weg zu weisen. Als Lohn winken ihnen hohe „Pioniergewinne". Dadurch angelockt, folgen die anderen Unternehmer **(Imitation).** Es beginnt eine zunehmende Investitionstätigkeit, die über den Multiplikatorprozeß bis hin zum Boom führt.

Innovationen durch den Pionierunternehmer

Das Ende des Aufschwunges ist dann erreicht, wenn die neuen Anlagen erstellt sind und die Investitionstätigkeit wieder nachläßt. Dann wird die Nachfrage sinken. Die Preise und Gewinne aus den neuen Anlagen gehen zurück. Eine allgemein pessimistische Stimmung breitet sich aus, und die Wirtschaft gleitet in Abschwächung und Rezession. Der Motor der wirtschaftlichen Entwicklung und des technischen Fortschritts ist zugleich die Kraft, die die zyklischen Schwankungen der wirtschaftlichen Aktivität in Marktwirtschaften entstehen läßt.

Nachahmer bremsen die Gewinnentwicklung

3.7 Staatliche Wirtschaftspolitik

In den vorangehenden Abschnitten dieses Kapitels sind einige Mechanismen beschrieben worden, die konjunkturelle Bewegungen hervorrufen können. Damit ist jedoch die kontroverse Frage, ob eine Marktwirtschaft notwendig solchen konjunkturellen Schwankungen unterliegt, nicht beantwortet. Wie im 13. Kapitel beschrieben, setzt die Neue Klassische Makroökonomik auf die Stabilität des privaten Sektors. In der Realität zu beobachtende Zyklen sind nach dieser Auffassung in erster Linie auf staatliche Eingriffe in den Wirtschaftsprozeß zurückzuführen **(Interventionszyklen).** Diese Auffassung wird in dem nachfolgenden Zitat näher beschrieben, in dem angenommen wird, daß der Zyklus mit steigenden Preisen beginnt:

Zyklische Bewegungen in der Marktwirtschaft?

„Schließlich wird die steigende Inflationsrate als unerträglich empfunden, was zu kontraktiven Maßnahmen veranlaßt. Diese drosseln jedoch nur die Erlöse der Unternehmungen, nicht aber ihre Kosten, da die Faktorpreise

– insbesondere die Löhne – nach unten hin starr sind. Sobald aber die Kosten nicht mehr gedeckt werden, bleibt nur der Ausweg, die Beschäftigung zurückzunehmen. Diese einsetzende Arbeitslosigkeit ändert die Erwartungen der Bürger, die nun vorsichtig disponieren, was sich in erhöhter Kassenhaltung niederschlägt. Beide Verhaltensweisen lassen den Geldkreislauf schrumpfen und verletzen das Vollbeschäftigungspostulat, so daß das wirtschaftspolitische Instrumentarium bald wieder expansiv eingesetzt werden muß, um die Arbeitslosigkeit zu absorbieren. Die Expansionsmaßnahmen lassen aber erst dann die Konjunktur anspringen, wenn die Bürger erneut ihre Erwartungen geändert haben: Von ihrer zurückhaltenden Ausgabendisposition lassen sie erst ab, wenn ein gewisser Beschäftigungsanstieg sichtbar geworden ist. Im Verlauf des Abbaus ihrer überhöhten Kassenbestände weitet sich dann die Gesamtnachfrage schnell aus, bis schließlich der nicht aufgelöste inflationäre Kostensockel der voraufgegangenen Talfahrt überspült wird und die Wirtschaft auf breiter Front expandiert. Das verstärkt dann erneut den Inflationstrend, bis das Spiel von neuem beginnt.

Was somit die praktische Wirtschaftspolitik betrifft, hat der Keynesianismus einen „neuen Konjunkturzyklus" kreiert: Die Inflation zu bekämpfen, erfordert das „Stop", die drohende Arbeitslosigkeit zu vermeiden oder die eingetretene abzubauen, das „Go". Dadurch kommt ein künstlicher Zyklus mit zwangsläufiger Abfolge zustande, den man schlicht als Interventionszyklus bezeichnen kann." (BESTERS, Hans, „Keynes im Licht der Erfahrungen der Nachkriegszeit", Wirtschaftsdienst, 1976, Heft VII, S. 335.)

Interventionszyklen

Nun ist unzweifelhaft, daß die Politik der Nachfragesteuerung zur Vermeidung konjunktureller Ausschläge zunehmend skeptisch beurteilt wird: „Im Rückblick auf die im Zeichen der nachfrageorientierten Stabilitätspolitik stehenden 60er und 70er Jahre erscheinen die praktischen Ergebnisse der Globalsteuerung wenig ermutigend: Das wiederholte ‚stop and go' hat in der Bundesrepublik Deutschland wie anderswo nicht zu mehr Stabilität, sondern offenbar zum Aufschaukeln von Inflation und Arbeitslosigkeit geführt. ... Diese Entwicklung geht auf eine Reihe von Konstruktionsfehlern der antizyklischen Nachfragesteuerung zurück, die auch von keynesianisch orientierten Ökonomen gesehen werden:

– Die theoretisch postulierte Rückführung des zur Rezessionsbekämpfung herbeigeführten Anstiegs von Staatsausgaben- und Staatsschuldenquote stieß praktisch auf politischen Widerstand. Das zyklusdurchschnittliche Anwachsen der Defizitquote ließ den staatlichen Schuldendienst zu Lasten der Investitionsausgaben anwachsen. Die aufkommenden Zweifel an der Wiederholbarkeit der antizyklischen Therapie, verbunden mit der Erwartung künftiger Steuererhöhungen, dämpfte die Ausgabenneigung der Privaten, so daß zusätzlicher fiskalpolitischer Handlungsbedarf entstand.

Probleme der Nachfragesteuerung

– Stabilitätspolitisch primär an den Komponenten der volkswirtschaftlichen Gesamtnachfrage anzusetzen, wurde fragwürdig, als strukturelle

Probleme, nicht aber Anzeichen einer allgemeinen Nachfrageschwäche in den Vordergrund rückten. Unzureichender Strukturwandel und nachlassende Wachstumsdynamik bedeuteten, daß sich die Erfolgsaussichten für die Nachfragesteuerung verschlechtern mußten und die Lösung der angebotsseitigen Probleme verzögert wurde.

– Die antizyklische Geld- und Fiskalpolitik lief Gefahr, die Wirtschaft entgegen der eigenen Absicht zu destabilisieren, sobald Haushalte und Unternehmer ihre Inflations- und Politikillusion verloren und immer weniger nach jenem Verhaltensmuster auf expansive und kontraktive Maßnahmen reagierten, das der theoretischen Wirkungsanalyse der Globalsteuerung zugrunde liegt.

– Schließlich erwiesen sich in einer Zeit, in der Anpassungsfähigkeit besonders gefordert war, Größe und Beharrungsvermögen des Staatssektors als schwere Hypothek, während die von der öffentlichen Neuverschuldung über das jeweils geldpolitisch induzierte Maß hinaus hochgehaltenen (Real-)Zinsen privatwirtschaftliche Investitionen erschwerten, die doch Voraussetzung für eine rasche Umstrukturierung des Produktionsapparates waren. Mehr noch, die Unternehmen legten ihre Eigenmittel, statt sie zu investieren, in renditeträchtigen Staatsschuldtiteln an.“ (CASSEL, D.: Beschäftigungs- und Stabilitätspolitik. In: Bundesministerium für innerdeutsche Beziehungen, Materialien zum Bericht zur Lage der Nation im geteilten Deutschland 1987, Bonn 1987, S. 81)

Richtig an dieser Einschätzung ist sicher die konstatierte asymmetrische Anwendung der Fiskalpolitik (d. h. die Erhöhung der Staatsausgaben in die Krise, nicht aber ihre Senkung im Boom) und ihre Unfähigkeit, Strukturprobleme zu lösen. Zusätzlich sind die Probleme des richtigen „Timings“ der Ausgaben und des Crowding-out zu beachten. Damit ist jedoch kein abschließendes Urteil über die keynesianische Nachfragesteuerung gesprochen und vor allem keine Aussage darüber gemacht, ob die von staatlichen Eingriffen ungestörte wirtschaftliche Aktivität in einer Marktwirtschaft stabil verläuft. Wenn dies nicht der Fall ist – und die Autoren sind, u.a. weil es schon vor mehr als 100 Jahren auch ohne keynesianische Eingriffe in den Wirtschaftsprozeß tiefgreifende Konjunkturzyklen gegeben hat, dieser Meinung –, so stellt sich die Frage, ob, und wenn ja, wie der Staat hier regulierend eingreifen kann. Seit Beginn der 80er Jahre ist ein mehr mittelfristiges Konzept populär und zur Anwendung gekommen, das die Wachstums- und Effizienzbedingungen der Produktion verbessern will: die **Angebotspolitik.** Die Grundsätze einer solchen Politik sind z. B. im Jahreswirtschaftsbericht 1984, S. 83, formuliert:

– „ordnungspolitische Neubesinnung auf die Grundsätze der Sozialen Marktwirtschaft, insbesondere verläßliche und widerspruchsfreie wirtschaftspolitische Rahmenbedingungen, Stärkung der Leistungs- und Risikobereitschaft, Sicherung des Wettbewerbs und Verringerung bürokratischer Hemmnisse;

– Wiederherstellung der finanzpolitischen Handlungsfähigkeit des Staates, Konsolidierung der öffentlichen Finanzen, Rückführung des Staatsanteils, qualitative Verbesserung der Ausgabenstruktur und eine leistungsfreundlichere Besteuerung; Angebotspolitik

– eine Sozialpolitik, die sich von den Grundsätzen sozialer Gerechtigkeit, Solidarität und Subsidiarität leiten läßt und die Finanzierbarkeit der sozialen Sicherungssysteme dauerhaft gewährleistet; sowie

– intensives Bemühen um europäische und weltwirtschaftliche Konzertierung und Kooperation zur Verbesserung der Rahmenbedingungen für eine Ausweitung des Welthandels und die Bekämpfung der Arbeitslosigkeit."

Aber obwohl keynesianische Nachfragesteuerung seit Mitte der 70er Jahre nicht mehr und Angebotspolitik spätestens seit Beginn der 80er Jahre in der Bundesrepublik Deutschland praktiziert wird, sind deutliche konjunkturelle Ausschläge nach wie vor beobachtbar und ist die Arbeitslosigkeit, von der sicher nur ein Teil struktureller Natur ist, auf hohem Niveau verblieben. Es stellt sich die Frage, ob eine richtig praktizierte, d. h. mittelfristig orientierte „verstetigte" Nachfragesteuerung, ggf. begleitet von Arbeitszeitverkürzungen, nicht einen Beitrag zur Lösung dieser Probleme liefern könnte.

Wichtig wäre sicher eine beschäftigungsorientierte Wachstumspolitik, wie sie z. B. das Weißbuch der EU-Kommission vorsieht (vgl. Kapitel 24, Abschnitt 3.4), das neue Wachstumsfelder für die Staaten der Gemeinschaft erschließt. Dies ist eine Strategie, die Elemente von Angebotspolitik und Nachfragepolitik verbindet.

C. Arbeitsaufgaben

1) *Erläutern Sie folgende Begriffe: Konjunkturzyklus, Innovation, Kapitalkoeffizient.*
2) *Kennzeichnen Sie die Phasen eines typischen Konjunkturzyklus.*
3) *Welche wirtschaftlichen Größen schwanken parallel zum Konjunkturzyklus?*
4) *Welche Komponenten der Gesamtnachfrage sind den stärksten Schwankungen ausgesetzt?*
5) *Ist gleichgewichtiges Wachstum möglich? Welche Bedingung besteht für gleichgewichtiges Wachstum?*
6) *Versuchen Sie, den kombinierten Multiplikator/Akzelerationsprozeß zu skizzieren.*
7) *Wie entwickeln sich die Konsumausgaben im Zyklus?*

8) *Inwiefern kann die Gewinnentwicklung ein zyklisches Schwanken der wirtschaftlichen Aktivität erklären?*

9) *Inwiefern kann man sagen, daß der Staat Verursacher von Konjunkturschwankungen ist?*

10) *Erörtern Sie kurz Ihnen bekannte Konjunkturindikatoren.*

Lösungsvorschläge für die Arbeitsaufgaben im „Übungsbuch zu Grundlagen und Probleme der Volkswirtschaft".

D. Literatur

Einen einfachen Einblick in die Probleme des Konjunkturzyklus geben:

ASSENMACHER, Walter, Lehrbuch der Konjunkturtheorie, 4. Auflage, München 1990

SAMUELSON, Paul A., NORDHAUS, William D., Volkswirtschaftslehre Band I, 15. Aufl., Köln 1998, 14. Kapitel.

Eine umfassende Darstellung des Konjukturverlaufs, der Konjunkturtheorie und auch der Konjunkturpolitik geben:

DAHL, Dieter, Volkswirtschaftslehre, 8. Aufl., Wiesbaden 1993, 7. Teil

PÄTZOLD, Jürgen, Stabilisierungspolitik, 5. Auflage, Bern u. a. 1993.

Die verschiedenen Erklärungen des Konjunkturzyklus und seine Indikatoren sind konzis dargestellt von:

TEICHMANN, Ulrich, Grundriß der Konjunkturpolitik, 5., verb. u. erw. Aufl., München 1997, 1.–3. Kapitel.

Zu verschiedenen Stabilitätskonzeptionen vgl.

FRIEDRICH, Horst, Grundkonzeptionen der Stabilisierungspolitik, 2. Aufl., Opladen 1986.

Eine sorgfältige Analyse des Instabilitätsproblems und der wirtschaftspolitischen Antworten hierauf findet der Leser bei:

KROMPHARDT, Jürgen, Arbeitlosigkeit und Inflation, 2. Aufl., Göttingen und Zürich 1998.

Einen ausführlichen Überblick über die konjunkturelle Lage in der Bundesrepublik gibt jeweils das

JAHRESGUTACHTEN DES SACHVERSTÄNDIGENRATES ZUR BEGUTACHTUNG DER GESAMTWIRTSCHAFTLICHEN ENTWICKLUNG, Stuttgart,

das jährlich im Dezember erscheint.

28. Kapitel
Bedeutung und Sicherung des Wachstums

A. Lernzielorientierte Leitfrage und Fragenkomplexe

Leitfrage:
Was ist Wachstum, und welche Probleme sind mit dem wirtschaftlichen Wachstum verbunden?

- *Was ist Wachstum?*
- *Wie wird Wachstum gemessen?*
- *Wie ist Wachstum zu beurteilen?*
- *Welche Rolle spielen Investitionen und technischer Fortschritt im Wachstumsprozeß?*
- *Wie kann Wachstum durch staatliche Wirtschaftspolitik beeinflußt werden?*
- *Welcher Zusammenhang besteht zwischen Gegenwartskonsum und Wachstum?*
- *Kann Wachstum Kosten in Form von Umweltschäden verursachen?*
- *Welche Strukturwandlungen treten im Wachstumsprozeß auf?*
- *Gibt es Grenzen des Wachstums?*

B. Sachanalyse

1. Begriff des wirtschaftlichen Wachstums

Im allgemeinen versteht man unter **wirtschaftlichem Wachstum** eine **anhaltende Zunahme des gesamtwirtschaftlichen Produktionspotentials.** Das Produktionspotential wird begrenzt durch den vorhandenen Bestand der Produktionsfaktoren Arbeit, Kapital, technisches Wissen und Boden und bildhaft in Form der Transformationskurve (vgl. Kapitel 1, Abschnitt 1.2) erfaßt. Wachstum kann also mit einer Verschiebung der Transformationskurve nach „Nordosten" beschrieben werden. Der SACHVERSTÄNDIGENRAT ZUR BEGUTACHTUNG DER GESAMTWIRTSCHAFTLICHEN ENTWICKLUNG hat schon früh ein Konzept zur Messung des Produktionspotentials, also der volkswirtschaftlichen Produktionsmöglichkeiten, entwickelt und seitdem immer weiter verbessert.

Da die tatsächliche Produktion, abgesehen von konjunkturellen Krisen, langfristig den Produktionsmöglichkeiten entspricht, kann man auch die Zunahme des Sozialprodukts als Maßgröße für das Wachstum ansehen. Dies entspricht dem Vorgehen in der Praxis. Unter Verwendung der Maßgröße Sozialprodukt unterscheidet man dann häufig folgende Begriffe:

- nominelles Wachstum: Zunahme des Sozialprodukts, bewertet zu Gegenwartspreisen;
- reales Wachstum: Zunahme des Sozialprodukts, bewertet zu konstanten Preisen einer Basisperiode;
- Nullwachstum: Konstanz des realen Sozialprodukts.

Zusätzlich wird oft die Veränderung des Sozialprodukts pro Kopf der Bevölkerung berechnet, und man unterscheidet dann:

- intensives Wachstum: Zunahme des Sozialprodukts pro Kopf;
- extensives Wachstum: Zunahme des Sozialprodukts, aber keine Zunahme des Sozialprodukts pro Kopf.

Tabelle 28.1. gibt in der ersten Spalte einen Überblick über die Wachstumsraten in der Bundesrepublik von 1950 bis heute. Nach sehr hohen Wachstumsraten in den 50er Jahren ist das Wachstum zu Beginn der 80er Jahre auf durchschnittlich 1–2 % zurückgegangen. Gegen Ende der 80er Jahre ist es – auch aufgrund des europäischen Integrationsprozesses und der deutschen Vereinigung – wieder deutlich angestiegen.

2. Begründung und Kritik des Wachstums

2.1 Begründung des Wachstumsziels

Im Gesetz zur Förderung der Stabilität und des Wachstums der Wirtschaft (vom 8. Juni 1967) ist das Wachstumsziel in § 1 enthalten:

> § 1
>
> Bund und Länder haben bei ihren wirtschafts- und finanzpolitischen Maßnahmen die Erfordernisse des gesamtwirtschaftlichen Gleichgewichts zu beachten. Die Maßnahmen sind so zu treffen, daß sie im Rahmen der marktwirtschaftlichen Ordnung gleichzeitig zur Stabilität des Preisniveaus, zu einem hohen Beschäftigungsstand und außenwirtschaftlichem Gleichgewicht bei stetigem und angemessenem **Wirtschaftswachstum** beitragen.

Wirtschaftliches Wachstum wird in der Regel mit folgenden Argumenten begründet:

- Erhöhung des wirtschaftlichen Wohlstands der Menschen in Form von privatem und/oder öffentlichem Konsum;
- Sicherung oder Steigerung des Arbeitsplatzangebots;
- Erleichterung der Umverteilung von Einkommen und Vermögen;
- Legitimation der Ungleichheit einer kapitalistischen Marktwirtschaft.

Dabei ist richtig, daß die Produktion von mehr Gütern und Dienstleistungen es den Menschen ermöglicht, ihre materiellen Bedürfnisse besser zu befriedigen. Vordringlich ist in vielen Ländern der Welt die Deckung elementarer Grundbedürfnisse, in den entwickelten Industrienationen geht es eher um eine größere Auswahl für die Konsumenten, um Freizeitaktivitäten, kulturelle Bedürfnisse oder Maßnahmen zur Erhaltung der Umwelt.

Wachstum erhöht den Lebensstandard

Richtig ist auch, daß eine wachsende Wirtschaft unter sonst gleichen Bedingungen die Nachfrage nach Arbeitsleistungen erhöht. Allerdings bleiben die Bedingungen üblicherweise nicht konstant. Wachstum ist in der Regel mit einer Zunahme der Arbeitsproduktivität verbunden. In diesem Fall muß die Wachstumsrate des Sozialprodukts die Wachstumsrate der Arbeitsproduktivität übersteigen, damit es zu einer Mehrnachfrage nach Arbeit kommt. Anderenfalls sinken die Arbeitsnachfrage und das Arbeitsvolumen, es kommt dann zu Arbeitslosigkeit. Die Lücke zwischen Wachstum der Produktion und Wachstum der Produktivität kann durch Arbeitszeitverkürzungen geschlossen werden. Nur unter der Bedingung konstanter Arbeitszeit muß die Produktion so wachsen wie die Produktivität, um die Nachfrage nach Arbeit konstant zu halten. Tabelle 28.1 zeigt, daß immer dann, wenn das reale Bruttosozialprodukt langsamer gewachsen ist als die Arbeitsproduktivität je Erwerbstätigen, die Zahl der Erwerbstätigen abgenommen hat.

Wachstum sichert Arbeitsplätze

Die beiden restlichen Begründungen für Wirtschaftswachstum erweisen sich eher als Zirkelschluß. Sicher ist es richtig, daß Wachstum eine Umverteilung erleichtert, weil Widerstände gegen eine Umverteilung von Zuwächsen erfahrungsgemäß kleiner sind als Widerstände gegen eine Umverteilung bestehender Einkommen und Vermögen. Auf der anderen Seite ist die Ungleichheit in der Verteilung im wesentlichen mit dem Argument des Leistungsanreizes begründet: Eine kapitalistische Marktwirtschaft benötigt den Leistungsanreiz unterschiedlicher Einkommen, um Wachstum herbeizuführen.

Zirkelschluß

2.2 Wachstumskritik

Die Wachstumskritik muß klar trennen zwischen der Kritik am Sozialprodukt als Maßgröße für das Wachstum und der Kritik am Konzept eines möglicherweise richtig gemessenen Wachstums.

Zur Kritik des Sozialprodukts als Wohlfahrtsindikator vgl. Kapitel 10. Die hier wesentlichen Argumente seien noch einmal zusammengestellt:

Das Sozialprodukt weist als Wohlfahrtsindikator Mängel auf

- es wird in der Regel nur die Produktion erfaßt, die einen Marktpreis hat, nicht der weite Bereich der Nicht-Markt-Produktionen;
- es werden generell allenfalls die Kosten des Inputs in die Produktion wohlfahrtsrelevanter Güter erfaßt, nicht aber der Output an wohlfahrtsrelevanten Gütern. So wird im Sozialproduktskonzept z. B. die Produktion von Waschmitteln, von Arzneimitteln oder Lärmschutzwänden verbucht, nicht aber die wohlfahrtsrelevante Sauberkeit, Gesundheit oder Ruhe. Dies führt zu erheblicher Verzerrung, weil damit systematisch die Nachteile einer industrialistischen Produktion unterschätzt werden, die in vielen Fällen nur den Charakter einer Produktion zur Reparatur von Schäden hat. Man spricht dann von **Kontraproduktivität,** wenn die Produktion von Gütern und Dienstleistungen allenfalls das vor der Produktion bestehende Niveau an Bedürfnisbefriedigung aufrecht erhält;
- und schließlich wird der bei der Produktion anfallende Verbrauch an Umweltkapital (z. B. Rohstoffe, Luft, Wasser, Landschaft) und Humankapital (Bestand an Gesundheit und Fähigkeiten) nicht als Abschreibung, also nicht negativ erfaßt, wie es richtigerweise sein müßte (vgl. zum Problembereich Umweltschäden Kapitel 29).

Wachstum wird also durch die Zunahme des realen Sozialprodukts nicht „richtig" gemessen. Aber selbst wenn es gelänge – was zu bezweifeln ist –, die konzeptionellen Meßprobleme zu lösen, so bliebe immer noch fraglich, ob ein „richtig" gemessenes Wachstum die Wohlfahrt der Menschen erhöht.

Kritik am Industrialismus

Die Kritik am Konzept des Wachstums ist im wesentlichen eine Kritik an der industrialistischen Produktionsweise und den ihr zugrunde liegenden Postulaten.

Das Ziel ist eine maximale materielle Wohlfahrt – übrigens im Kapitalismus wie auch im Sozialismus. Dieses Ziel geht indes von einem sehr engen, vermutlich zu engen materialistischen Wohlfahrtskonzept aus: Wie Erich Fromm[1]) es ausgedrückt hat, ist damit das „Haben" die herrschende Existenzweise der Gesellschaft, nicht das „Sein", das allein zur eigentlichen Entfaltung der menschlichen Fähigkeiten führt. Die maximale materielle Wohlfahrt soll durch maximalen Konsum erreicht werden. Auch dies ist zumindest unsicher:

Kritik des Konsums

- die Befriedigung durch Arbeit wird nicht berücksichtigt, Arbeit wird fälschlicherweise nur als Arbeitsleid gedacht;
- Wünsche entwickeln sich häufig schneller als die Produktion;
- die zum Konsum zur Verfügung stehende Zeit ist begrenzt;
- es gibt Güter, deren Wert als Statussymbol in ihrer Knappheit liegt;
- es gibt Güter, die – wie z. B. das Auto oder Reisen – mit steigendem Konsum zu Beeinträchtigungen („Verstopfungen") führen;

1) Fromm, Erich, Haben oder Sein, 8. Auflage, München 1981.

– und schließlich führt die Auffassung, durch Konsum allein Bedürfnisse befriedigen zu können, zu Ersatzbefriedigung (man befriedigt z. B. das Bedürfnis nach sozialer Wertschätzung durch den Erwerb von Statussymbolen) und damit zu Frustration.

Kritik der Arbeitsteilung

Schließlich ist für einen maximalen Konsum eine maximale Produktion erforderlich, die ihrerseits wiederum eine weitestgehende Arbeitsteilung bedingt. Mit zunehmender Arbeitsteilung wird menschliche Arbeit indes zunehmend **fremdbestimmt** (grob gesprochen ist die Arbeit fremdbestimmt, wenn man das, was man produziert, nicht konsumiert, und was man konsumiert, nicht produziert). Arbeitsteilung setzt damit ein System von Leistungsanreizen, Kontrollen und hierarchischen Strukturen voraus, Arbeit wird zunehmend monoton und ihrer Funktionen entkleidet.

Damit sind wichtige negative Begleiterscheinungen eines Wirtschaftswachstums aufgezeigt. Eine generelle Abwägung der Wünschbarkeit von Wirtschaftswachstum kann hier nicht gegeben werden. Allerdings sollte bei aller Wachstumskritik nicht vergessen werden, daß für die weitaus meisten Bewohner der Erde die Freiheit von materieller Not ein unerreichtes Ziel ist. Wir gehen im folgenden davon aus, daß Wachstum ein sinnvolles Ziel der Wirtschaftspolitik ist.

3. Bestimmungsgründe des Wachstums: Investitionen und technischer Fortschritt

Das Wissen um die Bestimmungsgründe des Wachstums ist keineswegs vollständig, doch können einige einfache Überlegungen angestellt werden. Die Produktionsmöglichkeiten einer Gesellschaft hängen ab von Menge und Qualität der vorhandenen Produktionsfaktoren Kapital, technisches Wissen, Arbeit und natürliche Ressourcen, wie in Abbildung 28.1 dargestellt.

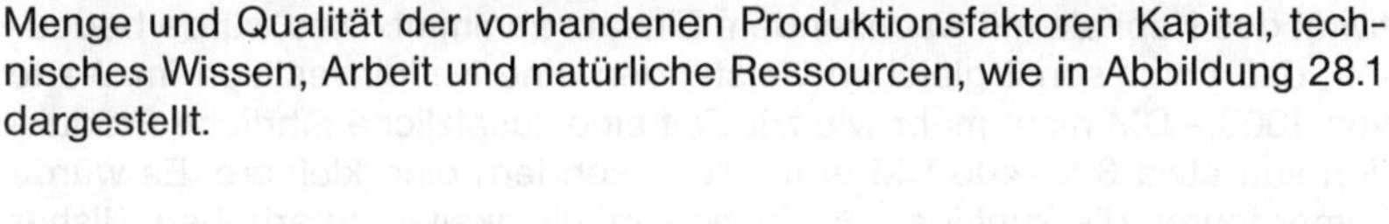

Abb. 28.1: Die Bestimmungsgründe des Wachstums

Da der Bestand an natürlichen Ressourcen gegeben ist und eine Bevölkerungsvermehrung zur Förderung des Wachstums ausgeschlossen wird – letztlich soll ja das Sozialprodukt pro Kopf erhöht werden –, bleiben Kapitalstock und technisches Wissen, das seinerseits die Qualität von Kapital und Arbeit bestimmt, die entscheidenden Bestimmungsgründe des wirtschaftlichen Wachstums.

Technischer Fortschritt

Das **technische Wissen** vermehrt sich durch den technischen Fortschritt. Sichtbar wird der technische Fortschritt in der

- Produktinnovation (Erstellung neuartiger Güter) und
- Prozeßinnovation (Anwendung neuartiger Produktionsmethoden).

Produktinnovation

Dabei trägt die **Produktinnovation** ganz wesentlich zur Steigerung der materiellen Wohlfahrt bei. Der Leser denke z. B. an Geschirrspülmaschinen, Farbfernseher, PC's, CD-Spieler, Surfbretter etc. Nur sind die Vorteile der Produktinnovation mengenmäßig nicht erfaßbar.

Prozeßinnovation

Die Vorteile der **Prozeßinnovation** sind prinzipiell leicht zu erfassen. Die Prozeßinnovation erlaubt, bei gleichbleibendem Einsatz der Produktionsfaktoren Arbeit, Kapital und Boden eine größere Gütermenge zu erstellen oder eine gleiche Gütermenge mit einem geringeren Faktoreinsatz produzieren zu können. Der Leser denke an computergesteuerte Drehbänke, an die bessere Ausnutzung der Energie in Fahrzeugen usw.

Je mehr investiert wird, desto schneller wächst die Wirtschaft

Der **Kapitalstock** vergrößert sich durch Investitionen (Kapitalakkumulation), und bei gegebener Arbeitsbevölkerung und gegebenem Stand des technischen Wissens wird eine Vergrößerung des Kapitalstocks die Produktionsmöglichkeiten erhöhen: Mit mehr Kapital kann ein höheres Sozialprodukt erzeugt werden. Es steigt die mögliche Produktion pro Kopf der Erwerbstätigen und damit die mögliche Güterversorgung pro Kopf.

Nicht sicher ist, ob es einen proportionalen Zusammenhang zwischen der Erhöhung des Kapitalbestandes und der Erhöhung der Produktionsmöglichkeiten gibt. In diesem Zusammenhang ist an das Ertragsgesetz (vgl. Kapitel 5) zu denken, also an die Möglichkeit, daß die zusätzliche Produktivität des Kapitals mit wachsendem Einsatz abnimmt. Dies würde bedeuten, daß unter sonst gleichen Umständen eine Nettoinvestition im Werte von 1000,– DM nicht mehr wie zur Zeit eine zusätzliche jährliche Produktion von etwa 300–400 DM ermöglicht, sondern eine kleinere. Es würde immer teurer, die künftigen Produktionsmöglichkeiten zu erhöhen. Bisher aber hat der technische Fortschritt offenbar dazu beigetragen, daß abnehmende Grenzerträge in nennenswertem Umfang noch nicht zu beobachten waren.

Zunahme der Arbeitsproduktivität erbringt mehr Güter oder/ und mehr Freizeit

Technischer Fortschritt und Kapitalakkumulation bewirken beide eine Erhöhung der Arbeitsproduktivität, erhöhen also die durchschnittliche Produktion pro Arbeitsstunde.

Und hohe Arbeitsproduktivität ist die Basis für die Erhöhung des materiellen Lebensstandards oder für die Verlängerung der Freizeit, also Verkürzung der Arbeitszeit, Verlängerung des Urlaubs oder Herabsetzung des Rentenalters.

Damit wird ein Aspekt der Kapitalakkumulation und des technischen Fortschritts sichtbar, der nicht immer positiv bewertet wird: die **mögliche Frei-**

setzung von Arbeitskräften. Wenn der Produktivitätszuwachs nicht für eine Mehrproduktion von Gütern genutzt wird, weil die Nachfrage das Produktionspotential nicht ausschöpft, dann werden die Produktivitätszuwächse dazu benutzt, die gleiche Produktionsmenge mit weniger Arbeit zu produzieren. Investitionen sind dann nicht mehr Erweiterungsinvestitionen, sondern **Rationalisierungsinvestitionen.** Die beiden Möglichkeiten, Produktivitätszuwächse zu nutzen, gilt es klar zu erkennen:

Erhöhung der Arbeitsproduktivität
- Erhöhung der Produktionsmenge bei gleicher Beschäftigung
- Abnahme der Beschäftigung bei gleicher Produktionsmenge

In der Praxis werden meist beide Möglichkeiten kombiniert: Der Leser denke z. B. an die Verkürzung der Arbeitszeit und die Zunahme der Realeinkommen in der Bundesrepublik von 1950 bis 1990 (vgl. Tabelle 28.1).

Wenn die Verringerung der durchschnittlich notwendigen Arbeitszeit im Zuge von Kapitalakkumulation und technischem Fortschritt die Bevölkerung eines Landes auch langfristig dem Traum vom Paradies näherrückt, so bedeutet die Arbeitslosigkeit als *unfreiwillige* Verringerung der Arbeitszeit für den einzelnen Menschen doch Rückgang seines Lebensstandards und psychische Not. Arbeit ist der Wert, der Selbstachtung und Selbstbewußtsein der Arbeiter trägt, wie es der katholische Sozialwissenschaftler Oswald von Nell-Breuning formulierte. Wenn die Nachfrage das Produktionspotential langfristig nicht ausschöpft, wäre es mithin notwendig, die Arbeitszeit für alle zu verringern, nicht aber Überstunden und Arbeitslosigkeit zugleich zu haben. Auf Kapitalakkumulation und technischen Fortschritt zu verzichten, wäre indes so lange nicht sinnvoll, wie Freizeit einen größeren Wert hat als Arbeit an sich.

Infrastrukturinvestitionen

Wesentliche Vorbedingung für die Investitionstätigkeit privater Unternehmer ist die **Infrastruktur,** auch Sozialkapital genannt, die in der Regel vom Staat bereitgestellt werden muß. Sehr weit gefaßt beinhaltet der Begriff Infrastruktur

- die **institutionelle Infrastruktur** als Summe der gesellschaftlichen Normen, Einrichtungen und Verfahrensweisen wie: Rechtsordnung, Verwaltung, Eigentumsordnung, Berufsordnung etc.;
- die **materielle Infrastruktur** als Teil des Kapitalstocks einer Volkswirtschaft, der aus noch zu erörternden Gründen von der öffentlichen Hand bereitgestellt wird und insbesondere Vorleistungen für Produktion und Konsum erbringt, wie: Verkehrswesen, Kommunikationsnetze, Energieversorgung, Wasserversorgung, Bildungseinrichtungen usw.;
- die **personelle Infrastruktur,** die im wesentlichen die Qualifikation der Menschen beinhaltet, wie: Gesundheit, Ausbildungsstand, Leistungsmotivation usw.

Infrastrukturinvestitionen sind für das Wachstum einer Volkswirtschaft von grundlegender Bedeutung, da sie z. T. Voraussetzung, z. T. notwendige Begleiterscheinung des Wachstumsprozesses sind. Sollen z. B. an der schleswig-holsteinischen Westküste neue Produktionsanlagen entstehen, so müssen zuvor Verkehrswege, allgemeine Kommunikationsmöglichkeiten und Energieversorgung bereitgestellt werden. Zudem müssen gesunde und ausgebildete Arbeitskräfte vorhanden sein, und begleitend muß für den Bau von Krankenhäusern, Schulen und Kindergärten gesorgt werden.

4. Ansatzpunkte einer Wachstumspolitik

Nach den Ausführungen über die notwendigen Wachstumserfordernisse – Erhöhung des Kapitalstocks einschließlich Infrastruktur und technischer Fortschritt – erhebt sich die Frage, wie der Staat in einer marktwirtschaftlichen Ordnung Wachstum beeinflussen kann. Grundsätzlich fällt dem Staat dabei die Aufgabe zu

- im privaten Bereich ein wachstumskonformes Verhalten der Menschen zu fördern, und
- selbst die notwendige Infrastruktur zu errichten und durch Förderung von Wissenschaft und Forschung das technische Wissen voranzutreiben.

Stabilisierungspolitik

Wachstumsförderlich ist eine erfolgreiche Stabilisierungspolitik des Staates, die Inflation und Krisen verhindert. In der Krise werden ja Produktionsmöglichkeiten nicht genutzt und insbesondere die für das Wachstum notwendigen Erweiterungsinvestitionen eingeschränkt. Und in der Inflation besteht die Gefahr der Fehlsteuerung des Wirtschaftsprozesses (vgl. Kapitel 25, Abschnitt 4.3). Allgemein kann man sagen, daß eine stetige, von Investoren vorausschaubare Wirtschaftspolitik dazu beiträgt, Unsicherheiten und Reibungsverluste bei Anpassungsprozessen zu vermindern und damit wachstumsfördernd wirkt.

Es sollte an dieser Stelle indes angemerkt werden, daß diese Argumente nicht unumstritten sind, es gibt z. B. auch die Vorstellung von wachstumsförderlichen „Reinigungskrisen“, doch neigt offenbar die Mehrheit der Wirtschaftswissenschaftler dazu, eine stetige Politik für wachstumsfördernd zu halten.

Wettbewerbspolitik

Außerordentlich bedeutsam für den Wachstumsprozeß ist eine erfolgreiche Wettbewerbspolitik, insbesondere der Abbau von Marktzutrittsschranken, der die Unternehmen dauernd einem Konkurrenzkampf unterwirft, der Produkt- und Prozeßinnovation erzwingt und Strukturwandlungen der Wirtschaft beschleunigt. Weiterhin ist eine Politik wachstumsfördernd, die die Mobilität von Arbeit und Kapital erhöht, doch dürfen die negativen Aspekte einer erzwungenen Mobilität der Arbeitsbevölkerung nicht übersehen werden.

Wesentliche Vorbedingung einer erfolgreichen Wachstumspolitik ist schließlich eine Vermögenspolitik, die die Vermögenszuwächse gleichmäßig verteilt. Dies ist notwendig, damit Wachstum nicht allein zur „Vermögensbildung in Unternehmerhand" führt, was auch erhebliche Widerstände gegen wirtschaftliches Wachstum hervorrufen würde.

Vermögenspolitik

Ganz generell muß schließlich geprüft werden, inwieweit Beschränkungen der grundsätzlichen Freiheitsrechte, die eine Marktwirtschaft begründen, durch bürokratische Verordnungen notwendig sind. Zum einen werden verstärkt Vorschläge zur Öffnung von Märkten gemacht. Diese Vorschläge laufen darauf hinaus, den Wettbewerb in regulierten Märkten wiederherzustellen. So gibt es eine Fülle von regulierenden Vorschriften und Marktzutrittsschranken z. B. im Post- und Fernmeldebereich, im Verkehrssektor, im Energie- und Versorgungsbereich oder im Gesundheitswesen. Der Abbau von Regulierungsvorschriften – die sog. **Deregulierung** – soll dem dynamischen Wettbewerb mehr Spielraum verschaffen.

Abbau von Eingriffen in den Wettbewerb (Deregulierung)

Zum anderen werden Zonen **freier Wirtschaftsaktivität** (Freizonen) als Mittel zur Belebung der Investitionstätigkeit verstärkt diskutiert. Dabei geht es darum, Unternehmern und z. T. auch Arbeitnehmern in bestimmten Regionen zu erlauben, ihre Aktivitäten frei von bestimmten, sonst geltenden Vorschriften und Zugangsbarrieren zu entfalten. Z. B. ist der **Offshore-Markt** eine Zone freier Aktivität für Banken. Diese unterliegen dann nicht den nationalen Steuer-, Bankaufsichts- und Kreditregelungen. Beispiele sind Panama, die Cayman-Inseln oder Singapur. Analog dazu haben die USA und Japan auf eigenem Territorium Offshore-Zentren errichtet. Zu denken ist weiter an Produktions-, Export- oder Versicherungsfreizonen. Eine große Rolle spielen solche Freizonen indes nicht.

Freizonen zur Belebung der wirtschaftlichen Aktivität

Im Bereich seiner Produktion hat der Staat schließlich die Aufgabe, die notwendige Infrastruktur bereitzustellen und das Bildungswesen zu fördern. Infrastrukturinvestitionen können in der Regel nicht der privaten Unternehmerinitiative überlassen werden, weil

Bereitstellung der Infrastruktur durch den Staat

- die privatwirtschaftliche Rentabilität von Infrastrukturinvestitionen oft unsicher ist (z. B. Wasserstraßen);
- der oft gewaltige Kapitalbedarf von Privaten nicht aufgebracht werden kann (z. B. Eisenbahnverkehrsnetz);
- das private Einziehen von Gebühren oft mit großen Kosten verbunden wäre (z. B. Straßen);
- insbesondere im Bereich der institutionellen Infrastruktur (Rechtsordnung, Verwaltung ...) öffentliche Güter produziert werden, die unteilbar letztlich allen Mitgliedern der Gesellschaft zufließen; Nichtkäufer können mithin von ihrer Nutzung nicht ausgeschlossen werden;
- insbesondere im Bereich der personalen Infrastruktur Güter produziert werden, die wegen der sozialen Gerechtigkeit gratis oder unter

ihren Kosten abgegeben werden sollen (z. B. Bildung und Gesundheit).

Förderung des technischen Fortschritts

Spezielle Bedeutung gewinnt die „Produktion" des technischen Fortschritts, gerade für ein Land wie die Bundesrepublik, dessen Export von technisch hochwertigen Produkten getragen wird. Sieht man einmal davon ab, daß man technischen Fortschritt importieren kann (durch Patente, Lizenzen und „Know-how", das mit vielen Formen des Kapitalimports verbunden ist, man denke z.B. an das Volkswagenwerk in Brasilien), so ist davon auszugehen, daß der technische Fortschritt von den Aufwendungen für Forschung und Entwicklung (F & E) und dem Ausbau des Bildungswesens abhängt. Der technische Fortschritt erscheint dann in gewisser Weise gestaltbar, aber man muß zugeben, daß das Wissen um diese Zusammenhänge nicht sehr groß ist. Es gibt Untersuchungen, die zeigen, daß der Beitrag von Forschungs- und Bildungsinvestitionen für das wirtschaftliche Wachstum größer ist als der Beitrag von Investitionen in Sachkapital wie Maschinen und Anlagen. Generell wird heute die Vorteilhaftigkeit und Notwendigkeit einer staatlichen Forschungs- und Bildungspolitik anerkannt, insbesondere im Bereich der Grundlagenforschung und der allgemeinen Bildung.

Große Bedeutung von Forschungs- und Bildungsinvestitionen

Grundlagenforschung gehört zu den Gütern, die mit Hilfe öffentlicher Mittel bereitgestellt werden müssen, weil ihre Vorteile als öffentliche Güter letztlich allen Mitgliedern der Gesellschaft zufließen.

Unumstritten ist auch die Aufgabe des Staates, **Bildungspolitik** zu betreiben, also Ausbildungsstätten, Schulen, Universitäten usw. zu errichten und zu fördern. Das vermehrte Wissen der Bevölkerung wird dann in zweifacher Weise von Vorteil sein: Einmal ist jede Bildung ein Wert an sich und kann als ein Konsumgut betrachtet werden; zum anderen wird vermehrtes Wissen zur Förderung des technischen Fortschritts beitragen, ist also ein Investitionsgut mit erheblichen positiven externen Effekten. Damit steht die staatliche Bildungspolitik vor der Wahl, Bildung als wirtschaftliche Investition oder als Konsumgut mit Eigenwert zu fördern.

Bildung als Investitionsgut

Zum einen müßte man den Bedarf der Wirtschaft an beruflicher Bildung abschätzen und diesen Bedarf als Grundlage für den Ausbau des Bildungswesens heranziehen. Das Problem, daß man den Bedarf nur sehr ungenau und nicht langfristig im voraus ermitteln kann, wird im Ansatz dadurch zu lösen versucht, daß man die Flexibilität und Mobilität der Arbeitsbevölkerung (z. B. Arbeitsförderungsgesetz) zu erhöhen trachtet.

Bildung als Konsumgut

Der zweite mögliche Ansatz geht davon aus, den zweckgerichteten Charakter der Bildungspolitik durch eine an der individuellen Neigung orientierte Bildungspolitik zu ersetzen. Damit würde sich das Mischungsverhältnis zwischen Bildung als Berufsvorbildung und Bildung als Konsumgut verschieben. Man darf allerdings nicht übersehen, daß die Bildung als Konsumgut – so notwendig sie für eine sinnvolle Freizeitgestaltung auch sein mag – erhebliche gesellschaftliche Kosten verursachen wird.

5. Sonstige Vorbedingungen und Antriebskräfte des Wachstums

Welche geheimnisvollen Kräfte haben das Rad des Fortschritts im Europa des 18. Jahrhunderts in Gang gesetzt? Wir wollen hier nur zwei Punkte hervorheben, die die Bedeutung der Motivation von Investoren in Marktwirtschaften und die Sparfähigkeit der Bevölkerung betonen, und abschließend einige Punkte stichwortartig auflisten.

Motivation von Investoren und Sparfähigkeit

MAX WEBER (deutscher Sozialwissenschaftler, 1864–1920) argumentierte, daß die **calvinistische Ethik** („innerweltliche Askese"), die die Akkumulation von Reichtum mit göttlichem Gnadenerweis verband und zugleich den Konsum des erworbenen Reichtums verbot, den gewaltigen wirtschaftlichen Aufschwung hervorgerufen habe.

JOSEF ALOIS SCHUMPETER (1883–1950) hielt den dynamischen Pionierunternehmer in der Marktwirtschaft für den Motor der wirtschaftlichen Entwicklung. Pionierunternehmer führen bahnbrechende Neuerungen ein, neue Produkte bzw. neue Verfahren, oder erobern neue Märkte. Der Pionierunternehmer oder Bahnbrecher kommt zeitweilig in den Genuß eines Wettbewerbsvorteils gegenüber seinen Konkurrenten. Je höher nun seine Pioniergewinne sind, desto eher und zahlreicher werden Nachahmer angelockt, die den Bahnbrecher unterbieten (vgl. Kapitel 8, Abschnitte 2 und 3). In dynamischer Sicht besteht der Wettbewerb hier aus der Abfolge von Innovationen und Imitationen. (Große Innovationswellen waren etwa: Eisenbahnbau, Elektrifizierung, Automobilbau, Automation, Mikroelektronik, und jetzt Multimedia.) Es ist die Chance, für eine gewisse Zeit gute Gewinne machen zu können, die den Fortschritt fördert.

Der Pionierunternehmer als Motor der Entwicklung

Zusammenfassend kann man mit GIERSCH eine illustrative Liste von Vorbedingungen und Antriebskräften des Wachstums im Europa des 18. und 19. Jahrhunderts aufstellen.[2])

Vorbedingungen

- Ein funktionsfähiges Transportsystem bildete zusammen mit einer auf Rechtssicherheit bedachten Privatrechtsordnung die Grundlage für eine zunehmende Arbeitsteilung und die räumliche Integration der Märkte.
- Ein entwickeltes Kreditsystem ermöglichte finanziell das Entstehen und Wachsen leistungsstarker Unternehmen.
- Ein ausreichendes Angebot an geeigneten Arbeitskräften war Vorbedingung für den produktiven Einsatz von Kapital in mechanisierten Produktionsprozessen.
- Ein aufgeklärtes Bürgertum mit Leistungsbewußtsein und Sinn für technischen Fortschritt sorgte für ein hinreichendes Angebot an Unternehmerinitiative.

---

2) H. GIERSCH, Konjunktur- und Wachstumspolitik, Wiesbaden 1977, S. 17 f.

Antriebskräfte

- die protestantische, speziell die calvinistische Ethik,
- der Erwerb von Fähigkeiten im Zuge der Spezialisierung durch Arbeitsteilung,
- die Zuwanderung ethnischer und religiöser Minderheiten,
- die Verminderung übermäßigen Bevölkerungsdrucks durch Auswanderung nach Übersee,
- die Erhöhung der sozialen Mobilität und der Wettbewerbsintensität durch Demokratisierung und Liberalisierung,
- die wirtschaftliche Anwendung und die Ausweitung des technischen Wissens und
- die Erschließung neuer Absatz- und Beschaffungsmärkte.

6. Kosten des Wachstums

6.1 Opportunitätskosten des Wachstums in Form entgangenen Gegenwartskonsums

Wachstum durch Konsumverzicht

Wachstum erfordert – wie bereits herausgestellt wurde – private und öffentliche Investitionen. Will man aus einem gegebenen Sozialprodukt mehr investieren, so müssen die nichtinvestiven Komponenten der gesamtwirtschaftlichen Nachfrage der gleichen Periode entsprechend reduziert werden: Es muß gespart werden. (Der Leser denke an die volkswirtschaftliche Transformationskurve, Kapitel 1, Abschnitt 1.2.) Wenn man also heute z.B. auf möglichen Konsum verzichtet, also spart, und mehr investiert, wird man das Produktionspotential für die Zukunft erhöhen und damit einen höheren Konsum in der Zukunft ermöglichen. Abbildung 28.2 zeigt diese Wahlmöglichkeit. Zwei Volkswirtschaften realisieren bei gleicher Ausgangsposition Y_0 unterschiedliche Wachstumsraten; dabei ist die Investitionsquote für die zukunftsorientierte Gesellschaft II („Japan") höher als für die gegenwartsorientierte Gesellschaft I („Marokko").

Konflikt zwischen Gegenwarts- und Zukunftskonsum

Jede Gesellschaft hat also zu entscheiden, ob sie einen höheren Gegenwartskonsum oder einen höheren Konsum in der Zukunft vorzieht. Letztlich ist dies ein Problem der Aufteilung der Lasten innerhalb einer Generation und zwischen den Generationen. Eine Gesellschaft, die heute notwendige Wachstumsinvestitionen unterläßt, beschneidet damit die Konsummöglichkeiten ihrer Nachfolger. Wenn die Bundesregierung im Interesse der Stabilität notwendige Infrastrukturinvestitionen (z. B. im Verkehrswesen, im Bildungsbereich) verschiebt, und wenn sie auf der anderen Seite im Zuge einer geplanten Steuerreform etwa aus verteilungspolitischen Gründen auf Staatseinnahmen verzichten will, so kann dies zu einer Anhebung des Gegenwartskonsums auf Kosten der Investitionen führen.

Im Prinzip fordert man, daß der entgangene Nutzen aus dem Verzicht auf Gegenwartskonsum durch den zusätzlichen Nutzen aus dem höheren

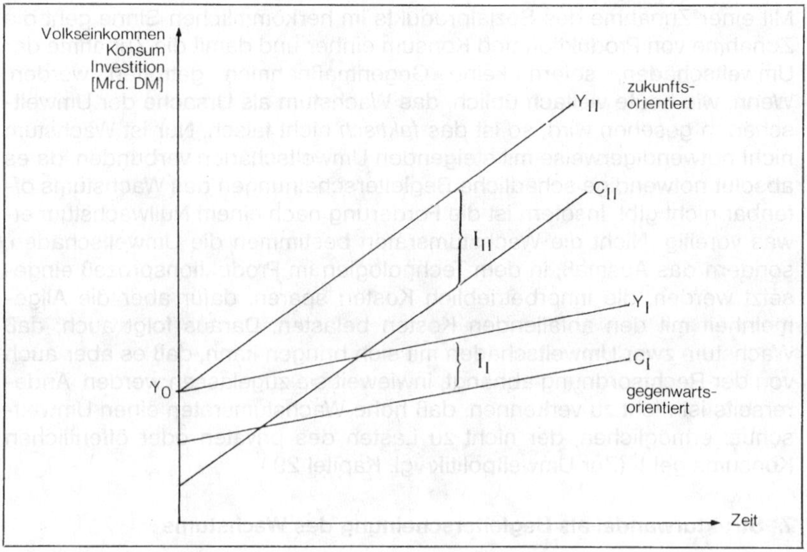

Abb. 28.2: Unterschiedliches Wachstum bei unterschiedlicher Investitionsquote

Zukunftskonsum gerade aufgewogen wird **(optimales Wachstum).** Das richtige „Mischungsverhältnis" zu finden, erweist sich praktisch als unmöglich. Man sieht hieran jedoch, daß jedenfalls maximales Wachstum nicht das Ziel einer vernünftigen Wirtschaftspolitik sein kann.

Optimales Wachstum

6.2 Umweltschäden

Der Katalog der Belastungen der Umwelt ist im Zuge der wirtschaftlichen Entwicklung ständig größer geworden. Er enthält im wesentlichen folgende Schäden:

- Verschlechterung der Qualität von Luft, Wasser und Boden,
- Beeinträchtigung der Landschaft und der Pflanzen- und Tierwelt,
- Ausbeutung der Bodenschätze,
- Gesundheitsschäden und Lärm.

Es ist überaus schwierig, annähernd das Ausmaß der Umweltschäden zu quantifizieren. Einmal lassen sich Umweltschäden konzeptionell oft nur schwer in Geld bewerten, andererseits befindet sich die Schadensforschung und Schadensbewertung in der Bundesrepublik noch sehr am Anfang. Es gibt eine vielzitierte Schätzung der OECD aus dem Jahre 1979, nach der sich die Gesamtschäden durch Luftverschmutzung allein in den Mitgliedsländern der OECD auf 3–5% des Bruttosozialprodukts belaufen.

Wachstum ist nicht notwendigerweise mit Umweltschäden verbunden

Mit einer Zunahme des Sozialprodukts im herkömmlichen Sinne geht die Zunahme von Produktion und Konsum einher und damit die Zunahme der Umweltschäden, sofern keine Gegenmaßnahmen getroffen werden. Wenn, wie heute vielfach üblich, das Wachstum als Ursache der Umweltschäden gesehen wird, so ist das *faktisch* nicht falsch. Nur ist Wachstum nicht notwendigerweise mit steigenden Umweltschäden verbunden, da es absolut notwendige schädliche Begleiterscheinungen des Wachstums offenbar nicht gibt. Insofern ist die Forderung nach einem Nullwachstum etwas voreilig: Nicht die Wachstumsraten bestimmen die Umweltschäden, sondern das Ausmaß, in dem Technologien im Produktionsprozeß eingesetzt werden, die innerbetrieblich Kosten sparen, dafür aber die Allgemeinheit mit den anfallenden Kosten belasten. Daraus folgt auch, daß Wachstum zwar Umweltschäden mit sich bringen kann, daß es aber auch von der Rechtsordnung abhängt, inwieweit sie zugelassen werden. Andererseits ist nicht zu verkennen, daß hohe Wachstumsraten einen Umweltschutz ermöglichen, der nicht zu Lasten des privaten oder öffentlichen Konsums geht. (Zur Umweltpolitik vgl. Kapitel 29.)

Hohe Wachstumsraten ermöglichen Umweltschutzmaßnahmen

7. Strukturwandel als Begleiterscheinung des Wachstums

Wirtschaftliches Wachstum ist mit **Strukturänderungen** verbunden. Dabei kann man die Strukturänderungen fast beliebig vieler Größen betrachten, denn die meisten Größen lassen sich in Einzelbestandteile zerlegen, deren Anteile an der Gesamtgröße einer Veränderung unterliegen, z. B. Einkommensstruktur, Bevölkerungsstruktur, Struktur der Staatsausgaben usw. Wir beschränken uns auf die Produktionsstruktur und die Preisstruktur.

Wandel der Produktionsstruktur

Betrachten wir zunächst den Wandel der **Produktionsstruktur.** Darunter versteht man den Produktionsanteil der Sektoren oder Branchen am Sozialprodukt. Man kann beobachten, daß die Produktionsanteile von Landwirtschaft und Rohstoffproduktion im Wachstumsprozeß laufend abnehmen, während der Anteil der Dienstleistungen kontinuierlich zunimmt. Der Anteil der Industrieproduktion steigt in weniger entwickelten Gesellschaften im Zuge des Wachstums an, beginnt aber bei einer hohen industriellen Entwicklungsstufe wieder abzunehmen.

Oft wandeln sich die Strukturen, wenn die wirtschaftlichen Aktivitäten auf Hindernisse, auf Beschränkungen stoßen. Wenn Arbeit knapp und teuer ist, wird rationalisiert. Wenn Boden knapp ist, werden Hochhäuser gebaut, wenn die Nachfrage knapp ist (zurückgeht), muß sich das Angebot ändern usw.

Bisher sind die Hauptursachen des Wandels der Produktionsstruktur in der unterschiedlichen Entwicklung der Nachfrage zu sehen.

Mit steigendem Einkommen steigt die Nachfrage nach Gütern und Dienstleistungen nicht gleichmäßig (vgl. Kapitel 4, Abschnitt 4.3). So sinkt mit steigendem Einkommen der Anteil der Ausgaben für Nahrungsmittel, insbesondere Grundnahrungsmittel (Kartoffeln, Brot usw.), und es steigt der Anteil der Ausgaben für hochwertige Konsumgüter. Plastisch wird dies durch die Nachfragewellen, die in der Bundesrepublik seit 1948 zu beobachten waren, zum Ausdruck gebracht: Freßwelle, Bekleidungswelle, Wohnungswelle, Autowelle, Reisewelle und Freizeitwelle.

Unterschiedliche Einkommenselastizitäten der Nachfrage

Auch Veränderungen der Preisrelationen bewirken eine Verschiebung der Nachfragestruktur. So wurde lange Zeit die Steinkohle durch das billigere Erdöl verdrängt oder inländische Textilien durch billige ausländische ersetzt. Da sich auf lange Sicht die Produktion an der Nachfrage ausrichten muß – es werden keine Güter produziert, für die keine Nachfrage besteht, für die keine Nachfrage geschaffen wird oder für deren Befriedigung andere Güter, die niedrigere Preise haben, zur Verfügung stehen –, bestimmt die Veränderung der Nachfrage die Wandlung der Produktionsstruktur.

Veränderung der Preisrelation

Mit dem Wandel der Produktionsstruktur entsteht ein schwieriges Entscheidungsproblem:

Ein absoluter oder auch nur relativer Rückgang der Produktion einer Branche oder einer Region bedeutet soziale Härten für die dort Beschäftigten. Ein Teil verliert den Arbeitsplatz oder muß mit relativ niedrigeren Löhnen vorlieb nehmen. Daraus ergibt sich oft die Notwendigkeit, den erlernten Beruf zu wechseln und/oder die sozialen Bindungen an den bisherigen Heimatort aufzugeben.

Problem des Wandels der Produktionsstruktur

Wird indes die überkommene Wirtschaftsstruktur durch staatliche Hilfe konserviert (etwa durch Erhaltungssubventionen – im Gegensatz zu den – in Abhängigkeit von der jeweiligen Zielsetzung – ggf. sinnvolleren Anpassungssubventionen), so bedeutet dies ein Hemmen des Wirtschaftswachstums und eine erhöhte steuerliche Belastung der Allgemeinheit.

Die **Preisstruktur** – also die Preisrelationen zwischen verschiedenen Sektoren – wird langfristig durch die unterschiedlichen Möglichkeiten, durch Einsatz von Kapital und technischem Wissen die Arbeitsproduktivität zu erhöhen, verändert. Dabei gilt die unterschiedliche Entwicklung der Arbeitsproduktivität als Kriterium für die klassische Dreiteilung der Wirtschaft (vgl. auch Kapitel 10, Abschnitt 2.1) in den

Wandel der Preisstruktur

- primären Sektor,
- sekundären Sektor,
- tertiären Sektor.

Der primäre Sektor ist gekennzeichnet durch mittelmäßige Produktivitätsfortschritte; im wesentlichen ist hier zur Zeit der Sektor Landwirtschaft zu finden.

Der sekundäre Sektor umfaßt Wirtschaftsbereiche mit großen Produktivitätsfortschritten; praktisch den industriellen Bereich.

Unterschiedliche Entwicklung der Arbeitsproduktivität in den Sektoren

Im tertiären Sektor findet man die Bereiche mit relativ geringen oder gar keinen Produktivitätssteigerungen. Er umfaßt bisher den Dienstleistungsbereich einschließlich staatlicher Dienstleistungen (Handel, Verwaltung, Ausbildung, freie Berufe, einige Handwerksbetriebe). Die Herstellung dieser Dienstleistungen kann man, jedenfalls nach bisherigen Erfahrungen, nicht in dem Maße mechanisieren wie etwa die industrielle Produktion. So ist eine Produktivitätssteigerung eines Richters, eines Friseurs, eines Lehrers oder eines Kellners durch Mehreinsatz von Maschinen schwer vorstellbar. Durch den Einsatz neuer Technologien (z. B. elektronische Datenverarbeitung) und wahrscheinlich auch durch die hohe Arbeitslosigkeit hat sich aber in den letzten Jahrzehnten gerade im tertiären Sektor ein gewaltiger Schub nach vorne ergeben: Mit fast 50 % der Bruttowertschöpfung in Deutschland ist der tertiäre Sektor zum bedeutendsten Bereich der Volkswirtschaft aufgestiegen **(Tertialisierung),** und dieser Prozeß wird sich mit großer Wahrscheinlichkeit auch aufgrund der Globalisierung der Märkte weiter fortsetzen.

Trend zur Dienstleistungsgesellschaft

Tab. 28.2 zeigt sehr deutlich den Trend zur Dienstleistungsgesellschaft. Der Dienstleistungssektor trägt einen immer größer werdenden Anteil zum Wirtschaftswachstum bei. 1989 betrug der Anteil der Dienstleistungen an der Bruttowertschöpfung bereits 58,3 %, nach 49,1 % im Jahre 1970.

Tab. 28.2: Bruttowertschöpfung in der Bundesrepublik Deutschland

Jahr	Bruttowertschöpfung in Mrd. DM	Anteile in % an der Bruttowertschöpfung		
		primärer Sektor	sekundärer Sektor	tertiärer Sektor
1960	930,25	2,3	47,9	35,0
1970	1427,49	1,7	49,2	35,3
1980	1864,01	1,5	44,5	39,4
1990	2332,88	1,5	39,7	45,3
1991	2639,74	1,3	39,3	46,2
1996	2826,72	1,5	35,1	49,8

Bruttowertschöpfung in Mrd. DM in Preisen von 1991; Summe der Anteile der Sektoren an der Bruttowertschöpfung ergibt den Anteil der Unternehmen insgesamt an der Bruttowertschöpfung – deshalb Variationen von 100 % die Regel.

Quelle: Statistisches Bundesamt, Fachserie 18, Reihe 1.3, 1996

8. Theorien über die langfristige Entwicklung

Schon immer scheint die Menschheit der Alptraum eines drohenden Weltuntergangs oder zumindest die Vorstellung von einem Ende des Wachstums geplagt zu haben, wie folgender kurzer Überblick über die wichtigsten langfristigen Entwicklungsprognosen zeigt.

8.1 Ertragsgesetz

Nach dem Ertragsgesetz müssen die Ertragszuwächse abnehmen, wenn ein Produktionsfaktor bei Konstanz der übrigen Faktoren laufend zunimmt (vgl. Kapitel 5). Da – so die klassische Auffassung – die Bevölkerung wächst, der Boden aber konstant bleibt, wird das zusätzliche Produkt, das eine wachsende Bevölkerung erstellen kann, immer kleiner, weil eben immer mehr Menschen die gleiche Bodenfläche bebauen. Schließlich wird das Grenzprodukt so klein, daß zusätzliche Menschen nicht mehr ernährt werden können: Das Wachstum der Bevölkerung findet dann seine Grenze in der beschränkten Nahrungsmittelproduktion. Eine weitere Entwicklung wäre dann nicht mehr möglich, die Menschheit erreichte den sogenannten **stationären Zustand.**

Stagnation

Ähnliche Überlegungen lassen sich auf den Produktionsfaktor Kapital übertragen. Kapital wird – bei heute im wesentlichen konstanter Bevölkerungszahl und bei konstantem Einsatz des Produktionsfaktors Boden – vermehrt eingesetzt. Bei Gültigkeit des Ertragsgesetzes führt dies zu abnehmenden Grenzerträgen des Kapitals, bis sich schließlich im Endzustand Investitionen nicht mehr lohnen. Auch dies mündet dann in einen stationären Zustand. Dabei wird keineswegs ein solcher stationärer Zustand generell als Übel gesehen, einem Stillstand können auch positive Seiten zugeschrieben werden („Das Rad des Ixion steht still", SCHOPENHAUER).

8.2 Natürliche Grenzen des Wachstums

Das 1972 erschienene Buch „Die Grenzen des Wachstums"[3]) löste eine weltweite Wachstums- und Umweltdiskussion aus. Zentrale Gedanken der Studie sind:

(a) die Vorstellung vom „Raumschiff Erde" mit einer Reihe natürlicher Wachstumsgrenzen:

Raumschiff Erde

- begrenzter Lebensraum für eine wachsende Bevölkerung,
- begrenzte Rohstoffreserven,
- begrenzte Absorption von Umweltschäden;

(b) die Vorstellung von einem exponentiellen (zunehmenden) Wachstum der entscheidenden Größen des Systems wie Bevölkerung, Umweltverschmutzung und Rohstoffverbrauch, die mit zunehmender Geschwindigkeit ihre Grenzen erreichen.

Zunehmendes Wachstum

Die 1980 erschienene und ebenfalls stark diskutierte Studie „Global 2000"[4]) kommt in wesentlichen Punkten zu ähnlichen Prognosen. Wir stützen uns im folgenden auf beide Berichte, die immer noch aktuell sind.

3) MEADOWS, D. u. a.; Die Grenzen des Wachstums. Bericht des Club of Rome zur Lage der Menschheit, Stuttgart 1972.
4) GLOBAL 2000. Der Bericht an den Präsidenten, Frankfurt/M. 1980.

Wachstumsgrenze Nahrungsmittelproduktion und Lebensraum

Die Einwohnerzahl der Erde hat 5,5 Mrd. überschritten. Sie wächst gegenwärtig mit etwa 1,7 % pro Jahr, verdoppelt sich also alle 40 Jahre. Um nur das derzeitige Pro-Kopf-Einkommen aufrechtzuerhalten, müssen in jeder Generation die Produktion und die gesamte Infrastruktur um 100 % zunehmen. Wächst die Bevölkerung weiterhin mit 1,7 % pro Jahr, dann entfällt in 500 Jahren auf jeden Quadratmeter Boden ein Bewohner. Es ist eine Binsenweisheit, daß die Zahl der Menschen, die auf dem Raumschiff Erde Platz haben, beschränkt ist. Wie groß aber die mögliche Bevölkerungszahl ist, bleibt ungewiß. Die Studie „Global 2000" geht davon aus, daß gegen Ende des 21. Jahrhunderts die Weltbevölkerung mit 30 Mrd. Menschen die äußerste Grenze der Belastbarkeit der Erde erreicht. Dabei erscheint es unsicher, ob die notwendige Steigerung der Nahrungsmittelproduktion angesichts der benötigten Menge an künstlichem Dünger, der beschleunigten Bodenerosion und dem Verlust an natürlicher Bodenfruchtbarkeit erreicht werden kann.

Wachstumsgrenze Rohstoffreserven

Wird der Verbrauch von Rohstoffen in Zukunft mit der gleichen Rate wachsen wie bisher, dann werden die wichtigsten, nicht erneuerbaren Rohstoffe in kurzer Zeit verbraucht sein. Die Berechnungen des „Club of Rome" zeigen, daß, ausgehend von den heute bekannten Rohstoffreserven, sehr viele Rohstoffe innerhalb der nächsten 30 Jahre verbraucht sein werden (u. a. Aluminium, Kupfer, Gold, Blei, Erdöl, Silber, Zinn, Zink). Ähnliche Berechnungen werden in der Studie „Global 2000" angestellt.

Nach Ansicht vieler Wissenschaftler sind diese Perspektiven jedoch zu pessimistisch:

Die vorhandenen Reserven sind unbekannt. Auch optimistische Schätzungen haben sich nach kurzer Zeit schon oft als pessimistisch erwiesen. So wird z. B. immer wieder auf die Möglichkeit einer Rohstoffgewinnung aus dem Meer hingewiesen.

Auf der Nachfrageseite ist zu überlegen, ob der Verbrauch von Rohstoffen in Zukunft mit der gleichen Rate wächst. Der Preismechanismus kann durch steigende Preise bei Rohstoffknappheit für Substitution knapper Rohstoffe sorgen (Erdöl durch Nuklearenergie oder Sonnenenergie), er kann zu einem sparsamen Verbrauch führen und die Wiederverwendung von Rohstoffen **(„recycling")** lohnend machen. Schließlich werden mit steigenden Preisen immer schwierigere Abbaumethoden rentabel (z. B. Schieferöl in den USA).

Außerdem ist darauf hinzuweisen, daß das Wachstum in Zukunft zunehmend von der Expansion des tertiären Sektors getragen sein wird, der relativ wenig Rohstoffe verbraucht.

Wachstumsgrenze Umweltverschmutzung

Die Wachstumsgrenze Umweltverschmutzung ist ebenfalls nicht bekannt. Man weiß nicht, welche Schadstoffmengen man der Umwelt aufladen kann, ohne daß das ökologische Gleichgewicht der Umwelt schwer geschädigt wird. Es ist unbekannt, wieviel Kohlendioxyd oder Abwärme man freisetzen kann, ohne daß sich das Klima der Erde unwiderruflich verändert, oder wieviel Radioaktivität, wieviel Schwefel- und Stickoxyde oder Schädlingsbekämpfungsmittel Pflanzen, Tiere und Menschen aufnehmen können, ohne daß die Lebensprozesse unwiderruflich zerstört werden. „Global 2000" führt aus: „Die vielleicht schwerwiegendste Umweltentwicklung wird in der zunehmenden Verschlechterung und dem Verlust von für die Landwirtschaft wesentlichen Ressourcen bestehen. Zu dieser Gesamtentwicklung gehören: Bodenerosion, Nährstoffverlust und Verdichtung der Böden; zunehmende Versalzung sowohl von künstlich bewässerten Böden als auch des für die Bewässerung verwendeten Wassers; Verlust von hochwertigem Ackerland aufgrund der Stadtausdehnung; Ernteschäden aufgrund zunehmender Luft- und Wasserknappheiten ..." (Global 2000, S. 77 ff.).

Die Hauptprobleme

8.3 SCHUMPETERS These von der „Stagnation der kapitalistischen Entwicklung"

Schließlich gibt es eine Reihe von psychologisch argumentierenden Stagnationstheorien, von denen wir uns SCHUMPETERS These herausgreifen wollen.

Der Pionierunternehmer stirbt aus

Der Unternehmer als Eigentümer, der Pionierunternehmer, verliert seine Funktion als Wegbereiter des Fortschritts. An seine Stelle tritt der Unternehmer als bezahlter Angestellter (Manager), der nicht mehr den Pioniergeist der frühen Unternehmer-Eigentümer aufweist. Der technische Fortschritt wird zunehmend organisiert und entpersonalisiert und verliert damit einen Teil seiner Dynamik.

Auch das Eigentum verliert seine Funktion als Leistungsanreiz; das Eigentum wird gestückelt und in Aktien und Anteilsscheinen dematerialisiert, der Eigentümer der Aktien weist nicht mehr den Kampfeswillen und Verantwortungsgeist auf wie sein Vorgänger im 19. Jahrhundert. SCHUMPETER glaubt also, daß die Entwicklung zum Managertum und gestückelten Großkapital die Antriebskräfte des Unternehmertums erlahmen läßt.

Ohne alle Entwicklungsprognosen und Stagnationstheorien im einzelnen kritisch zu würdigen, muß darauf hingewiesen werden, daß ein Großteil der Theorien weder die Rolle des technischen Fortschritts noch die bei auftretenden Wachstumshindernissen sich in der Regel ergebenden Strukturwandlungen berücksichtigt.

C. Arbeitsaufgaben

1) *Erklären Sie folgende Begriffe:*
   - *extensives bzw. intensives Wachstum*
   - *reales Wachstum*
   - *Infrastruktur*
   - *primärer, sekundärer, tertiärer Sektor.*
2) *Diskutieren Sie das Wachstumsziel (erörtern Sie mögliche Vor- und Nachteile).*
3) *Inwiefern sind Infrastrukturinvestitionen für das Wachstum bedeutsam, und warum muß der Staat diese Investitionen durchführen?*
4) *Geben Sie Beispiele für die Bedeutung des technischen Fortschritts für das Wachstum von Volkswirtschaften.*
5) *Welche Bedeutung hat Bildung für das Wachstum einer Volkswirtschaft wie die der Bundesrepublik Deutschland?*
6) *Warum ist der Wachstumsprozeß durch gleichzeitigen Strukturwandel gekennzeichnet? Welcher Art ist dieser Strukturwandel?*
7) *Inwiefern kann man Wachstum als ein Verteilungsproblem zwischen Generationen interpretieren?*
8) *Wie kann der Staat das Wachstum fördern?*
9) *Skizzieren Sie die Grundgedanken der Studie „Grenzen des Wachstums".*
10) *Welche Vorbedingungen und Antriebskräfte haben zum Wachstum im vorigen Jahrhundert beigetragen? Sind diese Faktoren heute noch von Bedeutung?*

Lösungsvorschläge für die Arbeitsaufgaben im „Übungsbuch zu Grundlagen und Probleme der Volkswirtschaft".

D. Literatur

Für eine erste Information sind zwei Aufsätze in

PREISER, Erich, Wirtschaftspolitik heute. Grundprobleme der Marktwirtschaft, 2. Aufl. München 1969, Kap. III (Investitionen und wirtschaftliches Wachstum. Wirtschaftliches Wachstum als Fetisch und Notwendigkeit.)

immer noch nützlich.

Einen Überblick verschaffen

HARDES, Heinz-Dieter, RAHMEYER, Fritz, SCHMID, Alfons, Volkswirtschaftslehre, eine problemorientierte Einführung, 18. überarb. Aufl., 1993, 3. Kapitel

HENRICHSMEYER, Wilhelm, GANS, Oskar, EVERS, Ingo, Einführung in die Volkswirtschaftslehre, 10., verb. Aufl., Stuttgart 1993, Kapitel 10

SIEBERT, Horst, Einführung in die Volkswirtschaftslehre, 12. Auflage, Stuttgart u. a. 1996, Kapitel 23

WOLL, Artur, Allgemeine Volkswirtschaftslehre, 12. Auflage, München 1996, Kapitel 16.

Ausführlicher informieren

TEICHMANN, Ulrich, Wachstumspolitik, München 1987

FREY, René L., Wachstumspolitik, Grundwissen Ökonomik, Stuttgart 1979

GIERSCH, Herbert, Konjunktur- und Wachstumspolitik in der offenen Wirtschaft, Allgemeine Wirtschaftspolitik, 2. Bd., Wiesbaden 1977, 8. Kapitel

KROMPHARDT, Jürgen, Wachstum und Konjunktur, 3. Auflage, Göttingen 1993.

Besonders kritisch mit klassischen und neoklassischen Lehrmeinungen setzen sich

ROBINSON, Joan, EATWELL, John, Einführung in die Volkswirtschaftslehre, München 1974 (Buch 2: Kapitel 4, 6 und 9; Buch 3: Kapitel 1, Abschnitt 4)

auseinander.

Eine umfassende Kritik am Industrialismus üben

STRASSER, Johano, TRAUBE, Klaus, Die Zukunft des Fortschritts, 2. Aufl., Bonn 1981.

Die Studie von

MEADOWS, Dennis, u. a., Die Grenzen des Wachstums. Bericht des Club of Rome zur Lage der Menschheit, Stuttgart 1972 (16. Auflage 1994)

löste eine intensive Diskussion über das wirtschaftliche Wachstum aus.

Die Diskussion wurde fortgesetzt vor allem in der Studie

Global 2000. Der Bericht an den Präsidenten. Deutsche Ausgabe Frankfurt 1980, Original USA.

Einen Überblick über die Komplexe der Wachstumstheorie vermittelt

WOLF, Holger C., Wachstumstheorien im Widerstreit. Konvergenz oder Divergenz, in: Wirtschaftswissenschaftliches Studium (WiSt), 23. Jg. (1994), S. 187–193.

29. Kapitel
Ziele und Instrumente der Umweltpolitik

A. Lernzielorientierte Leitfragen und Fragenkomplexe

Leitfrage:
Was ist Umwelt, und warum ist die Umwelt bedroht?

- *Ist die Umwelt ein öffentliches Gut?*
- *Was sind externe Effekte?*
- *Sind Ökologie und Wachstum Gegensätze?*
- *Warum sind Umweltprobleme eine internationale Angelegenheit?*

Leitfrage:
Wie kann Umweltschutz praktiziert werden?

- *Welche umweltpolitischen Ziele werden verfolgt?*
- *Welche umweltpolitischen Prinzipien gibt es?*
- *Welche umweltpolitischen Instrumente werden eingesetzt?*
- *Was sind Umweltabgaben, Umweltauflagen, Umweltlizenzen?*
- *Welche Bestandteile umfaßt die staatliche Umweltpolitik?*

B. Sachanalyse

1. Einführung

Traditionell wurden in der Volkswirtschaftslehre die drei Produktionsfaktoren Arbeit, Kapital und Boden unterschieden. Natur und Umwelt spielten keine Rolle, sie waren einmal **„freie Güter“,** für die kein Preis gezahlt werden mußte, da sie im Überfluß vorhanden waren. Dies hat sich im Laufe der wirtschaftlichen Entwicklung bis heute grundlegend geändert. Natur und Umwelt gehören zu den **„knappen“ Gütern,** die im Produktions- und Konsumprozeß verbraucht werden. Und dennoch: Es ist bisher nicht gelungen, für ihre Inanspruchnahme ein angemessenes, umfassendes Preissystem zu entwickeln und politisch durchzusetzen. Für das Überle-

Umwelt ist heute ein knappes Gut

ben der Menschheit bleibt allerdings nicht mehr viel Zeit, die Probleme des wachsenden Umweltverbrauchs zu lösen.

Der **Begriff Umwelt** wird in der öffentlichen und politischen Diskussion nicht immer einheitlich verwendet. Wir halten die vom RAT VON SACHVERSTÄNDIGEN FÜR UMWELTFRAGEN vorgeschlagene Definition für zweckmäßig:

„Unter Umwelt (wird) der Komplex der Beziehungen einer Lebenseinheit zu ihrer spezifischen Umgebung verstanden. Umwelt ist stets auf Lebewesen oder - allgemeiner gesagt – biologische Systeme bezogen und kann nicht unabhängig von diesen existieren oder verwendet werden. Geht man vom Lebewesen (meistens dem Menschen) aus, so steht eine räumlich-strukturelle Betrachtung im Vordergrund. Dazu wird in der Regel das Gesamtsystem Umwelt in Teilsysteme, die Ökosysteme, untergliedert. Der Ort eines bestimmten, räumlich fixierten Ökosystems heißt Ökotop." (Umweltgutachten 1987, S. 15)

Funktionen der Umwelt

Diese recht umfassende Definition wird operationaler, wenn man die Umwelt als natürliche Ressource erfaßt, die umfangreiche Nutzungen in verschiedener Form zuläßt:

- **Umwelt als Konsumgut.** Die Umwelt versorgt die Menschen mit lebenswichtigen Gütern wie Luft und Wasser und bietet Erholung und Freizeitaktivitäten.
- **Umwelt als Produktionsfaktor.** Die Umwelt liefert Rohstoffe, die als Input in den Produktionsprozeß eingehen, wie Wasser, Bodenschätze oder Energie, und sie umfaßt den Boden als Produktionsfläche.
- **Umwelt als Aufnahmemedium für Schadstoffe.** Schadstoffe wie Abwässer, Müll, Strahlungen oder Disprodukte, wie Lärm und Überhitzungen, werden von der Umwelt aufgenommen und zum Teil absorbiert.

Bei diesen Umweltgütern versagt der Preismechanismus, der grundsätzlich die optimale Allokation knapper Ressourcen gewährleistet, weil Umweltgüter per se keinen Preis haben. Daher bedarf es des Umweltschutzes und der Umweltpolitik. Diese Aspekte sollen im folgenden näher beleuchtet werden, wobei zunächst auf die Ursachen und Kosten der Umweltbelastungen, dann auf umweltpolitischen Ziele und Prinzipien sowie auf umweltpolitische Instrumente eingegangen werden soll.

2. Ursachen für Umweltbelastungen

Warum kommt es zu einer Überbelastung der Umwelt? Es können im wesentlichen zwei Kategorien von Ursachen ausgemacht werden:
- Entwicklungsbedingte Ursachen und
- sozio-ökonomische Ursachen.

2.1 Entwicklungsbedingte Ursachen

Bei den entwicklungsbedingten Ursachen ist das **Bevölkerungswachstum** von entscheidender Bedeutung. Im Jahre 1950 betrug die Weltbevölkerung 2 Milliarden, 1994 hatte sie sich auf 5,5 Milliarden erhöht. Zur Jahrtausendwende wird sie bereits mehr als 7 Milliarden betragen. Nach dem US-Bericht Global 2000 ist für das Jahr 2030 mit einer Erdbevölkerung von etwa 10 Milliarden zu rechnen. Es ist einleuchtend, daß sich aus dieser Entwicklung erhebliche Umweltprobleme ergeben. Denn zum einen muß die Nahrungsmittelproduktion durch intensive Bodennutzung sowie eine Ausdehnung der Anbaufläche erhöht werden. Gefahren wie Erosion, Verkarstung, Versalzung, Zunahme von Düngemitteln und der Einsatz von Schädlingsbekämpfungsmitteln sind die Folge. Mit der steigenden Produktion von landwirtschaftlichen Erzeugnissen – aber auch von industriellen Fertigwaren – geht ein steigender Energieverbrauch einher. Und schließlich entstehen auch mehr Abfälle und Schadstoffe, deren ordnungsgemäße Entsorgung immer schwieriger wird.

Bevölkerungswachstum führt zu intensiverer Bodennutzung

Mit dem Bevölkerungswachstum eng verknüpft ist das Problem der **Zunahme von städtischen Ballungszentren.** In Entwicklungsländern konnte die Landflucht bisher nicht erfolgreich eingedämmt werden. Durch räumliche Zusammenballung der Bevölkerung werden die **Umweltmedien** (Luft, Wasser, Boden) immer stärker beansprucht – weitere Umweltbelastungen und -gefährdungen sind die Folge.

Wenn auch das Wirtschaftswachstum nicht notwendig Umwelt verbraucht, so hat doch faktisch das **Wirtschaftswachstum** zu erheblichen Umweltbelastungen beigetragen. Dies gilt sowohl für den primären Sektor (im landwirtschaftlichen Bereich wurde das natürliche Ökosystem massiv verändert: Errichtung von Monokulturen; Einsatz von Schädlingsbekämpfungsmitteln, die in die Nahrungskette gelangen; Einsatz von Düngemitteln mit negativen Folgen für die Gewässerqualität usw.), den sekundären Sektor (hoher Energieverbrauch; Abbau natürlicher – nicht ersetzbarer – Rohstoffe; Folgeerscheinungen durch Industrieanlagen und Straßen wie Lärm- und Schadstoffbelastung; Industrieabfälle, Abgase und Abwässer usw.), aber auch für den tertiären Sektor (steigender Energieverbrauch von Dienstleistungsunternehmen; Folgen der sog. „weißen Industrie", des Tourismus, wobei z. B. an Veränderungen des Ökosystems der Alpen zu denken ist). Das Wachstum wurde getragen durch **technischen Wandel**, der sich durch Änderungen der Produktionsprozesse und in den Konsumgewohnheiten negativ auf die Umwelt ausgewirkt hat. Als Beispiele seien hier nur genannt: die Verwendung von Phosphaten in Waschmitteln, von Stickstoffdünger in der landwirtschaftlichen Produktion, von Einwegflaschen und Verpackungsmaterialien beim Konsum. Es scheint aber nicht ausgeschlossen, daß ein gestiegenes Umweltbewußtsein Tendenzen zu einer Umkehr dieser umweltbeeinträchtigenden Entwicklung erkennen läßt.

Wirtschaftswachstum führte in allen Sektoren zu stärkerer Umweltbeanspruchung…

…und dazu hat auch der technische Wandel beigetragen

2.2 Sozioökonomische Ursachen

Produktion und Verbrauch von Umweltgütern werden nicht durch den Preismechanismus gesteuert, weil Umweltgüter in der Regel keinen Preis haben. Dies liegt daran, daß Umweltgüter partiell öffentliche Güter sind, für sie kann das **Marktausschlußprinzip** nicht oder nur unvollkommen angewendet werden, weil Eigentumsrechte nicht definiert und durchgesetzt werden können bzw. sollen (vgl. Kapitel 2, Abschnitt 4). Dies gilt vor allem für Luft, sauberes Wasser und zum Teil für die Umwelt als Aufnahmemedium für Schadstoffe. Zum Teil sind Umweltgüter innerhalb engerer Grenzen zudem durch **Nicht-Rivalität** gekennzeichnet, was bedeuten würde, daß Preise auch nicht sinnvoll wären. Ganz überwiegend jedoch unterliegen die Umweltgüter der Konsum-Rivalität: Ihre Nutzung durch ein Wirtschaftssubjekt beeinträchtigt die Nutzungsmöglichkeiten anderer.

Umweltgüter als öffentliche Güter

Die Nutzung der Umweltgüter verursacht in der Regel **negative externe Effekte** bzw. externe Kosten (vgl. Kapitel 2, Abschnitt 4). Darunter versteht man die Kosten, die der Gesellschaft insgesamt entstehen, ohne daß sie im (internen) betrieblichen Rechnungswesen oder der (internen) Wirtschaftsrechnung der privaten bzw. öffentlichen Haushalte als Kosten auftauchen (Luftverschmutzung durch Industrie- und Autoabgase, Verschlechterung der Trinkwasserqualität, Verringerung des Wohnwerts und der Wohnqualität durch Straßenverkehrs- oder Fluglärm usw.). Da diese Kosten zusätzlich zu den privaten Kosten anfallen, bezeichnet man sie auch als **soziale Zusatzkosten.**

Bedeutung externer Kosten

Weil und insoweit für Umweltgüter Preise nicht zu zahlen sind und weil soziale Zusatzkosten privat nicht entgolten werden, gehen der Verbrauch der Umweltgüter und die entsprechenden Nutzeneinbußen anderer nicht in das Entscheidungskalkül des Umweltverbrauchers ein: Umweltgüter werden mithin exzessiv genutzt. Auch die Preise von Gütern, die umweltverbrauchend produziert werden, sind zu niedrig. Kurz: Es fehlt der private Zwang zu sparsamer Verwendung von Umweltgütern.

Preise für Umweltverbrauch sind zu niedrig

3. Kosten der Umweltbelastungen

Kosten der Umweltbelastung sind schwierig zu erfassen und zu bewerten. Lutz Wicke erstellt seit 1986 eine prinzipiell vollständige Schadensbilanz für die Bundesrepublik. Für 1992 wurden Schadenskosten von über 200 Mrd. DM ermittelt. Das waren rund 6,8 Prozent des Bruttosozialprodukts (vgl. Tab. 29.1). Allerdings beruhen diese Angaben zum Teil auf Schätzungen.

Schadenskosten von rund 6,8 % des BSP

Etwas leichter sind die Ausgaben zur Beseitigung entstandener Umweltschäden zu errechnen. Das Statistische Bundesamt, das seit einiger Zeit umweltökonomische Gesamtrechnungen (UGR) erstellt, ermittelt für 1995 Aufwendungen für Umweltschutz-Maßnahmen des Staates und des Produzierenden Gewerbes in den alten Bundesländern von 42,6 Mrd. DM (Statistisches Jahrbuch 1998, S. 724). Im allgemeinen liegt der Anteil der

Tab. 29.1: Die ökologische Schadensbilanz der Bundesrepublik Deutschland 1992 – in Mrd. DM –

Schadenspositionen	Schadenskosten 1984 (alte Bundesländer) Nach *Wicke* (1986)	Schadenskosten 1992 (alte Bundesländer)	Schadensschätzung 1992 (neue Bundesländer)	Schadenskosten Deutschland (z. T. geschätzt 1992)
1. *Luftverschmutzung*	rd. 48 Mrd. DM	über 25 Mrd. DM	über 12 Mrd. DM	über 37 Mrd. DM
div. Einzelpositionen (Preise 1994)				
– Gesundheitsschäden	über 2,3–5,8	ca. 5,4	über 2,7	über 8,1
– Materialschäden	über 2,3	ca. 2,8	über 1,4	über 4,2
– Waldschäden	über 5,5–8,8	über 5,5	über 2,8	über 8,3
2. *Gewässerverschmutzung*	über 17,6 Mrd. DM	rd. 10 Mrd. DM	über 12,5 Mrd. DM	über 22,5 Mrd. DM
darunter: Kosten der Trink- und Brauchwasserversorgung	über 9,0	1,7		
3. *Bodenbelastung*	weit über 5,2 Mrd. DM	ca. 50,5 Mrd. DM (28,3–72,4)	über 36,7 Mrd. DM	über 87,2 Mrd. DM
Schadens-, Ausweich-, Vermeidungs- sowie Planungs- u. Überwachungskosten (Preise 1988) bei:				
– Art- und Biotopbeschädigung		4,0– 4,3		
– Abbau von Rohstoffen		0,2– 0,7		
– Nahrungsmittelproduktion		2,6– 3,9		
– Abfallablagerung und Altlasten (darin Altlastensanierung)	(– 1,7)	14,0–17,5 (3–10)	(3–19)	
– Grundwasser		3,9– 6,7		
4. *Lärm*	über 32,7 Mrd. DM	29,5 Mrd. DM	5 Mrd. DM	34,5 Mrd. DM
darunter: Zahlungsbereitschaft zur Vermeidung von (Preise 1989)				
– Straßenlärm		12,8		
– Schienenlärm		5,3		
– Fluglärm		0,4		
– Industrie- und Gewerbelärm		5,2		
Kosten des Lärms am Arbeitsplatz (Lärmschwerhörigkeit, Herz-Kreislauf-Krankheiten ohne Produktivitätsverringerung)				
5. *Kosten unterlassenen Naturschutzes*	über 1,0 Mrd. DM	3,4 Mrd. DM	1,7 Mrd. DM	5,1 Mrd. DM
6. *Vermeidungskosten globaler und länderübergreifender Umweltschäden (-katastrophen)*		15 Mrd. DM	2 Mrd. DM	17 Mrd. DM
– Kosten CO-Minderung/-reduzierung				über 15
– West-Ost-Umweltkooperation				1
– Beitrag Tropenwaldrettung				1
Gesamtschadenskosten (Summe Pos. 1 bis 6):	über 103,5 Mrd. DM	über 133,4 Mrd. DM	über 69,9 Mrd. DM	über 203,5 Mrd. DM
7. *Übergreifende Umweltbelastungskosten:*				
– Freizeit und Erholung		9,2 Mrd. DM		
– Psychosoziale Kosten (Preise 1988)		40–65 Mrd. DM		
– Nachfrage nach (Zahlungsbereitschaft für verbesserte Umweltqualität) (Preise 1988)		40–94,4 Mrd. DM		
– Volkswirtschaftliche Umweltschutzaufwendungen (Preise 1988)		32 Mrd. DM		

Quelle: L. Wicke, Umweltökonomie, 4. Aufl., München 1993, S. 113 f.

Umweltschutz-Ausgaben am BIP 1996 zwischen 2,1 Prozent (Niederlande) und 0,6 Prozent (Japan); Deutschland erreicht einen Anteil von 1,7 Prozent. Indes sagen solche Zahlen nichts über die damit erreichte Umweltqualität aus, der Zustand einer unbelasteten Umwelt als Referenzlinie kann praktisch nicht mehr beschrieben werden.

4. Umweltpolitische Ziele und Prinzipien

4.1 Ziele der Umweltpolitik

Umweltschutz als öffentliche Aufgabe

Mit dem Umweltprogramm 1971 der Bundesregierung ist die Umweltpolitik zu einer **eigenständigen öffentlichen Aufgabe** erklärt worden. Dem generellen Ziel „Schutz der natürlichen Lebensgrundlagen" wird damit der gleiche politische Rang eingeräumt wie anderen öffentlichen Aufgaben (Sicherheit, Bildung, soziale Sicherung). In der Regierungserklärung vom 18. 3. 1987 ist die Absicht bekräftigt worden, den Umweltschutz als Staatsziel grundgesetzlich zu verankern. 1994 ist das Grundgesetz entsprechend um Art. 20a ergänzt worden: „Der Staat schützt auch in Verantwortung für die künftigen Generationen die natürlichen Lebensgrundlagen im Rahmen der verfassungsmäßigen Ordnung durch die Gesetzgebung und nach Maßgabe von Gesetz und Recht durch die vollziehende Gewalt und die Rechtsprechung."

Welches sind nun konkret die Ziele der Umweltpolitik? Dabei geht es um alle Maßnahmen, die darauf gerichtet sind, die Umwelt so zu erhalten bzw. zu verbessern, daß

- bestehende Umweltschäden vermindert und beseitigt werden,
- Schäden für Mensch und Umwelt abgewehrt werden,
- Risiken für Menschen, Tiere und Pflanzen, Natur und Landschaft, Umweltmedien und Sachgüter minimiert werden,
- Freiräume für die Entwicklung der künftigen Generationen sowie Freiräume für die Entwicklung der Vielfalt von wildlebenden Arten sowie Landschaftsräumen erhalten bleiben und erweitert werden.

Prinzip der Nachhaltigkeit

Insbesondere der Schutz künftiger Generationen wird zunehmend wichtig. Das Prinzip der „Nachhaltigkeit" **(sustainable development)** als Leitvorstellung für wirtschaftliche Entwicklung ist erstmalig 1987 von der Weltkommission für Umwelt und Entwicklung im Brundtland-Bericht formuliert worden. Nachhaltige Entwicklung wird dort definiert als eine „Entwicklung, die die Bedürfnisse der Gegenwart befriedigt, ohne zu riskieren, daß künftige Generationen ihre eigenen Bedürfnisse nicht befriedigen können."

Um spätere Generationen bei der Umweltqualität und Versorgung mit natürlichen Ressourcen nicht schlechter zu stellen, soll der "natürliche

Kapitalstock" konstant gehalten werden. Dazu sollen folgende Regeln in der wirtschaftlichen Praxis beachtet werden:

Erhalt des natürlichen Kapitalstocks

- Der Abbau nicht erneuerbarer Ressourcen ist nur dann erlaubt, wenn späteren Generationen der Zugriff auf Alternativen ermöglicht wird. Es müssen also gleichzeitig zum Ressourcenverbrauch neue Techniken bspw. für die nachhaltige Nutzung regenerativer Quellen erschlossen werden.
- Die Emissionen in Luft und Wasser sowie die Deponierung von Abfällen dürfen die Aufnahmefähigkeit der Natur nicht überschreiten.
- Erneuerbare Ressourcen wie Biomasse dürfen nur soweit genutzt werden, wie ihre Regenerationsrate nicht überschritten wird.

Solche recht allgemein gehaltenen Formulierungen werden dann in unterschiedlicher Weise konkretisiert. So wird seit der Umweltkonferenz des Jahres 1992 in Rio de Janeiro die umweltpolitische Diskussion in vielen Ländern von der Zielsetzung dominiert, den Ausstoß an Kohlendioxyd (CO_2) und anderen sogenannten Treibhausgasen zu mindern und damit einen Beitrag zum Klimaschutz zu leisten. Der damals verabschiedeten **Klimarahmenkonvention,** die am 21. März 1994 in Kraft trat, haben sich inzwischen alle großen Industrienationen angeschlossen. Die Konvention legt unter anderem das Ziel fest, den Ausstoß von Kohlendioxyd und anderen Treibhausgasen in den Industrieländern bis zum Jahr 2000 auf das Niveau von 1990 zurückzuführen. Die Bundesregierung hat sich dieses Ziel nicht nur zu eigen gemacht, sondern darüber hinausgehende Anstrengungen angekündigt. Sie beabsichtigt, die Emission von CO_2 in Deutschland bis zum Jahre 2005 um 25 bis 30 Prozent des Ausstoßes im Ausgangsjahr 1987 zu senken. Daneben gibt es zahlreiche weitere Konkretisierungen für einzelne Umweltbereiche, auf die wir hier nicht eingehen.

Verringerung des Ausstoßes an Treibhausgasen

Aus ökonomischer Sicht geht es nicht um maximalen Umweltschutz, sondern um **optimale Umweltqualität.** Diese ist erreicht, wenn die Summe der externen Kosten der Umweltschäden und der Kosten der Schadensbeseitigung minimiert wird. Wenn also die Kosten einer Schadensbeseitigung größer sind als die Kosten der Umweltschäden selbst, würde sich aus ökonomischer Sicht eine Schadensbeseitigung nicht lohnen.

4.2 Prinzipien der Umweltpolitik

Die Durchsetzung der Umweltpolitik beruht in der Bundesrepublik auf mehreren grundlegenden Prinzipien, deren Bedeutung größtenteils auf die Ursachen für Umweltbelastungen zurückzuführen ist. Zu ihnen gehören das

- Verursacherprinzip,
- Kooperationsprinzip,
- Vorsorgeprinzip und
- Gemeinlastprinzip.

Das Verursacherprinzip ist umweltpolitische Leitlinie

Alle umweltpolitischen Maßnahmen, die sich am **Verursacherprinzip** – gewissermaßen der umweltpolitischen Leitlinie – orientieren, zielen darauf ab, die bisher als externe Kosten (soziale Zusatzkosten) entstandenen Umweltschäden von Konsum und Produktion möglichst vollständig den Umweltschädigern (Verursachern) anzulasten – aus externen Kosten werden dann interne Kosten bzw. die Kosten werden internalisiert. Zu den Instrumenten, die dies erreichen helfen sollen, gehören z. B. Umweltabgaben, Umweltauflagen in Form von Geboten oder Verboten, Verfahrens- und Produktnormen usw. Auch wenn grundsätzlich die Anwendung dieses Prinzips – wo immer möglich – befürwortet werden kann, zeigen sich bei seiner praktischen Durchsetzung doch einige Probleme und Grenzen.

Probleme gibt es bei der Identifizierung des Verursachers, ...

Es ist nicht immer möglich, den Verursacher der Umweltbelastungen genau zu identifizieren. Das liegt einmal daran, daß es **kumulative Wirkungen** gibt (wessen Tropfen bringt das Faß zum Überlaufen?), zum anderen können auch **Wirkungsketten** entstehen, die es nahezu unmöglich machen, entstandene Schäden zuzurechnen, so daß eine Kostenaufteilung unmöglich ist (Beispiel: bei Kraftfahrzeugen gibt es eine fahrzeugbezogene, d.h. emissionsbezogene Verursacherkette, an der der Fahrzeugbetreiber, der Hersteller und der Verkäufer von umweltbelastendem Treibstoff beteiligt sind).

... der Feststellung des Umfangs seiner Umweltbelastung,

Außerdem gibt es Fälle, in denen die **Verursacher** und deren Anteile an der Umweltbelastung **unbekannt** sind oder bei denen die anzulastende Höhe der Umweltkosten nicht berechenbar ist. Es kann auch sein, daß Umweltschäden bereits in der Vergangenheit verursacht worden sind oder durch ausländische Wirtschaftssubjekte hervorgerufen werden.

... der administrativen Durchsetzung

Und schließlich ist die **Durchsetzung** des Verursacherprinzips **administrativ häufig schwierig,** da Kontrollfunktionen von der staatlichen Verwaltung nicht effizient ausgeübt werden können (z. B. die Überwachung von individuell verursachten Belastungen im Verkehrsbereich). Aus diesen Gründen muß immer dann, wenn das Verursacherprinzip nicht angewendet werden kann, auf andere Prinzipien zurückgegriffen werden.

Mitverantwortung und Mitwirkung der Betroffenen

Beim **Kooperationsprinzip** handelt es sich um einen Ansatz, der die Mitverantwortlichkeit und Mitwirkung der Betroffenen von umweltbeeinträchtigenden Aktivitäten (Straßenbau, Errichtung von Kraftwerken, Bau von Müllverbrennungsanlagen usw.) und die Beteiligung bei vorgesehenen umweltschützenden Maßnahmen hervorhebt. Wenigstens theoretisch kann bei Anwendung dieses Prinzips ein ausgewogenes Verhältnis zwischen individuellen Freiheiten und gesellschaftlichen Bedürfnissen erreicht werden. Es stellt ein Leitbild für die Gestaltung von umweltpolitischen Entscheidungsprozessen dar, wobei die frühzeitige Einbindung der Betroffenen besonders wichtig ist.

Beispiele sind Branchenabkommen, bei denen zwischen der Umweltbehörde und einer Branche oder einzelnen Branchenmitgliedern ein Umweltschutzziel festgelegt wird, das in einem bestimmten Zeitraum erreicht werden soll (Beispiel: Abkommen mit der Glasindustrie über mehr Altglasrecycling). Wenn sich die Mitglieder einer Branche zum Unterlassen von umweltschädigenden Aktivitäten verpflichten, spricht man von einem **Selbstbindungsabkommen** (Verzicht auf die Verwendung von FCKW). Wenn sie bereit sind, umweltfreundliche Aktivitäten durchzuführen, liegt ein **Selbstverpflichtungsabkommen** vor.

Beim **Vorsorgeprinzip** geht es darum, umweltpolitische Maßnahmen so zu treffen, daß möglichst von vornherein Gefahren für die Umwelt vermieden werden. Damit wird angestrebt, die natürliche Lebensgrundlage der Menschen schonend in Anspruch zu nehmen, so daß nicht nur das Wohlbefinden und die Gesundheit der Menschen jetzt gesichert, die Leistungsfähigkeit des Naturhaushaltes erhalten, Schäden an Kultur- und Wirtschaftsgütern vermieden werden, sondern auch zukünftigen Generationen eine möglichst intakte Umwelt hinterlassen wird (sustainable development). Dies ist deswegen von besonderer Bedeutung, weil Menschen tendenziell dazu neigen, Gegenwartsgüter höher zu bewerten als Zukunftsgüter. Dieses „Fehlverhalten" kann durch Anwendung des Vorsorgeprinzips korrigiert werden.

Der Maxime „Vorbeugen ist besser als Heilen" folgt das Vorsorgeprinzip

Wegen der komplexen Problemlage kann es zu Situationen kommen, in denen keines der bisher erörterten Prinzipien so richtig greift. In solchen Fällen sind Maßnahmen nach dem **Gemeinlastprinzip** vorzusehen, d.h. daß die öffentliche Hand anstelle der Verursacher Umweltbelastungen durch den direkten oder indirekten Einsatz öffentlicher Mittel zu verringern versucht. In unserer individualistisch-marktwirtschaftlich orientierten Wirtschaftsordnung sollte indes dem Gemeinlastprinzip bestenfalls ein komplementärer Charakter zukommen. Es als alleinige Strategie zu verfolgen, würde – nicht nur wegen begrenzt einsetzbarer Finanzmittel des Staates – wenig Erfolg verheißen. Im allgemeinen unterliegen Maßnahmen, die nach dem Gemeinlastprinzip (z. B. Finanzierungsanreize für umweltfreundliche Investitionen, Finanzhilfen, Steuervergünstigungen, zinsverbilligte Darlehen usw.) durchgeführt werden, keiner marktmäßigen Bewertung. Somit besteht die Gefahr, daß die eingesetzten Ressourcen nicht unbedingt in die umweltpolitisch am meisten erwünschten Verwendungen gelenkt werden. Daher ist von der Bundesregierung schon im Umweltbericht 1976 die Auffassung vertreten worden, daß die öffentliche Hand nur dann mit den Kosten für die Beseitigung von Umweltschäden belastet werden sollte, wenn die Verursacher nicht festgestellt werden können oder wenn akute Notstände beseitigt werden müssen.

Das Gemeinlastprinzip – die öffentliche Hand übernimmt Umweltschäden – sollte nur komplementär greifen

5. Umweltpolitische Instrumente

5.1 Überblick

Unter umweltpolitischen Instrumenten werden alle Maßnahmen des Staates verstanden, die eingesetzt werden, um die umweltpolitischen Ziele zu erreichen. Die vielfältigen Instrumente können danach systematisiert werden,

Mögliche Systematisierungen umweltpolitischer Instrumente

(a) an welchem der in Abschnitt 4 erörterten Prinzipien sie sich hauptsächlich orientieren,

(b) ob sie mit öffentlichen Einnahmen oder Ausgaben oder mit keinem von beiden verbunden sind,

(c) ob sie eher marktkonform oder nicht-marktkonform sind,

(d) an welcher Stelle sie im ökologisch-ökonomischen Kreislaufsystem ansetzen.

Die folgende Übersicht 29.1 stellt eine Verknüpfung der Aspekte (a) und (b) dar. Der Buchstabe V steht für Verursacherprinzip, der Buchstabe G für Gemeinlastprinzip. Das Kooperationsprinzip ist unter den nicht-fiskalischen Instrumenten angesprochen, während das Vorsorgeprinzip implizit bei all den Maßnahmen, die einen präventiven Charakter haben, enthalten ist.

Übersicht 29.1: Überblick über umweltpolitische Instrumente

Quelle: L. WICKE, Umweltökonomie, 3. Aufl., München 1991, S. 166

Das wichtigste nicht-marktkonforme Instrument stellen die Umweltauflagen (Gebote/Verbote) dar. Sie sind als nicht-fiskalische Maßnahmen das klassische umweltpolitische Instrument, bei dem der staatliche Einfluß vergleichsweise sehr groß ist. Dagegen zeigen die meisten der übrigen Instrumente deutlich marktbezogene Bezüge.

5.2 Nicht-fiskalische Instrumente

Bei **Umweltauflagen** soll der Verursacher durch Einhaltung der Auflagen gezwungen werden, die Umweltbelastungen und externe Kosten zu verringern. Bei Verboten wird das umweltschädigende Verhalten völlig unterbunden (Beispiel: DDT-Verbot), bei Geboten können bestimmte Umweltbelastungen noch zugelassen sein. Als Ansatzpunkte kommen **Emissionen** (Festlegung von Grenzwerten im Sinne höchstzulässiger Schadstoffmengen, wie sie z. B. nach der Technischen Anleitung Luft [TA-Luft] für luftverunreinigende Stoffe festgelegt sind), der **Produktionsprozeß** (Verbot der Verwendung bestimmter, die Umwelt stark belastender Roh- oder Betriebsstoffe; Festlegung der Anwendung einer bestimmten Technologie im Sinne einer Prozeßnorm – Heizungsanlagen müssen einen bestimmten Wirkungsgrad haben) oder die **Produktion** selbst (Begrenzung der Produktionsmengen für besonders schadstoffintensiv produzierte Güter – wichtig z. B. bei Smog-Situationen – oder Produktionsverbote) in Betracht.

Ansatzpunkte für nicht-fiskalische Maßnahmen

Die Vorteile von Auflagen werden in ihrer schnellen Wirksamkeit, ihrer größeren Reaktionssicherheit in bezug auf den angestrebten Erfolg sowie ihrer prinzipiell größeren Praktikabilität gesehen. Die Nachteile liegen vor allem darin, daß die verfolgten Umweltschutzziele nicht notwendigerweise mit den niedrigsten Kosten erreicht werden, daß es möglicherweise zu Wettbewerbsverzerrungen kommen kann, daß die Unternehmen sich mit den rechtlich vorgegebenen Normen zufriedengeben, obwohl noch mehr möglich wäre, insbesondere dann, wenn es neue wissenschaftlich-technische Erkenntnisse gibt, die administrativ noch nicht durchgesetzt sind.

Vor- und Nachteile von Auflagen

Auch die Änderung von **rechtlichen Rahmenbedingungen** kann positive Effekte bewirken, wenn z. B. an die obligatorische Einführung von **Umwelthaftpflichtversicherungen,** an die Verschärfung privatrechtlicher **Umwelthaftung** sowie die wirkungsvollere **Umweltkontrolle und -berichterstattung** gedacht wird.

In der wissenschaftlichen Diskussion spielt die Einführung von **Umweltlizenzen** eine große Bedeutung. Der Staat betrachtet sich als Eigentümer der Umweltmedien und legt fest, bis zu welchem Grade die Absorptionsfähigkeit der Umwelt durch Emittenten genutzt werden darf. Bis zur Höhe dieser Nutzungsmöglichkeiten werden Umweltzertifikate („Verschmutzungszertifikate") an interessierte Emittenten kostenpflichtig abgegeben. Diese erhalten damit das Recht, die Umweltmedien entsprechend zu belasten. Diese marktbezogene Strategie wird z. B. seit dem 1. 1. 1995 in

Andere nicht-fiskalische Maßnahmen

den USA zur Begrenzung von Schwefeldioxyd-Emissionen durchgeführt. Es ist auch denkbar, die mit dem Verkauf von Umweltlizenzen erzielten Einnahmen von seiten des Staates zu umweltschutzfördernden Maßnahmen einzusetzen. Dann liegen die im folgenden Abschnitt erörterten fiskalischen Instrumente vor.

5.3 Fiskalische Instrumente

Bei den fiskalischen Instrumenten handelt es sich um Maßnahmen, die entweder mit öffentlichen Ausgaben oder mit öffentlichen Einnahmen durchgesetzt werden.

Zu den umweltpolitischen Instrumenten mit **öffentlichen Ausgaben** rechnen (a) umweltverbessernde Aktivitäten öffentlich-rechtlicher Institutionen (z. B. durch Finanzierung umweltverbessernder Maßnahmen wie Fernwärmeausbau und umweltfreundlicher Verkehrswegebau, aber auch Lärmschutzmaßnahmen, Gewässersanierung und die kommunalen Entsorgungsmaßnahmen), (b) die Induzierung umweltverbessernder privater Aktivitäten durch Umweltschutzsubventionen und die Förderung umweltrelevanter Forschungs- und Entwicklungsvorhaben sowie (c) die Finanzierung des institutionellen Umweltschutzes (Umweltbundesamt, Umweltverbände). Die Möglichkeiten sind sehr vielfältig – auf Einzelheiten können wir hier nicht eingehen.

Bei den umweltpolitischen Instrumenten mit **öffentlichen Einnahmen** geht es vor allem um Umweltlizenzen und Umweltabgaben. Auf die **Umweltlizenzen** sind wir schon kurz eingegangen. Vom Staat – unter Beachtung von politisch vorgegebenen Umweltqualitätsstandards – verkaufte Lizenzrechte könnten z. B. an einer Börse gehandelt werden. Die Vorteile dieses Ansatzes werden vor allem darin gesehen, daß die Einhaltung der politisch festgelegten maximalen Emissionsmenge sichergestellt ist, daß wegen der Lizensierung nur die effizientesten Vermeidungsmaßnahmen ergriffen werden und daß es sich um eine marktkonforme Lösung handelt. Auch wenn Umweltlizenzen ein theoretisch brauchbares Instrument darstellen, ist ihre Einführung wegen einiger Nachteile in kurzer Frist nicht zu erwarten. Durch Lizenzen können Marktzutrittsschranken errichtet werden, die Monopolisierungstendenzen fördern würden. Außerdem gibt es ein emotionales Gegenargument: Lizenzen bedeuten den Verkauf von Umwelt, und wie kann man eines unserer wertvollsten Güter verkaufen? Dabei wird allerdings übersehen, daß mit der staatlich erteilten Genehmigung einer Anlage (z. B. Kohlekraftwerk) immer noch Umweltbelastungen eintreten, ohne daß dafür etwas bezahlt wird und ohne daß Anreize für den Verschmutzer bestehen, die Umweltbelastungen zu verringern.

Vor- und Nachteile von Umweltlizenzen

Bei **Umweltabgaben** handelt es sich um ein Instrument, bei dem mittels der Erhebung von Abgaben Anreize und/oder Finanzierungsmöglichkeiten geschaffen werden sollen, um gesetzte umweltpolitische Normen und Ziele zu erreichen. So wird in der Bundesrepublik zum Beispiel das Konzept einer kombinierten CO_2-/Energiesteuer diskutiert, das auch die Europäische Kommission empfohlen hat. Mit ihr sollen der allgemeine Energieverbrauch[1]) und zusätzlich die Kohlendioxyd-Emissionen besteuert werden. Ihr Ziel besteht vor allem in der Verringerung von Emissionen im Sinne einer Anreizfunktion.

Vor- und Nachteile von Umweltabgaben

Dabei wird mit folgenden Vorteilen von Umweltabgaben gerechnet: Die Abgaben sind volkswirtschaftlich effizient, da die jeweils induzierte Umweltqualität mit den geringsten Kosten erreicht wird. Durch Abgaben wird die Vermeidung von Umweltverschmutzung honoriert, was einerseits den Gewinn steigert und andererseits umwelttechnische Fortschritte fördert. Die Abgaben betreffen Unternehmen aller Größenklassen gleichmäßig. Schließlich handelt es sich grundsätzlich um ein marktkonformes Instrument. Dem stehen indes auch einige Nachteile gegenüber: Es ist zu erwarten, daß im politischen Entscheidungsprozeß Kräfte wirksam werden, die zu einer zu niedrigen Abgabenhöhe führen. Unterschiedlichen regionalen Erfordernissen kann damit nur bedingt Rechnung getragen werden. Hinzu kommt, daß die Abgaben an Ergebnisse von Schadstoffmessungen gekoppelt werden müßten und daß auch die Geldentwertung bei der Festlegung der Tarife berücksichtigt werden müßte. Schließlich ist mit Abgabenwiderstand seitens der Belasteten zu rechnen.

5.4 Marktorientierte Instrumente

Welche Zielrichtung wird mit marktorientierten Instrumenten verfolgt?

Seit mehreren Jahren wird im politischen und wissenschaftlichen Raum diskutiert, inwieweit in das bestehende umweltrechtliche Instrumentarium stärker **marktorientierte Elemente** eingebaut werden können und sollen. Das Hauptmerkmal einer marktorientierten Umweltpolitik besteht darin, daß für die Wirtschaftssubjekte, die sich umweltfreundlich verhalten, ein monetärer oder sonstiger Anreiz gegeben ist. Dabei soll die Möglichkeit geschaffen werden, in umweltpolitisch notwendigen Grenzen flexibel zu agieren, um sich – auch unter Kostengesichtspunkten – auf die Erfordernisse des Umweltschutzes einzustellen. Ganz im marktwirtschaftlichen Sinn soll der Eigennutz für den Umweltschutz mobilisiert werden, z. B. durch die Einführung umfassender Haftungsregeln. Möglicherweise ergibt sich mit diesem Ansatz die Perspektive, die Soziale Marktwirtschaft fortzuentwickeln.

Wichtige Vorgehensweisen sind die folgenden:

Arten von marktorientierten Instrumenten

- Über verbesserte Informationen und Anreize wird versucht, das freiwillige umweltfreundliche Verhalten der Marktteilnehmer zu erhöhen (höheres Umweltbewußtsein, umweltbewußte Unternehmensführung, Schaffung von Benutzervorteilen für umweltfreundliche Produkte und Verfahrensweisen).

---

1) Diesem Ziel dient im wesentlichen die sogenannte Ökosteuer, die ab 1999 in Deutschland realisiert wurde. Vgl. Kapitel 13, Abschnitt 2.2.

- Über Umweltabgaben bzw. Umweltlizenzen wird das Gewinninteresse der Unternehmen gestärkt. Unternehmen, die mehr Schadstoffe reduzieren, als nach Auflagen notwendig, werden nachträglich belohnt. Wenn Umwelthaftpflichtversicherungen nach dem Risiko gestaffelt sind, werden Versicherungskosten aufgrund umweltfreundlicher Produktion verringert.
- Umweltschutzvereinbarungen, z. B. im Sinne von Branchenabkommen, in denen sich Wirtschaftszweige zu einem bestimmten umweltfreundlichen Verhalten verpflichten.

Sicherlich ist es noch verfrüht, die Effizienz dieser marktorientierten Instrumente zu beurteilen – einen systematischen und umfassenden Einsatz gibt es bisher noch nicht. Vielmehr dürfte auf absehbare Zeit der Einsatz verschiedener Instrumente – im Sinne eines möglichst konsistenten Instrumente-Mix – notwendig sein.

6. Globale Umweltprobleme

Eine besondere Schwierigkeit der Umweltpolitik besteht darin, daß zahlreiche Umweltschäden internationale bzw. globale Dimensionen annehmen, insbesondere Luftverschmutzung, Gewässerverschmutzung und Klimaverschlechterung allgemein. Hier sind im Prinzip alle Länder in unterschiedlichem Umfang Verursacher und Geschädigte zugleich. Notwendig wären hier weltweit geltende Standards der Umweltpolitik, um Wettbewerbsverzerrungen zu vermeiden. Das Problem ist, daß es aber auf globaler Ebene keine Instanz gibt, die Umweltpolitik durchsetzen könnte, und daß die Länder in unterschiedlichem Maße über Mittel verfügen, Umweltschutzmaßnahmen zu finanzieren. Daher sollten die entwickelten Industrienationen eine Vorreiterrolle in den Anstrengungen zum Schutz der Umwelt übernehmen.

C. Arbeitsaufgaben

1) *Was versteht man unter Umwelt, und welche wichtigen Funktionen sollte die Umwelt erfüllen?*
2) *Worin sehen Sie die Hauptursachen des Umweltproblems?*
3) *Warum sind Schätzungen der Kosten von Umweltbelastungen so schwierig?*
4) *Erörtern Sie wichtige Ziele der Umweltpolitik.*
5) *Warum kann man das Verursacherprinzip als allgemeine umweltpolitische Leitlinie bezeichnen?*
6) *Aus welchen Gründen muß das Verursacherprinzip durch andere Prinzipien ergänzt werden?*
7) *Nennen Sie mögliche Ansatzpunkte für die Systematisierung umweltpolitischer Instrumente.*
8) *Worin liegt die Bedeutung nicht-fiskalischer Instrumente?*
9) *Erörtern Sie die Vor- und Nachteile von Umweltlizenzen und Umweltabgaben.*
10) *Was versteht man unter marktorientierten Instrumenten?*

Lösungsvorschläge für die Arbeitsaufgaben im „Übungsbuch zu Grundlagen und Probleme der Volkswirtschaft".

D. Literatur

Einen kurzen Überblick zur Umweltökonomie geben

ENDRES, Alfred, STAIGER, Brigitte, Umweltökonomie, in: Wirtschaftswissenschaftliches Studium (WiSt), 23. Jg. (1994), S. 218–223

HARTWIG, Karl-Hans, Umweltökonomie, in: Vahlens Kompendium der Wirtschaftstheorie und Wirtschaftspolitik, Bd. 2, 6. Auflage, München 1995, S. 123–162.

Deutschsprachige Lehrbücher zur Umweltökonomie sind

ENDRES, Alfred, Umweltökonomie, Darmstadt 1994

FREY, Bruno, Umweltökonomie, 3. Auflage, Göttingen 1993

SIEBERT, Horst , Economics of the Environment, 3. Auflage, Berlin 1992

WEIMANN, Jochen, Umweltökonomik, 2. Auflage, Berlin 1991

WICKE, Lutz, Umweltökonomie, 4. Auflage, München 1993.

Zahlenmaterial und wichtige Überblicke bieten

RAT DER SACHVERSTÄNDIGEN FÜR UMWELTFRAGEN, Umweltgutachten 1974, 1978, 1987 und 1994, sowie eine Reihe von Sondergutachten

UMWELTBUNDESAMT, Jahresberichte, Berlin, laufende Jahrgänge

BUNDESMINISTERIUM FÜR UMWELT, Berichte, Bonn, laufende Jahrgänge

OECD, Environment Data Compendium, Paris 1993.

Das Statistische Bundesamt gibt die Fachserie 19 „Umwelt" heraus.

Zu den ökologischen und sozialen Folgekosten äußert sich umfassend

LEIPERT, Christian, Die heimlichen Kosten des Fortschritts. Wie Umweltzerstörung das Wirtschaftswachstum fördert, Frankfurt am Main 1989.

Der Versuch, eine Verbindung zwischen den verschiedenen im Umweltschutz tätigen Disziplinen zu finden, wird in dem Band unternommen

FAULSTICH, Martin, LORBER, Karl Erich (Hrsg.), Ganzheitlicher Umweltschutz, Stuttgart 1990.

Die Möglichkeit, steuerliche Maßnahmen im Umweltschutz einzusetzen, diskutiert

WILHELM, Sighard, Ökosteuern. Marktwirtschaft und Umweltschutz, München 1990.

30. Kapitel
Probleme der Entwicklungsländer

A. Lernzielorientierte Leitfrage und Fragenkomplex

Leitfrage:
Welche Probleme stehen einer wirtschaftlichen Entwicklung entgegen, und wie sind sie zu lösen?

- *Wie ist ein Entwicklungsland zu beschreiben?*
- *Warum ist die wirtschaftliche Entwicklung verschiedener Länder so ungleichmäßig verlaufen?*
- *Welche Grundtatbestände setzt ein Entwicklungsprozeß voraus?*
- *Welche Überlegungen leiten die Investitionsentscheidungen in Entwicklungsländern?*
- *Welche Rolle könnte die Landwirtschaft und die ländliche Industrialisierung im Entwicklungsprozeß spielen?*
- *Welche Bedeutung hat der Staat im Entwicklungsprozeß?*
- *Warum und in welcher Form ist Entwicklungshilfe zu leisten?*
- *Was sind Strukturanpassungsprogramme (SAP)?*

B. Sachanalyse

1. Was ist ein Entwicklungsland?

> „Die Länder, in denen die durch die moderne Industrie hervorgerufenen Vor- und Nachteile fehlen, werden allgemein als unterentwickelt bezeichnet."
>
> JOAN ROBINSON, JOHN EATWELL, Einführung in die Volkswirtschaftslehre, München 1974, S. 448.

Entwicklung wird mit dem Maßstab moderner Industriestaaten beurteilt

Eine solche einfache Definition sagt nicht sehr viel, sie deutet indes darauf hin, daß wir den Zustand der Unterentwicklung von der Warte der modernen Industriegesellschaft aus beurteilen. Der Frage, ob eine Entwicklung der Entwicklungsländer etwa nach dem Muster der USA überhaupt wünschenswert ist, können wir uns hier nicht zuwenden. Das Elend und die Unterdrückung breitester Bevölkerungsschichten in den Entwicklungsländern läßt indes eine Entwicklung, die zumindest das Hungerproblem beseitigt und die Grundrechte der Menschen verwirklicht, als die Weltaufgabe Nr. 1 erscheinen.

Einkommen pro Kopf als Maßstab

Häufig wird, wenn man sich überhaupt auf ein einziges Kriterium beschränken will, das **Einkommen pro Kopf der Bevölkerung** als Maßstab für die Einteilung in entwickelte und unterentwickelte Länder gewählt. Folgende Tabelle 30.1 gibt einen groben Überblick über die gewaltigen Einkommensunterschiede der Länder der Erde.

Tab. 30.1: Einkommensunterschiede in der Welt – 1997 –

Einkommensgruppe in US-$	Anzahl der Länder	Bevölkerung		Bruttoinlandsprodukt		
		in Mio.	in v. H. der Weltbevölkerung	in Mrd. US-$	Anteil am Weltinlandsprodukt in v. H.	pro Kopf der Bevölkerung in US-$
785 u. weniger	61	2 036	35,0	712	2,4	350
786–3 125	59	2 283	39,2	2 803	9,3	1 230
3 126–9 655	36	574	9,9	2 608	8,6	4 540
9 656 u. mehr	54	927	15,9	24 001	79,7	25 890
Gesamt	210	5 820	100,0	30 124	100,0	5 180

Quelle: Weltbankatlas 1999, S. 38

Die Problematik eines solchen Maßstabes ist im wesentlichen schon erörtert worden (vgl. Kapitel 9, Kapitel 28). Der internationale Vergleich der Einkommen pro Kopf ist insofern nicht besonders aussagekräftig, als der Anteil der marktgerichteten Produktion an der Gesamtproduktion sehr unterschiedlich ist. Gerade in Entwicklungsländern wird ein Großteil der Produktion insbesondere im Bereich der ländlichen Subsistenzwirtschaft nicht über den Markt verkauft und erscheint daher auch nicht im Bruttosozialprodukt. Hinzu kommt die – statistisch oft ebenfalls nicht erfaßte – Produktion im sich dynamisch entwickelnden informellen Sektor. Um diesem Manko wenigstens teilweise zu begegnen, ist im Jahre 1990 erstmals veröffentlichten „Human Development Report" des UN-Entwicklungsprogramms ein **Index der menschlichen Entwicklung** vorgeschlagen worden. Darin werden für jedes Land drei Größen – die Kaufkraft des Pro-Kopf-Einkommens, die durchschnittliche Lebenserwartung bei der Geburt und die Alphabetisierungsrate – zu einem Indexwert gebündelt. Unter 174 Ländern, für die der Index 1998 berechnet wurde, nimmt Kanada den ersten, Sierra Leone den letzten Platz ein. Unter den Ländern der Dritten

Index der menschlichen Entwicklung

Welt gibt es einige, die einen höheren Grad an Lebensqualität aufweisen, als nach wirtschaftlichen Maßstäben zu erwarten wäre. Beispielsweise nimmt Sri Lanka nach dem Pro-Kopf-Einkommen den 99., nach dem Index der menschlichen Entwicklung den 90. Rang ein.

Merkmals-Katalog der Unterentwicklung

Noch anschaulicher als ein eindimensionaler oder drei Kriterien umfassender Maßstab ist ein Katalog von Merkmalen, die ein Entwicklungsland im allgemeinen aufweist und die zugleich Einblick in die Vielfalt der Probleme geben. Meist werden folgende Aspekte genannt:

- ein hoher Prozentsatz der Bevölkerung ist unterernährt;
- die Ersparnis und die Investitionen sind gering;
- die Arbeitsproduktivität ist gering;
- die Geburtenrate ist hoch (~ 4 %), die Sterberate ist ebenfalls relativ hoch (~ 1,5%), und als Differenz ergibt sich eine hohe Bevölkerungswachstumsrate von 2 bis über 3 %;
- die Infrastruktur ist unterentwickelt (Rechtsordnung, Verwaltung, Bildung, Gesundheit, Verkehrswege, Energieversorgung, Kommunikationsmittel etc.);
- ein hoher Anteil der Bevölkerung ist in der Landwirtschaft tätig (50–80 %);
- der Anteil der Industrieproduktion am BIP ist niedrig;
- die Verteilung der Einkommen und Vermögen ist sehr ungleichmäßig;
- die Verteilung der Wirtschaftskraft auf die Regionen ist sehr ungleichmäßig; es stehen sich modernste industrialisierte Bereiche und unterentwickelte Regionen gegenüber (z. B. São Paulo und Nordostbrasilien). Modernste Verfahren und steinzeitliche Methoden werden zur gleichen Zeit angewendet (z. B. Flugzeug und Maultier). Eine solche ungleichmäßige Entwicklung wird **Dualismus** genannt.
- Der Anteil am Welthandel ist gering.

Es ist nicht in jedem Fall zweifelsfrei möglich, ein Land zur Gruppe der Entwicklungsländer oder zur Gruppe der entwickelten Länder zu zählen. Die Vereinten Nationen setzen als Maßstab das Pro-Kopf-Einkommen der Bevölkerung. Wenn das jährliche Einkommen der Bevölkerung eines Landes nicht mehr als 25 % des Einkommens der hochentwickelten Länder beträgt, gilt ein Land als Entwicklungsland. Die entscheidende Grenze liegt seit 1997 etwa bei 785 US-Dollar.

Die Weltbank und der Entwicklungshilfeausschuß (Development Assistance Committee – DAC) bei der Organisation für wirtschaftliche Zusammenarbeit und Entwicklung (Organization for Economic Cooperation and Development – OECD) zählen auch Albanien, Malta, die Türkei und Zypern zu den Entwicklungsländern. Es gibt demnach keine einheitliche „Liste“ der Entwicklungsländer. Gegenwärtig nehmen etwa 169 Länder und 19 Territorien Entwicklungshilfeleistungen in Anspruch.

Um den Unterschieden innerhalb der Gruppe der Entwicklungsländer Rechnung zu tragen, wurde in der UNO 1971 der Begriff der „am wenigsten entwickelten Länder" **(least developed countries – LDC)** eingeführt, um auf den Entwicklungsstand der ärmsten Länder hinzuweisen.

Kategorien von Entwicklungsländen

Die Einordnung in diese Gruppe erfolgt seit 1997 nach den Schwellenwerten der folgenden drei Größen:

- bis zu 785 $ Bruttoinlandsprodukt pro Kopf
- bis zu einem 10%igen Anteil der industriellen Produktion am Bruttoinlandsprodukt und bis zu
- einer Alphabetisierungsquote von unter 20 % der Altersgruppe über 15 Jahre.

Dazu gehören 48 Länder, insbesondere die Länder der Sahelzone und einige asiatische Länder wie Afghanistan, Bangladesh, Jemen, Laos und Nepal. Aus Lateinamerika kommt noch Haiti hinzu. In diesen Ländern leben über 10 % der Weltbevölkerung.

Der UN-Ausschuß für Entwicklungplanung hat festgestellt, daß die genannten Kriterien nicht ausreichen. Als LDC sollen vielmehr jene Niedrigeinkommensländer definiert werden, die an langfristiger Armut durch Wachstumshemmnisse und besonders an einem niedrigen Niveau von „human resource development" und/oder gravierenden Strukturschwächen leiden. Die Messung der Armut eines Landes findet weiterhin anhand des Pro-Kopf-BIPs (Durchschnitt der drei letzten Jahre) statt. Für die Messung von „human resource development" wird der **„Augmented Physical Quality of Life Index"** (APQLI) herangezogen. Er besteht aus Lebenserwartung, Kalorienversorgung, Einschulungsrate sowie Alphabetisierungsrate der Erwachsenen. Wirtschaftliche Diversifizierung kann durch einen **„Economic Diversification Index"** (EDI) gemessen werden, der die Anteile der Industrie am BIP, die Beschäftigtenzahl in der Industrie, den Stromverbrauch pro Kopf und die Ausrichtung der Exporte zugrundelegt. Darüber hinaus sieht das Komitee vor, daß nur Länder mit maximal 75 Mio. Einwohnern als LDC infrage kommen.

Entwicklungsländer weisen z.T. große Unterschiede auf

Entwicklungsländer mit einem relativ fortgeschrittenen Entwicklungsstand werden als **Schwellenländer** (oder: newly industrializing countries – NIC) bezeichnet. Ihre wirtschaftliche Eigendynamik dürfte es ihnen erlauben, die Strukturmerkmale der typischen Entwicklungsländer mehr und mehr zu überwinden, was sich vor allem im Pro-Kopf-Einkommen, aber auch anderen Kriterien ausdrückt. Dennoch hält die gesellschaftliche und soziale mit der wirtschaftlichen Entwicklung oft nicht Schritt. Wichtig ist, zu erkennen, daß es letztlich das typische Entwicklungsland kaum gibt und Entwicklungsländer im einzelnen große Unterschiede aufweisen (man vergleiche z. B. Indien und Kuwait, Mexiko und Burundi, Portugal und Togo). Wir wollen im folgenden dennoch global über die Probleme der Entwicklungsländer berichten, von denen man sagen kann, daß sie für eine große Zahl der Länder typisch sind. Soziologische Probleme sowie politische und geographische Aspekte können hier nicht eingehend beschrieben werden. Wir erörtern im wesentlichen nur ökonomische Probleme, wollen damit aber nicht zum Ausdruck bringen, daß sie allein bedeutsam sind.

2. Die Ursachen der Unterentwicklung

Zunächst sei daran erinnert, daß die geheimnisvollen Kräfte, die den gewaltigen Aufschwung der heutigen Industrienationen letztlich bewirkt haben, schwer zu bestimmen sind (vgl. Kapitel 28).

Dementsprechend unsicher sind Erklärungen, warum viele Länder in Armut und Unterentwicklung leben. Wir werden dennoch einige plausibel erscheinende Gründe anführen.

2.1 Teufelskreise der Armut

Wenig Sparmöglichkeiten

„Entwicklungsländer sind arm, weil sie arm waren." Es gibt einleuchtende Gründe dafür, daß ein Land, das arm ist, auch arm bleiben wird. Das niedrige Einkommen erlaubt keine Ersparnis. Man ist gezwungen, das gesamte Einkommen zu Konsumzwecken zu verwenden. Kann nicht gespart werden, so stehen auch keine Ressourcen zur Investition zur Verfügung und das Einkommen bleibt gering – ein **Teufelskreis der Armut.** Erst die Investition ermöglicht eine nachhaltige Steigerung der Arbeitsproduktivität und eine Mehrproduktion in der Zukunft, aus der dann die Ersparnis fließen könnte.

Marktenge

Hinzu kommt, daß bei den niedrigen Einkommen nur wenig kaufkräftige Nachfrage entfaltet werden kann, so daß es für private Unternehmer selten lohnt, zu investieren. Wer z. B. eine Schuhfabrik errichten will, kann nicht mit Gewißheit davon ausgehen, daß die Menschen über genügend Einkommen verfügen, um sich Schuhe kaufen zu können. Ein solches Einkommen wird ja erst geschaffen, wenn es genügend Arbeitsplätze gibt. Außerdem ist die Monetarisierung im Sinne der Verfügbarkeit über liquide Mittel in den ländlichen Regionen oft nicht sehr weit fortgeschritten – ein weiterer Grund für enge Märkte.

Zudem stehen kaum Mittel zur Errichtung einer leistungsfähigen Infrastruktur, die Ausbildung und zur Erhaltung der Gesundheit der Bevölkerung zur Verfügung – weitere Teufelskreise der Armut.

Bevölkerungsprobleme

Letztlich erschwert die Bevölkerungsentwicklung eine Zunahme der Produktion pro Kopf: Wenn trotz aller Schwierigkeiten ein Entwicklungsprozeß in Gang kommt, führt dieser meist gleichzeitig zu einer Vermehrung der Bevölkerung, die dann den produzierten Überschuß wieder konsumiert. Doch bleibt der Hinweis, daß auch z. B. Deutschland einmal arm war und sich dennoch entwickelt hat. Diese Zusammenhänge erklären also nicht alles.

Sehr heftig wird diskutiert, ob es dem gegenwärtigen Weltwirtschaftssystem anzulasten ist, daß die wirtschaftliche Entwicklung der Länder so ungleichmäßig verlaufen ist. Viele Autoren sind der Meinung, das gegenwärtige Weltwirtschaftssystem trage neokolonialistische Züge, die Abhängigkeit („dependencia“) der Entwicklungsländer von den Industrienationen sei die wichtigste Ursache ihrer Unterentwicklung.

Demgegenüber wird eingewendet, daß unterschiedliche Merkmale der Länder die Unterentwicklung begründen, wie Klima, Lebenseinstellung etc. (Abschnitt 2.3). Es spricht vieles für die Vermutung, daß viele Faktoren zur gegenwärtigen Ungleichheit beigetragen haben.

2.2 Die Ausbeutung der Entwicklungsländer

Wenn einige Länder sich schneller entwickeln als andere, erhalten oder gewinnen sie die militärische und wirtschaftliche Macht, andere Länder auszubeuten. Der Leser denke z. B. an die gewaltige Ausplünderung vieler Länder, die ihrer Rohstoffe (insbesondere Silber und Gold) und ihrer Produktionsfaktoren (Sklavenhandel) beraubt wurden.

In der Epoche des Freihandels wurde die Wirtschaftsstruktur der Entwicklungsländer auf die Interessen der Industriestaaten zugeschnitten. Es entwickelten sich sogenannte **Extraktionsindustrien** wie z. B. Bergbau und Plantagenwirtschaft (Monokulturen). Damit werden zwar Gewinne erzielt, die jedoch nur wenigen Eigentümern zufließen.

Vorteile der internationalen Arbeitsteilung fließen auch heute noch überwiegend den Industriestaaten zu

Auch heute ist es so, daß die Vorteile des internationalen Handels überwiegend den entwickelten Ländern zufließen, die Industrieprodukte exportieren, während die Einnahmen aus dem Rohstoffexport der Entwicklungsländer relativ zurückbleiben. Hinzu kommt, daß gegen das System des Freihandels, das als prinzipieller Bestandteil der gegenwärtigen Ordnung gesehen wird, insofern verstoßen wird, als die geringen Exporte der Entwicklungsländer an verarbeiteten Gütern häufig erheblichen Zöllen und Importquoten der Industrieländer unterworfen sind. Die protektionistisch wirkenden europäischen Agrarmarktordnungen im Rahmen der Europäischen Union mit hohen Subventionen für die europäische Landwirtschaft behindern Agrarimporte aus Entwicklungsländern. Gerade auf diesem Sektor haben viele Entwicklungsländer komparative Kostenvorteile (vgl. Kapitel 19, Abschnitt 2.4), die jedoch nicht zum Zuge kommen.

Die Bemühungen um Entwicklung haben in den letzten Jahrzehnten zu einer hohen Außenverschuldung der Entwicklungsländer geführt. Sie sind heute gezwungen, beträchtliche Teile ihrer Exporterlöse für den Schuldendienst aufzubringen, Ressourcen, die für die eigene Entwicklung fehlen.

2.3 Es fehlen die Antriebskräfte

Es wird argumentiert, daß die calvinistische Ethik (MAX WEBER, 1864–1920), die die Anhäufung von Reichtum mit göttlichem Gnadenerweis gleichsetzte, zugleich aber den Konsum des Reichtums verbot („innerweltliche Askese"), ein Motor der wirtschaftlichen Entwicklung gewesen ist. Sicherlich kann nicht die gesamte Entwicklung der heutigen Industrienationen mit der calvinistischen Ethik begründet werden – es gibt ebenso dynamische und asketische Basken, Juden, katholische Schotten und japanische Samurais - doch zeigt die Erklärung, worauf es ankommt.

Von zentraler Bedeutung für den Entwicklungsprozeß einer Volkswirtschaft ist die
- Ersparnis und die
- Investition in produktive Tätigkeiten.

Es muß Menschen geben, die Betriebe aufbauen und die erwirtschafteten Mehrprodukte nicht für Luxuskonsum verwenden, sondern produktiv investieren. Kurzum, die wirtschaftliche Entwicklung braucht den Typ des dynamischen Pionierunternehmers, oder, sofern er nicht vorhanden ist, die Hand des Staates, die Ersparnis und Investition fördert und durchsetzt.

Nun gibt es eine Reihe von Argumenten, die begründen, warum es den dynamischen Pionierunternehmer in Entwicklungsländern selten gibt:

Hemmnisse der Entwicklung

- Häufig führen Religion (z. B. Hinduismus) und Weltanschauung (z. B. der spanischen „caballeros") dazu, daß das Streben nach materiellem Reichtum oder die physische Arbeit verachtet wird;
- häufig ist das Gewinnstreben zwar entwickelt, aber auf die „falschen" Geschäftszweige gerichtet, auf Handel und Spekulation („Basarkapitalismus");
- Gemeineigentum an Grund und Boden und die Geborgenheit in einer Großfamilie verschütten häufig die Anreize, durch individuelle Anstrengung vorwärtszukommen;
- traditionelle Verhaltensweisen begleiten jede Neuerung mit Argwohn (der Leser denke z. B. an das fortschrittsfeindliche europäische Mittelalter oder die fundamentalistischen Moslems).

Von großer Bedeutung für die Antriebskräfte ist sicher das Klima – angesichts der Tatsache, daß die entwickelten Industrienationen ganz überwiegend in gemäßigten Klimazonen liegen. Schließlich ist die Form der Aneignung des (geringen) Überschusses durch Großgrundbesitzer, Geldverleiher oder eine korrupte staatliche Funktionärsklasse ein ganz entscheidender Grund dafür, daß der Entwicklungsprozeß nicht in Gang kommt. Wenn die herrschende Klasse den Überschuß nicht dazu verwendet, im eigenen Land Industrien aufzubauen, sondern Luxuskonsum entfaltet oder Gold und Auslandsguthaben erwirbt, dann kann sich der Einkommensbildungsprozeß nicht entfalten.

2.4 Vergleich mit der Entwicklung heutiger Industrienationen

Ein Vergleich mit der Entwicklung der heutigen Industriestaaten macht deutlich, daß ein Entwicklungsprozeß – neben Kapitalakkumulation und Erhöhung des Ressourcenverbrauchs (insbesondere Energie) auch mit Neuerungen auf geistigen und politischen Ebenen einhergeht. Mit der wirtschaftlichen Entwicklung waren in Europa neue philosophische und naturwissenschaftliche Erkenntnisse gereift, war die Einsicht in die Gestaltbarkeit der Lebensbedingungen entwickelt, waren Nationalstaaten errichtet worden und hatte der **Merkantilismus** (Wirtschaftsordnung im Europa des 16. bis 18. Jahrhunderts mit der Betonung von staatlicher Macht [Exportförderung]) eine gewisse institutionelle, materielle und personelle Infrastruktur geschaffen. Es gab eine Rechtsordnung, eine funktionierende Verwaltung, ein Steuersystem, einen Kapitalmarkt, es gab Verkehrswege und eine staatliche Wirtschaftspolitik. Schließlich fehlte damals der sog. **Demonstrationseffekt** des Konsumstandards reicher Völker. Der Wunsch, das Konsumniveau reicher Länder zu erreichen, ist nicht geeignet, den Sparwillen zu fördern. Und Coca-Cola-Fabriken sind für eine wirtschaftliche Entwicklung vermutlich weniger förderlich als Düngemittel- oder Zementfabriken.

3. Ökonomische Grundbedingungen wirtschaftlicher Entwicklung

Soll das Elend der Bevölkerung in Entwicklungsländern vermindert werden, dann muß die Produktion pro Kopf erhöht werden. Wenn der Mensch im Produktionsprozeß nur den Boden und seine Arbeitskraft einsetzt, kann er unter günstigen Bedingungen seinen Lebensunterhalt produzieren. Bei steigender Bevölkerungszahl und begrenztem Boden führt indes das Gesetz vom abnehmenden Ertragszuwachs zu Hunger und Armut.

> Nur der Einsatz von Kapital und technischem Wissen – bei gegebenen natürlichen Ressourcen – vermag die Produktion pro Kopf nachhaltig zu steigern.

Grundvoraussetzungen der Entwicklung

Welche Grundvoraussetzungen müssen erfüllt sein, damit Kapitalgüterproduktion ermöglicht wird? Dies kann man sich an Hand eines einfachen Beispieles klarmachen: Der Bauer, der eine Sense schmieden lassen will, muß dem Schmied mindestens soviel Nahrungsmittel zur Verfügung stellen, daß der Schmied sich ernähren kann. Der Bauer muß also einen Nahrungsmittelüberschuß produzieren, er muß mehr produzieren, als er selbst braucht. Dies gilt generell. Nur wenn die in der Produktion von Nahrungsmitteln eingesetzten Arbeitskräfte mehr produzieren, als sie selbst verbrauchen, können andere Arbeitskräfte ernährt werden, die Kapitalgüter produzieren (Sensen, Düngemittel, Bewässerungsanlagen, Landmaschinen etc.). Wenn dieser Entwicklungsprozeß einmal in Gang gekommen ist, kann er sich selbst verstärken: Mehr Maschinen erhöhen die Produktion pro Arbeitskraft. Der größere Überschuß ermöglicht eine

Produktion eines Überschusses

Zunahme der Kapitalgüterproduktion, deren Einsatz wiederum die Produktion pro Kopf erhöht. Wichtig ist, daß ein solcher Entwicklungsprozeß nicht dadurch zum Scheitern verurteilt wird, daß die Bevölkerung sich noch schneller vermehrt als die Kapitalgüterproduktion. Und genauso wichtig ist, daß die Kapitalgüterproduktion nicht vorschnell durch vermehrte Konsumgüterproduktion, die nicht lebensnotwendig ist, ersetzt wird.

Produktion von Kapitalgütern

Bevölkerungsexplosion muß vermieden werden

Fassen wir die Grundbedingungen einer Entwicklung aus eigener Kraft zusammen:

- Es muß ein Überschuß produziert werden;
- dieser Überschuß muß gespart werden;
- die Ersparnis muß investiert werden;
- die Investition muß produktiv sein;
- die Produktion muß verkaufbar sein.

4. Die Sparmöglichkeiten

Die Sparmöglichkeiten von Menschen, die am Rande des Existenzminimums leben, sind Null. Nun leben nicht alle Bewohner der Entwicklungsländer am Rande des Existenzminimums, die Gruppe der Wohlhabenderen kann sparen. Doch meist ist die Neigung der wohlhabenden Familien, freiwillig zu sparen, gering. Oft werden die hohen Einkommen für Luxuskonsum verschwendet.

Es kann sich also als notwendig erweisen, daß der Staat die gesamtwirtschaftliche Sparbildung fördert.[1]) Hierzu gibt es eine Reihe von Möglichkeiten.

Eine **erste** Möglichkeit besteht darin, daß der Staat einen Teil seiner Einnahmen (Steuern, Zölle, Gewinne öffentlicher Unternehmen) für Investitionen zur Verfügung stellt. Doch besteht für Entwicklungsländer meist das Problem, erst ein effizientes und gerechtes Steuersystem aufzubauen. Einkommensteuern sind mangels leistungsfähiger Finanzverwaltung und hoher Analphabetenquoten kaum einzuziehen, es fehlt an einer entwickelten Geldwirtschaft und Buchhaltung.

Ersparnis des Staates

Einkommensteuern?

Daher bilden die Einnahmen aus indirekten Steuern (Verbrauchsteuern) und Zöllen die Haupteinnahmequelle des Staates in Entwicklungsländern, weil solche Steuern und Zölle relativ einfach zu erheben sind. Von großem Nachteil ist allerdings, daß Verbrauchsteuern und Zölle regressiv wirken, d. h. eher die Bezieher kleiner Einkommen belasten.

Verbrauchsteuern und Zölle

Eine **zweite** häufig gewählte Möglichkeit ist das Zwangssparen durch inflationäre Preissteigerungen. Der Staat finanziert die Investitionsausgaben

1) Sofern die Macht im Staat von wenigen sparwilligen Familien, Stämmen usw. ausgeübt wird, dürfte die Förderung der individuellen Ersparnis kein sehr erfolgversprechender Weg sein.

Zwangssparen durch Inflation

durch Kredite bei der Zentralbank. Sofern dann die gesamtwirtschaftliche Nachfrage das Produktionspotential übersteigt, steigen die Preise. Bei konstantem Nominaleinkommen können die Verbraucher real gesehen weniger kaufen. Dies ist eine einfache und bequeme Art, Staatsausgaben zu finanzieren. (Der Leser erinnere sich z. B. an die Kriegsfinanzierung im 3. Reich.) Der Nachteil liegt in den schädlichen Wirkungen der Inflation (vgl. Kapitel 25, Abschnitt 4).

Direkte Preis- und Mengenplanung

Eine **dritte** Möglichkeit der staatlich gelenkten Ersparnisbildung ist die direkte Preis- und Mengenplanung, z. B. die Zwangsablieferung landwirtschaftlicher Erzeugnisse zu staatlich sehr niedrig festgesetzten Preisen, eine Methode, die in besonders rigoroser Form die Anfänge der Entwicklung der früheren UdSSR kennzeichnete.

Welche Formen die Ersparnis auch immer annimmt und auf welchem Wege sie gefördert wird, letztlich ist wichtig, daß von der gesamten Produktion der Volkswirtschaft ein Teil nicht für Konsumzwecke verwendet wird, also gespart wird. Doch ist es mit dem „heroisch-asketischen" Sparentschluß allein nicht getan, es muß **produktiv investiert** werden, nicht in „Pyramiden", sondern z. B. in Bewässerungsanlagen, nicht in „Gold", sondern z. B. in Kunstdüngerfabriken.

Eine sehr direkte Möglichkeit, Produktivkapital zu schaffen, wurde zeitweilig in **China** gewählt. Die unterbeschäftigten Arbeitskräfte wurden eingesetzt, um praktisch allein mit Menschenkraft Bewässerungssysteme, Straßen, Wohnbauten, Lagerhäuser etc. zu schaffen. Wenn eine solche Produktionsmethode auch nicht sehr „fortschrittlich" ist, so bietet sie doch eine Möglichkeit, die vorhandenen Arbeitskräfte, die ja in jedem Fall ernährt werden müssen, sinnvoll einzusetzen. Ähnliche Modelle werden in Afrika mit Programmen **„food for work"** durchgeführt.

5. Investitionsentscheidungen

Investitionen sind der Motor der wirtschaftlichen Entwicklung, sie schaffen Produktionskapazitäten und Einkommen. Eine große Schwierigkeit, der Entwicklungsländer gegenüberstehen, liegt darin, die durch Ersparnis geschaffenen Investitionsmöglichkeiten auszuschöpfen. Es muß dafür gesorgt werden, daß überhaupt investiert wird und daß in den richtigen Bereichen investiert wird.

5.1 Investitionsstrategien

Vom Bedarf her gesehen gibt es in Entwicklungsländern Investitionsprojekte in Überfülle: in der Infrastruktur, in der Landwirtschaft, in der Bauwirtschaft, in der Agroindustrie (ländliche Industrialisierung) etc. Es fehlt hingegen oft an der **privaten Rentabilität** von Investitionen. Ein Unternehmer, der eine Fabrik errichten will, sagen wir eine Schuhfabrik, weiß nicht, ob gleichzeitig genügend andere Industrien geschaffen werden, die die Einkommen produzieren, die das Bedürfnis nach Schuhen auch in kaufkräftige Nachfrage umwandeln. D. h. der einheimische Markt ist oft zu eng, als daß sich private Investitionen lohnen. Und um auf dem Weltmarkt verkaufen zu können, müssen erst Absatzwege gefunden werden. Vertriebsorganisationen müßten erst aufgebaut werden, und schließlich muß das Produkt auch auf dem Weltmarkt konkurrenzfähig sein.

Die private Rentabilität fehlt

Marktenge

Zum anderen fehlt es oft an der Versorgung mit Vorleistungen und Produktionsfaktoren, möglicherweise gibt es keine Lederfabrik, die Schuhleder herstellt, oder es gibt keine ausgebildeten Arbeiter, die Schuhe produzieren können. Schließlich fehlt es häufig an der **Infrastruktur,** z. B. an Straßen, Kommunikationsnetzen und Energieversorgung. All dies macht deutlich, wie schwierig es ist, die Investitionstätigkeit privater Unternehmer in Gang zu setzen.

Komplementärfaktoren fehlen

Es scheint, daß – genauso wie die Ersparnisbildung – auch die Investitionstätigkeit staatlich beeinflußt werden muß. Eine vieldiskutierte Möglichkeit, den Einfluß des Staates zu beschränken, ist die **Strategie des ungleichgewichtigen Wachstums.** Die Grundidee ist, den Entwicklungsprozeß durch Ungleichgewichte, durch Engpässe und Überschüsse zu stimulieren, insbesondere die mangelhafte Motivation privater Unternehmer zu forcieren. Wenn der Staat z. B. eine Zementfabrik errichtet, entsteht Nachfrage nach Energie, nach Rohstoffen, nach Zementsäcken etc. Es entsteht ein „Druck", die notwendigen Produktionsfaktoren zu produzieren. Man spricht hier von einer **Rückwärtskopplung.** Zugleich entsteht die Notwendigkeit, für den Absatz von Zement zu sorgen, evtl. den Wohnungsbau zu fördern oder Betonfertigteile zu produzieren **(Vorwärtskopplung).** Private Investoren werden sozusagen mit der „Nase" auf mögliche Investitionsprojekte gestoßen. Die Strategie des ungleichgewichtigen Wachstums ist vor allem dann sinnvoll, wenn es nicht möglich ist, die Entwicklung gleichzeitig in allen Sektoren in Gang zu bringen, „wenn die Truppen nur für eine Attacke auf einzelne Stellungen ausreichen, nicht für den Angriff auf breiter Front". Eine wichtige Voraussetzung besteht indes darin, daß der Staat privatwirtschaftliche Investitionen nicht nur zuläßt, sondern durch die Verbesserung von Rahmenbedingungen (steuerliche Anreize, einfache Verwaltungsverfahren, verbesserter Zugang zu Krediten usw.) fördert.

Strategie des ungleichgewichtigen Wachstums

5.2 Auswahl der Investitionsprojekte

Die Investitionsplanung steht schließlich vor großen Problemen im Hinblick auf die Auswahl der Investitionsprojekte. Es muß entschieden werden, in welchen **Bereichen** (in Bergbau oder Landwirtschaft, in Schwerindustrie oder Infrastruktur), welche **Technik** zur Anwendung kommen (moderne kapitalintensive oder einfache arbeitsintensive Verfahren) und in welchen **Regionen** des Landes investiert werden soll. Dabei kommt dem Staat heute weitgehend nur noch eine ordnungspolitische Bedeutung zu: Er hat funktionsfähige und stabil-verläßliche Rahmenbedingungen für private Unternehmen zu schaffen.

Wahl der Technik

Die Wahl des Einsatzverhältnisses der Produktionsfaktoren Arbeit, Kapital und Boden sollte nach dem **Prinzip der Wirtschaftlichkeit** so erfolgen, daß knappe Produktionsfaktoren so sparsam wie möglich eingesetzt werden, reichliche Produktionsfaktoren hingegen auch reichlich eingesetzt werden. Da in Entwicklungsländern Kapital knapp, Arbeit hingegen reichlich vorhanden ist, sollten möglichst **arbeitsintensive Verfahren** gewählt werden. Das bedeutet aber, daß die Verfahren, die in den Industrienationen unter dem Druck hoher Reallöhne entwickelt werden, für Entwicklungsländer häufig nicht angemessen sind. Entwicklungsländer müßten also entweder veraltete Techniken anwenden oder sich auf solche Produktionszweige beschränken, die generell arbeitsintensiv sind (z. B. Anfertigen von Bekleidung).

Auswahl der Projekte muß eine Vielzahl von Anforderungen beachten

Letztlich muß die Auswahl der Investitionsprojekte die Probleme von Entwicklungsländern möglichst umfassend berücksichtigen. Zu schaffende Produktionsstätten müssen also ein ganzes Bündel von Eigenschaften aufweisen, die etwa folgendermaßen zusammengefaßt werden können.

Wünschenswerte Merkmale der Produktionsstätten:

- Hohe Arbeitsintensität
- Starke Vorwärts- und Rückwärtskopplungseffekte
- Einsatz einheimischer Produktionsfaktoren
- Einfache Produktionsmethoden, die die technischen Fähigkeiten der Bevölkerung berücksichtigen und ohne permanente Auslandshilfe anwendbar sind (angepaßte Technologien)
- Die Produktion sollte sich auf die Grundbedürfnisse der Menschen konzentrieren: Nahrungsmittel, Kleidung, Unterkunft
- Die Produkte sollten knappe Devisen sparen, also notwendige Importe ersetzen
- Um die Landflucht zu bremsen und das explosionsartige Anwachsen der Großstädte mit unvorstellbaren Slums zu stoppen, sollte in ländlichen Regionen investiert werden.

Betrachtet man diesen Katalog, so wird deutlich, daß die Entwicklung der Landwirtschaft und die ländliche Industrialisierung das Konzept ist, das viele der obigen Forderungen erfüllt. Diesen Erkenntnissen wird durch die von der WELTBANK, dem BUNDESMINISTERIUM für WIRTSCHAFTLICHE ZUSAMMENARBEIT und ENTWICKLUNG und anderen entwicklungspolitischen Institutionen deklarierte **Politik der Armutsbekämpfung** Rechnung getragen. Sie ist Voraussetzung für eine „sozial gerechte" und damit stabile friedliche Entwicklung.

6. Landwirtschaft und ländliche Industrialisierung

Vorweg sei betont, daß die Entwicklung der Landwirtschaft nur ein erster Schritt in der wirtschaftlichen Entwicklung sein kann, doch ist dies der

Schritt vom Verhungern zum Überleben. Armutsbekämpfung erfordert auch, daß Handwerk und Gewerbe gefördert werden. Durch den Aufbau **privatwirtschaftlicher Strukturen** werden Arbeitsplätze geschaffen. Zu einem solchen Entwicklungspotential gehört auch die ländliche Industrialisierung.

6.1 Entwicklung der Landwirtschaft

Die Möglichkeiten, die landwirtschaftliche Produktion zu steigern, sind vorhanden. Doch scheinen die Probleme nicht kleiner zu sein.

Neue Sorten

Die Entwicklung neuer Mais-, Reis- und Weizensorten, die drei- bis fünffachen Hektarertrag bringen sowie die Möglichkeit von durchschnittlich zwei Ernten pro Jahr, beflügelten die Hoffnung, das Hungerproblem lösen zu können. Man sprach von der **„Grünen Revolution“.** Doch knüpft sich der Anbau der „Wundersorten“ an die Voraussetzung eines „Düngungs- und Bewässerungsmanagements“, das die Bauern zunächst überfordert (und deren ökologische Folgen zunehmend gesehen werden). Um den Anbau zu ermöglichen, müssen Kredite gewährt werden **(funktionierender Agrarkredit),** und es muß dafür gesorgt werden, daß eine Mehrproduktion vermarktet werden kann und den unmittelbaren Produzenten zugute kommt, nicht den Großgrundbesitzern und nicht den Geldverleihern **(Verteilungsproblem).**

Düngung und Bewässerung

Die Möglichkeiten einer besseren Bodennutzung durch Bewässerung und Düngung mit Pflanzennährstoffen werden bisher nicht ausgeschöpft. So verbraucht Japan mehr Kunstdünger als Indien, obwohl seine Anbaufläche 25mal kleiner ist.

Neue Produktionsmethoden

Oft wären andere **Produktionsmethoden** erforderlich. So ist die ungeplante Weidewirtschaft in Gebieten mit geringer Bevölkerungsdichte wirtschaftlich, nicht aber z. B. in Asien. So schätzt man z. B., daß nur 20 % des Landes bei Anbau von Futterfrüchten mehr Vieh ernähren kann als die traditionelle Beweidung auf der Dorfallmende.

Notwendigkeit struktureller Reformen

Alle solche Verbesserungen, die hier im einzelnen nicht erörtert werden sollen, setzen indes eine Reihe **struktureller Reformen** voraus:

- Eine Landreform muß die Pächter vor Ausbeutung schützen;
- Kredite zur Einführung der neuen Methoden müssen gewährt werden;
- landwirtschaftliche Beratung muß über die Kombinationsmöglichkeiten von Düngung, Bewässerung und Schädlingsbekämpfung aufklären;
- es müssen Bezugs-, Produktions- und Absatzorganisationen aufgebaut werden;
- die Lagerhaltung zu verbessern bietet große Möglichkeiten, die Wirtschaftlichkeit zu erhöhen;
- eine Vermarktung der Produkte muß geregelt werden.

Politische (Landreform), technische und finanzielle Probleme stehen also einer raschen Entwicklung der Landwirtschaft im Wege. Ansatzpunkte zu ihrer Lösung werden in der Einführung funktionierender Preissysteme und institutionellen Reformen im staatlichen Bereich gesehen.

6.2 Ländliche Industrialisierung

Das Konzept der ländlichen Industrialisierung hatte schon früh Eingang in die entwicklungspolitische Strategie internationaler Organisationen und einzelner Länder, z. B. der Bundesrepublik gefunden.

Ziel ist es, Arbeitsplätze auf dem Lande zu schaffen, die Landflucht zu stoppen und die Produktion in **kleinen und mittleren Unternehmen** (KMU) zu erhöhen. Zu denken ist hier z. B. an folgende Bereiche:

Verarbeitung landwirtschaftlicher Produkte

- Betriebe, die landwirtschaftliche Produkte verarbeiten, z. B. Schlachtereien, Molkereien, Konservenfabriken, Getreidemühlen, Zuckerfabriken, Baumwollgewinnung, Holzgewinnung und -verarbeitung etc.;

Produktion von Produktionsmitteln

- Betriebe, die Produktionsmittel produzieren, die in der Landwirtschaft gebraucht werden, z. B. Futtermittel, Düngemittel, Kleingeräte (Spaten, Hacken etc.), Zement, Ziegel, Kisten, Säcke und alle Arten von Reparaturbetrieben;

Produktion einfacher Konsumgüter

- Betriebe, die Konsumgüter produzieren, die auf dem regionalen Markt abgesetzt werden können, z. B. Textilien, Schuhe, Mäntel, Backwaren, Getränke, Seife, Töpfe usw. und wiederum Reparaturbetriebe.

Damit wäre ein erster Schritt getan, die ländliche Bevölkerung in den Entwicklungsprozeß einzubeziehen. Die Hoffnung wird gehegt, daß damit die Landbevölkerung mit den Möglichkeiten einer Entwicklung vertraut gemacht wird, daß allmählich eine Verbesserung der Verwaltung und vielleicht auch des politischen Systems erreicht wird und damit die Grundlage für eine stabile Entwicklung geschaffen wird. Indes setzen solche Konzepte den ernsthaften Willen der politischen Entscheidungsträger voraus, Dezentralisierung und Dekonzentration politischer Macht (auch die Verfügbarkeit über eigene Einnahmen auf nachgeordneten staatlichen Ebenen) zu betreiben.

7. Das Bevölkerungsproblem

Hohe Wachstumsraten der Bevölkerung können Entwicklungsfortschritte zunichte machen

So unsicher und wenig steuerbar der Entwicklungsprozeß ist, so sicher ist, daß sein Erfolg in Frage gestellt ist, wenn es nicht gelingt, den Wettlauf mit der Vermehrung der Bevölkerung zu gewinnen. Bei Bevölkerungswachstumsraten von 2–3 % in Entwicklungsländern verdoppelt sich die Bevölkerung alle 23–35 Jahre. Der Produktionsapparat müßte sich also ebenfalls ca. alle 30 Jahre verdoppeln, um nur das gegenwärtige äußerst niedrige Konsumniveau aufrechtzuerhalten. Hieraus wird unmittelbar einsichtig, wie wichtig eine wirksame Geburtenkontrolle und Familienplanung ist. Angesichts der hohen sozialen und ökonomischen (Kinder sichern oft die Altersversorgung der Eltern) Wertschätzung, die Kinder gerade in Entwicklungsländern genießen, wird aber auch deutlich, wie schwierig eine Geburtenkontrolle sein wird.

Gelingt die Familienplanung nicht, kann man nur hoffen, daß sich die statistische Beobachtung, die in Industriestaaten eine abnehmende Geburtenrate mit steigendem Pro-Kopf-Einkommen feststellte, auch in absehbarer Zeit in Entwicklungsländern wiederholt.

8. Die Rolle des Staates

Welch bedeutsame Rolle der Staat im Entwicklungsprozeß spielen muß, ist teilweise schon angeklungen:

- Der Staat muß stabile Rahmenbedingungen für privatwirtschaftliche Aktivitäten (Geldordnung, Rechtsordnung etc.) schaffen;
- der Staat muß die Infrastruktur bereitstellen;
- der Staat muß die Sparbildung „erzwingen";
- der Staat muß Investitionen fördern und lenken;
- der Staat muß Bevölkerungspolitik betreiben.

Anhängern einer „reinen" Marktwirtschaft sei entgegengehalten, daß man die Marktwirtschaft als Ziel und als Mittel der Wirtschaftspolitik trennen muß. Der Staat besitzt die Schlüsselrolle, um die gesellschaftlichen und institutionellen Wachstumshindernisse zu überwinden, die in der Motivationsstruktur der Bevölkerung, der mangelnden privaten Rentabilität vieler notwendiger Infrastrukturinvestitionen und der subjektiven Ungewißheit über Komplementärinvestitionen begründet sind. Notwendig erscheint indes in der Anfangsphase der wirtschaftlichen Entwicklung die Lenkung im staatlichen Bereich und die Förderung von wirtschaftlichen Aktivitäten im privaten Bereich.

Der Staat kann eine Schlüsselfunktion haben

Die Gefahren staatlicher Planung sollen nicht vergessen werden: Eine korrupte, schlecht ausgebildete Planungsbürokratie kann den Entwicklungsprozeß nicht besser steuern, als der „Markt" es kann.

Es sei betont, daß es hier nicht um eine generelle Entscheidung zwischen Kapitalismus und Sozialismus, zwischen Marktwirtschaft und zentraler Verwaltungswirtschaft geht. Es geht allein darum, in der Epoche weltweiten Hungers und Unfreiheit Mittel zu finden, die diesen Zustand am schnellsten überwinden. Und es ist weithin anerkannt, daß die Anfänge einer Industrialisierung massive Eingriffe des Staates voraussetzen, wie im merkantilistischen Zeitalter in Europa.

Staatliche Planung am Anfang einer Entwicklung?

9. Weltwirtschaftsordnung

Seit Jahren üben die Entwicklungsländer Kritik an der bestehenden Ordnung der Weltwirtschaft. Sie sehen in den vergangenen und gegenwärti-

Kritik der Entwicklungsländer

gen Formen der internationalen Arbeitsteilung, also insbesondere in den marktwirtschaftlichen Austauschbedingungen, die Hauptursache für ihre geringe wirtschaftliche Entwicklung. Seit Jahren werden auch konkrete ökonomische Forderungen erhoben, die auf den Versammlungen verschiedener Gremien der Vereinten Nationen artikuliert wurden (z. B. UNCTAD – United Nations Conference on Trade and Development, und GATT – General Agreement on Tariffs and Trade-Verhandlungsrunden, 1995 als Geschäftsbereich der neugeschaffenen World Trade Organisation [WTO] unterstellt).

Forderungen der Entwicklungsländer

Die Forderungen lassen sich in folgenden Punkten zusammenfassen:

- Die Kopplung der Preise von Rohstoffen, die oft den Hauptanteil der Exporterlöse von Entwicklungsländern ausmachen, an die Preise der Industriegüterproduktion;
- die Stabilisierung der Exporterlöse;
- die Erhöhung des Anteils der Entwicklungsländer an der Weltindustrieproduktion.

Die Umverteilung der Weltproduktion

Letztlich wird eine **Umverteilung** der bisher im wesentlichen vom Marktmechanismus gesteuerten Verteilung der weltwirtschaftlichen Produktion angestrebt. Es ist also im Prinzip ein Verteilungsproblem, das uns im Rahmen nationaler Volkswirtschaften schon begegnet ist (vgl. Kapitel 25). Und die Frage, die in solchem Zusammenhang immer wieder diskutiert wird, ist die Abwägung zwischen marktkonformen Maßnahmen und nichtmarktkonformen Maßnahmen. Auf jeden Fall soll das Verteilungsergebnis geändert werden, fraglich ist nur, ob dabei der Marktmechanismus selbst außer Kraft gesetzt werden soll. Letztlich geht es um die Entscheidung, Preise zu fixieren (nichtmarktkonforme Maßnahme) oder Subventionen und Ausgleichszahlungen zu leisten. Werden Preise fixiert, die nicht Gleichgewichts-Knappheitspreise sind, so führt dies zu einer falschen Verteilung knapper Produktionsmittel, Preise verlieren ihre Steuerungsfunktion. Abschreckendes Beispiel ist der EU-Agrarmarkt, der die Einkommen der Landwirte weitgehend immer noch über die Preisfixierung landwirtschaftlicher Produkte stabilisiert.

Preisfixierung oder Subventionen?

9.1 Die Koppelung der Rohstoffpreise an die Preise der Industriegüterproduktion (Indexierung)

Seit langem haben sich die realen Austauschverhältnisse **(terms of trade)** für die meisten Entwicklungsländer verschlechtert, d. h. bildlich gesprochen, die Entwicklungsländer bekommen immer weniger Kunstdünger, Traktoren, Maschinen etc. für die exportierte Tonne Kaffee, Kakao, Kupfer, Zinn etc. Nach Berechnungen des internationalen Währungsfonds haben sich die realen Austauschverhältnisse in den letzten Jahren sehr unterschiedlich entwickelt, wobei in erster Linie die afrikanischen Länder mit niedrigem Einkommen negativ betroffen waren (vgl. Tabelle

30.2). Besonders auffällig sind die starken Veränderungsraten der terms of trade der erdölexportierenden Länder, die sowohl auf die Förderungspolitik, aber auch auf Schwankungen des Dollarkurses zurückzuführen sind. Diese Entwicklung begründet das Drängen auf Änderung.

Notwendigkeit einer Abhilfe

Direkte Preisindexierungen haben eine Reihe von Nachteilen, insbesondere den, daß damit auch die rohstoffexportierenden Industrienationen (USA, Rußland) begünstigt würden, zugleich die rohstoffarmen Entwicklungsländer doppelt belastet würden, die dann sowohl teure Industrieprodukte als auch teure Rohstoffe importieren müßten. Demgegenüber hat die Subventionierung den Vorteil, daß sie gezielt den armen Entwicklungsländern zugute kommen könnte.

9.2 Stabilisierung der Exporterlöse durch Rohstoffabkommen

Fast alle Entwicklungsländer leiden unter **Devisenknappheit,** und für sehr viele Entwicklungsländer resultieren weit über 50 % ihrer Deviseneinnahmen aus dem Export von Rohstoffen, häufig eines einzigen Rohstoffes (z. B. Ghana [Kakao], Uganda [Kaffee], Zambia [Kupfer], Ruanda [Kaffee] usw.). Bedenkt man die z. T. gewaltigen Preisschwankungen solcher Produkte, so wird deutlich, wie wichtig die Stabilisierung und Steigerung der Exporterlöse aus Rohstoffen für viele Länder ist. Ihr Wohl und Wehe hängt von den Zufälligkeiten der Preisentwicklung ihres Exportgutes ab.

Rohstoffabkommen sollen hier Abhilfe schaffen. Dabei bestehen die Möglichkeiten,

- Preise zwischen Liefer- und Empfängerländern zu vereinbaren;
- Fonds zu errichten, die bei Überangebot Rohstoffe aufkaufen und damit den Preis stützen und bei Übernachfrage Rohstoffe aus dem Lager verkaufen;
- Exportquoten zu vereinbaren und damit das Angebot zu beschränken und den Preis auf hohem Niveau zu stabilisieren (dies ist etwa das Prinzip der OPEC).

Die Funktionsweise solcher Abkommen sei beispielhaft an den **Abkommen von Lomé** I (1975), II (1979), III (1985) und IV (1. 3. 1990–28. 2. 2000) skizziert, die bisweilen als Europas Modell zur Lösung des Nord-Süd-Gefälles bezeichnet wurden.[2]) Integraler Bestandteil dieser Abkommen ist das System für die Stabilisierung der Ausfuhrerlöse landwirtschaftlicher

Die Abkommen von Lomé als ein Modell der Entwicklungshilfe

2) Im September 1998 wurden die Verhandlungen im Hinblick auf ein neues Abkommen über Entwicklkungspartnerschaft, das an die Stelle des im Februar 2000 auslaufenden Abkommens von Lomé IV treten soll, eröffnet. Der EU-Ministerrat verabschiedete einen gemeinsamen Standpunkt betreffend die Menschenrechte, die demokratischen Grundsätze, die Rechtsstaatlichkeit und die verantwortungsvolle Staatsführung in Afrika. Damit werden vor allem eine Stärkung der politischen Dimension der Partnerschaft, eine Neuausrichtung der Zusammenarbeit auf das Ziel der Armutsbekämpfung sowie ein Ausbau der Wirtschaftspartnerschaft angestrebt (vgl. Europäische Kommission, Gesamtbericht über die Tätigkeit der Europäischen Union 1998, Brüssel 1999, S. 349).

Tab. 30.2: Entwicklung der Terms of Trade 1980–1999 (durchschnittliche jährliche Veränderung in %)

Jahr	Industrieländer	Entwicklungsländer		
		insgesamt	erdöl-exportierende Länder	andere Entwicklungsländer
1980–89 (Durchschnitt)	0,4	-0,5	-2,7	-0,2
1990	-0,7	1,1	11,6	-3,6
1991	-1,0	-5,7	-17,4	-0,4
1992	1,3	0,1	5,8	-1,1
1993	2,0	-3,4	-10,7	-0,5
1994	0,5	-0,3	-6,1	1,8
1995	0,2	1,6	-0,5	2,0
1996	-0,8	2,1	9,3	0,3
1997	-1,1	0,2	-0,2	0,3
1998	0,9	-4,8	-14,9	-2,1
1999	–	1,1	3,6	0,4

Quelle: World Economic Outlook, December 1998, S. 97.

Produkte **(STABEX).** Es läßt sich am besten mit einer Versicherung gegen schlechte Jahre vergleichen. Das Stabex-System findet nur dann Anwendung, wenn die Erlöse aus dem Export eines jeweiligen Produktes mindestens 5 % der Gesamterlöse der Warenausfuhr eines bestimmten Landes ausmachen. Dieser Prozentsatz ist die sogenannte **Abhängigkeitsschwelle,** die grundlegende Voraussetzung für die Anwendung des Stabex-Systems. Sie verringert sich auf 1 % für diejenigen AKP-(Afrika-Karibik-Pazifik-)Staaten, die am wenigsten entwickelt sind, keinen direkten Zugang zum Meer haben oder Inselstaaten sind. Die frühere zweite Voraussetzung, nach der nur Exporte in Länder der EU einbezogen wurden, ist mit Lomé IV deutlich gelockert worden. Unter welchen Voraussetzungen werden nun Garantieleistungen aus dem Stabex-System gezahlt? Für jedes Produkt und jedes AKP-Land wird jährlich ein **Referenzniveau** ermittelt, das dem Durchschnitt der Exporterlöse in den vorangegangenen 6 Jahren (bei Nichtberücksichtigung der 2 Jahre mit besonders positiven Ergebnissen) entspricht. Die Differenz zwischen dem Referenzniveau und den tatsächlichen Exporterlösen des Anwendungsjahres wird um 4,5 % des Referenzniveaus (bei den am wenigsten entwickelten AKP-Staaten um 1 %) verringert. Der sich ergebende Betrag ist der **Transferbetrag.**

Funktionsweise des STABEX-Systems

Weitere Merkmale des Systems und Anwendungsmodalitäten

Die Zahl der unter das System fallenden Erzeugnisse bzw. Nebenerzeugnisse wurde inzwischen auf 49 erhöht, wobei die Möglichkeit besteht, weitere tropische Agrarerzeugnisse aufzunehmen. Der Großteil der für die Wirtschaft der AKP-Staaten wichtigen Agrargrunderzeugnisse (mit Ausnahme der unter die gemeinsame Agrarpolitik fallenden Produkte) ist in das System einbezogen.

Die AKP-Staaten können ihre Transfer-Anträge entweder bei Erlöseinbußen für eine Produktgruppe oder für ein einzelnes Produkt stellen.

Die Berechnungen werden in ECU (ab 1999 in Euro) durchgeführt, um z. B. Verzerrungen infolge von Abwertungen zu vermeiden. Verbesserungen dürfte auch die vereinbarte enge Kooperation bei der Erstellung der Datenbasis bringen.

Die **Finanzmittel** für das System zur Stabilisierung der Ausfuhrerlöse betrugen 13,8 Mrd. ECU für die Zeit bis 2000. Hier zeigte sich, wie schon bei Lomé III, daß die Mittel unzureichend bemessen waren.

Als **Ziele** werden die Unterstützung der Entwicklungsanstrengungen der AKP-Staaten, der wirtschaftliche und soziale Fortschritt ihrer Bevölkerung und die Sicherung der Kaufkraft ihrer Menschen genannt. Zur Verwirklichung dieser Ziele müssen die transferierten Mittel in den Sektor fließen, der den Transfer auslöste, oder zwecks Diversifizierung in andere geeignete Sektoren gelenkt werden und der wirtschaftlichen und sozialen Entwicklung zugute kommen. Über die Verwendung der Transfers und ihre Kontrolle wird zwischen dem betreffenden Land und der Kommission eine Vereinbarung getroffen. Damit soll zum Erfolg der Anpassungsprozesse beigetragen werden.

Das System für die Bergbauerzeugnisse (SYSMIN)

Während das System für die Stabilisierung der Ausfuhrerlöse von Lomé I den Ländern, die landwirtschaftliche Rohstoffe erzeugen, stabilere Einkommen und damit mehr Sicherheit sowohl für ihre Volkswirtschaft als auch für ihre Erzeuger garantierte, hatten die Länder, die Bergbauerzeugnisse (abgesehen von Eisenerz, das unter das System fiel) produzieren, weiterhin mit negativen Entwicklungen ihrer Wirtschaft, wie massiven Preis- oder Produktionsrückgängen, zu kämpfen.

Erlösstabilisierung für Bergbauerzeugnisse

Unter diesem Mißverhältnis litten die AKP-Länder vor allem deshalb so stark, weil die internationalen Verhandlungen über die Stabilisierung der Rohstoffpreise – beispielsweise der Kupferpreise – bisher so gut wie keine positiven Ergebnisse erbracht haben.

Da die Verhandlungspartner von Lomé I das **Problem der Preisschwankungen** nicht lösen konnten, suchten sie nach Möglichkeiten, wenigstens die Auswirkungen dieser Preisbewegungen abzumildern und generell das Bergbaupotential der AKP-Länder zu erhalten. Mit dem in Lomé II eingeführten und seitdem in verbesserter Form beibehaltenen System sollen ähnliche Ziele erreicht werden wie mit dem System für die Stabilisierung der Ausfuhrerlöse landwirtschaftlicher Produkte, jedoch – wegen der unterschiedlichen Produktions- und Vermarktungsverfahren bei Erzen – auf anderen Wegen.

Dieses System für die Bergbauerzeugnisse, kurz als **SYSMIN** bezeichnet, ist mit Mitteln in Höhe von 1055 Mill. ECU für die Laufzeit von Lomé IV ausgestattet. Es findet auf die wichtigsten von den AKP-Ländern exportierten Bergbauerzeugnisse wie Kupfer, Kobalt, Phosphate, Mangan, Bauxit, Aluminiumoxyd, Zinn, Eisenerz (Schwefelkiesabbrände und agglomerierte Eisenerze), Uran und Gold Anwendung.

Funktionsweise und Finanzierung von SYSMIN

Für das System für die Bergbauerzeugnisse gibt es eine **Abhängigkeitsschwelle** (von 15 %, für die am wenigsten entwickelten AKP-Staaten, Binnen- und Inselstaaten 10 %) und eine Auslöseschwelle (von 10 %). Für Länder, die die Abhängigkeitsschwelle von 15 % für ein einzelnes Produkt nicht erreichen, gilt als Ausnahme eine Exportabhängigkeit von Bergbauerzeugnissen insgesamt von mindestens 20 % (bzw. von 12 % für die LDC). Damit wird der Kreis der berechtigten Länder (bisher vor allem Sambia und Zaire) erheblich erweitert.

Es soll der Gefahr entgegengewirkt werden, daß ein AKP-Land nicht mehr in der Lage ist, seine Produktionsanlagen und Ausfuhrkapazitäten auf normalem Wege zu erneuern oder zu erhalten (wegen nicht mehr von ihm kontrollierbarer Umstände und falls es sich um eine im übrigen lebensfähige und wirtschaftliche Produktion handelt). Es muß somit ein „Störfall" auftreten, der entweder lokale (beispielsweise Katastrophen) oder wirtschaftliche (Preisstürze) Ursachen hat. Aber es muß eine wesentliche Schädigung vorliegen, d. h. ein Rückgang der Produktions- und Ausfuhrkapazitäten um mindestens 10 % oder ein Sinken der entsprechenden Exporterlöse um 10 %. Wenn diese Bedingungen erfüllt sind – was im gemeinsamen Einvernehmen von Union und AKP-Staat festgestellt wird –, so besteht Anspruch auf Finanzhilfe. Diese wird jedoch nicht in Form eines Budgettransfers gewährt, sondern grundsätzlich als Finanzierung von Vorhaben und Programmen, die das jeweilige AKP-Land vorschlägt, um die negativen Auswirkungen der Störungen im Bergbaubereich auf seine Wirtschaft zu beheben. Die Finanzhilfen werden als Subvention vergeben, wobei das betreffende Land die Mittel als Kredit an die jeweiligen Unternehmen weiterleitet. Der zurückfließende Schuldendienst fließt in einen Fonds, der für weitere Projekte/Programme eingesetzt wird.

Vorteile des Abkommens

Zusammenfassend lassen sich die wichtigsten **Vorteile** des Systems der Erlösstabilisierung nennen:

- Es setzt den Marktmechanismus nicht außer Kraft, weil es die Weltmarktpreise nicht beeinflußt, sondern nur die entsprechenden Exporterlöse,
- es leistet gezielt Hilfe an Entwicklungsländer und hier bevorzugt an die ärmsten Entwicklungsländer.

Grundsätzlich ist aber wieder auf die einleitenden Bemerkungen zur Frage „Preisfixierung oder Subvention?" zurückzukommen. Wenn Rohstoffabkommen, welcher Art auch immer, keinen Wert an sich haben, sondern nur ein Vehikel des Mitteltransfers sind, bleibt immer zu bedenken, daß direkte Hilfeleistungen (Zuschüsse, Kredite) billiger sind. Sie verursachen weniger Verwaltungsaufwand und sie tragen nicht zu einer Fehlallokation der Ressourcen bei.

9.3 Erhöhung des Anteils an der Weltindustrieproduktion

Das Ziel, den Anteil der Entwicklungsländer an der Weltindustrieproduktion auf 25 % zu erhöhen, ist nach heutiger Einschätzung nicht erreichbar. Es wäre nur nach gewaltigen Strukturveränderungen, die als nicht realisierbar angesehen werden müssen, möglich.

Anzustreben wäre eine **verstärkte Arbeitsteilung,** die nicht nur den Entwicklungsländern, sondern auch den Industrienationen Vorteile brächte. Die kurzfristigen Probleme, die damit allerdings in den Industrienationen befürchtet werden (Arbeitslosigkeit), bewirken, daß den Entwicklungsländern der Prozeß der Eingliederung in die weltwirtschaftliche Arbeitsteilung nicht erleichtert wird.

Abbau der Handelshemmnisse

Hier müßten auf jeden Fall die bestehenden Handelshemmnisse abgebaut werden. Die Märkte der Industrieländer müssen für die Produkte der Entwicklungsländer geöffnet werden. Die **Zollpräferenzen** – etwa im EU-Bereich – sollten konsequent ausgeweitet werden. Der Zollschutz im Halb- und Fertigwarenbereich (tarifäre Handelshemmnisse) muß beseitigt werden, und Importbelastungen für landwirtschaftliche Produkte wären abzubauen. Außerdem muß das Augenmerk verstärkt auf die Abschaffung **nichttarifärer Handelshemmnisse** (wie z. B. administrative Vorschriften, Einfuhrgenehmigungen, Einhaltung technischer Standards usw.) gerichtet werden, deren protektionistische Wirkung die von Zöllen teilweise sogar übersteigt.

Als Verfechter von Marktwirtschaft und Freihandel müßten die Industrienationen der Beseitigung bestehender Handelshemmnisse zustimmen, doch die Realität zeigt, daß die Bereitschaft dazu angesichts eigener Arbeitslosigkeit gering ist. Trotz des erfolgreichen Abschlusses der Uruguay-Runde des GATT im Jahre 1994 und der Schaffung der World Trade Organisation (1995) sind durchgreifende Verbesserungen zugunsten der Entwicklungsländer bisher nicht festzustellen.

10. Entwicklungshilfe

Die bisherigen Ausführungen sollten gezeigt haben, daß

- Kapital für die wirtschaftliche Entwicklung notwendig ist und daß
- die Möglichkeiten der Entwicklungsländer, aus eigener Kraft Kapital zu bilden, gering sind.

Begründung für Entwicklungshilfe?

In welchem Umfang daraus folgend **Entwicklungshilfe** geleistet werden sollte, ist eine Frage, die nur mit Werturteilen beantwortet werden kann. So gibt es etwa folgende extreme Positionen:

- Jedes Land ist seines eigenen Glückes Schmied und für sich selbst allein verantwortlich;
- jedes Land ist seines eigenen Glückes Schmied, aber es sollte die Gleichheit der Startchancen gegeben sein;
- jeder Mensch der Erde, in welchem Land er auch wohnt, hat das Recht auf die Befriedigung menschlicher Grundbedürfnisse (Nahrung, Kleidung, Wohnung und Ausbildung);
- alle Menschen sind gleich und sollten wirtschaftlich gleich gestellt werden.

Die offiziellen Deklarationen – etwa der Weltbank – lassen sich im wesentlichen der dritten Position zuordnen. Es wird gefordert, daß die Industrienationen Entwicklungshilfe in Höhe von 1 % des Bruttosozialprodukts leisten, davon 0,7 % öffentliche Hilfe, zum größten Teil in Form verlorener Zuschüsse (Internationale Entwicklungsstrategie der Vereinten Nationen).

Diese UNO-Resolution wurde zwar von vielen Industrienationen gebilligt – auch von der Bundesrepublik –, jedoch bisher nur von den wenigsten Ländern (Schweden, Norwegen, Dänemark) erfüllt, wie Tabelle 30.3 zeigt. 1997 beliefen sich die gesamten Nettoauszahlungen an Entwicklungsländer und multilaterale Organisationen auf 46,7 Mrd. US-Dollar, sie haben seit 1991 beträchtlich abgenommen.

Konzentration auf die Bekämpfung der Armut der Ärmsten

Vor dem Hintergrund dieser Zahlen – und die Neigung zur Entwicklungshilfe scheint sich insbesondere nach der Demokratisierung der osteuropäischen Länder und dem dort bestehenden hohen Kapitalbedarf eher noch zu verringern – liegt das Problem der Entwicklungshilfe darin, Ziele zu konkretisieren und die Entwicklungshilfe so einzusetzen, daß sie sich auf die Bekämpfung der Armut der ärmsten Bewohner der Erde konzentriert. Wichtig ist dabei die Struktur der Produktion und die institutionellen Formen ihrer Steuerung: Werden Rüstungs-, Luxuskonsumgüter oder Grundnahrungsmittel produziert, und wie werden die privaten Güter verteilt? Es müßte also ein massiver Einfluß auf das „Was" und „Für Wen" der Produktion genommen werden. Und hier liegt bei Beachtung des Souveränitätsprinzips der Nationen die grundlegende Verantwortung bei den Entwicklungsländern selbst. Auch mit einem Pro-Kopf-Einkommen von 500 $ können bei vernünftiger Produktionsstruktur und Verteilung der Güter die **Grundbedürfnisse** befriedigt werden. Dabei kommt einer funktionierenden staatlichen Verwaltung **(good governance)** große Bedeutung zu.

Eine Gesamtbewertung staatlicher Entwicklungshilfe ist nicht möglich. Wie Tabelle 30.3 zeigt, ist der geleistete Ressourcentransfer beträchtlich.

Tab. 30.3: Bi- und multilaterale öffentliche Entwicklungszusammenarbeit der DAC-Länder (Nettoauszahlungen, absolut und in % vom BSP)

Länder	1980		1991		1996		1997	
	Mio. US-$	% des BSP	Mio. US-$	% des BSP	Mio. US-$	% des BSP	Mio. US-$	% des BSP
Australien	667	0,48	1 050	0,38	1 074	0,28	1 061	0,28
Österreich	178	0,23	547	0,34	557	0,24	527	0,26
Belgien	595	0,50	831	0,41	913	0,34	764	0,31
Kanada	1 075	0,43	2 0604	0,45	1 795	0,32	2 045	0,34
Dänemark	481	0,74	1 200	0,96	1 772	1,04	1 637	0,97
Finnland	110	0,22	930	0,78	408	0,34	379	0,33
Frankreich	4 162	0,63	7 386	0,62	7 451	0,48	6 307	0,45
Deutschland	3 567	0,44	6 890	0,40	7 601	0,33	5 857	0,28
Irland	30	0,16	72	0,19	179	0,31	187	0,31
Italien	683	0,15	3 347	0,30	2 416	0,20	1 266	0,11
Japan	3 353	0,32	10 952	0,32	9 439	0,20	9 358	0,22
Niederlande	1 630	0,97	2 517	0,88	3 246	0,81	2 947	0,81
Neuseeland	72	0,33	100	0,25	122	0,21	154	0,26
Norwegen	486	0,87	1 178	1,13	1 311	0,85	1 306	0,86
Schweden	962	0,78	2 116	0,90	1 999	0,84	1 731	0,79
Schweiz	253	0,24	863	0,36	1 026	0,34	911	0,34
Großbritannien	1 854	0,35	3 201	0,32	3 199	0,27	3 433	0,26
Vereinigte Staaten	7 138	0,27	11 262	0,20	9 377	0,12	6 878	0,09
DAC insgesamt	27 296	0,37	58 560	0,34	53 887	0,25	46 745	0,22

Quelle: OECD, Development Cooperation. Efforts and Policies of the Members of the Development Assistance Committee, 1998 Report, Paris 1999, Tabelle 4, Anhang A8.

Allerdings profitieren davon auch die Geberländer: Gewährte Kredite werden z. B. zum Kauf von Maschinen des Geberlandes verwendet. Schätzungen der Rückflüsse (Rückflußquote) belaufen sich für die Bundesrepublik auf 60 %. Außerdem darf nicht übersehen werden, daß manche Hilfeleistungen auch kontraproduktiv sind, vor allem, wenn sie die Eigeninitiative lähmen oder – wie z. B. bei Nahrungsmittellieferungen – die Preise für landwirtschaftliche Produkte so weit nach unten drücken, daß eine Eigenproduktion nicht mehr lohnend erscheint.

Letztlich ist auch zu prüfen, auf welchem Wege Entwicklungshilfe sinnvollerweise zu leisten ist: In Form von bilateraler oder multilateraler Zusammenarbeit (finanzielle Zusammenarbeit [FZ]: Gewährung von Krediten und/oder Zuschüssen; technische Zusammenarbeit [TZ]: Vermittlung von technischen, wirtschaftlichen und organisatorischen Kenntnissen und Fähigkeiten; personelle Zusammenarbeit [PZ]: Aus- und Fortbildung, Förderung von Existenzgründungen) oder in Form erleichterter und verbesserter Austauschbedingungen („Aid or Trade" = Hilfe oder Handel?).

Ziel der deutschen Entwicklungspolitik ist, die Lebensbedingungen der Menschen, vor allem der armen Bevölkerungsschichten, zu verbessern. Sie folgt dabei dem Leitbild einer **global nachhaltigen Entwicklung** (durch

Ziele, Grundsätze und Kriterien der deutschen EZ

Wirtschaftswachstum, soziale Gerechtigkeit und ökologische Nachhaltigkeit), die die Entfaltungsmöglichkeiten der heutigen Generation gewährleistet, ohen die Chancen künftiger Generationen einzuschränken. Dabei wird Entwicklungszusammenarbeit immer als **Hilfe zur Selbsthilfe** verstanden. Die Unterstützung durch die EZ ist subsidiär und komplementär zu den Eigenanstrengungen der Regierungen und Menschen in den Partnerländern. Die aktive Teilnahme der Menschen am Entwicklungsprozeß ist Voraussetzung für einen nachhaltig wirksamen Erfolg. Die deutsche EZ orientiert sich dabei an folgenden fünf Kriterien:

- Beachtung der Menschenrechte,
- Beteiligung der Bevölkerung an politischen Entscheidungen,
- Rechtsstaatlichkeit und Gewährleistung von Rechtssicherheit,
- Schaffung einer marktwirtschaftlichen und sozialorientierten Wirtschaftsordnung sowie
- Entwicklungsorientierung staatlichen Handelns.

Begründung und Inhalt der SAP

Seit Anfang der 80er Jahre hat die Weltbank – oft in Zusammenarbeit mit dem IWF – in einer Reihe von Entwicklungsländern **Strukturanpassungsprogramme (SAP)** finanziert und durchgeführt. Sie sind primär darauf ausgerichtet, die makroökonomischen Ungleichgewichte (Zahlungsbilanzdefizite, Staatshaushaltsdefizite) der betreffenden Länder zu beseitigen. Sie sind **ordnungspolitisch** motiviert – die Einführung liberal-marktwirtschaftlicher Elemente in den Produktionsprozeß gehört zum Standardkatalog der Maßnahmen. Die starke Betonung der Allokationseffizienz gerät allerdings häufig in Konflikt mit den stark sozialpolitisch determinierten Zielsystemen der Entwicklungländer. Die Erfahrungen mit der ersten Generation von SAP hat dazu geführt, daß begleitende Programme zur sozialen Abfederung (die **soziale Dimension der Strukturanpassung)** notwendig wurden.

Wichtige **Reformbereiche** sind:

- Die Reform der **öffentlichen Finanzen** mit dem Ziel der Wiederherstellung des Budgetgleichgewichts (Steuerreformen wie z.B. die Einführung der Mehrwertsteuer, Reform der Steuerverwaltung, Reform des öffentlichen Dienstes und Personalabbau, Kürzung von Staatsausgaben etc.).
- Die Reform **staatlicher Unternehmen,** die ihre hohen Defizite aus dem Staatshaushalt decken konnten und die lediglich eine Beschäftigungsfunktion hatten. Die Sanierung, Privatisierung und Liquidation öffentlicher Unternehmen führen zu einem Anstieg der offenen Arbeitslosigkeit. Auch die Banken sind Gegenstand von Restrukturierungsmaßnahmen.
- In der **Landwirtschaft** werden marktwirtschaftliche Preissysteme eingeführt und Subventionen auf landwirtschaftliche Produktionsmittel, Saatgut, Düngemittel usw. abgeschafft.

- **Preiskontrollen** werden beseitigt und Investitionsanreize für private Unternehmen geschaffen.

Die Reformansätze werden nicht durchweg positiv beurteilt

- Im **außenwirtschaftlichen Bereich** wird im allgemeinen eine Abwertung der heimischen Währung durchgeführt, die von der Beseitigung von Handelsbeschränkungen begleitet wird. Mengenzölle werden durch Wertzölle ersetzt.

In einer Reihe von Ländern (z. B. Ghana) wurden mit SAP bemerkenswerte Erfolge erzielt. Nachteilig ist ihre relativ kurze Dauer von etwa 3 Jahren, so daß meistens Anschlußprogramme aufgelegt werden müssen. In so kurzer Dauer lassen sich früher oft zentralverwaltungswirtschaftlich orientierte Länder und Staatsbürokratien nicht in marktwirtschaftliche Systeme transformieren. Die Entwicklungshemmnisse (vgl. Abschnitt 2) bleiben oft bestehen. Hinzu kommt, daß die Programme an Auflagen geknüpft sind, die von den betreffenden Regierungen nicht leicht zu erfüllen sind. Ein weiterer Nachteil besteht in der Rückzahlungspflicht der für die SAP aufgenommenen Kredite. Die bisherige Orientierung der SAP schließt große Teile der Bevölkerung von positiven Effekten der Neuorientierung aus – sie haben mit stark gesunkenen Realeinkommen fertig zu werden. Ob mit dieser Politik eine nachhaltige Entwicklung den betreffenden Ländern eingeleitet werden konnte, wird sich erst im nächsten Jahrtausend zeigen. Wichtig für ihren Erfolg wäre nicht nur eine durchgreifende institutionelle Reform der gesamten staatlichen Verwaltung, sondern auch, daß der ökonomische Liberalisierungsprozeß von einer **Demokratisierung** im gesellschaftlich-politischen Bereich begleitet wird.

C. Arbeitsaufgaben

1) *Erläutern Sie folgende Begriffe:*
   - *Teufelskreis der Armut,*
   - *ungleichgewichtiges Wachstum,*
   - *Dualismus*
2) *Welche Merkmale werden im allgemeinen einem Entwicklungsland zugeordnet?*
3) *Warum ist eine nachhaltige wirtschaftliche Entwicklung ohne Kapitalbildung nicht möglich?*
4) *Welche Möglichkeiten zur Steigerung der Ersparnis stehen Entwicklungsländern zur Verfügung?*
5) *Welche Kriterien sollten zur Bewertung alternativer Investitionsprojekte in Entwicklungsländern herangezogen werden?*
6) *Welche Aufgaben sollte Ihrer Meinung nach der Staat im Entwicklungsprozeß übernehmen?*
7) *„Die Abhängigkeit der Entwicklungsländer von den Industrienationen im Rahmen der gegenwärtigen weltwirtschaftlichen Arbeitsteilung ist alleinige Ursache der Unterentwicklung." Nehmen Sie Stellung zu diesem Satz.*
8) *Welche Forderungen werden von den Entwicklungsländern an die Weltwirtschaftsordnung gestellt?*
9) *Welche Probleme entstehen bei einer Preisgarantie für Rohstoffe und landwirtschaftliche Produkte?*
10) *Skizzieren Sie die Hauptelemente des Systems für die Stabilisierung der Exporterlöse landwirtschaftlicher Produkte (Stabex).*

Lösungsvorschläge für die Arbeitsaufgaben im „Übungsbuch zu Grundlagen und Probleme der Volkswirtschaft".

D. Literatur

Eine umfassende und verständliche Darstellung der wirtschaftstheoretischen und -politischen Grundlagen der Wirtschaftsprobleme der Entwicklungsländer enthält der Band von:

HEMMER, Hans-Rimbert, Wirtschaftsprobleme der Entwicklungsländer. Eine Einführung, 2., neubearb. u. erw. Aufl. München 1988

WOLFF, Jürgen H., Entwicklungspolitik, Entwicklungsländer. Fakten – Erfahrungen – Lehren, 2., durchges. u. aktualis. Aufl., Landsberg 1998

DEUTSCHER, Eckhard, HOLTZ, Uwe, RÖSCHEISEN, Roland (Hrsg.), Zukunftsfähige Entwicklungspolitik, Unkel 1998

LACHMANN, Werner, Entwicklungspolitik 1. Grundlagen, München 1994; Entwicklungspolitik 2. Binnenwirtschaftliche Aspekte der Entwicklung, München 1997.

Unverzichtbar ist das achtbändige Werk von

NOHLEN, Dieter, NUSCHELER, Hans (Hrsg.), Handbuch der Dritten Welt, Band 1: Grundprobleme – Theorien – Strategien, 3. Aufl., Bonn 1993. Die anderen Bände sind folgenden Regionen gewidmet: Bd. 2: Südamerika, Bd. 3: Mittelamerika und Karibik, Bd. 4: Westafrika und Zentralafrika, Bd. 5: Ostafrika und Südafrika, Bd. 6: Nordafrika und Naher Osten, Bd. 7: Südasien und Südostasien, Bd. 8: Ostasien und Ozeanien.

Wichtige Stichworte zu entwicklungspolitischen Themen finden sich in

NOHLEN, Dieter (Hrsg.), Lexikon Dritte Welt, vollst. überarb. Neuausg., Reinbek/Hamburg 1998.

Wegen der Anschaulichkeit sind zu Unterrichtszwecken gut einsetzbar:

ENTWICKLUNGSLÄNDER, Informationen zur politischen Bildung, H. 252, 1996.

NUSCHELER, Franz, Lern- und Arbeitsbuch Entwicklungspolitik, 4. Aufl., Bonn 1995.

Speziell für Afrika ist zu empfehlen:

MICHLER, Walter, Afrika, Wege in die Zukunft, Unkel 1995.

Zu Fragen der Demokratisierung in Afrika ist empfehlenswert

KOCH, Walter A.S. (Hrsg.), Ökonomische Aspekte der Demokratisierung in Afrika, Reihe Afrika-Studien, Bd. 123, Köln, München 1994.

Die von der WELTBANK *publizierten Weltentwicklungsberichte (jährlich) enthalten grundlegende Analysen der wichtigsten weltwirtschaftlichen und entwicklungspolitischen Probleme (mit vielen Statistiken). Der Weltentwicklungsbericht 1997 war dem Thema „Der Staat in einer sich ändernden Welt" gewidmet, der des Jahres 1998/99 unter den Titel „Entwicklung durch Wissen" gestellt.*

Der Jahresbericht 1997 zur Entwicklungspolitik der Bundesregierung, hrsg. vom BUNDESMINISTERIUM FÜR WIRTSCHAFTLICHE ZUSAMMENARBEIT UND ENTWICKLUNG, *Bonn 1998 (jährlich),*

enthält neben der entwicklungspolitischen Konzeption der Bundesregierung eine Fülle von Informationen und Tabellen zu aktuellen entwicklungspolitischen Problemen.

Vom BUNDESMINISTERIUM FÜR WIRTSCHAFTLICHE ZUSAMMENARBEIT UND ENTWICKLUNG *in Bonn werden in loser Folge Materialien (Nr. 82: Lomé IV, 1991; Nr. 94: Wasser – eine Ressource wird knapp, 1998; Nr. 97: Grundlagen der deutschen Entwicklungszusammenarbeit, 1997) und Dokumente zur Entwicklungspolitik z. B. in der Reihe „BMZ-aktuell" (Nr. 56: Sektorübergreifendes Zielgruppenkonzept; Nr. 61: Leitlinien für die bilaterale finanzielle und technische Zusammenarbeit mit Entwicklungsländern, 1996; Nr. 84: Konzept für die Förderung der gleichberechtigten Beteiligung von Frauen und Männern am Entwicklungsprozeß, 1997; Nr. 90: Förderung der Menschenrechte, eine Aufgabe der Entwicklungszusammenarbeit, 1998; Nr. 95: Umsetzung des Aktionsprogramms der Weltbevölkerungskonferenz von Kairo 1994, 1999) sowie das Journalistenhandbuch 1999, Bonn 1999 (jährlich) herausgegeben.*

Sachregister